SUR LES TAILLES
ET LES TRIBUNAUX
QUI CONNOISSENT
DE CETTE IMPOSITION;

PAR M. AUGER, Avocat du Roi en l'Election de Paris.

PREMIERE PARTIE.

SUITE DES RÉGLEMENTS.

TOME TROISIEME,

Commençant à la page 1513, jusqu'à la fin des Réglements.

A PARIS,
Chez BARROIS l'aîné, Libraire, quai des Augustins, N°. 19.

M. DCC. LXXXVIII.
Avec Approbation & Privilege du Roi.

ARRÊT de la Cour des Aides, qui décharge de la collecte les Officiers de la Barre Ducale de Mayenne. (Mémorial alphabétique des Tailles, cinquieme édition, Ire. Partie, page 77.)

21 Janvier 1739.

ENTRE René de Bazoger, Juge-Général-Civil de la Barre Ducale & Pairie de Mayenne, Julien-Gervais Bonessay du Coudray, Juge-Général-Criminel du même Siege, & François-Robert Tanquerel, Conseiller au même Siege & Rapporteur du Point d'honneur, appellant d'une Sentence de l'Election de la Ville de Mayenne du premier Juillet 1737, d'une part; & les Habitans de la Paroisse de Notre-Dame de ladite Ville de Mayenne, intimés, d'autre part; & le tuteur onéraire de Demoiselle Louise-Jeanne de Durfort de Duras, mineure, seule héritiere de M...., Duc de Mazarin.... Partie intervenante,... faisant droit sur la requête, en infirmant les Sentences dont il étoit appel, il fût ordonné que lesdits Officiers de la Barre Ducale de Mayenne seroient rayés du tableau des Habitans qui doivent faire la récolte des tailles, avec défenses de les y comprendre à l'avenir, &c.

Notredite Cour a reçu la Partie de Cailleau [le tuteur de Demoiselle de Duras,] Partie intervenante; donne acte aux Parties de Duchemin, [les Habitans] du consentement porté par leurs actes d'assemblée des 10 Mai 1733 & 16 Juin 1737, faisant droit sur l'appel, a mis & met l'appellation & ce dont a été appellé au néant, émendant, ordonne que les Parties de Messager [les Officiers de Mayenne] seront rayés du tableau des cottisables de la Ville de Mayenne; fait défenses aux Parties de Duchemin de les y comprendre à l'avenir, tant qu'ils rempliront les fonctions de leurs Offices, & qu'ils ne feront aucun commerce, ni aucun autre acte dérogeant à leurs privileges, tous dépens entre les Parties compensés, &c.

Donné à Paris, en la premiere Chambre de la Cour des Aydes, le vingt & un Janvier mil sept cent trente-neuf.

ARRÊT de la Cour des Aides du 21 Mars 1739, qui ordonne l'exécution de l'article IX de la Déclaration du 6 Décembre 1707; défend à tous Greffiers, Huissiers & Geoliers de faire élargir, ni élargir les prisonniers en vertu d'aucuns Jugements, quand il leur aura été justifié de l'appel du Fermier, dans les vingt-quatre heures de la signification des Jugements, sinon en donnant par les prisonniers caution, de se représenter ou de payer les amendes, en cas qu'ils y soient condamnés, par les Arrêts qui interviendront sur les appellations, à peine de répondre en leurs propres & privés noms, des condamnations qui seront prononcées par notredite Cour, contre les fraudeurs, & des dommages & intérêts du Fermier. (Enregistrements de l'Election, coté XIII, folio 255; Code Louis XV, Tome X, page 504.)

1739. *Arrêt du Conseil du 23 Juin 1739, qui déboute les Officiers des Elections de leurs demandes à fin de jouir des droits d'aides ; leur défend d'exiger pour l'enrégistrement des baux, de plus grandes sommes que celles réglées par l'Ordonnance, ni aucunes gratifications des Fermiers, sauf à se faire payer des droits qui leur sont attribués pour les prestations de serments des Employés, & pour les Jugements qu'ils rendent, conformément aux Ordonnances & Réglements. (Code Louis XV, Tome XI, page 216.)*

1740. *Arrêt du Conseil du 15 Mars 1740, qui ordonne l'exécution des Edits, Déclarations & Arrêts du Conseil, concernant les Postes, & en conséquence que le Directeur des Postes d'Arpajon jouisse de l'exemption des Tailles & autres impositions de ladite Ville ; & fait défenses auxdits Habitants & Collecteurs de l'imposer à l'avenir, tant qu'il sera Directeur des Postes de ladite Ville. (Code des Tailles, Tome III, page 491.)*

Arrêt de la Cour des Aides du 29 Avril 1740, qui décharge un Revendeur de sel à petites mesures, de l'augmentation à laquelle il avoit été imposé au-delà de la cote qu'il portoit avant sa commission. (Code Louis XV, Tome XII, page 160.)

Lettres-Patentes du 16 Juin 1740, qui ordonnent qu'aucun taillable de la Province de Bourgogne, & des Comtés de Charolles, Mâcon, Auxerre & Bar-sur-Seine & dépendances, ne pourra se pourvoir ni être reçu à se plaindre pendant la présente année, & les trois années suivantes, si sa cote de taille n'est augmentée de plus d'un douzieme, par rapport aux rôles des Tailles des trois années, qui auront précédé celle pour laquelle il aura été sur-taxé, le Roi se réservant d'y pourvoir par la suite, ainsi qu'il le jugera convenable. (Code des Tailles, Tome III, page 498.)

ARRÊT de la Cour des Aides, concernant les aliments des Prisonniers détenus pour dettes civiles. (Code des Tailles, Tome III, page 500; Enrégistrements de l'Election, Volume coté XIII, folio 278.)

7 Octobre 1740.

LA Cour ayant égard à la Requête du Procureur-Général, a ordonné & ordonne que, par provision, & jusqu'à ce qu'il en ait été autrement ordonné par notredite Cour, il sera payé, à commencer du jour du présent Arrêt, aux prisonniers du ressort de notredite Cour, détenus pour dettes civiles en cette Ville de Paris, sept sols par jour pour leurs alimens, & que les créanciers seront tenus d'en consigner un mois & par avance, conformément aux Ordonnances, Edits, Déclarations, Arrêts & Réglemens de notredite Cour, & que le présent Arrêt sera lu, publié & affiché par-tout où besoin sera. Et à l'égard des prisonniers détenus dans les prisons des Elections, Greniers à sel, & autres Jurisdictions du ressort de notredite Cour, pour mêmes causes, ordonne qu'il y sera pourvu par les Officiers desdites Jurisdictions, eu égard au prix des denrées, & pour le temps nécessaire seulement; & seront copies collationnées du présent Arrêt envoyées, &c. A Paris, en la premiere Chambre de la Cour des Aydes, le sept Octobre mil sept cent quarante.

ARRÊT du Conseil, du 11 Octobre 1740, qui casse une taxe d'office faite sur un Contrôleur des actes des Notaires, défend de l'imposer à plus forte somme que ce qu'il a payé par le passé, si ce n'est en cas d'acquisition ou de trafic. (Code des Tailles, Tome III, page 503.)

ARRÊTS de la Cour des Aides, des 14 Octobre & 2 Décembre 1740, qui déchargent de la collecte le Distributeur de la formule à Coulommiers. (Code des Tailles, Tome III, pages 508 & 510.)

1740.

ARRÊT du Conseil, portant Réglement provisoire au sujet des droits dus aux Trésoriers de France & autres Officiers des Bureaux des Finances, pour l'installation, réception & prestation de serment des Officiers qui sont tenus de s'y faire installer & recevoir, ou d'y prêter serment, pour l'enrégistrement des provisions de ceux qui sont tenus de les y faire enrégistrer, & pour plusieurs autres droits prétendus par les Officiers du Bureau des Finances.

12 Novembre 1740.

VU au Conseil d'Etat du Roy les Requêtes respectivement présentées par les Officiers de l'Election de Paris & par les Officiers du Bureau des Finances de la même Ville; celle des Officiers de l'Election, tendante à ce qu'il plût à Sa Majesté ordonner que les Réglemens portés par l'Édit de Henry III, du mois de Janvier 1586, & par l'Arrêt du Conseil du 23 Août 1735, seront exécutés selon leur forme & teneur : ce faisant, ordonner que les Officiers du Bureau des Finances de la Généralité de Paris, Gens du Roy, Greffiers & Huissiers ne pourront exiger des Officiers de l'Election de Paris, pour les droits de prestation de serment, attache & enregistrement de leurs provisions, que la même somme qu'ils justifieront avoir payée en la Chambre des Comptes; leur faire défenses d'exiger autres & plus grandes sommes, sous telles peines qu'il plaira à Sa Majesté, & les condamner aux dépens de l'Arrêt qui interviendra : celle des Officiers dudit Bureau des Finances de Paris, tendante à ce qu'il plût à Sa Majesté, sans s'arrêter aux fins & conclusions prises par les Elus, par leur Requête, dans lesquelles ils seront déclarés non-recevables, & dont, en tout cas, ils seront déboutés, enjoindre aux sieurs Nicolas Hupin, Guillaume Dautel, & Charles-Etienne Verpillard, pourvus d'Offices en ladite Election, d'être plus circonspects à l'avenir; leur faire défenses d'user de pareilles voies; leur ordonner, & aux Officiers de ladite Election, de porter honneur & respect auxdits Officiers du Bureau des Finances, conformément au serment qu'ils en font lors de leur réception audit Bureau des Finances : ordonner pareillement que, dans huitaine pour tout délai, lesdits sieurs Hupin, Dautel & Verpillard, seront tenus, sous les peines de suspension de leurs Offices, radiation de leurs gages, & autres portées par l'Arrêt du 20 Juillet 1734, de se présenter au Bureau des Finances, de s'y faire recevoir, prêter le serment qu'ils doivent aux Trésoriers de France, & faire registrer leurs provisions, avec lesquelles ils seront tenus de rapporter toutes les Pieces jointes au contre-scel; présenter Requête, & observer toutes les formalités d'usage audit Bureau des Finances, pour lesdites réception & prestation de serment; faire défenses à tous Payeurs, de payer auxdits sieurs Hupin, Dautel & Verpillard, & à tous Officiers de ladite Election, aucuns gages, qu'il ne leur soit apparu desdites prestation de serment, réception & enregistrement de provisions audit Bureau des Finances, en déclarant les offres faites par lesdits sieurs Hupin, Dautel & Verpillard, par leur exploit du 31 Mai 1737, de consigner la somme de soixante livres, nulles & insuffisantes; condamner chacun d'eux à consigner la somme de deux cens quatre-vingt-seize livres, dix sols, six deniers, ès-mains du Greffier dudit Bureau des Finances, pour raison des droits dus pour leurdite réception, prestation de serment & enregistrement de provi-

ſions ; condamner leſdits Officiers de l'Election de Paris, & leſdits ſieurs Hupin, Dautel & Verpillard aux dépens. Autre Requête des Officiers de l'Election, 1740.
employée pour réponſes à celle des Officiers dudit Bureau des Finances, & tendante à ce qu'il plût à Sa Majeſté les recevoir oppoſans, en tant que de beſoin eſt ou ſeroit, à l'Arrêt du Conſeil du *9* Septembre *1692*, intervenu entre les Officiers dudit Bureau des Finances, & le ſieur Pierre Grégoire, Elu en ladite Election ; & y faiſant droit, ſans s'arrêter audit Arrêt, qui ſera & demeurera comme non avenu, ni aux demandes deſdits Officiers dudit Bureau des Finances, dont ils ſeront déboutés, leur adjuger les concluſions par eux priſes par leur précédente Requête, avec dépens : autre Requête des Officiers de ladite Election, tendante à ce qu'il plût à Sa Majeſté ordonner qu'ils ſeront payés par le ſieur Aviat, Receveur des tailles de l'Election de Paris, & tous autres, des gages & droits à eux attribués & aſſignés ſur les deniers de la recette des tailles de l'Election de Paris ; & ce, nonobſtant & ſans s'arrêter aux Ordonnances rendues par les Officiers dudit Bureau des Finances, lors de l'arrêté de l'état au vrai de ladite recette, de l'exercice du ſieur Aviat, de l'année *1736*, ſur les parties deſdits gages & droits des Officiers de l'Election, qui n'ont point encore prêté ſerment & fait enregiſtrer leurs proviſions audit Bureau : à quoi faire ſeront leſdits ſieurs Aviat & tous autres contraints, quoi faiſant déchargés ; faire défenſes aux Officiers dudit Bureau des Finances, de rendre aucunes Ordonnances tendantes à priver les Officiers de l'Election, de la jouiſſance de leurs gages & droits, juſqu'à ce qu'il en ait été autrement ordonné par Sa Majeſté, à peine de tous dépens, dommages & intérêts, ſi mieux n'aime Sa Majeſté ſtatuer dès-à-préſent ſur les différends des Parties. Vu auſſi l'Edit de Henry III, du mois de Janvier *1586*, portant rétabliſſement des Bureaux des Finances, qui permet aux Officiers deſdits Bureaux de prendre les mêmes épices que les Chambres des Comptes. L'Arrêt du Conſeil, du 20 Juillet *1671*, par lequel Sa Majeſté a réglé & fixé tous les droits qui peuvent être prétendus par leſdits Tréſoriers de France de Montauban, pour la réception & enregiſtrement des proviſions & preſtation du ſerment des Elus de leur reſſort, à la ſomme de trente livres, tant pour les droits deſdits Tréſoriers de France, que des Gens du Roy & du greffe : autre Arrêt du Conſeil, du 20 Juin *1690*, qui ordonne qu'il ne ſera payé par ceux qui ſont & ſeront pourvus des Offices créés dans les Elections & Greniers à ſel, par Edit du mois de Novembre *1689*, pour les droits de préſentation, épices, droits du Greffier, & enregiſtrement de leurs Lettres de proviſions aux Bureaux des Finances, que la ſomme de quarante livres. L'Arrêt du Conſeil du *9* Septembre *1692*, contradictoire entre le ſieur Pierre Grégoire, Elu en l'Election de Paris, & les Officiers du Bureau des Finances de Paris, par lequel Sa Majeſté a ordonné que ledit ſieur Grégoire payeroit entre les mains du Greffier dudit Bureau, la ſomme de deux cens quarante-huit livres que les Officiers dudit Bureaux ont accoutumé de recevoir pour les droits de preſtation de ſerment & enregiſtrement des proviſions des Elus de l'Election de Paris. La copie collationnée de la quittance du 5 Janvier *1691*, de la ſomme de ſoixante-quatre livres payée par ledit ſieur Grégoire, pour ſon information, preſtation de ſerment & inſtallation audit Office en la Cour des Aydes de Paris. L'Edit du mois d'Avril 1704 : autre Edit du mois de Janvier 1708, portant union des deux Offices de Tréſoriers de France dudit Bureau, avec pouvoir d'augmenter d'un dixieme les épices pour la réception & ſerment des Officiers : autre Edit du mois d'Août *1716*, portant ſuppreſſion de différens Offices, contenant les droits que Sa Majeſté s'eſt réſervés ſur le montant des épices des Cours & Juriſdictions. L'Arrêt du

1740. Conseil-Privé du 17 Juin 1719, portant que les Officiers au Grenier à sel de Paris feroient enregistrer leurs provisions, & prêteroient serment au Bureau des Finances, avant de prendre séance & de faire aucunes fonctions de leurs Offices, en payant par chacun d'eux la somme de soixante livres, y compris les droits du greffe & des Huissiers, à laquelle, du consentement desdits Trésoriers de France, lesdits droits ont été fixés : autre Arrêt du Conseil, du 3 Juillet 1725, portant Réglement entre le Bureau des Finances d'Orléans, & les Officiers des Elections & Greniers à sel de la Généralité d'Orléans : autre Arrêt du Conseil, du 20 Juillet 1734, qui a ordonné, conformément aux précédens Réglemens, que les Officiers des Elections & des Greniers à sel feroient enregistrer, dans quinzaine, leurs provisions, & prêteroient serment audit Bureau des Finances de Paris, & payeroient pour ce les droits dus & accoutumés, à peine de radiation de leurs gages & de suspension de leurs Offices : autre Arrêt du Conseil, du 23 Août 1735, portant que le sieur Misonnet, pourvu de l'Office de Contrôleur-Général des Finances, Domaines & Bois de la Généralité de Bordeaux, payeroit au Bureau des Finances de la même Généralité, pour les droits de son installation, la somme de cent quarante livres, seize sols seulement, pareille à celle qu'il avoit payée pour les droits de sa réception audit Office en la Chambre des Comptes de Paris : autre Arrêt du Conseil du 9 Septembre 1738, qui interdit le sieur Granier, Elu de Mauriac, faute d'avoir fait enregistrer ses provisions, & prêté serment au Bureau des Finances de Riom. L'acte du 31 Mai 1737, suivant lequel lesdits sieurs Hupin, Dautel & Verpillard se sont transportés au Bureau des Finances, où étant, en parlant au Commis du greffe, ils ont requis les Officiers dudit Bureau, de procéder à l'enregistrement de leurs provisions qui étoient entre les mains du Greffier, & de recevoir leur prestation de serment; en suite duquel est la réponse dudit Commis, portant que le Bureau ne les recevroit point, qu'ils n'eussent remis les pieces attachées sous le contre-scel de leurs provisions, & qu'ils n'eussent consigné chacun trois cens vingt-sept livres. Le certificat du sieur Prochasson, Procureur des Comptes, du 5 Juillet 1737, portant que le sieur Richard, Lieutenant en l'Election de Paris, & le sieur Hupin, Assesseur en ladite Election, n'ont payé en la Chambre, pour frais d'enregistrement de leurs provisions, que la somme de cinquante & une livres chacun. La quittance du sieur du Puy, Procureur des Comptes, du premier Avril 1731, donnée au sieur Boquet, Conseiller en l'Election de Paris, de la somme de cinquante & une livres, pour les frais d'enregistrement en la Chambre des Comptes, de ses provisions. Le certificat du Greffier en chef de la Cour des Aydes de Paris, du 21 Juin 1740, portant que les Elus de l'Election de Paris, payent en ladite Cour, lors de leur réception, la somme de cent soixante-seize livres, dix-sept sols pour tous droits : & autres pieces & mémoires des Parties. Et Sa Majesté étant informée qu'il s'éleve tous les jours des contestations au sujet des droits prétendus par les Officiers des Bureaux des Finances, tant pour la réception des Officiers, l'enregistrement des provisions, celui des titres de proprieté des Parties prenantes dans lesdits états, que pour l'arrêté des états au vrai; comme aussi pour les actes de foi & hommage, aveux & dénombrement, & pour les enregistremens des contrats d'engagemens, & tous autres actes emportant aliénation du domaine; à quoi Sa Majesté desirant pourvoir par un Réglement & un tarif général pour tout le Royaume, qui reglent les cas dans lesquels il est dû des droits auxdits Officiers des Bureaux des Finances, & en fixent la quotité, tant pour ceux qui font les fonctions de Juges, que pour les Officiers du Parquet, & pour le greffe. Oui le rapport du sieur Orry, Conseiller d'Etat, & ordinaire au Conseil Royal, Contrôleur-

Général des Finances, le Roy étant en son Conseil, avant faire droit sur le tout, a ordonné & ordonne que les Officiers des Bureaux des Finances de Paris, & ceux de tous les autres Bureaux des Finances du Royaume, même les Procureurs & Avocats du Roy, Greffiers en chef, & autres Officiers créés en titre pour les greffes desdits Bureaux des Finances, & les Huissiers seront tenus de remettre, dans six mois au plus tard pour tout délai, au sieur Contrôleur-Général des Finances, leurs titres, pieces, tarif & mémoires, pour justifier des droits qu'ils prétendent percevoir pour l'installation, la réception, ou prestation de serment des Officiers qui sont tenus de s'y faire installer, de s'y faire recevoir, ou d'y prêter serment; pour l'enregistrement des provisions de ceux qui sont tenus de les y faire enregistrer; pour l'enregistrement des titres de propriété des Parties prenantes employées dans les états du Roy, dans les cas où lesdites Parties sont nouvellement employées, & même lors des mutations qui arrivent par succession, donation, vente ou autrement : pour la présentation & l'arrêté des comptes par états au vrai, des Officiers qui doivent compter pardevant eux; pour les actes de foi & hommage, aveux & dénombremens, dans les cas où ils peuvent y être portés; pour les Jugemens de derniere main-levée, & autres procédures & Jugemens concernant lesdits actes de foi & hommage, aveux, dénombremens, & pour les enregistremens prétendus par lesdits Bureaux des Finances, des contrats d'engagement du domaine de Sa Majesté, & de tous autres actes emportant aliénation dudit domaine; pour, le tout vu & rapporté au Conseil, être ordonné par Sa Majesté ce qu'il appartiendra : & cependant par provision, & sans préjudice du droit des Parties au principal, ordonne Sa Majesté que l'Arrêt du Conseil, du 23 Août 1735, sera exécuté, & en conséquence fait défenses auxdits Officiers du Bureau des Finances de Paris, & des autres Bureaux des Finances, d'exiger ni recevoir des Officiers qui sont tenus de s'y faire installer, autres ni plus grandes sommes pour leur installation, que celle qu'ils auront payée aux Chambres des Comptes; ce qui sera pareillement exécuté pour les Officiers qui sont tenus de s'y faire recevoir ou d'y prêter serment, & d'y faire enregistrer leurs provisions. Ordonne pareillement Sa Majesté par provision, & jusqu'à ce qu'il en ait été par elle autrement ordonné, que lesdits Officiers des Bureaux des Finances ne pourront exiger ni recevoir des Officiers des Elections & des Greniers à sel, tant pour leur réception ou prestation de serment, l'enregistrement de leurs provisions aux Bureaux des Fnances, que la somme de soixante livres, tant pour droits des Officiers desdits Bureaux, que pour ceux du Parquet, du greffe & des Huissiers, non compris les droits réservés & rétablis qui peuvent être dus; & en conséquence ordonne Sa Majesté qu'en payant, ou en offrant par lesdits Officiers aux Greffiers desdits Bureaux, de payer lesdites sommes, lesdits Bureaux des Finances seront tenus de les installer, de les recevoir, de leur faire prêter serment, & d'enregistrer leurs provisions; voulant que leurs gages, qui ont pu être rayés lors de l'arrêté des états au vrai présentés auxdits Bureaux des Finances, ou qui n'ont pas été employés dans les états du Roi, faute d'installation, de réception ou prestation de serment, & d'enregistrement de leurs provisions, soient rétablis dans lesdits états au vrai, ou employés dans le premier état du Roi qui sera arrêté au Conseil : comme aussi que leurs gages, pour lesquels ils sont employés dans les états du Roi, leur soient payés, nonobstant toutes défenses des Bureaux des Finances, & toutes saisies qui auroient pu en être faites par eux, faute d'avoir rempli ces obligations, Sa Majesté leur en fait pleine & entiere main-levée, quoi faisant, les payeurs seront valablement déchargés, sauf néanmoins auxdits Bureaux des Finances, à faire payer à ces Officiers un sup- 1740.

1740. plément de droits, s'il est ainsi ordonné : fait en outre Sa Majesté défenses auxdits Officiers des Bureaux des Finances, jusqu'à ce que par elle il en ait été autrement ordonné, d'exiger ni recevoir aucuns droits, quand même ils leur seroient volontairement offerts, pour l'enregistrement des titres de propriété des Parties prenantes employées dans les états du Roy ; ce qui aura lieu dans les cas où elles seront nouvellement employées, & pareillement lorsqu'il y aura des mutations, soit par succession, donation, vente ou autrement, ni pour la présentation & les arrêtés des états au vrai, de ceux qui sont tenus de compter pardevant eux, sauf à faire payer dans la suite, s'il y échet, les droits qui leur pourroient être dus ; le tout, à peine par les Officiers des Bureaux des Finances, de restitution du double desdits droits. Ordonne au surplus Sa Majesté que les Réglemens & Arrêts du Conseil, qui enjoignent aux Officiers des Elections & des Greniers à sel, & autres Officiers & comptables, de se faire recevoir ou installer, prêter serment, & de faire enregistrer leurs provisions aux Bureaux des Finances, seront exécutés selon leur forme & teneur. Et sera le présent Arrêt notifié aux Officiers des Bureaux des Finances, de l'ordre de Sa Majesté, enjoignant aux sieurs Intendans & Commissaires départis, de tenir la main à son exécution, & d'informer Sa Majesté, des contraventions, si aucunes étoient faites à ses dispositions. Fait au Conseil d'Etat du Roy, Sa Majesté y étant, tenu à Versailles, le vingt-deux Novembre mil sept cent quarante. *Signé*, PHELYPEAUX.

(Voyez ci-après Arrêts du Conseil des 20 Mai 1755 & 14 Mars 1757.)

1741. *DÉCLARATION du 3 Février 1741, enrégistrée en Parlement, Chambre des Comptes & Cour des Aides, les 21 Mars, 10 & 25 Avril suivant, qui ordonne que les Charges d'Aumônier, & de Chirurgien-Major du Régiment des Gardes-Françoises, continuent d'être & soient réputés faire partie du Corps des Officiers de ce Régiment, & jouissent des mêmes privileges, exemptions, franchises, libertés & immunités dont jouissent les mêmes Officiers dudit Régiment, ainsi que les Officiers Commensaux, conformément à la disposition des Lettres-Patentes de Henri-le-Grand, du mois d'Août 1605.*

ARRÊT du Conseil, du 21 Février 1741, qui évoque à son Conseil la requête en forme de plainte, donnée à la Cour des Aides, contre le sieur Pestel, Receveur des Tailles & Subdélégué de l'Election de Melun, & renvoie le tout devant M. d'Argenson, Intendant de Paris, pour le procès être instruit & jugé définitivement par lui, conjointement avec les Officiers de l'Election de Paris. (Enrégistremens de l'Election, Volume coté XIII, folio 288, verso.)

DÉCLARATION

1741.

DÉCLARATION *concernant les oppositions au sceau des Offices.*

15 Mars 1741.

LOUIS, &c. Salut. L'Edit que le feu Roy, notre très-honoré Seigneur & bisaïeul, jugea à propos de donner au mois de Février 1683, n'avoit eu pour principal objet que de régler l'effet des oppositions au sceau des Offices, pour la sûreté des créanciers qui prennent cette voie, afin de conserver leurs droits sur le prix desdits Offices; mais comme par cet Edit il n'a pas été statué sur la main-levée & la radiation desdites oppositions, ni sur les formes qui doivent être observées pour la décharge des Gardes des rôles des Offices de France, il s'est souvent formé des difficultés à cette occasion, sur-tout dans le cas où les main-levées n'étant prononcées que par des Arrêts ou Jugemens rendus par défaut, ou par Sentences ou Jugemens sujets à l'appel, ces Officiers ne se croyoient pas suffisamment autorisés à faire la radiation des oppositions au sceau, & craignoient de s'exposer au danger d'en demeurer garants envers les opposans: c'est ce qui nous a donné lieu de considérer que si les voies de droit établies par nos Ordonnances, doivent être toujours ouvertes, il n'est pas moins juste de renfermer dans des bornes légitimes la faculté d'en user, & principalement lorsqu'il s'agit d'assurer l'état des acquéreurs des Offices, ou celui des vendeurs sur lesquels les oppositions au sceau ont été formées, afin que les uns & les autres ne soient pas trop long temps exposés à une incertitude aussi préjudiciable à leurs affaires, que contraire au bien du commerce. Nous avons donc jugé à propos de prévenir un si grand inconvénient, en expliquant tellement nos intentions sur cette matiere, que, d'un côté, les créanciers du vendeur d'un Office conservent tout l'avantage que la Loi a voulu leur procurer par la voie de l'opposition au sceau; & que, d'un autre côté, cette voie ne devienne pas une ressource à la chicane & à la mauvaise foi, pour fatiguer & inquiéter ceux qui ne cherchent qu'une libération, à laquelle il est juste qu'ils puissent parvenir par des voies simples & faciles, en y joignant les précautions nécessaires pour faire en sorte que des Officiers public, tels que les Gardes des rôles soient en sûreté, & à couvert de toutes sortes de recherches au sujet de la radiation des oppositions au sceau. A ces causes, &c. voulons & nous plaît ce qui suit:

I. Les oppositions au sceau ne pourront être rayées que du consentement de ceux qui les auront formées, ou en vertu de main-levées obtenues en Justice.

II. Ledit consentement ne pourra être donné que par des actes passés en bonne forme par les opposans, leurs héritiers, successeurs ou ayans-cause, leurs tuteurs ou curateurs, s'ils sont mineurs ou interdits, ou par ceux qui seront chargés de la procuration des personnes ci-dessus marquées, laquelle procuration ne pourra valoir, si elle n'est passée pardevant Notaires, avec pouvoir général ou spécial de donner main-levée des oppositions.

III. Les oppositions dont la main-levée aura été ainsi accordée, ne pourront être rayées, si les actes mentionnés dans l'article précédent n'ont été préalablement dénoncés aux Gardes des rôles des Offices de France, & s'il ne leur est justifié des qualités de ceux qui les auront passés, lorsqu'ils les auront signés comme représentans lesdits opposans, ou comme chargés de leur procuration.

IV. A l'égard des main-levées qui auront été obtenues en Justice, voulons que, si elles ont été prononcées par Arrêt ou par Jugement rendu en dernier

1741. ressort avec l'opposant ou ses représentans, ledit Arrêt ou ledit Jugement soit signifié à l'opposant au domicile élu par l'acte d'opposition, & que ladite signification soit dénoncée aux Gardes des rôles, avant que l'opposition puisse être rayée.

V. Si lesdits Arrêts ou Jugemens n'ont été rendus que par défaut, celui qui voudra faire rayer l'opposition, sera tenu de joindre aux actes de signification & dénonciation prescrits par l'article précédent, un certificat du Procureur qui aura occupé par le Demandeur en main-levée, portant que dans le délai fixé par l'Ordonnance, il ne lui a été signifié aucune opposition audit Arrêt ou audit Jugement, & que depuis ce délai il n'en est survenu aucune, sinon, l'opposition ne pourra être rayée.

VI. Les significations, dénonciations & autres formalités portées par les deux articles précédens, à l'égard des Arrêts ou Jugemens en dernier ressort, auront lieu pareillement, lorsque la main-levée des oppositions aura été prononcée par défaut ou contradictoirement par des Sentences ou Jugemens sujets à l'appel.

VII. Voulons en outre que dans ledit cas, après la dénonciation qui aura été faite desdites Sentences ou Jugemens aux Gardes des rôles, il soit sursis pendant trois mois, à compter du jour de ladite dénonciation, à la radiation des oppositions; après l'expiration duquel délai elles seront rayées purement & simplement, s'il n'a été dénoncé aux Gardes des rôles aucun acte d'appel desdites Sentences ou desdits Jugemens.

VIII. Les Gardes des rôles seront tenus de rayer les oppositions au sceau toutes les fois que les regles & formalités prescrites par les articles précédens auront été bien & duement observées, sans qu'il puisse être fait à ce sujet aucune autre procédure: au moyen de quoi ils en demeureront valablement déchargés, & ne pourront être recherchés pour raison de ladite radiation, de quelque maniere & sous quelque prétexte que ce soit, sauf aux opposans à se pourvoir par les voies de droit, s'il y échet, contre ceux qui auront fait faire ladite radiation, pour être statué sur leurs demandes ainsi qu'il appartiendra.

IX. Aucune des significations & dénonciations mentionnées dans la présente Déclaration, ne pourra être faite que par le ministere des Huissiers de notre Conseil ou de notre grande Chancellerie, ce qui sera observé, à peine de nullité. Si donnons en mandement, &c.

Donnée à Versailles, le quinzieme jour de Mars, l'an de grace mil sept cent quarante & un, & de notre regne le vingt-sixieme. *Signé*, LOUIS; & plus bas, par le Roy, PHELYPEAUX.

Registrée en Parlement & en la Cour des Aydes, les 15 Avril & 21 Juin 1741.

ORDONNANCE de l'Intendant de la Généralité de Paris, du 31 Janvier 1741, concernant l'établissement des Garnisons militaires, pour le recouvrement des impositions dans la Généralité de Paris. (Code des Tailles, Tome III, page 522.)

Nous ne donnons pas ici cette Ordonnance, parce que les Garnisons militaires sont autorisées par le Réglement du 13 Avril 1761, qui regle ce qu'elles doivent observer. Voyez ci-après ce Réglement, à sa date.

1742.

ARRÊT de la Cour des Aides, du 16 Février 1742, qui défend aux Officiers du ressort de la Cour, d'annuller les procès-verbaux des Commis, sous prétexte que les actes de leur réception & prestation de serment, n'auront point été déposés au greffe de la Jurisdiction dans le ressort de laquelle ils exercent leurs fonctions. (Enrégistrements de l'Election, Volume coté XIII, folio 346.)

ARRET du Conseil, entre les Officiers de l'Election de Paris, la veuve du sieur Roger, Receveur des Aides à l'Hôtel de Bretonvilliers, le Procureur du Roi, les Notaires, & les Commissaires au Châtelet de Paris, intervenants au sujet des scellés apposés à la requête du Fermier-Général, croisés à la requête de la veuve Roger, par un Commissaire au Châtelet du Paris;

Qui ordonne que les Officiers de l'Election de Paris seront tenus de reconnoître, lever & ôter les scellés apposés à la requête du Fermier-Général, sinon qu'ils seront brisés & ôtés par le Commissaire au Châtelet, qui réapposera les siens par-tout où besoin sera, pour être par lui reconnus, levés & ôtés, & être par les Officiers du Châtelet procédé par continuation à la description & inventaire par eux commencé, avec défenses aux Officiers de l'Election de les y troubler, à peine de tous dépens, dommages & intérêts.

20 Février 1741.

VU par le Roy, en son Conseil, la Requête présentée à Sa Majesté par les Officiers de l'Election de Paris, contenant qu'après le décès du sieur Roger, Receveur des entrées à l'Hôtel de Bretonvilliers, arrivé le 4 Octobre 1741, le sieur Aunillon, Premier Président de ladite Election, fut requis par Jacques Forceville, Adjudicataire des Fermes-Générales, d'apposer les scellés tant sur la caisse dudit sieur Roger, qu'en l'appartement qu'il occupoit, à cause des comptes qui sont à rendre de sa recette & maniement desdits droits d'entrées; qu'étant survenu plusieurs oppositions, il n'a pas été possible de procéder à la levée & reconnoissance desdits scellés, ni à la description des effets; que pendant ce temps les Officiers du Châtelet, par continuation d'entreprise sur les droits des Supplians, ont suscité la veuve du sieur Roger de faire croiser lesdits scellés par le Commissaire Sautel, ce qui a donné lieu au Procureur du Roy de ladite Election d'obtenir un Arrêt de la Cour des Aydes le 20 dudit mois d'Octobre, portant que les scellés dudit Commissaire Sautel seroient par lui reconnus, levés & ôtés, sinon qu'ils le seroient par ledit sieur Aunillon; mais que la veuve Roger ayant de sa part obtenu un Arrêt du Parlement, le 12 Décembre suivant, qui a ordonné que les scellés dudit sieur Aunillon seroient

1741. par lui levés, & l'inventaire fait par les Officiers du Châtelet, cela a formé un conflit entre le Parlement & la Cour des Aydes, ce qui auroit dû contenir les Officiers du Châtelet jusqu'à ce qu'il eût été jugé; que cependant le Commissaire Sautel prévoyant que ce conflit seroit décidé à l'avantage des Supplians, qui ont pour eux l'usage dans lequel ils sont maintenus & confirmés par les articles L & LI du titre commun de l'Ordonnance des Aydes de 1681 & par differens Arrêts du Conseil, s'est ingéré de se présenter pour lever les scellés dont il s'agit; à quoi le sieur de Courcy, Substitut du Procureur de Sa Majesté en ladite Election, s'est opposé en vertu dudit Arrêt de la Cour des Aydes du 20 Octobre 1741, & a protesté de prendre à partie ledit Commissaire Sautel, lequel ayant passé outre, levé ses scellés & ceux dudit sieur Aunillon, & procédé à l'inventaire, ledit Substitut s'est pourvu de nouveau à la Cour des Aydes, où il a obtenu Arrêt le 16 Décembre 1741, qui lui a donné acte de sa plainte du bris desdits scellés, lui a permis d'en informer, & a ordonné que ledit sieur Aunillon réapposeroit ses scellés sur les endroits où ils auroient été levés & brisés par ledit Commissaire Sautel; & que ce Commissaire remettroit au greffe de l'Election son procès-verbal de levée de scellés, pour servir de mémoire; qu'en conséquence de cet Arrêt, ledit sieur Aunillon accompagné dudit Substitut & du Greffier de l'Election, se sont transportés le même jour 16 Décembre à l'Hôtel de Bretonvilliers, pour y réapposer les scellés dans l'appartement du sieur Roger; mais qu'y ayant trouvé les Officiers du Châtelet, ces derniers ont refusé d'obéir audit Arrêt de la Cour des Aydes; qu'enfin ledit Substitut s'étant encore pourvu en cette Cour, il a obtenu un nouvel Arrêt le 18 du même mois de Décembre, en vertu duquel le sieur Aunillon a réapposé ses scellés sur la caisse dudit sieur Roger; qu'*il paroît que le Commissaire Sautel s'est prévalu d'une main-levée donnée par le Fermier*, & de celles des opposans aux scellés, *quoique le sieur Aunillon ne les ait apposés que sur le requisitoire du Fermier, & que lors il étoit seul compétent pour les apposer & connoître de tous les incidens, circonstances & dépendances, lesquelles mains-levées n'ont été que postérieures à l'apposition desdits scellés, & peuvent donner atteinte au droit de compétence acquise aux Supplians, d'autant plus que les comptes dudit feu sieur Roger de sa recette des droits de Sa Majesté sont encore à rendre, & que comme le conflit dont il s'agit peut par sa durée être très-nuisible aux intérêts de Sa Majesté* & à ceux des Particuliers qui peuvent en avoir à la levée des scellés, *il importe d'en prévenir la longueur.*

A ces causes requéroient lesdits Officiers de l'Election, qu'il plût à Sa Majesté ordonner que le Commissaire Sautel sera tenu de venir, à la premiere sommation, reconnoître ses scellés, les lever & ôter, sinon que par ledit sieur Aunillon ils seront levés, ôtés & brisés, & qu'il réapposera de nouveau ses scellés par-tout où besoin sera, pour ensuite procéder à la description & inventaire des choses qui se trouveront sous iceux en la maniere accoutumée, & condamner ledit Commissaire Sautel & par corps à rapporter au greffe de l'Election de Paris son procès-verbal, pour servir ce que de raison; faire défenses aux Commissaires du Châtelet de plus à l'avenir apposer aucuns scellés sur les effets des Receveurs, Caissiers ou autres, ayant maniement des deniers des Fermes du Roy, soit après leur décès, ou en cas d'absence, faillite ou autrement, & aux Procureurs du Châtelet de donner aucune requête à cet effet, & de s'y présenter, à peine d'interdiction tant contre les Commissaires que contre les Procureurs: la Requête présentée à Sa Majesté par Louise-Françoise Moufle, veuve dudit sieur Roger, tant en son nom à cause de la communauté d'entr'eux, que comme tutrice de Louise Roger leur fille mineure, seul présomptive héritiere de son pere, & par Charles-Marie Roger, Bourgeois de Paris, subrogé tuteur de ladite mineure, tendante pour les causes y contenues, à ce qu'il plût à Sa Majesté, sans avoir égard aux Arrêts de la Cour des Aydes de Paris, des 20 Octobre, 16 & 18 Décembre 1741, ordonner que ceux du Parlement de Paris, des 12, 19 & 20 Décembre de la même année seront exécutés selon leur forme & teneur; en conséquence que, par provision & sans préjudice des droits des Officiers du Châtelet & de ceux de l'Election, le sieur Aunillon, Premier Président de ladite Election, sera tenu, à la premiere sommation, de reconnoître les scellés par lui réapposés sur les effets dudit feu sieur Roger, les lever & ôter, sinon qu'ils seront levés, brisés & ôtés par le Commissaire Sautel, qu'il plaira à Sa Majesté commettre à cet effet, qui réapposera les siens par-tout où besoin sera, pour être ensuite par lui levés & ôtés, & être par les Officiers du Châtelet procédé par continuation à la description des choses trouvées sous iceux en la maniere accoutumée; faire défenses aux Officiers de l'Election de les y troubler ni inquiéter, à peine de tous dépens, dommages & intérêts, & de 1500 liv. d'amende; & ordonner que l'Arrêt qui interviendra sera exécuté, nonobstant oppositions ou autres empêchemens faits ou à faire : le Mémoire desdits Officiers de l'Election de Paris en réponse à la Requête ci-dessus de ladite veuve Roger, & tendante à l'adjudication de leurs conclusions : la Requête du Procureur de Sa Majesté au Châtelet de Paris, tendante à être reçu Partie intervenante dans l'instance dont il s'agit, lui donner acte de ce qu'il prend le fait & cause du Commissaire Sautel; ce faisant, sans avoir égard aux Arrêts de la Cour des Aydes, des 20 Octobre & 18 Décembre 1741, ordonner que ceux du Parlement, des 12, 19 & 20 du même mois de Décembre, seront exécutés selon leur forme & teneur; en conséquence, sans avoir égard aux scellés apposés & réapposés par les Officiers de l'Election, qui demeureront comme nuls & non-avenus, *attendu la main-levée de l'Adjudicataire des Fermes*, ordonner qu'à la premiere sommation lesdits Officiers seront tenus de les reconnoître, lever & ôter, sinon qu'ils seront brisés par le Commissaire Sautel, & que ceux apposés par ledit Commissaire Sautel seront par lui levés & ôtés, pour être ensuite procédé à la continuation de l'inventaire par les Officiers du Châtelet; faire défenses tant aux Officiers de l'Election, qu'à tous autres, de le troubler dans ses fonctions, à peine de tous dépens, dommages & intérêts, & de 1500 liv. d'amende, & le décharger, ensemble Collard, Procureur au Châtelet, du décret d'assigné pour être oui, prononcé contr'eux par ledit Arrêt de la Cour des Aydes du 18 Décembre 1641, lequel décret sera, en tant que de besoin, déclaré nul & de nul effet : Mémoire desdits Officiers de l'Election, en réponse à la Requête ci-dessus du Procureur de Sa Majesté au Châtelet de Paris : la Requête d'intervention des Notaires au Châtelet de Paris, tendante pour les causes y contenues, à ce qu'il plût à Sa Majesté, sans avoir égard aux Arrêts de la Cour des Aydes de Paris, des 11 & 20 Octobre 1741, non plus qu'à la prétention des Officiers de l'Election, dont ils seront déboutés, maintenir & garder lesdits Notaires dans le droit de procéder à la confection des inventaires dans la Ville & fauxbourgs de Paris, en conséquence des scellés apposés par les Juges Royaux, tels qu'il soient, & ce privativement à tous autres, & notamment aux Officiers de l'Election de Paris; en conséquence ordonner que ceux des Supplians qui ont été requis par les Parties, & ceux qui pourroient l'être par la suite, procéderont seuls, à l'exclusion de tous autres, à la confection de l'inventaire des effets de

1742. la succession du sieur Roger; faire défenses aux Officiers de l'Election, & à tous autres, de les y troubler, à peine de 1500 liv. d'amende, & de tous dépens, dommages & intérêts : Mémoire desdits Officiers de l'Election, servant de réponse à la Requête desdits Notaires au Châtelet : la Requête d'intervention des Commissaires au Châtelet de Paris, tendante à ce qu'il plût à Sa Majesté, sans avoir égard aux Arrêts de la Cour des Aydes, des 20 Octobre, 16 & 18 Décembre 1741, ordonner que ceux du Parlement, des 12, 19 & 20 dudit mois Décembre, seront exécutés selon leur forme & teneur; en conséquence que les scellés réapposés par les Officiers de l'Election sur les effets du feu sieur Roger, seront par eux reconnus, levés & ôtés à la premiere sommation, sinon brisés par le Commissaire Sautel, pour ensuite être par lui procédé à la reconnoissance des siens, & par les Officiers du Châtelet, à la continuation de l'inventaire & description desdits effets, en la maniere accoutumée; faire défenses tant aux Officiers de l'Election, qu'à tous autres, de les troubler, à peine de tous dépens, dommages & intérêts, & de 1500 liv. d'amende; décharger ledit Commissaire Sautel du décret d'assigné pour être oui, prononcé contre lui par l'Arrêt de la Cour des Aydes, du 18 dudit mois de Décembre, & faire défenses à ladite Cour de décerner de pareils décrets : la Réponse desdits Officiers de l'Election, à la Requête ci-dessus des Commissaires au Châtelet de Paris. Vu aussi l'article XXIV du titre VIII de l'Ordonnance des Aydes, du mois de Juin 1680, les articles L & LI du titre commun pour toutes les Fermes, de l'Ordonnance du mois de Juillet 1681. Acte passé devant Notaires au Châtelet de Paris, le 29 Novembre 1741, *par lequel Jacques Forceville, Adjudicataire des Fermes-Générales unies, a donné main-levée de l'apposition faite à sa requête par les Officiers de l'Election de Paris, de leurs scellés sur les effets du feu sieur Roger, & a consenti que lesdits scellés demeurent nuls & sans effet*, le tout sans préjudice des droits des Fermes-Générales contre la succession dudit sieur Roger & ses cautions. Autres actes passés devant lesdits Notaires au Châtelet de Paris, les 18, 19, 22, 23, 26 Novembre, & premier Décembre 1741, par lesquels les y dénommés ont donné main-levée des oppositions par eux formées auxdits scellés. Arrêt du Parlement du 12 Décembre 1741, rendu sur la requête de ladite veuve Roger, en qualité de tutrice de sa fille, & unique héritiere dudit feu sieur Roger, par lequel elle a été reçue appellante de l'apposition des scellés des Officiers de l'Election de Paris, sur les effets & meubles délaissés par ledit défunt sieur Roger; & cependant, par provision, ordonner que lesdits Officiers seroient tenus, à la premiere sommation, de venir reconnoître, lever & ôter leursdits scellés, sinon qu'ils seroient levés & brisés par le Commissaire Sautel, lequel procéderoit à la levée de ses scellés, & des contre-scellés, nonobstant toutes oppositions, lesquelles tiendroient sur son procès-verbal, & les Ordonnances qu'il rendroit exécutées, nonobstant toutes oppositions ou appellations quelconques, pour être ensuite procédé à l'inventaire & description par les Officiers du Châtelet, en la maniere accoutumée. Signification faite dudit Arrêt le même jour 12 Décembre, auxdits Officiers de l'Election, avec sommation de se trouver le lendemain, à huit heures du matin, en la maison du logement qu'occupoit ledit défunt sieur Roger, en l'Hôtel de Bretonvilliers, pour y reconnoître & lever leurs scellés : autre Arrêt du Parlement, du 19 du même mois de Décembre 1741, rendu sur la requête de ladite veuve Roger, tutrice de sa fille mineure, de Charles-Marie Roger, subrogé tuteur de ladite mineure, de Me. Charles Paris, Procureur au Châtelet, & plus ancien des créanciers opposans, & dudit Commissaire Sautel, par lequel ledit Commissaire Sautel a été déchargé de l'assignation à lui donnée en la Cour des Aydes, à la requête du Substitut du Procureur du Roy en l'Election de Paris, & ordonné l'exécution du précédent Arrêt ; ce faisant, que, sur les contestations dont étoit question, circonstances & dépendances, les Parties procéderoient en ladite Cour de Parlement : exploit de signification faite dudit Arrêt, le même jour 19 Décembre, auxdits Officiers de l'Election : autre Arrêt du Parlement du lendemain 20 dudit mois de Décembre, qui ordonne l'exécution des précédens ; ce faisant, que, sur les contestations dont il étoit question, les Parties procéderoient en ladite Cour, & décharge ledit Commissaire Sautel, & autres y dénommés, de l'assignation à eux donnée en la Cour des Aydes, à la requête dudit Substitut du Procureur du Roy de l'Election : copie d'un Arrêt du Parlement, du 3 Décembre 1569, portant Réglement entres les Notaires au Châtelet de Paris, l'Evêque de Paris, les Religieux de Sainte-Genevieve, les Doyen, Chanoines & Chapitre de Saint-Marcel, les Religieux, Abbé & Couvent de Saint-Magloire, les Religieux, Prieur & Couvent de Saint-Martin-des-Champs, le Grand-Prieur du Temple, le Greffier du Trésor, & la Communauté des Examinateurs dudit Châtelet de Paris, au sujet des scellés & inventaires : copie collationnée d'un autre Arrêt du Parlement de Paris, du dernier Avril 1588, rendu contradictoirement entre les Doyen, Chanoines & Chapitre de l'Eglise de Paris, la Communauté des Notaires au Châtelet de ladite Ville, & autres Parties y dénommées, portant Réglement pour les scellés & inventaires : copie d'un autre Arrêt du Parlement, du 8 Mai 1660, rendu sur la plainte des Officiers du Châtelet, au sujet du scellé par eux apposé sur les effets du sieur Olivier, Payeur des rentes : imprimé d'une Déclaration du 21 Janvier 1685, concernant la vente des biens des comptables : imprimé d'un Arrêt du Conseil, du 4 Février 1702 (1), portant Réglement entre les Officiers de la Chambre des Comptes, ceux du Châtelet, & autres, pour tous les scellés qui seront apposés sur les effets des comptables décédés, ou s'absenteront sans avoir rendu les comptes de leurs exercices : autre imprimé d'un Arrêt du Conseil, du 19 Décembre 1706, portant Réglement pour l'apposition des scellés sur les biens des comptables : copie collationnée d'un autre Arrêt du Conseil du 2 Juillet 1718, rendu au sujet de l'apposition des scellés sur les effets du sieur Mallet des Brunieres, Caissier des Fermes : imprimé d'un Arrêt du Parlement de Paris, du 17 Août 1730, rendu au sujet des scellés apposés sur les effets du sieur Desplanches, Directeur-Général des Aydes, ensemble les autres pieces & Mémoires produits par les Parties : oui le rapport du sieur Orry, Conseiller d'Etat & ordinaire au Conseil Royal, Contrôleur-Général des Finances. 1742.

Le Roy, en son Conseil, faisant droit sur le tout, a ordonné & ordonne qu'à la premiere sommation qui sera faite en vertu du présent Arrêt, aux Officiers de l'Election de Paris, lesdits Officiers seront tenus de reconnoître, lever & ôter les scellés par eux apposés & réapposés à la requête de l'Adjudicataire des Fermes-Générales, sur les meubles & effets du feu sieur Roger, Receveur des entrées du Bureau général des Aydes de Paris, en l'appartement qu'il occupoit à l'Hôtel de Bretonvilliers ; sinon que lesdits scellés seront brisés & ôtés par le sieur Sautel, Commissaire au Châtelet de Paris, qui réapposera les siens par-tout où besoin sera, pour être ensuite par lui reconnus, levés & ôtés, & être par les Officiers du Châtelet procédé, par continuation, à la description & inventaire par eux commencé des meubles, titres, papiers & effets qui se trouveront sous lesdits scellés, en la maniere accoutumée. Fait Sa Majesté défenses auxdits Officiers de l'Election

(1) Nous mettrons cet Arrêt à la suite de celui-ci, mais en petit caractere pour ne point déranger l'ordre chronologique.

1742. de les y troubler, à peine de tous dépens, dommages & intérêts. Ordonne en outre Sa Majesté, que ledit Commissaire Sautel & Me. Collard, Procureur au Châtelet de Paris, demeureront déchargés du décret d'assigné pour être oui, prononcé contr'eux par l'Arrêt de la Cour des Aydes, du 18 Décembre dernier, lequel décret Sa Majesté déclare nul & de nul effet. Fait au Conseil d'Etat du Roy, tenu à Versailles, le vingt Février mil sept cent quarante-deux. Collationné. *Signé*, DE VOUGNY.

DANS l'espece de l'Arrêt que nous venons de donner, les scellés avoient été apposés le 4 Octobre 1751, à la requête du Fermier, à cause des comptes qui étoient à rendre de la recette du sieur Roger, ils devoient être apposés par les Officiers de l'Election, aux termes de l'article XXIV du titre VIII des contraintes pour le gros de l'Ordonnance des Aides de 1680 & des articles L & LI du titre commun pour toutes les Fermes de l'Ordonnance de 1681.

Le Fermier avoit donné main-levée de l'apposition des scellés le 29 Novembre 1741, dès-lors & d'après le même article de l'Ordonnance de 1680, & d'après le Réglement de 1702, que nous donnons ici, les Officiers de l'Election devoient se retirer, & laisser procéder le Commissaire & les Notaires du Châtelet.

ARRÊT du Conseil, au sujet des scellés & inventaires des comptables décédés ou absents. (Recueil des Chartes des Notaires, par Langlois, page 123.)

4 Janvier 1702.

LE Roy s'étant fait représenter en son Conseil l'Arrêt rendu en icelui, le 29 Octobre dernier, par lequel Sa Majesté auroit ordonné que par le sieur le Pelletier des Forts, Conseiller d'Etat ordinaire, Intendant des Finances, commis & député à cet effet, il seroit apposé scellé à la requête du Contrôleur-Général des restes, sur les effets du sieur Amelon, Receveur-Général des domaines & bois de la Généralité de Paris, & ensuite par lui procédé à l'inventaire desdits effets, titres & papiers qui se trouveroient sous lesdits scellés, après que ceux mis par les Officiers de la Chambre des Comptes, *du Châtelet* & autres, auroient été par eux reconnus; Sa Majesté ayant été informée que les scellés qui ont été pareillement apposés sur lesdits effets, tant par les Officiers de la Chambre des Comptes, que par les Trésoriers de France, Officiers du Châtelet, des Eaux & Forêts de Paris, donnoient lieu à plusieurs contestations entre ces Officiers, qui pourroient apporter un retardement considérable à l'exécution dudit Arrêt, Sa Majesté voulant y pourvoir, prévenir le dépérissement desdits effets, qui sont sous les scellés, & terminer en même temps les contestations qui sont depuis plusieurs années entre les Officiers de la Chambre des Comptes & *ceux du Châtelet de Paris*, au sujet *des scellés & inventaires* des effets des comptables qui décedent ou s'absentent sans avoir rendu les comptes de leurs exercices. Vu les Mémoires fournis tant par lesdits Officiers de la Chambre & *ceux du Châtelet*, que par les Greffiers de ladite Chambre *& les Notaires du Châtelet de Paris :*

Oui le rapport du sieur Rouillé du Condrai, Conseiller ordinaire au Conseil Royal, Directeur des Finances, Sa Majesté, en son Conseil, a ordonné & ordonne que l'Arrêt du 29 Octobre dernier sera exécuté; ce faisant & en l'interprétant en tant que de besoin, ordonne que par le sieur le Pelletier des Forts, il sera incessamment procédé à la reconnoissance & levée des scellés par lui apposés sur les effets dudit Amelon, ceux qui y ont été mis par les Officiers de la Chambre, Commissaires du Châtelet & autres, préalablement reconnus par eux, à l'effet de quoi ils seront appellés; sinon & à faute de comparoître, seront lesdits scellés brisés & ôtés, après avoir été reconnus & vérifiés par un Graveur, qui sera nommé d'office par ledit sieur des Forts, qui fera inventaire & description sommaire des deniers comptans étant sous lesdits scellés, ensemble des papiers & titres qui seront par lui jugés utiles pour les intérêts de Sa Majesté, lesquels seront de lui paraphés & déposés où & ainsi qu'il sera par lui ordonné. Après laquelle description seront les scellés de la Chambre des Comptes & du Châtelet seulement réapposés sur lesdits effets par les Commissaires de ladite Chambre à ce députés, & par le Commissaire du Châtelet.

Veut

Veut Sa Majesté, qu'en faisant, dans quinzaine du jour que lesdits scellés auront été réapposés, par la veuve dudit Amelon, comme commune, & par les héritiers présomptifs, en qualité d'héritiers 1742.
purs & simples, à l'égard de Sa Majesté, leurs soumissions à la Chambre des Comptes, de rendre les comptes qui sont dus des exercices dudit Amelon, il leur soit, par les Officiers de ladite Chambre, fait main-levée de leur scellé, & en conséquence procédé par le Commissaire du Châtelet à la levée & reconnoissance des scellés par lui réapposés, & ensuite à l'inventaire & description des effets qui se trouveront sous iceux par des Notaires du Châtelet, en la maniere accoutumée.

Et faute par ladite veuve & héritiers présomptifs de faire lesdites soumissions, l'inventaire desdits effets sera fait par les Officiers de ladite Chambre, en la maniere accoutumée, après que les scellés du Commissaire du Châtelet auront été par lui reconnus, sinon brisés & ôtés, & ensuite procédé à la vente des meubles, de l'Ordonnance de la Chambre, par l'Huissier-Priseur du Châtelet, qui sera par elle à cet effet commis.

Et sera, ce qui est porté par le présent Arrêt, exécuté par forme de Réglement dans tous les scellés qui seront apposés sur les effets des comptables décédés, ou qui s'absenteront sans avoir rendu les comptes de leurs exercices, à l'exception néanmoins de ceux èsquels Sa Majesté jugera à propos de faire procéder, par les Commissaires de son Conseil, à l'inventaire, ou même à la vente des effets desdits comptables. Fait au Conseil d'État du Roi, tenu à Versailles, le quatrieme jour de Février mil sept cent quarante-deux. Collationné.

Signé, GOUJON.

DÉCLARATION du 8 Mars 1742, enrégistrée en Parlement & en la Cour des Aides, les 24 Avril & 22 Mai 1742, qui ordonne que les Officiers de la Louveterie qui demeurent dans les Provinces, seront tenus d'envoyer tous les ans, dans le mois de Décembre, un certificat de leur vie & domicile, légalisé par le Juge des lieux, sur lequel, & non autrement, ils seront employés sur l'état présenté au Roi, par le Grand-Louvetier, pour être enrégistré tous les ans en la Cour des Aides; & en cas que lesdits Officiers omettent pendant deux ans de suite de se faire comprendre dans ledit état, le Roi veut que leurs commissions demeurent nulles de plein droit.

EDIT du mois de Juillet 1742, enrégistré en la Cour des Aides, le 21 Août suivant, portant suppression d'une Charge de Garde à cheval de la Capitainerie de Vincennes, & création d'une Charge d'Exemt de ladite Capitainerie.

DÉCLARATION pour l'instruction des affaires criminelles dans les Elections & Greniers à sel. 1743.
(Code des Tailles, Tome III, page 555; Enrégistrements de l'Election, Volume coté XIII, page 420.)

16 Octobre 1743.

LOUIS, &c. Nous avons été informés qu'il s'est élevé des contestations entre les differens Officiers des Elections & des Greniers à sel, sur l'exercice de la Jurisdiction criminelle dans les matieres de leur compétence: comme cette Juris-

1743. diction a été accordée à ces Tribunaux en général, sans qu'il y ait eu dans leur établissement aucun Officier, auquel les fonctions qui en dépendent, ayent été confiées en particulier, on a douté si elles devoient être exercées, ou par le Président, comme étant à la tête de tout le Corps, ou par le Lieutenant, à l'exemple des Lieutenans-Criminels établis dans les Bailliages & Sénéchaussées, ou enfin par tous les Officiers également, pour s'en acquitter chacun à leur tour; notre Cour des Aydes de Paris avoit estimé que ce dernier parti étoit le plus conforme à la nature & à l'origine de ces Tribunaux, & l'avoit autorisé par plusieurs Arrêts, lorsque le feu Roy, notre très-honoré Seigneur & bisaïeul créa, par son Edit du mois d'Août 1693, des Offices de Lieutenans-Criminels dans les Elections; mais outre qu'il n'en fut point établi dans les Greniers à sel, les Offices créés en 1693, furent supprimés par l'article VIII de l'Edit du mois d'Août 1715, & il ne resta de Lieutenans-Criminels, que dans quelques Elections où il en avoit été créé par des titres particuliers. Par l'article IX du même Edit, il fut ordonné que les fonctions qui avoient été attribuées aux Offices de Lieutenans-Criminels, seroient exercées à l'avenir par les autres Officiers à tour de rôle, & suivant l'ordre du tableau; depuis cet Edit qui confirmoit ainsi la Jurisprudence de notre Cour des Aydes de Paris, elle crut devoir tirer encore une conséquence du principe, qui en étoit le fondement; & regardant toujours la Jurisdiction criminelle comme appartenante en commun au Corps entier de ces Tribunaux, elle jugea que même les Ordonnances pour permettre d'informer, ou pour décréter, ne pouvoient être rendues que par délibération commune des Officiers du Siege; mais après avoir balancé les motifs de cette décision avec les inconvéniens qui en pouvoient résulter, par rapport à des procédures où la diligence & le secret sont d'une si grande conséquence, il nous a paru plus avantageux à la Justice, qu'il y eût un Officier toujours connu du Public, en qui le pouvoir de donner les permissions d'informer & les décrets, fût fixe & permanent, & qui seroit par-là plus en état d'acquérir, par un exercice continuel, la capacité & l'expérience si nécessaires dans les matieres criminelles; c'est sur des considérations si importantes, que nous nous sommes déterminés à ordonner par notre Déclaration du 11 Janvier 1736, enregistrée le 8 Février suivant en notre Cour des Aydes de Paris, que le Président de chaque Election ou Grenier à sel, pourroit accorder seul & sans délibération de Conseil, les permissions d'informer, & pareillement décerner seul tel décret qu'il appartiendroit, préférablement à tous autres Officiers du même Siege; & qu'en son absence, ou légitime empêchement, la même fonction seroit exercée par l'Officier qui le suivroit immédiatement selon l'ordre du tableau. Mais comme cette Déclaration ne fait mention que des Ordonnances pour permettre d'informer, ou pour décréter, qui en avoient été l'occasion, & qu'elle ne s'explique point sur les autres parties de l'instruction des procès criminels, il s'est élevé encore de nouvelles difficultés sur ce sujet, & qu'il est nécessaire de faire cesser par une loi plus générale; & les mêmes raisons qui nous ont déjà déterminés à accorder au Président de l'Election ou Grenier à sel, le pouvoir de donner seul les permissions d'informer & les décrets, nous engagent encore à établir la même regle pour le reste de l'instruction & le rapport des procès criminels: nous nous y déterminons d'autant plus volontiers, que nous conservons aux Lieutenans & autres Officiers de ces Sieges un moyen de s'instruire des matieres criminelles, en ordonnant qu'ils feront les mêmes fonctions en cas d'absence ou autre empêchement du Président; nous prendrons encore les moyens les plus convenables pour établir le même ordre dans le petit nombre d'Elections où il reste actuellement des

Offices de Lieutenans-Criminels, après que nous nous serons fait instruire de l'état & des titres particuliers de ces Offices. A ces causes, &c. Voulons & nous plaît : 1743.

I. Le Président de chaque Election ou Grenier à sel, pourra, préférablement au Lieutenant, ou autres Officiers desdits Sieges, donner seul & sans délibération de Conseil, les permissions d'informer dans les cas où il échéra d'en accorder, procéder aux informations, décerner tels décrets qu'il appartiendra, faire les interrogatoires, rendre les Jugemens à l'extraordinaire & les Jugemens préparatoires, procéder aux récolemens & confrontations, & généralement faire toute l'instruction & rapport du procès, & rendre toutes les Ordonnances qui peuvent être données par un seul Juge dans les Sieges ordinaires qui connoissent des matieres criminelles.

II. En cas d'absence, récusation & autre empêchement légitime du Président, les fonctions qui lui sont attribuées par l'article précédent seront exercées par le Lieutenant; &, en cas d'absence, récusation ou autre légitime empêchement dudit Lieutenant, elles seront remplies par l'Officier qui le suit immédiatement, & ainsi successivement suivant l'ordre du tableau.

III. Les deux tiers des émolumens de toute la procédure appartiendront au Président ou au Lieutenant, ou autre Officier qui l'aura faite en sa place, & le surplus sera mis en bourse commune; & à l'égard des épices des Jugemens, il en sera usé dans chaque Siege comme par le passé.

IV. Tout ce que dessus sera pareillement observé dans les Sieges des bureaux des traites & dépôts de sel.

V. Et desirant établir une entiere uniformité dans lesdits Sieges en ce qui concerne l'exercice de la Jurisdiction criminelle, ordonnons que les propriétaires des Offices de Lieutenans-Criminels aux Elections de la Charité, Sainte-Ménehoult, Joinville & Montereau, établis en *1696*, & le propriétaire de l'Office de pareille qualité prétendu réservé dans l'Election de Clermont-Ferrand en *1654*, remettront leurs titres & mémoires entre les mains du sieur Contrôleur-Général de nos Finances, pour être par nous statué sur le remboursement desdits Offices, ainsi qu'il appartiendra. Si donnons en mandement, &c.

Donnée à Fontainebleau, le seizieme jour d'Octobre, l'an de grace mil sept cent quarante-trois, & de notre regne le vingt-neuvieme. *Signé*, LOUIS; & plus bas, par le Roy, PHELYPEAUX.

Registrée en la Cour des Aydes, le 4 Décembre 1743.

DÉCLARATION du 16 Mars 1744, enrégistrée en la Cour des Aides, le 30 dudit mois, qui ordonne que la Déclaration du 15 Mai 1703, soit exécutée en faveur de ceux qui leveront les nouveaux Offices de Trésoriers des ponts & chaussées, créés par Edit de Décembre 1743; en conséquence que les pourvus desdits Offices jouiront de l'exemption de Tailles, ustensiles, tutelle & curatelle, service à la milice, guet & garde, & autres charges publiques, de même & ainsi qu'en jouissent les Receveurs particuliers des Tailles des Elections du Royaume, & qu'en ont joui & dû jouir les Trésoriers supprimés par l'Edit de Décembre 1743. (Code des Tailles, Tome III, page 561.) 1744.

1744.

Edit du 24 Mars 1744, enrégistré en Parlement, Chambre des Comptes & Cour des Aides, les 8 & 16 Avril, & 16 Mai 1744, par lequel le Roi veut qu'à l'avenir ceux qui se présenteront pour se faire pourvoir des Offices de Chevaliers d'honneur des Bureaux des Finances, créés par Edit du mois de Juillet 1702, soient dispensés de faire preuve de noblesse, pourvu qu'ils aient vécu noblement, & que par leurs services & ceux de leurs ancêtres, ils se soient rendus dignes d'obtenir du Roi l'agrément desdits Offices, & veut que ceux qui posséderont lesdites Charges graduellement, puissent acquérir la noblesse de la même maniere que les Trésoriers de France des Bureaux des Finances, auxquels ils sont attachés.

Arrêt du Conseil, qui ordonne que les Officiers de l'Election de Paris procéderont à la levée des scellés apposés sur les effets du sieur le Blanc, ci-devant Receveur des entrées de Paris, au Bureau du Port Saint-Nicolas, après toutefois que ceux apposés par le sieur de Courcy, Commissaire au Châtelet, auront été par lui reconnus, pour être ensuite procédé par les Officiers de l'Election, à l'inventaire & description desdits effets & au jugement des contestations qui pourroient se former à ce sujet: le tout en la maniere accoutumée;

Fait défenses aux Officiers du Châtelet de troubler ceux de l'Election, & à tous Juges autres que ceux des Aides, Gabelles, Traites & autres Fermes de Sa Majesté, d'apposer aucuns scellés sur les caisses & effets des Receveurs & autres comptables desdites Fermes, soit en cas de mort ou autrement, & de s'immiscer à l'avenir dans la connoissance des affaires concernant les Fermes, à moins qu'ils n'en fussent requis par les Fermiers ou Régisseurs, leurs Procureurs ou Commis : le tout à peine de nullité & de tous dépens, dommages & intérêts, & sous telles autres peines qu'il appartiendra.

19 Juin 1744.

LE Roy étant informé que le sieur le Blanc, ci-devant Commis, Receveur des entrées de Paris, au Bureau du port S. Nicolas, est décédé le 28 Mai dernier, sans avoir rendu ses comptes, & redevable de sommes considérables envers Jacques Forceville, Adjudicataire des Fermes-Générales de Sa Majesté : que le même jour, Marguerite Daudebert, veuve dudit sieur le Blanc, a fait apposer scellés sur ses effets, par le sieur de Courcy, Commissaire au Châtelet; que le lendemain les Officiers de l'Election de Paris ont contre-scellé lesdits effets à la requête dudit sieur Forceville, lequel s'est pourvu en la Cour des Aydes, où il a obtenu Arrêt le 6 Juin suivant, qui a ordonné que le Commissaire de Courcy seroit tenu de reconnoître & lever les scellés par lui apposés, sinon & après une simple sommation ils seroient levés, brisés & rompus par les Officiers de l'Election, pour être par eux procédé à l'inventaire & description des effets dudit sieur le Blanc, & au Jugement des contestations qui pourroient se former en ladite Election, sauf l'appel en la Cour des Aydes, avec défenses audit Commissaire de Courcy & à tous autres, de troubler lesdits Officiers de l'Election dans leurs fonctions, à peine de nullité, 1000 liv. d'amende, & de tous dépens, dommages & intérêts. Que cet Arrêt ayant été signifié le 9 dudit mois de Juin au matin, tant au Commissaire de Courcy, qu'à ladite veuve le Blanc, avec sommation d'y satisfaire, ladite veuve le Blanc a fait signifier le même jour au soir, copie d'un Arrêt obtenu à sa requête au Parlement, le deux du même mois, qui l'auroit reçue appellante comme de Juge incompétent de l'apposition des contre-scellés des Officiers de l'Election, & cependant par provision auroit ordonné que lesdits Officiers de l'Election seroient tenus, à la premiere sommation, de venir reconnoître, lever & ôter leursdits contre-scellés, sinon qu'ils seroient levés & brisés par le Commissaire de Courcy, lequel procéderoit à la levée des scellés, nonobstant toutes oppositions ou appellations quelconques, & ensuite à l'inventaire & description en la maniere accoutumée. Que la veuve le Blanc a, par la même signification, fait faire sommation tant audit Forceville, qu'aux Officiers de l'Election, de comparoître le lendemain, en la maison où étoit décédé le sieur le Blanc. Que les Officiers de l'Election s'étant transportés le 10, à huit heures du matin, en ladite maison, pour y mettre à exécution ledit Arrêt de la Cour des Aydes du 6, & y ayant trouvé les Officiers du Châtelet, qui s'y étoient rendus à dessein d'y mettre pareillement à exécution ledit Arrêt du Parlement du 2 du même mois, les Officiers desdites deux Jurisdictions ont dressé séparément leurs procès-verbaux d'opposition auxdits Arrêts, d'interpellation, réquisitions & protestations respectives, & se sont ensuite retirés. Et Sa Majesté s'étant fait représenter les articles L & LI du titre commun pour toutes les Fermes, de l'Ordonnance de 1681, par lesquels la connoissance de toutes les affaires concernant les droits, la régie & le service des Fermes-Générales, circonstances & dépendances a été attribuée aux Officiers des Elections, Greniers à sel & Juges des Traites, & icelle interdite à toutes Cours de Parlement & à autres Juges, à peine de nullité de procédures, dépens, dommages & intérêts, & 1000 liv. d'amende. Les Arrêts du Conseil des 29 Octobre 1706, 17 Juillet 1708, 2 Juillet 1718, 31 Janvier 1721, 8 Août 1724, 4 Septembre, 9 Octobre & 15 Novembre 1731, ensemble l'article DLXXX, du bail des Fermes-Générales, fait audit Forceville, le 16 Septembre 1738, qui ont ordonné l'exécution desdites Ordonnances, & maintenu les Officiers des Elections & autres Juges des Fermes dans le droit d'apposer scellés sur les effets des Commis comptables, privativement à tous autres Juges Royaux : *& Sa Majesté voulant prévenir tous les inconvéniens qu'il y auroit à laisser aux Juges ordinaires, une espece de Jurisdiction dans une des parties les plus essentielles de la régie des Fermes, & leur ôter à cet effet toute connoissance des deniers & effets délaissés par les comptables redevables, afin qu'ils ne puissent, sous aucun prétexte, connoître des préférences & autre privileges qui appartiennent aux Fermiers de Sa Majesté, sur les effets mobiliers meubles & immeubles des comptables, dont la distribution n'y doit être faite que* 1744.

1744. *par les Juges ordinaires des Fermes, sauf l'appel en la Cour des Aydes, conformément auxdites Ordonnances.* Oui le rapport du sieur Orry, Conseiller d'Etat ordinaire & au Conseil Royal, Contrôleur-Général des Finances;

Le Roy, étant en son Conseil, a ordonné & ordonne que par les Officiers de l'Election de Paris, il sera incessamment procédé à la levée des scellés apposés sur les effets dudit sieur le Blanc, après toutefois que ceux apposés par le Commissaire de Courcy auront été par lui reconnus : à l'effet de quoi il sera tenu de comparoître à la premiere sommation qui lui en sera faite, sinon & à faute de ce faire, que lesdits scellés seront brisés & rompus, après avoir été reconnus préalablement sains & entiers, *pour être ensuite procédé par lesdits Officiers de l'Election à l'inventaire & description desdits effets*, & au Jugement des contestations qui pourront se former à ce sujet, le tout en la maniere accoutumée. Fait Sa Majesté défenses aux Officiers du Châtelet de les y troubler, & à tous Juges autres que ceux des Aydes, Gabelles, Traites & autres Fermes de Sa Majesté, d'apposer aucuns scellés sur les caisses & effets des Receveurs & autres comptables desdites Fermes, soit en cas de mort ou autrement, & de s'immiscer à l'avenir dans la connoissance des affaires concernant les Fermes, à moins qu'ils n'en fussent requis par les Fermiers ou Régisseurs, leurs Procureurs ou Commis, le tout à peine de nullité & de tous dépens, dommages & intérêts, & sous telles autres peines qu'il appartiendra, Sa Majesté en attribuant, en tant que de besoin, la connoissance auxdits Juges des Fermes à l'exclusion de tous autres, sauf l'appel de leurs Jugemens à la Cour des Aydes; & sera le présent Arrêt exécuté nonobstant toutes oppositions & empêchemens quelconques, pour lesquels ne sera différé. Fait au Conseil d'Etat du Roy, Sa Majesté y étant, tenu à Vlamerting, le dix-neuf Juin mil sept cent quarante-quatre. *Signé*, PHELYPEAUX, avec paraphe.

Le 8 Juillet 1744, le présent Arrêt rendu du mouvement du Roy, a été, de l'ordre exprès de Sa Majesté, signifié, & d'icelui laissé copie aux fins y contenue à ladite veuve le Blanc, en son domicile, rue de la grande-Truanderie, en parlant à sa personne, & audit sieur de Courcy, Commissaire au Châtelet de Paris, en son domicile rue Verderet, Paroisse S. Eustache, en parlant à sa personne, à ce que du contenu au susdit Arrêt, ils n'en ignorent & ayent à s'y conformer, par nous Huissier ordinaire du Roy en ses Conseils, soussigné. *Signé*, DE BRYE, avec paraphe.

EDIT *du mois de Septembre 1744, enrégistré en Parlement, Chambre des Comptes & Cour des Aides, les 16 Octobre & 30 Décembre suivants, & 20 Janvier 1745, portant suppression des Contrôleurs-Généraux des Trésoriers des Troupes de la Maison du Roi & de l'ordinaire des Guerres, & érection de quatre Offices de Contrôleurs-Généraux, & de deux Contrôleurs des Trésoriers-Payeurs des gages des Maréchaussées, avec les mêmes droits, privileges & émoluments dont jouissoient ceux supprimés.*

1745.

EDIT de Février 1745, qui accorde aux Officiers des Elections & Greniers à ſel la ſurvivance de leurs Offices, en rachetant le prêt annuel. (Code des Tailles, Tome III, page 563.)

ARRÊT de la Cour des Aides, du 7 Mai 1745, qui garde Jean Liard, l'un des Cent-Suiſſes vétérans de la Garde du Roi, dans les privileges accordés à la Nation Suiſſe; ce faiſant déclare nulles les cotes à lui données dans le rôle des Tailles de Vaugirard, des années 1740, 1741 & 1742; ordonne que ce qu'il a été ou ſera contraint de payer lui ſera reſtitué, & à cet effet réimpoſé à la premiere aſſiette ſur le général des Habitans, défenſes de l'impoſer à l'avenir.

EDIT de Juin 1745, enrégiſtré en la Cour des Aides, le 5 Août ſuivant, portant ſuppreſſion d'un Garde-du-Corps du Roi, dans chacune des quatre Compagnies deſdits Gardes, & création d'un Sous-Aide-Major dans chacune deſdites Compagnies.

LETTRES-PATENTES qui ordonnent l'exécution des articles XXVI, XXVII & XLI du contrat arrêté au nom du Roi, le 30 Novembre 1744, avec les Députés des Etats de Bretagne, concernant leurs privileges. (Code des Tailles, Tome III, page 569.)

2 Décembre 1745.

LOUIS, &c. Approuvons & ratifions leſdits articles XXVI, XXVII & XLI dudit contrat, promettant de les garder & faire garder par tous ceux & ainſi qu'il appartiendra. Si vous mandons, &c.

Données à Verſailles, le deuxieme jour de Décembre mil ſept cent quarante-cinq.

Enregiſtrées en la Cour des Aydes, à Paris, le 8 Février 1746.

Teneur deſdits articles dont l'extrait eſt attaché ſous le contre-ſcel deſdites Lettres-Patentes.

Article XXVI. Noſſeigneurs les Commiſſaires accordent que les Eccléſiaſtiques, Gentilshommes & autres Particuliers, non marchands, débitans en gros & en détail, ſoient exempts de toutes ſortes de devoirs & traites foraines pour les

1745. habits & hardes qui auront servi à leur usage, ou de leurs familles, & pour la vaisselle d'argent ou d'étain, vieille & neuve, armoriée de leurs armes, qu'ils transporteront, tant pour la sortie qu'entrée en ladite Province : comme aussi que les Particuliers domiciliés d'icelle, qui ont des héritages qu'ils possèdent aux Provinces voisines de celles de Bretagne, qui les font valoir par leurs mains, ou les donnent à Ferme par moitié fruits, seront exempts desdits devoirs de traites, pour ce qu'ils feront venir de leurs terres, du crû d'icelles, pour l'entretien & provision de leurs familles & domestiques, le tout de bonne foi & sans fraude, conformément à l'Arrêt du Conseil du 20 Juin 1715.

XXVII. Promettent pareillement Nosseigneurs les Commissaires, que les Habitans & domiciliés de la Province de Bretagne ne seront contraints pour les tailles, gabelles & subsides, à raison des terres qu'ils possedent aux Provinces voisines, taillables & sujettes aux Gabelles & autres impositions, aux termes des Arrêts du Conseil des années 1644 & 1645 rendus sur les requêtes des Etats, même de celui rendu au profit de Julien Gaullier de la Paroisse de Chelun, le 17 Novembre 1655, & autres rendus au profit des Habitans des Paroisses de Vieillevigne & Saint-André, des treize voies & hameaux en dépendans, sur l'intervention des Etats du 14 Novembre 1701, & ce conformément à ceux rendus encore le 22 Juillet, 2 & 14 Décembre 1727, au profit de plusieurs Habitans de la Paroisse de Louvigny-du-Désert, contre ceux de la Paroisse de S. Brice-des-Landelles ; & que les taxes, sentences, & jugemens donnés au contraire, demeureront nuls & de nul effet ; & promettent Nosseigneurs les Commissaires de s'employer vers Sa Majesté, pour faire exécuter le présent article.

XLI. Finalement Nosseigneurs les Commissaires promettent de faire expédier aux Etats, & sans frais, toutes Lettres-Patentes, Déclarations & Arrêts nécessaires, pour l'entiere exécution du présent contrat, & de s'employer pour la conservation & confirmation de leurs privileges, & l'exécution des autres précédens contrats, &c.

Fait & arrêté en la ville de Rennes, le 30 Novembre 1745, & ont signé.

1746. *ARRÊTÉ de la Cour des Aides, au sujet des requêtes incidentes à des instances ou procès pendants en la Cour, dans lesquelles il y a un Rapporteur nommé.*

25 Mai 1746.

CE jour, les Chambres assemblées, sur ce qui a été représenté par le Procureur-Genéral du Roy, qu'il y a des Procureurs qui font répondre au greffe des requêtes incidentes à des instances ou procès pendans en la Cour, dans lesquels il y a un Rapporteur nommé, quoique, suivant le réglement & l'usage observé de tout temps en la Cour, ces requêtes ne doivent être répondues que par le Rapporteur de l'instance du procès, ou, à son défaut, par l'un des Conseillers servans actuellement dans celle des Chambres de la Cour où ledit procès & instance est pendant, requérant y être pourvu par la Cour pour l'observation de l'ancienne discipline de la Compagnie : sur quoi la matiere mise en délibération,

A été arrêté,

1°. Que les Procureurs seront tenus, à la fin de chacune des requêtes qu'ils présenteront à la Cour, dans les affaires où il n'y a point de Rapporteur, ou à la la marge d'icelle, d'écrire ces mots, *il n'y a point de Rapporteur*, & de les parapher de leur main; 1746.

2°. Que dans les procès ou instances dans lesquelles il y aura un Rapporteur nommé, les requêtes incidentes audit procès ou instance, comme intervention & autres ne seront répondues que par le Rapporteur nommé, ou, à son défaut, par l'un des Conseillers desservans dans la Chambre dans laquelle le procès ou instance sera pendante;

3°. Que défenses seront faites à tous Procureurs de faire répondre lesdites requêtes par autres que le Rapporteur ou Conseiller de cette Chambre, le tout sous telle peine qu'il appartiendra, même d'interdiction, s'il y échet;

4°. Que si, au préjudice du présent Réglement, il se trouve des requêtes répondues par autres que le Rapporteur ou Conseiller de la Cour, ainsi qu'il est dit, arrêté que la Cour ordonnera que lesdites requêtes, ainsi que les significations qui en auront été faites, seront rapportées sur le Bureau, pour être adhirées ou supprimées, & réputées nulles & de nul effet & valeur;

5°. Que le Jugement qui aura ainsi ordonné le rapport desdites requêtes & significations d'icelles, n'empêchera pas que la Partie dont la requête aura été adhirée ou supprimée & réputée nulle, ne présente une autre requête pareille, & ne la fasse répondre par le Rapporteur de ce procès ou instance, ou par un des Conseillers de la Cour, ainsi qu'il est dit, & ladite requête ainsi répondue, sera admise pour avoir tel effet que de raison, nonobstant l'Arrêt qui aura adhiré ou supprimé la premiere requête;

6°. Que le présent Réglement sera lu, publié à la Communauté des Avocats & Procureurs, & inscrit sur le registre de ladite Communauté, & les Procureurs de Communauté mandés pour les charger de le faire observer par leurs Confreres, & de veiller à ce qu'il n'y soit contrevenu. *Signé*, DE LAMOIGNON.

Et le Samedi, 27 dudit mois de Mai, les Procureurs de Communauté mandés en la Cour, entrés en icelle & derriere le barreau, M. le Premier Président leur a fait lecture du présent Réglement.

LETTRES-PATENTES qui renouvellent les dispositions portées par les Arrêts des 12 Mai 1720, 29 Mars 1735 & 16 Juin 1740, concernant les Taillables de la Province de Bourgogne.

7 Juillet 1746.

LOUIS, &c. Nos amés féaux les Elus généraux des Etats de notre Duché de Bourgogne, Comtés & pays adjacens, nous ont exposé par l'article III du cahier qu'ils nous ont présenté cette année, que par Arrêts de notre Conseil des 12 Mai 1720, 29 Mars 1735 & 16 Juin 1740, sur lesquels il y avoit eu des Lettres-Patentes expédiées, nous avions ordonné qu'aucun taillable de Bourgogne ne pourroit se plaindre en sur-taux, si sa cotte de taille n'étoit augmentée d'un douzieme par rapport aux rôles des tailles, des trois années qui auroient précédé celle pour laquelle il auroit été sur-taxé, ce qui auroit évité beaucoup de procès aux Communautés & Particuliers pendant les temps fixés par lesdits Arrêts, dont les termes sont expirés; que les mêmes raisons subsistant, il nous supplioient très-humblement de renouveller les dispositions desdits Arrêts; & d'en faire une Loi à perpétuité pour ladite Province de Bourgogne & Comtés en dépendans,

1746. A ces causes, conformément à l'Arrêt de notre Conseil, nous y étant, du 12 Mai 1720, & à celui de cejourd'hui ci-attaché sous le contrescel de notre Chancellerie, nous ordonnons qu'aucun taillable de notre Province de Bourgogne & des Comtés de Charolles, Mâcon, Auxerre, & Bar-sur-Seine en dépendans, ne pourra se pourvoir ni être reçu à se plaindre en sur-taux pendant la présente année 1746, & les trois années suivantes, si sa cotte de taille n'est augmentée de plus d'un douzieme par rapport aux rôles des tailles des trois années qui auront précédé celle pour laquelle il aura été sur-taxé, nous réservant d'y pourvoir par la suite, ainsi que nous le jugerons le plus convenable. *Si vous mandons*, &c.

Données à Versailles, le septieme jour de Juillet, l'an de grace mil sept cent quarante-six. *Signé*, LOUIS; & plus bas, par le Roy, PHELYPEAUX.

Registrées en la Cour des Aydes, & ordonné que copies collationnées seront envoyées ès-Sieges des Elections de Mâcon, Auxerre & Bar-sur-Seine. A Paris, en la Cour des Aydes, le 18 Août 1746.

ARRÊT de la Cour des Aides, qui ordonne que les appellations des cotes d'office seront portées en la Cour des Aides. (Code des Tailles, Tome III, page 574.)

12 Décembre 1746.

LOUIS, &c. Vu par notredite Cour la requête à elle présentée par notre Procureur Général, contenant qu'il a appris qu'au préjudice de la Jurisdiction certaine de notredite Cour, sur l'appel des taxes d'office pour les tailles prononcées par les Intendans-Commissaires départis, ou leurs Subdélégués, on empêchoit journellement ceux qui se plaignent desdites cottes de se pourvoir en notredite Cour, ce qui l'oblige de recourir à son autorité pour arrêter le cours de cet abus; que la Déclaration du 16 Avril 1643 registrée en notredite Cour le 21 Juillet de la même année, en autorisant les Intendans & Commissaires départis à faire des taxes d'office pour les tailles, ordonne que ceux qui se plaindront desdites cottes d'office seront tenus de se pourvoir par opposition pardevant ceux qui les auront faites, & que s'ils croyent devoir appeller du Jugement qui sera rendu sur leur opposition; c'est en notredite Cour qu'ils seront obligés de se pourvoir sur leur appel, que cette disposition est renouvellée par la Déclaration du 12 Février 1685, registrée le 8 Juin de ladite année, en termes si exprès, qu'on ne peut douter de la Jurisdiction de notredite Cour à cet égard, & qu'enfin elle est encore confirmée bien expressément par une autre Déclaration du 7 Septembre 1715, registrée en notredite Cour le 16 Décembre suivant; cependant qu'au préjudice de ces Déclarations, il a été informé qu'on cherchoit dans quelques Provinces à soustraire de la Jurisdiction de notredite Cour, ceux qui interjettent appel des cottes d'office prononcées contr'eux, par voie de fait & d'autorité, qui sont toujours préjudiciables à l'honneur & au bien de la Justice, en menaçant les Huissiers & Sergens qui donneront des assignations en notredite Cour, sur lesdits appels, de faire prononcer contr'eux des amendes considérables. Que cette contravention aux Ordonnances est intolérable, que l'Ordre des Jurisdictions ne doit jamais être interverti, sur-tout quand il est établi par des Loix aussi expresses & aussi certaines que celles qui viennent d'être citées; que c'est par cette raison qu'il a recours à l'autorité de notredite Cour, & requiert qu'il qui lui plaise ordonner, &c. Oui le rapport de Me. Louis de Vilevault, Conseiller, & tout considéré, notredite Cour a ordonné & ordonne que les Déclarations des 16 Avril 1643, 12 Février 1685 & 7 Septembre 1715 seront exécutées selon leur forme & teneur, en conséquence que les taillables qui seront appellans des Jugemens qui seront rendus sur les oppositions par eux formées aux cottes d'office faites de leurs personnes, seront tenus de se pourvoir en notredite Cour sur leur appel conformément auxdites Déclarations; fait inhibitions & défenses à toutes personnes d'empêcher par voies de fait ou autrement, les Sergens & Huissiers de donner des assignations en notredite Cour sur lesdits appels. Déclare nulles les Sentences, Ordonnances & Jugemens qui interviendront au contraire. Ordonne que le présent Arrêt sera lu, publié dans toutes les Elections du ressort de notredite Cour, l'Audience tenante, & affiché par-tout où besoin sera. Si mandons, &c. 1746.

Donné à Paris, en la premiere Chambre de notredite Cour des Aydes, le douze Décembre, l'an de grace mil sept cent quarante-six. *Signé*, D'ARBOULIN.

ARRÊT de la Cour des Aides, qui défend d'ordonner la contrainte par corps contre les Taillables. (Code des Tailles, Tome III, page 577.)

12 Décembre 1746.

LOUIS, &c. Vu par notredite Cour la Requête à elle présentée par notre Procureur-Général, contenant qu'il a appris que dans quelques Tribunaux, en confirmant la cotte à laquelle des taillables sont imposés, on prononçoit contr'eux la contrainte par corps au préjudice des Ordonnances & des Réglemens de notredite Cour, qui n'autorisent les contraintes par corps contre les taillables, que dans le cas de rebellion des Habitans, & faute d'avoir nommé des Collecteurs dans le temps porté par les Ordonnances, & d'en avoir nommé qui soient insolvables; que telle est la disposition de l'Edit du mois de Mars 1600, regiſtré en notredite Cour le 12 Avril suivant, & de l'Edit de Mars 1634, article LV; que notre Cour a ordonné plusieurs fois l'exécution de ces Edits, notamment par les Arrêts des 19 Septembre 1656, 22 Février 1659: qu'il paroît important de renouveller les dispositions de ces Réglemens, pour empêcher qu'on n'introduise dans la matiere des tailles, des maximes contraires à la disposition des Ordonnances, & qu'on ne condamne mal-à-propos nos Sujets à des peines que les Ordonnances n'ont pas jugé à propos de prononcer : que pour remédier à cet abus, il croit être de son ministere de proposer à notredite Cour de renouveller les sages dispositions des Ordonnances & de ces Réglemens. A ces causes, requéroit, &c.

Notredite Cour a ordonné & ordonne que l'article XXXIV de l'Edit de 1600, & l'article LV de l'Edit de 1634 seront exécutés selon leur forme & teneur, ensemble les Arrêts & Réglemens de notredite Cour, intervenus en exécution desdits articles; ce faisant, fait défenses à tous Juges, Officiers des Elections & autres d'ordonner la contrainte par corps contre les taillables, si ce n'est dans les cas portés auxdits Edits, qui sont rebellion des Habitans, s'ils ont négligé d'élire des Asséeurs & Collecteurs, ou que lesdits Asséeurs & Collecteurs par

eux élus, discussion sommaire faite de leurs biens, ayent été trouvés insolvables.
1746. Fait défenses aux Receveurs des tailles de décerner & de faire exécuter aucunes contraintes par corps contre lesdits taillables pour autre cas que ceux ci-dessus mentionnés, sans préjudice de celles qu'ils sont autorisés de décerner contre les Collecteurs, suivant les Ordonnances & Réglemens. Fait pareillement défenses à tous Sergens & Huissiers de mettre à exécution les Jugemens & Ordonnances particulieres, portant contrainte par corps contre les taillables, si ce n'est dans les cas susdits, à peine d'interdiction & de 500 liv. d'amende; ordonne que le présent Arrêt sera lu & publié dans toutes les Elections du ressort, l'Audience tenante, &c.

A Paris, en la premiere Chambre de notredite Cour des Aydes, le douze Décembre mil sept cent quarante-six. *Signé*, D'ARBOULIN.

1747. *EDIT du mois de Février 1747, enrégistré en Parlement & en la Cour des Aides, les 14 Avril & 5 Mai suivants, portant suppression de trois Offices de Trésoriers-Généraux de l'extraordinaire des Guerres, créés par Edits des mois d'Octobre 1726 & Mars 1735; & création de deux Offices de Trésoriers-Généraux dudit extraordinaire des Guerres, avec les mêmes honneurs, privileges, franchises & exemptions dont ont joui ou dû jouir ceux supprimés.*

ARRÊT du Conseil, qui ordonne que les Habitants de S. Germain-en-Laye seront compris dans les rôles des Tailles & autres impositions des Paroisses circonvoisines & autres dans lesquelles ils se trouveront avoir fait des acquisitions d'héritages, postérieurement à l'Arrêt du Conseil, du 2 Mars 1715, comme aussi pour raison de celles qu'ils y pourront faire à l'avenir. (Code des Tailles, Tome III, page 581.)

21 Février 1747.

VU au Conseil... les Requêtes présentées en icelui par Guillaume le Moine, Marchand Tapissier à S. Germain-en-Laye, & la communauté des Habitans de ladite Ville, Partie intervenante, d'une part; & les Habitans & Communauté de la Paroisse de Fourqueux, d'autre part; celle dudit le Moine & desdits Habitans de la Ville de S. Germain, tendantes pour les causes y contenues, à ce qu'il plût à Sa Majesté ordonner que les Lettres-Patentes des 10 Juillet 1598, Octobre 1610, 16 Août 1620, 3 Mars 1627, les Arrêts des premier Février 1629, & 27 Septembre 1634, la Déclaration du premier Décembre audit an; les Arrêts des 8 Juillet 1643, 12 Juillet 1645, 2 Mars 1715 & Lettres-Patentes du 7 Avril audit an seront exécutés selon leur forme & teneur; en conséquence les maintenir, garder & confirmer dans tous les privileges & exemptions à eux attribuées par lesdites Lettres-Patentes, Déclarations & Arrêts, ordonner que ledit le Moine sera rayé des rôles des tailles de la Paroisse de Fourqueux, pour raison des biens qu'il fait valoir par ses mains dans l'étendue de ladite Paroisse; faire défenses aux Habitans de ladite Paroisse de Fourqueux de comprendre à l'avenir ledit le Moine & tous autres Habitans de la Ville de S. Germain dans les rôles de leurs tailles pour raison des biens qu'ils font valoir dans l'étendue de leur Paroisse .... la requête des Habitans de la Paroisse de Fourqueux, tendante ... à ce qu'il plût à Sa Majesté, en restreignant l'exemption accordée aux Bourgeois de la Ville de S. Germain par ledit Arrêt du 2 Mars 1715 aux seuls héritages qu'ils possédoient au jour qu'il a été rendu, ordonner que les acquisitions postérieures seroient & demeureroient assujetties aux impositions des tailles dans les Paroisses où elles sont situées; en conséquence que ledit le Moine fût condamné à payer la taille en la Paroisse de Fourqueux, pour raison de son clos & de sa maison, & en outre condamné aux dépens. Vu ledit Arrêt du 2 Mars 1715 & autres pieces jointes aux requêtes ci-dessus énoncées. Oui, &c. le Roy, en son Conseil, faisant droit sur l'instance, sans s'arrêter à la demande dudit le Moine ni à celle des Habitans de S. Germain dont Sa Majesté les a déboutés, a ordonné & ordonne que les rôles des tailles & autres impositions de la Paroisse de Fourqueux seroient exécutés suivant leur forme & teneur: en conséquence que Guillaume le Moine sera tenu de payer, si fait n'a été, les sommes pour lesquelles il y a été employé. Veut & entend Sa Majesté que les Habitans de S. Germain soient compris dans les rôles des tailles & autres impositions des Paroisses circonvoisines, & autres dans lesquelles ils se trouveront avoir fait des acquisitions d'héritages postérieurement à l'Arrêt du Conseil du 2 Mars 1715, comme aussi pour raison de celles qu'ils pourront y faire à l'avenir. Fait au Conseil d'Etat du Roy, tenu à Versailles, le vingt & un Février mil sept cent quarante-sept. *Signé*, DE VOUGNY.

1747.

DÉCLARATION qui ordonne que les femmes de condition taillable séparées de leurs maris ; seront taxées personnellement aux rôles des Tailles des Paroisses de leur demeure, pour raison des biens dont elles jouissent dans lesdites Paroisses. (Code des Tailles, Tome III, page 583.)

19 Mars 1747.

LOUIS, &c. Nous avons été informés qu'au préjudice des dispositions des Ordonnances & des Réglemens qui portent que tous nos Sujets taillables doivent être imposés pour tous les biens dont ils jouissent, à quelque titre que ce soit & pour leurs facultés, il y a eu néanmoins plusieurs Jugemens par lesquels les femmes séparées de biens, même de corps & d'habitation, ont été déchargées du payement de la taille pour les biens qui leur appartenoient, sous prétexte que ces séparations ne changeoient point leur état, & qu'elles demeuroient toujours soumises à l'autorité de leurs maris en ce qui concerne l'aliénation du fonds de leurs biens; mais quoique ce principe soit vrai en lui-même, & dans les cas pour lesquels il a été établi, c'est sans aucun fondement qu'on a voulu en faire l'application à la matiere des tailles qui doivent être considérées comme une charge des fruits & revenus, dont les femmes séparées de biens ont l'administration & la libre jouissance, il est aisé d'ailleurs de prévoir l'abus qu'on pourroit faire du même principe par des séparations souvent collusoires & frauduleuses, qui donneroient lieu à des Jugemens aussi contraires aux Réglemens qui ont été faits sur la levée

1747. des tailles, que préjudiciables à tous ceux qui y sont sujets ; nous avons donc cru ne devoir pas différer plus long temps d'y pourvoir, ainsi que nous l'avons déjà fait à l'égard de la capitation des femmes séparées, par l'article XXV de notre Déclaration du 12 Mars 1701 ; & en établissant la même regle par rapport aux tailles, nous aurons la satisfaction de mettre nos Elections & nos Cours des Aydes en état de maintenir cette égalité & cette proportion justes que nous avons eues toujours pour objet dans les réglemens qui ont été faits sur cette matiere pour le bien & pour le soulagement de nos Sujets. A ces causes, &c. voulons & nous plaît que les femmes de condition taillable, séparées de leurs maris de corps ou de biens, soit par autorité de Justice, soit de fait ou par convention, soient taxées personnellement & en leurs noms, aux rôles des tailles des Paroisses de leur demeure actuelle, ainsi que les autres taillables, pour raison des biens dont elles jouiront dans lesdites Paroisses, soit qu'elles les fassent valoir par elles-mêmes, soit qu'elles les donnent à Ferme, comme aussi pour raison de toutes leurs autres facultés ou des commerces particuliers qu'elles pourront faire : & pour les biens qu'elles exploiteront, soit en propre, soit à titre de Ferme dans d'autres Paroisses, que celle de leur demeure actuelle, elles seront taxées conformément à ce qui est prescrit par la Déclaration du 17 Février 1728. Voulons au surplus que nos Edits, Déclarations, Arrêts & Réglemens ci-devant rendus sur le fait de nos tailles, soient exécutés selon leur forme & teneur, en ce qui n'est point contraire aux présentes. Si donnons en mandement, &c.

Donnée à Versailles, le dix-neuvieme jour de Mars, l'an de grace mil sept cent quarante-sept, & de notre regne le trente-deuxieme. *Signé*, LOUIS ; & plus bas, par le Roy, PHELYPEAUX.

Registrée en la Cour des Aydes, le 14 Avril 1747.

DÉCLARATION qui ordonne que les Fermiers-Généraux des terres, les Receveurs & Régisseurs à gages & les Fermiers judiciaires, seront cotisés pour raison des profits qu'ils seront réputés faire. (Code des Tailles, Tome III, page 586.)

19 Mars 1747.

LOUIS, &c. Nous sommes informés que, nonobstant le principe général établi par les Ordonnances, Edits & Déclarations intervenues sur le fait des impositions des tailles, notamment par l'Ordonnance d'Orléans de 1560, l'Edit de 1583 & différens autres Réglemens intervenus en 1634, 1635, 1643, 1673 & 1728, que tous les taillables doivent être imposés à raison & à proportion de toutes leurs facultés, & par conséquent pour tous les profits qu'ils peuvent faire à quelque titre que ce soit, & que les privilégiés même qui prennent à Fermes les terres d'autrui, sont imposables pour raison du profit qu'ils font sur lesdites Fermes, ainsi que les taillables ; il s'est néanmoins élevé des doutes sur la question de sçavoir si les privilégiés ou non privilégiés qui prennent des terres à bail général, & qui dans la vue d'éluder la disposition desdits Réglemens à la surcharge des pauvres, sousferment lesdites terres sans se réserver aucune exploitation personnelle, sont imposables, à raison du profit qu'ils sont censés faire sur leurs baux, comme aussi si ceux qui affectant de prendre lesdites Fermes par des actes sous signatures privées, ou par conventions verbales, dont on ne peut acquérir la preuve, les exploitent sous la qualification de simples Régisseurs ou Receveurs à gages ; & pareillement si les Fermiers judiciaires, créanciers du débiteur saisi, lorsqu'ils sont privilégiés, sont pareillement imposables, à raison du profit qu'ils font sur leurs baux ; enfin en quelles Paroisses ces impositions doivent être faites. Et ces doutes ayant donné lieu à quelque diversité dans les Jugemens, nous avons reconnu qu'elle ne devoit être attribuée qu'au défaut d'une juste application des dispositions générales contenues dans les anciens Réglemens, aux cas particuliers ci-dessus énoncés : à quoi desirant pourvoir pour le soulagement de nos Sujets taillables, en fixant les vrais principes suivant lesquels tous ceux qui prennent des biens à Ferme doivent contribuer aux impositions, de quelque qualité & condition qu'ils se trouvent, nous avons cru devoir réunir sous un seul point de vue par la présente Déclaration les regles que l'on doit suivre sur cette matiere. A ces causes, &c. voulons & nous plaît ce qui suit : 1747.

I. Que conformément aux articles CIX, CXXVIII & CXXIX de l'Ordonnance d'Orléans de 1560, & aux articles IX & X de l'Edit du mois de Mars 1583, tous Habitans des Villes, bourgs & villages, exempts & non exempts, privilégiés ou non privilégiés, qui prennent à bail général ou particulier des dixmes, des Fermes, des terres, droits seigneuriaux & autres especes de biens de quelque nature qu'ils puissent être, soient compris aux rôles & cottisés aux impositions, pour raison des profits qu'ils seront réputés faire sur lesdits baux.

II. Et où ceux qui prendroient lesdits dixmes, Fermes, terres, droits seigneuriaux & autres especes de biens de quelque nature que ce puisse être, à bail général, les sous-fermeroient ensuite en tout ou par partie, sans réserver aucune exploitation personnelle, voulons néanmoins audit cas conformément aux dispositions générales desdits Réglemens, & notamment à la Déclaration du 15 Juin 1635, que lesdits Fermiers-Généraux soient imposés & cottisés, pour raison du profit & bénéfice qu'ils feront sur leur bail, par rapport auxdites sous-Fermes.

III. Seront pareillement taxés & cottisés aux tailles, ceux qui exploitant & faisant valoir lesdites dixmes, Fermes, terres, Seigneuries & autres especes de biens de quelque nature qu'ils soient, sous la qualification de Domestiques, Receveurs, ou Régisseurs à gages, sont d'ailleurs sujets à la taille.

IV. Seront aussi taxés & cottisés aux tailles ceux des créanciers d'un débiteur saisi, exempts ou non exempts qui prendront à bail judiciaire les biens de ce débiteur.

V. Les taxes de tous lesdits Fermiers-Généraux ou judiciaires, Régisseurs ou Receveurs ci-dessus nommés, seront faites par une cotte distincte & séparée de leurs cottes personnelles & de celles auxquelles ils seroient imposés par rapport à d'autres exploitations.

VI. Lesdits Fermiers-Généraux & judiciaires, Receveurs ou Régisseurs, exempts ou non exempts, seront imposés en la Paroisse où sera assise la maison & principal logement de leurs Fermes, soit qu'ils soient domiciliés à Paris ou autres nos Villes franches ou privilégiées, soit qu'ils le soient ès-Villes ou Paroisses taillables, ou dans celles desdites Villes & Paroisses taillables qui sont tariffées ou abonnées, ou dont l'imposition est fixée par nos commissions, conformément à notre Déclaration du 16 Juin 1635, à l'article XXIII de celle du 16 Avril 1643, & notre Déclaration du 12 Février 1728.

VII. N'entendons néanmoins, par la présente Déclaration, déroger à l'article XXVIII de celle du 16 Avril 1643, ni à celle du 16 Novembre 1723, que

1747. nous voulons être exécutées selon leur forme & teneur, en ce qui touche le privilege accordé aux Curés des Paroisses & aux Vicaires desservans les Cures pour des Curés non résidens.

VIII. Voulons au surplus que nos Ordonnances, Edits, Déclarations, Arrêts & Réglemens ci-dessus rendus sur le fait de nos tailles, soient exécutés selon leur forme & teneur en tout ce qui n'est point contraire aux présentes. *Si donnons en mandement*, &c.

Donnée à Versailles, le dix-neuvieme jour de Mars, l'an de grace mil sept cent quarante-sept, & de notre regne le trente-deuxieme. *Signé*, LOUIS; & plus bas, par le Roy, PHELYPEAUX.

Registrée en la Cour des Aydes, le 14 Avril 1747.

ARRÊT de la Cour des Aides de Montauban, qui fait défenses aux Greffiers des Elections de communiquer les informations & autres pieces secretes des procès criminels, sinon ès-mains des Substituts du Procureur-Général. (Recueil de Montauban, page 279.)

24 Mars 1747.

SUR la Requête présentée à la Cour par le Procureur-Général du Roy, contenant que dans la plupart des procès criminels intentés devant les Officiers des Bureaux des Elections du ressort de la Cour, à raison de concussions & exactions commises dans la levée des deniers royaux, ou d'autres crimes dont la connoissance leur appartient, les prévenus trouvent le moyen, souvent par les voies les plus odieuses, de faire cesser la poursuite des Parties civiles, d'enlever même les procédures par la négligence des Greffiers ou des Rapporteurs, & d'éviter les peines qu'ils méritent. Mais comme la punition des crimes doit exciter la principale attention du Ministére-Public, & qu'il est du devoir dudit sieur Procureur-Général de pourvoir d'un côté, à ce que les procédures criminelles soient remises & gardées avec soin dans les greffes des Elections, pour y avoir recours, lorsqu'il le jugera nécessaire au bien public; & de l'autre, à ce qu'il soit instruit exactement de tous les procès criminels intentés devant les premiers Juges, afin qu'il puisse veiller sur leur conduite, faire en son nom la poursuite des coupables, & retenir par la crainte des châtimens ceux qui voudroient opprimer les Peuples & s'enrichir de leur dépouille; il ne croit pas qu'il y ait de plus sûr moyen pour parvenir à ces deux points si essentiels, que de faire exécuter à la lettre les Ordonnances royaux, qui, par leurs sages dispositions, ont pourvu à la remise, & à la sûreté des procédures devers les greffes tant des Juges supérieurs que des inférieurs, à ce que les Procureurs-Généraux de Sa Majesté eussent une connoissance exacte des crimes dont ils doivent poursuivre la punition. A ces causes, requéroit, &c.

Vu ladite Requête, la Cour a ordonné & ordonne que les articles XIV, XV, XVII & XVIII de l'Ordonnance de 1670 au titre des informations, & l'article XX de la même Ordonnance au titre des décrets, seront exécutés selon leur forme & teneur; ce faisant a fait inhibitions & défenses aux Greffiers des Elections

tions de son ressort, & à leurs Commis de communiquer les informations & autres pieces secretes des procès criminels, & de se dessaisir des minutes, sinon ès-mains des Substituts du Procureur-Général du Roy auxdites Elections, qui s'en chargeront sur le registre, & marqueront le jour & l'heure, pour les remettre incessamment & au plus tard dans trois jours, à peine d'interdiction contre lesdits Greffiers ou Commis, & de cent livres d'amende, moitié envers le Roy & moitié envers la Partie. Enjoint aux Rapporteurs qui auront retiré les minutes pour s'en servir dans la visite des procès, de les remettre au greffe vingt-quatre heures après le Jugement, sous les mêmes peines, & aux Greffiers desdites Elections de tenir un registre particulier relié & chiffré, contenant au premier feuillet le nombre de ceux dont il sera composé, qui sera paraphé en tous ses feuillets par le Lieutenant auxdites Elections, pour y être, par lesdits Greffiers, enregistrées toutes les procédures qui seront faites ou apportées, & leur date, ensemble le nom & la qualité du Juge ou Commissaire qui aura fait lesdites procédures, & de la Partie, de suite, sans aucun blanc; pour raison de quoi les Greffiers ne pourront prendre aucuns droits ni frais: & seront tenus de charger & décharger sur le registre les Officiers qui doivent prendre communication des pieces. Enjoint en outre auxdits Greffiers ou Commis au greffe, d'envoyer, chacun en droit soi, au Procureur-Général du Roy en la Cour, au commencement de chacune année, un extrait dudit registre criminel. Comme aussi a ordonné & ordonne que les Substituts du Procureur-Général du Roy auxdites Elections seront tenus de lui envoyer, chacun en droit soi, aux mois de Janvier & Juillet de chacune année, un état signé par les Lieutenans èsdites Elections & par eux, des écrous & recommandations faites pendant les six mois précédens ès-prisons de leurs Sieges, & qui n'auront pas été suivies de Jugement définitif, contenant la date des décrets, écrous, & sommairement le titre de l'accusation, & l'état de la procédure. A l'effet de quoi tous actes & écrous seront par les Greffiers & Geoliers délivrés gratuitement & l'état porté par les Messagers sans frais, à peine d'interdiction contre les Greffiers & Geoliers, & de cent livres d'amende envers Sa Majesté, & de pareille amende contre les Messagers. Et sera le présent Arrêt exécuté selon sa forme & teneur, sous les peines y contenues & autres, s'il y échet; auquel effet copies d'icelui duement collationnées seront envoyées, &c.

Fait à Montauban, en la Cour des Aydes & Finances, le vingt-quatre Mars mil sept cent quarante-sept. *Signé*, BUSCON.

EDIT de Novembre 1747, enrégistré en Parlement, Chambre des Comptes & Cour des Aides, les 21 Novembre, 16 Décembre suivant & 9 Janvier 1748, portant suppression des Gardes de la Capitainerie de la varenne des Tuileries, & création d'Officier de la même Capitainerie.

1747. *Edit du 14 Novembre 1747, enrégistré en Parlement, Chambre des Comptes & Cour des Aides, les 29 Novembre, 15 Décembre suivant & 9 Janvier 1748, portant que la Charge de Conseiller-Avocat du Roi de ladite Capitainerie, est de même nature que les autres Charges de ladite Capitainerie, & que le Capitaine des Chasses pourra y pourvoir, ainsi qu'aux autres Charges de ladite Capitainerie, sans que les pourvus de ladite Charge puissent prétendre jouir du droit d'hérédité; & que ledit Avocat jouira, comme les autres Officiers de ladite Capitainerie, de tous les privileges des Commensaux.*

1748. *Arrêt de la Cour des Aides de Montauban, qui ordonne que le Procureur du Roi de l'Election de Millau, sera oui dans tous les Jugements par défaut. (Recueil de Montauban, page 281.)*

29 Janvier 1748.

SUR la Requête présentée à la Cour par le Procureur-Général du Roi, contenant qu'en exécution de l'article III du titre V des congés & défauts en matiere civile de l'Ordonnance de 1667, le profit des défauts doit être jugé sur-le-champ en Audience, & les conclusions adjugées au demandeur, si la demande se trouve juste & bien vérifiée, cette derniere disposition établit la vérification comme un préalable nécessaire; mais comme l'examen des pieces justificatives des demandes en profit de défaut ne peut être fait que très-difficilement à l'Audience, & que le défaut d'examen peut donner lieu à beaucoup de surprises, causer de grands préjudices aux défaillans, ce qui multiplie les oppositions, & expose les Parties à des frais que la vérification de la demande auroit évités, la Cour a ordonné depuis long temps que tous les défauts, avant d'en poursuivre l'utilité, seroient communiqués aux Gens du Roy, afin qu'ils puissent vérifier les demandes & les pieces justificatives, & en suivre le rapport à l'Audience. Quoique cette decision dût servir de regle aux Bureaux des Elections du ressort de la Cour, cependant il demeure constant que les Officiers en l'Election de Millau jugent les défauts sans entendre les Substituts audit Bureau; ce qui occasionne souvent des surprises coûteuses aux Parties; c'est pour quoi requiert, &c.

La Cour faisant droit sur la Requête du Procureur-Général, a ordonné & ordonne que dans tous les Jugemens qui seront rendus à l'avenir par les Officiers en l'Election de Millau sur l'utilité des défauts, les Avocats ou Procureurs du Roy audit Bureau seront ouis, à peine de nullité & cassation desdits Jugemens; auquel effet enjoint aux Procureurs postulans de leur communiquer, deux jours avant l'Audience, les défauts & pieces justificatives de la demande, à peine de cent livres d'amende en leur propre nom, & de tous dépens, dommages & intérêts. Sera le présent Arrêt enregistré au greffe de ladite Election, &c.

Fait à Montauban, en la Cour des Aydes & Finances, le vingt-neuf Janvier mil sept cent quarante-huit. *Signé*, BUSCON.

1748.

SENTENCE de l'Election de Paris, qui regle la forme de procéder dans les instances de distribution de deniers provenants de la vente des effets des taillables & autres redevables des droits du Roi.

2 Mars 1748.

SUR ce qui a été représenté par le Procureur du Roy, qu'il reçoit journellement des plaintes, soit à l'occasion de la forme de procéder dans les instances de distributions de deniers provenus de la vente des effets des taillables & autres redevables des droits du Roy, entre tous les créanciers opposans, soit à l'occasion des délais considérables d'après lesquels les Jugemens sur lesdites distributions interviennent, pendant lesquels les Huissiers consomment les deniers desdites ventes, & deviennent insolvables : qu'en tout événement les créanciers intéressés à la distribution desdits deniers perdent une partie de leurs créances, & particuliérement les Collecteurs sont privés de recevoir dans un temps utile le montant des impositions, & de les employer à leur libération : que le retard ou dépérissement des deniers les expose aux poursuites des Receveurs des tailles & occasionne des non-valeurs : à quoi il requéroit qu'il fût pourvu. Nous, ayant égard au requisitoire du Procureur du Roy, & conformément à icelui, ordonnons que les créanciers qui auront fait faire la vente des meubles, effets & récolte d'un taillable, & d'un autre redevable des droits du Roy, ne pourront poursuivre qu'en l'Election la répartition des deniers, qui en seroient provenus, entre tous les opposans ; qu'à cet effet ils seront tenus, quinzaine après ladite vente, de faire remettre par l'Huissier la grosse de son procès-verbal de vente, pour être les frais de vente & ceux faits pour y parvenir taxés en la maniere accoutumée ; que le reliquat du prix, déduction faite du montant desdits frais, sera déposé par l'Huissier qui l'aura faite, ès-mains de qui sera par nous ordonné, à la charge des oppositions formées à ladite vente, & ce à la premiere sommation : à faire ledit dépôt sera l'Huissier contraint à la requête du créancier qui aura fait faire ladite vente ; ce faisant, il en sera bien & valablement quitte & déchargé ; & faute par ledit créancier de faire ses diligences aux effets ci-dessus, elles pourront être faites par l'un des autres créanciers qui demeurera autorisé à faire assigner lesdits opposans pardevant nous, à l'effet de justifier des causes de leurs oppositions : que faute par eux de comparoir dans le délai de l'assignation, il sera rendu Sentence par défaut qui fera main-levée de leurs oppositions ; à laquelle Sentence lesdits créanciers défaillans ne pourront être reçus opposans qu'en refondant les frais de contumace : que chaque créancier déduira sa créance par des défenses simples, sans autre procédure que des repliques, si les moyens qui auront été signifiés en réponse aux dernieres défenses l'exigent ; qu'en cet état la cause sera portée à l'Audience pour y être statué sur les droits de tous les créanciers, ainsi qu'il appartiendra : que lorsque les contestations seront de nature à être appointées en droit ou à mettre, les Procureurs des créanciers seront tenus de produire dans la huitaine, & que faute de ce faire, ils demeureront forclos après un autre délai de huitaine, à compter du jour de la sommation qui leur aura été faite de produire par le créancier premier produisant : que le procès produit ne sera communiqué qu'à ceux des Procureurs qui auront aussi produit, & sous leur récépissé, & sera par eux remis au greffe quinzaine après ladite communication ; qu'il ne pourra être signifié par les créanciers que des contredits de pro-

1748. duction pour toutes écritures, & si le cas le requiert : que les frais des Procureu pour les appointemens à mettre, faits depuis la Sentence qui l'aura ordonné demeureront réduits à quinze livres, lorsque le procès n'aura été instruit qu'avc un Procureur, & sera pourvu par le Jugement définitif à ce qui se trouvera devo être alloué au par-delà, lorsque le procès aura été instruit avec plusieurs Procureurs & sera notre présente Sentence signifiée, à la requête du Procureur du Roy, a Doyen des Procureurs de ce Siege, à ce qu'ils n'en ignorent, & ayent à s'y con former, & sera notredite présente Sentence exécutée nonobstant oppositions o appellations quelconques, & sans y préjudicier.

ARRÊT de la Cour des Aides de Montauban, concernant les écrous. (*Recueil de Montauban, page 593.*)

6 Avril 1748.

SUR la Requête présentée à la Cour par le Procureur-Général du Roy, contenant que le Concierge des prisons royales de cette Ville, où sont détenus les prisonniers écroués d'autorité de la Cour, ensemble ceux qui sont écroués d'autorité des Elus, néglige de tenir pour les écrous, des registres en la forme prescrite par l'Ordonnance de 1670, à quoi étant nécessaire de pourvoir, requiert, &c. La Cour a ordonné & ordonne que le Concierge des prisons tiendra un registre dont les feuillets seront séparés en deux colonnes, l'une pour les écrous & recommandations qui seront faites de son autorité, & l'autre pour les élargissemens & décharges; ensemble qu'il tiendra un autre registre pour mettre par forme d'inventaire les papiers, hardes & meubles desquels le prisonnier aura été saisi, & qui devront servir à la preuve du procès, avec défenses de laisser aucun blanc dans lesdits registres, qui seront cottés & paraphés par le Commissaire à ce député, ensemble tiendra deux pareils registres pour les écrous & recommandations qui seront faites d'autorité du Bureau de l'Election de cette Ville, lesquels seront paraphés par le Président de ladite Election, ou, en son absence, par le premier Officier du Bureau, suivant l'ordre du tableau; ordonne audit Concierge de donner avis au Procureur-Général, & à son Substitut en l'Election, chacun en droit soi, des prisonniers qui seront malades, pour être visités & transférés, s'il y a lieu, conformément à l'article XXI du titre VIII de l'Ordonnance de 1670, & sous les peines y contenues. Fait à Montauban, en la Cour des Aydes & Finances, le six Avril mil sept cent quarante-huit.

EDIT du mois de Mai 1748, enrégistré en la Cour des Aides, le 28 Juin suivant, portant suppression de partie des Charges de la grande Fauconnerie.

1748.

DÉCLARATION du Roi, servant de Réglement pour la Cour des Aides de Paris. (Code des Tailles, Tome III, page 595.)

10 Août 1748.

LOUIS, &c. L'attention continuelle que nous donnons à l'administration de la Justice dans les différens Tribunaux de notre Royaume, nous a engagés à nous faire rendre un compte exact de plusieurs usages qui sont propres à notre Cour des Aydes de Paris; & pour en mieux connoître l'utilité ou les inconvéniens, nous avons jugé à propos de faire revoir en notre Conseil les Ordonnances, Edits ou Déclarations que les Roys nos prédécesseurs ont donnés, soit pour l'établissement des trois Chambres, dont cette Cour est composée, soit pour fixer l'ordre du service qui y seroit rendu, & régler le partage ou la distribution des affaires qui y seroient portées; mais par l'examen qui en a été fait, nous avons reconnu qu'il étoit nécessaire de changer, dans certains points, ou de perfectionner les regles qui ont été suivies jusqu'à présent dans ladite Cour; & nous nous y portons d'auant plus volontiers, que, par ce moyen, nous aurons la satisfaction non seulement d'établir une plus grande conformité entre les différentes Compagnies de notre Royaume, mais de faire cesser les difficultés qui sont nées, & de prévenir celles qui pourroient naître à l'occasion des usages dont il s'agit; de rendre l'expédition des affaires plus prompte & plus facile, & de donner en même temps de nouvelles marques de notre protection à une Compagnie si distinguée par son zele & son affection pour notre service. A ces causes, &c. voulons & nous plaît:

I. Maintenons & confirmons les Présidens de notredite Cour dans tous les droits, honneurs, privileges, prérogatives & prééminences à eux attribués par les Edits de création de leurs Offices, notamment par ceux des mois de Mars 1551, Décembre 1635, Mars 1692 & Novembre 1704: voulons en conséquence qu'en quelque Chambre qu'ils président ou qu'ils soient de service, ils soient tous également réputés ou qualifiés Présidens de notredite Cour, & que chacun d'eux puisse venir prendre séance en la premiere Chambre les jours auxquels la Chambre où ils sont de service n'entrera point, même de présider à ladite premiere Chambre, en cas d'absence, récusation ou autre légitime empêchement du Premier Président, & des autres Présidens qui ont leur séance fixe à ladite Chambre.

II. Abrogeons l'usage des changemens successifs de service dans les trois Chambres de notre Cour des Aydes, qui s'y est établi sous le nom de *migrations*. Voulons qu'à l'avenir chacun des Conseillers de cette Cour ne puisse servir ailleurs que dans la Chambre à laquelle il est attaché, si ce n'est dans les cas suivans.

III. Tous les six mois deux Conseillers de la seconde & deux de la troisieme Chambre, à tour de rôle, iront servir en la premiere, à la réserve néanmoins du Doyen desdites deux Chambres; ce qui sera exécuté suivant l'ordre observé jusqu'à présent à cet égard.

IV. Les semestres pendant lesquels ce service aura lieu, commenceront, sçavoir, le premier, le lendemain du jour de Saint-Martin jusqu'à Pâque, & le second, à cette Fête, jusqu'au temps des vacations.

V. Pendant la durée du temps ci-dessus marqué, ceux des Conseillers de la seconde

1748. & de la troisieme Chambre, qui auront passé à la premiere, ne pourront servir dans celles auxquelles ils sont habituellement attachés, si ce n'est aux jours & heures qu'on n'entrera pas à la premiere, ou en cas qu'il n'y ait point dans leur Chambre un nombre suffisant de Juges pour rendre des Arrêts; ou enfin lorsqu'ils auront des procès à y rapporter, à quoi ils pourront vaquer, même pendant le service qu'ils doivent à la premiere.

VI. N'entendons empêcher que, suivant l'usage établi en notre Cour des Aydes, les Conseillers de la seconde & ceux de la troisieme Chambre, ne puissent prendre séance en la premiere, quoiqu'ils ne soient pas actuellement destinés à y servir, & ce, lorsque la Chambre à laquelle ils sont attachés n'entrera point; voulons aussi qu'en cas qu'il ne se trouve pas dans l'une des trois Chambres un nombre suffisant de Juges pour rendre des Arrêts, elles puissent réciproquement en emprunter des autres Chambres.

VII. Toutes les appellations verbales des Jugemens rendus dans les Sieges qui ressortissent en notre Cour des Aydes, & pareillement toutes les requêtes introductives d'instances ou autres qui seront présentées directement en notredite Cour, pour y former de nouvelles demandes, seront portées en la premiere Chambre, pour y être expédiées, autant qu'il sera possible, à l'audience. Voulons néanmoins que les demandes incidentes aux procès ou instances pendantes dans la seconde ou dans la troisieme Chambre de la même Cour, continuent d'être portées aux audiences particulieres qui s'y tiennent; ce qui aura lieu pareillement à l'égard des affaires dont la connoissance auroit été renvoyée à l'une desdites Chambres, par des attributions particulieres que nous aurions données à cet effet.

VIII. Tous les défauts faute de comparoir ou de défendre, seront jugés en la premiere Chambre, à moins qu'ils n'ayent été distribués à des Conseillers qui servent dans les autres Chambres; ce que le Premier Président de notredite Cour pourra faire quand il le jugera à propos.

IX. Tous les incidens qui pourront survenir dans les procès ou instances, avant que le partage en ait été fait entre les trois Chambres, seront portés en la premiere, & après ledit partage, celles desdites demandes incidentes qui n'y auront point été jugées, seront portées en la Chambre à laquelle la connoissance desdits procès ou instances sera dévolue; ce qui sera observé, quand même lesdites demandes auroient été formées avant ledit partage.

X. Le partage des procès & instances entre les Chambres se fera aux jours & en la forme ordinaire.

XI. N'entreront dans ledit partage les procès criminels ni les affaires dont la connoissance est spécialement attribuée à l'une des trois Chambres.

XII. Après ledit partage, la connoissance de toutes les appellations & demandes incidentes appartiendra à la Chambre à laquelle lesdits procès ou instances seront tombés en partage.

XIII. La premiere Chambre connoîtra en outre de toutes les autres affaires dont elle est en possession de connoître privativement aux autres Chambres, comme aussi de celles dont la connoissance lui a été ou lui sera dans la suite déférée par des attributions particulieres qu'il nous a plu ou qu'il nous plaira de lui donner.

XIV. Notre Déclaration du 17 Novembre 1673, donnée au sujet des audiences de rôles de notre Cour des Aydes, en la premiere Chambre, sera exécutée; & néanmoins lorsqu'il ne se trouvera pas suffisamment de causes de la nature de celles qui doivent être portées aux audiences des Mardi matin & Vendredi de relevée, pour remplir leſdites audiences, il ſera permis au Premier Préſident ou à celui qui préſidera en ſon abſence, de faire plaider des appellations verbales ſur de ſimples placets. 1748.

XV. Dans tous les cas où les cauſes qui auront été portées à l'audience, ne pourront y être jugées, même après qu'il en aura été délibéré ſur le regiſtre, s'il y écheoit, il ne pourra être ordonné qu'un appointement au Conſeil, ou en droit, abrogeons l'uſage de prononcer ſeulement que la Cour verra les pieces, & les appointemens qui ſeront intervenus dans les cauſes de cette nature, ſeront mis à la diſtribution ordinaire.

XVI. Faiſons très-expreſſes inhibitions & défenſes à toutes perſonnes, notamment à tous Procureurs, & ſous telles peines qu'il appartiendra, d'intervertir l'ordre par nous ci-devant établi, & de porter les requêtes non incidentes aux procès ou inſtances dont chacune des Chambres ſera ſaiſie ailleurs qu'en la premiere; à l'effet de quoi ils ſeront tenus de les remettre au greffe de ladite Cour, pour être préſentées par le Greffier au Premier Préſident ou à celui qui préſidera à la premiere Chambre en ſon abſence, pour en faire la diſtribution à ceux des Conſeillers qui ſont de ſervice en ladite Chambre, même lorſqu'il le jugera à propos, à ceux des deux autres Chambres.

XVII. Défendons pareillement, ſous les mêmes peines, à tous Procureurs de porter aucunes requêtes, ou de former aucunes demandes incidentes, à des procès ou inſtances, dans une autre Chambre que celle qui en ſera ſaiſie, ſoit par la voie du partage, ſoit par des attributions particulieres; & ſeront toutes leſdites requêtes incidentes, remiſes entre les mains du Rapporteur, ſi ce n'eſt en cas qu'il n'y en ait point encore de nommé, ou que celui qui l'aura été ſe trouve hors d'état, par abſence, maladie ou autre empêchement légitime, de rapporter leſdites requêtes; auquel cas elles ſeront remiſes entre les mains de celui des autres Conſeillers de la même Chambre, qui ſera commis par l'ancien des Préſidens pour en faire le rapport.

XVIII. Lorſqu'un des Conſeillers de la ſeconde ou troiſieme Chambre montera à la premiere par droit d'ancienneté, il pourra, pendant le cours d'une année, rapporter en la Chambre en laquelle il étoit de ſervice, les procès & inſtances dont il étoit chargé; mais, après l'année révolue, il ſera tenu de les remettre au greffe pour être rediſtribués en la maniere ordinaire à l'un des Conſeillers de ladite Chambre, ſi ce n'eſt que par des conſidérations particulieres, & pour procurer une plus prompte expédition aux Parties, nous jugions à propos d'ordonner que le Conſeiller qui ſera monté à la premiere Chambre, demeurera Rapporteur deſdits procès & inſtances.

XIX. La Chambre des Vacations commencera le neuvieme Septembre, & durera juſqu'à la Fête de S. Simon & S. Jude, ſans qu'il ſoit beſoin que les Procureurs de Communauté viennent en faire la demande, & les Chambres de notredite Cour ne pourront ſe ſéparer avant le huitieme dudit mois de Septembre.

XX. La Chambre des Vacations ſera compoſée de deux des Préſidens de ladite Cour, qui y ſerviront d'année en année, à tour de rôle, à l'exception du ſecond Préſident ſeulement qui en ſera diſpenſé, comme auſſi de quinze Conſeillers qui y ſerviront, ſuivant l'ordre ci-après marqué.

XXI. Il ſera fait trois colonnes ou claſſes, chacune de quinze Conſeillers des trois Chambres de ladite Cour, & dorénavant chacune deſdites trois colonnes ou claſſes ſera tenue de ſervir alternativement d'année en année en ladite Chambre.

1748. XXII. N'entendons que le Doyen & le Sous-Doyen de la premiere Chambre ni pareillement le Doyen de la seconde & celui de la troisieme, puissent êtr compris dans aucune desdites trois colonnes; voulant qu'ils soient à l'avenir exemp du service de la Chambre des Vacations.

XXIII. L'ouverture en sera faite chaque année par le Premier Président d notredite Cour, qui pourra y entrer toutes les fois qu'il le jugera à propos.

XXIV. La Chambre des Vacations ne connoîtra que des affaires sommaire ou provisoires, des affaires criminelles & de celles qui nous concernent.

XXV. Aucun des Présidens ou Conseillers qui y seront de service, ne pourr s'absenter, si ce n'est par maladie ou pour autre cause légitime, approuvée pa ladite Chambre.

XXVI. Si pendant le temps des Vacations il survient quelque cérémoni publique, ou une occasion dans laquelle il soit à propos de nous faire un députation, le Premier Président, ou, en son absence, le plus ancien des Présidens pourra en faire avertir ceux des Présidens ou Conseillers qui se trouveront à Paris ou dans les environs, afin qu'ils assistent auxdites cérémonies ou députations avec ceux qui seront actuellement de service dans la Chambre des Vacations.

XXVII. Notre Cour des Aydes continuera de tenir ses séances dans les prisons, aux temps accoutumés; les Fêtes de Noël, Pâque, la Pentecôte, l'Assomption de la Sainte Vierge, & la veille de la Fête de S. Simon & S. Jude.

XXVIII. Lesdites séances, à la réserve de la derniere, seront toujours tenues par l'un des Présidens qui rempliront cette fonction chacun à leur tour, aux jours ci-dessus marqués, il y assistera au moins cinq des Conseillers de chacune desdites trois Chambres, qui seront tenus de faire le service à tour de rôle, suivant l'ordre du tableau, sans néanmoins que le second des Présidens & l'ancien de ceux qui président à la seconde & à la troisieme Chambre, ni le Doyen & le Sous-Doyen de la premiere, & le Doyen de la seconde, ou celui de la troisieme, soient obligés de s'y trouver.

XXIX. A l'égard de la séance de la veille du jour de S. Simon & S. Jude, elle sera tenue par l'un des Présidens & par les Conseillers qui auront fait avec lui le service des Vacations.

XXX. Le jour de chacune des séances qui se tiendront hors le temps des Vacations, le Président & les Conseillers qui doivent y assister, suivant l'ordre ci-dessus marqué, s'assembleront dans la premiere Chambre avec les Officiers qui y sont de service ordinaire, & il y sera fait lecture, en présence de notre Procureur-Général, du rôle des prisonniers détenus pour crimes, sur lequel il sera rendu compte de l'état où sont les procès desdits prisonniers, & de ce qui peut en retarder l'expédition.

XXXI. En cas qu'avant ou après ledit compte rendu, il soit fait rapport à la premiere Chambre, en attendant l'heure de la séance, ou qu'il y soit donné audience pour des affaires qui requierent célérité, les Présidens & Conseillers qui devront tenir la séance, pourront y donner leur voix, ainsi que ceux qui sont habituellement de service en la premiere Chambre.

XXXII. N'entendons au surplus déroger aux Ordonnances, Edits ou Déclarations faites par nous ou par les Roys nos prédécesseurs, sur ce qui regarde notre Cour des Aydes, & sur les usages qui s'y observent, lesquels continueront d'avoir lieu comme par le passé, dans tout ce qui ne seroit pas contraire auxdites Ordonnances, Edits ou Déclarations & aux présentes. Si donnons en mandement, &c.

Donnée

Donnée à Compiegne, le dixieme jour d'Août, l'an de grace mil sept cent quarante-huit, & notre régne le trente-troisieme. *Signé*, LOUIS; & plus bas, par le Roy, PHELYPEAUX. 1748.

Registrée en la Cour des Aydes, le 23 Août 1748.

ARRÊT du Conseil, qui ordonne que les adjudicataires des bois du Roi ne pourront être imposés dans les rôles des Tailles, pour raison de leurs adjudications. (*Code des Tailles, Tome III, page 605.*)

3 Septembre 1748.

SUR ce qui a été représenté au Roy étant en son Conseil, que pour pouvoir procéder à l'adjudication qui doit être faite des bois de Sa Majesté pour l'ordinaire de 1749 & à l'avenir, il seroit nécessaire qu'elle expliquât ses intentions par rapport aux charges dont les adjudicataires pourront être tenus à cause desdites adjudications, à l'occasion desquelles ils ont été compris dans les rôles des tailles de quelques Paroisses, pour raison de quoi on menace de les poursuivre; à quoi Sa Majesté voulant pouvoir, oui le rapport, &c.

Sa Majesté étant en son Conseil, a ordonné & ordonne que ceux qui se rendront adjudicataires de ses bois & forêts, ne seront tenus d'aucuns droits, que de ceux qui sont contenus dans le cahier des charges, qui est arrêté, & qui doit leur être communiqué avant que d'être procédé à l'adjudication, & que lesdits Adjudicataires ne pourront pour raison de leurs adjudications, être compris dans les rôles des tailles des Paroisses où seront situés lesdits bois, & où ils en feront l'exploitation, à peine contre les Collecteurs desdites Parioisses, de demeurer garants & responsables en leur propre & privé nom des cottes auxquelles ils auroient imposé lesdits adjudicataires, sauf à imposer lesdits marchands de bois dans les Paroisses de leur domicile, pour raison de leur commerce & facultés, ainsi qu'il a toujours été pratiqué. Veut en conséquence Sa Majesté que si aucuns desdits adjudicataires se trouvoient compris dans les rôles des tailles de l'année 1747 pour raison de l'exploitation des bois de Sa Majesté, en conséquence de leurs adjudications, ils en soient & demeurent déchargés en vertu du présent Arrêt, & que les sommes pour lesquelles ils pourroient avoir été compris dans ledits rôles, & qu'ils auroient payées leur soient rendues & restituées, & réimposées sur les Habitans desdites Paroisses. Enjoint Sa Majesté aux sieurs Intendans & Commissaires départis dans les Provinces & Généralités du Royaume, de tenir la main à l'exécution du présent Arrêt, sur lequel toutes lettres nécessaires seront expédiées. Fait au Conseil d'Etat du Roy, Sa Majesté y étant, tenu à Versailles, le trois Septembre mil sept cent quarante-huit. *Signé*, PHELYPEAUX.

1749.

ARRÊT de la Cour des Aides, qui ordonne que dans les Paroisses où l'usage est que la récolte d'une année soit affectée au paiement de la Taille de l'année suivante, les Syndics de ladite Paroisse soient tenus après la derniere récolte, de veiller à ce que les grains & fruits en provenants ne soient vendus ou détournés au préjudice du paiement de la Taille à imposer en l'année suivante. (Code des Tailles, Tome III, page 620; Enrégistrements de l'Election, Volume coté XIII, seconde Partie, folie 108, verso.)

12 Mars 1749.

ENTRE Pierre Maire & Consort, Collecteur des tailles & autres impositions de la Paroisse du Pairé, de l'année 1747, appellant d'une Sentence rendue en l'Election de Fontenay-le-Comte, du 13 Mai 1747, d'une part; ... & André Mention, laboureur en ladite Paroisse du Pairé; & les Syndics, manans & Habitans de ladite Paroisse, intimés... notredite Cour faisant droit sur les conclusions de notre Procureur-Général, ordonne que dans les Paroisses èsquelles ceux qui exploitans des terres soit à titre de Ferme ou de propriété, sont imposés aux tailles dans l'année qui suit la derniere récolte, les Syndics desdites Paroisses, seront tenus, après ladite derniere récolte, de veiller à ce que les grains & fruits en provenans ne soient vendus ou détournés au préjudice du payement de la taille à imposer en l'année suivante, & ce en la même forme & en la même maniere que les Collecteurs sont autorisés à le faire après la nomination de leurs personnes, & cessera la fonction desdits Syndics lors de la nomination qui sera faite dans la même année des Collecteurs pour les tailles de l'année suivante, après laquelle nomination les Syndics ne seront plus tenus de faire aucunes poursuites, mais ils remettront ès-mains des nouveaux Collecteurs celles par eux faites ou commencées, pour être continuées par lesdits Collecteurs ainsi qu'il appartiendra. Ordonne qu'à la diligence de notre Procureur-Général, copies collationnées du présent Arrêt seront envoyées ès Sieges des Elections du ressort de la Cour, pour y être lues, publiées & registrées, l'Audience tenante. Enjoint aux Substituts de notre Procureur-Général, èsdits Sieges de notifier ledit Arrêt en chacune Paroisse de notre ressort, & de certifier la Cour de leurs diligences au mois. Si mandons, &c.

Donné à Paris, en notre premiere Chambre de notre Cour des Aydes, le douze Mars, l'an de grace mil sept cent quarante-neuf, & de notre regne le trente-quatrieme. Collationné par la Cour des Aydes. *Signé*, D'ARBOULIN. scellé le trente Avril suivant. *Signé*, GAUTIER.

EDIT du mois d'octobre 1749, enrégistré en la Cour des Aides, le 12 Novembre suivant, portant création de la Charge de Sommier ordinaire de la Chapelle & Oratoire du Roi.

1750.

ARRÊT de la Cour des Aides, portant Réglement pour le partage des droits d'installation des Officiers dans les Sieges des Elections, Greniers à sel, Traites foraines & autres Sieges du ressort de ladite Cour; & pour les honoraires des conclusions qui se donnent, lors desdites installations, par les Procureurs du Roi, ou leurs Substituts èsdits Sieges. (Code des Tailles, Tome III, page 625.)

16 Février 1750.

LOUIS, &c. Vu par la Cour la Requête à elle présentée par le Procureur-Général du Roy, contenant que les plaintes qu'il reçoit des Officiers des Elections & autres Sieges du ressort de la Cour, au sujet du partage qui doit se faire entr'eux, des droits qui se payent par les récipiendaires, pour leur installation, sont si fréquentes, qu'il se croit obligé d'en informer la Cour, afin d'y apporter un prompt remede, par un réglement, qui, en pourvoyant avec équité à la distribution de ces droits, étouffe en même temps les divisions que pourroit faire naître l'intérêt, entre des Officiers dont l'union ne doit jamais être altérée pour des sujets aussi légers: que d'ailleurs il est important de fixer les honoraires des conclusions préparatoires ou définitives que nos Substituts titulaires, ou par commission, donnent lors des installations d'Officiers, les uns exigeant quelquefois plus, quelquefois moins; ce qui occasionne des altercations pour l'installation des récipiendaires, qui tâchent toujours de diminuer les frais: pour quoi il donne la présente Requête. A ces causes, requéroit le Procureur-Général du Roy, qu'il plût à la Cour procéder à un réglement général pour toutes les Elections, Greniers à sel & autres Sieges du ressort de la Cour, lequel fixeroit la distribution des droits d'installation entre ces Officiers, ainsi que les honoraires de nos Substituts titulaires, ou par commission, pour leurs conclusions définitives ou préparatoires; & pour l'exécution d'icelui, ordonner qu'il seroit envoyé dans toutes lesdites Elections, Greniers à sel, & autres Sieges, pour y être lu, publié & registré, l'Audience tenante; mander à nos Substituts de tenir la main à son exécution, & d'en certifier la Cour. Oui le rapport, &c. Notredite Cour faisant droit sur le requisitoire du Procureur-Général du Roy, a ordonné & ordonne qu'à l'avenir dans les Sieges des Elections du ressort de la Cour, autres que celle de Paris; dans les Sieges des Greniers à sel, autres que celui de Paris; dans les Sieges des Traites foraines, dépôt des sels, & autres Sieges du ressort de notredite Cour, les droits qui ont coutume d'être payés par les Officiers qui y sont reçus, pour leur réception & installation, seront partagés également entre tous les Officiers du Siege; & que le Substitut du Procureur-Général du Roy, & le Greffier, auront dans ce partage une portion égale à celle desdits Officiers, pourvu toutefois que le Substitut du Procureur-Général & le Greffier ayent payé les mêmes droits lors de leur réception & installation; & au cas qu'ils ne les eussent pas payés, ils ne pourront prétendre aucune part dans les droits payés par les récipiendaires pour leur réception & installation: outre lesquels droits le récipiendaire payera au Substitut du Procureur-Général du Roy, une somme de quinze livres, pour toutes les conclusions qu'il donnera à l'occasion de ladite réception & installation, sans que ladite somme de quinze livres puisse être

1750. augmentée pour quelque cause que ce soit, même sous prétexte de conclusions préparatoires, ou sur lettres de dispense d'âge ou de parenté, & payera aussi au Greffier les droits d'expédition du greffe. A l'égard des Officiers qui seront commis pour faire la fonction de Substitut du Procureur-Général du Roy, en cas de mort, absence, maladie, ou autrement, ils seront payés de la somme de quinze livres, dans les cas & sous les conditions susdites, sans qu'ils puissent entrer en aucune part des droits qui seront payés par les récipiendaires, pour leur réception & installation. N'entreront aussi en aucune part desdits droits les Greffiers commis, mais seront seulement payés du droit d'expédition du greffe. Ordonne que les Receveurs des tailles pour l'enregistrement de leurs provisions, leur réception & installation dans les Elections, ne pourront être contraints de payer, pour chacune des Charges dont ils seront titulaires, autres & plus grands droits que ceux qui ont coutume d'être payés par les Officiers de l'Election; & qu'après lesdits droits par eux payés, ils partageront, à raison de chacune des Charges dont ils seront titulaires par égale portion, les droits qui seront payés par les autres Officiers de l'Election pour leur réception & installation. Ordonne que le présent Arrêt sera envoyé dans tous les Sieges des Elections, Greniers à sel, traites foraines, dépôts des sels, & autres du ressort de la Cour, pour être registré au greffe d'iceux, & être exécuté selon sa forme & teneur : enjoint aux Substituts du Procureur-Général du Roy d'y tenir la main, & d'en certifier la Cour au mois. Si mandons, &c.

Donné à Paris, en ladite Cour, le seize Février mil sept cent cinquante.

Signé, D'ARBOULIN.

EDIT du Roi, portant création d'une Noblesse Militaire. (Code des Tailles, Tome III, page 628 ; Enrégistrements de l'Election, Volume coté XXIII, folio 1.)

Novembre 1750.

LOUIS, &c. Les grands exemples de zele & de courage que la Noblesse de notre Royaume a donnés pendant le cours de la derniere guerre, ont été si dignement suivis par ceux qui n'avoient pas les mêmes avantages du côté de la naissance, que nous ne perdrons jamais le souvenir de la généreuse émulation avec laquelle nous les avons vu combattre & vaincre nos ennemis. Nous leur avons déjà donné des témoignages authentiques de notre satisfaction par les grades, les honneurs & les autres récompenses que nous leur avons accordés. Mais nous avons considéré que ces graces personnelles à ceux qui les ont obtenues, s'éteindront un jour avec eux; & rien ne nous a paru plus digne de la bonté du Souverain, que de faire passer jusqu'à leur postérité les distinctions qu'ils ont si justement acquises par leurs services. La Noblesse la plus ancienne de nos Etats, qui doit sa premiere origine à la gloire des armes, verra sans doute avec plaisir que nous regardons la communication de ses privileges, comme le prix le plus flatteur que puissent obtenir ceux qui ont marché sur ses traces pendant la guerre. Déjà annoblis par leurs actions, ils ont le mérite de la Noblesse, s'ils n'en ont pas encore le titre, & nous nous portons d'autant plus volontiers à le leur accorder, que nous suppléerons par ce moyen à ce qui pouvoit manquer à la perfection des Loix précédentes, en établissant dans notre

Royaume une Noblesse militaire, qui puisse s'acquérir de droit par les armes, sans lettres particulieres d'annoblissement. Le Roy Henri IV avoit eu le même objet dans l'article XXV de l'Edit sur les Tailles, qu'il donna en 1600 : mais la disposition de cet article ayant essuyé plusieurs changemens par des Loix postérieures, nous avons cru devoir, en y statuant de nouveau par une Loi expresse, renfermer cette grace dans de justes bonnes. Obligés de veiller avec une égale attention au bien général & particulier des différens Ordres de notre Royaume, nous avons craint de porter trop loin un privilege dont l'effet seroit de surcharger le plus grand nombre de nos Sujets qui supportent le poid des tailles & des autres impositions. C'est cette considération qui nous a forcés de mettre des limitations à notre bienfait pour concilier la faveur que méritent nos Officiers Militaires avec l'intérêt de nos Sujets taillables, au soulagement desquels nous serons toujours disposés à pourvoir de la maniere la plus équitable & la plus conforme à notre affection pour nos Peuples. A ces causes, &c. voulons & nous plaît ce qui suit : 1750.

I. Aucun de nos Sujets servans dans nos Troupes en qualité d'Officier, ne pourra être imposé à la taille pendant qu'il conservera cette qualité.

II. En vertu de notre présent Edit & du jour de sa publication, tous Officiers-Généraux non nobles actuellement à notre service, seront & demeureront annoblis avec toute leur postérité née & à naître en légitime mariage.

III. Voulons qu'à l'avenir le grade d'Officier-Général confere la Noblesse de droit à ceux qui y parviendront, & à toute leur postérité légitime lors née & à naître, & jouiront nosdits Officiers-Généraux de tous les droits de la Noblesse, à compter du jour & date de leurs lettres & brevets.

IV. Tout Officier non Noble d'un grade inférieur à celui de Maréchal-de-Camp, qui aura été par nous créé Chevalier de l'Ordre Royal & Militaire de S. Louis, & qui se retirera après trente ans de service non interrompus, dont il en aura passé vingt avec la commission de Capitaine, jouira sa vie durant de l'exemtion de la taille.

V. L'Officier dont le pere aura été exempt de la taille en exécution de l'article précédent, s'il veut jouir de la même exemption en quittant notre service, sera obligé de remplir auparavant toutes les conditions prescrites par l'article IV.

VI. Réduisons les vingt années de commission de Capitaine, exigées par les articles ci-dessus, à dix-huit ans pour ceux qui auront eu la commission de Lieutenant-Colonel, à seize pour ceux qui auront eu celle de Colonel, & à quatorze pour ceux qui auront eu le grade de Brigadier.

VII. Pour que les Officiers non Nobles, qui auront accompli leur temps de service, puissent justifier qu'ils ont acquis l'exemption de la taille accordée par les articles IV & V, voulons que le Secretaire d'Etat chargé du département de la Guerre, leur donne un certificat portant qu'il nous ont servis le temps prescrit par les articles IV & VI, en tels Corps & dans tels grades.

VIII. Les Officiers devenus Capitaines & Chevaliers de l'Ordre de S. Louis, que leurs blessures mettront hors d'état de nous continuer leurs services, demeureront dispensés de droit du temps qui en restera lors à courir : voulons, en ce cas, que le certificat mentionné en l'article précédent, spécifie la qualité des blessures desdits Officiers, les occasions de guerre dans lesquelles ils les ont reçues, & la nécessité dans laquelle ils se trouvent de se retirer.

IX. Ceux qui mourront à notre service, après être parvenus au grade de Capitaine, mais sans avoir rempli les autres conditions imposées par les articles IV,

1750. & VI, seront censés les avoir accomplis, & s'ils laissent des fils légitimes qui soient à notre service, ou qui s'y destinent, il leur sera donné par le Secretaire d'Etat chargé du département de la Guerre, un certificat portant que leur pere nous servoit au jour de sa mort, dans tel Corps & dans tel grade.

X. Tout Officier né en légitime mariage, dont le pere & l'aïeul auront acquis l'exemption de la taille en exécution des articles ci-dessus, sera noble de droit, après toutefois qu'il aura été par nous créé Chevalier de l'Ordre de S. Louis, qu'il nous aura servi le temps prescrit par les articles IV & VI, ou qu'il aura profité de la dispense accordée par l'article VIII. Voulons, pour le mettre en état de justifier de ses services personnels, qu'il lui soit délivré un certificat tel qu'il est ordonné par les articles VII & VIII, selon qu'il se sera trouvé dans quelqu'un des cas prévus par ces articles, & qu'en conséquence il jouisse de tous les droits de la Noblesse du jour daté dans ledit certificat.

XI. La Noblesse acquise en vertu de l'article précédent, passera de droit aux enfans légitimes de ceux qui y seront parvenus, même à ceux qui seront nés avant que leurs peres soient devenus nobles; & si l'Officier qui remplit ce troisieme degré, meurt dans le cas prévu par l'article IX, il aura acquis la Noblesse: voulons, pour en assûrer la preuve, qu'il soit délivré à ses enfans légitimes un certificat tel qu'il est mentionné audit article IX.

XII. Dans tous les cas où nos Officiers seront obligés de faire les preuves de la noblesse acquise en vertu de notre présent Edit, outre les actes de célébration & contrats de mariage, extraits baptistaires & mortuaires, & autres titres nécessaires pour établir une filiation légitime, ils seront tenus de représenter les commissions des grades des Officiers qui auront rempli les trois degrés ci-dessus établis, leurs provisions de Chevalier de l'Ordre de S. Louis, & les certificats à eux délivrés en exécution des articles VII, VIII, IX, X & XI, selon que lesdits Officiers auront rempli les conditions auxquelles nous avons attaché l'exemption de la taille & la noblesse, ou selon qu'ils auront été dispensés desdites conditions par blessures ou par mort, conformément aux dispositions du présent Edit.

XIII. Les Officiers non nobles actuellement à notre service, jouiront du bénéfice de notre présent Edit, à mesure que le temps de leurs services prescrits par les articles IV, VI & VIII sera accompli, quand même ce temps auroit commencé à courir avant la publication de notre Edit.

XIV. N'entendons néanmoins par l'article précédent accorder auxdits Officiers d'autre avantage rétroactif, que le droit de remplir le premier degré; défendons à nos Cours & à toutes Jurisdictions qui ont droit d'en connoître, de les admettre à la preuve des services de leurs peres & aïeuls retirés ou morts à notre service, avant la publication de notre présent Edit.

XV. Pourront nosdits Officiers déposer, pour minutes chez tels Notaires Royaux qu'ils jugeront à propos, les lettres, brevets & commissions de leurs grades, ainsi que les certificats de nos Secretaires d'Etat chargés du département de la Guerre, dont leur sera délivré des expéditions qui leur serviront ce que de raison. Si donnons en mandement, &c.

Donné à Fontainebleau, au mois de Novembre, l'an de grace mil sept cent cinquante, & de notre regne le trente-sixieme. *Signé*, LOUIS; & plus bas, par le Roy, M. P. DE VOYER D'ARGENSON.

Registré à Paris, en Parlement, le 25 Novembre 1750.

Registrées en la Chambre des Comptes, oui & ce requérant le Procureur-Général du Roy, pour être exécutées selon leur forme & teneur, avec faculté aux Officiers Militaires de déposer au greffe de la Chambre, leurs brevets, commissions & certificats de service pour la sûreté & conservation d'iceux; & sera le Roy très humblement supplié pour faire jouir lesdits Officiers Militaires du bénéfice desdites Lettres en forme d'Edit, d'ordonner que lesdits brevets, commissions & certificats seront expédiés sous les noms propres de baptême & de famille desdits Officiers, les Bureaux assemblés, le 11 Janvier 1751. 1750.

Signé, GOUGENOT.

Et depuis en conséquence de la réponse du Roy, du 30 Janvier dernier, aux représentations ordonnées pour ledit Arrêt de la Chambre, du 11 desdits mois & an, conformément aux intentions dudit Seigneur Roy, la Chambre a ordonné & ordonne lesdites Lettres en forme d'Edit, ensemble le susdit Arrêt de la Chambre rendu sur icelui, le 11 Janvier dernier, être exécutées selon leur forme & teneur, & seront les Officiers Militaires qui prétendront acquérir la Noblesse, tenus de faire insérer à l'avenir dans leurs brevets, commissions & certificats de service, leurs noms propres de baptême & de famille, pour par eux jouir de la grace à eux accordée par lesdites Lettres, les Bureaux assemblés, le 4 Février 1751.

Signé, GOUGENOT.

Registrées en la Cour des Aydes, le 16 Juin 1752.

ARRÊT du Conseil, qui ordonne qu'il sera par les Officiers de l'Election de Paris, procédé à la levée des scellés apposés, après le décès du sieur Leclerc, Receveur des entrées de Paris; & que ceux qui ont été apposés par le Commissaire Remy, & par les Officiers du Bureau de l'Hôtel de Ville, seront brisés & rompus, pour être par lesdits Officiers de l'Election procédé à l'inventaire & description des effets trouvés sous les scellés, & au jugement des contestations qui pourront se former à ce sujet. Fait itératives défenses aux Commissaires du Châtelet, & aux Officiers du Bureau de l'Hôtel de Ville, de les y troubler, à tous Juges autres que ceux des Aides, Gabelles, Traites & autres, d'apposer aucuns scellés sur les caisses & effets des Receveurs & autres comptables desdites Fermes, soit en cas de mort ou autrement, & de s'immiscer à l'avenir dans la connoissance des affaires des Fermes, à moins qu'ils n'en soient requis par les Fermiers ou Régisseurs, leurs Procureurs ou Commis, à peine de nullité, & de tous dépens, dommages & intérêts. 1751.

17 Août 1751.

SUR la Requête présentée au Roy, en son Conseil, par Jean-Baptiste Bocquillon, subrogé par Arrêt du Conseil du 6 Mars 1751, à Jean Girardin, Adjudicataire des Fermes de Sa Majesté, contenant que le sieur Leclerc, ci-devant Commis-Receveur des entrées de Paris, à la barriere de la Croix-Faubin, est décédé le 30 Décembre

1751. dernier, sans avoir rendu ses comptes, & est demeuré reliquataire: que le même jour Anne-Marie Morel, veuve dudit sieur Leclerc, a fait apposer les scellés sur ses effets par le sieur Remy, Commissaire au Châtelet: que le lendemain 31 dudit mois de Décembre, lesdits effets ont été contre-scellés, tant par les Officiers de l'Election de Paris, à la requête dudit Girardin, que par le Bureau de l'Hôtel de Ville de Paris, à la requête du sieur Boucot, Receveur: que les articles L & LI du titre commun pour toutes les Fermes de l'Ordonnance de 1681, attribuent la connoissance de toutes les affaires concernant les droits & la régie des Fermes générales, circonstances & dépendances aux Officiers des Elections, Greniers à sel & Juges des Traites; & icelle interdire à toutes ses Cours de Parlement, & à tous autres Juges, à peine de nullité de procédures, dépens, dommages & intérêts, & mille livres d'amende. Que les Arrêts du Conseil des 26 Octobre 1706, 17 Juillet 1708, 2 Juillet 1718, 31 Janvier 1721, 8 Août 1724, 4 Septembre, 9 Octobre & 13 Novembre 1731. L'article 580 du bail des Fermes générales, fait à Jacques Forceville, Adjudicataire desdites Fermes, le 16 Septembre 1738, & l'Arrêt du Conseil du 19 Juin 1744, ont ordonné l'exécution desdites Ordonnances, & maintenu les Officiers des Elections & autres Juges des Fermes, dans le droit d'apposer les scellés sur les effets des Commis comptables, privativement à tous autres Juges royaux, & que ces Réglemens ont eu pour objet de prévenir les conflits de Jurisdiction, & tous les inconvéniens qu'il y auroit à laisser aux Juges ordinaires une espece de Jurisdiction dans une des parties les plus essentielles de la régie de ses Fermes, & de leur ôter à cet effet toute connoissance des deniers & effets délaissés par les comptables redevables, afin qu'ils ne puissent, sous aucun prétexte, connoître des préférences & autres privileges qui appartiennent aux Fermiers de Sa Majesté, sur les effets mobiliers, meubles & immeubles des comptables, dont la distribution ne doit être faite que par les Juges ordinaires des Fermes, sauf l'appel en la Cour des Aydes, conformément auxdites Ordonnances.

Requéroit à ces causes qu'il plût à Sa Majesté ordonner que par les Officiers de l'Election de Paris, il sera incessamment procédé à la levée des scellés apposés sur les effets dudit sieur Leclerc, après toutefois que ceux apposés par le Commissaire Remy & par les Officiers du Bureau de l'Hôtel de Ville de Paris auront été reconnus sains & entiers, à l'effet de quoi ledit sieur Remy & les Officiers dudit Hôtel de Ville seront tenus de comparoître à la premiere sommation qui leur en sera faite, sinon & à faute de ce faire, que lesdits scellés seront brisés & rompus, sans qu'il soit besoin d'observer aucune autre formalité à cet égard, pour être ensuite procédé par lesdits Officiers de l'Election, à l'inventaire & description desdits effets, & au jugement des contestations qui pourront se former à ce sujet, le tout en la maniere accoutumée: faire itératives & très-expresses inhibitions & défenses aux Commissaires du Châtelet, & aux Officiers du Bureau de l'Hôtel de Ville de Paris de les y troubler, & à tous Juges autres que ceux des Aydes, Gabelles, Traites & autres Fermes de Sa Majesté, d'apposer aucuns scellés sur les caisses & effets des Receveurs & autres comptables desdites Fermes, soit en cas de mort ou autrement, & de s'immiscer à l'avenir dans la connoissance des affaires concernant les Fermes, à moins qu'ils n'en soient requis par les Fermiers ou Régisseurs, leurs Procureurs ou Commis, le tout à peine de nullité & de tous dépens, dommages & intérêts, & sous telles autres peines qu'il appartiendra, en attribuant Sa Majesté, en tant que de besoin, la connoissance auxdits Juges des Fermes, à l'exclusion de tous autres, sauf l'appel de leurs Jugemens en la Cour des Aydes, & que l'Arrêt qui interviendra sera exécuté nonobstant toutes oppositions & autres empêchemens quelconques, pour lesquels ne sera différé, oui le rapport:

Le

1751.

Le Roy, en son Conseil, a ordonné & ordonne que, par les Officiers de l'Election de Paris, il sera incessamment procédé à la levée des scellés apposés sur les effets dudit sieur Leclerc, après toutefois que ceux apposés par le Commissaire Remy & les Officiers du Bureau de l'Hôtel de Ville de Paris, auront été reconnus sains & entiers, à l'effet de quoi ledit sieur Remy & les Officiers du Bureau de l'Hôtel de Ville seront tenus de comparoître à la premiere sommation qui leur en sera faite, sinon & à faute de ce faire, que lesdits scellés seront brisés & rompus, sans qu'il soit besoin d'observer aucune autre formalité à cet égard, pour être ensuite procédé par lesdits Officiers de l'Election à l'inventaire & description desdits effets, & au Jugement des contestations qui pourront se former à ce sujet, le tout en la maniere accoutumée. Fait Sa Majesté itératives & très-expresses inhibitions & défenses aux Commissaires du Châtelet & aux Officiers du Bureau de l'Hôtel de Ville de Paris de les y troubler, & à tous Juges autres que ceux des Aydes, Gabelles, Traites & autres Fermes de Sa Majesté, d'apposer aucuns scellés sur les caisses & effets des Receveurs & autres comptables desdites Fermes, soit en cas de mort ou autrement, & de s'immiscer à l'avenir dans la connoissance des affaires concernant les Fermes, à moins qu'ils n'en soient requis par les Fermiers ou Régisseurs, leurs Procureurs ou Commis, le tout à peine de nullité, & de tous dépens, dommages & intérêts, & sous telles autres peines qu'il appartiendra; Sa Majesté en attribuant, en tant que de besoin, la connoissance auxdits Juges des Fermes, à l'exclusion de tous autres, sauf l'appel de leurs Jugemens en la Cour des Aydes. Et sera le présent Arrêt exécuté nonobstant toutes oppositions & autres empêchemens quelconques, pour lesquels ne sera differé. Fait au Conseil d'Etat du Roi, tenu pour les Finances à Versailles, le dix-sept Août mil sept cent cinquante & un. *Signé*, DE VOUGNY.

Le neuvieme jour de Septembre 1751, à la requête de Jean-Baptiste Bocquillon, subrogé par Arrêt du Conseil du 6 Mars 1751, à Girardin, Adjudicataire général des Fermes-unies de France, qui a élu domicile en son Bureau général des Aydes à Paris, sis rue & Hôtel de Bretonvilliers, isle & Paroisse S. Louis, le présent Arrêt a été signifié, & d'icelui laissé copie aux fins y contenues à Demoiselle Anne-Marie Morel, veuve dudit sieur Leclerc, en son domicile au Couvent de l'Adoration perpétuelle, au grand Charonne, parlant à une Sœur portiere dudit Couvent; à Me. Remy, Commissaire au Châtelet de Paris, en son domicile rue S. Nicolas, fauxbourg S. Antoine, en parlant à sa personne; & aux Officiers du Bureau de l'Hôtel de Ville de Paris, en leur maison & Jurisdiction, au Bureau dudit Hôtel de Ville, en parlant à un Commis dudit greffe, à ce que du contenu audit Arrêt ils n'en ignorent, & ayent à s'y conformer, par nous Huissier ordinaire des Conseils d'Etat & privé du Roy, soussigné, sommant & interpellant ledit sieur Commissaire Remy, & lesdits Officiers du Bureau de l'Hôtel de Ville, de reconnoître dans le jour chacun en droit soi, lever & ôter les scellés par eux apposés sur les effets dudit sieur Leclerc, même de donner audit Bocquillon les noms, surnoms, qualités & demeures ou domiciles élus des opposans, si aucuns il y a à leurs scellés; sinon & à faute de ce faire, leur ai déclaré qu'ils demeureront garans & responsables des causes des oppositions desdits opposans, & que lesdits scellés seront brisés & rompus aux termes dudit Arrêt. *Signé*, LE PAGE.

1752.

DÉCLARATION en interprétation de l'Edit du mois de Novembre 1750, portant création d'une Noblesse Militaire. (Code des Tailles, Tome III, page 636; Enrégistrements de l'Election, Volume coté XXIII, folio 2.)

22 Janvier 1752.

LOUIS, &c. Lorsque nous avons donné notre Edit du mois de Novembre 1750, portant création d'une Noblesse Militaire, notre intention a été que la profession des armes pût annoblir de droit à l'avenir ceux de nos Officiers qui auroient rempli les conditions qui y sont prescrites, sans qu'ils eussent besoin de recourir aux formalités des Lettres particulieres d'annoblissement; nous avons cru devoir épargner à des Officiers parvenus aux premiers grades de la guerre, & qui ont toujours vécu avec distinction, la peine d'avouer un défaut de naissance souvent ignoré; il nous a paru juste que les services de plusieurs générations dans une profession aussi noble que celle des Armes, pussent par eux-mêmes conférer la Noblesse. Mais en accordant à nos Officiers une grace aussi signalée, notre intention a toujours été qu'elle ne pût jamais devenir onéreuse à nos Sujets taillables, ni troubler l'ordre des successions par les abus qui pourroient naître de l'incertitude ou de l'insuffisance des titres qui doivent établir la preuve de cette Noblesse. De si justes motifs nous ont déterminés à expliquer plus précisément dans notre présente Déclaration notre volonté sur les dispositions de quelques articles de notre Edit du mois de Novembre 1750. A ces causes, &c. voulons & nous plaît ce qui suit:

I. Ceux qui seront actuellement dans notre service, & qui n'auront point encore rempli les conditions prescrites par notre Edit du mois de Novembre 1750, pour acquérir l'exemption de taille, n'auront pas le droit qu'ont les Nobles, ni même les privilégiés, de faire valoir aucune charrue.

II. Ceux qui auront rempli les conditions portées par l'Edit pour acquérir l'exemption de taille, soit qu'ils soient encore à notre service, soit qu'ils s'en soient retirés, pourront faire valoir deux charrues seulement.

III. Au lieu des certificats de services dont il est parlé dans l'article VII de notre Edit du mois de Novembre 1750, & dans les articles suivans dudit Edit, nous voulons qu'à ceux de nos Officiers qui auront accompli leur temps, ou qui seront dans quelqu'un des autres cas prévus par lesdits articles, il soit délivré des Lettres scellées de notre grand Sceau, sous le titre de Lettres d'approbation de services, lesquelles contiendront les mêmes attestations que devoient porter lesdits certificats, & ne seront lesdites Lettres sujettes à aucun enregistrement.

IV. Ordonnons qu'à l'avenir il ne sera expédié à nos Officiers aucun Brevet, Commission & Lettres, même les Lettres d'approbation de services mentionnés en l'article précédent, que les noms de Baptêmes, les noms de famille & les surnoms de ceux à qui elles seront accordées, n'y soient insérés.

V. Pourront les Officiers qui auront obtenu lesdites Lettres, les déposer pour minutes, ainsi que les autres titres de leurs grades, aux greffes de nos Cours de Parlement, dont leur sera délivré des expéditions sans frais; pourront pareillement faire lesdits dépôts en nos Chambres des Comptes & Cours des Aydes, dérogeant à l'article XV de notre Edit du mois de Novembre 1750, quant à la faculté de faire ledit dépôt chez les Notaires. Si donnons en mandement, &c. Donnée à Versailles, le vingt-deuxieme jour du mois de Janvier, l'an de grace mil sept cent cinquante-deux, & de notre regne le trente-septieme. *Signé*, LOUIS. Et plus bas, par le Roy, M. P. DE VOYER D'ARGENSON. 1752.

Registrée en Parlement, Chambre des Comptes & Cour des Aydes, les 3 Mars, 14 Avril & 16 Juin 1752.

ARRÊT *de la Cour des Aides, portant Réglement pour les Procureurs de la Cour, au sujet des Directions. (Code des Tailles, Tome III, page 639.)*

21 Juillet 1752.

CE jour, les Chambres assemblées, les Gens du Roy sont entrés, & Me. Antoine-Louis Bellangers, Avocat-Général, portant la parole, ont dit : Messieurs, une Loi nouvelle devient nécessaire, lorsque le silence des Loix anciennes est devenu un prétexte pour autoriser les abus.

Dans les Directions aucun Réglement positif & précis n'a décidé jusqu'à présent à qui doivent être signifiées les affiches faites pour parvenir à la vente des immeubles abandonnés par les débiteurs.

Les simples lumieres de l'équité & de la raison suffisent pour faire voir que l'affiche des directeurs, qui ne sont eux-mêmes que les mandataires des créanciers unis, est réellement l'ouvrage des créanciers; que la signifier à chacun d'eux, c'est lui signifier sa propre procédure.

Cependant l'usage de faire des significations si contraires aux regles, avoit gagné dans le Palais.

Nous avons vu avec surprise que dans une cause jugée récemment en la premiere Chambre de la Cour, on s'est efforcé de justifier une procédure aussi monstrueuse & par des exemples & par des autorités, mais sur-tout parce qu'aucune Loi ne l'avoit nommément condamnée.

Il est donc important d'ôter à l'avenir un pareil prétexte, en fixant la Jurisprudence à cet égard d'une maniere qui ne laisse aucune équivoque.

Un autre objet nous paroît encore digne d'attirer votre attention.

La Justice, en différens temps, n'a point dédaigné de porter son exactitude jusqu'à fixer le nombre des lignes & même des syllabes qui doivent composer le rôle des écritures des Procureurs.

L'Ordonnance de 1667 avoit prescrit vingt-deux lignes par page, & quinze syllabes par ligne, & avoit prononcé la peine de radiation de celles où il se trouveroit de la contravention.

Les Déclarations des 19 Juin & 24 Juillet 1691, rendues pour le papier & le parchemin timbrés, ont admis les dispositions de cette Loi.

L'une a réduit à vingt, au lieu de vingt-deux, le nombre des lignes exigé pour chaque page, l'autre a déchargé les Procureurs de la nécessité de l'assujétion au nombre des syllabes prescrit par les Loix précédentes.

Mais la facilité accordée par la derniere de ces Déclarations, a dégénéré en un abus que le Législateur n'avoit pu prévoir, & que la Justice ne peut tolérer.

Nous voyons journellement des écritures où les lignes ne contiennent que quatre, trois, & quelquefois même deux syllabes.

1752. Preuve évidente de la nécessité d'astreindre à un certain nombre de syllabes ceux qui ont abusé aussi indiscrétement de la liberté trop étendue que les Loix leur ont rendue à cet égard.

Le Réglement que le Public attend de votre justice sur cet article, & sur celui des significations des affiches dans les directions, fait l'objet des conclusions par écrit que nous avons l'honneur de présenter à la Cour.

Eux retirés, après avoir laissé sur le Bureau les conclusions par écrit du Procureur-Général du Roi,

La matiere mise en délibération,

La Cour a ordonné & ordonne que dans toutes les directions qui seront poursuivies en la Cour, les affiches, publications & remises des biens qui y seront vendus, ne seront pas signifiées aux créanciers qui auront signé le contrat de direction, ou avec lesquels ledit contrat aura été homologué, à peine de nullité desdites significations. Ordonne pareillement qu'à l'avenir les grosses de toutes les écritures contiendront vingt lignes par page, & douze syllabes au moins par ligne, à peine de radiation des rôles où il se trouvera de la contravention : enjoint aux Procureurs tiers & à tous autres qui taxeront les dépens, de se conformer au présent Arrêt, lequel sera lu & publié à la Communauté des Avocats & Procureurs, & inscrit sur les registres de ladite Communauté, publié & affiché par-tout où il appartiendra. Fait à Paris, en la Cour des Aydes, le vingt & un Juillet mil sept cent cinquante-deux. *Signé*, BESNIER.

ARRÊT de la Cour des Aides, qui ordonne l'exécution provisoire des articles I, IV & XVII du titre XI de l'Ordonnance de 1687, & en conséquence que le Procureur du Roi en l'Election de Paris, en cas d'absence des Marchands ou Voituriers, sera appellé aux procès-verbaux de description & à ceux de vente des marchandises saisies; fait défenses aux Commissaires du Châtelet de s'immiscer dans les fonctions du Procureur du Roi, & aux Fermiers de les introduire, &c.

13 Octobre 1752.

ENTRE Me. Jean-Claude Satis, notre Conseiller-Avocat & Procureur en l'Election de Paris, Demandeur en Requête insérée en l'Arrêt de notre Cour du 22 Septembre 1752, tendante à ce que, par provision, il plût à notredite Cour ordonner que l'Ordonnance de 1687 & les Réglemens de notredite Cour soient exécutés, & conformément aux articles I & IV du titre XI de ladite Ordonnance, que la description des marchandises saisies sera faite, en cas d'absence des Marchands ou Voituriers, en présence du Demandeur, en sa qualité de notre Procureur, que les marchandises non réclamées dans la huitaine, & dont la confiscation aura été prononcée, seront vendues aussi en présence du Demandeur, aux termes de l'article XVII du même titre de ladite Ordonnance; faire défenses à l'Adjudicataire de nos Fermes générales & à ses Commis, d'employer des Commissaires du Châtelet lors desdites saisies; leur enjoindre d'appeller le Demandeur dans les cas exprimés par lesdits articles, & de se conformer auxdits articles, sauf les dommages

& intérêts du Demandeur, & à prendre dans la suite telles conclusions qu'il avisera bon être, & Défendeur, d'une part; les Syndics & Officiers Aulneurs & Visiteurs des toiles de la Ville, fauxbourgs & banlieue de Paris, Sous-Fermiers des Droits de marque & contrôle sur les toiles, Défendeurs & Demandeurs en Requête du 11 du présent mois d'Octobre, tendante à ce qu'en venant par les Parties plaider sur la demande dudit Me. Satis, insérée en l'Arrêt de notredite Cour du 22 Septembre dernier, il fût ordonné qu'elles viendroient pareillement plaider sur la Requête des Syndic, Officiers-Aulneurs & Visiteurs de toiles; ce faisant, il plût à notredite Cour déclarer ledit sieur Satis non-recevable dans sa demande provisoire insérée audit Arrêt, ou en tout cas l'en débouter; ordonner en outre qu'au lendemain de S. Martin les Parties feront diligence pour faire juger l'appel interjeté par ledit Me. Satis de la Sentence contradictoire de l'Election rendue sur ses conclusions le 20 Juillet 1752, & cependant par provision ordonner que lorsque les Demandeurs voudront user de la faculté accordée par l'article XVII du titre XI de l'Ordonnance de 1687, en faisant vendre les marchandises qui se trouveront être abandonnées dans les Bureaux par les Marchands ou Voituriers, qui ne seront point réclamées dans la huitaine, & qui seront confisquées; que la présence dudit Me. Satis ne sera nécessaire audit cas seulement, que le jour qui sera indiqué pour la vente, & autres suivans, par les trois proclamations par trois jours différens, tant à la porte de l'Auditoire du Juge qu'à celle du Bureau, sans que sa présence puisse être nécessaire à chaque jour des trois proclamations, qui ne sont & ne doivent être indicatives que d'un seul & même jour; & condamner ledit Me. Satis aux dépens de l'incident, sous les réserves expresses de tous ses autres droits, actions & prétentions, d'autre part, &c. Notredite Cour ordonne qu'elle en délibérera sur-le-champ; & depuis en ayant délibéré: notredite Cour faisant droit sur les demandes des Parties, ordonne l'exécution provisoire des articles I, IV & XVII du titre XI de l'Ordonnance de 1687; en conséquence ordonne que le Substitut de notre Procureur-Général en l'Election de Paris, en cas d'absence des Marchands ou Voituriers, sera appellé aux procès-verbaux de descriptions, & à ceux de vente des marchandises saisies; fait défenses aux Commissaires du Châtelet de s'immiscer dans les fonctions du Substitut de notre Procureur-Général, & aux Fermiers de les y introduire; & pour faire droit sur le surplus des demandes des Parties, les a joints à l'appel, pour, en jugeant, y avoir tel égard que de raison; & faisant droit sur le requisitoire de notre Procureur-Général, fait défenses au Greffier de l'Election d'expédier aucune Sentence dans les causes sujettes à communications, qu'il n'y ait des conclusions du Substitut de notre Procureur-Général en ladite Election; lui fait pareillement défenses d'insérer dans lesdites Sentences: *Oui notre Procureur en ses conclusions*, s'il ne lui apparoît que l'expédient soit signé dudit Substitut de notre Procureur-Général en ladite Election de Paris, dépens réservés, &c. Donné à Paris, en la premiere Chambre de notredite Cour des Aydes, le treize Octobre, l'an mil sept cent cinquante-deux. *Signé*, Besnier.

1752. *DÉCLARATION portant suppression de Lieutenants-Civils, Criminels & Assesseurs dans les Elections de la Charité, Sainte-Menehould, Joinville & Montreau. (Code des Tailles, Tome III, page 642.)*

26 Novembre 1752.

VOULONS & nous plaît que les Offices de Lieutenans-Civils, Criminels & d'Assesseur premier Elu, créés dans les Elections de la Charité, Sainte-Menehould, Joinville & Montreau, par Edits des mois de Février & Septembre 1696, soient & demeurent éteints & supprimés; & que les pourvus d'iceux soient, à compter du jour de la publication des présentes, privés de toutes fonctions, privileges & exemptions.

Registrée en la Cour des Aydes, le 2 Mars 1753.

1753. *ARRÊT de la Cour des Aides, qui défend de ne procéder à aucune confrontation que le récolement n'ait été fait, & de faire exécuter les Sentences lorsqu'elles porteront condamnation aux peines afflictives, avant qu'il soit statué par la Cour sur lesdites Sentences. (Enrégistrements de l'Election, Volume coté XXIII, folio 4.)*

11 Avril 1753.

LA Cour, faisant droit sur les conclusions de notre Procureur-Général, déclare nulle la confrontation littérale faite à Jean Parvillé, dit Gandolin, de Nicolas Hullot, faute par les Juges de l'Election de Doulens, d'avoir ordonné & fait le récolement dudit Nicolas Hullot, dans ses interrogatoires; leur enjoint de ne procéder à l'avenir à aucune confrontation que le récolement n'ait été ordonné & fait : leur enjoint pareillement de se conformer à l'article VI du titre XXVI de notre Ordonnance de 1670: en conséquence leur fait defenses de faire exécuter leurs Sentences, lorsqu'elles porteront condamnation aux peines portées par ledit article : leur enjoint dans ce cas d'envoyer les accusés au greffe de notredite Cour, soit qu'il y ait appel ou non, pour y être statué sur lesdites Sentences. Ordonne que le présent Arrêt sera imprimé & envoyé aux Officiers du ressort de notredite Cour, &c.

Donné à Paris, en la premiere Chambre de notredite Cour des Aydes, le onze Avril mil sept cent cinquante-trois. *Signé*, DESORMES.

1755.

Arrêt du Conseil, qui déclare nulle l'assignation donnée au Procureur-Général de la Cour des Aides, à la requête du Procureur du Roi au Châtelet, pour procéder au Conseil; fait défenses à tous Huissiers de donner à l'avenir aucunes assignations audit Procureur-Général, à peine de nullité & de 500 livres d'amende.

11 Septembre 1755.

SUR ce qui a été représenté au Roy, en son Conseil, par le Procureur-Général en sa Cour des Aydes de Paris, qu'il se trouve forcé de se plaindre à Sa Majesté d'un Arrêt rendu en son Conseil d'Etat-privé, le 27 Juillet 1755, en ce que cet Arrêt obtenu sur la Requête du Procureur de Sa Majesté au Châtelet, ordonne que cette Requête sera communiquée au Procureur-Général de Sa Majesté en la Cour des Aydes, pour y répondre dans les délais du Réglement du Conseil de Sa Majesté; fait défenses à la Cour des Aydes de connoître d'une accusation en banqueroute frauduleuse, intentée contre le sieur de Bouchardieres, comptable & débiteur de Sa Majesté, dont la discussion des biens étoit & est pendante en la Cour des Aydes, & autorise les Officiers du Châtelet à continuer cette procédure, & même à lever les scellés par eux apposés sur les effets du comptable, ensemble les contre-scellés apposés par les Commissaires de la Cour des Aydes, &c. Mémoire du Procureur-Général de la Cour des Aydes, présenté au Conseil de Sa Majesté, contenant ses remontrances sur ledit Arrêt du Conseil, du 27 Juillet 1755, & l'assignation à lui donnée, le 3 Août suivant, à la requête du Procureur de Sa Majesté au Châtelet, contre la disposition des Arrêts du Conseil d'Etat & privé de Sa Majesté, des 7 Novembre 1646, 14 Juillet 1656 & 25 Avril 1722, qui déchargent le Procureur-Général de Sa Majesté en sa Cour des Aydes, d'assignations à lui données, & font défenses à tous Huissiers de lui en donner à l'avenir de pareilles, & à tous Greffiers de délivrer contre lui aucuns défauts à peine de nullité, & de tous dépens, dommages & intérêts, même de 500 livres d'amende contre chacun des contrevenans. Vu lequel Mémoire de représentations & pieces y énoncées, oui le rapport, le Roy, en son Conseil, ayant aucunement égard au Mémoire présenté à Sa Majesté par son Procureur-Général en la Cour des Aydes de Paris, a ordonné & ordonne que les Arrêts de son Conseil, des 14 Juillet 1656 & 25 Avril 1722, seront exécutés selon leur forme & teneur; en conséquence Sa Majesté a déclaré & déclare nulle l'assignation donnée à sondit Procureur-Général, à la requête du Procureur de Sa Majesté au Châtelet de Paris, par Debrye, Huissier au Conseil, le 3 Août 1755, pour procéder au Conseil, en exécution de l'Arrêt de son Conseil d'Etat, du 27 Juillet précédent. Fait Sa Majesté défenses à tous Huissiers de donner à l'avenir aucunes assignations à sondit Procureur-Général, à peine de nullité & de 500 livres d'amende. Ordonne Sa Majesté que sondit Procureur-Général en la Cour des Aydes, & le Procureur de Sa Majesté au Châtelet remettront leurs Mémoires respectifs, après se les être communiqués, entre les mains de M. le Garde des Sceaux, Contrôleur-Général de ses Finances, pour, à son rapport, être statué par Sa Majesté ce qu'il

1753. appartiendra. Fait au Conseil d'Etat du Roy, tenu pour les Finances, à Versailles, le 11 Septembre mil sept cinquante-trois. *Signé*, DE VOUGNY.

(*Voyez ci-après l'Arrêt du 5 Novembre 1754.*)

AU mois d'Octobre 1753, le sieur Charias de Serionne a été reçu en la Cour, Commissaire aux saisies-réelles poursuivies en la Cour, à la charge de ne prendre plus grands droits que ceux qui lui sont attribués par les Edits & Déclarations bien & duement vérifiées en la Cour, Arrêts & Reglements de ladite Cour, sous les peines des Ordonnances. Ordonne, ladite Cour, que ledit de Serionne sera tenu de remettre tous les ans au greffe de la Cour, un état de lui certifié véritable de sa recette & dépense; & de le rapporter à la Cour pour être procédé au récolement & confrontation des deniers qui seront dans la caisse, & plutôt, s'il est ainsi ordonné; & encore à condition que ledit de Serionne & ses successeurs Commissaires, donneront à leurs Commis des gages tels que de raison; fait défenses auxdits Commis de prendre aucune chose des Parties, encore qu'il leur fût volontairement offert, à peine de concussion; ni aucuns baux judiciaires directement ni indirectement, à peine de punition exemplaire: comme aussi la Cour ordonne que ledit de Serionne & ses successeurs dans lesdits états & Offices, auront des registres particuliers pour la Cour, tenus par colonnes, dont l'une contiendra le bail des choses saisies, le prix, le temps qu'il devra durer, & le nom du Procureur poursuivant & les conditions du bail; une autre, les paiements qui lui seront faits en quittances, réparations, &c. une autre, le montant de ses droits; & à la marge, les paiements faits par le Commissaire, sur le prix du bail. Ordonne en outre que ledit de Serionne & ses successeurs Commissaires, tiendront un registre séparé des saisies-réelles, lesquelles y seront enrégistrées dans l'instant qu'elles seront apportées, tant de celles faites directement en la Cour, que de celles évoquées en d'autres Jurisdictions, & d'y faire mention à la marge, du jour & heure qu'elles auront été apportées. (Tables de Mariette.)

Le 26 Mars 1756, à la réception du sieur de Pérussy, Commissaire au Saisies réelles, la Cour a ordonné que lesdits registres seront en papier timbré; que leurs intitulés contiendroient la forme d'iceux & la destination; que lesdits intitulés seroient réglés & rédigés par le Conseiller commis à cet effet, & que les feuillets desdits livres seroient numérotés & paraphés par ledit Conseiller. (*Ibidem.*)

ARRÊT

1754.

Arrêt du Conseil, qui ordonne que sur la plainte en banqueroute frauduleuse portée au Châtelet, contr'un comptable débiteur de Sa Majesté, dont la discussion des biens étoit pendante en la Cour des Aides, les Parties procéderoient en ladite Cour.

5 Novembre 1754.

VU au Conseil d'Etat du Roy l'Arrêt rendu en icelui le 11 Septembre 1753, par lequel Sa Majesté ayant aucunement égard au Mémoire qui lui avoit été présenté par son Procureur-Général en la Cour des Aydes de Paris, a ordonné que les Arrêts de son Conseil, des 14 Juillet 1656 & 25 Avril 1722, seroient exécutés suivant leur forme & teneur; en conséquence Sa Majesté a déclaré nulle l'assignation donnée à sondit Procureur-Général, à la requête du Procureur de Sa Majesté au Châtelet de Paris, par de Brye, Huissier du Conseil, le 3 Août 1753, pour procéder au Conseil, en exécution de l'Arrêt de son Conseil d'Etat-privé, du 27 Juillet précédent; ce faisant, Sa Majesté a fait défenses à tous Huissiers de donner à l'avenir aucunes assignations à sondit Procureur-Général, à peine de nullité & de 500 liv. d'amende; a ordonné que sondit Procureur-Général en la Cour des Aydes, & le Procureur de Sa Majesté au Châtelet, remettroient leurs Mémoires respectifs après se les être communiqués, entre les mains de M. le Garde des Sceaux, Contrôleur-Général des Finances, pour, à son rapport, être statué par Sa Majesté ce qu'il appartiendroit. Les Mémoires respectivement présentés en conséquence, tant par le Procureur-Général de la Cour des Aydes, que par le Procureur de Sa Majesté au Châtelet de Paris; celui du Procureur-Général de la Cour des Aydes, tendant pour les causes y contenues, à ce qu'il plût à Sa Majesté, sans s'arrêter à l'Arrêt de son Conseil d'Etat-privé du 27 Juillet 1753, ordonner l'exécution de ceux de sa Cour des Aydes, des 7 & 12 dudit mois de Juillet, & en conséquence, attendu la qualité de Comptable du sieur des Bouchardieres, ci-devant Receveur des Tailles de l'Election du Mans, & que la discussion de ses biens est pendante en cette Cour, y renvoyer également la plainte en banqueroute frauduleuse portée au Châtelet contre ledit sieur des Bouchardieres, par le sieur de Lier, Conseiller au Grand-Conseil, le Mémoire du Procureur de Sa Majesté au Châtelet employé pour réponses à celui du Procureur-Général de la Cour des Aydes, ci-dessus, & tendant à ce qu'en déclarant ledit Procureur-Général de la Cour des Aydes non-recevable, & subsidiairement mal-fondé dans sa demande en renvoi du procès dont il s'agit, il plût à Sa Majesté en conserver la connoissance au Châtelet, ordonner en conséquence à la Cour des Aydes, sur la premiere sommation qui lui seroit faite à son greffe, de lever les scellés qu'elle a fait apposer sur ceux du Commissaire Chatelus, sinon permettre aux Officiers du Châtelet de les lever après qu'ils auroient été reconnus; comme aussi ordonner que, par les Officiers du Châtelet, il seroit procédé à la description de tous les meubles & effets, titres & papiers qui se trouveroient sous les scellés, & que les meubles seroient vendus, pour, les deniers en provenans, après les frais privilégiés acquittés, être déposés par l'Huissier-Priseur qui feroit la vente, entre les mains du Receveur des Consignations de la Cour des Aydes, & être distribués en cette Cour ainsi qu'il appartiendroit, par lequel Mémoire, en ce qui touche les significations dont le Procureur-Général de la Cour des Aydes a prétendu devoir être

1754. exempt aux termes des Arrêts du Conseil des 14 Juillet 1656 & 25 Avril 1722, desquels l'exécution a été ordonnée par celui ci-dessus énoncé du 11 Septembre 1753, le Procureur de Sa Majesté au Châtelet a déclaré qu'il étoit inutile de discuter cette matiere, attendu qu'il n'entendoit point contester audit sieur Procureur-Général de la Cour des Aydes, une prérogative qu'il fonde sur d'anciens Arrêts du Conseil, dont ledit sieur Procureur du Roi du Châtelet est convenu qu'il n'en avoit pas connoissance : vu aussi le second Mémoire employé pour réponses à celui ci-dessus fourni par ledit sieur Procureur-Général de la Cour des Aydes, des 7 & 11 Juillet 1753, ensemble les Arrêts, Réglemens & autres pieces jointes ou énoncés auxdits Mémoires. Oui le rapport du sieur Moreau de Séchelles, Conseiller d'Etat & ordinaire au Conseil Royal, Contrôleur-Général des Finances, le Roi, en son Conseil, sans s'arrêter à l'Arrêt de son Conseil d'Etat-privé, du 27 Juillet 1753, qui demeurera nul & comme non-avenu, a ordonné & ordonne que ceux de la Cour des Aydes, des 7 & 12 dudit mois de Juillet, seront exécutés suivant leur forme & teneur; ce faisant, que sur la plainte en banqueroute frauduleuse portée au Châtelet contre le sieur des Bouchardieres, par le sieur de Lier, Conseiller au Grand-Conseil, les Parties seront tenues de procéder en ladite Cour des Aydes, à l'effet de quoi toutes les procédures faites sur ladite plainte au Châtelet, seront portées au greffe de ladite Cour, pour l'instruction en être continuée suivant les derniers erremens, à quoi faire sera le Greffier du Châtelet contraint par toutes voies: quoi faisant déchargé; donne acte, au surplus, Sa Majesté à son Procureur-Général en ladite Cour, de la déclaration faite par le Procureur de Sa Majesté au Châtelet, qu'il n'entend pas lui contester les prérogatives qui ont été attribuées à sa Charge par les Arrêts du Conseil des 14 Juillet 1656 & 25 Avril 1722. Fait au Conseil d'Etat du Roy, à Fontainebleau, le cinquieme jour de Novembre mil sept cent cinquante-quatre.

Signé, ESNARD.

Le 11 Décembre 1754, la Cour a enrégistré les Lettres-Patentes portant rétablissement des Offices de Lieutenant-Civil & Criminel dans les Elections de la Charité & de Montreau, sous le titre de Lieutenant seulement. (Tables de Mariette.)

1755. *Arrêt du Conseil, portant Réglement pour les droits & épices dus aux Bureaux des Finances, par ceux qui ont à s'y faire installer & recevoir, ou à y prêter serment, ainsi que pour les vérifications & attaches de provisions d'Offices, l'enrégistrement des contrats d'aliénation du domaine de Sa Majesté, & autres droits énoncés audit Arrêt.*

20 Mai 1755.

VU au Conseil d'Etat du Roy, l'Arrêt rendu en icelui le 21 Novembre 1740 par lequel Sa Majesté auroit ordonné que les Officiers des Bureaux des Finances du Royaume remettroient leurs titres, pieces, tarifs & Mémoires au sieur Contrôleur-Général des Finances, pour justifier des droits qu'ils prétendent leur être dus dans les cas énoncés audit Arrêt: Le Réglement du 8 Juillet 1578, pour régler les salaires des Greffiers desdis Bureaux : l'Edit de Janvier 1586, portant permission aux Présidens-Trésoriers de France de prendre épices de toutes les vacations qu'ils feroient pour les Parties : les Lettres-Patentes du 6 Avril 1586 : l'état arrêté au Conseil des Finances le 12 Mai suivant, des épices & droits des auxdits Présidens-Trésoriers de France : l'Arrêt du Conseil du 31 Décembre 1620 : l'Edit du mois de Juillet 1626, concernant la recette desdits droits & épices : l'Edit de création des Avocats & Procureurs du Roi des Bureaux des Finances, du mois d'Avril 1627, & la Déclaration du 15 Août 1637; ensemble différens autres Edits & Réglemens, & notamment ceux des mois de Juin 1586, Août 1621, 15 Février 1622, Février 1626, Avril 1627, 6 & 15 Octobre 1631, Mai 1633 & 1635, Octobre 1636, 8 Février 1638, 15 Mai 1693, 10 Mai 1707, & Janvier 1708; comme aussi les Mémoires & pieces fournis & produits par les Officiers desdits Bureaux des Finances. Et Sa Majesté ayant reconnu que lesdits Réglemens rendus en différentes circonstances & sur des exposés dissemblables, ont donné lieu à une perception variable & presque arbitraire desdits droits & épices, qu'il est important de rendre uniforme dans tous les Bureaux des Finances créés à l'instar les uns des autres, pour éviter la confusion toujours préjudiciable au bon ordre. A quoi voulant pourvoir: oui le rapport du sieur Moreau de Séchelles, Conseiller d'Etat, & ordinaire au Conseil Royal, Contrôleur-Général des Finances, le Roy, étant en son Conseil, a ordonné & ordonne que l'Edit du mois de Janvier 1586, le Réglement arrêté en conséquence, le 12 Mai suivant, & l'Arrêt du Conseil, du 31 Décembre 1620, seront exécutés selon leur forme & teneur, pour la perception des droits & épices des Présidens-Trésoriers de France en chacun de leurs Bureaux; & Sa Majesté, en interprétant, en tant que de besoin, lesdits Edit, Réglement & Arrêt, & voulant qu'il ne reste aucun doute sur les droits dus par les Officiers qui ont à s'y conformer, elle ordonne que ceux créés avant & depuis lesdits Edit & Réglement de 1586, qui auront à se faire recevoir, installer ou prêter serment aux Bureaux des Finances, payeront lesdits droits & épices auxdits Bureaux, de quelque nombre d'Officiers qu'ils soient composés, à raison du quart du droit de marc d'or qu'ils auront acquitté avant d'obtenir le sceau de leurs provisions, lequel droit ne pourra être moindre de soixante livres pour les Officiers des Elections & des Greniers à sel, ni de cent livres pour tous autres Officiers tels qu'ils soient; & par rapport à ceux qui auront à faire vérifier leurs lettres de provisions auxdits Bureaux, & prendre attache sur icelles, entend Sa Majesté qu'ils payeront lesdits droits d'épices sur le pied du soixantieme seulement du droit du marc d'or par eux payé, lequel soixantieme ne pourra excéder seize livres, ni être moindre que de six livres; pour quoi lesdits Officiers seront tenus de représenter copie de la quittance dudit droit de marc d'or, collationnée par le Secretaire du Roy qui aura signé leurs provisions. Veut en outre Sa Majesté que dans tous les cas où il est attribué des droits d'épices aux Bureaux des Finances, par les susdits Edit & Réglement de 1536, autres que ceux ci-dessus dits, lesdits droits soient payés à raison de huit livres pour chaque écu ordonné par lesdits Edit & Réglement. A l'égard des droits d'épices dus pour l'enregistrement des contrats d'engagement du domaine de Sa Majesté, mentionnés en l'Arrêt du Conseil, du 31 Décembre 1620, elle entend qu'ils seront payés par les nouveaux acquéreurs, à raison de quarante livres pour chacun contrat contenant la revente & engagement d'un Comté, Baronnie, Bailliage ou Châtellenie entiere, ou bien des greffes ou

1755. Charges de Gardes de petit-scel, greffes & Clercs d'une Election, greffes ancien & alternatif d'un Grenier à sel ; & de dix livres pour droits d'épices d'un contrat ne contenant qu'un partie desdits domaines, greffes & autres aliénations en particulier ; & que les mêmes droits soient payés pour chacun contrat de revente qui sera faite à un ancien possesseur desdits domaines en général ou en particulier. Fait Sa Majesté défenses de percevoir ni payer aucun droit d'épices pour la vérification des titres de propriété des Parties prenantes, employées dans les états du Roy, dans les cas où lesdites Parties sont nouvellement employées, & même lors des mutations qui arrivent par succession, donation, vente ou autrement, ni pour la présentation, vérification & arrêté des comptes par états au vrai des Officiers qui doivent compter pardevant les Bureaux des Finances : outre & par-dessus lesdits droits d'épices dus auxdits Présidens-Trésoriers de France, il sera payé à chacun des Avocats & Procureurs du Roy desdits Bureaux des Finances, une part afférente à chaque Président-Trésorier de France, c'est-à-dire, que chacun d'eux recevra autant qu'aura pris dans lesdits droits & épices l'un des Présidens-Trésoriers de France, & ce, conformément à l'Edit du mois d'Avril *1627* & à la Déclaration du 15 Août *1637*, lesquels seront exécutés selon leur forme & teneur ; & cependant ladite attribution n'aura lieu que dans les affaires seulement où le ministere desdits Avocats & Procureurs de Sa Majesté aura été requis & employé. Ordonne Sa Majesté que l'état des salaires & payemens des Greffiers des Bureaux des Finances, arrêté au Conseil, le 8 Juillet 1578, l'Arrêt du 31 Décembre *1620*, & l'Edit du mois de Juillet *1626*, seront exécutés selon leur forme & teneur pour la perception desdits salaires ; & en interprétant ledit Réglement de 1578, elle permet auxdits Greffiers de percevoir huit livres pour tenir lieu de l'écu énoncé audit Réglement, & de prendre dans la même proportion les autres droits y mentionnés : leur permet aussi Sa Majesté de recevoir le quart des droits appartenans aux Trésoriers de France, en exécution de l'Arrêt du 31 Décembre *1620*, pour la revente & engagement de la totalité d'un domaine ; & la moitié de ce qui est fixé auxdits Officiers, pour un contrat ne contenant qu'une partie desdits domaines, sans que lesdits Greffiers puissent exiger ou recevoir d'autres ni plus forts droits, quand bien même ils leur seroient offerts volontairement, pour quoi ils seront tenus d'écrire leurs salaires au bas des expéditions qu'ils délivreront. Ordonne en outre Sa Majesté que les droits réservés & rétablis qui peuvent être dus, seront payés en la maniere accoutumée, conformément à l'Edit du mois d'Août *1716*, & autres Réglemens concernant lesdits droits, lesquels seront exécutés selon leur forme & teneur. Enjoint Sa Majesté aux Officiers des Bureaux des Finances de se conformer au présent Arrêt ; & de tenir la main à son exécution. Fait au Conseil d'Etat du Roy, Sa Majesté y étant, tenu à Versailles, le vingtieme jour de Mai mil sept cent cinquante-cinq. *Signé*, M. P. DE VOYER D'ARGENSON.

LE 2 Juillet 1755, la Cour a enrégistré les Lettres-Patentes portant rétablissement des Offices de Lieutenant-Civil & Criminel dans l'Election de Sainte-Ménéhould, sous le titre de Lieutenant seulement.

1755.

SENTENCE de l'Election de Paris, qui fait défenses aux Collecteurs des Tailles de ladite Election de recevoir à l'avenir aucunes sommes sur des projets informes de rôles, & auparavant que lesdits rôles aient été vérifiés, sous telles peines qu'il appartiendra. (Code des Tailles, Tome III, page 645.)

17 Décembre 1755.

SUR ce qui nous a été judiciairement remontré par le Procureur du Roy, l'audience tenante, qu'il lui a été remis deux doubles de projets de rôles des tailles de la Paroisse de Saint-Leger-en-Laye, de l'année prochaine 1756, lesquels ont été par les Collecteurs présentés à M. de la Pouriellé, Conseiller de ce Siege, Commissaire qui a ladite Paroisse de son département, pour être par lui vérifiés & rendus exécutoires; que sur lesdits doubles il s'est trouvé dix-neuf livres de moins assis sur le quartier d'hiver; qu'en outre lesdits Collecteurs se sont ingérés de recevoir de différens Particuliers, à compte sur les cottes à eux imposées, plusieurs sommes, montantes ensemble à cinquante & une livres, ce qui est de leur part une infraction aux Réglemens; pour quoi il requiert qu'il nous plaise ordonner que lesdits rôles seront refaits pardevant ledit sieur Commissaire, & que sur ledit nouveau rôle sera fait mention desdits reçus qui seront paraphés par ledit sieur Commissaire, & que le double du rôle où sont inscrits lesdits reçus, sera annexé à la minute du nouveau rôle qui sera remis au greffe de ce Siege, & que la Sentence qui interviendra seroit imprimée & affichée à sa diligence, aux frais & dépens desdits Collecteurs. Nous, après avoir entendu les Collecteurs en leurs défenses, ordonnons qu'il en sera délibéré, issue de l'audience. Nous, ayant égard au requisitoire du Procureur du Roy, ordonnons que par lesdits Collecteurs, il sera, pardevant ledit sieur Commissaire-Vérificateur, procédé à la confection de nouveaux rôles des tailles de ladite Paroisse de Saint-Leger-en-Laye, pour ladite année prochaine 1756; que sur le double qui sera remis auxdits Collecteurs, sera fait mention des reçus qui se trouveront sur l'un des doubles présentés, lesquels reçus seront écrits par l'un desdits Collecteurs, & paraphés par ledit sieur Commissaire, & que ledit double présenté & chargé de différens reçus, sera annexé à la minute dudit nouveau rôle, qui doit être remis au greffe de ce Siege. Faisons défenses auxdits Collecteurs & à tous autres, de plus à l'avenir recevoir aucunes sommes sur des projets informes de rôles, & avant que leursdits rôles aient été vérifiés, sous telles peines qu'il appartiendra; & pour la contravention desdits Collecteurs de Saint-Leger-en-Laye, les condamnons au coût de la présente Sentence, dont cent exemplaires seront imprimés & affichés par-tout où besoin sera, à la diligence du Procureur du Roy, & aux frais & dépens desdits Collecteurs, ce qui sera exécuté nonobstant & sans préjudice de l'appel par notre Jugement. Mandons, &c. Ce fut fait & jugé par nous..... Elus en ladite Election, la Chambre du Conseil tenante, issue de l'audience, le Mercredi dix-sept Décembre mil sept cent cinquante-cinq. *Signé*, NOLIN.

1756.

ARRÊT du Conseil, du 26 Janvier 1756, lequel dérogeant à la Déclaration du 13 Octobre 1750, ordonne que l'Office de Substitut du Procureur du Roi en l'Election de Paris, vacant par le décès de Toussaint Germain de Courcy, faute de paiement de l'hérédité, sera excepté de la suppression prononcée par ladite Déclaration, & qu'il sera taxé en ses revenus-casuels en faveur du sieur Claude de Berly. (Enrégistrements de l'Election, Volume coté XIII, seconde Partie, folio 219, verso.)

LETTRES-PATENTES du 13 Février 1756, enrégistrées en Parlement, Chambre des Comptes & Cour des Aides, les 5 Mai, 2 Juin & 23 Juillet suivant, qui rendent héréditaires les Offices de Lieutenants, Exempts, Gardes & Greffiers de la Compagnie de la Connétablie & Maréchaussée de France, & ordonnent qu'ils continueront de jouir des mêmes droits, privileges & exemptions qui leur ont été attribuées tant par les Edits de création de leurs Charges, que par les autres Edits, Déclarations, Arrêts & Réglements concernant ladite Compagnie.

ARRÊT du Conseil, du 24 Février 1756, qui ordonne que ceux qui entreprendront de cultiver des plantations de garance dans des marais & autres lieux non cultivés, ne pourront, pendant vingt années, être imposés à la taille, eux ni leurs employés à ladite exploitation, pour raison de la propriété ou profit à faire sur l'exploitation desdits marais & biens cultivés en garance.

EDIT du mois de Mars 1756, portant création d'un troisieme Elu en l'Election de Marennes. (Code des Tailles, Tome III, page 647.)

1756.

Lettres-Patentes qui ordonnent que les Maîtres en l'Art & Science de Chirurgie des Villes & lieux où ils exerceront simplement la Chirurgie sans aucun mêlange de profession méchanique, & sans faire aucun commerce ni trafic, soit par eux ou par leurs femmes, seront exempts de la collecte de la Taille, &c. (Enrégistrements de l'Election, Volume coté XXIII, folio 8.)

10 Août 1756.

LOUIS, &c. Sur ce qui nous a été représenté par notre cher & bien-amé le sieur de la Martiniere, notre premier Chirurgien, que les progrès que la Chirurgie a faits depuis plusieurs années, sont dus aux prérogatives & distinctions que nous avons accordées depuis le commencement de notre regne à ceux qui se sont adonnés à cet Art: qu'en confirmant par notre Déclaration, du 24 Février 1730, l'Edit du mois de Février 1692, nous avons autorisé les Statuts & Réglemens faits par les Chirurgiens des différentes Provinces; que, suivant ces Statuts, ceux qui exerceront purement & simplement la Chirurgie, sont réputés exercer un Art libéral, & doivent jouir de tous les privileges attachés aux Arts libéraux; que par notre Déclaration du 24 Avril 1743, nous avons donné des marques signalées de notre protection aux Chirurgiens de notre bonne Ville de Paris: que notre Déclaration a rendu à cet Art le lustre & la considération qui lui sont propres, ce qui cependant étoit presqu'entiérement effacé par l'avilissement dans lequel il étoit tombé; qu'elle a ranimé le zele & l'application des Chirurgiens de notre bonne Ville de Paris. Les Ecoles en sont devenues plus célebres, les Eleves qui y ont été formés ont répandu dans nos Province l'esprit d'émulation qu'ils y avoient puisé: les Chirurgiens des autres Villes de notre Royaume ont bientôt été animés du même esprit. On a vu s'établir des Ecoles publiques à Montpellier, Toulon, Bordeaux, Rouen; & tous ceux qui ont embrassé cette profession, contribuent à la gloire de leur Art par leur application à former les Sujets qui s'y destinent, & par leurs travaux multipliés pour étendre leurs connoissances & perfectionner leurs recherches: que dans la vue de leur en marquer notre satisfaction, nous avons, par différens Arrêts de notre Conseil revêtus de nos Lettres-Patentes, déclaré les Chirurgiens de plusieurs Villes, dans lesquelles ils exerçoient purement & simplement la Chirurgie, notables Bourgeois des Villes de leur résidence, & avons ordonné qu'ils jouiront des prérogatives attachées à cette qualité: qu'il nous supplioit de vouloir bien expliquer pareillement nos intentions en faveur de ceux qui s'adonnent entiérement & sans restriction à cet Art dans les autres Villes de notre Royaume, & de confirmer en même temps les autres prérogatives & exemptions qu'il nous a plu d'accorder à ceux qui exercent cet Art, & qui s'y destinent; & desirant exciter encore plus, s'il est possible, le zele & l'émulation de ceux qui s'adonnent à cet Art si nécessaire pour la conservation de nos Sujets, persuadés que les nouvelles marques de notre protection les engageront à redoubler leurs efforts pour ne négliger aucune des connoissances qu'exige la profession qu'ils ont embrassée.

A ces causes.... ordonnons que les Maîtres en l'Art & Science de Chirurgie sans aucun mêlange de profession méchanique, & sans faire aucun commerce ou

1756. trafic, soit par eux ou par leurs femmes, seront réputés exercer un Art libéral & scientifique, & jouiront en cette qualité, des honneurs, distinctions & privileges dont jouissent ceux qui exercent les Arts libéraux; voulons & entendons que lesdits Chirurgiens soient compris dans le nombre des notables Bourgeois des Villes & lieux de leur résidence, & qu'ils puissent à ce titre être revêtus des Offices municipaux desdites Villes, dans le même rang que les notables Bourgeois : défendons de les comprendre dans les rôles d'Arts & Métiers, ni de les assujettir à la taxe de l'industrie; & seront lesdits Chirurgiens exempts de la collecte de la taille, de guet & garde, de corvées, & de toutes autres charges de Ville & publique dont sont exempts, suivant les usages & réglemens observés dans chaque Province, les autres notables Bourgeois & Habitans des Villes & lieux où ils auront leur établissement. Permettons auxdits Chirurgiens d'avoir un ou plusieurs Eleves, soit pour être aidés dans leurs fonctions, soit pour les instruire des principes de la Chirurgie, lesquels Eleves, au nombre de deux, seront exempts de tirer à la milice, le tout à la charge tant par lesdits Maîtres que par leurs Eleves d'exercer purement & simplement la Chirurgie : dérogeant à tous usages, coutumes & réglemens contraires à ces présentes. Si vous mandons, &c.

Données à Compiegne, le dixieme jour d'Août mil sept cent cinquante-six. *Signé*, LOUIS; & plus bas, par le Roy, M. P. DE VOYER D'ARGENSON.

Registrées ce requérant le Procureur-Général du Roy, pour jouir par l'Impétrant & les Maîtres en l'Art de Chirurgie qui exerceront purement & simplement la Chirurgie de leur effet, & être exécutées selon leur forme & teneur, sans qu'on puisse, sous les termes de fonctions publiques, y comprendre les fonctions de Marguilliers, Commissaires des Pauvres & autres fonctions de Religion, de piété & de charité, suivant l'Arrêt de ce jour. A Paris, en Parlement, le 7 Septembre 1756. *Signé* YSABEAU.

Registrées en la Cour des Aydes, oui le Procureur-Général pour être exécutées selon leur forme & teneur, à la charge que, pour jouir par lesdits Maîtres en l'Art de Chirurgie de l'exemption de la collecte, & par les Apprentifs ou Eleves des autres exemptions qui leur sont accordées, lesdits Maîtres & lesdits Eleves seront tenus d'avoir pris le grade de Maîtres-ès-Arts dans l'une des Universités du Royaume, ou de justifier par des certificats en bonne forme qu'ils ont fréquenté pendant trois années entieres & consécutives les Ecoles de Chirurgie légitimement établies, ou qui le seront à l'avenir, en vertu de Lettres-Patentes enregistrées en la Cour. Fait à Paris, en ladite Cour des Aydes, les Chambres assemblées, le 20 Septembre 1756. *Signé*, DESORMES.

Enregistrées en l'Election, le 26 Janvier 1757.

ARRÊT

1756.

ARRÊT de la Cour des Aides, qui juge que l'on peut se pourvoir en l'Election & par appel en la Cour des Aides, contre les rôles faits par Commissaires de l'Ordonnance de M. l'Intendant. (Code des Tailles, Tome III, page 650.)

27 Août 1756.

LOUIS, &c. Entre Louis Lucas, Marchand Boucher demeurant à Montmartre, appellant d'une Sentence de l'Election de Paris, du 24 Mars 1756, d'une part, & les Habitans de la Paroisse de Montmartre, intimés, d'autre part, &c. Notredite Cour a reçu notre Procureur-Général appellant de la Sentence du 6 Mars 1756 (1), faisant droit sur ledit appel, ensemble sur celui de la Partie de Bercher, de la Sentence du 24 Mars 1756, a mis & met les appellations & ce dont est appel au néant, émendant, renvoye sur le tout les Parties à se pourvoir pardevant les Officiers de l'Election de Paris, autres que ceux qui ont rendu lesdites Sentences, pour être la demande en sur-taux de la Partie de Bercher, instruite & jugée conformément à nos Réglemens, jusqu'à Sentence définitive inclusivement, sauf l'appel en notre Cour; condamne les Parties de Babille aux dépens de la cause d'appel seulement, enjoint aux Officiers de l'Election de se conformer aux Arrêts & Réglemens de notre Cour, en conséquence de juger les causes qui se présentent devant eux. Si vous mandons, &c. Donné à Paris, en la premiere Chambre de notredite Cour des Aydes, le vingt-septieme jour du mois d'Août, l'an de grace mil sept cent cinquante-six. *Signé*, DESORMES.

DÉCLARATION qui confirme les droits & fonctions attribués aux Offices de Conseiller & Avocat du Roi, & de Procureur de Sa Majesté en l'Election de Paris. (Code des Tailles, Tome III, page 654.)

9 Septembre 1756.

LOUIS, &c. Les contestations qui s'étoient élevées entre les Président & Conseillers de l'Election de Paris, & notre Procureur en la même Election, au sujet de leurs différentes fonctions & des émolumens de leurs Offices, n'ayant été terminées qu'en partie par l'Arrêt que nous avons rendu en notre Conseil, le 28 Octobre 1754, sur lequel nous avons fait expédier nos Lettres-Patentes, nous avons jugé qu'il étoit nécessaire d'expliquer nos intentions d'une maniere qui puisse prévenir tout sujet de dispute entre nosdits Officiers, afin que l'attention qu'ils doivent aux affaires du Public ne soit point distraite par le soin de faire valoir leurs droits & leurs prérogatives; & comme, par une distinction particuliere à l'Election de Paris, l'Office de notre Conseiller & Avocat en icelle a été conservé par l'Edit du 9 Mars 1654, qui a supprimé semblables

(1) Elle renvoyoit les Parties à se pourvoir pardevant M. l'Intendant, attendu que le rôle étoit fait de son ordonnance.

1756. Offices dans toutes les autres Elections, & que notre Procureur en ladite Election se trouve en même temps revêtu dudit Office de notre Avocat, auquel il a été ci-devant réuni un Office, ensemble les fonctions de Conseiller en ladite Election, nous avons résolu de fixer les fonctions appartenantes auxdits Offices, soit pendant le temps qu'ils resteront sur une seule & même tête, soit pour le cas où ils seroient possédes par deux différentes personnes. A ces causes, &c. voulons & nous plaît ce qui suit.

I. Nous avons maintenu & maintenons notre Procureur en l'Election de Paris, dans tous les droits, privileges & prérogatives à lui attribués, & aux pourvus de semblables Offices, par les Ordonnances, Edits, Déclarations, Arrêts & Réglemens intervenus en conséquence.

II. Ordonnons que l'Edit d'Août 1578 & la Déclaration du 25 Mars 1582 seront exécutés selon leur forme & teneur, & en conséquence, que les qualités & fonctions de Conseiller en ladite Election, demeureront unies, jointes & incorporées audit Office de notre Avocat audit Siege, pour en jouir conjointement & inséparablement; lequel notre Avocat aura entrée, séance & voix délibérative, selon l'ordre de sa réception, avec & comme les autres Conseillers, tant à l'Audience, Chambre du Conseil, que par-tout ailleurs; prendra part ès distributions, rapports, instructions & jugemens des procès esquels nous ne serons Partie & n'aurons intérêt, & esquels il n'y aura conclusions prises ou à prendre par le Ministere-Public, aura département des Paroisses pour faire les chevauchées; assistera avec nosdits Elus ès assiettes & départemens de nos tailles & autres deniers, signera & vérifiera tous les rôles, jouira de tels & semblables droits & taxations, épices & émolumens, & tous autres profits, honneurs, privileges & prérogatives dont jouissent nosdits Elus; & généralement fera toutes les mêmes fonctions que les autres Conseillers en ladite Election, & aura part, comme l'un d'eux, dans toutes les distributions, répartitions, revenans-bons & autres sommes qui entrent en bourse commune & se partagent entre lesdits Officiers, excepté néanmoins dans les épices des procès esquels, comme il a été dit ci-dessus, nous serons Partie & aurons intérêt, ou esquels il y aura conclusions par le Ministere-Public.

III. Maintenons notredit Procureur dans la faculté de pouvoir posséder, conjointement avec sondit Office, celui de notre Conseiller & Avocat en ladite Election, nonobstant tous Réglemens à ce contraires, auxquels nous avons ci-devant dérogé &, en tant que de besoin, dérogeons par ces présentes; & néanmoins, attendu l'incompatibilité des fonctions de notre Procureur avec celles de Juges attribuées par lesdits Edits à notre Avocat, voulons que tant que lesdits Offices de notre Procureur & de notre Avocat, seront possédés par une seule & même personne, elle ne puisse exercer les fonctions de Conseiller en ladite Election, unies audit Office de notre Avocat, mais seulement celles attribuées audit Office de notre Avocat & à celui de notre Procureur; & cependant jouira de tous les émolumens déclarés par l'article précédent appartenir à l'Office de Conseiller uni à celui de notredit Avocat.

IV. Maintenons les Président, Lieutenant, Assesseur & Conseillers, ensemble notre Avocat en ladite Election, lorsque son Office ne sera point possédé par notre Procureur, dans le droit & possession d'être appellés seuls dans le cas où les Commis de nos Fermes & ceux de la marque d'or & d'argent, & autres Sous-Fermes, se feront assister d'un Juge pour la visite & recherche des fraudes qui peuvent se commettre dans la Ville, fauxbourgs & ressort de notre Election de Paris, de recevoir les affirmations des procès-verbaux desdits Commis, rendre les Ordonnances provisoires, & faire toutes autres fonctions de Juges, sans préjudice néanmoins de l'exécution des articles premier, IV & XVII de notre Ordonnance de Février 1687, & des Lettres-Patentes du 13 Août 1726, suivant lesquels, en cas d'absence des Marchands & Voituriers, notredit Procureur sera appellé seul aux procès-verbaux de description des marchandises saisies qui auront été abandonnées par les Marchands & Voituriers, & qui ne seront point réclamées dans la huitaine; ensemble aux procès-verbaux d'ouverture & description, & à ceux de vente des balles, ballots, caisses & toutes autres sortes de paquets de marchandises & effets portés dans les Douanes, & qui n'en ont point été retirés dans deux ans après qu'ils y auront été portés & remis. Faisons défenses aux Commissaires du Châtelet & autres de s'immiscer dans les fonctions de nosdits Officiers de l'Election, & de notre Procureur, & à nos Fermiers de les introduire, conformément à l'Arrêt de notre Cour des Aydes du 13 Octobre 1752. 1756.

V. Déclarons au surplus n'avoir entendu, par le précédent article, préjudicier au droit qu'a notredit Procureur de procéder à la recherche des fraudes, & d'être appellé aux procès-verbaux avec les Juges de l'Election, lorsque son ministere sera nécessaire. Si donnons en mandement, &c.

Donnée à Versailles, le neuvieme jour de Septembre, l'an de grace mil sept cent cinquante-six, & de notre regne le quarante-deuxieme. *Signé*, LOUIS; Et plus bas, par le Roy, R. DE VOYER.

Registrée en la Chambre des Aydes, le 20 *Septembre* 1756.

ARRÊT du Conseil, qui ordonne qu'au lieu de se conformer par les Greffiers des Bureaux des Finances du Royaume, pour la perception de leurs salaires & droits, aux Réglements du 15 Juillet 1578, à l'Arrêt du 31 Décembre 1620, & à l'Edit de Juillet 1626, lesdits Greffiers percevront à l'avenir leursdits salaires & droits, sur le pied fixé par les Réglement & tarif arrêté au Conseil, le 6 Octobre 1631, & la Déclaration du 15 du même mois. 1757.

15 Mars 1757.

VU au Conseil d'Etat du Roy, l'Arrêt rendu en icelui, le 20 Mai 1755, par lequel, en réglant les droits & épices dus aux Bureaux des Finances du Royaume, pour ceux qui ont à s'y faire installer & recevoir, ou à y prêter serment, ainsi que pour la vérification & attache des provisions d'Offices, & autres droits énoncés audit Arrêt, Sa Majesté auroit ordonné que l'état des salaires & payemens des Greffiers desdits Bureaux des Finances, arrêté au Conseil le 8 Juillet 1578, ensemble l'Arrêt du 31 Décembre 1620 & l'Edit du mois de Juillet 1626, seroient exécutés selon leur forme & teneur, pour la perception desdits salaires; permettant néanmoins Sa Majesté auxdits Greffiers de percevoir huit livres pour tenir lieu de l'écu énoncé audit Réglement de 1578 : vu aussi les Mémoires présentés de la part desdits Greffiers des Bureaux des Finances, contenant leurs représentations sur la modicité desdits salaires & payemens, eu

1757. égard aux finances & augmentations d'icelles, payées, tant par leurs auteurs, que par eux, pour raison de leurs Offices, & en considération desquelles il leur auroit été accordé en différens temps, des augmentations de droits, par des Réglemens & tarifs généraux ou particuliers : vu aussi les observations fournies par les Officiers desdits Bureaux des Finances auxquels lesdits Mémoires ont été communiqués. Oui le rapport du sieur Peirenc de Moras, Conseiller ordinaire au Conseil Royal, Contrôleur-Général des Finances, le Roy étant en son Conseil, ayant aucunement égard auxdits Mémoires des Greffiers des Bureaux des Finances du Royaume, a ordonné & ordonne qu'au lieu de se conformer par eux pour la perception de leurs salaires & droits, aux Réglemens du 15 Juillet 1578, à l'Arrêt du 31 Décembre 1610, & à l'Edit de Juillet 1626, ainsi qu'il est ordonné par l'Arrêt de son Conseil, du 20 Mai 1755, lesdits Greffiers percevront à l'avenir leursdits salaires & droits, sur le pied fixé par les Réglement & tarif arrêté en sondit Conseil, le 6 Octobre 1631, & la Déclaration du 15 du même mois, lesquels veut Sa Majesté être exécutés à cet égard : dérogeant à cet effet, en tant que de besoin, audit Arrêt de son Conseil du 20 Mai 1755, qu'elle entend au surplus être exécuté selon sa forme & teneur : défend en conséquence Sa Majesté auxdits Greffiers, de suivre pour la perception de leursdits salaires & droits, tous autres Réglemens & tarifs généraux ou particuliers sur ce rendus antérieurement & postérieurement audit Réglement du 6 Octobre 1631 ; comme aussi d'exiger ou recevoir d'autres ni plus forts droits, quand même ils leur seroient offerts volontairement, pour quoi ils seront tenus d'écrire leurs salaires au bas des expéditions qu'ils délivreront. Enjoint Sa Majesté aux Officiers des Bureaux des Finances, de veiller & tenir la main, chacun en droit soi, à l'exécution du présent Arrêt. Fait au Conseil d'Etat du Roi, tenu pour les finances, Sa Majesté y étant, à Versailles, le quinzieme jour de Mars mil sept cent cinquante-sept. *Signé*, PHELYPEAUX.

ARRÊT de Réglement de la Cour des Aides, sur les fonctions du Procureur & Avocat du Roi, en l'Election de Paris. (Code des Tailles, Tome III, page 658 ; Enrégistrements de l'Election, Volume coté XIII, seconde Partie, folio 266.)

15 Mars 1757.

LOUIS, &c. Vu par notredite Cour des Aydes, la Requête à elle présentée par notre Procureur-Général, contenant que les difficultés qui se sont élevées entre les Président, Lieutenant, Assesseur & Conseillers de l'Election de Paris, d'une part, & Me. Jean-Claude Satis, pourvu de deux Offices, l'un de Conseiller & Avocat pour nous, réservé pour la seule Election de Paris, par l'Edit du 9 Mars 1654; & l'autre de Procureur pous nous en ladite Election, d'autre, étant capable de troubler l'ordre & l'union qui doivent régner entre tous les Officiers, il croit devoir proposer de faire un Réglement qui puisse, par sa sagesse, maintenir cet ordre & cette union si nécessaires pour le bien du service, auquel nous avons pourvu en partie par notre Déclaration du 9 Septembre 1756, registrée en notredite Cour le 20 du même mois. Dans ces circonstances, requiert notre Procureur-Général, qu'il plaise à notredite Cour ordonner en premier lieu, &c. Oui le rapport de Me. Louis-Achilles Dionis du Séjour, Conseiller, & tout considéré, notredite Cour a ordonné & ordonne,

I. Que tous les Officiers de ladite Election ſe trouveront les jours & heures ordinaires & les plus convenables, tant aux Audiences, qu'aux rapports, en la Chambre du Conſeil, avec le Greffier, s'ils n'ont cauſe légitime pour s'en abſtenir, & que ledit Satis ſera averti par un Huiſſier avant l'ouverture deſdites audiences, & reconduit par ledit Huiſſier en ſon Parquet, auxquelles audience & Chambre du Conſeil tous leſdits Officiers ſeront tenus d'aſſiſter en robe & bonnet quarré, même le Greffier, à peine d'interdiction; 1757.

II. Que ledit Satis donnera ſes concluſions de vive voix ou par écrit généralement dans toutes les cauſes, inſtances, procès & autres affaires qui ſeront jugées à l'audience, ou par rapport, en la Chambre du Conſeil de ladite Election, dans leſquelles nous, nos Fermiers, Receveurs & Commis, l'Egliſe, les Communautés, les mineurs, interdits & abſens auront intérêts; qu'il aura encore communication des requêtes & affaires concernant les radiations des taxes des Particuliers, nullités de cotte, tranſlations de domiciles, inſtances d'ordre & de diſtributions de deniers, quand leſdits Fermiers, Receveurs ou leurs Commis y ſeront Parties, pour raiſon des droits concernant leſdites Fermes & recettes, même les Collecteurs pour la taille, nominations & décharges des Collecteurs & Procureurs-Syndics, élargiſſemens des Collecteurs empriſonnés à la requête des Receveurs, modérations de cotte, rejets de non-valeur & autres impoſitions extraordinaires, demandes en ſolidité contre les Paroiſſes par inſolvabilité ou abſence des Collecteurs, confiſcations, conflits de Juriſdiction, conteſtations ſur la validité des démiſſions, enſemble de leur enregiſtrement, demandes à fin de confection de nouveaux rôles, réformations d'abus, additions à iceux, rôles des Particuliers, cottiſations obmiſes, radiations de Particuliers, cottiſés en cas de privileges, pour par lui donner ſes concluſions; fait défenſes auxdits Officiers de rendre aucunes Sentences dans ledit cas contradictoirement ou par défaut, ſans que ledit Satis en ait eu communication, & ait donné ſes concluſions, & au Greffier de les délivrer & ſigner qu'après leſdites concluſions données & mention faite d'icelles, avant la prononciation, à peine de nullité & de tous dépens, dommages & intérêts;

III. Que toutes les inſtances & affaires criminelles ſeront communiquées audit Satis, pour donner ſes concluſions, ſans qu'auparavant les Officiers de ladite Election puiſſent donner aucuns décrets, Réglemens à l'extraordinaire, ni rendre aucunes Sentences interlocutoires ou définitives, & que le Greffier les puiſſe délivrer qu'après avoir fait mention des concluſions dudit Satis, lequel ne pourra conclure ſur les dépens;

IV. Que toutes les requêtes à fin d'élargiſſement de priſonniers, enregiſtrement de privileges, annobliſſement, réhabilitation de nobleſſe, lettres d'aſſiette, baux généraux & particuliers de nos Fermes & ſous-Fermes, permiſſion de faire égale, rejets de non-valeur, requêtes à fin d'homologation d'acte de démiſſion de biens, entérinement de privileges, appoſitions & levées des ſcellés, interrogatoires, tranſports & deſcentes dans les Bureaux & autres lieux publics, demandes à fin de main-levée & décharge, modération & condamnation d'amende lui ſeront pareillement communiquées;

V. Que ledit Satis pourra faire ès audiences & Chambre du Conſeil, toutes requiſitions & remontrances qu'il jugera à propos pour notre intérêt & le devoir de ſes Charges, ſur leſquelles les Officiers de ladite Election ſeront tenus de ſtatuer. Enjoint au Greffier de rédiger par écrit leſdites requiſitions & remontrances telles qu'elles lui auront été dictées ou données par écrit par ledit Satis;

VI. Que toutes les cauſes où ledit Satis ſera ſeul Partie en ſeſdites qualités,

1757. seront appellées les premieres à l'audience avant celles des autres Parties: seront les Avocats & Procureurs tenus de lui communiquer la veille des jours d'audience les causes sujettes à communication; & ledit Satis pourra retenir les pieces quand la matiere le requerra, jusqu'à l'audience prochaine, sans que les Officiers les puissent juger ni appointer qu'après l'avoir oui en ses conclusions;

VII. Que ledit Satis en ladite qualité de notre Procureur, pourra faire la visite des prisonniers toutefois & quand il le jugera à propos, & sera statué sur ce qui sera avisé de convenable sur le rapport qu'il fera de l'etat & des besoins des prisonniers;

VIII. Que lesdits Officiers seront tenus de faire leurs chevauchées suivant & aux termes de nos Edits & Déclarations bien & duement vérifiés en notre Cour, Arrêts & Réglemens, leur enjoint de mettre leurs procès-verbaux au greffe de ladite Election incessamment & sans délai, pour en prendre communication par ledit Satis, lequel assistera aux descentes & visites à faire dans les Paroisses où les Communautés auront intérêt;

IX. Que le Greffier de ladite Election sera tenu de délivrer sans frais audit Satis, toutes les expéditions des affaires où il sera seul Partie, dont il aura besoin pour l'exercice de ses Charges, & de lui communiquer les minutes des Sentences, procès-verbaux, informations & autres actes, si-tôt qu'il en sera par lui requis, pour y prendre telles conclusions qu'il jugera à propos; comme aussi les Huissiers de ladite Election seront tenus de faire les significations nécessaires dont il les requerra, dans les affaires où il sera seul Partie, pareillement sans frais, à peine contre lesdits Greffiers & Huissiers d'interdiction de leurs Charges;

X. Qu'il ne sera procédé en ladite Election à la réception d'aucuns Greffiers, Commis au greffe, Procureurs, Huissiers, Receveurs des tailles & leurs Commis, ensemble des Officiers de la Communauté des Contrôleurs & Visiteurs du papier, & autres Communautés qui se font recevoir en ladite Election, qu'après que leurs provisions ou commissions auront été communiquées audit Satis, & par lui pris des conclusions sur icelles, & qu'il aura agréé les témoins qui seront entendus dans les informations de vie & mœurs; que ledit Satis délivrera seul ses certificats de non parenté, pour parvenir à l'obtention des lettres de provisions qui seront expédiées pour les Officiers de ladite Election;

XI. Que les Sentences & Jugemens intervenus sur procès criminels, soit que ledit Satis ait été seul Partie, ou Partie jointe, lui seront montrés & prononcés en son Parquet, par le Greffier, incontinent après qu'ils auront été rendus, desquelles prononciations & réponses qui y seront faites par ledit Satis, seront à l'instant les actes dressés & insérés par les Greffiers, le tout avant que lesdites Sentences & Jugemens puissent être exécutés ni expédiés, & ce, à peine de nullité, des dépens, dommages & intérêts & d'amendes contre le Greffier;

XII. Que le Greffier de ladite Election sera tenu d'avoir un registre pour y enregistrer les actes de nominations de Collecteurs ou de refus par les Habitans d'en nommer, lequel sera cotté & paraphé par le Président de ladite Election & par notre Procureur, conformément à l'article VIII de notre Déclaration du 9 Août 1723, lesquelles nominations des Collecteurs d'office ne pourront être faites que sur le requisitoire dudit Satis;

XIII. Que les taxes des Huissiers servant au recouvrement des tailles de ladite Election, seront faites tous les mois, ou plutôt, si besoin est, dans la Chambre du Conseil, par le Président & deux Officiers de ladite Election, en présence de notre Procureur, qui pour cet effet sera averti du jour & de l'heure,

& seront les taxes faites & mises au pied de chaque exploit, procès-verbal de saisie, emprisonnement & autres actes, le tout sans frais;

XIV. Que les Jugemens rendus à l'audience, seront paraphés par celui qui aura présidé, dans les vingt-quatre heures au plus tard, & ceux rendus par rapport, signés par tous les Juges qui auront assisté au Jugement trois jours après les procès jugés; fait défenses au Greffier d'en délivrer aucune expédition qu'ils n'ayent été signés ou paraphés à peine de faux;

XV. Que toutes les épices & vacations seront reçues par le Greffier de ladite Election, lequel sera tenu d'avoir un registre à cet effet, sur lequel il écrira jour par jour ce qu'il recevra, dont il rendra compte aux Officiers de ladite Election, toutes les fois qu'il en sera requis;

XVI. Que ledit Satis, en qualité de notre Procureur, aura pour ses épices la moitié des sommes que lesdits Officiers se seront taxés pour leurs épices dans les affaires civiles, & les deux tiers des vacations, droits d'enregistrement & épices mises sur tous les procès criminels, que lesdits Officiers se seront taxés;

XVII. Que les Officiers de ladite Election feront avertir ledit Satis par le Greffier ou Huissier de ladite Election, des jours & heures des cérémonies publiques: de ceux de transports aux foires, de celui du département des tailles pour y assister, comme aussi des jours & heures des assemblées qui se tiendront pour les affaires de la Compagnie;

XVIII. Que l'article XLIX du Réglement du 3 Avril 1698, pour l'Election de Paris, sera exécuté; en conséquence qu'il sera fait, si fait n'a été, un inventaire aux frais communs de la Compagnie, lequel sera parachevé dans un an, de tous les titres, Lettres-Patentes, contrats, Arrêts & Sentences concernant le Corps de ladite Election, lequel inventaire, dont ledit Satis pourra prendre un double, sera enfermé dans l'armoire commune fermant à trois clefs, dont le Président, un des Conseillers qui sera nommé & notredit Procureur, auront chacun une, dans laquelle armoire seront aussi remis les registres des déclarations de ladite Election, lesquels registres, ainsi que l'inventaire, seront communiqués à tous les Officiers de ladite Election & audit Satis, toutefois & quand ils en requerront la communication verbalement; & au cas que, par délibération de la Compagnie, il soit nécessaire de tirer de ladite armoire quelques titres & pieces, ils seront remis entre les mains du Greffier qui s'en chargera & en donnera son récépissé qui sera mis dans ladite armoire, pour lesdites pieces être remises dans ladite armoire, quinzaine après qu'elles en auront été tirées; ordonne que le présent Arrêt sera inscrit sur les registres de l'Election de Paris, pour être exécuté selon sa forme & teneur. Si te mandons mettre le présent Arrêt à exécution, de ce faire te donnons pouvoir.

Donné à Paris, en la premiere Chambre de notredite Cour des Aydes, le quinze Mars mil sept cent cinquante-sept, & de notre regne le quarante-deuxieme.
Signé, Besnier, avec paraphe.

Le présent Réglement, après avoir sur ce oui le Procureur du Roy en son requisitoire a été, en exécution de la Sentence rendue en l'Election de Paris, ce 4 Mars 1758, & par respect & soumission aux ordres de la Cour des Aydes, inscrit sur les registres de ladite Election, par moi Greffier en chef d'icelle, soussigné.
Signé, Nolin.

Cet Arrêt a été rétabli dans les registres & dépôts de la Cour des Aydes, le 9 Mai 1776, en exécution de la Déclaration du Roy, du 12 Mars 1776.

1757.

LETTRES-PATENTES sur Arrêt du 19 Juillet 1757, qui interpretent en faveur du Procureur du Roi de l'Election de Paris, la Déclaration du 9 Septembre 1756, concernant les droits & fonctions attribués aux Offices de Conseiller & Avocat du Roi, & de Procureur du Roi en l'Election de Paris.

29 Juillet 1757.

LOUIS, &c. Nous étant fait représenter les articles IV & V de notre Déclaration du 9 Septembre 1756, par lesquels les Président, Lieutenant & Conseillers, ensemble notre Avocat en l'Election de Paris, sont maintenus dans le droit d'être appellés seuls, dans les cas où les Commis des Fermes se feroient assister d'un Juge pour les visites & recherches des fraudes, & notre Procureur dans le droit d'y procéder; & étant informés que les Commis de la marque & Contrôle sur les ouvrages d'or & d'argent, négligent de se faire assister de notredit Procureur dans leurs visites & recherches des fraudes, d'où dépendent également & la conservation desdits droits de marque & de contrôle, & la sûreté du Public qui ne doivent pas être confiés à la seule vigilance desdits Commis, nous y avons pourvu par Arrêt de notre Conseil, du 19 de ce mois, & ordonné que, pour l'exécution d'icelui, toutes Lettres nécessaires seroient expédiées.

A ces causes, de l'avis de notre Conseil qui a vu ledit Arrêt de notre Conseil du 19 des présens mois & an, ci-attaché sous le contre-scel de notre Chancellerie, & en interprétant, en tant que besoin est ou seroit, les articles IV & V de notre Déclaration du 9 Septembre 1756, qui sera au surplus exécutée selon sa forme & teneur, nous avons, conformément audit Arrêt, ordonné, & par ces présentes signées de notre main, ordonnons que les Commis de la Ferme de la marque & contrôle sur les ouvrages d'or & d'argent, se feront assister de notre Procureur en l'Election de Paris, lors de leurs visites & recherches des fraudes qui se commettent dans les Ville, fauxbourgs & Election de Paris, sauf à requérir l'assistance de l'un des autres Officiers de ladite Election, dans les cas qui exigeront les fonctions de Juge, ou pour substituer notredit Procureur, en cas d'absence, maladie, ou autre légitime empêchement. Voulons & ordonnons que les procès-verbaux faits ou attestés véritables par notredit Procureur, ou par celui des autres Officiers le substituant, soient valables, sans que les Commis soient obligés de les affirmer devant aucun Juge, conformément à l'Arrêt du 22 Octobre 1718, & Lettres-Patentes données sur icelui le 16 Novembre suivant. SI vous mandons, &c. Données à Compiegne, le vingt-neuvieme jour de Juillet mil sept cent cinquante-sept, & de notre regne, le quarante-deuxieme. *Signé*, LOUIS; Et plus bas, par le Roy,

PHELYPEAUX.

Registrées en la Cour des Aydes, oui le Procureur-Général du Roy, pour être exécutées selon leur forme & teneur, sans préjudice néanmoins du droit qu'ont les Président, Lieutenant & Elus en l'Election de Paris, d'assister aux procès-verbaux des Commis, dans es cas prévus par les Ordonnances, Edits &

& Déclarations duement enregistrées, Arrêts & Réglemens de la Cour. Fait à Paris, en la premiere Chambre de ladite Cour des Aydes, le douze Août mil sept cent cinquante-sept. Collationné. *Signé*, BESNIER. 1757.

(Ledit Arrêt d'enregistrement rétabli dans les registres & dépôts de la Cour des Aydes, le 9 Mai 1776, en exécution de la Déclaration du Roy, du 11 Mars 1776.)

ARRÊT de la Cour des Aides, qui ordonne l'exécution de la Déclaration du 9 Septembre 1756 & le Réglement du 15 Mars 1757, & regle les différents droits dus au Parquet.

30 Août 1757.

LOUIS, &c. Sçavoir faisons, qu'entre Me. Jean-Claude Satis, notre Conseiller, Avocat & Procureur en l'Election de Paris, demandeur aux fins des Requête & exploit du 4 Novembre 1750, d'une part; & les Président, Lieutenant, Assesseurs & Conseillers en ladite Election, défendeurs d'autre part; entre les Président & autres Officiers de ladite Election, demandeurs aux fins des commission & exploit des 20 & 21 Novembre 1754, donnés aux Requêtes de l'Hôtel au Souverain, à fin d'exécution d'un Arrêt rendu au Conseil le 28 Octobre précédent, du payement de la somme de deux cens livres, non compris le contrôle pour le coût dudit Arrêt du Conseil, & de la somme de trois cens soixante livres pour la restitution des vacations perçues par ledit Me. Satis, pour son assistance des Commis de la Ferme de la marque d'or & d'argent; en conséquence d'un autre Arrêt du Conseil du premier Janvier 1754, le tout en quoi il avoit été condamné par ledit Arrêt du Conseil du 28 Octobre 1754, sur laquelle demande introduite aux Requêtes de l'Hôtel, il a été ordonné, par Arrêt du 10 Janvier 1755, que les Parties procéderoient en notredite Cour, d'une part; & ledit Me. Satis, défendeur d'autre part; & entre ledit Me. Satis, demandeur en Requête du 5 Février audit an 1755, tendante à ce qu'en procédant à l'enregistrement des Lettres-Patentes du 11 Novembre 1754, expédiées sur ledit Arrêt du 28 Octobre précédent, & en les expliquant & interprétant sur les Edits & Déclarations, Arrêts & Réglemens de notredite Cour, les conclusions par lui prises en l'instance au Conseil lui soient adjugées nonobstant ledit Arrêt du 28 Octobre 1754, & autres conclusions portées par ladite Requête, d'une part; & lesdits Officiers de l'Election de Paris, défendeurs d'autre part: après que Babile, Avocat dudit Satis, & Paporet, Avocat des Officiers de l'Election ont été ouis, & que, par Arrêt du 18 Février 1755, notredite Cour a ordonné qu'elle en délibérera; & depuis en ayant délibéré,

Notredite Cour a ordonné & ordonne que la Déclaration du 9 Septembre 1756, registrée en icelle le 20 dudit mois, le Réglement fait par icelle le 15 Mars 1757, ensemble les autres Réglemens faits pour l'Election de Paris, seront exécutés selon leur forme & teneur; en conséquence, faisant droit sur les différentes demandes des Parties, ordonne que la somme de mille livres accordée par chacune année pour le bois de chauffage des Officiers de l'Election de Paris, sera employée pour le chauffage tant des Parties de Paporet que de celle de Babile en son Parquet; à l'effet de quoi ladite Partie de Babile aura une clef

1757. du bûcher; & s'il se trouve quelque excédent sur ladite somme de mille livres après ledit chauffage ainsi fourni à tous lesdits Officiers, ledit excédent sera partagé par portion égale entre tous les Officiers, en sorte néanmoins que ladite Partie de Babile ait deux parts, l'une comme Procureur du Roy, & l'autre comme Avocat du Roy; ordonne que la somme de cent livres accordée par chacune année pour les menues nécessités, sera employée tant pour celles de la Chambre d'Audience & Chambre du Conseil, que pour celles du Parquet; & l'excédent, s'il y en a, sera partagé comme dessus; ordonne que sur les sommes qui se donnent pour assistance des Officiers de ladite Election aux Foires de Saint Laurent, de Saint Germain & de Saint Denis, seront prélevés les frais nécessaires, & le surplus partagé comme dessus. Ordonne que ladite Partie de Babile continuera d'avoir deux parts dans le droit du sol par bail, l'une comme Procureur du Roy, l'autre comme Avocat du Roy, & qu'il aura en lesdites deux qualités, deux parts dans toutes les distributions, répartitions, revenans-bons, & autres sommes qui entrent en bourse commune, & se partagent entre lesdits Officiers: le tout conformément à la Déclaration du 9 Septembre 1756. Ordonne que la distribution de la somme de dix-huit mille cinq cens livres contenue en l'Ordonnance accordée par chacune année auxdits Officiers de l'Election, continuera d'être distribuée entre eux comme par le passé. Ordonne que lesdites Parties de Paporet seront tenues de restituer à celle de Babile toutes les sommes qui lui reviennent aux termes tant de ladite Déclaration du 9 Septembre 1756, que du présent Arrêt; & ce depuis le 5 Juillet 1747, jour de sa réception; à payer & vuider leurs mains, les Greffier & Trésorier contraints, quoi faisant déchargés; & à cet effet fait main-levée de toutes oppositions qui pourroient avoir été formées entre leurs mains par lesdites Parties de Paporet; & pour faire la liquidation de ce qui peut revenir à ladite Partie de Babile, ordonne que tous les comptes & feuilles de distribution des années 1747, 1748 & suivantes, ensemble toutes les autres pieces nécessaires lui seront communiquées sur son récépissé à sa premiere requisition; & en cas de contestation sur ladite liquidation, ordonne pareillement que ladite Partie de Babile sera appellée à la reddition de tous les comptes des Receveurs de la bourse commune & du Greffier, & à toutes les répartitions dans lesquelles il sera employé conformément à ladite Déclaration du 9 Septembre 1756 & au présent Arrêt: sur le surplus de toutes les autres demandes, fins & conclusions des Parties, les a mis hors de Cour, sans dépens entre les Parties. SI te mandons, &c.

Donné à Paris, en la premiere Chambre de notredite Cour des Aydes, le trente Août, l'an de grace mil sept cent cinquante-sept. *Signé*, DESORMES.

L'Election s'est pourvue au Conseil contre cet Arrêt; le Conseil a ordonné, par Arrêt du 18 Octobre 1757, avant faire droit, que la Requête des Officiers de l'Election seroit communiquée au sieur Satis, Avocat & Procureur du Roi, pour y fournir de réponses dans les délais des Réglements, toutes choses demeurantes en état.

On ne voit pas que cette affaire ait eu de suite.

1758.

Arrêt de la Cour des Aides, du 28 Février 1758, qui ordonne que les Président, Lieutenant & le Substitut du Procureur-Général de l'Election de Troyes, précéderont en toutes cérémonies & assemblées publiques & particulieres, tous les Officiers des Traites foraines de la même Ville. Les Officiers de l'Election demandoient d'être maintenus dans le droit & possession où ils étoient en tous temps, de les primer & précéder dans toutes cérémonies & assemblées, soit générales, soit particulieres de Corps à Corps, même de Particulier à Particulier. Les Officiers des Traites dénioient cette possession, & demandoient que l'Edit & Déclaration de 1691, fussent exécutés, en conséquence que les Officiers de l'Election eussent rang & séance avec les Officiers des Traites de Corps à Corps, suivant l'ordre de leur réception, ou en tout cas de Particulier à Particulier, & que dans l'un ou l'autre cas, le Président des Traites eût la préséance sur les Elus, après le Président de l'Election. (Code des Tailles, Tome III, page 666.)

Lettres-Patentes du Roi, concernant les privileges des Officiers & Gardes de la Compagnie de la Connétablie, Gendarmerie & Maréchaussée de France.

6 Mai 1758.

LOUIS, &c. La compagnie de la Connétablie, Gendarmerie & Maréchaussée de France & de nos camps & armées, a reçu en différens temps des Roys nos prédécesseurs, des marques d'honneur & de distinction ; cette Compagnie est la premiere & la colonelle de toutes les Compagnies de Maréchaussées du Royaume : son Chef a souvent été qualifié du titre de *Grand-Prevôt* : elle a encore plusieurs avantages, & particuliérement celui de faire journellement, sous les ordres de nos cousins les Maréchaux de France, un service qui a pour objet d'entretenir le bon ordre, l'union & le point d'honneur entre les Militaires & les Nobles de notre Royaume ; pour que ladite Compagnie de la Connétablie, par l'application à ses devoirs, devienne d'autant plus utile pour notre service & pour celui du Tribunal des Maréchaux de France, nous avons, par Lettres-Patentes du 13 Février 1756, accordé l'hérédité à toutes les charges de Lieutenans, Exemts, Greffier & Gardes de cette Compagnie qui n'avoient pas encore reçu cette grace ; nous avons en même temps ordonné que ladite Compagnie de la Connétablie continuera d'être composée dudit Prevôt-Général, de trois Lieutenans, de quatre Exemts, de quarante-huit Gardes, d'un Assesseur, de notre Procureur, d'un Greffier, d'un Commissaire & d'un Contrôleur aux revues, & qu'ils jouiront tous des mêmes droits, privileges & exemptions qui

1758. leur ont été attribués tant par les Edits de création de leurs Charges, que par les autres Edits, Déclarations & Réglemens concernant ladite Compagnie : nous avons adressé lesdites Lettres-Patentes à notre Parlement de Paris, où elles ont été enregistrées le 5 Mai 1756; mais cette Cour, par son Arrêt d'enregistrement, a ajouté que l'énonciation des Edits, Arrêts & Réglemens qui n'auroient été enregistrés en icelle, ne pourroit être tirée à conséquence. Pour que cette restriction n'occasionne aucun trouble auxdits Officiers & Gardes, il est nécessaire d'expliquer notre volonté d'une façon précise sur la jouissance de leurs privileges; d'ailleurs nos Lettres-Patentes susdatées n'ont point encore été enregistrées en notre Cour des Aydes, qui nous a fait des représentations concernant quelques Officiers de ladite Compagnie & sur l'article II de nosdites Lettres-Patentes, qui contient une disposition contraire à ses usages : à quoi desirant pourvoir, nous nous sommes fait représenter en notre Conseil plusieurs titres & mémoires, & particuliérement cinq Edits des mois de Mars 1577, Mars 1587, Novembre 1588, Mars 1600 & Juin 1650, desquels il résulte qu'il a été créé & établi dans ladite Compagnie de la Connétablie, un Lieutenant de Robe-longue, auquel il a été donné le titre de *Lieutenant-Assesseur*, avec les mêmes privileges que les autres Lieutenans de cette Compagnie, un Procureur pour nous avec de très-grandes prérogatives, & auquel a été attribué le titre de *Procureur-Général*, comme étant le premier de tous les Procureurs pour nous des Compagnies des Prevôts des Maréchaux : & que, pour faire les montres & revues de ces différentes Compagnies, il a été créé, établi & ordonné dans chacune d'icelles, & nommément dans ladite Compagnie de la Connétablie & Maréchaussée de France, un Commissaire & un Contrôleur aux revues, avec les mêmes fonctions, autorités & privileges que les Commissaires & les Contrôleurs ordinaires des guerres. Lorsque, par notre Edit du mois de Mars 1720, nous avons supprimé toutes les charges de Prevôts, Assesseurs, Commissaires & Contrôleurs aux revues, & autres Officiers des anciennes Maréchaussées, nous avons expressément réservé la Compagnie de la Connétablie, tous les Officiers & Gardes qui la composent, lesquels, au moyen de cette réserve, ont continué d'être employés dans nos états pour les gages à eux attribués, & de jouir de leurs exemptions & privileges, qui sont fondés non seulement sur les Edits de création ci-devant datés, mais encore sur des Lettres-Patentes du 8 Février 1593, & sur deux Déclarations des 6 Mai 1634 & 2 Octobre 1651, dans lesquelles il est fait mention des bons & agréables services rendus par ladite Compagnie de la Connétablie; & comme nous espérons qu'elle nous servira toujours avec zele & fidélité, notre intention est, en nous expliquant sur ce qui concerne en particulier quelques Officiers de cette Compagnie, de lui donner en général une nouvelle marque de protection. A ces causes, &c. Voulons & nous plaît ce qui suit :

I. Déclarons que, dans l'Etat-Major de la Compagnie de la Connétablie, Gendarmerie & Maréchaussée de France & de nos camps & armées, nous avons toujours entendu & entendons comprendre le Lieutenant-Assesseur, notre Procureur, le Commissaire aux revues & le Contrôleur, lesquels seront, si fait n'a été, employés dans les états des privilégiés que nous adressons à notre Cour des Aydes de Paris, & jouiront des mêmes droits, honneurs & prérogatives que les principaux Officiers de ladite Compagnie de la Connétablie, dans laquelle nous avons, en tant que de besoin, incorporé & incorporons lesdits Lieutenant-Assesseur, Commissaire & Contrôleur aux revues; jouiront en outre lesdits Commissaire & Contrôleur, des pouvoirs, autorités & privileges dont jouissent ou doivent jouir les autres Commissaires & Contrôleurs des guerres.

1758.

II. Conformément à nos Lettres-Patentes du 13 Février 1756, cette Compagnie continuera d'être composée du Prévôt-Général, de trois Lieutenans, quatre Exempts, quarante-huit Gardes, dudit Lieutenant-Assesseur, de notre Procureur, d'un Greffier, du Commissaire & du Contrôleur aux revues, lesquels nous maintenons & confirmons, en tant que de besoin, dans l'exemption de toutes tailles, subsides, logement de gens de guerre, contribution à icelui, charges publiques, collecte, tutelle, curatelle & nomination à icelles, dans le droit de *committimus* au grand sceau, & autres droits, pouvoirs, gages, fonctions & émolumens à eux attribués, & généralement dans tous les privileges & exemptions dont jouissent les Officiers commensaux de notre Maison, & les Officiers de notre Gendarmerie.

III. Voulons que l'état ou rôle desdits Officiers & Gardes qui nous sera présenté par le Secretaire d'Etat ayant le département de la guerre, pour être de nous approuvé, soit ensuite adressé à notre Cour des Aydes, reçu & déposé à son greffe, & que les extraits de cet état soient délivrés par son Greffier des dépôts, suivant l'usage; à l'effet de quoi dérogeons à ce qui a été ordonné à cet égard par l'article II de nosdites Lettres-Patentes du 13 Février 1756, lesquelles seront au surplus exécutées en ce qui n'est pas contraire aux présentes. Si vous mandons, &c.

Données à Versailles, le sixieme jour du mois de Mai, l'an de grace mil sept cent cinquante-huit, & de notre regne le quarante-troisieme. *Signé*, LOUIS; & plus bas, par le Roy, le Maréchal Duc DE BELLE-ISLE.

Registrées en la Cour des Aydes, oui & ce requérant le Procureur-Général du Roy, pour être exécutées selon leur forme & teneur, conjointement avec celles du 13 Février 1756, registrées en la Cour le 23 Juillet de ladite année 1756, & sans que l'énonciation d'aucuns Edits, Arrêts, Lettres-Patentes & Arrêts qui n'auroient pas été registrés en la Cour, puisse être tirée à conséquence, ni suppléer au défaut d'enregistrement en la Cour. Fait à Paris, en la premiere Chambre de ladite Cour des Aydes, le quatorze Juin mil sept cent cinquante-huit. *Signé*, DESORMES.

EDIT du mois de Juillet 1758, portant création d'une Charge de Lieutenant de Robe-longue en la Capitainerie de la Varenne des Tuileries, avec jouissance de tous les droits, honneurs, rang & autres prérogatives attribués aux autres Lieutenants de Robe-longue des Capitaineries où pareils Offices sont établis. Ledit Edit portant suppression de la premiere Charge d'Exemts de ladite Compagnie qui viendra à vaquer; enrégistré en Parlement, Chambre des Comptes Cour des Aides, les 5 Septembre, 19 Octobre & 15 Décembre 1758.

1758.

DÉCLARATION du Roi, concernant les appellations verbales qui sont pendantes en la Cour des Aides de Paris.

25 Novembre 1758.

LOUIS, &c. Par nos Déclarations des 17 Novembre 1673 & 10 Août 1748, nous aurions réglé les jours & heures des audiences qui doivent se tenir dans les trois Chambres qui composent notre Cour des Aydes à Paris, & en déterminant les differentes natures d'affaires qui doivent y être portées, nous aurions ordonné que les appellations verbales seroient plaidées en la premiere Chambre; mais le nombre des appellations verbales qui sont actuellement pendantes en notredite Cour des Aydes étant devenu trop considérable, la premiere Chambre nous a supplié de vouloir bien autoriser les seconde & troisieme Chambres à la seconder dans ce travail, en leur renvoyant pour un temps la connoissance d'une partie des appellations verbales qui doivent être jugées en notredite Cour, nous avons cru devoir déférer à cette demande qui ne tend qu'à procurer à nos Sujets une expédition de leurs causes plus prompte & plus facile. A ces causes, &c. Voulons & nous plaît ce qui suit:

I. Il sera tenu dans chacune des deuxieme & troisieme Chambres de notre Cour des Aydes, jusques aux vacances de l'année prochaine 1759, deux audiences par semaine, pour juger les appellations verbales qui sont actuellement pendantes en notre Cour des Aydes à Paris.

II. La seconde Chambre tiendra lesdites audiences les Lundi & Jeudi matin; & la troisieme les tiendra les Mardi & Samedi matin, depuis huit heures jusqu'à dix.

III. Le Premier Président de notredite Cour des Aydes fera incessamment pour chacune desdites deux Chambres un rôle des causes qui y seront plaidées. Ne seront comprises dans lesdits rôles les causes concernant l'Hôtel-Dieu, l'Hôpital-Général & le Clermontois, les Réglemens entre les Officiers, affaires de Police & autres qui ont coutume de n'être traitées qu'en la premiere Chambre; si par erreur on avoit compris dans lesdits rôles quelques causes concernant lesdits matieres, elles en seront tirées pour être renvoyées en la premiere Chambre: & seront lesdits rôles publiés en la maniere ordinaire, huitaine avant que les causes y portées soient appellées.

IV. Avant l'expiration de chacun desdits rôles, il en sera fait un nouveau pour être appellé à la suite du précédent, après toutefois que ledit nouveau rôle aura été publié, laquelle publication se fera de même, huitaine avant la plaidoierie des causes y portées.

V. Ne pourront, esdites audiences, être plaidées aucunes causes que celles qui seront portées esdits rôles, si ce n'est qu'il s'agisse d'une demande incidente à quelqu'une des causes portées esdits rôles, ou d'une demande en provision à l'occasion desdites causes.

VI. Les causes portées auxdites audiences ne pourront être appointées qu'après avoir entendu les Avocats des Parties; seront lesdits appointemens distribués entre les trois Chambres, & instruits en la maniere ordinaire.

VII. Validons, par ces présentes, les assignations données & les significations faites avant la publication des rôles ci-dessus ordonnés, pour procéder en la premiere Chambre sur les causes portées esdits rôles ; & après ladite publication faite, défendons de faire aucune procédure tendante à porter lesdites causes en la premiere Chambre, à peine de nullité desdites procédures, & sans que les Procureurs en puissent répéter les frais contre leurs Parties, si ce n'est en cas de conflit, auquel cas & dans tous ceux qui surviendront entre les trois Chambres, pour l'exécution des présentes, les Parties se retireront au Parquet pour être réglées, suivant l'avis de nos Avocats & Procureurs-Généraux, en la forme ordinaire. 1758.

VIII. Le Greffier des audiences des causes d'appel tiendra la plume aux audiences établies par les présentes, ou la fera tenir par son Clerc-Commis, ayant serment en Justice, & jouira de tous les droits qui lui appartiennent, de même que si lesdites causes étoient jugées en la premiere Chambre.

IX. Le premier Huissier de notredite Cour jouira pareillement du droit d'appel sur lesdites causes, tel qu'il lui auroit appartenu, si lesdites causes avoient été plaidées en la premiere Chambre ; & sera tenu d'appeller lesdites causes, ou les faire appeller par les autres Huissiers.

X. Voulons au surplus que toutes nos Ordonnances ci-devant faites, concernant notre Cour des Aydes, notamment notre Déclaration du 10 Août 1748, soient exécutées en ce qui n'est pas contraire à la présente Déclaration. Si donnons en mandement, &c.

Donnée à Versailles, le vingt-cinquieme jour de Novembre, l'an de grace mil sept cent cinquante-huit, & de notre regne le quarante-quatrieme. *Signé*, LOUIS ; & plus bas, par le Roy, PHELIPPEAUX.

Registrées en la Cour des Aydes le premier Décembre 1758.

EXTRAIT de la Lettre écrite de Versailles, le 17 Février 1759, à M. le Maréchal de Belle-Isle, par M. de Boulogne, Contrôleur-Général, au sujet de l'exemption de guerre prétendue par les Officiers des Elections. (Code des Tailles, Tome III, page 684.) 1759.

J'AI reçu, Monsieur, la lettre que vous m'avez fait l'honneur de m'écrire le 2 de ce mois, à laquelle étoit joint le mémoire que vous me marquez vous avoir été remis, au sujet de l'exemption du logement de gens de guerre, dont les Officiers des Elections ont droit de jouir, quoiqu'omis dans l'Ordonnance du Roy du 25 Juin 1750. Il est certain, comme on l'expose dans ce Mémoire, que l'affaire a été examinée & discutée, & qu'en conséquence de cet examen, on a marqué à quelques-uns de MM. les Intendans des Provinces dans lesquelles on prétendoit assujettir les Officiers d'Election au logement, qu'ils devoient les en exempter, excepté dans le cas de foule, où, suivant l'article XCII de l'Ordonnance du 25 Juin 1740, tout privilege doit cesser. Voilà tous les éclaircissemens que je puis vous fournir sur ce qui concerne les Officiers des Elections.

Copie de la Lettre écrite par M. le Maréchal de Belle-Isle à MM. les Intendants, le 23 Février 1749.

J'ai l'honneur de vous envoyer, Monsieur, l'extrait d'une lettre qui m'a été

1759. écrite par M. le Contrôleur-Général, concernant l'exemption de logement prétendu par les Officiers des Elections, afin que vous ayiez pour agréable de vous conformer à la décision dont il y est fait mention. Je suis, &c.

DÉCLARATION portant suspension de divers privileges, en ce qui concerne l'exemption de la Taille. (Code des Tailles, Tome III, page 685; Enregistremens de l'Election, Volume coté XXIII, folio 20, verso.)

17 Avril 1759.

LOUIS, &c. Dans les desirs que nous ne cessons de former pour que nos Peuples se ressentent le moins qu'il sera possible du poids des impositions actuelles, & de celles que les circonstances de la guerre & les besoins de l'Etat pourroient nous obliger de mettre par la suite sur nos Sujets, nous n'avons point trouvé de moyen plus juste que celui de faire rentrer dans la classe des contribuables, pendant la durée de la guerre & deux années après la conclusion de la paix, ceux de nos Sujets, qui, nés taillables, se sont soustraits, par l'acquisition de différens Offices de toute nature, aux impositions qu'ils étoient cependant plus en état de supporter que les autres. En suivant l'exemple des Roys nos prédécesseurs, qui, en différentes occasions, ont rétabli l'égalité naturelle entre leurs Sujets nés contribuables à la taille, nous avons bien voulu nous écarter de la rigueur de leurs dispositions, notamment de celles de l'Edit du mois de Novembre 1640, qui révoquoit tous les privileges de tous les Offices, autres que ceux des Cours supérieures, des Bureaux des Finances & des Secretaires des Chancelleries; & de l'Edit de 1715, qui révoque toutes les exemptions & tous les privileges des Offices dont la premiere finance est au dessous de dix mille livres; & en conséquence n'ordonner que la suspension de l'exemption de la taille, qui sera d'autant moins onéreuse à ceux de nos Sujets pourvus d'Offices, qu'indépendamment de la jouissance des gages & droits qui leur sont accordés, ils conservent encore celle des autres privileges attribués à leursdits Offices. Cette suspension nous a paru d'autant plus convenable, qu'en connoissant à fond toute l'étendue du préjudice que l'exemption des tailles porte à nos autres Sujets, nous serons en état de juger des soulagemens que nous pourrons leur accorder, par le remboursement des Offices les plus inutiles, lorsque les circonstances le permettront, & après que nous aurons fait examiner les titres des exemptions qui auront été suspendues par ces présentes. A ces causes, &c. voulons & nous plaît ce qui suit:

I. A commencer du premier Octobre prochain, toutes les exemptions de tailles, ustensiles & autres impositions qui se payent conjointement avec la taille, attribuées aux Officiers de notre Maison & des Maisons Royales, à tous Officiers jouissans des droits de nos Commensaux, & généralement à tous les Offices de quelque nature qu'ils soient, demeureront suspendues pendant la durée de la guerre & deux années après le rétablissement de la paix. N'entendons néanmoins comprendre dans ladite suspension, les exemptions & prérogatives dont jouissent les Officiers de nos Cours & Compagnies supérieures & Bureaux des Finances de notre Royaume, les Officiers & Secretaires de notre grande Chancellerie & de celles près nos Cours, non plus que les exemptions accordées aux Officiers militaires, par l'Edit du mois de Novembre 1750, & par notre Déclaration du

22

12 Janvier 1752, & celle dont ont droit de jouir les personnes qui servent dans les Troupes de notre Maison. 1759.

II. N'entendons comprendre dans la présente suspension les autres privileges & exemptions dont lesdits Officiers peuvent jouir, nommément l'exemption de la collecte, & de toute autre charge qui pourroit être regardée comme une suite ou dépendance de la taille, autre néanmoins que celle de la taille & autres imposition qui y sont jointes.

III. Ordonnons pareillement qu'à compter du premier Octobre prochain, le privilege accordé aux Bourgeois de notre bonne Ville de Paris, de celle de Lyon & autres, de faire valoir par leurs mains, en exemption de la taille, le labourage d'une charrue, demeurera suspendu pendant la durée de la présente guerre & deux années après le rétablissement de la paix : pourront seulement lesdits Bourgeois desdites Villes faire valoir par leurs mains, & en exemption de taille, leurs maisons de campagne & clos y joints.

IV. D'autant qu'en prenant ce parti, il ne seroit pas juste de laisser à la discrétion des Collecteurs la fixation des cottes auxquelles les Officiers & privilégiés, dont l'exemption de taille est suspendue, devront être imposés, nous ordonnons qu'à commencer dudit jour premier Octobre prochain, tous les rôles des tailles & autres impositions seront distinguées en deux chapitres.

V. Dans le premier, seront compris tous les Officiers & privilégiés dont les exemptions de tailles se trouvent suspendues, lesquels seront imposés à la taille par les sieurs Intendans & Commissaires départis dans nos Provinces & Généralités, chacun dans les Villes & Paroisses où ils font leur résidence, & ce, à proportion de leurs biens, tenures & facultés, conformément aux dispositions portées par l'Edit du mois d'Aoust 1715.

VI. Enjoignons à cet effet aux Receveurs des tailles, de se faire remettre, au plus tard dans un mois du jour de l'enregistrement de la présente Déclaration, par les Syndics & Collecteurs des Paroisses, des états exacts contenant les noms, surnoms & demeures desdits Officiers & privilégiés, & sommairement le montant par estimation du revenu du bien qu'ils y possedent; sur lesquels états certifiés par lesdits Syndics & Collecteurs, les Receveurs des tailles composeront celui de chaque Election, & après l'avoir fait certifier par le Président & notre Procureur en chacune des Elections, le remettront au sieur Commissaire départi, qui en dressera un état général pour sa Généralité, lequel il enverra au Contrôleur-Général de nos Finances, au plus tard dans le délai de deux mois.

VII. Dans le second chapitre desdits rôles, seront employés tous les autres contribuables domiciliés dans les Paroisses, & ensuite par un article séparé, le Curé, les Ecclésiastiques, Gentilshommes & autres exempts, ou Officiers dont les exemptions ne sont pas suspendues. Si donnons en mandement, &c.

Données à Versailles, le dix-septieme jour d'Avril, l'an de grace mil sept cent cinquante-neuf, & de notre regne le quarante-quatrieme. *Signé*, LOUIS; & plus bas, par le Roy, PHELYPEAUX.

Régistrées en la Cour des Aydes, oui, & ce requérant le Procureur-Général du Roy, pour être exécutées selon leur forme & teneur; à la charge que les veuves des Officiers dont les charges sont exemptées de la présente suspension, jouiront de leurs privileges, comme avant la présente Déclaration; à la charge pareillement que ladite suspension ne portera sur aucun autre privilege que ceux énoncés en l'article II, & nommément que l'exemption de la corvée & celle du

1759. logement de Gens de guerre, ne seront point réputées suspendues, & que l'article V de la présente Déclaration sera exécuté, conformément aux articles XVII XXIV & XXVI de l'Edit d'Août 1715 : ordonne que copies collationnées de la présente Déclaration seront envoyées aux greffes des Elections du ressort de la Cour, pour y être lues, publiées & registrées, l'audience tenante. A Paris, en la Cour des Aydes, les Chambres assemblées, le 23 Avril 1759.

Signé, BESNIER

ARRÊT du Conseil, du 24 Avril 1759, qui décide que les adjudicataires des quarts de réserves & hauts bois des Gens de main-morte ne seront pas susceptibles d'être imposés à la Taille, pour raison de leurs exploitations. (Code des Tailles, Tome III, page 737.)

DÉCLARATION concernant la procédure à observer à l'occasion des cotes d'office dans l'imposition de la Taille. (Code des Tailles, Tome III, page 690 ; Enrégistrements de l'Election, Volume coté XXIII, folio 22.)

20 Mai 1759.

LOUIS, &c. Par notre Déclaration du 17 Avril 1759, & pour les causes qui y sont exprimées, nous avons suspendu pendant la durée de la guerre & deux années après la publication de la paix, tous les privileges d'exemption de tailles que nous avions accordés, à l'exception de ceux nommément réservés par l'article premier de ladite Déclaration. Nous avons en même temps suspendu pendant ledit temps le privilege dont jouissoient les Bourgeois de notre bonne Ville de Paris, celle de Lyon & autres, de faire valoir en exemption le labour d'une charrue ; & néanmoins nous les avons maintenus dans ladite exemption de tailles pour leurs maisons de campagne & clos y joints, comme ne leur étant que de pur agrément : nous avons en même temps ordonné par ladite Déclaration, que ceux de nos Sujets dont le privilege d'exemption de tailles étoit suspendu, seroient pendant ladite suspension cottés d'office par les Commissaires par nous départis dans les Provinces de notre Royaume ; le tout conformément à notre Edit du mois d'Août 1715 : mais par les différentes dispositions de nos Edits & Déclarations concernant les cottes d'office, ceux de nos Sujets qui croyent avoir droit de former opposition auxdites cottes d'office, ou d'interjetter appel en nos Cours des Ayd s, des Ordonnances rendues par les Commissaires départis, sur lesdites oppositions, sont obligés de faire juger & lesdites oppositions & lesdits appels avec les Syndics des Communautés aux rôles desquelles ils sont taxés ; & comme cette procédure expose les Communautés à des contestations auxquelles elles n'ont point donné lieu, & à des frais souvent très-considérables, nous avons cru devoir établir une nouvelle forme de procéder beaucoup plus courte & moins dispendieuse pour le Jugement tant des oppositions auxdites cottes d'office en général, que pour celui des appels qui pourroient être interjettés en nos Cours des Aydes, des Ordonnances rendues sur lesdites oppositions par les Commissaires départis. Nous avons pensé que le plus sûr moyen de parvenir à cet objet étoit de confier à nos Procureurs-Généraux esdites Cours la défense desdites Communautés, & de supprimer tous les droits sur les Arrêts qui seront rendus sur cette matiere, à l'exception de ceux qui sont attribués aux Offices de Greffiers près nosdites Cours. A ces causes, &c. voulons & nous plaît ce qui suit :

I. Ceux qui voudront se pourvoir contre les cottes d'office faites par les Commissaires départis, seront tenus d'y former opposition pardevant lesdits Commissaires départis, sans y appeller le Syndic de la Communauté au rôle de laquelle ladite cotte d'office aura été faite.

II. L'opposant sera tenu de joindre à sa requête en opposition, l'état de ses biens, ensemble la quittance du Receveur des tailles, pour les deux premiers quartiers de son imposition, sur laquelle requête il sera statué par l'Ordonnance dudit sieur Intendant.

III. L'appel de ladite Ordonnance ne pourra être interjetté en nos Cours des Aydes, que par une requête qui sera présentée en nosdites Cours, à laquelle requête seront jointes l'opposition formée devant le Commissaire desparti, l'état des biens y annexé & l'Ordonnance dudit Commissaire départi.

IV. Sur cette requête il sera nommé un Rapporteur en la maniere ordinaire.

V. Ladite requête sera communiquée à nos Procureurs-Généraux, qui pourront donner leurs conclusions en forme de vu d'Arrêt ou par une requête, ainsi qu'ils aviseront bon être.

VI. Dans le cas où nos Procureurs-Généraux donneront leurs conclusions par requête, ils feront signifier ladite requête au domicile du Procureur de l'appellant, pour y répondre dans les délais ordinaires.

VII. Sur lesdites requêtes & conclusions, il sera statué par nos Cours ainsi qu'il appartiendra, & les frais seront liquidés par l'Arrêt.

VIII. Défendons aux Procureurs de faire aucunes autres procédures sans en avoir obtenu permission de nosdites Cours, sous telle amende qu'il plaira à nos Cours de prononcer, même d'interdiction s'il y échet.

IX. Supprimons tous les droits qui se perçoivent sur les Arrêts qui seront rendus sur lesdits appels, à l'exception de ceux qui sont attribués aux Offices de Greffiers près nosdites Cours, lesquels continueront d'être payés comme par le passé.

X. Enjoignons aux Commissaires départis de faire la réimposition des sommes ordonnées par les Arrêts qui seront rendus, au prochain département ; à l'effet de quoi les Parties, au profit desquelles la réimposition aura été ordonnée, seront tenues de représenter l'Arrêt au Commissaire départi avant le 15 Septembre, faute de quoi ladite réimposition sera remise à l'année suivante. Si donnons en mandement, &c.

Donnée à Versailles, le vingtieme jour de Mai, l'an de grace mil sept cent cinquante-neuf, & de notre regne le quarante-quatrieme. *Signé*, LOUIS ; & plus bas, par le Roy, PHELYPEAUX.

Registrées, oui, ce requérant le Procureur-Général du Roy, pour être exécutées selon leur forme & teneur ; à la charge qu'il sera permis aux Communautés d'Habitans d'intervenir dans les contestations, & même de former opposition aux cottes d'office, en leur nom, & d'interjetter appel aussi en leur nom, des Ordonnances des Commissaires départis, & aux autres charges portées par l'arrêté de ce jour. Ordonne que copies collationnées desdites lettres seront envoyées

1759. aux Sieges des Elections, pour y être lues, publiées, l'audience tenante, & registrées aux greffes d'icelles : enjoint aux Substituts du Procureur-Général du Roy d'y tenir la main & de certifier la Cour de leurs diligences dans le mois. Fait en la Cour des Aydes, à Paris, les Chambres assemblées, le 30 Mai 1759.

Signé, BESNIER.

Extrait des Registres de la Cour des Aydes.

Ce jour, la Cour, les Chambres assemblées, délibérant sur l'enregistrement de la Déclaration du 20 du présent mois de Mai, concernant la procédure à observer à l'occasion des cottes d'office dans l'imposition de la taille, a arrêté que, conformément à l'article VII de ladite Déclaration, elle se réserve la faculté de statuer sur les requêtes des Parties, & sur celles du Procureur-Général du Roy, soit en ordonnant la communication de la requête du Procureur-Général du Roy à l'appellant, même lorsqu'elle sera donnée en vue d'intérêts, soit en ordonnant des rapports d'Experts, soit en renvoyant les Parties à l'audience, soi en ordonnant que les Communautés d'Habitans, ou les Collecteurs & Syndics des Paroisses seront mis en cause, soit en rendant tels autres Jugemens interlocutoires & définitifs qu'elle avisera bon être, suivant l'exigence des cas : a arrêté pareillement que la Cour se réserve aussi de renvoyer la liquidation des frais, pour être faits en la forme ordinaire, quand elle le jugera nécessaire.

Signé, DE LAMOIGNON.

ARRÊT de la Cour des Aides, qui juge qu'un Noble, quoique jouissant & consommant son privilege dans une Paroisse, n'est pas imposable à la Taille dans une autre Paroisse où il tient par ses mains un château, un parc, une garenne, des sains-foins, des dîmes & champarts.

4 Septembre 1759.

LE Marquis de Selve, Seigneur d'Andeville & Destouches, faisoit valoir & consommoit son privilege à Cendeville, Election d'Estampes : par transaction passée le 6 Decembre 1755, le bail de la Ferme & bâtimens Destouches, terres & héritages, droits de terres & champarts en dépendans fut résilié.

Le 4 Août 1757, le sieur de Selve passa déclaration au greffe de l'Election d'Estampes, par laquelle il dit, qu'en conséquence de l'abandonnement fait par Chevalier & sa femme, ci-devant Fermier par l'acte du 6 Décembre 1755, il a cede à François Chambon le droit d'ensemencer les mars de l'année 1756, & qu'à l'egard des bleds ainsi que des dixmes & champarts, c'est le sieur de Selve qui en fait la recolte & la levée à son profit, & que, pour raison de cette récolte, ou du moins pour celle des dixmes & champarts, il n'a point dû être imposé au rôle des tailles de la Paroisse Destouches de l'année 1757, à cause de ladite récolte ; de sorte qu'au moyen du bail fait à Chambon de la Ferme & metairie Destouches, il ne reste plus au sieur de Selve que le château & le lieu seigneurial, le parc, la garenne & quatre arpens de terres en sain-foin, ensemble les dixmes & champarts qui se perçoivent sur les grains & légumes du territoire Destouches qu'il fait valoir par lui-même, tel qu'il en a le droit, en qualité de Seigneur, sans être sujet à la taille; pour quoi il fait la présente declaration, afin qu'il ne soit pas imposé aux rôles des tailles de l'année 1758, de laquelle declaration il a requis acte. 1759.

Le 4 Septembre 1757, le sieur de Selve a fait assigner les Habitans pour voir dire qu'en consequence de ladite déclaration, il sera distrait du rôle des tailles de ladite Paroisse, pour l'année 1758. Le 9 Mars & le 22 Avril 1758, en consequence d'une Ordonnance de l'Election, il a fait assigner les Habitans & les Collecteurs à fin de défenses de l'imposer dans leurs rôles de 1759 & des années suivantes, pour raison desdits droits seigneuriaux qu'il faisoit valoir par lui-même. Par Sentence de l'Election d'Estampes, du 9 Juin 1758, la cause & les Parties ont été renvoyées devant l'Intendant de la Généralité de Paris pour procéder sur ladite demande.

Sur l'appel intervint, le 4 Septembre 1759, l'Arrêt suivant, sur les conclusions de M. Bellanger.

La Cour, sur l'appel de la Sentence du 9 Juin 1758, a mis l'appellation & ce dont est appel au néant, émandant, évoquant le principal & y faisant droit, donne acte à la Partie de Jouhannain, [le sieur de Selve.] de la déclaration faite par les Habitans Destouches en l'Election, qu'ils n'ont eu aucune part auxdites impositions de 1757 & 1758, qu'elles ont été faites à leur insçu & sans leur participation (1); en conséquence reçoit ladite Partie de Jouhannain incidemment, appellante desdites impositions, lui donne acte de ce qu'elle convertit ledit appel en opposition; faisant droit sur icelles, en tant que touche l'imposition de 1757, déboute ladite Partie de Jouhannain de son opposition, ordonne que les rôles de ladite année seront exécutés selon leur forme & teneur (2).

En tant que touche l'imposition faite en 1758 sur ladite Partie de Jouhannain, dit qu'à bonne & juste cause elle s'y est opposée. Ordonne que ladite taxe sera rayée & biffée desdits rôles, lesquels seront cependant exécutés par provision, & que les sommes que ladite Partie de Jouhannain a payées ou payera en vertu desdits rôles lui seront rendues & restituées, & à cet effet réimposées sur le général des Habitans de la Paroisse Destouches, par les Collecteurs qui seront en charge à l'avenir, en leur remettant entre les mains, avant la confection de leurs rôles, l'original ou copie collationnée du présent Arrêt, à peine par lesdits Collecteurs d'en demeurer responsables en leurs propres & privés noms. Fait défenses aux Habitans de ladite Paroisse Destouches & à leurs Collecteurs qui seront en charge à l'avenir, & à tous autres d'imposer sur leurs rôles ladite Partie de Jouhannain, tant qu'elle ne fera valoir en leur Paroisse que des prés, vignes, bois, champarts & dixmes, & qu'elle ne fera acte dérogeant à son privilege.

Faisant droit sur les conclusions du Procureur-Général, enjoignant aux Officiers de l'Election d'Estampes de juger les causes des tailles qui sont & seront portées devant eux; leur fait défenses de renvoyer les Parties à se pourvoir devant d'autres Tribunaux (3); ordonne qu'à la requisition du Procureur-Général, ou celle de son Substitut, le présent Arrêt sera publié & registré au greffe de l'Election d'Estampes. Donné en la troisieme Chambre de la Cour des Aydes, le 4 Septembre 1759.

(1) Ces rôles étoient faits par Commissaires.

(2) Le sieur de Selve ne s'étoit pas mis en regle pour l'année 1757, puisqu'il n'avoit pas déclaré avant le premier Octobre 1756, qu'il entendoit faire valoir par lui-même.

(3) L'Election avoit renvoyé les Parties devant l'Intendant, sous prétexte que ces rôles étoient faits par Commissaires.

1759. *ARRÊT du Conseil, du 9 Octobre 1759, qui juge que les Payeurs des gages des Compagnies supérieures, ne jouissent pas des privileges de la Noblesse. (Code des Tailles, Tome III, page 737.)*

ARRÊT du Conseil du 16 Octobre 1759, qui ordonne que Ormoy & Villabé seront séparés en deux Paroisses pour la Taille. (Enregistrements de l'Élection, Volume coté XXIII, folio 58.)

1760. *ARRÊTÉ de la Cour des Aides, qui fixe les frais qui seront payés sur les appels des cotes d'office. (Code des Tailles, Tome III, page 695.)*

8 Juillet 1760.

CE jour, M. le Premier Président a dit que, par la Déclaration du Roy du 20 Mai 1759, registrée en la Cour, le Roy, en prononçant sur la procédure qui devoit être observée sur l'appel des cottes d'office fait par les Commissaires départis, a ordonné que les frais seroient liquidés par les Arrêts; qu'il paroît que l'intention de Sa Majesté a été de diminuer ces frais le plus qu'il étoit possible, puisque, par la même Déclaration, elle a supprimé tous les droits qui se perçoivent à son profit sur les Arrêts qui seront rendus sur lesdits appels, & n'a laissé subsister que ceux qui sont attribués aux Offices de Greffiers; que la Cour, lors de l'enregistrement de cette Déclaration, est entrée d'autant plus volontiers dans les vues du Roy, qu'il étoit de la justice de contribuer au soulagement des Parties qui réclamoient contre leur imposition, lesquelles n'ayant d'autre contradicteur que le Procureur-Général du Roy, ne pouvoient espérer d'obtenir la répétition de ces frais; qu'il croyoit devoir proposer à la Cour de faire un Réglement sur la liquidation de ces frais, pour rendre cette taxe uniforme, & prévenir les abus qui pourroient s'introduire dans la suite; que comme ces Arrêts ne doivent pas être signifiés, mais qu'il en doit être seulement donné copie collationnée au Commissaire départi, à l'effet de faire la réimposition, il estimoit que pour diminuer d'autant lesdits frais, il falloit laisser aux Parties la liberté de faire expédier lesdits Arrêts sur papier timbré seulement, au lieu de parchemin.

La matiere mise en délibération, la Cour a ordonné & ordonne que dans les Arrêts qui seront rendus sur les appels des cottes d'office faites par les Commissaires, il sera taxé la somme de 7 livres, 16 sols: sçavoir,

Au Procureur de l'Appellant, pour la requête, 3 livres.

Au Greffier Garde-sacs, pour l'enregistrement de la requête, 8 sols.

Et pour l'expédition de l'Arrêt en deux rôles, 4 livres, 8 sols, dont pour la signature en chef, 9 sols.

Pour la façon de l'Arrêt en deux rôles, 2 livres, 16 sols.

Pour le papier timbré de la minute, 3 sols.

Et pour la feuille de parchemin de l'Arrêt, 1 livre.

Ordonne ladite Cour qu'il sera loisible aux Parties de se faire expédier lesdits Arrêts en papier, auquel cas ne sera payé pour ladite expédition que 3 liv. 11 s.

Sans que la taxe desdits dépens faite par lesdits Arrêts puisse donner lieu à aucun des droits qui se levent au profit du Roy, notamment au droit de contrôle, conformément à l'article IX de ladite Déclaration, du 20 Mai 1759, & sauf à ladite Cour à augmenter ladite taxe, suivant l'exigence des cas, conformément à l'arrêté du 30 Mai 1759, fait lors de l'enregistrement de ladite Déclaration.

Signé, DE LAMOIGNON.

ARRÊT de la Cour, des Aides du 5 Septembre 1760, qui ordonne que les Edits, Déclarations, Arrêts & Réglements de la Cour, concernant le privilege d'exemption de Tailles, dont jouissent les Officiers des quatre Cours souveraines de Paris, seront exécutés, ensemble l'Edit de Décembre 1756, portant suppression des quatrieme & cinquieme Chambres des Enquêtes; ce faisant, ordonne que les cotes & impositions faites aux rôles des Tailles de la Ville de Melun, données à Pierre Thoré & François Fournier, anciens Huissiers des quatrieme & cinquieme Chambres des Enquêtes du Parlement de Paris, seront rayées dudit rôle.

DÉCLARATION qui rétablit les Officiers Commensaux & autres, dans la jouissance de l'exemption de la Taille personnelle, nonobstant la suspension ordonnée par celle du 17 Avril 1759. (Code des Tailles, Tome III, page 697; Enrégistrements de l'Election, Volume coté XXIII, folio 49.)

18 Septembre 1760.

LOUIS, &c. Les représentations multipliées qui nous ont été faites par les Officiers de notre Maison & autres, dont nous avons suspendu le privilege d'exemption de taille par notre Déclaration du 17 Avril 1759, nous ayant déterminés à nous faire rendre compte de l'exécution de cette Déclaration, nous avons été informés que quelques-uns de ces Officiers qui faisoient des exploitations, avoient pris le parti de les abandonner & de donner leurs biens à Ferme, en quoi ils paroissent avoir rempli le principal objet que nous nous sommes proposé par notre Déclaration, c'est-à-dire de venir au secours des taillables, en augmentant le nombre des contribuables; à cette premiere considération il s'en est joint quelques autres, qui nous ont déjà engagés à nous relâcher en faveur de plusieurs de ces Officiers, de la rigueur des dispositions de notredite Déclaration, quant à l'exemption de la taille personnelle, les uns parce que la qualité d'Ecuyer étant attachée aux Charges dont ils sont pourvus près de notre personne, cette qualité semble exclure toute idée d'assujettissement à la taille; les

1760. autres, parce que l'importance, la nature ou l'utilité des fonctions de leurs Offices nous ont paru mériter d'obtenir cette marque de distinction; ces exceptions étant venues à la connoissance des autres Officiers privilégiés, à l'égard desquels la suspension continue d'avoir lieu, ils nous ont très-humblement fait supplier de vouloir bien étendre sur eux la même grace en leur rendant pareillement l'exemption de la taille personnelle: sur quoi nous avons considéré que le privilege le plus onéreux à nos Sujets taillables, & notamment aux cultivateurs, est moins celui de l'exemption de taille personnelle, que celui de faire valoir & exploiter des terres, des Fermes & autres natures de biens; que ce dernier privilege, bien loin d'être inhérent aux Offices, semble au contraire, attendu les soins suivis qu'exige une exploitation, incompatible à l'égard des Officiers de notre Maison avec le service dont ils sont tenus près de notre personne, & à l'égard des autres Officiers avec les fonctions attachées à leurs Offices, aussi ne leur a-t-il été accordé que par une extension que les Roys nos prédécesseurs ont toujours eu l'attention de restreindre, autant que le temps & les circonstances ont pu le leur permettre, ainsi qu'il résulte des Edits de 1600, 1610, 1640, 1663 1667 & 1715. Nous croyons en conséquence, qu'en déférant aux vœux des Officiers de toute nature compris dans la suspension, & les rétablissant dans la jouissance de l'exemption de taille personnelle, nous parviendrons à concilier non seulement leurs différens intérêts, mais même ceux de nos Sujets taillables que nous avons eu principalement en vue dans notre Déclaration du 17 Avril 1759. A ces causes, &c. voulons & nous plaît ce qui suit:

I. Tous les Officiers de notre Maison & des Maisons Royales, ceux à qui nous avons attribué les droits de nos Commensaux, & généralement tous autres Officiers dénommés ou non dénommés dans notre Déclaration du 17 Avril 1759, dont l'exemption de taille a été suspendue par cette Déclaration, seront rétablis, comme nous les rétablissons, dans l'exemption de la taille personnelle seulement, à commencer du premier Octobre prochain, s'ils ne font acte dérogeant.

II. Au moyen du rétablissement du privilege ci-dessus, aucuns des Officiers dénommés en l'article précédent, ne pourront exploiter & faire valoir en exemption leurs biens propres, de quelque nature qu'ils soient, tels que terres labourables, prés, bois, vignes, chenevieres, enclos portant revenus, moulins à bled ou à foulon, forges, usines & autres genres de biens quelconques; &, en cas d'exploitation desdits biens, ils seront imposés comme les autres taillables, pendant la durée de la suspension ordonnée par notredite Déclaration du 17 Avril 1759.

III. Et d'autant que les Officiers ci-dessus dénommés doivent, en exécution de notre Déclaration du 17 Avril 1759 & de notre Edit du mois de Février dernier, avoir été imposés en même temps pour la présente année à la taille, eu égard à leur faculté & à leurs exploitations, & en outre au doublement de la capitation qu'ils doivent à raison de leurs Offices, voulons & entendons qu'il leur soit tenu compte sur ledit doublement de capitation, de la taille personnelle seulement, qu'ils justifieront avoir payée en ladite présente année, mais non de celle d'exploitation.

IV. Ordonnons au surplus que notre Déclaration du 17 Avril 1759, sera exécutée selon sa forme & teneur, en ce qui n'y est pas dérogé par la présente. Si donnons en mandement, &c.

Donnée à Versailles, le dix-huitieme jour de Septembre, l'an de grace mil sept cent

cent soixante, & de notre regne le quarante-sixieme. *Signé*, LOUIS; & plus bas, par le Roy, PHELYPEAUX. 1760.

Par Arrêt de la Cour des Aydes, de ce jour, rendu sur les conclusions du Procureur-Général du Roi, l'enregistrement des présentes au greffe de la Cour a été ordonné au lendemain de S. Martin; & cependant, par provision, qu'elles seront exécutées selon leur forme & teneur, à la charge néanmoins que l'article II de ladite Déclaration ne pourra être exécuté, concernant les enclos portant revenus, que conformément aux Déclarations des 17 Avril & 20 Mai 1759, par lesquelles les Bourgeois de Paris, Lyon & autres peuvent, nonobstant la suspension des privileges, faire valoir par leurs mains, en exemption des tailles, leurs maisons de campagne & clos y joints, lorsqu'ils ne seront que de pur agrément : ordonne que copies collationnées seront envoyées aux Sieges des Officiers du ressort de la Cour, pour y être lues. &c. A Paris, en la Chambre des Vacations de la Cour des Aydes, le 22 Octobre 1760. *Signé*, DESTOUCHES.

Cette Déclaration a été enrégistrée, les Chambres assemblées, le 3 Décembre suivant, avec les mêmes modifications.

EDIT qui ordonne que, conformément à l'Edit du mois de Décembre 1644, les Officiers de l'Election particuliere de Barbezieux feront les chevauchées & le département des Tailles du ressort de leur Election, & connoîtront de toutes les affaires d'aides & de taille; & créé un Office d'Elu en ladite Election. (Code des Tailles, Tome III, page 738.)

Décembre 1760.

LOUIS, &c. Notre intention étant de concourir, autant qu'il est possible, au soulagement de nos Sujets, & de venir à leur secours dans toutes les occasions, il nous a été représenté que les Paroisses qui composent l'Election particuliere de Barbezieux sont dans un très-grand éloignement de la Ville de Saintes; que le département de ladite Election s'y faisant confusément avec celui de l'Election en chef de Saintes, il arrive que les affaires les plus sommaires de l'Election particuliere sont portées à l'Election en chef, ce qui occasionne une perte de temps & une dépense considérable à ceux qui sont obligés de s'y transporter, tels que les Collecteurs pour porter vérifier leurs rôles, les Syndics pour déposer chaque année leurs tableaux au greffe, les Collecteurs & Syndics pour se faire décharger de la collecte & du Syndicat, les veuves pour aller faire leurs déclarations lorsqu'elles changent de domicile après la mort de leurs maris, ceux qui ont des Jugemens de translations de domicile à obtenir, tous ceux qui sont obligés d'aller plaider à Saintes pour certaines affaires qui se portent en cette Election au préjudice de celle de Barbezieux qui devroit faire son département, & connoître de toutes les affaires, en exécution des Edits des mois de Novembre 1543 & Décembre 1644, & de la Déclaration du 12 Août 1576, ainsi que cela se pratique dans les autres Elections particulieres de Marennes & de Mauriac; & attendu que le bon ordre exige une uniformité de Loix, de regles

1760. & de fonctions pour les Elections de cette espece; que le nombre des Paroisses qui composent l'Election de Saintes, & celle de Barbezieux étant de trois cens deux, il n'est pas possible que les Elus de Saintes qui ne sont qu'au nombre de cinq puissent exactement faire dans les trois cens deux Paroisses, les chevauchées nécessaires pour y faire répartir la taille avec égalité lors des départemens, d'où il résulte des inconvéniens considérables, notamment que par ce défaut de connoissance souvent on augmente les Paroisses qui devroient être diminuées, & l'on diminue celles qui seroient dans le cas de supporter une augmentation. Nous sommes d'ailleurs informés que la confusion qui regne dans les fonctions des Officiers des deux Elections, donne lieu à des conflits de Jurisdiction qui sont dispendieux pour lesdits Officiers, ruineux pour les Parties, & également contraires tant à la tranquillité de nos Sujets, qu'au bien de notre service & du recouvrement des impositions; à quoi nous avons reconnu que nous ne pouvions remédier plus efficacement qu'en rétablissant les Officiers de l'Election particuliere de Barbezieux, qui, étant sur les lieux, sont plus à portée de prendre une exacte connoissance de la situation des Paroisses, & de veiller avec plus d'attention à ce que la taille soit répartie avec égalité, dans l'exercice des fonctions des Officiers des autres Elections de notre Royaume, & qu'ils auroient toujours dû faire en conséquence des Edits & Déclaration susdatés. A ces causes, &c. statuons & ordonnons que, conformément à l'Edit du mois de Décembre 1644, les Officiers de l'Election particuliere de Barbezieux feront les chevauchées & le département des tailles du ressort de leur Election, & connoîtront de toutes les affaires qui pourront naître à cet égard sans aucune exception ni réserve, sauf l'appel en notre Cour des Aydes de Paris, ensemble de toutes les mêmes affaires d'aydes & tailles dont connoissent les Elus particuliers de Marennes & de Mauriac par les Edits de Mars 1662 & Mars 1667, & jouiront lesdits Officiers & leurs veuves des mêmes privileges & exemptions que nous avons attribués aux Officiers des autres Elections de notre Royaume; en conséquence faisons défenses aux Elus de Saintes de connoître d'aucunes desdites affaires dans ledit ressort de l'Election de Barbezieux, & de troubler les Officiers de cette derniere Election dans la connoissance d'icelles, sous quelque prétexte que ce puisse être, & attendu que les Paroisses qui composent & composeront pour toujours & à l'avenir le ressort de l'Election de Barbezieux, suivant la nomination & désignation qui en sont faites dans l'Ordonnance rendue par le sieur Blair de Boisemon, ci-devant Intendant & Commissaire départi pour l'exécution de nos ordres dans la Généralité de la Rochelle, le 23 Octobre 1754, sont d'une grande étendue; notre intention étant que les chevauchées s'y fassent plus exactement, & le département en plus grande connoissance de cause par les Officiers de l'Election de Barbezieux, nous avons, de la même puissance que dessus, créé & érigé, créons & érigeons en titre formé, un Office de notre Conseiller-Elu en l'Election de Barbezieux, dont la finance sera fixée par le rôle qui en sera arrêté en notre Conseil. Voulons que l'ancien Elu préside aux Jugemens qui seront rendus par les Officiers pourvus & à pourvoir de ladite Election en la maniere accoutumée, & quant au nouvel Elu, créé par le présent Edit, voulons & entendons que lui & ses successeurs & leurs veuves jouissent des mêmes & semblables privileges & exemptions, dont jouissent les autres Elus & leurs veuves. Si donnons en mandement à nos amés & féaux Conseillers, les Gens tenans notre Cour des Aydes à Paris, &c.

Donné à Versailles, au mois de Décembre, l'an de grace mil sept cent soixante,

& de notre regne le quarante-sixieme. *Signé*, LOUIS; & plus bas, par le Roy, PHELYPEAUX. 1760.

Registrées, oui & ce requérant le Procureur-Général du Roy, pour être exécutées selon leur forme & teneur, & sera le Roy très-humblement supplié de pourvoir à l'indemnité due aux Officiers de l'Election de Saintes; & copies collationnées des présentes envoyées ès-Sieges de l'Election de Saintes & de Barbezieux pour y être lues, &c. A Paris, en la Cour des Aydes, les Chambres assemblées, le 27 Juin 1761. Collationné avec paraphe. *Signé*, VERNE.

ARRÊT de la Cour des Aides, qui ordonne la confection d'un tableau à Essonne pour la nomination des Collecteurs. (Enrégistrements de l'Election, Volume coté XXIII, folio 50, verso.)

10 Décembre 1760.

LA Cour, faisant droit sur les conclusions du Procureur-Général du Roy, ordonne que les Edits & Déclaration du Roy, concernant les nominations des Collecteurs, notamment ceux de 1716, 1717 & 1723, seront exécutés selon leur forme & teneur. En conséquence ordonne que les Habitans d'Essonne seront tenus de faire un tableau de ceux desdits Habitans qui doivent faire la collecte successivement; suivant lequel tableau, sera fait la nomination des Collecteurs, ordonne que copie collationnée du présent Arrêt sera envoyée au greffe de l'Election pour y être lu & publié, &c.

Enregistré en l'Election, le 24 Janvier 1761.

DÉCLARATION portant Réglement pour l'imposition, levée & recouvrement de la Taille & des autres impositions accessoires, & pour les contraintes & frais qui seront faits contre les contribuables & contre les Collecteurs. (Code des Tailles, Tome III, page 706; Enrégistrements de l'Election, Volume coté XXIII, folio 51.) 1761.

13 Avril 1761.

LOUIS, &c. Quoique les circonstances de la guerre ne nous permettent pas de nous livrer au desir que nous aurions d'accorder à nos Peuples tous les soulagemens dont ils auroient besoin, voulant néanmoins saisir tous les moyens de les faire jouir des avantages qui peuvent dépendre de nous; nous avons jugé qu'il n'y en avoit pas de plus propre à remplir cet objet, que de diminuer pour l'avenir les frais que nos Sujets taillables ont été dans le cas de faire jusqu'à présent pour parvenir à l'imposition, levée & recouvrement de la taille & des autres impositions accessoires; à l'effet de quoi ordonnant, comme nous l'allons faire pour simplifier les opérations, qu'à l'égard des taillables, leur ca-

1761. pitation & autres impositions qui se font au marc la livre de la taille, seront comprises dans les mêmes rôles, & que ces rôles seront faits comme l'étoient ceux de la simple capitation, en papier ordinaire & non timbré, & exempts des droits de contrôle & petit-scel, nous avons cru devoir en même temps établir une nouvelle forme de procéder plus sommaire & moins dispendieuse que celle qui a été pratiquée jusqu'ici, par rapport aux oppositions que nos Sujets taillables se croiront fondés à former contre leurs cottes, & dont l'instruction est limitativement attribuée aux Elections, & par appel à nos Cours des Aydes, par les Edits de leur établissement, dans les cas où nous ne nous en sommes pas réservé la connoissance. A l'égard des poursuites à faire pour parvenir au recouvrement, nous avons pareillement pourvu, par le Réglement annexé sous le contre-scel des présentes, à ce qu'elles ne soient pas trop onéreuses aux contribuables. L'intérêt des Paroisses exige aussi que nous déterminions d'une maniere fixe & invariable, comment il sera pourvu à l'avenir aux réimpositions qu'elles seront dans le cas de supporter, à l'effet d'en assurer l'exécution. D'un autre côté, l'avantage qui a résulté jusqu'ici de la faculté accordée par notre Edit du mois d'Août 1715, pour deux années, & depuis annuellement prorogée par différens Arrêts de notre Conseil, aux sieurs Intendans & Commissaires départis dans les Provinces & Généralités de notre Royaume, de faire faire des rôles d'office dans les Paroisses où ils le jugent convenable, pour y detruire l'imposition arbitraire & rétablir l'égalité, nous détermine à continuer d'autoriser cette forme d'imposition : & d'autant que nous pourvoyons par la nouvelle forme de procéder que nous établissons, à ce que les oppositions qui pourroient être formées aux cottes portées dans lesdits rôles d'office, soient jugées sommairement & sans frais, ainsi que cela s'est pratiqué jusqu'ici de la part des sieurs Intendans & Commissaires départis, & par appel en notre Conseil, nous croyons devoir en renvoyer la connoissance aux Elections, & par appel en nos Cours des Aydes. Quant à ce qui concerne la répartition & le recouvrement de la capitation sur les Nobles, privilégiés, Bourgeois des Villes franches & autres sur lesquels elle ne doit point être répartie au marc la livre de la taille, ainsi que la répartition & perception des différens vingtiemes & deux sols pour livre, dont nous avons ordonné la levée par nos Edits & Déclaration de Mai 1749, 7 Juillet 1756 & Février 1760, & dont nous nous proposons d'affranchir nos Sujets, le plutôt qu'il nous sera possible ; nous continuons, comme par le passé, de nous en réserver, & à notre Conseil, la connoissance. A ces causes, &c. voulons & nous plaît ce qui suit :

I. La capitation qui doit être supportée par les taillables dans les pays où la taille est personnelle, continuera d'être répartie entre les contribuables d'une même Communauté, Paroisse ou collecte, au marc la livre de la taille. Voulons qu'à commencer en l'année prochaine 1762, la répartition s'en fasse sur les mêmes rôles que la taille, conjointement avec les autres impositions accessoires ; & en conséquence toutes les contestations & procès tant au civil qu'au criminel, concernant les impositions comprises auxdits rôles, seront portées, instruites & jugées en la forme prescrite par les articles ci-après, en premiere instance aux Elections, & par appel en nos Cours des Aydes, sans néanmoins que nosdites Cours & Juges puissent connoître des demandes en décharge & modération de la capitation, fondées sur des pertes de récoltes, incendies ou autres événemens qui auroient opéré de la diminution dans les facultés des contribuables.

II. Ordonnons que dorénavant, à commencer au département qui se fera pour l'année 1763, dans les pays de taille personnelle, les rôles des tailles qui comprendront la capitation & autres impositions accessoires, qui se répartissent au marc la livre de la taille, ensemble les premieres contraintes qui seront décernées par les Receveurs des tailles, a chaque terme de payement, tant contre les Collecteurs que contre tous autres contribuables, seront exempts du droit de contrôle, papier marqué & petit-scel; sans néanmoins que le surplus des poursuites des Receveurs des tailles & celles qui seront faites par les Collecteurs contre les contribuables, ni les demandes & contestations en sur-taux ou en comparaison de cottes, & toutes autres demandes, contestations & procès tant au civil qu'au criminel, entre les Collecteurs & les contribuables, ou les contribuables entr'eux, puissent jouir de ladite exemption. 1761.

III. Ordonnons que, conformément à l'article XVI de l'Edit du mois de Mars 1600, & à l'article XLV de celui du mois de Janvier 1634, les Collecteurs seront tenus d'insérer dans leurs rôles, à chaque cotte, la condition du cottisé, ses biens & exploitations, tant en propre qu'à loyer & autres facultés, par article séparé, afin de reconnoître par la lecture dudit rôle, si la cotte aura été bien assise & si les cottes de chaque rôle sont en proportion les unes avec les autres.

IV. Permettons néanmoins aux sieurs Intendans & Commissaires départis, conformément aux dispositions de l'Edit du feu Roy notre très-honoré Seigneur & bisaïeul, du mois d'Août 1715, de faire procéder, en présence des Officiers des Elections ou autres qu'il plaira auxdits sieurs Intendans commettre à cet effet, à la confection des rôles des tailles des Villes, Bourgs & Paroisses taillables dans lesquelles ils le jugeront nécessaire, en se conformant, dans la confection desdits rôles, à ce qui est prescrit par l'article précédent.

V. Voulons qu'en vertu des Ordonnances que lesdits sieurs Commissaires départis auront rendues à cet effet, les Syndics & autres Officiers de Villes, Bourgs, & Paroisses taillables, ensemble les Collecteurs qui seront nommés pour chaque année, même les Habitans desdites Paroisses, soient tenus de se présenter devant les Commissaires qui auront été nommés aux jour, lieu & heure qui leur seront par eux indiqués pour faire l'assiette; à peine, en cas de refus ou de désobéissance, d'être contraints au payement du double de leurs cottes, en vertu des Ordonnances qui seront en ce cas rendues par lesdits sieurs Commissaires, & qui seront exécutées par provision, nonobstant toutes oppositions, appellations ou empêchemens quelconques.

VI. Les oppositions qui pourront survenir aux cottes insérées auxdits rôles, seront portées en premiere instance en l'Election par un simple Mémoire, & sans ministere de Procureur, si bon ne semble à l'opposant, lequel Mémoire sera remis à notre Procureur en l'Election à l'effet d'y défendre pour les Habitans, après avoir préalablement communiqué ledit Mémoire au Commissaire qui aura fait le rôle, pour donner son avis ou déclarer qu'il n'entend le donner, ce qu'il sera tenu de faire, & de rendre le Mémoire dans la huitaine du jour qu'il lui aura été communiqué; duquel jour sera fait mention, sans frais, sur le registre du greffe de l'Election.

VII. Sur l'avis du Commissaire, ou sa déclaration qu'il n'entend en donner, il sera statué, sans frais, sur le Mémoire de l'opposant par les Officiers de l'Election; & en cas d'appel de leur Sentence, ledit appel sera porté, instruit & jugé en nos Cours des Aydes, dans la même forme prescrite par notre Déclaration du 20 Mai 1759, concernant l'appel des cottes d'office des privilégiés, dont le privilege d'exemption de taille a été suspendu par celle du 17 Avril précédent.

VIII. Ne pourront les contribuables se pourvoir contre les Commissaires, en

1761. présence de qui les rôles auront été faits, desquels rôles lesdits Commissaires ne pourront être responsables personnellement.

IX. Exceptons néanmoins des dispositions des articles VI & VII ci-dessus, les demandes en décharge ou modération de cottes qui seroient fondées sur des pertes ou événemens survenus depuis la confection du rôle, pour raison desquelles demandes on ne pourra se pourvoir que pardevant les sieurs Intendans & Commissaires départis; & lesdites décharges & modérations ne pourront être réimposées sur le général des Habitans que du consentement de la Communauté.

X. Quant aux poursuites à faire pour parvenir au recouvrement des impositions de toute nature, même de la taille, autorisons les Receveurs des tailles à se servir des garnisons, ainsi que plusieurs l'ont pratiqué jusqu'ici dans différentes Généralités pour le recouvrement de la capitation, à la charge de se conformer à cet égard à ce qui est prescrit par le Réglement annexé sous le contre-scel des présentes.

XI. Notre intention étant d'assurer à nos Sujets la rentrée exacte du montant des décharges ou modérations qui leur auront été accordées par Sentences des Elections ou Arrêts de nos Cours des Aydes, ensemble des frais qu'il leur en aura coûté pour obtenir lesdits Jugemens, & cependant d'obvier à ce que les Communautés soient surchargées, comme il arriveroit si les rejets de sommes considérables se faisoient en une seule année sur lesdites Communautés, nous ordonnons qu'à l'avenir il ne pourra être réimposé à la fois dans une même année, sur une même Paroisse, que le cinquieme du principal de la taille que portera ladite Paroisse. Voulons pareillement que dans la somme qui sera annuellement réimposée, les frais soient joints au principal, de sorte que le principal & les frais soient annuellement réimposés conjointement & en proportion ; & où il arriveroit qu'il y eût plusieurs réimpositions à faire sur une même Paroisse, voulons & entendons qu'elles suivent entr'elles l'ordre des significations des Jugemens qui les auront ordonnées, de façon que la réimposition ordonnée par un Jugement, soit en premiere ou derniere instance, duquel la signification sera d'une date plus ancienne, sera préférée, & la réimposition ordonnée par un Jugement postérieurement signifié.

XII. Lorsque les Habitans d'une Communauté auront succombé dans un procès, soit en demandant, soit en défendant sur le fait de la taille, sans avoir été préalablement autorisés par les sieurs Intendans & Commissaires départis, voulons, en ce cas, que les condamnations de frais & dépens, dommages & intérêts ne soient supportés que par ceux qui auront signé ou approuvé la délibération, entre lesquels la réimposition sera faite au marc la livre de leurs cottes, sans que les autres Habitans qui n'auront pas adhéré à la délibération, soient tenus de supporter aucune desdites condamnations ou rejets.

XIII. Et quand les délibérations des Communautés ne seront ni autorisées par les Intendans & Commissaires départis, ni signées ou avouées par un nombre d'Habitans qui porteront entr'eux au moins la moitié de la taille de la Paroisse, permettons, en ce cas, d'opposer aux délibérans, procédans sous le nom des Habitans, la fin de non-recevoir.

XIV. Ordonnons au surplus que les rôles tant des trois vingtiemes que des deux sols pour livre du dixieme & du troisieme vingtieme, ensemble ceux de la capitation de tous nos Sujets non taillables, & autres sur lesquels elle ne s'impose pas au marc la livre de la taille, continueront d'être faits ainsi qu'il est prescrit par nos Edits & Déclarations portant établissement desdites impositions, & que les oppositions auxdits rôles continueront aussi d'être instruites &

décidées comme par le passé, à moins que par la suite il ne nous plaise d'en ordonner autrement. En conséquence ordonnons que les clauses insérées par notre Cour des Aydes de Paris, dans ses Arrêts d'enregistrement de notre Déclaration du 7 Juillet 1756, & de notre Edit du mois de Fevrier 1760, portant que lesdits rôles seroient déposés aux Elections, & tout ce qui pourroit avoir été fait en conséquence, seroit & demeureroit sans aucune suite & sans aucun effet. Si donnons en mandement à nos amés & féaux Conseillers, les Gens tenans notre Cour des Aydes à Paris, &c. 1761.

Donnée à Versailles, le treizieme jour d'Avril, l'an de grace mil sept cent soixante-un, & de notre regne le quarante-sixieme. *Signé*, LOUIS; & plus bas, par le Roy, PHELYPEAUX.

Registrée, oui, & ce requérant le Procureur-Général du Roy, pour être exécutée selon sa forme & teneur, sans néanmoins aucune approbation d'aucuns Arrêts qui n'auroient point été revêtus de Lettres-Patentes vérifiées en la Cour. Et en ce qui concerne la Déclaration, sur l'article I, à la charge que les modérations & décharges de capitation pour lesquelles il est permis aux contribuables, par ledit article, de se pourvoir ailleurs qu'aux Elections, & par appel en la Cour, ne pourront en aucun cas être réimposées sur les autres redevables. Sur l'article IV, à la charge qu'il ne pourra être rien imposé ni exigé des contribuables, sous prétexte de la confection des rôles d'offices; comme aussi qu'il ne pourra rien être reçu des Habitans des Paroisses par le Commissaire au rôle, à quelque titre que ce soit, à peine de concussion. Sur l'article V, à la charge que la peine du doublement de cotte ne pourra être exécutée par provision que jusqu'à concurrence de la somme de vingt livres; qu'elle ne pourra être prononcée que contre les Collecteurs, Syndics & autres Officiers représentans la Communauté; qu'elle ne sera ordonnée que par les seuls Commissaires départis, & que lorsqu'elle sera prononcée, les sommes qui en proviendront seront d'autant moins imposées sur la Paroisse l'année suivante, sauf dans tous les cas l'appel en la Cour. Sur l'article VI, à la charge que le Mémoire de l'opposant ne sera communiqué au Substitut du Procureur-Général du Roy, qu'après avoir été paraphé sans frais à chaque feuille par le Juge. Sur l'article XII, à la charge que dans tous les cas où des Communautés d'Habitans auront été condamnées par défaut, les frais du défaut seront pareillement réimposés. Sur l'article XIV, sans que la cessation de la procédure extraordinaire commencée en la Cour, puisse tirer à conséquence pour l'avenir; sans que la connoissance momentanée des oppositions aux rôles des vingtiemes, deux sols pour livre du dixieme, & capitation donnée aux Commissaires départis par les Edits d'établissement desdites impositions, ni ce qui est porté par ledit article, puisse donner aucune atteinte à la compétence de la Cour & à celle des Sieges de son ressort, seuls Juges de toutes les impositions, suivant les Loix du Royaume, & auxquels notamment la connoissance des oppositions aux rôles des vingtiemes & deux sols pour livre du dixieme, sera incessamment rendue, suivant la réponse du Roy, du 18 Septembre 1756, & à la charge que les attributions portées par ledit article, ensemble la disposition concernant le dépôt des rôles, ne pourront avoir lieu que pour lesdites impositions telles qu'elles sont actuellement établies, sur lesquelles seules il a été statué; à la charge pareillement que les procès criminels qui pourroient survenir à l'occasion des vingtiemes, deux sols pour livre du dixieme & capitation, continueront d'être instruits & jugés en premiere instance par les Juges des Elections, & par appel en la Cour; que la discussion des biens des comptables

1761. concernant les mêmes impositions, continuera d'être faite en la Cour, & qu'en général toutes les contestations relatives auxdites impositions, autres que les oppositions auxdits rôles, seront jugées en la maniere ordinaire & par les Juges naturels de toutes les impositions. Et en ce qui concerne le Réglement, sauf le recours des Particuliers ou du Ministere-Public, & l'appel en la Cour, s'il y a lieu, dans tous les cas où il seroit commis des abus, soit contre la teneur dudit Réglement, soit dans l'exécution d'icelui, en ce qui concerne les articles XII, XVIII & XXIII, & notamment dans le cas où les Receveurs des tailles vexeroient les contribuables, en faisant de plus grands frais que ceux qui sont nécessaires pour le recouvrement. Sur l'article XIV, à la charge que dans le cas de l'emprisonnement du Collecteur, il sera pourvu à la poursuite & recouvrement de la collecte comme par le passé, & suivant les anciens Réglemens. Sur l'article XXIII, à la charge que, conformément audit article, la totalité des frais qu'on fera supporter à un contribuable qui est en retard, n'excédera jamais le huitieme de la somme dont il est en retard. Et copies collationnées de la présente Déclaration, ensemble du Réglement, envoyées ès-Sieges des Elections du ressort de la Cour, pour y être lues, publiées & registrées, l'audience tenante. Enjoint aux Substituts du Procureur-Général du Roy èsdits Sieges, d'y tenir la main, & de certifier la Cour de leurs diligences au mois, suivant l'Arrêt de ce jour. A Paris, en la Cour des Aydes, les Chambres assemblées, le 8 Mai 1761. *Signé*, DESTOUCHES.

RÉGLEMENT pour les contraintes & les frais qui seront faits contre les contribuables à la taille & autres impositions; & contre les Collecteurs, lorsqu'ils n'auront point payé lesdites impositions dans les termes prescrits par les Réglements, que le Roi veut & entend être exécutés, conformément à ce qui est porté par l'article X de la Déclaration de Sa Majesté, de cejourd'hui.

I. LA taille & la capitation des taillables se trouvant à l'avenir réunies dans les mêmes rôles, suivant l'article I de ladite Déclaration, & cependant les contraintes s'étant faites jusqu'à présent dans deux formes différentes, suivant que les contribuables étoient poursuivis pour la taille ou pour la capitation, Sa Majesté auroit reconnu qu'il étoit utile pour la sûreté & promptitude des recouvremens, & aussi pour le soulagement du Peuple, de laisser subsister les deux formes de contraintes qui peuvent être plus ou moins avantageuses dans les différentes Généralités & pays d'Elections, & suivant les différentes circonstances; en conséquence permet Sa Majesté aux Receveurs des tailles de continuer d'user des contraintes ordinaires, conformément à l'ordre judiciaire, & ainsi qu'il est porté par les Edits, Déclarations, Arrêts & Réglemens ci-devant rendus, que Sa Majesté confirme en tant que de besoin, & veut être exécutés selon leur forme & teneur, ainsi qu'il sera expliqué dans l'article II ci-après; & leur permet également d'user aussi de la forme des contraintes, par voie de garnison, tant pour la taille, que pour les autres impositions, ainsi qu'il a été pratiqué jusqu'à présent pour la capitation & le vingtieme, le tout suivant l'usage des Généralités, Elections ou Paroisses où l'une & l'autre de ces contraintes sont en usage, & de préférer celles que les circonstances exigeront, sans au surplus que les Receveurs des tailles puissent établir,

établir ni contre les Collecteurs, ni contre les contribuables, aucune autre forme de contrainte, que les deux qui sont autorisées par le présent Réglement, nonobstant tout usage contraire, que Sa Majesté abroge & déclare abusif. 1761.

II. Ne pourront lesdits Receveurs des tailles employer d'Huissier pour l'exécution des contraintes judiciaires, qu'autant que les états contenant les noms desdits Huissiers, auront été déposés sans frais au greffe de chacune Election, dans la même forme que celle établie par l'article VII du présent Réglement, pour les Chefs & hommes de garnison : les frais qui seront faits par lesdits Huissiers, continueront à être taxés, comme par le passé, par les Officiers desdites Elections, & seront ensuite payés par lesdits Receveurs des tailles, qui s'en feront rembourser par les Collecteurs contre qui ils auront été faits, auxquels ils remettront une copie signée d'eux de la taxe desdits frais ; & lesdits frais, faits à la requête desdits Receveurs des tailles contre les Collecteurs, seront employés par lesdits Receveurs des tailles, tant en recette qu'en dépense, par un chapitre particulier dans le compte qu'ils rendront annuellement des frais de garnison, aux sieurs Intendans & Commissaires départis dans les Généralités & pays d'Elections, ainsi qu'il sera ci-après ordonné ; & seront lesdits Receveurs des tailles tenus de rapporter à l'appui dudit chapitre, la taxe faite par lesdits Officiers de l'Election pour établir la recette, & les quittances desdits Huissiers pour justifier de la dépense.

III. Dans les Généralités où la contrainte par voie de garnison est ou sera établie, & dans les cas où on jugera nécessaire d'user de cette forme de contrainte, il en sera usé ainsi qu'il va être expliqué dans toute la suite du présent Réglement.

IV. Il sera envoyé dans les Villes & Paroisses des différentes Généralités & pays d'Elections, dont les Habitans se trouveront en demeure de satisfaire au payement de l'imposition de la taille & autres impositions faites conjointement & au marc la livre d'icelle, des garnisons sur les contraintes décernées par les Receveurs des tailles, & visées sans frais par le premier Officier de l'Election sur ce requis, lesquelles contraintes feront mention de la somme qui sera due, & du nombre d'hommes envoyés dans chaque Ville ou Paroisse, lequel sera déterminé, eu égard à la force de l'imposition dont la Communauté est chargée, à la somme dont elle se trouvera redevable, & au nombre des feux dont elle sera composée.

V. Les contraintes ne pourront être décernées par les Receveurs des tailles, qu'après l'échéance de chaque quartier, pour la taille & autres impositions, excepté pour le premier quartier, pour lequel, encore qu'il fût échu, les contraintes ne pourront être décernées qu'un mois après que le rôle vérifié aura été remis aux Collecteurs : & les contraintes pour la capitation & quatre sols pour livre d'icelle, ne seront délivrées, pour la premiere demi-année, que conjointement & avec la contrainte du second quartier de la taille ; & les contraintes pour la seconde demi-année de la capitation & quatre sols pour livre d'icelle, ne seront délivrées que conjointement & avec la contrainte du quatrieme & dernier quartier de la taille.

VI. Les contraintes qui seront décernées par les Receveurs des tailles, & toutes les poursuites faites à leur requête, tant contre les Collecteurs que contre tous autres contribuables, seront, ainsi que les rôles des tailles, exemptés du contrôle, papier marqué & petit-scel.

VII. Les garnisons qui seront envoyées, suivant qu'il est prescrit par l'article IV, seront composées d'un Chef & d'un ou plusieurs hommes de garnison, dont le

1761. nombre sera réglé suivant la force de la Paroisse, & le nombre de feux qui la composent, & il en sera arrêté un état pour chaque Election, qui contiendra les noms de chaque Chef, ainsi que de leurs hommes de garnison; lequel état sera arrêté annuellement par les sieurs Intendans & Commissaires départis dans chaque Généralité, & ensuite déposé au greffe de chaque Election, où le Chef de garnison seulement sera admis à prêter serment, afin de pouvoir dresser procès-verbaux, faire des saisies-arrêts, saisies-exécutions & enlévemens de meubles provisoirement, ainsi que des emprisonnemens & des écrous, dont il sera parlé ci-après; & après le serment prêté par lesdits Chefs de garnison, sans frais, il sera délivré au Receveur des tailles, par le Greffier de l'Election, expédition de l'état desdits Chefs & hommes de garnison, & des actes de serment que les Chefs auront prêté, le tout sur papier simple, non marqué & sans aucuns frais quelconques, sous quelque prétexte que ce soit ou puisse être, à peine de concussion de la part desdits Greffiers des Elections.

VIII. Ne pourront les Receveurs des tailles, sous les mêmes peines, se servir d'autres porteurs de contraintes, que de ceux dénommés dans lesdits états, & qu'autant que lesdits Chefs auront prêté serment aux Elections; enjoignons auxdits Receveurs des tailles de s'informer exactement des Collecteurs & autres contribuables venant à leur Bureau, de la conduite que tiendront lesdites garnisons dans les Paroisses, & de dresser des procès-verbaux des plaintes qui pourroient être portées, qu'ils enverront sur-le-champ à l'Intendant & Commissaire départi de la Province, qui, sur lesdits procès-verbaux & autres plaintes qui pourront lui être adressées directement, pourra punir lesdits employés par révocation ou autrement, sans que, pour raison de ladite révocation, des plaintes ou dénonciations qui l'auront occasionnée, les employés puissent se pourvoir ailleurs que devant lesdits sieurs Intendans & Commissaires départis; mais si les délits sont tels qu'il y ait lieu à faire leur procès à l'extraordinaire, alors les sieurs Intendans seront tenus de les renvoyer devant les Juges des Elections, où leur procès sera fait & parfait jusqu'à Jugement définitif, & sauf l'appel en nos Cours des Aydes; le tout sans préjudice de l'action que les Particuliers lézés ou le Ministere-Public, pourront exercer directement en l'Election, & par appel en nos Cours des Aydes, ainsi qu'il est dit par l'article X ci-après.

IX. Dans le cas de révocation pour quelque cause que ce soit, il sera sur-le-champ commis par lesdits sieurs Intendans & Commissaires départis, de nouveaux Sujets, au lieu & place de ceux révoqués, dont l'état sera également remis au Greffier de l'Election; & si c'est un Chef, il y sera sermenté, & son acte de serment ensuite délivré aux Receveurs des tailles par le Greffier de l'Election, le tout sans frais: défendons aux Chefs de garnison & hommes de garnison révoqués, de faire aucune fonction de leur commission, à peine d'être poursuivis extraordinairement & comme faussaires.

X. Sera permis aux contribuables qui auront lieu de se plaindre desdites garnisons, de porter leurs plaintes aux Elections, s'ils le jugent à propos, où elles seront jugées sommairement après avoir entendu lesdits employés, & sauf l'appel des Jugemens qui interviendront en nos Cours des Aydes.

XI. Ne pourront dans aucun cas les employés révoqués, traduire les contribuables plaignans, non plus que lesdits Receveurs des tailles, ou autres commis pour veiller à leur conduite, devant aucun Tribunal pour raison de leur révocation, ou des peines qui auroient pu leur être infligées sur les procès-verbaux que lesdits Receveurs des tailles ou autres auroient pu dresser contr'eux, ni sous quelque prétexte que ce puisse être.

XII. La solde pour chaque Chef & pour chaque homme de garnison, sera déterminée incessamment par les sieurs Commissaires départis & les Officiers des Elections, par une Ordonnance particuliere que Sa Majesté les autorise de rendre à cet effet, laquelle sera publiée dans les Paroisses, & déposée au greffe des Elections; & à l'avenir ladite solde sera pareillement déterminée chaque année, soit par une Ordonnance particuliere, soit lors du département, laquelle solde néanmoins ne pourra excéder la somme de trois livres pour chaque Chef, & de trente sols pour chaque homme de garnison. Ordonne pareillement Sa Majesté, que dans les mêmes Ordonnances rendues par les Intendans & Commissaires départis, & les Officiers des Elections, il sera fixé un nombre d'hommes de garnison à envoyer dans chaque Paroisse, lequel nombre ne pourra être excédé à moins d'en spécifier les motifs dans la contrainte; & néanmoins lesdits sieurs Intendans & Commissaires départis, & les Commissaires par eux nommés suivant l'article XXIII, seront toujours autorisés à rayer des bulletins de frais, ceux des hommes de garnison employés en trop grand nombre & sans nécessité, lors même que ce nombre n'excéderoit pas celui porté par ladite Ordonnance; il est défendu en outre auxdits Chefs & hommes de garnison, de rien prétendre pour les jours qu'ils auront été en route, ni pour le temps qu'ils auront été dans les Paroisses, sans y travailler, d'exiger aucun ustensile de la part des Collecteurs ou de ceux chez qui ils seront établis en garnison, mais seulement le logement & la place au feu: il leur est expressément défendu, sous peine de concussion & de punition exemplaire, d'exiger ni même de recevoir volontairement aucune nourriture, vin ou autre boisson de la part des Collecteurs ou contribuables, sous quelque prétexte que ce puisse être; défend pareillement Sa Majesté auxdits Collecteurs & contribuables de leur en donner ni offrir, sous peine d'amende: enjoint auxdits Chefs & hommes de garnison de loger chez les Collecteurs & redevables arriérés, qui ne pourront les refuser, ni les obliger d'aller au cabaret, quand bien même ils offriroient d'y payer leur gîte.

XIII. Le Chef de la garnison, à son arrivée dans la Paroisse, en fera avertir les Habitans par le son de la cloche ou du tambour, suivant l'usage du lieu, il se fera représenter le rôle des impositions & les quittances des Receveurs des tailles; si par la vérification qu'il fera de la recette & des payemens, il se trouve un excédent de recette, & que le fonds ait été diverti, il en donnera avis sur-le-champ au Receveur des tailles, si ce n'est que le Collecteur demande à s'expliquer personnellement avec ledit Receveur, auquel cas il sera conduit par des hommes de garnison au Bureau de la recette des tailles; & dans l'un & l'autre cas, le Chef de garnison, en attendant qu'il ait reçu une nouvelle contrainte, saisira provisoirement les meubles & effets du Collecteur qui aura diverti les deniers, & y établira gardien; & dans le cas où le Collecteur ne lui en fourniroit pas un bon & solvable, il établira pour gardien un des Collecteurs consorts, ou le Syndic de la Paroisse, qui seront tenus de se charger de ladite garde, sans frais, à peine de répondre personnellement des deniers divertis; & en cas que les gardiens requierent le déplacement des meubles, le Chef de garnison sera tenu de les faire transporter chez eux, & ils seront tenus de s'en charger comme dépositaires; pourra même le Chef de garnison faire aussi provisoirement des saisies-arrêts entre les mains des débiteurs du Collecteur rétentionnaire.

XIV. Si le Receveur juge qu'il y ait lieu à la détention du Collecteur, il décernera une nouvelle contrainte, en vertu de laquelle le Collecteur sera constitué prisonnier dans la prison qui sera indiquée par le Receveur, où il sera écroué par le Chef de garnison, à la requête du Receveur, & les frais qu'aura

1761. occaſionnés ledit empriſonnement, ſeront à la charge du Collecteur qui aura diverti les deniers, & ne pourront être autres que les journées du Chef & des hommes de garniſon qui auront conduit les Collecteurs dans les priſons, étant défendu audit Chef de rien exiger pour raiſon du procès-verbal de vérification, de la ſaiſie-exécution, des ſaiſies arrêts & de l'empriſonnement, & de toutes autres procédures conſervatoires qu'il auroit pu faire, ſous peine d'être puni comme concuſſionnaire; bien entendu que dans les cas où l'empriſonnement, la conduite ou autre procédure auroient été induement faits contre un Collecteur, les frais tant de l'empriſonnement que deſdites autres procédures, ſeront ſupportés par le Receveur, & qu'il ſera permis au Collecteur de ſe pourvoir en dommages & intérêts contre qui il appartiendra, ſuivant l'exigence des cas; & toutes les fois qu'il aura été ainſi décerné une contrainte par corps contre le Collecteur, le Chef de garniſon, avant ſon départ de la Paroiſſe, répétera en préſence du Syndic & des Collecteurs conſorts, ſon procès-verbal contenant la vérification de la recette & des payemens, & la preuve du divertiſſement des deniers, leſquels Syndic & Collecteurs ſeront tenus de ſigner ledit procès-verbal; & s'ils refuſent, ou s'ils ne ſavent pas ſigner, il en ſera fait mention; le Chef de garniſon remettra le rôle & les quittances entre les mains d'un des conſorts, s'il y en a de bons & ſolvables; & s'il n'y en a point, ou qu'ils ſoient inſolvables, ou hors d'état de vaquer à la collecte, le rôle & les quittances ſeront remis entre les mains du Syndic, leſquels Collecteurs, conſorts ou Syndic, ſeront tenus de s'en charger, à peine de demeurer reſponſables en leurs propres & privés noms, des ſommes reſtantes à recouvrer, & d'être contraints au payement d'icelles, comme pour les propres deniers & affaires de Sa Majeſté.

XV. Si après un mois de détention, le Collecteur n'a point remplacé la ſomme diſſipée, les effets ſaiſis ſeront vendus à la requête du Receveur, qui pourra enſuite pourſuivre les autres Collecteurs conſorts, même la Paroiſſe en ſolidité, par les voies ordinaires indiquées par les Réglemens; mais ladite vente & les autres pourſuites ne pourront être faites que par un Huiſſier ou Sergent ayant pouvoir d'exploiter, & cependant ne ſeront point ſujettes leſdites procédures, au papier marqué, contrôle & à nos autres droits.

XVI. Pour faire faire leſdites ventes, mêmes celles des effets ſaiſis à la requête des Collecteurs ſur les contribuables, autoriſons leſdits Receveurs des tailles & les Collecteurs à ſe ſervir de tels Huiſſiers, même de Juſtice ſeigneuriale, que bon leur ſemblera, & il en ſera uſé ainſi dans la banlieue de Paris, ſans être tenus de ſe ſervir des Huiſſiers-Commiſſaires Priſeurs en notre Châtelet de Paris.

XVII. Il ne pourra être exercé aucunes contraintes contre les contribuables qui juſtifieront avoir payé le quartier pour lequel la garniſon aura été envoyée, à peine contre les Collecteurs, de tous dépens, dommages & intérêts, au profit deſdits contribuables, ou de telles autres peines qu'il appartiendra, & à peine contre le Chef de la garniſon, de révocation, & auſſi de telle autre peine qu'il appartiendra.

XVIII. Le ſalaire du Chef porteur de la contrainte, ſera ſupporté par les Collecteurs, à moins qu'ils ne juſtifient par des certificats du Syndic ou du Curé & des Marguilliers, qu'ils ont vaqué exactement à la collecte, au moins toutes les Fêtes & Dimanches depuis la précédente garniſon, & qu'ils ont fait leur recherche aſſiduement chez tous ceux qui ſont en demeure de payer le quartier pour lequel la garniſon eſt envoyée; & en ce cas, le ſalaire du Chef de garniſon ſera réparti ſur les contribuables les plus forts en cottes & les plus arriérés, ainſi qu'il ſera dit ci après; d'après leſquels certificats il ſera jugé en connoiſſance de cauſe, par les

Commiſſaires nommés par l'article XXIII, ſi c'eſt le Collecteur ou les redevables arriérés qui devront payer le ſalaire du Chef porteur de la contrainte.

XIX. Les Particuliers redevables ſeront contraints, à commencer par les plus hauts en cottes dues; & l'établiſſement de garniſon, pour le logement effectif d'un homme, ne pourra être fait que chez ceux des contribuables qui devront cinquante livres & au deſſus pour le quartier échu; & à l'égard de ceux qui ſeront redevables d'une moindre ſomme, l'établiſſement d'un homme de garniſon ſera ſupporté par pluſieurs deſdits redevables, lequel établiſſement de garniſon ne pourra être au plus que de trois jours ſur chaque redevable, après leſquels ſera procédé contre lui par voie de ſaiſie & exécution, faute de payement au moins de moitié de la ſomme pour laquelle ledit établiſſement aura été fait.

XX. La garniſon commencera par la premiere Paroiſſe de la contrainte; après que le Chef aura fait le relevé du rôle, il enverra porter les billets de garniſon chez les redevables arriérés, afin de les prévenir de ſa venue; il paſſera enſuite dans la ſeconde Paroiſſe & ainſi ſucceſſivement dans toutes les Paroiſſes de ſa contrainte; après il reviendra dans la premiere Paroiſſe relever la garniſon: ceux des contribuables qui payeront ce qu'ils devront de leurs impoſitions échues dans l'intervalle de la poſition à la relevée de la garniſon, ne ſupporteront point de frais, leſquels ſeront ſupportés par ceux qui, après ce délai, ſe trouveront redevables proportionnément à leurs cottes, pourvu que leſdits frais n'excedent pas ce qui ſera par eux dû, dans la proportion & ainſi qu'il ſera expliqué dans l'article XXIII; lorſque le Chef de garniſon aura relevé dans la premiere Paroiſſe, il relevera dans la ſubſéquente & ainſi ſucceſſivement; & lorſqu'il aura relevé dans toutes les Paroiſſes, il ſera tenu de ſe rendre chez le Receveur, ſans pouvoir faire un ſecond retour dans aucune des Paroiſſes de ſa contrainte.

XXI. Il eſt défendu auxdits Chefs de garniſon, auxdits hommes de garniſon, aux Huiſſiers, & à tous autres qui ſont ou ſeront employés au recouvrement des impoſitions, de recevoir aucuns deniers des Collecteurs, ſous prétexte de les porter en recette, à peine de privation de leurs emplois, & de trois cens livres d'amende, & auxdits Collecteurs de payer à autres qu'au Receveur, à peine de payer deux fois.

XXII. Le Chef, porteur de la contrainte, dreſſera un état ou bulletin qui contiendra en tête ſon nom, la ſomme portée dans ſa contrainte, celle qu'il aura trouvée en bourſe, au moment de ſon arrivée dans la Paroiſſe, lorſqu'il y eſt entré pour relever la garniſon, la date & l'heure auxquelles il eſt arrivé dans la Paroiſſe pour poſer la garniſon, la date & l'heure auxquelles il en eſt ſorti après avoir poſé la garniſon, la date & l'heure auxquelles il eſt entré dans la Paroiſſe pour relever la garniſon, & la date & l'heure auxquelles il en eſt ſorti, après en avoir relevé la garniſon, & par conſéquent le nombre de jours qu'il y eſt demeuré, ainſi que le nombre d'hommes de garniſon qui auront été employés avec lui, ce qui ſera certifié véritable par les Syndic & Collecteurs de ladite Paroiſſe: cet état ou bulletin contiendra encore ſept colonnes, le Chef de la garniſon remplira la premiere, qui contiendra le nom de chaque redevable; la ſeconde qui contiendra le montant de ſes impoſitions, la troiſieme qui contiendra les payemens qu'il avoit faits avant l'arrivée de la garniſon, la quatrieme qui contiendra les payemens qu'il fera pendant le ſéjour de la garniſon, la cinquieme qui contiendra ce qu'il redevra lors du départ de la garniſon, la ſixieme reſtera en blanc, pour contenir la taxe des frais ſur ceux qui auront ſouffert la garniſon & qui ſeront répartis, ainſi qu'il ſera ci-après réglé, & la ſeptieme contiendra les obſervations que le Chef de garniſon ſera

1761. tenu de faire, soit relativement aux facultés de chaque redevable, ou à leur mauvaise volonté, soit relativement aux accidens, pertes ou maladies qu'ils auront pu essuyer; dans lesquelles observations il aura soin de marquer exactement ceux des redevables qui auront souffert le logement effectif des hommes de garnison: le Chef de la garnison aura également attention de comprendre dans chacun des bulletins, les noms des Collecteurs, en les désignant par leur qualité de Collecteurs, ainsi que la situation dans laquelle ils seront relativement à leurs cottes, afin de pouvoir être à portée de vérifier s'ils les payent réguliérement; à peine contre les Chefs de garnison qui feroient des observations, ou fausses, ou malfondées, de destitution, ou d'autre punition.

XXIII. Le Chef de la garnison fera deux doubles par Paroisse, de ses états ou bulletins, qu'il remettra cachetés au Collecteur qui les apportera au Receveur, celui-ci les fera passer au sieur Intendant & Commissaire départi de la Province, ou à ceux qu'il aura commis pour faire la taxe desdits frais; lesdits Intendans ou Commissaires départis, ou ceux qu'ils auront commis, examineront si la garnison n'a pas été trop nombreuse, si elle n'a pas été trop long temps dans la Paroisse, relativement au travail qu'elle avoit à y faire: & si elle avoit été trop nombreuse, ou qu'elle eût séjourné trop long temps, il lui sera retranché de ses journées: après quoi ils répartiront le montant des frais, tant du Chef de garnison que des hommes de garnison, soit sur les Collecteurs qui n'auront pas justifié, dans la forme ci-devant prescrite, avoir travaillé à la collecte depuis la derniere garnison, soit sur les redevables les plus arriérés, les plus en état de payer, & qui n'auront souffert ni accidens, ni malheur particulier, le tout dans une juste proportion, & telle que, dans aucun cas, la taxe des frais d'un redevable ne puisse excéder le huitieme de ce qui sera dû par lui, pour la totalité de son imposition, laquelle taxe sera faite sans frais: bien entendu que le montant total de ce bulletin ne sera que de la somme juste à laquelle se trouvera monter la solde desdits Chefs & hommes de garnison, pour les journées de leur travail, fixées comme il est dit ci-dessus, de sorte que jamais & en aucun temps, ni sous aucun prétexte, la taxe ne puisse excéder le montant de la solde.

XXIV. Lorsque les deux doubles de chaque bulletin auront été taxés, ils seront renvoyés au Receveur qui en retiendra le montant sur le premier payement que lui fera le Collecteur de chaque Paroisse, à qui le Receveur remettra l'un des doubles dudit bulletin, pour, par ledit Collecteur, en faire le recouvrement sur les dénommés, taxés aux frais par ledit bulletin; lequel Collecteur sera tenu d'émarger sur le bulletin, les sommes qui lui seront remises par les redevables, ou qu'il leur aura retenues par lesdits frais, ou à compte d'iceux; & à l'égard de l'autre double, le Receveur le gardera en ses mains, pour former le décompte des journées revenantes à la garnison, & payera au Chef ce qui lui reviendra, ainsi qu'aux hommes de garnison, dont du tout le Chef de la garnison donnera quittance au Receveur, & payera ensuite ses hommes de garnison, dont il retirera pareillement quittance pour sa décharge; & faute de les payer ou d'avoir retiré lesdites quittances, il sera contraint audit payement, sur la plainte qui sera portée auxdits sieurs Intendans & Commissaires départis par lesdits hommes de garnison.

XXV. Sera tenu le Receveur des tailles de tenir un registre particulier par Paroisse, lequel sera paraphé par le premier Officier de l'Election, sur ce requis, & sur lequel seront inscrites les contraintes qu'il fera viser, celles qu'il délivrera aux Chefs de garnison, les bulletins qui lui seront remis par les Collecteurs, le montant de la taxe qui sera porté, les sommes qu'il payera aux Chefs de garnison

1761.

en conséquence, & celles qu'il retiendra aux Collecteurs, lequel registre sera foi en cas de quittances perdues, & à la fin de chaque année le Receveur des tailles sera tenu de former un compte desdits frais, par lui retenus aux Collecteurs & payés au Chef de la garnison, dont la recette sera établie par le double des bulletins qu'il aura gardés & qu'il joindra à l'appui de son compte, & la dépense par les quittances des Chefs de garnison qu'il joindra pareillement à son compte, de sorte qu'il s'ensuivra que la recette égalera toujours la dépense, lesquels comptes seront présentés auxdits sieurs Intendans & Commissaires départis, & par eux arrêtés, de chacun desquels comptes, il sera fait trois doubles, l'un pour rester en leur secretariat, l'autre entre les mains du Receveur des tailles pour sa décharge, & le troisieme avec toutes les pieces sera remis en dépôt au greffe de chaque Election, pour y avoir recours en toute occasion & toutefois & quantes il sera jugé nécessaire, & les Greffiers tenus de s'en charger sans frais, de quelqu'espece que ce soit, sous peine de concussion.

XXVI. Lorsque les bulletins auront été taxés, que la retenue en aura été faite aux Collecteurs, & que les bulletins leur auront été remis, ils seront obligés de retenir les frais de garnison sur les contribuables y dénommés, pour se rembourser de la retenue qui leur en aura été faite, sans pouvoir en dispenser aucun redevable taxé aux frais; & dans le cas où ils n'auroient pas retenu lesdits frais aux redevables, ils seront mulctés d'amende.

XXVII. Les redevables dénommés & taxés aux frais, par ledit bulletin, seront obligés de souffrir la retenue desdits frais, sur le premier payement qu'ils feront aux Collecteurs; si, dans l'intervalle de la sortie de la garnison, à la remise du bulletin aux Collecteurs, lesdits redevables avoient entiérement acquitté leurs impositions, ils seront tenus de payer lesdits frais auxdits Collecteurs, à peine d'y être contraints par la saisie de leurs effets, qui sera également faite par le Chef de garnison; lesquels effets les Maire, Echevins, Syndics ou Marguilliers, & les Collecteurs feront vendre sans autre formalité qu'un simple avertissement verbal au propriétaire pour être présent à la vente; & faute par lesdits Maire, Echevins, Syndic, Marguilliers & Collecteurs de faire procéder à la vente, ils demeureront responsables en leurs propres & privés noms desdits frais envers lesdits Collecteurs; bien entendu que les effets qui pourront être saisis & vendus sur les redevables, pour raison du payement desdits frais de garnison, seront autres que les lits, habits, pain, chevaux & bœufs servans au labour, ou outils dont les artisans & manouvriers gagnent leur vie, lesquels effets ne pourront être saisis ni vendus sur lesdits Collecteurs ou redevables, pour quelque cause que ce soit, conformément auxdits Réglemens.

XXVIII. Lorsqu'un contribuable, chez lequel il aura été établi garnison, n'aura rien acquitté, soit au Collecteur, soit au Receveur, au jour où la contrainte générale cessera d'avoir lieu dans ladite Paroisse, il pourra être laissé chez ledit contribuable une garnison particuliere, laquelle sera relevée après trois jours par le simple ordre du Receveur des tailles; & si pendant ledit temps le contribuable n'a rien acquitté de ses impositions, il sera permis aux Receveurs des tailles de procéder contre lui par toutes voies de saisies-arrêts, saisies-exécutions & vente de ses meubles & effets, tout ainsi que lesdits Collecteurs sont autorisés à le faire en vertu de leurs rôles; le tout aux frais du contribuable, pour lesquels frais le Receveur sera autorisé à décerner sa contrainte, & à poursuivre en son nom, ainsi que pour l'imposition.

XXIX. Les Collecteurs seront tenus de travailler au recouvrement, conjointement avec le porteur de la contrainte, & à sa premiere réquisition; & en cas

1761. de refus de leur part, ladite garnison sera posée sur eux à leurs frais & sans répétition de leur part contre les redevables.

XXX. S'il convient faire des frais extraordinaires pour châtiment de rebellions, où les Officiers & Cavaliers de Maréchaussée soient employés, il en sera fait taxe extraordinaire, pour être avancée par les Receveurs qui en seront remboursés par lesdits Collecteurs, conformément aux précédens Réglemens, & qui entreront dans le compte des frais que rendront les Receveurs; & seront tenus lesdits Officiers & Cavaliers de Maréchaussée, de prêter main-forte toutes les fois qu'ils en seront requis soit par lesdits Collecteurs, soit par lesdits Chefs de garnison.

XXXI. Il est expressément défendu auxdits Receveurs des tailles de faire pourvoir aucuns de leurs domestiques, d'Offices d'Huissier ou Sergent, ou de les faire employer en qualité de Chefs de garnison ou d'hommes de garnison pour l'exécution de leur contrainte, à peine de privation de leurs Offices.

XXXII. Fait Sa Majesté défenses aux Geoliers des prisons, de laisser vaguer les Collecteurs emprisonnés pour la taille, sans le consentement des Receveurs ou Jugement des Officiers des Elections, rendu après avoir entendu lesdits Receveurs, ou eux duement appellés; enjoignant Sa Majesté aux Geoliers de tenir registre des écrous, qui sera cotté & paraphé, & sur lequel les Chefs de garnison écriront le temps des emprisonnemens & décharges, & en vertu de quoi ils auront agi: faisant défenses aux Geoliers de retenir les Collecteurs pour les gîtes & geolages, à peine de punition corporelle, sauf à eux à se pourvoir par les voies ordinaires & accoutumées.

XXXIII. Les Collecteurs des tailles continueront de se servir indifféremment de tous Huissiers, Sergens, même de ceux des Jurisdictions seigneuriales, contre les redevables arriérés, dans les cas où la garnison n'auroit pu les faire payer, où ces redevables seroient saisis à la requête d'autres créanciers, ou suspects de faillite, de soustraction de leurs effets ou d'évasion de leur personne, conformément à ce qui est prescrit & autorisé par les précédens Edits, Déclarations & Réglemens, auxquels il n'est nullement dérogé à cet égard; pourront même lesdits Collecteurs se servir desdits Chefs de garnison, pour faire des saisies-arrêts & des saisies-exécutions provisoires sur les redevables arriérés, dans des cas urgens & pressés, pour assurer le recouvrement de nos deniers, lesquelles saisies-arrêts & saisies-exécutions ne seront non plus sujettes au papier marqué ni au contrôle; & lesdits Chefs de garnison ne pourront, pour raison de ce, exiger aucuns salaires des redevables ou des Parties, autres que leurs salaires ordinaires, qui seront taxés, ainsi qu'il est porté en l'article XXIII du présent Réglement; mais à l'égard des assignations sur lesdites saisies & des autres procédures, elles ne pourront être faites que par un Huissier ou Sergent, aux termes des anciens Réglemens.

XXXIV. Ordonne Sa Majesté à toutes ses Cours des Aydes, aux Commissaires départis des Généralités, aux Officiers des Elections & autres, de lui donner avis des contraventions, & des moyens les plus propres pour empêcher les vexations sur les contribuables, sans retardation toutefois du recouvrement des deniers de Sa Majesté, pour, sur ce, y pourvoir, selon les occurrences, par des Réglemens particuliers, selon l'usage de chacune Province.

Fait & arrêté au Conseil d'Etat du Roi, Sa Majesté y étant, tenu à Versailles, le treizième jour d'Avril mil sept cent soixante & un. *Signé*, PHELYPEAUX.

Registré, oui, & ce requérant le Procureur-Général du Roi, pour être exécuté selon

selon sa forme & teneur, aux charges contenues en l'Arrêt de ce jour, portant enregistrement de la Déclaration du 13 Avril 1761. A Paris, en la Cour des Aydes, les Chambres assemblées, le 8 Mai 1761. Collationné. 1761.

Signé, DESTOUCHES.

ARRÊT de la Cour des Aides, qui confirme le premier Huissier de ladite Cour dans le droit de percevoir 3 livres pour mise au rôle de chaque cause, & 1 liv. 10 sols pour chaque appel desdites causes. (Code des Tailles, Tome IV, page 2.)

28 Août 1761.

LOUIS, &c. sçavoir faisons, qu'entre Me. Paul-Claude le Blanc, Ecuyer, Avocat en Parlement, premier Huissier en la Cour des Aydes à Paris, Demandeur, suivant les requêtes & exploit du 12 Août 1760, à fin des payemens de la somme de 3 liv. pour la mise au rôle de chacune cause d'appel, tous droits compris; & de 1 liv. 10 sols. pour chaque appel desdites causes, à l'exception du premier, sans préjudice d'autres droits, & à fins de dépens d'une part, la Communauté des Procureurs de la Cour, Défenderesse d'autre part; & entre la Communauté des Procureurs de la Cour, Demanderesse en requête du 8 Août 1761, à ce qu'attendu la preuve résultante de l'Edit du mois de Décembre 1693, régistré le 15 dudit mois comme Loi publique, qu'il n'est dû au premier Huissier que 15 sols pour son droit d'appel & de cause, sans plus y ajouter, il lui soit donné acte de ce que sur cette fixation par l'Edit, elle s'en rapporte à la prudence de la Cour à cet égard, pour fixer sur ce taux le tarif du premier Huissier: au surplus ledit Me. le Blanc soit déclaré non-recevable en sa demande contre ladite Communauté, & subsidiairement qu'il en soit débouté avec dépens, sauf & sous la réserve d'autres-fins & conclusions, sur la restitution de ce qu'il a perçu au-delà depuis l'indue perception, & pour faire adjuger aux pauvres le montant de cet excédent d'une part, & ledit Me. le Blanc, Défendeur d'autre part: & entre ledit Me. le Blanc, Demandeur en requête du 26 Août 1761, à ce qu'il soit maintenu & gardé dans la possession immémoriale dans laquelle il est, tant par lui que par ses prédécesseurs, de percevoir de même que le premier Huissier du Parlement, 3 liv. pour la mise au rôle de chaque cause d'appel, tous droits compris; ensemble 1 liv. 10 sols pour chaque appel desdites causes, à l'exception du premier pour lequel il ne lui est rien dû, & pour lequel il ne demande rien: ce faisant, il soit ordonné que les Procureurs de la Cour, dans les causes dans lesquelles ils sont constitués Procureurs, seront tenus de lui payer la somme de 3 liv. par chaque cause qui sera mise au rôle de la Cour, & 1 liv. 10 sols pour chaque appel desdites causes, non compris le premier, lesquelles sommes ils seront autorisés, comme par le passé, à porter & employer dans les déclarations de dépens, qu'ils feront signifier; les Procureurs des Défendeurs aux condamnations de dépens, tenus de passer lesdits droits dans les déclarations sur les certificats & quittances qui en seront donnés; & attendu que depuis plus de deux ans le Demandeur est privé desdits droits par le refus qu'ont fait différens Procureurs de payer lesdits droits, ce qui lui fait un tort très-considérable, il soit ordonné que les

1761. Procureurs qui ont été refusans, de lui payer lesdits droits pour raison des causes mises aux rôles dans lesquelles ils étoient Procureurs, & des droits d'appel des mêmes causes, seront tenus de les lui payer sur le relevé qui a été fait par le Demandeur sur les rôles de leurs causes mises aux rôles & appels sur lesdits rôles, & sur les quittances qu'il offre de leur en donner : à quoi faire ils seront contrains par les voies qu'ils y sont obligés, quoi faisant, déchargés ; lesquels demeureront autorisés à employer lesdites sommes dans les déclarations de dépens, & lesquelles leur seront allouées, si mieux n'aime la Cour, vu le reproche fait sans aucun fondement par les Procureurs de Communauté par leur requête du 8 dudit mois d'Août, que le Demandeur multiplie les appels à son gré ; & pour éviter toute difficulté & les inconvéniens qu'un droit non limité peut occasionner, ordonner qu'il sera fixé une somme au Demandeur, non compris les 3 liv. de mises au rôle, pour lui tenir lieu de ses droits d'appel dans chaque cause d'appellation jugée sur les rôles, placets ; ou autrement, il lui soit donné acte de ce qu'il s'en rapporte à la prudence de la Cour pour la fixation de cette somme, comme aussi il lui soit donné acte de ce que les Procureurs de Communauté s'en rapportent à la prudence de la Cour pour la fixation des droits du Demandeur ; ladite Communauté des Procureurs soit condamnée aux dépens, & pour éviter à l'avenir toute difficulté sur cet objet, l'Arrêt à intervenir soit lu & publié à la Communauté des Procureurs de la Cour, & enregistré sur le registre des délibérations d'une part ; la Communauté des Procureurs de la Cour, Défenderesse d'autre part, après que Jouhannain, Avocat de le Blanc, & Paporet, Avocat des Procureurs, ont été ouis ; ensemble Clément de Barville, pour le Procureur-Général du Roi, la Cour ordonne qu'elle en délibérera ; & depuis en ayant délibéré, ladite Cour, ayant aucunement égard aux requêtes & demandes des Parties, a arrêté qu'il sera fait un Réglement ; & en attendant icelui, ordonne que la Partie de Jouhannain continuera de jouir des mêmes droits qu'il a perçus depuis qu'il est reçu en sa Charge : en conséquence enjoint aux Parties de Paporet, de payer à ladite Partie de Jouhannain le droit de 3 liv. pour sa mise au rôle de chaque cause, & 1 liv. 10 sols pour chacun des appels desdites causes, à l'exception du premier, lequel sera sans frais ; condamne les Parties de Paporet à payer à ladite Partie de Jouhannain, tant les droits qu'il lui sont actuellement dus pour raison desdites mises aux rôles & appels, & ceux qui lui seront dus par la suite, que les autres droits qu'il justifiera lui appartenir, ainsi qu'ils appartiennent au premier Huissier du Parlement ; lesquels droits entreront en taxe, en rapportant par les Parties de Paporet, les quittances de ladite Partie de Jouhannain ; condamne lesdites Parties de Paporet aux dépens. Si mandons, &c.

Donné à Paris, en la premiere Chambre de notre Cour des Aydes, le vingt-huit Août mil sept cent soixante & un. *Signé*, LE PRINCE.

1761.

ARRÊT de la Cour des Aides, concernant les garnisons. (Code des Tailles, Tome IV, page 6; Enrégistrements de l'Election, Volume coté XXIII, folio 57.)

4 Septembre 1761.

VU par la Cour, les Chambres assemblées, la requête à elle présentée par le Procureur-Général du Roi, contenant qu'il est instruit qu'il s'est élevé quelques difficultés sur l'exécution des articles IV & VII du Réglement attaché sous le contre-scel de la Déclaration du 13 Avril 1761, enregistrée en la Cour. L'article IV dudit Réglement autorise la forme des garnisons pour accélérer le recouvrement des impositions; l'article VII regle la forme des garnisons, & par sa disposition il est dit qu'elles seront composées d'un Chef & d'un ou de plusieurs hommes de garnison, suivant l'état qui en sera dressé chaque année. Cette disposition a fait penser à plusieurs Officiers de l'Election que les garnisons ne pourroient être moindres que d'un Chef & d'un homme de garnison; & comme dans lesdites Elections, les Receveurs des tailles, pour éviter les frais aux contribuables, n'envoyoient qu'un seul homme de garnison, lesdits Officiers ont craint de contrevenir audit Réglement, s'ils visoient les contraintes desdits Receveurs des Tailles pour un seul homme de garnison, & ils ont représenté au Procureur-Général du Roi, que si les Receveurs des Tailles étoient obligés d'envoyer un Chef & un homme de garnison, les frais du recouvrement seroient plus considérables qu'ils n'étoient auparavant. Dans ces circonstances, le Procureur-Général du Roi a cru devoir proposer à la Cour d'expliquer ledit article VII, par un Arrêt de Réglement qui ne peut être que conforme aux intentions de Sa Majesté, de diminuer les frais du recouvrement, & donner en cette occasion aux Officiers des Elections des marques de la satisfaction que la Cour a de leur zele pour le soulagement des contribuables. A ces causes, requéroit le Procureur-Général du Roi, &c.

La Cour, les Chambres assemblées, autorise les Officiers des Elections de son ressort, à viser les contraintes des Receveurs des tailles, quoique délivrées à un Chef de garnison seul, ayant prêté serment devant lesdits Officiers de l'Election: permet en ce cas audit Chef de garnison de s'établir lui-même en garnison chez les contribuables arriérés, sans être accompagné d'aucun homme de garnison. Ordonne que le présent Arrêt de Réglement sera lu, publié & affiché, & que copies collationnées d'icelui seront envoyées aux Sieges des Elections, &c. Fait & arrêté à Paris, en la premiere Chambre de la Cour des Aydes, le quatre Septembre mil sept cent soixante & un. Collationné. *Signé*, VERNE, avec paraphe.

1761.

ARRÊT de la Cour des Aides, qui ordonne que la capitation des taillables sera imposée sur le même rôle & au marc la livre de la Taille. (Code des Tailles, Tome IV, page 8.)

9 Décembre 1761.

LA Cour, les Chambres assemblées, faisant droit sur le requisitoire du Procureur-Général du Roy, ordonne que l'article Ier. de la Déclaration du 13 Avril 1761, sera exécuté selon sa forme & teneur; ce faisant, que le Commissaire départi en la Généralité de Tours, sera tenu, dans le terme de quinzaine, à compter de la signification du présent Arrêt, d'envoyer dans les Elections de ladite Généralité, le mandement de la capitation des taillables, pour être la répartition de ladite capitation, faite sur les mêmes rôles conjointement avec celle de taille: & dans le cas où ledit mandement seroit arrivé trop tard, pour que la répartition pût être faite sur le même rôle, ordonne que, pour cette année seulement, & sans tirer à conséquence, il sera fait des rôles de supplément pour la capitation des taillables & autres impositions accessoires légitimement établies, dont la répartition sera faite au marc la livre de la taille, lesquels rôles la Cour ordonne aussi, pour cette année seulement, être vérifiés & rendus exécutoires par les Officiers des Elections, à la charge que lesdites capitation & impositions accessoires ne pourront être perçues & levées, qu'après ladite vérification d'icelles, & que toutes les contestations & procès tant au civil qu'au criminel, concernant les impositions comprises audit rôle de supplément, seront portées, instruites & jugées en premiere instance auxdites Elections, & par appel en la Cour: & néanmoins ordonne que, pour la présente année seulement, & sans tirer à conséquence, les Officiers des Elections vérifieront lesdits rôles des tailles, auxquels la capitation n'aura pas été jointe; à la charge par les Collecteurs de fournir & faire vérifier lesdits rôles de supplément ordonnés par le présent Arrêt, pour les capitation & impositions accessoires. Ordonne que copies du présent Arrêt seront envoyées ès-Sieges des Elections de la Généralité de Tours, pour y être lues, &c.

DÉCLARATION concernant la Taille tarifée, établie dans la Généralité de Limoges. (Code des Tailles, Tome IV, page 9.)

30 Décembre 1761.

LOUIS, &c. Le desir de diminuer pour l'avenir les frais que nos Sujets taillables ont été dans le cas de faire jusqu'à présent pour parvenir à l'imposition, levée & recouvrement de la taille & des autres impositions accessoires, nous a déterminés à rendre notre Déclaration du 13 Avril dernier, par laquelle nous avons établi une nouvelle forme de procéder, plus sommaire & moins dispendieuse que celle qui a été pratiquée jusqu'ici, par rapport aux oppositions que nos Sujets taillables se croiroient fondés à former contre leurs cottes; nous avons permis par l'article IV de ladite Déclaration, aux sieurs Intendans & Commissaires départis, conformément aux dispositions de l'Edit du feu Roy Louis XIV, notre très-honoré Seigneur & bisaïeul, du mois d'Août 1715, de faire procéder en présence des Officiers des Elections, ou autres qu'il plaira auxdits sieurs Intendans commettre à cet effet, à la confection des rôles des tailles des villes, bourgs & Paroisses taillables dans lesquelles ils le jugeront nécessaire : par l'article VI, les oppositions qui pourront survenir aux cottes insérées auxdits rôles, seront portées en premiere instance en l'Election : & suivant l'article VII, en cas d'appel de la Sentence des Officiers de l'Election, ledit appel sera porté, instruit & jugé en nos Cours des Aydes : il résulte de ces trois articles que l'attribution aux sieurs Intendans & Commissaires départis, sauf l'appel au Conseil, de toutes les contestations qui auroient pu s'élever pour raison de l'exécution desdits rôles faits d'office, établie par l'article XXII de l'Edit de 1715, & depuis continuée par différens Arrêts de notre Conseil, ne subsiste plus ; cependant nous avons été informés que l'exécution desdits articles VI & VII de notre Déclaration du 13 Avril 1761, pouvoit donner lieu à quelques difficultés dans certaines provinces, & notamment dans la Généralité de Limoges, où la taille s'impose dans une forme particuliere & d'après un tarif dont les principes ne sont point juridiquement connus des Officiers des Elections, & où les sieurs Intendans & Commissaires départis, en vertu de l'article XXII de l'Edit de 1715 & des Arrêts du Conseil subséquens, ont, depuis l'établissement dudit tarif, fait d'office par eux ou par Commissaires, la plus grande partie des rôles & ont jugé les contestations qui se sont élevées pour raison de l'exécution desdits rôles ; nous nous sommes fait rendre compte de la nature de ces difficultés, de la forme établie dans la Généralité de Limoges, par rapport à l'imposition de la taille, de ses avantages & de ses inconvéniens ; nous avons reconnu que cette forme introduite en 1738, en conséquence des ordres par nous adressés au sieur Aubert de Tourny, lors Commissaire départi en ladite Généralité, avoit pour objet d'établir des regles plus fixes & moins arbitraires pour la répartition de l'imposition entre les contribuables, & de prévenir par-là tous les abus qui naissent de l'incertitude & de l'inégalité des répartitions, de la haine ou de la prédilection des Collecteurs, ou de leurs égards intéressés pour certaines personnes, enfin des contestations sans nombre qui sont la suite inévitable de ces inégalités, & qui sont un surcroît de charge pour le Peuple : qu'à l'effet d'obtenir un but si desirable, la valeur de tous les biens-fonds de ladite Généralité a été constatée, soit par un arpentement effectif de l'étendue du terrein, suivi d'une estimation par Experts, de sa qualité & de ses produits, conformément au plan général qui en avoit été dressé, soit dans une partie de la Généralité où les circonstances n'ont pas permis de suivre ce plan dans son intégrité, par les déclarations qu'ont faites les propriétaires, de la quantité & qualité des terreins qu'ils possédoient, lesquelles déclarations ont été pour la plupart combattues par les autres contribuables, & vérifiées contradictoirement avec eux par des Commissaires nommés à cet effet ; qu'après cette opération préalable, il a été établi des regles pour imposer l'industrie à un taux modéré de la maniere la moins arbitraire qu'il a été possible ; que, d'après les procès-verbaux d'arpentement & les déclarations fournies dans chaque Paroisse, il a été formé un relevé exact des héritages possédés par chaque Particulier, dans lequel l'estimation de ces héritages a été marquée ; que ces registres ou feuilles de relevé ont servi de base au travail des Commissaires pour asseoir la taille ; que ces Commissaires ont été chargés chaque année, de vérifier dans les Paroisses les changemens arrivés dans la propriété des héritages, & de les porter sur lesdits registres ou feuilles de relevé ; que pour les diriger dans la répartition de l'imposition, il a été dressé une instruction qui regle la propor-

1761. tion dans laquelle doivent être imposées les différentes natures de biens & d'exploitations, & les différentes classes d'industrie; que la différence du plan qui a été suivi dans les Paroisses opérées d'après les déclarations des propriétaires, qu'on nomme dans la Généralité, *Paroisses tarifées*, & du plan qui a été suivi dans les Paroisses arpentées & estimées par Experts, qu'on appelle *Paroisses abonnées*, a obligé de faire des instructions ou modeles, dont les dispositions varient un peu, relativement à ce qu'exigent les deux différentes formes qu'on suit dans l'un ou l'autre cas; que ces instructions ou modeles sont insérés dans le préambule du rôle, en sorte que le Commissaire n'a plus qu'à en faire l'application aux cottes particulieres, en appuyant son travail sur l'estimation portée dans les feuilles de relevé; que depuis l'établissement de cette forme de répartition dans la Généralité de Limoges, les sieurs Intendans & Commissaires départis de cette Généralité se sont occupés des moyens de la porter à toute la perfection dont elle est susceptible, soit en faisant vérifier & corriger les inexactitudes qui auroient pu se glisser dans les premieres opérations, soit en simplifiant la forme des calculs & des opérations; que leurs soins ont été suivis d'un succès qui fait espérer d'arriver à cette perfection dans un court intervalle de temps, au moyen d'un travail dont les fondemens sont déjà posés; que les premiers frais indispensables pour parvenir à la connoissance détaillée de tous les fonds, ayant été très-considérables, & le Peuple en ayant recueilli des fruits très-avantageux par la diminution du nombre des contestations, le bien de la Province exige que nous prenions des mesures nécessaires, soit pour maintenir ladite forme d'imposition, & empêcher le retour des inconvéniens qu'on a voulu éviter, soit pour la porter à la perfection à laquelle on peut espérer d'atteindre, en la simplifiant encore, en la corrigeant, en réformant les erreurs des premieres opérations, & fixant d'une maniere encore plus équitable & plus solide, ce que chaque fonds doit porter d'imposition: notre intention est de remplir l'un & l'autre de ces objets; mais comme les mesures à prendre pour parvenir à perfectionner entiérement le tarif, demandent du temps & des instructions préalables, qu'il n'est pas possible de rassembler sur-le-champ, nous nous réservons d'y pourvoir dans la suite: & comme il est nécessaire d'empêcher que la proportion du tarif ne soit dérangée par les jugemens que rendroient les Officiers des Elections, en conformité de l'article VI de notre Déclaration du 13 Avril dernier, ainsi qu'il est à craindre qu'elle ne le fût par l'impossibilité où seroient lesdits Officiers de se conformer dans leurs jugemens, aux principes du tarif dont ils n'ont eu jusqu'à présent aucune connoissance juridique; que d'ailleurs cet objet exige les mesures les plus promptes, parce que tout changement considérable dans la forme à laquelle les Peuples de la Province sont accoutumés, ne pourroit manquer de nuire beaucoup à la facilité des recouvremens, sur-tout étant fait au moment du département & de la confection des rôles; nous avons jugé à propos, en annonçant la résolution où nous sommes, de déterminer incessamment par un Réglement les opérations qui doivent encore être faites pour donner au tarif de la Généralité de Limoges la perfection dont il a besoin, d'assujettir les Officiers des Elections à se conformer dans leurs Jugemens, au tarif tel qu'il est actuellement en usage, & ce par provision & jusqu'à ce que les opérations qui seront faites en vertu du Réglement que nous préparons, soient consommées en tout ou en partie, nous réservant d'expliquer nos intentions sur ces objets, à mesure que ces opérations seront assez avancées pour pouvoir servir à diriger la répartition; à cet effet il est nécessaire de donner aux Officiers des Elections une connoissance juridique des principes d'après lesquels la taille est imposée dans la Généralité de Limoges, & de l'estimation des fonds, qui sert de base à la repartition ; c'est à quoi nous ne pouvons pourvoir d'une maniere plus prompte & moins dispendieuse qu'en ordonnant le dépôt au greffe des Elections, tant d'un double des registres ou feuilles de relevé, sur lesquels les Commissaires établissent l'imposition, que des instructions insérées au préambule des rôles, & qui contienne les principes du tarif. A ces causes, &c. voulons & nous plait ce qui suit : 1761.

I. La taille & les autres impositions accessoires continueront dans la Généralité de Limoges, d'être imposées comme par le passé, conformément aux regles du tarif exécuté dans cette Généralité depuis l'année 1738, suivant les instructions ou préambules des rôles attachés sous le contre-scel des présentes, & d'après les énonciations & estimations des héritages, portées aux registres ou feuilles de relevé, qui depuis ce temps servent de base au travail de la confection des rôles.

II. Les Officiers des Elections en premiere instance, & notre Cour des Aydes en cause d'appel, se conformeront auxdites regles & auxdites estimations, dans le Jugement des oppositions qui pourroient survenir aux cottes insérées aux rôles faits en conséquence ; & ce, pendant le temps de trois années que nous jugeons nécessaire pour nous mettre en état d'expliquer nos intentions sur les changemens qui pourroient être à faire, soit aux regles du tarif en général, soit aux estimations des fonds de chaque Paroisse en particulier (1).

III. A l'effet de mettre nos Officiers des Elections à portée d'exécuter les dispositions de l'article précédent, nous ordonnons qu'il soit déposé au greffe de chacune des Elections situées dans ladite Généralité, un modele de l'instruction insérée au préambule des rôles des Paroisses tarifées, & un pareil modele de l'instruction insérée au préambule des rôles des Paroisses abonnées, lesquels seront conformes aux modeles desdites instructions attachées sous le contre-scel des présentes; & seront lesdites instructions déposées au greffe des Elections, dans un mois pour tout délai, à compter de la date de l'enregistrement des présentes.

IV. Ordonnons pareillement qu'il soit fait incessamment des doubles des registres ou feuilles de relevé de chacune des Paroisses de la Généralité où le tarif est en usage; lequel double sera fait conformément à l'état actuel des Paroisses, eu égard aux changemens qui ont pu arriver dans la propriété des héritages depuis les premieres opérations, & qui ont été vérifiés & reportés chaque année sur lesdites feuilles de relevé, par les Commissaires chargés de la confection des rôles.

V. Lesdits doubles des registres ou feuilles de relevé, seront visés par le sieur Intendant & Commissaire départi en ladite Généralité, ou, en son absence, par telle personne que nous l'autorisons par ces présentes de commettre à cet effet; & seront lesdits doubles en cet état, déposés aux greffes des Elections dans la jurisdiction desquelles sont situées chacune des Paroisses.

VI. Le dépôt desdits registres ou feuilles de relevé se fera successivement, à mesure que ceux de chaque Paroisse seront transcrits en entier ; & entendons qu'ils soient tous déposés dans le délai de six mois, à compter de la date de l'enregistrement des présentes.

VII. Ceux qui seront chargés de la confection des rôles, seront tenus d'envoyer chaque année au greffe des Elections, un état des changemens arrivés dans les Paroisses dont ils feront le rôle, pour être lesdits changemens établis exactement sur les feuilles de relevé déposées auxdits greffes.

(1) Cet article subsiste encore actuellement.

1761. VIII. Dans le cas où les Officiers des Elections seroient obligés de statuer sur quelques oppositions aux cottes insérées aux rôles d'une Paroisse, avant que le dépôt du registre ou feuille de relevé de ladite Paroisse ait pu être fait, nous les autorisons par ces présentes à former leur Jugement d'après l'estimation portée aux rôles des trois dernieres années, en y joignant l'extrait de la feuille de relevé, restée entre les mains du Commissaire qui aura fait le rôle contre lequel on se sera pourvu, lequel extrait ledit Commissaire sera tenu de faire remettre, certifié de lui, au greffe de l'Election, toutes & quantes fois il en sera requis, sans que pour raison de ce il puisse exiger aucuns frais des Parties. Si donnons en mandement à nos amés & féaux Conseillers les Gens tenans notre Cour des Aydes à Paris, &c.

Donnée à Versailles, le trentieme jour de Décembre, l'an de grace mil sept soixante & un, & de notre regne le quarante-septieme *Signé*, LOUIS; & plus bas, par le Roy, Phelypeaux.

Registrées, oui & ce requérant le Procureur-Général du Roi, pour être exécutées selon leur forme & teneur, sans néanmoins aucune approbation d'aucuns Arrêts du Conseil non revêtus de Lettres-Patentes duement vérifiées en la Cour; & copies collationnées envoyées ès-Sieges des Elections de la Généralité de Limoges, ressortissant en la Cour, &c. A Paris, en la Cour des Aydes, les Chambres assemblées, le 27 Janvier 1762. Collationné. *Signé*, Besnier.

Modele d'instructions, ou préambule de rôle pour les Paroisses abonnées.

N°.

PAROISSE d

GÉNÉRALITÉ DE LIMOGES,

ELECTION DE

Role fait par nous

de la taille & autres impositions y jointes, ordonnées être assises & levées sur tous les contribuables de la Paroisse de Election de pour l'année prochaine 17 , suivant le mandement signé de en date du lesquelles impositions montent

SÇAVOIR:

Principal de la taille . . . .

Droits de collecte à six deniers pour livre . . . . .

Droit du sceau du présent rôle . . . .

Droit de quittance . . . .

Le tout revenant à la somme de

ci . . . .

La répartition de laquelle somme de a été faite par nous en présence de

Collecteurs en charge, sur tous lesdits contribuables, relativement & proportionnément

nément à leur industrie, facultés personnelles & exploitations, à raison d'un sol pour livre sur les industries, de sur les facultés personnelles, & de sur les exploitations : 1761.

SÇAVOIR :

L'industrie des Journaliers, sur le produit de cent journées utile à chacune, faisant au total

Celle, tant des artisans travaillans matieres d'autrui, que des voituriers, au double de la taxe des journaliers, & celle des artisans travaillant leur propre matiere, au triple d'icelle, lesdites taxes augmentées du tiers, lesdits journaliers & artisans pour chacun de leurs enfans, compagnons ou apprentifs non payans taille de leur chef; & celle des voituriers d'un sixieme, à raison de chacune de leurs bêtes de somme.

L'industrie des gens de profession, sur le produit de leur vacation ou trafic, de façon toutefois que leur taxe ne puisse être moindre que du triple de celle des journaliers.

Les facultés personnelles provenans de biens-fonds, maisons & autres héritages de la Paroisse, sur l'estimation portée au procès-verbal d'arpentage d'icelle.

Celles provenans de biens-fonds situés dans d'autres Paroisses, sur l'estimation du revenu d'iceux par baux, déclarations ou évaluations.

Celles provenans de rentes constituées, intérêts de deniers dus, argent profitant dans le commerce, le revenu dudit argent estimé sur le pied du denier vingt du capital.

Le tout à la déduction des dettes passives annuelles de cinq livres & au-dessus, sur lesdites industries & facultés personnelles, dans la même proportion de la taxe des unes & des autres.

Les exploitations des fonds, soit par les propriétaires, soit à Ferme ou à moitié, sur l'estimation ci-dessus de leur revenu.

Les exploitations des moulins à bled, à papier & à tan, de forges, fourneaux, étangs, tuileries, droits de bacs, de pêche dans les rivieres, de halle, fours bannaux & autres biens semblables, soit par les propriétaires, soit à Ferme ou à moitié, sur l'estimation ci-dessus de leur revenu, sous la déduction du tiers, en considération des réparations auxquelles ces sortes d'objets sont sujets.

Les Fermiers de cens, rentes seigneuriales, rentes secondes, droits de lods-&-ventes, dixmes, champarts, agriers, tierceries & autres objets semblables, sur le pied de huit deniers pour livre du prix des baux; mais dans le cas que ces Fermiers sous-afferment ces objets en tout ou partie, ladite taxe de huit deniers pour livre est divisée entre le Fermier principal & le sous-Fermier, à raison de quatre deniers pour livre sur chacun d'eux pour les objets sous-affermés.

Les adjudications en Justice, ou par convention volontaire d'une levée de dixmes, d'une coupe de bois taillis, de haute-futaie, d'une récolte de foins, d'une vente de fruits & autres de cette espece, sur le pied de quatre deniers pour livre du montant desdites adjudications ou conventions volontaires.

Les profits de Ferme sur les fonds dont les Fermiers ont confié l'exploitation à des colons, sur le pied de quatre deniers pour livre du prix de l'estimation.

Quant aux bestiaux, suivant le tarif ci-après, sur la tête de celui qui les tient, sans distinction de ceux en propriété, à moitié ou à cheptel.

Le bœuf ou taureau.	8 s.
La vache.	6
La genisse.	4

1761.

La jument pouliniere.	4 f.
Le cheval.	4
La bête asine.	2
La truie.	4
Le cochon.	2
La chevre.	1
Le mouton ou brebis.	

Ne sont point taxés à l'industrie les journaliers, artisans, voituriers & gens de profession septuagénaires, non plus que les veuves, à moins qu'elles n'aient une industrie propre, à raison de laquelle elles sont imposées à moitié de celle des hommes en pareil cas.

Sont réduites du tiers & des deux tiers les taxes d'industrie des journaliers, artisans, voituriers chargés d'enfans au-dessous de douze ans faits; sçavoir, du tiers lorsqu'ils en ont deux jusqu'à quatre, & des deux tiers lorsqu'ils en ont quatre jusqu'à six, & au-delà *neant.* Sont aussi faites de semblables réductions dans les cas où lesdits journaliers, artisans, voituriers se sont trouvés par leur âge, quoiqu'au-dessous de soixante-dix ans, ou par des infirmités habituelles, hors d'état de travailler une partie de l'année, & les motifs desdites réductions sont énoncés.

Sont réduites les taxes d'industrie des journaliers exploitans en propre ou pour autrui, des terres labourables ou des vignes; sçavoir, d'un tiers dans le cas d'une exploitation depuis six jusqu'à douze livres de revenu, des deux-tiers depuis douze livres jusqu'à dix-huit livres, & elles sont supprimées au-dessus de dix-huit livres; ces mêmes classes sont observées à l'égard des artisans & voituriers, dans la proportion de huit, seize & vingt-quatre livres.

Les Particuliers de condition taillable, domiciliés hors la Paroisse, & faisant valoir des biens-fonds en icelle, à eux appartenans, sont cottisés au présent rôle à la taxe d'exploitation, sous l'expression *faute de donner colon.*

Les héritages de la Paroisse qui se trouvent faire partie de domaines situés dans d'autres Paroisses voisines, & y avoir été taxés les années précédentes, soit en vertu de Sentence de réunion de cottes, soit par un usage ancien non abusif, ne sont point cottisés dans le présent rôle, & y sont employés seulement pour *mémoire* : comme au contraire les héritages situés dans des Paroisses voisines qui font partie de domaines de celle-ci, & y avoir été taxés les années précédentes en vertu de Sentence, ou par un usage non abusif, sont imposés dans les cottes desdits domaines, & ne sont point aux rôles desdites Paroisses voisines.

Les réserves légitimes des Ecclésiastiques, Gentilshommes & privilégiés, & les héritages par eux faits valoir à leur main par valets de la qualité requise & sans fraude, en conformité des Réglemens, sont détaillés dans le rôle comme tous autres domaines & héritages, & y sont employés seulement pour *mémoire*, attendu le privilege.

Les Ecclésiastiques faisant valoir des biens-fonds non sujets à leurs privileges, & les Gentilhommes ou privilégiés en faisant valoir excédant leurs privileges, sont taxés, les premiers, à raison des biens-fonds non sujets à leurs privileges, & les seconds, à raison de l'excédent de leurs privileges, sur le pied ci-dessus des colons, fermiers ou métayers, sous l'expression *faute de donner colon* des héritages ci-après non sujets à leurs privileges, ou excédant leurs privileges; mais ils ne sont point taxés en qualité de propriétaires, attendu que leurs facultés ne doivent point d'impositions.

Quant aux héritages appellés communaux, appartenans aux Habitans d'un ou plusieurs Villages de la Paroisse, ne seront point taxés dans le présent rôle, &

y seront seulement employés pour *mémoire*, s'il n'est pas possible de pouvoir établir la portion que chacun desdits Habitans peut y avoir. 1761.

RÉCAPITULATION.

Les industries des journaliers, artisans, voituriers & gens de profession montant à la somme de supportent de taxe, .

Les revenus de la présente Paroisse sont de la somme de sur laquelle y en ayant pour celle de soit entre les mains des privilégiés les jouissans, soit en communaux, ou en héritages faisant partie du corps de domaines situés dans les Paroisses voisines & y taxés, qui ne sont employés dans celle-ci que pour *mémoire*, au moyen de quoi ladite somme de se trouve réduite à celle de dont appartenant à des taillables domiciliés, sont sujets à la taxe de propriété & d'exploitation, montant à déduction faite sur celle de propriété de pour des dette passives, ci. . . . .

Et appartenans à des privilégiés provenans d'héritages non sujets à leur privilege exploités par colons, ou appartenans à des taillables domiciliés hors la Paroisse, supportent seulement la taxe d'exploitation, montant à. . . . .

Les revenus provenans des objets sous-affermés, sont de & taxés à. . . . .

Ceux provenans des rentes, dixmes, &c. affermés à long bail, sont de & taxés à. . . . .

Ceux provenans de dixmes affermés à bail annuel, sont de & taxés à. . . . .

Ceux provenans de rentes constituées, d'intérêts de deniers dus, d'argent profitant dans le commerce, de rentes seigneuriales, droits de dixme & autres objets semblables, sont de & taxés à. . . . .

Ceux provenans de biens-fonds situés Paroisses étrangeres, sont de & taxés à. . . . .

Enfin, la taxe sur les bestiaux est de. . . . .

MODELE d'instruction, ou préambule de rôle pour les Paroisses tarifées. N°. PAROISSE d

GÉNÉRALITÉ DE LIMOGES.

ELECTION DE

ROLE *fait par nous*

de la taille & autres impositions y jointes, ordonnées être assises & levées sur tous les contribuables de la Paroisse de Election de pour l'année prochaine 17 suivant le mandement signé de en date du lesquelles impositions montent

1761.

SÇAVOIR,

Principal de la taille, déduction faite du moins imposé.
Droit de collecte à six deniers pour livre. . . . . . .
Droit du sceau du présent rôle. . . . .
Et droit de quittance. . . . .

Lesdites sommes revenant à celle de

D'une portion de laquelle somme de a été par nous susdit, fait une premiere répartition & distribution en présence de

Collecteurs en charge, sur tous lesdits contribuables, relativement & proportionnément aux héritages par eux faits valoir en propre, ou pour autrui, à leurs facultés personnelles & à leur industrie; sçavoir, sur le propriétaire cultivateur, à raison de trois sols pour livre du revenu de ses héritages, de façon que la setérée de terre étant dans ladite Paroisse de & contenant pieds de superficie, est estimée,

SÇAVOIR,

Celle de terre labourable, premiere qualité, estimée, est taxée à
Celle de la seconde qualité, estimée est taxée à
Celle de la troisieme qualité, estimée est taxée à
Celle de chaume ou retadis, estimée est taxée à
Celle de champfroids, estimée est taxée à
Celle de bois-taillis, premiere qualité, estimée est taxée à
Celle de la seconde qualité, estimée est taxée à
Celle de bois-châtaignier, premiere qualité, estimée est taxée à
Celle de la seconde qualité, estimée est taxée à
Celle de la troisieme qualité, estimée est taxée à
Celle de pré, premiere qualité, estimée est taxée à
Celle de la seconde qualité, estimée est taxée à
Celle de la troisieme qualité, estimée est taxée à
Celle de pacage, estimée est taxée à
Le journal de vigne, premiere qualité, composé de estimé est taxé à
Celui de la seconde qualité, estimé est taxé à

Sur le colon Fermier, sous Fermier ou Métayer, à raison de deux sols pour livre du revenu des héritages qu'il fait valoir, c'est-à-dire un tiers moins que le propriétaire cultivateur.

Les Fermiers dont toute l'exploitation consiste en cens, rentes seigneuriales, rentes secondes, dixmes, agriers, droits de halles, & autres revenus de même nature par eux levés, sont taxés à raison de quatre deniers pour livre du prix de leurs baux. Mais dans le cas que ces Fermiers sous-afferment ces objets en tout ou partie, ladite taxe de quatre deniers pour livre est divisée entre le Fermier principal & le sous-Fermier, à raison de deux deniers sur chacun d'eux pour les objets sous-affermés.

Ceux des terres labourables, prés, vignes, bois, domaines, ou autres biens-fonds exploités par des colons sous-Fermiers ou Métayers, cottisés aux deux sols pour livre, sont taxés à deux deniers pour livre du prix de leurs baux.

Ceux des Fermes composées de terres labourables, prés, vignes, bois, ou autres biens-fonds par eux faits valoir, partie de cens, rentes, dixmes, agriers, ou autres revenus de même espece par eux levés, & partie d'héritages exploités par des colons sous-Fermiers ou Métayers cottisés aux deux sols pour livre, sont taxés : sçavoir pour la premiere partie, aux deux sols pour livre ; pour la seconde, aux quatre deniers pour livre ; & pour la troisieme, aux deux deniers pour livre. 1761.

Les preneurs, soit par adjudication en Justice, soit par convention volontaire, d'une levée de dixmes ; d'une coupe de bois-taillis, de haute-futaie, d'une récolte de foins, d'une pêche d'étang, d'une vente de fruits, ou autres revenus semblables, sont taxés, pour le profit qu'ils sont censés avoir fait dans l'exploitation de ces objets, à raison de deux deniers pour livre du montant desdites adjudications ou conventions.

Les propriétaires de moulins à bled, à papier, à tan, de forges, de fourneaux, étangs, droits de bacs & de pêche dans les rivieres & fours bannaux, tuileries & autres biens semblables, qu'ils tiennent & font valoir par eux-mêmes, sont taxés à raison de trois sols pour livre du revenu évalué, en considération des réparations auxquelles ces sortes de biens sont sujets, aux deux tiers seulement de ce qu'ils seroient communément affermés sans charge de réparations sur les preneurs, & les Fermiers d'iceux aux deux sols pour livre du revenu évalué de même aux deux tiers.

Les propriétaires de maisons, les occupant, sont taxés pour raison d'icelles & de leurs dépendances, telles que cour & jardin à légumes seulement, à raison de trois sols pour livre de ce qu'elles pourroient être communément louées, & les locataires d'icelles aux deux sols pour livre du prix de leurs baux.

Les propriétaires cultivateurs de domaines sont taxés, à raison des bâtimens desdits domaines & leurs dépendances, réduits à cour & jardin pour légumes, sçavoir ceux des domaines à quatre ou six bœufs, trente sols ; ceux des domaines à deux bœufs, quatre ou six vaches, vingt sols ; ceux des domaines ou borderies à deux vaches, dix sols ; & les colons Fermiers ou Métayers sont taxés un tiers moins.

Les Laboureurs à bœufs, qui n'ayant pas le tiers de terres labourables qu'il faut communément pour les occuper, les emploient la plus grande partie de l'année à faire des charrois, ou à labourer les héritages de leurs voisins, sont taxés à seize sols par paire de bœufs : cette taxe est diminuée de moitié, lorsqu'ils ont en terres labourables du tiers aux deux tiers d'un labourage ordinaire de leurs paires de bœufs ; & elle n'a point lieu du tout, lorsque les terres labourables passent les deux tiers : ceux qui tiennent des vaches de labour sont cottisés à douze sols par paire dans le premier des trois cas précédens, à la moitié dans le second, & ne sont point dans le troisieme.

Ceux qui sans exploitation proprement dite, tiennent des bœufs d'engrais, des vaches, des truies, des cochons, des moutons, des brebis, sont taxés à huit sols par bœuf d'engrais, à six sols par vache, à quatre sols par truie, à deux sols par cochon, à un sol par chevre, & à   par mouton ou brebis.

Les facultés personnelles provenant de biens-fonds donnés à Ferme, à moitié ou à loyer, de cens, rentes seigneuriales, rentes secondes, dixmes, agriers, ou autres revenus de la même nature en régie ou en Ferme, sont taxées au sol pour livre ; de même aussi celles formées par rentes constituées, intérêts de deniers dus & argent profitant dans le commerce, le revenu dudit argent estimé sur le pied du denier vingt du capital.

Les taxes d'industrie des journaliers, artisans & gens de profession, sont

1761. réglées, sçavoir, celles des journaliers à la valeur de deux & demie de leurs journées, autrement dit, aux six deniers pour livre du produit de leurs journées évaluées à cent utiles par an : celles des artisans travaillant sur la matiere d'autrui, & des voituriers, au double des taxes des journaliers ; celles des artisans travaillant leur propre matiere, au triple ; & celles des gens de profession, aux six deniers pour livre de ce qu'on estime que le revenu industriel de leur profession leur peut produire annuellement, de façon toutefois que ces dernieres ne soient jamais moindres que du triple de celle des journaliers.

Les taxes d'industrie des journaliers sont augmentées du tiers, pour chacun de leurs enfans, de l'age de seize ans faits, travaillans avec eux, ainsi que celles des artisans, tant pour chacun de leurs enfans dudit âge, que pour chacun de leurs compagnons ou apprentifs, & celles des voituriers d'un sixieme, à raison de chacune de leurs bêtes de somme.

Au contraire sont réduits du tiers des deux tiers, les taxes d'industrie des journaliers, artisans, voituriers, qui sont chargés d'enfans au-dessous de douze ans faits, sçavoir, du tiers lorsqu'ils en ont deux jusqu'à quatre, des deux tiers lorsqu'ils en ont quatre jusqu'à six, & mises à *néant* lorsqu'ils en ont six & au-delà : ont été faites aussi de semblables réductions dans les cas où lesdits journaliers, artisans, voituriers se sont trouvés par leur âge, quoiqu'au-dessous de soixante-dix ans, ou pour des infirmités habituelles, hors d'état de travailler une partie de l'année, & l'on a eu attention d'énoncer dans les cottes les motifs desdites réductions.

Ne sont point taxés pour industrie des journaliers, artisans, voituriers, ou gens de profession septuagénaires, non plus que les veuves, à moins qu'elles ne soient trouvées avoir une industrie propre, à raison de laquelle elles sont alors imposées, mais moitié moins que les hommes en pareil cas.

Les taxes d'industrie des journaliers qui exploitent en propre, ou pour autrui, des terres labourables, ou des vignes, de six à douze livres de revenu, sont diminuées d'un tiers : elles le sont des deux tiers lorsque l'exploitation est de douze livres jusqu'à dix-huit livres, & elles sont supprimées lorsque l'exploitation est au-dessus de dix-huit livres. Ces mêmes classes sont observées à l'égard des artisans & des voituriers dans la proportion de huit, seize & vingt-quatre livres.

Lors de l'évaluation des différentes sortes d'héritages de la Paroisse, en a eu égard aux cens & rentes seigneuriales dont ils sont communément chargés : au moyen de quoi on n'en a point fait en particulier de déduction, mais les autres dettes annuelles de cinq livres & au-dessus, valablement justifiées par les contribuables, ont opéré sur leurs taxes de propriété ou facultés personnelles une réduction au sol la livre, & sur celles d'industrie aux six deniers, même proportion de ces taxes, sans en avoir opéré sur celle d'exploitation.

Les Particuliers de condition taillable, domiciliés hors la Paroisse & faisant valoir des biens-fonds en icelle, y sont taxés faute de donner colon, & sous cette expression, *faute de donner colon*, sur le même pied des colons, fermiers ou métayers ci-dessus, sans préjudice de leurs taxes, dans les Paroisses de leur domicile en qualité de propriétaires desdits fonds, & sur le pied ci-dessus des propriétaires non cultivateurs.

Les héritages de la Paroisse qui se trouvent faire partie des domaines situés dans d'autres Paroisses voisines & y avoir été taxés les années précédentes, soit en vertu de Sentence de réunion de cottes, soit par un usage ancien non abusif, ne sont point cottisés dans le présent rôle, & y sont employés seulement pour *mémoire* : comme au contraire les héritages situés dans des Paroisses voisines, qui se trouvent faire partie de domaines de celle-ci, & y avoir été taxés les années précédentes en vertu de Sentence, ou par un usage non abusif, sont imposés dans les cottes desdits domaines, & ne le seront point aux rôles desdites Paroisses voisines. 1761.

Les réserves légitimes des Ecclésiastiques, Gentilshommes & privilégiés, & les domaines ou héritages par eux faits valoir à leur main par valets de la qualité requise & sans fraude, en conformité des Réglemens, sont détaillés dans le rôle, comme tous autres domaines & héritages, & y sont employés seulement pour *mémoire*, attendu le privilege.

Les Ecclésiastiques faisant valoir des biens-fonds non sujets à leurs privileges, & les Gentilshommes ou privilégiés en faisant valoir excédant leurs privileges, sont taxés, les premiers à raison des biens-fonds non sujets à leurs privileges, & les seconds, à raison de l'excédent de leurs privileges, sur le pied ci-dessus des colons, fermiers ou métayers, sous l'expression, *faute de donner colon* des héritages ci-après, non sujets à leurs privileges, ou excédant leurs privileges; mais ils ne sont point taxés en qualité de propriétaires, attendu que leurs facultés personnelles ne doivent point d'impositions.

Quant aux biens vacans, on a distingué ceux qui ne peuvent produire sans culture, comme les terres labourables, les vignes, &c. d'avec ceux qui n'en ont pas besoin pour rapporter, tels que les prés, les châtaigniers, &c. les uns & les autres sont détaillés dans le rôle sur la tête des propriétaires, mais les premiers sont tirés seulement pour *mémoire*, afin de ne pas mettre les Collecteurs au hasard de perdre, & les derniers sont taxés au double de la taxe de l'exploitation de ceux de même nature, c'est-à-dire aux quatre sols pour livre de l'estimation de ce qu'ils rendroient de Ferme, afin que les Collecteurs qui ont coutume de percevoir leur produit en nature ou par adjudication, en profitent moins, & que la Paroisse en soit d'autant soulagée.

Et comme les cottes faites sur tous les contribuables, conformément à ce que dessus, n'ont rempli de la susdite somme de que de celle de au moyen de quoi il se trouve de reste à imposer celle de nous avons fait de cettedite derniere somme une nouvelle répartition au marc la livre de la premiere, par un article particulier, inséré à la fin de chaque cotte, sous la dénomination de seconde répartition, laquelle se trouve être de pour livre de ladite premiere répartition.

1762.

ARRÊT de la Cour des Aides, qui enjoint de laisser aux Collecteurs la liberté de régler les cotes des taillables, sans préjudice aux articles de la Déclaration du 13 Avril 1761, concernant les rôles d'office, & de leur laisser la liberté d'écrire leurs rôles eux-mêmes, ou de les faire écrire par telles personnes qu'ils aviseront. (Code des Tailles, Tome IV, page 34.)

10 Mars 1762.

CE jour, les Chambres assemblées, les Gens du Roy entrés en la Chambre, de l'Ordonnance d'icelle, & en leur place, Me. Antoine-Louis Bellanger, Avocat-Général, portant la parole, ont dit;

MESSIEURS,

La liberté entiere des Collecteurs-Asséeurs des tailles dans la confection de leurs rôles, est un des objets dont la législation sur le fait des tailles, paroît s'être le plus occupée: non seulement aucune autorité ne doit les gêner dans la répartition, & les loix prononcent les peines les plus graves contre les Seigneurs de Paroisse & autres gens puissans & accrédités qui entreprendroient (pour emprunter les termes mêmes de l'Edit de 1600, article XVIII) d'apporter aucune contrainte à leur volonté; mais encore tous les Réglemens sont précis pour autoriser les Collecteurs, ou à écrire eux-mêmes leurs rôles, ou à commettre pour ce faire, telle personne idoine que bon leur semblera: en effet les obliger de se servir pour la rédaction de leur rôle, d'une personne telle qu'elle soit, c'est ou les soumettre à des frais dont ils peuvent s'exempter, s'ils sont capables de faire eux-mêmes cet ouvrage, ou les forcer à donner leur confiance (la chose du monde la plus libre) à telle personne plutôt qu'à telle autre; cette confiance a pour eux les suites les plus intéressantes, sur-tout lorsque leur impéritie les met hors d'état de juger par eux-mêmes de l'ouvrage qu'on a fait en leur nom, puisque leur rôle est toujours réputé fait par eux, qu'ils en sont garans, & que les erreurs de calculs, omissions, doubles emplois peuvent occasionner contr'eux des demandes ruineuses en abus & malversations.

Ces Réglemens fondés sur l'équité, sont en pleine vigueur; toutes les fois que la Cour a reçu quelques plaintes de leur inexécution, elles les a maintenus par ses Arrêts, & notamment par un rendu sur nos conclusions en l'année 1688; cet Arrêt fait défenses, sous les peines les plus graves, aux Officiers des Elections de s'ingérer directement ni indirectement dans la confection des rôles, ni de les faire écrire par les Greffiers, Clercs ou Commis du greffe desdites Elections, ni autres Scribes à eux affidés. Les mémoires que nous avons reçus de plusieurs Juges du ressort de la Cour, nous persuadent qu'il est convenable non seulement de renouveller les précautions prises par cet Arrêt, pour assurer l'exécution des loix, mais aussi d'étendre la prohibition qu'il porte à toutes autres personnes de quelque qualité & condition qu'elles soient, & notamment aux Receveurs des tailles & Subdélégués des Commissaires départis.

Nous croyons donc devoir requérir que les Edits & Déclarations sur le fait des tailles, & l'Arrêt de la Cour du 24 Septembre 1688, soient exécutés selon leur forme

forme & teneur ; en conséquence, qu'il soit enjoint aux Officiers des Elections, Receveurs des tailles, subdélégués des Commissaires départis, & à tous autres, &c. 1762.

La Cour a ordonné & ordonne que les Edits & Déclarations duement enregistrés, ensemble les Arrêts & Réglemens de la Cour, sur le fait des tailles, seront exécutés selon leur forme & teneur, & notamment l'Arrêt de la Cour du 24 Septembre 1688, en ce qui n'est point dérogé audit Arrêt par les Edits & Déclarations, Arrêts & Réglemens de la Cour, donnés postérieurement; en conséquence enjoint à toutes personnes de quelqu'état, qualité & condition qu'elles puissent être, de laisser la liberté aux Asséeurs, Collecteurs des tailles, de régler les cottes des taillables en leur conscience, sans préjudice néanmoins aux articles de la Déclaration du 13 Avril 1761, concernant les rôles d'office; de leur laisser pareille liberté d'écrire leurs rôles eux-mêmes, ou de les faire écrire par telles personnes qu'ils aviseront; fait défenses pareillement à toutes personnes de quelqu'état, qualité & condition qu'elles soient, de contraindre par menaces ou autrement, en quelque sorte & maniere que ce soit, les Collecteurs à se servir pour la rédaction de leurs rôles, de telle ou telle personne, sous peine d'être poursuivis extraordinairement. Ordonne que copies collationnées du présent Arrêt seront envoyées ès Sieges des Elections, &c.

Donné à Paris, en la Cour des Aydes, les Chambres assemblées, le dix Mars mil sept cent soixante-deux. *Signé*, BESNIER.

ARRÊT de la Cour des Aides, concernant les Sieges des Elections d'Auxerre, Bar-sur-Seine & Mâcon. (Code des Tailles, Tome IV, page 38.)

27 Mars 1762.

LOUIS, &c. sçavoir faisons que, vu par la Cour la requête à elle présentée par le Procureur-Général du Roy, contenant qu'ayant été instruit que les dispositions des Edits, Déclarations duement enregistrés en la Cour, ensemble les Arrêts de Réglemens sur le fait & perception des tailles dans les Jurisdictions du Duché de Bourgogne, ressortissantes en la Cour, & que notamment ceux concernant la vérification des rôles des tailles, leur dépôt au greffe, la prestation de serment des Receveurs commis par les Etats de la Province, le paraphe de leurs registres, le *visa* des contraintes décernées par lesdits Receveurs, la taxe des frais faits par les Huissiers, la nomination des Collecteurs, & les tableaux & récolemens qui doivent en être faits, étoient, pour ainsi dire, abolis depuis quelques années en la Jurisdiction des Commissaires pour les tailles à Bar-sur-Seine, il a donné ses ordres à son Substitut en ladite Jurisdiction, de requérir l'exécution des Edits & Déclarations; ce que ledit Substitut a fait par son requisitoire, sur lequel est intervenue, en ladite Jurisdiction de Bar-sur-Seine, Sentence conforme à icelui, qui ordonne l'exécution des Edits & Réglemens sur la plupart des objets mentionnés ci-dessus. Nonobstant les précautions prises de la part du Procureur-Général, cette Sentence n'a pu avoir son exécution dans toutes ses parties; d'un autre côté, le Procureur-Général est instruit que, par rapport aux cottes d'office, les Elus-Généraux, en vertu du pouvoir qui leur est confié par Edit de Novembre 1720, sauf l'appel en la Cour, se sont crus autorisés à donner des Mandemens ou Ordonnances,

par lesquels ils se croyent en droit de taxer favorablement & au-dessous des
1762. sommes qu'ils devoient porter, les Sujets taillables auxquels les loix n'accordent point le privilege d'être taxés d'office ; &, d'un autre côté, de taxer d'office à des sommes beaucoup plus fortes qu'ils ne devroient l'être, les Sujets taillables qui sont réfractaires à leurs Mandemens ou Ordonnances, cottes d'office, qu'ils appellent de punition, en sorte qu'il seroit à craindre que les Peuples du Duché de Bourgogne ne regardassent plus ces cottes d'office comme la voie la plus propre de les préserver du crédit qu'un Particulier riche, ou puissant en dignité, pourroit avoir sur les Asséeurs & Collecteurs, mais comme un moyen sûr & certain entre les mains de ceux auxquels les Elus-Généraux sont obligés de donner leur confiance, pour les tenir dans leur dépendance, & les empêcher de se plaindre, lorsqu'ils croiroient en avoir le droit; ce qui seroit absolument contraire à la sagesse & à l'équité qui animent toutes les démarches des Elus-Généraux : le Procureur-Général est bien persuadé qu'ils n'ignorent pas que, lorsque le Roy a bien voulu leur confier ce droit sur ses Sujets, il ne leur a pas donné le pouvoir de changer les dispositions des Ordonnances sur cette matiere ; qu'ils doivent être les premiers à les exécuter & à s'y soumettre ; & que s'ils se sont portés à rendre de pareilles Ordonnances ou Mandemens, ce n'a jamais été que par des vues du bien public, sans prendre garde que l'autorité souveraine seule a le droit de faire & changer les loix ; mais comme la publicité de ces Mandemens & de ces Ordonnances auroit pu faire impression sur les Peuples, & qu'ils se trouvent contraires aux Ordonnances, Edits & Déclarations duement enregistrés, le Procureur-Général croit devoir requérir la Cour de rappeller aux Peuples les dispositions de ces Ordonnances, afin qu'ils connoissent la seule regle légitime qui puisse les conduire. A ces causes requéroit le Procureur-Général du Roy, qu'il plût à la Cour sur ce lui pourvoir : oui le rapport de M^e. Louis-Achille Dionis du Séjour, Conseiller, tout vu & considéré :

La Cour, les Chambres assemblées, ordonne que les Edits du mois d'Août 1668, portant réunion du Comté d'Auxerre au Duché de Bourgogne, suppression des Offices de l'Election d'Auxerre ; & au lieu & place d'iceux, création de quatre Conseillers honoraires au Bailliage & Siege Présidial d'Auxerre, lesquels, aux termes dudit Edit, doivent connoître dans l'étendue dudit Comté d'Auxerre, du fait des tailles & autres impositions ; ensemble l'Arrêt de la Cour, portant enregistrement dudit Edit : pareil Edit du mois de Novembre 1720, portant pareille union du Comté de Bar-sur-Seine, suppression du Corps & titre de l'Election dudit lieu, & création de quatre Conseillers honoraires au Bailliage dudit lieu, pour connoître du fait des tailles; ensemble l'Arrêt rendu par la Cour, le 11 Décembre 1721, pour l'enregistrement dudit Edit, seront exécutés selon leur forme & teneur, & aux charges portées par l'Arrêt d'enregistrement de la Cour, du 11 Décembre 1721 ; ce faisant,

1°. Que les Conseillers honoraires au Bailliage & Siege Présidial d'Auxerre, les Conseillers honoraires au Bailliage de Bar-sur-Seine, & les Officiers de l'Election de Mâcon, continueront de vérifier & rendre exécutoires les rôles des tailles des Paroisses de leur ressort, pour laquelle vérification ils seront tenus de se conformer aux Ordonnances, Edits & Déclarations sur le fait des tailles, Arrêts & Réglemens de la Cour, & notamment aux articles X & XI de la Déclaration de 1683, & à la Déclaration du 28 Août 1685 ;

2°. Que, conformément aux Edits, Déclarations & Réglemens, ils seront tenus, aussi-tôt la vérification des rôles, de les délivrer aux Collecteurs, & dans les trois jours au plus tard d'en remettre les doubles au greffe de leurs Sieges ;

3°. Que les Receveurs des Etats de Bourgogne chargés de la recette des tailles dans l'étendue desdits Comtés d'Auxerre & Bar-sur-Seine, & leurs Commis, qui donneront des quittances aux Collecteurs, ou décerneront des contraintes, seront tenus de faire enregistrer leurs commissions & prêter serment devant lesdits Juges, chacun dans leur ressort; que lesdits Receveurs seront tenus de se conformer aux articles XXXVI du Réglement de 1600, XVI du Réglement de 1643 & autres postérieurs, pour la tenue de leurs registres, lesquels seront paraphés sans frais, par l'un des Officiers desdits Sieges, chacun dans leur ressort; qu'ils ne pourront mettre à exécution aucunes contraintes, pour le fait desdites tailles, qu'elles n'ayent été visées par lesdits Officiers établis sur le fait des tailles, conformément aux Réglemens, & notamment à l'article IV du Réglement du 13 Avril 1761; 1762.

4°. Que les frais & salaires des Huissiers & autres Employés au recouvrement des tailles, continueront d'être taxés par lesdits Officiers Commissaires sur le fait des tailles, chacun dans leur ressort, conformément à l'article IX du Réglement de 1673, & autres postérieurs, & notamment à l'article II du Réglement attaché sous le contre-scel de la Déclaration du 13 Avril 1761;

5°. Que la Déclaration du premier Juillet 1710, registrée en la Cour, le 29 Juillet suivant, sera exécutée selon sa forme & teneur; en conséquence ordonne aux Maires, Echevins & Procureurs des Villes & Communautés des Comtés d'Auxerre, Mâcon & Bar-sur-Seine, d'imposer les sommes portées par les billets ou mandemens des Elus-Généraux ou particuliers desdits Comtés, quinzaine après qu'ils les auront reçus; enjoint auxdites Communautés de faire choix annuellement de Collecteurs solvables.

6°. Ordonne que les Déclarations des premier Août 1716, 24 Mai 1717 & 9 Août 1723, seront exécutées selon leur forme & teneur dans les Comtés d'Auxerre, Bar-sur-Seine & Mâcon; & conformément à icelles, qu'il sera dressé, si fait n'a été, dans chaque Paroisse desdits Comtés, des tableaux ou états des Habitans, suivant lesquels ils viendront à la collecte, chacun à leur tour, d'année en année, lesquels tableaux seront faits dans la forme prescrite par lesdites Déclarations, & remis au greffe des Elus de Mâcon & des Commissaires sur le fait des tailles d'Auxerre & de Bar-sur-Seine, & les récolemens sur lesdits tableaux faits chaque année en la forme prescrite par lesdites Déclarations, & les Collecteurs nommés chaque année selon l'ordre desdits tableaux & récolemens, le tout aux peines marquées par lesdites Déclarations, contre les Syndics & Collecteurs qui auront manqué d'y satisfaire.

7°. Ordonne que, conformément aux Edits de 1600, 1634, 1635 & autres Réglemens postérieurs, & notamment aux Arrêts de la Cour, des 24 Septembre 1688 & 10 Mars de la présente année 1762, les Asséeurs & Collecteurs seront libres d'écrire ou faire écrire leurs rôles par qui ils voudront choisir, sans être astreints, pour la confection desdits rôles, à aucunes autres formalités que celles prescrites par les Ordonnances.

8°. Ordonne que les Edits de Mars 1600, article XIII, & de Janvier 1634, article XXXV, & autres Réglemens, seront exécutés selon leur forme & teneur; en conséquence fait très-expresses inhibitions & défenses auxdits Asséeurs & Collecteurs d'omettre dans leurs rôles aucun taillable, ni d'avoir égard à aucunes prétendues exemptions, autre que celles énoncées dans les loix duement registrées en la Cour.

9°. Ordonne que dans la confection de leurs rôles, ils seront tenus de se conformer à l'article V de la Déclaration du 17 Février 1728, &, suivant icelui, de

1762. distinguer dans les cottes des contribuables, celles d'exploitations, d'avec celles qui seront personnelles pour les biens & facultés.

10°. Ordonne que les Réglemens généraux sur les tailles de 1643, 1663 & autres postérieurs, seront exécutés selon leur forme & teneur; & en conséquence qu'il sera permis aux Asséeurs & Collecteurs, d'augmenter, s'ils le jugent à propos, les cottes d'office, autres néanmoins que celles des privilégiés, dont le privilege consiste à être taxés d'office, lesquelles ils ne pourront augmenter de leur autorité privée, sauf l'action du Procureur-Général.

11°. Ordonne que la Déclaration du 12 Février 1685, l'Arrêt de la Cour du 11 Décembre 1721, portant enregistrement de l'Edit de Novembre 1720, pour la réunion de Bar-sur-Seine à la Bourgogne; ensemble l'Arrêt de la Cour du 12 Décembre 1746, & les Réglemens cités en icelui, & notamment la Déclaration du 20 Mai 1759, seront exécutés selon leur forme & teneur; en conséquence que les taillables qui seront appellans des Jugemens rendus sur les oppositions par eux formées aux cottes d'offices faites de leurs personnes, seront tenus de se pourvoir en la Cour sur leur appel, conformément à ladite Déclaration du 20 Mai 1759; fait très-expresses inhibitions & défenses à toutes personnes d'empêcher par voie de fait ou autrement, les Huissiers & Sergens de donner des assignations en la Cour sur lesdits appels.

12°. Ordonne que, dans le cas où il seroit procédé à des rôles d'office ou par Commissaires dans le ressort desdits Sieges d'Auxerre, Bar-sur-Seine & Mâcon, les oppositions qui pourroient intervenir auxdits rôles seront jugées conformément aux articles V, VI & VII de la Déclaration du 13 Avril 1761, laquelle sera exécutée selon sa forme & teneur; fait défenses de se pourvoir ailleurs & dans une autre forme, à peine de nullité, cassation de procédures & de tous dommages & intérêts.

Ordonne que le présent Arrêt sera lu & publié à l'audience de l'Election de Mâcon, des Conseillers honoraires sur le fait des tailles au Bailliage & Siege Présidial d'Auxerre, & des Conseillers honoraires sur le fait desdites tailles au Bailliage de Bar-sur-Seine, & enregistré aux greffes desdits Sieges, imprimé & affiché par-tout où besoin sera: enjoint auxdits Juges de Mâcon, Auxerre & Bar-sur-Seine, de juger en conformité; leur fait défenses, & à tous autres, d'avoir égard à aucuns actes ou prétendus Jugemens non émanés de la Cour & non enregistrés en icelle, qui contiendroient des dispositions & Réglemens contraires à ceux du présent Arrêt: enjoint pareillement aux Substituts du Procureur-Général du Roy auxdits Sieges d'Auxerre, de Bar-sur-Seine & de Mâcon, de tenir la main à son exécution, & d'informer la Cour des contraventions qui pourroient y être faites. Si mandons, &c.

Donné à Paris, en la Cour des Aydes, les Chambres assemblées, le vingt-sept Mars, l'an de grace mil sept cent soixante-deux. *Signé*, VERNE.

1762.

ARRÊT de la Cour des Aides, concernant les articles VI & VII de la Déclaration du 13 Avril 1761, au sujet de la forme à observer pour se pourvoir contre les rôles faits par Commissaires. (Code des Tailles, Tome IV, page 46; Enrégistrements de l'Election, Volume coté XXIII, folio 62, verso.)

5 Mai 1762.

VU par la Cour la requête à elle présentée par le Procureur-Général du Roy, contenant qu'il s'est élevé dans différens Sieges de l'Election quelques difficultés concernant les articles VI & VII de la Déclaration du 13 Avril 1761 : que, d'une part, quelques Elections ont cru ne pouvoir admettre les Mémoires présentés par les taillables, pour se faire décharger des cottes d'impositions qui étoient faites en leur personne, à moins qu'ils ne fussent signés du demandeur, ou d'un fondé de procuration ou, d'un Procureur en titre; d'autre part, lesdits Officiers sont incertains de sçavoir s'il doit rester minute de la Sentence qu'ils rendent sur ces Mémoires, ou s'il suffit de l'insérer au-bas du Mémoire qui leur a été présenté; enfin ils demandent si les Sentences doivent être expédiées sur papier simple, papier marqué ou parchemin; & ils supplient la Cour de vouloir bien leur tracer la route qu'ils doivent suivre. A ces causes, requéroit le Procureur-Général du Roy, &c.

La Cour a ordonné & ordonne que ceux qui voudront se pourvoir contre les rôles faits par des Commissaires nommés d'office, en exécution de la Déclaration du 13 Avril 1761, seront tenus de présenter leur Mémoire sur du papier simple, & signé d'eux; & dans le cas où lesdits taillables ne sçauroient signer, la présentation desdits Mémoires sera constatée par le Président ou premier & plus ancien Officier de l'Election, ou ils seront remis dans la forme suivante : *Présenté par . . . . à nous . . . . de ladite Election, soussigné le . . . . . le tout sans frais*; tous lesdits Mémoires seront remis au Président ou premier & plus ancien Officier de l'Election, qui les fera passer au Substitut du Procureur-Général, après les avoir paraphés en toutes les pages, ainsi qu'il est ordonné par l'Arrêt d'enregistrement de la Déclaration du 13 Avril 1761.

Ordonne pareillement qu'il sera fait minute sur papier simple, de la Sentence qui interviendra sur lesdits Mémoires des taillables & les conclusions des Substituts du Procureur-Général.

Ordonne que l'expédition de ladite Sentence sera mise au-bas du Mémoire présenté par le taillable, pour laquelle expédition il sera attribué pour tous droits, quinze sols au Greffier de l'Election de Paris, & dix sols aux Greffiers des autres Elections.

Ordonne que, conformément à l'esprit de ladite Déclaration, & à ce qui est porté par la Déclaration du 20 Mai 1759, concernant les cottes d'office, lesdites Sentences seront exemptes de tous droits de sceau & autres droits du Roy, généralement quelconques.

Ordonne pareillement que les dispositions du présent Réglement n'auront lieu que pour les oppositions aux rôles faits d'office, conformément à ladite Déclaration du 13 Avril 1761.

1762. Ordonne au surplus l'exécution de ladite Déclaration & de l'Arrêt d'enregistrement d'icelle, & que le présent Arrêt sera lu, &c. Fait à Paris, en la Cour des Aydes, le cinq Mai mil sept cent soixante-deux. *Signé*, BESNIER.

ARRÊT de la Cour des Aides, concernant l'exécution des rôles des Tailles. (Code des Tailles, Tome IV, page 49; Enrégistrements de l'Election, Volume coté XXIII, folio 63.)

19 Juin 1762.

VU par la Cour, les Chambres assemblées, la requête à elle présentée par le Procureur-Général du Roy, contenant qu'il s'est élevé depuis peu dans quelques Elections, des difficultés sur la question de savoir si les rôles des tailles, rendus exécutoires par un Officier d'une Election, pouvoient être mis à exécution contre les Particuliers compris dans ces rôles, demeurans hors du ressort de l'Election qui a rendu lesdits rôles exécutoires; quelques Elections prétendent que les rôles peuvent être mis à exécution hors du ressort de ladite Election, en vertu de l'Ordonnance de l'Officier de ladite Election, qui les a rendus exécutoires; d'autres ont prétendu que les Collecteurs étoient obligés de prendre ou un *pareatis*, ou une Ordonnance d'un Juge de l'Election dans le ressort de laquelle demeurent les contribuables contre lesquels on veut faire exécuter lesdits rôles: cette derniere opinion étant absolument contraire au bien du recouvrement, & entraînant des frais considérables, le Procureur-Général a cru qu'il étoit nécessaire que la Cour rendît certaine la Jurisprudence sur cet objet. A ces causes, &c.

La Cour, les Chambres assemblées, a ordonné & ordonne que les rôles des tailles seront exécutés purement & simplement contre les Particuliers qui y seront imposés, en vertu de l'Ordonnance qui rend exécutoires lesdits rôles, & ce même hors du ressort de ladite Election, sans qu'il soit besoin de *pareatis* ni d'Ordonnances des Officiers des autres Elections du ressort de la Cour: ordonne que le présent Arrêt sera envoyé, &c. Fait à Paris, en la premiere Chambre de la Cour des Aydes, les Chambres assemblées, le dix-neuf Juin mil sept cent soixante-deux. *Signé*, BESNIER.

LETTRES-PATENTES contenant confirmation du tarif de Vitry-le-François.

12 Septembre 1762.

LOUIS, &c. Nos chers & bien-amés les Maire & Echevins, gens du Conseil, Syndic & Habitans de la Ville de Vitry-le-François, Généralité de Châlons nous ont fait représenter que sur les motifs de la diminution des Citoyens, de l'affoiblissement du commerce & du dépérissement des manufactures, causé principalement par le poids des impositions, dont la répartition étoit devenue très-difficile, vu le petit nombre des contribuables, & pour d'autres considérations également essentielles d'une Ville qui touchoit à sa ruine; il nous a plu, par Arrêt de notre Conseil du 6 Juillet 1756, commuer & convertir les tailles

& autres impositions ordinaires & extraordinaires qui se levent sur ladite Ville de Vitry, fauxbourgs & dépendances, en droits à percevoir sur les denrées & autres matieres de consommation qui entreroient & se consommeroient dans ladite Ville, conformément au tarif dressé & arrêté au Conseil de ladite Ville, le premier Septembre 1755, demeuré annexé à la minute dudit Arrêt, pour être lesdits droits payés, outre les anciens portés au tarif arrêté au Conseil le 2 Juin 1733, par toutes sortes de personnes exemptes & non exemptes, privilégiées & non privilégiées, Ecclésiastiques, Communautés séculieres & régulieres, Nobles, Officiers de Justice & autres, sans néanmoins que le payement desdits droits puisse nuire ou préjudicier à leurs privileges en autres choses, & à la charge des indemnités qui pourroient leur être dues, s'il y a lieu, eu égard à la consommation qu'ils feront; mais que, quoique cette conversion produise une partie de l'effet que les exposans en attendoient, ils sont forcés de reconnoître qu'elle n'a pas opéré jusqu'à présent tout le bien qu'ils s'en promettoient; que le détail dans lequel on s'étoit livré en assujettissant aux droits généralement toutes les matieres & denrées de consommation, avoit décidé dans le temps à porter les droits moins haut sur celles de consommation nécessaire, comme les farines, viande, vin & bois; qu'on pensoit que tous les objets réunis produiroient une somme suffisante, mais que les commis qu'il a fallu multiplier pour la perception de ces droits ayant augmenté les frais de régie, les fraudes inévitables sur les petits objets s'étant multipliés, les gens de campagne fatigués d'être arrêtés à chaque instant aux barrieres pour la perception de dix à douze différens droits qui ne formoient pas en total un objet de plus de 5 à 6 sols: que s'y étant présentés moins fréquemment & portant leurs denrées ailleurs, même au loin préférablement à Vitry, il n'a point été possible aux exposans de se procurer une somme suffisante pour l'acquit de leurs impositions; que le produit d'ailleurs a encore été diminué considérablement par les indemnités obtenues par les exempts & privilégiés, tant Ecclésiastiques que Laïcs, Communautés séculieres & régulieres, de sorte qu'il a fallu recourir à la voie de la répartition par des rôles dont le recouvrement est des plus pénibles; que les exposans ne pouvant espérer que par la suite ces droits soient d'un plus fort produit, ont réformé l'ancien tarif & en ont dressé un nouveau dans lequel ils ont supprimé les droits sur les fruits, légumes, volailles, gibier, œufs, beurre & crême, qui, sans produire beaucoup, rendoient la perception plus difficile & plus à charge, & se sont bornés aux objets essentiels, comme les farines, viandes, vins, bois, foins, paille & autres denrées de consommation nécessaire; qu'à l'égard des huiles, drogueries, épiceries & autres denrées portées au tarif de 1756, les exposans ont réduit ces objets à un droit égal, & ont suivi celui imposé sur ces denrées par le tarif de 1733; que dans le nouveau tarif que les exposans ont dressé, ils y ont ajouté un projet de réglement pour la perception en 22 articles, à l'effet d'éviter les malversations auxquelles l'expérience leur a fait voir qu'ils étoient exposés; que dans les changemens que ce réglement présente, il en est un principal qu'ils esperent devoir leur procurer le double avantage de faire cesser les plaintes des Nobles & autres privilégiés, & décharger la Ville des indemnités qu'ils font monter à de fortes sommes & qui absorbent la partie la plus liquide du produit; que ce changement consiste en la franchise des droits pour le Clergé, les Corps & Communautés Ecclésiastiques, tant séculieres que régulieres, la Noblesse, les Officiers de l'Election & autres jouissans duement de l'exemption des tailles, qui pourront faire entrer, sans payer les nouveaux droits, toutes les denrées & objets portés au tarif, destinés à leur consommation, à la

1762.

1762. charge par eux de faire les déclarations indiquées, & sous les peines établies; qu'il y avoit encore les Habitans des Petites-Indes, Hameau de la Paroisse de Blassy, village situé environ à une demi-lieue de la Ville, qui étoient assujettis aux droits comme les Habitans de la Ville de Vitry, à la charge par la Ville de payer les impositions qu'ils portoient sur les rôles de la Paroisse de Blassy, tant en tailles que capitation & autres, par forme d'indemnité; que cette somme à payer fait une nouvelle charge pour la Ville, qui n'en a point été dédommagée par l'assujettissement des Habitans de ce Hameau au payement des droits de tarif, attendu l'impossibilité de les percevoir à l'entrée des denrées dans cet endroit, ouvert de tous côtés & éloigné de plus d'un quart de lieue de la barriere; que ces raisons ont déterminé les exposans à ne les plus assimiler aux Habitans de Vitry, & à les laisser chargés de l'acquit de leurs cottes auxquelles ils sont compris sur les rôles de leurs Paroisses; que les exposans ont encore observé qu'en portant leurs droits d'octroi à une somme suffisante pour l'acquit tant des tailles & capitation que des ustensiles, quartier d'hiver & autres impositions extraordinaires, ils s'étoient mis dans la nécessité de surcharger les Habitans d'une imposition qui ne doit avoir qu'un temps, & de les empêcher de profiter des diminutions qu'ils esperent que la paix leur procurera; qu'en conséquence ils ont pensé qu'il suffisoit de percevoir en droits d'entrée une somme qui pût remplir les impositions ordinaires tant en taille que capitation & autres; & que néanmoins, pour éviter, lors des impositions extraordinaires, les inconvéniens des rôles arbitraires, ils devoient demander d'être autorisés dans ceux où le produit de leurs droits pourroit ne pas suffire pour l'acquit de leurs impositions ordinaires, à imposer le manquant desdites impositions ordinaires ainsi que celles extraordinaires sur tous les Sujets, à proportion de l'occupation qu'ils font des maisons situées dans ladite Ville, Fauxbourgs & dépendances, & cela par vingtieme, dixieme ou autre somme, suivant la force du manquant des impositions ordinaires (s'il s'en trouve), & le montant des impositions extraordinaires, en se conformant par les exposans pour ladite imposition qui sera faite chaque année, s'il y a lieu, à l'Hôtel de Ville par les Maire, Echevins & Syndic aux rôles faits pour les vingtiemes qui se perçoivent actuellement à notre profit, pour les maisons comprises auxdits rôles de vingtieme, & pour celles appartenantes aux Ecclésiastiques ou autres non sujets au payement des vingtiemes, & qui se trouveront occupées par des Particuliers non privilégiés & assujettis auxdites impositions sur le montant des loyers qu'ils en payent; que dans ces circonstances les exposans nous supplioient très-humblement de vouloir bien homologuer & autoriser le nouveau tarif par eux arrêté le 14 Juin 1762, en la Chambre du Conseil de Ville; en conséquence d'ordonner, conformément à l'Arrêt du 6 Juillet 1756, que les impositions tant ordinaires qu'extraordinaires, qui se levent sur ladite Ville, fauxbourgs & dépendances, continueront d'être commuées & converties en droits à percevoir sur les denrées & autres matieres de consommation qui entreront dans ladite Ville, fauxbourgs & dépendances, suivant le tarif réformé, pour être lesdits droits payés outre & par-dessus ceux portés au tarif arrêté au Conseil le 2 Juin 1703, par toutes sortes de personnes, autres que celles exemptes aux termes dudit tarif, & à la charge que ladite exemption n'aura lieu que pour les denrées & objets destinés à leur consommation, dont ils seront tenus de faire leur déclaration aux bureaux qui seront établis pour la perception desdits droits, sans répétition d'aucune indemnité ni restitution pour celles par eux rachetées dans ladite Ville & dépendances, à la charge en outre de pareille déclaration dans le cas de vente, don ou échange de quelques-unes desdites

desdites denrées qui ne seroient pas employées à leur consommation, pour être auxdits cas les droits perçus; comme aussi ordonner que les articles concernant le Réglement pour la perception desdits droits compris audit tarif, à compter de l'article CC, jusques & compris le CCXXII & dernier, seront exécutés selon leur forme & teneur, aux peines de déchéance de privileges, amendes & confiscation y portées; en outre que lesdits droits seront levés à perpétuité au lieu de ceux portés au tarif annexé à l'Arrêt du 6 Juillet 1756, qui demeurera sans exécution, à compter du premier Octobre prochain, & que par telle personne qu'il nous plaira commettre en présence des Officiers Municipaux de ladite Ville, l'adjudication en sera faite pour telle nombre d'années qu'il sera jugé convenable, à la charge par l'Adjudicataire de payer à notre profit, entre les mains du Receveur des tailles en exercice, la somme à laquelle se trouveront monter les impositions pour lesquelles la Ville, fauxbourgs & dépendances seront annuellement compris dans les commissions des tailles & autres rôles & assiettes des impositions, sans que ledit Receveur des tailles puisse prétendre aucun droit de remise ni taxation sur lesdits deniers, en qualité de Receveur des deniers communs d'octroi & de tarif, mais seulement les droits ordinaires de quittance, & ceux de Vérificateur, Syndic & Greffier des rôles des tailles d'année en année; ordonner pareillement que le surplus de l'adjudication qui en sera faite, sera employé suivant les délibérations du Conseil de ladite Ville, & sur les Ordonnances du sieur Commissaire départi, aux besoins & affaires communes de ladite Ville, notamment à l'acquisition d'un terrein où l'on puisse construire des casernes pour nos troupes: & où le produit dudit tarif ne se trouveroit pas suffisant pour acquitter la totalité des impositions ordinaires, ainsi que les impositions extraordinaires lorsqu'elles auront lieu, ordonner que tout ce qui s'en défaudra sera imposé sur tous les Habitans de ladite Ville & dépendances sujets auxdites impositions, sur l'occupation qu'ils feront des maisons situées dans ladite Ville, fauxbourgs & dépendances, assujettis auxdits droits d'octroi, soit par vingtieme, dixieme ou autrement, suivant la proportion du manquant desdites impositions, s'il s'en trouve, en se conformant par les exposans, pour ladite imposition qui sera faite chaque année, s'il y a lieu, à l'Hôtel de Ville par les Maire, Echevins & Syndic, aux rôles faits pour les vingtiemes qui se perçoivent actuellement à notre profit; & pour celles appartenantes aux Ecclésiastiques & autres non sujets au payement desdits vingtiemes, & qui se trouveront occupées par des Particuliers non privilégiés & assujettis auxdites impositions, sur le montant des loyers qu'ils en payent; comme aussi que, pour parvenir à l'établissement dudit droit, les propriétaires & principaux locataires des maisons sujettes à icelui, seront tenus de déclarer les noms & surnoms de leurs locataires ou sous-locataires qui devront sortir, trois mois auparavant leur sortie, & en même temps déclarer les noms des nouveaux locataires; que lesdits propriétaires en outre seront tenus de déclarer ce qu'ils occuperont; qu'il ne sera payé aucun droit de tarif pour les maisons qui seront vacantes; que lesdites maisons, lorsqu'elles seront occupées par des privilégiés, seront pareillement exemptes dudit droit, mais que lorsqu'elles se trouveront par la suite tenues par des Habitans non privilégiés, elles seront pareillement sujettes à la taxe ainsi que les autres; de même que si lesdites maisons occupées par des non privilégiés, le sont par la suite par des privilégiés, l'imposition n'aura point lieu pendant le cours de la jouissance desdits privilégiés; que dans le cas où des taillables loueront ou occuperont la totalité ou partie des maisons des exempts ou privilégiés, dans ce cas lesdits taillables payeront audit tarif les droits dus à cause de leur location ou occupation, à l'effet de

1762.

1762. quoi lesdits exempts & privilégiés seront tenus à la déclaration ci-dessus; que lesdits droits se payeront de quartier en quartier entre les mains du Receveur qui sera établi à cet effet, à la charge par lui d'en remettre le produit entre les mains du Receveur des tailles, pour l'acquit des impositions pour raison desquelles ladite taxe sera faite; comme aussi qu'elle ne pourra avoir lieu qu'en cas de manquant des impositions ordinaires, ou de l'établissement d'impositions extraordinaires, & qu'elle cessera aussi-tôt la suppression desdites impositions, ou que les droits d'octroi portés au tarif suffiront pour l'acquit d'icelles; ordonner en outre que le Hameau des grandes & petites Indes étant de la Paroisse de Blassy seront à l'avenir, à compter du premier Octobre prochain, exempts des droits d'octroi auquel ils avoient été assujettis, & qu'il continuera d'être imposé, comme par le passé, dans les rôles des tailles & autres impositions de ladite Paroisse de Blassy; comme aussi ordonner que les Adjudicataires des susdits droits, ou leurs Commis seront dispensés de se servir de papier timbré, soit pour leurs registres de recette & enregistrements, lesquels seront néanmoins paraphés en la maniere ordinaire, soit pour les quittances des droits qui leur seront payés, soit enfin pour les contraintes qu'ils décerneront, lesquels seront pareillement exempts du droit de scel & de contrôle; ordonner enfin que ceux desdits Habitans qui feront valoir de leurs propres biens, ou tiendront à Ferme ou à loyer aucuns biens & héritages situés tant dans ladite Election que hors d'icelle, demeureront taillables dans les Paroisses où lesdits biens & héritages seront situés, à l'exception néanmoins des maisons bourgeoises, jardins & vignes que lesdits Habitans pourront avoir à trois lieues aux environs de ladite Ville: à tout quoi nous avons pourvu par Arrêt rendu en notre Conseil, le 17 Août 1762, pour l'exécution duquel nous avons ordonné que toutes Lettres-Patentes nécessaires seront expédiées, lesquelles les exposans nous ont très-humblement fait supplier de vouloir bien leur accorder.

A ces causes, de l'avis de notre Conseil, qui a vu les susdits Arrêt & tarif ci-attachés sous le contre-scel de notre Chancellerie, nous avons approuvé & confirmé, par ces présentes, signées de notre main, approuvons & confirmons ledit nouveau tarif arrêté par les Officiers Municipaux de la Ville de Vitry, le 14 Juin dernier, pour être substitué à celui qui a été annexé à l'Arrêt du 6 Juillet 1756, qui demeurera sans exécution au premier Octobre prochain: en conséquence ordonnons que ledit tarif dudit jour 15 Juin dernier, sera exécuté suivant sa forme & teneur, à compter dudit jour premier Octobre prochain, dans toutes ses dispositions & exceptions, sous les peines de déchéance de privilege, d'amendes & de confiscation y portées, sans que lesdites peines puissent en aucuns cas être réputées comminatoires; & que, conformément audit Arrêt du 6 Juillet 1756, les impositions tant ordinaires qu'extraordinaires, qui se levent sur ladite Ville, fauxbourgs & dépendances, continueront d'être commuées & converties pour toujours en droits à percevoir sur les denrées & autres matieres de consommation qui entreront dans ladite Ville, fauxbourgs & dépendances, suivant ledit tarif du 14 Juin dernier, lequel demeurera annexé à la minute du présent Arrêt, pour être lesdits droits payés outre & par-dessus ceux qui sont compris dans le tarif arrêté au Conseil le 2 Juin 1733, par toutes sortes de personnes autres néanmoins que celles qui en sont exemptes aux termes dudit tarif, laquelle exemption n'aura lieu que pour les denrées & provisions qui entreront pour leur consommation, & dont ils seront tenus de faire leur déclaration aux Bureaux établis pour la perception desdits droits, sans répétition d'aucune restitution ni indemnité pour celles achetées par lesdits exempts dans ladite

Ville & dépendances, & à la charge de pareille déclaration dans le cas de vente, don ou échange de quelques-unes desdites denrees qui ne seroient pas employées à la consommation desdits exempts, sous les exceptions portées audit tarif, pour être auxdits cas les droits perçus ainsi & de la maniere qu'ils l'auroient été à l'entrée sur lesdites denrées, autres néanmoins que les grains provenans des biens & des Fermes desdits exempts & privilégiés, pour lesquels ils ne seront point tenus même audit cas de payer les droits, à l'effet de quoi il sera par le sieur Intendant & Commissaire départi, que nous avons pour ce commis, procédé en présence des Officiers Municipaux de ladite Ville, à l'adjudication desdits droits au plus offrant & dernier enchérisseur, en la maniere accoutumée, pour tel nombre d'années qu'il sera jugé convenable; à la charge par l'Adjudicataire de payer à notre profit, entre les mains du Receveur des tailles en exercice, par chacun an, de quartier en quartier, la somme à laquelle se trouveront monter les impositions pour lesquelles ladite Ville, fauxbourgs & dépendances seront annuellement compris dans les commissions des tailles & autres rôles & assiettes des impositions tant ordinaires qu'extraordinaires, sans que ledit Receveur des tailles puisse prétendre aucun droit de remise ni taxation sur lesdits deniers, en qualité de Receveur des deniers communs d'octroi & tarif, mais seulement les droits ordinaires de quittances, & ceux de Vérificateur, Syndic & Greffier des rôles des tailles, d'année en année, en la maniere accoutumée; au payement de laquelle somme ledit Adjudicataire sera contraint comme pour les propres deniers & affaires de Sa Majesté, du montant de laquelle adjudication & des payemens faits sur icelui, il sera chaque année rendu compte pardevant ledit sieur Intendant & Commissaire départi seulement; & en cas qu'il se trouve de l'excédent après la taille & les autres impositions tant ordinaires qu'extraordinaires de ladite Ville, Fauxbourgs & dépendances, acquittées, ledit excédent sera employé suivant les délibérations du Conseil de ladite Ville qui seront prises à cet effet, & sur les Ordonnances dudit sieur Commissaire départi, aux besoins & affaires communes de ladite Ville, notamment à l'acquisition d'un terrein où l'on puisse construire des casernes pour nos troupes, à la construction d'icelles & agrandissement des écuries déjà subsistantes & bâtimens en dépendans, sans que ledit Adjudicataire soit tenu d'en rendre aucun compte en notre Chambre des Comptes ni ailleurs, dont nous l'avons expressément déchargé & dispensé, ainsi que de se servir de papier timbré, soit pour ses registres de recette & enregistrement, lesquels seront néanmoins paraphés en la maniere accoutumée, soit pour les quittances des droits qui seront payés, lesquelles quittances seront délivrées sans frais aux redevables des droits, soit enfin pour les contraintes que ledit Adjudicataire ou ses Commis décerneront contre les redevables desdits droits; dispensant pareillement lesdites contraintes de tous droits de scel & de contrôle, conformément à notre Déclaration du 13 Avril 1761, concernant le recouvrement des tailles & autres impositions dont les droits sont représentatifs; & où le produit dudit tarif ne se trouveroit pas suffisant pour acquitter la totalité desdites impositions, ordonnons que ce qui s'en défaudra sera, en vertu du présent Arrêt, & sans qu'il en soit besoin d'autre, imposé sur tous les Habitans de ladite Ville, fauxbourgs & dépendances, sujets auxdites impositions, à proportion de la valeur des maisons qu'ils occuperont dans lesdites Villes, fauxbourgs & dépendances, si elles leur appartiennent, & du montant desdites impositions, soit par vingtieme, dixieme ou autres sommes, en se conformant, par les Maire, Echevins & Syndic, chargés de ladite imposition qui sera faite chaque année, s'il y a lieu, dans l'Hôtel de Ville, aux rôles des vingtiemes

1762.

1762. qui se perçoivent actuellement à notre profit ; & à l'égard des Habitans sujets auxdits droits qui ne tiennent que de loyers les maisons qu'ils occupent, ladite imposition sera faite sur eux à proportion dudit loyer, à l'effet de quoi ils seront tenus de représenter leurs baux & d'en certifier & attester la vérité s'ils en sont requis, à peine d'être imposés au double; comme aussi les propriétaires & principaux locataires des maisons seront tenus de déclarer à l'Hôtel de Ville, ou à la personne préposée à cet effet, les noms & surnoms de leurs locataires ou sous-locataires qui desireront en sortir trois mois avant leur sortie, & en même temps les noms & surnoms des nouveaux locataires ou sous-locataires, à peine d'en répondre en leurs propres & privés noms, & d'être contraints de payer lesdits droits de tarif dus par lesdits locataires & sous-locataires; que lesdits propriétaires seront aussi tenus de déclarer ce qu'ils occuperont, à peine de payement du double; qu'il ne sera payé aucun droit de tarif pour les maisons qui seront vacantes tant qu'elles ne seront pas occupées; que lesdites maisons, lorsqu'elles seront occupées par des privilégiés, seront pareillement exemptes dudit droit, ne devant être sujettes à la taxe que dans le cas où elles seront occupées par des Habitans non privilégiés, devant cesser de l'être aussi-tôt que les privilégiés les occuperont, & pendant le temps de leur jouissance; que dans le cas où des taillables loueront ou occuperont la totalité ou partie des maisons des exempts ou privilégiés, lesdits taillables payeront les droits de tarif dus pour raison de leur location ou occupation, & à cet effet lesdits exempts & privilégiés seront tenus de faire la déclaration ci-dessus ordonnée; que lesdites taxes se payeront de quartier en quartier entre les mains du Receveur qui sera établi par ladite Ville à cet effet, & qui en donnera quittance sans frais, à la charge par lui d'en remettre le produit entre les mains du Receveur des tailles, pour l'acquit des impositions qui y auront donné lieu, soit qu'il se trouve un manquant sur les impositions ordinaires, soit pour raison d'impositions extraordinaires, dont l'établissement sera ordonné; lesdites taxes cessant aussi-tôt la suppression, ou lorsque les droits d'octrois portés au tarif suffiront pour l'acquit d'icelles ; ordonnons que les grandes & petites Indes dépendantes de la Paroisse de Blassy, & comprises dans les rôles des tailles, & autres impositions de ladite Paroisse, seront à l'avenir, & à compter du premier Octobre prochain, exemptes des droits d'octrois auxquels elles avoient été assujetties par l'Arrêt du 6 Juillet 1756, & qu'elles continueront d'être imposées, comme par le passé, dans les rôles des tailles & autres impositions de ladite Paroisse de Blassy, & d'acquitter le montant de ses impositions, sans que la Ville de Vitry, les Adjudicataires de ses droits d'octrois, ou leurs Commis, en puissent être tenus. Ordonnons pareillement que ceux des Habitans de ladite Ville, fauxbourgs & dépendances, qui feront valoir de leurs propres, ou tiendront à Ferme ou à loyers aucuns biens & héritages situés tant dans l'Election de Vitry que hors d'icelle, seront & demeureront taillables dans les Paroisses où lesdits biens & héritages seront situés, à l'exception néanmoins des maisons bourgeoises, jardins & enclos de vignes, que lesdits Habitans pourront avoir à eux appartenans en propre, à trois lieues aux environs de ladite Ville, pour raison desquelles maisons bourgeoises, jardins & enclos de vignes, lesdits Habitans ne seront point imposés à la taille dans les Paroisses où lesdites maisons, jardins & enclos de vignes sont situés. Comme aussi voulons & entendons qu'aucun Particulier d'un lieu taillable ne puisse, sous quelque prétexte que ce soit, venir s'établir en ladite Ville de Vitry, fauxbourgs & dépendances, pour y jouir du bénéfice du tarif, qu'à la charge de payer la taille pendant dix ans dans le lieu taillable qu'il aura quitté, à l'exception néanmoins de ceux qui étant sortis de ladite Ville à l'occasion de la diminution du commerce, y rentreront dans le cours de l'année qui suivra la publication des présentes, lesquels seront seulement taxés par droit de suite dans leur dernier domicile, pendant le temps & ainsi qu'ils auroient dû l'être si ladite Ville étoit demeurée taillable. Ordonnons que ces présentes seront exécutées, nonobstant toutes oppositions ou autres empêchemens généralement quelconques, pour lesquels ne sera différé, & dont, si aucuns interviennent, nous nous réservons & à notre Conseil, la connoissance, que nous avons interdite à toutes nos Cours & autres Juges. Et quant aux contestations qui pourront survenir à l'occasion de la perception & exercice dudit tarif, circonstances & dépendances; ordonnons qu'elles seront portées en premiere instance pardevant les Officiers de l'Election de ladite Ville, & par appel pardevant vous. Vous enjoignons de tenir la main à l'exécution des présentes. *Si* vous mandons, &c. 1762.

Donné à Versailles, le douzieme jour de Septembre, l'an de grace mil sept cent soixante-deux, & de notre regne le quarante-huitieme. *Signé*, LOUIS; & plus bas, par le Roy, PHELYPEAUX.

La Cour, oui, & ce requérant le Procureur-Général du Roy, lesdites Lettres-Patentes être registrées au greffe de la Cour au lendemain de la S. Martin; & cependant, par provision, ordonne qu'à commencer au premier Octobre prochain, lesdites Lettres-Patentes & tarif y joint, des 17 Août & 12 Septembre 1762, seront exécutées selon leur forme & teneur; à la charge par les impétrans de rapporter lesdites Lettres & tarif dans ledit temps au greffe de la Cour, pour y être registrées définitivement: & ordonne que copie collationnée desdites Lettres-Patentes ensemble dudit tarif y joint, seront envoyées au Siege de l'Election de Vitry-le-François pour y être lues, &c. Fait à Paris, en la Chambre des Vacations de la Cour des Aydes, le 22 Septembre 1762. *Signé*, VERNE.

Enregistrées définitivement le 10 Décembre suivant.

ETAT & tarif des droits qui seront levés sur les denrées & matieres de consommation dans la Ville, fauxbourgs & dépendances de Vitry-le-François; & ce pour employer à l'acquit des tailles, capitation & autres impositions de ladite Ville & fauxbourgs, outre & par-dessus les droits portés au tarif arrêté au Conseil, le 2 Juin 1733.

TITRE PREMIER.

Grains & Farines.

	l.	*s.*	*d.*
ARTICLE PREMIER. Sera payé par tous les Propriétaires de Fermes domiciliés à Vitry par chacun setier de froment qui entrera, provenant de leurs Fermes, quatre sols, ci		4	
2. Et pour chaque setier de seigle, méteil, orge & avoine, deux sols, ci.		2	
3. Lesdits droits ne pourront en aucuns cas être à la charge du Fermier.			
4. Les grains qui seront achetés par les Marchands de grains, ou vendus			

aux marchés par les Laboureurs ou gens de la campagne, ainsi que ceux *l. s. d.*
1762. appartenans aux Etrangers qui seront reçus par les Habitans de la Ville & fauxbourgs, seront exempts desdits droits, à l'effet de quoi les Marchands, Laboureurs, gens de la campagne & receveurs feront leur déclaration desdits grains au Bureau d'entrée, qui sera reçue sans frais.

5. Sera payé par chacun boisseau de farine de froment, pur ou mêlé, qui se moudra dans ladite Ville & fauxbourgs, ou qui viendra du dehors, deux sols, ci. 2

6. Tous Particuliers qui conduiront ou feront conduire leurs grains aux moulins étant dans l'enceinte de ladite Ville, seront tenus pour les moulins à eau, de faire leur déclaration au Commis, qui y sera préposé à cet effet, de la quantité de grains qu'ils entendent y faire moudre, pour, sur ladite déclaration, en être les droits perçus, si le cas y échet, à peine de confiscation de tous les grains qui se trouveront esdits moulins, & dont il n'auroit point été fait déclaration; & quant aux moulins à vent construits sur les remparts de ladite Ville, attendu qu'il n'est pas possible d'établir un Commis dans chacun desdits moulins, dont le produit est peu considérable, la déclaration sera faite aux Bureaux les plus voisins desdits moulins: sçavoir pour le moulin situé à l'extrêmité de la rue de Vaux, au Bureau de la porte de Vaux, pour les trois moulins situés à l'extrêmité de la rue de Frignicourt & derriere l'Eglise de Saint-Germain, au Bureau de la porte de Frignicourt, & pour le moulin situé derriere l'Arquebuse, au Bureau de la porte de Saint-Dizier, dont il sera délivré certificat sans frais, par les Commis desdits Bureaux, avec défense aux propriétaires ou locataires, faisant valoir lesdits moulins, d'y recevoir aucuns grains qu'il ne leur soit apparu du certificat de déclaration, à peine de confiscation de tous les grains non déclarés qui se trouveront dans lesdits moulins, & de cinquante livres d'amende contre les Meûniers.

7. Sera payé pour chaque boisseau de graine à huile, six deniers pour l'entrée, ci. 6

TITRE II.

Bêtes vives ou tuées.

8. Chaque bœuf ou vache, taureau, bouvillon ou genisse, payera pour l'entrée, onze livres cinq sols, ci 11 5

9. Chaque veau payera trente-sept sols six deniers pour l'entrée, ci. 1 17 6

10. Chaque mouton ou brebis, bouc ou chevre, payera pour l'entrée vingt-deux sols six deniers, ci. 1 2 6

11. Chaque agneau payera pour l'entrée quatre sols six deniers, ci. 4 6

12. Chaque chevreau payera pour l'entrée un sol six deniers, ci. 1 6

13. Ne seront réputés agneau ou chevreau que ceux crus dans la Ville ou dépendances, ou ceux entrans en icelle avant le jour de S. Jean-Baptiste de chaque année.

14. Chaque porc gras payera par cent pesant cinquante sols pour l'entrée, ci. 2 10

15. Chaque porc maigre payera pour l'entrée dix sols, ci. 10

16. Seront tenus tous Particuliers nourrissans lesdits porcs, de souffrir la visite & exercices des Commis, & en cas de vente aux Chaircuitiers, ou de consommation de leur part, d'en faire leur déclaration, pour être lesdits porcs pesés & les droits perçus; ainsi que pour les porcs gras, à

raison de cinquante sols par cent, sur quoi il sera fait déduction des dix sols payés lors de l'entrée d'iceux, en représentant la quittance du payement desdits octrois. *l. s. d.* 1762.

17. Chaque cochon de lait ou cochon de trois mois, payera pour l'entrée trois sols, ci. 3

18. Chaque mouton payera pour la sortie sept sols six deniers, ci. 7 6

19. Chaque brebis payera pour la sortie quatre sols, ci. 4

20. Il sera payé par chaque livre de viande de bœuf ou vache, veau, mouton ou brebis, bouc ou chevre entrant dans la Ville ou dépendances, neuf deniers, ci. 9

21. Il sera payé par chaque livre de lard, jambon & autre viande de porc frais ou salé, six deniers, ci. 6

22. Toutes les bêtes ci-dessus entrantes dans ladite Ville & fauxbourgs les jours de foire pour y être exposées en vente sur la place de Vitry, halle ou dépendances de ladite Ville, payeront pour l'entrée, en cas de vente seulement aux Habitans de la Ville ou de la campagne, relativement à l'article ci-dessous, qui en excepte les Bouchers & les Chaircuitiers.

SÇAVOIR,

	l.	s.	d.
Le bœuf ou vache, bouvillon ou genisse, douze sols, ci.		12	
Le taureau, vingt-quatre sols, ci.	1	4	
Le veau, trois sols, ci.		3	
Le mouton ou brebis, bouc ou chevre, un sol six deniers, ci.		1	6
L'agneau, un sol, ci.		1	
Le chevreau, six deniers, ci.			6
Le porc gras, cinq sols, ci.		5	
Le porc maigre, deux sols six deniers, ci.		2	6
Le cochon de lait ou cochon de trois mois, neuf deniers, ci.			9

23. L'article ci-dessus n'aura lieu que pour les bêtes qui seront achetées par les Bouchers ou Chaircuitiers de Vitry, lesquels payeront les droits sur le pied & ainsi qu'ils sont réglés par les articles 8, 9 & suivans; à l'effet de quoi les Particuliers qui auront vendu lesdites bêtes, & en auront, lors de l'entrée d'icelles, consigné les droits en entier, ou fait leur soumission de les payer, seront tenus, à peine d'être contraints en leur pur & privé nom, audit payement, ou d'abandonner la consignation par eux faite, de rapporter certificats des Bouchers ou Chaircuitiers à qui ils les ont vendus, avec soumission de leur part d'en acquitter les droits, pareil certificat des Particuliers autres que les Bouchers ou Chaircuitiers, ou de justifier de la sortie desdites bêtes, pour dans lesdits deux deniers cas, être leur soumission déchargée, ou l'argent par eux consigné, rendu en payant les droits tels qu'ils sont portés en l'article 22.

24. Tous les Particuliers de la Ville, fauxbourgs & dépendances qui auront acheté quelques-unes des bêtes ci-dessus spécifiées, les jours de foires, pour les nourrir ou en faire commerce, seront assujettis à la visite & exercice des Commis; &, en cas de consommation de leur part, ou vente aux Bouchers ou Chaircuitiers, ils seront tenus d'en faire leur déclaration, pour en être les droits perçus, conformément aux articles 8, 9 & suivans; comme aussi dans le cas où lesdits Particuliers

auroient fait entrer quelques-unes des bêtes sus-spécifiées dans autres jours que ceux de foires, & qu'ils en auroient payé les droits en entier, lesdits droits leur seront remboursés sous la simple retenue de celui porté en l'article 22 ci-dessus, en cas de mort naturelle, qu'ils seront tenus de justifier suivant les formes ordinaires ou de sortie desdites bêtes, en payant en outre par eux les droits de sortie, si aucuns sont dus. *l. s. d.*

1762.

TITRE III.

Beurre & Fromages.

25. Le cent pesant de beurre salé ou fondu payera pour l'entrée douze sols, ci. 12

26. Le cent pesant de fromages payera pour l'entrée douze sols, ci. 12

27. Les fromages qui se font dans l'étendue de l'Election de Vitry, ne payeront rien.

TITRE IV.

Poissons salés.

28. Le cent pesant de harangs salés ou sorets, payera pour l'entrée dix sols, ci. 10

29. Le cent pesant de morue, payera pour l'entrée quinze sols, ci. 15

30. Le cent pesant de saumon, payera pour l'entrée trente sols, ci. 1 10

31. Tous autres poissons salés, payeront pour l'entrée dix sols par cent pesant, ci. 10

TITRE V.

Vin, Eau-de-vie, Bierre, Cidre & Poiré.

32. Chaque poinçon de vin, jauge Champagne, du crû des Habitans, payera seize sols, les autres vaisseaux à proportion, ci. 16

33. Chaque poinçon de vin, jauge Champagne, venant des Elections de Rheims, Epernay, Châlons ou des Rissey, payera cinq livres pour l'entrée, les autres vaisseaux à proportion, ci. 5

34. Chaque poinçon de vin de Bourgogne, payera six livres cinq sols pour l'entrée, les autres vaisseaux payeront à proportion, ci. 6 5

35. Les paniers de bouteilles de vin de Champagne & de Bourgogne, payeront à raison d'un sol par chacune bouteille, pinte de Paris, ci. 1

39. Chaque poinçon de vin venant de Bar-le-Duc, des Elections de Bar-sur-Aube, Joinville & autres, payera trois livres quinze sols pour l'entrée, les autres vaisseaux à proportion, ci. 3 15

37. Chaque poinçon de vin, jauge Champagne, venant de l'Election de Vitry, non du crû des Habitans, payera pour l'entrée trois livres, les autres vaisseaux à proportion, ci. 3

38. Chaque poinçon de vin, jauge Champagne, des vins d'Espagne, de Frontignan & d'autres vins de liqueurs, payera pour l'entrée vingt livres, les autres vaisseaux payeront à proportion, ci. 20

39. Chaque bouteille, pinte de Paris, des mêmes vins de liqueurs, payera trois sols pour l'entrée, les moindres bouteilles à proportion, ci. 3

40. Chaque poinçon, jauge Champagne, d'eau-de-vie, qui entrera dans

l. ſ. d. — 1761.

dans ladite Ville & fauxbourgs, payera pour l'entrée huit livres, les autres vaiſſeaux à proportion, ci. 8

41. Chaque poinçon, jauge Champagne, d'eau-de-vie façonnée dans ladite Ville & fauxbourgs, payera quatre livres, les autres vaiſſeaux à proportion; & ſeront tenus les Bouilleurs, avant de mettre le feu ſous l'alambic, d'en faire déclaration aux Commis de l'Adjudicataire, à peine de cinquante livres d'amende & de confiſcation des uſtenſiles, ci. 4

42. Chaque poinçon, jauge Champagne, bierre, de cidre & de poiré, payera pour l'entrée quarante ſols, & les autres vaiſſeaux à proportion, ci. 2

43. Chaque voiture de marc de raiſin, payera pour la ſortie vingt ſols, ci. 1

TITRE VI.

Huile, Sucre, Epicerie & Teintures.

44. Le cent peſant d'huile d'olives & d'autres huiles, payera pour l'entrée dix ſols, ci. 10

45. Le cent peſant de ſucre, payera pour l'entrée quarante ſols, ci. 2

46. Le cent peſant de caſſonade, payera pour l'entrée quinze ſols, ci. 15

47. Le cent peſant de poivre, payera pour l'entrée quarante ſols, ci. 2

48. Le cent peſant de ſavon, payera pour l'entrée dix ſols, ci. 10

49. Toutes ſortes de dragées, confitures ſeches & liquides, & ſirops, payeront pour l'entrée quarante ſols par cent peſant, ci. 2

50. Le cent peſant d'amidon, de poudre à poudrer, ou blanc d'Eſpagne, de colle forte, colle claire, colle de poiſſon, de régliſſe & noix de galle, payera pour l'entrée dix ſols, ci. 10

51. La livre de caffé payera pour l'entrée douze deniers, ci. 1

52. La livre de thé payera pour l'entrée deux ſols, ci. 2

53. La livre de chocolat, de géroflé, de cannelle & de muſcade, payera pour l'entrée un ſol, ci. 1

54. L'alun payera trois deniers par livre pour entrée, ci. 3

55. La couperoſe payera un denier & demi par livre pour entrée, ci. 1½

56. Le cent peſant de bois d'Inde & de bois Bréſil en bûche, en écaille ou moulin, payera pour l'entrée cinq ſols, ci. 5

57. Le cent peſant de raucourt, de poix noire, poix blanche, réſine, colophane, gomme, glue, ou de pierre ponce, payera pour l'entrée dix ſols, ci. 10

58. L'encens, le vernis, l'azur, l'outre-mer, inde ou indigo, ou le vif-argent, payeront un ſol par livre pour entrée, ci. 1

59. Toutes drogues à faire peintures, teintures ou couleurs, autres que celles du précédent article, payeront pour l'entrée dix ſols par cent peſant, ci. 10

60. Toutes ſortes d'épiceries, généralement non dénommées au préſent tarif, payeront pour l'entrée dix ſols par cent peſant, ci. 10

TITRE VII.

Bois de chauffage & Charbon.

61. Chaque camion chargé de gros bois, d'écailles, de fagots & de

l. s. d.

vieux bois de charpente propre à brûler, payera pour l'entrée trente sols, ci. 1 10 —

1762.

62. Chaque char ou charrette à moisson chargée, des mêmes bois, payera pour l'entrée vingt-deux sols six deniers, ci. 1 2 6

63. Chaque charrette chargée des mêmes bois, payera pour l'entrée onze sols trois deniers, ci. 11 3

64. Chaque camion chargé de bois de saule, d'aulne, de peuplier, de fagots appellés vulgairement guenilles, *&c.*, fagots ou fascines de saule, d'épines ou d'autres bois de pareille nature, payera pour l'entrée dix-huit sols, ci. 18

65. Chaque char ou charrette à moisson chargé des mêmes bois, payera pour l'entrée douze sols, ci. 12

66. Chaque charrette chargée desdits bois, payera pour l'entrée six sols, ci. 6

67. L'osier de piétaille de deux ans, voituré pour le compte des panetiers, ne payera rien.

68. Chaque banne double de charbon, chargée de sacs, payera pour l'entrée trente sols, ci. 1 10

69. Chaque banne double de charbon, non chargée de sacs, payera pour l'entrée vingt-quatre sols, ci. 1 4

70. La petite banne de charbon chargée de sacs, payera pour l'entrée dix-huit sols, ci. 18

71. La petite banne de charbon non chargée de sacs, payera pour l'entrée neuf sols, ci. 9

72. Chaque char, charrette, ou camion chargé de charbon en sacs de charbon, payera pour l'entrée vingt-cinq sols, ci. 1 5

73. La charge de charbon sur un cheval ou âne, payera pour l'entrée quatre sols, ci. 4

74. Chaque char ou charrette à moisson, ou camion chargé de sacs de braise, payera pour l'entrée vingt sols, ci. 1.

75. Chaque charrette chargée de braise, payera pour l'entrée dix sols, ci. 10

76. Chaque charge de braise sur cheval ou âne, payera pour l'entrée un sol, ci. 1

77. Chaque tonneau de charbon de terre ou houille, payera pour l'entrée neuf sols, les autres vaisseaux à proportion, ci. 9

78. Les camions ou hacquets, chars & charrettes portés aux articles ci-dessus, seront de longueur & grandeur ordinaires, & non faits par affectation, & seront regardés comme tels les camions ou hacquets qui contiendront plus de dix à onze anneaux de bois, les chars & charrettes à moisson qui en contiendront plus de sept à huit, & les charrettes plus de quatre à cinq; & en cas d'excédent desdites quantités, les droits en seront perçus en sus de ceux portés esdits articles: sçavoir, à raison de trois sols par chaque anneau de bois excédant.

A l'égard des fagots, soit de bois dur, soit de saule, d'aulne & de peuplier, ou des fagots appellés vulgairement guenilles & d'autres bois de pareille nature, les voitures seront pareillement censées faites par affectation, lorsqu'elles contiendront, sçavoir, les camions ou hacquets, plus de deux cens fagots, les chars ou charrettes à moisson plus de cent cinquante, & les charrettes plus de cent; auquel cas les droits

1762.

ſeront perçus ſur l'excédent à proportion de ceux établis ſur les ſuſdites voitures chargées des ſuſdites matieres. *l. ſ. d.*

TITRE VIII.

Foins & Pailles.

79. Chaque char ou charrette à moiſſon ou camion chargé de foin, payera pour l'entrée vingt-cinq ſols, ci. 1 5

80. Chaque charrette chargée de foin, payera pour l'entrée douze ſols ſix deniers, ci. 12 6

81. Chaque charge d'homme de foin, payera pour l'entrée ſix deniers, ci. 6

82. Chaque charge de foin ſur cheval ou âne, payera pour l'entrée deux ſols, ci. 2

83. Chaque cent en nombre de gluis, payera pour l'entrée neuf ſols ſix deniers, ci. 9 6

84. Chaque char, charrette à moiſſon ou camion chargé de paille, payera pour l'entrée dix ſols, ci. 10

85. La charrette chargée de paille, payera pour l'entrée cinq ſols, ci. 5

86. Chaque char ou charrette à moiſſon chargé de grains en branche, payera douze ſols pour l'entrée, ci. 12

87. Chaque charrette chargée deſdits grains en branche, payera pour l'entrée ſix ſols, ci. 6

88. Chaque voiture de fumier enlevée de la Ville & fauxbourgs, par autres que par les Habitans, pour être tranſportée hors du finage, payera dix ſols, ci. 10

TITRE IX.

Bois de charpente, menuiſerie, charronage, & autres Bois façonnés ou non façonnés, arrivans tant par terre que par eau.

89. Chaque charrette de moiſſon ou camion chargé de bois à bâtir, équarrés ou non équarrés, payera pour l'entrée vingt-cinq ſols, ci. 1 5

90. Chaque charrette chargée deſdits bois, payera pour l'entrée douze ſols ſix deniers, ci. 12 6

91. Chaque char ou charrette à moiſſon ou camion chargée de bois de carrelage, de trapans, madriers, ou plats-pots & de bois de charpente façonnés, payera pour l'entrée trente-cinq ſols, ci. 1 15

92. Chaque charrette chargée deſdits bois, payera pour l'entrée vingt ſols, ci. 1

93. Chaque char, charrette à moiſſon chargée de planches de chênes, de ſapin, ou d'autres bois, payera pour l'entrée trente-cinq ſols, ci. 1 15

94. Chaque camion ou charriot chargé deſdites planches, payera pour l'entrée cinquante ſols, ci. 2 10

95. Chaque charrette chargée deſdites planches, payera pour l'entrée ving-cinq ſols, ci. 1 5

96. Chaque char, charrette à moiſſon ou camion chargé de filieres, pannes ou perches, de quelques bois que ce ſoit, payera pour l'entrée vingt-cinq ſols, ci. 1 5

97. Chaque charrette chargée deſdits bois, payera pour l'entrée douze ſols ſix deniers, ci. 12 6

1762.

	l.	s.	d.
98. Chaque char, charrette à moisson ou camion chargé de chanlattes, payera pour l'entrée trois livres dix sols, ci.	3	10	
99. Chaque charrette chargée de chanlattes, payera pour l'entrée vingt-cinq sols, ci.	1	5	
100. Chaque char, charrette à moisson ou camion chargé de chevrons, payera pour l'entrée quinze sols, ci.		15	
101. Chaque charrette chargée de chevrons, payera pour l'entrée sept sols six deniers, ci.		7	6
102. Chaque char, charrette à moisson ou camion chargé de lattes, échancillons, aissis, merrain, bois de cuves ou cuviers, jantes, rais, paillis & autres bois de charronages, façonnés, payera pour l'entrée quarante sols, ci.	2		
103. Chaque charrette chargée desdits bois, payera pour l'entrée vingt sols, ci.	1		
104. Chaque char, charrette à moisson ou camion chargé de sabots, arçons, bâtons de colliers, bois de sas & de boisseaux, battoirs & autres bois ouvragés de pareille qualité & espece, payera pour l'entrée trente sols, ci.	1	10	
105. Chaque charrette chargée desdites matieres de consommation, payera pour l'entrée quinze sols, ci.		15	
106. Chaque hottée d'arçons payera pour l'entrée un sol six deniers, ci.		1	6
107. La charge de cheval payera pour l'entrée quatre sols six deniers, ci.		4	6
108. Chaque char, charrette à moisson ou camion chargé de pelles & de sceaux, payera pour l'entrée, trois livres dix sols, ci.	3	10	
109. Chaque charrette chargée desdites pelles & sceaux, payera pour l'entrée trente-cinq sols, ci.	1	15	
110. Chaque char, charrette à moisson ou camion chargé d'éclisses & d'écuelles, payera pour l'entrée quarante sols, ci.	2		
111. Chaque charrette chargée desdites éclisses & écuelles, payera pour l'entrée vingt sols, ci.	1		
112. Le cent en nombre de balais de bouleau, payera pour l'entrée deux sols, ci.		2	
113. Chaque charrette chargée d'ouvrages faits en osier, payera pour l'entrée vingt-cinq sols, ci.	1	5	
Les charges d'hommes à proportion.			
114. Chaque hotte neuve d'osier payera pour l'entrée trois deniers, ci.			3
115. Chaque hotte de bâtons ou échalas de quartier ou de trois-quarts, payera pour l'entrée trois deniers, ci.			3
116. Chaque tonneau, muid ou poinçon neuf ou vieux, payera pour l'entrée un sol, les feuillettes & quarteaux payeront à proportion, ci.		1	
117. Les cuves, cuvettes, berlons, vieux ou neuf, payeront l'entrée à proportion de leur grandeur, à raison d'un sol par poinçon jauge de Champagne, ci.		1	
118. Tous bois neufs façonnés pour faire cuves, cuvettes, cuviers & autres vaisseaux, payeront pour l'entrée comme le merrain.			
119. Chaque cerceau à cuve payera trois deniers pour l'entrée, ci.			3
120. Chaque couronne de cerceaux à cuvier, poinçon & autres vaisseaux, payera pour l'entrée trois derniers, ci.			3
121. Chaque rouet à filer venant du dehors, payera pour l'entrée cinq sols, ci.		5	

	l.	s.	d.
122. Chaque char, charrette ou charrue neuve, venant du dehors, payera pour l'entrée cinq sols, ci.		5	
123. Le cent en nombre de corde de tilleul simple, payera pour l'entrée onze sols six deniers, ci.		11	6
124. Le cent en nombre de corde de tilleul double, payera pour l'entrée vingt sols, ci.	1		
125. Chaque char, charrette à moisson ou camion chargé d'écorces battues ou non battues, payera pour l'entrée vingt sols, ci.	1		
126. Chaque charrette chargée desdites écorces, payera pour l'entrée dix sols, ci.		10	

1762.

TITRE X.

Pierres, Tuiles, Briques, Ardoises, Carreaux & Craye.

	l.	s.	d.
127. Marbre de toute espece, tant en blocs qu'ouvragés, payeront pour l'entrée quatre sols par pied de Roy en quarré, de tel épaisseur qu'il soit, ci.		4	
128. Pierres de liais, tant en blocs qu'ouvragés, payeront pour l'entrée un sol par pied de Roy en quarré, de telle épaisseur qu'elles soient, ci.		1	
129. Chaque charrette à moisson ou camion chargé de pierres de taille, pierres mortes, tuiles & briques, payera pour l'entrée vingt sols, ci.	1		
130. Chaque charrette chargée desdits matériaux, payera pour l'entrée dix sols, ci.		10	
131. Le char d'ardoises payera pour l'entrée cinquante sols, ci.	2	10	
132. La charrette d'ardoises payera pour l'entrée trente sols, ci.	1	10	
133. Chaque char, charrette à moisson ou camion chargé de carreaux, ou contre-cœur de terre de maras, payera pour l'entrée huit sols, ci.		8	
134. La charrette chargée desdits carreaux payera pour l'entrée quatre sols, ci.		4	
135. Le char, charrette à moisson ou camion chargé de pierres de craye, payera pour l'entrée quatre sols, ci.		4	
136. La charrette chargée de pierres de craye, payera pour l'entrée deux sols, ci.		2	
137. Chaque voiture de moëlon payera pour l'entrée un sol, ci.		1	
138. Chaque meule de moulin payera pour l'entrée cinquante sols, ci.	2	10	
139. Chaque meule à émoudre payera pour l'entrée trois sols, ci.		3	
140. Le cent pesant de pierres à aiguiser, de pierres à fusil, payera pour l'entrée dix sols, ci.		10	
141. Chaque char de pavés payera pour l'entrée, cinq sols, ci.		5	
142. Chaque charrette de pavés payera pour l'entrée trois sols, ci.		3	
143. Chaque voiture de terre blanche payera pour l'entrée un sol six deniers, ci.		1	6
144. Chaque voiture de terre à maçonner ou à enduire, payera pour l'entrée neuf deniers, ci.			9
145. Chaque tombereau ou voiture de sable, graviers ou gravois, payera pour l'entrée six deniers, ci.			6
146. Le cent pesant de plâtre cuit ou non cuit payera pour l'entrée deux sols six deniers, ci.		2	6

1762.

TITRE XI.

Cire, Chandelle & Suif.

	l.	s.	d.
147. Le cent pesant de cire en écailles payera pour l'entrée trente sols, ci.	1	10	
148. Le cent pesant de cire jaune façonnée ou non façonnée en cierges, pains ou autrement, payera pour l'entrée trois livres, ci.	3		
149. Le cent pesant de cire blanche façonnée ou non façonnée, pains ou autrement, payera pour l'entrée cent sols, ci.	5		
150. Le cent pesant de vieilles cires, tant jaunes que blanches, autres que celles qui viendront des fabriques de la campagne, payera pour l'entrée trente sols, ci.	1	10	
151. Le cent pesant de chandelles venant du dehors, payera pour l'entrée cinquante sols, ci.	2	10	
152. Le cent pesant de suif payera pour l'entrée vingt-cinq sols, ci.	1	5	

TITRE XII.

Porcelaine, Fayance, Verre & Poterie.

	l.	s.	d.
153. Chaque char ou grande charrette de porcelaine ou fayance fine, payera pour l'entrée cent sols, ci.	5		
154. La petite charrette chargée des mêmes matieres, payera pour l'entrée cinquante sols, ci.	2	10	
155. Chaque char ou grande charrette de fayance commune, de grès, de terre blanche, de terre noire, ou de terre de pans, payera pour l'entrée cinquante sols, ci.	2	10	
156. La petite charrette chargée desdites matieres, payera pour l'entrée cinq sols, ci.		5	
157. Chaque char ou grande charrette chargée de terrines ou d'autres vaisseaux de terre, & généralement de toutes sortes de poterie, payera pour l'entrée vingt-cinq sols, ci.	1	5	
158. La petite charrette chargée desdites matieres, payera pour l'entrée douze sols six deniers, ci.		12	6
159. Chaque char ou grande charrette chargée de bouteilles & flacons de verre, payera pour l'entrée trois livres, ci.	3		
160. Chaque charrette desdites bouteilles ou flacons, payera pour l'entrée trente sols, ci.	1	10	
161. Chaque charge d'homme de bouteilles & flacons, payera pour l'entrée trois sols, ci.		3	
162. Chaque charge de cheval ou âne de bouteilles ou flacons, payera pour l'entrée dix sols, ci.		10	
163. Chaque pannier de verre en table à faire vîtres, payera pour l'entrée vingt sols, ci.	1		
164. Chaque charge d'homme de pareils verres, payera pour l'entrée dix sols, ci.		10	
165. Chaque charge de cheval ou âne de pareils verres, payera pour l'entrée quarante sols, ci.	2		
166. Les vieux verres de vîtres rapportés de la campagne par les Vîtriers de la Ville & fauxbourgs, ne payeront rien.			

167. Chaque char ou grande charrette de verres à boire, de caraffes,

& autres pieces de verres de toutes especes, même de crystal, payera pour l'entrée trois livres, ci. — *l. s. d.* 3 — 1762.

168. Chaque charrette desdites matieres payera pour l'entrée trente sols, ci. — 1 10

169. Chaque charge d'homme de pareilles matieres, payera pour l'entrée six sols, ci. — 6

170. Chaque charge de cheval de pareilles matieres, payera pour l'entrée quinze sols, ci. — 15

TITRE XIII.

Draperie, Mercerie & Quinquaillerie.

171. Toutes les marchandises de draperie, mercerie & quinquaillerie, de quelque qualité ou espece que ce soit, même les étoffes fabriquées en soye, ou en argent, laine, coton, fil ou poil de chevre, qui entreront dans la Ville ou les fauxbourgs, & qui demeureront vingt-quatre heures, payeront dix sols du cent pesant, & les petits ballots ou paquets à proportion, à l'exception des marchandises de draperie, mercerie & quinquaillerie dénommées dans le présent tarif, qui payeront les droits auxquels elles sont tariffées en particulier, ci. — 10

172. Tous les meubles meublans, vieux & neufs, tapisseries, lits, matelas, couvertures, châssis, tours de lits, chaises, fauteuils, glaces, miroirs, trumeaux, commodes, bureaux, bibliotheque, & autres ouvrages de l'art & métier d'Ebéniste, soit vieux, soit neufs, entrant dans la Ville & fauxbourgs, payeront dix sols de cent pesant, à l'exception des armoires & commodes de bois de chêne, de bois de noyer, de sapin, ou de hêtre en plein, & sans être plaqué, soit vieux, soit neufs, qui ne payeront rien, & il sera permis aux Habitans de la Ville & fauxbourgs de faire porter des meubles à leurs terres & à leurs maisons de campagne, & de les faire rapporter à la Ville, sans être tenus de payer aucuns droits d'entrée desdits meubles; & pour prévenir les fraudes, ils seront tenus de faire faire un état des meubles qu'ils feront sortir, où ils seront désignés, lequel sera signé d'eux & du Fermier des Octrois, dont il restera un double audit Fermier, sur lequel il fera la vérification des meubles que l'on voudra rentrer dedans la Ville: & sera tenu le Fermier, trois mois avant l'expiration de son bail, de remettre à l'Hôtel de Ville les doubles des états qui auront été faits pendant son bail, & qui lui seront restés, en se purgeant par serment qu'il ne lui en reste point d'autres, & qu'ils sont sérieux & véritables.

173. Le cent pesant de crin & de plume vieux ou neufs, payera pour l'entrée dix sols, ci. — 10

174. Le cent pesant de lin, de chanvre ou d'étoupes écrus ou façonnés, payera pour l'entrée huit sols six deniers, ci. — 8 6

175. Le cent pesant de fil de lin, de chanvre, de coton ou d'étoupes, payera pour l'entrée dix sols, les petits paquets à proportion, ci. — 10

176. Chacune douzaine de sangles ou de surfaits, payera pour l'entrée neuf deniers, ci. — 9

177. Toutes sortes de toiles, treillis & coutils, payeront pour l'entrée dix sols par cent pesant, ci. — 10

1762.

TITRE XIV.

Etaims, Plombs & Cuivres.

	l.	s.	d.
178. Le cent pesant d'étaim vieux & neuf, façonné ou non façonné, & de soudure d'étaim, payera pour l'entrée dix sols, ci.		10	
179. Le cent pesant de plomb vieux ou neuf, façonné ou non façonné, même de plomb à giboyer, payera pour l'entrée quatre sols, ci.		4	
180. Le cent pesant de cuivre, airain, potin neuf, façonnés ou non façonnés, payera pour l'entrée dix sols, ci.		10	
181. Le cuivre & le potin vieux ne payeront rien.			
182. Le cent pesant de fer blanc & noir en feuilles, fil de fer & de laiton, cornes à lanternes, liege en planches ou en bouchons, & des pipes à fumer, payera pour l'entrée dix sols, ci.		10	

TITRE XV.

Fers & Clouteries.

	l.	s.	d.
183. Chacun char chargé de fer, soit en barres ou en verges, en contre-cœur, chaudieres, marmites & autres marchandises de fer de fonte, payera pour l'entrée vingt-sept sols, ci.	1	7	
184. La charrette chargée des susdites marchandises, payera pour l'entrée dix-huit sols, ci.		18	
185. Chaque tonneau ou poinçon de fers à cheval, de clous à bandes, de fers d'essieux, de scies, de chaînes & d'autres ouvrages de fer quels qu'ils soient, payera pour l'entrée seize sols, & les autres vaisseaux à proportion, ci.		16	
186. Chaque botte de verge rondes ou quarrées, payera pour l'entrée deux sols, ci.		2	
187. Chaque botte de bandages neufs, payera pour l'entrée douze deniers, ci.		1	
188. Chaque paquet de taule de quelque largeur qu'elle soit, payera pour l'entrée trois sols, ci.		3	
189. Le cent pesant de plaques à épaule, payera pour l'entrée deux sols, ci.		2	
190. La douzaine de faulx payera pour l'entrée trois sols, ci.		3	
191. La douzaine de faucilles payera pour l'entrée douze deniers, ci.		1	
192. Le poinçon de grosse & menue clouterie, payera pour l'entrée vingt sols, le demi-poinçon dix sols, & le quart cinq sols, ci.	1		
193. Toutes sortes de clous & d'autres marchandises de fer entrant dans des sacs ou paniers, payeront pour l'entrée, par cent pesant, deux sols, ci.		2	
194. Chaque ballot ou liasse d'acier, de quelque lieu qu'il vienne, ou qu'il soit, payera pour l'entrée, par cent pesant, quatre sols, ci.		4	
195. Chaque douzaine de cuilliers à pot, d'écumoires ou de papinettes de fer, payera pour l'entrée douze deniers, ci.		1	
196. Chaque douzaine de poêles à frire, petites ou grandes, payera pour l'entrée dix sols, ci.		10	
197. Chaque douzaine de poêlons, payera pour l'entrée cinq sols, ci.		5	
198. Chaque douzaine de réchauds payera pour l'entrée dix sols, ci.		10	
199. Chaque douzaine de lêchefrites, payera pour l'entrée huit sols, ci.		8	
200. Chaque douzaine de grils payera pour l'entrée huit sols, ci.		8	

RÉGLEMENT

1762.

RÉGLEMENT pour la perception des droits ci-dessus.

201. TOUS les droits établis par le présent tarif, sur les denrées & autres objets de consommation entrans dans les Villes & fauxbourgs, tant par terre que par eau, pour y être vendus ou en gros ou en détail, seront payés lors de l'entrée d'icelles.

202. Tous les droits ci-dessus seront payés par toutes sortes de personnes, excepté néanmoins le Clergé, les Corps & Communautés ecclésiastiques, tant séculieres que régulieres, la Noblesse, les Officiers de l'Élection, y compris le Greffier, le Receveur des tailles, les Officiers Commensaux des Maisons Royales, en se conformant par eux aux Réglements qui les concernent & n'en dérogeant pas, & autres jouissans duement de l'exemption de la taille, suivant les Loix & Ordonnances du Royaume, qui pourront faire entrer en franchise desdits droits toutes les denrées & objets portés au présent tarif, à la charge par eux de faire leurs déclarations aux bureaux qui seront établis pour la perception des droits des denrées & de tout ce qu'ils feront entrer pour leur usage & consommation, à la charge en outre de pareilles déclarations dans le cas de vente, don ou échange de quelques-unes desdites denrées qui ne seront pas employées à leur consommation, pour être, en ce cas, les droits perçus ainsi & de la maniere qu'ils l'auroient été à l'entrée dans la Ville desdites denrées, & à l'exception néanmoins du droit de quatre sols pour chaque setier de froment, & de celui de deux sols pour chacun setier de seigle, méteil, orge & aveine, établi par les articles premier & deuxieme du présent tarif, sur les grains provenans des Fermes des domiciliés à Vitry, que lesdits Ecclésiastiques, Nobles & privilégiés ne seront point tenus de payer en cas de vente de la totalité ou de partie d'iceux, comme aussi à la charge de ne commettre aucuns abus ni fraudes, à peine de confiscation, de cent livres d'amende, & d'être déchus, leur vie durant, de ladite exemption, sans que les peines puissent être réputées comminatoires.

203. Tous lesdits Ecclésiastiques, Nobles & privilégiés ne pourront jouir de l'exemption desdits droits, que pour les denrées & objets de consommation qu'ils feront entrer à leur compte dans ladite Ville & fauxbourgs d'icelle, suivant les déclarations qu'il en feront aux termes de l'article ci-dessus, sans qu'ils puissent prétendre, en aucun cas, ni indemnité, ni restitution de droits pour les denrées qu'ils auroient achetées dans la Ville & fauxbourgs d'icelle, soit sur la place, sous la halle ou ailleurs, sous prétexte que les droits en auroient été payés lors de l'entrée desdites marchandises ou denrées, ladite exemption ne pouvant avoir lieu que pour les denrées & marchandises qui entreront directement pour leur compte.

204. Les privilégiés & exempts des droits de tarif, tant Ecclésiastiques que Laïcs, ne pourront céder leur privilege en tout ou en partie.

205. Les enfans qui auront quelque privilege ou exemption, demeurans chez leurs peres & meres, sujets aux droits du tarif, ne pourront les affranchir, sous prétexte qu'ils tiendroient le ménage, & que leursdits peres ou meres seroient leurs pensionnaires; mais au contraire ils seront eux-mêmes censés être en pension chez leursdits peres ou meres: pour quoi ni les uns ni les autres ne seront aucunement affranchis desdits droits de tarif.

1762. 206. Il en sera usé de même dans le cas où un Ecclésiastique Noble ou privilégié demeureroit chez un Bourgeois assujetti aux droits, qui ne pourra prétendre aucun affranchissement, sous prétexte qu'il tient en pension chez lui un privilégié exempt des droits; & le privilégié n'en sera exempt pour lui-même que dans celui où il tiendroit un ménage séparé de celui chez lequel il occuperoit un appartement.

207. Les enfans non privilégiés demeurans chez leurs peres privilégiés ou meres veuves, conservans le privilege de leurs maris, ne jouiront point de l'exemption des droits sur les denrées y assujetties, & faisant partie de leurs revenus, mais seulement leurs peres ou meres pour celles qui leur appartiendroient, sans que néanmoins audit cas on puisse assujettir lesdits peres ou meres au payement des droits d'entrées des objets ou marchandises qui se consommeroient dans leur ménage, sous le prétexte que leurs enfans non privilégiés vivent avec eux; & à l'effet de distinguer ce qui, dans le cas susdit feroit partie du revenu des peres ou meres, ils seront tenus les uns & les autres, lors de l'entrée des denrées, de déclarer aux bureaux établis pour la perception des droits à qui elles appartiennent, à peine, en cas d'abus ou fraude, de confiscation desdites denrées, & de cent livres d'amende.

208. Les droits des bœufs & autres bêtes achetées pour la consommation de la Ville, seront payés & avancés par les Bouchers, qui, pour leur indemnité, seront & demeureront autorisés à percevoir par chacune livre de viande de bœuf, vache, veau, mouton & brebis, neuf deniers au-delà de la taxe ordinaire qui en aura été faite par les Officiers de Police.

209. A l'égard des Boulangers, pour les indemnités des droits imposés sur la farine & sur le bois, il sera ajouté par les Officiers de Police, dix-sept sols six deniers au prix commun de chaque setier de froment, pour en former la taxe du pain.

210. Les Voituriers forains, Colporteurs, Porte-balles & tous autres qui feront entrer de l'épicerie & des ouvrages de quincailleries grosses & menues, de quelque nature & de quelqu'espece que ce soit, exprimés ou non exprimés audit tarif, pour les débiter dans la Ville & fauxbourgs, payeront les droits d'entrée tels & ainsi qu'ils sont ci-dessus réglés, sauf à leur rendre, lorsqu'ils sortiront, les droits de ceux qu'ils n'auront point vendus, après visite & reconnoissance faite d'iceux sur l'état qui en aura été dressé lors de l'entrée, à l'effet de quoi ils ne pourront déballer ni remballer qu'en présence des Commis qui seront à ce préposés, sous peine de confiscation & d'amende.

211. Les Marchands de la Ville & fauxbourgs, auront du jour & date de l'entrée de l'épicerie & quincaillerie, un mois pour en acquitter les droits lorsqu'ils excéderont la somme de cent livres, en donnant toutefois par eux leurs soumissions par écrit, de faire l'acquit desdits droits dans le délai ci-dessus accordé; &, faute par eux de le faire, ils y seront contraints comme pour les propres deniers de Sa Majesté.

212. Toutes les denrées, ouvrages & objets de consommation mentionnés au présent tarif, dont les droits doivent être payés par poids, nombre & mesures déterminées, payeront lesdits droits à proportion du plus ou du moins qu'il y aura.

213. Les chars, charrettes à moisson, camions ou petites voitures non entiérement chargées de denrées sujettes aux droits, ou chargées de matieres de consommation & de denrées de différentes especes, payeront à proportion de ce qui s'y trouvera.

214. Les Habitans sujets aux droits d'entrée, & tous autres demeurans hors l'enclos de la Ville & barrieres, seront tenus de faire leurs déclarations de toutes les denrées généralement quelconques qui leur arriveront, & de payer les droits d'entrée d'icelles, s'ils en sont tenus, avant de les introduire dans leurs maisons, à peine de confiscation & d'amende payable par corps, sçavoir, de vingt livres pour la premiere fois, de quarante livres pour la seconde, de cent livres pour la troisieme, & d'en payer les droits sous les mêmes peines; comme aussi toutes les denrées, ouvrages & autres matieres de consommation assujetties aux droits par le présent tarif, que toutes personnes de quelque qualité & condition qu'elles soient, & en quelque lieu qu'elles soient demeurantes, déchargeront ou feront décharger dans les maisons ou bâtimens sis en la prairie dudit Vitry, sur les ports de la riviere de Saulx, depuis le pont de Vaux & de la riviere de Marne, depuis la Ville de Vitry jusques & compris le Village & port d'Ablancourt, payeront les droits suivant & conformément au présent tarif; à l'effet de quoi, avant la charge ou décharge desdites denrées, ouvrages & effets de consommation sur lesdits lieux, tous Particuliers, sans exception à qui ils appartiendront, seront tenus de faire leur déclaration de la quantité & espece de ceux qu'ils y feront mener, à peine de confiscation & de pareille amende que dessus. 1761.

215. Toutes les amendes & confiscations appartiendront à la Communauté des Habitans, dans le cas où elle régira par elle-même; mais, en cas d'adjudication, lesdites amendes & confiscations appartiendront moitié à l'adjudicataire, & moitié à ladite Communauté; au payement desquelles amendes seront ceux qui auront été condamnés, contraints par toutes voies dues & raisonnables, même par corps, en vertu des Sentences & Jugemens qui les auront adjugées, nonobstant oppositions ou appellations quelconques, sans néanmoins y préjudicier & sans qu'il soit besoin d'y donner caution; & quant aux confiscations qui auront été prononcées, il y sera sursis en cas d'appel, en se soumettant, par les propriétaires, & par corps, à la représentation des choses saisies ou de la valeur d'icelle, qui sera fixée par leurs soumissions, faute de quoi lesdites choses saisies & confisquées seront vendues, sans que dans le cas où les propriétaires par la suite en obtiendroient main-levée, ils puissent prétendre aucuns dommages & intérêts, ni demander autre chose que la restitution du prix qui en sera provenu.

216. Les matieres de consommation & denrées qui passeront de bout, ne payeront rien, mais seront tenus les propriétaires & conducteurs de les déclarer au bureau d'entrée par quantité & qualité, & de signer leur déclaration, dont il leur sera donné copie sur papier non marqué, sans frais, pour la présenter au bureau de sortie, afin de les vérifier; &, en cas de fraude, lesdites matieres de consommation, denrées & autres, chevaux, bœufs & équipages seront confisqués, & les propriétaires & voituriers condamnés solidairement & par corps en l'amende ci-dessus.

217. Les matieres de consommation, denrées, &c. pour passer debout de la Ville & fauxbourgs, ne pourront y séjourner plus de vingt-quatre heures, à moins qu'il n'y ait empêchemens légitimes; auquel cas les propriétaires ou conducteurs seront tenus d'en faire déclaration, & de constater avec l'adjudicataire ou ses commis les causes dudit empêchement; & s'il s'est justifié que les Marchands en ayent déballé & mis en vente, sans avoir fait déclaration au bureau avant l'expiration desdites vingt-quatre heures ou autre terme accordé, elles seront confisquées & les Marchands condamnés comme dessus; & pour ôter tous sujets de fraude, les voituriers & conducteurs des marchandises sujettes aux droits du tarif, qui auront déclaré vouloir passer de bout, au cas où

1762. ils arrêteroient dans la Ville & fauxbourgs pour dîner ou coucher, seront tenus de conduire lesdites marchandises à l'un des deux magasins qui seront pour ce établis, & pour y demeurer déposés jusqu'à leur départ, sous peine de confiscation & de l'amende ci-dessus.

218. Ne pourra être fait de magasins ni entrepôts de denrées & marchandises sujettes aux droits du tarif, dans la distance de trois lieues de ladite Ville, par les Marchands particuliers & autres, à peine de confiscation des marchandises, & denrées entreposées & de l'amende ci-dessus, payable solidairement par les conducteurs & propriétaires d'icelles, & les propriétaires, fermiers ou locataires des lieux qui auront servi d'entrepôt; comme aussi, en cas de soupçon d'entrepôt, il sera permis aux commis de l'adjudicataire de se transporter dans les maisons & lieux indiqués, à quelques personnes qu'elles appartiennent, & par quelques personnes qu'elles soient occupées, en prenant l'Ordonnance du Juge à ce préposé, qui pourra même ordonner son transport, s'il le juge à propos; desquels lieux & maisons les propriétaires & locataires seront tenus de faire l'ouverture, ainsi que de leurs boutiques, magasins, caves & autres lieux quelconques, & de souffrir les recherches, sous peine de deux cens livres d'amende, laquelle sera convertie contre les exempts & autres privilégiés en une privation totale des exemptions & indemnités qui pourroient leur être accordées par l'Arrêt qui interviendra: & pour prévenir les fraudes, les bateliers, meûniers, pêcheurs & autres qui tiennent de petits bateaux, nacelles, alleges sur les rivieres de Marne & de Saulx, seront tenus tous les soirs de les enchaîner avec cadenas fermans à clefs, sous peine de dix livres d'amende. Pourront même l'adjudicataire & ses préposés y apposer une serrure ou cadenas, pour les arrêter pendant la nuit.

219. Et à l'égard des Habitans de cette Ville qui meneront aux foires du voisinage des ouvrages de quincaillerie ou autres sujets aux droits du tarif, ils les déclareront par écrit au bureau de sortie, & ne payeront en entrant aucuns droits, en faisant apparoir que ce sont les mêmes; à l'effet de quoi seront tenus la veille des foires où ils voudront aller, de le faire marquer au bureau, pour, lors de la rentrée, en faire la vérification.

220. Les ballots, cassettes, malles, porte-manteaux, paquets, boîtes, paniers de marchandises à l'adresse ou pour le compte des Marchands ou Habitans de ladite Ville & fauxbourgs de Vitry & autres, ne pourront leur être remis par les conducteurs de carrosses & voitures publiques, sous-preneurs, messagers, agens du commis à la recette d'iceux, qu'ils n'ayent été préalablement ouverts & visités soit à la barriere, soit au bureau des octrois par les préposés à la perception des droits établis par le présent tarif, à l'effet de quoi lesdits conducteurs & autres ci-dessus qualifiés seront tenus de représenter leurs feuilles & lettres de voiture auxdits préposés, & de déclarer en outre les paquets qui seront pour le compte desdits Marchands & Habitans de Vitry & fauxbourgs, non inscrits sur les feuilles ou lettres; le tout à peine de cent livres d'amende & de confiscation des effets & paquets non déclarés.

221. Ne pourront tous Particuliers chargés de denrées & marchandises sujettes aux droits portés par le présent tarif, prendre d'autres chemins pour arriver à la Ville ou fauxbourgs, que les chaussées & grands chemins conduisans aux barrieres & aux portes de la Ville; & où aucuns seroient trouvés par les sentiers & chemins détournés en deçà de la ligne du bureau des barrieres, ils seront présumés passés en fraude, & comme tels condamnés à l'amende de cinquante livres, applicable comme dessus, & leurs denrées & marchandises saisies & confisquées,

& en outre encourront la peine de prison ceux qui seront surpris pendant la nuit. 1762.

222. Tous les matériaux nécessaires à la construction & réparation des Eglises, Hôpitaux, Colleges, Casernes, entretien du pavé, des contrescarpes & maison curiale, seront exempts des droits auxquels ils sont assujettis par le présent tarif, à la charge par les Chefs des Maisons religieuses, Marguilliers de Paroisses & Directeurs, de faire leurs déclarations aux bureaux qui seront établis pour la perception desdits droits; & en cas qu'ils vinssent à vendre ou à échanger aucunes desdits denrées & provisions, même de privilégiés à privilégiés, d'en faire pareillement leurs déclarations, pour être audit cas les droits perçus de la même maniere qu'ils l'eussent été si le cas y échoit, & ce, sous peine de déchéance de leur exemption.

Le présent tarif rectifié, contenant deux cens vingt-deux articles, dont deux cens d'utiles & vingt-deux qui regardent la Régie, a été par nous Maire, Echevins, Gens du Conseil & Syndic de Vitry-le-François, approuvé, arrêté & signé en vertu de la délibération du Conseil de Ville de cejourd'hui. Fait en la Chambre de l'Hôtel de Ville de Vitry, le quatorze Juin mil sept cent soixante-deux. *Signé*, Salligny, Maire; Debraux de Dronnay, Lieutenant-Général de Police; Cabrillon, Forby, Tisserand, Echevins; Leblanc, Varnier, Jacobé, Dorisy, Morin, Fournier, Conseillers de Ville, & Debraux, Syndic. Fait & expédié par moi Greffier, Secretaire ordinaire de l'Hôtel de Ville, le 10 Juillet 1762. *Signé*, Delalain. Collationné. *Signé*, Devougny, avec paraphe.

DÉCLARATION qui ordonne qu'à l'avenir & à commencer du département qui sera fait pour l'année prochaine 1763, les rôles des tailles & autres impositions accessoires, ensemble les premieres contraintes demeureront exemptes des droits de contrôle, papier timbré & petit-scel. (Code des Tailles, Tome IV, page 50.)

11 Septembre 1762.

LOUIS, &c. Toujours occupés du soin de venir au secours de nos Sujets taillables, par tous les moyens qui peuvent se concilier avec les besoins de l'Etat, nous avons considéré que notre intention devoit principalement se porter à diminuer, autant qu'il est possible, les frais qu'il a été d'usage de leur faire éprouver jusqu'ici, pour raison de l'assiette & du recouvrement de la taille & autres impositions accessoires; nous avons pensé en conséquence, que de même que cela se pratique par rapport aux rôles de la capitation & des vingtiemes, ceux de la taille & autres impositions accessoires, ou qui les représentent sous d'autres dénominations, pourroient être faits en papier ordinaire & non timbré, & dispensés de la formalité du contrôle & petit-scel. A ces causes, &c.

Voulons & nous plaît qu'à l'avenir & à commencer du département qui sera fait pour l'année prochaine 1763, les rôles des tailles & autres impositions, sous quelque dénomination qu'elles se perçoivent dans toutes les Provinces & Généralités de notre Royaume, ensemble les premieres contraintes qui seront décernées par les Receveurs desdites impositions, à chaque terme de payement, dans les lieux où elles sont d'usage & nécessaires, tant contre les Collecteurs

1762. que contre les autres contribuables, soient & demeurent exempts des droits de contrôle, papier timbré & petit-scel, sans néanmoins que le surplus des poursuites desdits Receveurs, & celles qui seront faites par les Collecteurs contre les contribuables, ni les demandes & contestations en sur-taux, ou en comparaison de cottes, & toutes autres demandes, contestations & procès tant au civil qu'au criminel entre les Collecteurs & les contribuables, ou des contribuables entr'eux, puissent jouir de ladite exemption.

Si donnons en mandement à nos amés & féaux les Gens tenans nos Cours des Aydes à Rouen, Bordeaux & Montauban, que ces présentes, &c.

Donnée à Versailles, le onzieme jour de Septembre mil sept cent soixante-deux. *Signé*, LOUIS; & plus bas, par le Roy, PHELYPEAUX.

DÉCLARATION portant Réglement pour l'imposition & le recouvrement de la Taille & autres impositions accessoires dans la Généralité de Châlons. (Code des Tailles, Tome IV, page 52.)

11 Octobre 1762.

LOUIS, &c. En établissant, par notre Déclaration du 13 Avril 1761, une nouvelle forme de procéder, plus sommaire & moins dispendieuse que celle qui avoit été pratiquée précédemment, dans les cas où nos Sujets taillables se croient fondés à former opposition à leurs cottes, notre intention a été de diminuer pour l'avenir les frais qui se faisoient pour parvenir à l'imposition, levée & recouvrement de la taille & des autres impositions accessoires: nous avons à cet effet permis, par l'article IV de notre Déclaration, aux sieurs Intendans & Commissaires départis, conformément aux dispositions de l'Edit du feu Roy Louis XIV, notre très-honoré Seigneur & bisaïeul, du mois d'Août 1715, de faire procéder par des Officiers des Elections, ou autres qu'il plairoit auxdits sieurs Intendans commettre, à la confection des rôles des tailles des Villes, Bourgs & Paroisses taillables, dans lesquels ils le jugeroient nécessaire; & nous avons ordonné, par les articles VI & VII, que les oppositions qui pourroient survenir aux cottes insérées dans lesdits rôles, seroient portées en premiere instance à l'Election, &, en cas d'appel, à nos Cours des Aydes : nous avons été informés que l'exécution desdits articles VI & VII de notre Déclaration pouvoit faire naître quelques difficultés dans la Généralité de Champagne, où la taille s'impose dans une forme particuliere & suivant un tarif dont les principes ne sont pas juridiquement connus des Officiers des Elections; nous avons reconnu que cette forme introduite en 1738, dans ladite Généralité, avoit pour objet d'établir des regles fixes & moins arbitraires pour la répartition de l'imposition entre les contribuables, & prévenir par-là tous les abus qui naissent de l'incertitude & de l'inégalité des répartitions : que pour y parvenir, la valeur de tous les biens-fonds de ladite Généralité a été constatée par les déclarations faites par les propriétaires, de la quantité & qualité des terreins qu'ils possédoient, lesquelles déclarations ont été contredites par les autres contribuables, & vérifiées contradictoirement avec eux par la représentation soit des contrats d'acquisition, soit des baux desdits biens : qu'après cette opération préalable, il a été établi des regles pour imposer l'industrie à un taux modéré, & de la maniere la moins arbitraire qu'il a été possible : que sur les procès-verbaux d'évaluation des biens-fonds, dans lesquels le produit ou revenu de chaque espece de biens a été marqué, il a été formé un relevé exact desdits biens possédés par chaque Particulier, contenant aussi l'estimation ou le produit d'iceux : que les registres ou feuilles de relevé ont servi de base au travail des Commissaires pour asseoir la taille : que ces Commissaires ont été chargés chaque année de vérifier dans les Paroisses les changemens arrivés tant dans la propriété des biens, que dans ceux donnés ou tenus à Ferme, & de les porter sur les registres ou feuilles de relevé : que pour les diriger dans la répartition de l'imposition, il a été dressé une instruction ou préambule de rôle, qui regle la proportion dans laquelle doivent être imposées les différentes natures de biens propres & d'exploitation, & les différentes classes d'industrie, en sorte que le Commissaire n'a plus qu'à en faire l'application aux cottes particulieres : que depuis l'établissement de cette forme de répartition dans la Généralité de Châlons, les sieurs Intendans & Commissaires départis de cette Généralité se sont occupés des moyens de la porter à toute la perfection dont elle est susceptible, soit en faisant vérifier & corriger les inexactitudes qui auroient pu se glisser dans les premieres opérations, soit en simplifiant la forme des calculs & des répartitions : que les premiers frais indispensables pour parvenir à la connoissance détaillée de tous les fonds ayant été considérables, & le Peuple en ayant recueilli des fruits très-avantageux par la diminution du nombre des contestations, le bien de la Province exige que nous prenions les mesures nécessaires soit pour maintenir ladite forme d'imposition, soit pour la porter encore à un plus haut degré de perfection. Notre intention est de remplir l'un & l'autre de ces objets ; mais comme les mesures à prendre pour y parvenir demandent du temps & des instructions préalables, nous nous réservons d'y pourvoir par la suite, & étant nécessaire d'empêcher que la prorogation du tarif ne soit dérangée par les Jugemens que rendroient les Officiers des Elections, en conformité de l'article VI de notre Déclaration du 13 Avril 1761, ce qui pourroit arriver par l'impossibilité où seroient lesdits Officiers de se conformer dans leurs Jugemens, aux principes du tarif dont ils n'ont eu jusqu'à présent aucune connoissance juridique, nous avons jugé à propos d'assujettir les Officiers des Elections à se conformer, dans leurs Jugemens, au tarif tel qu'il est actuellement en usage dans la Généralité de Champagne ; & en conséquence nous avons cru devoir ordonner le dépôt au greffe des Elections, tant d'un double des procès-verbaux d'évaluation des biens-fonds & de l'industrie, sur les extraits desquels les Commissaires établissent leur imposition, que des instructions insérées au préambule des rôles, & qui contiennent les principes du tarif dont il s'agit. A ces causes, &c. voulons & nous plaît ce qui suit : 1762.

I. La taille & les autres impositions accessoires continueront, dans la Généralité de Châlons, d'être imposées comme par le passé, conformément aux regles du tarif exécuté dans cette Généralité depuis l'année 1738, suivant les instructions ou préambule des rôles attachés sous le contre-scel des présentes, & d'après les énonciations & estimations des héritages portées aux registres ou feuilles de relevé, qui depuis ce temps servent de base au travail de la confection des rôles.

II. Les Officiers des Elections en premiere instance, & notre Cour des Aydes en cause d'appel, se conformeront auxdites regles & aux estimations dans les Jugemens des oppositions qui pourroient survenir aux rôles faits en conséquence, & ce, pendant le temps de trois années que nous jugerons nécessaire, pour nous mettre en état d'expliquer nos intentions sur les changemens qui pourroient

1762. être à faire, soit aux regles du tarif en général soit aux estimations des fonds de chaque Paroisse en particulier.

III. A l'effet de mettre nos Officiers des Elections à portée d'exécuter les dispositions de l'article précédent, nous ordonnons qu'il sera déposé au greffe de chacune des Elections de ladite Généralité, un modele de l'instruction insérée au préambule des rôles, & un double des procès-verbaux d'évaluation des biens-fonds & de l'industrie, lesquels seront conformes aux modeles desdites instructions attachées sous le contre-scel des présentes; & seront lesdites instructions & procès-verbaux déposés aux greffes des Elections, dans trois mois pour tout délai, à compter de la date de l'enregistrement des présentes.

IV. Ceux qui seront chargés de vérifier chaque année, conjointement avec les Commissaires des tailles, les évaluations des biens, seront tenus d'envoyer aux greffes des Elections, aussi-tôt après la vérification, un état des changemens qui auront été jugés nécessaires, pour être fait mention desdits changemens sur les procès-verbaux déposés auxdits greffes.

V. Lorsque les Officiers des Elections recevront des Requêtes ou Mémoires de la part des opposans, aux cottes insérées aux rôles des tailles d'une Communauté, ils les communiqueront au Substitut de notre Procureur-Général, qui prendra les éclaircissemens qui lui seront nécessaires, & se fera remettre, par le Commissaire, une copie détaillée de la cotte de celui qui aura formé l'opposition, avec son avis, sans que, pour raison de ce, il puisse exiger aucun frais, pour, par lesdits Officiers, sur les pieces & conclusions dudit Substitut, être statué ce qu'il appartiendra. Si donnons en mandement, &c.

Donnée à Fontainebleau, le onzieme jour d'Octobre, l'an de grace mil sept cent soixante-deux, & de notre regne le quarante-huitieme. *Signé*, LOUIS; & plus bas, par le Roy, PHELYPEAUX.

ARRÊT de la Cour des Aides, du 26 Mars 1763, sur ladite Déclaration.

CE jour, la Cour, les Chambres assemblées, en délibérant sur l'enregistrement des Lettres-Patentes en forme de Déclaration.... Notredite Cour, avant de procéder à l'enregistrement desdites Lettres-Patentes en forme de Déclaration & instruction ou modele de rôle de répartition y jointe, & sans aucune approbation préjudiciable, ordonne que la répartition & perception faite suivant ladite instruction ou modele de rôle pour l'année 1762, continueront d'être faites pour l'année 1763, suivant ladite instruction ou modele de rôle: à l'effet de quoi copie de ladite instruction ou modele de rôle sera envoyée ès-Sieges des Elections de la Généralité de Châlons, à la diligence du Procureur-Général du Roy, & les procès-verbaux d'évaluation faits en conséquence, seront déposés ès-Sieges desdites Elections, & seront toutes contestations nées & à naître pour raison desdites impositions faites dans lesdites deux années, portées en premiere instance esdites Elections, & par appel en la Cour. Ordonne que copies du présent Arrêt seront envoyées esdites Elections de la Généralité de Châlons, &c.

Donné à Paris, en notredite Cour des Aydes, les Chambres assemblées, le vingt-six Mars mil sept cent soixante-trois. *Signé*, VERNE.

Nouvel

Nouvel enregistrement de ladite Déclaration le 7 Septembre 1764.

Registrées, oui, & ce requérant le Procureur-Général du Roy, pour être exécutées suivant leur forme & teneur pendant l'année 1765 seulement, sans préjudice des privileges de la Noblesse & du Clergé; à la charge, 1º. que les domestiques dont les femmes seront imposées, en vertu de l'instruction attachée sous le contre-scel desdites Lettres, ne seront pas, pour raison de cette imposition, réputés être imposés personnellement, & que leurs maîtres privilegiés pourront continuer à se servir d'eux pour leurs exploitations, sans être pour cela dans le cas de déchéance prononcée par l'Edit de 1667; 2º. que les articles concernant les Commis des Fermes, ne pourront avoir lieu que conformément à l'article XI du titre commun pour toutes les Fermes, de l'Ordonnance de 1681, lequel continuera d'être exécuté selon sa forme & teneur; 3º. que les simples adjudicataires ou acheteurs, non Fermiers, ne pourront être imposés à la taille comme exploitans, pour raison desdites adjudications ou achats; mais que l'imposition sera faite sur lesdits biens, s'il y a lieu, comme s'il n'y avoit point d'adjudication ni d'achat. Et sera le Roy très-humblement supplié, pour l'encouragement de l'agriculture & de l'amélioration des terres, de vouloir bien totalement supprimer la taxe sur les bestiaux; & que copies collationnées desdites Lettres & de l'instruction attachée sous le contre-scel desdites Lettres-Patentes, ensemble du présent Arrêt, seront envoyées ès-Sieges des Elections de la Généralité de Châlons, &c. A Paris, en la Cour des Aydes, les Chambres assemblées, le 7 Septembre 1764. *Signé*, VERNE.

Nous ne donnons pas ici l'instruction jointe à cette Déclaration, parce qu'elle nous paroît inutile, attendu qu'elle a été confondue dans celle jointe à la Déclaration du 13 Août 1765, que l'on trouvera à la suite de ladite Déclaration, à sa date.

ARRÊT de la Chambre & Cour des Comptes, Aides, Domaines & Finances du Comté de Bourgogne, concernant l'imposition des dîmes. (Recueil des Edits & Déclarations enrégistrés en la Chambre des Comptes, &c. de Besançon, 1778, in-folio, Tome V, page 807.)

24 Novembre 1762.

I. NOTREDITE Cour mémorative du contenu en l'article XXVIII de notre Déclaration du 18 Mai 1706, & instruite de l'usage général de notre Royaume, a ordonné & ordonne que toutes les Communautés de notredite Province du Comté de Bourgogne seront tenues à l'avenir de comprendre à la portion colonique dans les rôles de l'imposition ordinaire, les Fermiers des dixmes tant ecclésiastiques qu'inféodées & des novales, pour raison du profit qu'ils peuvent faire, ainsi & de la même maniere que l'on a coutume de le comprendre pour les biens-fonds d'ancienne dotation, & sur les autres rôles à proportion; que les Fermiers seront tenus de souffrir ainsi, & de payer aux Echevins & Collecteurs ce à quoi ils auront été répartis sur les rôles pour lesdites dixmes.

II. Ordonne en outre notredite Cour aux Décimateurs, lorsqu'ils voudront faire l'exploitation par eux-mêmes, de la faire signifier aux Communautés avant

1762. le 15 Octobre de chaque année, à la personne de leurs Echevins & Commis, relativement à l'article XXXII de notre susdite Déclaration du 18 Mai 1706, à défaut de quoi ils pourroient être imposés à la portion colonique.

III. A fait & fait défenses aux Présidiaux de mettre ou apporter, soit directement ou indirectement, aucun obstacle à l'exécution de ladite imposition, leur ordonnant de se conformer au dispositif du présent Arrêt, toutes les fois que le cas dont il s'agit se présentera à décider pardevant eux, à peine de nullité de tous Jugemens qu'ils pourront rendre au contraire.

IV. Ordonne au surplus notredite Cour, que le présent Arrêt en forme de Réglement général, sera lu & publié, &c.

Donné . . . . le vingt-quatre Novembre mil sept cent soixante-deux.

1763. *DÉCLARATION qui ordonne qu'il sera tenu dans chacune des seconde & troisieme Chambres de la Cour des Aides de Paris, une audience par semaine, pour juger les appellations verbales.*

3 Avril 1763.

LOUIS, &c. Par nos Déclarations des 17 Novembre 1673 & 10 Août 1748, nous aurions réglé les jours & heures des audiences qui doivent se tenir dans les trois Chambres qui composent notre Cour des Aydes à Paris; & en déterminant les différentes natures d'affaires qui doivent y être portées, nous aurions ordonné que les appellations verbales seront plaidées en la premiere Chambre; mais le nombre des appellations verbales qui sont actuellement pendantes en notredite Cour des Aydes, étant cette année devenu trop considérable, la premiere Chambre nous a suppliés de vouloir bien autoriser les seconde & troisieme Chambres à la seconder dans ce travail, en leur renvoyant la connoissance d'une partie des appellations verbales qui sont actuellement pendantes en la premiere Chambre de notredite Cour. Nous avons cru devoir déférer à cette demande, qui ne tend qu'à procurer à nos Sujets une expédition de leurs causes plus prompte & plus facile. A ces causes, &c. voulons & nous plaît ce qui suit:

I. Il sera tenu dans chacune des seconde & troisieme Chambres de notre Cour des Aydes, jusqu'aux vacances de la présente année, une audience par semaine, pour juger les appellations verbales.

II. La seconde Chambre tiendra lesdites audiences les mercredis matin, & la troisieme les tiendra les vendredis matin, depuis onze heures jusqu'à une heure.

III. Le Premier Président de notredite Cour des Aydes fera incessamment, pour chacune desdites deux Chambres, un rôle des causes qui y seront plaidées: ne seront comprises dans lesdits rôles les causes concernant l'Hôtel-Dieu, l'Hôpital-Général & le Clermontois, les Réglemens entre les Officiers, affaires de police & autres qui n'ont coutume de n'être traitées qu'en la premiere Chambre. Si, par erreur, on avoit compris dans lesdits rôles quelques causes concernant lesdites matieres, elles en seront tirées pour être renvoyées en la premiere Chambre; & seront lesdits rôles publiés en la maniere ordinaire, huitaine avant que les causes y portées soient appellées.

IV. Avant l'expiration de chacun desdits rôles, il en sera fait un nouveau pour être appellé à la suite du précédent, après toutefois que ledit nouveau rôle aura été publié, laquelle publication se fera de même, huitaine avant la plaidoirie des causes y portées.

V. Ne pourront, esdites audiences, être plaidées aucunes causes que celles portées esdits rôles, si ce n'est qu'il s'agisse d'une demande incidente à quelqu'une des causes portées esdits rôles, ou d'une demande en provision à l'occasion desdites causes.

VI. Les causes portées auxdites audiences, ne pourront être appointées qu'après avoir entendu les Avocats des Parties; seront lesdits appointemens distribués entre les trois Chambres, & instruits en la maniere ordinaire.

VII. Validons par ces présentes les assignations données & les significations faites avant la publication des rôles ci-dessus ordonnés, pour procéder en la premiere Chambre sur les causes portées esdits rôles; & après ladite publication faite, défendons de faire aucune procédure tendante à porter lesdites causes en la premiere Chambre, à peine de nullité desdites procédures, & sans que les Procureurs en puissent répéter les frais contre leurs Parties, si ce n'est en cas de conflit, auquel cas, & dans tous ceux qui surviendront entre les trois Chambres pour l'exécution des présentes, les Parties se retireront au Parquet pour être réglées, suivant l'avis de nos Avocats & Procureurs-Généraux, en la forme ordinaire.

VIII. Le Greffier des audiences des causes d'appel tiendra la plume aux audiences établies par les présentes, ou la fera tenir par son Clerc commis, ayant serment en Justice, & jouira de tous les droits qui lui appartiennent, de même que si lesdites causes étoient jugées en la premiere Chambre.

IX. Le premier Huissier de notredite Cour jouira pareillement du droit d'appel sur lesdites causes, tel qu'il lui auroit appartenu, si lesdites causes avoient été plaidées en la premiere Chambre, & sera tenu d'appeller lesdites causes ou les faire appeller par les autres Huissiers.

X. Voulons au surplus que toutes nos Ordonnances ci-devant faites, concernant notre Cour des Aydes, notamment notre Déclaration du 10 Août 1748, soient exécutées en ce qui n'est pas contraire à la présente Déclaration. Si donnons en mandement, &c.

Donnée à Versailles, le troisieme jour d'Avril, l'an de grace mil sept cent soixante-trois, & de notre regne le quarante-huitieme. *Signé*, LOUIS; & plus bas, par le Roy, PHELYPEAUX.

Registrées, oui, & ce requérant le Procureur-Général du Roi, pour être exécutées selon leur forme & teneur; & copie collationnée d'icelles, envoyée à la Communauté des Procureurs de la Cour, pour y être publiée, suivant l'Arrêt de ce jour. A Paris, en la Cour des Aydes, les Chambres assemblées, le 26 Avril 1763. *Signé*, VERNE.

1763.

ARRÊT du Conseil, du 14 Juin 1763, qui autorise le Marquis de Pérusse à faire le défrichement des terres incultes, faisant partie de sa terre de Monthoiron près de Châtellerault, en exemption de différents droits, & entr'autres ordonne que pour ladite exploitation lui, ses représentants & leurs Fermiers, ne pourront être augmentés à la taille, vingtiemes & autres impositions pendant l'espace de trente ans, ledit Arrêt revêtu de Lettres-Patentes du 12 Juillet suivant, registrées en la Cour des Aides, le 2 Septembre suivant.

ARRÊT de la Cour des Aides, qui fait défenses aux Habitants des Paroisses de Varsy, Breves & Cauny-Villiers de comprendre dans le rôle des Tailles de leurs Paroisses François Boque, Marchand de Bois pour la provision de Paris, demeurant à Clamecy. (Code des Tailles, Tome IV, page 88.)

12 Juillet 1763.

FRANÇOIS BOQUE demandoit qu'il fût fait défenses aux Collecteurs desdites Paroisses de l'imposer à l'avenir sur leurs rôles, tant qu'il n'y demeurera point & qu'il ne fera qu'acheter & exploiter des bois dans lesdites Paroisses.

Notredite Cour.... ordonne que lesdites cottes seront rayées & biffées desdits rôles, fait défenses aux Habitans & Collecteurs desdites Paroisses, de le comprendre aux rôles des tailles, tant qu'il ne fera qu'acheter des bois dans leursdites Paroisses. Ordonne que les sommes que ledit Boque a été ou sera contraint de payer pour raison desdites impositions, lui seront rendues & restituées, & à cet effet réimposées sur le général des Habitans desdites Paroisses, en la maniere prescrite par la Déclaration du 23 Avril 1761.

ARRÊT de la Cour des Aides, qui enjoint à tous les Officiers des Jurisdictions de son ressort, de résider dans les Villes & lieux de l'établissement de leur Siege, sous peine d'être déchus de toutes les exemptions attribuées à leurs Offices. (Enrégistrements de l'Election, Volume, coté XXIII, folio 68, verso; Code des Tailles, Tome IV, page 91.)

20 Juillet 1763.

VU par la Cour la requête à elle présentée par le Procureur-Général du Roy, contenant que s'il a la satisfaction de pouvoir assurer à la Cour que les Officiers des principaux Sieges de son ressort s'acquittent avec zele & exactitude de leurs devoirs, il ne peut en même temps lui dissimuler que le relâchement

s'est introduit dans plusieurs Sieges, sur l'observation des Edits, Réglemens & Arrêts qui obligent les Officiers à résider dans la Ville où leur Bureau est établi, de sorte que le service du Roy & l'expédition des affaires en souffrent notablement; que des motifs aussi essentiels obligent le Procureur-Général de supplier la Cour d'y pourvoir. A ces causes, requéroit, &c. La Cour ordonne que les Edits, Réglemens & Arrêts de la Cour, notamment l'article XV de l'Edit de 1614 & l'article XXVI de l'Edit de 1634, seront exécutés selon leur forme & teneur; en conséquence enjoint à tous les Officiers des Jurisdictions du ressort de la Cour, de résider dans les Villes & lieux de l'établissement de leur Siege, sous peine d'être déchus de toutes les exemptions attribuées à leurs Offices : ordonne que le présent Arrêt sera lu & publié, &c. Fait à Paris, en la premiere Chambre de la Cour des Aydes, le vingt Juillet mil sept cent soixante-trois. Collationné. VERNE. 1763.

ARRÊT *de la Cour des Aides, qui ordonne l'exécution des Edits & Réglemens sur le fait des Tailles, au sujet de la compétence de la Cour & des Elections. (Enrégistrements de l'Election, Volume coté XXIII, folio 72, verso; Code des Tailles, Tome IV, page 96.)*

7 Septembre 1763.

NOTREDITE Cour.... faisant droit sur les conclusions de notre Procureur-Général en la Cour, ordonne que nos Ordonnances & Déclarations sur le fait des tailles seront exécutées selon leur forme & teneur, & notamment les Edits de 1500, 1551 & 1704 confirmatifs d'icelles : fait défenses aux Juges de Leré [en Berry] & à tous autres, sous les peines portées par lesdits Edits, de s'immiscer à l'avenir dans ladite connoissance & instruction des rixes, débats, querelles, contestations & émotions survenues & à survenir au sujet de la répartition d'icelles. Fait pareillement défenses à tous Particuliers & aux Procureurs des Parties, de se pourvoir ailleurs qu'ès - Elections; enjoint au Substitut de notre Procureur-Général de ladite Election [de Bourges] & à tous autres, de veiller chacun en droit soi, au maintien desdits Edits; ordonne que le présent Arrêt, &c.

Donné en la seconde Chambre de notre Cour des Aydes, à Paris, le sept Septembre mil sept cent soixante-trois.

DÉCLARATION *du 21 Novembre 1763, enrégistrée en la Cour des Aides, le 9 Janvier 1764, contenant le cadastre général, la liquidation & le remboursement des dettes de l'Etat. (Code des Tailles, Tome IV, page 100.)*

I. IL nous sera incessamment envoyé par nos Parlemens, par nos Chambres des Comptes & par nos Cours des Aydes, des Mémoires contenant leurs vues sur les moyens de perfectionner & simplifier l'établissement, la répartition, le

recouvrement, l'emploi & la comptabilité de tout ce qui compose l'état de nos
1763. Finances, & de donner à toutes les parties la forme la moins onéreuse à nos Sujets; desquels Mémoires il nous sera sans délai rendu compte par les personnes que nous nous proposons d'en charger aussi-tôt après l'enregistrement des présentes, à l'effet que nous puissions avoir la satisfaction d'annoncer à nos Peuples, le plutôt qu'il sera possible, & dans les formes ordinaires, nos volontes sur une administration qui procure autant leur soulagement que l'amelioration de nos Finances.

II. Desirant de préparer dès-à-présent un moyen général d'exclure tout arbitraire & toute inégalité dans la répartition des impositions que nous aurons déterminées d'après l'examen prescrit par le précédent article, voulons qu'incessamment, & aussi-tôt après la vérification qui sera faite en nos Cours, en la forme ordinaire, des Réglemens que nous leur adresserons, il soit procédé à la confection d'un cadastre général de tous les biens-fonds situés dans ce Royaume, même de ceux dépendans du Domaine de notre Couronne, de ceux appartenans aux Princes de notre sang, Ecclésiastiques, Nobles, privilégiés de quelque nature & qualité que soient lesdits biens, sans qu'aucun puisse en être excepté sous quelque prétexte que ce soit, & ce, dans la forme la plus utile au soulagement de nos Peuples, & que nous ordonnerons par lesdits Réglemens.

1764. *ARRÊT de la Cour des Aides, contenant le recouvrement des Tailles & autres impositions. (Enrégistrements de l'Election, Volume coté XXIII, folio 73, verso; Code des Tailles, Tome IV, page 133.)*

11 Avril 1764.

VU par la Cour, la requête à elle présentée par le Procureur-Général du Roy, contenant qu'encore que par l'article XXIV de l'Edit de Mars 1600, il soit enjoint aux Collecteurs de croiser & endosser au même instant les payemens qui leur sont faits par les cottisés aux tailles, à peine de faux; & que la Déclaration du 7 Février 1708, fixe les peines qui doivent être infligées aux Collecteurs qui auront employé à leur usage particulier ou diverti les deniers de leur collecte; que par les Arrêts de Réglemens de la Cour, des 5 Octobre 1665 & 17 Novembre 1712, article VI, il soit fait défenses aux Huissiers & Sergens, & aux Collecteurs des tailles, de prendre par saisies & exécutions sur les contribuables, les lits, linceuls, couvertures, habits, pain, portes & fenêtres de leurs maisons, chevaux, mulets & bœufs servans au labour & culture des terres, outils ou métiers à travailler, & iceux transporter & vendre en quelque maniere que ce puisse être, à peine de concussion & d'interdiction; & que par l'article VI desdits Réglemens, il soit ordonné que les choses saisies sur les Particuliers cottisés, à la requête des Collecteurs, ne pourront être vendues que trois jours après les saisies, à la charge de huitaine de recousse; lesquels délais ne courront que du jour de la signification des saisies & ventes, à peine de tous dépens & dommages contre les Sergens, auxquels il est fait défenses de se constituer ni leurs recors & assistans, gardiens des choses saisies, & de se les adjuger, à leurs recors ou assistans, directement ni indirectement, à peine de punition corporelle : que dans le ressort de l'Election de la Rochelle, certains Particuliers, guidés par l'avidité du gain & dévoués à l'infidélité, emploient toutes sortes de voies pour se faire nommer Collecteurs des tailles; de sorte que, lorsqu'ils y sont parvenus, ils ne croisent point sur les rôles qui leur sont faits, ou n'y portent pas la somme entiere qui leur est payée; & quand, faute de payement des cottisés, on passe aux saisies-exécutions, par un concert criminel avec les Sergens qu'ils employent, ils font enlever tous les effets, sans distinction de ceux prohibés par les Reglemens, les font vendre précipitamment à vil prix, sans attendre les delais prescrits, & s'en rendent adjudicataires sous des noms supposés: que comme ces manœuvres, aussi odieuses que contraires au bon ordre & aux Réglemens, ne tendent qu'à la ruine des taillables, le Procureur-Général croit nécessaire de renouveller à cet égard les dispositions des Ordonnances & Arrêts. A ces causes, requéroit le Procureur Général du Roy, &c. La Cour a ordonné & ordonne que l'article XXIV de l'Edit de Mars 1600, la Déclaration du 7 Février 1708 & les articles VI des Arrêts de la Cour, des 5 Octobre 1665 & 17 Novembre 1712, seront exécutés selon leur forme & teneur; en conséquence enjoint à tous Asséeurs & Collecteurs de la taille & autres impositions, lorsqu'ils travailleront au recouvrement d'icelles, d'y tenir les rôles en main, & d'y croiser & endosser au même instant les payemens qui leur seront faits par les cottisés, même d'en donner quittance, s'ils en sont requis par les cottisés, à peine de faux, d'être poursuivis extraordinairement & punis, conformément à la Déclaration du 7 Février 1708, comme coupables de soustraction & divertissement des deniers de leur collecte: fait défenses à tous Sergens, Huissiers & Chefs de garnison, & autres, & aux Asséeurs & Collecteurs, de prendre par saisie-exécution & enlévement sur les contribuables aux tailles & autres impositions, les lits, linceuls, couvertures, pain, portes & fenêtres de leurs maisons, chevaux, mulets & bœufs servans au labourage & culture des terres, outils ou métiers à travailler, à peine de concussion, emprisonnement de leur personne, & cent livres d'amende: ordonne que les choses saisies & exécutées sur les contribuables, ne pourront être vendues que trois jours après les saisies, & à la charge de huitaine de recousse, lesquels délais de trois jours & de huitaine ne courront que du jour des significations des saisies & ventes qui seront faites aux saisis, à peine de tous dépens, dommages & intérêts contre les Sergens; leur fait défenses de se constituer, ni leurs recors & assistans, gardiens des choses saisies & de se les adjuger, ni à leurs recors ou assistans, ni aux Asséeurs & Collecteurs, directement ni indirectement, à peine de punition corporelle. Ordonne que le présent Arrêt sera lu & publié ès-Sieges des Elections, &c. Fait à Paris, en la premiere Chambre de la Cour des Aydes, le onze Avril mil sept cent soixante-quatre.

1764.

Signé, BESNIER.

1764.

DÉCLARATION qui permet à tous Seigneurs & Propriétaires de marais, palus & terres inondés, d'en faire les défrichements, vérification préalablement faite de l'état & consistance desdits terreins. (Enrégistrements de l'Election, Volume coté XXIII, folio 78; Code des Tailles, Tome IV, page 137.)

14 Juin 1764.

LOUIS, &c. Dans la vue de procurer & d'encourager le desséchement des palus & marais inondés, nous aurions, par différens Edits & Déclarations, accordé plusieurs privileges, exemptions, immunités & franchises à ceux qui auroient entrepris de faire lesdits défrichemens. En l'année 1599, Henri IV, de glorieuse mémoire, par son Edit du 8 Avril de ladite année, enregistré en notre Parlement de Paris, le 15 Novembre suivant, auroit honoré le sieur Humfrey Bradley, qui le premier avoit formé une Compagnie, à cet effet, de la qualité de Maître des digues de France, & lui auroit accordé, & à ses Associés, à titre de propriété incommutable, sous la redevance seulement d'un cens, la moitié de tous les palus & marais dépendans de notre Domaine, & lui auroit attribué en outre une redevance de quarante sols par arpent, payable pour une fois seulement, par tous les propriétaires des marais inondés qui voudroient eux-mêmes les dessécher à leurs frais sous sa direction. En l'année 1607, animé des mêmes vues du bien public, & occupé du soin de faire convertir en bonnes terres des terreins incultes & submergés, le même Roy auroit, par un nouvel Edit du mois de Janvier de ladite année 1607, enregistré en notre Parlement de Paris, le 23 Août 1613, détaillé plus particuliérement, & spécifié les privileges & exemptions dont il entendoit faire jouir ceux qui entreprendroient de défricher & mettre en valeur lesdits terreins; en conséquence il auroit, par l'article XII de cet Edit, déclaré exempts de taille pendant vingt ans, & de la traite foraine à perpétuité, ceux qui acquerroient des biens & possessions esdits marais desséchés & réduits en cultures & prairies; & par l'article XIII, exempts de toutes charges personnelles, comme commissions de Justice, assiette & collecte des tailles, charges de Villes & Communautés, guet & garde, tutelle, curatelle & autres charges semblables; par l'article XIV, en ce qui touche les marais & terres roturieres, il a été ordonné que la moitié seroit exempte à perpétuité de toutes contributions, sans pouvoir être comprise au rôle des tailles & cadastres; & quant à l'autre moitié, elle a été déclarée exempte pendant vingt ans; enfin par l'article XV dudit Edit, il a été ordonné que les marais qui auroient été défrichés & mis en valeur, seroient exempts de toutes dixmes ecclésiastiques ou seigneuriales qui pourroient y être prétendues, comme étant lesdits marais situés aux territoires dans lesquels lesdits Ecclésiastiques ou Seigneurs ont droit de lever & percevoir dixmes, & ce, pendant l'espace de vingt ans, à compter du jour que lesdits marais auroient été mis en valeur; lequel passé, les possesseurs desdits héritages seroient seulement tenus de la payer à raison de cinquante gerbes l'une, ores que les dixmes des Paroisses où lesdits héritages seroient assis, ou celles des lieux circonvoisins, aient accoutumé d'être payées à un plus haut compte; la plupart desquelles dispositions auroient été confirmées par deux Déclarations

Déclarations postérieures, des 5 Juillet & 19 Octobre 1613, la premiere enregistrée en notre Parlement de Paris, le 23 Août de ladite année 1613, & la seconde, le 3 Décembre 1614. Depuis, en l'année 1641, en confiant au sieur Fiette, Ingénieur, & ses associés, la direction générale des défrichemens & dessèchemens qui avoit été d'abord attribuée au sieur Bradley, Louis XIII, de glorieuse mémoire, par sa Déclaration du 4 Mai de ladite année 1641, enregistrée en notre Parlement de Paris, le dernier jour de Mars 1642, auroit de nouveau confirmé tous les privileges & exemptions énoncés audit Edit de 1607, notamment celle de l'exemption de taille & autres impositions pendant vingt ans, & celle de l'exemption de dixme pendant dix, passé lequel temps elle ne seroit payée qu'à raison de la cinquantieme gerbe; enfin en 1643, c'est-à-dire trois années après, sur les représentations qui furent faites à Louis XIV, notre très-honoré Seigneur & bisaïeul, de glorieuse mémoire, par les Particuliers propriétaires des terres, marais & palus inondés, qui restoient à dessécher dans les Provinces de Saintonge, Poitou & pays d'Aunis, qu'ils ne pourroient espérer d'être dédommagés des travaux immenses & dépenses considérables qu'ils avoient faites pour parvenir au dessèchement des marais qui leur appartenoient, tant que le privilege exclusif accordé en 1641 au sieur Fiette & à sa compagnie, subsisteroit, il seroit intervenu une nouvelle Déclaration le 20 Juillet de ladite année 1643, par laquelle, en acceptant les offres de ces propriétaires particuliers, de continuer à leurs frais le dessèchement de leurs marais & palus, la permission expresse leur en auroit été accordée, en conséquence la faculté précédemment attribuée au sieur Fiette ou ses représentans, auroit été restreinte à cet égard & limitée, & on leur auroit seulement laissé le droit de diriger les travaux de ces propriétaires particuliers qui auroient été maintenus singuliérement dans les deux exemptions de toutes tailles & impositions pendant vingt années, & de toutes dixmes, soit ecclésiastiques, soit seigneuriales, pendant le même espace de temps; & après l'expiration de ces vingt années, ils auroient été seulement assujettis à la dixme d'une gerbe par cinquante. Quoique ces différens Edits & Déclarations ayent déterminé d'une maniere bien formelle & bien précise la nature & l'étendue des privileges & exemptions dont doivent jouir ceux qui ont entrepris & exécuté des dessèchemens, ou leurs représentans, nous sommes néanmoins informés qu'encore que la Déclaration du 20 Juillet 1643, qui a communiqué aux propriétaires particuliers qui entreprendroient les dessèchemens, les privileges accordés au sieur Fiette & à ses associés, ait été adressée à toutes nos Cours, on a négligé de leur en faire l'envoi & de l'y faire enregistrer, ce qui pourroit servir de prétexte à des contestations, soit par rapport à l'exemption de la taille & autres charges & impositions accordées pendant le temps désigné en ladite Déclaration, à ceux qui entreprendroient de nouveaux dessèchemens, soit par rapport à la quotité de la dixme due par les propriétaires des marais déjà desséchés, à raison de l'exploitation desdits marais; ce qu'il est important de prévenir, tant pour ne point risquer de décourager l'agriculture, qui a toujours fait le principal objet de notre attention, que pour assurer à ceux qui ont fait les dessèchemens, ou à leurs représentans, le fruit de leurs travaux & l'indemnité des dépenses qu'ils leur ont occasionnées; nous avons jugé en conséquence, que nous ne pouvions mieux remplir ces différens objets, qu'en rappellant dans une nouvelle Déclaration, celles des dispositions contenues aux anciens Réglemens ci-devant cités, que nous entendons être exécutées. A ces causes, &c. voulons & nous plaît qu'il soit libre & permis, comme nous avons permis & permettons à tous Seigneurs & propriétaires de marais, palus & terres inondées,

1764.

1764. ensemble à tous ceux qui en ont ci-devant pris & prendront ci-après par baux emphytéotiques ou à perpétuité, à droit de champart, de faire les desséchemens desdits marais, palus & terres inondées, vérification préalablement faite de l'état & consistance desdits terreins, par un procès-verbal qui en sera dressé par le plus prochain Juge Royal des lieux, en présence de toutes les Parties intéressées, moyennant quoi lesdits propriétaires ou emphytéotes, jouiront, eux, leurs Fermiers & métayers, pendant vingt années, de l'exemption de toutes tailles & impositions pour lesdites terres ainsi desséchées, qui seront en outre exemptes de dixmes envers les Ecclésiastiques ou autres Seigneurs séculiers qui les pourroient prendre, & ce, durant lesdites vingt années, passé lequel temps, lesdites dixmes ne seront payées qu'à raison de cinquante gerbes l'une; avons en outre maintenu & gardé, maintenons & gardons les propriétaires des marais desséchés, dans la possession & jouissance de tous les privileges ci-dessus énoncés, notamment dans le droit & la possession où ils ont toujours été de ne payer la dixme à tous Seigneurs laïques ou ecclésiastiques, décimateurs sur les terreins desséchés, qu'à raison de cinquante gerbes l'une seulement, ainsi que nous venons de l'expliquer, encore qu'elle se paye à un taux plus fort pour les autres terres dans les Paroisses où lesdits marais sont situés, sauf aux Décimateurs, dans le cas de concurrence entr'eux pour raison du droit de dixme, à s'accorder sur le plus ou le moins qu'ils auront à prendre dans la cinquantieme gerbe seulement. Faisons très-expresses inhibitions & défenses à tous Décimateurs, d'inquiéter ou troubler les Propriétaires desdits marais, leurs Fermiers, colons & cabaniers dans l'enlévement de leurs récoltes, lorsqu'ils auront en leur présence ou celle des préposés desdits Décimateurs, fait le délaissement de la cinquantieme gerbe. Si donnons en mandement, &c.

Donnée à Versailles, le quatorzieme jour de Juin, l'an de grace mil sept cent soixante-quatre, & de notre regne le quarante-neuvieme. *Signé*, LOUIS; & plus bas, par le Roy, PHELYPEAUX.

Registrée à Paris, en Parlement, le 2 Juillet 1764. *Signé*, DUFRANC.

Registrées, oui, & ce requérant le Procureur-Général du Roy, pour être exécutées selon leur forme & teneur; à la charge que toutes les contestations qui naîtront à l'occasion de la taille & autres impositions, seront portées en premiere instance devant les Officiers des Elections, & par appel, en la Cour; & que copies collationnées d'icelles seront envoyées, &c. A Paris, en la Cour des Aydes, les Chambres assemblées, le 18 Juillet 1764. *Signé*, DUFRANC.

DÉCLARATION du Roi, portant suspension de divers privileges d'exemption de la Taille. (Enregistrements de l'Election, Volume coté XXIII, folume 79; Code des Tailles, Tome IV, page 151.)

13 Juillet 1764.

LOUIS, &c. Nous avons saisi avec empressement les premiers instans de la paix pour diminuer, autant que les besoins de l'Etat nous l'ont permis, le poids des impositions que nos Sujets taillables supportoient pendant la guerre;

mais nos desirs ne seront remplis que lorsque nous serons parvenus à leur procurer des soulagemens plus étendus, soit en supprimant les Offices qui seroient inutiles, soit en prescrivant pour la répartition des impositions, des regles qui puissent faire disparoître toute espece d'arbitraire, assurer la tranquillité de nos Sujets taillables, & les laisser entiérement aux travaux précieux de l'agriculture : c'étoit dans la vue de préparer les moyens de les faire jouir de ces avantages, & pour leur procurer des secours qui leur étoient absolument nécessaires, que nous avons jugé à propos d'ordonner, par notre Déclaration du 17 Avril 1759, la suspension de divers privileges d'exemption de taille pendant la guerre, & deux années après la paix. Les circonstances de la guerre n'ayant pas permis de se livrer à l'examen des titres de ces exemptions que nous avions suspendues, nous desirons profiter du temps de la paix pour faire sans délai un travail aussi important : mais en attendant qu'il puisse être achevé, nous avons cru qu'il étoit indispensable de proroger, du moins pendant quelques années, la suspension de divers privileges d'exemption de taille, quant à l'exploitation seulement, en laissant subsister celui de taille personnelle, conformément à notre Déclaration du 18 Septembre 1760. Informés aussi de l'abus qui s'est introduit relativement à la résidence dont sont tenus par les Réglemens les Officiers de Judicature & de Finance qui jouissent des privileges d'exemption de taille, attachés aux fonctions de leurs Charges, nous avons résolu de faire cesser cet abus; mais en fixant notre attention sur ces Réglemens, nous n'avons pas pu méconnoître que si l'assiduité à remplir ses devoirs & la fidélité dans l'exercice de ses fonctions, devoient mériter des récompenses, il n'étoit pas juste que les Officiers de nos Bailliages & Sieges Présidiaux, ressortissans nuement en nos Cours, fussent plus long temps assujettis au payement de la taille personnelle, & privés dans le lieu où le Siege de la Jurisdiction est établi, d'une distinction capable de retenir les enfans dans l'état de leur pere, & de les engager à suivre les exemples de probité & de désintéressement qu'ils en auront reçus. A ces causes, &c. voulons & nous plaît ce qui suit : 1764.

I. L'exemption de taille & autres impositions qui se payent conjointement avec la taille, attribuée aux Officiers de notre Maison & des Maisons Royales, & tous Officiers jouissans des droits de nos Commensaux, & généralement à tous pourvus d'Offices, de quelque nature qu'ils soient, sera suspendue pendant trois années, à commencer du premier Octobre prochain, quant à la taille d'exploitation seulement : n'entendons néanmoins comprendre dans ladite suspension l'exemption de taille personnelle, dont lesdits Officiers continueront de jouir, ni les exemptions & prérogatives dont jouissent les Officiers de nos Cours & Compagnies supérieures & Bureaux des Finances de notre Royaume, les Officiers & Secretaires de notre grande Chancellerie, & de celles près nos Cours, non plus que les exemptions accordées aux Officiers Militaires, par l'Edit du mois de Novembre 1750, & par notre Déclaration du 22 Janvier 1752, & celles dont ont droit de jouir les personnes qui servent dans les troupes de notre Maison.

II. Les Officiers dénommés dans l'article précédent & dont le privilege d'exemption de taille, quant à l'exploitation, sera suspendu, ensemble les Bourgeois des Villes franches qui exploiteront leurs biens propres, de quelque nature qu'ils soient, tels que terres labourables, prés, bois, vignes, chenevieres, enclos portant revenu, moulins à bled ou à foulon, forges, usines & autre genre de biens quelconques, seront imposés pendant ledit temps de trois années, comme les autres taillables.

III. Les Officiers de Judicature & de Finance dont les privileges ne sont point

1764. suspendus, ne jouiront d'aucune exemption, soit de taille personnelle, soit de celle d'exploitation, s'ils ne font point une résidence habituelle dans le lieu même de leur établissement.

IV. La résidence prescrite par l'article ci-dessus, sera au moins de sept mois dans l'année, pour ceux qui n'exerceront point de fonctions par semestre, & de quatre mois pour ceux qui les remplissent par semestre.

V. Nos Officiers des Bailliages & Sieges Présidiaux ressortissans nuement en nos Cours, tant titulaires qu'honoraires, jouiront, à compter du premier Octobre prochain, de l'exemption de taille personnelle & autres impositions qui se payent conjointement avec la taille dans le lieu où le Siege de leur Jurisdiction est établi, & non ailleurs, à la charge par eux d'y résider, suivant qu'il est prescrit par l'article précédent; & au moyen de ladite résidence, pendant le temps porté audit article, ils ne pourront être imposés à la taille personnelle dans les autres lieux qu'ils habiteront le reste de l'année.

VI. N'entendons que cette grace puisse jamais s'étendre à d'autres qu'aux Lieutenans Généraux, Civils ou Criminels, Lieutenans de Police, Lieutenans particuliers, Présidens, Conseillers, Assesseurs, nos Procureurs & Avocats auxdits Bailliages & Sieges Présidiaux.

VII. Ordonnons au surplus que nos Déclarations des 17 Avril 1759 & 18 Septembre 1760, ensemble nos Ordonnances, Déclarations, Lettres-Patentes & Réglemens rendus au fait de taille, seront exécutées selon leur forme & teneur, en ce qu'ils ne sont point contraires aux présentes. Si donnons en mandement, &c.

Donnée à Compiegne, le troisieme jour du mois de Juillet, l'an de grace mil sept cent soixante-quatre, & de notre regne le quarante-neuvieme. *Signé*, LOUIS; & plus bas, par le Roy, PHELYPEAUX.

Enregistrée en Parlement, le 17 Juillet 1764.

Registrées, ouï, ce requérant le Procureur-Général du Roy, les Lettres-Patentes ci-dessus en forme de Déclaration, pour être exécutées selon leur forme & teneur; à la charge que les articles I & II de ladite Déclaration, ne seront exécutés qu'autant qu'ils sont la prorogation des dispositions de la Déclaration du 17 Avril 1759, avec les restrictions qui y ont été apportées par la Déclaration du 18 Septembre 1760, & suivant l'Arrêt d'enregistrement de ladite Déclaration; & ce, sans pouvoir être appliqués à aucuns autres cas, ni aucunes autres personnes que ceux qui y sont nommés; & à la charge que les Officiers honoraires seront exemptés de la résidence ordonnée par l'article III de ladite Déclaration. Ordonne que copies collationnées de ladite Déclaration, ensemble du présent Arrêt, seront envoyées, &c. En la Cour des Aydes à Paris, les Chambres assemblées, le 30 Août 1764. *Signé*, VERNE.

LETTRES-PATENTES du 23 Août 1764, portant établissement d'une Commission dans la Ville de Saumur, pour instruire & juger les procès des Contrebandiers, faux-sauniers & autres. (Code des Tailles, Tome IV, page 182.)

ARRÊT du Conseil, du 7 Septembre 1764, qui ordonne que dans six mois les pourvus d'Offices dont le privilege d'exemption de Tailles a été suspendu par les Déclarations des 17 Avril 1759 & 13 Juillet 1764, & les Officiers Municipaux des Villes franches, fixées ou abonnées, seront tenus d'envoyer à M. le Contrôleur-Général copies collationnées des titres de leurs privileges. (Code des Tailles, Tome IV, page 191.) 1764.

LETTRES-PATENTES du 6 Novembre 1764, qui ordonnent qu'aucun taillable du Duché de Bourgogne ne sera reçu à se plaindre en sur-taux pendant l'année 1765 & les deux suivantes, si sa cotte de Taille n'est augmentée de plus d'un douzieme ; enrégistrée en la Cour des Aides, le 5 Septembre 1765.

ARRÊT du Conseil, du 15 Janvier 1765, qui enjoint aux Receveurs des Tailles des différentes Provinces & Généralités du Royaume, de prendre exactement au Bureau de la formule, la quantité de papiers nécessaires pour les douze quittances qu'ils doivent fournir en papier timbré pour chaque exercice, aux Collecteurs de chaque Paroisse, à peine de 300 livres d'amende. (Code des Tailles, Tome IV, page 223.) 1765.

ARRÊT de la Cour des Aides, du 31 Janvier 1765, confirmatif d'une Sentence de l'Election de Rouanne, qui déclare Jacques Terrasse, Chef de garnison pour le recouvrement des Tailles & autres impositions, atteint & convaincu de concussion, le condamne au bannissement, préalablement attaché au carcan. (Ibid. page 227.)

1765.

ARRÊT de la Cour des Comptes, Aides & Finances de Normandie, qui ordonne que l'article XXXIV de la Déclaration du Roi, de 1664, l'article XII de la Déclaration de 1673, & la Déclaration du 12 Janvier 1690, seront exécutés ; & en conséquence ordonne que tous Officiers ou autres ayant droit de jouir de privileges, seront tenus de faire enrégistrer en la Cour les lettres de provision & autres titres en vertu desquels ils prétendent jouir desdits privileges, sous les peines portées par les Réglements.

31 Janvier 1765.

LOUIS, &c. comme cejourd'hui, date des présentes, sur la remontrance faite à notre Cour des Comptes, Aydes & Finances de Normandie, au Bureau des Aydes, par notre Procureur-Général en icelle, qu'un des premiers devoirs de la Magistrature est d'assurer l'exécution des Loix, en réformant les abus qui peuvent ou les corrompre, ou les anéantir. Un de ces abus est parvenu à la connoissance du Ministere-Public. Il est informé que certains privilégiés, au lieu de suivre la route tracée par les Ordonnances & Réglemens qui les assujettissent à présenter à notre Cour le titre auquel leur privilege est attaché, s'adressent directement aux Juges de l'Election, des Hôtels de Villes ou autres, pour jouir, par la voie d'un enregistrement illégal, des avantages qu'ils réclament. Ces avantages, en établissant parmi les citoyens des distinctions qui les font sortir de l'égalité, intéresse la Police générale, dont l'exercice est confié particuliérement à notre Cour. Il n'appartient donc pas à des Juges inférieurs de recevoir à leur Tribunal des requêtes en enregistrement, soit des Commensaux qui réclament une exemption de taille, soit de quelqu'autre privilégié, avant qu'il leur ait apparu de l'enregistrement fait préalablement à notre Cour, aux termes de l'article XXXIV de la Déclaration de 1664, de l'article XII de la Déclaration de 1673 & de la Déclaration du 22 Janvier 1690, dont l'exécution ne peut être négligée sans que les intérêts du Public n'en souffrent un préjudice notable : pour quoi requéroit notre Procureur-Général, &c.

Notredite Cour, par son Jugement & Arrêt, faisant droit sur ledit requisitoire, a ordonné & ordonne que l'article XXXIV de notre Déclaration de 1664, l'article XII de la Declaration de 1673, & la Déclaration du 12 Janvier 1690 seront exécutés suivant leur forme & teneur ; en conséquence a ordonné que tous Officiers ou autres ayant droit de jouir de privileges, seront tenus de faire enregistrer en notre Cour, leurs lettres de provisions ou autres titres, en vertu desquels ils prétendent lesdits privileges, sous les peines portées par les Réglemens ; a fait & fait défenses aux Officiers des Elections, Officiers Municipaux des Hôtels de Villes & autres, d'enrégistrer lesdites provisions & titres, qu'il ne leur ait préalablement apparu de l'enregistrement fait en notre Cour ; & afin que le présent Arrêt soit notoire, a ordonné qu'il sera imprimé, publié & affiché, & que *vidimus* d'icelui seront envoyés, &c.

Donné à Rouen, en notredite Cour, audit Bureau des Aydes, le trente & unieme jour de Janvier, l'an de grace mil sept cent soixante-cinq, & de notre regne le cinquantieme. *Signé*, MARYE. 1765.

EDIT qui permet à toutes personnes de quelque qualité & condition qu'elles soient, excepté les titulaires & revêtus de Charges de Magistrature, de faire le commerce en gros.

Mars 1765.

LOUIS, &c. L'attention que nous ne cessons d'avoir pour favoriser le commerce de notre Royaume, nous a conduits à examiner les dispositions des Ordonnances & Edits des Roys nos prédécesseurs, concernant le commerce maritime & le commerce en gros, tant au-dedans qu'au-dehors de notre Royaume, & notamment les Edits du mois d'Août 1669, & du mois de Décembre 1701; & nous avons cru qu'il étoit nécessaire de remédier, par de légers changemens ou explications, à quelques inconvéniens qui s'opposoient en partie à leur pleine & entiere exécution. A ces causes, &c. voulons & nous plaît ce qui suit:

I. Voulons qu'en expliquant, en tant que de besoin, l'Edit du mois de Décembre 1701, tous nos Sujets de quelque qualité & condition qu'ils puissent être, excepté ceux qui seront actuellement titulaires & revêtus de Charges de Magistrature, puissent faire librement, tant pour leur compte que par commission, toute sorte de commerce en gros, tant au-dedans qu'au-dehors de notre Royaume, sans être tenus de se faire recevoir dans aucun Corps ou Communauté; n'entendons cependant rien innover par rapport à notre bonne Ville de Paris, dans laquelle le commerce continuera de se faire, comme par le passé.

II. Voulons au surplus que l'Edit du mois d'Octobre 1669, l'Edit de Décembre 1701, ensemble toutes nos autres Ordonnances, Edits, Déclarations, Lettres-Patentes & Arrêts concernant le commerce, soient exécutés selon leur forme & teneur, en tout ce qui n'est pas contraire aux dispositions du présent Edit, dérogeant à cet égard seulement à toutes Ordonnances, Edits, Déclarations, Lettres-Patentes, Arrêts, Statuts, Réglemens & usages qui pourroient y être contraires, sans néanmoins qu'il puisse être rien innové dans l'ordre & la compétence des Jurisdictions établies par les Edits & Déclarations intervenus en fait de commerce, & notamment par l'Ordonnance du mois de Mars 1673. Si donnons en mandement, &c.

Donné à Versailles, au mois de Mars mil sept cent soixante-cinq.

Registré en Parlement, le 12 Mars suivant.

1765.

Lettres-Patentes sur l'Arrêt du Conseil du 18 Juillet 1764, qui désignent la nature des contraintes & poursuites tant des Receveurs des Tailles, que des Collecteurs qui sont exempts des droits de contrôle, papier marqué & petit-scel. (Enrégistrements de l'Election, Volume coté XXIII, folio 84, verso.)

18 Mars 1765.

Louis, &c. Nous étant fait représenter en notre Conseil notre Déclaration du 13 Avril 1761, registrée en notre Cour des Aydes de Paris; celles des 12 Avril & 11 Septembre 1762, l'une en notre Cour des Aydes de Clermond-Ferrand, & l'autre dans les Cours des Aydes de Rouen, Bordeaux & Montauban; celle du 3 Janvier 1764, enregistrée en notre Cour des Aydes de Guyenne, & les différens Réglemens annexés à nosdites Déclarations, à l'exception de celle du 11 Septembre 1762: & voulant prévenir les difficultés qui pourroient s'élever au sujet de l'exemption du droit de contrôle, papier marqué & petit-scel, accordée par ces Réglemens à toutes les contraintes décernées par nos Receveurs des tailles, & à toutes les poursuites qui seroient faites à leur requête, tant contre les Collecteurs que contre les autres contribuables, même dans le cas de vente des effets saisis sur les Collecteurs qui auroient diverti les deniers de leur recette, comme aussi au sujet de pareille exemption accordée, tant par nos anciens Edits & Déclarations, notamment par Arrêt de notre Conseil, du 21 Mars 1722, que par les Réglemens annexés à nosdites Déclarations, aux exploits faits à la requête des Collecteurs de la taille, contre les redevables dénommés dans les rôles, à fin de payement de leur taxe seulement, même aux saisies-arrêts & saisies-exécutions provisoires, qu'ils sont autorisés à faire faire sur les redevables arriérés, dans les cas urgens & pressés, par les Chefs de garnison, en ce que, par nos Déclarations, les premieres contraintes des Receveurs des tailles paroissent seules affranchies du droit de contrôle, papier marqué & petit-scel, & que les autres poursuites faites à leur requête, ainsi que celles faites par les Collecteurs contre les contribuables, semblent devoir y être assujetties; & d'autant que notre intention suffisamment exprimée par ces derniers Réglemens, n'a pas été d'étendre la perception des droits dont il s'agit, ni d'y soumettre des actes qui en étoient exempts, mais au contraire de restreindre de plus en plus la perception desdits droits, afin de procurer de nouveaux soulagemens aux Sujets taillables de notre Royaume, par l'Arrêt du 18 Juillet 1764, rendu en notre Conseil d'Etat, nous y étant, pour l'exécution duquel nous avons ordonné que toutes Lettres nécessaires seroient expédiées: nous avons jugé à propos de faire connoître nos intentions à ce sujet. A ces causes, &c. Ordonnons que l'Arrêt de notre Conseil du 21 Mars 1722, ensemble les Réglemens annexés à nos Déclarations des 13 Avril 1761, 12 Avril 1762, & 3 Janvier 1764, seront exécutés selon leur forme & teneur; & interprétant, en tant que de besoin, nosdites Déclarations, ensemble celle du 11 Septembre 1762, & l'article XV du Réglement annexé à notre Déclaration du 12 Avril précédent, ordonnons que toutes les contraintes & poursuites faites à la requête des Receveurs des tailles, tant contre les Collecteurs, que contre les autres contribuables, même la vente des effets saisis sur les Collecteurs, & les autres

autres poursuites qui seront faites à leur requête par un Huissier ou Sergent, seront exemptes de tous droits de contrôle, papier marqué & petit-scel : voulons pareillement que tous exploits faits à la requête des Collecteurs de la taille contre les redevables dénommés dans les rôles pour le payement de leur taux, qui ne contiendront point d'assignation, ainsi que les saisies-arrêts & saisies-exécutions, qu'ils sont autorisés à faire faire par les Réglemens annexés à nos Déclarations, sur les redevables arriérés, dans des cas urgens & pressés, par les Chefs de garnison, & dans plusieurs de nos Provinces par les Huissiers des tailles, soient pareillement exempts des droits de contrôle, papier marqué & autres droits, le tout en vertu desdits Réglemens & de notredit Arrêt du 18 Juillet; à l'exécution duquel enjoignons aux sieurs Intendans & Commissaires départis dans les différentes Provinces & Généralités de notre Royaume, de tenir la main, à l'effet de quoi mention sera faite dudit Arrêt dans nos commissions des tailles. Si vous mandons, &c. 1765.

Donnés à Versailles, le dix-huitieme jour de Mars, l'an de grace mil sept cent soixante-cinq, & de notre regne le cinquantieme. *Signé*, LOUIS; & plus bas, par le Roy, PHELYPEAUX.

Registrées, oui, & ce requérant le Procureur-Général du Roi, pour être exécutées selon leur forme & teneur, sans néanmoins aucune approbation des Arrêts du Conseil y énoncés, non revêtus de Lettres-Patentes duement registrées en la Cour, & copies collationnées desdites Lettres-Patentes seront envoyées, &c. A Paris, en la Cour des Aydes, les Chambres assemblées, le 24 Avril 1765. *Signé*, OUTREQUIN.

ARRÊT de la Cour des Aides, qui décharge de la taille & maintient les Prévôts & Lieutenants de la Connétablie de MM. les Maréchaux de France, dans tous leurs privileges & qualités énoncées dans les Lettres-Patentes de 1730.

30 Juillet 1765.

LOUIS, &c. Entre Louis-Philippe-Antoine Guerin, sieur de Thubermont, Ecuyer, Prévôt de la Connétablie & Maréchaussée de France, demeurant à Joinville, appellant de Sentence rendue en l'Election de ladite Ville de Joinville le 20 Mai dernier, & demandeur en Requête du 26 du présent mois, à ce qu'acte lui soit donné de la déclaration par lui faite par acte du 9 dudit mois de Mai dernier, & qu'il réitéroit qu'il n'avoit jamais pris & n'entendoit prendre la qualité d'Ecuyer que comme attribué à son Office de Prévôt de la Connétablie & Maréchaussée de France, sur la nomination du feu Maréchal de Langeron, & tant que dureroient les provisions à lui accordées par nous sur ladite nomination; ce faisant, l'appellation & ce dont est appel fussent mis au néant, émendant qu'il fût déchargé des condamnations contre lui prononcées par ladite Sentence, il fût ordonné que l'Edit du mois de Septembre 1706, la Déclaration du 7 Février 1707, l'état déposé au greffe de la Cour, en exécution de ladite Déclaration; l'Edit du mois de Mars 1720, l'Arrêt du Conseil,

1765. du 30 Août 1727, celui du 25 Février 1730; ensemble les Lettres-Patentes expédiées sur ce dernier, le 20 Mars suivant, régistré en la Cour le 29, seroient exécutées selon leur forme & teneur; en conséquence qu'il fût maintenu dans le droit de prendre la qualité d'Ecuyer attribuée par lesdits Edits & Déclarations à sondit Office, en vivant par lui noblement & tant qu'il demeureroit pourvu de ladite Charge de Prévôt de Connétablie & Maréchaussée de France, & généralement dans tous les privileges & exemptions dont jouissent les Officiers Commensaux de la Maison du Roy, ainsi qu'il est ordonné par lesdites Lettres-Patentes de 1730, d'une part, & M. le Procureur-Général, prenant le fait & cause de son Substitut en ladite Election de Joinville, intimé & défendeur, d'autre part; après que Tennesson, Avocat du sieur Guerin de Thubermont a été oui contre notre Procureur-Général, ensemble Boula de Marcuil, Avocat-Général. Notredite Cour ayant aucunement égard à la demande de la Partie de Tennesson, lui donne acte de sa déclaration qu'il n'a pris & n'entend prendre sa qualité d'Ecuyer que comme attribuée à son Office de Prévôt de la Connétablie & Maréchaussée de France, en conséquence met l'appellation & ce dont est appel au néant, émendant, décharge la Partie de Tennesson des condamnations contr'elle prononcées par ladite Sentence; ordonne que l'Edit du mois de Septembre 1706, les Déclarations du 7 Février 1707, l'état qui a été déposé au greffe de la Cour, en exécution de ladite Déclaration, l'Edit du mois de Mars 1720, l'Arrêt du Conseil du 25 Février 1730, ensemble les Lettres-Patentes expédiées sur icelui le 20 Mars suivant, seront exécutées selon leur forme & teneur, en conséquence maintient ladite Partie de Tennesson dans le droit de prendre la qualité d'Ecuyer, attribuée par lesdits Edits, Déclarations & Lettres-Patentes à sondit Office, en y joignant immédiatement celle de Prévôt, en vivant par lui noblement, & tant qu'il sera pourvu de ladite Charge de Prévôt de la Connétablie & Maréchaussée de France, & généralement dans tous les privileges & exemptions dont jouissent les Officiers Commensaux de notre Maison, conformément auxdites Lettres-Patentes de 1730. Si mandons, &c.

Donné à Paris, en la premiere Chambre de notre Cour des Aydes, le trente-unieme jour de Juillet, l'an mil sept cent soixante-cinq. *Signé*, OUTREQUIN.

5 Août 1765.

LOUIS, &c. Vu par la Cour la Sentence rendue par les Officiers de l'Election de Joinville, le 8 Juillet 1765, entre le sieur Louis-Philippe-Antoine Guerin, de Thubermont, Ecuyer, Prévôt de la Connétablie & Maréchaussée de France, demandeur contre les Maire & Echevins, Communauté & Habitans de la Ville de Joinville, défendeurs, intimés, sur les conclusions du Substitut de notre Procureur-Général, par laquelle Sentence a été donné acte audit sieur de Thubermont du désistement de l'appel par lui interjetté de la Sentence desdits Officiers du 3 Juin 1765, ledit désistement signifié le 15 dudit mois de Juin, au surplus faisant droit sur le requisitoire de notre Procureur, avant faire droit, étoit dit que ledit sieur de Thubermont seroit tenu de lui communiquer les provisions de l'Office de Prévôt de la Connétablie, sur lesquelles il appuyoit sa demande, comme aussi que lesdits Maire & Echevins seroient tenus de se retirer pardevant M. l'Intendant de Champagne, pour obtenir son autorisation, à l'effet de défendre sur la présente instance, dépens réservés; la Requête présentée aux

Officiers de ladite Election, par ledit sieur de Thubermont, le 26 Avril 1765, au-bas de laquelle est l'Ordonnance, portant permis d'assigner, ainsi qu'il est requis; les défenses fournies par les Officiers Municipaux de Joinville, le 10 Mai 1765, replique dudit sieur de Thubermont, signifiées le 14 dudit mois de Mai, l'avis du sieur Commissaire des tailles de la Ville de Joinville, du 25 Juin 1765; la quittance signée Marchand, Collecteur de la Ville de Joinville, sans date, de la somme de trente-cinq livres un sol; la Requête présentée à la Cour par ledit sieur Louis-Philippe-Antoine Guerin de Thubermont, Ecuyer, Prévôt de la Connétablie & Maréchaussée de France, demeurant à Joinville, tendante à ce qu'il fût reçu appellant de la susdite Sentence du 8 Juillet 1765: tenir l'appel pour bien relevé, & y faisant droit, que l'appellation & ce dont étoit appel, fussent mis au néant: émendant, évoquant le principal, ayant égard à la demande dudit sieur de Thubermont, portée par sa requête & exploit du même jour 26 Avril 1765, qu'il fût fait défenses aux Maire & Echevins, Collecteurs de la Paroisse de Joinville, & à tous autres, sous les peines de droit, de plus le comprendre à l'avenir sur les rôles des tailles de ladite Paroisse, autrement que dans la classe des privilégiés, tant que durera la suspension ordonnée par la Déclaration du 13 Juillet 1764, & ce conformément à l'article V de la Déclaration du 17 Avril 1759, laquelle seroit exécutée selon sa forme & teneur; qu'il lui fût donné actes des offres qu'il avoit faites & qu'il réitéroit de la somme à laquelle il avoit été imposé sur le rôle des tailles pour les biens qu'il exploitoit seulement; ordonner que l'excédent de son imposition à la taille seroit rayé, & que les sommes que ledit sieur de Thubermont auroit payées au par-delà de onze livres, huit sols, onze deniers, lui seroient rendues & restituées, & à cet effet, réimposé en la forme prescrite par la Déclaration du 13 Avril 1761; qu'il fût fait défenses aux Habitans & Collecteurs de ladite Paroisse de Joinville, Commissaire des tailles & tous autres qu'il appartiendroit, d'imposer à l'avenir ledit sieur de Thubermont dans la classe des privilégiés dans laquelle il doit être placé en sa qualité d'Ecuyer, Prévôt de la Connétablie, à plus forte somme, tant que durera la suspension de son privilege, que celle ci-dessus, si ce n'est dans le cas d'augmentation de son exploitation ou du capital de la taille, ladite requête signée, Bourgeois, Procureur; Ordonnance de la Cour, au-bas de ladite requête portant soit communiquée au Procureur-Général à Paris, ce 27 Juillet 1765. Conclusions de notre Procureur-Général, oui le rapport de Me Etienne-Robert Lechassier, Conseiller, & tout considéré. Notredite Cour, faisant droit sur les conclusions de notre Procureur-Général, déclare nulle la requête présentée en l'Election de Joinville, par le sieur Louis-Philippe-Antoine Guerin de Thubermont, ensemble la permission d'assigner étant au-bas d'icelle, l'assignation donnée en conséquence aux Maire, Echevins & Habitans de Joinville, & tout ce qui a suivi jusques & compris la Sentence du 8 Juillet 1765. Enjoint aux Officiers de l'Election de Joinville de se conformer à l'avenir aux dispositions des Déclarations des 20 Mai 1759 & 13 Avril 1761, & de celle de l'Arrêt de la Cour du 5 Mai 1762, pour l'instruction & jugement des cottes de tailles imposées sur les rôles faits par Commissaire, à peine de répondre de tous les dépens, dommages & intérêts des Parties; & néanmoins ayant aucun égard à la requête présentée en la Cour par ledit sieur Guerin de Thubermont, évoquant le principal & y faisant droit, réduit & modere la cotte de taille imposée sur ledit sieur Guerin de Thubermont, au rôle de la Ville de Joinville pour l'année 1765, à la somme de onze livres, huit sols de principal, & accessoires à propor- 1765.

1765. tion ; ordonne que le surplus des sommes qu'il a été & sera contraint de payer pour l'exécution desdits rôles, lui sera rendu & restitué, & à cet effet réimposé sur le général des Habitans de ladite Ville, en remettant au Commissaire départi copie collationnée du présent Arrêt avant le 15 Septembre prochain, le tout conformément à ladite Déclaration du 13 Avril 1761 ; fait défenses tant aux Habitans de Joinville, qu'aux Commissaires nommés pour la confection des rôles, d'imposer à l'avenir ledit sieur Guerin de Thubermont, sinon pour les biens par lui exploités conformément à la Déclaration du 18 Septembre 1760, tant qu'il sera revêtu de l'Office de Prévôt de la Connétablie & Maréchaussée de France, & qu'il ne fera acte dérogeant à son privilege personnel ; & sera le présent Arrêt signifié aux Officiers de l'Election de Joinville, à la diligence de notre Procureur-Général : a liquidé les frais à la somme de dix livres, seize sols, sçavoir, six livres au Procureur dudit sieur Guerin de Thubermont, pour la requête en la Cour ; huit sols au Greffier, pour l'enregistrement de ladite requête ; & quatre livres, huit sols pour les droits des Greffiers, pour l'expédition du présent Arrêt, lesquels frais ne seront point réimposés. Si mandons, &c.

Donné à Paris, en la premiere Chambre de notre Cour des Aydes, le cinquieme jour d'Août mil sept cent soixante-cinq. *Signé*, OUTREQUIN.

DÉCLARATION portant Réglement pour l'imposition de la Taille dans la Province de Champagne. (Code des Tailles, Tome IV, page 240.)

13 Août 1765.

LOUIS, &c. Par notre Déclaration du 11 Octobre 1762, enregistrée en notre Cour des Aydes de Paris, le 7 Septembre 1764, nous nous sommes occupés du soin de mettre les Habitans de notre Province de Champagne à portée de recueillir les fruits de notre Déclaration du 13 Avril 1761, qui prescrit une nouvelle forme de procéder, plus sommaire & moins dispendieuse que celle qui avoit été suivie jusqu'à présent, dans le cas où nos Sujets taillables se croiroient fondés à former opposition à leurs cottes de taille, & qui établit des regles faciles, dont l'objet est également de diminuer les frais qui se faisoient pour parvenir à l'imposition, levée & recouvrement de la taille & de ses accessoires ; nous avons voulu en même temps qu'ils pussent continuer de jouir des avantages qu'ils ont retirés jusqu'à présent des travaux considérables qui ont été faits successivement dans cette Province depuis 1738, afin de parvenir à une répartition moins arbitraire, & plus égale des impositions, que celle qui y existoit auparavant : & en ordonnant le dépôt au greffe des Elections, des doubles des procès-verbaux d'évaluation des biens-fonds & de l'industrie, & des instructions insérées au préambule des rôles qui contiennent les principes du tarif, d'après lesquels on a opéré, nous avons mis nos Officiers des Elections & notre Cour des Aydes de Paris, en état de connoître d'une façon juridique les regles que nous voulions qui fussent suivies exactement dans leurs jugemens, jusqu'à ce que nous eussions pu prendre les mesures nécessaires, soit pour maintenir cette forme d'imposition, soit pour la porter à un plus haut degré de perfection. Toujours animés des mêmes vues pour l'intérêt & le soulagement de nos Sujets taillables, nous avons fait examiner les instructions qui servent de regle pour la répartition de la taille dans notre Généralité de Châlons, & nous nous sommes déterminés à proroger cette forme de répartition jusqu'à ce que nous ayons pu mettre nos Peuples à portée de profiter des avantages qu'ils doivent attendre avec confiance de l'entiere exécution de notre Déclaration du 21 Novembre 1763; nous avons fait quelques changemens à cette forme de répartition, qui, sans en déranger les principes, nous ont paru propres à porter l'encouragement dans l'agriculture, à prévenir des abus qui auroient pu augmenter le poids des impositions qu'elle supporte; & nous avons eu la satisfaction de voir que nous n'avons fait en cela que seconder les vœux des Magistrats qui partagent avec nous le desir sincere d'accroître cette source féconde de grandeur & de richesse de nos Etats. A ces causes, &c. voulons & nous plaît ce qui suit : 1765.

I. La taille & les autres impositions accessoires continueront d'être imposées, pendant trois années seulement, dans la Généralité de Châlons, conformément aux regles du tarif exécuté dans cette Généralité, depuis l'année 1738, contenues dans l'instruction que nous avons fait attacher à cet effet sous le contre-scel des présentes, & d'après les énonciations & estimations des héritages portées aux registres ou feuilles de relevé, qui depuis ce temps servent de base à la confection des rôles.

II. Les Officiers des Elections, en premiere instance, & notre Cour des Aydes, en cause d'appel, se conformeront pendant ledit temps à cette instruction & auxdites estimations, dans les Jugemens des oppositions qui pourroient survenir aux cottes insérées aux rôles faits en conséquence.

III. Voulons au surplus que notre Déclaration du 11 Octobre 1762 continue d'être exécutée suivant sa forme & teneur, en ce qui n'est pas contraire à la présente. Si donnons en mandement, &c.

Donnée à Compiegne, le treizieme jour d'Août, l'an de grace mil sept cent soixante-cinq, & de notre regne le cinquantieme. *Signé*, LOUIS; & plus bas, par le Roy, BERTIN.

Registrée, oui, & ce requérant le Procureur-Général du Roy, ensemble l'instruction portant Réglement pour la confection des rôles, y jointe, pour le tout être exécuté selon sa forme & teneur; & copies collationnées, &c. A Paris, en la Cour des Aydes, les Chambres assemblées, le quatre Septembre 1765.

Signé, OUTREQUIN.

INSTRUCTION *portant Réglement pour la confection des rôles des Tailles, capitation & autres impositions accessoires dans la Généralité de Châlons, que le Roi veut & entend être exécuté conformément à ce qui est porté par l'article Ier. de la Déclaration de Sa Majesté de cejourd'hui.*

I. TOUS les biens & revenus de chaque Communauté, ainsi que le commerce & l'industrie de chaque Habitant, seront évalués & portés en produit, conformément aux Edits & procès-verbaux d'estimation, déposés aux greffes des Elections, & aux regles prescrites ci-après; & cette évaluation ou montant général

1765. du revenu des biens de la Communauté, servira à déterminer le taux de la taille de la Paroisse.

Le taux du Fermier ou locataire, ne sera que la moitié du taux du propriétaire qui fait valoir ou occupe par lui-même, à la reserve des terres labourables qui seront exceptées, ainsi qu'il sera dit à l'article IV ci-après.

Industrie.

II. Pour faire l'imposition de l'industrie, son produit sera réglé sur le pied de deux cens journées par an, dont le prix sera fixé suivant les différentes vacations ou métiers; la taxe de l'industrie suivra le taux de l'exploitation qui sera réglé pour les biens-fonds.

L'industrie, soit d'artisan ou de manouvrier, sera réduite à deux classes:

La premiere sera depuis vingt-cinq ans jusqu'à soixante ans, & la seconde depuis soixante jusqu'à soixante-dix ans.

La premiere classe payera l'industrie entiere; la seconde, moitié seulement; les hommes, les veufs, les garçons, les femmes, les veuves & les filles qui ont atteint l'âge de soixante-dix ans accomplis avant le premier Octobre de l'année où l'imposition commencera, seront exempts de l'industrie.

Il sera fait en faveur des hommes veufs & des garçons, un tiers de diminution sur leur cotte d'industrie, quoique les hommes veufs ayent le secours d'enfans mineurs.

La cotte d'industrie des femmes veuves ou filles, ne sera portée qu'au tiers de celle des hommes mariés.

Le laboureur qui exploitera, tant de propres que de fermage, la quantité de terres nécessaires pour former le labourage d'une charrue, sera exempt d'industrie.

Celui qui sera seulement laboureur de trois quarts de charrue, payera un quart d'industrie; celui de moitié de charrue, payera moitié de l'industrie; & celui d'un quart de charrue, payera les trois quarts de l'industrie.

Cette industrie sera celle d'artisan, & dans les lieux où il y en aura de différentes especes, elle sera réglée sur le prix moyen; les personnes infirmes qui se trouveront de la premiere classe, seront portées dans la seconde; & si elles se trouvent dans la seconde, elles seront exemptes de la taxe d'industrie: seront aussi exemptes de la taxe d'industrie les personnes dont les infirmités sont habituelles, & qui se trouvent hors d'état de travailler.

Les personnes vivant bourgeoisement, ne faisant aucun travail mécanique, & n'exerçant aucune profession dans la Communauté, ne seront point cottisées à l'industrie.

Les meûniers seront exempts de la taxe d'industrie, lorsque l'exploitation de leurs moulins sera de deux cens livres & au-dessus; mais au-dessous, ils payeront une partie de ladite taxe dans la même proportion.

Les domestiques actuellement au service ne seront point taxés à l'industrie, mais s'ils sont mariés & si leurs femmes tiennent leur ménage, elles payeront l'industrie des veuves: ces domestiques, pour raison de cette imposition, ne seront pas réputés imposés personnellement, & leurs maîtres privilégiés pourront continuer à se servir d'eux pour leurs exploitations.

Les Commis des Fermes seront exempts relativement au bénéfice & produit de leur emploi seulement, quels que soient ces produits ou bénéfices; mais s'ils font quelque commerce ou exercent quelqu'industrie, ils payeront l'industrie pour ces derniers objets : seront pareillement imposés personnellement ceux qui avoient été compris dans les rôles avant d'être revêtus de leur emploi, & généralement tous ceux de condition taillable lorsqu'ils posséderont des biends-fonds, à raison de leur propriété, quand même ils n'auroient pas été imposés avant d'entrer dans l'emploi, ou qu'ils seroient originaires des Villes franches; & s'ils font valoir leurs biens-fonds, ils payeront en outre la taille d'exploitation. 1765.

Les artisans qui auront des compagnons ou apprentifs, payeront un tiers de l'industrie de la premiere classe de leur profession pour chaque compagnon ou apprentif, & les veuves d'artisans qui seront dans le même cas, payeront seulement pour chaque compagnon ou apprentif un quart de la taxe d'industrie.

Les Avocats postulans, Notaires, Procureurs, Sergens & Praticiens, & les Chirurgiens, payeront l'industrie sur le pied du produit qu'ils seront censés faire dans leurs professions, lequel sera réglé entre les Habitans & le Commissaire, laquelle ne pourra être moindre que celle de l'artisan.

Les Maîtres d'école qui n'auront fait aucun traité particulier avec la Communauté, seront seulement exempts d'industrie, à moins qu'ils n'exercent quelque art ou profession, auquel cas ils seront taxés à l'industrie à proportion du temps qu'ils seront censés occupés auxdites professions.

Les Bergers & Pâtres communs seront imposés à l'industrie du manouvrier, lorsqu'ils n'auront point de traité fait avec la Communauté qui les en dispensera.

Commerce.

L'évaluation du bénéfice que chaque commerçant peut faire, sera réglée entre les Habitans & le Commissaire, & le produit payera le taux de l'exploitation.

Sous le nom de Commerçans, seront compris tous Marchands de quelque espece qu'ils soient, en gros ou en détail : Blatiers, Cocassiers, Revendeurs, Boulangers, Bouchers, Chaircuitiers, Cabaretiers à enseignes ou à bouchons, ceux qui brûlent des vins & marcs de raisins, & font des eaux-de-vie, les Vinaigriers, Tanneurs, Drapiers & Maîtres fabriquans d'étoffes en laine à leur compte, & généralement tous ceux qui font quelque négoce.

Biens-fonds.

IV. Les terres labourables, chenevieres, vignes, prés & autres biens-fonds de chaque Paroisse ou Communauté, seront taxés, eu égard à leur revenu, conformément aux estimations portées dans les états ou procès-verbaux déposés aux greffes des Elections, à l'exception de la propriété des Fermes qui sont situées dans d'autres Communautés, qui sera fixée suivant la continence & estimation des biens dans le lieu de la situation.

Le propriétaire qui fera valoir par lui-même, payera pour les terres en labour seulement, la taxe d'exploitation, & moitié en sus pour celle de propriété; de sorte que si le taux de la Paroisse pour l'exploitation, se trouve de deux sols pour livre, le propriétaire cultivateur payera trois sols pour livre, sçavoir pour l'exploitation deux sols, & pour la propriété un sol.

Quant aux autres biens-fonds, tels que prés, vignes, chenevieres, maisons, usines, & généralement tous autres biens que le propriétaire fait valoir lui-même, ils continueront de payer le taux entier de la propriété & aussi celui entier de l'exploitation; il sera seulement fait dans l'évaluation des maisons, étangs,

1765. moulins & usines, déduction d'un quart à cause des réparations ; ainsi une maison estimée quarante livres de revenu, ne sera portée en produit que sur le pied de trente livres.

La taxe des amodiateurs généraux, lorsqu'ils ne feront rien valoir, sera le taux d'exploitation pris sur les deux sols pour livre du montant de leur bail ; & lorsqu'ils feront valoir partie de leur amodiation, il sera fait distinction du produit des biens qu'ils feront valoir ; & le montant des deux sols pour livre sera tiré jusqu'à concurrence du restant, sur lesquels ils payeront le taux de l'exploitation.

Les propriétaires forains ou cultivateurs qui ne demeureront point dans la Communauté, & qui y feront valoir des biens en propre, y payeront le taux de l'exploitation pour raison desdits biens, lorsque le revenu sera de cinquante livres & au-dessus ; mais au-dessous, ils seront imposables dans la Communauté où ils demeurent, & compris seulement pour *mémoire* dans le lieu où lesdits biens sont situés. Seront aussi imposés comme forains les cultivateurs de biens à Ferme, pourvu que le produit soit de vingt-cinq livres & au-dessus, & qu'à l'égard des prés, l'exploitation soit d'un arpent & au-dessus.

Exceptions particulieres.

V. Les mineurs qui feront valoir leurs biens, étant exempts de la taille pour la propriété desdits biens, de même que leur industrie & commerce, payeront seulement celle d'exploitation, tant à cause desdits biens propres qu'à cause des biens qu'ils tiendront à Ferme.

Les Salpêtriers ne seront imposés pour leur industrie & biens propres, qu'à cinq livres, en justifiant par eux qu'ils ont fourni pendant l'année la quantité de salpêtre prescrite par les Réglemens, qui ne pourra être au-dessous de mille livres.

Rentes actives.

VI. Toutes les rentes actives, de quelque nature qu'elles soient, perpétuelles & viageres, même celles créées sur l'Hôtel de Ville de Paris, à l'exception des tontines créées avec exemption de la taille, seront assujetties à la taxe de propriété simple, sans aucune déduction pour les rentes viageres.

Rentes passives.

VII. Il sera fait déduction des rentes passives à raison du taux de la propriété, & cette déduction ne devant tomber que sur la propriété, dans le cas où elle excédera la propriété, elle sera réduite sur le pied de la cotte.

Grains.

VIII. Les rentes & dixmes en grains, seront taxées, sçavoir, les dixmes pour l'exploitation, & les rentes pour la propriété, conformément aux estimations réglées dans les états & procès-verbaux d'évaluations déposés aux greffes des Elections.

Bestiaux.

IX. Les Habitans qui auront des bestiaux, soit qu'ils leur appartiennent, ou qu'ils les tiennent à loyer ou cheptel, ne seront plus imposés pour raison desdits bestiaux.

Capitation

Capitation & Quartier d'hiver. 1765.

La répartition de la capitation & du quartier d'hiver, sera faite au marc la livre de la taille.

Les mineurs qui ont des biens-fonds, doivent la capitation au marc la livre de la taille de propriété, lorsqu'ils les donnent à loyer, & de celle de propriété & d'exploitation, lorsqu'ils les font valoir.

A l'égard du quartier d'hiver, ils doivent en supporter leur part au marc la livre de la taille d'exploitation seulement.

Fait & arrêté au Conseil Royal des Finances, tenu à Compiegne, le treizieme jour d'Août mil sept cent soixante-cinq. *Signé*, LOUIS; & plus bas, BERTIN.

Registré en la Cour des Aydes, le 4 Septembre 1764.

LETTRES-PATENTES du 21 Novembre 1765, portant établissement d'une Commission à Rheims pour juger les Contrebandiers, Faux-sauniers & autres. (Code des Tailles, Tome IV, page 250.)

DÉCLARATION du 24 Mars 1766, enrégistrée en la Cour des Aides au mois d'Août suivant, portant Réglement pour la comptabilité & les poursuites du Contrôleur-Général des restes, & amnistie en faveur des comptables. (Code des Tailles, Tome IV, page 291.) 1766.

XXXV. DÉCLARONS les biens de nos comptables assujettis & grevés de privileges & hypotheques envers nous, jusqu'après la correction de leurs comptes; défendons à nos Procureurs-Généraux dans nos Cours des Aydes, de donner à l'avenir aucune main-levée & de consentir à ce qu'aucuns décrets des biens qui avoient appartenu à des comptables, soient scellés & délivrés qu'après qu'il leur sera apparu des certificats de correction des comptes desdits comptables.

EDIT du Roi, concernant les privileges d'exemption des Tailles. (Code des Tailles, Tome IV, page 292.)

Juillet 1766.

LOUIS, &c. La multiplicité des Offices auxquels le privilege d'exemption de tailles a été attribué successivement, a souvent donné lieu à des représentations sur le préjudice qui en résultoit pour les contribuables. Si les besoins de l'Etat n'ont pas toujours permis aux Roys nos prédécesseurs, de suivre les mouvemens que leur inspiroit leur amour pour leurs Sujets, ils ont néanmoins, suivant les différentes circonstances, réduit le nombre de ces Offices

1766. ou suspendu pour un temps limité, & quelquefois même indéfini, l'exercice de ce privilege. Louis XIV, notre auguste bisaïeul, avoit appris par une longue expérience dans le gouvernement, combien il étoit dangereux de faciliter aux contribuables les plus riches les moyens de se soustraire au payement de la taille, & de quelle importance il étoit de venir au secours des autres taillables, surchargés alors du poids de l'imposition; il voulut remédier à une partie des maux qu'ils éprouvoient, par son Edit du mois d'Août 1715; & nous n'avons point cessé, depuis notre avénement à la Couronne, de nous occuper du soin de leur procurer tous les soulagemens que les circonstances nous ont permis de leur accorder. Celles où nous trouvions en 1759, nous déterminerent à faire rentrer dans la classe des contribuables ceux de nos Sujets qui, nés taillables, s'étoient affranchis, par acquisitions d'Offices, du payement de cette imposition, & nous annonçâmes dès-lors le desir que nous avions de supprimer au retour de la paix la plupart des Charges qui procurent ces sortes d'exemptions. Ayant été informés en 1760, que nos Officiers Commensaux & ceux de Judicature, reconnoissant eux-mêmes combien toute espece d'exploitation étoit peu conciliable avec la nature de leurs fonctions, avoient remis ces exploitations entre les mains des taillables qui en acquittoient les impositions, nous crûmes qu'il étoit de notre justice de leur rendre l'exemption de taille personnelle dont ils jouissoient avant notre Déclaration de 1759. Nous avons profité des premiers instans de la paix, pour prescrire les moyens de parvenir un jour à établir l'égalité dans la répartition des impôts, & nous n'avons pas laissé ignorer par notre Déclaration du 13 Juillet 1764, que nos vues à cet égard ne pouvoient être remplies que lorsque nous aurions fait cesser toute espece d'arbitraire, & mis par ce moyen nos Sujets en état de se livrer entiérement à la culture des terres & à leur industrie. Pour suivre un objet aussi important, nous nous sommes fait représenter les titres des Offices auxquels l'exemption de taille est attachée; nous n'avons pu voir qu'avec peine la difficulté de procéder dans le moment actuel à la suppression de la plupart de ces Charges; & que si nous voulions attendre que nous fussions en état de suivre nos vues à cet égard, nous retarderions trop long temps les secours que nos Sujets taillables attendent de nous: le desir d'accélérer leur soulagement, nous a donc déterminés à supprimer pour toujours le privilege d'exemption de taille d'exploitation, à l'exception de celui dont jouissent les Nobles, les Ecclésiastiques, nos Officiers des Cours supérieures & Bureaux des Finances, ceux des Grandes & Petites-Chancelleries, & à ne conserver à nos Officiers Commensaux, Officiers des Elections & à ceux des Officiers de Judicature ou de Finance qui étoient exempts de taille, que le privilege d'exemption de taille personnelle, qui est en effet le seul qui doit les distinguer des autres contribuables, & dont, par cette raison, nous avons récompensé en 1764, le zele & l'assiduité des Officiers de nos Bailliages & Sieges Présidiaux, ressortissans nuement en nos Cours de Parlement: mais voulant en même temps rendre à ceux desdits Officiers, dont le privilege d'exemption de taille d'exploitation, se trouvera supprimé, & qui se croiroient fondés à nous demander quelque indemnité, toute la justice que nous leur devons, nous leur réservons de nous adresser leurs Mémoires, dont nous nous ferons rendre un compte exact, à l'effet d'y pourvoir suivant les regles de l'équité. Nous nous sommes en même temps proposés de rendre le privilege d'exemption de taille personnelle aux Prevôts, Lieutenans & Exemts des Compagnies de Maréchaussée, qui en avoient été privés par l'Edit de Mars 1720, afin d'exciter de plus en plus leur zele pour un service aussi essentiel à la sûreté &

au bon ordre de nos Provinces. Nous nous sommes fait représenter aussi les titres en vertu desquels les Habitans des Villes franches jouissent de l'exemption de la taille; & quoiqu'il nous ait été facile d'appercevoir que plusieurs de ces exemptions n'avoient été accordées que pour des considérations qui nous auroient permis de les révoquer, nous croyons devoir leur donner une nouvelle marque de notre protection, en les laissant jouir d'une grace personnelle qui ne pourra point être onéreuse à nos Sujets taillables, lorsque l'exercice de ce privilege sera renfermé, comme il doit l'être par sa nature, dans l'enceinte des Villes, & qu'il ne sera point permis à ceux qui les habitent, de partager les travaux ni l'industrie des gens de la campagne, sans contribuer avec eux au payement de leurs impositions, Nous avons cru néanmoins devoir établir une distinction en faveur des Bourgeois de notre bonne Ville de Paris, qui étant la Capitale de notre Royaume, a été de tout temps décorée de plusieurs privileges, tant par les Roys nos prédécesseurs que par nous. A ces causes, &c. voulons & nous plaît, 1766.

I. Que le Clergé, la Noblesse, les Officiers de nos Cours supérieures, ceux des Bureaux des Finances, nos Secretaires & Officiers des Grandes & Petites-Chancelleries, pourvus des Charges qui donnent la Noblesse, jouissent seuls à l'avenir du privilege d'exemption de taille d'exploitation dans notre Royaume, conformément aux Réglemens qui ont fixé l'étendue de ce privilege, & en se conformant par les Officiers de nos Cours & ceux des Bureaux des Finances, à la Déclaration du 13 Juillet 1764, concernant la résidence. N'entendons néanmoins que ceux des Officiers de nos Cours qui auroient obtenu de nous des lettres d'Honoraires, lesquelles auroient été enregistrées en nosdites Cours, soient tenus, pour jouir du privilege d'exemption de taille, à la résidence prescrite par notredite Déclaration, ni obligés de faire aucun service. Dispensons pareillement ceux des Officiers de nosdites Cours qui y auroient servi vingt années, de l'obligation de justifier chaque année qu'ils se seront conformés à ce qui est ordonné par notredite Déclaration.

II. Pour restreindre de plus en plus l'usage des privileges, il ne sera accordé des lettres de Noblesse que pour des considérations importantes, & ces lettres n'auront aucun effet & ne pourront être présentées par ceux à qui nous aurons jugé à propos de les accorder dans nos autres Cours, qu'après qu'elles auront été présentées & enregistrées en notre Cour de Parlement.

III. Maintenons & gardons nos Officiers Commensaux, ceux des Elections, & ceux qui parmi les Officiers de Judicature ou de Finance étoient exempts de tailles, dans le privilege d'exemption de taille personnelle, en se conformant à la Déclaration du 13 Juillet 1764, par rapport à la résidence, & à condition qu'ils ne prendront aucun bien à Ferme & ne feront aucun trafic ou autre acte dérogeant à leur privilege.

IV. Les Prévôts, Lieutenans, Exemts des Compagnies de Maréchaussée, jouiront à l'avenir de l'exemption de taille personnelle dans le lieu où leur service exige résidence de leur part, tant qu'ils y résideront assiduement, & qu'ils ne feront pareillement aucun acte de dérogeance.

V. Ceux qui pour raison de la suppression de l'exemption de taille d'exploitation, se croiront fondés à nous demander quelqu'indemnité, seront tenus d'adresser leurs Mémoires & pieces dans l'espace de six mois, à compter de la publication du présent Edit, au Contrôleur-Général de nos Finances, pour, sur le compte qui nous en sera rendu, y être pourvu suivant l'exigence des cas.

VI. Les Habitans des Villes franches qui jouissent maintenant de l'exemption

1766. de taille, en vertu de Lettres-Patentes émanées de nous, & duement enregistrées en nos Cours des Aydes, continueront d'en jouir; mais s'ils font quelque exploitation dans l'étendue des Paroisses taillables, pour une ou plusieurs années, de quelque nature que puissent être ces exploitations, ou s'ils y prennent quelque bien, soit à Ferme générale ou particuliere, soit à titre d'adjudication, ou à quelqu'autre titre que ce puisse être, ils seront imposés dans les Paroisses où lesdits biens seront situés, & où se fera ladite exploitation pour raison du bénéfice à faire, tant sur ladite Ferme générale ou particuliere, que sur ladite adjudication ou autres conventions particulieres.

VII. Lesdits Habitans des Villes franches, ainsi que les Officiers qui continueront de jouir de l'exemption de taille personnelle, qui exploiteront leurs biens propres situés dans les Paroisses sujettes à la taille, soit par leurs mains, soit par celles des personnes taillables, de quelque nature que soient ces biens, tels que terres labourables, prairies naturelles ou artificielles, bois, vignes, chennevieres, enclos portant revenus quelconques, moulins à bled ou à foulon, forges, usines & autres non désignés, seront imposés dans le lieu de l'exploitation, comme tout autre exploitant sujet à la taille. Voulons néanmoins que les Bourgeois de notre bonne Ville de Paris ne puissent être imposés à la taille, pour raison de leurs châteaux ou maisons de campagne, & de l'exploitation qu'ils pourront faire des clos fermés de murs, fossés ou haies joignans immédiatement lesdits châteaux ou maisons de campagne.

VIII. Ordonnons au surplus l'exécution de nos Edits, Déclarations, Arrêts & Réglemens ci-devant rendus sur le fait de nos tailles, en ce qui n'y est point dérogé par ces présentes. Si donnons en mandement, &c.

Donné à Versailles, au mois de Juillet, l'an de grace mil sept cent soixante-six, & de notre regne le cinquante & unieme. *Signé*, LOUIS; & plus bas, par le Roy, Phelypeaux.

Registré, oui, ce requérant le Procureur-Général du Roy, pour être exécuté selon sa forme & teneur, à la charge que, conformément aux intentions du Roy, données à entendre par la réponse dudit Seigneur Roy, du 3 du présent mois, les ventes ou adjudications de bois ne pourront donner lieu en aucuns cas à imposer à la taille ceux qui les auroient achetés, s'en seroient rendus adjudicataires ou en auroient entrepris l'exploitation à autre titre que celui de bail à Ferme, & copies collationnées envoyées, &c. A Paris, en Parlement, toutes les Chambres assemblées, le 19 Mai 1767. *Signé*, Ysabeau.

Registré, oui, & ce requérant le Procureur-Général du Roy, & du très-exprès commandement de Sa Majesté, plusieurs fois réitéré par ses Lettres de Jussion des 16 Août 1767 & 13 Août 1768, & par sa réponse du 17 Août 1768 aux remontrances de la Cour, pour être exécutées suivant leur forme & teneur, à la charge, 1°. que les Officiers des Cours ne seront responsables de leur résidence qu'à leurs Compagnies respectives, sans préjudice néanmoins de la compétence de la Cour dans le cas d'impositions; 2°. que, conformément aux intentions dudit Seigneur Roy, données à entendre par sa réponse dudit jour 17 Août 1768, & à la Jurisprudence constante de la Cour, la Noblesse, le Clergé & les Officiers des Cours seront conservés dans le droit dont ils ont toujours joui & dû jouir, de ne pouvoir être imposés à la taille pour tous les biens qui leur appartiennent, de quelque nature qu'il puissent être, que pour l'excédent des terres labourables qu'ils feroient labourer au-delà de quatre charrues ; 3°. que les ventes & adjudications des bois, prés, étangs & autres biens de pareille nature, ne pourront donner lieu en aucun cas à imposer à la taille ceux qui les auront achetés, qui s'en feront rendus adjudicataires ou qui en auroient entrepris l'exploitation à autre titre que celui de bail à Ferme ; 4°. que les Officiers des Elections & Habitans des Villes franches ne seront imposés, jusqu'au premier Octobre 1769, qu'ainsi & de la même maniere qu'ils l'ont été & dû l'être depuis la Déclaration du 17 Avril 1759, la Cour se réservant de faire audit Seigneur Roy de très-humbles & très-respectueuses remontrances, d'après les Mémoires que lesdits Officiers des Elections & Habitans des Villes franches pourront lui adresser pendant ce temps ; & la révocation des privileges desdits Officiers des Elections & Habitans des Villes franches ne pourra être définitive qu'après que ledit Seigneur Roy aura bien voulu expliquer de nouveau ses intentions en la forme ordinaire ; sans que l'omission d'énonciation d'Officiers Militaires puisse porter atteinte aux privileges à eux accordés par l'Edit du mois de Novembre 1750, & la Déclaration du 22 Janvier 1752, conformément auxdites Lettres de Jussion du 16 Août 1767 ; comme aussi sans que ceux qui obtiendront des lettres de Noblesse, puissent jouir d'aucuns privileges que par l'enregistrement d'icelles fait en la Cour, & sans que le défaut d'enregistrement des lettres de Noblesse en aucune autre Cour, puisse empêcher ceux qui les auront obtenues de jouir de l'effet d'icelles, après qu'elles auront été vérifiées en la Cour, Juge naturel du titre de la Noblesse, suivant les Edits & Déclarations de Janvier 1634, 30 Décembre 1656, 8 Février 1661, 8 Octobre 1729 & autres ; sans préjudice des privileges accordés à ceux qui auront défriché ou qui défricheront des terres incultes, & qui auront desséché ou qui dessécheront des marais, par les Déclarations des 14 Juin 1764 & 13 Août 1766, registrées en la Cour, lesquelles seront exécutées selon leur forme & teneur, conformément auxdites Lettres de Jussion du 16 Août 1767 ; & sera ledit Seigneur Roy très-humblement supplié d'accorder aux Officiers honoraires des Elections, l'exemption de la taille personnelle accordée aux Officiers des Bailliages & des Présidiaux ; & de considérer combien il importe au bien public & au service de Sa Majesté, que les Loix relatives aux impositions, ne soient promulguées avant qu'elles ayent été vérifiées en sa Cour des Aydes, qui seule a droit d'en connoître, & doit être seule chargée de leur exécution : ordonne que copies collationnées, &c. Donné à Paris, en la Cour des Aydes, les Chambres assemblées, le premier Septembre mil sept cent soixante-huit. *Signé*, LEPRINCE. 1766.

DÉCLARATION qui accorde des encouragements à ceux qui défrichent les landes & terres incultes. (Code des Tailles, Tome IV, page 302 ; Enrégistremens de l'Election, Volume coté XXIII, folio 101, verso.)

13 Août 1766.

LOUIS, &c. Par notre Déclaration du 14 Juin 1764, nous avons, à l'exemple des Roys nos prédécesseurs, donné des marques de notre protection à ceux qui ont entrepris ou entreprendront par la suite le desséchement des marais, palus & terres inondées dans notre Royaume, en leur accordant l'exemp-

1766. tion des dixmes & celle de la taille & autres impositions, pendant un certain nombre d'années : nous croyons devoir la même justice à ceux qui entreprennent les défrichemens des terres incultes, & nous nous y portons d'autant plus volontiers, que plusieurs familles étrangeres desireroient se livrer à ces sortes de travaux, & se fixer dans notre Royaume, si nous voulions les faire participer aux avantages dont jouissent nos propres Sujets. A ces causes, &c. voulons & nous plaît ce qui suit :

I. Les terres, de quelque qualité & espece qu'elles soient, qui depuis quarante ans, suivant la notoriété publique des lieux, n'auront donné aucune récolte, seront réputées terres incultes.

II. Tous ceux qui voudront défricher ou faire défricher des terres incultes & les mettre en valeur, de quelque maniere que ce soit, seront tenus, pour jouir des privileges qui leur seront ci-après accordés, de déclarer au greffe de la Justice Royale des lieux & à celui de l'Election, la quantité desdites terres, avec leurs tenans & aboutissans ; il sera par eux payé dix sols à chacun des Greffiers, pour l'enregistrement de leur déclaration. Permettons aussi à ceux qui auront entrepris lesdits défrichemens depuis le premier Janvier 1762, de faire les mêmes déclarations dans le délai de trois mois, à compter de l'enregistrement de notre présente Déclaration, à l'effet de jouir desdits privileges ci-après accordés.

III. Pour mettre les Décimateurs, Curés & Habitans à portée de vérifier ladite déclaration, & se pourvoir, s'il y a lieu, sçavoir les Décimateurs & Curés, pour raison de la dixme, devant les Juges ordinaires ; & les Habitans, pour raison de la taille, en l'Election ; ceux qui voudront entreprendre lesdits défrichemens, feront afficher une copie de leur déclaration à la principale porte de l'Eglise Paroissiale, à l'issue de la Messe de Paroisse, un jour de Dimanche ou de Fête, par un Huissier, Sergent ou autre Officier public requis à cet effet, dont il sera dressé procès-verbal.

IV. Les Entrepreneurs des défrichemens, les Décimateurs, Curés & Habitans pourront se faire délivrer toutes les fois qu'ils le jugeront à propos, des copies de ces déclarations, en payant à celui des Greffiers qui les délivrera, deux sols six deniers par rôle ordinaire : défendons auxdits Greffiers de percevoir autres & plus grands droits pour raison de l'enregistrement & expédition desdites déclarations, sous quelque prétexte que ce puisse être, à peine de concussion.

V. En observant les formalités prescrites par les articles II & III, ceux qui défricheront lesdites terres incultes, jouiront pour raison de ces terrains, pendant l'espace de quinze années, de l'exemption des dixmes, taille & autres impositions généralement quelconques, même des Vingtiemes, tant qu'ils auront cours, & ce, à compter du mois d'Octobre qui suivra la déclaration faite en exécution de l'article II : défendons en conséquence à tous Taxateurs, Collecteurs & Asséeurs, de les augmenter à la taille, vingtiemes, tant qu'ils auront cours, & autres impositions, pour raison du produit & de l'exploitation desdits défrichemens, pendant ledit espace de temps ; le tout néanmoins à la charge par eux de ne point abandonner la culture des terres actuellement en valeur dont ils seroient propriétaires, usufruitiers ou Fermiers, sous peine de déchéance desdites exemptions ; nous réservant au surplus de proroger au-delà dudit terme lesdites exemptions, si, après avoir entendu les Décimateurs, Curés & Habitans, la nature & l'importance de ces défrichemens paroissent l'exiger.

VI. Ladite exemption des dixmes ne pourra avoir lieu plus long temps que celle de la taille, vingtiemes & autres impositions, en sorte qu'après l'expiration des quinze années, ou après celle du terme pendant lequel nous aurions cru devoir proroger lesdites exemptions; nous voulons & entendons que les terres nouvellement défrichées, soient assujetties au payement, tant desdites dixmes, que de la taille & autres impositions, suivant le taux & en la maniere qui sera par nous ordonnée. 1766.

VII. Les propriétaires de ces terrains, de même que de ceux à dessécher, leurs cessionnaires ou Fermiers, ne seront tenus de payer aucun droit d'insinuation, centieme ni demi-centieme denier pour les baux par eux faits, relativement à l'exploitation de ces terrains, quoiqu'ils soient pour un terme au-dessus de neuf années jusqu'à vingt-sept, & même vingt-neuf ans.

VIII. N'entendons néanmoins rien innover aux dispositions de l'Ordonnance du mois d'Août 1669, ni déroger aux Arrêts & Réglemens précédemment rendus sur les défrichemens des montagnes, landes & bruyeres, places vaines & vagues aux rives des bois & forêts, lesquels continueront d'être exécutés suivant leur forme & teneur.

IX. Les étrangers actuellement occupés auxdits défrichemens ou desséchemens, ou qui se rendront en France, pour se livrer à ces travaux, soit qu'ils y soient employés comme entrepreneurs, soit en qualité de Fermiers ou de simples journaliers, seront réputés régnicoles, & comme tels, jouiront de tous les avantages dont jouissent nos propres Sujets; voulons qu'ils puissent acquérir & disposer de leurs biens, tant par donation entre-vifs que par testament, codicille & tous autres actes de derniere volonté en faveur de leurs enfans, parens & autres domiciliés en France; même à l'égard du mobilier seulement, en faveur de leurs enfans, parens & autres domiciliés en pays étranger, en se conformant cependant aux loix & coutumes de leur domicile, ou à celles qui se trouveront régir les lieux où les biens-immeubles seront situés: renonçant, tant pour nous que pour nos successeurs, à tous droits d'aubaine, deshérence & à tous autres à nous appartenans sur la succession des étrangers qui décedent dans notre Royaume.

X. Les étrangers ne seront néanmoins tenus pour régnicoles que lorsqu'ils auront élu domicile ordinaire sur les lieux où il sera fait des défrichemens ou des desséchemens, & qu'ils auront déclaré devant les Juges royaux du ressort, qu'ils entendent y fixer leurdit domicile pour l'espace au moins de six années, & lorsqu'ils auront justifié, après ledit temps, auxdits Juges, par un certificat en bonne forme, qui sera déposé au greffe, signé du Curé & de deux des Syndics ou Collecteurs, qu'ils ont été employés sans discontinuation auxdits travaux, dont il leur sera donné acte par lesdits Juges, sans frais, excepté ceux du greffe, que nous avons fixés à trois livres.

XI. Si quelques-uns desdits étrangers venoient à décéder dans le cours desdites six années, à compter du jour qu'ils auront fait leur déclaration devant lesdits Juges, les enfans, parens ou autres domiciliés en France, appellés à recueillir leur succession; & même à l'égard du mobilier seulement, ceux domiciliés en pays étranger, en auront délivrance, en justifiant par un certificat en la forme prescrite par l'article précédent, que lesdits étrangers étoient employés auxdits défrichemens ou desséchemens. Si donnons en mandement, &c.

Donnée à Compiegne, le treizieme jour d'Août, l'an de grace mil sept cent soixante-six, & de notre regne le cinquante & unieme. *Signé*, LOUIS; & plus bas, par le Roy, PHELYPEAUX.

Registrée, oui, ce requérant le Procureur-Général du Roy, pour être exécu-

1766. tée selon sa forme & teneur ; à la charge qu'il ne pourra être entrepris aucun défrichement que du gré, consentement ou concession des propriétaires des terrains incultes, ou des Seigneurs à l'égard des terres abandonnées ; & sans que de la qualification de terres incultes, donnée par l'article Ier. à celles qui depuis quarante ans n'auroient produit aucunes récoltes, il puisse être tiré aucune conséquence relativement aux contestations sur la nature & qualité des dixmes, qui pourroient s'élever après l'expiration de l'exemption de dixmes ordonnée par ladite Déclaration : comme aussi sans que l'énonciation d'aucuns Arrêts ou Réglemens qui n'auroient point été revêtus de Lettres-Patentes enregistrées en la Cour, puisse être tirée à conséquence, ni suppléer au défaut d'enregistrement ; & copies collationnées envoyées aux Bailliages, &c. A Paris, en Parlement, toutes les Chambres assemblées, le 22 Août *1766. Signé*, DUFRANC.

Registrée, oui, & ce requérant le Procureur-Général du Roy, pour être exécutée suivant sa forme & teneur, sans que l'énonciation d'aucuns Arrêts non revêtus de Lettres-Patentes enregistrées en la Cour, puisse tirer à conséquence, & sans aucune approbation d'iceux ; & que copies collationnées, &c. A Paris, en la Cour des Aydes, les Chambres assemblées, le 4 Septembre *1766*.

Signé, OUTREQUIN.

ARRÊT du Parlement, au sujet du conflit entre les Officiers de l'Election & du Châtelet, à l'occasion des scellés apposés par les premiers à la requête du Régisseur du droit sur les cuirs, sur les meubles & effets d'un Tanneur absent & en faillite, croisés par un Commissaire au Châtelet.

4 Septembre 1766.

LOUIS, &c. Sçavoir faisons, qu'entre Claude-François-Bernard Moreau, Substitut de notre Procureur-Général au Châtelet de Paris, Demandeur en exécution de l'Arrêt sur requête par lui obtenu en notredite Cour le 5 Mai dernier, par lequel, sans s'arrêter aux scellés apposés par les Officiers de l'Election de Paris, à la requête de Julien Alaterre, Régisseur pour nous du droit sur les cuirs, plaignant & accusateur, sur les meubles & effets de Pierre Lefevre, Maître Hongroyeur & Tanneur à Paris, & sa femme, absens, & en faillite, il auroit été fait défenses d'exécuter la Sentence de l'Election de Paris du 3 Mai dernier, concernant la compétence desdits scellés ; & ordonné que par Me. Coquelin, Commissaire au Châtelet de Paris, qui avoit, à la requête dudit Moreau, Substitut de notre Procureur-Général, croisé les scellés des Officiers de ladite Election, il seroit procédé & passé outre à la reconnoissance & levée desdits scellés, à l'effet de quoi Me. Colleau, Conseiller en ladite Election, qui avoit apposé lesdits scellés, tenu de venir les reconnoître, sinon qu'ils seroient brisés & rompus par ledit Commissaire Coquelin, & défendeur, d'une part ; & les Officiers de l'Election de Paris, défendeurs & demandeurs en exécution de l'Arrêt sur requête rendu en notre Cour des Aydes le 6 dudit mois, par lequel, sans s'arrêter audit Arrêt du Parlement du 5 dudit mois, il auroit été ordonné que la levée & reconnoissance desdits scellés seroit faite par lesdits Officiers

Officiers de l'Election de Paris, & ledit Coquelin, Commissaire tenu de venir lever & reconnoître les scellés par lui croisés sur ceux apposés par ledit Me. Colleau, Officier de l'Election de Paris; sinon & à faute de ce faire, ledit Me. Colleau, autorisé à les briser & rompre, & défendeur, d'autre part; & ledit Me. Moreau, Substitut de notre Procureur-Général, demandeur en exécution de l'Arrêt sur requête par lui obtenu en notredite Cour, le 7 dudit mois de Mai 1766, qui auroit fait défenses d'exécuter celui de notre Cour des Aydes, & auroit ordonné l'exécution dudit premier Arrêt de notredite Cour, du 5 dudit mois, encore d'autre part. Après que nos Gens de notredite Cour des Aydes sont descendus au Parquet de nos Gens du Parlement, & qu'ils ont conféré ensemble, & que Cousin, Procureur des Officiers de l'Election de Paris, a demandé la réception de l'appointement, signé, Joly de Fleury, notre Procureur-Général; notredite Cour ordonne que l'appointement sera reçu; & suivant icelui, ordonne que les Parties se pourvoiront. Si mandons, &c. 1766.

Donné en Parlement, le quatrieme jour de Septembre, l'an de grace mil sept cent soixante-six, & de notre regne le cinquante-deuxieme. *Signé*, DUFRANC.

ARRÊT de la Cour des Aides, confirmatif de la Sentence de l'Election de Paris, du 12 Novembre 1760, & qui déclare la Communauté des Huissiers-Priseurs de Paris non-recevable dans son opposition à l'enrégistrement des Lettres-Patentes du 4 Décembre 1731.

19 Décembre 1766.

LOUIS, &c. Sçavoir faisons, qu'entre le Doyen, Syndic & Communauté des Huissiers-Commissaires-Priseurs au Châtelet de Paris, appellant de la Sentence de l'Election de Paris, du 12 Novembre 1766, d'une part, & Julien Alaterre, Régisseur pour nous du droit unique sur les cuirs, intimé, d'autre part; & entre lesdits Huissiers-Priseurs, demandeurs en deux Requêtes des 11 & 15 Décembre 1766, la premiere tendante à ce que l'appellation & ce dont est appel fussent mis au néant; émandant il fût ordonné que les Edit & Déclaration du mois de Mars 1713, seroient exécutés selon leur forme & teneur; en conséquence lesdits Huissiers fussent maintenus & gardés dans le droit & possession de faire seuls, à l'exclusion de tous les autres Huissiers, toutes les ventes des meubles & effets mobiliers dans la Ville, fauxbourgs & banlieue de Paris, après les inventaires ou appositions de scellés, ou en exécutant les actes passés sous le scel du Châtelet, Sentences, Arrêts ou Ordonnances de quelques Jurisdictions qu'ils soient émanés, même pour raison des Fermes-générales, domaines, traites & autres affaires; en conséquence il fût ordonné que la vente dont est question des meubles & effets de Pierre Lefevre, Tanneur & Hongroyeur à Paris, poursuivie à la requête du sieur Alaterre, ne pourroit être faite que par l'un desdits Huissiers-Priseurs, & ledit Alaterre fût condamné aux dépens des causes principale, d'appel & demande; la seconde, à ce qu'ils fussent reçus tiers-opposans à l'exécution de l'Arrêt d'enregistrement des Lettres-Patentes du 4 Décembre 1731, en ce qu'on pourroit induire que le droit de faire faire les ventes des meubles saisis à la requête du Fermier ou de ses préposés, a été accordé à l'exclusion des Huissiers-Priseurs

1766. aux Huissiers que le Fermier voudroit choisir, d'une part, & ledit Alaterre défendeur, d'autre part : & entre ledit Alaterre, demandeur en requête du 16 Décembre 1766, tendante à ce que, sans s'arrêter aux requêtes & demandes des Huissiers-Priseurs, non plus qu'à leur tierce-opposition, dans laquelle ils seroient déclarés non-recevables, faisant droit sur leur appel, en ordonnant l'exécution des articles XXVI du titre des contraintes de l'Ordonnance de 1680 & XVIII du titre commun pour toutes les Fermes de l'Ordonnance de 1681, & de l'Arrêt contradictoire rendu en la Cour contre les Huissiers-Priseurs le 22 Février 1744, ils fussent déclarés non-recevables dans leur appel, ou en tout cas déboutés, l'appellation fût mise au néant, il fût ordonné que ce dont est appel sortiroit son plein & entier effet avec amende; & pour avoir, au mépris dudit Arrêt de 1744 par lesdits Huissiers-Priseurs, empêché & suspendu par leur opposition la vente des meubles & effets saisis sur le nommé Lefevre & sa femme, ils fussent condamnés aux dommages & intérêts résultans de la continuation de frais de garde depuis leur opposition, & du dépérissement des meubles & effets saisis, & en outre aux dépens des causes d'appel & demandes, d'une part; & les Huissiers-Priseurs, défendeurs, d'autre part. Après que Bidault, Avocat des Huissiers-Priseurs, appellans & demandeurs; Boudet, Avocat d'Alaterre, intimé & défendeur, ont été ouis pendant deux audiences, ensemble Boula de Mareuil pour notre Procureur-Général; la Cour déclare les Parties de Bidault non-recevables dans leur opposition à l'enregistrement des Lettres-Patentes du 4 Décembre 1731; en conséquence a mis & met l'appellation au néant, ordonne que ce dont est appel sortira son plein & entier effet; condamne les Parties de Bidault en l'amende ordinaire de douze livres, & sur le surplus de toutes les autres demandes, fins & conclusions des Parties, les a mis hors de Cour; condamne les Parties de Bidault en tous les dépens. Si mandons, &c.

Donné en la premiere Chambre de notre Cour des Aydes, à Paris, le neuf Décembre, l'an de grace mil sept cent soixante-six, & de notre regne le cinquante-deuxieme. *Signé*, OUTREQUIN.

Ledit Arrêt a été signifié au Bureau des Huissiers-Priseurs, le 5 Janvier 1767.

1767. *ARRÊT du Conseil, du 6 Janvier 1767, qui dispense du paiement des droits de contrôle, petit-scel, greffes & droits réservés, tous exploits & actes de procédures faits à la requête du Ministere-Public, dans les affaires où il est seul Partie, sauf au Fermier & à ses préposés à se procurer par voie de contrainte, le paiement desdits droits par ceux qui auront été condamnés, par des dommages & intérêts, restitutions, amendes ou dépens. (Code des Tailles, Tome IV, page 308.)*

1767.

ARRÊT de la Cour des Aides, portant défenses de communiquer au Fermier aucunes pieces secretes en matieres criminelles. (Enrégistrements de l'Election, Volume coté XXIII, folio 103, verso.)

20 Mars 1767.

PAR Arrêt du 20 Mars 1767, rendu en faveur de Jean-Jacques Prevost, contre Louis Tellier, journalier; appert, la Cour, avoir déclaré ledit Tellier duement atteint & convaincu de récidive de faux-saunage à porte-col; pour réparation de quoi ledit Tellier condamné à servir le Roy, comme forçat sur ses galeres, pendant l'espace de six ans, préalablement flétri d'un fer chaud, sur l'épaule dextre, des trois lettres G. A. L. & en trois cens livres d'amende envers le Roy, au profit de qui il appartiendra, & en tous les dépens du procès, tant des causes principales, que d'appel & demandes:

Et faisant droit sur les conclusions du Procureur-Général du Roy, ordonne que les articles XIV du titre XVIII de l'Ordonnance criminelle de 1670, IX & X du titre XVIII de l'Ordonnance des Gabelles de 1680, seront exécutés selon leur forme & teneur; &, conformément à iceux, fait défenses auxdits Officiers du Grenier à sel de Mayenne, & à tous autres Officiers du ressort de la Cour, de plus à l'avenir ordonner que communication seroit donnée au Fermier-général ni à ses fondés de procuration, d'autres pieces que celles non secretes & permises par lesdits articles, sous telles peines qu'il appartiendra, tant contre lesdits Officiers, que contre tous Messagers, Maîtres des carrosses de voitures publiques, ou voituriers, qui pourront ou qui se trouveront avoir donné communication ou fait remise des procédures criminelles qui leur sont confiées, pour être apportées au greffe de la Cour: comme aussi fait défenses au Fermier-Général & à ses Directeurs, Receveurs ou fondés de sa procuration, de conclure autrement qu'à fins civiles, sauf à eux à prendre, par requête, telles conclusions civiles qu'ils aviseront. Ordonne que le présent Arrêt sera imprimé, lu, publié & affiché dans les bureaux des Messageries & carrosses de cette Ville de Paris; & envoyé à la diligence du Procureur-Général du Roy, dans tous les Sieges du ressort de la Cour, pour y être publié & registré, l'audience tenante: enjoint aux Substituts du Procureur-Général du Roy d'y tenir la main, & de certifier la Cour de leurs diligences au mois. *Signé*, OUTREQUIN.

1767.

Edit du mois de Juin 1767, qui ordonne la levée & perception du second vingtieme, à compter du premier Janvier 1768 jusqu'au premier Janvier 1770, enrégistré en la Cour des Aides, le 22 Juillet 1768, à la charge entr'autres que, conformément à l'Arrêt de la Cour, du 9 Janvier 1764, portant enrégistrement de la Déclaration du 21 Novembre 1763, les premier & second vingtiemes, tant qu'ils auront lieu, seront perçus sur le pied des rôles de 1763, & que dans le cas où les rôles seroient faits avec augmentation aux cottes de 1763, même par forme de supplément, les préposés au recouvrement ne pourront faire la levée desdites augmentations ou rôles de supplément, à peine de concussion, & d'être poursuivis extraordinairement en premiere instance dans les Elections, & par appel en la Cour : comme aussi à la charge que les contestations relatives aux contraventions pour la perception, seront portées aux Elections & par appel en la Cour. (Code des Tailles, Tome IV, page 312.)

Arrêt de la Cour des Aides, du 21 Octobre 1767, qui ordonne qu'il sera sursis à délibérer sur l'Edit concernant les privileges d'exemption de Tailles de Juillet 1766, jusqu'au lendemain de Saint-Martin, & que néanmoins les rôles des Tailles pour l'année 1768, seront faits conformément aux Edits, Déclarations & Réglements de la Cour, & qu'aucun privilege ne pourra être imposé à moins que son privilege n'ait été révoqué par Edit, Déclarations ou Lettres-Patentes duement enrégistrées en la Cour. (Enrégistrements de l'Election, Volume coté XXIII, folio 107, verso.) Voyez ci-devant, page 1692, l'enrégistrement de l'Edit de Juillet 1766.

Lettres-Patentes du 21 Novembre 1767, enrégistrées le 25 dudit mois en la Cour, qui ordonnent que la suspension des privileges renouvellés par la Déclaration du 13 Juillet 1764, pour l'exemption de la Taille, aura lieu pour l'année 1768. (Code des Tailles, Tome IV, page 316; Enrégistrements de l'Election, Volume cotté XXIII, folio 107, verso.)

1768.

DÉCLARATION concernant la perception de la Taille. (Code des Tailles, Tome IV, page 318.)

7 Février 1768.

LOUIS, &c. Par notre Déclaration du 13 Avril 1761, nous avons ordonné dans les articles III, IV & V, l'exécution des précédens Réglemens sur le fait de la répartition de la taille, & nous avons fait connoître notre intention de faire cesser, autant qu'il sera possible, l'arbitraire dans la confection des rôles; en conséquence nous avons annoncé par notre Déclaration du 21 Novembre 1763, la confection d'un cadastre, comme le moyen de remplir nos vues à cet égard: mais par le compte que nous nous sommes fait rendre de la maniere dont les loix faites sur cette matiere, tant par les Roys nos prédécesseurs, que par nous, étoient exécutées dans différentes Provinces & Généralités de notre Royaume, nous avons reconnu qu'un des plus grands obstacles à leur exécution, consistoit dans les différences qui y regnent par rapport à la maniere de procéder à la répartition & à la confection des rôles, ainsi que dans les abus qui résultent de la facilité accordée aux taillables par la Déclaration du 17 Février 1728, de se faire imposer au lieu de leur domicile pour toutes leurs exploitations dans d'autres Paroisses taillables; ce qui jette une obscurité & une incertitude dans des opérations qui, par leur nature & leur objet, doivent au contraire être simples, claires & uniformes. C'est dans la vue de parvenir dès le moment présent à une répartition plus équitable, & dans la suite à une répartition certaine & toujours uniforme, que nous avons prescrit provisoirement aux Intendans & Commissaires départis dans les Généralités des pays d'Election, de procéder uniformément & suivant les modeles que nous leur avons fait adresser, à la répartition de la taille pour la présente année 1768, en leur recommandant l'observation des Réglemens, & d'enjoindre aux Commissaires qu'ils nommeroient, de s'y conformer. Nous avons eu la satisfaction de voir déjà le succès de cette méthode dans le petit nombre de Paroisses de chaque Election où l'essai en a été fait: & comme nous ne pouvons faire jouir trop tôt nos autres Sujets taillables du même avantage, nous nous empressons de donner à cette forme la publicité & l'authenticité nécessaires pour en procurer la plus prompte exécution. Nous ne doutons pas que notre Cour des Aydes & les Sieges inférieurs qui lui ressortissent, ne concourent avec zele à l'exécution de notre présente Déclaration, dont l'unique objet est de faire cesser l'arbitraire dans la répartition de la taille. A ces causes, &c. voulons & nous plaît ce qui suit:

I. Conformément aux dispositions de l'Edit du mois d'Août 1715, & de l'article IV de la Déclaration du 13 Avril 1761, qui seront exécutées selon leur forme & teneur, les sieurs Intendans & Commissaires départis dans les provinces, continueront de faire procéder, en leur présence ou en celle des Officiers des Elections, ou autres qu'il plaira auxdits sieurs Intendans commettre & subdéléguer à cet effet, à la confection des rôles des tailles des Villes, Bourgs & Paroisses taillables, dans lesquels ils le jugeront nécessaire: en conséquence lesdits sieurs Intendans & Commissaires départis arrêteront chaque année un état des Commissaires qu'ils auront nommés pour chaque Election,

1768. qui sera déposé sans frais au greffe de chacune, à la suite du département de la taille.

II. Ne pourront lesdits Commissaires faire eux-mêmes les rôles en l'absence des Collecteurs & Habitans, dans la répartition de l'imposition ; & dans le cas où lesdits Commissaires ne seroient pas de l'avis de la cotte, & qu'ils la croiroient injuste, les Collecteurs seront obligés d'insérer dans le rôle, à la marge de la cotte, qu'elle a été faite contre l'avis du Commissaire.

III. Suivant l'article XVI de l'Edit du mois de Mars 1600, l'article XLV de celui du mois de Janvier 1634, & l'article III de ladite Déclaration du 13 Avril 1761, les Collecteurs seront tenus d'insérer dans leurs rôles, à chaque cotte, la condition du cottisé, ses biens & exploitations, tant en propre qu'à loyer & autres facultés, par article séparé, afin de reconnoître, par la lecture du rôle, si la cotte aura été bien assise, & si les cottes de chaque rôle sont en proportion les unes avec les autres.

IV. Pour cet effet, & pour parvenir à détruire les injustices & malversations, & tout arbitraire, dans la répartition de la taille & la confection des rôles, voulons qu'il soit tenu dans chaque Paroisse, en présence desdits Commissaires, une ou plusieurs assemblées générales d'Habitans, pour être fait procès-verbal extrajudiciaire de l'état exact de la Paroisse, lequel procès-verbal ne pourra être dressé, & lesdites assemblées ne pourront être tenues que dans le territoire de la Paroisse, à l'effet de quoi lesdits Commissaires aux rôles seront tenus de s'y transporter.

V. Voulons que, conformément à l'article V de ladite Déclaration du 13 Avril 1761, en vertu des Ordonnances que lesdits sieurs Commissaires départis auront rendues à cet effet, les Syndics & autres Officiers des Villes, Bourgs & Paroisses taillables, ensemble les Collecteurs qui seront nommés pour chaque année, même les Habitans desdites Paroisses, soient tenus de se présenter devant les Commissaires qui auront été nommés, aux jour, lieu & heure qui leur seront par eux indiqués, pour faire l'assiette, à l'effet par lesdits Habitans, de faire les déclarations exactes & sans fraude, de leurs biens, facultés & industrie, qui seront insérées par les Commissaires dans ledit procès-verbal, à peine, en cas de refus de comparoître de la part des Collecteurs, Syndics & Habitans, ou faute par lesdits Habitans de donner leur déclaration eux-mêmes, ou par autre pour eux, comme aussi, en cas de fausse déclaration, d'être condamnés en l'amende, suivant l'exigence des cas, laquelle néanmoins ne pourra être plus forte que de la somme de cinquante livres, & sera payée en vertu des Ordonnances qui seront en ce cas rendues par lesdits sieurs Intendans & Commissaires départis, & qui seront exécutées par provision, jusqu'à la somme de vingt livres seulement, nonobstant toutes oppositions, appellations ou empêchemens quelconques.

VI. Lesdits sieurs Intendans & Commissaires départis, ou ceux qu'ils jugeront à propos de commettre & subdéléguer, prendront les connoissances les plus étendues sur la consistance du terrein de chaque Paroisse, sur ses différentes cultures & productions, leur prix & leur valeur courante, sur le commerce & l'industrie de chaque Habitant, & sur le bénéfice que chacun fait sur l'un & sur l'autre, sur la facilité & difficulté de l'exportation, avec distinction de ce qui se consomme sur le lieu, d'avec ce qui se vend & ce qui s'exporte, lesquels éclaircissemens, ainsi que la nature & la quotité des biens dépendans du territoire de la Paroisse, seront insérés dans ledit procès-verbal, qui sera signé du Commissaire & des Habitans de la Paroisse, & il y sera fait mention de ceux qui ne sçauront pas signer, ou de ceux qui auront été refusans, le tout afin de parvenir à proportionner la quotité de la taille que la Paroisse pourra porter en général, & la portion de chaque Contribuable en particulier. 1768.

VII. Notre intention étant de rendre à l'avenir la répartition de la taille sur les biens-fonds, certaine & invariable, autant que les circonstances pourront le permettre, nous voulons qu'il soit fait pour chaque fonds de terre une taxe, laquelle sera supportée en entier par le propriétaire du fonds, lorsqu'il le fera valoir, & concurremment par le propriétaire & par le Fermier, lorsque le fonds sera donné à Ferme ou à loyer; & dans le cas où le propriétaire sera exempt, il ne sera point imposé.

VIII. Et pour établir, autant qu'il sera possible, des regles par rapport aux cottes d'industrie, voulons qu'après la clôture dudit procès-verbal ci-dessus ordonné, il soit formé trois classes : la premiere, composée des Journaliers non possédans fonds, dont on établira la taxe sur le pied que se paye la journée dans le pays, sans pouvoir néanmoins excéder deux cens journées de travail par année; la seconde, des Commerçans & des Artisans, dont la taxe pour leur industrie, sera établie à la commune renommée de leurs concitoyens, sur le bénéfice qu'ils seront censés avoir fait pendant l'année dans leur commerce & dans leur métier; la troisieme, des Fermiers & autres propriétaires ou possédans fonds, qui, indépendamment du produit de leursdits fonds, feroient un commerce séparé en bestiaux, fourrages & grains de quelque nature que ce soit, autres toutefois que ceux provenans desdits fonds, lesquels seront taxés à part & séparément, pour bénéfices qu'ils feront sur ces commerces particuliers.

IX. Des différentes taxes supportées par chaque Particulier, soit pour raison de son industrie, soit à raison des fonds, il sera fait un total qui formera la cotte de taille de chacun.

X. Lorsque par ces divisions, on aura fixé la quotité de taille des journaliers, & des veuves qui n'ont aucun bien personnel, celle des Commerçans & Artisans uniquement relative à leur commerce & à leur travail, & celle des Fermiers ou propriétaires de fonds, aussi pour leur commerce particulier; voulons que ces différentes portions de taille soient réunies & ensuite déduites de la masse de la taille donnée à la Paroisse, & que le surplus soit supporté par les fonds tenus en propre ou à loyer, & réparti dans la plus juste égalité sur les différentes portions de fonds, & relativement à leurs qualités & à la valeur de leurs productions, de façon que ce surplus d'imposition, ainsi réparti sur les fonds, étant comparé à la masse du revenu de la location, ou à l'estimation des biens-fonds, produise le taux des terres & celui des autres fonds de la Paroisse.

XI. Les taux des Paroisses d'une même Election seront comparés entr'eux lors du département, & seront mis dans une juste proportion, relativement à la valeur du produit intrinseque du territoire de chacun, à l'effet de connoître les Paroisses surchargées : ordonnons que celles qui se trouveront dans ce cas, seront diminuées successivement jusqu'à ce qu'elles ayent été réduites à leur taux, & que celles trop soulagées soient augmentées graduellement jusqu'à ce qu'elles portent une imposition juste & proportionnée.

XII. Ordonnons aux sieurs Intendans & Commissaires départis dans les provinces, de faire faire sur les procès-verbaux contenant l'état de chaque Paroisse & les déclarations des biens & facultés, tenures & industrie de chaque Habitant de chacune Paroisse, des dépouillemens & extraits, à l'effet de former pour chaque Election de la Généralité, des tableaux exacts & détaillés de toutes les connoissances qui résulteront de ces procès-verbaux, & qui seront relatives

1768. aux Paroisses des mêmes Elections, pour former la base & le plumitif des départemens de chaque année & de chaque Election.

XIII. Le tableau pour chaque Election sera lu en plein département, & après la répartition de la taille de chaque annnée, il sera signé par le sieur Intendant & Commissaire départi, les Trésoriers de France Commissaires pour la taille, les Officiers des Elections, les Subdélégués & Commissaires dudit sieur Intendant, les Receveurs des tailles, & par tous ceux qui assisteront au département.

XIV. Exceptons néanmoins des dispositions ci-dessus, les Villes où la taille est tariffée.

XV. Voulons & nous plaît, que l'article XLV du Réglement du mois de Janvier 1634, soit exécuté selon sa forme & teneur, ainsi que les articles XVI, XVII & XIX, de l'Edit du mois d'Août 1715, en ce qui y est relatif; en conséquence voulons qu'à la fin du rôle des tailles de chaque Paroisse, il soit mis un chapitre contenant les noms des Ecclésiastiques, Nobles & autres exempts, s'il y en a dans la Paroisse, avec la cause de leur exemption.

XVI. Afin que les Collecteurs des Paroisses, ainsi que les Commissaires à la confection des rôles puissent exécuter tout ce qui est ordonné par ces présentes, pourront lesdits sieurs Intendans & Commissaires départis dresser des instructions pour lesdits Collecteurs & Commissaires, conformes à notre présente Déclaration & aux Réglemens antérieurs, enregistrés en notre Cour des Aydes, & leur fournir des modeles, le tout conformément aux dispositions ci-dessus.

XVII. Défendons expressément à toutes personnes de rien exiger ni recevoir des contribuables, sous prétexte de la confection des rôles d'office, à peine de punition.

XVIII. Ordonnons que la Déclaration du 16 Août 1683, & autres Réglemens concernans les translations de domiciles, continuent d'être exécutés selon leur forme & teneur; voulons en conséquence que les contribuables se conforment aux formalités qui y sont prescrites.

XIX. La permission qui a été accordée par la Déclaration du 17 Février 1728, aux contribuables, de se faire imposer dans le lieu de leur domicile, pour des terres qu'ils tiennent sur d'autres Paroisses de la même Election, ayant donné lieu à des abus & à des inconvéniens très-préjudiciables aux Paroisses, nous avons révoqué & révoquons ladite Déclaration du 17 Février 1728; en conséquence ordonnons que les contribuables aux tailles qui font valoir dans plusieurs Paroisses d'une même Election, seront imposés à la taille dans chacune desdites Paroisses, pour les exploitations, tenures & commerce qu'ils pourront faire dans lesdites Paroisses; mais ils ne pourront être imposés, pour raison de leurs cottes personnelles, que dans la seule Paroisse de leur domicile, & non dans celles où ils feront seulement des exploitations & commerce.

XX. Voulons au surplus que notre Déclaration, du 13 Avril 1761, & le Réglement étant sous le contre-scel d'icelle, continuent d'être exécutés selon leur forme & teneur. Si donnons en mandement, &c.

Donnée à Versailles, le septieme jour de Février, l'an de grace mil sept cent soixante-huit, & de notre regne le cinquante-troisieme. *Signé*, LOUIS; par le Roy, PHELYPEAUX.

Registrées, oui, & ce requérant le Procureur-Général du Roy, & du très-exprès commandement de Sa Majesté plusieurs fois réitéré par ses Lettres de Jussion,

Jussion, du 13 Août 1768, par sa réponse du 17 dudit mois, aux premieres remontrances de la Cour, & par sa réponse du jour d'hier, aux itératives remontrances de la Cour; que lesdites Lettres-Patentes en forme de Déclaration, seront regiſtrées au greffe de la Cour, pour être exécutées selon leur forme & teneur, à la charge qu'il ne pourra être induit de l'article Ier. la nécessité que les rôles de chaque Paroisse soient faits en présence d'un Commissaire, & qu'il n'en sera nommé que rarement, & lorsque les cas particuliers l'exigeront. Que, d'après l'intention dudit Seigneur Roy, donnée à entendre par sa réponse du 17 Août dernier, les impositions accessoires de la taille, seront toujours réparties au marc la livre du principal de la taille entre chaque contribuable de la même Paroisse, & que les contestations nées & à naître, relatives à la répartition entre les contribuables de chaque Paroisse, tant pour le principal de la taille, que pour toutes les impositions accessoires, sous quelques dénominations que ce soit, continueront à être portées aux Elections & par appel en la Cour. Qu'en conséquence de l'article II, les rôles de répartition des Paroisses continueront d'être faits librement par les Collecteurs, en leur ame & conscience, quoiqu'en présence d'un Commissaire qui pourra donner son avis, & en tenir note, pour le représenter en cas de contestations, soit en l'Election, soit en la Cour, sans en charger le rôle. Qu'il ne pourra être fait qu'un seul procès-verbal extrajudiciaire pour chaque Paroisse, & que quand il aura été fait dans une année, il ne pourra être renouvellé les années suivantes. Que les amendes ne pourront être prononcées que par le seul Commissaire départi, & seulement contre les Collecteurs, Syndics & autres Officiers des Villes, Bourgs & Paroisses taillables, & qu'il n'en pourra être prononcé aucune par défaut de déclarations ou pour déclarations prétendues fausses; & que dans le cas où il y en auroit aucunes de prononcées, le montant d'icelles sera d'autant moins imposé sur la Paroisse l'année suivante, sauf, dans tous les cas, l'appel en la Cour, conformément à l'Arrêt de la Cour, du 8 Mai 1761, portant enregistrement de la Déclaration du 13 Avril précédent, le tout à peine de concussion contre ceux qui auroient perçu induement lesdites amendes, ou qui en auroient appliqué le montant à d'autres usages. Que les assemblées ne pourront être tenues que trois jours après l'annonce qui en aura été faite à la Messe de Paroisse, & que les procès-verbaux extrajudiciaires ne pourront en aucuns cas nuire ni préjudicier à un tiers. Que les articles VII, VIII, IX & X de la présente Déclaration seront exécutés conformément à l'article III de la Déclaration du 13 Avril 1761; en conséquence qu'il ne sera fait qu'une seule cotte pour l'industrie de chaque contribuable; que les propriétaires & Fermiers ne pourront être taxés à l'industrie, pour le commerce des bestiaux, denrées ou ustensiles relatifs à la nature de leur exploitation, & sans que pour la taxe d'industrie, on puisse obliger les Commerçans & Artisans à représenter leurs livres de commerce. Que, conformément aux intentions dudit Seigneur Roy, données à entendre par sa réponse du jour d'hier, les cottes d'industrie ne pourront être arrêtées sur un pied plus fort, relativement à leur produit, que celles des biens-fonds, relativement à leurs revenus, & que la cotte des biens-fonds se partagera par moitié entre le propriétaire & le Fermier, sans que le propriétaire puisse jamais y être assujetti, que dans les cas prévus par les Réglemens, & notamment par l'Arrêt d'enregistrement du premier du présent mois de Septembre, de l'Edit du mois de Juillet 1766. Qu'en conséquence des articles XI & XII, il ne pourra être rien innové à ce qui est prescrit par les anciens Réglemens, & à l'usage anciennement établi, suivant lequel les Commissaires départis doivent se transporter aux Sieges des Elections, s'y faire représenter les procès-verbaux de chevauchées des

1768.

1768. Officiers des Elections, y faire avec eux la répartition des impositions sur ses Paroisses, leur demander leur avis, même sur la répartition des diminutions, & procéder avec eux aux autres opérations relatives aux départemens, sans que lesdits Officiers des Elections puissent y procéder ailleurs ; que les Collecteurs ne seront tenus, conformément aux anciens Réglemens, que de comprendre dans un chapitre séparé les noms des Ecclésiastiques, Nobles & privilégiés, sans qu'ils puissent être obligés d'y énoncer ni détailler les biens desdits Ecclésiastiques, Nobles & privilégiés ; que les instructions des Commissaires départis seront déposées sans frais au greffe des Elections : qu'elles ne pourront être exécutées qu'après que le dépôt aura été effectué ; & que dans le cas où lesdites instructions se trouveroient contraires aux loix enregistrées en la Cour, ou aux Arrêts d'enregistrement d'icelles, ou en excéderoient les dispositions, il y sera pourvu par la Cour, suivant l'exigence des cas, sur les avis qui lui en seront donnés par le Procureur-Général du Roy, auquel la Cour enjoint, ainsi qu'à ses Substituts ès-Sieges des Elections d'y veiller & d'en informer la Cour ; qu'il ne pourra rien être exigé ni reçu par les Commissaires aux rôles, leurs Commis ou Ecrivains, soit des contribuables, soit des Collecteurs, même sous prétexte de copies des rôles, à peine de concussion, conformément à l'Arrêt d'enregistrement de la Déclaration du 13 Avril 1761, & que les Collecteurs auront la liberté de faire copier leurs rôles par qui bon leur semblera, suivant les anciens Réglemens ; que, conformément aux intentions dudit Seigneur Roy données à entendre par sa réponse du jour d'hier, sur l'article XIX de la présente Déclaration, la Déclaration du 17 Février 1728 continuera d'être exécutée selon sa forme & teneur, & en conséquence, que l'imposition des hors tenans continuera d'être faite dans le lieu de leur domicile, même pour les terres qu'ils tiennent dans d'autres Paroisses de la même Election, & ce, jusqu'à ce qu'il ait plu au Roy d'en ordonner autrement dans la forme ordinaire : enjoint au Procureur-Général du Roy, & à ses Substituts dans les différens Sieges des Elections du ressort de la Cour, de veiller exactement à l'exécution de toutes les dispositions du présent Arrêt, & d'informer la Cour sur-le-champ des contraventions ; & ordonne que copies collationnées, &c. Donnée à Paris, en la Cour des Aydes, les Chambres assemblées, le cinq Septembre mil sept cent soixante-huit. *Signé*, OUTREQUIN.

(Voyez ci-après, page 1717, l'Arrêt du 7 Septembre 1770.)

ARRÉT de la Cour des Aides, au sujet des contraintes des Receveurs des Tailles. (Code des Tailles, Tome IV, page 338 ; Enrégistrements de l'Election, Volume coté XXIII, folio 108, verso.)

4 Mai 1768.

CE jour, les Chambres assemblées, la Cour délibérant sur les conclusions des Gens du Roy, de ce jour, ensemble sur les deux dires du Procureur-Général du Roy, du 20 Avril dernier, pour conserver les principes contenus dans les loix rendues sur le fait de la taille, a ordonné que les Receveurs des tailles, conformément à l'article V du Réglement joint à la Déclaration du 13 Avril 1761, ne pourront décerner de contraintes pour le premier quartier de la taille & autres impositions y jointes, encore qu'il fût échu, qu'un mois après que le rôle vérifié aura été remis aux Collecteurs,

soit que lesdits rôles aient été faits en présence d'un Commissaire ou non, sauf aux Receveurs des tailles à décerner leurs contraintes contre les Collecteurs personnellement, conformément aux Réglemens pour le montant des impositions dont les quartiers seront échus, dans le cas où lesdits Collecteurs seroient en retard de procéder à la confection de leurs rôles. Ordonne que le présent Arrêt sera imprimé & envoyé incessamment ès-Sieges des Elections du ressort de la Cour, pour y être lu, publié & registré, l'audience tenante : enjoint aux Substituts du Procureur-Général du Roy esdits Sieges d'y tenir la main, & de certifier la Cour de leurs diligences, au mois. 1768.

Donné à Paris, en la Cour des Aydes, les Chambres assemblées, le quatre Mai mil sept cent soixante-huit. Collationné. *Signé*, LEPRINCE.

ARRÊT de la Cour des Aides, du 23 Juin 1768, qui confirme la Sentence de l'Election de Châteaudun, du 29 Décembre 1767, qui avoit déclaré Joseph Lebas, Huissier Royal, Collecteur des tailles de la Ville de Cloye, duement atteint & convaincu d'avoir, abusant de sa qualité de Collecteur, exigé de l'argent de Particuliers Habitants de la Ville de Cloye, non compris aux rôles des tailles de ladite Ville, duquel il étoit porteur, d'en avoir reçu & écrit les paiements, pour masquer sa fraude, sur des feuilles volantes, & avoir menacé de frais ceux qui refusoient ou cessoient de lui en donner, sur le refus qu'il faisoit ouvertement de faire voir les cotes sur le rôle & de calculer, en étant requis, les sommes payées sur icelles ; pour raison de quoi a été ordonné qu'il seroit mandé en la Chambre, le Conseil y étant, pour y être blâmé d'avoir commis les prévarications ci-dessus énoncées, & a été condamné en 100 livres d'amende envers le Roi, & à restituer les sommes par lui induement perçues. (Code des Tailles, Tome IV, page 347.)

1768.

Au mois de Juillet 1768, le sieur Basly, Contrôleur-Général des restes, avoit obtenu au Grand-Conseil un Arrêt qui, au préjudice de la compétence de la Cour, & notamment des Lettres-Patentes de Janvier 1764, portant attribution à la Cour de la poursuite & discussion des biens du sieur Fabus, avoit ordonné que la distribution du prix de la Charge de Secretaire du Roi, dudit Fabus, seroit faite par ledit Grand-Conseil. Sur cet Arrêt dénoncé à la Cour le 3 Août suivant, il a été arrêté, les Chambres assemblées, qu'il seroit fait défenses au sieur Basly & à tous créanciers du sieur Fabus, de faire aucunes poursuites & procédures ailleurs qu'en la Cour, sur l'ordre & distribution du prix dudit Office : & après que ledit Basly a été mandé sur-le-champ à la barre de la Cour, il lui a été fait lecture dudit arrêté par le Greffier, avec injonction de s'y conformer.

SENTENCE *de l'Election de Paris, qui regle la formule de style qui doit être observée dans l'expédition des Sentences. (Registres d'Audiences de l'Election.)*

23 Juillet 1768.

SUR ce qui nous a été judiciairement, l'audience tenante, remontré par les Gens du Roy, Me Auger, Conseiller & Avocat du Roy, portant la parole, qu'il s'est depuis long temps introduit différens abus dans les expéditions de nos Sentences, dont les rôles ont été induement multipliés, au point que celles qui ne devroient être qu'en placard, contiennent quelquefois jusqu'à quatre rôles; que cette prolixité onéreuse aux Parties & préjudiciable à l'honneur de ce Siege, provient de ce que le Commis au greffe a suivi l'usage abusif qu'il a trouvé établi, de ne point observer les Réglemens qui prescrivent le nombre de lignes & de syllabes dans chaque ligne qui doivent se trouver dans chaque page; & de mettre les noms de Baptême des Juges qui ont assisté au Jugement. Que si par l'Arrêt de la Cour des Aydes, du 14 Décembre 1683, portant Réglement, il est enjoint aux Greffiers de faire dans les grosses des Sentences, mention des noms des Juges qui ont assisté au Jugement; ce n'est, 1°. que pour connoître s'ils ont été rendus par trois Officiers de la Jurisdiction; 2°. afin de distinguer, en cas de renvoi pardevant d'autres Juges de la même Election, ceux qui doivent connoître de l'affaire, d'avec ceux qui s'en trouvent exclus pour avoir donné leur avis lors du premier Jugement, & nullement pour augmenter le nombre des rôles.

D'où il est facile de voir que la transcription des noms de Baptême n'est d'aucune utilité, & ne sert qu'à multiplier les rôles; qu'il est pareillement inutile de mettre dans les expéditions des Sentences les noms de famille du Premier

Président, du Lieutenant & de l'Assesseur, lorsqu'ils assistent aux Jugemens, attendu qu'ils sont suffisamment désignés & dénommés par leur qualité. 1768.

Que cependant il leur est tombé entre les mains plusieurs Sentences, dans les expéditions desquelles le Commis s'est exactement conformé à tout ce qu'ils sont dans le dessein de nous proposer.

Qu'un autre abus encore plus considérable que le Commis a aussi trouvé établi, & qu'il est très-intéressant d'arrêter, c'est la prolixité de la formule & du style.

Tout le monde sçait, & c'est ce qui se pratique dans tous les Tribunaux, que la minute contient uniquement le prononcé de la Sentence, & tout de suite la date & la signature des Juges.

Mais lorsqu'il est question d'expédier les Sentences, le Commis met l'intitulé suivant l'ancien style usité, ensuite les qualités & les demandes des Parties, après cela le prononcé; & enfin les clauses purement de style, lesquelles ne se trouvent jamais sur la minute du prononcé qui est signé par les Juges; que ces clauses sont abandonnées au ministere du Commis du greffe, lequel n'étant pas fait pour sentir les conséquences de ce qu'il écrit, se sert de l'ancien protocole qu'il a trouvé au greffe & qui y étoit en usage bien avant lui, lequel il étend ou restreint comme il le juge à propos.

Comme les abus, tels anciens qu'ils soient, doivent toujours être réformés, ne pouvant acquérir force de loi, ni détruire les Réglemens antérieurs, lesquels doivent au contraire toujours demeurer en leur force & vertu; & comme cette forme de protocole actuellement usitée & postérieure aux Réglemens, est censée être avouée par nous, il est de la derniere conséquence que nous la fixions, afin que le Commis au greffe ait à s'y conformer dans la suite. A ces causes, nous requéroient, &c.

Nous, ayant égard au requisitoire des Gens du Roy, & y faisant droit, ordonnons qu'à compter de ce jour, le Commis au greffe de ce Siege, sera tenu de se conformer au Réglement ci-dessus proposé, & en conséquence disons que, 1°. les intitulés des Sentences seront transcrits suivant l'ancien usage dans les expéditions de toutes les Sentences.

2°. Après ledit intitulé, seront transcrits les qualités & demandes des Parties, & le prononcé du Jugement, tel que le tout se trouvera écrit sur les minutes.

3°. En suite du prononcé, le Commis au greffe sera tenu de mettre le style de clôture, dans la forme & ainsi qu'il suit :

Sçavoir dans toutes les Sentences au civil, & dans celles tant d'instruction qu'en définitif au criminel, ne prononçant pas de peines afflictives, *ce qui sera exécuté, nonobstant oppositions ou appellations quelconques, & sans préjudice d'icelles, par notre Jugement. Mandons au premier Huissier-Audiencier de cette Election, ou autres Huissiers ou Sergens Royaux sur ce requis, mettre ces présentes à due & entiere exécution, selon leur forme & teneur, de ce faire lui donnons pouvoir. En témoin de quoi, avons fait sceller cesdites présentes. Ce fut fait & passé en l'Election de Paris, l'audience tenante (si la Sentence a été rendue à l'audience), ou en la Chambre du Conseil (si elle est de rapport). Par nous, &c.*

Et dans les Sentences définitives au criminel, portant peines afflictives,

De ne point commencer le style de clôture, comme ci-dessus, par ces mots, *ce qui sera exécuteé, &c.* mais seulement par celui qui est en suite : *mandons*, & le surplus, comme est porté ci-dessus.

Comme aussi lorsqu'il en sera au nom des Juges, de mettre simplement après les mots, *par nous*, les qualités de ceux des trois Chefs qui se seront trouvés au Jugement, sans y ajouter leurs noms de famille, & mettre simplement les noms de

1768. famille des autres Juges, sans aucun nom de Baptême, & après lesdits noms ajouter, *tous Conseillers du Roy en ladite Election*, & ensuite la date.

Sera en outre ledit Commis tenu de se conformer aux Réglemens concernant le nombre des mots & syllabes à mettre dans chaque ligne, & le nombre de lignes que doit contenir chaque page.

Enjoignons audit Commis de se conformer à ce qui est ci-dessus prescrit dans les expéditions des Sentences, lui faisons défenses de jamais s'en écarter, à peine d'interdiction, ou même sous plus grandes peines, s'il y écheoit.

Voyez ci-après, à sa date, la Sentence du 23 Novembre 1775.

Lettres-Patentes du Roi, en forme d'Edit, qui accordent la Noblesse aux Officiers du Châtelet, après un certain temps d'exercice de leurs fonctions. (Enrégistrements de l'Election, Volume coté XXIII, folio 116; Code des Tailles, Tome IV, page 351.)

Août 1768.

LOUIS, &c. Rien ne pouvant être plus convenable au bien de notre service en notre Châtelet de Paris, que d'y conserver un nombre d'anciens Officiers capables de maintenir une saine Jurisprudence & de former de jeunes Officiers, il nous a paru qu'un des meilleurs moyens d'y parvenir, étoit d'accorder la Noblesse à ceux des Officiers dudit Siege, qu'un long exercice de leurs fonctions rendroit susceptibles de cette faveur. Une telle distinction, sans être à charge à nos autres Sujets, attachera de plus en plus lesdits Officiers à leur Siege, & encouragera les autres à suivre leurs exemples, par l'assurance qu'ils auront d'obtenir la Noblesse personnelle après un temps fixe, & de parvenir à la Noblesse héréditaire en persévérant dans l'exercice des mêmes fonctions. Nous donnerons en même temps aux principaux & aux anciens Officiers de notre Châtelet une juste récompense de leurs services, & au principal Siege de Justice d'entre nos Bailliages, au Tribunal ordinaire de notre Capitale, un témoignage authentique de notre singuliere protection. A ces causes, voulons & nous plaît ce qui suit :

I. Nos Lieutenans-Généraux, Civil, de Police & Criminel, & nos Lieutenans-Particuliers, qui ne seroient issus de race noble, seront à l'avenir réputés Nobles, & les tenons pour tels. Voulons en conséquence que, tant qu'ils rempliront les fonctions de leurs offices, eux, leurs femmes & leur enfans nés & à naître en légitime mariage, jouissent de tous les droits, privileges, franchises, immunités, rangs, séances & prééminences dont jouissent les autres Nobles de notre Royaume: voulons pareillement que leurs veuves demeurantes en viduité, & leurs descendans jouissent des mêmes privileges & prérogatives lorsque nosdits Lieutenans auront rempli les fonctions desdits Offices pendant vingt années entieres & consécutives, ou qu'ils seront décédés revêtus de leurs Offices.

II. Nos Conseillers & nos Avocats & Procureur en notredit Châtelet actuellement en Charges, & leurs successeurs auxdits Offices, qui ne seroient issus de race noble, & qui ont ou auront dix années entieres & consécutives de service dans leurs Offices, jouiront, ainsi que leurs femmes & leurs enfans, de tous

lesdits droits & privileges attachés à la Noblesse, & ce seulement tant qu'ils demeureront pourvus de leurs Offices. 1768.

III. Ceux de nosdits Conseillers, & de nos Avocats & Procureur, qui ne seroient issus de race noble, & qui ont ou auront rempli les fonctions de leursdits Offices pendant quarante années entieres & consécutives, comme aussi leurs veuves demeurantes en viduité, & leurs enfans nés & à naître en légitime mariage, seront réputés Nobles, & dès-à-présent les tenons pour tels, & ils jouiront de tous lesdits droits & privileges de la Noblesse.

IV. Voulons néanmoins que, lorsque lesdits Officiers auront servi pendant vingt années entieres & consécutives, s'ils viennent à décéder revêtus de leurs Offices, après l'expiration desdites vingt années, & avant que lesdites quarante années portées par l'article précédent, soient accomplies, leurs veuves demeurantes en viduité, & leurs descendans nés en légitime mariage, soient & demeurent réputés Nobles, de même que si lesdits Officiers avoient servi pendant lesdites quarante années.

V. Et où lesdits Conseillers & nosdits Avocats & Procureur viendroient à quitter leurs Offices par vente, démission ou autrement, avant d'avoir rempli lesdites quarante années de service, ils demeureront, ainsi que leursdites femmes, enfans & descendans, déchus de tous droits & privileges de Noblesse, encore que lesdits Officiers eussent exercé leurs Offices pendant plus desdites vingt années portées en l'article IV de notre présent Edit.

VI. Ceux qui prétendront jouir de la Noblesse & des exemptions accordées par notre présent Edit, seront tenus de représenter les provisions de l'Officier, ou une copie collationnée d'icelles, l'Arrêt ou la Sentence de réception, & une attestation des Officiers de notre Châtelet, portant que l'Officier a rempli les conditions ci-dessus prescrites; & sera ladite attestation signée de l'un des Lieutenans, de dix Conseillers au moins, & de l'un de nos Avocats & Procureur, & du Greffier dudit Siege. SI donnons en mandement, &c.

Données à Compiegne, au mois d'Août, l'an de grace mil sept cent soixante-huit, & de notre regne le cinquante-troisieme. *Signé*, LOUIS; & plus bas, par le Roy. *Signé*, PHELYPEAUX.

Registrées, à Paris, en la Cour des Aydes, les Chambres assemblées, le 29 Août 1768. *Signé*, OUTREQUIN.

1768.

LETTRES-PATENTES qui ordonnent que tous les Maîtres de Postes du Royaume, sans exception, seront tenus, pour jouir des privileges & exemptions à eux accordés, de faire enrégistrer leurs brevets aux greffes des Elections; & dans les pays d'Etats & autres Provinces où il n'y a point d'Elections, aux greffes des Sieges Royaux, dans l'étendue desquels leurs postes & biens propres ou à Ferme, seront situés, sans qu'on puisse rien exiger d'eux pour cet enregistrement. (Code des Tailles, Tome IV, folio 356.)

8 Août 1768.

LOUIS, &c. Sur ce qui nous a été représenté en notre Conseil, que, par deux Edits des mois de Mai 1702 & Janvier 1703, il auroit été enjoint à tous ceux qui jouissent de quelques privileges & exemptions, de faire enregistrer leurs titres aux greffes des Elections dans l'étendue desquelles ils seroient domiciliés: & dans les pays d'Etats & autres Provinces où les Sieges d'Election ne sont pas établis, aux greffes des Bailliages, Sénéchaussées & autres Justices Royales, & de payer pour lesdits enregistremens les droits réglés par le tarif qui seroit en conséquence arrêté en notre Conseil: que, par deux Arrêts de notre Conseil des 11 Septembre 1702 & 4 Octobre 1703, nous aurions en même temps ordonné que tous les Maîtres de postes de notre Royaume, seroient également tenus de faire enregistrer leurs brevets aux greffes des Elections, Bailliages, Sénéchaussées ou autres Justices Royales, dans le ressort desquelles leurs postes seroient situées, à l'effet de jouir des privileges & exemptions à eux accordés par divers Edits & Déclarations concernant les postes; mais sans que, pour raison desdits enregistremens, les Officiers des Elections, Bailliages, Sénéchaussées ou autres Justices Royales, puissent exiger ni percevoir aucuns droits en vertu des Edits de 1702 & 1703, ni sous quelque pretexte que ce pût être, à peine de concussion, du payement desquels droits nous aurions déchargé expressément lesdits Maîtres de postes: que, malgré cela, les Officiers de diverses Elections & autres Justices Royales, prétendoient exiger des droits des Maîtres de postes pour l'enregistrement de leurs brevets, sous prétexte que les Arrêts qui les en affranchissoient, n'étoient pas revêtus de Lettres-Patentes enregistrées dans les Cours des Aydes & autres Cours supérieures, & envoyées dans les Elections & autres Justices Royales: que les Greffiers de ces Sieges, en particulier, soutenoient que les Maîtres de postes ne pouvoient être dispensés de leur payer les salaires & rétributions à eux dus sur les Sentences d'enregistrement, parce que n'étant pas dénommés dans les Arrêts dont il s'agit, & ne faisant pas corps avec les Officiers de leurs Sieges, nous n'avions pas entendu les priver de leurs émolumens: que l'Adjudicataire de nos Fermes vouloit lui-même faire percevoir par ses Directeurs & Commis les droits de petit-scel, & les deux sols pour livre des émolumens du greffe, sur les Sentences d'enregistrement des brevets des Maîtres de postes, comme sur les autres Sentences de même nature: que toutes ces difficultés mettoient les Maîtres de postes dans le plus grand embarras, parce qu'en refusant de payer les droits qu'on prétendoit exiger d'eux mal-à-propos, ils ne pouvoient jouir, faute d'enregistrement de leurs brevets, des privileges & exemptions à eux attribués

attribués. A quoi voulant pourvoir : nous aurions expliqué nos intentions à ce sujet, par l'Arrêt de cejourd'hui rendu en notre Conseil d'Etat, nous y étant, pour l'exécution duquel nous avons ordonné que toutes Lettres nécessaires seront expédiées. A ces causes, &c. nous ordonnons que tous les Maîtres de postes de notre Royaume, sans exception, seront tenus, à l'effet de jouir des privileges & exemptions qui leur sont accordés, de faire enregistrer leurs brevets aux greffes, des Elections, dans le ressort desquelles leurs postes ou leurs biens propres & à Ferme seront situés : & dans les pays d'Etats & autres Provinces & territoires où il n'y a point d'Elections, aux greffes des Bailliages, Sénéchaussées & autres Justices Royales, où lesdites postes, biens propres ou à Ferme se trouveront pareillement situés, sans qu'on puisse leur demander, pour raison dudit enregistrement, aucuns droits établis ou à établir, dont nous les avons déchargés & déchargeons par ces présentes : défendons en conséquence très-expressément à tous Officiers, Greffiers & Commis des Elections, Bailliages, Sénéchaussées & autres Justices Royales, d'exiger des Maîtres de postes aucunes épices, ni de prendre aucun droit, de quelque nature & sous quelque prétexte que ce soit, pour raison de l'enregistrement des brevets dont il s'agit, lequel sera par eux fait incontinent & *gratis*. Faisons pareillement défenses à l'Adjudicataire général de nos Fermes, de percevoir ni de souffrir que ses Commis & Préposés perçoivent le droit de trois sols pour livre des épices, celui de deux sols pour livre des émolumens du greffe, ni aucun autre droit, quel qu'il puisse être, pour raison de l'enregistrement desdits brevets ; le tout à peine de restitution, désobéissance & concussion, tant contre les Officiers & Greffiers des Elections & autres Justices, que contre le Fermier, ses Commis & Préposés : voulons & entendons néanmoins qu'à l'égard des expéditions des Sentences d'enregistrement, les Greffiers soient tenus, lorsqu'ils seront requis de les délivrer, de les faire sceller avant de les remettre aux Parties ; & que, dans ce cas seulement, il leur soit remboursé par les Maîtres de Postes, la somme de trente sols, trois deniers, sçavoir, vingt sols pour le parchemin timbré, deux sols pour le papier de la minute de la Sentence, six sols, trois deniers pour le droit de sceau en principal, & deux sols pour les six sols pour livre de ce droit, sans que ladite somme de trente sols, trois deniers puisse être augmentée par la suite, pour quelque cause & sous quelque prétexte que ce soit. SI VOUS MANDONS, &c.

Donné à Compiegne, le huitieme jour du mois d'Août, l'an de grace mil sept cent soixante-huit, & de notre regne le cinquante-troisieme. *Signé*, LOUIS ; & plus bas, par le Roy. *Signé*, PHELYPEAUX.

Registrées en la Cour des Aydes, le 7 Décembre 1768.

DÉCLARATION du 8 Septembre 1768, pour faire jouir les Officiers de la feue Reine, des privileges des Commensaux de la Maison du Roi. (Code des Tailles, Tome IV, page 354.)

EDIT du mois de Décembre 1768, qui proroge la levée & perception du second Vingtieme, à dater du premier Janvier 1770, jusqu'au premier Juillet 1779.

1768.

1769.

ARRÊT de la Cour des Aides, qui ordonne que, conformément aux Réglements y énoncés, les Receveurs des Tailles seront tenus de résider en leur Election, & d'y remplir en personne leurs fonctions. (*Code des Tailles, Tome IV, page 361.*)

22 Février 1769.

CE jour, vu par la Cour, les Chambres assemblées, le récit fait par Monsieur le Premier Président, cejourd'hui, ensemble les conclusions du Procureur-Général du Roy; la matiere mise en délibération :

La Cour, les Chambres assemblées, ordonne, par provision, que le Réglement du 31 Juillet 1717, & l'Edit du mois de Décembre 1717, seront exécutés selon leur forme & teneur; en conséquence, que les Receveurs des tailles qui sont absens de leur Election, & notamment Louis Jacquesson, Receveur des tailles de l'Election de Mantes & Meulan, seront tenus, dans huitaine, de se rendre en leur Election, à l'effet d'y résider habituellement, & d'y remplir en personne les fonctions de leurs Offices, sous les peines portées par l'article VII de l'Edit du mois de Décembre 1717 : enjoint auxdits Receveurs des tailles, de se conformer pour la tenue de leurs registres, à l'Edit du mois de Juin 1716; & pour la manutention des recouvremens, à ce qui est prescrit par la Déclaration du 13 Avril 1761, Réglement y joint & Arrêt d'enregistrement du 8 Mai suivant : enjoint aux Officiers des Sieges des Elections du ressort de la Cour, & notamment à ceux de l'Election de Mantes & Meulan, de tenir la main à l'exécution du présent Arrêt, lequel sera incessamment signifié, tant à Louis Jacquesson, qu'à tous autres qu'il appartiendra; ordonne que le présent Arrêt sera imprimé, & copies d'icelui envoyées ès-Sieges des Elections, &c. Fait à Paris, en la Cour des Aydes, les Chambres assemblées, le vingt-deux Février mil sept cent soixante-neuf.

Signé, LEPRINCE.

ARRÊT de la Cour des Aides, du 6 Septembre 1769, qui ordonne que les Collecteurs des Tailles seront tenus de signer ou de certifier pardevant Notaires, lorsqu'ils ne sçauront pas signer, les copies des rôles des Tailles, qu'aux termes des Arrêts & Lettres-Patentes du 25 Juillet & 1er. Août 1719, ils sont obligés de fournir aux Receveurs des Greniers à sel de vente volontaire.

EDIT de Décembre 1769, qui proroge la levée & perception des deux sols pour livre du dixieme jusqu'au premier Juillet 1772.

LETTRES-PATENTES du 14 Décembre 1769, portant confirmation des privileges & exemptions des Arbalêtriers, Archers & Arquebusiers de la Ville de Paris, enrégistrées en Parlement & en la Chambre des Comptes, les 4 & 22 Janvier 1770, & en la Cour des Aides, le 23 Mars suivant, sans néanmoins que les impétrants puissent jouir, en vertu desdites Lettres, des exemptions de la Taille & de la collecte, & à la charge que toutes contestations relatives aux exemptions desdits droits d'aides, & autres matieres de la compétence de la Cour, continueront d'être portées en premiere instance pardevant les Officiers de l'Election de Paris, & par appel en la Cour, nonobstant toutes attributions de causes & droit de committimus *accordé par lesdites Lettres, & sans y préjudicier, & que copies collationnées, &c. Fait à Paris, en la premiere Chambre de la Cour des Aides, le 6 Mars 1770. (Recueil des Chartes des Archers de la Ville, par M. Hay, Colonel, page 97.)* 1769.

LETTRES-PATENTES portant exemption de la Taille personnelle & collecte, en faveur des Archers de la Ville de Paris. (Recueil des Chartes des Archers de la Ville de Paris, par M. Hay, Colonel, page 250.) 1770.

22 Mars 1770.

LOUIS, &c. Approuvons nos Lettres-Patentes du 14 Décembre dernier en faveur desdits Colonel, Officiers & Gardes desdites quatre Compagnies, & notre volonté expresse étant qu'ils jouissent de l'exemption de la taille personnelle & de la collecte, Jurande, Syndicat, Marguillage, & du rang de notre Gendarmerie & Maréchaussée de France, d'où dérive naturellement l'exemption des susdites charges, & singuliérement de l'exemption de la taille personnelle & de la collecte, dont leur état & services militaires les exemptent de droit, leur en donnons, octroyons & concédons de nouveau, en tant que de besoin, l'exemption & jouissance. Car tel est notre plaisir. Si donnons en mandement, &c.

Données à Versailles, le vingt-deuxieme jour du mois de Mars, l'an de grace mil sept cent soixante-dix, & de notre regne le cinquante-cinquieme.

1770.

ARRÊT de la Cour des Aides, qui, en renouvellant les dispositions des Réglements, fait défenses aux Collecteurs des Tailles, de se diminuer, ou leurs parents & alliés, pendant l'année de leur collecte, si ce n'est aux exceptions y portées. (Code des Tailles, Tome IV, page 372; Enrégistrements de l'Election, Volume coté XXIII, folio 124, verso.)

23 Mars 1770.

VU par la Cour, la requête à elle présentée par le Procureur-Général du Roy en icelle: contenant que, malgré la sagesse des Réglemens qui font défenses aux Collecteurs des tailles de se diminuer, ou leurs parens ou alliés, sur le rôle des tailles pendant l'année de leur collecte, sinon & dans les cas prévus par lesdits Réglemens, en s'y faisant autoriser dans la forme qu'ils prescrivent: il est néanmoins instruit qu'un très-grand nombre de Collecteurs, au mépris de ces Réglemens, surprennent, d'intelligence avec les Procureurs Syndics, & quelquefois sans leur participation, des Sentences d'Election, sur simples requêtes non communiquées à ses Substituts, en vertu desquelles ils se croient suffisamment autorisés, soit à se diminuer eux-mêmes à leur gré, soit à diminuer leurs parens ou alliés: que la Cour, dès 1685, s'étoit occupée de remédier à cet abus, mais que son Arrêt étant sans exécution, soit parce qu'il n'a pas été envoyé dans les Elections du ressort, ou parce que ses dispositions sont tombées dans une espece d'oubli, il croit devoir la requérir d'y pourvoir. A ces causes, requéroit le Procureur-Général du Roy, &c. La Cour a ordonné & ordonne que l'article X de l'Edit de Mars 1600, l'article L de l'Edit de Janvier 1634, les Arrêts & Réglemens subséquens, & singuliérement l'Arrêt de la Cour du 22 Novembre 1685, seront exécutés selon leur forme & teneur; en conséquence fait défenses aux Collecteurs des tailles, en cas que les impositions de l'année de leur collecte, ensemble leurs facultés personnelles ou celles de leurs parens ou alliés, soient égales à celles de l'année précédente, de pouvoir, pendant ladite année, prendre pour eux, ni donner à leurs parens ou alliés aucune diminution sur leurs taux: ordonne que, dans le cas où lesdits Collecteurs ou leurs parens & alliés auront souffert quelques pertes considérables dans leurs biens ou facultés, pour raison de quoi ils croiront devoir être diminués, ils seront tenus de se pourvoir pardevant les Officiers des Elections, lesquels, au nombre de trois au moins, sur les conclusions du Substitut du Procureur-Général du Roy, & en présence du Procureur-Syndic des Paroisses, ou lui duement appellé, jugeront si la diminution demandée doit ou non avoir lieu; à peine par lesdits Collecteurs, de tenir compte & répondre solidairement des diminutions qui se trouveroient avoir été faites sans s'y être fait autoriser dans la forme ci-dessus, & de payer en outre la même somme par forme d'amende, pour la premiere fois, & de plus grande peine, en cas de récidive. Enjoint auxdits Collecteurs, en cas d'augmentation des impositions ou de leurs facultés & de celles de leurs parens ou alliés, de prendre pour eux de l'augmentation à proportion, & d'en user de même envers leurs parens & alliés, sauf, en cas de diminution des impositions, de pouvoir en profiter tant pour eux que pour leurs parens ou alliés, au marc la livre seulement: ordonne que le présent Arrêt sera imprimé & envoyé ès-Sieges des Elections, &c. 1770.

Donné à Paris, en la Cour des Aydes, les Chambres assemblées, le vingt-trois Mars mil sept cent soixante-dix. *Signé*, OUTREQUIN.

ARRÊT de la Cour des Aides, qui ordonne que les oppositions aux rôles des conduits dans le Clermontois, seront jugées sommairement ou sur délibéré, sans qu'on puisse appointer les Parties à écrire & produire. (Code des Tailles, Tome IV, page 374.)

19 Avril 1770.

ENTRE les Habitans & Communauté de Recicourt en Clermontois, appellans de Sentence contr'eux rendue en la Prévôté de Clermont-en-Argonne, le 6 Septembre 1765, d'une part; & Isaïe-Frédéric, Comte de Gourcy, Chevalier de l'Ordre Royal & Militaire de Saint-Louis, ancien Capitaine au Régiment de Royal-Barrois, Infanterie, Seigneur de Recicourt & autres lieux, Intimé, d'autre part, &c. La Cour... faisant droit sur les conclusions du Procureur-Général du Roy, ordonne que, conformément à la Déclaration du Roy, du 17 Févier 1688, les oppositions aux rôles des conduits dans le Clermontois, seront jugées sommairement à l'audience ou par délibéré, sans qu'en aucun cas les Juges puissent appointer les Parties à écrire & produire. Ordonne qu'à la diligence du Procureur-Général du Roy, le présent Arrêt sera lu, publié à l'audience, & registré au greffe tant de la Prévôté de Clermont-en-Argonne, que des autres Prévôtés du Clermontois, &c.

Donné à Paris, en la premiere Chambre de la Cour des Aydes, le dix-neuf Avril mil sept cent soixante-dix. Collationné. *Signé*, LEPRINCE.

ARRÊT de la Cour des Aides, portant Réglement pour l'assiette & répartition de la Taille.

7 Septembre 1770.

CE jour, les Chambres assemblées, en exécution de son arrêté du 31 Août dernier; les Gens du Roy entrés en la Chambre, de l'ordonnance d'icelle, Me. Antoine-Louis Bellanger, Avocat-Général, portant la parole, ont dit:

MESSIEURS,

Pour remplir parfaitement les vues sages qui vous ont dicté l'arrêté du 31 Août dernier, il seroit sans doute avantageux de rassembler dans un seul Réglement, & suivant un ordre méthodique, les différentes modifications éparses dans vos deux Arrêts d'enregistrement des premier & 5 Septembre 1768, ou au moins les plus importantes d'entr'elles.

Ces modifications, toutes adoptées par le Législateur, & qui sont à présent

1770. partie intégrale de la Loi, mises ainsi en ordre & rapprochées les unes des autres, se prêteroient une nouvelle force & une nouvelle lumiere; les Juges subordonnés à la Cour, qui doivent en faire une étude particuliere pour y conformer leurs décisions, les Peuples en faveur desquels elles ont été faites, les connoîtroient & les entendroient mieux, ils en saisiroient l'ensemble, la liaison & le véritable esprit; & ceux qui cherchent à se soustraire à l'autorité de la Loi, ne pourroient plus abuser de quelques expressions moins claires, ni se permettre de les interpréter contre l'intention de la Cour & le bien de la Justice.

Mais il nous semble qu'un triage si délicat & si intéressant n'appartient qu'à la Cour seule; pour nous, qui respectons également toutes les décisions émanées de sa sagesse, nous croyons devoir nous en rapporter à cette même sagesse, & pour l'ordre qu'il lui plaira de mettre dans le renouvellement de ses modifications, & pour le choix qu'elle pourra faire de quelques-unes pour les exprimer préférablement à d'autres. Nous nous bornerons donc à requérir en général & sans distinction, l'exécution de toutes les modifications contenues aux deux Arrêts de la Cour, des premier & 5 Septembre 1768, rendus au sujet des enregistremens de l'Edit de Juillet 1766, & de la Déclaration du 7 Février 1768. C'est l'objet des conclusions par écrit que nous avons l'honneur de laisser à la Cour.

Les Gens du Roy retirés, a été fait lecture des conclusions du Procureur-Général du Roy; sur quoi la matiere mise en délibération:

La Cour, les Chambres assemblées, ordonne que les Ordonnances, Edits & Déclarations, Arrêts & Réglemens de la Cour rendus sur le fait des tailles, ensemble les modifications contenues aux Arrêts de la Cour, des premier & 5 Septembre 1768, portant enregistrement de l'Edit de Juillet 1766 & de la Déclaration du 7 Février 1768, seront exécutés selon leur forme & teneur, & notamment les articles qui suivent:

I. Les instructions générales ou particulieres que les Commissaires départis pourront donner au sujet de la répartition de la taille, seront déposées sans frais aux greffes des Elections, pour le ressort desquelles elles auront été faites, & ne pourront être exécutées qu'après ledit dépôt effectué.

II. Dans le cas où lesdites instructions se trouveroient contraires aux loix enregistrées en la Cour, ou aux Arrêts d'enregistrement d'icelles, ou en excéderoient les dispositions, il y sera pourvu par la Cour, suivant l'exigence des cas, sur les avis qui lui en seront donnés par le Procureur-Général, auquel la Cour enjoint, ainsi qu'à ses Substituts aux Sieges des Elections, d'y veiller & d'en informer la Cour.

III. Lors du département des tailles à l'Election, le Commissaire départi y remettra l'état des Paroisses pour lesquelles il entend nommer des Commissaires: & sera ledit état déposé sans frais au greffe de l'Election, avec celui des Commissaires qu'ils auront nommé pour ladite Election, ainsi qu'il est ordonné par l'article Ier. de la Déclaration du 7 Février 1768.

IV. Les rôles de répartition de la taille continueront d'être faits librement par les Collecteurs, en leur ame & conscience, même dans les Paroisses pour lesquelles il aura été nommé des Commissaires; & le Commissaire nommé pourra seulement donner son avis, & en tenir note pour le représenter en cas de contestation, sans en charger le rôle; & les Collecteurs continueront de jouir de la liberté de faire copier leurs rôles par qui bon leur semblera, suivant les anciens Réglemens.

V. Il ne pourra rien être exigé ni reçu par les Commissaires aux rôles, leurs Commis & Ecrivains, ni des contribuables, ni des Collecteurs, même sous prétexte de copies de rôles, à peine de concussion.

1770.

VI. Dans les cas où le Commissaire départi jugera à propos de faire faire des procès-verbaux extrajudiciaires, ainsi que le permettent les articles IV, V & VI de la Déclaration du 7 Février 1768, les assemblées, pour parvenir à ces procès-verbaux, ne pourront être tenues que trois jours après que l'annonce de ladite assemblée aura été faite à la Messe de la Paroisse, & non plutôt : il ne pourra être fait qu'un seul procès-verbal pour chaque Paroisse ; & quand il aura été fait dans une année pour une Paroisse, il ne pourra être renouvellé les années suivantes ; & dans aucuns cas, les procès-verbaux ne pourront nuire ni préjudicier à un tiers.

VII. Les amendes ordonnées par l'article V de la Déclaration du 7 Février 1768, contre ceux qui ne se seront pas trouvés auxdites assemblées, ne pourront être prononcées que contre les Collecteurs, Syndics & autres Officiers des Villes, Bourgs & Paroisses ; elles ne pourront l'être, dans aucun cas, pour défaut de déclarations de biens ou pour prétendues faussetés dans ces déclarations ; elles ne pourront être prononcées que par les Commissaires départis, & non autres, & toujours à la charge de l'appel en la Cour ; enfin le montant des amendes prononcées sera remis en entier entre les mains du Syndic de la Paroisse, pour être d'autant moins imposé sur cette Paroisse l'année suivante ; le tout à peine de concussion contre ceux qui auroient perçu induement lesdites amendes, ou en auroient appliqué le montant à d'autres usages.

VIII. Les Collecteurs seront tenus de comprendre dans leurs rôles, en un chapitre séparé, les noms des Ecclésiastiques nobles & privilégiés, sans qu'ils puissent être obligés d'y énoncer ni détailler les biens desdits Ecclésiastiques nobles ni privilégiés.

IX. Les impositions accessoires à la taille seront toujours réparties au marc la livre du principal de la taille, & les contestations nées & à naître, relatives à la répartition entre les contribuables de la même Paroisse, tant pour le principal de la taille que pour toutes les impositions accessoires, sous quelque dénomination que ce soit, continueront d'être portées aux Elections, & par appel en la Cour.

X. Il ne sera fait qu'une seule cotte pour l'industrie de chaque contribuable, & les propriétaires & Fermiers ne pourront être taxés à l'industrie pour commerce des bestiaux, denrées ou ustensiles relatifs à la nature de leurs exploitations.

XI. Les cottes d'industrie ne pourront être arrêtées sur un pied plus fort relativement au produit de l'industrie, que celles des biens-fonds relativement à leur revenu ; &, en aucun cas, sous prétexte de fixer la cotte d'industrie, on ne pourra obliger les commerçans & artisans de représenter leurs livres de commerce.

XII. Lorsque le propriétaire & le Fermier d'un même bien-fonds se trouveront imposés au même rôle pour raison de ce même bien, moitié de la cotte à laquelle le bien sera estimé devoir être imposé, sera portée à la cotte du propriétaire, & l'autre moitié à celle du Fermier ; mais le propriétaire d'un fonds affermé ne pourra être imposé pour la propriété dans le lieu de la situation dudit bien, que dans les cas prévus par les anciens Réglemens, lesquels continueront d'être exécutés.

XIII. La Déclaration du 17 Février 1728, continuera d'être exécutée, & suivant icelle, l'imposition de ceux qui s'y seront conformés, continuera d'être faite dans le lieu de leur domicile, pour tous les biens qu'ils tiennent dans d'autres Paroisses de la même Election.

XIV. Le Clergé, la Noblesse & les Officiers des Cours ne pourront être

1770. imposés pour aucuns des biens qui leur appartiennent, si ce n'est pour l'excédent des terres labourables qu'ils feroient cultiver au-delà de quatre charrues, ou en cas de dérogeance.

XV. Les ventes & adjudications & usages des coupes de bois, les récoltes de prés & vignes, pêches d'étangs, ou autres biens de cette nature, ne pourront donner lieu d'imposer à la taille, dans le lieu de la situation, les propriétaires ou adjudicataires non domiciliés, ceux qui les auront achetés ou vendus, ou qui en auront entrepris l'usage, récolte ou pêches, à autres titres que celui de Ferme.

XVI. Ordonne au surplus que toutes les dispositions contenues aux Arrêts de la Cour, des premier & 5 Septembre 1768, portant enregistrement de l'Edit de Juillet 1766 & de la Déclaration du 7 Février 1768, seront exécutées suivant leur forme & teneur. Enjoint au Procureur-Général du Roy & à ses Substituts, de tenir la main à l'exécution des présens articles, & d'informer sans délai la Cour des contraventions qui pourroient être faites à aucun d'iceux. Ordonne que le présent Arrêt sera imprimé & publié, & copies collationnées d'icelui envoyées ès-Sieges des Elections, &c. Fait à Paris, en la Cour des Aydes, les Chambres assemblées, le sept Septembre mil sept cent soixante-dix. Collationné. *Signé*, VERNE.

ARRÊT du Conseil, du 20 Décembre 1770, qui, en maintenant les Officiers de l'Election d'Angoulême, & tous les autres privilégiés dans l'exemption de la Taille personnelle, les assujettit à la Taille d'exploitation pour les biens qu'ils feront valoir, conformément à l'Edit de Juillet 1766. (Code des Tailles, Tome IV, page 387.)

1771. *EDIT du mois de Février 1771, contenant l'évaluation des Offices, & portant que les pourvus desdits Offices seront admis à les conserver, en payant annuellement le centieme-denier du prix auquel ils auront été fixés. (Code des Tailles, Tome IV, page 391.)*

EDIT de suppression de la Cour des Aides de Paris, du mois d'Avril 1771.

EDIT du mois d'Avril 1771, portant confirmation des annoblis depuis 1715, en payant par chacun d'eux six mille livres & les deux sols pour livre. (Code des Tailles, Tome IV, page 408.)

EDIT

EDIT de Juin 1771, portant création de Conservateurs des hypotheques sur les immeubles réels & fictifs, & abrogation des décrets volontaires. (Code des Tailles, Tome IV, page 418.) 1771.

DÉCLARATION du 27 Janvier 1772, portant Réglement pour la procédure dans les matieres sommaires & dans les matieres des Tailles. (Ibid. page 455.) 1772.

Cette Déclaration a été refondue dans celle du 23 Avril 1778, ainsi, il paroît inutile de la donner ici.

DÉCLARATION qui supprime la comptabilité des Receveurs des Tailles & Receveurs particuliers dans les Chambres des Comptes, & qui ordonne que les Charges, rentes & intérêts qui étoient payés par lesdits Receveurs des Tailles seroient acquittées par les Receveurs-Généraux des Finances. (Ibid. page 476.)

ARRÊT du Conseil, du 30 Juillet 1772, qui ordonne que, conformément à la Déclaration du 22 Septembre 1709, les Gardes-étalons continueront d'être taxés d'office par les Intendants, sans que leurs cotes puissent être augmentées par les Collecteurs. (Ibid. page 483.)

ARRÊT du Conseil, du 23 Août 1772, qui ordonne que les Maréchaux-des-Logis, les Gardes de la Porte, ceux de la Prévôté de l'Hôtel, &c. seront imposés pour raison de leur exploitation, conformément à l'Edit du mois de Novembre 1750, à la Déclaration du 22 Janvier 1752 & à l'Edit de Juillet 1766. (Ibib. page 483.)

ARRÊT du Conseil, du 4 Avril 1773, qui ordonne que, conformément aux articles I & IV de la Déclaration du premier Juillet 1771, tous les Huissiers & Sergents Royaux seront tenus de se servir de papier marqué, & de faire contrôler les exploits pour quelque matiere que ce soit, même pour le recouvrement de la Taille, capitation & autres impositions. (Ibid. page 494.) 1773.

1773.

ARRÊT du Conseil, du 17 Juillet 1773, portant interprétation de l'article X de l'Edit d'Avril 1771, pour la confirmation des annoblis depuis 1715. (Code des Tailles, Tome IV, page 497.)

EDIT portant Réglement pour les contumaces. (Enrégistrements de l'Election, Volume coté XXIII, folio 190; Code des Tailles, Tome IV, page 499.)

Juillet 1773.

LOUIS, &c. Nous étant fait représenter les Mémoires qui nous ont été adressés par plusieurs Cours de notre Royaume, par rapport aux contumaces des accusés qui ne se présentent pas pour subir interrogatoire lors du Jugement du procès, nous avons jugé nécessaire de faire cesser la diversité d'usages qui subsistent entre lesdites Cours, sur la maniere d'instruire lesdites contumaces, & de fixer la Jurisprudence sur l'effet des Jugemens rendus contre lesdits accusés, & voulant que l'administration de la Justice soit uniforme en cette matiere. A ces causes, &c.

I. Tout accusé, soit qu'il soit décrété de prise-de-corps, d'ajournement personnel ou d'assigné pour être oui, sera tenu d'élire domicile dans le lieu où l'accusation contre lui intentée sera poursuivie, ce qui sera observé en cas d'appel ou de renvoi du procès dans une autre Jurisdiction, pour nullité des procédures, revendication ou autrement, auxquels cas l'accusé fera élection de domicile dans le lieu où le procès sera porté par appel ou par renvoi.

II. Lorsque l'accusé aura élu domicile, toutes les significations & sommations que les Parties publiques ou civiles seront dans le cas de lui faire, pendant l'instruction du procès, & jusqu'au Jugement ou Arrêt définitif seront faites au domicile par lui élu.

III. Faute par l'accusé d'avoir élu domicile, voulons que toutes les significations & sommations puissent être faites au greffe de la prison où il sera détenu, lorsqu'il sera prisonnier, ou au greffe de la Jurisdiction où le procès sera suivi, lorsqu'il sera en liberté.

IV. Et afin que les accusés ne puissent prétendre cause d'ignorance de la disposition des trois précédens articles, enjoignons à tous Juges de leur en donner connoissance dans le premier interrogatoire qu'ils subiront devant eux, & d'en faire mention dans ledit interrogatoire.

V. Pourront au surplus les accusés élire domicile ou en changer en tout état de cause, sans toutefois qu'ils puissent choisir un domicile hors du lieu où le procès sera suivi; leur permettons de faire élection de domicile sur le registre de la geole lorsqu'ils seront en prison, ou sur le registre du greffe criminel lorsqu'ils seront en liberté.

VI. Enjoignons à cet effet aux Greffiers des prisons & aux Geoliers de celles où il n'y a pas de Greffiers, ainsi qu'aux Greffiers criminels, chacun à leur égard, de recevoir lesdites élections de domicile à la premiere requisition des accusés, & d'en joindre une expédition à la procédure dans les vingt-quatre heures, à

1773.

peine de répondre en leur propre & privé nom de tous dépens, dommages & intérêts : & à compter du jour que ladite élection de domicile aura été jointe à la procédure, toutes significations & sommations à la requête de la Partie publique ou civile, seront faites à l'accusé au domicile par lui élu.

VII. Dans les procès où il y aura Partie civile, l'accusé sera tenu de lui faire signifier ladite élection ou ledit changement de domicile; voulant qu'audit cas, & à compter du jour que ladite signification aura été faite à la Partie civile, il ne soit plus fait à l'accusé de sommation & signification qu'au domicile élu.

VIII. Les articles III & IV du titre X de notre Ordonnance de *1670* seront exécutés; en conséquence lorsque les accusés décrétés d'assigné pour être ouis, ou d'ajournement personnel, n'auront pas comparu pour subir interrogatoire, les décrets seront convertis, sçavoir ceux d'assigné pour être ouis, en décrets d'ajournement personnel, & ceux d'ajournement personnel en décrets de prise-de-corps, & ce à l'échéance de chacune des assignations données sur chacun des décrets, sans qu'il soit nécessaire d'attendre les délais pour lever le défaut, ou pour le faire juger, dont nous abrogeons l'usage, en matiere criminelle, en toutes Jurisdictions, même en nos Cours; abrogeons pareillement l'usage des présentations dans les procès qui ne s'instruiront qu'à la requête de la Partie publique.

IX. Si l'accusé décrété d'assigné pour être oui, après avoir comparu sur ledit décret & subi interrogatoire, ne comparoît pas pour les récolemens, confrontations ou autres instructions, il sera, sur les conclusions de la Partie publique, décrété de prise-de-corps, sans observer le décret intermédiaire d'ajournement personnel, & ce, sur le certificat du Greffier de la Jurisdiction, que l'accusé ne s'est pas présenté, lequel certificat sera joint au procès; n'entendons néanmoins rien innover à l'égard des accusés décrétés d'assigné pour être ouis, & qui ne se seroient pas présentés sur ledit décret pour subir interrogatoire, à l'égard desquels tous les degrés de décrets seront observés.

X. Il ne pourra être procédé, tant en premiere que derniere instance, au Jugement d'aucun procès criminel instruit par récolement & confrontation, & dont l'appel sera de nature à être porté ès-Chambres de Tournelle ou autre Chambre de nos Cours, où se portent les appels de grand criminel, sans appeller, pour subir le dernier interrogatoire en présence des Juges, tous les accusés, autres néanmoins que ceux contre lesquels la contumace aura été instruite en la forme ordinaire : voulons en conséquence qu'en vertu d'un Jugement qui sera rendu à la requête de la Partie publique, il leur soit fait sommation de comparoir au jour indiqué par ledit Jugement pour subir interrogatoire, & de se réintégrer à cet effet dans les prisons, ou de se représenter au pied de la Cour, suivant l'exigence des cas.

XI. Faute par ledit accusé d'avoir comparu ou de s'être mis en prison, il sera passé outre au Jugement du procès, sans qu'il soit besoin de constater leur absence autrement que par un certificat qui sera délivré par le Greffier de la geole, ou par le procès-verbal de l'Huissier qui aura été chargé de les appeller, sans qu'il puisse être fait aucune perquisition desdits accusés, & instruit aucune contumace, faute de présence, dont nous abrogeons l'usage; & sera le certificat dudit Greffier, ou le procès-verbal de l'Huissier, joint au procès.

XII. Les Sentences, Jugemens ou Arrêts qui auront été rendus sans avoir entendu tous les accusés sur la sellette ou derriere le Barreau, ne seront regardés ni exécutés que comme Jugemens de contumace à l'égard des accusés qui n'auront pas subi ledit interrogatoire en présence des Juges, quand même ils auroient comparu à toute l'instruction. Voulons en conséquence que, lorsque lesdits accusés

1773. se présenteront, il soit procédé, sans délai, audit interrogatoire, & ensuite à un nouveau Jugement à leur égard, & ce, en vertu du présent Edit, & sans qu'il soit besoin de le faire ainsi ordonner : ce qui sera exécuté, tant à l'égard des Jugemens qui auront été ci-devant rendus sans avoir entendu les accusés, que pour ceux qui seront rendus à l'avenir. Voulons toutefois que les accusés qui n'auront pas comparu pour être interrogés lors du premier Jugement, ne puissent être admis à un nouveau qu'en se remettant dans les prisons.

XIII. Notre présent Edit sera exécuté tant en premiere instance que par appel, en toutes Jurisdictions, même en nos Cours, à compter du jour de la publication & enregistrement d'icelui; dérogeant, en tant que de besoin, à toutes Ordonnances, Edits, Déclarations & usages en ce qui ne seroit pas conforme aux dispositions y contenues, sans que les Cours dans lesquelles les accusations seroient portées ou dévolues, puissent lui donner un effet rétroactif, quant aux Jugemens intervenus, & aux procédures d'instructions faites jusqu'à ce jour. Si donnons en mandement, &c.

Donné à Compiegne, au mois de Juillet mil sept cent soixante-treize.

Enregistré en Parlement, le 6 Septembre 1773.

ARRÊT du Conseil, du 17 Août 1773, qui ordonne l'exécution de l'article XI du titre commun pour toutes les Fermes, de l'Ordonnance de 1681, & des Arrêts & Lettres-Patentes des 23 Mars & 15 Mai 1720; & en conséquence casse l'Ordonnance de l'Intendant de Rouen du 9 Décembre 1772, décharge de la collecte de la Taille le Commis, Buraliste de la Paroisse de Huclaud. (Code des Tailles, Tome IV, page 504.)

ARTICLES de l'Ordonnance concernant les privileges & avantages accordés aux Soldats des Régiments Provinciaux. (Code des Tailles, Tome IV, page 507.)

Ces Régiments Provinciaux ont été supprimés par Ordonnance du 15 Décembre 1775, & & recréés par autre Ordonnance du 30 Janvier 1778.

19 Octobre 1773.

XI. INDÉPENDAMMENT des avantages réglés par la présente Ordonnance, veut Sa Majesté que les Soldats des Régimens Provinciaux qui se trouveront avoir servi six années, jouissent de l'exemption de la taille pendant un an; que ceux desdits Soldats Provinciaux qui se marieront dans le cours de ladite année, ayent ce privilege pendant deux années de plus, laquelle exemption aura lieu pour la taille tant industrielle que personnelle, pour leurs biens propres & pour ceux qui leur viendroient du chef de leur femme; & dans le cas où ils prendroient pendant ledit temps, des Fermes ou exploitations étrangeres, ils jouiront, pendant une année de plus, de l'exemption de la taille, ainsi qu'il est expliqué ci-dessus : & attendu que ladite exemption pourroit souffrir difficulté dans les Provinces où la taille est réelle, ordonne Sa Majesté que les Soldats provinciaux desdites Provinces qui seront imposés à la taille pour raison de leurs biens propres, & ceux de leur femme, ne puissent être compris, pendant le temps ci-dessus réglé, dans le rôle des impositions extraordinaires qui se répartissent au marc la livre de la taille. 1775.

Veut pareillement Sa Majesté que pendant tout le temps que les Soldats provinciaux serviront, ils soient exempts de capitation & de la collecte, bien entendu qu'ils ne feront valoir que leurs biens propres.

Les Soldats provinciaux qui, après avoir fini le terme de leur service dans les Régimens Provinciaux, contracteront des engagemens dans les troupes, jouiront, lorsqu'ils auront obtenu leur congé absolu, de la même exemption de la taille & d'imposition ci-dessus accordée.

XII. Il sera délivré par les Intendans des certificats imprimés à toux ceux desdits Soldats provinciaux, qui seront dans le cas de jouir des exemptions ci-dessus expliquées ; & ces certificats ne pourront valoir qu'après qu'ils auront été également signés par les Officiers des Villes & Communautés, auxquels lesdits Soldats seront tenus de les représenter au moment qu'ils y seront arrivés, & dans la quinzaine au plus tard du jour de la date que l'Intendant y aura mise : & ces certificats seront enregistrés *gratis* aux greffes des Villes & Communautés ; les Soldats provinciaux qui ne se trouveront point porteurs desdits certificats, ou qui ne seront pas en état de les représenter, ou d'en justifier, devant être privés des exemptions & autres avantages à eux accordés.

RÉTABLISSEMENT de la Cour des Aides. Extrait du procès-verbal de la séance tenue en la Cour des Aides, en présence de M. le Comte D'ARTOIS. 1774.

12 Novembre 1774.

CE jour, vers les deux heures après midi, le Roy étant sorti de la Grand'Chambre du Parlement, où il avoit tenu son Lit de Justice, pour le rétablissement des anciens Officiers du Parlement; Monsieur le Comte d'Artois qui l'y avoit accompagné, est monté à la Cour des Aydes, accompagné de M. le Maréchal Duc de Biron, & de MM. Feydeau de Marville, & Bastard, Conseillers d'Etat, & suivi de ses principaux Officiers, & entré en la premiere Chambre de la Cour, a traversé le parquet, & s'est placé sur le banc des Présidens sur les bas sieges, ayant sous ses pieds un carreau de velours violet, semé de Fleurs-de-lys d'or.

M. le Maréchal Duc de Biron a passé par derriere le Barreau, devant le banc qui est à droite de MM. les Présidens, & a pris place sur icelui, au-dessus de M. le Doyen.

MM. de Marville & Bastard se sont placés sur le banc à gauche de MM. les Présidens, aux deux premieres places.

Les sieurs Prince d'Henin, & Chevalier de Crussol, Capitaines des Gardes de Monsieur le Comte d'Artois, & Chevalier de Monteil, Capitaine de ses Suisses, se sont placés sur trois tabourets, au bout du bureau de la Chambre, du côté de la lanterne.

A l'entrée du parquet de la Chambre, étoit le sieur Chevalier de Quinemont,

Major des Gardes du Prince, lequel s'est tenu debout & découvert pendant toute
1774. la séance.

Le sieur Laurent de Villedeuil, Secretaire des commandements du Prince, s'est placé dans le Barreau à gauche de MM. les Présidens, où se mettent MM. les Gens du Roy.

Un moment après que les séances ont été ainsi prises, le sieur de Vatronville, Aide des cérémonies, est venu en la seconde Chambre de la Cour, & après avoir salué Messieurs, qui étoient debout, les a invités de venir en la premiere Chambre, où M. le Comte d'Artois les attendoit.

Sur-le-champ Monsieur le Premier Président, accompagné dudit sieur Aide des cérémonies, & précédé des Huissiers & des Greffiers, & tous Messieurs, sont partis de la seconde Chambre, & étant entrés dans la premiere, Monsieur le Premier Président a traversé le Barreau, & s'est mis en sa place, à la droite de Monsieur le Comte d'Artois; MM. les autres Présidens se sont placés à la gauche du Prince, & ont occupé le reste du banc.

MM. les Conseillers se sont mis sur le reste des bancs, après M. le Maréchal de Biron, & après MM. les Conseillers d'Etat, ensemble sur les hauts sieges.

Sur un tabouret au-devant du bureau de Monsieur le Premier Président, le sieur de Vatronville, Aide des cérémonies.

Dans le Barreau à gauche de MM. les Présidens, MM. les Gens du Roy, après eux les deux Greffiers en chef; ensuite le sieur Laurent de Villedeuil, Secretaire des commandemens du Prince, & après lui, les autres Greffiers.

Après ledit banc, à l'entrée du parquet, Me Lambert, Greffier, substituant, Me Janelle, premier & principal Commis pour tenir la plume aux Audiences, ayant un bureau devant lui.

Le premier Huissier en sa chaise, à l'entrée du parquet.

Toutes les séances ayant été ainsi prises, & chacun étant assis & couvert, excepté le Secretaire des commandemens du Prince, qui est resté tête nue, Monsieur le Comte d'Artois, ayant ôté & remis son chapeau, a dit:

MESSIEURS,

« Le Roy, mon très-honoré Seigneur & souverain Maître, m'a commandé de vous assembler, pour vous dire que son intention est de vous rappeller à son service ».

« Sentez tout le prix de ce bienfait, & ne cessez jamais de lui en prouver votre reconnoissance par votre soumission, & par votre zele pour l'administration de la Justice ».

« Vous connoîtrez plus amplement les intentions du Roy, par ce que M. de Marville vous dira ».

Ensuite a été fait lecture de la Lettre-de-cachet pour annoncer à la Compagnie les ordres du Roi, & de la commission en parchemin, donnée par le Roi à M. le Comte d'Artois. Suit la teneur de ladite Commission:

« LOUIS, &c. La gloire & la conservation d'un Etat dépendent de l'attention du Monarque à maintenir l'ordre, & sur-tout à veiller à l'administration de la Justice; c'est le moyen le plus puissant d'entretenir entre le Prince & ses Sujets ces rapports, source du bonheur des Peuples, & de la tranquillité de celui qui les gouverne. Animé de ces sentimens héréditaires aux Roys de France, nous avons cru que notre premier soin devoit être de rendre aux Tribunaux leur ancien lustre, & leur ancienne consistance : c'est dans cette vue que nous avons rendu six Edits ; & desirant que leur contenu soit ponctuellement exécuté. A ces causes, nous vous avons commis & député, & par ces présentes signées de notre main, vous commettons & députons, pour, étant assisté de notre très-cher & bien-amé cousin le sieur Duc de Biron, Pair & Maréchal de France, & des sieurs Feydeau de Marville, Conseiller ordinaire, & Bastard, Conseiller en notre Conseil d'Etat, vous transporter en notre Cour des Aydes, pour, en icelle & en votre présence, faire publier & enregistrer purement & simplement, sans aucune remise, nosdits Edits : sçavoir, le premier, portant rétablissement de notre Cour des Aydes ; le second, portant création de la Charge de Garde des Sceaux de France ; le troisieme, portant suppression d'Offices dans le Parlement de Paris, & les Conseils supérieurs ; le quatrieme, portant rétablissement de la Cour des Aydes de Clermont-Ferrand ; le cinquieme, portant suppression des Avocats du Parlement, & rétablissement des Offices de Procureurs au Parlement ; & le sixieme, une Ordonnance en forme d'Edit : lesquels Edits nous voulons être registrés, nonobstant oppositions & autres empêchemens quelconques, & sans préjudice d'iceux, dont nous nous sommes réservé la connoissance, & icelle interdite à tous nos autres Juges ; & à cet effet, voulons & nous plaît qu'il soit par vous procédé & usé tout ainsi & de même que si nous y étions en personne, encore qu'il y eût choses qui requissent mandement & pouvoir plus spécial qu'il n'est contenu en ces présentes, pour lesquelles nous vous donnons plein pouvoir & autorité, commission & mandement d'ainsi le faire ; & à nos amés & féaux Conseillers les Gens tenans notre Cour des Aydes, & à tous autres nos Officiers qu'il appartiendra, qu'en ce faisant ils ayent à vous obéir ; & à notre Procureur-Général en notredite Cour des Aydes, de faire les requisitions & prêter les consentemens sur ce nécessaires : car tel est notre plaisir ». 1774.

« Donné à Fontainebleau, le neuvieme jour du mois de Novembre mil sept cent soixante-quatorze, & de notre regne le premier. *Signé*, LOUIS ; & plus bas, par le Roy, PHELYPEAUX ».

Après la lecture de la commission ci-dessus transcrite, M. de Marville, l'ancien Conseiller d'Etat, assis & couvert, ayant salué la Compagnie, a dit :

MESSIEURS,

« Vous venez d'entendre les intentions du Roy sur les Edits que Monseigneur le Comte d'Artois, son Frere, apporte à votre Compagnie ».

« La justice & la bonté du Monarque, sous les loix duquel nous avons le bonheur de vivre, vous rend à vos fonctions. Vous les avez toujours remplies avec autant de dignité que de zele. Que ne doit-on pas attendre de vous, puisqu'à l'amour du devoir qui vous a animés dans tous les temps, vous réunissez dans ce moment-la plus vive réconnoissance pour un Roy qui ne cesse de répandre des bienfaits sur ses Sujets ».

« Le Tribunal respectable dans lequel Sa Majesté vous rétablit, est intéressant pour la conservation des droits du Souverain, & pour régler la perception des subsides nécessaires au soutien des charges de l'Etat ; il ne l'est pas moins au bonheur & à la tranquillité des Peuples, par les soins que vous prendrez de veiller au bon ordre, & d'opposer la force de la Justice à ceux qui oseroient abuser du nom & de l'autorité du Roy, pour vexer des Sujets que Sa Majesté chérit,

& qui sont, avec raison, accoutumés à regarder leur Souverain comme leur Pere ».

1774. « L'auguste Prince, de la main duquel le Roy a voulu que vous reçussiez le dépôt sacré que Sa Majesté vous confie, ajoute par ses vertus, autant que par l'éclat de son rang, à la solemnité de cet heureux jour ».

Ce discours fini, M. le Premier Président, assis & couvert, après avoir fait une profonde inclination à M. le Comte d'Artois; lui adressant la parole, a dit:

MONSEIGNEUR, (*j'obéis à l'ordre exprès du Roy, mon Seigneur & Maître.*)

« Nous ignorons encore ce que contiennent les loix qui vont être publiées: nous les attendons avec soumission & avec confiance; avec la soumission due aux volontés du Roy notre Maître, avec la confiance due à un Roy qui ne s'est fait connoître que par des actes de justice, de raison, d'humanité ».

« Le Roy vient d'avoir sous les yeux, Monseigneur, le spectacle le plus flatteur pour un grand Prince, & le plus attendrissant pour une ame sensible, celui des acclamations libres & sinceres de toute une Nation. C'est cette Nation dont la reconnoissance a précédé, pour ainsi dire, les bienfaits du Roy, & au vœu de laquelle le Roy a répondu, en la consultant sur le choix de ses Ministres, en nommant, d'après le suffrage public, les dépositaires de sa puissance ». [*M. le Comte de Maurepas & M. de Miromesnil.*]

« Ces témoignages éclatans de l'amour des François pour leurs Maîtres, seront éternellement gravés dans le cœur du Roy, & sans doute ils banniront pour toujours ces sombres défiances qui font également le malheur des Princes & celui des Peuples ».

« S'il s'élevoit jamais de ces génies inquiets, qui ne peuvent avoir d'existence que par les troubles, s'ils osoient faire entendre ces maximes funestes »:

« Que la puissance n'est jamais assez respectée, quand la terreur ne marche pas devant elle »:

« Que l'administration doit être un mystere caché aux regards du Peuple, parce que le Peuple tend toujours à se soustraire à l'obéissance, & que toutes ses représentations, ses supplications même sont des commencemens de révolte »:

« Que l'autorité est intéressée à soutenir tous ceux qui ont eu le pouvoir en main, lors même qu'ils en ont abusé »:

« Enfin, que les plus fideles Sujets d'un Roy sont ceux qui se dévouent à la haine du Peuple »:

« Alors, Monseigneur, sans recourir à ce qui s'est passé dans les jours heureux de Saint Louis, de Charles V, de Louis XII, de Henri IV, il suffira au Roy de se rappeller ce qu'il a vu dans les premiers instans de son regne ».

« Et vous, Monseigneur, qui en avez été témoin, & qui êtes assis à côté du Trône, nous espérons que vous lui retracerez sans cesse avec quelle tendresse, quelle franchise, quelle effusion de cœur la Nation entiere s'est jettée entre les bras de son jeune Souverain ».

« C'est ce que la France attend de vous, Monseigneur, de vous & de ceux qui, comme vous, sont chers au Roy, & s'intéressent à sa gloire ».

« Tandis que presque tous les momens du Roy sont consacrés aux soins pénibles du gouvernement, & que peut-être on employera bien des séductions pour empêcher la vérité de parvenir jusqu'à lui, ce sera vous qui irez recueillir les vœux du Peuple, qui en serez le fidele interprete, qui entretiendrez entre le Roy & la Nation cette relation continuelle, cette précieuse intelligence, j'oserai dire, cette confiance intime, qui, dans ce moment, fait notre bonheur, & qui est nécessaire pour la prospérité des Empires ».

Après

Après quoi M. de Marville, Conseiller d'Etat, ayant salué la Compagnie, assis & couvert, a dit : 1774.

MESSIEURS,

« LE Roy ayant jugé à propos de donner un Edit pour vous rétablir dans vos fonctions, Sa Majesté ordonne que lecture en soit faite présentement ».

Ce fait, le Secretaire des commandemens du Prince est sorti de sa place, & a remis, comme dessus, à M. le Premier Président un Edit donné à Fontainebleau, au mois de Novembre 1774, portant rétablissement de la Cour des Aydes de Paris. M. le Premier Président l'a fait passer à Me. le Prince, Greffier en chef, lequel, debout & couvert, en a fait la lecture.

(*Et à l'instant les portes de la Chambre ont été ouvertes.*)

Ensuite les Gens du Roy se sont levés, & Me. Antoine-Louis Bellanger, Avocat-Général, portant la parole, ont dit :

MESSIEURS,

« Rien, sans doute, n'est plus propre à bannir de tous les cœurs les craintes & les inquiétudes, que la présence d'un Prince chéri, Rejetton précieux de la Race la plus auguste, en qui toute la France aime à reconnoître les traits, & sur-tout les vertus d'un Pere adoré, dont la perte, après neuf ans, excite encore les regrets les plus amers ».

« Perdons à jamais, s'il se peut, le souvenir des événemens funestes qui nous ont fait si long temps gémir. Vous aviez au moins alors, Messieurs, un grand motif de consolation dans le témoignage authentique que le feu Roy avoit rendu à votre zele, à l'instant même où il prenoit le parti de se priver de vos services ».

« Et pourquoi même nous refuserions-nous celle de croire que ce Roy que nous regrettons, ce Roy né juste & bienfaisant, auroit goûté quelque satisfaction en rendant à ses fonctions une Cour dont il connoissoit la fidélité, & qu'en ce jour, le Monarque qui nous gouverne, ne fait qu'exécuter ce qu'avoit projetté son auguste Ayeul » ?

« Recevons donc avec reconnoissance les ordres qu'il nous envoye. Il vous met de nouveau, Messieurs, à portée de lui prouver par des services réels, ce zele & cette fidélité reconnus par Louis XV, & qui n'ont jamais cessé de vous animer ».

« Il est vrai que pour cette fois encore, le Roy exige de vous une soumission indélibérée aux volontés qu'il vient de vous faire annoncer ».

« Respectons les motifs de sa conduite : ces volontés ont été long-temps & mûrement combinées dans le secret impénétrable d'un Conseil juste & bien intentionné ».

« Eh ! que pouvons-nous craindre d'un Roy dont toutes les démarches annoncent la prudence la plus réfléchie, d'un Roy qui connoît les charmes de la vertu, & se plaît à l'attirer autour de son Trône » !

« Si, dans la circonstance présente, il croit devoir s'élever au-dessus des regles ordinaires, gardons-nous d'en concevoir le moindre ombrage ».

« Un Roy ami de la vérité, ne cherchera pas dans d'autres occasions à étouffer la voix de ses Cours, l'organe le plus sûr pour la faire parvenir jusqu'au pied de son Trône ».

« C'est donc avec la confiance qui lui est due à tant de titres, que, conformément à ses ordres exprès »,

1774. « Nous requérons que l'Edit dont lecture vient d'être faite, soit registré au Greffe de la Cour, pour être exécuté selon sa forme & teneur; que copies collationnées en soient envoyées aux Sieges ressortissans à la Cour, pour y être pareillement enregistré; qu'il soit enjoint à nos Substituts d'y tenir la main, & d'en certifier la Cour au mois, & que sur le repli d'icelui, il soit écrit qu'il a été lu & publié, l'Audience tenante ».

Après lequel requisitoire, M. de Marville, l'ancien des Conseillers d'Etat, s'étant levé, s'est avancé vers M. le Comte d'Artois, ensuite vers M. le Maréchal Duc de Biron, & retourné vers M. Bastard, puis s'étant remis en sa place, assis & couvert, a prononcé:

« Le Roi a ordonné & ordonne, que le présent Edit sera enregistré au greffe de la Cour des Aydes, que sur le repli il sera mis, qu'il a été lu, publié, & registré, l'Audience tenante, du très-exprès commandement de Sa Majesté; & ce requérant son Procureur-Général, que copies collationnées d'icelui seront envoyées aux greffes des Elections & autres Sieges ressortissans à la Cour, pour y être lu, publié & enregistré, enjoint aux Substituts de son Procureur-Général d'y tenir la main, & d'en certifier la Cour au mois.

Ensuite a été fait lecture des autres Edits portés par la susdite Commission.

EDIT portant rétablissement de la Cour des Aides de Paris.

Novembre 1774.

LOUIS, &c. La conservation de nos droits, les regles établies pour leur perception, la vigilance continuelle qu'il faut apporter pour que nos Sujets, sans être vexés, ne payent & ne contribuent qu'autant qu'ils le doivent, exigent des Tribunaux particuliers: c'est de là que les Roys nos prédécesseurs ont établi dans notre Royaume, des Sieges d'Election, des Traites & autres, & différentes Cours des Aydes, pour s'occuper uniquement de ces objets importans. Des circonstances particulieres avoient déterminé le Roy, notre très-honoré Seigneur & Aïeul, à supprimer la Cour des Aydes de Paris & à donner au Parlement & aux Conseils supérieurs qu'il avoit créés, la connoissance des matieres qui étoient attribuées à cette Cour; mais ces circonstances ne subsistant plus, il est de notre justice & de notre sagesse de remettre les choses dans l'état où elles étoient avant l'Edit du mois d'Avril 1771, & de donner par-là à nos Sujets une nouvelle marque de notre attention pour eux, & de notre bienveillance. A ces causes, voulons & nous plaît ce qui suit:

I. Nous avons révoqué & révoquons l'Edit du mois d'Avril 1771, portant suppression de notre Cour des Aydes à Paris; ordonnons que notredite Cour des Aydes sera & demeurera rétablie dès maintenant & à toujours, au même état où elle étoit lors de la publication dudit Edit, pour connoître de toutes les causes & matieres qui lui sont attribuées par les Ordonnances, Edits, Déclarations & Lettres-Patentes des Roys nos prédécesseurs.

II. Tous ceux qui étoient pourvus d'Offices de quelqu'espece qu'ils fussent, dans notredite Cour des Aydes, lors de sa suppression, & dont les Offices n'ont point été liquidés & remboursés, jouiront desdits Offices, aux mêmes fonctions, gages, honneurs, privileges, rangs, prérogatives, droits & prééminences qu'ils en jouissoient avant ledit Edit.

III. A l'égard de ceux dont les Offices ont été liquidés & remboursés, ils pourront également en reprendre les fonctions, en vertu de leurs anciennes lettres de provisions; à la charge de rétablir en notre Trésor royal, le montant de la finance de leursdits Offices, sur le pied de la liquidation & du remboursement qui en auront été faits, soit en argent, soit dans les mêmes effets qui leur auront été donnés pour tenir lieu du remboursement : ce qu'ils seront tenus de faire dans un mois, pour tout délai, à compter de la publication de notre présent Edit en notredite Cour des Aydes, sinon & à faute de ce, lesdits Offices seront & demeureront vacans & impétrables. 1774.

IV. Notredite Cour des Aydes tiendra ses séances dans les mêmes lieux qu'elle occupoit lors de la publication de l'Edit du mois d'Avril 1771.

V. Tous Sieges ressortissans en notre Cour des Aydes avant ledit Edit, y ressortiront à l'avenir comme le passé.

VI. Voulons que les causes, instances & procès, dont la connoissance appartient à notre Cour des Aydes, selon les Ordonnances, & qui sont actuellement pendans & indécis en notre Cour de Parlement de Paris, ou dans aucuns des Conseils supérieurs supprimés par notre Edit du présent mois, soient instruits & jugés suivant les derniers erremens, en notredite Cour des Aydes.

VII. Les minutes, registres & papiers de notredite Cour seront incessamment transportés du lieu où ils ont été déposés, dans les lieux de la séance de notredite Cour, où ils étoient par le passé.

VIII. Ordonnons en outre, que les minutes du greffe de notre Parlement de Paris, & des greffes desdits Conseils supérieurs supprimés, relatives aux matieres dont la connoissance appartient à notredite Cour des Aydes, & qui ont été portées en notre Parlement ou auxdits Conseils supérieurs, sur l'appel de Sentences rendues dans les Sieges du ressort de notredite Cour des Aydes, soient incessamment transportées au greffe de notredite Cour des Aydes.

IX. Voulons que toutes les Ordonnances, Edits, Déclarations & Lettres-Patentes, enregistrés & publiés en notre Parlement de Paris, depuis la suppression de notredite Cour des Aydes, & qui sont relatifs à sa Jurisdiction; comme aussi que tous les Arrêts par lui rendus & par les Conseils supérieurs, depuis ladite suppression, dans les matieres attribuées à notredite Cour des Aydes, soient exécutés selon leur forme & teneur, n'entendons néanmoins interdire aux Parties la faculté de se pourvoir par les voies de droit, contre lesdits Arrêts.

X. Les Arrêts rendus par nos Cours de Parlement, Cour des Aydes & autres, seront exécutés hors leur ressort, en vertu de *pareatis*, en la forme ordinaire; défendons à notre Cour des Aydes d'y apporter aucun obstacle, même de faire aucun acte tendant à en méconnoître l'autorité & l'authenticité.

XI. Au surplus, voulons que l'Ordonnance du mois d'Avril 1667 continue d'être exécutée selon sa forme & teneur, ainsi qu'elle l'étoit avant la publication des Edits des mois de Février & Juin 1771, que nous avons abrogés & abrogeons; & que toutes les causes, instances & procès soient instruits & jugés en notre Cour des Aydes & Sieges y ressortissans, conformément à ladite Ordonnance: nous réservant au surplus de donner par la suite tel Réglement que nous jugerons convenable pour corriger les abus qui auroient pu s'introduire dans les formes de procéder. Si donnons en mandement, &c.

Donné à Fontainebleau, au mois de Novembre, l'an de grace mil sept cent soixante-quatorze, & de notre regne le premier. *Signé*, LOUIS; & plus bas, par le Roy, PHÉLYPEAUX.

1774. Lu, publié & regiſtré, l'Audience tenante, du très-exprès commandement d Roy, porté par Monſeigneur le Comte d'Artois, accompagné du Sieur Duc d Biron, Pair & Maréchal de France, & des Sieurs Feydeau de Marville, Conſeiller ordinaire, & Baſtard, Conſeiller au Conſeil d'Etat: oui, & ce requéran le Procureur-Général du Roy, que copies collationnées, &c. Fait à Paris, e la Cour des Aydes, les Chambres aſſemblées, le douzieme jour du mois d Novembre mil ſept cent ſoixante-quatorze. *Signé*, LE PRINCE.

EDIT du Roi, portant rétabliſſement de la Cour des Aides de Clermont-Ferrand.

Novembre 1774.

LOUIS, &c. Les motifs qui nous ont déterminés à rétablir notre Cour des Aydes de Paris, nous portent également à rendre à notre Province d'Auvergne, la Cour des Aydes qui exiſtoit en notre Ville de Clermont-Ferrand, & qui a été ſupprimée par l'Edit du mois de Mai 1771. Ce rétabliſſement devient d'autant plus néceſſaire, qu'ayant cru devoir ſupprimer le Conſeil ſupérieur qui avoit été établi dans cette Ville, nos Sujets perdroient un avantage réel, dont ils jouiſſoient depuis ſi long temps & dont nous ſommes bien éloignés de vouloir les priver. A ces cauſes, & autres à ce nous mouvant, de l'avis de notre Conſeil, & de notre certaine ſcience, pleine puiſſance & autorité royale, nous avons, par notre préſent Edit perpétuel & irrévocable, dit, ſtatué & ordonné diſons, ſtatuons & ordonnons, voulons & nous plaît ce qui ſuit:

I. Nous avons révoqué & révoquons l'Edit du mois de Mai 1771, portant ſuppreſſion de notre Cour des Aydes de Clermont-Ferrand; ordonnons que notredite Cour des Aydes ſera & demeurera rétablie dès maintenant & à toujours, au même état où elle étoit lors de la publication dudit Edit, pour connoître de toutes les cauſes & matieres qui lui ſont attribuées par les Ordonnances, Edits, Déclarations & Lettres-Patentes des Roys nos prédéceſſeurs.

II. Tous ceux qui étoient pourvus d'Offices, de quelqu'eſpece qu'ils fuſſent dans notredite Cour des Aydes, lors de la ſuppreſſion, & dont les Offices n'ont point été liquidés & rembourſés, jouiront deſdits Offices, aux mêmes fonctions, gages, honneurs, privileges, rangs, prérogatives, droits & prééminences, qu'ils en jouiſſoient avant ledit Edit, & ce en vertu de leurs anciennes lettres de proviſions, & ſans qu'il en ſoit beſoin de nouvelles.

III. A l'égard de ceux dont les Offices ont été liquidés & rembourſés, ils pourront également reprendre leurs fonctions, en vertu de leurs anciennes lettres de proviſions; à la charge de rétablir en notre Tréſor royal, le montant de la finance de leurſdits Offices, ſur le pied de la liquidation & du rembourſement qui en auront été faits, ſoit en argent, ſoit dans les mêmes effets qui leur auront été donnés pour leur tenir lieu de rembourſement; ce qu'ils ſeront tenus de faire dans un mois pour tout délai, à compter de la publication de notre préſent Edit, en notredite Cour des Aydes, ſinon & à faute de ce, leſdits Offices ſeront & demeureront vacans & impétrables.

IV. Notredite Cour des Aydes tiendra ſes ſéances dans les mêmes lieux qu'elle occupoit lors de la publication de l'Edit du mois de Mai 1771.

V. Les Officiers de la Chancellerie anciennement établie près notredite Cour des Aydes, & que nous rétablissons, en tant que de besoin, ne pourront se dire & qualifier Officiers de la Chancellerie, près le Conseil supérieur : voulons qu'ils remplissent en la Chancellerie près notredite Cour des Aydes, chacun en droit soi, généralement toutes les fonctions attachées à leurs Offices. 1774.

VI. Tous Sieges ressortissans en notredite Cour des Aydes, avant ledit Edit, y ressortiront à l'avenir comme par le passé.

VII. Voulons que les causes, instances & procès dont la connoissance est attribuée par les Ordonnances, à notre Cour des Aydes, & qui sont actuellement pendans & indécis au Conseil supérieur de Clermont-Ferrand, soient instruits & jugés suivant les derniers erremens en notredite Cour des Aydes.

VIII. Les minutes, registres & papiers de notredite Cour seront incessamment transportés du lieu où ils ont été déposés, dans les lieux de la séance de notredite Cour.

IX. Ordonnons en outre que les minutes du greffe dudit Conseil supérieur de Clermont Ferrand, relatives aux matieres dont la connoissance appartient à notre Cour des Aydes, & qui ont été portées audit Conseil supérieur, sur l'appel de Sentences rendues dans les Sieges du ressort de notre Cour des Aydes, soient incessamment transportées au greffe de notredite Cour.

X. Voulons que toutes les Ordonnances, Edits, Déclarations & Lettres-Patentes enregistrés & publiés en notre Parlement de Paris, depuis la suppression de notredite Cour des Aydes, & qui sont relatifs à sa Jurisdiction; comme aussi que tous les Arrêts par lui rendus & par les Conseils supérieurs, depuis ladite suppression, dans les matieres attribuées à notredite Cour des Aydes, soient exécutés selon leur forme & teneur; n'entendons néanmoins interdire aux Parties la faculté de se pourvoir par les voies de droit contre lesdits Arrêts.

XI. Les Arrêts rendus par nos Cours de Parlemens, Cours des Aydes & autres, seront exécutés hors leur ressort, en vertu de *pareatis*, en la forme ordinaire; défendons à notre Cour des Aydes d'y apporter aucun obstacle, & même de faire aucun acte qui tende à en méconnoître l'autorité.

XII. Au surplus, voulons que l'Ordonnance du mois d'Avril *1667*, continue d'être exécutée selon sa forme & teneur, ainsi qu'elle l'étoit avant la publication des Edits des mois de Février & Juin 1771, que nous avons abrogés & abrogeons, & que toutes les causes, instances & procès soient instruits & jugés en notre Cour des Aydes & Sieges y ressortissans, conformément à ladite Ordonnance : nous réservant au surplus de donner par la suite tels Réglemens que nous jugerons convenables pour corriger les abus qui auroient pu s'introduire dans les formes de procéder. Si donnons en mandement à nos amés & féaux Conseillers les Gens tenans nos Cours des Aydes de Paris & de Clermont-Ferrand, &c.

Donné à Fontainebleau, au mois de Novembre, l'an de grace mil sept cent soixante-quatorze, & de notre regne le premier. *Signé*, LOUIS; & plus bas, par le Roy, PHELYPEAUX.

Lu, publié & registré, comme ci-devant. Fait à Paris, en la Cour des Aydes, les Chambres assemblées, le douzieme jour du mois de Novembre 1774.

Signé, LE PRINCE.

1774.

ORDONNANCE du Roi, *concernant la discipline de la Cour des Aides.*

Novembre 1774.

LOUIS, &c. La conservation & la gloire d'un Etat dépendent de l'attention d'un Monarque à y maintenir le bon ordre, à veiller à l'administration de la Justice, à contenir chacun de ses Sujets dans les bornes de son devoir. C'est l'unique moyen d'entretenir l'harmonie qui doit régner entre tous les Membres d'une Monarchie, & de conserver cette force & ces rapports si nécessaires à la stabilité des Empires. Les Roys nos prédécesseurs, inviolablement attachés à cette maxime salutaire, ont reconnu dans tous les temps que ce n'est que par elle qu'un Souverain peut acquitter ses obligations envers Dieu & ses Sujets; ils ont fait usage de l'autorité qu'ils tenoient de Dieu, pour établir dans toutes les Provinces du Royaume des Officiers destinés à rendre la Justice en leur nom; & pour régler la conduite & les fonctions de ces Officiers, ils ont donné plusieurs bonnes, saintes & justes constitutions & Ordonnances, lorsque le bien de l'Etat & leur attention pour tout ce qui intéressoit la tranquillité & le bonheur des Peuples l'ont exigé; ils ont corrigé par de nouvelles Loix les abus qui avoient pu s'introduire dans les différentes parties du Gouvernement, & suppléer aux omissions faites dans les Ordonnances des Roys leurs prédécesseurs. Héritier du Trône dont leur sagesse aidée de la protection divine a rendu les fondemens inébranlables, animé par l'amour le plus tendre pour nos Sujets, sentiment que ces Monarques de glorieuse mémoire, nous ont transmis avec leur sang : nous nous proposons de suivre leur exemple : nous avons estimé que notre premier soin devoit être de rétablir dans nos Cours la discipline prescrite par les anciennes Ordonnances, d'éclairer les Magistrats sur leurs obligations, & de fixer les objets sur lesquels le silence des anciennes Loix a pu par le passé les induire en erreur. A ces causes, &c. voulons & nous plaît ce qui suit :

I. Notre Cour des Aydes continuera de connoître des matieres qui lui ont été attribuées, & elles seront portées dans chacune des Chambres d'icelle, suivant leur nature, comme il se pratiquoit ci-devant.

II. S'il survient quelques différends entre lesdites Chambres, sur la compétence, ils seront portés aux Chambres assemblées, que le Premier Président, ou celui qui présidera en son absence, sera tenu de convoquer, à l'effet de les régler dans le sein même de la Compagnie.

III. Dans le cas où ces différends ne pourront être conciliés dans l'assemblée des Chambres, celles entre lesquelles ils se seront élevés, enverront chacune un Mémoire contenant sommairement l'objet de la difficulté, & les motifs des prétentions respectives à notre très-cher & féal Chancelier ou Garde des Sceaux de France, pour, sur le compte qu'il nous en rendra, être par nous statué ainsi qu'il appartiendra.

IV. Les dispositions des articles II & III de notre présent Edit seront exécutées dans le cas où il surviendroit quelques différends entre les Officiers de quelques-unes des Chambres de notre Cour des Aydes, & nos Avocats & Procureurs-Généraux, relativement à leurs fonctions, aux droits & aux privileges de leurs Offices.

V. Lorsqu'il y aura quelques causes, instances ou procès de nature à être plaidés & jugés aux Chambres assemblées, elles pourront être assemblées aux heures marquées par les Réglemens pour les Audiences, & pour l'expédition des affaires; mais dans tous les autres cas les Chambres ne pourront être assemblées que hors les temps & heures de service ordinaire de notre Cour des Aydes. 1774.

VI. Conformément à l'article XVIII de l'Ordonnance du 28 Octobre 1446, à l'article CXVI de l'Ordonnance du mois d'Avril 1453, à l'article XXXVI de l'Ordonnance du mois de Juin 1510, & autres Réglemens, les Chambres ne pourront en aucun cas être assemblées, à la requête des Parties: pourront néanmoins les causes, instances ou procès être jugés aux Chambres assemblées, s'ils sont de nature à y être portés, ce qui sera décidé dans la forme ci-après.

VII. Lorsqu'il s'agira de décider si une affaire est de nature à être jugée par les Chambres assemblées, le Premier Président, ou celui qui présidera en son absence, convoquera la premiere, laquelle y statuera.

VIII. Les Chambres ne pourront être assemblées qu'au préalable le Premier Président, ou celui qui présidera en son absence, n'ait été instruit du sujet & des motifs pour lesquels l'assemblée des Chambres sera demandée, ainsi que des objets sur lesquels on proposera de délibérer.

IX. Lorsque le Procureur-Général ou quelqu'un des Officiers de notre Cour des Aydes voudra demander l'assemblée des Chambres, il s'adressera au Premier Président, ou à celui qui présidera en son absence, lui communiquera le sujet pour lequel il demande ladite assemblée, les motifs qui le déterminent à la demander, & les objets sur lesquels il estime qu'il y a à délibérer.

X. Si l'une des Chambres de notre Cour des Aydes estime devoir demander l'assemblée des Chambres, elle sera tenue d'envoyer au Premier Président, ou à celui qui présidera en son absence, deux Députés, lesquels se conformeront à l'article précédent.

XI. Le Premier Président, ou celui qui présidera en son absence, sera tenu d'accorder ou refuser l'assemblée des Chambres dans vingt-quatre heures; en cas de refus, & que ce soit le Procureur-Général ou un autre Officier de la premiere Chambre qui ait demandé ladite assemblée, ils pourront faire leur proposition à la premiere Chambre, que le Premier Président, ou celui qui présidera en son absence, sera obligé d'assembler à cet effet; & si la premiere Chambre décide à la pluralité des suffrages qu'il y a lieu d'assembler toutes les Chambres, le Premier Président, ou celui qui présidera en son absence, ne pourra se dispenser de les convoquer dans la forme ordinaire & accoutumée.

XII. Si l'assemblée des Chambres est demandée par l'une des Chambres de notredite Cour des Aydes, autre que la premiere, le Premier Président, ou celui qui présidera en son absence, sera tenu de l'accorder dans vingt-quatre heures, ou d'assembler la premiere Chambre à l'effet d'y délibérer.

XIII. Dans le cas où l'assemblée des Chambres aura été demandée par un Officier d'une des Chambres, autre que la premiere, & refusée par le Premier Président, ou celui qui présidera en son absence, ledit Officier pourra faire part à sa Chambre du sujet pour lequel il avoit demandé l'assemblée, des motifs de sa demande, des objets sur lesquels il desiroit faire délibérer, & du refus du Premier Président, ou de celui qui présidera en son absence; & si ladite Chambre juge à la pluralité des suffrages qu'il y a lieu à demander l'assemblée des Chambres, elle enverra deux Députés au Premier Président, ou à celui qui présidera en son absence, lequel sera tenu, ainsi qu'il est porté par l'article précédent,

1774. d'accorder dans les vingt-quatre heures ladite assemblée, ou de convoquer la premiere Chambre pour y délibérer.

XIV. Si la premiere Chambre décide qu'il y a lieu d'assembler toutes les Chambres, le Premier Président, ou celui qui présidera en son absence, sera tenu de les convoquer en la maniere accoutumée, pourvu que ce soit hors desdites heures des Audiences, afin de ne point déranger le service ordinaire.

XV. Et où il aura été délibéré par la premiere Chambre à la pluralité des suffrages qu'il n'y a pas lieu à l'assemblée des Chambres, le Premier Président, ou celui qui présidera en son absence, ni aucun des Officiers de notre Cour des Aydes ne pourra les convoquer.

XVI. Il ne pourra être fait aucune dénonciation que par notre Procureur-Général, sauf néanmoins à ceux des Officiers de notre Cour des Aydes qui seroient instruits de quelques faits qu'ils regarderoient comme sujets à dénonciation, d'en informer le Premier Président, ou celui qui présidera en son absence, pour, sur le compte qu'il en rendra à la premiere Chambre, être enjoint au Procureur-Général, s'il y a lieu, de faire ladite dénonciation à laquelle il ne pourra se refuser.

XVII. Les Officiers de notre Cour des Aydes de service dans les autres Chambres, ne pourront venir sous aucun prétexte prendre leur place à la premiere Chambre pour autres objets que ceux de la distribution de la Justice, lorsque l'assemblée des Chambres n'aura pas été convoquée en la maniere accoutumée.

XVIII. Aucun Officier de notre Cour des Aydes ne pourra, sous prétexte d'assemblée de Chambres pour la réception d'un Officier, ou pour les Mercuriales, ou autres assemblées, proposer aucun objet de délibération étranger, s'il n'a été communiqué, ainsi qu'il est porté par les articles précédens.

XIX. La délibération prescrite par les articles précédens pour déterminer par la premiere Chambre les cas dans lesquels il conviendra d'assembler les Chambres, n'aura pas lieu à l'égard de nos Ordonnances, Edits, Déclarations & Lettres-Patentes adressées à notre Cour des Aydes, de notre propre mouvement, concernant l'administration générale de la Justice, les impositions nouvelles, les créations de rentes ou Offices ou autres de cette nature, à l'enregistrement desquels il ne pourra être procédé qu'aux Chambres assemblées.

XX. Voulons que, conformément à l'article II de l'Ordonnance de Moulins, du mois de Février 1566, à la Déclaration du 11 Décembre de la même année, à l'article II du titre premier de l'Ordonnance de 1667, lorsque nous adresserons à notre Cour des Aydes des Ordonnances, Edits, Déclarations ou Lettres-Patentes avec des Lettres closes pour l'enregistrement, les Officiers de notre Cour des Aydes soient tenus de procéder sans retardement, & toutes affaires cessantes, audit enregistrement.

XXI. L'article VI de l'Ordonnance du mois de Juillet 1493, l'article XCIII du titre premier de l'Ordonnance du mois d'Octobre 1535, l'article XXVII de l'Ordonnance du mois de Mars 1549, l'article II de l'Ordonnance de Moulins, les Déclarations des 11 Décembre 1566 & 15 Septembre 1715, & les Lettres-Patentes du 26 Août 1178 seront exécutés; en conséquence, si, en procédant audit enregistrement, les Officiers de nos Cours des Aydes estimoient qu'il y ait lieu pour le bien de notre service & pour l'intérêt public de nous faire des représentations sur lesdites Ordonnances, Edits, Déclarations & Lettres-Patentes, ou sur aucune disposition d'iceux, ils pourront nous faire telles remontrances & représentations qu'ils estimeront convenables avant d'enregistrer, sans néanmoins que pour la rédaction d'icelles le service ordinaire puisse être interrompu.

XXII.

XXII. Voulons que, conformément à l'article II de l'Ordonnance de Moulins & autres Réglemens faits par les Roys nos prédécesseurs, les Officiers de notre Cour des Aydes soient tenus de vaquer à la confection desdites remontrances & représentations, aussi-tôt qu'elles auront été arrêtées, encore qu'elles nous soient présentées dans le mois au plus tard, à compter du jour que les Ordonnances, Édits, Déclarations ou Lettres-Patentes leur auront été remis par nos Avocats & Procureurs-Généraux. 1774.

XXIII. Ordonnons pareillement que la Déclaration du 11 Décembre 1566, & l'article IV du titre Ier. de l'Ordonnance de 1667, soient exécutés; en conséquence lorsqu'il nous aura plu, après avoir répondu aux remontrances de notredite Cour des Aydes, de faire publier & enregistrer en présence de personnes chargées de nos ordres, aucunes Ordonnances, Édits, Déclarations & Lettres-Patentes, voulons que rien ne puisse en suspendre l'exécution, & que notre Procureur-Général soit tenu de les envoyer dans tous les Sieges du ressort, pour y être publiés & exécutés.

XXIV. Dans le cas néanmoins où les Officiers de notre Cour des Aydes, après avoir procédé à l'enregistrement des Ordonnances, Edits, Déclarations & Lettres-Patentes de notre très-exprès commandement, & après la publication & enregistrement faits en présence de personnes chargées de nos ordres, estimeroient devoir encore, pour le bien de notre service, nous faire de nouvelles représentations, ils le pourront; l'exécution desdits Ordonnances, Edits & Lettres-Patentes ne sera suspendue en aucune maniere ni sous aucun prétexte.

XXV. Il ne sera accordé à l'avenir aucune lettre de dispense sous quelque prétexte que ce puisse être, à l'effet de donner voix délibérative avant l'âge de vingt-cinq ans; n'entendons néanmoins abroger l'usage de compter la voix des Rapporteurs dans les affaires dont ils font le rapport, encore qu'ils n'aient point vingt-cinq ans accomplis, ainsi qu'il est porté par la Déclaration du 20 Mai 1713.

XXVI. Conformément à l'Ordonnance du mois de Décembre 1320, à l'article II de l'Ordonnance du mois d'Avril 1453, à l'article III de l'Ordonnance du mois de Juillet 1493, à l'article XXV de l'Ordonnance du mois de Mars 1498, aux articles VI & VII du titre Ier. de l'Ordonnance du mois d'Octobre 1535, à l'article CXXIX de l'Ordonnance de Villiers-Cotterêts du mois d'Août 1536, à l'article IV de l'Ordonnance du mois de Mars 1549, à l'article CXXXVII de l'Ordonnance de Blois du mois de Mai 1579, & autres Ordonnances & Réglemens donnés par nos prédécesseurs; les Présidens & Conseillers de notre Cour des Aydes seront tenus de résider dans le lieu de l'établissement de notre Cour des Aydes, de remplir assiduement les fonctions de leurs Offices, & ne pourront s'absenter pendant le cours des séances sans congé de leur Compagnie, lorsqu'ils ne sortiront pas de leur ressort, & sans notre permission quand ils voudront en sortir.

XXVII. En conséquence faisons très-expresses inhibitions & défenses aux Officiers de notre Cour des Aydes de suspendre en aucuns cas, & sous quelque prétexte que ce puisse être, l'administration de la Justice, ni de donner en Corps leurs démissions par une délibération combinée, sans préjudice de la liberté que chacun d'eux aura en particulier de résigner son Office entre nos mains, lorsqu'il croira ne pouvoir plus le remplir à raison de son âge, de ses infirmités, ou d'autres causes légitimes.

XXVIII. Dans le cas où les Officiers de notre Cour des Aydes, ce que nous ne présumons pas, suspendroient l'administration de la Justice, ou donneroient leurs démissions par une délibération combinée, & refuseroient de

1774. reprendre leurs fonctions au préjudice de nos ordres, nous déclarons qu'alors la forfaiture sera par eux encourue, laquelle sera jugée par notre Conseil, en notre présence, conformément aux Loix & Ordonnances du Royaume. Si donnons en mandement, &c.

Donné à Fontainebleau, au mois de Novembre, l'an de grace mil sept cent soixante-quatorze, & de notre regne le premier. *Signé*, LOUIS; & plus bas, par le Roy, PHELYPEAUX.

Lu, publié & registré, comme les précédens. Fait à Paris, en la Cour des Aydes, les Chambres assemblées, le douzieme jour du mois de Novembre 1774. *Signé*, LE PRINCE.

DISCOURS de M. de Lamoignon de Malesherbes, Premier Président de la Cour des Aides de Paris, à la rentrée des séances de la Cour.

Du Lundi 21 Novembre 1774.

M. DE LAMOIGNON DE MALESHERBES, Premier Président.

Ce jour, les Chambres assemblées, Messieurs étant en robes rouges, la Messe du Saint-Esprit dite & célébrée par le R. P. . . . Religieux Augustin du grand Couvent, Aumônier de la Cour, MM. se sont assemblés en la premiere Chambre, en la maniere ordinaire.

Les Gens du Roy mandés, entrés dans la Chambre, de l'Ordonnance d'icelle, & en leurs places;

A été fait lecture du Tableau de Messieurs & des anciennes Ordonnances concernant le service de la Cour, par Me. Lambert, Greffier-Commis pour tenir la plume lors des assemblées des Chambres :

Après quoi M. le Premier Président a dit :

MESSIEURS,

Notre ancien usage est de nous assembler chaque année pour nous entretenir des pertes que nous avons faites, & nous exhorter réciproquement à la pratique des devoirs essentiels de la Magistrature.

Le respect nous impose silence sur les malheurs que nous avons éprouvés; nous ne devons plus y considérer que la main juste & bienfaisante qui nous rend à nos fonctions, &, on peut le dire sans témérité, d'après le Roy lui-même, aux vœux de la Nation.

Mais quel est le genre de vertu auquel on peut exhorter des Magistrats tels que vous?

Il en est une, Messieurs, qui est la base de toutes les autres, & qui, dans ce moment, doit être l'unique mobile de toutes les actions des Magistrats, je dirai plus, de celles de tous les François, l'amour de bien public.

Ne perdons point un moment précieux, qui doit devenir l'époque la plus heureuse de cette Monarchie. Un Roy jeune est monté sur le Trône avec un amour ardent pour la vérité, & le courage nécessaire pour l'entendre : ayons celui de la lui faire parvenir.

Ne regardons aucun obstacle comme insurmontable; croyons au contraire que celui qui vient de rendre au Peuple ses Juges légitimes, ne voudra point mettre d'entraves à leur zele. La justice est dans le cœur du Roy; la Nation à tout à espérer. 1774.

Présentons & rendons sensibles des vérités importantes, & pour le Roy lui-même, & pour ce Peuple qui lui est cher; mais n'oublions jamais que c'est à la Nation entiere que nous devons tous nos soins.

Dans d'autres temps, nous avons pu regarder comme notre premier devoir, de revendiquer les prérogatives de la Magistrature; mais aujourd'hui les droits de la Magistrature ne doivent nous être chers que parce qu'ils sont la sauve-garde des droits de tous les Citoyens : puisque nous seuls nous avons conservé ces deux restes précieux de la Constitution primitive, le droit de nous assembler & celui de parler au Roy notre Souverain, pourrions-nous regarder avec indifférence, pourrions-nous regarder comme étrangers pour nous aucuns des abus sous lesquels gémit notre Patrie? Pourrions-nous refuser notre organe aux autres Ordres de l'Etat, qui ont perdu leurs antiques représentans? Un Roy, qui cherche la lumiere, seroit-il condamné à marcher dans les ténebres, au milieu d'une Nation éclairée, & réduite au silence?

Dans d'autres temps, notre unique emploi étoit l'exécution littérale des Loix positives, & cette observation stricte des Loix est encore notre seul devoir en qualité de Juges; c'est même ce qui rend nos fonctions plus augustes; c'est parce que la Loi est notre guide, que nous ne craignons pas de nous égarer. Mais aujourd'hui, quand nous plaiderons en présence d'un Roy Législateur, la cause de la Nation, porterons-nous le respect pour les Loix actuellement existantes jusqu'à n'oser faire connoître ce qu'elles peuvent contenir d'abusif, de dur, ou même d'injuste? le devons-nous, Messieurs, nous sur-tout dépositaires de ce Code si redoutable?

Non, Messieurs, le tableau des Loix les plus rigoureuses sera mis par vous sous les yeux d'un Roy, qui veut le bonheur de ses Sujets; & si la nécessité qui les a fait introduire, n'en permet pas l'abolition, comptez au moins, comptez avec assurance sur tous les soulagemens qu'on doit attendre d'une humanité éclairée. La réformation générale des abus exige, sans doute, & du temps & de grands travaux; attendons-la sans murmure, le cœur du Roy nous en est garant.

Tels sont, Messieurs, les grands objets qui vous occuperont dans vos assemblées particulieres, & nul de vous ne me désavouera, si j'annonce que vous en prenez l'engagement en présence du Public assemblé, de ce Public qui juge les Magistrats, qui juge les Ministres, dont il n'est aucune Puissance sur la terre qui n'ambitionne le suffrage; de ce Public, osons le dire, Messieurs, à qui, dans ce grand jour, nous nous croyons attachés par de nouveaux liens, ceux de la reconnoissance.

Messieurs, la solemnité de ce jour & les grands événemens qui nous frappent, ne nous feront point oublier que nous avons des larmes à répandre sur les Confreres que la mort nous a enlevés.

Nous avons perdu un ancien Magistrat (1) qu'une tranquille philosophie, l'amour des Lettres & des Arts, les charmes plus puissans de l'amitié avoient déjà séparé de nous depuis bien des années.

Attaché par des liens plus forts que ceux du sang même, à un frere dont le nom est célebre dans l'Europe sçavante, il avoit renoncé à tout pour être le compagnon

(1) M. de la Curne, Conseiller honoraire, frere de M. de la Curne de Sainte-Palaye, de l'Académie Françoise & de celle des Belles-Lettres.

de ses études & de ses travaux : il avoit consacré sa vie entiere à ce frere qui a
1774. consacré la sienne à instruire son siecle & la postérité.

Une perte plus récente vient de nous causer encore de nouveaux regrets. Vous attendez, Messieurs, que je vous parle de cet autre Magistrat (1) qui nous a été ravi dans un âge moins avancé, & qui étoit aussi cher à ses Confreres par la douceur de sa société, qu'utile dans ce Tribunal, par la justesse de son esprit & par la vertu la plus pure.

Vous sçavez tous, Messieurs, combien il étoit fidele ami, parent tendre, zélé citoyen, zélé Magistrat; mais vous ignorez peut-être jusqu'à quel point son attachement pour cette Compagnie s'est signalé dans les derniers instans de sa vie.

Il étoit entouré d'un famille vertueuse, & à laquelle il étoit cher, d'une épouse en larmes, d'un fils, son unique espérance; ses vœux se tournerent vers vous, Messieurs, vers sa Compagnie alors dispersée, alors gémissante sous les coups qui avoient frappé toute la Magistrature; &, sans être effrayé du malheur des temps, il chargea ceux qui lui survivroient de vous demander, comme la faveur la plus précieuse, d'adopter son fils. Ce dernier desir d'un pere expirant me fut porté dans la retraite où j'étois confiné. La lettre étoit écrite de la main de sa veuve éplorée; & j'osai la comparer à ces illustres Républicaines, qui, dans les plus grands désastres, alloient féliciter celui qui n'avoit pas désespéré du salut de la Patrie.

J'ai pensé, Messieurs, que cette anecdote touchante n'étoit pas indigne d'être rapportée dans cette auguste assemblée. Elle honore la mémoire de celui que nous pleurons, & elle doit nous rendre bien cher le jeune homme que le Roy nommera, sans doute, pour remplacer un pere si respectable.

Au milieu de tant de malheurs, félicitons-nous, Messieurs, de retrouver à notre tête le plus ancien de tous les Magistrats du Royaume (2), & je puis dire, sans exagération, le plus vertueux & le plus passionné pour le bien public. Ses organes affoiblis nous privent de la consolation de le voir assis parmi nous; mais son ame sera toujours présente à nos délibérations.

Pendant quatre ans de malheurs, vous l'avez vu, Messieurs, constamment & uniquement occupé de la grande affaire de l'Etat, & quand tout sembloit désespéré, ne perdre jamais ni le courage, ni l'espérance.

Et nous, après quatre ans d'absence, avec quelle tendresse avons-nous été reçus dans ses bras paternels! Avec quelle satisfaction avons-nous retrouvé en lui, non cette raison froide & indifférente qui semble être le partage des vieillards, mais cette chaleur de sentiment qui ne brille que dans la jeunesse! Vous le sçavez, Messieurs, s'il étoit possible que le zele des Magistrats, pour le bien public, eût jamais besoin d'être ranimé, ce seroit chez ce vieillard, presque centenaire, qu'il faudroit aller chercher les étincelles du feu dont il est embrasé.

Gens du Roy:

Si l'antiquité a produit les Orateurs célebres qui sont encore aujourd'hui nos modeles, c'est dans ces fameuses Républiques, où un simple Citoyen pouvoit discuter les plus grands intérêts de l'Etat en présence du Peuple. Aujourd'hui c'est à vous seul qu'est réservé le droit éminent & de parler au Peuple & de veiller à l'intérêt public.

---

(1) M. Petit de Leudeville.

(2) M. Gayot, Doyen de la Cour des Aydes, reçu le 18 Décembre 1702.

Exercés depuis long temps dans cet auguste Ministere, accoutumés à préparer les oracles de la Justice, honorés de la confiance de ce Public dont vous êtes les défenseurs, la Cour attend tout de votre zele & de vos lumieres; elle en attend, surtout dans cet instant mémorable, de nouveaux efforts pour démasquer l'iniquité, pour faire triompher la vérité, pour seconder les vues patriotiques d'un Roy qui ne voudra régner que par la justice. 1774.

Et vous, Orateurs du Barreau, vous qui avez pu sacrifier à la rigueur des principes les intérêts les plus chers à presque tous les hommes, sortez, il en est temps, de ces retraites respectables, où vos talens ont été si long temps ensevelis, & venez recevoir des mains du Public la seule récompense digne de vos vertus.

Paroissez aussi, vous, qui, dans les temps les plus malheureux, fûtes toujours de courageux défenseurs des Citoyens, vous dont la présence a soutenu plus d'une fois la Justice chancelante, & qui, dans ce jour fortuné, jouissez du bonheur de vous voir réunis à ces illustres Confreres dont vos cœurs n'ont jamais été séparés.

Puisse la concorde régner éternellement dans cet Ordre déjà si célebre par la science, par le génie, par l'intégrité, par une constance éprouvée dans de longues adversités!

Magistrats, Orateurs, Citoyens de tous les Ordres, n'oublions jamais que le plus grand attentat contre une Nation est de semer un germe de dissentions intestines dans chaque Province, dans chaque Ville, dans chaque Corps, dans chaque famille, & que le plus grand bienfait du Monarque, aujourd'hui si cher à son Peuple, est d'avoir paru en Pacificateur dans le Temple de la Justice.

Couronnons l'ouvrage qu'il a si glorieusement commencé, & achevons de confondre les auteurs des calamités publiques, en arrachant de nos cœurs tous les levains de discorde, & faisant luire, après les orages, le jour le plus pur, le plus calme, le plus serein.

Il est prêt à luire sur nous, Messieurs, ce jour tant desiré; oublions les malheurs; excusons les foiblesses; sacrifions les ressentimens, & ne nous permettons qu'une noble émulation toujours dirigée vers le bien public.

AU ROI.

Du 27 Novembre 1774.

SIRE,

Le premier instant de votre regne a été marqué par des acclamations, témoignages de l'amour des Peuples & de leurs espérances. Ceux qui n'avoient pas encore été admis au pied de votre Trône, ont aujourd'hui l'avantage de pouvoir être les interpretes de la reconnoissance d'un Peuple heureux.

Votre regne, *Sire*, sera celui de la justice. Vos immortels Ancêtres ont occupé & affermi pendant huit cens ans le premier Trône de l'Univers: après huit siecles de combats & de gloire, il est temps d'obtenir la tranquillité & le bonheur.

Le temps est venu, *Sire*, où les hommes plus éclairés sçavent que les vertus qu'ils doivent révérer, sont les vertus pacifiques, la bienfaisance, & sur-tout la justice, qui est la vraie bienfaisance des Roys.

C'étoit un Législateur que nous demandions, *Sire*, & les premiers actes de

1774. votre administration ont fait reconnoître en Votre Majesté, celui que la Providence nous a destiné.

Des Loix sages introduiront des mœurs pures; des Loix sages rendront l'Etat puissant par le bonheur des Particuliers; des Loix sages peuvent seules rendre le bonheur du Peuple solide & durable; car les effets de la seule bienfaisance ne sont jamais que momentanés.

Ministres de la Loi, nous osons offrir à Votre Majesté le fruit de nos travaux & de notre expérience, & elle ne nous refusera pas la gloire de contribuer aux grandes réformations que dictera sa sagesse.

Heureux, si notre existence peut devenir utile à un Roy, (il nous est permis de le dire après Votre Majesté elle-même) à un Roy, qui nous rend au vœu de la Nation, & à la Nation à qui nous devons le retour des bontés du Roy notre Maître!

Après tant de bienfaits, Sire, ce sont les seuls vœux que nous puissions encore former.

Réponse du Roi.

Je vois avec plaisir vos sentimens & votre reconnoissance; je ne doute pas de votre zele pour le bien de mon service, & de votre exactitude à vous conformer à mes volontés: comptez sur ma bienveillance & ma protection.

A LA REINE.

MADAME,

La justice est la vertu des grands Roys, la bonté semble être le partage d'une Reine adorée de son Peuple.

On avoit déjà vû votre ame sensible, émue des larmes des malheureux, & vos mains bienfaisantes avoient daigné les secourir. Le cri de leur reconnoissance s'étoit fait entendre jusques dans les déserts où nous étions relegués.

Rappellés par le Roy dans la Capitale, nous avons trouvé un Peuple entier, prosterné aux pieds de ses Maîtres, partagé entre le respect & la tendresse, également captivé par les bienfaits du Roy, & la touchante affabilité de Votre Majesté.

Il nous est enfin permis de porter nos hommages à Votre Majesté elle-même, & nous rendrons graces au Ciel, Madame, d'avoir donné à la France la Princesse la plus digne de faire le bonheur d'un Roy qui fait celui de la Nation.

Réponse de la Reine.

Je suis bien sensible aux sentimens que vous me montrez. Votre fidélité & votre soumission pour le Roy vous assureront ma bienveillance.

1775.

Lettres-Patentes qui valident les opérations faites dans la Généralité de Paris, pour la confection des rôles des Tailles des années 1772, 1773, 1774 & 1775. (Code des Tailles, Tome IV, page 540.)

Premier Janvier 1775.

LOUIS, &c. Le feu Roy, notre aïeul, s'étoit occupé des moyens d'écarter l'arbitraire de la répartition des impositions que supportent les Habitans des campagnes; il avoit fait connoître ses intentions à ce sujet par ses Edits d'Avril 1763, Juillet 1766, & par sa Déclaration du 7 Février 1768, instruit que le sieur Intendant & Commissaire départi dans la Généralité de Paris, pour l'exécution de nos ordres, a fait, depuis plusieurs années, des efforts pour que les Peuples recueillissent de ces Loix les avantages qu'ils pouvoient en espérer; nous avons cru devoir laisser subsister ce travail pour la présente année. Nous espérons pouvoir bientôt nous expliquer plus particuliérement sur la répartition des impositions, objet digne de toute notre attention, & qui intéresse essentiellement le bonheur & la tranquillité de nos Peuples. A ces causes, &c. voulons & nous plaît ce qui suit:

I. Nous avons validé & validons les opérations faites dans la Généralité de Paris, pour la confection des rôles de la taille des années 1772, 1773, 1774 & 1775, d'après l'instruction donnée par le sieur Intendant & Commissaire départi en ladite Généralité, aux Commissaires employés à la confection desdits rôles; laquelle instruction nous avons fait annexer à cet effet au contre-scel des présentes.

II. Ordonnons que les Commissaires aux tailles, Syndics & Collecteurs des Paroisses seront tenus de s'y conformer pour la présente année.

III. Voulons que les contestations & oppositions qui pourroient être déjà formées à l'occasion des rôles, ou qui pourroient l'être dans la suite, soient jugées en premiere instance par les Officiers des Elections, & par appel, en notre Cour des Aydes, conformément aux dispositions contenues dans ladite instruction. Si donnons en mandement, &c.

Données à Versailles, le premier jour du mois de Janvier, l'an de grace mil sept cent soixante-quinze, & de notre regne le premier. *Signé*, LOUIS; par le Roy, Phelypeaux.

Regiſtrées, oui & ce requérant le Procureur-Général du Roy, pour être exécutées suivant leur forme & teneur, sans néanmoins aucune approbation d'aucuns Arrêts du Conseil y mentionnés, non revêtus de Lettres-Patentes duement regiſtrées en la Cour; comme aussi sans aucune approbation des articles contenus dans l'instruction des Commissaires aux tailles, attachés sous le contre-scel desdites Lettres-Patentes, qui seroient contraires aux Loix enregiſtrées en la Cour, & aux Réglemens d'icelle concernant la répartition de la taille, & notamment à celui du 7 Septembre 1770, à la charge, 1°. qu'il sera déposé aux greffes des Elections de la Généralité de Paris, si fait n'a été, un état contenant les noms & domiciles des Commissaires nommés par le Commissaire départi pour la confection des rôles de la taille; 2°. que lesdits Commissaires aux rôles seront tenus de

donner, dans la huitaine du jour de la communication qui leur aura été faite
1775. des Mémoires des contribuables, leurs avis, ou de déclarer qu'ils n'en veulent donner; 3°. que les rôles des tailles pour l'année prochaine 1776 & les années suivantes, ne pourront être faits que de la maniere qu'il est ordonné par ledit Réglement; fait défenses aux Commissaires & Collecteurs qui seront nommés pour la confection des rôles, de s'en écarter, sous telles peines qu'il appartiendra; enjoint aux Substituts du Procureur-Général du Roy ès Sieges desdites Elections, d'y tenir la main, & d'informer la Cour des contraventions qui pourroient y être faites: ordonne que copies collationnées, &c. Fait à Paris, en la Cour des Aydes, les Chambres assemblées, le 27 Janvier 1775. *Signé*, LE PRINCE.

INSTRUCTION pour les Commissaires aux Tailles.

I. LES Commissaires des tailles se transporteront dans les Paroisses, au mois d'Avril, pour y recevoir les déclarations des biens des contribuables, pour parvenir à la confection des rôles de l'année suivante, & se feront assister par les Collecteurs qui auront été nommés à cet effet.

II. Ils annonceront leurs commissions aux Syndics de chaque Paroisse, au moins huit jours avant celui où ils devront s'y rendre, par un mandement qui indiquera le jour, le lieu & l'heure qu'ils auront fixés pour leur opération, & seront les Syndics anciens & nouveaux Collecteurs tenus de s'y trouver, sous peine de vingt livres d'amende, qui sera prononcée par l'Intendant & Commissaire départi; les autres Habitans seront pareillement tenus d'y comparoître, faute de quoi leurs déclarations seront faites par le surplus de la Communauté.

III. A leur arrivée dans les Paroisses, les Commissaires feront sonner la cloche pour assembler la Communauté; ils commenceront par se procurer des connoissances générales sur la situation de la Paroisse, sa population, les noms des Seigneurs, & autres objets qui doivent entrer dans la rédaction de leur procès-verbal.

IV. Ils s'enquerront particuliérement sur la nature & la qualité du territoire, pour déterminer la nécessité ou l'inutilité de faire plusieurs classes dans l'évaluation des terres, d'après l'égalité ou la variété du sol; ils comprendront dans chaque classe les noms des différens cantons dont elles doivent être composées.

V. Les Commissaires prendront les renseignemens les plus exacts sur tout ce qui pourra conduire à la juste fixation de l'estimation des biens imposables, ou du prix commun du loyer, relativement à chaque classe, pour en faire leur rapport au Département.

VI. Seront tenus les Commissaires de prendre les autres instructions prescrites par l'Edit du mois de Mars 1600, celui de Janvier 1634, l'Arrêt du Conseil du 28 Février 1688, & les Déclarations des mois d'Avril 1761, de Février 1768.

VII. Les Commissaires procéderont ensuite à la réception des déclarations de chaque contribuable; ils les rédigeront en présence du déclarant, des Collecteurs, & au moins des principaux Habitans; ils feront signer la déclaration par le déclarant, lorsqu'il sçaura signer, après toutefois les avoir avertis que les déclarations doivent être exactes & sans fraude, à peine du doublement de leurs cottes, ainsi qu'il est prononcé par les Déclarations de 1761 & 1768.

VIII. Les déclarations de chaque contribuable contiendront, 1°. les noms & surnoms du déclarant, & sa profession; 2°. le détail des biens propres qu'il exploite sur

sur la Paroisse, article par article, en distinguant la nature des biens & les différens cantons où ils sont situés, afin de les comprendre dans les classes qui pourront avoir été faites; & dans le cas où la totalité de ces biens ou partie d'iceux seroit chargée de rente, il en sera fait mention, ainsi que des noms & demeures des personnes à qui elles sont dues; 3°. les biens qu'il exploite à loyer, avec la même distinction, le prix de la location, & les noms & demeures des propriétaires; 4°. ce qu'il exploite dans les Paroisses voisines, en propre ou à loyer, avec les autres distinctions indiquées ci-devant; 5°. la maison dans laquelle habite le taillable, en distinguant si elle lui appartient en propre, ou, s'il la tient à loyer ou à rente; il sera fait mention du prix du loyer ou de la rente, & des noms & demeures de ceux qui sont propriétaires desdites maisons, ou créanciers des rentes; 6°. les revenus actifs, soit en loyer de maison, de terres ou rentes de toute nature, & les noms & demeures de ceux par qui ces revenus sont payés; 7°. le commerce ou l'industrie de chaque taillable, suivant la commune renommée & la déclaration du taillable; 8°. le déclarant sera tenu, autant qu'il sera possible, d'appuyer sa déclaration de pieces justificatives, telles que baux, quittances, partages, &c. 1775.

IX. Lorsque les déclarations auront été reçues, elles seront lues en présence des Syndics, Collecteurs & principaux Habitans qui pourront les contredire; & dans le cas où le déclarant n'auroit pas appuyé sa déclaration de pieces, la contradiction de la Paroisse l'emportera sur l'assertion particuliere du déclarant; & si les Habitans arguoient les pieces de fraude, le Commissaire en référera à l'Intendant pour ordonner un arpentage, ou telle autre vérification qu'il jugera convenable, dont les frais seront alors supportés par ceux des déclarans ou des Habitans dont l'assertion aura été reconnue fausse.

X. Après la réception & la discussion des déclarations, le Commissaire terminera son procès-verbal, il en signera la minute, & la fera signer aussi par les Syndics, Collecteurs & principaux Habitans.

XI. Les Commissaires feront leur rapport au département, des connoissances particulieres qu'ils auront prises dans chaque Paroisse, pour parvenir à la fixation de l'estimation du prix de terres labourables & prés, suivant les différentes classes qui auront été convenues avec les Habitans, ainsi que des jardins & chenevieres, vignes, bois & autres biens; &, d'après ce rapport discuté entre toutes les personnes qui assistent au département, le prix du loyer sera fixé & servira de base pour les opérations ultérieures des Commissaires.

XII. Après le département, les Commissaires feront, en présence des Collecteurs de chaque Paroisse, la répartition de la taille portée par la commission.

XIII. Chaque cotte de taille, dans le rôle, sera divisée en deux parties, celle de la taille réelle, & celle de la taille personnelle.

XIV. La partie de la taille réelle sera composée des objets suivans, & dans l'ordre où ils seront rangés dans le présent article, sçavoir; 1°. des terres labourables, prés, vignes & autres biens de cette nature qu'il exploite, soit en propre, soit à loyer; 2°. des moulins & usines qu'il fait valoir; 3°. des dixmes ou champarts, rentes ou droits seigneuriaux qu'il afferme; 4°. de la maison ou corps de Ferme que le taillable occupe.

XV. Le taux d'occupation des maisons sera dans l'Élection de Paris, & dans toutes les Villes de la Généralité, au sol pour livre de la location; ou de l'évaluation comparée avec la location, pour celles qui ne sont pas louées ou dont le prix ne peut être connu; & de six deniers pour livre seulement dans les campagnes des autres Elections.

1775. XVI. Les moulins ou autres usines seront imposés suivant le prix de la redevance, aux taux de la Paroisse, sans aucune déduction.

XVII. Les dixmes, champarts & droits seigneuriaux affermés, seront également imposés aux taux de la Paroisse, aussi sans déduction.

XVIII. Les terres labourables, près, vignes & autres biens de pareille nature, seront imposés uniformément, entre les mains de tous ceux qui en feront l'exploitation, aux taux de la Paroisse, suivant l'estimation donnée à l'arpent dans la classe où ils se trouveront, & sans avoir égard à la redevance portée par les baux.

XIX. La partie de la taille personnelle de chaque objet sera composée, sçavoir, 1°. du revenu des moulins & usines, & des maisons en propre données à loyer ou occupées, sur lesquels objets on déduira le quart pour les réparations; 2°. des revenus des terres données à loyer, suivant la redevance, ou de celles exploitées en propre, suivant le prix du loyer des classes dans lesquelles elles se trouveront; 3°. des rentes actives; 4°. du bénéfice de l'industrie; 5°. du dixieme du prix des journées de la profession à laquelle chacun des contribuables s'adonne.

XX. Tous les revenus ou facultés résultans des objets ci-dessus, seront imposés au sol pour livre, en telle maniere, à l'égard des journées, par exemple, que si un Artisan, ou un Journalier est censé gagner deux cens journées par an, ces journées ayant été tirées pour vingt dans l'évaluation des facultés, ce même Journalier ne sera imposé qu'au prix d'une seule de ces journées; les Fermiers seront aussi imposés pour le bénéfice de leur exploitation, attendu que, ne l'étant pour les arpens de terre qu'ils cultivent, que dans la même proportion que tous les autres exploitans, & même ceux qui n'ont à eux aucuns moyens de culture, il est juste qu'ils contribuent personnellement aux charges de l'Etat pour raison des fonds qu'ils employent à leurs exploitations, comme un Commerçant à raison des fonds qu'il met dans son commerce, sans quoi il seroit effectivement traité comme les privilégiés, qui sont exempts de la taille personnelle, & ne contribuent qu'à la taille d'exploitation.

DÉCLARATION portant abolition des contraintes solidaires contre les principaux Habitants des Paroisses, pour le paiement des impositions royales, excepté dans le cas de rebellion. (Code des Tailles, Tome IV, page 549; Enrégistrements de l'Election, Volume coté XXIII, page 216, verso.)

3 Janvier 1775.

LOUIS, &c. Les malheurs qui avoient affligé l'Etat pendant les guerres civiles, le désordre qui en étoit résulté pour le recouvrement des impositions, avoit fait juger nécessaire à nos prédécesseurs d'autoriser les Receveurs des tailles à contraindre solidairement les principaux Habitans des Paroisses taillables au payement des impositions dues par les Paroisses, soit dans le cas de rebellion, soit faute d'assiette des impositions ou de nomination de Collecteurs, soit enfin lorsque les Collecteurs, après une discussion sommaire de leurs biens-meubles, se trouvoient insolvables. Ces dispositions ont été confirmées depuis, quoique la nomination des Collecteurs dépendante autrefois de la volonté seule & du choix des Paroisses, soumise aujourd'hui à des regles fixes qui appellent chaque

Habitant à son tour à la collecte suivant l'ordre du tableau, ne laisse plus aux Habitans d'autre soin que de déterminer la classe dans laquelle doivent être placés les différens contribuables, d'après la quotité de leurs impositions, pour passer successivement à la collecte. Malgré la rigueur de cette contrainte solidaire, on ne peut en méconnoître la justice dans le cas où des Paroisses entreprendroient de se soustraire au payement des impositions; mais les Réglemens ayant pourvu à ce qu'il y eût des Collecteurs nommés d'office, faute par les Paroisses d'avoir formé les tableaux qui désignent ceux qui doivent remplir ces fonctions chaque année, ces Loix ayant également prescrit les précautions nécessaires pour la confection de ces tableaux, & prononcé des peines séveres contre les Collecteurs qui, étant en même temps chargés de l'assiette des impositions, en divertissent les deniers: la rebellion nous a paru le seul cas extraordinaire dans lequel nous devons laisser aux Receveurs la faculté de faire usage de cette contrainte, avec des précautions mêmes qui nous font espérer qu'ils ne seront jamais réduits à cette extrêmité: notre affection pour les Habitans de la campagne nous engage à supprimer pour les deux autres cas plus ordinaires, celui où les Habitans n'auroient point nommé de Collecteurs, & celui où les Collecteurs responsables des payemens dans les termes prescrits, n'auroient point fait l'assiette, ou deviendroient insolvables: ces poursuites rigoureuses qui exposent les principaux contribuables à la perte de leur fortune & de leur liberté, répandent l'effroi dans les campagnes, découragent l'agriculture, l'objet le plus digne de notre protection & de nos soins, & obligent, malgré eux, les Receveurs des tailles à des frais considérables contre des Habitans qu'il est de leur devoir & de leur intérêt de ménager le plus qu'il est possible: nous prenons en même temps les mesures convenables pour assurer, dans de pareilles circonstances, la rentrée de nos deniers & pour indemniser les Receveurs, chargés d'en faire la recette & le payement dans des termes limités, des retards qu'ils pourront éprouver. A ces causes, &c. voulons & nous plaît ce qui suit: 1775.

I. Il ne sera plus décerné de contraintes solidaires contre les principaux contribuables des Paroisses pour le payement de nos impositions, que dans le seul cas de rebellion jugée contre la Communauté; voulons que lesdits Receveurs, même dans ce cas, soient tenus d'en avertir par écrit les sieurs Intendans & Commissaires départis dans les Provinces, afin qu'ils puissent employer l'autorité que nous leur avons confiée, pour rétablir l'ordre & la subordination, & prévenir, s'il est possible, la nécessité de ces poursuites.

II. Ordonnons l'exécution des Déclarations des premier Août 1716, 24 Mai 1717 & 9 Août 1723, concernant la nomination des Collecteurs; enjoignons aux sieurs Intendans, conformément à l'article XIII de la Déclaration du 9 Août 1723, de choisir dans le nombre de ceux qui sont compris dans les états qui leur seront remis exactement chaque année, les plus hauts imposés à la taille pour faire les fonctions de Collecteurs, & de les nommer d'office dans les Paroisses où il n'aura point été fait de nomination, ou dont les Habitans nommés seront insuffisans pour faire la collecte.

III. Dans le cas où les Collecteurs nommés par les Paroisses, ou ceux qui le seront d'office par lesdits sieurs Intendans, conformément au précédent article, refuseroient ou négligeroient de faire l'assiette des impositions & le payement d'icelles dans les termes prescrits par les Réglemens, ils seront contraints à les payer par les voyes ordinaires & suivant les formes établies par lesdits Réglemens.

IV. En cas d'insolvabilité desdits Collecteurs, après discussion sommaire de leurs meubles & procès-verbal de perquisition de leur personne, fait à la requête

1775. des Receveurs des tailles, lesdits Receveurs se pourvoiront pardevers lesdits sieurs Intendans pour obtenir la réimposition des sommes qui leur seront dues par les Paroisses, lesquelles réimpositions, après que les demandes auront été communiquées aux Habitans, & que ceux-ci auront été entendus, seront faites au prochain département, tant de la somme principale que des intérêts & des frais légitimement faits par lesdits Receveurs sur tous les contribuables desdites Paroisses.

V. Laissons à la prudence des sieurs Intendans, dans les cas où la somme dissipée seroit trop forte pour pouvoir être imposée en une seule année sans surcharger les contribuables, d'en ordonner la réimposition en principal & intérêts, en deux ou plusieurs années.

VI. Les sommes réimposées seront payées dans les mêmes termes que l'imposition de l'année où la réimposition en auroit été faite, & les intérêts en courront au profit du Receveur, à compter du jour où l'insolvabilité des Collecteurs aura été constatée dans la forme ordinaire, jusqu'au temps marqué pour les payemens.

VII. La même réimposition aura lieu & sera faite dans la même forme, au profit des principaux contribuables qui auront été contraints solidairement, dans le cas de rebellion seulement, au payement des impositions dues par les Paroisses.

VIII. Dérogeons à tous Edits, Déclarations, Arrêts & Réglemens qui pourroient être contraires à ces présentes. Si donnons en mandement, &c.

Donnée à Versailles, le troisieme jour de Janvier, l'an de grace, mil sept cent soixante-quinze, & de notre regne le premier. *Signé*, LOUIS; par le Roy, PHELYPEAUX.

Registrées, oui, & ce requérant le Procureur-Général du Roy, pour être exécutées selon leur forme & teneur; & que, dans le cas de dissipation des deniers par les Collecteurs, les Receveurs des tailles seront tenus d'en faire la dénonciation au Substitut du Procureur-Général du Roy ès-Elections, pour être, à sa requête, lesdits Collecteurs poursuivis extraordinairement, & que copies collationnées, &c. Fait à Paris, en ladite Cour des Aydes, le 27 Janvier 1775.

LE PRINCE.

DÉCLARATION du 12 Janvier 1775, qui fixe la finance & l'exercice du Payeur des gages des Officiers de la Cour des Aides de Paris, enrégistrée le 31 Mars suivant en ladite Cour, à la charge que, conformément à la Déclaration du 31 Juillet 1717, & aux autres Edits & Déclarations y énoncées, l'assignation sur les fonds des Fermes générales unies portée en l'article VIII desdites Lettres-Patentes en forme de Déclaration, ne pourra déroger à l'assiette primitive des gages des Officiers de la Cour sur la partie des Gabelles. (Code des Tailles, Tome IV, page 554.)

1775.

DÉCLARATION portant que la forfaiture des Membres de la Cour des Aides sera jugée par le Roi, tenant la Cour des Aides, appellés les Princes du Sang, le Chancelier Garde des Sceaux de France, les Pairs de France, les Gens du Conseil, & autres personnes qui ont entrée & séance en la Cour des Aides. (Code des Tailles, Tome IV, page 559.)

28 Mai 1775.

LOUIS, &c. Nous nous sommes fait rendre compte des remontrances de notre Cour des Aydes, spécialement en ce qui concerne l'exécution de l'article XXVIII, de notre Ordonnance donnée à Fontainebleau, au mois de Novembre 1774, enregistrée en notre Cour des Aydes le 12 du même mois ; & nous avons reconnu la légitimité du droit réclamé par les Officiers de notre Cour des Aydes d'être jugée en matiere criminelle par ceux qui ont séance en cette Cour, & notamment par les Princes de notre sang & les Pairs de France, membres essentiels de toutes les Cours supérieures. A ces causes, &c. Déclarons & ordonnons que dans le cas où les Officiers de notre Cour des Aydes, ce que nous ne présumons pas, suspendroient l'administration de la Justice, donneroient leurs démissions par une délibération combinée, & refuseroient de reprendre leurs fonctions au préjudice de nos ordres, la forfaiture sera jugée par nous, tenant notre Cour des Aydes, à laquelle nous appellerons les Princes de notre sang, le Chancelier Garde des Sceaux de France, les Pairs de France, les Gens de notre Conseil, & autres personnes qui ont entrée & séance en notredite Cour des Aydes. SI donnons en mandement, &c.

Donnée à Versailles, le vingt-huit Mai mil sept cent soixante-quinze.

Regiftré du commandement du Roy, porté par Monsieur, accompagné des sieurs Marquis de Clermont-Tonnerre, Maréchal de France, d'Aguesseau, & Chaumont de la Galaisiere, Conseillers d'Etat. Lue, publiée, &c. A Paris, en la Cour des Aydes, les Chambres assemblées, le 31 Mai 1775.

EDIT portant suppression des Offices de Receveurs des Tailles, & création d'Offices de Receveurs des Impositions. (Code des Tailles, Tome IV, page 561 ; Enrégistrements de l'Election, Volume coté XXIII, folio 217.)

Août 1775.

LOUIS, &c. Voulons & nous plaît ce qui suit :

I. Nous avons supprimé & supprimons les Offices anciens & alternatifs, triennaux, mi-triennaux des Receveurs des tailles des Elections, Bailliages, Dioceses, Bureaux, Vigueries, & généralement tous ceux qui ont pu être créés sous quelque titre & dénomination que ce soit, pour la levée de nos impositions.

1775. II. Les Titulaires actuels de ces Offices continueront cependant de les exercer leur vie durant, sur les provisions qu'ils en ont obtenues, & sans qu'il soit apporté quant à présent, aucun changement à leur état.

III. Nous avons créé & érigé, créons & érigeons en titre d'Office formel, un seul & unique Office de Receveur des impositions par chaque Election, Bailliage Bureau, Diocese & Viguerie, où il existe aujourd'hui des Offices de Receveurs des tailles ou des finances, pour le recouvrement des impositions.

IV. Vacance arrivant, par démission ou par mort, d'un des Offices de Receveurs des tailles, soit ancien, soit alternatif, le Titulaire qui survivra, sera tenu de se pourvoir dans le mois pardevant nous, pour obtenir des provisions de Receveur des impositions ; & à défaut de le faire, il y sera pourvu par nous, & statué sur la nomination des Apanagistes, qui devra être faite dans le même délai pour l'étendue de leur apanage.

V. Nous avons dispensé & dispensons du payement des droits du Marc d'or & mutation, comme nouveau pourvu, pour cette fois seulement & sans tirer à conséquence, les Titulaires survivans, lorsqu'ils se présenteront dans les délais prescrits par l'article ci-dessus, pour obtenir des provisions de Receveur des impositions.

VI. Sera tenu le nouveau pourvu de rembourser aux propriétaires ou héritiers de l'Office vacant, le prix dudit Office, sur le pied de l'évaluation faite en vertu de l'Edit de Février 1771 : sçavoir, un tiers comptant, un tiers six mois après, & le tiers restant, après l'apurement & la correction à la Chambre des Comptes jusqu'en 1771 ; & pour les années postérieures, après l'arrêté aux recettes générales des finances, des comptes qui seront à la charge desdits propriétaires ou héritiers.

VII. Décès arrivant du Titulaire de deux Offices, ancien & alternatif, il sera pareillement délivré de nouvelles provisions à celui qui aura obtenu notre agrément, en payant par lui les droits de Marc d'or, de mutation, comme nouveau pourvu.

VIII. Si-tôt après l'obtention des nouvelles provisions de Receveur des impositions, il ne sera plus employé dans nos états aucuns gages attachés auxdits Offices de Receveur des tailles, soit anciens, soit alternatifs, triennaux & mitriennaux.

IX. Exceptons des dispositions de l'article IV ci-dessus, ceux qui ont été pourvus en survivance d'Offices de Receveurs des Tailles, lesquels entreront en exercice & jouissance desdits Offices, sur les provisions par eux ci-devant obtenues, du jour du décès ou de la démission pure & simple des Titulaires actuels.

X. Exceptons pareillement des mêmes dispositions les mineurs à qui il a été accordé des agrémens d'Offices de Receveurs des tailles, actuellement vacans par mort, & à l'exercice desquels il a été nommé jusqu'à leur majorité, & seront lesdits mineurs, immédiatement après avoir acquis leur majorité, tenus de payer les droits de mutation, si fait n'a été, & ceux de Marc d'or, & de prendre des provisions d'Offices de Receveurs d'impositions.

XI. Jouiront au surplus lesdits survivanciers & lesdits mineurs, des mêmes avantages que les Titulaires actuels pour la réunion des deux Offices de chaque Election. Si donnons en mandement, &c.

Donné à Versailles, au mois d'Août, l'an de grace mil sept cent soixante-quinze, & de notre regne le deuxieme. *Signé*, LOUIS ; & plus bas, par le Roy, DE LAMOIGNON.

Regiſtré, oui ce requérant le Procureur-Général du Roi, pour être exécuté ſelon ſa forme & teneur, ſans approbation d'aucuns Edits ou Arrêts du Conſeil, qui n'auroient été duement vérifiés en la Cour, & copies collationnées, &c. Fait à Paris, en la Cour des Aydes, les Chambres aſſemblées, le premier Septembre 1775. 1775.

EDIT portant confirmation des exemptions de tailles, aides, ſubſides, impoſitions & levées de deniers, logements de Gens de guerre, committimus, *tutelles, curatelles & autres charges publiques; & de tous les privileges, immunités, prérogatives, franchiſes & libertés octroyées aux Docteurs, Maîtres, Régents, Bacheliers, Ecoliers, Meſſagers-Jurés, & autres Suppôts & Officiers de l'Univerſité de Paris. (Code des Tailles, Tome IV, page 571.)*

Octobre 1775.

LOUIS, &c. Notre très-chere & bien-amée Fille aînée l'Univerſité de notre bonne Ville de Paris, nous a fait remontrer qu'ayant été fondée par le Roy Charlemagne, & dotée de peu de biens, elle a été ornée & enrichie de pluſieurs beaux droits, privileges, prérogatives, franchiſes & libertés; que les Roys nos prédéceſſeurs, qui ont régné enſuite, reconnoiſſant les importans ſervices que cette Univerſité, premiere Chrétienne, avoit toujours rendus à l'Egliſe; les ſignalés avantages que non ſeulement nos Royaumes, mais généralement toutes les Nations étrangeres, recevoient de cette fameuſe Mere des bonnes Lettres, l'ont honorée d'une affection véritablement paternelle, lui ont départi leurs graces & faveurs royales: & pour la rendre de plus en plus floriſſante pour le bien univerſel de toute la Chrétienté & l'ornement de leur Royaume, ils ont non ſeulement confirmé, mais auſſi de temps en temps amplifié les privileges à elle octroyés; pris en leur protection ſpéciale les perſonnes & biens de tous & chacuns les Docteurs, Maîtres, Bacheliers, Suppôts, Ecoliers & Officiers d'icelle; leur ont donné & octroyé immunités & exemptions de toutes charges publiques, tailles, aides, ſubſides, emprunts, droits d'entrée de Ville, pour l'ancien droit de quatre ſols, ſix deniers ſur chaque muid de vin, provenant ſoit de leur crû ſur leurs fonds & Bénéfices; ou acheté pour leur proviſion, enſemble du gros, & huitieme en cas de débit, & de toutes impoſitions, logemens de gens de guerres, levées de deniers & péages tant ſur eau que ſur terre, même ſur toutes marchandiſes & denrées dont aucuns des Officiers de notredite Univerſité s'entremettent & font trafic; pareillement exemptions de Guet, gardes de portes tant de jour que de nuit, de toutes charges publiques, tutelles, curatelles, contributions & levées de deniers, même ſur les Habitans de notre bonne Ville de Paris, tant exempts que non exempts, privilégiés & non privilégiés, & généralement de toutes contributions, même pendant le temps de guerre, & autres uſages & privileges dont notredite Fille, ſes Suppôts, Officiers & Serviteurs ont droit, & ſont en bonne poſſeſſion, nonobſtant que par les mandemens il ſoit dit, exempts & non exempts, privilégiés & non privilégiés: Voulu & ordonné que ladite Univerſité en Corps eût ſes cauſes, tant en demandant qu'en défendant, en notre Cour du Parlement de Paris, en premiere inſtance, ou pardevant le Prévôt dudit lieu, ou ſon Lieutenant-Civil, Conſervateur de ſes privileges, à ſon choix; & les Particuliers Doc-

1775. teurs, Bacheliers, Maîtres, Suppôts, Ecoliers & Officiers d'icelle, pardevant notredit Prévôt de Paris, ou sondit Lieutenant, Juge-Conservateur des privileges, sans pouvoir être traduits, convenus ni appellés ès autres Jurisdictions, pour quelque cause ou prétexte que ce soit, & qu'à cette fin notredit Prévôt prêteroit serment à ladite Université, le premier ou second Dimanche après sa réception; que pour les différends qui pourroient naître entre lesdits de l'Université, pour l'ordre & la discipline d'icelle, la connoissance en est attribuée au Recteur de l'Université; que pour obtenir les Bénéfices vacans dans les mois affectés aux Gradués, ceux de notredite Fille ont droit de préférence sur toutes les autres Universités; que même par la disposition des Statuts de réformation de ladite Université, faits par l'Ordre & autorité du Roy Henri IV de glorieuse mémoire, vérifiés & enregistrés en notre Cour du Parlement de Paris ès-années 1598 & 1600; celles des Déclarations données en conséquence ès-années 1743 & 1745, les Principaux des Colleges, les Professeurs & Régens d'iceux, duement qualifiés, qui, sept ans entiers & continus, & sans fraude, ont eu la direction de la discipline & des études, ou professé & fait lectures ordinaires & publiques, ont semblablement droit de préférence en l'obtention des Bénéfices vacans ès-mois affectés aux Gradués, sur tous autres Gradués de quelqu'antiquité qu'ils soient, à la réserve des Cures ou autres Bénéfices qui sont chargés du soin des ames; que les Docteurs, Professeurs, Bacheliers & Ecoliers des différentes Facultés de ladite Université, pourvus de Prébendes, Bénéfices, ont droit d'en percevoir & recueillir tous les fruits pendant le temps de leurs lectures ou études, sans en pouvoir être privés par non résidence, à la réserve des distributions manuelles & quotidiennes; que pour empêcher le cours des mauvaises & fausses doctrines, & extirper toutes erreurs, nosdits prédécesseurs Roys ont fait inhibitions & défenses à tous Imprimeurs & Libraires, d'imprimer ou faire imprimer, vendre ou publier aucuns Livres concernant la Religion ou les mœurs, ni mêmement exposer en vente, vendre, publier ou débiter ceux qui sont apportés des pays étrangers, que, premiérement ils n'ayent été vus, visités & examinés par la Faculté de Théologie de ladite Université; que le papier & parchemin, même celui qui arrive en notredite bonne Ville, fauxbourgs & banlieue de Paris, doit être visité par lesdits Officiers de ladite Université; que pour cet effet, elle a quatre Papetiers & quatre Parcheminiers Jurés, & halle destinée où ledit parchemin doit être directement mené & déchargé, pour y être visité par lesdits Jurés, sous peine de confiscation & amende contre les contrevenans; comme aussi que ladite Université a droit de nommer & pourvoir des Messagers, tant pour les Dioceses, qu'autres lieux de nos Royaumes & pays étrangers; esquels droits & privileges ils ont été confirmés par les Lettres de confirmation en forme d'Edit à eux accordées par le feu Roy notre très-honoré Seigneur & aïeul, au mois de Février 1722, registrées où besoin a été. Mais comme ils appréhendent d'être troublés dans lesdits droits & privileges, sous prétexte que, depuis notre avénement à la Couronne, nous ne les avons pas confirmés, ils nous ont très-humblement fait supplier leur vouloir accorder nos Lettres de confirmation sur ce nécessaires, & mettant en considération les grands biens & services que notredite Fille aînée, Mere de toutes les Universités Chrétiennes, continue de faire: & desirant de tout notre cœur, à l'exemple des Roys nos prédécesseurs, l'aimer, la maintenir, la traiter favorablement & contribuer de notre part à la rendre florissante de plus en plus.

A ces causes, &c. Continuons & approuvons, comme par Edit perpétuel & irrévocable, à notre Fille aînée l'Université de Paris, Docteurs, Maîtres, Régens, Bacheliers, Suppôts, Ecoliers & Officiers d'icelle, tous & chacuns les droits, prérogatives,

prérogatives, privileges, immunités, exemptions & libertés sus-mentionnés, à eux octroyés par les Roys nos prédécesseurs & par nous; comme encore tous autres droits, usages, coutumes & privileges, quoiqu'ils ne soient exprimés; toutes prérogatives, immunités, exemptions, franchises & libertés, tant exprimées ci-dessus, que non exprimées, dont ils ont droit par les concessions de nosdits prédécesseurs Roys & de nous, sans qu'il leur soit fait aucun trouble ni empêchement. Voulons pareillement que lesdits Suppôts, Ecoliers & Officiers jouissent de tous & un chacun les privileges à eux accordés, tant par nous que par les Roys nos prédécesseurs, même pendant le temps de la guerre, conformément aux Arrêts de notre Cour des Aydes, des 7 Octobre 1635 & 20 Octobre 1642. Voulons en outre que les Messagers-Jurés de notredite Fille continuent l'exercice libre & entier de leurs Charges, ainsi qu'ils ont accoutumé: & en outre, que lesdits Messagers & autres Officiers & Suppôts de notredite Fille jouissent pleinement des immunités & exemptions à eux accordées par nos prédécesseurs Roys, tous ainsi & en la même forme & maniere qu'ils ont ci-devant fait; & d'autant qu'il n'est raisonnable que lesdits Docteurs, Bacheliers, Maîtres, Suppôts, Ecoliers & Officiers de ladite Université fussent distraits de leur profession, études ou services, hors de ladite Ville de Paris, pour le fait de plaidoirie; nous, en confirmant & continuant leurs anciens privileges, avons pris en notre protection & sauve-garde leurs personnes & biens, & leur avons octroyé par ces présentes pouvoir de faire appeller & convenir toutes personnes, tant en demandant qu'en défendant, pour toutes causes & affaires, sçavoir, notredite Fille en Corps, en notre Cour du Parlement de Paris, & lesdits Particuliers, Docteurs, Maîtres, Bacheliers, Suppôts, Ecoliers & Officiers, pardevant notredit Prévôt de Paris, ou son Lieutenant, Conservateur des privileges à eux accordés, sans qu'ils puissent être convenus ou appellés ailleurs par aucunes personnes de quelque qualité & condition qu'ils puissent être, sous quelque cause & prétexte que ce soit, & sans qu'ils soient tenus de comparoir devant autres Juges quelconques, dont nous les dispensons, en leur interdisant la connoissance, qui appartiendra à notredit Parlement, ou à notredit Prévôt de Paris, ou son Lieutenant-Civil, Conservateur desdits privileges, nonobstant toutes Ordonnances, Mandemens, Coutumes & autres contraires, & aux dérogatoires des dérogatoires y contenus; à quoi nous avons dérogé & dérogeons par ces présentes. Voulons aussi que tous différends mus & à mouvoir entre les Particuliers de l'Université, touchant l'ordre & la discipline d'icelle, & exécution des Statuts, tant généraux que particuliers, soient décidés & réglés sommairement par lesdits Recteurs & Université, sans pouvoir être traduits pardevant autres Juges; desquels droits, prérogatives, privileges, immunités, exemptions & libertés, nous voulons & entendons que notredite Fille aînée l'Université de Paris, Docteurs, Maîtres, Régens, Bacheliers, Suppôts, Ecoliers & Officiers d'icelle jouissent & usent, tout ainsi qu'ils en ont ci-devant bien & duement joui ou dû jouir, jouissent & usent encore à présent. Et parce qu'il n'y a point de plus prompt moyen pour empêcher le cours des erreurs & doctrines contraires à la Religion & aux bonnes mœurs, qu'en exécutant les Edits & Réglemens faits sur ce sujet. Voulons & ordonnons que l'Edit fait à Fontainebleau, le 11 Décembre 1547, & celui de Château-Briant du 27 Juin 1551, vérifiés, soient exécutés selon leur forme & teneur; faisant très-expresses inhibitions & défenses à tous Imprimeurs & Libraires, d'imprimer ou faire imprimer, vendre ou publier aucun Livre concernant la Religion ou les Mœurs, mêmement exposer en vente, publier ou débiter ceux qui sont apportés des pays étrangers, que premiérement ils n'ayent été vus, visités & examinés de la Faculté

de Théologie, & ce sous les peines portées par icelui Edit du 11 Décembre 1547.
1775. Semblablement défendons très-expressément à tous Imprimeurs & Libraires, d'imprimer, vendre & avoir en leur possession aucuns Livres, lesquels par censure ou Jugement de ladite Faculté, ont été ou seront ci-après réprouvés, ensemble d'ouvrir aucune balle des Livres qui leur seront apportés de dehors, sinon en présence de deux bons personnages qui seront commis par ladite Faculté de Théologie. Voulons & nous plaît que, deux fois par an, pour le moins, les officines & boutiques des Imprimeurs & Libraires & vendeurs de Livres, soient visitées par les Députés de ladite Faculté, & qu'iceux Imprimeurs & Libraires soient tenus de tenir deux catalogues : l'un des Livres censurés & réprouvés, & l'autre de tous ceux qu'ils auront en leurs boutiques, qu'ils seront tenus de communiquer toutes & quantes fois ils en seront requis par lesdits Visiteurs; le tout conformément aux Edits ci-dessus mentionnés, & sous les peines y contenues. Si donnons en mandement, &c.

Donné à Fontainebleau, au mois d'Octobre, l'an de grace mil sept cent soixante-quinze, & de notre regne le deuxieme. *Signé*, LOUIS; par le Roy, DE LAMOIGNON.

Enregistrées au Contrôle-Général des Finances, à Paris, le 30 Janvier 1776. *Signé*, TURGOT.

Registrées en Parlement & Chambre des Comptes, les 26 Février & 27 Mars 1776.

Registrées, oui, & ce consentant le Procureur-Général du Roy, pour être exécutées & jouir par lesdits Recteur, Doyen, Procureurs & Suppôts de ladite Université de Paris, de l'effet & contenu en icelles, suivant leur forme & teneur, à la charge par lesdits Recteur, Doyen & Procureur de rétablir au greffe de la Cour, le tableau de leurs Suppôts. Fait à Paris, en la premiere Chambre de la Cour des Aydes, le 21 Mai 1776. *Signé*, LE PRINCE.

EDIT qui ordonne que les appels des Sentences rendues par le Bailliage de Bassigny, séant à la Marche, dans les affaires concernant les Fermes du Roi & les droits perçus au profit de Sa Majesté, seront portés à la Cour des Aides de Paris.

Octobre 1775.

LOUIS, &c. Le Conseil supérieur établi en la Ville de Châlons-sur-Marne ayant été supprimé, le Bailliage de Bassigny, séant à la Marche, continue de ressortir à notre Parlement de Paris, où il ressortissoit auparavant, étant dans le Barrois mouvant; mais comme indépendamment des affaires ordinaires, ce Bailliage connoît des contestations concernant nos Fermes & la perception de nos droits; qui ne peuvent être portées à notredit Parlement, où la plus grande partie des Réglemens donnés sur ces matieres n'a point été enregistrée, nous avons résolu de les faire porter à notre Cour des Aydes de Paris, & de lui en attribuer la connoissance en dernier ressort. A ces causes, &c. voulons & nous plaît que les appels des Sentences du Bailliage de Bassigny, séant à la Marche, pour les affaires concernant nos Fermes & la perception de nos droits dont connoît ce Bailliage, & qui étoient portés au Conseil supérieur de Châlons, soient portés à notre Cour des Aydes de Paris, pour y être jugés en dernier ressort, à l'effet de quoi attribuons à notredite Cour des Aydes tout pouvoir, ressort & Jurisdiction nécessaires sur les actes & Sentences émanés dudit Bailliage pour lesdites affaires seulement. Si donnons en mandement, &c. 1775.

Donné à Fontainebleau, au mois d'Octobre, l'an de grace mil sept cent soixante-quinze, & de notre regne le deuxieme. *Signé*, LOUIS; & plus bas, par le Roy, DE LAMOIGNON.

Registré en la Cour des Aydes, le 13 Décembre 1775.

SENTENCE *de l'Election de Paris, du 29 Octobre 1775, qui décharge de la collecte Michel Billonard, Garde du Gouvernement de Paris, & défend aux Habitants du Tremblai de le nommer à la collecte & autres charges publiques, tant qu'il sera pourvu de la commission de Garde du Gouvernement de Paris.*

EDIT *du mois de Novembre 1775, enrégistré en la Cour, le 31 Janvier 1776, portant rétablissement des Elections, Grenier à sel & Traites foraines de la Ville de Troyes. (Code des Tailles, Tome IV, page 579.)*

DÉCLARATION *qui fixe à six mois le délai, pendant lequel les déclarations de défrichements pourront être contredites par les Communautés d'Habitants ou les Décimateurs. (Code des Tailles, Tome IV, page 583; Enrégistrements de l'Election, Volume coté XXIII, folio 218.)*

7 Novembre 1775.

LOUIS, &c. Le feu Roy, notre très-honoré Seigneur & aïeul, voulant donner des encouragemens à ceux qui avoient entrepris ou entreprendroient de défricher les landes & terres incultes, a prescrit, par sa Déclaration du 13 Août 1766, les formalités qu'ils doivent suivre, pour jouir des avantages y portés. L'article II les assujettit à des déclarations aux greffes des Justices Royales & des Elections, & l'article III veut que les Entrepreneurs en fassent afficher copie à la porte de la Paroisse, par un Huissier qui en dresse procès-verval; l'objet de ces affiches est de donner aux Décimateurs & Curés, & aux Habitans, les moyens de vérifier les déclarations, & de les contredire, s'ils croyent avoir dès motifs de le faire. Mais il a été omis de fixer un terme à leurs recherches, qui

1775. doivent néanmoins avoir des bornes, pour assûrer aux défricheurs la tranquillit de leurs travaux. Nous avons pensé qu'un délai de six mois seroit suffisant pou mettre les intéressés à portée de vérifier les déclarations, & de se pourvoir. A ce causes, &c. voulons & nous plaît ce qui suit:

I. Les déclarations de défrichemens ordonnées par la Déclaration du 12 Aoû 1766, qui auront été affichées conformément à icelle, six mois avant l'enregis- trement de la présente Déclaration, ne seront plus susceptibles de contradiction de la part des Décimateurs, Curés & Habitans, si pendant ledit espace de temps ils ne se sont point pourvus contre lesdites déclarations.

II. Si le procès-verbal d'affiche est fait dans les six mois antérieurs à la présente Déclaration, les Décimateurs, Curés & Habitans auront pour se pourvoir contre les déclarations de défrichemens, le temps qui s'en manquera pour parfaire le terme de six mois, à compter du jour de l'affiche, après lequel temps ils ne seront plus reçus à se pourvoir.

III. A l'égard des déclarations de défrichemens qui seront faites postérieurement à l'enregistrement de la présente Déclaration, les Décimateurs, Curés & Habitans auront six mois pour les contredire & se pourvoir; & ce, à compter du procès-verbal d'affiche, passé lequel délai ils ne seront plus reçus à se pourvoir, ni les Entrepreneurs de défrichemens être par eux inquiétés pour raison de la dixme ou de la taille. Si donnons en mandement, &c.

Donnée à Fontainebleau, le septieme jour du mois de Novembre, l'an de grace mil sept cent soixante-quinze, & de notre regne le deuxieme. *Signé*, LOUIS; & plus bas, par le Roy, DE LAMOIGNON.

Registrée en la Cour des Aydes, le 26 Janvier 1776.

SENTENCE de l'Election de Paris, concernant la formule de style qui doit être observée dans les expéditions des Sentences (1). (*Registres des Audiences de l'Election.*)

23 Novembre 1775.

M. l'Avocat du Roy, portant la parole,

Nous, faisant droit sur le requisitoire du Procureur du Roy, ordonnons que le nommé Wagnier rapportera, & autres, Vendredi prochain, neuf heures du matin, la grosse de la Sentence du 20 Septembre 1775, pour être collationnée sur la minute & rendue conforme à icelle, en présence de Monsieur Me Fromont, Lieutenant de ce Siege, & du Procureur du Roy, en conséquence que ces mots, *nonobstant & sans préjudice de l'appel*, & autres qui se trouvent être dans la grosse, & n'être point dans la minute, seront rayés & biffés, dont sera dressé procès-verbal, à l'effet de quoi la présente Sentence lui sera signifiée dans le jour par l'Huissier de service, à la requête du Procureur du Roy; ordonnons que les Réglemens, & notamment celui que nous avons fait par notre Sentence du 23 Juillet 1768, seront exécutés selon leur forme & teneur; en conséquence enjoignons au Greffier

---

(1) Voyez la Sentence de l'Election, du 23 Juillet 1768, page 1708.

& à son Commis, de ne délivrer aucune Sentence, tant en matiere civile que criminelle, sans l'avoir préalablement collationnée exactement sur la minute, à peine d'être interdit. Enjoignons pareillement audit Greffier, conformément à notre Sentence dudit mois de Juillet 1768, dans l'énonciation des noms des Juges qui auront assisté au Jugement, de ne point mettre les noms de ceux des Juges qui sont suffisamment désignés par les qualités de Présidens, Lieutenant, Assesseur. 1775.

A l'égard de la formule de style, lui enjoignons de mettre l'intitulé de la grosse en cette forme: A tous ceux qui ces présentes Lettres verront, *le Président, Lieutenant, Assesseur, & Elus Conseillers du Roy, notre Sire, sur le fait de ses Aydes & tailles en la Ville, cité & Election* de *Paris.* Et après le prononcé, mettre simplement dans les grosses: *Si mandons au premier Huissier-Audiencier, ou Sergent sur ce requis, de mettre ces présentes à due & entiere exécution, selon leur forme & teneur: de ce faire leur donnons pouvoir. En témoin de ce, nous avons fait sceller ces présentes, qui furent faites & jugées en l'Election de Paris, par nous Premier Président, Lieutenant, Assesseur,* (si tous trois y sont, ou celui ou ceux qui seront présens), & les noms de famille de ceux des Conseillers présens à l'audience ou au prononcé, *tous Conseillers en ladite Election.* Sans qu'en aucun cas, ou sous quelque prétexte que ce soit, ledit Greffier ou son Commis puissent changer la présente formule; sauf au Procureur du Roy de prendre par la suite telles conclusions qu'il avisera, relativement à l'inexactitude qui se trouve entre la minute & la grosse de ladite Sentence du 20 Septembre 1775.

Cette Sentence a été signifiée le même jour à Wagnier & à son Procureur; le lendemain Vendredi, la grosse de ladite Sentence a été apportée au greffe, pour être réformée sur la minute, suivant le procès-verbal qui en a été dressé.

ARRÊT DE RÉGLEMENT *de la Cour des Aides, concernant les émoluments des différents actes & significations du ministere des Huissiers de la Cour des Aides. (Code des Tailles, Tome IV, page 585.)*

Du Mardi 5 Décembre 1775.

CE jour, la Cour, vu la Requête à elle présentée par le Procureur-Général du Roy, &c..... oui le rapport de M^e^. Louis-Achilles Dionis du Sejour, Conseiller: & tout considéré,

La Cour ordonne qu'en vertu du présent Arrêt, & à compter du jour d'icelui, les Huissiers de ladite Cour seront & demeureront autorisés à percevoir les émolumens des différens actes ou significations de leur ministere.

I. Pour chaque signification faite au Palais de Procureur à Procureur, six sols.

II. Pour chaque signification de Procureur à Procureur, à leur domicile, quinze sols.

III. Pour chacune desdites significations qui seront faites à heures datées, quarante sols.

IV. Pour chaque signification d'Arrêts, exécutoires, commandemens, & autres actes simples, au domicile des Parties, vingt sols.

V. Pour chaque signification & actes simples hors la barriere ou à l'extraordinaire, quatre livres.

VI. Pour le transport de l'Huissier de la Cour hors Paris, jusqu'à dix lieues, non compris les actes, trente sols par lieue, & le même droit pour le retour.

1775. VII. Pour chaque journée de voyage, la journée de dix lieues, & pour chaque jour de séjour hors de Paris, quinze livres, & le même droit pour le retour.

VIII. Pour les vacations aux compulsoires, scellés, & à toutes autres opérations, en vertu d'Arrêt & Ordonnances de la Cour, à raison de cinquante sols par heure, & vingt sols par rôle de minute, lorsqu'il conviendra de délivrer expédition des procès-verbaux.

IX. Pour tous procès-verbaux de réception de deniers & remise d'iceux, à raison de huit livres jusqu'à mille livres, quinze livres jusqu'à dix mille livres, & trente livres au-dessus des dix mille livres.

X. Pour les procès-verbaux d'apposition d'affiches dans Paris & aux barrieres, pour vente de biens-immeubles, à raison de quinze sols par chacune affiche; dans la banlieue, à raison de quarante sols par affiche pour tous droits; & hors la banlieue, à raison de trente sols par lieue, comme en l'article VI.

XI. Pour les procès-verbaux de publication aux Paroisses de Paris, six livres, & hors de Paris, outre le procès-verbal, les mêmes droits qu'aux articles VI & VII.

XII. Et par les procès-verbaux d'apposition d'affiches, pour ventes de meubles, & d'Arrêt au profit de Corps, Communautés & Particuliers, à raison d'une vacation pour vingt-cinq affiches, lorsque le ministere d'un Huissier de notre Cour sera nécessaire pour lecture, publication, & apposition de l'Arrêt.

XIII. Ne seront compris dans tous les articles ci-dessus, les déboursés de papier, timbre, contrôle, afficheur, & autres déboursés constatés ou de droit. Ordonne que le présent Arrêt sera imprimé, lu & publié à la Communauté des Avocats & Procureurs de notre Cour. Si te mandons, &c.

Donné à Paris, en la premiere Chambre de notredite Cour, le cinq Décembre mil sept cent soixante-quinze. *Signé*, LE PRINCE.

RÉGLEMENT concernant les taxes des frais & dépens faits dans les Commissions établies dans les Provinces du ressort.

Du Vendredi 15 Décembre 1775.

CE jour, la Cour faisant droit sur le requisitoire du Procureur-Général du Roy, a ordonné que son Arrêt du 31 Mars dernier, sera exécuté selon sa forme & teneur; en conséquence que les frais & dépens faits dans les Commissions établies dans les Provinces du ressort de la Cour, seront taxés suivant les Réglemens faits par notredite Cour, antérieurement à l'année 1771, à la déduction néanmoins d'un tiers. Ordonne qu'à la diligence du Procureur-Général de la Cour, le présent Arrêt sera imprimé & notifié avec celui dudit jour 31 Mars dernier, à la Communauté des Avocats & Procureurs.

INCENDIE DU PALAIS, EN 1776.

Le feu se manifesta au Palais, par la galerie des Prisonniers, la nuit du 10 au 11 Janvier 1776, vers minuit. Le Concierge de la Cour ne fut réveillé que sur les deux heures, le feu avoit fait alors des progrès considérables. Son premier soin fut de courir aux archives, pour sçavoir s'il étoit possible de sauver ce dépôt précieux qui commençoit à être enflammé. Dans ce moment de trouble & de désordre, il ne fut pas possible d'en donner avis à M. le Premier Président, qui ne fut averti de ce désastre, qu'à huit heures & demie du matin, par la voix publique; il se rendit sur-le-champ au Palais, où se trouverent plusieurs Messieurs de la Cour: ils prirent les précautions nécessaires pour arrêter le progrès de l'incendie, & pour tirer du milieu des flammes les papiers qui n'étoient pas encore consumés, & les dépôts faits aux greffes. Il a été du tout dressé procès-verbal qui a été présenté au Roi, & qui a été imprimé.

Nous ne tirerons de ce procès-verbal & des registres de la Cour que ce qui nous a paru le plus mériter d'entrer dans ce Recueil, en tâchant de conserver les propres termes dans les endroits les plus intéressants.

Du Lundi 22 Janvier 1776.

A été arrêté que Me. Outrequin, Greffier en chef de la Cour, sera député vers la Chambre des Comptes, à l'effet de lui témoigner la reconnoissance de la Cour, & la remercier des secours qu'elle lui avoit donnés lors de l'incendie.

Du Vendredi 26 Janvier 1776.

Ce jour, les Chambres assemblées, Me. Outrequin a dit qu'il s'est transporté le 25 à la Chambre des Comptes; qu'il étoit d'abord entré au greffe de la Cour, où, après avoir attendu très-peu de temps, il avoit vu venir un Huissier qui l'avoit conduit en la Chambre; que, placé dans le banc du Greffier en chef, il avoit salué ces Messieurs, & leur avoit dit:

« Messieurs, je suis chargé, en qualité de Greffier en chef de la Cour des Aydes, de témoigner à la Chambre sa reconnoissance, & de lui faire ses remerciemens pour tous les secours qu'elle lui a offerts & donnés dans l'occasion de cet incendie désastreux, dont elle vient spécialement d'être la victime ».

« Ce fut pour cette Cour, dans ce moment de douleur, plus pénible pour elle encore, parce que l'intérêt public, qui l'a toujours animée, y étoit compromis; ce fut pour elle, dis-je, Messieurs, une grande consolation de trouver en vous des Magistrats, qui, pénétrés des mêmes sentimens, malgré l'horreur & le trouble qu'inspiroit cette affreuse calamité dont eux-mêmes étoient menacés, & confondant alors leurs intérêts avec les siens, se soient montrés aussi amis & aussi secourables, n'épargnant rien de ce qui a pu prouver au Roy, comme à ses Sujets, leur zele,

1776. & à la Cour des Aydes cet esprit d'union & de confraternité qu'elle a toujours desiré cultiver & maintenir dans les deux Compagnies ».

Me. Jean Outrequin a dit que, sa mission remplie, M. de Nicolaï, Premier Président de la Chambre des Comptes, s'étoit découvert, & avoit dit:

Monsieur, en offrant à MM. de la Cour des Aydes un asyle, nous n'avons fait que suivre le penchant de notre cœur.

Nous recueillons dans notre sein des Magistrats que nous estimons; nous voulions leur être utiles, & nous étions témoins de leur courage & de leur zele.

Puisse l'époque de l'incendie resserrer à jamais les liens qui unissent les deux Cours! puisse l'esprit de concorde, puisse l'amour du bien public les animer & les distinguer toujours!

Voilà, Monsieur, l'expression des vœux dont vous allez être l'interprete; ils honorent également la Chambre des Comptes qui les forme, & la Cour des Aydes qui en est l'objet.

Le récit fini, la matiere mise en délibération, a été arrêté qu'il sera fait registre du récit dudit Me. Jean Outrequin.

Du Mercredi 14 Février.

Ce jour, les Chambres assemblées, M. le Premier Président a dit qu'en conséquence de la mission qu'il avoit reçue de la Cour, en l'assemblée des Chambres, tenue le 7 de ce mois, il s'étoit rendu à Versailles, Dimanche dernier: qu'il avoit eu l'honneur d'être introduit, à l'issue de la Messe du Roy, dans son Cabinet, avec M. le Garde des Sceaux & M. de Malesherbes, & qu'il avoit adressé la parole à Sa Majesté, en ces termes;

« SIRE,

» Votre Cour des Aydes m'a chargé de remettre à Votre Majesté une expédition en forme des procès-verbaux relatifs à l'incendie, & de la supplier d'assigner un fonds pour parvenir à réparer la perte des papiers; d'ordonner le rétablissement au greffe des états de la Maison de Votre Majesté, de celle de la Reine, des Princes ses freres, & des Princes & Princesses du Sang royal; de faire expédier une Déclaration pour que la Noblesse de votre Royaume ne se trouve point exposée à être la victime du feu qui a consumé un dépôt précieux pour elle; enfin de donner vos ordres pour le rétablissement des bâtimens nécessaires au service de votre Cour des Aydes ».

« Le Roy ayant pris l'expédition des procès-verbaux, m'a fait l'honneur de me répondre en ces termes »:

« J'ai été instruit du zele avec lequel vous vous êtes portés à sauver de l'incendie une partie de vos registres, & de l'empressement avec lequel vous avez repris votre service ordinaire ».

« Je donnerai des ordres pour rétablir, le plus promptement qu'il sera possible, le lieu de vos séances, & les logemens qui vous sont nécessaires ».

« J'en donnerai aussi pour faire remettre dans vos registres, les titres dont les doubles sont dans d'autres dépôts.

« A l'égard des autres objets, remettez vos Mémoires à mon Garde des Sceaux ».

Le récit fini, la matiere mise en délibération, a été arrêté qu'il sera fait registre du récit de M. le Premier Président, & que MM. de la Commission s'assembleront pour aviser à ce qui conviendra.

Du

Dudit jour 14 Février 1776.

Il a été arrêté, Chambres assemblées, que les restes des papiers incendiés, dont on ne peut tirer avantage, seront brûlés près du poteau de la Cour, en presence de M. Chrestien, Conseiller, commis à cet effet, d'un Substitut de M. le Procureur-Général, assistés d'un Greffier & d'un Huissier de la Cour, dont procès-verbal seroit dressé; ce qui a été exécuté ledit jour & jours suivants.

Réglement pour la police & sûreté des Greffes.

Dudit jour.

Ce jour, les Chambres assemblées, a été arrêté qu'il sera établi trois Commissaires aux greffes, lesquels seront pris & choisis dans chacune des Chambres, auxquels il ne sera attribué aucuns honoraires; & à l'instant M. le Premier Président a nommé M. Chrestien, pour la premiere Chambre; MM. de la seconde Chambre, retirés en leur Chambre, ont nommé M. Negre des Rivieres; & MM. de la troisieme Chambre, M. Taupinart de Tilliere.

A été arrêté en outre que les Commissaires seront tenus de s'assembler au moins une fois par mois, & rendront compte aux Chambres assemblées, de l'état des greffes & archives deux fois l'année: sçavoir, à Pâque & à la S. Martin, comptant l'année d'une S. Martin à l'autre S. Martin;

Qu'il sera relié tous les ans trois registres: sçavoir un pour les appointemens & rapports, un pour les audiences, & un pour les délibérations de la Compagnie; lesquels registres seront mis sur le bureau, lors du compte de la Saint-Martin; chacun des registres aura une couverture différente, & la couleur une fois adoptée, on suivra toujours le même ordre;

Qu'il y aura dans les greffes une armoire fermant à clef, pour y renfermer les délibérations de la Cour, dont le Greffier en chef aura seul la clef;

Qu'il ne sera jamais permis à qui que ce soit, ni à aucun des Conseillers, ni même des Commissaires, de déplacer les registres & délibérations de la Cour, sous quelque prétexte que ce puisse être, ni en aucun temps; qu'il sera pourtant loisible à chacun des Conseillers d'en venir prendre communication, même de les copier ou faire copier en entier, si bon leur semble, mais toutefois sans déplacer;

Qu'il sera fait un inventaire très-exact de tout ce qui sera dans les greffes & archives, en présence du Greffier en chef & de l'un des Substituts de M. le Procureur-Général du Roy;

Que les Commissaires veilleront aux feux & poëles établis dans les greffes, sans que dans les dépôts & archives il puisse jamais y avoir de feux établis; lesdits Commissaires seront autorisés à faire & à faire faire tout ce qui pourra contribuer à la sûreté & propreté des Greffes.

Du 13 Mars 1776.

Ce jour, les Chambres assemblées, M. Chrestien a dit qu'un Magistrat de la Chambre des Comptes, qui, par modestie, ne vouloit pas être nommé, aussi-tôt après l'incendie des registres & minutes de la Cour, avoit offert de l'aider d'un recueil qu'il avoit en sa possession; que sur les démarches qu'il avoit faites auprès

1776. de ce Magistrat, il lui avoit remis ce recueil, le priant, dans le cas où il pourroit être utile à la Cour, de le déposer dans ses archives.

Sur quoi, la matiere mise en délibération, a été arrêté que ledit recueil sera déposé aux archives de la Cour; procès-verbal d'icelui préalablement dressé; & que M. Chrestien sera chargé de faire des remerciemens de la part de la Cour à ce Magistrat.

Du 18 Mars 1776.

Ce jour, les Chambres assemblées, M. le Premier Président a dit, qu'en conséquence de l'arrêté de la Cour, du 13 dudit mois de Mars, il avoit été remercier le Roy des présens qu'il a eu la bonté de faire à la Cour, des registres de M. Bertin, & des 24000 liv. que Sa Majesté a accordées pour l'incendie du 11 Janvier dernier.

La matiere mise en délibération, a été arrêté qu'il sera fait registre du récit fait par M. le Premier Président.

DÉCLARATION *qui autorise les Officiers de la Cour des Aides à faire les recherches, & ensuite des copies des arrêtés & procès-verbaux de ladite Cour, dont les minutes ont été incendiées.* (*Code des Tailles, Tome IV, page 592.*)

11 Mars 1776.

LOUIS, &c. Desirant concourir au zele que témoigne notre Cour des Aydes, de rétablir le plus promptement possible le dépôt de ses minutes, presque totalement réduites en cendres dans l'incendie du 10 au 11 Janvier dernier; nous nous sommes portés à rendre une Déclaration, qui enjoint à nos Sujets de représenter les titres qui étoient de nature à être registrés en notre Cour des Aydes: nous avons aussi donné des ordres pour faire rétablir au greffe de notredite Cour les états des Officiers de notre Maison, & de tous ceux qui jouissent des privileges & exemptions de nos Commensaux; mais le dépôt de cette Cour seroit privé de la partie la plus intéressante pour notre service, si nous n'autorisions les Officiers de cette Cour à remplacer dans ses minutes par *duplicata* les procès-verbaux & arrêtés qui existoient dans les registres, contenant les délibérations de ladite Cour, en y donnant toute l'authenticité dont ces secondes expéditions peuvent être susceptibles. A ces causes, &c. Autorisons les Officiers de notredite Cour des Aydes à rechercher les procès-verbaux & arrêtés qui étoient contenus dans les registres de délibérations de ladite Cour, & à les remettre à ceux des Officiers qu'elle a commis à cet effet, pour être par eux examinés, & ensuite copiés en forme de nouvelles expéditions sur papier non timbré: voulons que lesdites expéditions soient représentées aux Chambres assemblées par les Officiers qui en auront fait l'examen, & qu'elles y soient de nouveau lues & examinées, puis signées par *duplicata*, par le premier ou plus ancien Président de notredite Cour, & qu'ensuite ces expéditions soient remises au greffe de notredite Cour, au rang des minutes & à la date qu'elles représentent. SI donnons en mandement, &c.

Donnée à Versailles, le onzieme jour du mois de Mars, l'an de grace mil sept cent soixante-seize, & de notre regne le deuxieme. *Signé*, LOUIS; & plus bas, par le Roy. *Signé*, DE LAMOIGNON.

Registrée en la Cour des Aydes, le 26 Mars 1776.

DÉCLARATION qui ordonne la représentation à la Cour des Aides des titres & pieces qui y ont été ci-devant registrés, concernant la Noblesse & les privileges des Communautés Séculieres & Régulieres. (Code des Tailles, Tome IV, page 588.)

11 Mars 1776.

LOUIS, &c. L'incendie de la nuit du 10 au 11 Janvier dernier qui consumé une partie du Palais, a singuliérement réduit en cendres presque tout l'emplacement où s'est tenue jusqu'à présent notre Cour des Aydes, & notamment la totalité de ses greffes & des dépôts de ses minutes : cette perte est d'autant plus fâcheuse, qu'elle intéresse l'état de nos Sujets qui ont obtenu des Lettres de Noblesse de nous & des Roys nos prédécesseurs, ou qui ont été maintenus & confirmés dans leurs noblesse par Arrêt de notre Cour des Aydes. Nous avons reconnu combien il étoit important pour la Noblesse de notre Royaume qu'il existât toujours un dépôt auquel elle pût avoir recours ; & notre premier soin a été de nous occuper des moyens de réparer, autant qu'il seroit possible, la perte de celui qui existoit en notredite Cour : il ne nous a pas paru moins digne de nos intentions de remplacer dans lesdits greffes les titres en vertu desquels plusieurs Villes, Corps, Communautés séculieres & régulieres & autres levent sur nos Sujets, des droits sous différentes dénominations, ou jouissent d'immunités & des privileges qu'ils tiennent de nous ou des Roys nos prédécesseurs. Le moyen le plus convenable & le plus expédient pour y parvenir, étant de faire rapporter les Lettres qui ont été accordées par nos prédécesseurs ou par nous, & les expéditions des Arrêts rendus en notre Cour des Aydes : nous avons lieu de croire que tous nos Sujets satisferont avec d'autant plus d'empressement aux dispositions des présentes, que les formalités auxquelles ils seront assujettis, seront remplies sans aucuns frais de leur part. A ces causes, &c. voulons & nous plaît ce qui suit :

I. Ceux de nos Sujets qui jouissent de la noblesse & des privileges qui y sont attachés, en vertu de Lettres obtenues de nous ou des Roys nos prédécesseurs, seront tenus, dans le délai de six mois, à compter du jour de l'enregistrement des présentes, pour ceux qui font leur domicile dans le ressort de notre Cour des Aydes de Paris, & d'un an pour ceux qui font leur domicile hors le ressort de ladite Cour, de les rapporter au greffe de notredite Cour, pour y être enregistrées de nouveau.

II. Seront pareillement tenus ceux de nos Sujets qui ont été maintenus & confirmés dans leur noblesse, en vertu des Arrêts de notredite Cour des Aydes, de remettre, dans le même délai, au greffe de notredite Cour les expéditions d'Arrêts qu'eux ou leurs auteurs auroient obtenus.

III. Voulons & ordonnons que les Corps de Ville, Communautés séculieres & régulieres, & les Particuliers qui, sous quelque dénomination, & à quelque titre que ce soit, levent des droits sur nos Sujets à temps ou à perpétuité, ou jouissent d'aucunes exemptions, franchises & immunités, en vertu des Lettres-Patentes, Edits, Déclarations enregistrées en notre Cour des Aydes, soient tenus de les représenter en notredite Cour, dans les délais ci-dessus ordonnés.

IV. Pour sûreté des titres qui seront représentés en notredite Cour des Aydes,

1776. il sera délivré par les Officiers commis par elle à cet effet, un certificat aux propriétaires qui auront fait la remise de leurs titres.

V. Voulons que notre Cour des Aydes ou les Officiers par elle commis à l'examen des titres qui auront été déposés en son greffe, y procedent dans le délai de quinzaine, à compter du jour de la remise des pieces, & que, vérification faite desdits titres, ils soient transcrits sur les registres de notredite Cour, de la maniere & ainsi qu'il sera par elle ordonné, & remis incessamment aux Parties qui les réclameront, mention préalablement faite sur lesdits titres du nouvel enregistrement qui en aura été fait.

VI. Il ne pourra être exigé ni perçu aucun droit des Parties, sous quelque prétexte que ce soit pour ledit enregistrement, nous réservant de pourvoir, ainsi que nous aviserons, aux frais que ces formalités pourront occasionner.

VII. Après l'expiration des délais portés par l'article premier ci-dessus, notredite Cour des Aydes n'aura dans les procès & contestations qui seront portés devant elle, aucun égard aux Lettres de noblesse, Arrêts de maintenue, Lettres de privileges, immunités, exemptions & autres qui ne lui auront pas été rapportés en exécution de la présente Déclaration, & ce seulement jusqu'à ce que lesdites Lettres ayent été de nouveau registrées, ce que notredite Cour sera tenue de faire dans tous les temps, mais aux frais & dépens des Parties intéressées. SI donnons en mandement, &c.

Donnée à Versailles, le onzieme jour du mois de Mars, l'an de grace mil sept cent soixante-seize, & de notre regne, le deuxieme. *Signé*, LOUIS; par le Roy, DE LAMOIGNON.

Registrée en la Cour des Aydes, le 26 Mars 1776.

ARRÊT de la Cour des Aides, concernant les deux sortes de contraintes pour le recouvrement des Tailles. (Code des Tailles, Tome IV, page 594.)

26 Mars 1776.

VU par notredite Cour la Requête à elle présentée par notre Procureur-Général, contenant, que par le Réglement du 13 Avril 1761, annexé à la Déclaration du même jour, le tout duement registré en notredite Cour le 8 Mai suivant, les Receveurs des impositions étoient autorisés pour le recouvrement desdites impositions à se servir d'Huissier ou d'Homme de garnison à leur choix, sans pouvoir néanmoins employer les deux à la fois; il étoit instruit que dans l'Election de..... il a été fait en l'année 1762, entre le Receveur des tailles & les Officiers du Siege, un Réglement par lequel ledit Receveur, s'étoit obligé de n'employer que les Huissiers des tailles, & de répartir entre eux toutes les Paroisses de cette Election; qu'un pareil Réglement, étant fait sans être autorisé par notredite Cour, & étant contraire au Réglement du 13 Avril 1761, il croit devoir en requérir la nullité. A ces causes il requéroit, &c.

La Cour, faisant droit sur le requisitoire de notre Procureur-Général, déclare le Réglement fait entre les Officiers de l'Election de..... & le Receveur des tailles de ladite Election, nul & de nul effet? ordonne que le Réglement du

13 Avril 1761, annexé à la Déclaration du même jour, sera exécuté selon sa forme & teneur, & que copie du présent Arrêt sera envoyée à l'Election de... pour y être lue, &c. 1776.

ARRÊT de la Cour des Aides, portant Réglement pour l'expédition des affaires dans l'Election de Paris. (Code des Tailles, Tome IV, page 595; Enrégistrements de l'Election, Volume coté XXIII, folio 232.)

20 Mai 1776.

VU par la Cour la Requête à elle présentée par le Procureur-Général du Roy, contenant qu'il s'est introduit différens abus dans l'instruction & expédition des affaires pendantes au Siege de l'Election de cette Ville; que ces abus viennent des longueurs & délais multipliés, occasionnés par la négligence des Parties ou autrement; que pour y remédier, il croit devoir proposer à la Cour de faire un Réglement qui, par sa sagesse, rétablisse l'ordre & la célérité qu'exige le bien du service. A ces causes, requéroit le Procureur-Général, &c.

I. La Cour ordonne, pour faciliter l'expédition des affaires, qu'il sera fait tous les mois par le Président du Siege, ou par celui qui présidera en son absence, un rôle en papier qui sera remis au greffe, lequel sera fait sur le placet qui sera présenté par la Partie la plus diligente; s'il se présentoit des affaires qui exigeassent célérité, il sera accordé audience sur le placet qui sera présenté à cet effet.

II. Ordonne que les communications des pieces ne pourront se faire que par la voie du greffe; pourront les pieces être prises en communication avec déplacement, en donnant par le Procureur son récépissé sur le registre de communication.

III. Ordonne que les pieces communiquées ne pourront rester plus de huit jours au greffe, afin de donner le temps aux Défenseurs des Parties d'en prendre telle communication qu'ils jugeront à propos, passé lequel temps de huitaine, les pieces prises en communication avec déplacement seront remises au greffe, sinon le Procureur qui aura différé de les remettre, sera contraint par corps à la requête & diligence des Gens du Roy, à l'effet de quoi le Greffier sera tenu de les avertir, sous telle peine qu'il appartiendra.

IV. Ordonne que le jour auquel les pieces seront remises au greffe, sera signifié par le Procureur qui fera la communication au Procureur qui l'aura requise, par un simple acte contenant déclaration qu'après la huitaine il retirera ses pieces: ce qu'il pourra faire sans autre déclaration ni procédure.

V. Ordonne que le Greffier tiendra un registre paraphé par le Président ou autre Officier du Siege, dans lequel il fera mention du jour auquel les pieces auront été mises au greffe, & du jour auquel elles auront été retirées par le Procureur qui les y aura mises, lequel en donnera décharge audit Greffier sur ledit registre; il sera payé audit Greffier cinq sols à la remise, & cinq sols au retrait, & sera le Greffier tenu de délivrer, lors de la remise des pieces, un extrait avec déclaration si lesdites pieces ont été prises en communication ou non, pour lequel il sera accordé audit Greffier cinq sols, y compris le papier.

VI. Ordonne que, faute par le Procureur à qui la communication aura été

1776. offerte & déclarée, de l'avoir priſe dans ledit délai, elle ſera tenue pour faite, & il ne pourra plus la demander de nouveau.

VII. Ordonne qu'il ne pourra être accordé plus de trois remiſes pour chaque affaire; & pour conſtater le nombre de ces remiſes, il en ſera fait mention à chaque fois ſur le rôle par le Greffier.

VIII. Ordonne qu'après la troiſieme remiſe, il ſera donné Jugement, ſans qu'il ſoit beſoin d'autres.

IX. Ordonne que les oppoſitions aux Sentences par défaut ne pourront être faites que conformément à ce qui eſt preſcrit par la Déclaration du Roy, du 17 Février 1688; & cependant, le délai expiré, les appels pourront être convertis en oppoſitions, conformément à l'uſage reçu au Châtelet & autres Juriſdictions.

X. Ordonne qu'il ne pourra être accordé plus de trois remiſes ſur l'oppoſition, après leſquelles il ſera donné Jugement au Procureur qui le requérera, & ce Jugement ne ſera plus ſuſceptible d'oppoſition

XI. Ordonne que, conformément aux Réglemens, les Officiers dudit Siege de l'Election ſeront tenus de reſter en place, tant qu'il y aura des affaires en état d'être jugées.

XII. Ordonne que les délibérés ſur le regiſtre qui ſeront ordonnés, ſeront jugés dans trois jours, conformément à ce qui eſt preſcrit par l'Arrêt de Réglement de la Cour, du 14 Décembre 1683.

XIII. Ordonne que les affaires portées ſur le rôle & ſur les placets, ſeront appellées par les Huiſſiers de ſervice, leſquels ſeront tenus de ſe trouver exactement à neuf heures du matin les jours d'audience, & autres jours & heures qui leur ſeront indiqués, le tout à peine d'interdiction.

XIV. Ordonne enfin que les Réglemens pour la police & le bon ordre entre les Officiers du Siege de l'Election, ſeront exécutés ſelon leur forme & teneur.

XV. Ordonne que copie collationnée du préſent Arrêt ſera envoyée audit Siege, &c.

Donné à Paris, en la premiere Chambre, le vingt Mai mil ſept ſoixante-ſeize. Collationné. *Signé*, OUTREQUIN.

Le 8 Mars 1776, la Cour a enrégiſtré les Lettres de Conſeiller d'honneur en la Cour, accordées par le Roi, le 7 Février précédent, à M. Antoine-Louis Bellanger, premier Avocat-Général de la Cour, en conſidération des ſervices de M. ſon pere, depuis 1704, dans la Charge d'Avocat-Général, & de ſes ſervices perſonnels depuis 1738 qu'il ſuccéda à M. ſon pere, dans la même Charge, juſqu'en la préſente année. Il a été inſtallé & pris place ledit jour au-deſſus de M. le Doyen.

ARRÊT de la Cour des Aides, du 14 Mars 1776, qui condamne Binet & le Comte, Employés dans les Fermes, à la marque & aux galeres pour infidélités dans leurs emplois; Tringault, suborneur de Commis, au carcan; interdit deux Marchands de vin de leur commerce.

ARRÊTS du Conseil, des 29 Août 1775 & 23 Juillet 1776, qui ordonnent une nouvelle répartition, à compter de 1777, de la somme d'un million deux cents mille livres imposée sur les pays d'Election & les pays conquis depuis l'année derniere, pour subvenir à la dépense des convois militaires. (Code des Tailles, Tome V, page 1.)

ARRÊT du Conseil, du 4 Août 1776, qui ordonne que les Directeurs, Receveurs & autres Employés de l'administration de la Loterie Royale, jouiront des privileges accordés aux Commis des Fermes par l'Ordonnance du mois de Juillet 1681.

DÉCLARATION concernant la répartition de la Taille dans la Généralité de Paris. (Code des Tailles, Tome V, page 3; Enregistrements de l'Election, Volume coté XXIII, folio 233.)

11 Août 1776.

LOUIS, &c. Nous avons, par nos Lettres-Patentes du premier Janvier 1775, confirmé les opérations qui avoient été faites pendant les trois années précédentes dans la Généralité de Paris, pour parvenir à une meilleure répartition de la taille; mais étant nécessaire de pourvoir pour l'année 1776 & les suivantes, à la suite de ces opérations, nous avons cru devoir y donner la sanction de notre autorité, afin de leur procurer une exécution complette. Nous avons néanmoins jugé à propos d'en borner le terme, & de le fixer à six années, pendant lesquelles nous nous ferons rendre compte avec soin des effets qu'elles auront produits, afin d'en étendre l'exécution à toutes les Provinces de notre Royaume, s'il y a lieu; ou au contraire, d'y faire les changemens que l'expérience aura fait connoître nécessaires. A ces causes, &c. voulons & nous plaît ce qui suit:

1776.

PREMIERE PARTIE.

De la Formation des Rôles.

Pouvoir donné aux Intendans de nommer des Commissaires aux rôles.

I. Les dispositions de l'Edit du mois d'Août 1715 & des Déclarations des 13 Avril 1761 & 7 Février 1768, concernant les Commissaires pour la confection des rôles de la taille & impositions accessoires, seront exécutées : en conséquence l'Intendant & Commissaire départi dans la Généralité de Paris, pourra continuer de faire procéder, soit en sa présence, ou en présence de tel Commissaire qu'il subdéléguera à cet effet, à la confection des rôles des Villes, Bourgs & Paroisses taillables de ladite Généralité, & ce, en tel nombre qu'il jugera à propos, à la charge seulement d'en faire déposer chaque année un état au greffe des Elections, qui contiendra les noms & domiciles desdits Commissaires, & les Paroisses dont chacun d'eux sera chargé.

Nomination des Collecteurs dès le premier Avril. Délai pour se pourvoir.

II. Il sera procédé dans chaque Paroisse, dans les formes prescrites par les Déclarations des premier Août 1716 & 9 Août 1723, & en suivant l'ordre des tableaux ordonnés par lesdites Déclarations, à la nomination des Collecteurs, dès le premier Dimanche du mois d'Avril de l'année qui précédera celle de l'imposition qu'ils seront chargés de percevoir, afin que les Commissaires ayent plus de temps pour faire leurs travaux, & puissent parcourir les Paroisses dans une saison plus favorable, & où les Habitans de la campagne soient le plus rassemblés. Les Collecteurs nommés seront admis à se pourvoir contre leurs nominations dans les formes ordinaires; mais les Jugemens qui y seront relatifs, ne pourront être rendus en premiere instance dans les Elections, passé le premier Août, & par appel en notre Cour des Aydes plus tard que le 7 Septembre.

Temps auquel les Commissaires aux rôles doivent se transporter dans les Paroisses.

III. Lorsque les nominations des Collecteurs seront faites, les Commissaires, qui auront été nommés par ledit Intendant & Commissaire départi, se transporteront dans les Villes, Bourgs & Paroisses, pour y dresser les procès-verbaux de l'état desdites Paroisses, & des déclarations des biens & facultés des contribuables, ou pour y faire le récolement des procès-verbaux qui auroient été rédigés précédemment. Et seront tenus, à cet effet, d'annoncer leur transport aux Officiers municipaux des Villes & aux Syndics des Paroisses, au moins huit jours avant leur arrivée, par un mandement qui indiquera le jour, le lieu & l'heure qu'ils auront choisis pour leurs opérations, & qui sera affiché, à la diligence du Syndic, à la principale porte de l'Eglise Paroissiale.

Les Syndics, Collecteurs & Habitans tenus de comparoître devant les Commissaires.

IV. A leur arrivée dans les Paroisses, les Commissaires feront sonner la cloche : seront tenus le Syndic, les Collecteurs de l'année courante & de l'année suivante, de comparoître devant eux, à peine de vingt livres d'amende, laquelle amende sera prononcée par l'Intendant, & sera déposée entre les mains du Receveur

ceveur des impositions, pour être distribuée en moins imposée sur la taille de l'année suivante. Seront tenus pareillement tous les autres Habitans de comparoître lorsqu'il s'agira de faire des nouveaux procès-verbaux, à peine par ceux des Habitans qui ne paroîtront point, d'être imposés sur la déclaration des autres Habitans; & ne pourront les non-comparans être admis à se pourvoir contre les impositions qui auront été faites, d'après les déclarations des autres Habitans, à moins qu'ils ne justifient d'avoir fourni ou fait signifier depuis au Commissaire, une déclaration signée d'eux, laquelle sera communiquée à la Paroisse, avant le département, pour être par elle avouée ou contredite. 1776.

Déclaration générale des Habitans.

V. Les Commissaires prendront la déclaration générale des Habitans assemblés, sur la situation de la Paroisse, sa population, le nom des Seigneurs, sa Jurisdiction, la proportion des mesures, & sur les autres renseignemens généraux qui leur seront nécessaires. Ils détermineront, de concert avec les Habitans, les différentes classes qui divisent le territoire de la Paroisse, & les cantons ou portions de cantons qui doivent composer ces classes. Enfin, ils se procureront les renseignemens les plus exacts sur tout ce qui pourra conduire à la juste estimation des biens imposables, ou du prix commun des loyers des différentes classes, pour en faire leur rapport au département. Seront tenus, au surplus, lesdits Commissaires de prendre les autres instructions prescrites par l'Edit du mois de Mars 1600, celui de Janvier 1634, & les Déclarations des mois d'Avril 1761 & 7 Février 1768

Déclaration de chaque Contribuable.

VI. Après avoir rédigé dans leurs procès-verbaux les différens objets dont il vient d'être fait mention, les Commissaires procéderont à la réception de la déclaration soit verbale, soit écrite, de chaque contribuable; ils la rédigeront en présence du déclarant, des Collecteurs & des Habitans, la feront signer par le déclarant, lorsqu'il sçaura signer; sinon ils feront mention qu'il ne sçait signer, & l'avertiront que sa déclaration doit être exacte & sans fraude, à peine du doublement de cotte.

Ce que doivent contenir les déclarations de chaque Contribuable.

VII. Les déclarations de chaque contribuable contiendront 1°, les noms & surnoms du déclarant, & sa profession, 2°. le détail des biens propres qu'il exploite sur la Paroisse, en distinguant la différente nature des biens, & les différens cantons ou portions du canton où ils seront situés, afin de les comprendre dans les classes qui pourront avoir été faites; & dans le cas où la totalité de ces biens, ou partie d'iceux, seroient chargés de rente, il en sera fait mention, ainsi que des noms & demeures de ceux à qui elles sont dues; 3°. les biens qu'il exploite à loyer, avec la même distinction, le prix de la location, & les noms & demeures des propriétaires; 4°. ce qu'il exploite dans les Paroisses voisines, soit en propre, soit à loyer, avec les distinctions indiquées ci-dessus; 5°. la maison dans laquelle habite le taillable, en distinguant si elle lui appartient en propre, ou s'il la tient à rente ou à loyer; & dans les deux derniers cas, il sera fait mention de la quotité de la rente ou loyer, & des noms & demeures de ceux à qui ces rentes ou loyers sont payés; 6°. les revenus actifs soit en loyers de maisons, de

1776. terres ou rente de toute nature, & les noms & demeures de ceux par qui ces revenus ſont payés ; 7°. le commerce ou l'induſtrie de chaque taillable, dont le produit impoſable ſera établi d'après le gain net, déduction de tous les frais, ſans qu'en aucun cas les Marchands puiſſent être tenus de repréſenter leurs livres & écritures de commerce ; ſeront inſérés dans la déclaration, autant qu'il ſera poſſible, l'âge du déclarant, le nombre, le ſexe & l'âge de ſes enfans, ſon état de ſanté ou d'infirmité, & les beſtiaux qu'il a de toute eſpece.

Faculté d'aſſurer les déclarations par pieces juſtificatives.

VIII. Les déclarans auront la faculté d'aſſurer leurs déclarations par pieces juſtificatives, telles que baux, quittances, contrats, partages, & ſur-tout par la repréſentation des reconnoiſſances faites aux terriers des Seigneurs.

Les Habitans pourront contredire ces déclarations ; cas d'ordonner un arpentage.

IX. Chaque déclaration ſera lue aux Syndic, Collecteurs & Habitans aſſemblés qui pourront les contredire ; & dans le cas où le déclarant n'auroit pas appuyé ſa déclaration de pieces juſtificatives, la contradiction de la Paroiſſe l'emportera ſur l'aſſertion particuliere du déclarant ; & ſi les Habitans arguoient les pieces de fraude, le Commiſſaire en référera à l'Intendant qui ordonnera un arpentage, ou telle autre vérification qu'il jugera convenable, dont les frais ſeront ſupportés par ceux des Déclarans ou des Habitans dont l'aſſertion aura été reconnue fauſſe. Pourra même le Commiſſaire, lorſque la multitude des fauſſes déclarations le rendra néceſſaire, provoquer un arpentage général qui ſera ordonné par ledit ſieur Intendant, & dont les frais ſeront répartis ſur ceux qui auront fait de fauſſes déclarations. N'entendons néanmoins que, ſous prétexte deſdites vérifications, les Intendans puiſſent connoître des inſcriptions de faux qui ſeroient formées contre certaines pieces, ſoit en faux principal, ſoit en faux incident, leſquelles ils ſeront tenus de renvoyer pardevant les Elections, & par appel en notre Cour des Aydes.

Procès-verbaux des déclarations doivent être terminés, au plus tard, au 15 Juin.

X. Après la réception & diſcuſſion des déclarations, le Commiſſaire terminera ſon procès-verbal, en ſignera la minute, & la fera ſigner auſſi par le Syndic, Collecteurs & principaux Habitans ; & ſeront tous les procès-verbaux dreſſés par le Commiſſaire, clos & terminés, au plus tard, au quinze Juin de chaque année.

Les procès-verbaux ne peuvent être renouvellés pendant ſix années. Il en ſera ſeulement fait un récolement tous les ans.

XI. Lorſque les procès-verbaux de ſituation des Paroiſſes & des déclarations des contribuables auront été réguliérement & exactement faits, ils ne pourront être renouvellés pendant leſdites ſix années ; il en ſera fait ſeulement chaque année par les Commiſſaires un récolement en préſence des Syndic & Collecteurs, auquel pourront ſe préſenter les Habitans qui voudront rectifier ou changer leurs déclarations, leſquelles déclarations ſeront contredites, s'il y a lieu, en la forme ci-deſſus preſcrite. Seront tenus auſſi de ſe préſenter, à la requiſition du Commiſſaire, ceux deſdits Habitans qu'il croira devoir appeller, pour vérifier avec eux les augmentations à faire à leurs déclarations, dont il auroit eu connoiſſance particuliere, & ce, à peine de supporter ladite augmentation sans pouvoir être admis à s'en plaindre, à moins qu'ils ne fournissent ou fassent signifier, comme il est ordonné ci-dessus, au Commissaire, une déclaration signée, laquelle sera communiquée à la Paroisse avant le département. 1776.

La matrice des rôles sera déposée entre les mains d'un taillable choisi par les Habitans. Obligations de ce dépositaire.

XII. Lorsque les procès-verbaux de chaque Paroisse auront acquis la perfection & le degré de certitude convenables, on en formera des matrices de rôles qui seront déposées entre les mains de celui des taillables qui sera choisi par les Habitans; chaque rôle sera formé sur cette matrice, & on ne pourra s'en écarter, sous quelque prétexte que ce soit, à moins qu'on n'y soit autorisé par Arrêt, Jugement ou Commission particuliere. Sera tenu le dépositaire de ladite matrice de faire note des changemens qui pourroient survenir pendant le courant de l'année, dans les possessions ou l'existence des individus de la Paroisse, lesquels seront constatés au passage des Commissaires, en présence du Syndic, Collecteurs & Habitans, & il en sera dressé procès-verbal, pour être annexé à la matrice du rôle.

Le dépositaire de la matrice du rôle, tenu d'en donner communication à chaque Contribuable.

XIII. Le dépositaire de la matrice du rôle sera tenu d'en donner communication à chaque contribuable, toutes les fois qu'il en sera requis, & même de délivrer en papier non-timbré des extraits ou des copies des déclarations y contenues; il sera obligé aussi de fournir au bureau de l'Intendant & au greffe de l'Election, copie en forme de ladite matrice, &, chaque année pareillement, copie du procès-verbal des changemens qui y seront survenus.

Le prix du loyer des terres, prés, vignes, bois & autres biens de pareille nature sera fixé au département, d'après les procès-verbaux des Commissaires.

XIV. D'après les procès-verbaux des Commissaires, & sur leur rapport, le prix du loyer des terres, prés, vignes, bois & autres natures de revenus, sera fixé au département, & l'état par Paroisse en sera affiché dans l'auditoire de chaque Election; en conséquence chaque Commissaire apportera au département les minutes de ses procès-verbaux & les projets des rôles des Paroisses dont il aura été chargé, en y laissant en blanc seulement l'imposition de la taille qui doit porter sur les fonds; & pour les Paroisses dont les rôles n'auront pas été faits en présence des Commissaires, les Receveurs des impositions auront soin de se procurer & de rapporter au département les rôles de l'année précédente, & l'extrait certifié par le dépositaire de la matrice du rôle, des changemens survenus dans le courant de l'année qui pourroient influer sur la fixation de la taille.

Confection des rôles aussi-tôt après le département.

XV. Aussi-tôt après le département, il sera procédé définitivement, soit par les Collecteurs seuls, dans les Paroisses où il n'auroit point été nommé de Commissaires, soit par les Collecteurs, en présence des Commissaires, dans les autres, à la répartition du montant de la taille porté par la Commission.

1776. *Les Collecteurs ne pourront se dispenser de signer la minute du rôle, laquelle sera pareillement signée & paraphée à chaque page, par le Commissaire.*

XVI. Comme au moyen des principes établis & des formes prescrites par les présentes, on ne pourra s'écarter des regles de la justice, & que toutes les opérations se réduiront à des calculs relatifs aux déclarations signées par chaque contribuable, & avouées ou discutées par les Collecteurs & Habitans, les Collecteurs ne pourront se dispenser, sous quelque prétexte que ce soit, de signer la minute du rôle; elle sera signée pareillement par le Commissaire qui aura soin de la parapher à chaque page.

La minute doit être remise aux Collecteurs, sous leur reconnoissance, pour en faire faire deux expéditions, l'une pour servir au recouvrement, l'autre pour être déposée au greffe.

XVII. La minute du rôle sera remise ensuite aux Collecteurs, sous leur reconnoissance, pour en faire faire les deux expéditions conformes à icelle, l'une par servir au recouvrement, après qu'elle aura été vérifiée & rendue exécutoire par l'Officier de l'Election à ce préposé; & l'autre pour être déposée au greffe de l'Election. Et ne pourront lesdits Collecteurs, sous prétexte de faire copier lesdites minutes, les garder plus de huitaine; après lequel délai ils seront tenus de les rapporter au Commissaire. Faisons très-expresses inhibitions & défenses auxdits Collecteurs de faire ni souffrir qu'il soit fait aucun changement auxdites minutes, de quelque nature & sous quelque prétexte que ce soit, à peine d'être poursuivis extraordinairement comme faussaires.

Les deux expéditions doivent être portées à un Officier de l'Election, pour être vérifiées & rendues exécutoires.

XVIII. Lorsque les deux expéditions des rôles seront faites & signées du Commissaire & des Collecteurs, elles seront portées par lesdits Collecteurs, avec la Commission, à l'Officier de l'Election préposé pour en faire la vérification & les rendre exécutoires. Voulons que, conformément aux anciens Réglemens, les Officiers chargés de ladite vérification y vaquent sans délai, & ne puissent garder les rôles que trois jours au plus, aux peines portées par lesdits Réglemens, qui ne seront regardées comme comminatoires, mais de rigueur.

SECONDE PARTIE.

DES PRINCIPES DE LA RÉPARTITION.

Division de chaque cotte en taille réelle & taille personnelle.

I. Chaque cotte de taille, dans le rôle, sera divisée en deux parties : celle de la taille réelle, & celle de la taille personnelle.

De quels objets doit être composée la taille réelle.

II. La partie de la taille réelle sera composée des objets suivans, dans l'ordre où ils seront rangés dans le présent article: sçavoir, 1°. des terres labourables,

1776.

prés, vignes, bois & autres biens de cette nature, exploités par les taillables, soit en propre, soit à loyer; 2°. des moulins & usines qu'ils font valoir; 3°. des dixmes ou champarts, rentes ou droits seigneuriaux qu'ils tiennent à Ferme; 4°. des maisons ou corps de Ferme que les taillables occupent.

Fixation du taux d'occupation des maisons.

III. Le taux d'occupation des maisons sera, dans l'Election de Paris, & dans toutes les Villes de la Généralité, au sol pour livre du prix de la location, ou de l'évaluation comparée avec la location, pour celles qui ne sont pas louées, ou dont le prix ne peut être connu, & de six deniers pour livre seulement dans les campagnes des autres Elections.

Fixation du taux des moulins & usines, dixmes, champarts & droits seigneuriaux tenus à Ferme.

IV. Les moulins & autres usines, les dixmes, champarts & droits seigneuriaux, tenus à Ferme, seront imposés au taux de la Paroisse, sans déduction.

Les terres labourables, prés, vignes, bois & autres biens de pareille nature, seront taxés suivant l'estimation donnée à l'arpent dans la classe où ils se trouveront.

V. Les terres labourables, prés, vignes, bois & autres biens de pareille nature, seront imposés uniformément entre les mains de tous ceux qui en feront l'exploition, au taux de la Paroisse, suivant l'estimation donnée à l'arpent, dans la classe où ils se trouveront, & sans avoir égard à la redevance portée par les baux.

Le taux de la taille réelle sera fixé au département.

VI. Le taux de la taille réelle, ou la proportion de l'imposition avec les revenus contribuables, sera fixé au département, il servira de base à l'imposition, & on ne pourra s'en écarter dans la répartition particuliere.

De quels objets doit être composée la taille personnelle.

VII. La partie de la taille personnelle sera composée, sçavoir, 1°. du revenu des moulins & usines, & des maisons en propre données à loyer ou occupées, sur lesquelles on déduira le quart, en considération des réparations dont les propriétaires sont chargés; 2°. des revenus des terres données à loyer, suivant la redevance, ou de celles exploitées en propre, suivant le prix du loyer des classes dans lesquelles elles se trouveront; 3°. des rentes actives; 4°. du bénéfice de l'industrie, ou du dixieme du prix des journées de la profession à laquelle chacun des contribuables s'adonne.

Les objets composans la taille personnelle, seront imposés au sol pour livre.

VIII. Tous les revenus ou facultés résultans des objets ci-dessus, seront imposés au sol pour livre, en telle maniere, à l'égard des journées, par exemple, que si un artisan ou journalier est censé gagner deux cens journées par an, ces journées ayant été tirées pour vingt dans l'évaluation des facultés, comme journalier, il ne sera imposé qu'au prix d'une seule de ces journées.

1776. *Révocation de la permission accordée par la Déclaration du 17 Février 1728, pour la Généralité de Paris seulement.*

IX. La permission accordée par la Déclaration du 17 Février 1728, aux contribuables, de se faire imposer dans le lieu de leur domicile, pour les biens qu'ils exploitent dans d'autres Paroisses de la même Election, ne pouvant se concilier avec la fixation de l'imposition de chaque Paroisse, nous avons révoqué & révoquons par ces présentes, pour la Généralité de Paris seulement, ladite Déclaration du 17 Février 1728. En conséquence ordonnons que les contribuables aux tailles qui exploiteront dans plusieurs Paroisses d'une même Election, seront imposés à la taille dans chacune desdites Paroisses, pour les exploitations qu'ils y feront. A l'égard de leur cotte personnelle, ils la payeront dans la seule Paroisse de leur domicile, & non dans celle où ils feront seulement des exploitations.

Exécution des Déclarations de 1761, 1766 & 1768. Conservation des privileges des Ecclésiastiques, Nobles, Officiers des Cours, Jurisdictions des Elections & Cours des Aydes.

X. Voulons que la Déclaration du 13 Avril 1761, l'Edit du mois de Juillet 1766, la Déclaration du 7 Février 1768, & autres Réglemens sur le fait de nos tailles, continuent d'être exécutés en ce qui n'est pas contraire aux présentes. N'entendant au surplus par icelles rien innover sur les privileges des Ecclésiastiques, des Nobles, des Officiers de nos Cours, & de tous les privilégiés qui continueront d'en jouir conformément aux Edits, Déclarations & Lettres-Patentes donnés à cet effet, ni donner aucune atteinte aux droits, fonctions & Jurisdictions des Elections & de nos Cours des Aydes, qui continueront de les exercer avec l'autorité & dans les formes accoutumées. Si donnons en mandement, &c.

Donnée à Versailles, le onzieme jour du mois d'Août, l'an de grace mil sept cent soixante-seize, & de notre regne le troisieme. *Signé*, LOUIS; & plus bas, par le Roy, AMELOT.

Registrée, oui, & ce requérant le Procureur-Général du Roy, pour être exécutée selon sa forme & teneur : à la charge que, conformément à l'enregistrement de la Déclaration du 13 Avril 1761, les amendes portées par l'article IV de la premiere partie, ne pourront être prononcées qu'à la charge de l'appel ; à la charge pareillement que les dispositions de l'article V de la seconde partie ne pourront être appliquées qu'à ceux qui seront taillables; ordonne que copies collationnées d'icelle seront envoyées, &c. Fait à Paris, en la Cour des Aydes, les Chambres assemblées, le 23 Août 1776. *Signé*, VERNE.

1776.

INSTRUCTION donnée par M. l'Intendant de la Généralité de Paris, pour les Commissaires des impositions de l'année 1776.

PREMIERE PARTIE.

Opérations qui doivent précéder le département de la Taille.

I. LES Commissaires généraux se rendront successivement dans les Elections de leur département : ils assembleront les Commissaires particuliers, pour leur délivrer leurs commissions, l'instruction & les imprimés nécessaires pour diriger leurs opérations ; & ils se concerteront particuliérement sur les changemens qu'il pourroit y avoir à faire dans l'estimation des terres, des grains & autres objets.

II. Tous les Commissaires se transporteront dans les Paroisses, pour y faire le récolement des procès-verbaux extrajudiciaires, rédigés les années précédentes ; & seront tenus à cet effet d'annoncer leur mission aux Syndics des Paroisses, au moins huit jours avant celui où ils devront s'y rendre, par un mandement qui indiquera le jour, le lieu & l'heure qui auront été fixés pour recevoir les observations des contribuables sur leurs déclarations précédentes.

III. A son arrivée dans la Paroisse, le Commissaire fera sonner la cloche, & seront tenus les Syndic, Collecteurs anciens & nouveaux, de comparoître devant lui, à peine de vingt livres d'amende, pour vérifier le procès-verbal de l'année précédente, ainsi que les déclarations des contribuables, & faire note des changemens qui pourroient résulter soit du défaut de vérité, soit des événemens survenus pendant le cours de l'année : pourront pareillement les autres Habitans comparoître devant lui, s'ils le jugent à propos, ou s'ils sont nommément mandés par les Commissaires pour faire leurs observations sur leurs déclarations précédemment faites, & pour répondre aux observations qu'on pourra leur faire.

IV. Ils vérifieront pareillement les divisions de classe des terres précédemment faites, pour en étendre ou restreindre la qualité, suivant qu'ils le trouveront juste & nécessaire ; & ils auront soin de mettre dans chacune, par dénomination, les différens cantons dont elles sont composées.

V. Les Commissaires prendront les renseignemens les plus exacts sur tout ce qui pourra conduire à une juste estimation des biens imposables, ou du prix commun du loyer, relativement à chaque classe de terres, pour en faire leur rapport au département.

VI. Seront tenus les Commissaires de prendre les autres instructions prescrites par l'Edit du mois de Mars 1600, celui de Janvier 1634, l'Arrêt du Conseil du 28 Février 1688, & les Déclarations des mois d'Avril & Février 1768.

VII. Les Commissaires procéderont ensuite à la vérification des déclarations de chaque contribuable ; s'il s'y trouve des changemens, ils les rédigeront, autant que faire se pourra, en leur présence, celle des Syndics, des Collecteurs & des Habitans qui se seront présentés volontairement ; ils feront signer la déclaration de ce changement par le contribuable, ou par ceux qui auront fait la déclaration pour lui.

VIII. Les déclarations nouvelles ou rectifiées, seront rédigées comme les précédentes années, & en conséquence contiendront,

1°. Les noms & surnoms du déclarant, & sa profession ;

1776. 2°. Le détail des biens en propre qu'il exploite sur la Paroisse, article par article, en désignant la nature des biens & les différens cantons où ils sont situés, afin de les comprendre dans les classes qui pourront avoir été faites; dans le cas où ses biens ou partie d'iceux seroient chargés de rentes, il en sera fait mention, ainsi que des noms & demeures de ceux à qui elles sont dues;

3°. Les biens qu'il exploite à loyer avec la même distinction, le prix de la location, & les noms & demeures des propriétaires;

4°. Ce qu'il exploite dans les Paroisses voisines, en propre ou à loyer, avec les autres distinctions indiquées ci-devant;

5°. La maison dans laquelle habite le taillable, en distinguant si elle lui appartient en propre, ou s'il la tient à loyer ou à rente : il fera mention du prix du loyer, des noms & demeures de ceux qui sont propriétaires desdites maisons ou créanciers desdites rentes;

6°. Les revenus actifs, soit en loyer de maisons, de terres, & les noms & demeures de ceux par qui ces revenus sont payés.

7°. Le commerce ou l'industrie de chaque taillable, suivant la commune renommée, & la déclaration du taillable.

8°. Le déclarant sera tenu, autant qu'il sera possible, d'appuyer sa déclaration des pieces justificatives, telles que baux, quittances, partages, &c.

IX. Toutes les déclarations anciennes & nouvelles seront lues en présence des Syndics, Collecteurs & Habitans qui se trouveront présens au travail du Commissaire, & pourront les contredire; & l'assertion des Collecteurs & Habitans sera toujours préférée à celle du contribuable, à moins qu'il ne l'appuie de pieces justificatives; si les Syndics, Collecteurs & Habitans arguoient les pieces de fraude, le Commissaire en référera à M. l'Intendant, pour ordonner un arpentage, ou telle autre vérification qu'il jugera convenable, dont les frais seront alors supportés par ceux des déclarans, dont l'assertion aura été reconnue fausse.

X. Les changemens à porter soit dans le procès-verbal, soit dans les déclarations, seront signés sur la minute par le Commissaire, les Syndics, Collecteurs & Habitans présens qui voudront signer.

XI. Les Commissaires tâcheront de terminer toutes leurs opérations dans les Paroisses, avant le temps de la récolte; alors ils se rassembleront par Election pour se rendre compte mutuellement de la maniere dont ils auront opéré, & convenir entr'eux des moyens de rendre leurs opérations uniformes.

XII. Ils s'occuperont de la rédaction de leurs opérations, depuis le moment de la récolte jusqu'à celui du département où ils apporteront le projet du rôle sur lequel ils auront soin de tirer la taille des parties fixes, comme les années précédentes; & ils remettront à M. l'Intendant une récapitulation qui indiquera le montant des parties fixes, & même celui de la taille d'exploitation suivant le taux de 1775.

DEUXIEME PARTIE.

Opérations postérieures au département.

I. Sur le rapport des Commissaires, le prix du loyer des terres de chaque Paroisse sera fixé au département, pour servir de base à la répartition de l'imposition.

II. aussi-tôt après la signature du département, les Commissaires s'occuperont, conjointement

conjointement avec les Collecteurs, de la répartition du montant de la taille fixe, décidée au département, & établiront chaque cotte sans avoir égard aux événemens particuliers qui doivent faire participer certains contribuables à la diminution que le Roy veut bien accorder. 1776.

III. Chaque cotte de taille, dans le rôle, sera divisée en deux parties : celle de la taille réelle, & celle de la taille personnelle.

IV. La partie de la taille réelle sera composée des objets suivans, & dans l'ordre où ils seront rangés dans le présent article : sçavoir, 1°. des terres labourables, prés & autres biens de cette nature, qu'il exploite, soit en propre, soit à loyer; 2°. des moulins & usines qu'il fait valoir; 3°. des dixmes ou champarts, rentes ou droits seigneuriaux qu'il afferme; 4°. de la maison ou corps de Ferme que le taillable occupe.

V. Le taux d'occupation des maisons sera dans l'Election de Paris & dans toutes les Villes de la Généralité, au sol pour livre de la location, ou de l'évaluation comparée avec la location pour celles qui ne sont pas louées, ou dont le prix ne peut être connu, & de six deniers pour livre seulement dans les campagnes des autres Elections.

VI. Les moulins & les autres usines seront imposés suivant le prix de la redevance, au taux de la Paroisse, sans aucune déduction.

VII. Les dixmes, champarts & droits seigneuriaux seront également imposés au taux de la Paroisse, aussi sans déduction.

VIII. Les terres labourables, prés, vignes & autres biens de pareille nature, seront imposés uniformément entre les mains de tous ceux qui en feront l'exploitation, au taux de la Paroisse, suivant l'estimation donnée à l'arpent dans la classe où ils se trouveront, & sans avoir égard à la redevance portée par les baux.

IX. La partie de la taille personnelle de chaque objet, sera composée, sçavoir, 1°. du revenu des moulins & usines, & des maisons en propres données à loyer ou occupées, sur lesquels objets on déduira le quart pour les réparations; 2°. des revenus des terres données à loyer, suivant la redevance, ou de celles exploitées en propre, suivant le prix du loyer des classes dans lesquelles elles se trouveront; 3°. des rentes actives; 4°. du bénéfice de l'industrie; 5°. du dixieme du prix des journées de la profession à laquelle chacun des contribuables s'adonne.

X. Tous les revenus ou facultés résultans des objets ci-dessus, seront imposés au sol pour livre, en telle maniere, à l'égard des journées, par exemple, que si un artisan ou un journalier est censé gagner deux cens journées par an, ces journées ayant été tirées pour vingt dans l'évaluation des facultés, ce même journalier ne sera imposé qu'au prix d'une seule de ces journées : les Fermiers seront aussi imposés pour le bénéfice de leur exploitation, attendu que ne l'étant pour les arpens de terres qu'ils cultivent, que dans la même proportion que tous les autres exploitans, & même ceux qui n'ont à eux aucuns moyens de culture, il est juste qu'ils contribuent personnellement aux charges de l'Etat pour raison des fonds qu'ils employent à leurs exploitations, comme un Commerçant à raisons des fonds qu'il met dans son commerce, sans quoi il seroit effectivement traité comme les privilégiés, qui sont exempts de la taille personnelle, & ne contribuent qu'à la taille d'exploitation.

XI. Après que le Commissaire aura établi la cotte de chaque contribuable sur le montant de la taille fixe de la Paroisse décidée au département, il répartira pareillement, de concert avec les Collecteurs, la diminution accordée à ladite Paroisse, sur chacun des contribuables qui en seront susceptibles, à cause de leur indigence ou des malheurs particuliers qu'ils auront éprouvés, & ladite

1776. diminution sera soustraite sur le montant des impositions accessoires à la taille de chaque contribuable, & même sur le principal, si les accessoires étoient absorbés par la diminution. *Signé*, BERTIER.

LES papiers & minutes du greffe, & notamment ceux du greffe des décrets ayant été consumés dans l'incendie, en sorte qu'il ne restoit aucun vestige des instances de poursuites réelles pendantes en la Cour, ceux qui avoient des droits réels ou des créances à exercer sur les biens saisies réellement, dont les décrets se poursuivoient en la Cour, se trouvoient réduits à l'impossibilité de pouvoir les conserver. C'est pour quoi la Cour, par Arrêt du 23 Août 1776, ordonna que les créanciers saisissans & poursuivans seroient tenus de représenter au greffe les saisies-réelles faites à leur requête, ou auxquelles ils étoient subrogés, & qui y étoient ci-devant registrées, ensemble toutes les autres procédures desdits décrets. (Code des Tailles, Tome V, page 16.)

EDIT du mois d'Août 1776, enrégistré en la Cour, le 28 dudit mois, portant rétablissement du Bailliage & Siege Présidial d'Auxerre, des quatre Conseillers honoraires & Procureur du Roi sur le fait des Aides & Tailles, pour exercer par lesdits quatre Conseillers honoraires & Procureur du Roi, la jurisdiction à eux attribuée par l'Edit du mois d'Août 1668, & conformément à icelui. (Ibid. page 19.)

EDIT du mois d'Août 1776, enrégistré en la Cour, le 28 Août suivant, portant rétablissement du Bailliage & Siege Présidial de Mâcon, & du Siege de l'Election de la même Ville. (Ibid. page 22.)

ARRÊT de la Cour des Aides, concernant les greffes de l'Election de Paris.

10 Septembre 1776.

VU par la Cour la Requête à elle présentée par le Procureur-Général du Roy, contenant que, par Déclaration du Roy, du 11 Mars 1776, la Cour a été autorisée à faire les recherches nécessaires pour aider au rétablissement des greffes de la Cour; qu'en conséquence la Cour a nommé des Commissaires pour faire compulser les registres de l'Election de Paris, qu'alors il a été représenté par l'Election, que le greffe n'étoit pas en état de pouvoir recevoir les Commissaires de la Cour, à cause du désordre où il se trouvoit & des réparations urgentes dont il avoit besoin, ainsi que par défaut de jour; que, sur cette représentation, la Commission de la Cour avoit arrêté par délibération, que les papiers, minutes & autres actes de Justice déposés au greffe de l'Election de Paris, seront transportés en la troisieme Chambre de la Cour, en présence de tels de Messieurs qu'il plairoit à la Cour commettre pour pouvoir remettre l'ordre dans lesdits papiers, & faire la compulsion nécessaire à la Cour & autorisée par ladite Déclaration du Roy. A ces causes, le Procureur-Général du Roy, certain de la nécessité & de l'utilité de ce transport à fin de ladite compulsion, requéroit qu'il fût exécuté, &c. 1776.

La Cour, faisant droit sur les conclusions du Procureur-Général du Roy, ensemble sur les représentations faites à diverses reprises par les Officiers de ladite Election, a ordonné & ordonne que les minutes de l'Election de Paris seront transportées en la troisieme Chambre de la Cour, en presence de MM. Mesnet & Lheritier, que la Cour a commis à cet effet, auquel transport seront tenus d'assister Mes. Gary & Auger, Officiers de ladite Election, ensemble le Greffier en chef d'icelle, & l'Huissier de service, duquel transport sera dressé procès-verbal par le Greffier en chef de ladite Election, pour lesdites minutes être déposées en ladite Chambre pendant le temps des vacations seulement, de la clef de laquelle Chambre le Greffier en chef de l'Election sera chargé & tenu de la remettre, lors de la rentrée de la Cour. Ordonne que le présent Arrêt sera signifié dans le jour au Greffier en chef de ladite Election. *Signé*, le Président de FAUTRAS.

ARRÊT de la Cour des Aides, pour le transport aux Grands-Augustins, des minutes du greffe de l'Election de Paris.

16 Octobre 1776.

VU par la Cour la Requête à elle présentée par le Procureur-Général du Roy, tendant à ce que les minutes, papiers, empreintes & autres effets du greffe de l'Election de Paris, ayant été transportés dans la troisieme Chambre que la Cour a bien voulu leur prêter pendant les vacances de la présente année 1776, par les sieurs Gary & Auger, & le Greffier en chef de ladite Election, en présence de MM. Mesnet & Lheritier, Commissaires nommés par l'Arrêt de la Cour du 18 Septembre dernier, pour les examiner, les mettre en ordre & en dresser un inventaire sommaire.

Comme il est arrêté que les bâtimens de ladite Election seront démolis pour les reconstruire en même temps que ceux de la Cour, & qu'il seroit impossible, pendant le reste des vacances, de mettre l'ordre convenable dans lesdites minutes, papiers & effets, & que d'ailleurs il est nécessaire que cette troisieme Chambre de la Cour soit libre lors de la rentrée de la Saint-Martin, & que le travail que l'on pourroit faire pour mettre lesdites minutes, papiers & effets en ordre, deviendroit inutile, faute d'un emplacement nécessaire pour les contenir, jusqu'à ce qu'ils pussent être réintegrés dans l'endroit qui leur sera destiné.

Que sur les représentations faites à la Cour par les sieurs Auger & Gary, ils ont obtenu de M. le Garde des Sceaux, que lesdites minutes, papiers & effets fussent transportés dans des chambres convenables à cet effet qu'ils ont obtenues des Grands-Augustins.

A ces causes, requiert le Procureur-Général du Roy, &c.

La Cour ordonne que lesdites minutes, papiers, empreintes, poinçons & autres effets déposés au greffe de ladite Election de Paris seront transportés aux Grands-

1776. Augustins, dans les trois Chambres choisies à cet effet en présence du Greffier en chef de ladite Election, du sieur Gary, Conseiller en ladite Election, & des sieurs Auger & Fontaine, Avocat & Procureur du Roy audit Siege, assisté de MM. Mesnet & Lheritier, Commissaires que la Cour commet à cet effet, lesquels Commissaires pourront se faire remplacer par d'autres Commissaires de la Cour.

Ordonne que procès-verbal dudit transport sera dressé par les Officiers de ladite Election, en présence desdits Commissaires nommés par la Cour, ainsi que de la remise qui sera faite de la clef desdites trois Chambres au Greffier de ladite Election.

Ordonne pareillement que, lorsque lesdites minutes, papiers, empreintes, poinçons & autres effets dudit greffe auront été déposés dans une desdites trois Chambres, il sera par lesdits Gary, Auger & Fontaine, & ceux des Officiers de ladite Election qui seront choisis par le Président dudit Siege, procédé à l'examen desdites minutes, papiers & autres effets, & à leur arrangement en présence du Greffier ou de celui qui sera par lui commis, en sorte qu'il y ait toujours au moins deux Officiers de ladite Election présens avec le Greffier audit examen & arrangement.

Ordonne qu'il sera dressé double inventaire sommaire desdites minutes, papiers, empreintes, poinçons & autres effets, lesquels seront signés & paraphés par le Greffier & autres dits Officiers de l'Election, & par MM. les Commissaires de la Cour, l'un desquels doubles restera au greffe de ladite Election & à la charge de son Greffier, & l'autre sera déposé au greffe de la Cour.

Ordonne pareillement que, tous les ans, il sera, par addition, fait double inventaire sommaire des minutes, papiers & autres effets qui seront déposés audit greffe de ladite Election, dont l'un restera au greffe de l'Election, & l'autre sera déposé au greffe de la Cour.

Autorise MM. les Commissaires de la Cour à faire transporter dans lesdites Chambres des Grands-Augustins les dépôts qui seront faits au greffe de ladite Election, lorsque le cas le requerera & avec les formalités ci-dessus prescrites.

Signé, le Président de FAUTRAS.

Ledit inventaire a été fait ainsi qu'il est ordonné par ledit Arrêt, un double duquel a été déposé au greffe de la Cour des Aides, le 26 Avril 1777, & l'autre déposé au greffe de l'Election.

1777. *ARRÊTÉ de la Cour pour la manutention des greffes.*

10 Janvier 1777.

CE jour, les Chambres assemblées, a été arrêté que le Greffier qui tiendra la plume aux assemblées des Chambres, sera tenu de tenir des notes de tout ce qui se passera, pour en rédiger des procès-verbaux, aussi-tôt après l'assemblée, desquels il sera rendu compte à l'assemblée des Chambres suivantes, & les procès-verbaux représentés pour en être fait lecture, si aucuns de Messieurs le requierent, après laquelle assemblée, le Greffier remettra lesdits procès-verbaux au Garde-minute qui sera tenu de s'en charger sur un registre, paraphé par le Premier Président, que le Greffier sera tenu de tenir pour cet objet.

1777.

ARRÊT de la Cour des Aides, qui enjoint aux Collecteurs & Habitants de Saint-Nom-la-Breteche, de se conformer à l'avenir aux Sentences des premiers Juges dont il n'y a point d'appel. (Code des Tailles, Tome V, page 28.)

7 Février 1777.

VU par notredite Cour la Sentence rendue sur les conclusions du Substitut de notre Procureur-Général par les Officiers de l'Election de Paris, le 2 Août 1775, entre Jean le Coq, Fermier de la Ferme de la Thuillerie-Bignon, à nous appartenante, située dans le grand Parc de Versailles, Paroisse de Saint Nom-la-Breteche, demandeur en opposition à la cotte à lui donnée au rôle des tailles de la Paroisse de Saint-Nom-la-Breteche de l'année 1775, & les Habitans de ladite Paroisse, &c.

Notredite Cour, faisant droit sur l'appel interjetté par ledit le Coq, de la Sentence de l'Election de Paris, du 2 Août 1775, a mis & met l'appellation & ce dont a été appellé, au néant, en ce que, par ladite Sentence, il a été ordonné que ledit le Coq seroit tenu de payer par provision la somme dont il étoit déchargé par icelle, émandant quant à ce, condamne les Collecteurs de ladite Paroisse de Saint-Nom-la-Breteche de l'année 1775, à acquitter les sommes dont ledit le Coq a été déchargé, & à lui rendre & restituer ce qu'il en auroit payé, lesquelles sommes seront réimposées sur le général desdits Habitants, à la prochaine assiette, conformément à notre Déclaration du 13 Avril 1761, &c.

Faisant droit sur les conclusions de notre Procureur-Général, enjoint auxdits Collecteurs & Habitans de ladite Paroisse de se conformer à l'avenir aux Sentences des premiers Juges dont il n'y a point d'appel, sous peine de supporter par eux telle amende qu'il plaira à notredite Cour de prononcer, &c.

Donné à Paris, en la premiere Chambre, le sept Février mil sept cent soixante-dix-sept.

ARRÊT de la Cour des Aides, qui autorise les Officiers de l'Election de Paris à tenir leurs audiences dans le lieu assigné par le Commissaire du Conseil, attendu la démolition prochaine des bâtiments du Palais.

14 Mars 1777.

VU par la Cour la Requête présentée par le Procureur-Général, disant qu'attendu la démolition prochaine des bâtimens de notredite Cour, & de ceux de l'Election, &c.

Notredite Cour autorise les Juges de l'Election à tenir l'audience dans le lieu assigné par le Commissaire du Conseil, dans la maison du sieur Digautray, Chanoine de la Sainte-Chapelle, située enclos du Palais, près de la porte de la rue Sainte-Anne; ordonne que les minutes, registres, papiers restés dans le greffe,

1777. journalier courant, ensemble les dépôts renfermés audit greffe, ainsi que ceux déposés au grand greffe, seront transportés en présence du Greffier en chef de ladite Election, de nos Gens, & de tels des Conseillers qui seront nommés par le Président de l'Election; des transports desquelles minutes, registres, papiers & dépôts, sera dressé procès-verbal sans description. Si te mandons, &c.

Donné à Paris, en la premiere Chambre, le quatorze Mars mil sept cent soixante-dix-sept. *Signé*, LE PRINCE.

Registré au greffe de l'Election, le 20 dudit mois.

EDIT du mois d'Avril 1777, enrégistré en la Cour des Aides, le 4 Juillet suivant, qui rétablit les quatre Offices de Conseillers honoraires, de Procureur du Roi & de Greffier sur le fait des Aides & Tailles dans le Bailliage de Bar-sur-Seine; ordonne que lesdits Offices seront & demeureront unis & incorporés à perpétuité audit Bailliage, pour ne composer qu'un seul & même Corps, conformément à l'Edit du mois de Novembre 1720; que lesdits quatre Conseillers honoraires, le Procureur du Roi & le Greffier ci-dessus rétablis, continueront d'exercer privativement & à l'exclusion des Officiers dudit Bailliage dans l'étendue du Comté de Bar-sur-Seine, la jurisdiction sur le fait des Tailles, Aides, sur-taux & de toutes autres matieres concernant la levée des deniers, Fermes & droits. (*Code des Tailles, Tome V, page 38.*)

SENTENCE de l'Election de Paris, qui maintient les Grands-Messagers-Jurés de l'Université de Paris, dans le privilege d'exemption du droit de gros à la vente du vin de leur crû.

5 Juillet 1777.

Quoique cette Sentence ne concerne que le privilege d'exemption du droit de gros du vin du crû, en faveur de l'Université & de ses Suppôts, nous la rapportons ici, tant parce que ce sont les mêmes motifs qui ont déterminé nos Souverains à accorder à l'Université ce privilege & celui d'exemption de la taille, que parce que dans le nombre des titres énoncés dans cette Sentence, il y en a plusieurs qui lui attribuent spécialement l'exemption de la taille.

LE Fermier avoit décerné une contrainte contre le sieur de Longchamp, marchand Brasseur à Paris, & le sieur Debuire, marchand Fabriquant de couvertures, demeurant aussi à Paris, pour droits de gros des vins de leur crû qu'ils ont pu vendre pendant le cours de l'année 1774, & soutenoit que, suivant l'Ordonnance de 1680, titre 9 des exemptions du gros, il n'y avoit que les Ecclésiastiques, les Nobles, les Officiers des quatre Cours de Paris, les Secretaires du Roy, les Commensaux servans actuellement, & ceux qui ont obtenu du Roy des lettres de déclaration, qui soient maintenus dans le privilege de vendre en gros le vin de leur crû sans payer les droits de gros. 1777.

Ces Grands-Messagers au contraire soutenoient qu'aux termes des Réglemens, concernant les privileges des Officiers de l'Université, ils devoient jouir de ce privilege. Le Corps des Grands-Messagers intervint dans la contestation. Me Bercher, Avocat du Fermier, Me. Parisot, Avocat des sieurs Delonchamp & de Buire, & pour le Corps des Grands-Messagers, ouis, pendant deux audiences, ensemble Me. Auger, Avocat du Roy, lequel, après avoir rendu compte de la procédure & des moyens respectifs des Parties, a dit :

A notre égard, nous tirerons le voile sur les abus énormes qui ont obscurci la gloire de l'Université dans ces temps déplorables, où la science, si rare & concentrée dans cette Ecole, enfloit d'un vain orgueil ceux qui en étoient les dépositaires; dans ces temps de troubles & d'horreurs, où tous les moyens étoient bons, pourvu qu'ils pussent parvenir au but que l'on se proposoit : ce seroit bien le cas de dire avec le Fermier, que l'Université rougiroit de rappeller ces temps de désordre, d'ignorance & de barbarie : aussi s'applaudit-elle d'avoir perdu les droits peu fondés qu'elle s'attribuoit alors, & reconnoît-elle avec le Président Henault, que, réduite à ses propres forces, elle n'en a acquis depuis que plus de grandeur & plus d'éclat. « Quelles obligations la Littérature, l'Eglise » & l'Etat n'ont point à l'Université de Paris, formée à l'Ecole de la vérité » même, suivant l'expression d'un de ses Membres (1)! Mere & Maîtresse des » sciences & des études, elle a rendu tous les services que la lumiere & l'ins- » truction peuvent rendre aux hommes. Si la Religion chrétienne, continue le » même Docteur, si le bon exemple sont capables de former le cœur, d'inspirer » la vertu, de maîtriser les passions, l'Université a toujours professé la Religion » dans sa pureté, elle a joint les exemples aux préceptes. S'il est de l'intérêt » de l'Etat que les Sujets soient élevés dès leur enfance dans les principes de » respect, de fidélité & de soumission qu'ils doivent au Prince, aux Loix & aux » Magistrats, c'est à l'Université de Paris que l'Etat en est redevable ». C'est à raison de ces services importans & des avantages signalés, que non seulement le Royaume, mais généralement toutes les Nations étrangeres reçoivent de cette fameuse Mere des bonnes Lettres, que nos Roys se sont empressés de l'honorer d'une affection vraiment paternelle, & que pour la rendre de plus en plus florissante pour le bien universel de la Chrétienté, ils ont non seulement confirmé, mais encore amplifié de temps en temps les privileges qui lui avoient été donnés par leurs prédécesseurs. Les Docteurs, assurés de trouver à Paris, qualifiée Ville des Lettres dans une Bulle de 1231; les Docteurs, dis-je, assurés de trouver à Paris de l'occupation, avec la récompense de leurs travaux, vinrent volontiers s'y établir; & les Etudians, assurés aussi d'y trouver de bons Maîtres avec toutes les commodités de la vie, s'y rendoient en foule de toutes parts, même des pays éloignés: ainsi on venoit à Paris d'Angleterre, de tout le Nord, d'Italie & d'Espagne. L'émulation, dit le célebre Fleury, que nous abrégeons ici, faisoit étudier à l'envi les Maîtres & les Disciples; tant d'Ecoliers, de retour dans leur Patrie, y répandoient ce qu'ils avoient puisé dans les mêmes sources; &, devenus Maîtres à leur tour, ils enseignoient chez eux ce qu'ils avoient appris.

(1) Discours de Vespéries prononcé aux Ecoles de Médecine, le 11 Octobre 1770, par M. Hazon, Docteur de la Faculté de Médecine.

à Paris. Mais, pour entretenir une correspondance utile & consolante entre cette 1777. foule d'Etudians qui s'étoient expatriés, & leur famille éloignée, l'Université institua des Grands & des Petits-Messagers : les Petits-Messagers ou *Messagers volans*, comme on les appelloit, parcouroient les Provinces du Royaume, & les régions les plus éloignées, pour y porter les lettres des écoliers, & en rapporter de l'argent & des paquets; les Grands-Messagers étoient des Citoyens, especes du Banquiers, à qui les Petits-Messagers devoient répondre : (1) ces Grands-Messagers étoient d'une nécessité indispensable pour le bien & l'avantage de l'Université. *Hujusmodi Officiis nullo modo carere potest*, dit Duboulay, dans son Histoire de l'Université de Paris, page 454 du Tome VI. Pour procurer cet avantage à l'Université, nos Roys ont attribué à ces Grands-Messagers les privileges accordés à l'Université elle-même.

Mais dans le nombre des privileges légitimes dont jouit l'Université, doit-on comprendre celui de l'exemption du droit de gros à la vente des vins du crû. L'article 5 du titre 9 des exemptions de gros de l'Ordonnance de 1680, qui fait la loi de la matiere, s'exprime ainsi : « maintenons les Nobles, Officiers » de nos quatre Cours de Paris, Secretaires de nous, Maison & Couronne de » France, nos Officiers Commensaux servans actuellement, & *ceux qui ont obtenu* » *nos Lettres de déclaration* dans le privilege de vendre en gros le vin de leur » crû sans payer aucun autre droit que celui d'augmentation ». L'Université, ses Grands-Messagers, ni ses autres Officiers & Suppôts, ne sont pas nommément exprimés dans cet article; & il paroîtroit, par l'article 2 du titre commun pour toutes les Fermes de l'Ordonnance de 1681, que l'Université & ses Suppôts ne peuvent prétendre aucun droit à l'exemption réclamée par les Grands-Messagers, car cet article porte que, « nul n'est exempt des droits, sinon ceux dont » les privileges sont compris dans ces présentes & dans nos Réglemens des » mois de Mai & Juin 1680 ».

Mais si l'Université & les Grands-Messagers sont compris sous la dénomination générale, *& ceux qui ont obtenu nos Lettres de déclaration*, ils ont droit à ce privilege, quoiqu'ils ne soient pas nommés, & on ne peut leur opposer l'article 2 du titre commun pour toutes les Fermes de l'Ordonnance de 1681. Il faut donc commencer par examiner si l'Université & ses Suppôts, si les Grands-Messagers nommément ont obtenu ces Lettres de déclaration, exigées par l'Ordonnance de 1680; & pour procéder avec ordre, nous verrons d'abord quels étoient leurs droits jusqu'à l'époque de cette Ordonnance; ensuite nous verrons s'il a été dérogé à leurs privileges par des Loix postérieures.

Mais, avant d'entrer dans cette discussion, nous croyons qu'il est nécessaire d'examiner si les Messagers-Jurés de l'Université sont réellement Suppôts & Membres de l'Université de Paris. C'est une question sur laquelle les titres qui ont passé sous nos yeux, ne nous paroissent devoir laisser aucune obscurité; on y voit même en termes formels, que les Messagers-Jurés sont véritablement Suppôts de l'Université, & qu'ils ne font qu'un seul & même Corps avec elle. Effective-

(1) Ces Grands-Messagers étoient, à proprement parler, les tuteurs des Etudians, ils devoient donc nécessairement résider à Paris, pour veiller aux besoins des Etudiants : *debebant esse Cives Parisienses & Parisiis residere*, dit Duboulay, Historien de l'Université. Cette observation, tirée de l'objet de cet établissement si utile à l'Université & au Public, fait voir que les Provisions que l'Université donne actuellement à ces Grands-Messagers s'éloignent de ce but, en leur accordant tous les privileges de l'Université, pour eux, leur famille & leurs biens, par-tout où ils jugeront à propos de s'établir : *quocumque se duxerit transferendum.*

ment

ment les Grands-Messagers sont aussi anciens que l'Université même. C'est ce que nous atteste l'Auteur de l'Histoire de l'Université de Paris, que nous avons déjà cité Tome I, pages 238 & 239, où l'on voit aussi que ces Grands-Messagers devoient être Bourgeois de Paris, & y résider, qu'ils devoient être plus riches & plus opulens que les Petits-Messagers, à cause de la différence de leurs fonctions, & qu'ils étoient appellés à certaines assemblées de l'Université, avec les Maîtres. On voit encore dans cet Auteur, Tome IV, page 466 de la même Histoire, une lettre de 1378, d'un ancien Recteur, à l'Université, avec cette adresse: *venerabilibus & discretis Rectori & omnibus Nunciis Universitatis Parisiensis, Dominis & Magistris*; &, chose singuliere & qui prouve la considération dont jouissoient les Grands-Messagers, c'est que dans cette lettre, ils sont nommés avant les Maîtres; aussi cet Auteur, qui étoit lui-même ancien Recteur, dans un Traité qu'il a fait, intitulé, *de quatuor Nationum patronis*, donne-t-il aux Grands-Messagers la qualification, de *honorabile magnorum Nunciorum Sodalitium*. 1777.

A ces témoignages joignons encore trois preuves, auxquelles il ne nous paroît pas qu'il y ait de replique. La premiere est tirée des Lettres-Patentes de François Ier. du 17 Avril 1545, registrées en la Cour des Aydes le 14 Mai 1547, dans lesquelles on lit que les Officiers, Serviteurs, & Suppôts & nommément les Messagers de l'Université, sont exemptés de l'ayde de deux sols parisis par muid, *comme n'étant qu'un Corps mystique avec l'Université qui ne peut se diviser*; (titres des Grands-Messagers), parce que, suivant l'Historien de l'Université, *hujusmodi Officiis nullo modo carere potest.*

La seconde preuve est tirée du procès-verbal dressé au College de Louis-le-Grand, par MM. les Commissaires du Parlement, daté au commencement du premier Décembre 1763, au sujet de la prise de possession de ce College, par l'Université. On y voit que les Grands-Messagers ont été assignés à la requête de M. le Procureur-Général, pour assister à cette prise de possession, qu'ils y ont comparu par leurs Administrateurs; que toutes les opérations se sont passées en leur présence, & qu'eux-mêmes ont été installés dans une salle de ce College qui leur a été donnée pour leur usage particulier, (titres des Grands-Messagers.) La troisieme preuve est le dépôt de l'enregistrement, fait au greffe de la Cour des Aydes, le 27 Mai de la présente année 1717, du tableau des Grands-Messagers-Jurés de l'Université, en conséquence de l'Arrêt de la même Cour, du 21 Mai 1776, d'enregistrement de l'Edit de confirmation des privileges de l'Université de Paris, portant, *à la charge par le Recteur, Doyen & Procureur de ladite Université, de rétablir au greffe de la Cour le tableau de leurs Suppôts.* Nous observerons qu'il paroît, par un passage de l'Histoire de l'Université, qui se trouve à la page 240 du premier volume, que dès 1476 l'Université avoit remis à la Cour des Aydes, le catalogue de ses Grands-Messagers; que, par Arrêt de la même Cour, du 14 Juillet 1600, (titres des Grands-Messagers) il a été ordonné qu'il seroit remis au greffe d'icelle un rôle des Officiers & Suppôts de l'Université; & que, par un autre Arrêt du 15 Mars 1623, (ibid.) ladite Cour a enregistré le catalogue des Suppôts de l'Université, au nombre desquels étoient les Grands-Messagers.

De tout ceci il résulte bien certainement que les Grands-Messagers sont véritables Suppôts de l'Université, qu'ils font un seul & même Corps avec elle, *un Corps mystique, & qui ne peut se diviser*, suivant l'expression des Lettres-Patentes de 1545; dès-lors les Grands-Messagers doivent jouir des privileges de l'Université, quand même ils ne seroient pas dénommés spécialement dans les Lettres qui accordent ou confirment ces privileges: à plus forte raison, s'il se trouve des titres où ils soient nommés pour devoir jouir de ces privileges, & s'ils en ont

1777. joui antérieurement à l'Ordonnance de 1680; c'est ce que nous allons examiner en nous bornant cependant aux principaux, pour éviter la prolixité.

Dans le Recueil des Privileges de l'Université de Paris, on trouve des Lettres Patentes de Philippe-le-Bel, de l'année 1304, adressées à tous les Officiers de Justice & à ceux qui étoient préposés à la levée de la subvention qu'il avoit imposée sur ses Sujets, par lesquelles il leur défend d'exiger cette subvention d'aucun Membre de ladite Université, en rapportant par lui des lettres de l'Université & sans fraude. *Mandamus vobis & vestrum singulis quatenus subventionem prædictam ab aliquo de Universitate illâ, de quo per Universitatis Litteras, vel alias sine fraude liquebit, non exigatis aut exigi permittatis.*

Par d'autres Lettres de la même année & des années 1307 & 1313, le même Roy les exempte des droits de péages, des droits sur les monnoyes & des tailles. Il est visible, d'après ces Lettres de Philippe-le-Bel, que l'Université & ses Membres étoient exempts de tous droits d'aydes, & de toutes impositions généralement quelconques; & s'il n'y est pas fait mention du droit de gros, c'est qu'il n'existoit pas encore; ce droit n'a pris naissance que sous le Roy Jean, & a été imposé pour le fait de sa délivrance, ainsi que ce Roy l'a déclaré lui-même dans ses Lettres-Patentes du 12 Février 1360, portant exemption dudit droit en faveur de l'Université. Il est vrai que ces Lettres ne font mention que des Maîtres & vrais Ecoliers; cependant nous pensons qu'elles s'appliquent également à tous les Membres & Suppôts de l'Université: & ce qui a été plaidé à cet égard par les Grands-Messagers, nous paroît sans replique & absolument péremptoire; mais comme nous ne voulons présenter que des titres sur lesquels on ne puisse élever aucune difficulté, nous laissons à l'écart ces Lettres-Patentes du Roy Jean, ainsi que plusieurs autres dont les Grands-Messagers ont argumenté, & nous passerons tout d'un coup à celles de Charles VI, du 22 Janvier 1383, qui nous paroissent établir d'une maniere bien positive le privilege que réclament les Grands-Messagers. Dans ces Lettres, le Roy s'exprime ainsi: « nous meus de plusieurs justes considérations, desirant garder notre très-chere & très-amée Fille, l'Université de Paris, en ses franchises & libertés, & icelle traiter & poursuivre ès graces & ès faveurs; si que les Suppôts y puissent mieux en profiter, lui avons octroyé de grace spéciale, & octroyons par la teneur de ces Lettres, que les Maîtres, Bacheliers & Ecoliers lisans & étudians en icelle, & aussi les Serviteurs & Officiers d'icelle notre Fille, sans fraude, de quelqu'état qu'ils soient, soient francs, quittes & exempts de taille, impositions & autres aydes des vins, & autres biens quelconques crûs en leurs héritages & en leurs bénéfices, qui sont ou seront vendus par lesdits Maîtres, Bacheliers & autres Suppôts & Officiers dessusdits ou par leurs Serviteurs, en gros ou en détail ». Par ces Lettres, le Roy prend les précautions nécessaires pour éviter les fraudes qui pourroient se commettre, à raison de ce privilège. Ces Lettres, comme on le voit, sont très-précises pour le privilege d'exemption de gros à la vente, pour le vin du crû des héritages des Suppôts & Officiers de l'Université de Paris: le Roy veut que les Serviteurs & Officiers de cette Université, sans fraude, de quelqu'état qu'ils soient, jouissent, ainsi que les Maîtres, Bacheliers & Ecoliers, de l'exemption de toutes les impositions & autres aydes des vins & autres biens crûs en leurs héritages, qui seront vendus par eux ou leurs Serviteurs, en gros & en détail.

Quoique les Lettres-Patentes de 1418, rapportées par les Grands-Messagers, & qui se trouvent au Recueil des Privileges de l'Université, ne concernent que le privilege d'exemption des droits d'entrée du vin dans Paris, imposés à l'occasion de la descente des Anglois en Normandie, & qu'elles ne concernent nullement l'exemption du droit de gros, nous ne pouvons les passer sous silence, tant parce qu'elles font voir que l'Université & ses Suppôts avoient toujours joui jusques-là, & qu'ils devoient jouir *de toutes immunités, franchises & libertés, tant en Corps comme en Membres*, que parce qu'elles donnent la preuve du zele de cette célebre Université pour le service du Roy, en lui offrant d'elle-même de supporter l'impôt dont il est question dans ces Lettres-Patentes, sans préjudice de ses privileges, franchises, usages & libertés. 1777.

Le 12 Juin 1419, sur les plaintes de l'Université des grandes vexations que l'on faisoit à plusieurs Maîtres, Ecoliers, Colleges & autres Suppôts d'icelle, en les contraignant rigoureusement, contre leurs franchises & privileges, à faire guet de nuit, garder portes, payer tailles, impôts & autres aydes, & exactions, le Roy octroya à l'Université que les Maîtres, Docteurs, Ecoliers & *autres Suppôts*, ne soient tenus ou contraints en aucune maniere de payer tailles, dixmes, impôts sur le vin ou autres choses quelconques, à faire guet, garder portes, hommes d'armes, en quelque maniere que ce soit.

En 1420, le même Roy maintient les Maîtres, Régens, *vrais Suppôts*, & Etudians avec *leurs vrais Officiers* & Serviteurs, dans l'exemption de tous aydes, tailles, subsides, & ordonne qu'on leur fasse rendre & restituer ce qui d'eux a été levé & exigé pour leurs vins.

En 1460, Charles VII établit le Président de la Chambre des Généraux Conseillers sur le fait de la Justice des Aydes à Paris, & celui qui présidera en son absence, Gardien & Conservateur des privileges accordés à l'Université & à ses *Suppôts*, & ce, tant & si longuement que les Aydes auront cours en ce Royaume; & ordonne qu'ils fassent lesdits Maîtres, Régens, Ecoliers & *Suppôts*, jouir & user desdits privileges pleinement & paisiblement, en contraignant tous ceux qui voudront faire au contraire, à le réparer par toutes voies dues & raisonnables.

Le 23 du même mois de Juin 1460, à la priere des Maîtres, Régens, Ecoliers & Suppôts de l'Université de Paris, qui avoient exposé que plusieurs Fermiers des Aydes en la Ville de Paris, travaillent souvent par procès devant les Généraux Conseillers sur le fait de la Justice des Aydes, lesdits Maîtres, Régens, Ecoliers & *Suppôts*, à tort & contre raison touchant lesdites Aydes ordonnées par la guerre, jaçoit, ce que par privileges octroyés à sadite Fille par ses prédécesseurs Roys de France, & par lui confirmés, ils en soient & doivent être francs & quittes & exempts, combien que esdits procès lesdits Suppôts, ou aucuns d'eux, obtiennent Arrêt ou Jugement à leur profit, à l'encontre desdits Fermiers; néanmoins lesdits Généraux faisoient difficulté de condamner iceux Fermiers ès dépens de la cause, sous couleur de ce que lesdits Fermiers veulent dire & alléguer, que les poursuites qu'ils font à l'encontre desdits Suppôts, sont pour le fait du Roy, & pour faire venir ses deniers céans. Pour quoi ces choses considérées, le Roy ne voulant ses Sujets & mêmement lesdits Suppôts être induement travaillés, & bonne réparation être faite par Justice contre ceux qui feront le contraire, enjoint expressément auxdits Généraux, que dorénavant, quand aucun des Fermiers des Aydes travaillera par procès pardevant eux *aucuns desdits Suppôts* à tort & contre raison, ils condamnent lesdits Fermiers envers lesdits Supplians ainsi travaillés, tel que de raison.

En 1461, Louis XI, en confirmant les privileges de l'Université, ordonne qu'elle, *ses Suppôts, Officiers & Serviteurs* jouissent des privileges, libertés & franchises dont elle avoit joui jusqu'alors.

Il paroît, par des Lettres-Patentes de Charles VIII, du mois de Mars 1488,

1777. que les Fermiers d'alors, sans attaquer directement les privileges de l'Université, élevoient des difficultés sur le nombre & la quantité des Officiers & Serviteurs de l'Université qui étoient dans le cas de jouir de ces privileges : on voit en effet par ces Lettres-Patentes, que l'Université présenta sa Requête au Roy, & demanda entr'autres choses, que Sa Majesté voulût bien interpréter & déclarer le nombre & la qualité des Serviteurs & Officiers de ladite Université, qui sont & doivent être compris & jouir des privileges à elle accordés; laquelle Requête le Roy ayant fait examiner par les Gens de son Conseil, où la matiere desdits différends & discors a été bien au long débattue en la présence d'aucuns Généraux des Finances & Députés de ladite Université, par ses Lettres-Patentes susdites, il confirme les privileges accordés à l'Université; par celles de Charles VI, du 3 Janvier 1383, & tous & chacun les autres privileges à elle donnés & octroyés par ses prédécesseurs, tant en général qu'en particulier; & par les mêmes Lettres il déclare le nombre des Officiers & Serviteurs de ladite Université, qu'il vouloit & entendoit être compris esdits privileges, & demeurer quittes, francs & exempts de toutes choses quelconques, comme vrais Ecoliers d'icelle. Et à l'égard des Grands-Messagers, voici ce que portent ces Lettres-Patentes : « Pour chacun Diocese de notre Royaume un Messager, & pareillement un ès-Diocese hors de notre Royaume, dont aura Ecoliers étudians en ladite Université; pourvu toutefois que lesdits Officiers exerceront actuellement leursdits Offices sans fraude, ET SERONT DE L'ÉTAT, QUALITÉ ET PROFESSION CONFORMES A LEURS OFFICES; & pour vraie connoissance & demourance desdits Suppôts & Officiers, nottredite Fille fera faire un rôle ou livre, auquel seront enrôlés ou inscrits les noms & surnoms desdits Officiers & Suppôts, selon le nombre & la qualification des dessusdits; lequel livre ou rôle ils bailleront en la Chambre de la Justice de nos Aydes à Paris ».

Au mois de Juillet 1498, Louis XII confirma les privileges, franchises, libertés, droits, coutumes & usages de l'Université, ses Suppôts, Serviteurs & Officiers. Ils furent confirmés par François Ier, au mois d'Avril 1515; en 1547, par Henri II; par Charles IX, en 1560 & 1563; par Henri III, en 1579; par Henri IV, en 1594; par Louis XIII, en 1610; les Lettres de ce Prince, qui sont du mois de Décembre de cette année, portent continuation, confirmation & approbation à l'Université de Paris, Docteurs, Principaux, Régens, Ecoliers, *Messagers-Jurés*, Officiers & Suppôts, de tous & chacun les privileges, exemptions & immunités & levées de deniers, entrées de Ville & passages, soit en général ou en particulier, avec les autres droits & usages accoutumés.

Louis XIV, par ses Lettres-Patentes du mois de Septembre 1641, a confirmé à l'Université de Paris, Docteurs, Maîtres, Régens, Bacheliers, Suppôts, Ecoliers & Officiers d'icelle tous & chacun les droits, prérogatives, privileges, immunités, exemptions & libertés mentionnées aux Lettres à eux octroyées par les Roys ses prédécesseurs; comme encore tous autres droits, usages, coutumes & privileges, toutes prérogatives, immunités, exemptions, franchises & libertés tant exprimées que non-exprimées dans lesdites Lettres, dont ils ont droit par la concession de ses prédécesseurs. Veut en outre que les *Messagers-Jurés* & autres Officiers & Suppôts de l'Université jouissent pleinement des immunités & exemptions à eux accordées par les Roys ses prédécesseurs, en la forme & maniere qu'ils ont ci-devant fait.

Tels sont les principaux titres concernant l'Université, ses Officiers & Suppôts, antérieurs à l'Ordonnance de 1680, que les Messagers-Jurés produisent pour établir le privilege d'exemption de gros à la vente du vin de leur crû. L'on voit que ces titres sont très-suivis, que leur privilege d'exemption d'aydes pour le vin de leur crû, est établi par une tradition non-interrompue, & confirmé de regne en regne par tous nos Roys; que les *Messagers-Jurés* ne sont pas seulement compris dans ces titres sous la dénomination générale de Suppôts & d'Officiers de l'Université, mais qu'ils sont dénommés spécialement dans plusieurs Lettres de confirmation de ces privileges, & particuliérement dans celles de Louis XIII & de Louis XIV. 1777.

Nous verrons, dans un instant, que les Messagers-Jurés ont été maintenus dans ces privileges par nombre de Sentences & d'Arrêts de la Cour des Aydes, antérieurs à l'Ordonnance de 1680: donc les Grands-Messagers de l'Université sont maintenus par l'article V du titre IX des exemptions de gros de l'Ordonnance de 1680, dans le privilege de vendre en gros le vin de leur crû, sans payer aucun droit que celui d'augmentation, sous la dénomination de *ceux qui ont obtenu nos Lettres de déclaration.*

Loin que les Réglemens, postérieurs à l'Ordonnance de 1680, ayent dérogé à ces privileges, Louis XV & le Roy actuellement régnant les ont confirmés de nouveau dans toute leur étendue. Par Lettres-Patentes du mois de Février 1722, duement enregistrées, Louis XV continue, confirme & approuve à l'Université de Paris, Docteurs, Maîtres, Régens, Bacheliers, Suppôts & Ecoliers d'icelle, tous & chacun les droits, prérogatives, privileges, immunités, exemptions & libertés à eux octroyés par ses prédécesseurs & par lui... veut en outre que les Messagers-Jurés de ladite Université continuent l'exercice libre & entier de leurs Charges, ainsi qu'ils ont accoutumé, & en outre que lesdits Messagers & autres Officiers & Suppôts de l'Université jouissent pleinement des immunités & exemptions à eux accordées par ses prédécesseurs, tout ainsi & en la même forme & maniere qu'ils ont ci-devant fait.

Le Roy régnant, par ses Lettres-Patentes du mois d'Octobre 1775, duement enregistrées (*voyez ci-devant, page* 1751) confirme les mêmes privileges dans les mêmes termes. Il veut aussi que les Messagers-Jurés & autres Officiers & Suppôts de l'Université continuent l'exercice libre & entier de leurs Charges, ainsi qu'ils ont accoutumé, & en outre que lesdits Messagers & autres Officiers & Suppôts de l'Université jouissent pleinement des immunités & exemptions à eux accordées par ses prédécesseurs, tout ainsi & en la même forme & maniere qu'ils ont ci-devant fait.

Les Messagers-Jurés de l'Université sont donc fondés en titres pour réclamer le privilege d'exemption du droit de gros à la vente des vins de leur crû. Ce privilege ne peut souffrir de contestation, & toutes les fois qu'on a voulu les troubler, ils ont été maintenus par nombre de Sentences & d'Arrêts.

En 1495, le Fermier demandoit à un Messager-Juré de l'Université, qui étoit Tavernier, le huitieme du vin qu'il avoit vendu, sauf à lui rabattre la boisson raisonnable de lui & de ses gens, sous prétexte qu'il avoit vendu vin d'achat avec celui de son crû, attendu que par les instructions & Ordonnances du Roy, sur le fait des aydes, & que par usages & coutumes notoirement gardés, les privilégiés & exempts des aydes qui commettoient fraudes & abus au fait de leurs tavernes, & qui vendoient vin d'achat avec celui de leur crû, devoient payer le huitieme de tout le vin qui étoit bu dans leurs tavernes. Le Fermier reconnoissoit donc le privilege d'exemption d'aydes des Messagers de l'Université, pour le vin de leur crû, & ne prétendoit assujettir au payement des droits que ceux qui commettoient fraude & abus. Le Messager soutenoit, de son côté, que par privileges royaux, donnés aux Maîtres, Régens & Ecoliers étudians de l'Université de Paris, & aux Officiers & Suppôts d'icelle, lesdits Ecoliers & Suppôts

étoient francs, quittes & exempts de toutes aydes, quatrieme, huitieme, & autres
1777. impositions des vins & denrées de leur crû; qu'il étoit Suppôt de l'Université c'est à sçavoir, Messager-Juré en icelle Université, de la Nation d'Allemagne, & que partie dudit vin étoit de son crû & héritage; qu'il n'avoit commis ni fraude, ni abus, attendu qu'il a offert de payer le huitieme de trois muids d'achat qu'il avoit vendu en détail, pour quoi n'étoit tenu de payer le huitieme de son crû. Et attendu sa déclaration d'avoir vendu en détail trois muids d'achat dont il offre de payer le huitieme, & sa déclaration de ses vignes & héritages, il a été ordonné, par Sentence de cette Election, du 23 Décembre 1495, qu'en payant par ledit Messager le huitieme des trois muids d'achat, il demeurera quitte du huitieme denier du surplus des vins par lui vendus en détail, sans dépens (titres des Grands-Messagers.)

Un autre Messager-Juré de l'Université a été déchargé de la taille par Arrêt de la Cour des Aydes, du 9 Août 1507, & il a été ordonné qu'il jouiroit doréna-vant des privileges donnés & octroyés à l'Université de Paris, Suppôts & Officiers d'icelle, tant & si longuement qu'il sera Messager de ladite Université, & exercera actuellement ledit Office (ibid.)

Par autre Arrêt de la Cour des Aydes, du 15 Décembre 1509, il est ordonné qu'un Messager de l'Université jouira du privilege d'exemption de tailles accordé à ladite Université & Suppôts d'icelle, tant & si longuement qu'il exercera l'état de Messager de ladite Université, pour le Diocese de Troyes, sans fraude. Les Habitans qui l'avoient imposé, lui opposoient qu'il demeuroit à Nogent-sur-Seine, & non pas à Troyes ou à Paris; qu'il étoit un des plus riches & opulens Habitans dudit Nogent, faisoit un grand commerce, qu'il tenoit toutes les Fermes du pays. Ces motifs avoient été adoptés par M. le Procureur-Général, qui en conséquence avoit conclu à ce que ce Messager fût débouté de sa demande; mais la Cour n'y eut point d'égard, elle déchargea ce Messager de la taille, (titres des Grands-Messagers.)

Le 27 Mars 1509, il a été rendu une Sentence en cette Election, entre un Messager-Juré & le Fermier de l'imposition de douze deniers pour livre du vin vendu ou échangé en gros, (c'est le droit de gros dont il est question dans la cause actuelle); le Fermier soutenoit que ce Messager ne pouvoit jouir du privilege, parce qu'il étoit Habitant de Poissy, où il faisoit sa continuelle résidence, qu'il y payoit la taille; qu'il n'avoit jamais été en message au lieu de Toulon pour les Ecoliers dudit Diocese, ni autres; mais qu'il y avoit seulement envoyé pour lesdits Ecoliers, (1) pour quoi il ne devoit pas jouir dudit privilege de Messager; soutenant que, suivant les Ordonnances Royaux, faites sur le fait desdites Aydes, les Officiers des Universités n'étoient capables de jouir dudit privilege d'exemption, s'ils *n'étoient de l'état & profession consonnant à la charge & office qu'ils avoient de ladite Université, demeurans & résidans en ladite Université, dont ils étoient Officiers.* Cette affaire, comme on le voit, étoit dans l'espece de celle d'aujourd'hui, le Fermier faisoit à ce Messager à-peu-près les mêmes difficultés que les Adjudicataires des Fermes font aux sieurs de Buire & Delonchamp. Le Messager de 1509 soutenoit, de son côté, que par privileges royaux donnés par les Roys, confirmés de successeurs en successeurs jusqu'au Roy lors

(1) Les Grands-Messagers devoient rester & résider à Paris. C'étoit la fonction des Petits-Messagers d'aller dans les Provinces, porter les correspondances entre les Ecoliers & leurs parents, comme on l'a observé plus haut.

régnant, tous Ecoliers, Régens & autres Suppôts de ladite Université & mêmement les Messagers d'icelles étoient francs, quittes & exempts dudit droit de l'imposition de douze deniers pour livre du vin qui étoit venu & issu du crû de leurs vignes, qu'ils vendent ou font vendre en gros, desquels privileges & exemptions avoient iceux Ecoliers, Messagers & Suppôts, mêmement les Messagers dudit Diocese de Toulon, joui de tout temps & ancienneté; qu'à l'égard du moyen employé par le Fermier, que le défendeur n'étoit demeurant en ladite Université, ce seroit aux Ecoliers du Diocese de Toulon, qui y avoient intérêt, à l'opposer; qu'il y a toujours eu un Messager pour ledit Diocese enregistré au registre du Recteur, & au rôle des Généraux sur le fait de la Justice des Aydes, lequel office il a toujours exercé ou fait exercer par ses gens, lesquels il a par plusieurs fois envoyés au Diocese de Toulon pour les affaires des Ecoliers dudit Diocese, en la maniere qu'iceux Ecoliers s'en sont tenus & s'en tiennent pour contens; qu'il avoit un domicile à Paris où il retenoit les besognes desdits Ecoliers, quoiqu'il allât aucunes fois à Poissy, pour lui donner garde des maisons & héritages qui lui étoient échus par succession depuis qu'il étoit pourvu de l'état de Messager; qu'à l'égard de la taille, il la payoit de bon gré, & pour éviter les vexations qu'on lui auroit pu faire pour les grains & autres choses qui n'étoient pas de son crû & pour lesquels il n'avoit aucun privilege. Sur quoi, par ladite Sentence du 25 Mai 1509, le Fermier a été débouté de sa demande. Nous observerons que cette Sentence qui nous a été communiquée, est expédiée en parchemin, sans signature; mais elle nous paroît de l'écriture du temps, ce qui peut la faire regarder comme constante : nous n'avons pu la vérifier au greffe, parce que les registres de ce temps ont péri dans un incendie arrivé au commencement du siecle dernier. Au surplus, en la mettant à l'écart, il reste encore aux Grands-Messagers assez de titres en leur faveur. 1777.

Par Arrêt de la Cour des Aydes, du 4 Août 1545 (titres des Grands-Messagers) un Messager de l'Université obtint main-levée des deniers sur lui arrêtés à la requête du Fermier du droit de gros, des vins vendus en gros dans Paris. L'on voit dans les qualités de cet Arrêt, que le Fermier offroit de consentir la main-levée, en faisant apparoir par ledit Messager, qu'il étoit vrai Messager-Juré en ladite Université, & du nombre de ceux qui doivent jouir des privileges, & qu'il avoit entiérement satisfait à l'Ordonnance & Arrêt de la réception audit office. Le Fermier reconnoissoit donc que les Messagers-Jurés de l'Université étoient exempts du droit de gros.

Par Sentences de ce Siege, des 10 Novembre 1603, 21 Avril, 28 Octobre & 13 Novembre 1614, il a été ordonné que le Fermier restitueroit au Messager dénommé dans ces Sentences les sommes par eux consignées pour vins de leur crû qu'ils avoient fait entrer dans Paris; ces Sentences sont motivées, *attendu la qualité de Messagers de l'Université qu'avoient les demandeurs & leurs privileges* (titres des Grands-Messagers.)

Par Arrêt du 11 Février 1615, la Cour des Aydes a déchargé le sieur Bourgeois, Notaire à Paris, Messager-Juré de l'Université de ladite ville, du payement du droit de huitieme pour le vin de son crû qu'il avoit fait vendre dans sa maison; l'Université étoit intervenue dans la cause.

Par autre Arrêt de ladite Cour, du 14 Octobre de la même année, les Recteurs, Suppôts & Messagers de l'Université ont été déclarés exempts du droit d'entrée & issue, de quatre sols, deux, & dix deniers par muid pour les vins de leur crû qu'il feroient entrer ou sortir de ladite ville, & pour celui qu'ils acheteroient pour leur provision seulement & sans fraude, avec défenses au Fermier de plus à l'ave-

1777. nir exiger ledit droit desdits Recteurs, Suppôts & Messagers, à peine de concussion & d'amende arbitraire. Du nombre des Messagers, Parties en la cause étoient un Bonnetier, un Epicier. Cette observation trouvera son application dans un instant.

Pareil Arrêt de la même Cour, du 20 Mars 1624. Le 17 Juillet de la même année, autre Arrêt de ladite Cour, qui infirme une Sentence de l'Election, en ce qu'un Messager-Juré avoit seulement été déclaré exempt des droits pour trente muids de vin provenant de son crû; & ordonne que ledit Messager sera exempt du droit pour tout le vin provenant de ses vignes seulement. (Titres des Grands Messagers.)

Le 14 Août 1637 (Recueil des Privileges de l'Université), la Cour des Aydes dans une affaire dans laquelle l'Université étoit intervenue, rendit un Arrêt par lequel, faisant droit sur l'intervention de l'Université, elle ordonne qu'un Messager-Juré de ladite Université sera rayé des tailles de la Ville de Fontenay-le-Comte, & que les deniers qu'il en a payés lui seront rendus & restitués; a fait inhibitions & défenses aux Habitans de ladite Ville de l'imposer à l'avenir, tant & si longuement qu'il sera Messager-Juré de l'Université de Paris. Nous ne pouvons nous refuser à la satisfaction de rapporter les motifs des conclusions de M. l'Avocat-Général qui portoit la parole dans cette affaire, lesquelles sont insérées dans cet Arrêt. Il expose que « ce qui aide beaucoup la prétention de l'Appellant, est l'intervention de l'Université de Paris, à cause de la faveur & la qualité de ses privileges, dont l'*antiquité est telle qu'ils semblent plutôt être une disposition du droit commun qu'une dérogation à la Loi générale*, parce que ladite Université se trouve instituée avec toutes sortes de prérogatives auparavant l'institution des tailles, subsides & impositions; &, lors de leur création, on l'a toujours exceptée, comme faisant partie des choses les plus saintes, les plus dignes, les plus excellentes de l'Etat, de laquelle on peut dire, ainsi que de cette fausse Divinité, que les Anciens ont révérée sous le nom de Minerve, comme Princesse des Sciences, qu'elle a été produite par l'entendement des Roys, par l'excès d'amour & de dilection qu'ils ont eu pour les bonnes Lettres, lesquels ont depuis, dans le progrès, pris un tel plaisir à contempler la beauté & la perfection de cet ouvrage, le fruit, l'utilité, la splendeur & l'ornement qu'elle apportoit non seulement à ce Royaume, mais encore à toute la Chrétienté, qu'ils l'ont, par une espece d'adoption, ornée de la qualité de leur *Fille aînée*, peut-être pour conserver plus aisément ce glorieux titre de *Fils aîné de l'Eglise*, qu'ils ont à bon droit mérité par-dessus tous les autres Roys, tant par la valeur de leurs armes utilement employées pour l'augmentation & manutention de la Foi catholique, dont ils sont les vrais & légitimes défenseurs, que par la force de la parole, appuyée de doctrine & de science, qu'ils en ont, en plusieurs occasions, heureusement fait paroître par l'entremise des Docteurs des Universités, & notamment de celle de Paris, qui est la mere de toutes les autres, ès Synodes & Conciles, pour l'extirpation des abus qui s'y sont glissés, même pour la conservation des privileges & immunités de notre Eglise Gallicane, de sorte qu'il n'est pas croyable que des privileges si légitimement mérités par leurs grands services, octroyés avec tant de marques d'amour & de bonne volonté des Roys, puissent recevoir atteinte ou diminution par l'explication rigoureuse d'une Loi obscure.... (1). C'est une maxime reçue

(1) A la place de ces points, il y a dans les motifs de M. l'Avocat-Général, *qui se rencontre dans l'article coté de cette nouvelle Loi.* Il s'agit de l'Edit de 1634. (Réglement, page 703.)

par

par les Docteurs sur la Loi premiere, *ff. de Constit. Principum*, que l'on ne déroge point à des privileges éminens comme ceux-là, insérés dans le corps du Droit, par des clauses générales, & qu'il faut une dérogation expresse & prescrite pour les abolir & diminuer (1)». 1777.

Ce Magistrat auroit pu ajouter que cette maxime étoit consacrée par plusieurs de nos Roys, à l'égard de l'Université. Dans une Déclaration de la mere de François Ier, Régente du Royaume, du 22 Novembre 1515, en interprétation de Lettres antérieures, portant établissement d'une imposition, avec la clause qu'elle seroit payée par toutes sortes de personnes exemptes & non exemptes, privilégiées & non privilégiées, cette Princesse ordonne que l'Université & ses Suppôts demeureront exempts de ladite imposition, & fait défenses de la contraindre à en payer aucune chose, *sous couleur ou moyen de ladite cottisation desdites Lettres de commission ou provision, ne autres que le Roy notre fils & nous pourrions avoir octroyées par ci-devant, ni octroyées ci-après; jaçoit que par icelles, soit on fût mandé faire contribuer tous exempts & non exempts, privilégiés ou non privilégiés; en quoi ne voulons ni n'entendons notredite fille l'Université, lesdits Suppôts & Officiers, être en ce comprise ni entendue en aucune maniere.*

En 1539, sur la remontrance faite à François Ier, par l'Université, que quoique par l'un de ses privileges il soit expressément dit, que quelqu'impositions qui se se mettent & recueillent dans le Royaume sur exempts & non exempts, pri-

---

(1) M. l'Avocat-Général ajoute: *or tant s'en faut que dans l'article dont est question, il y ait une clause de dérogation, qu'au contraire le Roi déclare qu'il entend que ceux de l'Université jouissent comme ils ont fait par le passé, de l'exemption qui est révoquée à l'égard des autres Universités. La clause qui suit,* POURVU QU'ILS SOIENT DEMEURANS DANS PARIS, *ne peut être prise pour dérogation, ou considérée pour autres que pour ceux qui, par l'état de leur profession, y doivent un service actuel, qu'ils ne peuvent pas rendre ailleurs, comme si on les vouloit avertir de persévérer dans Paris où ils sont, & ne se pas écarter en divers lieux à la campagne, abusans de leurs privileges; mais cela n'a point été dit pour apporter aucune subjection nouvelle à ceux qui, eu égard à la qualité de leurs Charges, ont eu ci-devant la liberté de demeurer où bon leur a semblé, puisque le Roi dit en l'article XXIV* (Réglement, page 703) *qu'ils jouiront de l'exemption, comme ils en ont ci-devant fait, ce que la Cour a déjà jugé à l'égard de quelques Officiers de l'Université de Paris, demeurans en des lieux taillables, même depuis l'Edit de 1634, partant adhere à l'Appellant. Lecture faite dudit article XXIV de l'Edit de 1634, la Cour ayant égard aux Lettres, a mis & converti l'appel en opposition, y faisant droit, ensemble sur l'intervention, dit qu'à bon droit, &c.* (*Voyez ce dispositif, Réglement, page 738.*)

Il est essentiel de remarquer, suivant l'observation de M. Bellanger, Avocat-Général, qui nous a été communiquée par M. Verrier, Avocat, que le sieur Gandrian, en faveur duquel l'Arrêt de 1637 a été rendu, étoit du nombre des *Petits-Messagers*, appellés *Messagers volans*, dont les fonctions sont rapportées ci-dessus, page 1784. Ces Petits-Messagers n'étoient pas tenus de résider à Paris comme les Grands-Messagers.

En 1777, la Cour des Aydes, par Arrêt rendu au rapport de M. Midi, a ordonné que le rôle des tailles de la Paroisse de pour la cotte personnelle du sieur Chevalier, seroit exécutée, nonobstant la qualité de Grand-Messager de l'Université, tant & si longuement qu'il ne résidera pas à Paris, aux termes des Réglemens.

Par Sentence de l'Election, du 12 Mai 1784, un Grand-Messager a été déchargé de la taille personnelle, quoiqu'il demeurât à Auteuil, mais Auteuil étant dans la banlieue de Paris, ce Grand-Messager fut considéré comme résidant à Paris.

Un Arrêt du 26 Février 1779, a déchargé de la taille personnelle un Médecin de la Faculté de Paris, retiré à la campagne où il avoit fixé sa demeure. Les Membres de l'Université ne doivent jouir que de l'exemption de taille personnelle, conformément à l'Edit de Juillet 1766.

1777. vilégiés & non privilégiés, l'Université, ses Officiers & Suppôts ne fussent & soient entendus ni compris, si d'icelle n'est fait mention, néanmoins sous ombre de ce que par Lettres-Patentes du 29 Juin de ladite année, portant établissement d'un droit sur le bétail, les Corps, Colleges, Particuliers, ou autres privilégiés y soient compris, sans toutefois faire expresse ni spéciale mention de l'Université, Suppôts, & Officiers d'icelle, les percepteurs dudit droit veulent contraindre ladite Université & ses Suppôts à le payer; le Roy déclare n'avoir entendu comprendre l'Université, les Suppôts & Officiers d'icelle en aucune maniere.

Ces Lettres sont du 17 Décembre 1539. Il y a encore des Lettres-Patentes de Henry II, du 12 Mai 1557, qui contiennent les mêmes dispositions.

Appliquons maintenant cette maxime à la cause dont nous nous occupons. Les privileges d'exemption du droit de gros pour le vin du crû en faveur de l'Université & des Messagers-Jurés, sont établis par toutes les Loix que nous avons rapportées; &, bien loin qu'il y ait été dérogé par une dérogation expresse, ils ont été confirmés par l'Ordonnance de 1680, par la clause générale, *& ceux qui ont obtenu nos Lettres de Déclaration*, par les Lettres de confirmation de Louis XV, de 1722, & tout nouvellement par le Monarque bienfaisant qui nous gouverne. Les Arrêts & Jugemens des Tribunaux les ont toujours maintenus dans la jouissance de ces privileges. Les Grands-Messagers ont été appellés à l'installation de l'Université dans le College de Louis-le-Grand, ils ont été installés dans les lieux à eux destinés dans ce College, ils ont assisté avec l'Université à toutes les opérations de MM. les Commissaires du Parlement. Un Messager de l'Université a été maintenu le 2 Août 1775 (1) dans l'exemption de la taille; & cette année, le 18 Mars 1777, la Cour des Aydes a fait défenses aux Maire, Echevins & Habitans de Mantes, d'imposer à la taille & au logement des gens de guerre le sieur Sauvage, Marchand, Bourgeois de Paris, Messager-Juré de l'Université, tant qu'il sera pourvu de la Charge de Messager de l'Université de Paris.

D'après tous ces titres, il nous paroît inutile d'examiner si les Messagers-Jurés de l'Université font ou non les fonctions de leurs Offices, si l'état des sieurs de Buire & Delonchamp est conforme à leurs Offices. Ils sont habitans de Paris, & d'une condition qui annonce une aisance suffisante à l'objet de l'institution de leurs Offices: car les Messagers-Jurés, suivant l'Historien de l'Université, *debebant esse Cives Parisienses & Parisiis residere*, & ils sont appellés Grands-Messagers, *quia erant ditiores & locupletiores quàm minores seu viatores.* Il ne paroît pas qu'on ait jamais exigé autre chose des Messagers-Jurés: d'ailleurs les Messagers-Jurés qui ont obtenu les Jugemens & Arrêts dont nous avons rendu compte, n'étoient pas d'un état plus relevé que les sieurs de Buire & Delonchamp: au surplus ce n'est pas au Fermier à fixer l'état que doivent tenir les Messagers-Jurés, ni à examiner si leur exercice a lieu ou non présentement, il doit se conformer aux Loix & Réglemens qui concernent les privileges de l'Université & des Messagers-Jurés.

Dans ces circonstances & par ces considérations, nous estimons qu'il y a lieu, &c.

Nous avons reçu le Corps des Grands-Messagers-Jurés de l'Université de Paris, Partie intervenante, & Charles Delonchamp, & Etienne-André de Buire opposans aux contraintes & commandemens dont il s'agit; faisant droit sur le tout, sans avoir égard aux requêtes & demandes des Adjudicataires des Fermes dont

(1) Sentence de l'Élection de Montfort-Lamaury.

les avons déboutés, déclarons lesdites contraintes & commandemens de nul effet : en conséquence faisons défenses auxdits Adjudicataires des Fermes de faire, en vertu desdites contraintes, aucunes poursuites, à peine de nullité, & de tous dépens, dommages & intérêts ; faisons pareillement défenses à Laurent David, Adjudicataire actuel, d'exiger à l'avenir dudit de Buire & Delonchamp le droit de gros pour le vin de leur crû qu'ils pourront vendre tant qu'ils seront revêtus de leurs Charges de Grands-Messagers de l'Université, en se conformant par eux aux Réglemens : maintenons les Grands-Messagers-Jurés de l'Université de Paris dans les différentes exemptions & franchises à eux accordées par nos Roys ; & notamment dans l'exemption du droit de gros à la vente du vin de leur crû, conformément à l'article V du titre IX de l'exemption du gros de l'Ordonnance de 1680 : en conséquence ordonnons que le Fermier sera tenu de délivrer aux Grands-Messagers-Jurés de l'Université de Paris des congés en exemption du droit de gros à la vente des vins de leur crû, en se conformant toutefois par lesdits Grands-Messagers aux formalités prescrites par l'article VI du titre IX de l'Ordonnance de 1680, & aux Lettres-Patentes du 30 Juillet 1726 concernant les significations que les privilégiés doivent faire au bureau des Fermes. Ordonnons que notre présente Sentence sera imprimée & affichée au nombre de deux cents exemplaires aux frais & dépens des Adjudicataires des Fermes que nous condamnons en tous les dépens. SI mandons, &c. Le Samedi cinq Juillet mil sept cent soixante-dix-sept. *Signé*, DIAMY.

1777.

DÉCLARATION du 14 Août 1777, enrégistrée en la Cour des Aides, en Septembre de ladite année, qui ordonne qu'à l'avenir l'Edit du mois d'Août 1775, concernant la suppression des Receveurs des Tailles, & l'établissement d'un Receveur des impositions, soit exécuté dans l'apanage des Princes du Sang. (Code des Tailles, Tome V, page 108.)

ARRÊT de la Cour des Aides, du 17 Janvier 1778, qui condamne Pierre Boursault, l'un des Collecteurs des Tailles de la Paroisse d'Esvres, Election de Tours, au blâme & en 3 livres d'amende envers le Roi, pour prévarications & infidélité dans la perception des deniers royaux, & trois autres Collecteurs de ladite Paroisse, à être admonestés & en trois livres d'aumône par chacun d'eux, applicable au pain des pauvres prisonniers de la Ville de Tours. (Ibid. page 127.) 1778.

LETTRES-PATENTES du 19 Janvier 1778, qui reglent la maniere dont les Arrêts, Sentences, Jugements & contraintes doivent être mis à exécution contre l'Adjudicataire des Fermes-Générales & ses cautions. (Ibid. page 132.)

1778.

EXTRAIT de l'Ordonnance du 9 Mars 1778. Exemption des Invalides. (Code des Tailles, Tome V, page 136.)

XIV. TOUS les Invalides, solde & demi-solde & autres pensionnés jouiront de l'exemption de taille industrielle & autres impositions personnelles, pour raison des trafic, commerce, industrie & exploitations auxquelles ils pourront se livrer, s'ils exploitent leurs héritages. En prenant des biens d'autrui à Ferme, à titre d'adjudication ou autrement, ils seront, de quelque nature que soient lesdits biens, sujets à la taille d'exploitation & autres impositions accessoires à la taille; & lesdits pensionnaires seront dans tous les cas sujets aux vingtiemes, & autres charges réelles que supportent les propriétaires des fonds.

DÉCLARATION concernant les privileges des Gens de Mer. (Code des Tailles, Tome V, page 137.)

21 Mars 1778.

LOUIS, &c. L'attention que nous donnons à tout ce qui concerne le service de notre Marine, nous ayant engagés à nous faire rendre compte des privileges dont nos Officiers-Mariniers, Matelots & autres Gens de Mer classés ont joui jusques à présent en vertu de l'Edit du mois d'Août 1673, nous avons reconnu que les dispositions de cette loi n'étoient pas exécutées de la même maniere dans les différentes Provinces de notre Royaume, & qu'il étoit d'autant plus nécessaire de renouveller ces privileges & de les rendre uniformes, même de les augmenter, que le zele & la volonté dont nosdits Officiers-Mariniers & Matelots ne cessent de nous donner des preuves, dans les conjonctures présentes, exigent de notre part une protection particuliere. A ces causes, &c. voulons & nous plaît ce qui suit :

I. Nos Officiers-Mariniers, Matelots & autres Gens de Mer classés jouiront, pendant qu'ils seront employés à notre service & à notre solde, soit sur nos vaisseaux, soit dans nos arsenaux, & pendant quatre mois après la cessation dudit service, de l'exemption du logement des Gens de guerre (sinon en cas de foule); comme aussi de guet & garde aux portes des Villes & châteaux.

II. Lesdits Officiers-Mariniers, Matelots & autres Gens de Mer classés, ne pourront être commandés pour les réparations, entretiens & constructions des chemins publics ou vicinaux, dans les Provinces où ils seront domiciliés, ou pour autres ouvrages de même nature ; les déchargeons de tout devoir quelconque pour raison de ce pendant le temps porté par l'article ci-dessus.

III. N'entendons néanmoins comprendre dans lesdites exemptions, ceux desdits Officiers Mariniers ou Matelots qui feront trafic, tiendront boutique ouverte, ou qui exploiteront le bien d'autrui.

IV. Ne pourront, pendant le même temps, lesdits Officiers Mariniers ou Matelots, être nommés Collecteurs des tailles ou de l'impôt du sel, ni être séquestres, Commissaires, gardiens ou administrateurs des biens ecclésiastiques ou laics : voulons que ceux qui ne sont pas actuellement de service, & qui auroient été nommés Collecteurs de tailles ou de l'impôt du sel, soient déchargés de plein droit desdites collectes, dans le cas où ils viendroient à être commandés pour notre service. Enjoignons, audit cas, aux Habitans des Villes, Paroisses ou Communautés, de s'assembler sur-le-champ pour nommer un autre Collecteur à leur place, sans toutefois que lesdits Officiers-Mariniers ou Matelots puissent être déchargés de leur collecte qu'après avoir rendu le compte qu'ils pourront devoir de leur gestion & administration, dans la forme ordinaire & accoutumée; ce qu'ils seront tenus de faire dans huitaine, avant de quitter leur domicile. 1777.

V. Lesdits Officiers-Mariniers ou Matelots ne pourront non plus être contraints, pendant ledit temps, d'accepter aucune Charge municipale ou administration d'Hôpitaux & de Fabriques.

VI. En cas que lesdits Officiers-Mariniers ou Matelots eussent été nommés tuteurs ou curateurs, avant que d'être employés à notre service & à notre solde, voulons qu'ils soient déchargés desdites tutelles ou curatelles, & qu'il soit nommé, sur avis de parens, devant le Juge, un tuteur ou curateur, en leur lieu & place, en la forme & maniere accoutumées.

VII. Nosdits Officiers-Mariniers ou Matelots jouiront, pendant le même temps, de la surséance & suspension de toutes poursuites dans leurs procès & différends civils, & de toute contrainte en leurs personnes & biens, dans les cas portés par notre Déclaration du 23 Décembre 1762, sans qu'ils soient obligés de prendre des lettres d'Etat, dont nous les dispensons.

VIII. Les Pilotes-Côtiers, les Lamaneurs & autres qui ont un service continuel, jouiront des exemptions & privileges portés par les articles ci-dessus, tant qu'ils en feront les fonctions.

IX. Le besoin du service ayant exigé qu'il fût établi des Syndics des classes aux ordres des Commissaires desdites classes, il sera dressé un état des lieux où ils seront placés, ainsi que du nombre qui sera jugé nécessaire; & jouiront lesdits Syndics des exemptions portées par les articles II & IV ci-dessus, & ce seulement pendant la durée de leur Syndicat, & hors les cas prévus par l'article III, en outre à la charge par eux de donner connoissance aux Officiers Municipaux ou Syndics des Communautés, de leur nomination, visée par l'Intendant de la Marine ou par l'Ordonnateur du Département.

X. Il sera expédié par les Commissaires des classes, à chaque Officier-Marinier ou Matelot qui sera commandé pour notre service, une route pour se rendre au lieu de sa destination : voulons que les Officiers-Mariniers ou Matelots qui seront porteurs desdites routes, soient reçus dans les Hôpitaux, en cas de maladie, ainsi qu'il se pratique pour les soldats de nos troupes, ce qui aura également lieu pour le retour desdits Officiers-Mariniers ou Matelots, au lieu de leur domicile.

XI. Défendons très-expressément à tous Officiers-Mariniers ou Matelots qui seront porteurs desdites routes, de s'en écarter; comme aussi de mendier sur les chemins, sous peine d'être arrêtés & punis comme vagabonds.

XII. Les Commissaires des classes seront tenus de remettre aux Officiers-Municipaux ou Syndics des Communautés, un état desdits Officiers-Mariniers ou Matelots commandés pour notre service, avec la date du jour de leur départ & celle de leur retour; & ne jouiront des privileges & exemptions portés par ces présentes, que ceux compris auxdits états.

XIII. Les dispositions de notre présente Déclaration seront exécutées nonobstant tous Edits, Déclarations, Réglemens ou autres à ce contraires, auxquels nous avons dérogé & dérogeons expressément. Si donnons en mandement, &c.

Donnée à Versailles, le vingt-unieme jour du mois de Mars, l'an de grace mil sep cent soixante-dix-huit. *Signé*, LOUIS; & plus bas, par le Roy, DE SARTINE.

1778.

Registrée en la Cour des Aydes, le 27 Mai 1778.

LIMITES DE PARIS.

ARRÊT *du Conseil, du 29 Mars 1778, portant que le Roi s'étant fait rendre compte des Mémoires adressés à son Conseil, relativement aux difficultés qui se sont élevées sur les impositions d'un certain nombre d'Habitants des extrêmités de plusieurs fauxbourgs de Paris, Sa Majesté s'est fait représenter la Déclaration du 18 Juillet 1724, par laquelle il a été ordonné, article VI, que les fauxbourgs de Paris seront bornés chacun à la derniere maison qui est construite du côté de la campagne, de proche en proche; les Déclarations des 29 Janvier 1726, 23 Mars 1728, 28 Septembre de la même année & 16 Mai 1765, qui confirment & interpretent les dispositions de celle de 1724, l'avis du sieur Intendant & Commissaire départi en la Généralité de Paris, & celui du sieur Prévôt des Marchands de la Ville & fauxbourgs de Paris : le Roi voulant faire cesser toute incertitude à cet égard, & assurer la tranquillité des contribuables; oui le rapport du sieur Moreau de Séchelles, Conseiller d'Etat ordinaire & au Conseil Royal des Finances, Sa Majesté, étant en son Conseil, a ordonné & ordonne, sans préjudice des droits des Seigneurs, des Curés & autres Parties intéressées, que les Particuliers compris dans les rôles des vingtiemes & de la capitation de la Ville de Paris, conformément à l'article VI de la Déclaration du 18 Juillet 1724, y acquitteront leurs impositions tant de capitation que de vingtieme. N'entend néanmoins Sa Majesté affranchir les contribuables des charges dont ils peuvent être tenus dans les Paroisses de la campagne, desquelles ils continueront de faire partie, comme par le passé, excepté néanmoins pour les impositions qui se levent au profit de Sa Majesté dans lesdites Paroisses, & dont ils demeurent déchargés. Enjoint Sa Majesté aux sieurs Intendant & Commissaires départis de la Généralité de Paris, & au sieur Prévôt des Marchands de la Ville & fauxbourgs de Paris, de veiller chacun en ce qui les concerne, à l'exécution du présent Arrêt, sur lequel seront, si besoin est, toutes Lettres nécessaires expédiées. Fait au Conseil d'Etat du Roi, Sa Majesté y étant, tenu à Versailles, le vingt-neuf Mai mil sept cent soixante-dix-huit.* Signé, AMELOT.

1778.

DÉCLARATION portant Réglement sur la forme de procéder en matiere de Taille. (Code des Tailles, Tome V, page 142.)

23 Avril 1778.

LOUIS, &c. Le desir de soulager nos Peuples, & d'adoucir, en particulier, le sort de nos Sujets taillables, nous a déterminés à nous occuper des moyens de réduire les frais de procédure auxquels est exposé tout contribuable, quand il se pourvoit contre son imposition. La réduction de ces frais qui épuisent ou effrayent le contribuable, avoit été l'objet & le but de notre très-honoré Seigneur & aïeul, dans ses Déclarations des 20 Mai 1759, 13 Avril 1761 & 27 Janvier 1772. Nous nous sommes fait rendre compte de ces différentes Loix, & nous avons cru devoir en réunir dans la présente Déclaration les dispositions principales, les simplifier, les éclairer, pour en faciliter aux pauvres contribuables, à qui elles sont destinées, l'intelligence & l'exécution, & réaliser ainsi les vues de bienfaisance qui nous ont animés. A ces causes, &c. voulons & nous plaît ce qui suit :

Formalités à observer pour se pourvoir contre les cottes d'Offices.

I. Ceux qui voudront se pourvoir contre les cottes d'office faites par les Commissaires départis, seront tenus d'y former opposition par une simple requête pardevant lesdits Commissaires départis, sans y appeller le Syndic de la Communauté; au rôle de laquelle ladite taxe aura été faite; seront seulement tenus lesdits opposans de donner connoissance de leur demande à ladite Communauté, en la leur dénonçant dans la quinzaine, par un Huissier, un jour de Dimanche ou de Fête, à l'issue du Service-Divin.

Les Habitans peuvent intervenir sur la demande de l'opposant, formalités qu'ils doivent observer.

II. Pourront lesdits Habitans intervenir, si bon leur semble, sur la demande formée par l'opposant, en présentant leur Requête aux Commissaires départis, dans la quinzaine de la dénonciation prescrite par l'article premier ; passé lequel temps, ils n'y seront plus recevables.

Les Habitans peuvent former opposition aux cottes d'office, formalités qu'ils doivent observer.

III. Pourront aussi lesdits Habitans former opposition en leur nom aux cottes d'office faites par les Commissaires départis, par une simple Requête qu'ils seront tenus de signifier par un Huissier au Particulier taxé d'office lequel pourra dans la quinzaine y fournir des défenses par une simple Requête; après lequel délai, il n'y sera plus recevable.

Les Collecteurs peuvent augmenter les cottes d'office, alors le contribuable peut se pourvoir en l'Election.

IV. Dans le cas où les Collecteurs auroient estimé en leur ame & conscience

1778. devoit augmenter la cotte d'un contribuable taxé d'office par le Commissaire départi, le contribuable pourra se pourvoir pardevant les Officiers de l'Election, comme s'il n'y avoit pas eu de taxe d'office, & suivant la forme qui sera ci-après prescrite.

Les oppositions aux cottes d'offices, ou aux rôles faits, soit en présence des Commissaires, soit par les Collecteurs à l'ordinaire, doivent être formées dans les trois mois du jour de la publication des rôles.

V. Toutes les oppositions au rôle, soit devant les Commissaires départis pour les cottes d'office, ou devant les Officiers des Elections pour les rôles faits d'office, en présence d'un Commissaire au rôle, ou à l'ordinaire par les Collecteurs seuls, seront formées dans les trois mois de la vérification des rôles, lequel délai cependant ne courra que du jour que les Collecteurs auront fait publier les rôles en la forme prescrite par les Réglemens; après lequel temps, les opposans y seront non-recevables.

Délai dans lequel le Commissaire départi doit statuer sur les Requêtes en opposition.

VI. Il sera statué par le Commissaire départi sur lesdites Requêtes en opposition, dans les deux mois de la date des dénonciations prescrites par l'article premier; après lequel temps, lorsque le Commissaire départi n'aura pas rendu son Ordonnance, les opposans pourront se pourvoir directement en notre Cour des Aydes, par appel de la taxe d'office, conformément à la Déclaration du 7 Décembre 1715; & cet appel sera porté, instruit & jugé, comme il sera ordonné ci-après pour l'appel d'une Ordonnance sur taxe d'office, article XLI & suivans.

Les oppositions aux cottes des rôles faits d'office ou à l'ordinaire, seront formées par un simple Mémoire sur papier non timbré, sans ministere d'un Procureur, si bon ne semble à l'opposant & contiendront l'énonciation du domicile.

VII. Ceux qui voudront se pourvoir contre les cottes des rôles des tailles faits d'office ou à l'ordinaire, soit en radiation de cottes ou en sur-taux, soit en plaintes d'abus & malversations, contre les Collecteurs, formeront leur demande en l'Election dans les délais prescrits par l'article V, par un simple Mémoire sur papier non timbré, dans lequel ils seront tenus d'énoncer leur domicile, sans être obligés de se servir d'un Procureur, si bon ne leur semble; & il en sera usé de même dans toutes les autres contestations concernant les impositions dans lesquelles les Communautés devront être Parties contre des Particuliers,

Les contestations relatives au droit de la Noblesse, aux privileges des Commensaux & des autres privilégiés, seront portées à l'audience, suivant les formes prescrites par les anciens Réglemens.

VIII. Exceptons de l'article précédent les contestations relatives au droit de la Noblesse de notre Royaume, aux privileges des Commensaux de notre Maison, & des autres privilégiés, lesquelles seront portées à l'Audience, & pourront être appointées, quand l'objet le méritera, & seront instruites & jugées suivant les

les formes preſcrites par les anciens Réglemens, auxquels nous n'entendons déroger à cet égard.

Ce que doit contenir la requête en oppoſition aux cottes d'office, & le Mémoire en oppoſition aux rôles des Tailles.

IX. La requête en oppoſition aux cottes d'office, & le Mémoire en oppoſition aux rôles des tailles, contiendront les cauſes de l'oppoſition, la diminution que l'oppoſant prétendra, l'état de ſes biens propres, de ceux qu'il tient à loyer ou à Ferme, & de ſes autres facultés. Il y joindra l'extrait de ſes cottes de taille des trois dernieres années, &, faute par l'oppoſant de s'être conformé aux diſpoſitions du préſent article, les Juges pourront le déclarer non-recevable.

Ce que doivent contenir les Mémoires en abus & malverſations.

X. Les Mémoires en abus & malverſations, contiendront le détail deſdits abus, & les extraits des rôles deſquels on prétend les faire réſulter, ſoit que les plaintes en abus ſoient jointes à une demande en radiation de cottes ou ſur-taux, ſoit qu'elles n'y ſoient pas jointes.

Les Mémoires en oppoſition ou en abus ſeront préſentés en deux copies à un des Officiers de l'Election, ce que cet Officier doit faire en conſéquence.

XI. Les Mémoires en oppoſition aux rôles, & ceux en abus & malverſations, ſeront préſentés à un des Officiers de l'Election, en deux copies, lequel fera mention ſur icelles du jour de leur préſentation, les paraphera ſur chaque feuillet, & mettra au bas ſon ordonnance de ſoit communiqué au Subſtitut de notre Procureur-Général en ladite Election, auquel leſdites deux copies ſeront remiſes ſur-le-champ, ou dépoſées au greffe, pour lui être remiſes au premier jour d'audience.

Lorſque les demandes en abus ſeront jointes à une demande en oppoſition aux rôles, il ſera remis trois copies dudit Mémoire.

XII. Lorſque les demandes en abus & malverſations ſeront jointes à une demande en oppoſition aux rôles, ou en radiation, il ſera remis trois copies dudit Mémoire qui contiendra ce qui eſt preſcrit par les articles IX & X.

Ce que le Procureur du Roy doit faire en conſéquence de cette remiſe.

XIII. Le Subſtitut de notre Procureur-Général ſera tenu d'écrire au bas de chaque copie des Mémoires, le jour auquel leſdites copies lui auront été remiſes. Il communiquera une deſdites copies aux Maire & Echevins & Syndics de la Paroiſſe, lorſque les rôles auront été faits à l'ordinaire, ou au Commiſſaire, en préſence duquel le rôle aura été fait, lorſque les rôles auront été faits d'office, & il fera mention ſur chaque copie du jour de ladite communication.

Les Collecteurs doivent ſeuls défendre aux demandes en abus & malverſations, une des copies du Mémoire doit leur être communiquée.

XIV. Lorſqu'il s'agira d'une demande en abus & malverſations, le Subſtitut

1778. de notre Procureur-Général communiquera une desdites copies aux Collecteur qui doivent seuls défendre à ladite demande, & en fera mention sur les copies.

Les Commissaires aux rôles faits d'office doivent donner leur avis au pied du Mémoire dans la quinzaine, ou déclarer qu'ils n'entendent le donner. Sur cet avis & les conclusions du Procureur du Roy, il sera statué dans la huitaine.

XV. Le Commissaire aux rôles faits d'office, sera tenu de donner son avis au pied du Mémoire, ou d'y déclarer par écrit qu'il n'entend le donner, & de rendre le Mémoire au Substitut de notre Procureur-Général, dans la quinzaine du jour où il lui aura été communiqué, de laquelle remise ledit Substitut fera mention au bas de la copie, & sur l'avis dudit Commissaire, ou sa déclaration qu'il n'entend pas en donner, ensemble sur les conclusions du Substitut de notre Procureur-Général, il sera statué par les Officiers de l'Election, sur le Mémoire de l'opposant, dans la huitaine de la remise qui aura été faite par ledit Commissaire.

La communication des Mémoires pourra être faite aux Habitans & Collecteurs par un homme de garnison, certificats qu'il doit rapporter. Taxe des salaires de l'homme de garnison.

XVI. La communication des Mémoires en opposition aux rôles faits à l'ordinaire, ou en abus & malversations, prescrite par les art. XIII & XIV, pourra être faite aux Maire, Echevins, Syndics & Collecteurs, par un simple homme de garnison, qui sera en outre chargé de remettre aux Collecteurs un avertissement de la part du Substitut de notre Procureur-Général, de se trouver à l'assemblée qui sera ci-après ordonnée ; lequel homme de garnison sera tenu de rapporter au Substitut de notre Procureur-Général, un certificat des Maire, Echevins, Syndics & Collecteurs, de la remise desdits Mémoires & avertissement.

XVII. Dans les cas d'absence des Maire, Echevins, Syndics & Collecteurs, les hommes de garnison seront tenus de rapporter un certificat signé de deux des principaux Habitans de la Paroisse, justificatif de ladite absence ; lesquels s'obligeront de remettre les Mémoires aux absens, aussi-tôt leur retour ; le tout à peine des dépens, dommages-intérêts des Parties.

XVIII. Les salaires de l'homme de garnison ne lui seront payés, que lorsqu'il rapportera lesdits certificats ; lesquels salaires seront réglés par le Substitut de notre Procureur-Général, suivant le prix des journées des hommes de garnison dans ladite Election, & relativement à l'éloignement de la Paroisse ; & le montant de ces salaires sera consigné au greffe par les Parties, lors de la remise de leurs Mémoires au Substitut.

Les Parties pourront se servir d'un Huissier au lieu d'un homme de garnison, ce qu'ils doivent faire en ce cas.

XIX. Il sera loisible aux Parties de se servir du ministere d'un Huissier, au lieu d'un homme de garnison, pour toute la suite de la procédure, à la charge de le déclarer au Substitut de notre Procureur-Général, lors de la premiere remise des Mémoires ; auquel cas le Substitut de notre Procureur-Général remettra une ou deux copies desdits Mémoires à l'opposant, suivant la nature des demandes mentionnées dans les articles XI & XII, & fera mention de ladite remise, tant sur lesdites copies, que sur celle qui restera au greffe.

XX. Les Parties qui auront opté de se servir du ministere d'un Huissier, seront tenues de faire signifier, à la requête du Substitut de notre Procureur-Général, lesdits Mémoires aux Habitans & Collecteurs, suivant la nature des affaires, & pourront se servir, dans tous les cas, au lieu d'un homme de garnison, de tels Huissiers ou Sergens que bon leur semblera, même de ceux des Justices seigneuriales, pourvu qu'ils aient le droit d'exploiter dans le lieu où se fera ladite signification, & les frais desdits Huissiers n'entreront pas en taxe pour une somme plus considérable, que ceux d'un simple homme de garnison. 1778.

Les Syndics tenus de convoquer l'assemblée des Habitans, pour lui communiquer le Mémoire de l'opposant dans la quinzaine, la Communauté tenue d'avouer ou désavouer les Collecteurs; ce que la Communauté doit faire en cas d'aveu des Collecteurs, communication à faire à l'opposant de la délibération des Habitans.

XXI. Dans la quinzaine de la communication ordonnée par l'article XIII, les Maire, Echevins & Syndic seront tenus, à peine de dix livres d'amende, & des dommages & intérêts de l'opposant, s'il y échoit, de convoquer, en la forme prescrite par les Ordonnances, l'assemblée de leur Communauté, & de lui communiquer le Mémoire de l'opposant; à laquelle assemblée les Collecteurs seront tenus aussi, à peine de dix livres d'amende, de se trouver; & sera ladite Communauté tenue d'avouer, par une délibération qui contiendra ses moyens, ou de désavouer l'imposition faite sur l'opposant par les Collecteurs; laquelle quinzaine courra du jour du certificat rapporté par l'homme de garnison, ou de la signification faite par l'Huissier.

XXII. A défaut de réponse de la part de la Communauté, dans le délai d'un mois, à compter du jour du certificat ou de la signification, il sera fait droit à l'opposant sur son Mémoire, & sur les conclusions du Substitut de notre Procureur-Général, ainsi qu'il appartiendra.

XXIII. Si la Communauté avoue les Collecteurs par son acte d'assemblée, les Maire, Echevins ou Syndics seront tenus, dans la huitaine qui suivra cette assemblée, d'envoyer au Substitut de notre Procureur-Général deux copies, signées d'eux, de la délibération des Habitans; lesquels pourront néanmoins, s'ils le jugent à propos, fournir leurs défenses par le ministere d'un Procureur, qui, dans ce cas, remettra deux copies desdites défenses au Substitut de notre Procureur-Général, lequel fera mention, au bas de chaque copie, du jour qu'elles lui auront été remises.

XXIV. Le Substitut de notre Procureur-Général communiquera à l'opposant, par la voie d'un homme de garnison ou d'un Huissier, suivant l'option qui aura été faite, conformément à l'article XIX, ou au Procureur de l'opposant, s'il y en a un, une copie de la délibération ou défense de la Communauté, & fera mention, au bas desdites copies, du jour de ladite communication.

XXV. L'homme de garnison ou l'Huissier sera tenu de rapporter certificat de ladite communication, ou l'original de la signification qu'il auroit faite, conformément aux articles XVI, XVII, XVIII & XIX; & huitaine après, soit que l'opposant ait répondu ou non, le Substitut de notre Procureur-Général,

1778. après avoir donné ses conclusions sur le tout, remettra les pieces au greffe, pour être le procès jugé sans délai, en la Chambre du Conseil; & la Partie qui succombera, sera condamnée aux dépens, dans lesquels entreront les frais de l'homme de garnison ou de l'Huissier, qui seront liquidés par la Sentence, conformément aux articles XIX & XX du présent Réglement.

Formalités à observer en cas de désaveu des Collecteurs.

XXVI. Si la Communauté désavoue l'imposition faite par les Collecteurs, le Mémoire de l'opposant sera remis auxdits Collecteurs dans l'assemblée, dont il sera dressé acte dans la forme ordinaire. Les Collecteurs seront tenus de répondre audit Mémoire, dans les délais ci-dessus prescrits; & la contestation entr'eux & l'opposant, sera instruite & jugée avec le Substitut de notre Procureur-Général, comme elle l'auroit été entre l'opposant & la Communauté.

Cas dans lequel les Juges doivent se transporter dans une Paroisse, pour constater les faits dont la preuve est nécessaire. Ce qu'il doit observer. Jugement qui doit être rendu en conséquence.

XXVII. Si, dans une demande en sur-taux ou radiation de cottes, abus & malversations aux rôles des tailles, les Mémoires, réponses & pieces des Parties ne sont pas suffisantes pour le Jugement du procès, les Juges pourront commettre, par une Ordonnance signée de trois au moins, l'un d'eux pour se transporter en la Paroisse, & y constater les faits dont la preuve aura été jugée nécessaire. Ladite Ordonnance sera écrite au bas des copies du Mémoire, & il en sera remis une au Juge commis, avec les pieces, si aucune y a, de laquelle remise sera fait mention sur lesdites deux copies.

XXVIII. En conséquence de l'article ci-dessus, le Juge commis donnera avis aux Maire & Echevins, ou Syndics, du jour de son arrivée, au moins deux jours auparavant, par un homme de garnison qui en rapportera certificat, ainsi qu'il est prescrit par les articles XVI & XVIII. Les Maire, Echevins & Syndics seront obligés, à peine de dépens, dommages & intérêts des Parties, d'avertir les Collecteurs, Syndics & Fermiers des dixmes, désignés en l'article suivant, lesquels seront tenus, sur ledit avertissement, de se présenter devant ledit Juge commis, aux lieu, jour & heure qu'il leur aura fait indiquer, & de répondre sur les faits dont il sera question.

XXIX. Le Juge commis à l'effet de ce que dessus, entendra les Syndics, les Collecteurs des trois années précédentes, les Fermiers des dixmes qui se trouveront sur les lieux, & telle autre personne qu'il avisera, même celles qui pourroient être indiquées par l'opposant, & l'opposant lui-même, lequel aura la liberté d'être présent au procès-verbal, sans y être appellé.

XXX. Ledit Juge pourra encore se faire représenter telles pieces ou actes qu'il jugera à propos, concernant le différend, & du tout dressera son procès-verbal sur du papier non timbré, en présence des personnes qui seront entendues, dans lequel il sera tenu d'insérer les dires & requisitions que tous les comparans jugeront à propos de faire, soit verbalement, ou par écrit, ainsi que ceux de l'opposant, s'il s'y trouve; & après que la lecture dudit procès-verbal aura été faite à tous les comparans, ils le signeront, sinon sera fait mention du refus, ou de l'impossibilité de ceux qui ne signeront pas. 1778.

XXXI. Ledit Juge commis remettra son procès-verbal, signé de lui, au greffe, dans la huitaine de sa date, avec toutes les pieces qui lui auront été confiées, dont sera fait mention au bas des copies des Mémoires, & les Juges auront, lors du Jugement du procès, tel égard audit procès-verbal qu'il appartiendra.

XXXII. Sera payé audit Juge commis, pour son procès-verbal & transport, la somme de neuf livres par jour, si c'est un Président; & huit livres aussi par jour, si c'est un Conseiller; & quelque temps que l'Officier employe, soit pour son transport, soit pour son procès-verbal, il ne lui sera rien payé au-delà de trois journées, de laquelle somme exécutoire sera délivré contre les Parties qui auront formé la demande en radiation de cottes, sur-taux, abus & malversations, & ce, sans autres frais que celui du parchemin, & sans aucuns droits.

XXXIII. Si les Fermiers des dîmes, Collecteurs ou Syndics, qui se trouveront sur les lieux, refusoient de se rendre devant le Juge commis, ou de répondre sur les faits de la contestation, ils seront assignés, s'il est ainsi ordonné, à leurs frais & sans répétition, à la requête du Substitut de notre Procureur-Général, à comparoître aux jour & heure préfix, au Siege de l'Election, pardevant ledit Juge commis, pour y faire les déclarations dont ils seront requis sur lesdits faits, desquelles déclarations sera par ledit Juge dressé procès-verbal en la forme prescrite par les articles XXIX & XXX.

XXXIV. Le procès-verbal sera communiqué au Substitut de notre Procureur-Général, & sur ses conclusions, la contestation sera jugée, sans autre procédure, dans la quinzaine de la date dudit procès-verbal, & la Sentence sera signée de trois Juges au moins, & contiendra les motifs de la décision, ce que nous enjoignons très-expressément aux Officiers de l'Election d'y insérer.

Pieces qu'il faut rendre aux Parties après le Jugement.

XXXV. Après le Jugement, les pieces seront rendues à ceux à qui elles appartiennent, notamment une copie des Mémoires, avec les communications, réponses & repliques, soit des Commissaires aux rôles, des Habitans, Collecteurs ou opposans, excepté la minute dudit procès-verbal qui demeurera déposée au greffe, sauf aux Parties à s'en faire délivrer des expéditions, soit avant, soit après le Jugement, lesquelles expéditions seront délivrées en papier non timbré, écrites en minute aux frais des Parties qui les requéreront, & n'entreront en taxe que sur l'appel, à raison de dix sols par rôle.

Procureurs du Roy maintenus dans le droit de former des demandes en abus & malversations.

XXXVI. Maintenons les Substituts de notre Procureur-Général dans le droit de former des demandes en abus & malversations aux rôles qui auront été faits à l'ordinaire, contre les Collecteurs qui pourroient y donner lieu, lesquelles seront formées par simples Mémoires sur papier non timbré, communiquées aux Collecteurs, instruites & jugées suivant la forme ci-dessus prescrite.

1778. *Les sommes dont l'abus aura été jugé, doivent être remises entre les mains du Receveur des impositions, pour être d'autant moins imposées sur la Paroisse en l'année suivante.*

XXXVII. Soit que la demande en abus soit formée par le Substitut de notre Procureur-Général, soit qu'elle soit formée par les contribuables, il sera ordonné que les sommes dont l'abus aura été jugé, seront consignées à la requête du Substitut de notre Procureur-Général, ès mains du Receveur des impositions en exercice, l'année suivante, pour être d'autant moins imposées sur la Paroisse en ladite année, dont sera fait mention sur le mandement de la taille, à l'effet de quoi le Substitut de notre Procureur-Général sera tenu d'en envoyer la note au Commissaire départi, quinze jours au moins avant le département.

Quelles sont les poursuites & instructions qui peuvent être faites sur papier non timbré.

XXXVIII. Toutes poursuites & instructions de tous procès de taille aux exceptions portées par l'art. VIII, pourront être faites sur papier non timbré, jusqu'à la Sentence définitive exclusivement, lorsque les Parties voudront les poursuivre elles-mêmes, sans ministere de Procureur ni d'Huissier; & dans ce cas, les Ordonnances interlocutoires seront écrites sur une des copies du Mémoire, & ne seront sujettes ni aux droits du sceau, ni de contrôle, ni à aucuns autres, dont nous les avons dispensés & dispensons, dérogeant à cet effet à tous Edits & Déclarations à ce contraires.

Les Sentences définitives doivent être sur papier timbré, & sont sujettes aux droits du Roy. Droits des Procureurs.

XXXIX. Les Sentences définitives seront expédiées en papier timbré, & sujettes à nos droits, comme elles l'étoient précédemment. Ne sera néanmoins perçu aucuns droits ni par les Juges, ni par le Substitut de notre Procureur-Général, si ce n'est les frais de transport & procès-verbal réglé par l'art. XXXII audit cas; & ne sera alloué à chaque Procureur qui aura été constitué par les Parties, que trois livres pour tous droits, & vingt sols pour chaque copie de Mémoires; & où l'opposant auroit fait une réplique, ne sera alloué au Procureur que trente sols pour l'original, & quinze sols pour la copie.

Si l'opposant se sert du ministere d'un Huissier, les exploits seront sujets au contrôle; les Sentences interlocutoires seront en papier timbré & sujettes aux droits. Comment dans ce cas les frais seront liquidés par la Sentence définitive.

XL. Dans le cas où l'opposant employera le ministere d'un Huissier, comme il y est autorisé par l'art. XIX, les exploits seront sujets au contrôle, & dans ce cas les Ordonnances interlocutoires seront expédiées en papier timbré, & sujettes à nos droits, & néanmoins les frais ne seront liquidés par la Sentence définitive qu'à la somme où ils le seroient, si l'opposant eut opté de se servir d'un homme de garnison.

Appel des Ordonnances, sur-taux d'office, ou des Sentences des Elections. Formalités à observer.

XLI. Les Parties qui, dans les cas permis par les Ordonnances, voudront interjetter appel soit de l'Ordonnance du Commissaire départi, sur taxe d'office, soit des Sentences des Elections sur demandes en radiation, ou sur-taux, aux rôles faits d'office, ne pourront l'interjetter que par une Requête présentée à notre Cour des Aydes, par le ministere d'un Procureur, sur laquelle il sera nommé un Rapporteur dans la forme ordinaire.

XLII. Ladite Requête sera communiquée à notre Procureur-Général, qui pourra donner ses conclusions en forme de vue d'Arrêt, ou, s'il le juge à propos, par une Requête qu'il fera signifier au domicile du Procureur de l'appellant, pour y répondre dans les délais ordinaires; & sur les Requêtes & conclusions il sera statué par ladite Cour.

XLIII. Pourra notredite Cour, lorsqu'elle le trouvera convenable, statuer sur les Requêtes des Parties & les conclusions de notre Procureur-Général, soit en ordonnant la communication à l'appellant, soit en ordonnant des rapports d'Experts, soit en renvoyant les Parties à l'audience, soit en ordonnant la mise en cause des Communautés d'Habitans, Collecteurs & Syndics des Paroisses, soit en rendant tels autres Arrêts interlocutoires ou définitifs qu'elle avisera suivant l'exigence des cas.

XLIV. Dans le cas où les Communautés seroient intervenantes sur l'opposition aux cottes d'office, ou opposantes en leurs noms, l'appel de l'Ordonnance du Commissaire départi sera porté, instruit & jugé en notre Cour des Aydes, en la maniere prescrite par les articles suivans, pour les appels des Sentences rendues sur les rôles faits à l'ordinaire.

XLV. Ceux qui voudront, aux cas permis par les Ordonnances, interjetter appel des Sentences intervenues sur tous procès résultans des rôles faits à l'ordinaire, ne le pourront faire que par un simple acte, qui sera signifié par tel Huissier ou Sergent, même de Justice seigneuriale, qu'ils choisiront, pourvu qu'il ait le droit d'exploiter dans le lieu où se fera la signification; laquelle contiendra assignation dans les délais de l'Ordonnance & constitution de Procureur en notre Cour des Aydes, sans Lettres, Commissions, *Pareatis* ni Arrêt.

XLVI. Chaque Partie pourra donner sur ledit appel une Requête qui sera signifiée dans trois jours, à compter du jour de la nomination d'un Rapporteur, dont la date sera mise au bas de la Requête, sans qu'il soit besoin de mettre au greffe aucune présentation, cédule, ni défaut, & sans être tenu à aucune consignation d'amende sur lesdits appels, ni qu'il puisse être pris aucun acte de voyage.

XLVII. Permettons aux Communautés d'intervenir sur tous lesdits appels, en vertu d'actes d'assemblée autorisée par les Commissaires départis.

XLVIII. Dans la quinzaine pour tout délai, du jour de la signification prescrite par l'art. XLV, chacune des Parties sera tenue de remettre sa Requête au greffe des dépôts, pour être communiquée à notre Procureur-Général, & après qu'il aura donné ses conclusions, le Rapporteur fera son rapport en la Chambre, pour être statué sur l'appel, ainsi qu'il appartiendra, & suivant qu'il est porté en l'art. XLIII.

1778. XLIX. Le Greffier des dépôts de notre Cour des Aydes sera tenu d'écrire exactement sur un registre particulier, les productions qui lui seront respectivement faites, & le nom des Rapporteurs, & de joindre la seconde production à la premiere.

L. Dans le cas où l'une des Parties seroit en retard de constituer Procureur, ou que l'ayant constitué, le Procureur n'auroit fourni ses défenses ou ses moyens sur l'appel, il sera passé outre au Jugement, après une seule sommation qui contiendra qu'il a produit, le nom du Rapporteur, qu'il ait à produire, sinon forclos, sans autre procédure; & les Arrêts qui interviendront sur cette seule sommation, ne seront sujets à aucune opposition. (*Voyez, à sa date, l'Arrêt du 9 Août* 1780.)

LI. La Requête sur l'appel, dans tous les cas ci-dessus spécifiés, contiendra sommairement les faits, les moyens, & l'énonciation des pieces de premiere instance, lesquelles y seront jointes, & notamment le procès-verbal du Juge commis, si aucun il y a eu, & de celles qu'on jugera à propos d'y ajouter.

Les Habitans soit en demandant, soit en défendant en premiere instance ou sur l'appel doivent être autorisés. Exceptions.

LII. Dans toutes les contestations dont est question au présent Réglement, lorsque les Habitans seront Parties, soit en demandant, soit en défendant en premiere instance, ou sur l'appel, sans que leurs assemblées ayent été autorisées par le Commissaire départi, & qu'ils succomberont, les condamnations de frais, dépens, dommages & intérêts ne seront supportées que par ceux qui auront signé ou approuvé la délibération, entre lesquels la réimposition sera faite au marc la livre de leur cotte de taille; à l'effet de ce que dessus, déclarons nulle toute constitution de Procureur, & toute production par lui faite au nom d'une Communauté, sans un acte d'assemblée de ladite Communauté qui l'y autorise.

LIII. Lorsque les délibérations non autorisées du Commissaire départi, ne seront point ainsi signées ou avouées par un nombre d'Habitans qui porteront entr'eux au moins la moitié de la taille de la Paroisse, la fin de non-recevoir pourra être opposée aux délibérans procédans sous le nom de la Communauté, à l'exception, tant pour cet article que pour le précédent, des cas où les délibérations auroient été prises d'après la communication ordonnée par les différens articles du présent Réglement.

Expédition des Arrêts. Taxe des Greffiers & Procureurs.

LIV. Les Arrêts qui seront rendus sur tous lesdits appels, seront expédiés sur une seule feuille de parchemin timbré, & contiendront la liquidation des dépens, sans que la taxe des dépens puisse donner lieu à aucune perception de droits, notamment de celui de contrôle.

LV. Il sera taxé au Greffier Garde-sacs pour l'enregistrement de la Requête, huit sols; pour l'expédition de l'Arrêt en deux rôles, quatre livres huit sols, dont pour la signature du Greffier en chef, neuf sols; pour la façon de l'Arrêt en deux rôles, deux livres, seize sols; pour le papier timbré de la minute, trois sols, six deniers; pour la feuille de parchemin de l'Arrêt, une livre, quatre sols: au Procureur de l'opposant, pour la Requête dans les appels sur cotte d'office, ou ou sur rôles faits d'office, trois livres; à chaque Procureur dans les appels des Sentences sur les rôles faits à l'ordinaire, dix-huit livres pour tous droits; & en cas d'Arrêt interlocutoire, sera en outre taxé trois livres au Procureur, outre le coût de l'Arrêt; le tout sauf à notre Cour des Aydes à augmenter lesdites taxes suivant l'exigence des cas, ou à renvoyer la liquidation des frais pour être faite à l'ordinaire, lorsqu'elle le jugera nécessaire. 1778.

Copie de la Sentence ou Arrêt qui ordonne la réimposition, ensemble de la signification, doit être remise au Procureur du Roy qui l'enverra au Commissaire départi, quinze jours avant le département.

LVI. Les Sentences & Arrêts rendus sur opposition aux cottes d'office, ou aux taxes comprises aux rôles faits d'office, ou à l'ordinaire, seront signifiés aux Parties autres que notre Procureur-Général & ses Substituts, si aucuns y a; &, s'il y a lieu à réimposition, il sera remis au Substitut de notre Procureur-Général une copie de la Sentence ou de l'Arrêt qui l'aura ordonné, ensemble de la signification qui pourra en avoir été faite, lequel l'enverra au Commissaire départi, quinze jours au moins avant le département.

Comment doit se faire la réimposition.

LVII. Il ne pourra être réimposé dans une même année & sur une même Paroisse, que le cinquieme du principal de la taille de ladite Paroisse; & dans la somme qui sera annuellement réimposée, les frais seront joints au principal, de sorte que les frais & le principal soient annuellement réimposés conjointement & en proportion; & où il arriveroit qu'il y eût plusieurs réimpositions à faire sur une même Paroisse, elles suivront entr'elles l'ordre des dates des significations desdites Sentences & Arrêts.

Abrogation de l'obligation de faire juger les translations de domicile. Ce que doivent faire les contribuables à ce sujet.

LVIII. Abrogeons l'article XI de notre Déclaration du 20 Mars 1673, & l'art. XIV de celle du 16 Août 1683, en ce qui concerne l'obligation de faire juger les translations de domicile; & en conséquence voulons & ordonnons que tout contribuable qui voudra transférer son domicile d'une Paroisse taillable dans une autre aussi taillable, soit seulement tenu de faire signifier avant le premier Octobre, tant au Syndic de la Paroisse qu'il voudra quitter, qu'à celui de la Paroisse où il voudra aller demeurer, la déclaration de ladite translation de domicile, dans laquelle il sera fait mention du lieu où il veut s'établir, des objets qu'il entend y exploiter, & de ceux dont il quitte l'exploitation dans la Paroisse qu'il abandonne, ensemble copie de la cotte de taille à laquelle il étoit imposé; & en outre, de faire enregistrer au greffe de l'Election lesdites significations avant ledit délai: & sera ladite translation de domicile effectuée dans les six mois de la date desdites significations; faute de quoi, le contribuable sera imposé comme s'il n'eut fait aucune diligence. Si donnons en mandement, &c.

Donnée à Versailles, le vingt-troisieme jour du mois d'Avril, l'an de grace mil sept cent soixante-dix-huit, & de notre regne le quatrieme. *Signé*, LOUIS; & plus bas, par le Roy, AMELOT.

Registrée en la Cour des Aydes, le 5 Mai 1778.

1778.

Arrêt du Conseil, du 26 Avril 1778, concernant les Vingtieme (Code des Tailles, Tome V, page 160.)

Arrêt de la Cour des Aides, qui ordonne que les noms des Habitan du Puy-Notre-Dame seront rayés des Requêtes d'André Hullin, que les termes injurieux portés auxdites Requêtes contre René Beunie seront supprimés. (Code des Tailles, Tome V, page 173.)

Cet Arrêt fait voir que la Cour & les Elections sont compétentes pour juger les conte tations relatives à la nomination des Syndics.

6 Août 1778.

LOUIS, &c. sçavoir faisons, qu'entre André Hullin, Notaire Royal, demeu rant en la Ville du Puy-Notre-Dame, appellant de Sentence de l'Election d Montreuil-Bellay, du 14 Juillet 1777, d'une part; & le sieur René Beunier Maître en Chirurgie & Syndic de la Ville & Paroisse du Puy-Notre Dame, in timé d'autre part; & entre ledit André Hullin, demandeur en Requête du 2 Février dernier, intitulée au nom des Habitans, Corps & Communauté de l Ville du Puy-Notre-Dame, poursuite & diligence dudit Hullin, tendante à c que, faisant droit sur l'appel, l'appellation & ce dont étoit appel fussent mis a néant : émendant, les demandeurs fussent déchargés des condamnations contr'eu prononcées; en conséquence, attendu les malversations journellement commise par le sieur Beunier, qu'il fût ordonné que ledit Beunier seroit & demeuretoi destitué de son Syndicat de la Ville & Paroisse du Puy-Notre-Dame; qu'il lu fût fait défenses d'exercer aucuns actes d'autorité relatifs audit Syndicat; qu'i fût pareillement ordonné que les demandeurs fussent autorisés à s'assembler le premier Dimanche qui suivroit la signification à personne ou domicile de l'Arrê à intervenir aux lieu & heure ordinaires des assemblées de la Ville, à la requête des demandeurs, poursuite & diligence dudit Hullin, leur Procureur de Fabrique, pour nommer un autre Syndic aux lieu & place dudit sieur Beunier; qu'ils fussent également autorisés à faire convoquer ladite assemblée, tant au Prône de la Messe paroissiale, qu'au son de la cloche, le sonneur ordinaire tenu de sonner; les demandeurs fussent autorisés à la faire former par celui des Habitans qu'ils jugeroient à propos de commettre, à laquelle assemblée seroient admis tous les Habitans de ladite Paroisse, de tel état ou condition qu'ils soient; qu'il fût fait défenses audit sieur Beunier, & à tous autres, de troubler ladite assemblée, à peine de tous dépens, dommages & intérêts, même de prison; qu'il fût permis à l'Huissier porteur de l'Arrêt à intervenir, en cas de trouble & de rebellion, de se faire assister de Cavaliers ou Maréchaussée, en nombre suffisant pour maintenir le bon ordre, & que force demeure à Justice, d'une part; & entre ledit sieur Beunier, défendeur, d'autre part; & entre ledit sieur Beunier, demandeur en Requête du 15 Juin dernier, tendante à ce qu'il fût ordonné que le nom des

Habitans du Puy, mis en tête de la Requête ci-dessus, seroit rayé de ladite Requête, & non compris dans l'Arrêt à intervenir; & au surplus, sans s'arrêter ni avoir égard aux demandes portées par ladite Requête, dans lesquelles ledit Hullin seroit déclaré purement & simplement non-recevable, ou dont en tous cas il seroit débouté, qu'il fût pareillement déclaré non-recevable dans son appel, ou en tous cas que l'appellation fût mise au néant; qu'il fût ordonné que ce dont étoit appel sortiroit son plein & entier effet; que ledit Hullin fût condamné en l'amende ordinaire de douze livres, & aux dépens des causes d'appel & demandes; comme aussi qu'il fût ordonné que la Requête que ledit Hullin a fait signifier le 25 Février dernier, seroit supprimée, comme contenant des imputations injurieuses à l'honneur & à la probité dudit sieur Beunier, des faits controuvés & totalement calomnieux; qu'il fût fait défenses audit Hullin de récidiver, sous telles peines qu'il appartiendroit; & pour l'avoir fait, qu'il fût condamné en 6000 livres de dommages-intérêts, par forme de réparation civile envers ledit sieur Beunier, applicables, de son consentement, aux Pauvres de la Providence & Hôpital du Puy-Notre-Dame; qu'il fût ordonné que l'Arrêt à intervenir seroit imprimé & affiché aux frais dudit Hullin, au nombre de cinquante exemplaires, dans la Paroisse du Puy-Notre-Dame, & aux environs, sauf & sans préjudice à notre Procureur-Général, dont ledit sieur Beunier requéroit la jonction, de prendre pour la vindicte publique telles conclusions qu'il aviseroit bon être, d'une part, & ledit Hullin, défendeur, d'autre part; & entre ledit Hullin, demandeur en Requête, du 14 Juillet dernier, encore intitulée au nom des Habitans du Puy-Notre-Dame, poursuite & diligence dudit Hullin, tendante à ce que, sans s'arrêter ni avoir égard aux conclusions prises par ledit sieur Beunier, dans lesquelles il seroit déclaré non-recevable, ou dont en tous cas il seroit débouté, il fût donné acte aux demandeurs de ce qu'ils convertissoient l'appel pur & simple interjetté par ledit Hullin, leur Procureur de Fabrique, de la Sentence de l'Election de Montreuil-Bellay, en appel tant comme de Juge incompétent, qu'autrement; ce faisant, que ladite Sentence fût déclarée nulle & incompétemment rendue; que les Parties fussent renvoyées devant les Juges qui en doivent connoître, ou ordonner qu'elles se pourvoiroient, & que ledit sieur Beunier fût condamné aux dépens des causes principales, d'appel & demandes; & où notredite Cour y feroit quelque difficulté, attendu qu'il étoit prouvé & démontré, d'après la lettre même du Subdélégué de l'Intendance de Tours, que ledit sieur Beunier commettoit, dans sa Charge de Syndic, des étourderies préjudiciables à la Ville, qu'il ne respectoit point la Communauté, les conclusions par eux prises par leur Requête du 25 Février dernier, leur fussent adjugées; dans tous les cas, que ledit sieur Beunier fût condamné en tous les dépens des causes principales, d'appel & demandes, d'une part; & ledit sieur Beunier, défendeur, d'autre part; & entre ledit sieur Beunier, demandeur en Requête du 20 Juillet dernier, tendante à ce que, sans s'arrêter ni avoir égard à la requête dudit Hullin, du 14 du même mois, toujours induement intitulée du nom des Habitans du Puy-Notre-Dame, & aux demandes y portées, dans lesquelles ledit Hullin fût déclaré non-recevable, ou dont en tout cas il seroit débouté, en ordonnant que le nom desdits Habitans du Puy-Notre-Dame seroit encore ôté de ladite Requête, que ledit Hullin fût déclaré pareillement, purement & simplement non-recevable dans la conversion de son appel, en appel tant de nullité, d'incompétence, qu'autrement, ou en tout cas, qu'il en fût débouté; au surplus, que les conclusions par lui ci-devant prises lui fussent adjugées, & que ledit Hullin fût condamné aux dépens, d'une part, & ledit Hullin, défendeur, d'autre part, sans que les qualités puissent

1778.

1778. nuire ni préjudicier aux Parties ; après que Dinet, Avocat de Hullin, & de la Saudade, Avocat de Beunier, ont été ouis, ensemble Clement de Barville, pour notre Procureur-Général.

Notredite Cour ordonne que les noms d'Habitans, Corps & Communauté de la Ville du Puy-Notre-Dame seront rayés des Requêtes d'André Hullin, en date des 25 Février & 14 Juillet derniers : faisant droit au principal, sans s'arrêter ni avoir égard aux Requêtes & demandes de la Partie de Dinet, dont il est débouté, a mis & met l'appellation au néant ; ordonne que ce dont est appel sortira son plein & entier effet : condamne ladite Partie de Dinet en l'amende ordinaire de douze livres, & en tous les dépens des causes d'appel & demandes, pour tous dommages-intérêts : ordonne que les termes injurieux répandus dans les Requêtes de ladite Partie de Dinet, contre ladite Partie de la Saudade, seront supprimés, & que le présent Arrêt sera imprimé & affiché partout où besoin sera, au nombre de cinquante exemplaires, aux frais de ladite Partie de Dinet : sur le surplus des demandes, fins & conclusions des Parties, les met hors de Cour. Si mandons, &c.

Donné à Paris, en la seconde Chambre de notredite Cour des Aydes, le sixieme jour d'Août, l'an de grace mil sept cent soixante-dix-huit. *Signé*, VERNE.

ARRÊT de la Cour des Aides, qui déclare la bourse commune des Huissiers de ladite Cour non-saisissable. (Code des Tailles, Tome V, page 178.)

7 Août 1778.

LOUIS, &c. sçavoir faisons, que vu par notredite Cour la Requête à elle présentée par notre Procureur-Général, à ce qu'il plût à notredite Cour ordonner que l'Arrêt d'icelle, du premier Juin 1672, soit exécuté selon sa forme & teneur ; en conséquence déclarer, &c. Notredite Cour a ordonné & ordonne que ledit Arrêt sera exécuté selon sa forme & teneur ; en conséquence déclare les émolumens de la bourse commune des Huissiers de notredite Cour non-saisissables par leurs créanciers particuliers, à l'exception néanmoins des créanciers qui auront prêté leurs deniers ou à qui appartiendra le total ou portion des Offices d'aucuns desdits Huissiers, & de ceux qui sont à leurs droits, & des Syndics de ladite Communauté, qui pourront pareillement les faire saisir entre les mains du Receveur d'icelle, lorsqu'aucun d'entre lesdits Huissiers seront débiteurs à la Communauté pour le fait de leurs Charges seulement ; ce faisant, que le Receveur de ladite Communauté ne pourra être traduit, pour raison desdits droits de bourse commune, ailleurs qu'en notredite Cour, sauf aux créanciers particuliers desdits Huissiers de se pourvoir sur les autres effets de leurs débiteurs, où & ainsi qu'ils aviseront bon être ; fait main-levée pure & simple des oppositions qui se trouvent actuellement ès mains du Receveur de la bourse commune, autres néanmoins que celles sus-énoncées, sur aucuns desdits Huissiers ; en conséquence ordonne qu'à payer & vuider ses mains en celles desdits Huissiers sera le Receveur de ladite bourse commune contraint par toutes voies dues & raisonnables, nonobstant toutes oppositions faites ou à faire : quoi faisant, il en sera & demeurera bien & valablement quitte & déchargé. Si mandons, &c.

Donné à Paris, en la premiere Chambre, le sept Août mil sept cent soixante dix-huit, *Signé* OUTREQUIN.

1778.

Lettres-Patentes du 17 Septembre 1778, enrégistrée en la Cour des Aides, le 4 Décembre suivant, qui reglent les précautions à prendre à l'avenir pour la validité des procès-verbaux de ceux des Employés de la Ferme-Générale qui ne sçavent ni lire ni écrire. (Code des Tailles, Tome V, page 182.)

Lettres-Patentes qui enjoignent aux créanciers d'Elie Forien, Receveur des Tailles à Poitiers, de ne se pourvoir qu'en la Cour des Aides.

24 Septembre 1778.

LOUIS, &c. Les dettes que le sieur Forien, seul Receveur des impositions de l'Election de Poitiers, a contractées tant envers nous, qu'envers un grand nombre d'autres créanciers, ont donné lieu à différentes procédures dans plusieurs Jurisdictions, tant au civil qu'au criminel, ses biens-immeubles ont été saisis réellement à la requête du sieur Letellier, Négociant à Paris, & ces saisies-réelles ont été portées au Châtelet de Paris, d'où elles ont été évoquées en notre Cour des Aydes de Paris, à la requête de notre Procureur-Général en icelle, poursuites & diligences du Contrôleur-Général des restes de notre Chambre des Comptes, poursuivant le recouvrement des débets des comptes des exercices dudit sieur Forien, lesquels comptes, ainsi que ceux qui ne sont pas encore arrêtés, constituent ledit sieur Forien, notre redevable. Beaucoup de créanciers hypothéquaires & chirographaires de rentes constituées ou de sommes exigibles, ont aussi fait des diligences pour la conservation de leurs droits; mais un grand nombre de créanciers participes, ayans-causes & associés dudit Forien, procédant encore dans différens Tribunaux, nous avons jugé qu'il étoit de l'avantage commun de tous les créanciers, de réunir le tout en notredite Cour des Aydes.

A ces causes, &c. Evoquons à nous toutes demandes & contestations nées & à naître, tant au civil qu'au criminel, entre ledit Forien, ses créanciers & débiteurs, ayans-causes, participes & associés, circonstances & dépendances, & icelles renvoyons en notredite Cour des Aydes, lui attribuant à cet effet, autant que besoin seroit, toutes Cour & Jurisdiction, & icelles interdisant à toutes nos Cours. Si donnons en mandement, &c.

Données à Versailles, le vingt-quatrieme jour de Septembre mil sept cent soixante-dix-huit. *Signé*, LOUIS; & plus bas, par le Roy. *Signé*, Amelot.

Registrées en la Cour des Aydes, en vacations, le 16 Octobre 1778.

1778. *ARRÊT de la Cour des Aides, portant défenses d'intimer les Substituts de M. le Procureur-Général, en leurs propres & privés noms, sans une permission expresse de la Cour. (Code des Tailles, Tome V, page 188.)*

27 Novembre 1778.

NOTRE Cour, faisant droit sur les conclusions de notre Procureur-Général, fait défenses à toutes personnes d'intimer en icelle les Substituts de notredit Procureur-Général en leurs propres & privés noms, sans une permission expresse de notredite Cour, & dans le cas de la prise à partie, à peine de nullité des procédures & de telles amendes qu'il appartiendra. Ordonne que les intimations sur appel de Sentences rendues par les Officiers du ressort de notredite Cour, sur les conclusions & requisitoires des Substituts de notre Procureur-Général, ne pourront être faites qu'à notre Procureur-Général, comme prenant le fait & cause de ses Substituts auxdits Sieges. Ordonne qu'à la requête de notre Procureur-Général le présent Arrêt de Réglement sera signifié à la Communauté des Procureurs de la Cour; imprimé, publié & affiché, & copies collationnées d'icelui envoyées aux Sieges du ressort de notredite Cour, pour y être lu, &c.

Donné en la premiere Chambre de la Cour des Aydes à Paris, le vingt-sept Novembre mil sept cent soixante-dix-huit. *Signé*, LE PRINCE.

ARRÊT de la Cour des Aides, du 11 Décembre 1778, qui condamne Gilbert Cussé, Collecteur porte-bourse de la Paroisse de Sceaux, Election de Montluçon, qui avoit diverti, à son usage particulier, 130 liv. 3 deniers, à être appliqué au carcan de ladite Paroisse de Montluçon, avec écriteau devant & derriere, portant ces mots : Collecteur infidele. *(Code des Tailles, Tome V, page 189.)*

1779. *ARRÊT de la Cour des Aides, portant Réglement pour l'instruction des demandes provisoires appointées à mettre. (Code des Tailles, Tome V, page 191.)*

8 Janvier 1779.

CE jour, Chambres assemblées, les Gens du Roy entrés en la Chambre, de l'Ordonnance d'icelle, Alexandre-Jean Boula de Mareuil, Avocat-Général, portant la parole, ont dit, que la maniere d'instruire les instances appointées à mettre, & la taxe des frais de ces instances étant différente dans les Tribunaux de l'enclos du Palais, ces variations ne pouvoient que causer de l'incertitude dans l'instruction de ces sortes d'affaires en la Cour, & ne pouvoient qu'être préjudiciables aux Parties dans des affaires légeres & sommaires, qui ordinairement donnent lieu à l'appointement à mettre; que pour concourir aux vues qui animent la Cour, ils croyoient qu'il étoit du devoir de leur ministere de requérir, &c. 1779.

La Cour, Chambres assemblées, a ordonné & ordonne, 1°. que les Requêtes de productions nouvelles, & celles que les Parties jugeront à propos de donner pour étendre ou restreindre leurs conclusions, dans les instances appointées à mettre, seront répondues d'une Ordonnance portant : *en jugeant*, afin de n'en pas suspendre le Jugement; 2°. que les frais d'instruction d'une instance appointée à mettre, tant en demandant qu'en défendant, compris les déboursés, même l'Arrêt de Réglement, & tout ce qui sera fait jusqu'à l'Arrêt qui interviendra dans ladite instance, seront taxés quarante livres; 3°. que si l'appointement à mettre a été prononcé sur la plaidoirie d'Avocat à jour indiqué, il sera ajouté la plaidoirie de l'Avocat & le droit du Clerc; 4°. qu'il sera taxé six livres pour chaque double copie de la production, quand il y aura plusieurs Procureurs, compris les déboursés; 5°. que les interventions en demandant & en défendant seront taxées la moitié des droits de la production dans l'appointement à mettre; 6°. que les dépens adjugés par Arrêts rendus sur appointement à mettre, lorsqu'ils n'excéderoient pas dix articles, seront taxés sur une simple Requête à fin de remboursement, qui sera répondue de l'Ordonnance *de soit fait*. Ordonne que le présent Arrêt sera imprimé, lu & publié à la Communauté des Avocats & Procureurs de la Cour. *Signé*, OUTREQUIN.

LETTRES-PATENTES du Roi, qui renvoient à la Cour des Aides de Paris, la discussion des biens du sieur Preaudeau, ci-devant Trésorier de l'Artillerie, & de ses Cautions.

17 Fevrier 1779.

LOUIS, &c. salut; nous étant fait représenter l'extrait du procès-verbal dressé par les Commissaires de notre Chambre des Comptes de Paris, le 26 Septembre 1778, après la faillite du sieur Preaudeau de Monchamps, Trésorier-Général de l'Artillerie & du Génie, contenant les états de situation dudit Preaudeau, sur ses exercices des années 1775 & 1777, desquels il résulte que ledit Preaudeau se trouve redevable envers nous : sçavoir, sur le premier desdits exercices, de la somme de deux millions trois cens vingt-cinq mille cent soixante-une livres, onze sols, huit deniers; & sur le second, de la somme de deux millions six cents soixante-sept mille trente-sept livres, quatorze sols, quatre deniers; lesdites deux sommes montantes ensemble à celle de quatre millions neuf cens quatre-vingt-douze mille cent quatre-vingt-dix-neuf livres, six sols, nous aurions reconnu qu'eu égard à ce que les comptes desdits exercices n'ont point été présentés à la Chambre des Comptes, & par elle jugés dans la forme ordinaire, il pourroit y avoir de la difficulté à ce que les demandes que notre Procureur-Général en notredite Cour des Aydes, poursuite & diligence du Contrôleur-Général des restes, en la Chambre des Comptes, se proposeroit de former contre ledit Preaudeau & ses cautions, & sur leurs biens, à l'effet de faire payer en notre Trésor Royal ladite somme de quatre millions neuf cens quatre-vingt-douze mille cent quatre-vingt-dix-neuf livres, six sols, qui nous est due par ledit Preau-

deau, fussent portées pardevant vous, si nous ne vous y avions pas autorisés par
1779. des Lettres-Patentes expresses & particulieres. Mais que les mêmes motifs & les raisons d'ordre public qui ont déterminé les Roys nos prédécesseurs, à attribuer aux Cours des Aydes, par l'Edit du mois d'Août 1669, & la Déclaration du 27 Janvier 1685, toutes Cour, Jurisdiction, & connoissance en fait de recouvremens des débets qui auroient été prononcées aux Jugemens rendus par les Chambres des Comptes, chacunes sur les comptes des Trésoriers Royaux de son ressort, semblent se réunir, pour renvoyer, dès-à-présent, à notre Cour des Aydes de Paris la connoissance de la discussion des biens-fonds & actions dudit Preaudeau de Monchamps, & de ses cautions; que d'un côté, l'attention & la régularité que les Commissaires de la Chambre des Comptes ont apportées dans l'examen & la vérification des journaux, & autres pieces de la comptabilité dudit Preaudeau, sont telles que le procès-verbal de cette Cour constate la quotité du débet, d'une maniere aussi sûre qu'il seroit établi par des Jugemens rendus dans la forme ordinaire sur les comptes. D'un autre côté, nous aurions considéré que l'avantage de toutes les personnes intéressées à la faillite dudit Preaudeau, & le sien propre, exigeoient qu'il fût procédé à la discussion de ses biens-fonds & de ceux de ses cautions, sans attendre le Jugement desdits comptes, lequel pourroit être retardé pendant plusieurs années, vu les longueurs auxquelles est sujette cette nature de comptabilité, dont plusieurs des exercices antérieurs à ceux du sieur Preaudeau, ne sont point encore jugés. A ces causes, &c. nous avons évoqué, & par ces présentes, signées de notre main, évoquons à nous & à notre Conseil toutes les demandes formées & à former, & toutes les contestations nées & à naître, en quelques Cours & Tribunaux qu'elles soient pendantes, concernant les biens-fonds & actions dudit Preaudeau de Monchamps, ci-devant Trésorier-Général de l'Artillerie & du Génie, & de ses cautions & débiteurs, & icelles demandes & contestations, circonstances & dépendances avons renvoyées & renvoyons en la Cour des Aydes de Paris, pour être statué définitivement & en dernier ressort en la forme portée par l'Edit du mois d'Août 1669, & la Déclaration du 27 Janvier 1685, & autres Edits & Déclarations concernant les discussions & ventes des biens des comptables. Ordonnons en conséquence, qu'en vertu de l'arrêté fait par les Commissaires de la Chambre des Comptes, de la situation & comptabilité dudit Preaudeau, ci-attaché sous le contre-scel de notre Chancellerie, auquel nous donnons, à cet effet, les mêmes force & vertu qu'aux Jugemens qui seroient intervenus sur lesdits comptes, il soit, à la requête de notre Procureur-Général de ladite Cour, poursuite & diligence du Contrôleur-Général des restes de la Chambre, formé toutes demandes & exercé toutes poursuites nécessaires, pour parvenir à la vente des biens-immeubles dudit Preaudeau & de ses cautions, & au recouvrement des sommes par eux dues, pour les deniers en provenans être portés en notre Trésor Royal, en déduction & jusqu'à due concurrence de ladite somme de quatre millions neuf cens quatre-vingt-douze mille cent quatre-vingt-dix-neuf livres, six sols; le tout en la forme ci-dessus prescrite. Attribuons à cet effet, à notredite Cour des Aydes, toutes Cour, Jurisdiction & connoissance, que nous interdisons à toutes nos autres Cours & Juges, dérogeant, en tant que de besoin, à tous Edits & Déclarations à ce contraires; & faisons défenses aux Parties de procéder ailleurs qu'en ladite Cour, à peine de nullité & cassation des procédures, quinze cens livres d'amende, & de tous dépens, dommages & intérêts; n'entendons néanmoins déroger à la Déclaration du 7 Janvier 1727, qui fixe la Jurisdiction de notre Chambre des Comptes & de notre Cour des Aydes de Paris, relativement aux comptables de notredite Chambre qui sont en

en faillite; laquelle Déclaration sera exécutée suivant sa teneur. Si vous mandons, &c. 1779.

Données à Versailles, le dix-septieme jour du mois de Février, l'an de grace, mil sept cent soixante-dix-neuf, & de notre regne le cinquieme. *Signé*, LOUIS; & plus bas, par le Roy, AMELOT.

Registrées, en tant que besoin seroit, oui ce requérant le Procureur-Général, &c. à Paris, en la premiere Chambre de la Cour des Aydes, le 29 Février 1779.

ARRÊT de la Cour des Aides, du 26 Février 1779, qui décharge le sieur Levraeux, Curé à portion congrue de Jaulx, Fermier des dixmes de la Paroisse, de la cote de taille à lui ouverte aux rôles de 1777 & 1778; ordonne que les sommes par lui payées lui seront rendues & restituées, & à cet effet réimposées sur le général des Habitants, auxquels défenses sont faites de plus à l'avenir imposer ledit Curé, tant qu'il ne fera valoir autres & plus grands biens. (Code des Tailles, Tome V, page 192.)

ARRÊT de la Cour des Aides, qui décharge le sieur Bonamour Dutartre, Marchand de bois forain, demeurant à Pougues, de la taille à laquelle il avoit été imposé pour l'exploitation des bois, par lui acquis dans les Paroisses de Bazoche & Fontenay, avec défenses auxdits Collecteurs de l'imposer à l'avenir pour pareilles coupes de bois. (Code des Tailles, Tome V, page 193.)

3 Mars 1779.

ENTRE François Bonamour Dutartre, Marchand de bois forain pour la provision de Paris, demeurant à Pougues, appellant de la Sentence de l'Election de Vezelay, du premier Juin 1778 .... d'une part; .... le Collecteur & Asseeur de la Paroisse de Fontenay .... les Collecteurs & Asséeurs de la Paroisse de Bazoche ... intimés d'autre part, &c. & entre ledit sieur Bonamour Dutartre, demandeur en requête du 12 Novembre audit an, employée pour moyens d'appel, contre ladite Sentence, & tendante à ce que l'appellation & ce dont est appel fussent mis au néant: émendant, faisant droit au principal, il fût reçu opposant à l'exécution des rôles des Paroisses de Bazoche & Fontenay, pour l'année .... 1778, dans lesquels il se trouve imposé à une somme de 1341 liv. 12 s. 6 d. .... pour raison de la coupe de quatre-vingt-dix-huit arpens de bois appartenans à M. Angran d'Alleray, Lieutenant-Civil de cette Ville de Paris, lesquels sont situés sur les finages desdites deux Paroisses, & dont il a acheté la superficie sur la fin d'Octobre lors dernier; faisant droit sur ladite opposition, lesdites cottes sur lui mises seroient rayées desdits rôles; il fût fait défenses aux Collecteurs desdites Paroisses......

1779. d'en exiger le payement, attendu que, comme Habitant de Pougues, il est impo à la taille & à l'industrie & aux autres impositions de ladite Paroisse; il fu fait défenses aux susdits Habitants, &c.

Nottredite Cour faisant droit sur l'appel, a mis & met l'appellation, & ce dont est appel au néant; émendant, décharge la Partie de Dandasne (Avocat de Dutartre des condamnations contre elle prononcées, reçoit la Partie de Dandasne, opposante à l'exécution des rôles des tailles des Paroisses de Bazoche & Fontenay pour l'année 1778; ce faisant, ordonne que les cottes ouvertes à ladite Partie de Dandasne, sur lesdites rôles des tailles, y seront rayés & bissés, & que les sommes qu'elle a été ou seroit obligée de payer en vertu d'iceux, lui seroient rendues & restituées, & à cet effet réimposées sur le surplus des Habitans desdites Paroisses, à la prochaine assiette, par les Collecteurs lors en charge, conformément à la Déclaration du 13 Avril 1761. Fait défenses aux Parties de Hutteau (Avocat des Collecteurs) d'imposer à l'avenir sur les rôles des tailles de leurs Paroisses, ladite Partie de Dandasne, tant qu'elle ne fera que de pareilles coupes de bois. Condamne lesdites Parties de Hutteau en tous les dépens des causes principales, d'appel & demandes, lesquels seront pareillement réimposés sur le général des Habitans desdites Paroisses.

EDIT du mois d'Avril 1779, portant création d'une Charge de Major, & de deux Charges de Brigadiers, de deux Charges de Sous-Brigadiers des Gardes de la Porte du Roi, avec les privileges attribués aux Commensaux de la Maison du Roi; enrégistré en la Cour des Aides, le 19 Mai suivant.

EDIT portant suppression des Jurisdictions des Traites & des Gabelles de la Ville de Mâcon, & des Offices qui y ont été créés; & réunion des fonctions attribuées auxdits Offices, à celle des Officiers de l'Election de la même Ville. (Code des Tailles, Tome V, page 201.)

Avril 1779.

LOUIS, &c. Depuis long temps nous sommes convaincus que la multiplicité des Sieges est onéreuse à nos Sujets, c'est ce qui a déterminé le feu Roy Louis XV, notre aïeul, de glorieuse mémoire, à supprimer par différens Edits particuliers, & notamment par son Edit du mois de Septembre 1772, les Jurisdictions des traites & quart-bouillon, qui avoient été créées dans la Province de Normandie, & à les réunir aux Sieges des Elections ou Greniers à sel des Villes où elles étoient établies. Nous sommes informés qu'il y a le même bien à faire dans notre Province de Bourgogne, où les semblables Jurisdictions existent & où elles sont également onéreuses à nos Sujets, & notamment dans notre Ville de Mâcon, où il a été établi deux Jurisdictions de cette espece, l'une dite des Traites & l'autre des Gabelles. Instruits des dispositions où sont les Officiers de l'Election de cette Ville, de concourir à nos vues, en se chargeant du remboursemens des Officiers de ces Jurisdictions, nous croyons devoir en profiter, & procurer par-là à nos Sujets tant de notredite Ville de Mâcon, que des cinq Greniers qui dépendent de la Jurisdiction des Gabelles de ladite Ville, tous les avantages qui doivent résulter de la suppression de ces Jurisdictions, en attendant que nous puissions exécuter le projet que nous avons formé à cet égard, pour toutes les autres Jurisdictions de la même espece, qui sont encore établies dans les différentes Villes de cette Province. A ces causes, &c. voulons & nous plaît ce qui suit : c'est à sçavoir que nous avons éteint & supprimé, comme nous éteignons & supprimons par le présent Edit, les Jurisdictions des Traites & des Gabelles établies en notre Ville de Mâcon ; ensemble tous les Offices qui y ont été créés. Voulons qu'à compter du jour de la publication & enregistrement de notre présent Edit, en notre Cour des Aydes à Paris, tout exercice de Justice & autre cesse, tant dans lesdites Jurisdictions que dans les cinq Greniers dépendans de celles des Gabelles. Ordonnons qu'à l'avenir, & aussi à compter du jour de la publication & enregistrement de notredit Edit, en notredite Cour des Aydes, les Officiers de l'Election de notredite Ville de Mâcon connoîtront, dans l'étendue desdites Jurisdictions supprimées, de toutes les affaires dont les Officiers desdites Jurisdictions étoient en droit & possession de connoître, sauf l'appel, dans les termes & ainsi que de droit ; & aussi sauf auxdits Officiers de notredite Election à pourvoir à l'exercice des Offices de Contrôleurs desdits cinq Greniers, comme & ainsi qu'ils aviseront, les autorisant à percevoir à leur profit les émolumens attachés auxdits Offices, à compter du jour du remboursement qu'ils en auront fait, & qui sera ci-après stipulé, & à en faire la répartition entr'eux dans la proportion de ce dont chacun d'eux aura contribué audit remboursement. Ordonnons pareillement, à l'égard de l'indemnité qui pourra être due aux titulaires ou propriétaires, de la finance des Offices desdites Jurisdictions supprimées, qu'elle leur sera payée par les Officiers de notredite Election de Mâcon, suivant qu'ils en conviendront entr'eux, ou suivant la liquidation qui en sera faite au Conseil, en la maniere accoutumée. Ordonnons enfin que les minutes, registres & tous les papiers généralement quelconques des greffes desdites Jurisdictions supprimées, seront remis en celui de ladite Election de Mâcon, sur l'inventaire sommaire & sans frais, qui en sera fait par le premier ou autre Officier de ladite Election de Mâcon, à la requête de notre Procureur pour nous en icelle, en la présence des Greffiers desdites Jurisdictions supprimées, ou autres en faisant les fonctions, auxquels & à chacun d'eux il en sera délivré un double signé du Greffier de ladite Election, pour leur servir de décharge. N'entendons au surplus que pour raison de tout ce que dessus, les Officiers de notredite Election de Mâcon puissent être assujettis envers nous à de plus grands droits de mutation, centieme-denier & autres que ceux qu'ils sont tenus de nous payer à cause de leurs Offices. Si donnons en mandement, &c. 1779.

Donné à Marly, au mois d'Avril, l'an de grace, mil sept cent soixante-dix-neuf. *Signé*, LOUIS ; & plus bas, par le Roy, AMELOT.

Registré en la Cour des Aydes, le 19 Mai 1779.

1779.

LETTRES-PATENTES qui autorisent le Procureur-Général de la Cour des Aides, de faire vendre les biens-immeubles du sieur Préaudeau de Montchamps, ceux de ses Cautions & débiteurs, & de tous autres comptables envers le Roi, sur trois simples publications.

21 Avril 1779.

LOUIS, &c. Par nos Lettres-Patentes du 17 Février 1779, nous avons renvoyé en notredite Cour des Aydes de Paris, toutes les contestations nées & à naître en quelques Tribunaux que ce soit, concernant les biens-fonds & actions du sieur Préaudeau de Montchamps, ci-devant Trésorier-Général de l'Artillerie & du Génie, & ceux de ses cautions & débiteurs, pour être statué sur le tout définitivement & en dernier ressort, en la forme portée par l'Edit d'Août 1669, la Déclaration du 27 Janvier 1685, & autres Edits & Déclarations concernant les discussion & vente des biens des comptables envers nous; ayant été informés depuis que ledit sieur Préaudeau n'ayant de propriété que moitié dans un seul immeuble, la vente dans les formes prescrites par nosdites Lettres-Patentes du 17 Février dernier, pourroit nuire au propriétaire de l'autre moitié de ce même immeuble, nous avons pensé que la vente qui se feroit sur trois simples publications, étoit la seule forme que nous devions adopter, afin que les droits de qui que ce soit ne se trouvent lésés; & comme cette forme nous a paru plus abrégée & moins coûteuse, nous avons cru devoir laisser à notre Procureur-Général en notre Cour des Aydes, poursuites & diligences du Contrôleur des restes, la libre faculté de l'employer dans les circonstances qu'il croira convenables. A ces causes, &c. nous avons, par ces présentes signées de notre main, autorisé notre Procureur-Général en notre Cour des Aydes, poursuites & diligences du Contrôleur des restes de notre Chambre des Comptes de Paris, à faire vendre les biens-immeubles dudit sieur Préaudeau de Montchamps & ceux de ses cautions & débiteurs, & même de tous autres comptables envers nous, sur trois simples publications, dérogeant, en tant que besoin seroit, à cet égard, à nos Lettres-Patentes du 17 Février 1779, & à tous Edits & Déclarations qui seroient à ce contraires. Si vous mandons, &c.

Données à Versailles, le vingt-unieme jour du mois d'Avril, l'an de grace mil sept cent soixante-dix-neuf, & de notre regne le cinquieme. *Signé*, LOUIS; & plus bas, par le Roy, AMELOT.

Registrées, oui, & ce requérant le Procureur-Général du Roy, pour être exécutées selon leur forme & teneur, à la charge que les Lettres de ratification qui pourroient être obtenues sur les ventes sur trois publications, purgeront les hypotheques du Roy comme de tous les autres créanciers. Fait à Paris, en la Cour des Aydes, les Chambres assemblées, le 5 Mai 1779. Collationné,

OUTREQUIN.

1779.

ARRÊT du Conseil, concernant les privileges, franchises & exemptions des Préposés, Commis & Employés des Fermes du Roi, & des Administrations & Régies. (Code des Tailles, Tome V, page 205.)

21 Avril 1779.

VU par le Roy, étant en son Conseil, l'article XI du titre commun pour toutes les Fermes, qui contient le détail des privileges & exemptions accordés aux Commis desdites Fermes; les Édits des mois de Mars 1691 & 1693, Octobre 1694, Mars 1696, Septembre 1704 & Mars 1714, ensemble les différens Réglemens qui ordonnent que les Employés à la perception des droits régis pour le compte de Sa Majesté, jouiront de tous les privileges, franchises & immunités dont jouissent les Employés de ses Fermes. Et Sa Majesté voulant les maintenir dans lesdits privileges; oui le rapport...... le Roy, étant en son Conseil, a ordonné & ordonne que l'article XI du titre commun pour toutes les Fermes, de l'Ordonnance du mois de Juillet 1681, les Edits des mois de Mars 1691 & 1693, Octobre 1694, Mars 1696, Septembre 1704 & Mars 1714, les Déclarations des 12 Janvier 1706, 20 Mars 1708, 27 Juin 1716 & 22 Novembre 1772, les Lettres-Patentes des 28 Juillet 1769, & les Arrêts du Conseil du 23 Mars & 20 Avril 1694, 24 Janvier & 2 Octobre 1694, 16 Janvier 1699, 16 Août 1704, 12 Mars 1709, 12 Août 1721, 7 Mai 1722, 14 Février 1723, 15 Juillet & 28 Décembre 1732, 10 Octobre 1752, 15 Mai 1753, 17 Septembre 1754, 22 Mars 1763 & 30 Mai 1767; ensemble les différens Réglemens concernant toutes les administrations & régies de Sa Majesté, seront exécutés selon leur forme & teneur; & en conséquence permet Sa Majesté aux Préposés, Commis & Employés dans ses Fermes, administrations & régies, ayant serment en Justice, de porter l'épée & autres armes. Veut qu'ils jouissent de l'exemption de tutelle, curatelle, collecte, logement de gens de guerre, contribution à iceux, de guet & garde, des corvées & autres charges publiques; que ceux qui n'ont pas été imposés à la taille, subsides & ustensiles & autres impositions faites par les Villes avant leur commission, ne puissent y être assujettis qu'à proportion des biens qu'ils auront acquis depuis lesdites commissions, ou en cas de trafic; fait Sa Majesté très-expresses inhibitions & défenses aux Maires & Echevins, Consuls, Capitouls, Jurats, Syndics & Habitans de la campagne, aux Officiers des Elections, aux Collecteurs, Asséeurs & à tous autres de troubler lesdits Employés dans lesdits privileges, franchises & exemptions. Veut pareillement Sa Majesté que les Préposés, Commis & autres Employés ayant serment en Justice, qui seront chargés de la régie & perception des droits de contrôle des actes & des exploits, insinuations laïques, petit-scel & autres y jointes, établis dans toutes les Provinces & Généralités du Royaume, & dans les Duchés de Lorraine & de Bar, puissent exercer leurs emplois sans aucune incompatibilité, avec toutes especes d'Offices ou Charges soit de Juges, Avocats, Notaires, Procureurs, Greffiers & autres gens de Pratique & de Loi, à l'exception seulement des Juges qui connoissent des droits desdites Fermes; que toutes autres personnes, & même les Nobles, puissent les exercer sans déroger à leur noblesse, & que les enfans desdits Préposés ne soient pas sujets à la Milice. Ordonne au surplus que lesdits Employés seront & demeureront sous la protection & sauve-garde de Sa Majesté, & sous celle

1779. des Juges, Maires & Echevins, Consuls, Capitouls, Jurats, Syndics & principaux Habitans des Villes : fait défenses Sa Majesté à toutes personnes de quelque qualité & condition qu'elles soient, de les troubler directement ou indirectement dans l'exercice des fonctions de leurs emplois.

Enjoint Sa Majesté aux Intendans & Commissaires départis... de tenir la main à l'exécution du présent Arrêt, lequel sera exécuté, nonobstant oppositions ou autres empêchemens quelconques, imprimé, publié & affiché par-tout où il appartiendra. Fait au Conseil d'Etat du Roy, Sa Majesté y étant, tenu à Versailles, le vingt & un Avril mil sept cent soixante-dix-neuf. *Signé*, AMELOT.

ARRÊT de la Cour des Aides, qui ordonne que la vente des biens de Jean-Elie Forien, Receveur des Tailles de Poitiers, & la distribution des deniers provenants de ladite vente ne pourroient être faites qu'en la Cour.

(Voyez les Lettres-Patentes du 24 Septembre 1778, page 1817.)

23 Avril 1779.

LA Cour reçoit les Parties de Hochereau [Avocat du Contrôleur des restes & des créanciers Forien] opposantes à l'exécution de l'Arrêt par défaut, au principal; faisant droit sur les demandes des Parties de Treilhard [Avocat des Greffiers de la Cour] & sur les conclusions du Procureur-Général du Roy, reçoit le Procureur-Général & lesdites Parties de Treilhard, opposans à l'exécution de l'Arrêt sur requête du 3 Février dernier (1); en ce que la vente des biens de Jean-Elie Forien, & les distributions & contributions de deniers ont été renvoyées par icelui devant un Notaire: ordonne que l'Arrêt de la Cour du 29 Juillet 1778 & l'Edit du mois d'Août 1669, seront exécutés selon leur forme & teneur, en conséquence que la vente des biens & distributions & contributions de deniers dudit Forien ne pourront être faites qu'en la Cour, conformément audit Edit; sur le surplus des demandes, fins & conclusions, met les Parties hors de Cour; condamne les Parties de Hochereau aux dépens qu'elles pourront employer avec ceux par elles faits en frais de poursuite & d'union.

LETTRES-PATENTES du 9 Mai 1779, portant établissement d'une Administration provinciale dans le Berry; enrégistrées en la Cour des Aides, le 19 dudit mois. (Code des Tailles, Tome V, page 208.)

---

(1) Par cet Arrêt du 3 Février 1779, les créanciers unis de Forien avoient été reçus opposans à un précédent, du 29 Juillet 1778, qui avoit ordonné que la vente des biens & l'ordre du prix seroient faits en la Cour.

1779.

Arrêt de la Cour des Aides, qui déclare exempt de payer la taille, un Maître de Pension de l'Université de Paris, demeurant à Passy-lès-Paris.

9 Juin 1779.

LOUIS, &c. Entre Louis-Joseph Cruzel, Maître ès-Arts & de Pension en l'Université de Paris, immatriculé de la Nation de Picardie, demeurant à Passy-lès-Paris, appellant de l'Ordonnance de l'Election de Paris, du 27 Juin 1776, aux fins des Arrêt & exploit des 21 Janvier 1777 & 30 Janvier 1779, d'une part; & les Syndics, Manans & Habitans de la Paroisse de Passy, & les Collecteurs des tailles de ladite Paroisse, pour l'année 1776, intimés, d'autre part, &c. & entre les Recteur, Doyens, Procureurs & Suppôts de l'Université de Paris, Demandeurs en Requête du 6 Février 1779, tendante à ce qu'ils fussent reçus Parties intervenantes dans la cause, &c. d'une part; & les Manans & Habitans de ladite Paroisse, défendeurs & demandeurs en Requête du 19 Mars 1779, tendante à ce que, sans s'arrêter ni avoir égard aux requêtes & demandes dudit sieur Cruzel, non plus qu'aux interventions & demandes desdits sieurs Doyens, Procureurs & Suppôts de l'Université, dans lesquelles ils seroient déclarés non-recevables, ou dont en tout cas ils seroient déboutés; faisant droit sur ledit appel dudit Cruzel, il soit ordonné que ce dont est appel sortiroit son plein & entier effet; & qu'en conséquence le rôle des tailles de ladite Paroisse de Passy, qui contient l'imposition dudit Cruzel, seroit exécuté selon sa forme & teneur, & que ledit Cruzel seroit condamné en l'amende ordinaire de douze livres, & tant lui que les Doyens, Procureurs & Suppôts de l'Université de Paris, soient condamnés chacun à leur égard, aux dépens des causes d'appel & demandes, d'une part; & ledit Cruzel & les Doyens, Procureurs & Suppôts de l'Université de Paris, défendeurs, d'autre part; sans que les qualités puissent nuire ni préjudicier aux Parties, après que Vautrain, Avocat du sieur Cruzel; Dinet, Avocat des Habitans & Collecteurs de Passy; & Picard, Avocat de l'Université de Paris, ont été ouis; ensemble Boula de Mareuil, pour notre Procureur-Général: notredite Cour reçoit les intervenans Parties intervenantes (leur donne acte du contenu en leur Requête pour moyens d'intervention) & incidemment appellans; faisant droit sur les appels tant principal qu'incident, & sur l'intervention, a mis & met l'appellation & ce dont est appel au néant; émendant, décharge la Partie de Vautrain [Avocat du sieur Cruzel] des condamnations contr'elle prononcées; fait défenses aux Parties de Dinet [Avocat des Habitans] de plus imposer sur le rôle des tailles de Passy la Partie de Vautrain; ordonne que les sommes qu'elle justifiera avoir payées, lui seront rendues & restituées, & à cet effet réimposées sur le général des Habitans de Passy, à la premiere assiette, par les Collecteurs lors en charge, conformément à la Déclaration du 13 Avril 1761; condamne les Parties de Dinet en tous les dépens des causes principale, d'appel, intervention & demandes, lesquels seront pareillement réimposés. Si te mandons mettre le présent Arrêt à exécution, de ce faire te donnons pouvoir.

Donné à Paris, en la premiere Chambre de notredite Cour des Aydes, le neuvieme jour de Juin mil sept cent soixante-dix-neuf. *Signé*, LE PRINCE.

1779.

Edit du mois de Juillet 1779, enregistré en la Cour des Aides, le 6 Août suivant, portant création de huit nouvelles Charges de Gardes de la Porte de Monsieur, Frere du Roi, pour en jouir aux mêmes privileges dont jouissent les seize autres Gardes de la Porte de Monsieur.

Lettres-Patentes qui ordonnent que les Officiers Municipaux des Villes de Moulins & de Nevers nommeront à l'avenir, au lieu des Collecteurs ordinaires des Tailles, des Préposés de leur choix, qu'ils pourront proroger ou destituer à volonté, avec l'autorisation du sieur Intendant & Commissaire départi. (Code des Tailles, Tome V, page 212.)

18 Juillet 1779.

Louis, &c. Nous étant fait représenter le tableau des Collecteurs de la taille & autres impositions accessoires des Villes de Moulins & Nevers, ainsi que l'état des préposés au recouvrement des vingtiemes, nous avons reconnu, d'après le nombre d'Habitans taillables de ces deux Villes, qui jouissent des privileges d'exemption de collecte, que cette charge tombe presque toujours sur ceux des contribuables qui sont les moins aisés, & qui peuvent le plus difficilement y sacrifier un temps nécessaire pour leur subsistance & celle de leur famille, d'où il résulte autant d'inconvéniens pour la célérité & la sûreté du recouvrement, que pour les contribuables eux-mêmes : nous avons aussi observé qu'il s'élevoit sans cesse des difficultés sur la nomination des préposés au recouvrement des vingtiemes, qui retardoient la perception & occasionnoient des discussions dispendieuses : de sorte qu'en adoptant les délibérations prises par les Habitans des Villes de Moulins & de Nevers, à l'effet d'obtenir la faculté de choisir des Collecteurs dont elles seroient responsables, pour faire le recouvrement de la taille & autres impositions accessoires, & à qui elles accorderoient, sur leurs revenus patrimoniaux, un traitement annuel en sus des remises attribuées aux Collecteurs par les Réglemens, il en résulteroit un avantage sensible pour les Habitans de ces Villes. Nous n'avons pu voir qu'avec satisfaction l'ordre à établir dans le recouvrement des impositions, & le soulagement qui doit en résulter pour les contribuables ; à quoi nous avons pourvu par l'Arrêt cejourd'hui rendu en notre Conseil d'Etat, nous y étant, pour l'exécution duquel nous avons ordonné que toutes lettres nécessaires seroient expédiées. A ces causes, &c. ordonnons ce qui suit :

I. A compter de l'année prochaine 1780, la taille & les autres impositions accessoires des Villes de Moulins & de Nevers, dont le recouvrement étoit fait par les Collecteurs ordinaires, seront perçues par les Commis ou préposés choisis par les Officiers Municipaux desdites Villes, & la délibération qui contiendra leur nomination, ne sera exécutée qu'après qu'elle aura été approuvée par le sieur Intendant & Commissaire départi pour l'exécution de nos ordres en la Généralité de Moulins.

II.

II. Les Communautés des Habitans de Moulins & de Nevers seront responsables chacun de la gestion de leurs Préposés, & en conséquence les Officiers Municipaux desdites Villes seront tenus de leur faire rendre compte de leur gestion au moins tous les trois mois, & de leur faire en outre fournir une caution suffisante. 1779.

III. Lesdits Préposés seront tenus de faire enregistrer leurs Commissions au greffe de l'Election, ils pourront contraindre les contribuables au payement de leurs cottes, par les mêmes voies dont les Collecteurs ordinaires étoient autorisés à se servir par les Réglemens.

IV. Lesdits Préposés jouiront des remises attribuées aux Collecteurs, & en outre des appointemens qui auront été proposés, après que nous en aurons déterminé la fixation sur les Mémoires qui nous seront fournis par les Officiers Municipaux, & ce, en proportion du travail desdits Préposés, des frais de rôles qu'ils seront tenus d'acquitter & du montant des remises qui leur appartiendront, sur les impositions qu'ils seront chargés de recevoir.

V. Les Officiers Municipaux pourront, en vertu de la permission dudit sieur Intendant & Commissaire départi, continuer lesdits Préposés tant qu'ils jugeront à propos, ou les destituer à tels termes de l'année qu'ils le croiront convenable.

VI. Les Receveurs des impositions de l'Election pourront présenter au sieur Intendant & Commissaire départi pour faire le recouvrement des vingtiemes, ces mêmes Préposés, afin de simplifier de plus en plus le recouvrement des impositions, & ces Préposés jouiront également de la remise de quatre deniers pour livre attribués aux différens Préposés au recouvrement de cette imposition.

VII. Il continuera d'être procédé dans la forme ordinaire à la rédaction du tableau des Collecteurs, & à leur nomination dans chacune desdites Villes de Moulins & de Nevers, à l'effet, par lesdits Collecteurs, de faire la répartition de la taille & autres impositions, ou assister à la confection des rôles d'office qui seroient ordonnés par le sieur Intendant & Commissaire départi, en conformité des Edits, Arrêts & Réglemens concernant lesdits rôles d'office, mais lesdits Collecteurs ne pourront plus s'immiscer dans le recouvrement des deniers, & ils ne seront plus responsables de la perception.

VIII. Les dispositions de l'Arrêt de ce jour & des présentes seront exécutées dans toutes les Villes de la Généralité de Moulins, qui voulant jouir de cet avantage, parviendront à faire les arrangemens convenables avec des personnes à qui l'on puisse confier avec sûreté le recouvrement desdites impositions, & qui en auront obtenu la permission dudit sieur Intendant & Commissaire départi. Si vous mandons, &c.

Données à Versailles, le dix-huitieme jour de Juillet, l'an de grace mil sept cent soixante-dix-neuf, & de notre regne le sixieme. *Signé*, LOUIS; par le Roy, AMELOT.

Registrées, oui, & ce requérant le Procureur-Général du Roy, pour être exécutées selon leur forme & teneur, à la charge que les contraintes qui seront décernées contre les contribuables, soit pour les tailles, soit pour les vingtiemes, ne pourront être cumulées; & à la charge pareillement qu'on ne pourra induire de l'article VII qu'il puisse être rien innové à l'égard des rôles d'office, lesquels continueront d'être faits de la maniere prescrite par les Edits & Déclarations enregistrées en la Cour, Arrêts & Réglemens d'icelle; ordonne que lesdites Lettres-Patentes seront

1779. imprimées, & copies collationnées d'icelles envoyées à tous les Sieges des Elections de la Généralité de Moulins, pour y être lues, &c. Fait à Paris, en la Cour des Aydes, les Chambres assemblées, le 3 Décembre 1779. *Signé*, LE PRINCE.

ARRÊT de la Cour des Aides, confirmatif des Sentences de l'Election de Lyon, des 11 & 18 Décembre 1778, qui statuent que les Bourgeois de Lyon possédants fonds dans les Paroisses de Sainte-Foy, Saint-Cyr, Saint-Didier, Colonges, Irigny, Millery, Charly & Vernaison sont exempts de la Taille personnelle, & qu'ils ne sont tenus à la Taille d'exploitation, que faute par eux de donner la culture de leurs biens à des Fermiers ou Grangers.

3 Septembre 1779.

LOUIS, &c. Après que Hocquet, Avocat des Habitans de Sainte-Foy, & autres Paroisses du Lyonnois, & Picard, Avocat des sieurs Clavel & Consorts, Bourgeois de Lyon, possédans fonds dans lesdites Paroisses, & des Prévôt des Marchands & Echevins de la Ville de Lyon, ont été ouis pendant sept Audiences, ensemble Faure de Rochefort pour notre Procureur-Général;

Notredite Cour reçoit les Prévôt des Marchands & Echevins de la Ville de Lyon Parties intervenantes, leur donne acte du contenu en leur Requête pour moyens d'intervention; sans s'arrêter ni avoir égard aux Requêtes & demandes des Parties de Hocquet, dont elles sont déboutées, a mis & met l'appellation au néant; ordonne que les Sentences de l'Election de Lyon, des 11 & 18 Décembre 1778, dont est appel, sortiront leur plein & entier effet; condamne lesdites Parties de Hocquet en l'amende ordinaire de 12 livres, & aux dépens des causes d'appel, intervention & demande; reçoit les Parties de Picard incidemment appellantes des rôles des Paroisses de Sainte-Foy, Vernaison, Millery, Colonges, Charly, Saint-Didier, Saint-Cyr, & des Ordonnances de vérification desdits rôles; convertit l'appel en opposition; avant faire droit sur ladite opposition, ordonne que les Officiers de l'Election de Lyon qui procéderont aux opérations ordonnées par les Sentences desdits jours 11 & 18 Décembre 1778, constateront les tenures, facultés, industries & exploitations desdites Paroisses de Sainte-Foy, Vernaison, Millery, Colonges, Charly, Saint-Didier, & Saint-Cyr, pour l'année 1779, dont & du tout ils dresseront des procès-verbaux, lors desquels les Parties pourront faire tels dires, requisitions & observations qu'elles jugeront à propos; ordonne que les Habitans & Fermiers des dîmes seront tenus d'assister aux assemblées qui seront indiquées par chacun desdits Officiers de l'Election de Lyon, à peine de dix livres d'amende contre les non-comparans ou refusans; pour, lesdits procès-verbaux faits & rapportés en notredite Cour, & communiqués à notre Procureur-Général, être par les Parties pris telles conclusions qu'elles aviseront, par notredit Procureur-Général requis, & par notredite Cour ordonné ce qu'il appartiendra; ordonne néanmoins que les rôles de 1779 seront exécutés par provision, sauf la réimposition, s'il y a lieu, dépens à cet égard réservés: & faisant droit sur les conclusions de notre Procureur-Général, enjoint aux Consuls desdites Paroisses de Sainte-Foy, Vernaison, Millery, Colonges, Charly, Saint-Didier & Saint-Cyr, pour l'année 1780 & suivantes, de se conformer, dans la confection de leurs rôles, à l'article III de la Déclaration de 1761, & à l'article III de la Déclaration de 1768 : en conséquence d'insérer dans chaque cotte les conditions du cottisé, les quantités & qualités de ses biens propres, & de ceux qu'il exploite à titre de ferme ou à loyer, son industrie & ses autres facultés, les impositions subsidiaires & la capitation, le tout article par article : enjoint au Substitut de notre Procureur-Général en l'Election de Lyon, de veiller à l'exécution du présent Arrêt : Si te mandons, &c. 1779.

Donné à Paris, en la premiere Chambre de notredite Cour des Aydes, le troisieme jour de Septembre, l'an mil sept cent soixante-dix-neuf.

Signé, LE PRINCE.

Suivent lesdites Sentences.

EXTRAIT des Registres de l'Élection de Lyon.

11 Décembre 1778.

ENTRE les Bourgeois de Lyon, possédans fonds en la Paroisse de Vernaison, &c. demandeurs & opposans à la confection du rôle des tailles de ladite Paroisse, de la présente année 1778, comparans par Perrin le jeune, leur Procureur, d'une part;

Et les Consuls de ladite Paroisse de Vernaison, en exercice ladite année 1778; & encore les Syndics, Manans & Communauté d'Habitans de la même Paroisse, défendeurs & comparans par Bonnichon, leur Procureur, d'autre part, &c.

Il est dit, vuidant le délibéré sur le registre, prononcé en notre Audience de ce jour, & ayant aucunement égard aux oppositions formées par les Parties de Perrin [Procureur des demandeurs] au rôle de la Paroisse de Vernaison, de la présente année, que lesdites Parties de Perrin sont maintenues & conservées dans l'exemption de taille personnelle; ce faisant, qu'elles seront tenus de donner leurs biens à Fermiers ou à Grangers, lesquels contribueront à la taille, pour raison de l'exploitation & profits à faire; sinon, & danes le cas où lesdites Parties de Perrin exploiteroient par leurs mains & Valets, ordonné qu'elles seront imposées à la taille d'exploitation pour tous leurs biens portans revenus quelconques, comme tout autre exploitant sujet à la taille, & dans la proportion que le feroient leurs Grangers ou Cultivateurs, sauf aux Parties de Perrin à se présenter devant Sa Majesté, pour la supplier d'expliquer ses intentions, en la maniere ordinaire, sur l'exemption de leurs maisons de plaisance, & clos de vingt-cinq arpens de terre; ordonné néanmoins que le rôle de ladite Paroisse de Vernaison de la présente année, sera par provision exécuté, sauf la réimposition : à l'effet de quoi, & pour parvenir à fixer la taille d'exploitation, ordonné que Me. Regnier, l'un de nous, chargé du département de ladite Paroisse, se transportera en icelle pour dresser procès-verbal des tenures, facultés, industries & exploitations, & procéder aux opérations prescrites par la Déclaration du 7 Février 1768, sur les dires & observations des Parties, des Habitans, des Fermiers des dîmes, lesquels seront tenus d'assister aux assemblées qui seront indiquées par ledit sieur Commissaire, à peine de 10 livres d'amende contre les non-comparans ou refusans, sauf, en suite dudit procès-verbal rapporté, à être ordonné ce qu'il appartiendra, dépens réservés, & passé outre, nonobstant oppositions ou appellations quelconques, & sans y préjudicier. Fait & prononcé par nous, &c. le onze Décembre mil sept cent soixante-dix-huit.

1779.

EXTRAIT des Registres de l'Election de Lyon.

18 Décembre 1778.

ENTRE les Bourgeois de Lyon, possédans fonds en la Paroisse de Colonges, Saint-Cyr au Mont-d'or, Millery, Irigny, Saint-Didier au Mont-d'or, Charly & Sainte-Foy, &c. demandeurs & opposans à la confection des rôles des tailles desdites Paroisses de la présente année 1778, comparans par Perrin le jeune, leur Procureur, d'une part;

Et les Consuls desdites Paroisses, en exercice ladite année 1778; & encore les Syndics, Manans & Communautés d'Habitans des mêmes Paroisses, défendeurs & comparans par Bonnichon, leur Procureur, d'autre part, &c.

Oui Me. Foron, Procureur du Roy, en ses conclusions.

Il est dit, ayant aucunement égard aux oppositions formées par les Parties de Perrin [Procureur des Demandeurs] aux rôles des Paroisses de Sainte-Foy-lès-Lyon, Colonges, Saint-Cyr, Saint-Didier, Irigny, Millery & Charly, de la présente année, que lesdites Parties de Perrin sont maintenues & conservées dans l'exemption de taille personnelle; ce faisant, qu'elles seront tenues de donner leurs biens à Fermiers ou Grangers, lesquels contribueront à la taille pour raison de l'exploitation & profits à faire; sinon, & dans le cas où lesdites Parties de Perrin exploiteroient par leurs mains & Valets, qu'elles seront imposées à la taille d'exploitation pour tous leurs biens portans revenus quelconques, comme tout autre exploitant sujet à la taille, & dans la proportion que le seroient leurs Grangers ou Cultivateurs, sauf aux Parties de Perrin à se présenter devant Sa Majesté, pour la supplier d'expliquer ses intentions, en la maniere ordinaire, sur l'exemption de leurs maisons de plaisance, & clos de vingt-cinq arpens de terre; ordonné néanmoins que les rôles desdites Paroisses de la présente année, seront par provision exécutés, sauf la réimposition: à l'effet de quoi, & pour parvenir à fixer la taille d'exploitation, ordonné que Me. Verd de Longsard, chargé du département des Paroisses de Colonges & Saint-Cyr; Me. Lagay de Thoiry, chargé de la Paroisse de Millery; Me. Brigaud, chargé de la Paroisse d'Irigny; Me. Blanchon, chargé de la Paroisse de Saint-Didier; Me. Durand, chargé de la Paroisse de Charly, & Me. Regnier, chargé de la Paroisse de Sainte-Foy, se transporteront en icelles, pour dresser procès-verbal des tenures, facultés, industrie & exploitations, & procéder aux opérations prescrites par la Déclaration du 7 Février 1768, sur les dires & observations des Parties, des Habitans & Fermiers des dîmes, lesquels seront tenus d'assister aux assemblées qui seront indiquées par ledit sieur Commissaire, à peine de 10 livres d'amende contre les non-comparans ou refusans; sauf, en suite desdits procès-verbaux rapportés, à être ordonné ce qu'il appartiendra, dépens réservés, & passé outre, nonobstant oppositions ou appellations quelconques, & sans y préjudicier. Fait & prononcé judiciairement par nous, &c. le dix-huit Décembre mil sept cent soixante-dix-huit.

1779.

EXTRAIT des Registres du greffe de l'Election de Lyon.

A MESSIEURS, Messieurs les Président, Lieutenant, Conseillers du Roy, Elus en l'Election de Lyon;

Supplient humblement les Prévôt des Marchands & Echevins de ladite Ville, & requierent :

Qu'il vous plaise, Messieurs, vu l'expédition de l'Arrêt de la Cour des Aydes, du 3 Septembre dernier, rendu entre les Supplians, les Bourgeois de Lyon, & les Communautés d'Habitans de différentes Paroisses du Plat-Pays, ordonner que ledit Arrêt sera enregistré en votre greffe, pour être exécuté suivant sa forme & teneur; & ferez, Messieurs, justice. *Signé*, CHOL DE CLERCY, & PERRIN, Procureur. Soit montré au Procureur du Roy, à Lyon, le 18 Novembre 1779.
Signé, VERD DE LONGSARD.

Le Procureur du Roy, qui a vu la présente Requête, l'Arrêt de la Cour des Aydes, du 3 Septembre dernier, ensemble les Sentences y énoncées, & l'Ordonnance de soit montré,

N'empêche, pour Sa Majesté, l'enregistrement dudit Arrêt, &c.

Vu, &c. Il est dit que l'Arrêt de la Cour des Aydes, du 3 Septembre 1779, sera enregistré ès registres de notre greffe, pour être exécuté selon sa forme & teneur, & y avoir recours, si besoin est. En exécution d'icelui, & faisant droit sur le requisitoire du Procureur du Roy, sous le bon plaisir de la Cour, enjoint aux Consuls des différentes Paroisses de cette Election, pour l'année 1780 & suivantes, de se conformer dans la confection de leurs rôles, à l'article III de la Déclaration du 13 Avril 1761, & à l'article III de celle du 7 Février 1768; en conséquence d'insérer dans chaque cotte, la condition du cottisé, les quantités, qualités de ses biens propres, & de ceux qu'il exploite à titre de Ferme ou à loyer, son industrie & ses autres facultés, les impositions subsidiaires, & la capitation, le tout article par article; à l'effet de quoi, lesdits Arrêt, Sentences & notre présent Jugement seront, à la diligence du Procureur du Roy, imprimés, affichés par-tout où besoin sera, & envoyés aux Syndic & Consuls des différentes Paroisses de cette Election. Fait & arrêté en la Chambre-Civile dudit Siege, par nous, &c. le vingt Novembre mil sept cent soixante-dix-neuf.

LETTRES-PATENTES qui suppriment les privileges d'exemption de Taille d'exploitation de quelques Maîtres de Poste de la Généralité de Moulins, & y substituent une gratification en argent. (Code des Tailles, Tome V, page 217.)

28 Septembre 1779.

LOUIS, &c. Nous sommes informés que les Maîtres de Poste établis sur les routes d'Autun à Limoges, & de Limoges à Clermont, ne sont plus en état de soutenir le service, & pourroient être obligés de l'abandonner, attendu que ces routes sont peu fréquentées pendant les deux tiers de l'année; & desirant leur faciliter les moyens de continuer leur service sur une route aussi intéressante, nous avons pensé qu'en accordant à chacun desdits Maîtres de Poste une gratification annuelle par forme d'indemnité, nous y trouverions le double avantage de rendre plus égal le traitement de ces Maîtres de Poste, & de faire cesser le privilege d'exploitation en exemption de taille qui leur étoit accordé, & dont la plupart d'entr'eux ne sont pas à portée de jouir, par le défaut de fonds à eux appartenans ou de Ferme qu'ils puissent exploiter. Ces gratifications seront bien moins à charge aux Paroisses où les Postes sont établies, que l'exemption de taille d'exploitation, parce que l'imposition nécessaire pour payer les gratifications, sera répartie sur un plus grand nombre de contribuables : à quoi nous avions pourvu par l'Arrêt rendu le 31 Juillet dernier en notre Conseil d'Etat, nous y étant, pour l'exécution duquel nous avons ordonné que toutes lettres nécessaires seroient expédiées. A ces causes, &c. ordonnons ce qui suit :

1779.

I. Les Maîtres de Poste de Luzy, Gannat, Chevagne, Souvigny, la Pierre-percée, le Montet-aux-Moines, Montmarault, Doyet, Montluçon, la Maids-le-son, Parsat, Ajain, Gueret, la Chapelle-Tailleser, le Dognon & Sauviat, établis dans la Généralité de Moulins, sur la grande route de Bourgogne à Limoges, ainsi que ceux de Charbonnier, Aubusson, Lepoux & la Villeneuve, établis sur la route de Limoges à Clermont, jouiront de l'exemption de collecte, tutelle, curatelle, logement de gens de guerre, corvées & autres charges publiques, ensemble de l'exemption de la taille personnelle & autres impositions accessoires de ladite imposition, à raison seulement de leurs facultés personnelles, commerce & industrie, sans qu'ils puissent prétendre le privilege d'exploitation en exemption des biens-fonds à eux appartenans, qu'ils feroient valoir par eux-mêmes, ou qu'ils tiendroient à Ferme, lequel privilege demeurera éteint & supprimé.

II. Pour indemniser lesdits Maîtres de Poste de la non-jouissance de partie de leurs privileges supprimés, il leur sera accordé en remplacement & en considération de ce qu'ils ne jouissent d'aucuns gages, une gratification annuelle de cent livres par lieue qu'ils auront à desservir de chaque côté, de façon que celui dont les deux postes au-dessus & au-dessous de la sienne sont à la distance de deux lieues, recevra par an quatre cens livres de gratification : si une des deux postes voisines est à trois lieues, sa gratification sera de cinq cens livres; & ainsi toujours à proportion, en augmentant de cent livres par chaque lieue de plus qu'il aura à desservir de part ou d'autre.

III. Ladite gratification sera payée de six mois en six mois à chacun desdits Maîtres de Poste, sur les ordonnances qui leur seront à cet effet délivrées par le sieur Intendant & Commissaire départi pour l'exécution de nos ordres en la Généralité de Moulins; à l'effet de quoi le montant en sera imposé chaque année, à commencer de l'année prochaine 1780, sur tous les Habitans taillables des Elections de Moulins, Montluçon, Evaux & Gueret.

IV. L'imposition desdites sommes, ensemble du sol pour livre pour frais de recouvrement, sera comprise chaque année dans le second brevet de la taille, & les Receveurs-Généraux de nos Finances de la Généralité de Moulins en compteront chacun dans l'année de leur exercice, pardevant ledit sieur Intendant & Commissaire départi pour l'exécution de nos ordres dans ladite Généralité, & ensuite en notre Conseil par un état au vrai, lequel sera accompagné des pieces justificatives de la recette & de la dépense.

V. Seront lesdits Maîtres de Poste taxés d'office par ledit sieur Intendant & Commissaire départi pour l'exécution de nos ordres dans la Généralité de Moulins, pour les biens qu'ils feront valoir, sur les états détaillés & certifiés d'eux, qu'ils remettront audit sieur Intendant & Commissaire départi, à l'effet de proportionner lesdites taxes d'office à l'exploitation desdits biens. Si vous mandons, &c. 1779.

Données à Versailles, le vingt-sixieme jour de Septembre, l'an de grace mil sept cent soixante-dix-neuf, & de notre regne le sixieme. *Signé*, LOUIS; & plus bas, par le Roy, AMELOT.

Registrées, oui, & ce requérant le Procureur-Général du Roy, pour être exécutées selon leur forme & teneur, à la charge que les contestations sur les taxes d'office mentionnées en l'article V, seront portées en la Cour, & jugées en la maniere commune à toutes les taxes d'office; ordonne que lesdites Lettres-Patentes seront imprimées, & que copies collationnées d'icelles seront envoyées aux Sieges des Elections de la Généralité de Moulins, &c. Fait à Paris, en la Cour des Aydes, les Chambres assemblées, le 3 Décembre 1779. *Signé*, LE PRINCE.

ARRÊT de la Cour des Aides, qui maintient les Huissiers de ladite Cour dans le droit exclusif de faire seuls les premieres significations des Arrêts, commissions, exécutions, baux judiciaires faits & rendus en ladite Cour, quoique scellés, ou commission sur iceux. (Code des Tailles, Tome V, page 221.)

30 Novembre 1779.

LOUIS, &c. Vu par notredite Cour la Requête à elle présentée par notre Procureur-Général, tendante à ce qu'il lui plût ordonner que l'Edit du mois de Mai 1714, les Arrêts & Réglemens de notredite Cour soient exécutés; en conséquence, &c.

Notredite Cour ordonne que l'Edit du mois de Mai 1714, ensemble les Arrêts & Réglemens de notredite Cour seront exécutés; en conséquence maintient les Huissiers de notredite Cour dans la faculté de faire seuls & à l'exclusion de tous autres Huissiers, Sergens & Archers, dans la Ville, fauxbourgs & banlieue de Paris, les premieres significations des Arrêts, commissions, exécutoires, baux judiciaires faits & rendus en notredite Cour, quoique scellés, ou commission sur iceux; fait très-expresses inhibitions & défenses à tous autres Huissiers, Sergens & Archers, de faire à l'avenir aucunes desdites premieres significations, à peine de trois cens livres d'amende, nullité desdits actes, & de tous dépens, dommages & intérêts. Ordonne que le présent Arrêt sera lu, publié, imprimé & affiché par-tout où besoin sera, & signifié tant à la Communauté des Avocats & Procureurs de notredite Cour, qu'à toutes les Communautés des Huissiers. Si te mandons mettre le présent Arrêt à exécution, de ce faire te donnons pouvoir.

Donné à Paris, en la premiere Chambre, le trente Novembre, l'an de grace mil sept cent soixante-dix-neuf, & de notre regne le sixieme. *Signé*, LE PRINCE.

1779.

DÉCLARATION qui ordonne que les contestations pour raison des saisies & oppositions faites & à faire par les Seigneurs propriétaires & leurs Fermiers, & celles faites par les Collecteurs de l'impôt du sel, & pour raison de la préférence desdites saisies & oppositions, seront instruites & jugées par les Officiers des Gabelles, & que dans le cas de concurrence de saisies ou oppositions entre les Collecteurs des tailles & ceux de l'impôt du sel, les connoissances des contestations appartiendront aux Elections. (Code des Tailles, Tome V, page 222.

4 Décembre 1779.

LOUIS, &c. Pour faire cesser les conflits qui s'élevent journellement à l'occasion des contestations entre les Asséeurs & Collecteurs des tailles & les Seigneurs propriétaires des terres des fonds d'héritages, leurs Fermiers, créanciers & autres, pour raison des saisies & oppositions faites & formées sur les biens-meubles, & sur les fruits provenans desdites terres & héritages, & pour raison de la préférence desdites saisies, le feu Roy Louis XIV auroit ordonné, par sa Déclaration du 22 Août 1665, que tous lesdits procès & différends seroient jugés par les Officiers des Elections, chacun dans son ressort en premiere instance, & par appel en la Cour des Aydes. Il nous a paru également important d'établir une regle commune pour les contestations semblables, relatives au recouvrement des deniers de l'impôt du sel : nous avons en conséquence jugé à propos d'en attribuer la connoissance aux Officiers établis pour la Jurisdiction des Gabelles. A ces causes, &c.

Ordonnons & nous plaît que les procès & différends pour raison des saisies & oppositions faites & à faire par les Seigneurs propriétaires, leurs Fermiers, créanciers & tous autres, & celles faites & à faire par les Collecteurs de l'impôt du sel, & pour raison de la préférence desdites saisies & oppositions, seront instruits & jugés par les Officiers établis pour les Jurisdictions des Gabelles, chacun dans son ressort en premiere instance, & par appel en nos Cours des Aydes. Faisons très-expresses inhibitions & défenses aux Officiers des Bailliages, Présidiaux, Prévôtés & autres Justices ordinaires, d'en prendre aucune jurisdiction & connoissance, pour quelque cause & prétexte que ce puisse être, & aux Parties, d'en faire poursuite ailleurs que pardevant lesdits Officiers établis pour la Jurisdiction des Gabelles, à peine de nullité des procédures, de 1000 livres d'amende & de tous dépens, dommages & intérêts. Voulons que les propriétaires soient préférés pour l'année courante, ou revenu sur les fruits provenus desdits héritages, en justifiant qu'elle leur sera bien & légitimement due, & après communication donnée de leurs baux à Ferme aux Collecteurs de l'impôt du sel, qui auront saisi lesdits fruits, ou se seront opposés aux saisies faites d'iceux, pour la sûreté de la perception dudit impôt. Ordonne en outre que dans le cas où il y auroit saisie ou opposition concurremment faites tant par les Collecteurs des tailles, que par ceux de l'impôt du sel, la connoissance des susdites contestations appartiendra aux Officiers des Elections, chacun dans son ressort, en premiere

miere instance, & par appel en nos Cours des Aydes. Si donnons en mandement, &c. 1779.

Donnée à Versailles, le quatre Décembre mil sept cent soixante-dix-neuf. *Signé*, LOUIS; par le Roy, AMELOT.

Registrée en la Cour des Aydes, le 29 Décembre 1779, & copies collationnées envoyées aux Sieges des Greniers à sel d'impôt.

Et par Arrêt du 31 Mai 1781, la Cour a ordonné que cette Déclaration seroit envoyée aux Elections, dans l'étendue desquelles se trouvent des Greniers à sel d'impôt.

SENTENCE de l'Election de Paris, qui ordonne l'exécution des Réglemens & notamment de l'Arrêt de la Cour des Aides, du 20 Mai 1776, pour accélérer le Jugement des affaires. 1780.

19 Janvier 1780.

CE jour, les Gens du Roy, Me. Marmotant, Procureur du Roy, portant la parole, ont dit:

MESSIEURS,

C'est en vain que nous chercherions à nous dissimuler plus long temps l'inertie dans laquelle languissent les affaires portées à votre Tribunal, & même l'inexactitude de vos Officiers ministériels. Les murmures éclatent de toutes parts; quelques-uns de vos Justiciables nous ont adressé leurs plaintes : elles ont déjà frappé les oreilles des Magistrats supérieurs : vous le sçavez; parmi vous-mêmes, Messieurs, il en est plusieurs qui nous ont témoigné leurs regrets & leurs desirs, à ce sujet. Dans une pareille conjoncture, chargés par notre ministere de maintenir l'ordre & la discipline dans cette Jurisdiction, ne deviendrions-nous pas coupables aussi de négligence, si nous gardions un plus long silence sur des abus nuisibles tout à la fois & à la perception des droits du Roy, & à la tranquillité des redevables, & à la splendeur de cette Compagnie?

La promptitude dans l'expédition des affaires, n'est pas une des parties les moins essentielles de la Justice, ni un des devoirs les moins rigoureux du Magistrat. L'homme vertueux ne peut rappeller dans son esprit, sans une douce émotion & sans un secret mouvement d'envie, ces siecles fortunés où l'on rendoit aux Peuples une Justice aussi prompte, que simple & facile, où l'on ne connoissoit point encore d'autre forme des Jugemens, où le Plaideur moins habile & plus heureux, venoit, sans artifice & souvent sans défense, déposer lui-même ses plaintes dans le sein de son Juge, & où le Juge toujours prêt à entendre la voix des misérables, goûtoit le plaisir d'essuyer leurs premieres larmes, de finir leur misere dans le temps même qu'ils en achevoient le récit, de ne remettre aucune affaire au lendemain, & d'épuiser chaque jour le fonds d'iniquité que chaque jour avoit produit. Si le changement des mœurs, & le progrès infini de la corruption du cœur, ou de la subtilité de l'esprit ne nous permettent plus d'aspirer à voir renaître ce premier âge, cet âge d'or de la Justice, du moins le spectacle de l'Audience

peut & doit retracer encore à nos yeux l'image de cette ancienne & respectable
1780. simplicité : là, le timide Suppliant a encore la consolation de porter ses vœux jusqu'au pied du Trône de la Justice ; là, les Plaideurs de bonne foi peuvent avoir la joie de voir naître & mourir leur discorde, jouir d'une prompte victoire, ou se consoler d'une prompte défaite. Les Audiences qui forment aujourd'hui, en quelque sorte, l'unique ressource des Parties, pour l'expédition de leurs différends, doivent donc être toutes remplies très-scrupuleusement ; il faut veiller à ce qu'elles ne soient pas vuides & inutiles ; en un mot, il faut prendre garde que la Justice déjà languissante depuis long temps sous le poids de la forme, n'expire presque sous le fardeau encore plus accablant des lenteurs affectées & des remises superflues : qui ne sçait qu'à présent plus que jamais différer la Justice, c'est souvent la refuser ! Le bon droit succombe & il ne plie sous le joug de l'iniquité, que parce qu'il n'a pas reçu une prompte décision.

Lorsque nous vous remettons, Messieurs, sous les yeux l'importance de l'expédition des affaires, ce n'est pas que nous doutions de vos lumieres & de vos sentimens sur cette portion précieuse de votre ministere ; ce n'est pas que nous ne rendions hommage à l'assiduité de plusieurs d'entre vous dans l'exercice de vos fonctions ; mais vous le sçavez, Ministre, &, si nous osons le dire, avec les Loix Romaines mêmes, Prêtres de la Justice, tous vos momens doivent être consacrés au culte de la Divinité, au service de laquelle vous vous êtes dévoués ; & puisque mon ministere m'autorise ou plutôt me force à vous parler le langage pur de la vérité, sans user de ménagemens perfides, ne vous y trompez pas, pour remplir cette obligation sacrée dans toute son étendue, vous n'êtes pas seulement comptables au Public du bien particulier que vous pouvez faire ; si vous ne portez pas plus loin l'ardeur de votre zele, vous demeurez toujours débiteurs de la Patrie, qui exige encore de vous un compte rigoureux du bien public que vous pouviez procurer.

Que le vrai Magistrat ne se contente donc pas de venir tous les jours dans le Temple de la Justice : qu'il s'arme encore d'une rigueur salutaire contre la lenteur affectée & les coupables retardemens des Plaideurs : qu'il s'applique tous les jours à rendre vaine la profonde malice de cette chicane artificieuse, qui se vante de disposer au moins du temps des Jugemens, de les avancer ou de les retarder à son gré, de fatiguer le bon droit, de le faire succomber par lassitude, & de rendre quelquefois la mauvaise cause victorieuse par la fatale longueur d'une résistance opiniâtre. Enfin que tous les Ministres inférieurs sçachent que le Magistrat a les yeux toujours ouverts sur leur conduite ; que peu content d'exercer sa justice sur les Plaideurs, il l'exerce encore plus sur ces Défenseurs, qui, par négligence, ou par des motifs encore moins excusables, semblent oublier que l'intérêt du Client s'oppose perpétuellement à un retard souvent funeste & toujours nuisible.

Redoublez donc, Messieurs, votre vigilance, sur-tout soyez attentifs à l'indolence des Officiers subalternes ; ne vous bornez pas à une assiduité qui sera toujours inutile, si vous n'usez en même temps de toute votre autorité, pour forcer ceux-ci à suivre scrupuleusement les loix qui ont établi des regles sages & utiles à la célérité de l'expédition. Depuis que nous avons l'honneur d'être associés à vos augustes fonctions [il faut l'avouer] nous n'avons pu voir, sans le plus vif étonnement & même sans un scandale extrême, que les Audiences étoient souvent oiseuses & presque toujours imparfaitement remplies, dans un Tribunal où les affaires abondent autant qu'elles exigent une prompte décision. Aussi on annonce hautement qu'il y a au moins trois cens causes en retard. Quel tort ne doivent pas nécessairement éprouver & les redevables, & les Fermiers des droits du Roy! Hâtez-vous donc, Messieurs, d'épuiser ce fonds immense, de tarir cette source féconde d'occupations, soit en joignant au travail passif de longues Audiences, le travail actif des rapports sur délibéré, soit en renouvellant & employant les précautions justes & efficaces, que le Réglement de la Cour des Aydes, du 20 Mai 1776, prescrit, & qui sont tombées en désuétude si promptement, ce qui est le plus inconcevable. Ne souffrez pas, Messieurs, qu'un Réglement aussi précieux s'efface jamais par l'oubli, ou s'abolisse par l'inexécution. 1780.

Si le devoir de Juge semble vous obliger de veiller à l'expédition des affaires, l'intérêt & l'honneur de la Compagnie même paroissent vous y engager également. Nous ne vous dirons pas, Messieurs, d'après le Magistrat, dons nous exerçons ici le ministere, que vous êtes menacés de reproches & d'avertissemens toujours disgracieux : à Dieu ne plaise que nous cherchions à affliger votre sensibilité par des présages tristes & inquiétans! Pour ranimer en vous une heureuse fermeté, nous vous rappellerons avec plus de complaisance, que vous êtes intéressés à faire revivre l'ordre & la discipline, singuliérement dans cet instant critique où les premiers Magistrats de la Cour des Aydes, vivement occupés de la grandeur & de la gloire de ce Tribunal, desirent & s'efforcent de faire rétablir son ancienne compétence dans toute son intégrité. Vous vous plaignez, Messieurs, sans doute avec raison, des démembremens multipliés du domaine naturel de votre Jurisdiction. Comment pouvez-vous espérer d'obtenir la restitution des portions de son patrimoine qui ont été distraites, si vous paroissez ne pas suffire aux objets dont la connoissance vous est conservée? D'ailleurs vous ne devez pas l'ignorer, Messieurs, les Tribunaux n'ont droit à la considération publique, qu'autant qu'ils sont dans une activité perpétuelle, parce que le degré d'utilité est ordinairement la mesure du degré de l'estime publique; l'inaction semble diminuer d'abord leur éclat & bientôt les ensevelit dans un entier oubli; rendez donc à votre Jurisdiction toute l'énergie dont elle est susceptible. Répondez aux vues sublimes de M. le Procureur-Général, qui desire que vous soyez les dignes émules du premier Siege ordinaire de la Capitale, à côté duquel vous devez marcher; devenez les nobles rivaux des Officiers du Châtelet, en rendant comme eux des services continuels à la Patrie. Que votre fermeté & votre exemple faisant descendre jusqu'aux Ministres inférieurs le même zele dont vous êtes animés, rallument, ressuscitent leur ferveur presque éteinte, & répandent dans toutes les parties de ce Corps de Justice, ce feu toujours vivant & cette ardeur toujours agissante, sans lesquels les intérêts du Plaideur sont souvent compromis & toujours exposés. Encore une fois, rétablissons & maintenons, avec une rigueur salutaire, l'exécution d'un Réglement dont l'objet principal est de favoriser l'expédition des affaires, & qui n'auroit jamais dû être négligé. Par l'observation exacte de cette Loi intéressante, vous ferez revivre une célérité aussi utile au Peuple, qu'honorable pour ce Siege, & vous jouirez du plaisir, si sensible pour de vrais Magistrats, de renvoyer en peu de jours le Citoyen à ses occupations & au sein de sa famille.

Le défaut d'expédition, Messieurs, n'est pas le seul abus dont nous ayons à nous plaindre; nous sommes instruits que le Greffier de ce Siege pousse depuis la négligence jusqu'au point de laisser vos Sentences pendant des années entieres, sans être revêtues de la signature de celui qui a présidé, & conséquemment dans un état d'imperfection qui peut devenir très-funeste aux Parties, & qui est toujours au moins extrêmement imprudent. C'est sans doute pour prévenir les inconvéniens énormes de cette dangereuse inexactitude, que les Ordonnances astreignent les Greffiers à rédiger les Jugemens sur-le-champ & à les faire signer du Président, l'Audience suivante. L'oubli des regles, que nous avons l'honneur de vous dénoncer en ce moment, exige aussi de votre sagesse les précautions les plus sérieuses. Le Magistrat ne doit pas se reposer à l'ombre d'une justice consommée avec promptitude, il doit sçavoir qu'après le Jugement même, il reste encore une nouvelle épreuve à sa vigilance. La chicane vaincue a encore ses ressources. A peine se voit-elle accablée sous le poids de l'équité, qu'elle pense déjà à réparer ses pertes, & à relever les débris de son injustice. Il n'est rien que sa subtilité ne tente pour dérober au vainqueur tout le fruit de sa victoire; & qui sçait si elle n'osera pas porter ses vues sacrileges jusques sur l'oracle même, pour y glisser, s'il étoit possible, des termes obscurs, des expressions équivoques dont elle puisse se servir un jour, pour en combattre la foi, ou pour l'éluder! Efforts impuissants, artifices inutiles contre un Magistrat attentif! La diligence & la Religion avec lesquelles il fait donner la derniere forme à ses Jugemens, égale celles avec lesquelles il les a pesées & prononcées.

1780.

Ne permettez pas, Messieurs, que la longueur du temps obscurcisse la clarté de vos décisions, & que, confondant peu-à-peu la vivacité & la distinction des premieres images, elle donne des armes à la malice des Plaideurs, & commette l'autorité des Jugemens les plus équitables. Ayez soin que votre Greffier rédige vos Sentences scrupuleusement & journellement sur chaque feuille d'Audience; comme aussi qu'il indique les noms de ceux auxquels il sera accordé des défauts, sans se borner à nommer les Procureurs, ce qui peut encore occasionner une multitude d'inconvéniens. Veillez à ce qu'il fasse signer exactement les feuilles, à l'Audience prochaine, par M. le Président, ou par celui de vous, Messieurs, qui aura présidé en son absence : en un mot, faites exécuter ponctuellement les dispositions des anciennes Ordonnances concernant les Greffiers. Par cette derniere attention, vous imprimerez, pour ainsi dire, le sceau de l'immutabilité & de l'éternité sur tous les ouvrages de votre justice.

Quelques autres abus qui se glissent dans l'instruction des affaires, nous paroissent devoir exciter encore notre censure & votre sévérité. Par les communications qui nous ont été faites, nous avons observé que la signification des procédures fournies pour la défense respective des Parties souvent n'étoit ni datée, ni signée des Huissiers. Cette omission peut être très-préjudiciable, soit parce qu'elle laisse la liberté de fixer la date selon le caprice ou l'intérêt, soit par ce qu'en privant les actes de procédure de leur existence juridique, elle les abandonne à une incertitude & à une instabilité quelquefois dangereuses & toujours contraires aux regles : vous avez sans doute remarqué aussi avec nous qu'il y avoit des écrits, sur-tout dans les affaires criminelles, où régnoit une prolixité superflue & ruineuse pour les Plaideurs : vous vous êtes également apperçu que la maniere dont ces écrits étoient mis en grosse, augmentoit encore, au préjudice des Cliens, leur volume déjà monstrueux par lui-même. Cependant les affaires de notre compétence, presque toutes simples, devroient être instruites très-sommairement, suivant le vœu & la lettre de nos Réglemens.

Enfin, Messieurs, la décence de vos Audiences, que nous nous ferons toujours un devoir de maintenir, ne nous permet pas de nous taire sur l'inexactitude des Huissiers à faire leur service auprès de vous. Nous ne pouvons concevoir comment & pourquoi ils se dispensent de se trouver exactement aux heures prescrites, & d'appeller les causes contradictoires, ou les défauts, soit sur le rôle, soit sur les placets qui doivent leur être remis, avant l'entrée de l'Audience, comme il est d'usage dans tous les Tribunaux, & comme l'Arrêt de la Cour des

Aydes, du 20 Mai 1776, les y oblige. Vous avez eu la facile condescendance de leur permettre de se faire substituer : s'ils veulent profiter de cette grace, ils doivent au moins être attentifs à ce que le service soit toujours exactement rempli, de quelque maniere que ce puisse être; & lorsqu'il survient un empêchement légitime de la part de l'Huissier de service, il doit avertir son confrere de le remplacer, afin que la Justice soit toujours servie avec l'exactitude & la décence qui lui conviennent. 1780.

Nous croyons donc, Messieurs, devoir vous proposer de réprimer ces différens abus que nous venons de vous déférer, en renouvellant les sages dispositions des Réglemens déjà publiés sur ces divers objets. Si vous adoptez, & si vous maintenez de toute votre autorité une réforme aussi nécessaire & aussi juste qu'avantageuse, vous aurez la douce consolation de servir utilement tout à la fois le Monarque, les Sujets & vous-mêmes. Vous hâterez & vous assurerez la perception des droits du Prince, ou la tranquillité du redevable; vous perpétuerez & vous ennoblirez, pour ainsi dire, la dignité de votre ministere; vous affermirez & vous étendrez l'empire de votre Jurisdiction; vous ne perdrez pas la confiance & la protection des Magistrats supérieurs; enfin vous conserverez la considération publique, qui est la seule récompense flatteuse pour des Juges véritablement attachés à leurs devoirs & vivement pénétrés de l'importance de leurs fonctions.

Il ne nous reste plus qu'à vous supplier, Messieurs, d'être persuadés que toutes nos réflexions, que nous prescrivoit d'ailleurs la censure publique qui nous est confiée, ont été plutôt dictées par le zele le plus pur pour le bien de la Justice, par l'attachement le plus inviolable à l'honneur de ce Tribunal, & par le dévouement le plus parfait aux intérêts de cette Compagnie à laquelle nous nous félicitons tous les jours d'appartenir.

Les différens objets dont nous avons eu l'honneur de vous entretenir, sont le sujet des conclusions par écrit, que nous laissons sur le Bureau, avec l'Arrêt de Réglement de la Cour des Aydes, du 20 Mai 1776.

Eux retirés, la matiere mise en délibération, faisant droit sur le requisitoire du Procureur du Roy, nous ordonnons que les Edits, Ordonnances, Arrêts & Réglemens de la Cour des Aydes, & notamment les articles 1, 7, 8, 10, 12 & 13 de l'Arrêt de Réglement du 20 Mai 1776 seront exécutés selon leur forme & teneur, ce faisant:

1°. Ordonnons que, pour faciliter l'expédition des affaires, il sera fait tous les mois par le Président, ou par celui qui présidera en son absence, & ce, à compter au premier Février prochain un rôle en papier, qui sera remis au greffe, lequel rôle sera formé sur les placets qui seront présentés par la Partie la plus diligente, sauf à accorder l'Audience pour les affaires qui exigeront célérité, sur un simple placet présenté à cet effet. En conséquence les Procureurs de ce Siege seront tenus chacun en droit soi de remettre incessamment ès-mains de nous Premier Président une note des causes actuellement existantes, laquelle note contiendra la date de l'assignation, le nombre des remises & sommairement le sujet de la demande, afin que lesdites causes puissent être placées sur le premier rôle, relativement à leur ancienneté ou à leur importance.

2°. Ordonnons qu'au premier appel de la cause, le défendeur à la poursuite de l'Audience, sera tenu de poser des qualités pour obtenir la continuation de ladite cause à un jour indiqué, auquel jour, s'il ne se présente, sera donné Jugement au Procureur qui le requerra, lequel Jugement réputé contradictoire ne pourra être susceptible d'opposition.

1780. 3°. Au cas où le défendeur à la poursuite de l'Audience, ne voudra poser des qualités, ordonnons qu'il sera donné défaut faute de plaider, auquel il pourra être formé opposition en la maniere accoutumée; sur laquelle opposition il ne pourra être accordé plus de trois remises, après lesquelles il sera donné Jugement au Procureur qui le requerra, & ce Jugement ne sera plus susceptible d'opposition.

4°. Ordonnons que les délibérés sur le registre, qui pourront être convenus entre les Défenseurs des Parties, ou ordonnés soit en ce moment pour expédier les affaires retardées, soit à la fin des rôles & pour les épuiser, seront jugés dans trois jours, conformément à ce qui est prescrit par l'Arrêt de Réglement de la Cour des Aydes, du 14 Décembre 1683.

5°. Ordonnons que le Greffier sera tenu de rédiger sur-le-champ & à l'issue de l'Audience le dispositif des Sentences contradictoires, tel qu'il aura été prononcé, & de faire signer les feuilles de chaque Audience à l'Audience suivante, par le Président ou par celui qui aura présidé en son absence, comme aussi d'indiquer les noms des Parties auxquelles il sera donné défaut, sans se contenter de nommer simplement les Procureurs, le tout à peine d'interdiction.

6°. Enjoignons aux Procureurs & Huissiers, chacun en droit soi, de faire dater & signer, & dater ou signer les significations des actes de procédure de Procureur à Procureur au fur & mesure qu'ils seront signifiés, à peine d'être les procédures rejettées de toutes taxes ou mémoires de frais, sans pouvoir même être répétées par les Procureurs contre leurs Parties, & sauf aux Gens du Roy à prendre soit contre les Procureurs, soit contre les Huissiers, telles conclusions qu'il appartiendra, suivant l'exigence des cas.

7°. Enjoignons pareillement aux Procureurs, chacun en droit soi, de se conformer aux Ordonnances & Réglemens dans leurs écritures pour la brièveté du style, & pour la maniere de les faire grossoyer, le tout sous telles peines qu'il appartiendra.

8°. Ordonnons que les causes portées sur le rôle & sur les placets seront appellées par les Huissiers de service, lesquels seront tenus de se trouver exactement à neuf heures du matin les jours d'Audience, & autres jours & heures qui leur seront indiqués pour les rapports des affaires criminelles ou des délibérés, le tout à peine d'interdiction.

9°. Enfin ordonnons que notre présente Sentence sera lue & publiée à la requête & diligence des Gens du Roy, l'Audience tenante. Ce fut fait & jugé en la Chambre du Conseil de l'Election de Paris, le Mercredi dix-neuf Janvier mil sept cent quatre-vingt.

EDIT de Février 1780, portant prorogation du second Vingtieme des droits réservés, & des sols pour livre, en sus des différents droits, jusqu'au dernier Décembre 1790. (Code des Tailles, Tome V, page 259.)

LETTRES-PATENTES *portant renvoi à la Jurisdiction des Gabelles de Moulins & en la Cour des Aides, de toutes les contestations civiles & criminelles concernans la faillite du sieur Bareme de Cremille.*

10 Février 1780.

LOUIS, &c. A nos amés & féaux les Gens tenans notre Cour des Aydes à Paris, Salut. Par Arrêt rendu cejourd'hui en notre Conseil, sur le conflit élevé entre vous & le Parlement de Paris, pour connoître de la faillite du sieur Bareme de Cremille, ci-devant Receveur des Fermes à Moulins, nous avons évoqué à nous & à notre Conseil tous les procès & différends civils & criminels concernans ladite faillite, & iceux renvoyés avec leurs circonstances & dépendances en la Jurisdiction des Gabelles de Moulins, & nous avons ordonné que toutes Lettres nécessaires seroient expédiées sur ledit Arrêt. A ces causes, &c. évoquons à nous & à notre Conseil les procès & différends tans civils que criminels, concernans la faillite du sieur Bareme de Cremille, ci-devant Receveur des Fermes à Moulins, & iceux, circonstances & dépendances, avons renvoyé & renvoyons en la Jurisdiction des Gabelles de Moulins, pour y être instruits & jugés conjointement ou séparément, jusqu'à Sentences définitives inclusivement, sauf l'appel pardevant vous. Ordonnons qu'il sera procédé incessamment à la levée des scellés apposés de votre autorité sur les effets délaissés à Paris par le sieur Bareme de Cremille, par le même Conseiller qui les a apposés, après avoir été préalablement reconnus sains & entiers, pour être ensuite par lui procédé à l'inventaire & description desdits effets ainsi inventoriés, que les procès-verbaux de reconnoissance & levée desdits scellés & de description & inventaire des effets, seront ensuite envoyés au greffe de la Jurisdiction des Gabelles de Moulins, pour servir à l'instruction desdits procès & différends civils & criminels. Si vous mandons, &c.

Données à Versailles, le dixieme jour de Février, l'an de grace mil sept cent quatre-vingt. *Signé*, LOUIS; & plus bas, par le Roy, AMELOT.

Registrées, oui, & ce requérant le Procureur-Général du Roy, pour être exécutées selon leur forme & teneur, à la charge que la saisie-réelle des immeubles dudit Bareme de Cremille, situés tant dans cette Ville de Paris que dans la Province, faite à la requête de différens créanciers; ensemble la discussion, contribution & distribution des deniers mobiliers ne pourront être poursuivis qu'en la Cour, conformément à l'article VII de l'Edit du mois d'Août *1669*, & aux articles IV & V du titre commun de l'Ordonnance de 1681 & autres Réglemens, & que copie collationnée d'icelles sera envoyée à la Jurisdiction des Gabelles de Moulins pour y être lue, &c. Fait à Paris, en la premiere Chambre de la Cour des Aydes, le 5 Avril 1780. *Signé*, OUTREQUIN.

1780.

Le Greffier des présentations de la Cour des Aides, maintenu dans le droit de porter la robe rouge.

11 Février 1780.

Ce jour, Chambres assemblées, la Cour délibérant, &c. a ordonné & ordonne que ledit Marin sera maintenu & gardé dans la jouissance & possession des droits & privileges attribués audit Office de Greffier en chef des présentations & affirmations de la Cour, portés en ses provisions, & notamment à celui de porter la robe rouge.

Nota. Me. Marin a été installé dans ladite Charge de Greffier en chef des présentations, le 30 Juillet 1777.

Arrêt de la Cour des Aides, du mois de Février 1780, qui condamne Me. Chevalier, Docteur & Professeur en Droit de l'Université de Poitiers, à payer la cote de Tailles à lui ouverte au rôle de la Paroisse de Saint-Hilaire-de-la-Celle, à raison de ses exploitations dans cette Paroisse. (Code des Tailles, Tome V, page 225.)

Déclaration sur la Taille & la Capitation. (Code des Tailles, Tome V, page 225.)

13 Février 1780.

Louis, &c. En étudiant la nature & les circonstances des différens impôts qui pesent sur nos Peuples, notre attention particuliere s'est arrêtée sur la taille & sur la capitation taillable, & nous n'avons pu voir sans peine, que ce tribut de la partie la moins fortunée de nos Sujets s'étoit accru néanmoins dans une proportion supérieure à celle de tous les autres impôts; occupés d'en connoître la cause, nous n'avons pu nous dissimuler que la forme usitée jusqu'à présent pour l'augmentation de la taille & de ses accessoires, ayant fait de cette imposition la ressource la plus prompte & la plus facile, l'Administration des Finances y avoit eu recours par préférence, quoique plusieurs autres eussent été moins onéreuses à nos Peuples, & moins contraires à la prospérité de notre Royaume.

Souvent même, de cette facilité, sont nés des projets de dépenses dans les Provinces, dont l'utilité n'étoit pas assez démontrée; & le second brevet de la taille s'est accru successivement & presqu'obscurément sans que les Peuples, en sentant l'augmentation de leur fardeau, en ayent été consolés ou par ces grandes améliorations, qui préparent de nouveaux moyens de richesses, ou par ces nobles entreprises qui étendent la gloire de leur Souverain & l'éclat de leur Patrie.

Que cependant les taillables, déjà tourmentés par les variations attachées à la répartition

répartition individuelle de la taille, se voyoient encore annuellement exposés à ces augmentations inattendues, provenant des besoins plus ou moins passagers de la finance. Qu'ainsi nulle Loi ne pouvoit être si importante à la plus nombreuse partie de nos Sujets, que celle, qui, en déterminant d'une maniere invariable le montant de la taille & de la capitation de chaque généralité, assujettiroit toute espece d'augmentation aux formes qui sont nécessaires pour toutes les autres impositions, afin que si, dans aucuns temps, l'Administration des Finances avoit à nous proposer des contributions nouvelles pour les besoins de l'Etat, elle ne fût jamais guidée dans son choix par des motifs étrangers au bien de nos Peuples. 1780.

En exécutant ce plan de bienfaisance, nous avons pris pour base de la fixation de la taille & de la capitation dans chaque généralité, les impositions de 1780, parce que, malgré la guerre, elles sont encore les mêmes qu'en 1779; & nous trouverons dans la diminution successive de quelques dépenses actuellement comprises dans le second brevet de la taille, le dédommagement de celle de même genre, auxquelles nous serions dans le cas de pourvoir.

Quoi qu'il en soit, nous déclarons que nous ne voulons plus, à l'avenir, que la fixation de ces impositions puisse être changée, si ce n'est par des Loix enregistrées dans nos Cours; & à cet effet nous ferons déposer, chaque année, aux greffes de nos Chambres des Comptes & de nos Cours des Aydes, une expédition du brevet général de la taille & de la capitation, afin que l'exécution fidelle de notre volonté puisse être facilement suivie & constamment reconnue.

Nous voulons cependant que la partie de ces impositions, destinée à des objets particuliers, y soit toujours appliquée, & qu'il en soit rendu, comme ci-devant, un compte distinct à nos Chambres des Comptes.

Nous continuerons d'ailleurs à venir au secours de chaque Généralité, soit par des diminutions locales & partielles, sous le nom de *moins imposé*, soit par des fonds destinés aux travaux de charité.

Nous nous réservons encore d'examiner un jour dans notre sagesse, si les proportions de la taille & de la capitation, établies entre les différentes Généralités, sont les plus conformes à leurs richesses respectives; mais si cette étude nous engage jamais à faire quelque changement dans la répartition de ces impositions, nous l'ordonnerons par une Loi semblable à celle-ci, afin que nos motifs soient toujours manifestes; & c'est encore sous ce point de vue que nous avons senti l'avantage de fixer dans chaque Généralité le montant de la taille & de la capitation d'une maniere authentique. Nous avons également apperçu que ce préliminaire étoit indispensable, dans le dessein où nous sommes de nous occuper à la paix, & pour le bonheur de nos Peuples, de la gabelle, des traites, & des droits d'Ayde; car si, en tendant à cette simplicité & à cette uniformité, si nécessaires pour la prospérité de la France, nous étions obligés d'établir une balance & des compensations, soit en augmentant, soit en diminuant, dans quelques Généralités, les impositions territoriales & personnelles : comment pourrions-nous donner à nos dispositions ce caractere évident de justice dont nous sommes jaloux, si la taille & la capitation taillable, cette partie essentielle des impositions des campagnes, dépendoient, comme à présent, d'une détermination arbitraire & variable ? Et comment établirions-nous, au milieu des soupçons & de l'obscurité, un système de bienfaisance qui ne doit s'appuyer que sur la persuasion & la confiance ?

Loin de nous donc cette crainte de la lumiere & de la vérité, & sur-tout la moindre défiance d'adresser nos Loix de Finances à l'enregistrement de nos Cours; comme si le secours de leurs observations, les éveils de leur zele, pouvoient ja-

mais nous être inutiles ou indifférens ; ou comme si ce pouvoit être un obstacle
1780. à l'exécution de notre volonté au moment où elle seroit suffisamment éclairée. Ainsi c'est sans aucune inquiétude & avec une pure satisfaction, que nous rendons aujourd'hui une Déclaration conforme à ces principes, & qu'en témoignant à nos Cours notre confiance, nous donnons à nos fideles Sujets une preuve sensible du soin que nous prenons de leur tranquillité & de leur bonheur. A ces causes, &c. voulons & nous plaît ce qui suit :

I. A compter du département des impositions de mil sept cent quatre-vingt-un, il ne sera plus arrêté en notre Conseil pour les vingt-quatre Généralités de pays d'Election & pays conquis, qu'un seul brevet général qui comprendra avec la taille, imposition ordinaire ou Subvention, suivant les différentes dénominations usitées dans les Provinces, les différentes impositions qui se répartissent chaque année au marc la livre d'icelle, ainsi que la capitation, les quatre sols pour livres additionnels, & les impositions réparties au marc la livre de ladite capitation. Le montant de ce brevet général demeurera invariablement fixé à la somme imposée pour cette année ; & si nous jugeons jamais nécessaire de l'augmenter, ou pour le besoin de notre Royaume, ou par des considérations d'utilité publique, nous ferons connoître nos intentions à nos Cours dans les formes ordinaires.

II. La division desdites impositions restera telle qu'elle est actuellement, jusqu'à ce qu'étant assurés des disproportions qui peuvent exister dans les contributions & les ressources respectives de nos Provinces, nous ayons pu prendre les mesures convenables pour faire cesser ces mêmes disproportions, & établir entre les Généralités, & même entre les contribuables, l'égalité qui doit être la base de toute répartition : les changemens que nous ordonnerons alors, ne seront faits qu'en vertu de Lettres-Patentes également enregistrées en nos Cours.

III. Nous voulons que la capitation de la Noblesse, des Privilégiés, des Officiers de Justice, des Employés, des Habitans des Villes franches & abonnées, & qui fait partie du brevet général, continue de tourner à la décharge des taillables, & qu'il en soit arrêté en conséquence, comme par le passé, des rôles en notre Conseil : voulons même que dans le cas de réduction dans le nombre des Privilégiés, Officiers de Justice & Employés, soit de révocation des exemptions personnelles, ou d'abonnement de quelques-unes des Villes franches ou abonnées, les taillables recueillent le fruit de ces réformes, qui augmenteront le nombre des contribuables à la portion du brevet général que supportent lesdits taillables.

IV. Les contribuables continueront de jouir des bienfaits & des secours que nous leur avons toujours accordés tant par des remises sur la taille, que par l'établissement d'atteliers de charité, & nous nous ferons rendre compte à cet effet, chaque année, de la situation exacte de nos Provinces, afin d'y proportionner sans cesse les soulagemens dont elles auront réellement besoin.

V. Au moyen de cette fixation générale, nous continuerons de pourvoir au payement de toutes les dépenses qui s'acquittent actuellement dans lesdites Provinces, n'exceptant desdites dépenses que les reconstructions & réparations d'Eglises ou Presbyteres, & autres charges locales, qui, étant précédées de la délibération des Communautés, continueront d'être autorisées par notre Conseil, lorsque la nécessité ou l'utilité en auront été suffisamment constatées. Voulons que pour toute autre espece de dépense, il ne puisse être fait ni ordonné d'imposition sur les taillables, qu'en vertu de Lettres-Patentes enregistrées en nos Cours.

VI. Afin que rien ne puisse déranger à l'avenir un ordre aussi essentiel pour le bonheur & la tranquillité de nos Peuples, nous voulons & ordonnons que le double du brevet général divisé par Généralité, & qui ne pourra excéder les sommes imposées en 1780, soit désormais adressé, chaque année, à nos Chambres des Comptes & Cours des Aydes; & l'extrait dudit brevet, relatif à chaque Généralité, sera envoyé aux Bureaux des Finances. 178.

VII. A compter de l'année prochaine, les états de nos Finances qui s'arrêtent annuellement en notre Conseil, seront composés en recette du brevet général, & l'emploi de ladite recette sera justifié par les quittances du Garde du Trésor Royal, & par les pieces probantes des dépenses annuelles & accidentelles que nous aurons ordonnées; de maniere que la recette & la dépense desdits états puissent se balancer exactement. Il en sera usé de même dans les états au vrai de l'année 1781, des Receveurs-Généraux de nos Finances, qui sont arrêtés, pour chaque Généralité, en notre Conseil, & qu'ils doivent rapporter pour être admis à la présentation de leur compte en nos Chambres des Comptes.

VIII. Les Receveurs-Généraux de nos Finances seront également tenus, à commencer de l'année 1781, d'employer dans les comptes qu'ils rendront en nos Chambres des Comptes, la totalité desdites recettes & dépenses; voulons que les recettes en soient admises, en rapportant par lesdits Receveurs-Généraux copie collationnée dudit brevet général, ensemble les assiettes & département dudit brevet, arrêtés en la forme ordinaire & usitée pour chaque Province. Voulons pareillement que les dépenses en soient passées, en rapportant aussi par lesdits Receveurs-Généraux les quittances comptables du Garde du Trésor Royal, & les pieces justificatives prescrites par nos Réglemens de comptabilité, & notamment par l'article V de notre Déclaration du 26 Février 1766, & par celle du 17 Octobre 1779. Si donnons en mandement, &c.

Donnée à Versailles, le treizieme jour du mois de Février, l'an de grace mil sept cent quatre-vingt, & de notre regne le sixieme. *Signé*, LOUIS; par le Roy, AMELOT.

Registrée en la Cour des Aydes, le 18 Février 1780.

LETTRES-PATENTES concernant les taxes d'office des Officiers des Greniers à sel. (Code des Tailles, Tome V, page 249.)

15 Février 1780.

LOUIS, &c. Nous sommes informés que les Collecteurs des tailles abusant des dispositions de notre Déclaration du 23 Avril 1778, portant Réglement sur la forme de procéder en matiere de taille, se sont permis d'augmenter arbitrairement les taxes d'office de quelques Officiers des Greniers à sel, qui avoient été ordonnées par les sieurs Intendans & Commissaires départis pour l'exécution de nos ordres, pour soustraire ces Officiers à l'animosité trop ordinaire des Habitans des campagnes; de sorte que, si nous ne venions pas à leur secours, en rétablissant l'ordre, qui avoit été établi à cet égard avant cette Déclaration, ces Officiers, jaloux de remplir des fonctions nécessaires à maintenir, se verroient chaque année dans la nécessité d'avoir des procès dispendieux à soutenir, pour se procurer la Justice qui leur est due. A ces causes, &c. voulons & nous plaît que les Présidens, Avocats & Procureurs pour nous, ainsi que les Conseillers

1780. des Greniers à sel de notre Royaume, ne puissent être imposés dans les rôles des tailles par les Collecteurs, à de plus fortes sommes que celles auxquelles ils auront été taxés d'office par les sieurs Intendans & Commissaires départis pour l'exécution de nos ordres dans les Provinces, sous peine par les Collecteurs d'en demeurer responsables en leur propre & privé nom, sauf auxdits Collecteurs, dans le cas où ils croiroient que la religion desdits sieurs Intendans auroit été surprise, ou qu'elle n'auroit pas été suffisamment éclairée, à se retirer par-devers eux, & à leur fournir des Mémoires, à l'effet de rectifier les erreurs qui auroient pu s'introduire dans le Réglement desdites taxes, & l'appel des Ordonnances que lesdits sieurs Intendans auront rendues sur les représentations des Collecteurs, continuera d'être dévolu en nos Cours des Aydes, pour y être instruit & jugé selon les formes prescrites par notredite Déclaration du 13 Avril 1778. Si vous mandons, &c.

Données à Versailles, le quinze Février mil sept cent quatre-vingt. *Signé*, LOUIS; par le Roy, AMELOT.

Enregistrées en la Cour des Aydes, le 4 Mars 1780. *Signé*, OUTREQUIN.

LETTRES-PATENTES concernant le droit annuel des Offices, du 17 Février 1780; enrégistrées en la Cour des Aides, le 14 Avril suivant. (Code des Tailles, Tome V, page 251.)

LETTRES-PATENTES en forme d'Edit, concernant les privileges des Commissaires-Généraux de la Maison du Roi. (Code des Tailles, Tome V, page 265.)

Mars 1780.

LOUIS, &c. Nous aurions, par notre Edit du mois de Janvier dernier, supprimé les Charges de Contrôleurs-Généraux de notre Maison & Chambre aux Deniers, d'Intendant & Contrôleur-Général des Meubles de la Couronne, les Offices d'Intendans & Contrôleurs-Généraux de nos Ecuries, d'Intendans & Contrôleurs-Généraux de l'Argenterie, Menus-Plaisirs & Affaires de notre Chambre, & les Charges de Contrôleurs-Généraux de la Maison de la Reine, notre très-chere Epouse & Compagne; toutes lesquelles Charges jouissoient de tous les droits de la Commensalité, sans nulles exceptions, & notamment du droit de *Committimus* au Grand-Sceau, du titre & qualité d'Ecuyer & de l'exemption des droits de franc-fief; & nous aurions, par le même Edit, créé cinq Commissaires-Généraux de notre Maison, pour remplir les fonctions de tous lesdits Officiers supprimés; & voulant traiter favorablement lesdits cinq Commissaires, & leur donner une nouvelle marque de la satisfaction que nous ressentons des services qu'ils nous ont tous rendus dans les différens détails dont ils étoient chargés ci-devant; considérant d'ailleurs l'importance de ces places pour tout ce qui peut intéresser le bien de notre service & qu'elles exigent une résidence perpétuelle près de notre personne. A ces causes, &c. voulons & nous plaît qu'à compter du premier Avril prochain, les cinq Commissaires-Généraux de notre Maison jouissent, eux & leurs successeurs, de tous & chacun les privileges des Commensaux de notre Maison, sans nuls excepter, & notamment du droit de *Committimus* au Grand-Sceau, conformément à notre Déclaration du 16 Février 1771, du titre & qualité d'Ecuyer, & de l'exemption des droits de franc-fief; voulons pareillement que la jouissance desdits privileges & prérogatives soit conservée sa vie durant, à chacun desdits Commissaires qui aura exercé cette place pendant l'espace de vingt années révolues; comme aussi qu'il soit tenu compte des années de leur service, à ceux qui ayant précédemment exercé les Charges de Contrôleurs-Généraux de notre Maison, d'Intendant & Contrôleur-Général des Meubles de la Couronne, d'Intendans & Contrôleurs-Généraux de nos Ecuries, d'Intendans & Contrôleurs-Généraux de l'Argenterie, Menus-Plaisirs, & Affaires de notre Chambre, & de Contrôleurs-Généraux de la Maison de la Reine, notre très-chere Epouse & Compagne, seront pourvus desdites places de Commissaires-Généraux de notre Maison. Si donnons en mandement, &c. 1780.

Données à Versailles, au mois de Mars mil sept cent quatre-vingt. *Signé*, LOUIS; & plus bas, par le Roy, AMELOT.

Registrées en la Cour des Aydes, le 5 Avril 1780.

ARRÊT du Conseil, qui ordonne que les Fermiers ou Abonnataires des droits de minage, roulage, pontonage & autres de même nature, faisant partie du domaine du Roi dans l'étendue de la Généralité de Paris, seront taxés d'office à la Taille, au sou pour livre en principal du prix du leurs baux, ou redevances.

14 Mars 1780.

VU au Conseil d'Etat du Roy, l'Arrêt rendu en icelui le 24 Février 1774, sur la Requête présentée par François Noel, Régisseur des droits réservés, par lequel Arrêt Sa Majesté a ordonné que l'article XI du titre commun pour toutes les Fermes de l'Ordonnance de 1681, seroit exécuté selon sa forme & teneur, & a en conséquence déclaré irrégulieres & contraires aux Réglemens les impositions faites aux rôles des tailles de la ville de Pont-Sainte-Maxence, pour les années 1770, 1771, 1772, 1773 & 1774, de la personne du sieur Bedel, en sa qualité d'Abonnataire des droits ci-devant attribués à l'office de Mesureur royal des grains de la ville de Pont-Sainte-Maxence, & dont Sa Majesté s'est réservé la perception à son profit par son Edit du mois d'Avril 1768; Sa Majesté a néanmoins consenti, par grace, & sans tirer à conséquence, que les sommes payées par ledit sieur Bedel, pour les années 1770, 1771, 1772 & 1773, ne donnassent lieu à aucune restitution, & que le sieur Bedel en fît avec le sieur Noel, que Sa Majesté y autorisoit, la compensation sur le prix annuel de son abonnement, mais seulement jusqu'à concurrence de la somme payée par ledit sieur Bedel, au-delà de celle qu'il auroit payée pour chacune desdites années pour sa taille, s'il n'avoit pas été Abonnataire desdits droits; & à l'égard de l'imposition faite au rôle arrêté pour l'année 1774, de la personne dudit sieur Bedel, comme Abonna-

1780. taire desdits droits, Sa Majesté a ordonné qu'il seroit rayé, & qu'il ne pourroit y être compris que pour la somme qu'il devroit, s'il n'étoit pas Abonnataire desdits droits, Sa Majesté n'entendant point que sadite qualité d'Abonnataire des droits pût donner lieu à aucune augmentation de la taille qu'il pourroit devoir en toute autre qualité. Il a été fait défenses aux Collecteurs & Habitans de la Ville & Paroisse de Pont-Sainte-Maxence, de comprendre à l'avenir ledit Bedel dans lesdits rôles pour raison dudit abonnement, ni d'exiger en ladite qualité d'Abonnataire, pour ladite année 1774, le payement des sommes auxquelles il avoit été imposé, à peine de restitution du quadruple; voulant Sa Majesté que les sommes que ledit Bedel pourroit avoir été contraint de payer sur ladite année 1774, en sadite qualité d'Abonnataire desdits droits, lui fussent rendues & restituées, à quoi faire les Collecteurs seroient contraints, même par corps, comme pour les propres deniers & affaires de Sa Majesté, sur la simple signification de l'Arrêt. Sa Majesté a ordonné pareillement que l'imposition de la somme de 281 livres portée au rôle arrêté pour la réparation du Presbytere de la Paroisse de Pont-Sainte-Maxence, sous la dénomination de droit de mesurage appartenant à Sa Majesté, seroit rayée & biffée comme contraire aux Réglemens; faisant Sa Majesté défenses à tous Receveurs & Collecteurs, chargés du recouvrement dudit rôle, d'exiger dudit sieur Bedel le payement de la somme de 281 livres, à peine de restitution du quadruple, dont ils demeureroient personnellement garans; & aux Officiers & Habitans de ladite Ville & Paroisse, de comprendre à l'avenir dans de semblables rôles, aucuns droits de Sa Majesté, sous telle dénomination que ce fût, non plus que les Commis & Préposés à leur recouvrement: Sa Majesté a ordonné que les sommes que ledit sieur Bedel pourroit avoir été contraint de payer sur ladite imposition, comme Abonnataire dudit droit de mesurage, lui seroient rendues & restituées sur-le-champ en vertu dudit Arrêt. La Requête présentée au Conseil, par Louis Bedel, se qualifiant Adjudicataire des droits de Mesureur royal en la ville de Pont Sainte-Maxence, tendante, pour les causes y contenues, à ce qu'il plût à Sa Majesté ordonner l'exécution de l'Arrêt ci-dessus; & faisant droit, que l'imposition faite sur ledit Bedel, sur le rôle de la taille de 1775, à la somme de 50 livres de principal, seroit réduite à la somme de 20 livres, qu'il avoit payée en 1769, & les accessoires à proportion; que l'excédent seroit supporté & payé par les Collecteurs; à quoi ils seroient contraints, même par corps, sauf leur recours contre les Habitans, & qu'il fût fait défenses d'augmenter l'imposition dudit sieur Bedel, tant qu'il seroit Abonnataire du droit de mesurage, & qu'il n'auroit fait aucune acquisition d'immeuble ni trafic, à peine de restitution du quadruple, & condamner lesdits Collecteurs & Habitans aux frais de l'Arrêt; ladite Requête signée Huart-Duparc, Avocat: l'Arrêt étant en suite, du 24 Juin 1777, portant qu'elle seroit communiquée aux Syndic, Habitans & Collecteurs de Pont-Sainte-Maxence, pour y fournir de réponses, dans les délais du Réglement. La Requête présentée au Conseil par les Maire, Echevins, Collecteurs & Habitans de Pont-Sainte-Maxence, employée pour réponse à celle insérée en l'Arrêt ci-dessus, & tendante, pour les causes y contenues, à ce qu'il plût à Sa Majesté, procédant au Jugement de l'instance, les recevoir opposans à l'Arrêt obtenu par le sieur Noel le 24 Février 1774, & faisant droit, sans s'arrêter aux demandes & conclusions tant du sieur Noel, par sa Requête insérée en l'Arrêt du 24 Février 1774, que du sieur Bedel, par sa Requête insérée en l'Arrêt de soit communiqué du 24 Juin 1777, ordonner que les rôles de Pont-Sainte-Maxence des années 1771, 1772, 1773, 1774, 1775, 1776, 1777 & 1778, & les cottes pour lesquelles ledit sieur Bedel s'y trouvoit imposé, tant comme Fermier du droit de mesurage que personnellement, seroient exécutés, & le sieur Bedel tenu de les acquitter, & tant lui que le sieur Noel, condamnés aux dépens; ladite Requête signée Daugy, pour l'absence de Me. Parent, Avocat; l'acte de signification étant en suite, à Me. Duparc, Avocat des sieur Noel & Bedel, du 19 Avril 1778. Requête du sieur Bedel employée pour réponse à celle ci-dessus, & tendante à l'adjudication de ses précédentes conclusions, & à ce que les soi-disans Maire, Echevins, Collecteurs & Habitans de Pont-Sainte-Maxence, ou en tout cas ceux qui ont voté aux délibérations en vertu desquelles on agit au nom de la Communauté, nonobstant le vœu général connu par la délibération des 11 Août 1777 & 13 Juin 1778, seront condamnés aux dépens en leurs propres & privés noms; ladite Requête signée Huart-Duparc, & l'acte de signification étant en suite, du 18 Juillet 1778. Autre Requête de Henri Clavel, subrogé à Dominique Compan, Régisseur-Général des droits de Sa Majesté, tendante, pour les causes y contenues, à qu'il plût à Sa Majesté le recevoir appellant d'une Ordonnance du sieur Intendant & Commissaire départi de la Généralité de Paris, du premier Mai 1779, & faisant droit, déclarer nulle ladite Ordonnance; & sans s'arrêter à l'opposition des Syndic, Habitans & Collecteurs de Pont-Sainte-Maxence à l'Arrêt du 24 Février 1774, attendu qu'elle est faite contre leur vœu, ordonner l'exécution dudit Arrêt de 1774, de l'article XII des Lettres-Patentes du 27 Août 1777, & en conséquence que le sieur Bedel seroit rayé des rôles de Pont-Sainte-Maxence des années 1774, 1777, 1778 & 1779, où il a été compris pour son abonnement, avec restitution de ce qu'il pourroit avoir payé, à quoi ceux qui les auroient reçus seroient contraints, même par corps; l'Arrêt du Conseil étant en suite, du 29 Juin 1779, par lequel Sa Majesté, avant faire droit, auroit ordonné que ladite Requête seroit communiquée tant au sieur Cancel, Receveur des tailles de l'Election de Senlis, qu'aux Officiers Municipaux de Pont-Sainte-Maxence, pour y répondre, & le tout joint à l'instance pendante au Conseil sur l'opposition formée par les Officiers Municipaux à l'Arrêt du 24 Février 1774; & cependant il a été ordonné qu'il seroit sursis à l'exécution de l'Ordonnance du sieur Intendant, jusqu'à ce que par Sa Majesté il en eût été ordonné autrement. Requête présentée par le sieur Cancel, Receveur des tailles de Senlis, employée pour réponse à celle insérée en l'Arrêt ci-dessus, & tendante, pour les causes y contenues, à ce qu'il plût à Sa Majesté l'y recevoir opposant, en ce qu'il ordonne le sursis à l'exécution de l'Ordonnance du sieur Intendant & Commissaire départi, du premier Mai; & faisant droit, ordonner que par provision cette Ordonnance & les rôles des tailles de la Paroisse de Pont-Sainte-Maxence seroient exécutés, & le sieur Bedel tenu de payer le montant des cottes, & condamné aux dépens; ladite Requête signée Parent, Avocat, & l'acte de signification étant en suite, du 15 Décembre 1779. Vu aussi les pieces jointes & énoncées auxdites Requêtes, & notamment l'Arrêt du Conseil, du 26 Mars 1776, rendu sur la Requête du sieur Lallemand, Fermier des droits de péage appartenans à Sa Majesté au-dessus & au-dessous du pont de Chatou, qui a ordonné qu'il continueroit d'être compris dans les rôles des tailles de la Paroisse de Chatou, à raison du profit qu'il étoit censé faire sur son bail, sauf à lui à se pourvoir devant qui il appartiendroit, soit en diminution de sa cotte de taille, s'il y avoit lieu, soit en indemnité sur le prix de son bail, dans le cas où lesdits droits de péage lui auroient été affermés avec l'assurance de jouir de l'exemption de taille. Autre Arrêt du Conseil rendu du propre mouvement le 6 Mai 1778, par lequel Sa Majesté a ordonné que les Fermiers ou Abonnataires des droits de minage, roulage & pontonage, & autres de même nature, appartenans à Sa Majesté, & faisant partie de son domaine, 1780.

1780. dans l'étendue de la Généralité de Paris, seroient à l'avenir taxés d'office à la taille, sur le pied de deux sous pour livre du principal de leurs baux, ou des redevances dont ils étoient tenus, & généralement tout ce qui a été écrit & produit par les Parties. Et Sa Majesté voulant terminer non seulement les contestations concernant le sieur Bedel, mais prévenir celles de même nature qui pourroient s'élever à l'avenir : oui le rapport du sieur Moreau de Beaumont, Conseiller d'Etat ordinaire & au Conseil-Royal des Finances ; le Roy, en son Conseil, faisant droit sur l'instance & ayant aucunement égard à l'opposition formée au nom des Habitans de Pont-Sainte-Maxence, à l'Arrêt rendu en icelui le 24 Février 1774, a ordonné & ordonne que le sieur Bedel acquittera provisoirement toutes les sommes auxquelles il se trouve imposé dans les rôles de ladite Paroisse des années 1774 & suivantes, jusques & y compris 1779, sauf la réimposition à son profit, à compter du prochain département des tailles, de tout ce qui excédera la somme de 325 livres pour chacune des années à laquelle Sa Majesté a fixé la taille principale dudit Bedel, & qu'il acquittera définitivement à la décharge de la Paroisse de Pont-Sainte-Maxence, en un seul payement, entre les mains du Receveur des impositions de l'Election de Senlis, avec tous les accessoires qui en dépendent. Ordonne Sa Majesté que ledit sieur Bedel sera cottisé d'office à la même somme pour l'année 1780, par le sieur Intendant en la Généralité de Paris, aussi à la décharge de ladite Paroisse ; & Sa Majesté interprétant, en tant que de besoin, l'Arrêt de son Conseil, du 6 Mai 1778, a ordonné & ordonne qu'à l'avenir les Fermiers ou Abonnataires des droits de minage, roulage, pontonage, & autres de même nature, faisant partie de son domaine dans l'étendue de la Généralité de Paris, seront taxés d'office à la taille par ledit sieur Intendant en ladite Généralité, pour raison des droits, au sou pour livre en principal du prix des baux ou redevances dont ils sont tenus, & contribueront dans la même proportion aux accessoires répartis au marc la livre d'icelle : fait Sa Majesté défenses aux Collecteurs de les imposer à plus forte somme, & enjoint audit sieur Intendant & Commissaire départi en ladite Généralité, de tenir la main à l'exécution du présent Arrêt, sur lequel, si besoin est, toutes Lettres nécessaires seront expédiées. Fait au Conseil d'Etat du Roy, tenu à Versailles, le quatorze Mars mil sept cent quatre-vingt. Collationné. *Signé*, HUGUET DE MONTARAN.

ARRÊT du Conseil, du 19 Mars 1780, portant établissement d'une administration provinciale dans la Généralité de Moulins.

Cet établissement a été suspendu par Arrêt du Conseil du 27 Juillet suivant.

LETTRES-

LETTRES-PATENTES qui permettent aux Chefs de garnison de la Généralité de la Rochelle, de faire la vente des fruits & effets saisis, à défaut de paiement des impositions sur les contribuables de cette Généralité. (*Code des Tailles, Tome V, page 262.*)

26 Mars 1780.

LOUIS, &c. L'article XVI du Réglement annexé à la Déclaration du 13 Avril 1761, enregistré en notre Cour des Aydes de Paris, le 8 Mai suivant, réserve aux Huissiers & Sergens la faculté de vendre les effets saisis sur les contribuables, & de faire les autres poursuites qui en dépendent. Il nous a été représenté que les frais de recouvrement seroient moins considérables dans la Généralité de la Rochelle, s'il étoit permis de faire usage pour ces sortes de ventes & pour les autres poursuites subséquentes, des Chefs de garnison pourvus de commissions du sieur Intendant & Commissaire départi, & ayant prêté serment aux Elections. Occupés constamment du desir de soulager nos Peuples & de leur faciliter le payement de leurs impositions, nous avons résolu de faire l'essai de cette méthode dans la Généralité de la Rochelle, & de déroger à cet effet à l'article XVI dudit Réglement, nous réservant d'étendre aux autres Généralités les dispositions des présentes Lettres, si l'expérience en démontre de plus en plus l'utilité. A ces causes, &c. ordonnons ce qui suit : nous avons dérogé & dérogeons pour la Généralité de la Rochelle, à l'article XVI du Réglement annexé à la Déclaration du 13 Avril 1761 ; en conséquence nous ordonnons qu'à l'avenir les fruits & effets saisis à défaut de payement des impositions pourront être vendus dans les Elections de ladite Généralité, par les Chefs de garnison, qui auront été revêtus de commissions du sieur Intendant & Commissaire départi ; & qui auront prêté serment devant les Officiers des Elections, à la charge par lesdits Chefs de garnison de retenir sur le montant desdites ventes, & d'acquitter entre les mains des préposés à cet effet, les quatre deniers pour livre du montant d'icelles, & il ne sera alloué auxdits Chefs de garnison, d'autres salaires pour lesdites ventes que le prix de leurs journées, réglé pour tous les autres actes relatifs au recouvrement, ainsi que les frais par eux déboursés pour le droit de contrôle & papier timbré. SI vous mandons, &c.

Données à Versailles, le vingt-sixieme jour de Mars mil sept cent quatre-vingt. *Signé*, LOUIS ; & plus bas, par le Roy, AMELOT.

Registrées en la Cour des Aydes, le 21 Avril suivant.

EDIT du mois d'Avril 1780, portant suppression des quarante-huit Offices de Receveurs-Généraux des Finances.

Ces Offices ont été rétablis par Edit du mois d'Octobre 1781, rapporté ci-après.

1780.

ARRÊT de la Cour des Aides, qui fait défenses à toutes personnes de s'immiscer sans aucune qualité à la confection des rôles. Ordonne que les Collecteurs de la Ville de Clermont en Beauvoisis, seront tenus de procéder à la confection d'un nouveau rôle, en présence des Commissaires aux rôles.

28 Avril 1780.

LOUIS, &c. Entre Me. François Gamblond, Seigneur en partie du Plessis sous Saint-Aubin, & du Petit-Rohaut, notre Conseiller-Président de l'Election de Clermont en Beauvoisis, & Me. Pierre-Louis Poilleux, aussi notre Conseiller-Substitut de notre Procureur-Général en ladite Election, tous deux Commissaires pour la confection du rôle des tailles & autres impositions de la ville de Clermont, pour la présente année 1780, nommés, à cet effet, par le sieur Commissaire départi de la Généralité de Soissons, le 2 Décembre 1779, demandeurs aux fins de leur Requête judiciairement faite sur le Barreau par Me. Lhoyer de Saint-Remy, Avocat, assisté de Me. Fadeau leur Procureur, tendante à ce qu'il plût à notre Cour les recevoir opposans à l'Arrêt de notredite Cour, contr'eux rendu par défaut le 5 du présent mois, en ce que, par ledit Arrêt, il a été ordonné que lesdits Mes. Gamblond & Poilleux seroient tenus de se rendre aux pieds d'icelle, pour y rendre compte de leur conduite: faisant droit sur leur opposition, déclarer en ce chef ledit Arrêt nul & de nul effet; au principal renvoyer lesdits Mes. Gamblond & Poilleux de la demande de notre Procureur-Général à cet égard; comme aussi donner acte auxdits Mes. Gamblond & Poilleux de la dénonciation qu'ils faisoient tant à notre Cour qu'à notre Procureur-Général, du fait que le rôle des tailles pour la présente année a été fait par les Collecteurs, hors leur présence, d'une part; & notre Procureur-Général, défendeur, d'autre part: & entre les sieurs Claude Fombere & Antoine Maréchal, tous deux nos Conseillers-Receveurs des tailles & autres impositions de ladite Election de Clermont, demandeurs aux fins de leur Requête, judiciairement faite sur le Barreau, par Me. Marmotant, Avocat, assisté de Me. Texier-Ollivier leur Procureur, tendante à ce qu'il plût à notredite Cour les recevoir Parties intervenantes dans la cause pendante en icelle entre lesdits Mes. Gamblond & Poilleux, d'une part, & notre Procureur-Général, d'autre part: faisant droit sur leur intervention, ordonner que nos Edits, Déclarations, Arrêts & Réglemens de notre Cour, rendus sur le fait des tailles, seroient exécutés selon leur forme & teneur, en conséquence faire défense à toutes personnes autres que les Collecteurs préposés à la répartition des impositions, de s'immiscer dans lesdites répartitions, & ordonner que l'Arrêt à intervenir sera imprimé, publié & affiché dans la ville de Clermont & les Paroisses de l'Election, d'une part, & notre Procureur-Général & lesdits Mes. Gamblond & Poilleux, défendeurs, d'autre part; après que Lhoyer de Saint-Remy, Avocat de Gamblond & de Poilleux, & Marmotant, Avocat de Fombere & de Maréchal ont été ouis, ensemble Clément de Barville, pour notre Procureur-Général.

Notredite Cour, pour faire droit aux Parties, ordonne qu'il en sera délibéré sur-le-champ; & après en avoir délibéré, reçoit les Parties de Marmotant, Parties intervenantes; faisant droit sur ladite intervention, ensemble sur leur demande, ordonne que les Edits & Déclarations, Arrêts & Réglemens de notredite Cour, concernant la confection des rôles, seront exécutés selon leur forme & teneur; en conséquence fait défenses à toutes personnes de s'immiscer, sans aucune qualité, à la confection des rôles: reçoit notre Procureur-Général opposant au prétendu rôle fait par les Collecteurs pour la présente année en l'absence des Commissaires: faisant droit sur ladite opposition, ordonne que dès le lendemain de la signification du présent Arrêt, à la requête de notre Procureur-Général, lesdits Collecteurs seront tenus de procéder à la confection d'un nouveau rôle, en présence desdits Commissaires; à l'effet de quoi lesdits Collecteurs tenus de rapporter au greffe de l'Election de Clermont ledit prétendu rôle par eux fait, pour y être dressé procès-verbal des reçus y portés, & être ensuite lesdits reçus reportés sur ledit nouveau rôle; & pour par lesdits Collecteurs avoir fait ledit prétendu rôle hors la présence desdits Commissaires, les condamne chacun en 50 livres d'amende & solidairement, lesquelles sommes seront remises ès mains des Receveurs des impositions de ladite ville de Clermont, pour être d'autant moins imposé sur le général des Habitans de ladite Ville, lors de la répartition de la taille de l'année 1781; reçoit notre Procureur-Général & les Parties de Lhoyer, opposans à l'exécution de l'Arrêt de notredite Cour du 5 de ce mois, en ce que par ledit Arrêt il a été ordonné que lesdites Parties de Lhoyer seroient tenues de se présenter aux pieds de notredite Cour, pour y rendre compte de leur conduite; faisant droit sur ladite opposition, les décharge de la disposition dudit Arrêt: donne acte à notre Procureur-Général de la plainte qu'il rend à notredite Cour des libelles, menaces, affiches, placards & colportages faits, débités & affichés dans ladite ville de Clermont à l'occasion dudit prétendu rôle; lui permet de faire informer desdits faits, circonstances & dépendances pardevant les Officiers de ladite Election de Clermont, que notredite Cour commet à cet effet; évoque à notredite Cour la plainte rendue au Bailliage dudit Clermont par le Substitut de notre Procureur-Général audit Siege; en conséquence ordonne que lesdites plainte & informations, si aucunes ont été faites, seront envoyées au greffe de notredite Cour; à quoi faire, le Greffier dudit Bailliage sera contraint par toutes voies; lui enjoint d'obéir au premier commandement, à peine de 60 livres d'amende & d'interdiction: ordonne que le présent Arrêt sera, à la requête de notre Procureur-Général, signifié, imprimé & affiché en ladite ville de Clermont & par-tout où besoin sera. *Si te mandons*, &c.

Donné à Paris, en la premiere Chambre de notre Cour des Aydes, le vingt-huit Avril mil sept cent quatre-vingt. *Signé*, LE PRINCE.

ARRÊT de la Cour des Aides, du 3 Mai 1780, qui fait défenses aux Officiers des Elections de son ressort, de reconnoître d'autre ressort immédiat que celui de la Cour, d'obtempérer aux Arrêts qui leur seroient envoyés par toute autre Cour, comme ressortissant en icelle.... ordonne que.... copies collationnées du présent Arrêt seront envoyées aux Sieges des Elections du ressort, pour y être lues. (Code des Tailles, Tome V, page 267.)

1780.

ARRÊT de la Cour des Aides de Paris, qui prescrit les formalités que doivent observer les Bourgeois de Lyon pour jouir de leurs privileges.

31 Mai 1780.

LOUIS, &c. Entre les Prévôt des Marchands & Echevins de la Ville de Lyon, appellans de Sentence de l'Election de ladite Ville, du 12 Décembre 1777, d'une part ; notre Procureur-Général, comme prenant le fait & cause de son Substitut, en ladite Election de Lyon, intimé, d'autre part ; & entre Laurent David, Adjudicataire général des Fermes-unies de France, demandeur en Requête du 20 Juillet 1779, tendante à ce qu'il fût reçu Partie intervenante &c. défendeurs, d'autre part ; & entre Joseph Struntz, Adjudicataire général des Octrois de la Ville de Lyon, demandeur en Requête du 10 Août 1779, tendante à ce qu'il fût reçu Partie intervenante, &c. & entre les Maîtres-Gardes Pâtissiers, Traiteurs, Rôtisseurs, Aubergistes & vendans vin de la Ville de Lyon, demandeurs en Requête du 16 Mars 1780, tendante à ce qu'ils fussent reçus Parties intervenantes ; il leur fût donné acte du contenu en leur Requête pour moyens d'intervention ; il leur fût pareillement donné acte de ce qu'ils se joignoient à l'Adjudicataire général des Fermes, &c. après que Hardouin, Avocat des Prévôt des Marchands & Echevins de la Ville de Lyon, Vincendon, Avocat des Maîtres-Gardes de la Communauté des Marchands de vins, Traiteurs & Cabaretiers de la Ville de Lyon, intervenans ; & Treilhard, Avocat de Laurent David & de Struntz, Fermiers des Aydes & Octrois de la Ville de Lyon, aussi intervenans, ensemble Faure de Rochefort, pour notre Procureur-Général, prenant le fait & cause de son Substitut, en l'Election de Lyon, ont été ouis pendant onze Audiences : notredite Cour, pour faire droit aux Parties, ordonne qu'il en sera délibéré sur-le-champ, & après en avoir délibéré, ladite Cour reçoit les intervenans Parties intervenantes ; faisant droit tant sur lesdites interventions que sur ledit appel, a mis & met l'appellation, & ce dont est appel au néant ; émendant, faisant droit sur les conclusions de notre Procureur-Général, ordonne que les Ordonnances, Edits, Déclarations, Lettres-Patentes, Arrêts & Réglemens rendus sur les privileges des vrais Bourgeois de Lyon, seront exécutés selon leur forme & teneur, sans néanmoins approuver ceux qui n'auroient pas été enregistrés en notredite Cour ; ordonne pareillement que, conformément aux Réglemens, & notamment à l'article VIII de l'Ordonnance du dernier Juin 1517, & à l'usage observé de tout temps à Lyon, reconnu par Arrêt de la Cour du 9 Mars 1741, les Bourgeois de Lyon nés ou inscrits, qui voudront jouir de leurs privileges tant sur la taille, que pour la vente en gros & en détail des vins de leur crû, seront préalablement tenus de représenter au Siege de l'Election de Lyon tous leurs titres, pour, iceux vérifiés, reconnus, le Substitut de notre Procureur-Général oui, être leurs privileges jugés & autorisés ; fait défenses tant aux Syndics & Collecteurs des Paroisses taillables, qu'aux Receveurs des déclarations aux Bureaux des Aydes & Octrois de Lyon, d'admettre aucun desdits Bourgeois à la franchise & à l'exercice des privileges, que sur la représentation de la Sentence qui aura jugé la qualité ; ordonne aux Parties de Treilhard de remettre, dans le courant du mois de Décembre de chaque année, au greffe de l'Election de Lyon, un état signé d'elles ou de leurs préposés, de tous les Bourgeois dont elles auront reçu les déclarations dans le courant de l'année; & ce sans que le Greffier de ladite Election puisse percevoir aucun droit; ordonne que le présent Arrêt sera, à la diligence de notre Procureur-Général, imprimé, lu, publié & affiché dans la Ville de Lyon & par-tout où besoin sera, & lu, publié à l'Election de Lyon, l'Audience tenante, & enregistré au greffe d'icelle, &c. 1780.

Donné à Paris, en la premiere Chambre de notredite Cour des Aydes, le trente-unieme jour de Mai mil sept cent quatre-vingt. *Signé*, LE PRINCE.

ARRÊT de la Cour des Aides, du 9 Juin 1780, qui, faisant droit sur les conclusions du Procureur-Général, ordonne que les Officiers de l'Election de Lyon continueront de se taxer la somme de 72 liv. pour les Sentences de qualité qui seront obtenues par les Habitants originaires de la Ville de Lyon, & celle de 100 livres pour les inscrits ou adoptifs, sans que lesdites épices puissent être en aucun temps, & sous quelque prétexte que ce soit, augmentées, si ce n'est de l'autorité de la Cour, & à la charge, suivant les offres des Suppliants, qu'il ne pourra être perçu aucunes épices pour les Sentences de rejet de la demande à fin d'être jugé Bourgeois de Lyon, ainsi qu'il s'est pratiqué jusqu'à présent.

ARRÊT de la Cour des Aides, portant Réglement pour les registres du contrôle des exploits.

21 Juin 1780.

LOUIS, &c. Notredite Cour... faisant droit sur les conclusions de notre Procureur-Général, ordonne que les Commis établis pour faire le contrôle des exploits, tiendront leurs registres en bonne forme, seront tenus d'enregistrer de suite, jour par jour & sans laisser aucun blanc, les exploits & autres actes qui leur seront présentés, & d'employer dans leurs registres la date des exploits, le nom des Officiers qui les auront faits & la Jurisdiction où lesdits Officiers auront été reçus & immatriculés, le nom des Parties & la qualité de l'exploit, à peine de punition & de cent livres d'amende pour chaque contravention; lesdits Commis seront tenus d'enregistrer & contrôler tous les exploits, à l'instant qu'ils leur seront présentés, & de mettre la mention des contrôle & enregistrement sur lesdits exploits, laquelle mention contiendra le feuillet du registre sur lequel le contrôle aura été écrit, le lieu du bureau, la date du contrôle & le reçu du droit, ce qui sera signé par le Commis, & sera rendu, au plus tard, dans le jour, sur les peines ci-dessus d'amende de cent livres & de punition exemplaire: lesdits Commis arrêteront tous les soirs leurs registres avant de quitter leurs bureaux, par un arrêté écrit de leurs mains & d'eux signés, immédiatement au-dessous

1780. du dernier enregistrement, ou au-dessous de l'arrêté de la veille, dans le cas où il n'auroit été apporté dans le jour aucun exploit ou autre acte à contrôler, sans pouvoir différer jusqu'au lendemain, sur les mêmes peines: fait défenses d'enregistrer lesdits exploits sur feuilles volantes, & de mettre la mention dudit contrôle sur les exploits qu'ils n'ayent été enregistrés dans les registres, à peine de cent livres d'amende pour chaque contravention ou omission pour la premiere fois, & de punition exemplaire, en cas de récidive; si l'original du procès-verbal, ou exploit apporté au contrôle, contient qu'il aura été fait à diverses personnes, lesdits Commis seront tenus de les enregistrer en entier en autant d'articles séparés, ou cases qu'il y aura de personnes dénommées dans ledit original: ordonne que le présent Arrêt sera, à la diligence de notre Procureur-Général, imprimé & envoyé dans tous les Sieges du ressort de notredite Cour pour y être lu, &c.

Donné à Paris, en la premiere Chambre de notredite Cour des Aydes, le vingt-unieme jour de Juin mil sept cent quatre-vingt. *Signé*, OUTREQUIN.

ARRÊT de la Cour des Aides, qui ordonne aux Officiers de l'Election de Château-Gonthier de prononcer sur les causes portées à leur Audience, sur les procès-verbaux des Commis & assignations subséquentes.

11 Juillet 1780.

LOUIS, &c. Vu par notredite Cour la Requête à elle présentée par notre Procureur Général expositive que le 20 Mars dernier, les Commis & employés des Fermes à Château-Gonthier, ayant dressé procès-verbal de fraude contre la nommée Paumard, maîtresse sage-femme, ils l'assignerent pardevant les Officiers de l'Election de ladite ville, par exploit du 25 dudit mois; que, sous prétexte que les Commis & employés avoient été décrétés par le Juge de ladite ville, sur les conclusions du Ministere-Public audit Siege pour raison de voies de fait par eux commises chez ladite femme Paumard, les Officiers de ladite Election par Sentence du.... ont déclaré qu'ils n'entendoient pas connoître de cette affaire, ni faire droit sur ledit procès-verbal, jusqu'à ce que le Conseil eût décidé si la compétence leur en appartenoit ou au Juge de Police; qu'une pareille Sentence ne tend qu'à ralentir le cours de la procédure, & retarder le Jugement de cette affaire, dont la connoissance ne pouvoit évidemment appartenir à d'autres Juges que ceux de l'Election, soit que l'on considere le procès-verbal sur lequel l'assignation a été donnée, soit même que l'on considere les décrets prononcés contre les Commis, attendu qu'ils étoient dans l'exercice de leurs fonctions lors des voies de fait que l'on prétend avoir été par eux commises; à ces causes requéroit notre Procureur-Général qu'il plût à notredite Cour, &c.

Notredite Cour a reçu & reçoit le Procureur-Général appellant de la Sentence de l'Election de Château-Gonthier qui renvoie les Parties à se pourvoir au Conseil, le reçoit pareillement appellant des décrets prononcés par le Juge de Police de ladite ville, tient son appel pour bien relevé; faisant droit sur icelui, a mis & met l'appellation & ce dont est appel au néant, émendant, fait défenses aux Officiers de l'Election de Château-Gonthier de rendre à l'avenir de pareilles Sentences, leur enjoint de prononcer sur les causes qui seront portées à leur audience sur les procès-verbaux des Commis des Fermes & assignations subséquentes: fait défenses au Juge de Police de Château-Gonthier de plus à l'avenir prononcer aucuns décrets contre les Commis des Fermes pour raison de malversations par eux commises dans l'exercice de leurs fonctions; commet les Officiers du Grenier à sel de Château-Gonthier pour connoître de cette affaire, tant sur le procès-verbal que sur la plainte rendue contre les Commis, & y procéder jusqu'à Sentence définitive inclusivement, sauf l'appel en notredite Cour; en conséquence ordonne que le Greffier de la Police de Château-Gonthier sera tenu de remettre à celui du Grenier à sel, dans le jour de la signification du présent Arrêt, la plainte, informations & autres procédures relatives auxdits décrets, lui enjoint d'obéir au premier commandement, nonobstant opposition quelconque, à peine d'y être contraint par toute voie due & raisonnable, même par corps, quoi faisant, déchargé; fait défenses à tout Juge d'en connoître, & aux Parties de faire poursuite ni diligence ailleurs que pardevant les Officiers dudit Grenier à sel, à peine de 1000 livres d'amende & de tous dépens, dommages & intérêts; ordonne que le présent Arrêt sera, à la requête du Procureur-Général du Roi, signifié tant à Laurent David en la personne de son préposé à Château-Gonthier, qu'à la femme Paumard & au Juge de Police de ladite ville, en la personne de son Greffier; ordonne que le présent Arrêt sera lu, publié & registré aux greffes de la Jurisdiction des Gabelles & de l'Election de Château-Gonthier: enjoint aux Substituts du Procureur-Général auxdits Sieges d'y tenir la main & de certifier la Cour de leurs diligences au mois, &c. 1780.

Donné à Paris, en la premiere Chambre, le onze Juillet mil sept cent quatre-vingt.

ARRÊTÉ de la Cour des Aides, au sujet des rapports des cotes de tailles par forclusion. (Registres de la Cour des Aides; Code des Tailles, Tome V, page 300.)

9 Août 1780.

CE jour, les Chambres assemblées... a été arrêté que ceux de Messieurs qui seront chargés de raporter des cottes de tailles par forclusions, ne pourront faire leur raport, qu'il ne leur ait été joint par le Greffier des dépôts de la Cour, un certificat contenant que les défaillans n'ont point produit; auquel Greffier il sera taxé huit sols pour l'Arrêt qui interviendra, pour le coût dudit certificat, & que ce présent Arrêt sera, à la requête du Procureur-Général du Roy, signifié à la Communauté des Procureurs.

1780.

LETTRES-PATENTES portant tarif pour les Greffiers de la Cour des Aides. (Code des Tailles, Tome V, page 283.)

20 Août 1780.

LOUIS, &c. Par nos Lettres-Patentes du premier Mai 1777, regiſtrées en notre Cour de Parlement de Paris, le 12 du même mois, nous avons jugé à propos d'arrêter un nouveau tarif des droits à percevoir par les premiers & principaux Commis au greffe de notre Parlement, & nous avons depuis reconnu que le Greffier en chef des préſentations & affirmations de notre Cour des Aydes de Paris, les premiers & principaux Commis des greffes de notredite Cour, le Greffier garde-ſacs & les Commis à l'expédition des Arrêts ſe trouvoient aujourd'hui dans le cas d'éprouver la même juſtice de notre part. A ces cauſes, &c. voulons & nous plaît que les droits qui ſeront perçus, à compter du jour de l'enregiſtrement des préſentes, par leſdits Greffiers en chef des préſentations & affirmations de notre Cour des Aydes de Paris, premiers & principaux Commis des greffes pour le ſervice de notredite Cour, Greffier garde-ſacs & dépôts, & les Commis-Greffiers à peau, pour l'expédition des Arrêts en notredite Cour des Aydes, leur ſoient payés chacun en ce qui les concerne, conformément au tarif attaché ſous le contre-ſcel des préſentes, ſans néanmoins par le premier & principal Commis du greffe pour le criminel, le Greffier garde-ſacs & les Commis à l'expédition des Arrêts en matiere criminelle, pouvoir prétendre aucuns droits & ſalaires pour les procès dans leſquels nous ſerons tenus des frais d'inſtruction, & qui ſe préleveroient ſur nos domaines, à l'occaſion deſquels il ne pourra leur être délivré exécutoire que du débourſé du papier timbré & de l'expédition des procédures, tels qu'ils ſont fixés par les Ordonnances & Réglemens, enſemble des frais de tranſport, s'il y avoit lieu; voulons que les droits portés audit tarif ſoient alloués & paſſés en taxe aux Parties, ſans aucune difficulté, dans les exécutoires de dépens qui pourront en être délivrés, enſemble dans les exécutoires qui ſeront par vous décernés par les procès criminels dont les frais d'inſtruction ſont à notre charge, tant pour raiſon des expéditions des procédures extraordinaires qui ſeront apportées au greffe de notre Cour des Aydes, que pour l'apport deſdites procédures & les tranſlations & reconduites des priſonniers, ſans que les droits portés audit tarif, tant pour le civil que pour le criminel, puiſſent être augmentés, ni qu'il puiſſe en être perçu d'autres & de plus grands, ſous quelque prétexte que ce ſoit, dérogeant, en tant, que de beſoin, à tous Edits, Déclarations, Ordonnances & Réglemens à ce contraires. SI vous mandons, &c.

Données à Verſailles, le vingtieme jour du mois d'Août, l'an de grace mil ſept cent quatre-vingt. *Signé*, LOUIS; & plus bas, AMELOT.

Regiſtrées, oui, & ce requérant le Procureur-Général du Roy, pour être exécutées ſelon leur forme & teneur, & copies collationnées d'icelles envoyées à la Communauté des Avocats & Procureurs de la Cour, pour y être lues, publiées en la maniere accoutumée. Fait à Paris, en la Cour des Aydes, les Chambres aſſemblées, le 6 Septembre 1780. Collationné. *Signé*, LE PRINCE.

SUIT

1780.

SUIT la teneur dudit Tarif des droits à percevoir par le Greffier en chef des présentations & affirmations de la Cour des Aides, dans lequel ne sont compris les déboursés.

	l.	s.	d.
POUR chaque présentation ou cédule lui sera alloué & taxé		6	8
Pour l'expédition & signature des défauts & congés faute de comparoir,	4	2	
Pour l'expédition & signature des défauts faute de défendre & de reprendre, & pour les défauts à faute de conclure	1	10	
Pour chaque soumission, curatelle, reprise, appointement de conclusions & autres actes en placards,	1		
Pour les exécutoires de dépens en forme,	1	10	
Pour chaque acte d'affirmation de voyage,	1		

TARIF des droits à percevoir par les premiers & principaux Commis des Audiences à huis clos, & sur les demandes, ainsi que des affaires de rapport & du Conseil de la Cour des Aides, tant pour le civil que pour le criminel.

Arrêt sur Requête de défenses, d'évocations & autres, tant au civil qu'au criminel.

	l.	s.	d.
Pour la façon de l'Arrêt par placard,	4		
Par chaque rôle,	1		
Pour les Arrêts qui contiendront homologation de contrats & Sentences arbitrales, vingt sols par rôle,	1		

Arrêts d'Audiences.

	l.	s.	d.
Tous ces Arrêts par défaut, contradictoires, d'appointement, d'appointé à mettre & autres par placard,	2		
Par chaque rôle,	1		

Si la Cause a tenu une ou plusieurs Audiences.

	l.	s.	d.
Pour la premiere Audience,	8		
Pour chacune des autres,	4		
Pour ceux qui seront préparatoires ou interlocutoires seulement,	2		
Pour les appointemens reçus à l'Audience,	2		

Arrêts rendus au Bureau à l'extraordinaire.

	l.	s.	d.
Tous ces Arrêts,	8		

1780. *Délibérés.* *l. s.*

Pour chaque délibéré ordonné à l'Audience, 4

Redistribution & délibéré d'appointé à mettre, 4

Arrêts sur instances & procès.

Tous ces Arrêts rendus sur instances & procès, tant civils que criminels, instruits à la requête des Parties, par placard, 4

Par chaque rôle. 1

L'article cinquante-cinq de notre Déclaration du 23 Avril 1778, portant Réglement sur la forme de procéder en matiere de taille, pour les droits attribués aux Greffiers sera exécuté, & néanmoins ces droits se taxeront à l'avenir; *sçavoir, douze sols* au Greffier-Garde-sacs pour l'enrégistrement de la Requête; & pour l'expédition de l'Arrêt en deux ou quatre rôles au plus, *quatre livres, douze sols, six deniers*, dont *neuf sols* pour la signature du Greffier en chef, *trois livres* pour le Greffier, *vingt sols* pour le Greffier écrivant en peau, & *trois sols, six deniers* pour le papier de la minute; le tout, outre le déboursé de la feuille ou des deux feuilles de parchemin.

Pour chaque interrogatoire d'accusé à la Chambre, 3

Arrêts d'ordre.

Tous Arrêts d'ordre, par chaque rôle, 1

Pour chacune Ordonnance pour faire apporter des deniers en la Cour, 2

Informations.

Pour informations & interrogatoires, récolemens & confrontations, & autres procédures criminelles, le Greffier aura moitié de la vacation du Commissaire, & huit sols par chaque rôle, non compris le papier timbré.

Lorsque les Commissaires de notre Cour des Aydes se transporteront hors de Paris, ou dans Paris, pour une apposition de scellés, ou au Bureau de l'Hôtel de Ville pour dresser leurs procès-verbaux d'étalonnement des matrices que l'on fait pour envoyer dans les Provinces, le Greffier aura les deux tiers de la vacation de Commissaire, y compris la grosse & papier, ou moitié de la vacation, & huit sols par rôle de grosse, non compris le papier timbre.

Enregistrement des Lettres-Patentes, Lettres de dispenses d'âge, parenté ou alliance, compatibilité, ou vétérance, Lettres contenant plusieurs privileges, comme tailles, crues, diminution d'entrées, affranchissemens, octrois, péages & Lettres de confirmation de franc-salé.

Minute & façon de l'Arrêt par chaque impétrant, jusqu'au nombre de quatre seulement & sans qu'il puisse être taxé plus de quatre droits, encore qu'il y eût plus de quatre impétrans, 12

Les mêmes droits sont dus quand on met *gratis* ou *pro Deo*.

l. s. d. 1780.

Enregistrement de Lettres de Noblesse & confirmation d'icelles.

Minute & façon de l'Arrêt préparatoire par chaque impétrant, 6
Minute & façon de l'Arrêt définitif par chaque impétrant, 12
Les mêmes droits sont dus quand on met *gratis* ou *pro Deo.*

Entérinement de Lettres de rémission ou pardon.

Pour la lecture, quand l'impétrant sera seul, 3
Et quand il y en aura plusieurs, en quelque nombre qu'ils soient, 6
Idem pour la lecture des Arrêts aux prisonniers dans les prisons.
Minute & façon de l'Arrêt d'entérinement, 9

Entérinement de Lettres de rappel de ban & galeres.

Minute & façon de l'Arrêt, 12

Réceptions des Présidens des Elections ou Greniers à sel, des Elus, Procureurs du Roy, Grenetiers, Contrôleurs, Gardes-Scel, Lieutenans-Civils & Criminels des Provinces, Officiers des Traites Foraines & Dépôts de sel.

Minute & façon de l'Arrêt, 12

Les mêmes droits sont dus pour les Receveurs des Gabelles, Aydes & Receveurs des Traites, lorsqu'ils sont reçus en la Cour & que l'adresse y est faite par leurs provisions.

Arrêts d'emploi des Officiers qui se font employer sur les états des Maisons Royales & de celles des Princes du Sang, ainsi que sur tous autres états qui sont au greffe de la Cour des Aydes, par mort, démission, noms en blanc, & Arrêts qui ordonnent la modification levée des Princes & Princesses qui sont décédés.

Minute & façon de l'Arrêt, non compris le papier, 6

Enregistrement des baux des Fermes & des Régies.

Le principal Commis, pour minute des Arrêts d'enregistrement aura moitié de ce qui se donne au Greffier en chef.

TARIF *des droits à percevoir par le Greffier des Audiences publiques de la Cour des Aides.*

Arrêts d'Audiences.

Tous Arrêts par défaut, contradictoires, d'appointement, d'appointé à mettre & autres, par placard, 2

l. s. d.

1780. Par chaque rôle, 1

Si la cause a tenu une ou plusieurs Audiences, pour la premiere Audience, 8

Pour chacune des autres, 4

Pour ceux qui seront préparatoires ou interlocutoires seulement, 2

Pour chaque congé ou défaut obtenu à l'Audience, soit qu'il y ait eu remontrances ou non, 2

Pour l'enregistrement de chaque cause au rôle, 7 6

Pour les Arrêts de rétention de cause, création de curateur & de tous autres qui s'expédient à l'Audience publique sans plaidoirie, 2

Délibérés.

Pour chaque délibéré ordonné à l'Audience, 4

Redistribution de délibéré, 4

Enregistrement de Lettres-Patentes, Lettres de dispenses d'âge, parenté ou alliance, compatibilité ou vétérance, Lettres contenant plusieurs privileges, comme tailles, crues, diminution d'entrées, affranchissemens, octrois, péages & Lettres de confirmation de franc-salé.

Pour le droit d'enregistrement par chaque impétrant, jusqu'au nombre de quatre seulement, sans qu'il puisse être taxé plus de quatre droits, encore qu'il y eût plus de quatre impétrans, 12

Les mêmes droits sont dus quand on met *gratis* ou *pro Deo.*

Enregistrement de Lettres de Noblesse ou de confirmation d'icelles.

Pour le droit d'enregistrement par chaque impétrant; 12

Les mêmes droits sont dus quand on met *gratis* ou *pro Deo.*

Entérinement de Lettres de rappel de ban & de galeres.

Pour le droit d'enregistrement, 12

Entérinement de Lettres de rémission & pardon.

Pour la façon de l'Arrêt préparatoire, par chaque impétrant, 4 10

Pour l'enregistrement, 9

Réceptions des Présidens des Elections ou Greniers à sel, des Elus, Procureurs du Roy, Grenetiers, Contrôleurs, Gardes-Scel, Lieutenans Civils & Criminels des Provinces, Officiers des Traites Foraines & Depôts de sel.

Pour le droit d'enregistrement portant réception, 12

Pour la copie desdites Lettres restant au greffe, 1 10

Les mêmes droits sont dus pour les Receveurs des gabelles, aydes & Receveurs des traites, lorsqu'ils sont reçus en la Cour & que l'adresse y est faite par leurs provisions.

Enregiſtrement des baux des Fermes & des Régies. 1780.

Ledit Greffier, pour ſon droit d'enregiſtrement, aura moitié de ce qui ſe donne au Greffier en chef.

TARIF des droits à percevoir par le Greffier des Décrets, & le Commis audit greffe.

	l.	ſ.	d.
Pour, l'enregiſtrement des ſaiſies-réelles qui n'excéderont dix articles,	4	10	
Et juſqu'à vingt articles,	9		
Et pour les autres, quelques grandes qu'elles ſoient,	13	10	
Pour l'enregiſtrement de chaque acte d'oppoſition, quand il eſt en placard,		10	
Quand pluſieurs perſonnes, en quelque nombre qu'elles ſoient, formeront oppoſition par un même acte & que l'oppoſition eſt en rôle, par chaque rôle douze ſols, ci,		12	
Pour l'enregiſtrement de l'Arrêt de congé d'adjuger, de ceux intervenus ſur les oppoſitions à fin de charge, de diſtraire, d'annuller, ou qui convertiſſent leſdites oppoſitions en ſaiſies-arrêts, ſubrogations & actes de repriſe d'enchere de quarantaine, adjudications ſauf quinzaine, & autres,	3	15	
Pour l'extrait des oppoſans, vingt ſols pour le premier oppoſant, & cinq ſols pour chacun des autres articles,			
Pour droit de recherche & communication des regiſtres,		15	
Si cette communication eſt demandée après deux années & au-delà,	1	10	
Pour l'enregiſtrement de l'Arrêt de radiation de ſaiſie-réelle,	3	15	
Pour celui de chaque Arrêt de radiation d'oppoſition,	3	15	
Pour chaque remiſe en placard, deux livres, & quand elle ſera rôlée, douze ſols par rôle,			
Pour chaque publication de remiſe, pour parvenir aux adjudications qui ſe font à l'Audience,	1	15	
Pour publication d'encheres de quarantaine, placard, adjudications ſauf quinzaine, & affiches,	1	15	
Pour la ſignature des affiches,	4		
Pour vacation & procès-verbal de réception d'encheres, qui ſe fait au greffe,	6		
Pour l'adjudication pure & ſimple, & déclaration,	30		
Pour la rédaction de la minute de l'Arrêt d'adjudication par chaque rôle,	1		
Pour l'adjudication d'un bail judiciaire,	4	10	
Pour la réception de caution,	3		

Pour le Commis au greffe des décrets par chaque rôle d'expédition lui ſera alloué, ſoit pour expédition de remiſe, ſoit pour l'expédition des Arrêts d'adjudication, pour chacun rôle deſdits actes, les mêmes droits que ceux attribués ci-après aux Greffiers-Ecrivains en peau.

1780.

TARIF des droits à percevoir par le Greffier Garde-sacs & des Dépôts de la Cour des Aydes.

Instances & procès par écrit.

	l.	s.	d.
Pour toutes productions en exécution d'Arrêts d'appointement au Conseil, à mettre & en droit, lui sera alloué & taxé pour chacune,		12	
Pour toutes productions en vertu d'Ordonnances, demandes réglées & actes de reprises, lui sera alloué & taxé pour chacune indistinctement,			6
Pour l'amende des sacs qui n'auront pas passé au greffe, ne sera perçu que le tiers en sus de son droit, sans répétition de la part des Procureurs contre leurs Parties.			
Pour le retrait des instances en vertu d'Arrêts ou de transaction indistinctement, lui sera alloué & taxé, *sçavoir* :			
Pour le premier retirant, pour tous sacs,		15	
Et pour chacun des autres retirans en second, aussi pour tous sacs,		10	
Pour la redistribution des instances, appointemens à mettre, & inscription de faux & autres, lui sera alloué & taxé,	3		
Pour les remettre & donner au Conseiller-Rapporteur, sera taxé pour chacune,		6	
Pour communication de pieces sans déplacer, sera taxé indistinctement jusqu'à une heure,	2		
Pour les vacations aux procès-verbaux, sera taxé pour chacune heure,	2	8	
Pour le produit & retrait d'un défaut, lui sera alloué onze sols, ci,		11	
Pour la distribution d'icelui,		16	
Pour la redistribution dudit défaut, lui sera alloué,	1	6	
Pour renvoi de pieces & instances dans une autre Jurisdiction, quand le cas y échet, lui sera taxé,	6		
Pour faire distribuer & apprêter le procès, dire le nom du Rapporteur au Procureur, & faire décharger le Rapporteur, lui sera taxé seize sols, ci,		16	
Pour les secondes productions appellées *pour joindre*, sera taxé neuf sols, ci,		9	
Pour la mention de l'Arrêt qui ordonne la remise des pieces & deniers déposés par procès-verbal ou autrement, sera taxé trois livres, ci,	3		
Pour dépôt & enregistrement de pieces ordonnées être déposées, sera taxé trois livres, ci,	3		
Pour dépôt de caisses, coffres & autres objets de cette nature, scellés ou non scellés, ne sera perçu que trois livres, ci,	3		

Procès criminels.

	l.	s.	d.
Pour toutes distributions de procès criminels, informations à décréter, interrogatoires, récolemens, confrontations, procès-verbaux, exoines, monitoires, lettres de grace, de commutation de peines, de reliefs de laps de temps, de rappel de ban & de galeres, & autres, au parquet,	6		

1780.

	l.	ſ.	d.
Idem, à la Chambre,	6		
Toutes rediſtributions deſdits procès, procédures extraordinaires & lettres, au Parquet,	6		
Idem, à la Chambre,	6		
Apprêts de procès & procédures extraordinaires à MM. les Gens du Roy,	6		
Pour chaque exécutoire qui ſera délivré aux Greffiers des Elections, Greniers à ſel, Traites foraines & autres Juriſdictions du reſſort de la Cour des Aydes, pour les groſſes des procès & procédures extraordinaires, non compris le parchemin,	3		
Idem, aux Meſſagers, pour l'apport au greffe, des procès & procédures extraordinaires, conduite & reconduite des priſonniers, non compris le parchemin,	3		
Pour renvoi des procès & procédures extraordinaires, pieces de conviction & autres, dans les différens greffes du reſſort de la Cour des Aydes,	3		
Pour chaque certificat délivré, ſoit aux Parties, ſoit aux Procureurs, y compris le papier timbré,	3		
Pour extraits de pieces ſecretes, non compris le papier timbré, pour chaque rôle en expédition de Notaire,	1	10	
Pour dépôt au greffe, des pieces, procédures extraordinaires, & pieces de conviction, & autres,	3		

Pour les Arrêts de ceux qui ſe font employer ſur les états des Maiſons Royales des Princes & Princeſſes du Sang, & autres qui ſont au greffe de la Cour par mort, démiſſion, noms en blanc & les Arrêts qui ordonnent la modification levée des Princes & Princeſſes qui ſont décédés.

	l.	ſ.	d.
Lui ſera alloué pour employer un Officier ſur leſdits états, y compris l'extrait,	9		
Pour chacun extrait qui ſera délivré auxdits Officiers,		15	

TARIF *des droits à percevoir par les Commis-Greffiers à peau, aux greffes de la Cour des Aides. Sçavoir :*

Pour le Civil.

	l.	ſ.	d.
Leur ſera taxé une livre, dix ſols pour tous Arrêts & actes du greffe, ſur placard, ci,	1	10	
Pour les Arrêts en rôle, leur ſera taxé pour chacun rôle dix ſols;		10	

Pour les Arrêts criminels.

	l.	ſ.	d.
Pour chaque Arrêt ſur Requête mis ſur placard,	2		
Lorſqu'il eſt rôlé, par chaque rôle,		15	
Pour chaque Arrêt ſur vu de charges, appointé à mettre ou inſtance, mis ſur placard,	2		

1780.		l. s. d.
	Lorsque cet Arrêt est rôlé, par chaque rôle,	15
	Par chaque Arrêt d'Audience mis sur placard,	1 10
	Lorsque cet Arrêt est rôlé, par chaque rôle,	12

Quand les causes dureront plusieurs Audiences, lesdits Commis-Greffiers qui expédieront les Arrêts, seront tenus de mettre, à la fin des qualités & avant la prononciation, ces mots: *& après que la cause a été plaidée pendant tant d'Audiences*, afin que ce qui leur est attribué puisse passer en taxe.

Fait & arrêté à Versailles, le vingt Août mil sept cent quatre-vingt. *Signé* LOUIS; & plus bas, AMELOT, & scellé du sceau de cire jaune.

Registré en la Cour des Aydes, le 6 Septembre 1780.

ARRÊTÉ de la Cour des Aides, au sujet du service de la Chambre des Vacations.

23 Août 1780.

CE jour, les Chambres assemblées .... arrêté qu'à commencer de cette année & à l'avenir, les nouveaux reçus dans les Chambres, soit l'année de leur réception, lorsqu'ils seront majeurs, soit lorsqu'ils auront acquis leur majorité, & ceux de MM. nouvellement montés en la premiere, seront du nombre de MM. de la Chambre des Vacations, qu'au surplus la Déclaration du 10 Août 1748, sera exécutée, en ce qui concerne ladite Chambre, & que ceux de MM. qui se trouvant sur la liste, ne pourront, à raison de leur santé, ou d'affaires indispensables, se trouver aux séances de ladite Chambre, seront tenus de se faire substituer par quelques-uns de MM. leurs Confreres.

DÉCLARATION portant abolition de la Question préparatoire. (Code des Tailles, Tome V, page 300.)

24 Août 1780.

LOUIS, &c. Les anciennes Ordonnances des Roys nos prédécesseurs avoient toujours adopté l'usage d'appliquer à la Question l'accusé d'un crime constant & auquel la Loi réservoit la peine de mort, lorsque les indices étant considérables contre l'accusé, la preuve ne se trouvoit cependant pas être suffisante pour lui faire subir cette peine. Par l'article Ier. du titre XIX de l'Ordonnance du mois d'Août 1670, tous Juges ont été autorisés à ordonner cette Question dénommée *Question préparatoire*. Par l'article XI, ils ont été même autorisés à arrêter que, nonobstant la condamnation à cette Question, les preuves subsisteroient en leur entier pour pouvoir condamner l'accusé à toutes sortes de peines pécuniaires ou afflictives, excepté toutefois celle de mort, à laquelle l'accusé qui

qui auroit ſouffert la Queſtion ſans rien avouer, ne pourroit être condamné, ſi ce n'eſt qu'il ſurvînt de nouvelles preuves depuis la Queſtion. La faculté laiſſée aux Juges d'ordonner, ſuivant les circonſtances, la Queſtion préparatoire, avec ou ſans réſerve de preuves, a rendu néceſſaire de déterminer la place que chacune de ces condamnations devoit occuper dans l'ordre des peines; d'autant plus que les Jugements, ſoit définitifs, ſoit d'inſtruction, devant paſſer à l'avis le plus doux en matiere criminelle, ſi le plus ſévere ne prévaut d'une voix dans les procès qui ſe jugent à la charge de l'appel & de deux dans ceux qui ſe jugent en dernier reſſort, il étoit indiſpenſable de régler entre ces deux manieres de prononcer, laquelle étoit la plus douce ou la plus ſévere: c'eſt d'après ces conſidérations que par l'article XIII du titre XXV de la même Ordonnance qui détermine l'ordre des peines, après la peine de la mort naturelle, la Queſtion avec la réſerve des preuves en leur entier a été marquée comme la plus rigoureuſe, & que la Queſtion ſans réſerve des preuves n'a été rangée qu'après celles des galeres perpétuelles & du banniſſement perpétuel, comme étant moins rigoureuſe. 1780.

Nous nous ſommes fait rendre compte des motifs qui avoient déterminé à autoriſer d'une maniere auſſi préciſe l'uſage de la Queſtion préparatoire, & nous avons été informés que lors des conférences tenues préalablement à la rédaction de l'Ordonnance du mois d'Août 1670, des Magiſtrats recommandables par une grande capacité & par une expérience conſommée, s'étant expliqués ſur ce genre de Queſtion, auroient déclaré qu'elle leur avoit toujours ſemblé inutile, qu'il étoit rare que la Queſtion préparatoire eût tiré la vérité de la bouche d'un accuſé & qu'il y avoit de fortes raiſons pour en ſupprimer l'uſage, & il nous paroît que l'on n'a cédé pour lors qu'à une ſorte de reſpect pour ſon ancienneté. Nous ſommes bien éloignés de nous déterminer trop facilement à abolir les Loix qui ſont anciennes & autoriſées par un long uſage. Il eſt de notre ſageſſe de ne point ouvrir des facilités pour introduire en toutes choſes un droit nouveau qui ébranleroit les principes & pourroit conduire par degré à des innovations dangereuſes: mais après avoir donné toute notre attention à l'uſage dont il s'agit, avoir examiné tous ſes rapports & tous ſes inconvénients & les avoir balancés avec les avantages que la Juſtice en a pu retirer & qui pourroient en réſulter par la ſuite pour la conviction & pour la punition des coupables; nous ne pouvons nous refuſer aux réflexions & à l'expérience des premiers Magiſtrats qui nous laiſſent entrevoir plus de rigueur contre l'accuſé dans un genre de condamnation, que d'eſpérance pour la juſtice de parvenir par l'aveu de l'accuſé, à completter la preuve du crime dont il eſt prévenu; nous ne penſons donc pas devoir différer de faire ceſſer un pareil uſage & d'annoncer en même temps à nos Peuples, que ſi, par un effet de notre clémence naturelle, nous nous relâchons en cette occaſion de l'ancienne ſévérité des Loix, nous n'entendons pas toutefois reſtreindre leur autorité par rapport aux autres voies qu'elles preſcrivent pour conſtater les délits & les crimes, & pour punir ceux qui en ſeront duement convaincus; nous ſommes d'ailleurs bien aſſurés que nos Cours, qui ſont dépoſitaires de cette autorité, continueront, à notre exemple, de protéger toujours l'innocence & la vertu. A ces cauſes, &c. nous avons aboli & abrogé, & par ces préſentes ſignées de notre main, aboliſſons & abrogeons l'uſage de la Queſtion préparatoire; défendons à nos Cours & autres Juges de l'ordonner avec ou ſans réſerve des preuves, en aucun cas & ſous quelque prétexte que ce puiſſe être, & ſera notre préſente Déclaration, à compter du jour de ſa publication, exécutée ſelon ſa forme & teneur dans toute l'étendue de notre Royaume, pays, terres & Seigneuries de notre obéiſſance, nonobſtant toutes Coutumes, Loix, Statuts, Réglements, ſtyles & uſages à ce contraires, auxquels nous avons dérogé & dérogeons. Si donnons en mandement, &c.

1780. Donnée à Versailles, le vingt-quatrieme jour du mois d'Août, l'an de grace mil sept cent quatre-vingt. *Signé*, LOUIS; & plus bas, par le Roy, AMELOT.

Registrée en la Cour des Aydes, le premier Décembre 1780.

ARRÊT de la Cour des Aides, du 6 Septembre 1780, qui, faisant droit sur les conclusions de M. le Procureur-Général, ordonne que le Curé de Vanvray-sur-Loire, Election de Tours, sera rétabli sur le rôle de l'année suivante, & imposé tant qu'il dérogera à son privilege.

LETTRES-PATENTES concernant les taxes d'office des Gardes-Haras & Gardes-Etalons. (*Code des Tailles, Tome V, page 304.*)

15 Septembre 1780.

LOUIS, &c. Nous sommes informés que les Collecteurs des tailles abusans des dispositions de notre Déclaration du 23 Avril 1778, portant Réglement sur la forme de procéder en matiere de taille se sont permis d'augmenter arbitrairement les taxes d'office de plusieurs Gardes-Etalons & Gardes-Haras, qui avoient été ordonnées par les sieurs Intendans & Commissaires départis pour l'exécution de nos ordres, à l'effet de les soustraire à l'animosité trop ordinaire des Habitans des campagnes; de sorte que si nous ne venions pas à leur secours, ils se verroient chaque année dans la nécessité d'avoir des procès dispendieux à soutenir pour se procurer la justice qui leur est due. A ces causes, &c. Voulons & nous plaît que les Gardes-Etalons & Gardes-Haras continuent d'être taxés d'office à la taille par les sieurs Intendans & Commissaires départis, à raison de leurs facultés & exploitations dans la même proportion que les autres taillables, & qu'ils ne puissent être imposés à l'avenir dans les rôles des tailles par les Collecteurs à de plus fortes sommes que celles auxquelles ils auront été taxés d'office par les sieurs Intendans & Commissaires départis pour l'exécution de nos ordres dans les Provinces, sous peine par les Collecteurs d'en demeurer responsables en leur propre & privé nom : sauf auxdits Collecteurs, dans le cas où ils croiroient que la religion desdits sieurs Intendans auroit été surprise ou qu'elle n'auroit pas été suffisamment éclairée, à se retirer par-devers eux & à leur fournir des Mémoires à l'effet de faire rectifier les erreurs qui auroient pu s'introduire dans le Réglement desdites taxes; sans qu'en aucun cas, lesdits Gardes-Etalons & Gardes-Haras puissent être obligés de procéder dans les Elections. Et l'appel des Ordonnances que lesdits sieurs Intendans auront rendues sur les représentations des Collecteurs, sera dévolu en nos Cours des Aydes, pour y être instruit & jugé selon les formes prescrites par notredite Déclaration du 23 Avril 1778. Si vous mandons, &c.

Données à Versailles, le quinzieme jour de Septembre l'an de grace mil sept cent quatre-vingt. *Signé*, LOUIS; & plus bas, par le Roy, AMELOT.

Enregistrées en la Cour des Aydes, le premier Décembre suivant.

Par Arrêt de la Cour des Aides, du 13 Décembre 1780, il a été jugé qu'un Conseiller en la Cour des Monnoies, étoit dispensé de faire enrégistrer ses provisions au greffe de l'Election, dans laquelle il entendoit jouir de son privilege, avec défenses aux Elus d'ordonner le contraire; à eux enjoint de se conformer aux dispositions de la Déclaration de Juillet 1703. (Code des Tailles, Tome V, page 506.) 1780.

Arrêt de la Cour des Aides, du 7 Janvier 1781, qui fait défenses aux Habitants d'Ambrieres, de mettre sur aucun tableau, pour passer à la collecte, Jean-Charles Pottier, Avocat en Parlement, exerçant les fonctions d'Avocat & celle de Procureur au Siege de la Baronnie d'Ambrieres & Comté de Tessé, tant qu'il ne fera pas acte dérogeant à sa profession; faisant droit sur les conclusions de M. le Procureur-Général, fait défenses au Greffier de l'Election de Mayenne, de mettre & garder au nombre de ses minutes les Requêtes des Parties, & de leur en délivrer expéditions. (Code des Tailles, Tome V, page 307.) 1781.

Arrêt de la Cour des Aides, concernant la vente des biens-immeubles des comptables. (Code des Tailles, Tome V, page 308.)

12 Janvier 1781.

LOUIS, &c. Vu par notredite Cour la Requête présentée par notre Procureur-Général en icelle, expositive qu'une fonction importante de son ministere est de veiller immédiatement sur les biens des comptables & de tenir la main à l'exécution des Loix qui ont sagement prescrit différentes formalités pour leur aliénation. L'une de ces formalités se trouve consignée dans l'article VIII de l'Edit du mois d'Août 1669, qui ordonne « que tout créancier saisissant les » biens-immeubles & Offices d'un comptable, sera tenu, dans un mois après » la saisie, de la faire signifier à notredit Procureur-Général, & de retirer son » consentement par écrit sur l'original des saisies, pour les continuer au cas » que le saisi ne soit pas redevable envers nous, à peine de nullité de l'adju- » dication ». A la vérité, la Déclaration du 21 Janvier 1685 a dispensé de cette formalité les acquéreurs des biens des comptables, lorsqu'après l'évocation de la saisie, notre Procureur-Général y a été subrogé, & que les criées & adjudications ont été faites en notredite Cour, & à cet égard il a été dérogé à l'article VIII de l'Edit du mois d'Août 1669; mais c'est le seul cas d'exception

1781. & de dérogation, & toutes les fois que les saisies, criées & adjudications n'ont pas été faites en notredite Cour, les acquéreurs ne peuvent se dispenser de se conformer à la disposition dudit article VIII. Cette distinction essentielle est fondée en raisons. Lorsque les saisies, criées & adjudications se poursuivent en notredite Cour, notre Procureur-Général en est instruit, & a le temps de veiller à la sûreté de nos créances; mais il en est autrement, lorsque ces opérations se poursuivent ailleurs qu'en notre Cour & autrement que par voie de saisie-réelle. Si cette distinction pouvoit souffrir le moindre doute, il seroit levé par le texte précis de la Déclaration du 4 Novembre 1680, qui porte « que les Lettres de ratification obtenues par » les acquéreurs de rentes vendues par les comptables, ne purgent point nos hy- » potheques, si elles sont expédiées autrement que d'après le certificat par écrit » de notre Procureur-Général en notre Chambre des Comptes, que le compta- » ble est entiérement quitte envers nous ». La raison que la Loi en donne, est elle-même décisive & remarquable: c'est « que ces Lettres de ratification s'expé- » diant sans formalités, notre Procureur-Général n'a pas le temps de veiller à la » sûreté de nos créances ». Il est donc incontestable que toutes les fois que les ventes ne sont pas faites par voie de saisie-réelle & en notredite Cour, l'acquéreur a dû remplir l'obligation imposée par l'article VIII de l'Edit du mois d'Août 1669, à peine de nullité de son acquisition. Cependant il est instruit que cette Loi reste souvent sans exécution, & qu'au préjudice de sa disposition, les acquéreurs des biens dès comptables envers nous dont l'adjudication n'a point été faite en notre Cour, obtiennent, sur leur titre d'acquisition, des Lettres de ratification. Si ces Lettres obtenues sans formalités & auxquelles notre Procureur-Général ne peut former opposition, n'en ayant aucune connoissance, pouvoient nous priver de la sûreté de nos créances, leur usage seroit dangereux & leur effet contraire aux intentions des Roys nos prédécesseurs, qui, en établissant la formalité des Lettres de ratification, & en la substituant à celle des décrets volontaires, n'ont sûrement pas entendu accorder aux acquéreurs des biens qui nous sont hypothéqués, un moyen de nous priver de la sûreté de nos créances, parce que, comme le porte le texte même de la Déclaration déjà citée, du 4 Novembre 1680, « on ne présume jamais que nous donnions à nos Sujets » des privileges contre nous-mêmes ». C'est d'après ces principes que dans l'Edit du mois de Mai 1773, portant établissement des greffes d'enregistrement d'opposition aux hypotheques, pour leur conservation, l'article LVI porte « que nos » hypotheques & privileges sur les biens de nos comptables, auront lieu comme » auparavant, sans que, pour les conserver, il soit besoin d'aucun enregistrement »; enfin, c'est conformément à cette Jurisprudence incontestable que, par l'article XXXV de la Déclaration du 4 Mai 1766, portant réglement pour les comptabilités & les poursuites du Contrôleur-Général des restes, « il est défendu à » nos Procureurs Généraux dans nos Cours des Aydes de donner aucune main- » levée, & de consentir à ce qu'aucun décret des biens qui auroient apparte- » nu à des comptables, soient scellés & délivrés qu'après qu'il leur sera apparu » du certificat de correction de leurs comptes ». A ces causes requéroit notre Procureur-Général, &c.

Notredite Cour a ordonné & ordonne que les Edits, Déclarations, Arrets & Réglemens concernant la vente des Offices & biens-immeubles des comptables, & notamment l'article VIII de l'Edit du mois d'Août 1669, seront exécutés selon leur forme & teneur: en conséquence que les créanciers particuliers des comptables, qui ont fait ou feront saisir leurs Offices & biens-immeubles, seront tenus de représenter à notre Procureur-Général les procès-verbaux dans les délais fixés par ledit article, à l'effet de retirer son consentement par écrit, pour, s'il y a lieu, passer outre aux poursuites, à peine de nullité de leurs adjudications. Ordonne pareillement que tous acquéreurs des biens des comptables, vendus ailleurs qu'au greffe de notredite Cour, seront tenus, dans un mois pour tout délai, de lui faire signifier & représenter les titres de leurs acquisitions, pour, s'il y a lieu, obtenir, d'après son consentement par écrit, des Lettres de ratification, à peine de nullité desdites Lettres. Déclare non avouées à notre égard, celles obtenues par tous acquéreurs de biens qui ont appartenu à des comptables, vendus ailleurs qu'au greffe des décrets de notredite Cour, & qui n'auront pas fait signifier leurs titres à notre Procureur-Général. Ordonne enfin que le présent Arrêt sera signifié à la Communauté des Avocats & Procureurs, imprimé & affiché par-tout où besoin sera. Si te mandons, &c.

1781.

Donné à Paris, en la premiere Chambre, le douze Janvier, l'an de grace mil sept cent quatre-vingt-un, & de notre regne le septieme. *Signé*, OUTREQUIN.

SUBSTITUTS en la Cour ne doivent être jugés en matieres criminelles qu'en la premiere Chambre.

Du Vendredi 4 Mai 1781.

CHAMBRES assemblées,

Les Gens du Roy ont dit que Me. Chevalier de Jouvency, compromis dans une espece de rixe avec le Commandeur de Piolens, a rendu plainte contre ledit Commandeur; que ledit Commandeur a pareillement rendu plainte contre ledit Chevalier de Jouvency: que ces plaintes ont été évoquées en la Cour, qui a ordonné qu'il en seroit informé. Que les informations étant faites, il est question de décréter aujourd'hui lesdites informations, s'il y a lieu, ou de renvoyer les Parties à l'audience; mais pour statuer à cet égard, Me. Chevalier de Jouvency réclame le droit d'être jugé en matiere criminelle, les Chambres assemblées; il se fonde sur l'avantage qu'ont les Substituts d'être aggrégés au Corps de la Cour. Cette aggrégation prononcée par les Edits & Déclarations, nous semble fonder sa réclamation. C'est ce qui nous fait estimer qu'il y a lieu de statuer sur lesdites plaintes & informations, Chambres assemblées.

Les Gens du Roy retirés,

La matiere mise en délibération, il a été arrêté qu'il sera statué sur lesdites plaintes & informations en la premiere Chambre seulement.

ARRÊT de la Cour des Aides, qui enjoint à tous Particuliers de quelqu'état qu'ils soient, de porter honneur & respect aux arrêtés de la Cour.

9 Mai 1781.

LOUIS, &c. Vu par notredite Cour la plainte à elle rendue par notre Procureur-Général, des faits contenus en un procès-verbal dressé par Benard, Huissier Audiencier de l'Election d'Amboise, en date du 12 Novembre 1780; l'Arrêt de

1781. notredite Cour, du 28 dudit mois, par lequel a été donné acte à notre Procureur-Général de ladite plainte, a été ordonné que ledit procès-verbal seroi déposé au greffe de notredite Cour, & joint à la plainte, après avoir été paraph en présence de l'un des Substituts de notre Procureur-Général, par Me Lecourtois, Conseiller-Rapporteur, commis à cet effet, en conséquence a été permi à notre Procureur-Général de faire informer desdits faits, circonstances & dépendances, pardevant le Président de l'Election de Tours commis à cet effet, & à son défaut pardevant le plus ancien des Officiers dudit Siege, suivant l'ordre du tableau, pour ladite information faite, envoyée au greffe de notredite Cour, être par notre Procureur-Général requis, & par notredite Cour ordonné ce qu'il appartiendroit, & cependant le nommé Lehay, Sergent de la Prévôté de Doë, dénommé audit procès-verbal, a été décrété d'ajournement personnel pour subir interrogatoire & être oui sur les faits résultans dudit procès-verbal & autres, sur lesquels notre Procureur-Général voudroit le faire ouir & entendre, pour ledit interrogatoire fait, rapporté & communiqué à notre Procureur-Général, être par lui requis & par notredite Cour ordonné ce qu'il appartiendroit : le procès-verbal dudit Benard, en date du 12 Novembre 1780, portant, entr'autres choses, que procédant par ledit Benard à l'apposition des affiches de l'Arrêt de notredite Cour, du 6 Septembre 1780, il a appris que plusieurs desdites affiches avoient été arrachées, & qu'ayant demandé au nommé Lehay, Sergent de la Prévôté de Doë, s'il sçavoit qui avoit arraché lesdites affiches, ledit Lehay lui auroit répondu qu'il venoit lui-même d'en arracher une ; procès-verbal de dépôt d'icelui en date du 29 Novembre dernier, l'information faite par le Président de l'Election de Tours, du 5 Décembre 1780 & jours suivans ; l'interrogatoire subi en notredite Cour le 6 Mars dernier, par Pierre Lehay ; la Requête présentée à notredite Cour, par ledit Lehay ; l'Arrêt de notredite Cour du 20 Mars dernier, par lequel ledit Lehay a été renvoyé dans ses fonctions, à la charge par lui de se représenter en état d'assigné pour être oui, toutes fois & quantes il en seroit ainsi ordonné par Justice, d'en faire sa soumission au greffe de la Cour & d'élire domicile ; & faisant droit sur les conclusions de notre Procureur-Général, a été ordonné que l'Abbé de Nanton, Seigneur de la Prévôté de Doë, seroit assigné pour être oui & interrogé sur les faits résultans de ladite information & autres, sur lesquels notre Procureur-Général requerroit de le faire ouir & entendre, pour ledit interrogatoire fait, rapporté & communiqué à notre Procureur-Général, être par lui requis & par notredite Cour ordonné ce que de raison ; l'interrogatoire subi en notredite Cour, le 5 Avril dernier, par ledit Abbé de Nanton, conclusions de notre Procureur-Général : oui le rapport de Me. Jacques le Courtois, Conseiller, & tout considéré,

Notredite Cour sur l'extraordinaire a mis & met les Parties hors de Cour ; faisant droit sur les conclusions de notre Procureur-Général, enjoint à tous Particuliers de quelqu'état, qualité & condition qu'ils soient, & notamment auxdits Abbé de Nanton & Lehay de porter honneur & respect aux Arrêts de notredite Cour ; ordonne que le présent Arrêt sera, à la requête de notre Procureur-Général, imprimé & affiché tant dans le lieu & Paroisse de Vouvray, que dans la Ville de Tours. Si te mandons, &c.

Donné à Paris, en la premiere Chambre de notredite Cour, le neuf Mai mil sept cent quatre-vingt-un.

1781.

Lettres-Patentes du 23 Juin 1781, registrées en la Cour des Aides, le 11 Juillet suivant, qui ordonnent que, nonobstant l'opposition faite aux Lettres de ratification par le Contrôleur des restes de la Chambre des Comptes de Paris, il soit passé outre au sceau des Lettres de ratification du contrat de vente de la terre de Saint-Martin d'Ablois, faite par la dame veuve & héritiers Meulan, au sieur Comte de Vauvineux, le 2 Octobre dernier, sans que ledit sieur Comte de Vauvineux soit obligé de rapporter le consentement par écrit, du Procureur-Général en la Cour des Aides de Paris, conformément aux dispositions de l'article VIII de l'Edit d'Août 1669, & autres Réglements intervenus depuis sur cette matiere.

Déclaration du Roi, qui proroge pendant dix années, à compter du 11 Août 1782, l'exécution de celle du 11 Août 1776, concernant la répartition de la Taille dans la Généralité de Paris. (Code des Tailles, Tome V, page 313.)

4 Juillet 1781.

LOUIS, &c. Nous nous sommes fait rendre compte des travaux entrepris dans la Généralité de Paris, en exécution de notre Déclaration du 11 Août 1776, pour parvenir à une meilleure répartition des Impositions; nous avons vu avec satisfaction le résultat de ces travaux, dont l'utilité déjà reconnue ne pourra qu'augmenter encore, à mesure que ces essais approcheront de plus en plus du degré de perfection dont ils sont susceptibles. C'est pour mettre les contribuables à portée de jouir de ces avantages, que nous croyons devoir ordonner la continuation de ces travaux pendant l'espace de dix années. Ce terme paroît suffisant pour l'exécution entiere de ce plan, & si dans cet intervalle, nos vues de sagesse nous déterminent à ordonner des travaux semblables dans d'autres Généralités, nous ferons connoître nos intentions à nos Cours des Aydes, & nous nous féliciterons d'accélérer l'instant où nos Peuples pourront ressentir, à cet égard, de nouvelles preuves de notre bienfaisance & de notre Justice. A ces causes, voulons & nous plaît ce qui suit:

I. Notre Déclaration du 11 Août 1776 continuera d'être exécutée dans l'étendue de la Généralité de Paris, pendant l'espace de dix années, à compter du 11 Août 1782, époque à laquelle nous avons fixé sa durée.

II. Les matrices des rôles de ladite Généralité seront terminées & déposées dans le cours des dernieres dix années, conformément à l'article XII de notredite Déclaration.

III. Ordonnons que l'article VIII de la Déclaration du 13 Avril 1776 sera exécuté, & qu'en conséquence les contribuables ne pourront se pourvoir contre les Commissaires, en présence desquels les rôles auront été faits, sauf auxdits contri-

1781. buables à envoyer à notre Procureur-Général tels Mémoires qu'il appartiendra, pour y être pourvu suivant l'exigence des cas. Si donnons en mandement, &c.

Donnée à Versailles, le quatrieme jour du mois de Juillet, l'an de grace mil sept cent quatre-vingt-un, & de notre regne le huitieme. *Signé*, LOUIS; & plus bas, par le Roy, AMELOT.

Registrée en la Cour des Aydes, le 27 Juillet 1781.

La Cour chargea, en 1781, MM. les Gens du Roi, de dresser un Mémoire pour établir sa compétence au sujet de la discussion des biens du sieur Haudry, Fermier-Général, & de le porter au Roi. En conséquence MM. les Gens du Roi demanderent à M. le Garde des Sceaux le jour & l'heure à laquelle le Roi voudroit bien recevoir leur Mémoire. M. le Garde des Sceaux leur répondit de le remettre à M. le Premier Président.

Le 28 Juillet 1781, ils rendirent compte de leur démarche à la Cour, & pour que l'intention du Roi puisse être exécutée, ils supplierent la Cour de les décharger du devoir qu'elle leur avoit imposé de présenter leur Mémoire au Roi, & de les autoriser à le remettre entre les mains de M. le Premier Président; & pour l'honneur de leur ministere & la conservation du droit qui leur appartient, d'être entendus personnellement par le Roi, non seulement pour lui porter les vœux de la Cour, mais encore dans tous les cas où les intérêts de Sa Majesté peuvent l'exiger; ils demanderent acte à la Cour de leurs protestations contre l'interversion des usages.

A été arrêté, Chambres assemblées, que la Cour décharge les Gens du Roy du devoir qu'elle leur avoit imposé de présenter leur Mémoire au Roy, & les autorise à le remettre dans les mains de M. le Premier Président; & cependant, pour la conservation tant des droits de la Cour, que de ceux des Gens du Roy & pour l'honneur de leur ministere, leur donne acte de l'interversion de l'usage.

SENTENCE

SENTENCE de l'Election de Paris, qui enjoint à tous les Syndics, Collecteurs & taillables des Paroisses du ressort, de satisfaire aux Sentences rendues sur le fait des Tailles, & notamment aux Syndics de convoquer les assemblées d'Habitants, de dresser actes des délibérations, ou du refus de délibérer, même de s'assembler, & d'apporter lesdits actes de délibérations, ou de refus, au greffe, dans les délais prescrits, sous peine d'amende. (Code des Tailles, Tome V, page 318.)

28 Juillet 1781.

A TOUS ceux, &c. Sçavoir faisons que, vû par nous notre Sentence du 12 Mai dernier, l'exploit de signification d'icelle aux Habitans de la Paroisse de Vaugirard, du 20 du même mois de Mai, & nouvelles conclusions du Procureur du Roi, auquel le tout a été communiqué; oui le rapport de Me Delapourielle, Conseiller, & tout considéré:

Nous, faute par les Habitans d'avoir satisfait à nos précédentes Sentences, recevons Hubert Charpentier, Bourgeois de Paris, opposant à sa cotte de l'année 1779, sur la Paroisse de Vaugirard; faisant droit sur ladite opposition, déclarons ladite cotte nulle; ordonnons qu'elle sera rayée & biffée dudit rôle, à l'effet de quoi les Collecteurs dudit Vaugirard de ladite année 1779, seront tenus d'apporter leur rôle au greffe de ce Siege, à la premiere sommation qui leur en sera faite, à peine d'y être contraints par corps, après néanmoins que ladite cotte aura été payée & acquittée par ledit Charpentier; ordonnons pareillement que ce que ledit Charpentier aura été ou pourra être contraint de payer, lui sera rendu & restitué, & à cet effet réimposé sur le général des Habitans dudit Vaugirard, à la premiere assiette qui sera sur eux faite, en la maniere accoutumée:

Faisant droit sur les conclusions du Procureur du Roy, enjoignons au nommé Philippe Renault, Vigneron & Vitrier, Syndic de ladite Paroisse de Vaugirard, pour la présente année 1781, & à tous autres Syndics, Collecteurs & taillables de toutes les Paroisses du ressort de ce Siege, de satisfaire, chacun en droit soi, en ce qui peut les concerner, à nos Sentences sur le fait des tailles, & notamment aux Syndics de convoquer les assemblées d'Habitans, lorsque lesdites Sentences l'ordonneront; de dresser actes des délibérations, ou du refus de délibérer, même de s'assembler; & d'apporter lesdits actes de délibération, ou de refus, au greffe de ce Siege, dans les délais prescrits, sous peine d'amende:

Et faute par ledit Philippe Renault d'avoir satisfait à nos précédentes Sentences, & pour sa désobéissance réitérée à Justice, ordonnons que notre derniere Sentence du 12 Mai dernier, sera exécutée à son égard, suivant sa forme & teneur; en conséquence le condamnons au payement des 10 livres d'amende prononcée contre lui par icelle; déclarons l'amende de 20 livres encourue; ce faisant, condamnons ledit Renault en ladite amende de 20 livres, lesquelles amendes de 10 & de 20 livres, il sera tenu de payer ès mains du Receveur des tailles actuellement en exercice, pour être d'autant moins imposées sur le général des Habitans, à la prochaine assiette; du payement desquelles amendes

1781. il justifiera au Procureur du Roy, par la quittance dudit Receveur des tailles, quinze jours après la signification de notre présente Sentence:

Ordonnons que notre présente Sentence sera, à la requête & diligence du Procureur du Roy, imprimée, publiée & affichée aux portes des Eglises Paroissiales des Bourgs, Villages & autres endroits du ressort de ce Siege:

Condamnons lesdits Habitans dudit Vaugirard aux dépens, que nous avons liquidés à 8 livres, 2 sols, fors le coût de la présente Sentence, scel & signification d'icelle. Si mandons au premier Huissier-Audiencier de cette Election, &c.

Arrêt de la Cour des Aides, qui ordonne l'exécution de la Déclaration du 7 Février 1708, qui fixe les peines qui seront prononcées contre les Collecteurs qui auront diverti les deniers de leur collecte. (Code des Tailles, Tome V, page 336.)

7 Septembre 1781.

LOUIS, &c. Sçavoir faisons que, vu par notredite Cour la Requête présentée par notre Procureur-Général, tendante à ce qu'attendu que les divertissemens des deniers des tailles deviennent plus fréquens que jamais, & qu'il paroît que les Collecteurs ont perdu de vue les peines que les Loix prononcent contre ceux qui se rendent coupables de ces divertissemens, il plût à notredite Cour ordonner que les Edits & Déclarations, notamment celle du 7 Février 1708, duement registrée en la Cour, qui fixe les peines contre les Collecteurs qui divertissent les deniers de leur collecte, seront exécutées selon leur forme & teneur; & pour que lesdits Collecteurs ne puissent en prétendre cause d'ignorance, ordonner que ladite Déclaration, ensemble le présent Arrêt seront imprimés, publiés & affichés par-tout où besoin sera; ladite Requête signée de notre Procureur-Général. Oui le rapport de Me Louis-Achilles Dionis du Séjour, tout vu & considéré, notredite Cour ordonne que les Edits & Déclarations, notamment celle du 7 Février 1708, qui fixe les peines contre les Collecteurs qui divertissent les deniers de leur collecte, seront exécutés selon leur forme & teneur, & que ladite Déclaration, ensemble le présent Arrêt seront imprimés, publiés & affichés par-tout où besoin sera. Si te mandons mettre le présent Arrêt à sa pleine, due & entiere exécution, de ce faire te donnons pouvoir.

Donné à Paris, en la premiere Chambre de notre Cour des Aydes, le septieme jour du mois de Septembre mil sept cent quatre-vingt-un.

Voyez la Déclaration du 7 Février 1708, page 1244.

1781.

Le Roi avoit supprimé, par Edit d'Avril 1780, quarante-huit Offices de Receveurs-Généraux des Finances, qui avoient été anciennement établis dans les pays d'Elections & dans les pays conquis, & avoit ordonné que la recette & la dépense des impositions dans les vingt-quatre Généralités, seroient faites à l'avenir par une Compagnie composée de douze des anciens Offices supprimés.

Au mois d'Octobre 1781, le Roi supprima ces douze Receveurs-Généraux des Finances, & créa deux Offices de Conseillers-Receveurs-Généraux des Finances dans chacune des vingt-trois Provinces & Généralités, pour faire la recette de toutes les sommes qui seront levées par ses ordres, sur les Provinces & Généralités dont ils seront Receveurs, & verser toutes lesdites sommes au Trésor Royal.

En conséquence il voulut que les Receveurs particuliers des impositions des Elections desdites Généralités, fussent tenus de remettre sans délai & sans divertissement, au Receveur-Général de la Province qui sera en exercice, toutes les sommes de deniers qu'ils auroient été chargés de lever sur lesdites Elections, par les mandements & commissions qui leur seroient adressés par ses ordres.

Le Roi ordonna que ces Receveurs-Généraux jouiroient de tous les droits, honneurs, prérogatives & privileges dont jouissoient ceux supprimés en 1780.

Il accorda à chacun desdits Receveurs-Généraux, pour leur tenir lieu de gages, l'intérêt de la finance de leur Office, à raison de cinq pour cent par an, sans retenue du dixieme & de la capitation, & les exempta du centieme-denier & du payement du dixieme d'amortissement.

Il ordonna que les taxations dont jouissoient les anciens Receveurs-Généraux des Finances, demeureroient réduites à trois deniers pour livre seulement sur le montant de chacune des différentes natures d'impositions dont ils feroient le recouvrement. Cet Edit enrégistré en la Chambre des Comptes, le 16 Octobre 1781. (Code des Tailles, Tome V, page 347.)

1781.

EDIT du mois de Novembre 1781, qui ordonne que les appels de Sentences du Bailliage de Bar-le-Duc, pour les affaires concernant les Fermes & les différents droits dont la connoissance appartient audit Bailliage, soient portées en la Cour des Aides de Paris pour y être jugées en dernier ressort; enrégistré en la Cour des Aides, le 11 Décembre 1781. (Code des Tailles, Tome V page 353.)

DÉCLARATION du 4 Décembre 1781, qui ordonne que, dans le cas où il y auroit saisie ou oppositions concurremment faites tant par les Collecteurs des tailles, que par ceux de l'impôt du sel, la connoissance des contestations résultantes desdites saisies & oppositions appartiendra à ceux des Officiers des Jurisdictions des Gabelles, ou des Elections qui auront été les premiers saisis desdites contestations, chacun dans leur ressort en premiere instance, & par appel aux Cours des Aides; dérogeant à cet égard seulement à ce qui est porté par la Déclaration du 4 Décembre 1679, laquelle sera au surplus exécutée en ce qui n'est pas contraire à ces présentes: enrégistrée en la Cour des Aides, le 2 Janvier 1782. (Code des Tailles, Tome V, page 355.)

1782. *EDIT du Roi, portant création de Receveurs particuliers des Finances. (Code des Tailles, Tome V, page 362.)*

Janvier 1782.

LOUIS, &c. Par notre Édit du mois d'Octobre dernier, nous avons créé deux Offices de Receveurs-Généraux de nos Finances pour chacune des Généralités où ils avoient été anciennement établis, notre intention étant, ainsi que nous l'avons annoncé, qu'ils soient garants & responsables envers nous des deniers dont le recouvrement est confié aux Receveurs particuliers de leurs départemens respectifs, nous avons pensé qu'il étoit nécessaire de fixer définitivement l'état, la finance, les attributions des Offices de ces Receveurs particuliers, & d'assujettir ceux qui voudront à l'avenir en obtenir des provisions, à rapporter préalablement le consentement des Receveurs généraux. A ces causes, &c. voulons & nous plaît ce qui suit:

I. Nous avons éteint & supprimé, éteignons & supprimons tous les Offices de Receveurs des tailles & de Receveurs des impositions actuellement existans dans les Généralités, dans lesquelles nous avons établi des Receveurs généraux de nos Finances, par notre Edit du mois d'Octobre dernier; & de la même autorité, avons créé & établi, créons & établissons, en titre d'Offices formés & héréditaires, deux Offices de Receveurs particuliers de nos Finances dans chaque Election, Bailliage & Bureau desdites Généralités. 1782.

II. Lesdites suppression & création n'auront lieu, pour les Offices de Receveurs des tailles, ou de Receveurs des impositions, qui sont actuellement exercés par des titulaires, qu'à compter du premier Janvier prochain; & en conséquence les pourvus desdits Offices continueront leur exercice jusqu'audit jour, sans aucun changement à leur état actuel.

III. A l'égard des Offices, qui se trouveront vaçans au jour de la publication de notre présent Edit, ou qui viendroient à vaquer avant le premier Janvier prochain, ceux auxquels nous jugerons à propos d'en accorder des provisions, ne jouiront jusqu'audit jour que des gages & taxations qui sont attribués aux anciens Offices, & ils ne commenceront à jouir des gages & taxations fixés par notre présent Edit, qu'à compter du premier Janvier 1783.

IV. La finance des Offices supprimés par l'article premier de notre présent Edit, sera & demeurera fixée & liquidée à celle pour laquelle chacun desdits Offices a été employé dans les rôles qui en ont été arrêtés en notre Conseil, en exécution de l'Edit du mois de Février 1771.

V. Les Receveurs particuliers de nos Finances, créés par l'article premier de notre présent Edit, feront alternativement d'année en année, à compter du premier Janvier prochain, la recette de toutes les sommes qui seront imposées par nos ordres, sur les Paroisses de leur département, & qui étoient perçues par les Receveurs des Tailles ou des impositions, voulons qu'ils les remettent, sans délai ni divertissement, au Receveur général de nos Finances en exercice.

VI. Lesdits Receveurs particuliers jouiront de tous les droits, honneurs, prérogatives & privileges dont jouissoient les Receveurs des tailles supprimés par l'Edit du mois d'Août 1775, & ceux des impositions supprimés par le présent Edit.

VII. La finance des nouveaux Offices sera & demeurera fixée à la somme pour laquelle chacun d'eux sera employé dans les rôles que nous ferons arrêter en notre Conseil. Faisons défenses de les vendre en aucun cas & sous aucun prétexte, au-delà du prix de ladite finance; déclarons nulles & de nul effet toutes conventions contraires; voulons qu'en cas de contravention, le vendeur soit condamné à la restitution de l'excédent au profit de l'Hôpital du lieu, & l'acquéreur déclaré incapable de posséder à l'avenir aucune charge ou emploi de finance.

VIII. Ceux qui prêteront leurs deniers pour l'acquisition desdits Offices, auront hypotheque & privilege spécial sur iceux, par privilege à tous autres créanciers, nous exceptés; & il en sera fait mention dans les quittances de finance qui seront expédiées par les Gardes de notre Trésor Royal: voulons néanmoins que les créanciers déjà affectés par privilege sur le montant des anciennes finances, conservent leur droit d'antériorité sur les nouveaux prêteurs; & à cet effet permettons auxdits Receveurs particuliers de faire insérer dans les quittances des Gardes de notre Trésor Royal, les déclarations nécessaires pour opérer toute sûreté en faveur de leurs anciens créanciers.

IX. Avons accordé & accordons à chacun desdits Receveurs particuliers, pour leur tenir lieu de gages, l'intérêt de la finance de leurs Offices, à raison de cinq pour cent par an, sur lesquels gages il leur sera retenu, chaque année, le dixieme & la capitation; & au moyen desdites retenues, nous exemptons lesdits

1782. Receveurs & leurs successeurs du centieme-denier & du dixieme d'amortissement; les déchargeons pareillement, à toujours, desdites impositions, & de toutes autres représentatives & équivalentes à icelles; voulons en conséquence que les sommes qui peuvent avoir été payées par lesdits Receveurs des tailles ou des impositions pour le rachat du centieme-denier ordonné par nos Lettres-Patentes du 27 Février 1780, entrent dans la liquidation des finances de leurs anciens Offices, pour ce qui leur reste à jouir dudit rachat, & ce à compter du premier Janvier prochain.

X. Les taxations dont jouissoient les anciens Receveurs des tailles ou des impositions, demeureront réduites, à compter du premier Janvier 1783, à 3 deniers pour livre, sur le montant du brevet général, & à deux deniers sur le montant des vingtiemes & sols pour livre du premier vingtieme; les autorisons à retenir par leurs mains lesdits gages & taxations.

XI. Lesdits Receveurs particuliers des Finances seront tenus de rendre compte dans l'année qui suivra chacun de leurs exercices, de toutes leurs recettes & dépenses, aux Receveurs-Généraux de leurs Généralités; & au moyen de l'arrêté desdits comptes, ils seront & demeureront pleinement déchargés envers nous, sans qu'ils ayent besoin de compter en nos Chambres des Comptes.

XII. Ceux qui voudront obtenir des provisions des Offices de Receveurs particuliers de nos Finances créés par notre présent Edit, seront tenus de nous représenter le consentement des Receveurs-Généraux de la Généralité: & au moyen dudit consentement, lesdits Receveurs-Généraux de nos Finances demeureront civilement & pleinement garants & responsables envers nous de leur solvabilite.

XIII. Les Receveurs des tailles ou des impositions qui sont actuellement en exercice, seront admis à lever les Offices créés par notre présent Edit, & à donner leur ancienne finance en payement de la nouvelle, jusqu'à due concurrence; voulons qu'ils soient préférés à tous autres, en rapportant préalablement le consentement des Receveurs-Généraux de la Généralité. Voulons pareillement que, dans le cas où nous jugerions à propos de leur accorder l'agrément de l'un ou des deux Offices créés pour la même Election ou Bailliage, ils soient dispensés de prendre de nouvelles provisions, & de prêter un nouveau serment, & qu'ils puissent continuer d'exercer lesdits nouveaux Offices, en vertu de leurs anciennes provisions & réceptions.

XIV. En cas de décès, absence, faillite, ou divertissement de nos deniers de la part d'aucuns desdits Receveurs particuliers, il sera procédé à l'apposition des scellés, à l'inventaire & à la vente de leurs effets, comme aussi à la vérification de leur situation & débet, par les Officiers de nos Elections du ressort, & à la charge de l'appel en nos Cours des Aydes.

XV. Toutes lesdites procédures & autres de pareille nature seront faites tant dans les Sieges desdites Elections, qu'en nosdites Cours des Aydes, à la requête de nos Procureurs-Généraux, ou de leurs Substituts, poursuite & diligence desdits Receveurs-Généraux de nos Finances, sans qu'ils soient obligés d'appeller les Contrôleurs des restes.

XVI. Voulons au surplus que les dispositions de notre Edit du mois d'Août 1669 soient exécutées selon leur forme & teneur, en ce qui concerne lesdits Receveurs particuliers des Finances, & qu'en conséquence lesdits Receveurs-Généraux puissent exercer sur les personnes & biens desdits Receveurs particuliers les mêmes droits, privileges & hypotheques qui nous appartiennent sur nos Officiers comptables. Si donnons en mandement, &c.

Donné à Versailles, au mois de Janvier, l'an de grace mil sept cent quatre-vingt-deux, & de notre regne le huitieme. *Signé* LOUIS; & plus bas, par le Roy, AMELOT. 1782.

Registré en la Cour des Aydes, le 16 Janvier 1782.

EDIT *de Janvier 1782, registré en la Cour des Aides, le 15 Février suivant, portant suppression de la Charge de Contrôleur ordinaire de la cuisine-bouche; & création d'une Charge de Contrôleur ordinaire & de quatre Contrôleurs de la Maison du Roi, servants par quartier.*

ARRÊT *du Conseil, du 3 Février 1782, qui ordonne que les propriétaires des maisons & autres biens dépendants des Paroisses de la Ville de Paris, continueront d'être imposés dans les rôles de la capitation & des vingtiemes de ladite Ville, soit que lesdites maisons ou terres soient situées dans l'étendue des lieux sujets aux droits d'entrée de la Ville, ou au-delà, & que les propriétaires & les locataires des maisons & autres biens situés dans l'étendue des lieux sujets aux droits d'entrée de ladite Ville, quoique dépendants des Paroisses taillables, continueront pareillement d'être imposés à la capitation & aux vingtiemes dans les rôles de ladite Ville, sans préjudice des impositions qu'ils pourront devoir dans lesdites Paroisses taillables, pour la propriété ou exploitation des autres biens qu'ils posséderont ou feront valoir, au-delà des limites fixées pour la perception des droits d'entrée; voulant que tous les Habitants des Paroisses taillables, dont les maisons & terres seront situées au-delà des lieux déterminés pour les entrées de ladite Ville, rentrent, dès la présente année 1782, dans les rôles desdites Paroisses taillables, & ne contribuent plus aux impositions & charges de ladite Ville de Paris. (Code des Tailles, Tome V, page 368.)*

1782.

LETTRES-PATENTES portant attribution à la Cour des Aides de Paris, de la connoissance des procès & différends mus & à mouvoir dans le ressort de la Cour des Aides de Clermont-Ferrand.

5 Mars 1782.

LOUIS, &c. A nos amés & féaux Conseillers les Gens tenans notre Cour des Aydes à Paris ; salut : par nos Lettres de Déclaration du 19 du mois de Février dernier, nous avons, pour les causes y contenues, interdit les Officiers de la Cour des Aydes de Clermont-Ferrand, de tout exercice & fonctions de leurs Charges, soit en Corps ou autrement, avec défenses à tous nos Sujets de les reconnoître en qualité de Juges : il nous a paru nécessaire de pourvoir en même temps à l'administration de la Justice pendant ladite interdiction, dans le ressort de ladite Cour, & connoissant votre zele & votre affection pour notre service, nous avons estimé ne pouvoir mieux faire que de vous confier cette administration. A ces causes, &c. vous attribuons la connoissance de tous les procès & différends mus & à mouvoir entre nos Sujets du ressort de notredite Cour des Aydes de Clermont-Ferrand, qui sont de la Jurisdiction de ladite Cour ; vous ordonnons de faire aux Parties bonne & brieve justice ; voulons que les Arrêts, Jugemens & autres actes qui seront par vous rendus en la qualité susdite, soient de telle force & vertu que ceux qui sont par vous donnés sur les procès & différends de nos Sujets de votre ressort ; le tout jusqu'à ce que par nous autrement en ait été ordonné : de ce faire vous donnons pouvoir, autorité, commission & mandement spécial. Enjoignons à tous nos Sujets du ressort de ladite Cour des Aydes de Clermont-Ferrand, de vous reconnoître, obéir & entendre ès choses dépendantes du fait de vos Charges, & au Greffier de ladite Cour des Aydes de Clermont-Ferrand, ses Clercs ou Commis, de porter ou envoyer incontinent & sans délai au greffe de notre Cour des Aydes de Paris, tous les papiers, pieces & procédures qui seront en ses mains, concernant les procès & différends de nosdits Sujets de la Cour des Aydes de Clermont-Ferrand. A quoi faire, en cas de refus, ils seront contraints par le premier notre Huissier sur ce requis, par toutes voies dues & raisonnables, sans pour ce demander *placet*, *visa* ni *pareatis*. Car tel est notre plaisir.

Données à Versailles, le cinquieme jour du mois de Mars, l'an de grace mil sept cent quatre-vingt-deux, & de notre regne le huitieme. *Signé*, LOUIS ; & plus bas, par le Roy, AMELOT.

Registrées, oui & ce requérant le Procureur-Général du Roy pour être exécutées selon leur forme & teneur, suivant l'arrêté de ce jour ; imprimées, lues, publiées, & copies collationnées d'icelles envoyées aux Sieges du ressort de la Cour des Aydes de Clermont-Ferrand ; enjoint aux Substituts du Procureur-Général du Roy d'y tenir la main, & de certifier la Cour de leurs diligences au mois. Fait à Paris, en la Cour des Aydes, les Chambres assemblées, le huitieme jour de Mars mil sept cent quatre-vingt-deux. *Signé*, OUTREQUIN.

ARRÊTÉ

1782.

ARRÊTÉ au sujet de cet enrégistrement.

Dudit jour 8 Mars 1782.

QUE la Cour des Aydes n'a pu qu'être pénétrée de la plus vive douleur à la lecture desdites Lettres-Patentes, qui annoncent que les Magistrats de ladite Cour de Clermont-Ferrand ont perdu la confiance de Sa Majesté, prononcent contre le Tribunal entier une peine aussi grave que peu commune, dont les conséquences sont si affligeantes pour les justiciables de cette Cour, qu'elle les place dans la dure alternative de renoncer à des droits légitimes, ou de venir à grands frais chercher dans la Capitale les Juges qui remplacent ceux dont ils avoient le bonheur de jouir dans le sein même de leur Province; que si la soumission & le respect aux ordres de Sa Majesté n'ont pas permis à sa Cour des Aydes de se refuser à un enregistrement qui coûte cependant autant à son cœur, qu'à son attachement à l'honneur des Magistrats griévement inculpés aux yeux de la Nation entiere; elle ose espérer que Sa Majesté ne désapprouvera pas les justes mouvemens de la sensibilité de sa Cour des Aydes, & écoutera avec intérêt ses très-humbles & très-respectueuses supplications, & daignera faire rentrer dans ses bonnes graces, & rétablir dans la plénitude de leurs fonctions, des Magistrats que l'excès de leur zele a pu présenter comme coupables, mais dignes, par leur fidélité à la personne sacrée du Souverain, de recouvrer sa confiance & ses bontés.

Du 9 Avril.

Ce jour, Chambres assemblées, M. le Premier Président a dit qu'en exécution de l'arrêté de la Cour, du 20 Mars dernier, il s'étoit rendu à Versailles, le Samedi 23 dudit mois avec MM. les Présidens de Boisgibault & Choart.... qu'ils avoient été introduits dans le cabinet de Sa Majesté, où elle étoit avec M. le Garde des Sceaux, les Ministres & Seigneurs de la Cour, qu'il avoit eu l'honneur d'adresser la parole au Roy, en ces termes:

« SIRE, votre Cour des Aydes, en procédant à l'enregistrement des Lettres-» Patentes qui lui attribuent momentanément la connoissance des contestations » du ressort de la Cour des Aydes de Clermont-Ferrand, nous a chargés de re-» mettre à Votre Majesté un arrêté qui tend, Sire, à vous supplier de rendre » vos bonnes graces aux Magistrats de la Cour des Aydes de Clermont-Ferrand, » & de rendre à la Province les Juges naturels dont elle se trouve privée par » une peine très-grave & peu commune ».

Que Sa Majesté, après avoir pris & lu ledit arrêté, leur avoit fait l'honneur de leur répondre:

« Je suis content du zele & de la soumission de ma Cour des Aydes, elle » doit être assurée de ma protection & de ma confiance. A l'égard des affaires » de la Cour des Aydes de Clermont-Ferrand, je ferai connoître mes intentions, » quand je jugerai à propos ».

17 Avril.

Arrêté, Chambres assemblées, que M. le Premier Président sera chargé d'employer ses bons offices auprès de Sa Majesté, à l'effet de la supplier de rendre ses bonnes graces aux Officiers de la Cour des Aydes de Clermont-Ferrand, & de les rétablir dans leurs fonctions.

1782.

Lettres-Patentes du 8 Mars 1782, enregistrées en la Cou[r] des Aides, le 5 Juillet suivant, portant désunion des Charges d[e] Grand-Fauconnier de France, & de Capitaine du premier vol pou[r] corneilles, de la Grande-Fauconnerie de France.

Arrêt de la Cour des Aides, qui fait défenses aux Huissiers d[e] rien exiger des Substituts de M. le Procureur-Général du Roi, à raison des actes & significations qu'ils font à leur requisition. (Code des Tailles, Tome V, page 370.)

12 Mars 1782.

LOUIS, &c. Vu par notredite Cour la requête présentée par notre Procureur-Général, expositive qu'ayant envoyé à son Substitut en l'Election de Confolens l'Arrêt de notredite Cour, du 29 Janvier dernier, sondit Substitut n'ayant trouvé sur les lieux aucun Huissier de l'Election, chargea le nommé Ingrand, Huissier en la Jurisdiction des Traites de Ruffec, de faire les significations ordonnées par ledit Arrêt, que cet Huissier qui étoit alors à Confolens, a faussement fait mention dans les significations par lui faites, qu'il s'étoit transporté exprès de sa résidence ordinaire, distante de huit lieues, & a exigé que sondit Substitut lui payât une somme de 7 liv. 16 s. 6 d., à raison de ces significations; qu'il répugne que ses Substituts soient tenus de faire aucunes avances pour raison des actes requis par leur ministere; que l'Huissier Ingrand a commis une concussion en exigeant 7 liv. 16 s. 6 d. au lieu de 15 s. seulement qui lui étoient dus, conformément au Réglement du 17 Février 1688; & que la fausseté de la mention du transport insérée dans les significations faites par cet Huissier, semble ajouter à l'indécence de sa conduite. A ces causes requéroit notredit Procureur-Général, &c.

Notredite Cour condamne l'Huissier Ingrand à rendre & restituer au Substitut de notre Procureur-Général en l'Election de Confolens, ladite somme de sept livres, seize sols, six deniers; lui enjoint d'obéir au premier commandement, à peine d'y être contraint, même par corps; lui fait défenses de plus à l'avenir rien exiger ni recevoir des Substituts de notre Procureur-Général, à raison des actes & significations qu'il fera en leur nom de Substituts; lui fait pareillement défenses de plus à l'avenir faire aucunes fausses mentions de transport dans ses actes & significations; & pour l'avoir fait, l'interdit de ses fonctions d'Huissier pendant un mois. Si te mandons, &c.

Donné à Paris, en la premiere Chambre de notre Cour des Aydes, le douzieme jour du mois de Mars mil sept cent quatre-vingt-deux. *Signé*, Outrequin.

1782.

ARRÊT du Conseil, du 19 Mars 1782, qui, sans s'arrêter à la Sentence de l'Election de Saint-Lo, du 19 Décembre 1778, ordonne que les tableaux des Collecteurs, les actes de leurs nominations, appellés tableaux de récolement, & les délibérations concernant les enrôlements & dérôlements à faire dans les rôles des Tailles, seront expédiés sur papier timbré, avec défenses de les recevoir, signifier & produire en Justice dans une autre forme, à peine de 300 livres d'amende. (Code des Tailles, Tome V, page 372.)

SENTENCE de l'Election de Paris, rendue en faveur du sieur Louis Sarran, Bourgeois de Paris; qui déclare son imposition aux rôles des Tailles de Villiers-la-Garenne, nulle; & qui, sur les conclusions du Procureur du Roi, fait défenses aux Habitants & Collecteurs de ladite Paroisse de l'imposer à l'avenir, ainsi qu'aux Habitants & Collecteurs de toutes les Paroisses du ressort, d'imposer les Particuliers, au préjudice des Sentences du Siege, lorsqu'elles ne seront attaquées ni par appel, ni par opposition. (Code des Tailles, Tome V, page 373.)

20 Mars 1782.

SUR la requête faite en jugement devant nous, par Me Nicolas Lebon, Procureur du sieur Louis Sarran, Bourgeois de Paris, y demeurant quai de la Mégisserie, demandeur aux fins de ses requête & exploit d'assignation des 2 & 3 Mars présent mois 1782, tendant à ce qu'il fût reçu opposant à la cotte & imposition à lui données au rôle des tailles de la Paroisse de Villiers-la-Garenne de la présente année; faisant droit sur son opposition, notre Sentence du 28 Juillet dernier fût exécutée selon sa forme & teneur; en conséquence, attendu qu'au préjudice d'icelle, il se trouvoit encore imposé à la taille, ladite cotte fût déclarée nulle & de nul effet; elle fût rayée & biffée sur le rôle; il fût déchargé du payement des sommes y portées; les Habitans, ou Collecteurs de Villiers-la-Garenne fussent tenus de les acquitter, en leurs propres & privés noms; il fût fait défenses auxdits Collecteurs de mettre leur rôle à exécution contre lui, & aux uns & aux autres de plus à l'avenir l'imposer, à peine de toutes pertes, dépens, dommages & intérêts; lesdits Habitans, ou Collecteurs fussent condamnés solidairement aux dépens, lesquels seroient en tous cas réimposés à son profit sur ladite Paroisse, à la prochaine assiette des tailles, en la maniere accoutumée; contre les Habitans de la Paroisse de Villiers-la-Garenne, & Collecteurs de ladite Paroisse de l'année présente; les premiers comparans par les sieurs Prevot & Riffaut, leurs Procureurs-Syndics de l'année derniere & de la

1782. présente; & lesdits Collecteurs en personne, conformément à notre Sentence du 13 Mars présent mois, rendue sur les conclusions du Procureur du Roy, par laquelle il a été dit qu'à sa requête, lesdits Collecteurs & Syndics seroient tenus de comparoître en personnes à notre Audience, pour rendre compte de leur conduite; lecture faite de ladite Sentence: oui Me. Auger, Avocat du Roy, pour le Procureur du Roy, & faisant droit sur son requisitoire,

Nous avons ordonné que lesdits Syndics & Collecteurs seroient entendus:

Et après que Prevot, Riffaut, Tantin & Boutard, Syndics & Collecteurs de ladite Paroisse de Villiers-la-Garenne, des années 1781 & 1782, ont été entendus, ainsi que Sabat, Syndic de ladite Paroisse de l'année 1780, présent à l'Audience; après que ledit Me. Lebon a conclu pour sa Partie; oui ledit Me. Auger, Avocat du Roy, en ses conclusions, pour le Procureur du Roy:

Nous avons ordonné qu'il en seroit délibéré à l'issue de l'Audience;

Et après qu'il en a été délibéré,

Nous recevons la Partie de Lebon opposante à la cotte & imposition dont il s'agit; faisant droit sur son opposition, ensemble sur les conclusions du Procureur du Roy, lui donnons acte, ainsi qu'aux Syndics de 1780, 1781, 1782, & Collecteurs de la Paroisse de Villiers-la-Garenne 1782, des déclarations faites par lesdits Syndics & Collecteurs; ce faisant, ordonnons que notre précédente Sentence du 28 Juillet dernier, sera exécutée selon sa forme & teneur; en conséquence déclarons la cotte de ladite Partie de Lebon nulle & de nul effet; condamnons lesdits Collecteurs de 1782, à l'acquitter, en leurs propres & privés noms; faisons très-expresses & itératives défenses tant aux Habitans qu'aux Collecteurs de Villiers-la-Garenne, de plus imposer ladite Partie de Lebon; comme aussi faisons pareilles défenses à tous les Habitans & Collecteurs des Paroisses du ressort de ce Siege, de plus à l'avenir imposer les Particuliers, au préjudice de nos Sentences, quand elles ne seront attaquées ni par opposition, ni par appel; & ce, sous telles peines qu'il appartiendra; ordonnons que notre présente Sentence sera imprimée, publiée & affichée, à la diligence du Procureur du Roy, dans toutes les Paroisses de cette Election & par-tout où besoin sera; condamnons lesdits Collecteurs de Villiers-la-Garenne aux dépens. Si mandons, &c. le vingt Mars mil sept cent quatre-vingt-deux.

ARRÊT de la Cour des Aides, concernant la compétence des Officiers des Sieges de son ressort, sur les Prisonniers, dont les procès sont mus & pendants devant eux. (Code des Tailles, Tome V, page 376.)

10 Avril 1782.

LOUIS, &c. vu par notredite Cour la requête présentée par notre Procureur-Général, expositive que le nommé Bernard, Boucher à Mâcon, a été constitué prisonnier & écroué à la requête du Régisseur-Général de nos droits, en vertu d'une contrainte par lui décernée & visée par un Officier de l'Election de Mâcon; que ce Particulier vient d'obtenir son élargissement par Sentence du Lieutenant-Particulier du Bailliage de la même ville, qui, par une entreprise marquée sur la compétence de l'Election, s'est permis de faire droit sur une requête à lui présentée par ce Particulier; qu'à la vérité les Lettres-Patentes du 6 Février 1753 accordent au premier Officier de chaque Bailliage la police générale des prisons : mais qu'aux termes de ces mêmes Lettres-Patentes les différens Juges Royaux conservent le droit à eux appartenant de police & d'inspection sur les prisonniers dont les causes & procès sont mus & pendans devant eux, & notamment celui de statuer sur leur liberté provisoire & définitive. A ces causes requéroit notre Procureur-Général, &c.

Notredite Cour reçoit notre Procureur-Général appellant tant comme de Juge incompétent, qu'autrement, de la Sentence du Lieutenant-Particulier au Bailliage de Mâcon, tient son appel pour bien relevé, & y faisant droit, met l'appellation & ce dont étoit appel au néant ; émendant, fait défenses audit Lieutenant-Particulier de statuer à l'avenir sur l'élargissement des prisonniers dont les procès seront pendans en l'Election de Mâcon ; fait pareillement défenses au Geolier des prisons de Mâcon de relaxer aucun desdits prisonniers en vertu d'Ordonnances de Juges autres que ceux de l'Election, à peine d'en répondre en son propre & privé nom ; ordonne que le nommé Bernard sera rétabli dans la prison de Mâcon, à la diligence du Régisseur-Général, sauf à lui à se pourvoir ainsi qu'il avisera devant les Officiers de l'Election, ordonne que le présent Arrêt sera, à la requête de notre Procureur-Général, signifié au greffe du Bailliage de Mâcon, & registré tant à celui de la geole, qu'à celui de l'Election, à la requête de son Substitut audit Siege. Si te mandons, &c.

Donné à Paris, en la premiere Chambre, le dix Avril mil sept cent quatre-vingt-deux. *Signé*, LE PRINCE.

EDIT qui supprime l'Office de principal Commis du greffe en chef de la Cour des Aides. (Code des Tailles, Tome V, page 379.)

Juin 1782.

LOUIS, &c. Les fonctions de principal Commis du greffe en chef de notre Cour des Aydes à Paris, pouvant être exercées par le Préposé de la Régie qui se fait pour notre compte des droits de greffe, nous avons jugé du bon ordre de supprimer un Office devenu inutile, dont l'extinction opérera une économie dans nos dépenses. A ces causes, &c. éteignons & supprimons l'Office de principal Commis du greffe en chef de la Cour des Aydes à Paris, créé par Edit du mois de Février 1715. Voulons que celui qui en est propriétaire, soit tenu de remettre incessamment en notre Conseil ses quittances de finances, contrat d'acquisition, provisions, & autres titres de propriété, pour être procédé à la liquidation de ses finances, & pourvu à son remboursement ainsi qu'il appartiendra. Au moyen de quoi, les gages attribués audit Office seront rejettés de nos états, à compter du jour de l'enregistrement du présent Edit. Si donnons en mandement, &c.

Donné à Versailles, au mois de Juin, l'an de grace mil sept cent quatre-vingt-deux, & de notre regne le neuvieme. *Signé*, LOUIS ; & plus bas, par le Roy. *Signé*, AMELOT.

Registré en la Cour des Aydes, le 12 Juillet 1782.

1782.

EDIT de Juillet 1782, portant établissement d'un troisieme Vingtieme, à compter du premier Janvier 1783, jusqu'au dernier Décembre de la troisieme année après la signature de la paix, sur tous les objets assujettis aux deux premiers Vingtiemes, à l'exception de l'industrie, des Offices & des droits. (*Code des Tailles, Tome V, page 380.*)

ORDONNANCE du Bureau des Finances de la Généralité de Paris, qui renouvelle les dispositions des Réglements pour les réceptions au Bureau, des Officiers des Elections & Greniers à sel de la Généralité, sons les peines y portées.

Du 3 Août 1782.

DE PAR LE ROY :

Les Présidents-Trésoriers de France, Généraux des Finances en la Généralité de Paris.

SUR ce qui a été remontré par le Procureur du Roy, qu'encore que par les Edits, Ordonnances & Reglemens les plus formels, & notamment par celui du 3 Juillet 1725, il soit fait très-expresses inhibitions & défenses à tous Particuliers pourvus d'Offices dans les Sieges des Elections & Greniers à sel, de s'immiscer dans les fonctions de leurs Charges, sans préalablement avoir prêté serment & fait registrer leurs provisions en ce Bureau, à peine de radiation de leurs gages & de suspension de leurs Offices; qu'encore que, par le même Réglement, Sa Majesté ait fait pareillement défenses aux Officiers des Elections & Greniers à sel d'admettre & installer parmi eux aucun nouvel Officier, qu'il ne leur soit apparu de la prestation dudit serment, à peine d'en demeurer responsables en leurs propres & privés noms, cependant il est informé que plusieurs des Offices des Sieges d'Elections & Greniers à sel de la Généralité de Paris sont remplis & exercés par des titulaires qui n'ont point observé en ce Bureau les formalités prescrites non seulement par lesdites Ordonnances & Réglemens, mais même par les provisions que Sa Majesté a bien voulu leur accorder, & qu'une des causes qui empêche le Procureur du Roy d'apporter dans cette partie toute la vigilance de son ministere, provient de l'inexactitude avec laquelle la plupart des Greffiers des Elections & Greniers à sel s'acquittent de l'obligation qui leur est imposée par les Réglemens, notamment par les Edits des mois de Mai 1706 & Janvier 1708, d'envoyer annuellement au greffe du Bureau un état des Officiers dont leur Siege est actuellement composé, contenant leurs noms & dates de leurs provisions & réceptions; qu'il doit présumer qu'un oubli passager des Réglemens est l'unique motif auquel on doit attribuer leur inexécution; pour quoi il croit nécessaire d'en renouveller les dispositions. A ces causes, requéroit le Procureur du Roi qu'il y fût pourvu. Le Bureau, oui le rapport, faisant droit sur le requisitoire du Procureur du Roi, ordonne que lesdites Ordonnances & Réglemens, & notamment celui du 3 Juillet 1725, seront exécutés selon leur forme & teneur; en conséquence que ceux des Officiers des Elections & Greniers à sel de la Généralité de Paris, qui n'ont fait registrer en ce Bureau les provisions des Offices dont ils sont pourvus, & n'y ont point prêté le serment ordonné par icelle & par lesdits Réglemens, seront tenus de le faire dans un mois, à compter de ce jour, sous les peines aux cas appartenans; & jusqu'à ce, leur fait défenses, conformément aux Réglemens, de s'immiscer dans les fonctions desdits Offices : comme aussi ordonne que, dans le courant du présent mois, & dans le mois de Décembre de chaque année, les Greffiers des Elections & Greniers à sel seront tenus d'envoyer exactement au greffe du Bureau, des états certifiés véritables du nombre des Officiers dont lesdits Sieges sont actuellement composés, contenant leurs noms & surnoms, la date des provisions & réceptions desdits Officiers, ensemble le nombre des Offices vacans & les noms des derniers titulaires, & ce, à peine de radiation des gages desdits Greffiers dans les états du Roy, de l'amende de cinq cens livres portée par l'Edit de Mai 1706, & de suspension de leurs Offices: & seront copies collationnées des présentes envoyées aux Procureurs du Roy desdits Sieges des Elections & Greniers à sel de la Généralité de Paris, pour y être registrées; leur enjoint d'y tenir la main, & d'en certifier le Bureau dans la quinzaine; & sera la présente Ordonnance imprimée & affichée par-tout où besoin sera, & exécutée nonobstant opposition ou empêchement quelconque. Fait au Bureau des Finances de la Généralité de Paris, ce trois Août mil sept cent quatre-vingt-deux. *Signé*, DENIS, MERAULT, POYRIER, LAMBERT, HÉBERT, DE HAUTECLAIR, RUA & MALUS DUMITRY. Et par nosdits Seigneurs, DE SAINT-PERE. 1782.

(Voyez ci-après, page 1888, l'Arrêt de la Cour des Aides, du 9 Août 1782.

DÉCLARATION portant rétablissement de la Cour des Aides de Clermont-Ferrand.

3 Août 1782.

LOUIS, &c. Nous aurions, par nos Lettres-Patentes du 19 Février dernier, suspendu les fonctions des Officiers de notre Cour des Aydes de Clermont-Ferrand, & par notre Déclaration du 5 Mars suivant, attribué à notre Cour des Aydes de Paris, jusqu'à nouvel ordre la connoissance des matieres de la compétence de notredite Cour des Aydes de Clermont Ferrand; mais ayant reconnu que l'existence de notredite Cour est avantageuse à nos Sujets de la Province d'Auvergne, persuadés du zele des Officiers de notredite Cour, & de leur affection à notre service, nous avons jugé à propos de rétablir les choses dans leur premier état. A ces causes, &c. révoquons nosdites Lettres-Patentes, du 19 Février dernier, & notre Déclaration du 5 Mars suivant; ce faisant, avons remis & rétabli, remettons & rétablissons tous lesdits Officiers de notredite Cour des Aydes de Clermont-Ferrand en leurs fonctions, honneurs, autorités, prérogatives, prééminences, franchises, privileges, libertés, droits, fruits, profits, revenus & émolumens dont ils jouissoient auparavant nosdites Lettres-Patentes du 19 Février dernier. SI donnons en mandement, à nos amés & féaux Conseillers, les Gens tenans notre Cour des Aydes à Paris, que ces présentes ils ayent à enregistrer & le contenu en icelles garder, observer & exécuter selon sa forme & teneur, &c.

Donnée à Versailles, le troisieme jour du mois d'Août, l'an de grace mil sept cent quatre-vingt-deux, & de notre regne le neuvieme. *Signé*, LOUIS; & plus bas, par le Roy. *Signé*, AMELOT.

Registrée en la Cour des Aydes à Paris, le 7 Août 1782.

1782.

EXTRAIT des Registres de la Cour des Aides, au sujet des entreprises des Bureaux des Finances sur les Officiers des Elections & Greniers à sel. (Code des Tailles, Tome V, page 383.)

9 Août 1782.

CE jour, Chambres assemblées, les Gens du Roy entrés en la Chambre, Me. JEAN-CHRISOSÔTME-ANTOINE-CLÉMENT DE BARVILLE, Avocat-Général, portant la parole, ont dit :

MESSIEURS,

Nos Substituts nous ont fait parvenir l'imprimé d'une Ordonnance des Officiers du Bureau des Finances d'Orléans, envoyée aux Sieges des Elections & Greniers à sel dans l'étendue de cette Généralité. Cette Ordonnance prononce l'interdiction, & ordonne la radiation des gages des sieurs Tenailles, de la Roche, & Dupin, Président, Grenetier & Procureur du Roi au Grenier à sel de Clamecy, pour s'être immiscés dans l'exercice des fonctions de leurs Charges, avant de s'être fait recevoir, & avoir prêté le serment requis audit Bureau.

Celui qui exerce le Ministere-Public au Bureau des Finances d'Orléans & les Officiers de ce Bureau ont pris occasion de cette circonstance; l'un pour provoquer, & les autres pour prononcer un réglement général, qui ordonne l'exécution des Edits & Réglemens; & fait défenses aux pourvus d'Offices dans les Elections & Greniers à sel de la Généralité d'Orléans, de se faire installer, & de s'immiscer dans leurs fonctions, sans avoir prêté le serment au Bureau, à peine de radiation de leurs gages & de suspension de leurs Offices; fait aussi défenses aux Officiers desdits Sieges de les admettre & installer, qu'il ne leur soit apparu de l'acte de réception & de prestation de serment.

Cet acte irrégulier en lui-même & dans ses accessoires, prend sans doute sa source dans l'obligation qui est imposée aux Officiers des Elections & des Greniers à sel, dans leurs provisions, de prêter serment pardevant les Officiers du Bureau des Finances.

Les provisions des Officiers des Elections & des Greniers à sel registrées en la Cour, portent dans leur adresse : « Si donnons en mandement à nos amés & féaux » Conseillers, les Gens tenans notre Cour des Aydes à Paris ; Présidens, Trésoriers de France & Généraux de nos Finances.... qu'étant apparu à notredite » Cour des Aydes, des bonnes vie, mœurs, & âge du susdit, conversation & » Religion Catholique, Apostolique & Romaine; & ayant pris de lui & reçu tant » par notredite Cour, que par nosdits Présidens, Trésoriers de France, le serment » requis & accoutumé, ils le reçoivent, mettent & instituent de par nous, en » possession dudit Office, l'en fassent jouir & user ... & lui fassent obéir.... Mandons en outre à nosdits Présidens, Trésoriers de France ..... que par les payeurs, » ils fassent payer & délivrer comptant, dorénavant par chacun an, audit sieur » les gages & droits audit Office appartenans, à commencer du jour & date de » sa réception; de laquelle, ainsi que des présentes, rapportant copie duement » collationnée pour une fois seulement, avec quittance de lui suffisante, nous

» voulons

1782.

„ voulons lesdits gages & droits être payés & alloués par nos amés & féaux Con- „ seillers les Gens de nos Comptes „.

C'est dans cette obligation des Officiers des Elections & des Greniers à sel, que le Bureau des Finances d'Orléans, a cru trouver un prétexte pour rendre l'Ordonnance que nous dénonçons à la Cour, comme attentatoire à beaucoup d'égards à son autorité.

D'abord ces Officiers s'arrogent un droit de *ressort*, que la décision même du Conseil de 1725, cité dans le requisitoire, ne leur pouvoit attribuer & ne leur attribue pas sur les Sieges ressortissans en la Cour. Le droit de ressort est un droit de supériorité, de réformation, de discipline, qui appartient à la Cour sur les Sieges inférieurs, & sur leurs Officiers, & qui n'a rien de commun avec les droits & les fonctions propres aux Trésoriers de France. L'ancienne association, la séance même que les Trésoriers de France ont eue anciennement en la Cour, les relations qui les constituoient supérieurs aux Elus, mais non supérieurs des Elections, ont été les principales causes & l'origine de l'usage qui oblige les Officiers des Sieges inférieurs de la Cour, à se présenter au Bureau des Finances, en y portant leurs provisions, & y prêtant serment. Des raisons particulieres ont pu autoriser la continuation de cette formalité à l'égard des Officiers des Elections, ou même des Greniers à sel d'impôt, à cause des fonctions qu'ils exercent encore conjointement avec ceux des Bureaux des Finances, lors des départemens ; l'obligation du serment est cependant la même pour les Officiers des Geniers à sel de vente volontaire, parce qu'on a voulu que la loi fût générale, les provisions des uns & des autres leur imposant la même nécessité; mais cette espece de notification, constatée par l'acte du serment qu'ils réiterent aux Bureaux des Finances, ne confere directement à ceux-ci aucun droit de Jurisdiction immédiate sur les Sieges établis dans la Généralité.

Aussi cette prestation de serment n'est-elle pas une réception proprement dite, ou si c'en est une quant à la formalité, & s'il se peut dire, quant au cérémonial, ce n'est point une vraie réception quant à l'effet ; c'est la réception en la Cour qui confere le caractere, & c'est l'installation dans le Siege, qui donne l'exercice. Aussi l'Ordonnance dont il s'agit n'a pas entrepris de prononcer la nullité des Jugemens & des actes auxquels les trois Officiers ont concouru. L'exercice qu'ils ont fait de leurs fonctions a été prématuré, mais il n'est pas nul.

Ce Jugement présente une autre irrégularité. Il porte suspension des fonctions de notre Substitut au Grenier à sel de Clamecy, faute d'avoir prêté le serment au Bureau des Finances. Notre ministere, Messieurs, est trop important, pour que son action puisse jamais être arrêtée. Les circonstances peuvent être quelquefois si instantes, que l'ordre public souffriroit beaucoup de sa moindre interruption. Aucun prétexte ne peut avoir autorisé les Officiers du Bureau des Finances d'Orléans, à mettre en péril la poursuite des crimes, quelquefois très-préjudiciables aux droits du Roy. Ils auroient dû connoître l'exception prononcée à cet égard, notamment par la décision du Conseil, du 21 Novembre 1780.

Ils montrent encore plus de rigueur à l'égard du Président & du Grenetier ; ils prononcent contr'eux l'interdiction ; ils en prolongent la durée; ils leur font supporter des frais extraordinaires, & cependant les décisions même du Conseil n'avoient réservé que de prononcer la simple suspension des fonctions.

Le Bureau des Finances d'Orléans ne s'est pas contenté d'avoir ainsi voulu se créer un ressort ; de prétendre donner l'état aux Officiers ressortissans de la Cour ; d'avoir confondu les fonctions de nos Substituts avec celles des Officiers, dont l'exercice n'est pas aussi instant ; d'avo substitué la peine effective

de l'interdiction à la peine comminatoire de la suspension : il a fait plus, &
1782. pour donner une entiere solemnité à des démarches aussi nouvelles, il a procédé par voie de réglement général ; dès-lors il a fallu l'envoyer aux Sieges établis dans la Généralité d'Orléans ; il a fallu les qualifier *de Sieges du ressort du Bureau*, & les traiter en effet, comme Juges ressortissans, en leur ordonnant la lecture, publication & enregistrement de l'Ordonnance du Bureau, avec injonction de s'y conformer. Mais comment se faire entendre de tant de Sieges, auxquels la voix des Officiers du Bureau des Finances est comme naturellement inconnue ? Il n'y avoit pas d'autre moyen que d'enjoindre à nos Substituts d'y tenir la main, & d'en certifier le Bureau. Il ne s'arroge cependant pas le droit de partager avec nous la supériorité qui les soumet à notre ministere, cette Ordonnance les qualifie de Procureurs du Roy aux Sieges des Elections & Greniers à sel.

Nous sommes en état de certifier la Cour, que la fidélité de la plupart des Sieges de son ressort, qui nous ont rendu compte de l'envoi à eux fait de l'Ordonnance que nous dénonçons, ne leur a pas permis de faire aucun acte de soumission envers le Bureau des Finances d'Orléans ; que cette Ordonnance n'y a été ni enregistrée, ni présentée ; mais il n'en est pas moins nécessaire d'empêcher qu'elle ne puisse servir d'exemple, & former le premier titre d'une possession, dont les Bureaux des Finances ne tarderoient pas à multiplier les actes. L'éclat que l'on a donné à l'Ordonnance du 3 du mois dernier dans la Généralité d'Orléans, a besoin d'être effacé par celui d'un Arrêt, qui, en rappellant aux Officiers du ressort leurs différens devoirs, établisse en même temps quelles sont les bornes dans lesquelles le pouvoir des Bureaux des Finances est renfermé, & qu'ils ne doivent point excéder. Tels sont les motifs des conclusions par écrit que nous avons l'honneur de vous présenter, & de laisser sur le Bureau, avec un exemplaire de l'Ordonnance du Bureau des Finances d'Orléans.

Les Gens du Roy retirés,

Lecture faite de ladite Ordonnance, du 3 Juillet 1782, & des conclusions du Procureur-Général du Roy, oui le rapport de M. Jacques le Courtois, Conseiller ; & tout considéré :

La Cour, Chambres assemblées, a cassé & annullé, casse & annulle ladite Ordonnance, comme étant attentatoire à l'autorité de la Cour, en ce que les Officiers du Bureau des Finances y qualifient les Sieges des Elections & des Greniers à sel de la Généralité, de *Sieges de leur ressort* ; en ce qu'ils ont prononcé la peine d'interdiction, contre les Officiers du Grenier à sel de Clamecy, qui s'étoient immiscés dans leurs fonctions, avant d'avoir prêté serment audit Bureau ; en ce que notamment ils ont entrepris d'enlever à ses fonctions le Substitut du Procureur-Général du Roy audit Siege du Grenier à sel de Clamecy ; en ce qu'ils ont ordonné la lecture, publication & enregistrement dudit prétendu Réglement du 3 Juillet dernier, avec injonction de s'y conformer ; enfin, en ce qu'ils ont enjoint aux Substituts du Procureur-Général du Roy d'y tenir la main, & d'en certifier le Bureau ; ordonne que l'Arrêt de la Cour, du 3 Mai 1780, sera exécuté selon sa forme & teneur ; fait défenses aux Officiers des Elections & des Greniers à sel du ressort de la Cour, de reconnoître d'autre ressort immédiat, que celui de la Cour ; & d'obtempérer aux Réglemens qui leur seroient envoyés par toute autre Jurisdiction, comme ressortissans en icelle ; ordonne que lesdits Officiers du ressort de la Cour, seront tenus de se conformer au devoir à eux imposé par leurs provi-

1782.

ſions regiſtrées en la Cour, de prêter devant les Tréſoriers de France de leur Généralité, le ſerment requis & accoutumé, après toutefois avoir été reçus en la Cour, ſur l'information & examen, & ſerment fait & prêté en icelle. Ordonne que le préſent Arrêt ſera imprimé & affiché à Paris & dans la Généralité d'Orléans, notamment à Orléans & à Clamecy; que copies collationnées d'icelui ſeront envoyées dans tous les Sieges du reſſort de la Cour, pour y être regiſtré : enjoint aux Subſtituts du Procureur-Général du Roy eſdits Siege d'y tenir la main, & de certifier la Cour de leurs diligences au mois. Ordonne pareillement que ledit Arrêt ſera ſignifié au Bureau des Finances de la Généralité d'Orléans. Donné en la Cour des Aydes, Chambres aſſemblées, le Vendredi neuf Août mil ſept cent quatre-vingt-deux. *Signé*, LE PRINCE.

ARRÊT du Conſeil, du 24 Août 1782, qui ordonne que les rôles qui ſeront formés pour la perception des premier, ſecond Vingtieme, quatre ſols pour livre du premier, & le troiſieme Vingtieme, ſeront arrêtés & rendus exécutoires par les Intendants. (Code des Tailles, Tome V, page 390.)

LETTRES-PATENTES en forme d'Edit, concernant les annobliſſements dans les Colonies Françoiſes, & les preuves de Nobleſſe à faire dans le Royaume par les Habitants deſdites Colonies. (Code des Tailles, Tome V, page 392.)

24 Août 1782.

LOUIS, &c. Les Roys nos prédéceſſeurs ont cru qu'il étoit de leur ſageſſe d'affectionner de plus en plus à leur ſervice, & d'exciter à la vertu, par des diſtinctions honorables, ceux de leurs Sujets qui avoient tranſporté leur fortune, fixé leur établiſſement, ou qui étoient nés dans les Colonies Françoiſes; pluſieurs Habitans de noſdites Colonies ayant, en conſidération des ſervices importans qu'ils avoient rendus, obtenu des Lettres de Nobleſſe, nous ſommes informés qu'on a cherché à ſemer des inquiétudes dans les familles deſdits Habitans, ſous le prétexte des révocations prononcées; premiérement, par la Déclaration du 27 Septembre 1664, des annobliſſemens accordés depuis le premier Janvier 1634; deuxiémement, par l'Edit du mois d'Août 1715, de ceux accordés depuis le premier Janvier 1689; troiſiémement, par l'Arrêt du Conſeil, du 2 Mai 1730, ſur le droit du joyeux avénement du feu Roy, notre honoré Seigneur & Ayeul, à la Couronne, de ceux accordés depuis 1643, juſqu'au premier Septembre 1715, dans le cas où l'on ne ſatisferoit pas à ce droit; quatriémement, par l'Edit du mois d'Avril 1771, de ceux accordés depuis le premier Janvier 1715, auſſi dans le cas où les ſommes qu'il impoſe ſur les annoblis ou ſur leurs deſcendans, ne ſeroient pas acquittées. Nous nous ſommes fait repréſenter ces Déclaration, Edits & Arrêt, & nous avons remarqué, par les objets d'adminiſtration qu'ils renferment, qu'ils étoient peu ſuſceptibles d'application à l'adminiſtration des Colo-

1782. nies Françoises, ni à la plupart des annoblissemens accordés aux Habitans d'icelles, conséquemment que l'exception à leur égard n'avoit point été nécessaire ; que d'ailleurs, s'il existoit dans nosdites Colonies quelques familles dont les titres d'annoblissement fussent dans le cas de la révocation prononcée par les Déclaration, Edits & Arrêt de notre Conseil ci-dessus mentionnés, & qui n'ont pas été enregistrés dans nos Conseils supérieurs de nosdites Colonies, il ne seroit pas juste que ces Familles perdissent la distinction de la Noblesse qui auroit de bonne foi déterminé des alliances honorables & des établissemens avantageux. Dans ces circonstances, nous pensons qu'il est de notre justice de venir au secours desdits Habitans, de reconnoître le zele & la fidélité qu'ils ont toujours montrés, de faire cesser la fausse application qu'on auroit pu donner auxdites Déclaration, Edits & Arrêt ; de fixer irrévocablement non seulement dans nos Colonies, mais même dans notre Royaume, l'effet des annoblissemens accordés à aucuns des Habitans d'icelles : nous avons, en même temps, jugé à propos de faciliter auxdits Habitans les preuves de noblesse qu'ils seront dans le cas de faire dans notre Royaume, en prenant toutefois les précautions nécessaires, pour écarter les fraudes qui pourroient en altérer la pureté. A ces causes, &c. voulons & nous plaît ce qui suit :

I. Les Lettres d'annoblissement accordées par nous ou par les Roys nos prédécesseurs, à aucuns Habitans de nos Colonies, ou à ceux qui depuis qu'ils auroient transporté leur domicile dans lesdites Colonies, auroient été annoblis, continueront d'avoir leur effet à l'égard de leurs enfans mâles & femelles, & descendans en ligne directe & en légitime mariage, soit dans nos Colonies, soit dans notre Royaume, pourvu que lesdites Lettres d'annoblissement aient été revêtues des formalités ordinaires & accoutumées, & qu'il ne puisse être valablement opposé, soit auxdits annoblis ou à leurs descendans, aucune dérogeance.

II. Leur noblesse sera comptée, à dater des enregistremens desdites Lettres d'annoblissement, dans nos Parlemens & autres nos Cours, & dans les Conseils supérieurs de nos Colonies, en la forme ordinaire & accoutumée. Voulons qu'ils en jouissent pleinement & paisiblement, sans qu'on puisse leur opposer, en aucun cas, la Déclaration du 27 Septembre 1664 ; l'Edit du mois d'Août 1715 ; la Déclaration du 27 Septembre 1723 ; l'Arrêt du Conseil du 2 Mars 1771, ni aucune autre Ordonnance ou Réglement dont nous n'avons pas ordonné l'enregistrement dans les Conseils supérieurs de nosdites Colonies.

III. Ordonnons que lesdits annoblis ou ceux de leurs descendans, nés dans nos Colonies, qui seront dans le cas de faire preuve de leur noblesse, seront tenus de rapporter, indépendamment de leurs Lettres d'annoblissement ou titres constitutifs de leur noblesse & des titres nécessaires pour justifier de leur filiation & possession de noblesse, un acte de notoriété du Conseil supérieur, dans le ressort duquel leur domicile sera établi, portant que les annoblis, depuis la date de leur titre d'annoblissement & leurs descendans, n'auront exercé aucun état incompatible avec la noblesse dont ils seront revêtus ; qu'ils auront pris les qualités nécessaires pour la conserver : ne pourra, ledit acte de notoriété être donné que d'après les conclusions de notre Procureur-Général, par le Conseil supérieur assemblé en nombre compétent ; & sera ledit acte signé par tous les Juges qui auront assisté à la séance, & par notre Procureur-Général.

IV. Attendu les partages des familles dont les titres originaux restent ordinairement en possession de la branche aînée, & vu le danger de confier à l'incertitude de la navigation, les originaux des titres justificatifs de la noblesse, voulons, sans tirer à conséquence, que les copies collationnées des titres constitutifs de noblesse, & Arrêt d'enregistrement d'iceux, soient admises dans les preuves que les Habitans de nos Colonies seroient obligés de faire dans notre Royaume : & seront lesdites copies attestées conformes aux originaux, & signées par nos Conseils supérieurs, chacun dans leur ressort, en observant les mêmes formalités prescrites par l'article III des présentes ; & sera en outre indiquée dans ladite attestation, la branche de la famille entre les mains de laquelle lesdits titres originaux seront restés.

V. Les descendans des annoblis, pour obtenir l'acte mentionné en l'article III, & dans la forme qui y est désignée, seront tenus de rapporter, outre le titre de leur annoblissement, les titres & autres actes civils, tels que contrats de mariage, partages, transactions, testamens & autre pieces admises dans les preuves de noblesse, & de les joindre à la requête qu'ils feront présenter au Conseil supérieur du ressort, à l'effet d'avoir ledit acte, lequel leur sera donné, comme ci-dessus, d'après les conclusions de notre Procureur-Général, de laquelle production il sera fait mention dans ledit acte.

VI. N'empêchons, soit nos Procureurs-Généraux esdits Conseils, soit nosdits Conseils supérieurs, chacun dans leur ressort, de requérir & ordonner, s'ils avisent qu'il en soit besoin, d'après les requêtes des Parties, pour avoir le certificat de non-dérogeance, une enquête dans laquelle seront entendus au moins quatre témoins notables, entre ceux que les Parties pourront indiquer au nombre de six, & que nos Procureurs-Généraux pourront choisir.

VII. L'enquête ne pourra être ordonnée que pour avoir le certificat de non-dérogeance : n'entendons qu'elle puisse suppléer au défaut de titres, ni au défaut de qualités nécessaires pour la conservation de la noblesse.

VIII. Les annoblis, pour avoir ledit acte, ne seront tenus de joindre à leur requête, que les Lettres d'annoblissement, ou le titre constitutif de leur noblesse.

IX. Les descendans des annoblis, pour obtenir la signature & attestation des copies conformes à l'original, & dans la forme mentionnée à l'article IV, seront tenus de joindre à leur requête le titre constitutif de leur noblesse, & de se conformer à l'article V ci-dessus.

X. N'entendons rien innover, pour ce qui regarde la production des pieces, à l'effet de justifier dans notre Royaume, de la noblesse de nos Sujets des Colonies, si ce n'est à l'égard du titre constitutif d'icelle ; lequel pourra être produit en copie collationnée dans la forme prescrite par l'article IV du présent Edit. Si donnons en mandement à nos amés & féaux Conseillers, les Gens tenans notre Cour des Aydes à Paris, &c.

Données à Versailles, au mois d'Août, l'an de grace mil sept cent quatre-vingt-deux, & de notre regne le neuvieme. *Signé*, LOUIS ; & plus bas, par le Roy, le Marquis DE CASTRIES.

Registrées en la Cour des Aydes, le 18 Décembre 1782.

1782.

EDIT portant ſuppreſſion des Offices d'Huiſſiers de la Cour des Aides, & création de pareils Offices. (Code des Tailles, Tome V, page 406.)

Septembre 1782.

LOUIS, &c. Le prix des Offices du premier Huiſſier & des ſept Huiſſiers ordinaires de notre Cour des Aydes à Paris, s'étant éloigné de la propottion qu'il devoit avoir avec le produit, & ceux qui ſont revêtus de ces Offices ne trouvant plus dans leur exercice le moyen de ſubſiſter avec décence, nous nous ſommes déterminés à ſupprimer les Offices exiſtans, & à en créer de nouveaux avec des finances conformes à l'état de ces Officiers. A ces cauſes, &c. voulons & nous plaît ce qui ſuit :

I. Nous avons éteint & ſupprimé, éteignons & ſupprimons l'Office de premier Huiſſier-Audiencier & les ſept Offices d'Huiſſiers-Audienciers ordinaires de notre Cour des Aydes à Paris. Ordonnons que les propriétaires deſdits Offices ſoient tenus de remettre inceſſamment en notre Conſeil leurs quittances de finance, contrats d'acquiſition, proviſions & autres titres de propriété, à l'effet d'y être procédé à leur liquidation ſur le pied de leurs évaluations, & pourvu à leur rembourſement, ainſi qu'il appartiendra.

II. Des mêmes pouvoir & autorité que ci-deſſus, nous avons créé & érigé, créons & érigeons en titre d'Offices formés un Office de premier Huiſſier-Audiencier & ſept Offices d'Huiſſiers-Audienciers ordinaires en notredite Cour des Aydes à Paris, dont nous avons fixé les finances, ſçavoir : celle du premier Huiſſier à la ſomme de 50,000 livres, & celle de chacun des ſept Huiſſiers ordinaires à la ſomme de 10,000 livres, leſquelles finances ſeront payées par ceux à qui nous accorderons l'agrément deſdits Offices, entre les mains du Tréſorier de nos revenus caſuels.

III. Ceux deſdits premier ou autres Huiſſiers ci-deſſus ſupprimés, qui ſeront par nous agréés pour remplir leſdits nouveaux Offices, pourront donner en payement de leur nouvelle finance leur liquidation juſqu'à due concurrence, & ils jouiront deſdits nouveaux Offices ſur leurs anciennes proviſions, ſans être tenus d'en obtenir de nouvelles, ni de ſe faire recevoir de nouveau, ou prêter ſerment en notredite Cour des Aydes, les en diſpenſant expreſſément. Il ſera fait ſeulement mention par un de nos Conſeillers en notre Conſeil Royal des Finances ſur leſdites proviſions, tant de la finance à laquelle les nouveaux Offices ſont fixés, que de la diſpoſition portée au préſent article.

IV. Avons attribué & attribuons auxdits Offices de premier Huiſſier & d'Huiſſiers ordinaires ci-deſſus créés les mêmes gages que ceux pour leſquels leſdits Offices ſupprimés étoient employés dans nos états ; & nous les confirmons au ſurplus dans les honneurs, rang, ſéances, privileges, fonctions & autres droits qui appartiennent aux premiers & autres Huiſſiers-Audienciers de nos Cours, & notamment dans les attributions faites particuliérement à ceux de notredite Cour des Aydes. SI donnons en mandement, &c.

Donné à Verſailles, au mois de Septembre, l'an de grace mil ſept cent quatre-vingt-deux, & de notre regne le neuvieme. *Signé*, LOUIS ; & plus bas, par le Roy, *Signé*, AMELOT.

Regiſtré en la Cour des Aydes, le 7 Septembre 1782.

1782.

ARRÊT de la Cour des Aides, qui ordonne que les actes & exploits faits à la requête des Substituts du Procureur-Général du Roi, continueront d'être exempts de tous droits de contrôle, petit-scel, greffe & autres droits. (Code des Tailles, Tome V, page 400.)

6 Septembre 1782.

LOUIS, &c. Vu par notredite Cour la requête présentée par notre Procureur-Général, expositive que les Déclarations des 21 Mars 1671 & 23 Février 1677, & plusieurs Réglemens du Conseil, notamment ceux des 27 Janvier & 30 Mars 1670, 13 Juin 1672, 12 Décembre 1676 & 29 Mai 1685, ont confirmé l'exemption des droits de contrôle, petit-scel, & autres nos droits, constamment accordée aux actes & exploits faits à la requête de nos Procureurs-Généraux & de leurs Substituts, pour l'instruction & Jugement des affaires tant civiles que criminelles, esquelles ils sont seuls Parties; que cette exemption a été confirmée plus récemment encore par un Réglement du 6 Janvier 1767 qui « dispense du payement des droits de contrôle, petit-scel, greffe & droits » réservés, tous exploits & actes de procédure à la requête du Ministere-Public, » dans les affaires où il est seul Partie, sauf au Fermier & à ses préposés à » se procurer, par voie de contrainte, le payement desdits droits par ceux » qui auront été condamnés par des dommages-intérêts, restitutions, amendes » ou dépens ». Que cependant il reçoit journellement des plaintes de la plupart de ses Substituts aux Sieges du ressort de notredite Cour, de ce que les Commis de Vincent René les contraignent au payement desdits droits, à raison des exploits de revendication qu'il font faire des causes qui, étant de la compétence de ces Sieges, sont portées en d'autres Jurisdictions & des Sentences qui font droit sur leurs demandes: qu'il paroît, que, pour justifier la perception des droits sur lesdits actes, les Commis de Vincent René se fondent sur les termes de la Déclaration déjà citée, du 23 Février 1677, laquelle porte: « demeureront exempts les exploits faits à la requête de nos Procureurs-Généraux » & de leurs Substituts, Promoteurs Ecclésiastiques & Procureurs-Fiscaux, *concernant la Police*, pour parvenir aux condamnations contre les contrevenans aux Ordonnances d'icelle »: que de ces termes les Commis de Vincent René concluent que les actes faits à la requête de nos Procureurs-Généraux ne doivent jouir de l'exemption de nos droits, que lorsqu'ils sont relatifs à la Police; & les demandes en revendication d'affaires ne concernant pas, selon eux, la Police, mais l'intérêt particulier des Sieges, ils en inferent que les actes relatifs à ces sortes de demandes, doivent acquitter nos droits; qu'il est facile de faire sentir le vice de ce raisonnement. D'abord la Déclaration du 23 Février 1677 contient, à la vérité, la disposition dont les termes viennent d'être rapportés; mais à la suite de ces termes, on lit ceux-ci: « demeureront pareillement exempts » les actes faits pour *l'instruction* & Jugement des affaires tant *civiles* que » criminelles esquelles nos Procureurs-Généraux ou leurs Substituts, Promoteurs » Ecclésiastiques & Procureurs-Fiscaux seront seuls Parties ». Ces termes sont trop clairs pour admettre la moindre interprétation. Il en résulte que, sans distinction d'aucuns actes, tous ceux auxquels nos Procureurs-Généraux, ou leurs Substituts sont seuls Parties, doivent être exempts de nos droits.

1782. C'est ainsi que s'en expliquent les Réglemens cités. Celui du 27 Janvier 1670 porte : « quant aux actes faits à la requête de ses Procureurs, veut & » ordonne Sa Majesté qu'ils soient contrôlés, sans pour ce payer aucun droit ». Celui du 30 Mars 1670 : « Seront exempts du payement des droits les » exploits faits à la requête des Procureurs de Sa Majesté, pour *l'instruction* & » Jugement des affaires tant *civiles* que criminelles, où ils seront seuls Parties ». Les mêmes termes se trouvent dans la Déclaration du 21 Mars 1671. On les trouve dans les Réglemens des 13 Juin 1672, 12 Décembre 1676 & 29 Mars 1685 : enfin on les trouve dans celui du 6 Janvier 1767 dont le texte est copié ci-dessus. Ainsi il faut distinguer deux dispositions dans la Déclaration du 23 Février 1677 : l'une qui exempte de nos droits les actes relatifs à la Police ; l'autre qui en exempte tous actes en affaires tant civiles que criminelles, esquelles le Ministere-Public est seul Partie. En second lieu, l'ordre des Jurisdictions fait partie de la grande Police, & les Cours sont spécialement chargées de veiller au maintien & à la conservation de l'autorité de chacune, d'y faire exécuter les Loix relatives aux objets de leur compétence par les ressortissans d'icelles, & d'empêcher les Parties de se choisir elles-mêmes des Tribunaux & des Juges : ainsi les Substituts de nos Procureurs-Généraux, en revendiquan les causes portées en d'autres Tribunaux que ceux où elles doivent être portées exercent une fonction de Police essentielle & qui tient au grand ordre de l'administration de la Justice. D'ailleurs le motif des Préposés de Vincent René fondé sur ce que les demandes en revendication d'affaires ne concernent que l'intérêt des Sieges, est odieux à l'égard de toutes les Jurisdictions, & s'applique d'autant moins aux Sieges du ressort de notredite Cour, qu'il est notoire que toutes les causes s'y jugent sommairement & sans frais ; que s'il étoit vrai que les seuls actes relatifs à la Police particuliere fussent exempts de nos droits, il n'y auroit en affaires *civiles* aucun des actes faits à la requête de ses Substituts, qui pût jouir de l'exemption, puisqu'il est encore notoire que ces Substituts n'ont aucune inspection sur les faits de cette Police. Enfin que, si la prétention des Commis de Vincent René pouvoit avoir lieu, ce seroit en vain que les Sieges du ressort de notredite Cour & notredite Cour elle-même, seroient autorisés par les plus anciens Réglemens, à revendiquer & à évoquer les affaires de leur compétence portées en d'autres Tribunaux, parce que l'assujettissement aux droits rallentiroit le zele de ses Substituts, qui d'ailleurs ne voudront pas avancer des frais dont ils ne pourront espérer le remboursement, attendu qu'il ne s'adjuge jamais de dépens dans les affaires où le Ministere-Public est seul Partie, & ils préféreroient sans doute d'abandonner les affaires, & de les laisser décider par les Tribunaux qui en seroient incompétemment saisis. A ces causes, requéroit notre Procureur-Général, &c. Notredite Cour ordonne que les Déclarations des 21 Mars 1671 & 23 Février 1677, & autres Réglemens conformes, seront exécutés selon leur forme & teneur ; en conséquence que tous exploits, Sentences & autres actes tant en affaires civiles que criminelles esquelles les Substituts de notre Procureur-Général seront seuls Parties, & notamment les actes relatifs aux demandes en revendication d'affaires quelconques, formées à la requête de sesdits Substituts, continueront d'être exempts de tous droits de contrôle, petit-scel, Greffe & autres nos droits ; fait défenses à tous Commis & Préposés à la perception desdits droits, de les exiger desdits Substituts à l'égard desdits actes, à peine d'être poursuivis suivant l'exigence du cas ; ordonne que le présent Arrêt sera signifié à Vincent René, pour qu'il ait à s'y conformer, & y faire obéir ses Commis & Préposés ; imprimé,

primé, & copies collationnées d'icelui envoyées aux Sieges du ressort de notredite Cour, pour y être lu, &c.

Donné à Paris, en la premiere Chambre de notre Cour des Aydes, le six Septembre mil sept cent quatre-vingt-deux. *Signé*, LE PRINCE.

LETTRES-PATENTES du 18 Septembre 1782, enrégistrées en la Cour des Aides, le premier Février 1783, portant que les Préposés aux quêtes pour la rédemption des Captifs, ne jouiront de l'exemption d'aucune charge publique. (Code des Tailles, Tome V, page 398.)

LETTRES-PATENTES en forme d'Edit, portant renouvellement & confirmation des privileges des Monnoyeurs, Ajusteurs & Taillereſſes du serment de France, & des Officiers des Monnoies. (Code des Tailles, Tome V, page 409.)

Octobre 1781.

I. POUR donner à nos Officiers Monnoyeurs, Ajusteurs & Taillereſſes de serment de France, un témoignage public de la satisfaction que nous avons de leurs services, & les faire jouir des honneurs, droits, privileges & exemptions qui leur appartiennent en qualité de Commensaux de notre Maison, & qui leur ont été accordés [par les Chartes, Edits, Déclarations & Arrêts énoncés dans cet article] nous avons, lesdits privileges, franchises, libertés & exemptions, approuvés... sous les modifications ci-après.

II. Voulons en conséquence que, conformément auxdites Chartes, Lettres-Patentes, Edits, Arrêts & Ordonnances, nos Officiers, Monnoyeurs, Ajusteurs & Taillereſſes de serment de France, soient & demeurent à perpétuité, eux, leurs veuves & enfans, francs & exempts de toutes tailles personnelles seulement, quoiqu'ils résident hors des Hôtels & Villes où l'on bat monnoye, & qu'ils fassent le commerce en détail; à l'effet de quoi nous avons dérogé & dérogeons pour ce regard seulement par ces présentes à tous Arrêts à ce contraires, & notamment à la Déclaration du 13 Juillet 1764, par rapport à la résidence, & aux conditions portées par l'article III de l'Edit de Juillet 1766, qui ne pourront leur être appliquées.

III. Voulons pareillement que nosdits Officiers Monnoyeurs, Ajusteurs & Taillereſſes soient exempts de toutes crues, subsides, aydes... & autres charges personnelles, publiques & de police, comme assiette & collecte de tous deniers, charges d'Eglise & d'Hôpitaux & autres, quoique non désignées, ou quelque dénomination qu'elles portent dans les différentes Provinces de notre Royaume...

VIII. Conformément à l'Arrêt de notre Conseil & aux Lettres-Patentes du 5 Février 1560, nos Officiers Monnoyeurs, Ajusteurs & Taillereſſes du serment de France ne continueront de jouir des privileges & exemptions que nous leur

1782. avons confirmées par ces présentes, qu'à la charge de justifier, tous les ans, de leurs services, par des certificats des Juges-Gardes de la Monnoye à laquelle ils seront attachés.

IX. Confirmons au surplus l'exécution des Ordonnances des mois de Juin 1680 & Juillet 1681, & des Réglemens relatifs à la jouissance des privileges desdits Officiers rendus postérieurement aux Lettres-Patentes du mois de Janvier 1719. En conséquence déclarons n'avoir entendu comprendre dans les privileges accordés par ces présentes, l'exemption de nos droits d'aydes, droits rétablis, droits réservés, octrois & autres droits de pareille nature à nous appartenans, auxquels les Officiers Monnoyeurs, Ajusteurs & autres Officiers des Monnoyes de France continueront d'être assujettis, conformément aux Ordonnances & autres Réglemens rendus sur le fait desdits droits. Si donnons en mandement, &c.

Données à la Muette, au mois d'Octobre, l'an de grace mil sept cent quatre-vingt-deux, & de notre regne le neuvieme. *Signé*, LOUIS; & plus bas, par le Roy. *Signé*, AMELOT.

Registrées, oui, & ce requérant le Procureur-Général du Roy pour être exécutées selon leur forme & teneur, & jouir par les impétrans de l'effet & contenu en icelles, aux charges y portées, & encore à la charge que les Prévôts, leurs Lieutenans & les Ouvriers Monnoyeurs, Ajusteurs & Taillereffes de la Monnoye de Paris, ne jouiront des privileges & exemptions portées auxdites Lettres-Patentes, que conformément aux Arrêts de la Cour des 16 Mars 1719 & 2 Septembre 1721, & en conséquence que lesdits Officiers & Ouvriers seront tenus de présenter à la Cour l'état desdits Officiers & Ouvriers, dressé selon l'ordre de leur réception & ancienneté; que dans le nombre de ceux qui seront compris audit état, lequel sera mis & déposé au greffe de la Cour, il n'y aura que quarante-six personnes qui auront droit de jouir desdits privileges: sçavoir, les six Officiers, Prévôts & Lieutenans, les douze plus anciens Monnoyeurs, les seize plus anciens Ajusteurs, & les douze plus anciennes Taillereffes; que, décès arrivant de l'un desdits plus anciens, le suivant sera mis & substitué en son lieu & place, de sorte qu'il ne puisse jamais y avoir plus de quarante-six personnes dudit état, jouissant en même temps des privileges : qu'à l'égard des Taillereffes, elles ne jouiront des privileges que tant qu'elles demeureront filles ou en viduité; que si elles se marient, les plus anciennes les remplaceront à l'effet de jouir des privileges; que ceux ou celles qui voudront se faire employer sur ledit état, à la place de ceux qui seront décédés, ou de celles qui seront décédées ou mariées, ne le pourront faire, qu'en rapportant acte de célébration de mariage, ou extraits mortuaires des employés, au lieu & place desquels ils desireront être substitués & employés : que lesdits quarante-six privilégiés ne jouiront des privileges, qu'en justifiant annuellement qu'ils sont employés dans l'état qui sera déposé au greffe de ladite Cour; que les contestations qui pourront naître à l'occasion de la jouissance desdits privileges & exemptions, seront portées en premiere instance aux Elections du ressort de la Cour, & par appel en la Cour, & que la Déclaration du 19 Janvier 1712, qui fixe le nombre des privilégiés en chaque Paroisse, sera exécutée à l'égard desdits Officiers & Ouvriers. Fait à Paris, en la premiere Chambre de la Cour des Aydes, le 12 Mars 1783. *Signé*, OUTREQUIN.

1782.

Lettres-Patentes qui accordent la jouissance des privileges des Commensaux, aux Officiers de bouche & commun supprimés par l'Edit d'Août 1780.

25 Novembre 1782.

Louis, &c. Ayant jugé à propos de supprimer par notre Edit du mois d'Août 1780, quatre cents six Charges de notre bouche & commun; nous aurions ordonné par l'article IX dudit Edit, que ceux desdits Officiers supprimés, qui auroient rempli les fonctions de leurs Charges pendant vingt années; & que ceux; qui n'ayant personnellement rendu que des services moins anciens, mais dont les peres auroient également exercé des Charges auprès de nous, jouiroient, leur vie durant, de tous les privileges, exemptions & immunités accordés aux autres Officiers Commensaux de notre Maison; nous aurions depuis ce temps, jugé à propos d'étendre cette disposition en faveur de ceux de nosdits Officiers, qui n'ayant pas les vingt années de service dans notre Maison, pourroient les completter par celui qu'ils auroient rempli dans des Charges qu'ils auroient exercées dans les Maisons des feues Reines & Dauphines; & d'accorder une marque distinguée de notre bienveillance, tant à nos dix-huit Gentilshommes servans, qu'à nos Contrôleurs, Clercs d'office supprimés, en leur conservant, leur vie durant, la jouissance de leurs privileges, quand bien même ils n'auroient en leur faveur aucun des titres prescrits par notredit Edit. Nous avons en conséquence signé & arrêté un état qui comprend tant nosdits Gentilshommes servans & Contrôleurs, Clercs d'office, que ceux des Officiers de notre bouche & commun supprimés, lesquels sont susceptibles de la conservation de leurs privileges; & voulant faire jouir tous lesdits Officiers portés audit état, ainsi que leurs veuves, tant qu'elles seront en viduité, de la grace que nous avons jugé à propos de leur accorder. A ces causes, &c. voulons & nous plaît que tous les Officiers dénommés audit état jouissent, leur vie durant, ensemble leurs veuves pendant leur viduité, des mêmes honneurs, privileges & exemptions dont ils ont ci-devant joui ou dû jouir, & dont jouissent les Officiers vétérans de notre Maison; à la charge par eux, & sous peine d'être déchus de la jouissance desdits privilèges, d'envoyer ou de remettre dans les trois premiers mois de chaque année, au Secretaire d'Etat ayant le département de notre Maison, un certificat de vie duement légalisé. Si donnons en mandement à nos amés & féaux Conseillers, les Gens tenans notre Cour des Aydes à Paris, que ces présentes, ensemble ledit état, ils ayent à faire registrer; & de leur contenu faire jouir & user les Officiers dénommés en icelui, pleinement & paisiblement; cessant & faisant cesser tous troubles & empêchemens, & nonobstant notre Edit du mois d'Août 1780, auquel nous avons dérogé & dérogeons, & que nous voulons au surplus être ponctuellement exécuté dans toutes les dispositions qui ne sont pas contraires à celles énoncées dans ces présentes, &c.

Données à Versailles, le vingt-cinquieme jour du mois de Novembre, l'an de grace mil sept cent quatre-vingt-deux, & de notre regne le neuvieme. *Signé*, LOUIS; & plus bas, par le Roy. *Signé*, Amelot.

Registrées, oui & ce requérant le Procureur-Général du Roi, pour être exécu-

1782. tées selon leur forme & teneur; & ordonné que l'état annexé auxdites Lettr sera déposé au greffe de la Cour. Fait à Paris, en la premiere Chambre de la Cour d Aydes, le onze Décembre 1782. *Signé*, LE PRINCE.

LETTRES-PATENTES du 28 Décembre 1782, enrégistrées en Cour des Aides, le 22 Janvier suivant, qui déclarent les remis & gratifications des Employés des Fermes insaisissables, comm leurs appointements.

1783. *ARRÊT du Conseil d'Etat du Roi, rendu contradictoirement entr le sieur Bellombre, & les Syndics, Collecteurs & Habitants de Paroisses de Champ, Jussy & Vaux, Election de Tonnerre; qu juge que ledit sieur de Bellombre exerçant son privilege, comm Noble, dans la Paroisse de Coulange-la-Vineuse, Généralité d Bourgogne, ne peut faire valoir en exemption de tailles, des terres, vignes & sainfoins dans les susdites Paroisses de l'Election de Ton nerre, Généralité de Paris.*

14 Janvier 1783.

Extrait des Registres du Conseil d'Etat.

VU au Conseil d'Etat l'Arrêt rendu en icelui, le 28 Août 1781, sur la requête des Syndics, Collecteurs & Habitans de Jussy, Champ & Vaux, par lequel Sa Majesté, ayant aucunement égard à ladite requête, auroit cassé & annullé l'Arrêt de la Cour des Aydes de Paris, dû 20 Juillet 1780, ainsi que tout ce qui s'en seroit suivi, ou auroit pu s'ensuivre; évoquant Sa Majesté à elle & à son Conseil, l'appel des Sentences de l'Election de Tonnerre des 28 Mars 1778 & 12 Juin 1779, & y faisant droit, auroit ordonné que lesdites Sentences sortiroient leur plein & entier effet, auroit déchargé les Collecteurs & Habitans des Paroisses de Jussy, Champ & Vaux, des condamnations prononcées contr'eux par ledit Arrêt du 20 Juillet 1780; auroit condamné le sieur de Bellombre en tous les frais faits dans ladite Cour, lesquels seroient liquidés par le sieur Intendant & Commissaire départi en la Généralité de Paris, & à la restitution des sommes que lesdits Habitans auroient pu être contraints de payer tant en vertu dudit Arrêt, qu'en conséquence des exécutoires des 25 & 26 Août 1780, avec les intérêts à compter du jour des payemens qu'ils en auroient faits; auroit condamné pareillement Sa Majesté ledit sieur de Bellombre au payement des sommes pour lesquelles il auroit été compris dans les rôles des tailles desdites Paroisses, postérieurement auxdites Sentences de l'Election de Tonnerre; auroit voulu Sa Majesté que pour celles pour lesquelles il n'auroit pas été imposé, il fût taxé d'office par ledit sieur Intendant & Commissaire départi en la Généralité de Paris, & qu'il continuât d'être imposé à l'avenir par les Collecteurs des tailles desdites Paroisses, tant qu'il feroit valoir des prés, vignes & autres biens dans lesdites Paroisses, outre & pardessus celles qu'il exploite en exemption dans celle de Bellombre; l'auroit condamné en outre au coût de l'Arrêt, liquidé pour tous dépens, dommages & intérêts, à la somme de deux cens livres, en ce non compris les droits de sceau, contrôle & signification. La requête présentée au Conseil par ledit sieur de Bellombre, tendante, pour les causes y contenues, à ce qu'il plaise à Sa Majesté le recevoir opposant à l'Arrêt ci-dessus; ce faisant, débouter les Syndics, Collecteurs & Habitans de Jussy, Champ & Vaux, de leurs demandes, fins & conclusions, avec dépens; ladite requête signée Dufour, Avocat dudit sieur de Bellombre; l'acte de signification étant au bas d'icelle, en date du 19 Novembre 1781. Autre requête des Syndics, Collecteurs & Habitans de Jussy, Champ & Vaux, employée pour réponse à celle ci-dessus, tendante pour les causes y contenues, à ce qu'il plaise à Sa Majesté, sans s'arrêter ni avoir égard à l'opposition dudit sieur de Bellombre, ordonner que l'Arrêt du Conseil, du 28 Août 1781, sera exécuté selon sa forme & teneur; & en ajoutant & augmentant, en tant que de besoin, aux conclusions par eux prises en leur requête en cassation, insérée audit Arrêt du Conseil, du 28 Août 1781, casser & annuller, aussi en tant que de besoin, l'Arrêt interlocutoire de la Cour des Aydes de Paris, du 6 Septembre 1779, seulement en ce que le sieur de Bellombre prétend en induire que, contre le texte précis des Edits, Déclarations & Arrêts de Réglement, qui fixent l'exercice du privilege des Nobles, à la faculté de faire valoir en exemption de taille, dans une seule Ferme qui n'excéderoit pas le labourage de quatre charrues, la Cour des Aydes, en admettant ledit sieur de Bellombre, par son Arrêt interlocutoire, à faire la preuve tant par titres que par témoins, pardevant les Officiers de l'Election de Tonnerre, qu'il n'excédoit pas son privilege, auroit entendu juger qu'il avoit pu faire valoir dans plusieurs Paroisses à la fois, & réduire la question de la preuve ordonnée, au seul point de savoir si pour ces exploitations dans plusieurs Paroisses, il excédoit le labourage de quatre charrues, & non à la question de savoir s'il faisoit valoir ou non dans différentes Paroisses; condamner ledit sieur de Bellombre en 1500 livres de dommages & intérêts, & aux dépens; ladite requête signée Parent, Avocat desdits Syndics, Collecteurs & Habitans des Paroisses de Jussy, Champ & Vaux; l'acte de signification étant au bas d'icelle, en date du 4 Mai 1782. Autre requête dudit sieur de Bellombre. employée pour réponse à celle ci-dessus, tendante, pour les causes y contenues, à ce qu'il plaise à Sa Majesté, attendu, 1°. le fait certain & non contesté, que ledit sieur de Bellombre ne fait valoir aucunes terres labourables, en sorte que loin d'excéder son privilege, il ne s'en prévaut même pas; 2°. que relativement aux prés, vignes & bois, & autres biens de cette nature, les Nobles les peuvent exploiter dans différentes Paroisses, sans abus du privilege qui ne porte que sur l'excédent des terres labourables, déclarer lesdits Habitans & Collecteurs de Jussy, Champ & Vaux, qui n'ont pas prouvé que le sieur de Bellombre fît valoir plus de quatre charrues de terres labourables, non-recevables dans leur demande en cassation, tant principale qu'incidente, avec dommages, intérêts & dépens; ladite requête signée Dufour, Avocat dudit sieur de Bellombre; l'acte de signification étant au bas d'icelle, du 23 Août 1782. Autre requête des Syndics, Collecteurs & Habitans de Jussy, Champ & Vaux, employée pour réponse à celle ci-dessus, tendante, pour les causes y contenues, à l'adjudication de leurs précédentes conclusions, avec dommages, intérêts & dépens; l'acte de signification étant au bas d'icelle, en date du 28 Novembre 1782, ensemble les pieces énoncées jointes auxdites requêtes: sçavoir, à celle du 19 Novembre 1781, un acte d'opposition signifié à la requête du sieur de Bellombre, au rôle des tailles de la Paroisse de Champ-sur-Yonne, en date du 11 Mars 1778; autre opposition du même jour, à la requête dudit sieur de Bellombre, au commandement du 28

1783.

1783. Février précédent; une quittance du 29 Juin 1778, donnée audit sieur de Bellombre par le sieur Desprez, Collecteur de Jussy; l'expédition en parchemin de l'Arrêt de la Cour des Aydes, du 4 Janvier 1779, qui défend aux Habitans de Jussy d'imposer le sieur de Bellombre à la taille pour l'année 1777; la copie d'une Sentence de l'Election de Tonnerre, du 6 Mars 1779, qui déboute le sieur de Bellombre de son opposition au rôle des tailles de Champ & Vaux, avec dépens; en suite de laquelle est la signification faite audit sieur de Bellombre de ladite Sentence le 11 Juin de la même année; un commandement recordé fait au sieur de Bellombre, le 28 Juin 1779, en vertu de ladite Sentence; des lettres de relief d'appel obtenues par le sieur de Bellombre, le 19 Juin précédent; une requête dudit sieur de Bellombre, du 29 Juillet 1779, par laquelle il articule des faits; la grosse de l'Arrêt interlocutoire de la Cour des Aydes, du 6 Septembre 1779, qui ordonne la preuve; divers actes de notoriété des Habitans des Paroisses où le sieur de Bellombre possède des biens, des 8 & 9 Novembre 1779; une requête dudit sieur de Bellombre, du 13 Décembre 1779, par laquelle il conclud, attendu les actes de notoriété ci-dessus, à la décharge de la taille; la grosse de l'Arrêt de la Cour des Aydes, du 20 Juillet 1780; celle signifiée, le 4 Mai 1782; la Sentence de l'Election de Tonnerre, obtenue par les Habitans de Jussy, Champ & Vaux, en date du 28 Mars 1778, qui déclare ledit sieur de Bellombre non-recevable dans son opposition au rôle des tailles; l'expédition de la Sentence rendue à l'Election de Tonnerre, le 6 Mars 1779, en faveur des Collecteurs des Paroisses de Champ & Vaux, qui déboute le sieur de Bellombre de son opposition aux rôles des tailles; des certificats des Habitans & Collecteurs de Jussy, du 24 Mai suivant, qui constatent les exploitations dudit sieur de Bellombre; la requête présentée par lesdits Habitans de Jussy, Champ & Vaux à la Cour des Aydes, le 12 Juin suivant. Autre requête présentée à la Cour des Aydes par lesdits Habitans le 19 Janvier 1780, en nullité des déclarations que ledit sieur de Bellombre avoit fait faire au lieu d'enquêtes, des exécutoires des 25 & 26 Août suivant, décernés contre lesdits Habitans, à la requête dudit sieur de Bellombre; la grosse de l'Arrêt du Conseil, du 28 Août 1781, qui casse celui de la Cour des Aydes; la signification dudit Arrêt du Conseil au sieur de Bellombre, du 12 du mois d'Octobre suivant; celle signifiée, le 24 Août 1782; un imprimé de l'Edit du Roy, du mois de Juillet 1766, concernant les privileges d'exemption de taille; la Déclaration du Roy, du 7 Février 1768, concernant la perception de la taille, & un Arrêt d'enregistrement du 5 Septembre suivant; un imprimé de l'Arrêt de la Cour des Aydes, du 10 Septembre 1770, portant Réglement pour l'assiette & répartition de la taille; la Déclaration du mois d'Août 1776, concernant la répartition de la taille dans la Généralité de Paris, avec l'Arrêt d'enregistrement; une autre Déclaration du 23 Avril 1778, portant Réglement sur la forme de procéder en matiere de taille, registrée le 5 Mai de la même année.

Tout vu & considéré: oui le rapport du sieur Moreau de Beaumont, Conseiller d'Etat ordinaire & au Conseil Royal des Finances; le Roy, en son Conseil, faisant droit sur l'instance, a débouté & déboute le sieur de Bellombre de son opposition à l'Arrêt du Conseil, du 28 Août 1781, ordonne Sa Majesté que ledit Arrêt sera exécuté selon sa forme & teneur; condamne Sa Majesté ledit sieur de Bellombre aux dépens de l'instance, ainsi qu'au coût du présent Arrêt, sur la liquidation qui en sera faite par le sieur Intendant & Commissaire départi en la Généralité de Paris, que Sa Majesté a commis & commet à cet effet. Fait au Conseil d'Etat du Roy, tenu à Versailles, le quatorze Janvier mil sept cent quatre-vingt-trois. Collationné.

Signé, HUGUET DE MONTARAN.

1783.

Arrêt de la Cour des Aides, du 21 Janvier 1783, qui défend aux Gardes & Employés des Fermes, de se servir de fusils à deux coups, sous peine de punition corporelle.

*Arrêt de la Cour des Aides, qui annulle une délibération de l'Election de ...., qui portoit qu'il ne seroit délivré de certificat de non-parenté, que sur le vu de l'*admittatur *de la Compagnie.*

21 Janvier 1783.

LOUIS, &c. Vu par notredite Cour la requête à elle présentée par notre Procureur-Général, expositive que, par délibération du 25 Novembre dernier des Officiers de l'Election de ...., il a été arrêté que dorénavant il ne sera délivré par notre Procureur, ou, en son absence, par notre Avocat aucun certificat de non-parenté que sur le vu de l'*admittatur* donné par la Compagnie. Que cette délibération tend à intervertir les formes anciennes & à en substituer de nouvelles, en faisant dépendre du certificat d'*admittatur* le sceau des provisions, pour lesquelles le certificat de non-parenté qui doit être sous le contre-scel desdites provisions est seul suffisant. Que si notredite Cour, toujours animée du bien public, & du desir de maintenir l'honneur des Sieges de son ressort, a bien voulu ordonner qu'aucun Officier ne seroit reçu au serment dans aucun Office des Sieges des Elections, qu'il ne représentât le certificat d'agrément du Siege, elle s'est réservé d'examiner dans sa sagesse ordinaire les motifs de refus & d'exclusion qu'aucuns pourroient éprouver, droit qui deviendroit nul, si la délibération prise par les Officiers de l'Election de .... pouvoit subsister; qu'il est persuadé que les Officiers de l'Election n'ont eu d'autre dessein que de s'assurer d'une maniere plus certaine que les Officiers qui se destineroient à juger parmi eux, leur seroient agréables; mais qu'il ne peut s'empêcher de remarquer qu'ils se sont en cela écartés de cette confiance respectueuse qu'ils doivent avoir dans les lumieres & la sagesse de notredite Cour dont ils ont souvent éprouvé les effets. A ces causes requéroit notre Procureur-Général, &c.

Notredite Cour a ordonné & ordonne que ladite délibération sera & demeurera nulle & de nul effet, en ce qu'il est arrêté qu'il ne sera dorénavant délivré par le Substitut de notre Procureur-Général, &, en son absence, par notre Avocat, aucun certificat de non-parenté que sur le vu de l'*admittatur* donné par la Compagnie. Fait défenses aux Officiers de l'Election de ...., d'y donner aucune suite, & d'en former de semblables à l'avenir. Ordonne que le présent Arrêt sera, à la diligence & en présence du Substitut de notre Procureur-Général, inscrit par le Greffier de ladite Election, en marge de ladite délibération; enjoint audit Substitut d'y tenir la main, & de certifier notredite Cour de ses diligences, dans la huitaine. Si te mandons, &c.

Donné à Paris, en la premiere Chambre, le vingt & un Janvier mil sept cent quatre vingt-trois, *Signé*, OUTREQUIN.

1783.

ARRÊT du Conseil d'Etat du Roi, rendu contradictoirement entre la Dame de Chamousset & les Habitants de Saint-Aubin-sur-Yonne, Election de Joigny ; qui juge que ladite Dame de Chamousset ne peut faire valoir en exemption de taille, des vignes dans la Paroisse de Saint-Aubin-sur-Yonne, attendu qu'elle exerce son privilege dans celle de Vessiniere.

11 Février 1783.

VU au Conseil d'Etat du Roi, l'Arrêt rendu en icelui le 17 Octobre 1780, par lequel Sa Majesté auroit cassé & annullé l'Arrêt de la Cour des Aydes de Paris, du 20 Mars 1779, ainsi que tout ce qui s'en seroit suivi ou auroit pu s'ensuivre ; auroit ordonné que la Sentence de l'Election de Joigny, du 29 Avril 1778, seroit exécutée selon sa forme & teneur ; auroit déchargé Sa Majesté les Habitans de Saint-Aubin-sur-Yonne, des condamnations prononcées contr'eux par ledit Arrêt de la Cour des Aydes, du 20 Mars 1779 ; auroit ordonné que les sommes qu'ils ont pu être contraints de payer en vertu dudit Arrêt, leur seroient rendues & restituées ; auroit voulu que la dame de Chamousset fût tenue d'acquitter les cottes de taille auxquelles elle se trouvoit imposée dans les rôles de la Paroisse de Saint-Aubin-sur-Yonne, pour l'année 1778 & la suivante : & que pour l'année 1780, elle payât, à la décharge de la Paroisse, la cotte de taille à laquelle elle seroit taxée d'office par le sieur Intendant & Commissaire départi en la Généralité de Paris ; auroit ordonné pareillement Sa Majesté, que ladite dame de Chamousset continueroit d'être imposée dans le rôle de ladite Paroisse, tant qu'elle y auroit quelqu'exploitation, en consommant d'ailleurs son privilege dans une autre ; auroit condamné ladite dame de Chamousset aux dépens faits en la Cour des Aydes, pour la liquidation desquels elle auroit commis le sieur Intendant, & l'auroit en outre condamnée au coût de l'Arrêt. La requête présentée au Conseil par ladite dame de Chamousset, tendante, pour les causes y contenues, à ce qu'il plaise à Sa Majesté la recevoir opposante à l'exécution de l'Arrêt ci-dessus, débouter les Habitans de Saint-Aubin-sur-Yonne, de leur demande en cassation de l'Arrêt de la Cour des Aydes de Paris, du 20 Mars 1779, & de toutes leurs fins & conclusions insérées audit Arrêt du Conseil ; ce faisant, ordonner que ledit Arrêt de la Cour des Aydes de Paris sera exécuté selon sa forme & teneur ; en conséquence, que lesdits Syndic, Habitans & Collecteurs seront tenus de remettre à ladite dame de Chamousset toutes les sommes qu'ils pourroient l'avoir contrainte de payer, en exécution dudit Arrêt du Conseil, & les condamner aux dépens ; ladite requête signée Jardin, Avocat de ladite dame de Chamousset ; l'acte de signification étant au bas d'icelle, en date du 15 Janvier 1782. Autre requête présentée au Conseil par les Syndic, Collecteurs & Habitans de la Paroisse de Saint-Aubin-sur-Yonne, employée pour réponse à celle ci-dessus, tendante, pour les causes y contenues, à ce qu'il plaise à Sa Majesté, sans s'arrêter ni avoir égard à l'opposition de ladite dame de Chamousset, dont elle sera déboutée, ordonner l'exécution pure & simple de l'Arrêt du Conseil, du 17 Octobre 1780, avec dépens ; ladite requête signée Parent, Avocat desdits Syndic, Habitans & Collecteurs de Saint-Aubin-sur-Yonne ; l'acte de signification étant au bas d'icelle, en date du 23 Mai 1782. Autre requête présentée au Conseil par ladite dame

dame de Chamouſſet, employée pour réponſe à celle ci-deſſus, tendante, pour les cauſes y contenues, à l'adjudication de ſes précédentes concluſions, avec dépens; ladite requête ſignée Jardin, Avocat de ladite dame de Chamouſſet; l'acte de ſignification étant au bas d'icelle, en date du 6 Août 1782; enſemble les pieces produites & énoncées & jointes auxdites requêtes : ſçavoir, à celle ſignifiée le 15 Janvier 1782, un extrait du rôle des tailles de ladite Paroiſſe de Saint-Aubin-ſur-Yonne, en l'année 1778, contenant la cotte de la dame de Chamouſſet, qui fait mention que ce rôle a été vérifié; la Requête préſentée le 30 Mars 1778, par ladite dame de Chamouſſet, à l'Election de Joigny, contenant ſon oppoſition audit rôle; l'expédition de ladite Sentence de l'Election du 29 Avril ſuivant; la requête préſentée par ladite dame de Chamouſſet à la Cour des Aydes de Paris, le 22 Décembre 1778; l'original en parchemin de l'Arrêt de la Cour des Aydes de Paris, rendu en faveur de ladite dame de Chamouſſet, le 20 Mars 1779, & à celle ſignifiée le 25 Mai 1781, la groſſe en parchemin de l'Arrêt du Conſeil, du 17 Octobre 1780, qui caſſe celui de la Cour des Aydes. 1783.

Tout vu & conſidéré : oui le rapport du ſieur Moreau de Beaumont, Conſeiller d'Etat ordinaire & au Conſeil Royal des Finances; le Roy, en ſon Conſeil, faiſant droit ſur l'inſtance, a débouté & déboute ladite dame de Chamouſſet de ſon oppoſition audit Arrêt du 17 Octobre 1780; ordonne Sa Majeſté que ledit Arrêt ſera exécuté ſelon ſa forme & teneur : condamne Sa Majeſté ladite dame de Chamouſſet aux dépens de l'inſtance, ſuivant la liquidation qui en ſera faite par le ſieur Intendant & Commiſſaire départi en la Généralité de Paris, que Sa Majeſté a commis & commet à cet effet, lui enjoignant de tenir la main à l'exécution du préſent Arrêt. Fait au Conſeil d'Etat du Roi, tenu à Verſailles, le onze Février mil ſept cent quatre-vingt-trois. Collationné. *Signé*, HUGUET DE MONTARAN.

LETTRES-PATENTES du 16 Mars 1783, regiſtrées en la Cour des Aides, le 29 Avril ſuivant, portant fixation des nouvelles finances des Offices de Receveurs particuliers des Finances, créés par Edit de Janvier 1782.

EDIT qui ſupprime l'Office du Contrôleur du principal Commis du greffe de la Cour des Aides.

Avril 1783.

LOUIS, &c. Par notre Edit du mois de Juin 1782, nous avons ſupprimé l'Office de principal Commis du greffe en chef de la Cour des Aydes à Paris, dont les fonctions ſont maintenant exercées par le Prépoſé de la Régie pour notre compte des droits de greffes. Les mêmes motifs d'ordre & d'économie qui ont donné lieu à cette ſuppreſſion, nous engagent à ſupprimer pareillement l'Office du Contrôleur de ce principal Commis. A ces cauſes, &c. éteignons & ſupprimons l'Office du Contrôleur du principal Commis du greffe en chef de la Cour des Aydes à Paris, créé par Edit du mois de Février 1715. Voulons que celui qui en eſt propriétaire, ſoit tenu de remettre inceſſamment

1783. en notre Conseil, ses quittances de finance, contrat d'acquisition, provisions & autres titres de propriété, pour être procédé à la liquidation de ses finances, & pourvu à son remboursement, ainsi qu'il appartiendra. Au moyen de quoi les gages attribués audit Office seront rejettés de nos états, à compter du jour de l'enregistrement du présent Edit. Si donnons en mandement, &c.

Donné à Versailles, au moins d'Avril, l'an de grace mil sept cent quatre-vingt-trois, & de notre regne le neuvieme. *Signé*, LOUIS; & plus bas, par le Roy, AMELOT.

Registré en la Cour des Aydes, le 29 Avril 1783.

ARRÊT de la Cour des Aides, du 16 Juillet 1783, qui confirme une Sentence du 25 Juillet 1781, du Prévôt de Clermont en Argonne, qui déboutoit le Fermier-Général du Clermontois de ses demandes, tendantes à ce que le Greffier de la Justice de Vienne-le-Château, & un Huissier, fussent condamnés chacun en 4400 livres d'amende, à raison de 200 livres par chacun des vingt & un rapports de délits commis dans les bois de Vienne-le-Château non contrôlés: sçavoir, le Greffier, pour les avoir rédigés sans les faire contrôler; & l'Huissier, pour en avoir fait usage. (Gazette des Tribunaux de 1783, N°. 32.)

Les appels des Sentences rendues par les Prévôts du Clermontois, en matieres d'impôts & d'impositions, se portent en la premiere Chambre de la Cour des Aides, exclusivement aux autres Chambres. (Déclarations des 4 Juin 1704 & 11 Décembre 1715.)

ARRÊT de la Cour des Aides, du 29 Juillet 1783, sur les conclusions de M. Dufaure de Rochefort, Avocat-Général, qui juge que le transport fait par le sieur Bolle, constitué prisonnier pour dettes, est valide, & entérine les Lettres de rescision obtenues par la femme dudit sieur Bolle, contre l'acte de cautionnement dudit transport qu'elle avoit souscrit, lorsqu'elle étoit mineure, pour faire sortir son mari de prison. (Gazette des Tribunaux de 1783, N°. 43.)

1783.

Arrêt de Réglement de la Cour des Aides, concernant les conclusions des Gens du Roi aux Sieges du ressort de la Cour.

22 Août 1783.

Vu par la Cour la requête présentée par le Procureur-Général du Roy, la Cour ordonne que dans les cas auxquels les Substituts du Procureur-Général du Roy aux Sieges du ressort de la Cour ne prendront point de conclusions, pour se rendre Parties au nom du Ministere-Public, la mention qui sera faite de leurs conclusions sera sommaire & en ces termes, *oui les Gens du Roy*, dans les affaires d'Audience; & *vu les conclusions du Procureur du Roy*, dans les affaires de rapport: maintient lesdits Substituts dans le droit de faire, soit par écrit, soit de vive voix, tant à l'Audience qu'en la Chambre du Conseil, telles requisitions & déclarations qu'ils jugeront à propos & du devoir de leurs Charges, soit que lesdites requisitions soient incidentes à une affaire déjà née & pendante au Siege, soit qu'elles donnent naissance à une nouvelle affaire: soit que lesdites requisitions soient prises par jonction du Ministere-Public à une Partie civile, soit indépendamment de toute demande. Enjoint aux Officiers desdits Sieges de statuer sur lesdites requisitions, & aux Greffiers de les rédiger en entier telles qu'elles leur auront été données par écrit, ou dictées de vive voix par lesdits Substituts, & de leur en délivrer acte sans frais. Ordonne au surplus l'exécution des Réglemens de la Cour, des 20 Septembre 1737 & 15 Mars 1757. Ordonne que le présent Arrêt sera imprimé, & copies collationnées d'icelui envoyées aux Sieges du ressort de la Cour, pour y être lu, publié & registré, l'Audience tenante, &c.

Donné en la premiere Chambre de la Cour des Aydes, le vingt-deux Août mil sept cent quatre-vingt-trois. *Signé*, Baron des Bordes.

Arrêt de la Cour des Aides, qui ordonne que depuis la S. Simon jusqu'au 12 Novembre de chaque année, il n'y aura pas moins de trois Officiers de l'Election de Paris, y résidants habituellement, qui seront tenus de se rendre aux Sieges de l'Election aux jours & heures accoutumés.

27 Août 1783.

Vu par la Cour la requête présentée par le Procureur-Général du Roy, expositive qu'il est instruit que les Officiers de l'Election de Paris sont dans l'usage de cesser toutes fonctions, même de s'absenter & de quitter Paris, depuis la Fête de Saint Simon & Saint Jude, jusqu'au 12 Novembre, & que cependant il peut, dans cet espace de temps, se présenter des prisonniers auxquels il seroit nécessaire de faire subir le premier interrogatoire dans les vingt-quatre heures, que cette cessation de service fait également tort à l'expédition des autres affaires qui intéressent les Sujets du Roy, & les Percepteurs des deniers royaux, qu'il croit de la sagesse de la Cour d'y pourvoir. A ces causes requéroit, &c.

1783. Notredite Cour ordonne que depuis le jour de Saint Simon & Saint Jude jusqu'au 12 Novembre de chaque année, comme dans tout autre temps des vacances il ne pourra jamais y avoir moins de trois Officiers de l'Election de Paris y résidans actuellement, que lesdits Officiers seront tenus de se rendre au Siege de l'Election, aux jours & heures accoutumés, sauf à tous les Officiers de ce Siege à se distribuer & partager entr'eux, comme bon leur semblera. Ordonne que le présent Arrêt sera envoyé au Siege de ladite Election, pour y être lu.

Donné à Paris, en la premiere Chambre, le vingt-sept Août mil sept cent quatre-vingt-trois.

ARRÊT de Réglement de la Cour des Aides, qui ordonne qu'à l'avenir les Officiers des Sieges de son ressort, seront tenus de motiver leurs Jugements & Sentences.

29 Août 1783.

LOUIS, &c. Vu par notredite Cour la requête présentée par notre Procureur-Général, expositive que la plupart des affaires ne s'instruisant que sommairement dans les Sieges de son ressort, il est d'autant moins facile de découvrir, par la lecture des expéditions des Sentences, les motifs qui ont pu déterminer les Jugemens, que les demandes des Parties n'y sont que datées, & que la décision des contestations dépend souvent des circonstances particulieres & locales, que le dispositif des Sentences, telles qu'elles sont libellées, ne permet pas de reconnoître. C'est par ces raisons que notredite Cour a enjoint plusieurs fois à différens Sieges de motiver leurs Sentences, lorsqu'elles prononcent la nullité des procès-verbaux des Commis des Fermes, & lorsqu'elles ont pour objet des demandes en décharge de collecte: c'est par la même raison que le Réglement du 23 Avril 1778, article XXXIV, a enjoint de motiver les Sentences rendues en matiere de taille, lorsqu'en cas d'insuffisance des pieces des Parties, l'un des Officiers s'est transporté sur les lieux, & y a dressé le procès-verbal prescrit par les articles précédens; mais, à l'exception de ce Réglement général, les autres Réglemens sont particuliers aux especes & aux Sieges pour lesquels ils ont été rendus; & il pense devoir proposer à notredite Cour d'étendre cette disposition à tous les Sieges de son ressort & à tous les cas. A ces causes, requéroit notre Procureur-Général, &c. Notredite Cour ordonne qu'à l'avenir les Officiers de tous les Sieges de son ressort seront tenus de motiver leurs Jugemens & Sentences rendus soit à l'Audience, soit à la Chambre du Conseil; enjoint aux Greffiers d'insérer lesdits motifs tels qu'ils leur auront été donnés ou dictés par le Président; à son défaut, par le plus ancien Officier, qui aura tenu l'Audience, ou par le Rapporteur, tant sur le plumitif que dans les expéditions; ordonne que le présent Arrêt sera imprimé, & copies collationnées d'icelui envoyées à tous les Sieges du ressort de notredite Cour, pour y être lu, &c.

Donné à Paris, en la premiere Chambre de notre Cour des Aydes, le vingt-neuf Août mil sept cent quatre-vingt-trois. *Signé*, BARON DES BORDES.

1783.

EDIT portant ſuppreſſion & recréation des Commiſſaires des Guerres.

Décembre 1783.

LOUIS, &c. Nous nous ſommes fait repréſenter les différentes Loix émanées des Roys nos prédéceſſeurs, concernant la création, les fonctions & droits des Commiſſaires provinciaux & ordinaires des Guerres, & de ceux attachés aux différens Corps de notre Maiſon Militaire, nous avons reconnu qu'il exiſtoit, dans la conſtitution de ces Officiers, une inégalité de titres, de finances & d'attributions qui pourroient faire penſer qu'ils forment différentes claſſes, tandis qu'ils n'en forment réellement qu'une ſeule; que l'objet de leurs fonctions eſt le même; qu'elles doivent conſéquemment être uniformes, ainſi que leur régime conſtitutif; que les préférences de fonctions attachées à quelques-unes des Charges deſdits Commiſſaires des Guerres, étoient d'ailleurs contraires au bien de notre ſervice, qui ne peut admettre de diſtinctions que celles qui réſultent de la différence des grades. Nous avons réſolu de réformer cette inégalité, en établiſſant tous les Commiſſaires des Guerres ſur le même pied, quant aux titres, finances & fonctions. A ces cauſes, &c. voulons & nous plaît ce qui ſuit :

I. Nous avons éteint & ſupprimé, éteignons & ſupprimons, à compter du premier Juillet 1784, les cent ſoixante-ſeize Charges exiſtantes de Commiſſaires des Guerres, dont trente-deux, ſous la dénomination de Commiſſaires provinciaux; cent vingt-ſept, ſous celle de Commiſſaires ordinaires des Guerres, dont les fonctions s'exercent dans nos places, garniſons & provinces & dans nos armées, tant au-dedans qu'au dehors de notre Royaume; les quatre Charges de Commiſſaires à la conduite, police & ſuite des quatre Compagnies des Gendarmes & Chevaux-Légers de notre Garde; les ſix Charges à la ſuite du Régiment des Gardes-Françoiſes; les deux Charges à la ſuite de nos Compagnies d'Ordonnance ou Corps de la Gendarmerie; la Charge de Commiſſaire-Général des Suiſſes & Griſons; celle de Commiſſaire de la Compagnie du Prévôt de notre Hôtel, & celle attachée à la Compagnie des Cadets Gentilshommes de l'Ecole Royale Militaire.

II. Nous avons pareillement ſupprimé, en tant que de beſoin & définitivement, les trois Charges de Commiſſaires des Guerres ci-devant attachées aux Compagnies ſupprimées des Mouſquetaires de notre Garde & des Grenadiers à cheval; & les deux Charges de Commiſſaires de nos Compagnies d'Ordonnance ou Corps de la Gendarmerie, leſquelles ont été proviſoirement ſupprimées par nos Ordonnances des 15 Décembre 1775 & 24 Février 1776, & au rembourſement deſquelles il a été pourvu.

III. Nous avons créé & établi, créons & établiſſons cent quatre-vingt Charges & Offices, ſous la dénomination de Commiſſaires des Guerres, pour remplir, par les titulaires deſdites Charges, les fonctions tant militaires que d'adminiſtration qu'exerçoient les Commiſſaires ſupprimés par le préſent Edit, & qui leur ſont attribuées par nos Ordonnances; leſquelles nouvelles Charges ſeront purement militaires & poſſédées à vie, conformément à nos Déclarations des 10 Août 1767 & 30 Juin 1772, dont nous avons, en tant que de beſoin, confirmé & confirmons les diſpoſitions.

1783. IV. Dans le nombre des titulaires des Charges recréées & créées par le présent Edit, il en sera choisi quatre, sur la présentation qui nous en sera faite, ainsi que par le passé, par les Capitaines des quatre Compagnies de nos Gardes-du-Corps, pour servir près desdites Compagnies; un pour la Compagnie des Chevaux-Légers, & un pour celle des Gendarmes de notre Garde, sur la présentation des Capitaines-Lieutenans desdites Compagnies; deux pour notre Régiment des Gardes-Françoises, sur la présentation du Colonel; un pour notre Régiment des Gardes-Suisses, sur la présentation du Colonel-Général des Suisses & Grisons; deux pour notre Corps de Gendarmerie, sur la présentation du Commandant en chef; & un pour la Prévôté de l'Hôtel, sur la présentation du Grand-Prévôt de France. Les autres titulaires exerceront leurs fonctions près de nos autres Troupes, y compris le Corps Royal de l'Artillerie, dans les armées, garnisons, places & provinces, tant au dedans qu'au dehors de notre Royaume.

V. Le prix de chacune desdites Charges de Commissaires des Guerres recréées & nouvellement créées par le présent Edit, sera & demeurera fixé uniformément à la somme de 70, 000 livres, pour laquelle nous avons attribué & attribuons 2800 livres de gages par chacun an, sur le pied du denier vingt-cinq, qui seront employées dans l'état du taillon, à la déduction du dixieme, comme l'étoient les précédens.

VI. Jouiront lesdits Commissaires des Guerres des soixante-quatre minots de sel de franc-salé qui étoient employés dans nos états au profit de trente deux Commissaires provinciaux des Guerres, supprimés par le présent Edit, lesquels soixante-quatre minots seront distribués par chacun an, à raison de deux minots à chacun de ceux desdits Commissaires des Guerres qui seront employés dans un état qui sera arrêté annuellement par le Secretaire d'Etat ayant le département de la Guerre.

VII. Les Charges rétablies par l'article III seront exercées par les titulaires de celles supprimées par l'article premier, en vertu des provisions qui leur en ont été ci-devant expédiées, sans qu'ils soient tenus de faire procéder de nouveau à leur enregistrement, ni de prêter un nouveau serment.

VIII. Les titulaires des Charges supprimées, dont la finance convertie en brevet de retenue, étoit moindre de 70,000 livres, seront tenus de remettre avant le premier Juillet 1784, entre les mains du Trésorier-Payeur en exercice des dépenses de la Guerre, la somme nécessaire pour completter celle de 70,000 livres fixée par l'article V; duquel supplément le Trésorier leur délivrera quittance, qu'ils rapporteront avec leurs anciens brevets de retenue, entre les mains du Secretaire d'Etat ayant le département de la Guerre, pour leur être par lui expédié un nouveau brevet de retenue de ladite somme de 70,000 livres.

IX. Tous ceux desdits Commissaires qui n'auront pas fourni le supplément de finance énoncé en l'article précédent, avant le premier Juillet 1784, seront déchus de la faculté qui leur est accordée, de reprendre un des Offices rétablis par le présent Edit; & il sera pourvu à ceux qui seront ainsi vacans, en faveur des personnes qui auront obtenu notre agrément, & après la consignation qu'elles auront faite de la finance entre les mains dudit Trésorier.

X. Les sommes que les titulaires seront tenus de fournir à titre de supplément, & celles qui seront consignées par ceux auxquels nous accorderons l'agrément des nouvelles Charges créées par le présent Edit, seront employées au remboursement des sommes que les titulaires des Charges de Commissaires provinciaux & de celles attachées aux différens Corps de notre Maison, auront à prétendre, à cause de la réduction de leurs brevets de retenue, & ensuite de celles dont les titulaires n'auront pu fournir ledit supplément de finance, & ce d'après la liquidation qui en sera faite par le Secretaire d'Etat ayant le département de la Guerre, & le surplus sera versé en notre Trésor Royal par ledit Trésorier des dépenses de la Guerre, auquel il en sera fourni quittance par le Garde de notre Trésor Royal. 1783.

XI. Ledit Trésorier comptera par un chapitre séparé dans son compte des dépenses de la Guerre, des recettes & dépenses qu'il fera pour l'exécution du présent Edit; & lesdites recettes & dépenses seront allouées, sçavoir, les recettes, sur l'ampliation des quittances qu'il délivrera pour le supplément, ou les finances entieres, qui lui seront payées; & les dépenses, sur les quittances de ceux qui auront droit de recevoir les excédens de la finance fixée par le présent Edit, ou le remboursement de ceux desdits Commissaires qui ne se feront pas rétablir dans un desdits Offices; le tout avec copie collationnée, en bonne forme, des brevets de retenue qui ont été accordés sur chacun desdits Offices.

XII. Les créanciers privilégiés sur les brevets de retenue délivrés pour tenir lieu des anciennes quittances des finances des Charges supprimées, conserveront leurs privileges sur les nouveaux brevets de retenue délivrés en exécution de l'article VIII ci-dessus; à l'effet de quoi, il sera fait mention dans lesdits nouveaux brevets, tant des affections & privileges dont les anciens étoient grevés que des nouveaux privileges & affections en faveur de ceux qui prêteront le supplément du prix desdites Charges rétablies, ou partie d'icelui.

XIII. Les titulaires des Charges de Commissaires provinciaux & de celles près des Troupes de notre Maison, dont les brevets de retenue excedent le prix fixé de 70,000 livres, continueront d'être payés de leurs anciens gages, jusqu'à ce qu'ils soient remboursés de cet excédent; & quant aux Commissaires des Guerres, dont les brevets de retenue seront moindres, ils ne jouiront des nouveaux gages qui leur sont attribués par l'article V du présent Edit, qu'à compter du jour qu'ils auront payé le supplément nécessaire pour completter ladite somme de 70,000 livres.

XIV. Lesdits Commissaires des Guerres créés & rétablis par le présent Edit, continueront de jouir de tous les privileges, franchises, libertés & exemptions qui leur sont attribués & dont ils sont maintenant en possession.

XV. Indépendamment de cent quatre-vingt Charges de Commissaires des Guerres, que nous avons rétablies & créées par le présent Edit, nous maintenons nos très-chers & bien-amés les Fils & Petits-Fils de France dans la faculté de nous présenter chacun un Sujet, à l'effet de recevoir le titre de Commissaire des Guerres, & d'en exercer les fonctions près de leurs personnes, & pour la police de leur Maison militaire seulement. Maintenons & gardons nos cousins les Maréchaux de France dans l'usage de nous présenter un Sujet, à l'effet de recevoir le titre de Commissaire des Guerres; & ces titres ne pourront être renouvellés par lesdits Fils & Petits-Fils & Maréchaux de France, que sur la démission ou après la mort des Sujets par eux précédemment présentés, suivant l'usage observé jusqu'à ce jour.

XVI. Aucun ne pourra à l'avenir être employé en qualité de Commissaire des Guerres, s'il n'est pourvu d'une des Charges rétablies & créées par le présent Edit, ou d'un titre conféré sur la présentation d'un Maréchal de France: voulons que la signature de ceux qui ne seroient point pourvus desdites Charges, ou titres revêtus de provisions enregistrées en notre Chambre des Comptes de Paris, conformément à l'article XVIII de notre Déclaration du 12 Juin 1781, ne puisse donner de validité à aucun acte, revue, arrêté ou fonc-

1783. tions quelconques de Commissaires des Guerres, ni être admise par notredi Chambre des Comptes.

XVII. Nous exceptons des dispositions portées en l'article précédent, l Commissaires des Guerres actuellement employés, qui se trouvent exercer leu fonctions en vertu de Commissions antérieures au présent Edit, que nous leu avons accordées pour bonnes considérations, & qui doivent pareillement êtr registrées en notredite Chambre des Comptes; voulons néanmoins que la duré desdites Commissions soit restreinte & limitée à l'espace de trois années, à compter de la date de leur expédition; & que, passé ledit terme de trois années les pourvus de pareilles Commissions ne puissent continuer leurs fonctions qu'e se faisant pourvoir d'une Charge pour laquelle ils auront l'agrément, de pré férence à tous autres, ou qu'en obtenant une nouvelle Commission qui ne leu sera expédiée, dans le cas où le besoin de notre service l'exigera, que pou trois années seulement, & ainsi successivement jusqu'à la cessation desdites fonctions

XVIII. A compter du jour de la publication du présent Edit, les fonction des Commissaires d'Artillerie qui ont été exercées sur de simples Commissions, n pourront l'être que par des Sujets pourvus de Charges de Commissaires des Guerres

XIX. Nous exceptons des dispositions portées dans l'article précédent les Commissaires d'Artillerie actuellement employés, à la charge par eux de prête le serment ordinaire, faire enregistrer leurs Commissions en notre Chambre des Comptes, & de se conformer, en ce qui les concerne, aux dispositions de notre Déclaration du 12 Juin 1781.

XX. Si des cas extraordinaires, résultans des besoins de notre service, exigeoient qu'il fût accordé par la suite des Commissions pour exercer les fonctions de Commissaires des Guerres, voulons qu'elles ne soient expédiées que par notre Secretaire d'Etat au département de la Guerre, & que lesdites Commissions enregistrées en notre Chambre des Comptes soient limitées à l'espace de trois années; & si les circonstances obligeoient de proroger les fonctions ainsi attribuées, nous entendons qu'il soit expédié de nouvelles Commissions, de même pour trois années, à l'instar des premieres, & ainsi successivement jusqu'à la cessation desdites fonctions.

XXI. Nous avons supprimé & supprimons comme inutiles les Charges ou concessions de Commissaires des Guerres à la nomination du Gouverneur de notre Ville de Lyon & Province du Lyonnois, & tous autres de même nature: voulons que les Particuliers pourvus desdites Charges ou Commissions, cessent toutes fonctions, si aucune leur a été déférée; & qu'ils cessent pareillement, à compter du premier Janvier dernier, de jouir des appointemens que nous leur accordions sur les impositions des étapes de la Généralité de Lyon ou autrement, le montant desquels appointements sera versé en notre Trésor Royal avec le surplus de ladite imposition.

XXII. Nous avons pareillement supprimé & supprimons, à compter du premier Janvier dernier, l'emploi qui est fait dans l'état des garnisons ordinaires de notre Royaume, d'appointemens au profit des Commissaires attachés à différentes Villes, places, châteaux, qui n'y faisoient aucunes fonctions. Si donnons en mandement, &c.

Donné à Versailles, au mois de Décembre, l'an de grace mil sept cent quatre-vingt-trois, & de notre regne le dixieme. *Signé*, LOUIS; & plus bas, par le Roy, le Maréchal DE SEGUR.

Registré en la Cour des Aydes, le 23 Avril 1784.

ARRÊT

1784.

ARRÊT de la Cour des Aides, qui fait défenses aux Officiers de l'Election de Soissons, d'avoir aucun égard à aucunes prétendues exemptions, autres que celles énoncées dans les Loix duement enrégistrées en la Cour.

23 Janvier 1784.

VU par la Cour la requête présentée par notre Procureur-Général, &c. Notredite Cour... enjoint aux Officiers de l'Election de Soissons, de se conformer à l'article XX de l'Edit du mois de Mars 1600, en conséquence leur fait défenses d'avoir aucun égard à aucunes prétendues exemptions, autres que celles énoncées dans les Loix duement enregistrées en la Cour; ordonne que le présent Arrêt sera registré au greffe de ladite Election, l'Audience tenante; enjoint à son Substitut audit Siege d'y tenir la main, &c.

EDIT portant établissement de la Généralité de Pau & Bayonne.

Février 1784.

LOUIS, &c. Les vues dont nous sommes occupés pour le rétablissement de l'ordre dans les Finances des pays d'Etat ou abonnés de l'ancien domaine de Navarre, nous ont portés à nous faire rendre compte de l'état de ces pays, relativement aux Généralités dont ils dépendent, & nous avons reconnu qu'ils sont actuellement partagés entre trois Intendances; pour des portions plus ou moins considérables. Cette division nous a paru d'autant plus contraire au véritable intérêt de ces Provinces, que les rapports qui les lient les unes aux autres, semblent devoir les séparer des pays d'Election, dont elles different essentiellement par la forme de l'administration. Nous avons pensé que, comme elles sont la plupart réunies par leur position physique & toutes par leur constitution morale, elles devoient être dirigées par le même esprit; & c'est en les rassemblant sous la main d'un même Administrateur qui pourra concilier leur régime particulier avec le bien de notre service, que nous espérons être à portée de les faire jouir des avantages qu'elles doivent à la nature de leur territoire. Nous nous sommes déterminés en conséquence à former une nouvelle Intendance, ou plutôt à rétablir celle qui existoit à Pau, en la composant des pays d'Etat de l'ancien domaine de Navarre & des pays abonnés: nous avons jugé en même temps qu'il étoit nécessaire de rendre à cette Intendance l'Election des Lannes qui en avoit dépendu ci-devant. Cette Election se trouvant comme enclavée dans les pays qui composent la nouvelle Généralité, & étant d'ailleurs traversée par la riviere de l'Adour, dont les eaux se jettent dans le port de Bayonne, doit contribuer à l'accroissement du commerce de cette Ville, qui mérite notre protection spéciale, dans un moment où le retour de la paix ouvre de nouvelles branches d'industrie qu'il importe de favoriser, pour la prospérité du pays & celle de notre Royaume. A ces causes, &c. établissons une Généralité de Pau & Bayonne, laquelle comprendra la Navarre, le Béarn, la Soule, la Bigorre, le Nébousan, les quatre

1784. vallées d'Aure, Magnoac, Barousse & Nestes, le Comté de Foix, le Mont-de-Marsan, & les Bastilles de Marsan, Tursan & Gabardan, le pays de Labour & la ville de Bayonne, en outre la ville de Dax & l'Election des Lannes. Ordonnons à cet effet que lesdites Villes & pays seront distraits des Généralités de Bordeaux, Auch & Perpignan, auxquels ils avoient été unis par les Edits d'Avril 1716 & Janvier 1775; dérogeant, en tant que de besoin, auxdits Edits & à tous autres Edits, Déclarations ou Réglemens qui pourroient être contraires aux présentes dispositions. Nous réservons à statuer par une Loi particuliere sur l'ordre que nous voulons être suivi pour l'administration desdits pays, & pour la levée, recette & comptabilité des deniers provenans des impositions qui seront faites dans le ressort de ladite Intendance de Pau & Bayonne. Si donnons en mandement à nos amés & féaux les Gens tenans notre Cour de Parlement, Chambre des Comptes, Cour des Aydes & Finances à Pau, &c.

Donné à Versailles, au mois de Février, l'an de grace mil sept cent quatre-vingt-quatre, & de notre regne le dixieme. *Signé*, LOUIS; & plus bas, par le Roy. *Signé*, le Baron DE BRETEUIL.

Registré au Parlement, Chambre des Comptes, Cour des Aydes & Finances à Pau, le 31 Mars 1784.

ARRÊT du Conseil, concernant les Recettes particulieres des Finances.

19 Février 1784.

LE ROY s'étant fait représenter, en son Conseil, son Edit du mois de Janvier 1782, portant création des Receveurs particuliers des Finances, par lequel Sa Majesté a ordonné, article XII, qu'au moyen du consentement que ceux qui voudroient être pourvus de ces Offices, seroient tenus de rapporter de la part des Receveurs-Généraux des Finances, ces derniers demeureroient civilement & pleinement garans & responsables envers Sa Majesté, de la solvabilité desdits Receveurs particuliers: Sa Majesté a considéré qu'il étoit de sa justice, après avoir imposé aux Receveurs-Généraux de ses Finances, des obligations aussi étendues, de leur donner les moyens de surveiller la gestion desdits Receveurs particuliers, de prévenir le divertissement des deniers de leurs recettes, & de constater, à tous les momens, la situation desdits Receveurs sur leurs recouvremens, sans être obligés de recourir, dans tous les cas, pour ces différentes opérations au ministere des Officiers des Elections, afin de prévenir les frais qui en résulteroient nécessairement, & de concilier les précautions à prendre, pour diminuer, autant qu'il sera possible, les risques de la garantie imposée auxdits Receveurs-Généraux, avec les ménagemens que la considération & le crédit des Receveurs particuliers exigent, & que des vérifications judiciaires pourroient compromettre sans nécessité: Sa Majesté a cru convenable en même temps de rappeller les dispositions des anciens Réglemens qui ont ordonné aux Receveurs particuliers, de résider assiduement dans le chef-lieu de leur Election, & de prescrire de nouveau l'exécution de ces dispositions, aussi intéressantes pour le maintien de l'ordre, que pour le bien des contribuables eux-mêmes. A quoi voulant pourvoir: oui le rapport du sieur de Calonne, Conseiller ordinaire au Conseil Royal, Contrôleur-Général des Finances; Sa Majesté étant en son Conseil, a ordonné & ordonne ce qui suit:

1784.

I. Les Receveurs particuliers des Finances seront tenus, conformément aux anciens Réglemens, & notamment aux dispositions de l'article II de l'Ordonnance du premier Juillet 1517, & à l'article VII de l'Edit du mois de Décembre 1717, de résider dans le chef-lieu de leur Election; & ils ne pourront en sortir qu'en vertu d'un congé, qui ne pourra leur être accordé que sur le consentement par écrit du Receveur-Général ou des Receveurs-Généraux des Finances de la Généralité, si le Receveur particulier réunit les deux exercices.

II. Les Receveurs-Généraux des Finances des Généralités de pays d'Elections & de pays conquis, pourront vérifier & contrôler, toutes les fois qu'ils le jugeront nécessaire, soit par eux-mêmes, soit par un fondé de leur procuration, la situation des Receveurs particuliers des Finances de leur Généralité, sur leurs recouvremens; & les procès-verbaux desdites vérifications seront remis au Conseil par les Receveurs-Généraux. Enjoint en conséquence Sa Majesté auxdits Receveurs particuliers d'ouvrir leurs caisses, & de représenter à la premiere requisition, soit auxdits Receveurs-Généraux, soit à celui qui se présentera muni de leur procuration, les registres, journaux, sommiers, & toutes autres pieces servant, ou relatives auxdits recouvremens, à peine par les Receveurs particuliers qui refuseroient de le faire, d'être destitués de leurs Offices, auxquels il sera alors pourvu par Sa Majesté.

III. Les Receveurs-Généraux ou leurs fondés de procuration, pourront également se faire représenter par les Collecteurs & autres préposés tant pour le recouvrement des impositions ordinaires, que pour celui des vingtiemes, les quittances délivrées par lesdits Receveurs particuliers, pour être lesdites quittances comparées avec les enregistremens de recette, faits sur les régistres, journaux & sommiers desdits Receveurs particuliers.

IV. Lorsqu'un Receveur particulier aura obtenu un congé sur le consentement du Receveur-Général, ainsi qu'il est ordonné par l'article Ier. ci-dessus, la recette sera continuée & suivie, soit par le fondé de procuration du Receveur particulier, à la charge qu'il sera agréé par le Receveur-Général qui sera garant de sa gestion; soit par le fondé de procuration du Receveur-Général, si ce dernier le jugeoit à propos, relativement à la durée de l'absence du Receveur particulier, ou par d'autres motifs.

V. Dans le cas de decès d'un Receveur particulier, la recette sera pareillement continuée par un fondé de procuration du Receveur-Général ou des Receveurs-Généraux de la Généralité, si le Receveur réunit les deux exercices, lequel fondé de procuration sera tenu, dans ledit cas, de faire enregistrer sa procuration dans la forme ordinaire; & lesdits Receveurs-Généraux demeureront civilement & pleinement garans de son maniement & de sa solvabilité.

VI. Mande & ordonne Sa Majesté aux Intendans & Commissaires départis dans les Généralités de pays d'Election & de pays conquis, de tenir la main à l'exécution du présent Arrêt, qui sera exécuté, nonobstant tous empêchemens généralement quelconques, pour lesquels ne sera différé, & dont, si aucuns interviennent, Sa Majesté se réserve & à son Conseil la connoissance, ainsi que de toutes les contestations que l'exécution dudit Arrêt pourroit faire naître par la suite, icelle interdisant à toutes ses Cours & autres Juges. Fait au Conseil d'Etat du Roy, Sa Majesté y étant, tenu à Versailles, le dix-neuvieme jour du mois de Février mil sept cent quatre-vingt-quatre. *Signé*, le Baron DE BRETEUIL.

1784.

Edit concernant l'ordre de l'imposition, des recouvrements, de la recette & de la comptabilité des Pays d'Etats & Abonnés de l'Intendance de Pau & Bayonne.

Mars 1784.

LOUIS, &c. Les abus qui s'étoient introduits dans la comptabilité des finances des pays d'Etats ou abonnés de l'ancien domaine de Navarre, ont fixé depuis long temps notre attention. Le feu Roy, notre auguste Aïeul, en avoit commencé la réforme par l'Edit du mois d'Août 1772, & par la Déclaration du 14 Mars 1773, qui réglerent la maniere de lever & verser les impositions au Trésor Royal. Ces Loix étant particulieres à la Navarre & au Béarn, nous avions jugé devoir les étendre aux autres pays du même domaine, & y ajouter de nouvelles dispositions par nos Edits de Septembre 1781 & Mai 1782. Le dernier Réglement paroissoit d'autant plus propre à ramener l'ordre dans les provinces de l'ancien domaine de Navarre, qu'en laissant aux Etats le choix des Receveurs particuliers, dont nous leur permettions de faire exercer les Offices par leurs Trésoriers, nous avions attribué la comptabilité de tous les deniers qui seroient perçus par nos ordres, à notre seule Chambre des Comptes de Pau, afin de simplifier la manutention de ces derniers. Les principales dispositions de cette Loi ont rempli le vœu de la plupart des pays qui en étoient l'objet : cependant les Etats de Béarn & quelques autres nous ayant adressé de nouvelles représentations, tendantes les unes à la suppression totale des Receveurs particuliers, les autres à leur réunion aux Trésoriers des Etats, nous nous sommes déterminés à établir une regle uniforme qui se conciliera aisément avec l'ordre que nous avons jugé à propos de prescrire pour tout ce qui concerne la comptabilité desdits pays. Nous avons pensé en même temps qu'il seroit utile au bien de notre service autant qu'à celui de ces divers pays, de faire verser, dans une seule caisse générale, les produits trop épars des deniers perçus à notre profit, dont le versement a été jusqu'à présent divisé entre les Receveurs-Généraux des Généralités de Bordeaux, Auch & Perpignan. Nous avons résolu à cet effet de créer un Receveur-Général des Finances pour lesdits pays, & de supprimer les deux Offices de Trésoriers-Receveurs Généraux des maison & finances de l'ancien domaine de Navarre, dont les fonctions qui, depuis la réunion de la Navarre à notre Couronne, n'existent plus que pour des objets du plus modique intérêt, seront remplies par le Receveur-Général que nous voulons créer. En assujettissant ainsi toutes ces Provinces, dont les constitutions ont beaucoup de rapport entr'elles, à un même ordre de comptabilité, comme elles le sont déjà à une même administration par l'Edit que nous avons rendu pour la nouvelle Généralité de Pau & Bayonne, nous espérons voir tarir la source des divisions qui depuis plusieurs années agitent nos pays de l'ancien domaine de Navarre, en même temps que nous ferons cesser les abus qui en étoient le germe. A ces causes, &c. voulons & nous plaît ce qui suit :

I. L'article premier de notre Edit du mois de Septembre 1781 sera exécuté selon sa forme & teneur ; en conséquence, notre Chambre des Comptes de Navarre, établie à Pau, comprendra dans son ressort la Navarre, le Béarn, la Bigorre, le pays de Soule, le Nébouzan, les quatre vallées d'Aure, Magnoac,

Baroussc & Nestes, le Comté de Foix, les trois Bastilles de Marsan, Tursan & Gabardan. Nous avons en outre réuni au même ressort le Mont-de-Marsan, le pays de Labour & la ville de Bayonne : attribuons à nottedite Chambre des Comptes toute Cour & jurisdiction à cet égard. 1784.

II. Nous avons éteint & supprimé, éteignons & supprimons, à compter de la présente année 1784, les deux Offices de nos Conseillers-Trésoriers-Receveurs-Généraux des maison & finances de Navarre, Béarn & ancien domaine : supprimons pareillement l'Office de Commis à la recette générale de Navarre, qui avoit été acquis par lesdits Trésoriers-Receveurs-Généraux & réuni à leurs Offices, & généralement tous autres Offices qui auroient pu être créés concernant ladite recette générale, sous quelque dénomination que ce soit, quoique non exprimés au présent Edit.

III. La finance des Offices ci-dessus supprimés sera & demeurera liquidée à celle pour laquelle chacun desdits Offices a été employé dans les rôles arrêtés en notre Conseil, en conséquence de l'Edit du mois de Février 1771 ; & il sera procédé à leur remboursement en trois payemens égaux : sçavoir, un tiers comptant, un autre tiers après l'apurement des comptes, le troisieme tiers après la correction desdits comptes ; & jusqu'au remboursement final, les Officiers supprimés jouiront des intérêts au denier vingt du montant de la liquidation, lesquels intérêts diminueront à proportion des payemens qui seront faits.

IV. Nous avons créé & érigé, créons & érigeons en titre d'office formé & héréditaire, un notre Conseiller-Receveur-Général de nos finances pour les pays dénommés en l'article premier de notre présent Edit : ordonnons à cet effet que ceux desdits pays qui sont compris dans l'arrondissement des Receveurs-Généraux des finances des Généralités de Bordeaux, Auch & Perpignan, en seront distraits & désunis, comme nous les désunissons par le présent Edit, pour être incorporés à la recette générale de Pau.

V. Celui que nous jugerons à propos de pourvoir dudit Office, fera, à compter de l'exercice de la présente année 1784, la recette de toutes les sommes qui seront, suivant l'usage, levées par nos ordres ou abonnées par lesdits pays, & il versera lesdites sommes à notre Trésor Royal.

VI. Le titulaire dudit Office jouira de tous les droits honneurs, prérogatives & privileges attribués à nos Receveurs-Généraux des finances, dans les autres Provinces & Généralités de notre Royaume.

VII. La finance de l'Office de Receveur-Général créé par notre présent Edit, sera & demeurera fixée à la somme de 400,000 livres, laquelle finance nous voulons être affectée & hypothéquée tant au remboursement de celles des Trésoriers-Généraux-Receveurs de Navarre, & Commis de la recette générale, supprimés ci-dessus, qu'à l'indemnité de ceux de nos Receveurs-Généraux des Généralités, dont il sera distrait des portions de recette comprises dans leur arrondissement : le surplus desdites sommes sera porté en notre Trésor Royal.

VIII. Dans le cas où ledit Office deviendroit vacant par mort, démission ou autrement, il ne pourra être vendu au-delà du prix de la finance fixée par l'article VII du présent Edit : déclarons nulles & de nul effet toutes conventions contraires. Voulons qu'en cas de contravention, le vendeur soit condamné à la restitution de l'excédent au profit de l'Hôpital de Pau, & que l'acquéreur soit incapable de posséder à l'avenir aucunes Charges ou emplois de finances.

IX. Ceux qui prêteront leurs deniers pour l'acquisition dudit Office, auront hypotheque & privilege spécial sur icelui, par préférence à tous autres créanciers, tous exceptés ; duquel privilege il sera fait mention dans les quittances de finances

1784. qui seront expédiées par les Gardes de notre Trésor Royal; & néanmoins, s'il y a des créanciers dont le privilege soit déjà affecté sur les Offices de Trésoriers-Receveurs-Généraux de Navarre, ils conserveront leur droit d'antériorité sur les nouveaux prêteurs: permettons à cet effet au Receveur-Général ci-dessus créé, de faire insérer dans les quittances de nos Gardes du Trésor Royal les déclarations nécessaires pour opérer toute sûreté en faveur des anciens créanciers privilégiés.

X. Avons accordé & accordons audit Receveur-Général, pour lui tenir lieu de gages, l'intérêt de la finance de son Office à raison de cinq pour cent par an: voulons que sur ledit intérêt, il lui soit fait, chaque année, la retenue du dixieme & de la capitation; au moyen desquelles retenues sera ledit Receveur-Général & ses successeurs, exempts du centieme-denier & du payement du dixieme d'amortissement; le déchargeons desdites impositions & de toutes autres représentatives ou équivalentes à icelles.

XI. Les taxations du Receveur-Général créé par le présent Edit, demeureront fixées à trois deniers pour livre sur le montant de chacune des différentes natures d'impositions dont il fera le recouvrement; autorisons ledit Receveur-Général à retenir par ses mains le montant desdites taxations, lesquelles pourront être imposées par lesdits Etats & pays, suivant l'usage communément observé dans les autres pays d'Etats ou abonnés de notre Royaume.

XII. Notredit Receveur-Général sera tenu de compter de toutes ses recettes & dépenses en notre Conseil, par état au vrai, & ensuite en notre Chambre des Comptes de Pau, dans la forme & les délais prescrits par les Réglemens: & en ce qui concerne les épices des comptes de ladite recette générale, nous réservons à les fixer ainsi qu'il appartiendra.

XIII. Dans le cas où l'exercice de la présente année 1784 auroit été commencé, les Trésoriers-Receveurs-Généraux de Navarre, les Receveurs-Généraux des finances de Bordeaux, Auch & Perpignan, ou les Receveurs particuliers qui auroient fait des recettes & dépenses, concernant ledit exercice, seront tenus de compter desdites recettes & dépenses avec le Receveur-Général créé par notre présent Edit, & ils se feront réciproquement raison du reliquat actif ou passif dudit compte en deniers, assignations ou quittances; à l'effet de quoi nous avons validé & validons les assignations ou quittances qui pourroient avoir été délivrées auxdits comptables, pour valoir & servir à charge & décharge dans les comptes du Receveur-Général de nos finances de Pau.

XIV. L'état des finances que nous arrêterons en notre Conseil, pour être acquitté en la forme accoutumée par notredit Receveur-Général des finances de Pau, comprendra à l'avenir toutes les charges relatives aux pays énoncés en l'article premier de notre présent Edit, & toutes autres charges en seront distraites pour être portées chacune dans l'état des finances de la Généralité à laquelle lesdites parties se rapporteront.

XV. L'article premier de notre Edit du mois de Mai 1782, qui ordonne qu'il ne pourra être fait aucune levée de deniers qu'avec notre autorisation préalable, sera exécuté selon sa forme & teneur, sans néanmoins préjudicier aux droits & privileges des Etats desdits pays.

XVI. Interprétant, en tant que de besoin, l'article III dudit Edit de Mai 1782, nous ordonnons qu'il ne sera dressé pour chaque pays que trois rôles, dont un pour la taille, un autre pour la capitation, & un autre pour les vingtiemes, en ajoutant au rôle de chacune desdites impositions, dans des colonnes séparées, les impositions accessoires & qui se levent au marc la livre d'icelles.

XVII. Les rôles rendus exécutoires dans les formes usitées pour chacun desdits pays d'Etats ou abonnés, seront visés par le sieur Intendant & Commissaire départi, pour être ensuite remis aux Trésoriers ou préposés à la recette, & par ceux-ci les billettes envoyées sans délai aux Communautés : il sera envoyé en même temps à notredit Receveur-Général des finances de Pau, un bordereau signé par les Syndic, Greffier ou Secretaire & Trésorier, qui contiendra la désignation de chaque nature d'imposition, le montant exact des sommes qui devront être versées dans la caisse dudit Receveur-Général, & les époques auxquelles le versement lui en sera fait. 1784.

XVIII. Autorisons lesdits pays d'Etats ou abonnés à faire la recette des impositions qui seront levées ou abonnées pour nous, par leurs Trésoriers ou autres qu'ils jugeront à propos de commettre, à la charge par lesdits Trésoriers ou préposés de verser leurs deniers dans les mains de notre Receveur-Général créé par le présent Edit, aux termes & délais que nous nous réservons de fixer, & qui seront rappellés, chaque année, à la suite de l'état général des impositions que nous ordonnerons : &, faute de verser leurs deniers auxdits termes, seront lesdits Trésoriers ou préposés contraignables pour le payement de leurs recettes, conformément aux regles établies pour le recouvrement des impositions & deniers royaux dans les autres Provinces de notre Royaume.

XIX. Au moyen du versement que lesdits Trésoriers feront de leurs deniers entre les mains de notre Receveur-Général, lequel est tenu, par l'article XII de notre présent Edit, d'en compter en notre Chambre des Comptes de Pau, nous dispensons lesdits Trésoriers de compter desdits deniers à ladite Chambre : dérogeant, quant à ce, à l'article IX de notre Edit du mois de Mai 1782.

XX. Nous avons éteint & supprimé, éteignons & supprimons tous les Offices de Receveurs particuliers ou Receveurs des tailles créés tant par notre Edit de Septembre 1781, que par tous autres Edits & Réglemens antérieurs, auxquels nous avons, quant à ce, dérogé.

XXI. Les titulaires des Offices supprimés par l'article précédent, seront remboursés de la finance desdits Offices sur le pied de l'évaluation arrêtée en notre Conseil, en vertu de l'Edit de Février 1771, & il sera pourvu à leur remboursement par les pays dans lesquels ils sont établis, ainsi & de la maniere que lesdits pays aviseront la moins onéreuse, en payant néanmoins l'intérêt au denier vingt jusqu'au remboursement, lequel nous entendons être effectué dans le terme & délai de deux années au plus tard.

XXII. Quant aux Offices de pareille nature qui n'ont point été levés en nos Parties-casuelles, nous les avons purement & simplement éteints & supprimés.

XXIII. N'entendons néanmoins rien innover par le présent Edit, à la forme & ordre de levée, recette, versement & comptabilité des impositions de l'Election des Lannes & ville de Dax, pour lesquelles nous voulons qu'il en soit usé comme par le passé.

XXIV. Sera au surplus notre Edit du mois de Mai 1782 exécuté selon sa forme & teneur, en tout ce qui n'y est pas dérogé par notre présent Edit. SI DONNONS EN MANDEMENT à nos amés & féaux les Gens tenans notre Cour de Parlement, Chambre des Comptes, Cour des Aydes & Finances à Pau, que notre présent Edit ils ayent à faire lire, publier & registrer, & le contenu en icelui garder, observer & exécuter selon sa forme & teneur : car tel est notre plaisir; & afin que ce soit chose ferme & stable à toujours, nous y avons fait mettre notre scel.

1784. Donné à Versailles, au mois de Mars, l'an de grace mil sept cent quatre-vingt-quatre, & de notre regne le dixieme. *Signé*, LOUIS; & plus bas, par le Roy. *Signé*, le Baron DE BRETEUIL.

EXTRAIT des Registres du Parlement de Navarre.

31 Mars 1784.

LA Cour ordonne que l'Edit dont il s'agit, sera registré ès registres de la Cour, lu & publié à la premiere Audience Royale, pour être exécuté suivant sa forme & teneur, conformément à la volonté du Roy, sans que l'enregistrement du premier article dudit Edit puisse nuire ni préjudicier à la jurisdiction que la Cour a droit & possession d'exercer comme Chambre du Domaine, dans les pays de l'ancien domaine de Navarre, non compris audit article, conformément à l'Edit de 1527 & autres Loix postérieures.

EDIT du Roi, portant création de la Charge d'Aumônier de la Grande-Fauconnerie de France.

Mars 1784.

LOUIS, &c. Les différens équipages qui composent notre Grande-Fauconnerie étant obligés de se rassembler dans les lieux où nous jugeons à propos de prendre le plaisir de la Chasse du vol, nous avons jugé nécessaire d'établir à la suite de ces Equipages un Aumônier. A ces causes, &c. créons & érigeons, à compter du premier Avril prochain, une Charge d'Aumônier de notre Grande-Fauconnerie, pour par celui que nous jugerons à propos d'en pourvoir, l'avoir, tenir & exercer, aux honneurs, autorités, prérogatives, privileges, franchises, libertés, droits & autres avantages attribués aux Officiers commensaux de notre Maison, & aux gages de 60 livres, dont l'emploi sera fait sur l'état de notre Grande-Fauconnerie. Si donnons en mandement, &c.

Donné à Versailles, au mois de Mars, l'an de grace mil sept cent quatre-vingt-quatre. *Signé*, LOUIS; & plus bas, par le Roy, le Baron DE BRETEUIL.

Enregistré en la Chambre des Comptes & en la Cour des Aydes, les 11 Août & 3 Septembre suivant.

LETTRES-PATENTES du 13 Mars 1784, enrégistrées en la Cour des Aides, le 20 Août suivant, qui dispensent les procès-verbaux des Employés des Fermes dans les Duchés de Lorraine & de Bar, de la formalité du contrôle, lorsqu'ils ne contiendront point d'assignation.

ARRÊT

1784.

Arrêt de la Cour des Aides, du 17 Mars 1784, qui juge qu'un Noble qui veut exploiter par lui-même, n'est pas tenu à d'autres formalités que d'en faire faire la publication à la porte de l'Eglise.

Le sieur d'Hillaire de Moissac, Seigneur de la terre de Fongeraye, en Poitou, Paroisse de Perroux, voulant exploiter par lui-même une métairie, appellée la métairie de la Porte, dépendante de ladite terre, & jouir du privilege des Nobles, en fit faire la publication à la porte de l'Eglise, le 14 Janvier 1782, à ce que les Habitans n'eussent point à imposer pour l'année suivante ladite métairie à la taille. Cette publication fut enregistrée en l'Election de Poitiers, le 27 Septembre suivant. Cependant, sous le prétexte qu'elle n'avoit point été signifiée aux Habitans par copie à eux laissée, les Collecteurs imposerent à la taille les exploitans ladite métairie. Le sieur de Moissac s'est pourvu en l'Election, pour faire ordonner la radiation de la cotte; il a été débouté de sa demande, par Sentence du 20 Mars 1783, sous le prétexte invoqué par les Habitans. Le sieur de Moissac ayant appellé de cette Sentence en la Cour des Aydes, a fait voir que l'Arrêt d'enregistrement de l'Ordonnance de 1663, qui accordoit aux Nobles le privilege d'exploiter un certain nombre de terres en exemption de tailles, n'exigeoit d'autres formalités que la publication au Prône; que depuis, par l'Edit de 1695 & la Déclaration du 16 Décembre 1698, les publications au Prône ayant été abrogées, & les simples publications à la porte de l'Eglise y ayant été substituées, il avoit rempli les formalités exigées; qu'il avoit même fait plus qu'il ne devoit, puisqu'il avoit fait enregistrer en l'Election cette publication, quoique cette formalité ne fût point prescrite.

En conséquence, par Arrêt du 17 Mars 1784, la Sentence a été infirmée, la radiation de la cotte a été ordonnée, le sieur d'Hillaire de Moissac maintenu dans ses privileges de Noble de race & d'extraction, avec défenses aux Habitans de l'imposer, tant qu'il ne feroit pas acte de dérogeance.

Arrêt de la Cour des Aides, qui, conformément à l'article XXI du titre XIV de l'Ordonnance criminelle de 1670, & à l'article XXI du titre XVII de l'Ordonnance des Gabelles de 1680, ordonne que dans l'instruction des procès des Faux-sauniers, contre lesquels il échera de prononcer des peines afflictives, autrement que par conversion de peines pécuniaires; les Officiers des Greniers à sel seront tenus de faire subir aux accusés le dernier interrogatoire sur la sellette.

31 Mars 1784.

Louis, &c. Vu par notredite Cour, la Requête présentée par notre Procureur-Général, expositive qu'il a remarqué que dans l'instruction des procès des Faux-sauniers, contre lesquels l'Ordonnance prononce des peines afflictives,

1784. autrement que par conversion de peines pécuniaires, les Officiers des Greniers à sel omettent souvent de faire subir auxdits Faux-sauniers le dernier interrogatoire sur la sellette, tel qu'il est ordonné par l'article XXI du titre XIV de l'Ordonnance criminelle du mois d'Avril 1670; que cette omission est une contravention formelle à l'article XXI du titre XVII de l'Ordonnance des Gabelles, aux termes duquel les condamnations portant peines afflictives autrement que par conversion de peines pécuniaires, ne peuvent intervenir qu'après une instruction entiere, *comme dans les autres crimes*; & qu'il pense être du devoir de son ministere & de la prudence de notre Cour de rappeller aux Officiers des Greniers à sel de son ressort les regles dont ils ne peuvent s'écarter, sans encourir la peine prononcée contre les Juges qui, ayant commis des nullités dans la procédure, sont tenus de supporter les frais d'une nouvelle instruction. A ces causes, requéroit notre Procureur-Général, &c. Notredite Cour ordonne que l'article XXI du titre XIV de l'Ordonnance criminelle & l'article XXI du titre XVII de l'Ordonnance des Gabelles seront exécutés selon leur forme & teneur; en conséquence, que dans l'instruction des procès des Faux-sauniers, contre lesquels il échera de prononcer des peines afflictives, autrement que par conversion de peines pécuniaires, les Officiers des Greniers à sel seront tenus de faire subir aux accusés le dernier interrogatoire sur la sellette, immédiatement avant la prononciation de la Sentence, & que mention sera faite dudit interrogatoire dans les Sentences; ordonne que le présent Arrêt sera imprimé & envoyé à tous les Sieges des Greniers à sel du ressort de notre Cour, pour y être lu, &c.

Donné à Paris, en la premiere Chambre de notre Cour des Aydes, le trente & un Mars mil sept cent quatre-vingt-quatre. *Signé*, LE PRINCE.

LETTRES-PATENTES du mois d'Avril 1784, portant ratification du contrat d'échange passé le 11 Mars de ladite année, entre le Roi & M. le Prince de Condé, par lequel ce Prince cede à Sa Majesté les droits de gabelles, tabac, aides, traites, contrôles & autres, qui se perçoivent à son profit dans le Clermontois; & Sa Majesté cede à M. le Prince de Condé six cents mille livres de rentes perpétuelles, au principal de douze millions; enrégistrées en la Cour des Aides, le 17 Mai 1784, à la charge qu'il ne sera rien innové en ce qui concerne la compétence de la Cour, qui continuera à connoître, par appel, même des Jurisdictions qui pourront être établies, en vertu de la clause insérée audit contrat d'échange, de toutes les contestations relatives aux droits, tant ceux appartenants au Roi, que ceux réservés par M. le Prince de Condé, conformément aux Edits, Déclarations, Arrêts & Réglements, notamment aux Déclarations des 14 Juin 1704 & 15 Mai 1769.

1784.

ARRÊT *de la Cour des Aides, qui juge que le droit de* Committimus *des Bourgeois de Paris & autres cesse dans les matieres qui sont de la compétence de la Cour & des Sieges de son ressort.*

2 Avril 1784.

LOUIS, &c. Vu la requête présentée par notre Procureur-Général, expositive que par Sentence du 13 Février dernier, rendue par les Juges des Traites de Reims, entre Nicolas Salzard, Adjudicataire-Général des Fermes, Benoît Cliquot, Jacob & Bailly, Négocians, Alphonse le Roy & le Cointre, Médecins à Paris, ledit Nicolas Salzard a obtenu condamnation à son profit, à raison des droits de traites, d'une somme de 173 liv. 9 s. 3 d. contre lesdits Clicquot, Jacob & Bailly, sauf à ces derniers à répéter ladite somme desdits le Roy & le Cointre, qui par la même Sentence sont condamnés par défaut à les en garantir & indemniser. Par suite de cette Sentence munie d'un *pareatis* du Lieutenant-Civil au Châtelet de Paris, lesdits Clicquot, Jacob & Bailly ont, le 4 Mars dernier, fait commandement auxdits le Roy & le Cointre de leur payer ladite somme. Mais, le lendemain 5, ledit le Roy a interjetté appel de la Sentence du Siege des Traites de Reims, & convertissant son appel en opposition, il a fait réserves de faire évoquer la cause devant les Juges de son domicile. Le même jour Cliquot, Jacob & Bailly ont fait assigner ledit le Roy au Siege des Traites de Reims, pour le faire débouter de son opposition. Le 8 du même mois, ledit le Roy, sous prétexte qu'il est Bourgeois de Paris & Docteur en Médecine de la Faculté de Paris, a obtenu du Lieutenant-Civil au Châtelet de Paris, une Ordonnance qui évoque audit Châtelet les assignations données à la requête de Clicquot & Compagnie, avec défenses de procéder ailleurs. L'article VIII du titre VIII de l'Ordonnance du mois d'Avril 1667, porte que les appellés en garantie sont tenus de procéder en la même Jurisdiction que celle où la demande originaire est pendante, à moins que le garant n'ait un privilege & qu'il ne demande son renvoi. C'est sans doute sur les derniers mots de cette Ordonnance que ledit le Roy s'est fondé pour invoquer le droit de *Committimus* au Châtelet accordé par l'article CXII de la Coutume, aux Bourgeois de Paris, & par plusieurs Edits renouvellés par Lettres-Patentes du mois d'Octobre 1775, registrées en la Cour le 21 Mai 1776, aux Docteurs & Suppôts de l'Université de Paris. Mais l'article XXVI du titre IV de l'Ordonnance du mois d'Avril 1669, porte que les causes pendantes aux Elections, Greniers à sel & autres Sieges extraordinaires, dont la connoissance leur appartient par le titre de leur établissement, ou par attribution, ne peuvent être évoquées en vertu du *Committimus*. L'article I du titre XII de l'Ordonnance des Fermes, défend à tous autres Juges que ceux des Traites, même à ceux des Elections, de connoître des affaires dont la connoissance est attribuée aux Juges des Traites. Ces Ordonnances dérogent évidemment aux loix antérieures, & par conséquent elles abrogent à cet égard le privilege des Bourgeois de Paris, & celui des Membres de l'Université de Paris. Aussi est-il de principe reconnu que tout *Committimus* cesse à l'égard de notre Cour des Aydes & des Sieges de son ressort. A ces causes, requéroit, &c.
La Cour reçoit le Procureur-Général appellant de l'Ordonnance du Lieutenant-Civil au Châtelet de Paris, du 8 Mars dernier; faisant droit sur son appel, met

1784. l'appellation & ce dont est appel au néant, fait défenses au Lieutenant-Civil connoître de cette affaire, & à Leroy & Lecointre de faire poursuites & di gences ailleurs que devant les Juges des Traites à Reims, à peine de nulli de procédure & de 1000 livres d'amende, sauf l'appel en la Cour, s'il y a lie Ordonne que le présent Arrêt sera signifié à la requête de notre Procureur-Génér tant au greffe du Châtelet de Paris, qu'audit Leroy, publié & registré au Sie des Traites à Reims, l'audience tenante. Enjoint aux Substituts, &c.

Donné en notre Cour des Aydes, le deux Avril mil sept cent quatre-vingt-quatr

---

ARRÊT de la Cour des Aides, qui fait défenses à toutes personnes d s'opposer en quelque maniere que ce soit, à la confection des rôle d'office, & d'empêcher les délibérations des assemblées des Habitant à cet effet, sous les peines portées par les Réglements, avec im pression & affiche de la Sentence.

7 Avril 1784.

LOUIS, &c. Vu par notredite Cour la Sentence rendue le 5 Août 178 par les Officiers de l'Election de Beaugency, sur les conclusions du Substitu de notre Procureur-Général audit Siege, entre Me. Marc Gauthier, Notaire Royal, demeurant au fauxbourg de Meung, Paroisse de Saint-Pierre, & Me. Jean Barbade Procureur au Bailliage de Meung, y demeurant, Paroisse Saint-Nicolas, demandeurs en abus & malversations commises dans le rôle des tailles de la Ville de Meung, année 1783, fait par les Collecteurs de ladite Ville, ci-après nommés, aux fins de leur Mémoire présenté auxdits Officiers, le 12 Février audit an, d'une part; & Etienne Sainton, Pierre Joisneau, Pierre Thevanne Raimbault, Jacques Hubert, Charles Legout, Constantin Cousté & Laurent Dreux, Asséeurs & Collecteurs des tailles de la Ville de Meung, fauxbourgs & banlieue, pour l'année 1783, & défendeurs par les Maire & Echevins de ladite Ville, prenant leur fait & cause, d'autre part: par laquelle Sentence, sans avoir égard à l'acte d'assemblée fait par les Maire & Echevins de ladite Ville de Meung, a été dit qu'Etienne Sainton, Pierre Joisneau, Pierre Thevanne Raimbault, Jacques Hubert, Charles Legout, Constantin Cousté & Laurent Dreux, Asséeurs & Collecteurs des tailles de la Ville, fauxbourgs & banlieue de ladite Ville, pour l'année 1783, ont abusé & malversé dans la confection de leur rôle, tant pour s'être diminué, qu'avoir diminué leurs parens au degré prohibé, & avoir omis à remplir dans leur rôle le nommé Clément, Chirurgien, Habitant de Meung depuis plus de deux ans: sçavoir, Pierre Joisneau, Collecteur, s'être diminué de 30 sols; Pierre Thevanne, de 40 sols; Jacques Hubert, de 8 livres; Charles Legout, de 40 sols; Constantin Cousté, de 20 sols; Laurent Dreux, de 40 sols; tous Collecteurs, & pour avoir diminué la veuve André Joly, alliée du Collecteur Thevanne, comme belle-mere de Raimbault fils, frere de la femme Thevanne, de 3 livres; Damien Faget, oncle dudit Thevanne, cousin-germain de Thevanne, Collecteur, de 3 livres; Jean-Baptiste Thevanne, cousin-germain dudit Thevanne, Collecteur, de 40 sols; Vrain Saget, oncle dudit Thevanne, à cause de sa femme, de 40 sols; Claude Sainton, cousin-germain d'Etienne Sainton, Collecteur, de 40 sols; Alexandre Croyés, Député de ladite année, de 40 sols; la veuve Jean Bonante, cousine-germaine d'Hubert, Collecteur, de 9 livres ; Jacques Laduré, Député de 1783, de 40 sols ; Louis Robineau, beau-frere de Joisneau, Collecteur, de 20 sols ; Charles Croyés, Député, de 4 livres ; César Hubert, Echevin & cousin-germain d'Hubert, Collecteur, de 40 sols ; Pierre Rotobelle, allié de Thevanne, Collecteur, de 40 sols ; Pierre Darguet Losieux, Député des années 1782 & 1783, de 10 livres ; François Thevanne, pere de Pierre Thevanne, Collecteur, de 4 livres ; Joseph Boullay, allié de Thevanne, Collecteur, son fils ayant épousé une Raimbault, sœur de la femme dudit Thevanne, de 40 sols ; Jean Laduré, beau-frere d'Hubert, Collecteur, de 40 sols ; Pierre Gallet, Député de l'année 1783, de 3 livres ; & Gentier Chedeville, allié de Thevanne, Collecteur, de 40 sols ; tous lesquels abus, qui se trouvent monter à la somme de 91 livres, 10 sols, lesdits Etienne Sainton, Pierre Thevanne Raimbault, Jacques Hubert, Charles Legout, Constantin Costé & Laurent Dreux, Collecteurs, ont été condamnés solidairement, & par corps, à rapporter & mettre ès-mains du Receveur particulier des Finances de ladite Election, ladite somme de 91 liv. 10 f. de principal de taille, & les impositions à proportion, pour être employée à la décharge du général des Habitans, & être d'autant moins imposée dans le rôle de 1784 ; ont été pareillement, lesdits Collecteurs, condamnés solidairement en pareille somme de 91 liv. 10 sols d'amende, qui seroit également déposée ès-mains du Receveur particulier des Finances, pour être de même employée à la décharge du général desdits Habitans ; a été enjoint aux Asséeurs & Collecteurs des tailles de l'année 1784, de cottiser & comprendre dans leur rôle lesdits Collecteurs de l'année 1783, aux mêmes sommes pour lesquelles ils étoient employés dans le rôle de l'année 1782, comme aussi Clément, Chirurgien, suivant ses facultés & exploitations, ayant été omis d'être compris dans le rôle de l'année 1782 & celle de 1783, s'il n'a justifié de son délogé, jugé & exécuté ; a été enjoint pareillement auxdits Collecteurs qui seroient nommés pour l'année 1784, de se conformer, dans l'assiette & confection de leurs rôles, aux Réglemens & aux Lettres de commission, à peine d'abus ; comme aussi a été fait défenses à l'Abbé de Gondouin, Vicaire-Général du Diocese d'Orléans, Maire de ladite Ville de Meung, Doyen de la Collégiale dudit Meung, & en cette qualité, comme Seigneur en partie de ladite Ville, de plus à l'avenir assister à l'assiette des tailles, & autres Officiers dudit lieu, ni de s'immiscer en la connoissance, directement ni indirectement, pour ce qui regarde la taille & autres impositions, à peine d'encourir la rigueur des Réglemens ; a été ordonné que ladite Sentence seroit imprimée, lue, publiée & affichée tant dans la Ville de Meung qu'en celle de Beaugency & autres Paroisses dépendantes de ladite Election de Beaugency, jusqu'à la concurrence de cinquante exemplaires, aux frais desdits Collecteurs, qui ont été condamnés aux dépens, taxés & liquidés à la somme de 26 liv. 8 f. 6 den. non compris le coût, droits, signification, impression & affiches de ladite Sentence, qui seroit exécutée par provision, nonobstant oppositions ou appellations quelconques : les pieces sur lesquelles ladite Sentence a été rendue ; signification faite de ladite Sentence, par exploit du 14 Août dernier, à la requête de Mes. Gauthier & Barbade, auxdits Collecteurs & à l'Abbé de Gondouin : l'acte d'appel interjetté le 14 dudit mois d'Août par lesdits Collecteurs & l'Abbé de Gondouin de ladite Sentence ; l'assignation donnée par exploit, du 22 dudit mois d'Août, à la requête desdits Gauthier & Barbade, auxdits Collecteurs & Abbé de Gondouin, à comparoir au mois en notredite Cour, pour procéder & aller en avant sur ledit appel. La requête présentée à notredite Cour, le 12 Décembre dernier, par Marc Gauthier, Notaire Royal en la Ville de Meung-

1784. sur-Loire, & Jean Barbade, Procureur au Bailliage dudit lieu, tendante à ce qu'en procédant au Jugement de l'appel interjetté d'une Sentence de l'Election de Beaugency, du 5 Août 1783, par les Maire & Echevins de Meung & les Collecteurs des tailles de ladite Ville pour ladite année, & notamment par le sieur Abbé de Gondouin, Maire de ladite Ville, lesdits Maire, Echevins & Collecteurs fussent déclarés purement & simplement non-recevables dans leur appel, ou en tous cas l'appellation fût mise au néant; il fût ordonné que ce dont étoit appel sortiroit son plein & entier effet, & les Appellans condamnés chacun à leur égard aux dépens des causes d'appel & demandes, sauf & sans préjudice d'autres conclusions; ladite requête signée Rossignol, Procureur. La Requête présentée à notredite Cour, le 4 Février 1784, par les Maire, Echevins, Collecteurs des tailles & autres impositions de ladite Ville de Meung, pour l'année 1783, & François-Benoît de Gondouin, Maire de ladite Ville de Meung, appellant d'une Sentence rendue en l'Election de Beaugency, du 5 Août 1783, l'appellation & ce dont est appel fussent mis au néant; émendant, lesdits Maire, Echevins, Collecteurs & ledit Abbé de Gondouin fussent déchargés des condamnations contr'eux prononcées par ladite Sentence; faisant droit au principal, les sieurs Gauthier & Barbade fussent déclarés non-recevables dans leur réclamation portée par le Mémoire intitulé : *Mémoire en cas d'abus*, pour l'avoir mis en avant sans caractere ni pouvoir, sans fondement comme sans motif, & de ne s'être pas conformés à l'article V de notre Déclaration de 1761, & aux articles II, IV & V de celle de 1768, faisant pareillement droit sur les demandes desdits Maire, Collecteurs & Abbé de Gondouin, portées par leur replique faite à l'Hôtel commun de la Ville de Meung, le 23 Juin dernier, lesdits Gauthier & Barbade fussent déclarés non-recevables dans leur demande formée en cause principale par leurs conclusions de leur Mémoire du 28 Avril 1783, soit en ce qui concerne la prise de fait & cause pour les Collecteurs de l'année 1783, par les Maire & Echevins de Meung, qui seroit déclarée bonne & duement autorisée, soit par la personne du Maire, en cette qualité, à la confection du rôle, conjointement avec les Echevins, Députés & les Collecteurs; les dignités dont il est revêtu étant étrangeres à l'opération, ne pouvant l'exclure d'une fonction à laquelle l'appelle sa Charge de Maire & présidant la Ville dans toutes assemblées quelconques; & comme les demandes des sieurs Gauthier & Barbade avoient pour objet d'occasionner un trouble dans l'ordre de la confection des rôles des tailles de la Ville de Meung, il leur fût enjoint d'être plus circonspects à l'avenir; il fût ordonné pareillement que les expressions injurieuses & outrageantes portées par les Mémoires desdits Gauthier & Barbade, tant contre le Corps Municipal que contre les Collecteurs & les Députés à la confection des rôles, seroient & demeureroient supprimées, & qu'ils fussent solidairement condamnés en 50 livres de dommages & intérêts ou d'amende, applicables, du consentement desdits Maire & Echevins & du général des Habitans de Meung par eux représentés, aux pauvres de l'Hôtel-Dieu de Meung, il fût ordonné en outre que l'Arrêt à intervenir seroit imprimé & affiché dans la Ville de Meung & par-tout où besoin seroit, jusqu'à concurrence de cent cinquante exemplaires, aux frais & dépens desdits Gauthier & Barbade, & que ledit Arrêt seroit transcrit tout au long sur le registre des délibérations de l'Hôtel de Ville de Meung, après avoir été lu à haute & intelligible voix dans une assemblée générale desdits Habitans convoquée à cet effet, pour servir de réparation auxdits Maire, Echevins, Habitans, Collecteurs & Abbé de Gondouin; & lesdits Gauthier & Barbade fussent condamnés aux dépens des causes principale, d'appel & demandes, sauf à notre Procureur-Général à requérir ce que son zele lui suggéreroit pour le maintien des Réglemens, sans préjudice d'autres conclusions; ladite requête signée d'Huicque, Procureur. La requête présentée à notredite Cour, le 4 Mars dernier, par les Maire, Echevins & Collecteurs des tailles & autres impositions de la Ville de Meung pour l'année 1783, & François-Benoît du Gondouin, Maire de ladite Ville de Meung, contre les sieurs Gauthier & Barbade, contenant production nouvelle & tendante à ce qu'en procédant au Jugement de l'instance, les conclusions ci-devant prises par lesdits Maire, Echevins & Collecteurs des tailles, leur fussent adjugées, & icelles reprenant, rectifiant & augmentant, sans s'arrêter aux requêtes & demandes desdits Gauthier & Barbade, dans lesquelles ils seroient déclarés purement & simplement non-recevables; faisant droit sur l'appel, l'appellation & Sentence dont étoit appel fussent mis au néant; émendant, lesdits Maire, Echevins, Collecteurs & Abbé de Gondouin fussent déchargés des condamnations contr'eux prononcées par ladite Sentence; & lesdits Gauthier & Barbade fussent déclarés purement & simplement non-recevables dans leur action en prétendus abus & malversations & dans les autres chefs de demandes formées contre lesdits Maire, Echevins, Collecteurs & Abbé de Gondouin; il fût ordonné que le rôle d'office de la Ville de Meung pour l'année 1783, seroit exécuté selon sa forme & teneur; il fût ordonné que les termes injurieux & outrageans contre l'honneur, la réputation & les droits desdits Maire, Echevins & Collecteurs, & notamment contre le sieur Abbé de Gondouin l'un d'eux, répandus dans les Mémoires, réponses & écrits fournis par lesdits Gauthier & Barbade en cause principale & produits en notredite Cour, seroient & demeureroient supprimés; il fût fait défenses auxdits Gauthier & Barbade de se servir de pareils termes; il leur fût ordonné d'être plus circonspects à l'avenir, sous peine d'être punis suivant la rigueur des Réglemens; & pour l'avoir fait, ils fussent condamnés en 600 livres de dommages & intérêts, applicables, du consentement desdits Maire, Echevins, Collecteurs & Abbé de Gondouin, aux pauvres de l'Hôtel-Dieu de Meung; il fût donné acte auxdits Maire, Echevins, Collecteurs & Abbé de Gondouin, de ce qu'ils dénonçoient, en tant que de besoin, à notre Procureur-Général, la déclaration faite par les Collecteurs de 1784, dans l'acte d'assemblée des Habitans de Meung, du 11 Janvier dernier, & attendu que l'appel étoit suspensif de toute exécution de la Sentence du 5 Août 1783; que les Collecteurs ne sont que les simples mandataires des Habitans; & que l'Ordonnance du Commissaire départi, du 20 Août dernier, qui nommoit Me. Jolly pour procéder à un nouveau rôle d'office pour l'année 1784; ensemble la délibération de la Ville de Meung, qui nomme des Députés pour procéder audit rôle, n'ont jamais été attaquées ni annullées, & que les Collecteurs, au préjudice d'icelles, ne pouvoient faire le rôle de 1784 à l'ordinaire; il fût ordonné que, dans la huitaine du jour de la signification de l'Arrêt à intervenir, à personne ou domicile, il sera dressé par Me. Jolly, Commissaire, nommé par le Commissaire départi pour procéder au rôle d'office de ladite année 1784, en présence tant des Maire, Echevins & Collecteurs de l'année 1784, que des Députés nommés pour procéder audit rôle, ou eux duement appellés, à l'Hôtel de Ville de Meung, procès-verbal de réformation de toutes les cottes de chaque taillable non conformes à la fixation des mêmes cottes portées sur le rôle d'office de 1783, & changées sans motif valable par les Collecteurs de 1784, pour, en vertu dudit procès-verbal dont la minute seroit déposée au greffe de l'Election de Beaugency, & dont expédition seroit remise auxdits Collecteurs, conformément à ladite réformation & de la même maniere que les autres cottes portées par leur rôle, & ce, à peine de concussion & d'amende contre les Collecteurs, lesquels seroient tenus, ainsi que

1784. les Collecteurs de 1783, à l'effet de procéder audit procès-verbal, de représenter audit Me. Jolly leurs rôles; il fût fait défenses aux chefs dudit Beaugency de plus à l'avenir empêcher l'exécution des Ordonnances du sieur Commissaire départi non attaquées, & les délibérations des Habitans de Meung tendantes à un rôle d'office; lesdits Gauthier & Barbade fussent condamnés en tous les dépens, tant des causes principale que d'appel & demandes, même en ceux du procès-verbal de réformation du rôle de 1784, comme y ayant donné lieu par leur demande en abus; au surplus, il fût ordonné que l'Arrêt à intervenir seroit imprimé & affiché dans la Ville de Meung, celle de Beaugency & autres Paroisses taillables de ladite Election, au nombre de trois cens exemplaires, aussi aux frais desdits Gauthier & Barbade, & en outre qu'il seroit lu dans une assemblée de la Ville de Meung convoquée à cet effet, & ensuite transcrit sur le registre des délibérations, le tout sauf à notre Procureur-Général à requérir ce que son zele lui suggéreroit pour le maintien des Réglemens, sans préjudice d'autres conclusions s'il y échoit; ladite requête signée d'Huicque, Procureur: conclusions de notre Procureur-Général. Oui le rapport de Me. Jean-Grégoire Tercier, Conseiller, tout considéré:

Notredite Cour, faisant droit sur l'appel, ayant aucunement égard aux requêtes & demandes des Maire, Echevins & Collecteurs des tailles de la Ville de Meung pour l'année 1783, & de l'Abbé de Gondouin, sans s'arrêter à celles de Marc Gauthier & Jean Barbade, dont ils sont déboutés, a mis & met l'appellation & Sentence dont est appel au néant; émendant, décharge lesdits Maire, Echevins, Collecteurs & Abbé de Gondouin, des condamnations contr'eux prononcées par ladite Sentence; au principal, déclare lesdits Gauthier & Barbade purement & simplement non-recevables dans leur demande en abus & malversations contre lesdits Maire, Echevins & Collecteurs de Meung de l'année 1783; en conséquence ordonne que ledit rôle de 1783 sera exécuté selon sa forme & teneur; condamne lesdits Gauthier & Barbade solidairement en cinquante livres de dommages & intérêts envers lesdits Maire, Echevins & Collecteurs, applicables, de leur consentement, aux pauvres de l'Hôtel-Dieu de la Ville de Meung, & en tous les dépens, tant des causes principale que d'appel & demandes, même en ceux du procès-verbal de réformation du rôle de 1784 ci-après, tous lesquels dépens seront, en vertu de l'article LV de notre Déclaration du 23 Avril 1778, taxés en la maniere ordinaire & accoutumée: sur le surplus des demandes, fins & conclusions des Parties, les a mises & met hors de Cour. Et faisant droit sur les conclusions de notre Procureur-Général, ordonne que, dans huitaine, à compter du jour de la signification du présent Arrêt à personne ou domicile, il sera par Jolly, Conseiller en l'Election de Beaugency, nommé Commissaire pour la confection du rôle de l'année 1783, en présence des Maire, Echevins & Collecteurs de la Ville de Meung pour l'annee 1784, lesquels seront convoqués en la maniere accoutumée, en l'Hôtel de Ville dudit Meung, dressé procès-verbal de réformation des cottes de chaque contribuable non conformes à la fixation des mêmes cottes portées au rôle d'office de la Ville de Meung pour l'année 1783, pour, en vertu dudit procès-verbal dont la minute sera déposée au greffe de l'Election de Beaugency, & annexée audit rôle de 1784, & une expédition remise aux Collecteurs de ladite année 1784, être le montant des cottes réformées perçu par lesdits Collecteurs suivant & conformément à ladite réformation, à l'effet de quoi lesdits Collecteurs de l'année 1784, ainsi que ceux de l'année 1783, seront tenus de représenter leur rôle audit Jolly; fait défenses en outre à toutes personnes de s'opposer en telle maniere que ce soit à la confection des rôles d'office, & d'empêcher les délibérations des assemblées des Habitans à cet effet, sous

sous les peines portées par les Réglemens ; ordonne que le présent Arrêt sera imprimé & affiché tant dans la Ville de Meung que dans l'étendue du ressort de l'Election de Beaugency, jusqu'à la concurrence de cinquante exemplaires, aux frais desdits Gauthier & Barbade. Si te mandons, &c. 1784.

Donné à Paris, en la premiere Chambre de notredite Cour des Aydes, le Samedi troisieme jour du mois d'Avril mil sept cent quatre-vingt-quatre.

EDIT *du Roi, portant création de la Charge de Précepteur des Pages de la Chambre du Roi.*

Mai 1784.

LOUIS, &c. Lorsque nous avons supprimé par Edit du mois d'Août dernier les quatre Charges de Gouverneurs, & les quatre de premiers Valets des Pages de notre Chambre, pour ne créer par notre même Edit que deux Charges, l'une de Gouverneur, l'autre de Sous-Gouverneur de nosdits Pages, nous avons reconnu que les représentations qui nous ont été faites alors par les premiers Gentilshommes de notre Chambre, tendoient à une meilleure éducation de nosdits Pages ; ce motif, que nous avions principalement en vue, nous détermine encore à adopter la nouvelle proposition que nous ont faite les premiers Gentilshommes de notre Chambre, de créer une Charge de Précepteur de nosdits Pages ; & nous avons d'autant plus lieu d'espérer qu'elle contribuera à perfectionner leur éducation, qu'il est déjà résulté des dispositions de notredit Edit du mois d'Août dernier tous les bons effets que nous avions lieu d'en attendre. A ces causes, &c. créons, érigeons & établissons une Charge de Précepteur des Pages de notre Chambre, de laquelle nous nous réservons à toujours la nomination sur la présentation qui nous en sera faite par les premiers Gentilshommes de notre Chambre, pour par celui que nous jugerons à propos d'en pourvoir, l'avoir & exercer, en jouir & user, aux honneurs, autorités, prérogatives, prééminences, privileges, franchises, libertés, fonctions & autres avantages attribués aux Officiers Commensaux de notre Maison, & aux gages de 60 livres seulement, que nous avons jugé à propos de fixer pour tous émolumens de ladite Charge, suivant l'emploi qui en sera fait sur nos Etats. Si donnons en mandement, &c.

Donné à Versailles, au mois de Mai, l'an de grace mil sept cent quatre-vingt-quatre, & de notre regne le onzieme. *Signé*, LOUIS ; & plus bas, par le Roy, le Baron DE BRETEUIL.

Registré en la Chambre des Comptes & Cour des Aydes, les 11 Août & 3 Septembre 1784.

ARRÊT de la Cour des Aides, qui condamne Jacques Dufour à êtr admonesté, & en 3 livres d'aumône au profit des Pauvres de l. Paroisse de Jargeau, pour s'être opposé à la saisie & enlévemen d'une partie de ses effets, & avoir usé de voies de fait envers l. nommé Minard, Chef de garnison.

Premier Mai 1784.

LOUIS, &c. Vu par notredite Cour le procès criminel extraordinairemen instruit, & jugé par Sentence définitive du 20 Mars 1783, par les Officiers d l'Election d'Orléans, sur les conclusions du Substitut de notre Procureur-Génér audit Siege, entre Jérôme de Laage de Meux, Ecuyer, notre Conseiller-Secretaire, Maison, Couronne de France & de nos Finances, Receveur particulier de Finances de l'Election d'Orléans, y demeurant rue de la Bretonnerie, Paroiss S. Michel, complaignant & demandeur, le Substitut de notre Procureur-Général en ladite Election à lui joint; & aussi demandeur & accusateur contre Jacques Dufour, Vigneron, demeurant rue Babille, Paroisse de Jargeau, accusé, détenu è prisons, & défendeur, par laquelle Sentence, après que ledit Jacques Dufour a été interrogé derriere le Barreau, sans avoir égard au désistement donné par ledi Jérôme de Laage de Meux, le 5 Février 1783, faute par lui de l'avoir fait, conformément à l'article V du titre III de l'Ordonnance de 1670, ledit Dufour a été déclaré duement atteint & convaincu de s'être opposé à la saisie & enlévement de partie de ses effets, le 9 Décembre 1782, que prétendoit faire sur lui le nommé Minard, Chef de garnison, à la requête & en présence des Collecteurs de la Paroisse de Jargeau, en vertu de la contrainte décernée par ledit de Laage de Meux, Receveur particulier des Finances de l'Election d'Orléans, & visée par Me. Foscon, Doyen des Conseillers dudit Siege, le 9 Novembre 1782, pour avoir payement de la somme de 20 liv. qu'il se trouvoit en demeure de payer pour les impositions de l'année 1782; comme aussi d'avoir usé & exercé envers ledit Minard de voies de fait & de violences caractérisées: pour réparation de quoi, ledit Dufour a été condamné à être blâmé à genoux; & pour cet effet, a été ordonné que ledit Dufour seroit mandé en la Chambre du Conseil, & a été condamné en outre en 20 liv. d'amende envers nous; a été ordonné que ladite Sentence seroit imprimée & affichée, au nombre de cent cinquante exemplaires, tant en la ville d'Orléans, qu'en celle de Jargeau, & autres Villes & Paroisses de ladite Election, & ledit Dufour a été condamné aux dépens de la procédure envers ledit de Laage de Meux, Partie civile, dans lesquels entreroient le coût & impression de ladite Sentence; la lecture faite ledit jour 20 Mars 1783, par le Greffier de ladite Election, de ladite Sentence audit Dufour, lequel a dit qu'il s'en rendoit appellant. Communication donnée ledit jour 20 Mars 1783, au Substitut de notre Procureur-Général audit Siege de l'Election d'Orléans, tant de ladite Sentence, que de l'appel interjetté d'icelle par ledit Dufour, lequel a dit qu'il consentoit l'appel dudit Dufour: l'Arrêt de notredite Cour rendu sur le vu des charges, le 5 Juin 1783, qui a ordonné l'élargissement provisoire dudit Dufour: la Requête présentée à notredite Cour le 30 Mars 1784, par Jacques Dufour, Vigneron à Jargeau, appellant aux fins des Arrêt & exploit des 14 & 16

Mai 1783, contre ledit de Laage de Meux, Receveur particulier des impositions de l'Election d'Orléans, Intimé, contenant production de pieces y énoncées, & tendante à ce qu'en procédant au Jugement du procès, il fût donné acte audit Dufour de ce que pour moyens de nullité, & subsidiairement pour moyens d'atténuation, il employoit le contenu en ladite Requête avec ce qu'il plairoit à notredite Cour suppléer de droit & d'équité; ce faisant, l'appellation & ce dont est appel fussent mis au néant; émendant, ledit Dufour fût déchargé des condamnations contre lui prononcées par ladite Sentence; au principal, la plainte rendue par de Laage de Meux, & toute la procédure qui a suivi, fait tant à la requête dudit de Laage de Meux, que celle faite à la requête du Substitut de notre Procureur-Général audit Siege, fût déclarée nulle & vexatoire; & subsidiairement seulement, parce qu'en Cour souveraine il faut conclure à toutes fins, ledit Dufour fût déchargé de la plainte, accusation & demandes intentées & formées contre lui en l'Election d'Orléans, tant par ledit de Laage de Meux, que par le Substitut de notre Procureur-Général en ladite Election; en conséquence, l'Arrêt provisoire du 5 Juin 1783, qui a ordonné l'élargissement dudit Dufour, fût déclaré définitif; il fût ordonné que son écrou seroit rayé & biffé du registre de la geole des prisons d'Orléans; qu'en marge d'icelui mention seroit faite de l'Arrêt à intervenir, par l'Huissier, porteur d'icelui; dans tous les cas, il fût ordonné que la somme de 6 liv. payée par forme d'amende au Curé de la Paroisse de Jargeau, ensemble celle de 144 liv. déposée ès mains du Procureur, à Orléans, de Laage de Meux, pour les frais faits jusqu'au jour de la transaction convenue & arrêtée entre les Parties; de la réalité de laquelle ledit Dufour offroit de faire preuve tant par titres que par témoins, en cas de déni devant les Juges qu'il plairoit à notredite Cour commettre autres que ceux dont est appel, & dans la supposition que la Requête dudit de Laage de Meux à fin de liberté dudit Dufour, visée en ladite Sentence, ne seroit pas une preuve suffisante; lui seront rendues & restituées par ledit de Laage de Meux avec intérêts, à compter du jour du payement; & pour les torts réels causés audit Dufour dans son état par sa détention, causée par la plainte dudit de Laage de Meux, ledit de Laage de Meux fût condamné en 6000 liv. de dommages-intérêts envers ledit Dufour, & en tous les dépens; il fût ordonné en outre que l'Arrêt à intervenir seroit imprimé & affiché aux frais & dépens dudit de Laage de Meux, jusqu'à concurrence de trois cens exemplaires, tant à Jargeau, Orléans, que par-tout ailleurs où besoin seroit; ladite Requête signée d'Huicque, Procureur. La Requête présentée à notredite Cour le 19 Avril 1784, par Jérôme de Laage de Meux, Ecuyer, notre Conseiller-Secretaire, Maison, Couronne de France & de nos Finances, Receveur particulier des Finances de l'Election d'Orléans, intimé & défendeur, contre ledit Jacques Dufour, appellant & demandeur, employée pour réponses, fins de non-recevoir & défenses contre les demandes portées en la Requête dudit Dufour, du 30 Mars 1784, & tendante à ce qu'en procédant au Jugement du procès criminel d'entre les Parties, il fût donné acte audit de Laage de Meux des aveux & déclarations dudit Dufour, que les Parties ont arrêté une transaction entr'elles sur la plainte rendue par ledit de Laage de Meux en l'Election d'Orléans, contre ledit Dufour, des offres faites par ledit Dufour de prouver que ladite transaction a été faite & arrêtée, & que conformément à icelle ledit Dufour a déposé la somme de 144 liv. d'une part, pour les frais & dépens faits par le Procureur dudit de Laage de Meux, jusqu'au jour de ladite transaction, & 6 liv. d'autre part au sieur Curé de Jargeau pour tenir lieu d'amende, à raison du délit qui avoit donné lieu à la plainte dudit de Laage de Meux, & que c'est en exécution

1784.

1784. de ladite transaction, que ledit de Laage de Meux a donné son désistement; & sans s'arrêter au surplus de la Requête dudit Dufour, ni aux demandes y portées, faisant droit sur l'appel, ledit Dufour y fût déclaré purement & simplement non-recevable, & condamné en l'amende & aux dépens des causes d'appel & demande; ladite Requête signée Niverd, Procureur : ledit Dufour entré en la Chambre, interrogé derriere le Barreau, & retiré; conclusions de notre Procureur-Général : oui le rapport de Me. Thomas-Urbain de Mauslion, Conseiller, & tout considéré. Notredite Cour, faisant droit sur l'appel interjetté par Jacques Dufour de la Sentence de l'Election d'Orléans, du 20 Mars 1783, a mis & met l'appellation & Sentence dont étoit appel au néant; émendant, au principal, sans s'arrêter, ni avoir égard au désistement de Jérôme de Laage de Meux, que notredite Cour déclare nul & de nul effet, faute d'avoir été signifié dans les délais prescrits par l'article V du titre III de l'Ordonnance de 1670, & pour les cas résultans du procès, condamne ledit Jacques Dufour à être admonesté, & en 3 livres d'aumône au profit des Pauvres de la Paroisse de Jargeau, & en tous les dépens du procès, même envers ledit de Laage de Meux; sur le surplus des demandes, fins & conclusions des Parties, les a mises & met hors de Cour; & à l'instant ledit Dufour mandé en la Chambre, entré en icelle, placé à la Barre de notredite Cour, nu tête, y a été admonesté, & lui a été fait défenses de récidiver, sous telles peines qu'il appartiendra. Ordonne qu'à la requête de notre Procureur-Général, le présent Arrêt sera imprimé & affiché à Jargeau & autres Paroisses de l'étendue de l'Election d'Orléans. Si te mandons, &c.

Donné à Paris, en la premiere Chambre, le premier Mai mil sept cent quatre-vingt-quatre. *Signé*, LE PRINCE.

ARRÊT du Parlement, qui enjoint à tous Huissiers & Sergents Royaux, demeurants & exploitants dans l'étendue de la Sénéchaussée de la Rochelle, de se rendre aux mandements de Justice pour faire le service nécessaire tant pour l'instruction des procès criminels, que pour le Jugement d'iceux & pour l'exécution desdits Jugements.

19 Mai 1784.

ENTRE Marie-Nicolas Thoumelet, premier Huissier-Audiencier en l'Election de la Rochelle, appellant de Sentence & de l'Ordonnance contre lui rendue sur le requisitoire du Substitut du Procureur-Général du Roy, par le Lieutenant-Général-Criminel de ladite Sénéchaussée de la Rochelle, le onze Janvier 1784, & ce tant comme de Juge incompétent qu'autrement, & de ce qui a suivi, aux fins des Lettres de relief d'appel obtenues en la Chancellerie du Palais à Paris, & exploits des 24 Janvier & 7 Février 1784, d'une part; & le Procureur-Général du Roy, comme prenant le fait & cause de son Substitut en ladite Sénéchaussée & Siege Présidial de la Rochelle, intimé, d'autre part, &c.

Après que Delacroix, Avocat de Thoumelet, & Joly de Fleury pour le Procureur-Général du Roi ont été ouis :

La Cour reçoit la Partie de Delacroix incidemment appellante de l'Ordonnance du Lieutenant-Criminel en la Sénéchaussée de la Rochelle, du 16 Février dernier;

tient l'appel pour bien relevé; faisant droit sur les différens appels, a mis & met les appellations & ce dont est appel au néant; émendant, ordonne que les Ordonnances de Police ne pourront être rendues les jours fériés; faisant droit sur les conclusions du Procureur-Général du Roy, ordonne que les Arrêts & Réglemens de la Cour seront exécutés selon leur forme & teneur, notamment la Déclaration du Roy, du 15 Novembre 1762, registrée en la Cour le 25 Janvier 1763, & l'Arrêt de Réglement de la Cour du 8 Avril 1767; en conséquence enjoint à Thoumelet & à tous Huissiers & Sergens Royaux, demeurans & exploitans dans l'étendue de la *Sénéchaussée* de la Rochelle, de se rendre aux mandemens de Justice pour faire le service nécessaire tant pour l'instruction des procès criminels, que pour le Jugement d'iceux & pour l'exécution desdits Jugemens; faisant pareillement droit sur les conclusions du Procureur-Général du Roi, enjoint à Thoumelet d'être plus circonspect à l'avenir; comme aussi ordonne que le présent Arrêt sera imprimé & affiché à la Rochelle & par-tout où besoin sera. Fait en Parlement, le dix-neuf Mai mil sept cent quatre-vingt-quatre. *Signé*, DUFRANC. 1784.

EDIT *du Roi, portant création d'une quatrieme Charge de Gentilhomme ordinaire de* MONSIEUR.

Juin 1784.

LOUIS, &c. Notre très-cher & très-amé Frere Louis-Stanislas-Xavier (Monsieur) nous ayant témoigné qu'il desiroit, pour le bien de son service, que nous voulussions bien créer, dans sa maison, une quatrieme Charge de Gentilhomme ordinaire, aux mêmes honneurs, prérogatives, privileges, fonctions, appointemens & droits attribués aux trois pareilles Charges précédemment établies, nous avons jugé à propos de donner dans cette occasion à notredit Frere, une nouvelle marque de notre tendresse & de notre affection. A ces causes, &c. créons & érigeons une quatrieme Charge de Gentilhomme ordinaire de notre très-cher & très-amé Frere Louis-Stanislas-Xavier (Monsieur) pour, par celui que notredit Frere jugera à propos d'en pourvoir, l'avoir, tenir & exercer, en jouir & user aux mêmes honneurs, autorités, prérogatives, prééminences, privileges, franchises, libertés, fonctions, gages, appointemens, droits, fruits, profits, revenus & émolumens accoutumés & y appartenans, tels & semblables qu'en jouissent ou doivent jouir les trois autres Gentilshommes ordinaires de notredit Frere, à la charge toutefois, par notredit Frere, de pourvoir, sur ses épargnes, aux gages & appointemens de ladite Charge. Si donnons en mandement, &c.

Donné à Versailles, au mois de Juin, l'an de grace mil sept cent quatre-vingt-quatre, & de notre regne le onzieme. *Signé* LOUIS; & plus bas, par le Roy, le Baron DE BRETEUIL.

Registré en la Cour des Aydes, le 2 Juillet 1784.

1784.

Lettres-Patentes qui autorisent les Chefs de garnison des différentes Généralités du ressort de la Cour des Aides de Paris, à vendre les fruits & effets saisis sur les contribuables, à défaut de paiement de leurs impositions.

10 Juin 1784.

LOUIS, &c. Constamment occupés des moyens de faciliter à nos Peuples le payement de leurs impositions, & de diminuer les frais que le recouvrement desdites impositions nécessite, nous nous sommes portés à déroger, par nos Lettres-Patentes du 26 Mars 1780, à l'article XVI du Réglement annexé à notre Déclaration, du 13 Avril 1761, enregistrée en notre Cour des Aydes de Paris, le 8 Mai suivant, en permettant aux Chefs de Garnison de la Généralité de la Rochelle, commis par le sieur Intendant & Commissaire départi en ladite Généralité, de vendre les effets saisis sur les contribuables, à défaut de payement de leurs impositions, & de faire les autres poursuites qui avoient été réservées par ledit article XVI, aux Huissiers & Sergens. Nous nous sommes fait rendre compte depuis des effets que cette nouvelle méthode avoit produits, & nous avons reconnu que, loin qu'il en fût résulté aucun inconvénient, elle avoit au contraire procuré une diminution sensible sur les frais de recouvrement dans ladite Généralité de la Rochelle. Nous avons cru en conséquence de notre bienfaisance & de notre Justice, de ne pas différer à étendre les dispositions desdites Lettres-Patentes aux différentes Provinces du ressort de notre Cour des Aydes de Paris, en y ajoutant la faculté, en faveur des Chefs de Garnison revêtus de commissions des sieurs Intendans & Commissaires départis, de faire tous les actes de leur ministere dans les Généralités voisines de celle de laquelle ils dépendront, lorsque les redevables de ladite Généralité seront domiciliés dans une Généralité voisine, & que leurs biens seront situés dans celle d'où seront les Chefs de Garnison. Nous préviendrons par-là les discussions qui se sont souvent élevées sur les droits respectifs des Chefs de Garnison des différentes Généralités, & qui ne peuvent que nuire à la célérité du recouvrement de nos deniers. A ces causes, &c. ordonnons ce qui suit : nous avons dérogé & dérogeons pour les différentes Provinces & Généralités situées dans le ressort de notre Cour des Aydes de Paris, à l'article XVI du Réglement annexé à notre Déclaration du 13 Avril 1761. En conséquence nous ordonnons qu'à l'avenir les Chefs de Garnison, revêtus des commissions des sieurs Intendans & Commissaires départis & reçus à serment par les Officiers des Elections, pourront faire, sans *visâ* ni *pareatis*, tous les actes & exploits nécessaires au recouvrement des impositions, tant en dedans qu'en dehors desdites Généralités, lorsque les redevables de la Généralité de laquelle lesdits Chefs de Garnison dépendront, se trouveront domiciliés dans une Généralité voisine : pourront également lesdits Chefs de Garnison vendre les fruits & effets saisis à défaut de payement desdites impositions, à la charge par eux de retenir sur le montant des ventes, & d'acquitter entre les mains des Préposés à cet effet, les quatre deniers pour livre du montant d'icelles, & il ne sera alloué aux Chefs de Garnison d'autre salaire pour lesdites ventes & autres exploits, que le prix de leurs journées réglé pour tous les autres actes relatifs au recouvrement & les frais par eux déboursés pour le droit de contrôle & de papier timbré. Si vous mandons, &c. 1784.

Données à Versailles, le dixieme jour de Juin, l'an de grace mil sept cent quatre-vingt-quatre, & de notre regne le onzieme. *Signé*, LOUIS; & plus bas, par le Roy. *Signé*, le Baron DE BRETEUIL.

Registrées en la Cour des Aydes, le 2 Juillet 1784.

ARRÊT de la Cour des Aides, concernant la compétence des Elections à l'égard des octrois.

19 Juin 1784.

LOUIS, &c. Vu la Requête présentée par notre Procureur-Général, expositive qu'il a eu connoissance de deux affiches posées dans la Ville d'Auxerre, portant que les 2 & 5 Juillet 1784, il sera procédé pardevant le Subdélégué de l'Intendance de Bourgogne à l'adjudication du droit d'Inspecteurs aux Boucheries, appartenant à la ville d'Auxerre, & du droit de 30 sols par muid de vin, entrant dans ladite Ville, & de la jauge des tonneaux. Si l'on considere le titre d'octrois, sous lequel ces droits sont perçus, aux termes des Réglemens, & notamment de l'Ordonnance du mois de Juillet 1681, titre de la seconde moitié des octrois; Déclarations des 4 Mai 1688, & 3 Mai 1693; Réglement du 14 Juin 1689, & l'Edit du mois d'Août 1764, article XXVI, l'adjudication de ces droits n'a pu ni dû être faite à Auxerre, par le Subdélégué de l'Intendance de Bourgogne, parce que tous ces Réglemens ne permettent l'adjudication des octrois qu'aux Officiers des Elections, sauf le droit des Trésoriers de France & des Commissaires départis, aux cas y exprimés: & dans tous les cas, les mêmes Réglemens attribuent la connoissance des contestations relatives aux octrois, aux seuls Officiers des Elections. Si l'on considere les droits en eux-mêmes & leur nature propre, ils sont encore de la compétence des Officiers honoraires du Bailliage d'Auxerre; le droit de 30 sols par muid de vin entrant à Auxerre, est un droit d'entrée, dont la connoissance leur appartient; le droit d'Inspecteur aux Boucheries est de même nature que celui mentionné dans la Déclaration du 15 Février 1780, qui rend la connoissance de ce droit aux Officiers des Elections. Il croit donc qu'il est du devoir de son ministere de dénoncer à notre Cour l'entreprise du Subdélégué de l'Intendance de Bourgogne, & qu'il est d'autant plus nécessaire d'y pourvoir, que pareilles entreprises se multiplient dans le ressort de notre Cour, dont les Elections sont, par de semblables faits, dépouillées de la connoissance de tout ce qui concerne les octrois.

A ces causes, requéroit, &c.

La Cour reçoit le Procureur-Général appellant des Ordonnances qui ont précédé lesdites affiches, tient l'appel pour bien relevé, permet au Procureur-Général d'intimer sur icelui les Officiers Municipaux d'Auxerre, & cependant, par provision, fait défenses d'exécuter lesdites Ordonnances, & d'avoir aucun égard auxdites affiches, ordonne que le cahier des charges de l'adjudication qui y sont mentionnées, & qui sont dits déposés au Secretariat de la Subdélégation, seront remis & déposés au greffe des Conseillers honoraires du Bailliage d'Auxerre, à

1784. l'instant de la signification du présent Arrêt, à quoi faire seront le Subdélégué & tous dépositaires contraints, même par corps, nonobstant oppositions quelconques, & sans qu'il y puisse être différé. Ordonne que les Officiers Municipaux seront tenus de présenter Requête aux Conseillers-Honoraires dudit Bailliage, à l'effet de parvenir auxdites adjudications d'après nouvelles affiches, & en satisfaisant aux conditions & formalités prescrites par les Réglemens. Ordonne que le présent Arrêt sera signifié à qui il appartiendra, publié & registré au greffe des Conseillers-Honoraires dudit Bailliage, &c.

DÉCLARATION du Roi, qui exclut de la concurrence dans les faillites les Sujets du Canton de Schaffhouse, ainsi que ceux de tous les Etats du Corps Helvétique où la prélation est exercée contre les François.

20 Juin 1784.

LOUIS, &c. Nous avons été informés qu'en vertu des Loix & usages subsistans dans différens Etats du Corps Helvétique & de ses co-Alliés, il est fait, dans les cas de faillite ou de déconfiture, une différence entre les créanciers françois & ceux originaires desdits Etats, de maniere que, soit dans les instances d'ordre, soit dans celles de préférence, nos Sujets ne sont reçus à faire valoir leurs droits qu'après que les Sujets desdits Etats ont été entiérement satisfaits. Cet usage, destructif de la propriété, a notamment lieu dans le Canton de Schaffhouse, où récemment encore, malgré les représentations qui ont été faites de notre part, plusieurs de nos Sujets, créanciers d'un Bourgeois de Schaffhouse, ont été exclus de la contribution, & les créanciers nés Sujets de cet Etat ont été payés par privileges à leur préjudice. Une telle préférence nationale est d'autant plus préjudiciable à nos Sujets, que, d'une part, les liaisons de commerce, infiniment multipliées entre nos Etats & ceux du Corps Helvétique, les exposent plus souvent à en éprouver les fâcheux effets, & que, d'une autre part, les Sujets des Cantons & de leurs co-Alliés en général, & ceux du Canton de Schaffhouse en particulier, ont joui jusqu'ici, dans les cas de faillite arrivant dans notre Royaume, de tous & chacun les mêmes droits que nos propres & naturels Sujets; qu'ils y sont venus à contribution par concurrence avec ces derniers, & que dans les Sentences d'ordre ils ont toujours été colloqués suivant les droits, hypotheques & privileges qu'ils pouvoient avoir sur eux. Comme cette disparité est directement contraire aux regles de la réciprocité stipulée par la paix perpétuelle de 1516, confirmée par le traité d'alliance général conclu le 28 Mai 1777, entre nous & le Corps Helvétique; la justice que nous devons à nos Peuples nous fait regarder comme indispensable d'introduire dans nos Etats, à l'égard des Sujets des Cantons Helvétiques & de leurs co-Alliés, les mêmes maximes qui sont suivies dans lesdits Etats Helvétiques à l'égard de nos Sujets. En conséquence nous avons jugé nécessaire de faire aux Ordonnances des Roys nos prédécesseurs les exceptions & restrictions que la circonstance exige. A ces causes, &c. voulons & nous plaît ce qui suit:

I. Dans tous les cas de déconfiture ou de faillite arrivant en France, les Citoyens, Bourgeois & Sujets du Canton de Schaffhouse ne pourront plus venir à contribution ni être payés de leurs créances par concurrence avec nos Sujets, mais

mais ils seront renvoyés, pour leur payement, après le remboursement entier & parfait de ces derniers. 1784.

II. Pareillement, dans les instances d'ordre, lesdits Citoyens, Bourgeois & Sujets du Canton de Schaffhouse, nonobstant la priorité ou le privilege de leurs hypotheques, quels que puissent être leurs droits, la nature de leurs créances & les titres dont ils seront porteurs, ne pourront être colloqués qu'au dernier rang, après tous nos Sujets.

III. Les Citoyens, Bourgeois & Sujets des autres Etats Helvétiques, & de leurs co-Alliés qui seront intéressés dans quelque faillite arrivée dans notre Royaume, ne pourront plus venir à contribution ni être colloqués au rang de leurs créances par concurrence avec nos Sujets, qu'en rapportant à nos Cours de Justice un certificat en bonne forme, de leur Souverain, portant que dans l'Etat Helvétique dont ils dépendent, nos Sujets sont traités, pour les mêmes cas, à l'égal des propres Citoyens, Bourgeois & Sujets dudit Etat, sans aucune sorte de distinction ni de préférence; lequel certificat servira de base à la réciprocité que nous voulons être exactement observée à cet égard.

IV. Si, dans la vue de dispenser leurs Sujets de l'obligation d'apporter pour chaque cas qui se présentera, le certificat mentionné dans l'article précédent, les différens Etats du Corps Helvétique jugent à propos de nous faire connoître, par une déclaration en forme, la Jurisprudence qu'ils se proposent d'observer relativement à la discussion & au jugement des affaires d'intérêt que nos Sujets auront à porter devant leurs Tribunaux, cette déclaration, que nous ferons revêtir de nos Lettres-Patentes, enregistrées dans nos Cours, affranchira de la formalité du certificat particulier les Sujets de l'Etat qui l'aura donnée, & servira de regle pour les Jugemens qui seront rendus dans notre Royaume relativement à la liquidation de leurs créances. Si donnons en mandement, &c.

Donnée à Versailles, le vingtieme jour du mois de Juin, l'an de grace mil sept cent quatre-vingt-quatre, & de notre regne le onzieme. *Signé*, LOUIS; & plus bas, par le Roy, le Baron DE BRETEUIL.

Registrée, oui & ce requérant le Procureur-Général du Roy pour être exécutée, par provision, selon sa forme & teneur, & l'enregistrement renouvellé au lendemain de Saint Martin, &c. Fait à Paris, en la Cour des Aydes, Chambre des Vacations, ce 15 Septembre mil sept cent quatre-vingt-quatre. Collationné.

Signé, LE PRINCE.

Enregistrée définitivement en la Cour, le premier Décembre 1784.

ARRÊT de la Cour des Aides, qui juge que les Sentences qui défendent la perception d'un droit, sont exécutoires par provision.

9 Juillet 1784.

VU par notredite Cour la Requête présentée par notre Procureur-Général, expositive que par Sentence de l'Election de Thouars, du 29 Avril dernier il a été fait défenses à l'Adjudicataire du tarif de cette Ville de plus à l'avenir percevoir aucun droit sur les fromages du pays, attendu qu'ils en sont nommément

1784. exemptés par le tarif autorisé par un Arrêt du Conseil, du 5 Septembre 1769, ledit Adjudicataire condamné à rendre & restituer les droits perçus induement, débouté de sa demande en garantie contre les Officiers Municipaux, attendu que le bail à lui fait des droits dudit tarif ne contient que les droits légitimement dus; en sus le nommé Guillon, son Commis à la perception des droits dudit tarif, interdit de ses fonctions pendant trois mois; que le 30 du même mois, l'Adjudicataire a interjetté appel de cette Sentence avant même qu'elle lui eût été signifiée à la requête de son Substitut; que, sous prétexte de cet appel, il continue de percevoir les mêmes droits, & que ledit Guillon continue de remplir ses fonctions, nonobstant l'interdiction contre lui prononcée: aux termes de plusieurs Réglemens, dont il suffit de citer l'article XLIV du titre commun pour toutes les Fermes de l'Ordonnance de 1681, l'article XII du titre XIII de l'Ordonnance de 1687, les Sentences qui ordonnent le payement des droits doivent être exécutées par provision & nonobstant l'appel, qui dans ce cas n'est suspensif qu'à l'égard des dépens. Mais aucun de ces Réglemens ne s'est occupé de l'effet des Sentences qui défendent la perception d'un droit quelconque, ni de celui de l'appel de ces Sentences; alors les choses rentrent dans l'ordre, & s'agissant d'un fait de police publique, la provision est due à la Sentence: aussi est-il d'usage en pareille circonstance que le Fermier ou le Régisseur général qui se croit fondé dans un appel, obtienne Arrêt sur requête qui, par provision, le maintient dans la perception des droits aux cautions du bail; mais il commence par obéir à la Sentence & cesse la perception, autrement il s'exposeroit à la peine de la concussion, si, sous prétexte d'un appel dont il pourroit facilement éluder ou retarder le Jugement, il se perpétuoit dans une perception indue & déjà jugée telle. A ces causes, requéroit, &c.

La Cour ordonne que l'Adjudicataire du tarif de Thouars sera tenu de relever en notredite Cour, & d'y faire juger l'appel par lui interjetté dans les délais fixés par les Réglemens, sinon & iceux passés, que ladite Sentence aura force de chose jugée, cependant ordonne par provision que ladite Sentence sera exécutée selon sa forme & teneur quant aux défenses faites audit Adjudicataire de percevoir aucun droit sur les fromages du pays; & quant à l'interdiction dudit Guillon, enjoint audit Adjudicataire & audit Guillon d'y satisfaire, à peine de concussion. Ordonne que, dans le délai d'un mois, les Officiers Municipaux de Thouars seront tenus de rapporter au greffe de notredite Cour les lettres qui fondent le tarif de ladite Ville, & qui autorisent la perception des droits y portés, pour lesdites lettres communiquées au Procureur-Général, être par lui requis, & par notredite Cour être ordonné ce qu'il appartiendra.

LETTRES-PATENTES concernant le droit de noblesse héréditaire, & les privileges attribués aux quatre Offices de Secretaires des Finances & Greffiers du Conseil privé.

18 Juillet 1784.

LOUIS, &c. Par la Déclaration du 27 Août 1747, le feu Roy, notre très-honoré Seigneur & ayeul, auroit ordonné que nos quatre Conseillers en nos Conseils, Secretaires de nos Finances & Greffiers de notre Conseil privé & autres greffes y joints, tiendroient les registres des décrets, des Requêtes,

Ordonnances, Jugements & Arrêts de notre Conseil, donnés entre les Parties; qu'ils en feroient, dresseroient, signeroient toutes les expéditions & lettres nécessaires, sans qu'ils pussent en signer d'autres que celles qui sont une suite nécessaire desdites expéditions, & que pour pouvoir signer lesdites expéditions, & faire toutes leurs autres fonctions, ils ne pourroient être assujettis à l'avenir à se faire pourvoir d'Offices de nos Conseillers-Secretaires, Maison, Couronne de France & de nos Finances, dont ils auroient été dispensés & déchargés pour toujours; il les auroit en outre confirmés dans tous les titres, qualités, pouvoirs, fonctions, gages, droits, émolumens, honneurs, autorités, privileges, prérogatives, prééminences, franchises, exemptions, libertés à eux attribués par tous les Edits, Déclarations, Arrêts & Réglemens rendus à ce sujet, ainsi que s'ils étoient exprimés & détaillés par ladite Déclaration; le tout ainsi qu'ils en avoient joui ou dû jouir. Mais comme le droit de noblesse héréditaire n'a pas été mentionné spécialement dans ladite Déclaration, & qu'il s'est élevé des doutes sur la jouissance qu'ils prétendent avoir dudit droit, nous avons jugé à propos d'expliquer à cet égard nos intentions. A ces causes, &c. Confirmons, &, en tant que de besoin, attribuons à nos quatre Conseillers en nos Conseils, Secretaires de nos Finances & Greffiers de notre Conseil privé, le droit & privilege de Noblesse héréditaire. Voulons que ledit droit soit & demeure attaché au titre de leurs Offices, ainsi & de même que les autres titres, qualités, pouvoirs, fonctions, gages, droits, émolumens, honneurs, autorités, privileges, prérogatives, prééminences, franchises, exemptions & libertés à eux anciennement attribués & confirmés par ladite Déclaration du 27 Août 1747. Si donnons en mandement, &c. 1784.

Données à Versailles, le dix-huitieme jour du mois de Juillet mil sept cent quatre-vingt-quatre, & de notre regne le onzieme. *Signé* LOUIS; & plus bas, par le Roy, *Signé*, le Baron DE BRETEUIL.

Registrées en la Cour des Aydes, le 26 Novembre 1784.

EDIT *portant que la Charge d'Intendant des Ecuries sera désunie de celle d'Intendant des Menus de* MONSIEUR.

Juillet 1784.

LOUIS, &c. Lors de l'établissement de la Maison de notre très-cher & très-amé Frere Louis-Stanislas-Xavier, Monsieur, le feu Roi notre très-honoré Seigneur & ayeul, a cru du bien de son service de réunir la Charge d'Intendant & de Contrôleur-Général de ses meubles, ainsi que celle de Garde-Général desdits meubles, à celle d'Intendant des Menus & Ecuries, & de n'en composer qu'une seule & même Charge; nous aurions depuis, par notre Edit du mois de Septembre 1779, désuni de la Charge d'Intendant des Menus & Ecuries de notredit Frere celle d'Intendant & Contrôleur-Général des meubles, à laquelle est restée jointe celle de Garde-Général d'iceux; mais notredit Frere nous ayant encore représenté qu'il seroit avantageux au bien de son service que nous voulussions bien désunir & séparer la Charge d'Intendant de ses Menus & Ecuries, pour en composer des Charges distinctes & séparées, l'une sous le titre d'Intendant

1784. des Menus, l'autre sous celui d'Intendant des Ecuries de notredit Frere : nous nous sommes portés avec plaisir à lui donner cette nouvelle marque de notre tendresse & de notre affection. A ces causes, &c. nous avons... désuni la Charge d'Intendant des Menus & Ecuries de notre très-cher & très-amé Frere Louis-Stanislas-Xavier, Monsieur, pour en composer deux distinctes & séparées, l'une sous le titre d'Intendant des Menus, & l'autre sous celui d'Intendant des Ecuries de notredit Frere; à la charge toutefois que les gages & autres attributions attachées à la Charge d'Intendant des Menus & Ecuries, désunie comme dit est, seront partagés entre lesdites deux Charges par égale portion; en sorte que ladite désunion ordonnée par notre présent Edit, n'occasionne aucune nouvelle dépense sur les états des fonds ordonnés pour la Maison de notredit Frere, pour, par celui que notredit Frere jugera à propos de pourvoir de la Charge d'Intendant de ses Ecuries, l'avoir, tenir & exercer, en jouir & user aux honneurs, autorités, prérogatives, prééminences, privileges, franchises, libertés, gages, fonctions & autres avantages y appartenans. Si donnons en mandement, &c.

Donné à Versailles, au mois de Juillet, l'an de grace mil sept cent quatre-vingt-quatre, & de notre regne le onzieme. *Signé*, LOUIS; & plus bas, par le Roy. *Signé*, le Baron de Breteuil.

Registré en la Chambre des Comptes & Cour des Aydes, les premier Décembre 1784 & 26 Janvier 1785.

ARRÊT *contradictoire du Conseil d'Etat privé du Roi, entre Laurent David, ci-devant Adjudicataire-Général des Fermes unies de France, les Président, Conseillers, Avocats & Procureurs du Roi en l'Election de Paris, & les Doyen, Délégués & Syndics des Notaires au Châtelet de Paris; qui maintient & confirme les Officiers de l'Election de Paris dans le droit & la possession de procéder, lorsqu'il y aura lieu, sur la requisition de l'Adjudicataire des Fermes, & privativement à tous autres Officiers de Justice, à l'apposition des scellés, & à l'inventaire des meubles & effets des Préposés comptables de la Ferme.*

26 Juillet 1784.

FAIT.

Le 7 Décembre 1774, décès du sieur Guillemarder de la Jonchere, Receveur des Fermes au Port Saint-Nicolas à Paris. Il étoit comptable & débiteur de la Ferme. Le même jour, à la requisition de sa veuve, apposition des scellés sur ses meubles & effets, par un Commissaire au Châtelet. Le 8, sur la requisition de l'Adjudicataire, ces scellés furent croisés par les Officiers de l'Election. Conflit entre le Parlement & la Cour des Aides. 20 Janvier 1775, Arrêt du Parlement qui renvoya les Parties à se pourvoir. Intervention des Notaires au Châtelet. Le 26 du même mois, Arrêt contradictoire de la Cour des Aides, qui jugea que l'apposition, reconnoissance & levée des scellés, & la confection de l'inventaire appartenoient aux Officiers de l'Election. Le 10 Juin 1776, Arrêt du Conseil privé, sur la Requête non communiquée des Notaires, qui a cassé celui de la Cour des Aides, du 25 Janvier 1775, maintenu & gardé les Notaires au Châtelet dans le droit &possession de faire tous inventaires & autres actes de Jurisdiction volontaire, à l'exclusion de tous Juges & Officiers quelconques, notamment des Officiers des Elections, Greniers à sel & Cour des Aides. Opposition du Fermier à cet Arrêt. Autre de la part des Officiers de l'Election, qui à cet effet sont intervenus au procès. L'affaire a été contradictoirement instruite & jugée définitivement par l'Arrêt du Conseil, du 26 Juillet 1784, qui a confirmé purement & simplement celui de la Cour des Aides, du 25 Janvier 1775. 1784.

Les Notaires ont soutenu que les Loix les plus anciennes & les plus précises leur assuroient l'exercice exclusif de la Jurisdiction volontaire, notamment le droit de faire les inventaires privativement à tous autres Officiers de Justice.

Les Officiers de l'Election & l'Adjudicataire ont contesté cette prétention, & lui ont opposé l'autorité de la chose jugée, entr'autres par un Arrêt de Réglement du 4 Février 1702, en faveur de la Chambre des Comptes, un Arrêt du 19 Juin 1744, rendu du propre mouvement de Sa Majesté, en faveur des Officiers de l'Election de Paris, les Lettres-Patentes du 10 Février 1780, concernant le sieur de Cremille, l'Edit de création des Receveurs particuliers des finances, de Janvier 1782; & nombre d'autres Réglemens, qui constatent à ce sujet la Jurisprudence la plus ancienne & la plus uniforme, & tous fondés notamment sur la nécessité d'obvier à ce que les Officiers des Justices ordinaires prennent connoissance des affaires concernant les droits, la régie & le service des Fermes-Générales, au préjudice des Statuts prohibitifs que contiennent à cet égard les articles L & LI du titre commun pour toutes les Fermes, de l'Ordonnance du mois de Juillet 1701.

Extrait des Registres du Conseil d'Etat privé du Roi.

VU au Conseil d'Etat privé du Roi, l'instance de Requêtes respectives y pendantes entre Laurent David, Adjudicataire-Général des Fermes unies, opposant à l'Arrêt du Conseil du 10 Juin 1776, & demandeur, d'une part; les Présidens, Conseillers, Avocats & Procureurs de Sa Majesté en l'Election de Paris, Parties intervenantes & opposantes audit Arrêt du 10 Juin 1776, d'autre part; & les Doyen, Délégués & Syndics des Notaires au Châtelet de Paris, défendeurs & demandeurs, d'autre part: Arrêt du Conseil rendu ledit jour 10 Juin 1776, sur la Requête des Doyen, Délégués & Syndics des Conseillers de Sa Majesté, Notaires au Châtelet de Paris, tendante à la cassation d'un Arrêt de la Cour des Aydes de Paris, du 25 Janvier 1775, par lequel Arrêt Sa Majesté, ayant égard à ladite Requête, auroit ordonné que les Edits & Lettres-Patentes du Roi François Ier, des mois de Novembre 1542 & Décembre 1543, ensemble les Edits & Déclarations, Arrêts & Réglemens rendus en faveur des Notaires au Châtelet de Paris, seroient exécutés selon leur forme & teneur; en conséquence a cassé & casse ledit Arrêt de la Cour des Aydes du 25 Janvier 1775, & tout ce qui s'en est ensuivi; ce faisant a gardé & maintenu lesdits Notaires dans le droit & possession de faire tous inventaires & autres actes de Jurisdiction volontaire, & à l'exclusion de tous Juges & Officiers quelconques, notamment des Officiers des Elections, Grenier à sel & Cour des Aydes; ordonne qu'il sera passé outre, si fait n'a été, par Chavet & Lescouffler, Notaires au Châtelet de Paris, à la confection de l'inventaire par eux commencé le 14 Décembre 1674, des effets de la succession de Jean-Jacques Guillemardet de la Jonchere, décédé Receveur des Fermes au Port Saint-Nicolas, & ce nonobstant toutes oppositions, pour lesquelles ne seroit différé; & au cas que ledit inventaire ait été parachevé par les Officiers de l'Election, ordonne qu'il sera procédé par lesdits Notaires au récolement d'icelui; comme aussi ordonne que l'amende consignée par les supplians leur seroit rendue par le Receveur des amendes; les exploits de significations dudit Arrêt faites tant à l'Adjudicataire-Général des Fermes, qu'aux Officiers de l'Election de Paris, les 16 Juillet 1776 & 7 Février 1779, par Guery, Huissier du Conseil;

1784. Arrêt du Conseil d'Etat, du 18 Mai 1779, rendu sur la Requête de Laurent David, Adjudicataire-Général des Fermes unies, tendante à ce qu'il plût à Sa Majesté le recevoir opposant à l'exécution de l'Arrêt du Conseil du 10 Juin 1776; faisant droit sur l'opposition, & en statuant sur la demande des Notaires au Conseil Royal des Finances, les débouter & ordonner que les Arrêts du Parlement & de la Cour des Aydes, des 20 & 25 Janvier 1775, seroient exécutés selon leur forme & teneur, & condamner les Notaires au coût de l'Arrêt à intervenir, par lequel Arrêt Sa Majesté auroit ordonné que ladite Requête seroit communiquée aux Syndics des Notaires de Paris, pour y répondre dans les délais du Réglement, & leur être ensuite, par Sa Majesté, fait droit en son Conseil Royal des Finances; la signification dudit Arrêt faite le 10 Juillet 1779, aux Officiers de l'Election & à la Compagnie des Notaires de Paris, par Marchais, Huissier du Conseil: Arrêt du Conseil du 4 Septembre 1779, rendu contradictoirement entre le sieur David, Adjudicataire-Général des Fermes, & les Syndics des Notaires, par lequel Sa Majesté auroit ordonné que, sur l'opposition formée à l'Arrêt du 10 Juin 1776, les Parties procéderoient au Conseil privé, comme avant l'Arrêt du 18 Mai 1779; la signification faite dudit Arrêt, le 2 Octobre 1779, à MM. Brunet & Hennequin de Blissy, Avocats des Parties adverses, par Guery, Huissier du Conseil; Requête présentée par les Président, Conseillers, Avocat & Procureur du Roy en l'Election de Paris, tendante à ce qu'il plût à Sa Majesté, en les recevant, en tant que de besoin, Parties intervenantes dans l'instance d'entre le sieur David, Adjudicataire-Général des Fermes, & les Doyen, Délégués & Syndics des Notaires au Châtelet de Paris, recevoir les Supplians opposans à l'Arrêt du Conseil du 10 Janvier 1776; en conséquence, sans s'arrêter audit Arrêt, ni aux demandes des Notaires au Châtelet de Paris, dans lesquelles ils seront déclarés non-recevables, ou dont en tout cas ils seront déboutés, ordonner que l'Arrêt de la Cour des Aydes de Paris, du 25 Janvier 1775, sera purement & simplement exécuté selon sa forme & teneur; ce faisant garder & maintenir les Supplians, conformément aux Réglemens & Arrêts du Conseil, dans le droit & la possession où ils sont d'apposer les scellés, quand ils en sont requis, sur les effets des Receveurs, Commis comptables envers l'Adjudicataire des Fermes, en cas de mort, absence ou faillite, même dans le cas porté par l'Ordonnance de 1680, sur les effets des Marchands, Vignerons & redevables des droits de Sa Majesté, & de faire les inventaires & descriptions de ce qui se trouvera sous les scellés, comme aussi de connoître des contestations y relatives jusqu'à Jugement définitif, sauf l'appel en la Cour des Aydes de Paris, & condamner les Doyen, Délégués & Syndics des Notaires au Châtelet aux dépens, ladite Requête signée Hennequin de Blissy, Avocat des Supplians; la signification faite d'icelle le 30 Septembre 1779, à M^e. Theresse, Avocat des Parties adverses, & au sieur David, Adjudicataire des Fermes, par Leprêtre de Grandprés, Huissier du Conseil; Requête & Ordonnance du Conseil, du 8 Novembre 1779, qui commet le sieur de Colonia, Maître des Requêtes, pour faire le rapport de l'instance; la signification qui en a été faite le 10 du même mois à MM. Hennequin de Blissy & Brunet, Avocats des Parties adverses, par de Normandie, Huissier du Conseil: Requête des Doyen, Délégués & Syndics des Notaires au Châtelet, employée pour réponse à celle des Officiers de l'Election de Paris, du 30 Septembre 1779, & tendante à ce qu'il plût à Sa Majesté de débouter lesdits Officiers de l'Election de Paris, ainsi que l'Adjudicataire des Fermes, de leur opposition audit Arrêt du 10 Juin 1776, lequel sortira son plein & entier effet: condamner lesdits Officiers de l'Election & l'Adjudicataire des Fermes aux dépens; ladite Requête signée Theresse, Avocat des Supplians; l'Ordonnance du sieur de Colonia, Maître des Requêtes, étant au bas, du 25 Janvier 1780, portant ayent acte, au surplus en jugeant & soit la Requête communiquée aux Officiers de l'Election de Paris & à l'Adjudicataire des Fermes, au domicile de leurs Avocats, pour y répondre dans le délai des Réglemens; la signification faite de ladite Requête, le 10 Février 1780, à Mes. Brunet & Hennequin de Blissy, Avocats des Parties adverses, par Chobert, Huissier du Conseil: Requête des Officiers de l'Election de Paris, employée pour réponse à celle ci-devant visée, & tendante à l'adjudication de leurs précédentes conclusions, avec dépens, ladite Requête signée Hennequin de Blissy, Avocat; l'Ordonnance du sieur de Colonia, étant au bas d'ait acte & en jugeant, du 26 Décembre 1780, signifiée le 2 Janvier 1781, à Me. Theresse, Avocat des Parties adverses, par Lelong, Huissier du Conseil: Requête des Doyen & Syndics des Notaires, employée pour réponse à la précédente, & tendante à ce qu'il plût à Sa Majesté leur adjuger leurs précédentes conclusions, ladite Requête signée Theresse, Avocat; l'Ordonnance du sieur de Colonia, Maître des Requêtes, étant au bas, du 9 Mars 1781, de ayent acte & soit signifié; la signification faite le 12 du même mois, à Mes. Hennequin de Blissy & Brunet, Avocats des Parties adverses, par Chobert, Huissier du Conseil; Lettres du grand sceau obtenues par les Doyen, Délégués & Syndics des Notaires, le premier Août 1781, qui leur auroient permis de faire assigner l'Adjudicataire des Fermes, à l'effet de constituer un nouvel Avocat, au lieu de Me. Brunet, la signification qui en a été faite audit sieur Adjudicataire-Général des Fermes, le 6 du même mois d'Août, avec assignation au Conseil, par Desestre, Huissier du Conseil; acte de constitution de Me. Samson du Perron, Avocat dudit Adjudicataire, signifié le 16 Août 1781, à Me. Theresse, Avocat des Parties adverses, par Doucet, Huissier du Conseil; Requête des Doyen, Délégués & Syndics des Notaires, contenant production de nouvelles pieces, & tendantes à l'adjudication de leurs précédentes conclusions, & condamner l'Adjudicataire des Fermes & les Officiers de l'Election, Parties intervenantes, aux dépens, ladite Requête signée Theresse, Avocat des Supplians; l'Ordonnance du sieur de Colonia, Maître des Requêtes, étant au bas, portant soient les pieces reçues & jointes, au surplus en jugeant, sera fait droit & signifiée, du 10 Novembre 1781; la signification faite le 15 du même mois, à Mes. Samson du Perron & Hennequin de Blissy, Avocats des Parties adverses, par Lelong, Huissier du Conseil: Requête présentée par Laurent David, ci-devant Adjudicataire-Général des Fermes, tendante à ce qu'il plût à Sa Majesté le recevoir opposant à l'Arrêt du 10 Juin 1776, ayant égard à ladite opposition, débouter les Notaires des conclusions & demandes insérées audit Arrêt, en conséquence ordonner que les Arrêts du Parlement & de la Cour des Aydes, des 20 & 25 Janvier 1775, seront exécutés selon leur forme & teneur, & condamner les Doyen & Syndics des Notaires en tous les dépens, ladite Requête signée Samson du Perron, Avocat du Suppliant; l'Ordonnance du sieur de Colonia, Maître des Requêtes, étant au bas d'ait acte, au surplus en jugeant, sera fait droit & soit signifié, du 21 Mars 1782; la signification faite le 22 du même mois, à Me. Theresse, Avocat des Parties adverses, par Maillard, Huissier du Conseil; Lettres du grand sceau obtenues par les Doyen & Syndics des Notaires, le 12 Juin 1782, à l'effet de faire assigner au Conseil les Officiers de l'Election, en constitution d'un nouvel Avocat au lieu & place de Me. Hennequin de Blissy, la signification qui en a été faite le 15 dudit mois de Juin auxdits sieurs Officiers du Siege de l'Election, avec assignation au Conseil, pour y procéder sur & aux fins desdites Lettres; Requête desdits Syndics & Doyen des Notaires, employée pour réponse à celle de l'Ad- 1784.

1784. judicataire des Fermes, du 22 Mars 1782, contenant production de nouvelles pieces, & tendante à ce que ledit Adjudicataire fût débouté de son opposition à l'Arrêt du Conseil, du 10 Juin 1776, & qu'il fût ordonné que ledit Arrêt seroit exécuté selon sa forme & teneur, & que ledit Adjudicataire fût condamné aux dépens, ladite Requête signée Thereſſe; l'Ordonnance dudit sieur de Colonia, Maître des Requêtes, étant au bas, du 30 Juin 1782, portant ayent acte, soient les pieces reçues & jointes, au surplus en jugeant sera fait droit & signifié; la signification faite les 8 & 25 Juillet 1782, à Mes Samson du Perron & Troussel, Avocats des Parties adverses, par Dubail & Desestre, Huissiers du Conseil; Requête des Officiers de l'Élection, contenant production nouvelle, & tendante à l'adjudication de leurs précédentes conclusions, ladite Requête signée Troussel, Avocat des Supplians; l'Ordonnance du sieur de Colonia, Maître des Requêtes, étant au bas, portant soient les pieces reçues & jointes, & soit signifié, du 16 Août 1782; la signification faite le 17 du même mois, à Me. Thereſſe, Avocat des Parties adverses, par Dubail, Huissier du Conseil; Requête présentée par les Doyen, Délégués & Syndics des Notaires, employée pour réponse à la précédente, & tendante à ce qu'il plût à Sa Majesté leur adjuger les conclusions par eux ci-devant prises, & condamner les Officiers de l'Election aux dépens, ladite Requête signée Thereſſe, Avocat des Supplians; la signification faite de ladite Requête à Mes. Samson du Perron & Troussel, Avocats des Parties adverses, ainsi que l'Ordonnance mise au bas d'icelle, par le sieur de Colonia, Maître des Requêtes, le 24 Septembre 1782, portant ayent acte & soit signifié, ladite signification en date du 27 du même mois, faite par Chobert, Huissier du Conseil; Requête présentée par Laurent David, Adjudicataire-Général des Fermes, employée pour réponse à celle des Notaires au Châtelet, du 6 Juillet 1782, tendante à l'adjudication de ses précédentes conclusions, ladite Requête signée Samson du Perron, Avocat du Suppliant; l'Ordonnance du sieur de Colonia, Maître des Requêtes, étant au bas, du 16 Mars 1783, d'ait acte & soit signifié; la signification faite le 19 du même mois, à Me. Thereſſe, Avocat des Parties adverses, par de Normandie, Huissier du Conseil; Requête des Doyen, Délégués & Syndics des Conseillers du Roy, Notaires au Châtelet de Paris, employée pour réponse à celle de l'Adjudicataire-Général des Fermes, du 19 Mars 1783, & tendante à ce qu'il plût à Sa Majesté leur adjuger les conclusions qu'ils ont prises en l'instance, & condamner le sieur Adjudicataire des Fermes & les Officiers de l'Election de Paris aux dépens, ladite Requête signée Thereſſe, Avocat des Supplians; l'Ordonnance du sieur de Colonia, Maître des Requêtes, étant au bas, du 18 Juin 1783, d'ayent acte & soit signifié; la signification faite le 23 du même mois, à Mes. Troussel & Samson du Perron, Avocats des Parties adverses, par Farmain, Huissier du Conseil: vu aussi les pieces produites par les Parties, sçavoir de la part des Syndics, Délégués & Doyen des Notaires du Châtelet de Paris, la copie informe d'un Edit du Roy François Ier. du mois de Novembre 1542, concernant les droits & fonctions des Notaires au Châtelet de Paris; Lettres de confirmation données en faveur desdits Notaires, par le Roy Henry II, au mois de Novembre 1547; autres Lettres de confirmation du même Roy, du 22 Décembre 1548; autres Lettres de confirmation des mêmes droits & privileges des Notaires, données par Charles IX, au mois d'Octobre 1561; autres Lettres de confirmation desdits droits, données par Louis XIV, au mois de Novembre 1646; Déclaration du même Roy, du 28 Mai 1706, & copie des Lettres de confirmation en forme d'Edit, données par le Roy Louis XV, au mois d'Avril 1736; imprimé d'Arrêt du Conseil d'Etat du 20 Février 1742, rendu

contradictoirement

1784.

contradictoirement entre les Officiers de l'Election de Paris, la veuve du sieur Roger, Receveur des Aydes, à l'Hôtel de Bretonvilliers, le Procureur du Roy, les Notaires & les Commissaires au Châtelet de Paris ; autres imprimés d'Arrêts du Conseil, des 9 Septembre 1749 & 8 Juin 1750, qui maintiennent les Notaires au Châtelet de Paris dans le droit de se transporter dans toutes les Villes & lieux du Royaume, pour y passer & recevoir tous actes dépendans de leurs Offices & notamment dans la Ville de Rouen ; soumission faite le 19 Novembre 1774, par le sieur Beugnet, par laquelle, dans l'espérance d'être nommé incessamment par la Compagnie des Fermiers-Généraux, à l'emploi de Receveur au port Saint-Nicolas, dont le sieur Guillemardet avoit donné sa démission, il s'engage envers les Fermiers-Généraux, & se soumet de solder les comptes dudit sieur Guillemardet, auquel effet il affecte & oblige tous ses biens ; copie informe d'Arrêt de la Cour des Aydes de Paris, du 13 Décembre 1774, rendu sur la Requête de Laurent David, Adjudicataire des Fermes, par lequel il est ordonné que le Commissaire Hugues seroit tenu de reconnoître & lever les scellés par lui apposés en la maison où est décédé le sieur Guillemardet, sinon que lesdits scellés seroient levés par l'un des Officiers de l'Election de Paris, & qu'il seroit ensuite par lui procédé à la reconnoissance & levée desdits scellés & contre-scellés par lui apposés tant au Bureau de la Recette du port-Saint Nicolas, qu'en la maison dudit Guillemardet, & à l'inventaire & description des meubles, effets, titres & papiers qui se trouveroient sous lesdits scellés ; procès-verbal fait par le sieur Lescoufflet & son Confrere, Notaires, à Paris, le 14 Décembre 1774, tendant à faire l'inventaire des effets du sieur Guillemardet de la Jonchere, Receveur des Fermes du Roy, au port Saint-Nicolas, auquel inventaire il n'auroit pu procéder, attendu ledit Arrêt de la Cour des Aydes, du 13 dudit mois de Décembre 1774 ; copie de l'Arrêt de la Cour des Aydes, du 25 Janvier 1775, qui ordonne que l'Arrêt de ladite Cour, du 13 Décembre 1774, seroit exécuté selon sa forme & teneur, en conséquence que, par le Commissaire de l'Election de Paris, il seroit incessamment procédé à la levée des scelles & contre-scellés apposés par ledit Commissaire de l'Election, tant au Bureau des Entrées de Recette du port Saint-Nicolas, qu'en la maison où est décédé le sieur Guillemardet, rue Froidmanteau, sur les effets qui se sont trouvés, à l'effet de quoi le Commissaire Hugues seroit tenu, à la premiere sommation qui lui seroit faite, de venir reconnoître, lever & ôter les scellés apposés en la maison mortuaire dudit sieur Guillemardet, à la requisition de sa veuve, sinon & faute de ce faire, ordonne qu'ils seroient levés & brisés, après qu'ils auroient été reconnus sains & entiers par le Commissaire susdit en l'Election, à l'inventaire & description des meubles, titres, registres & papiers, qui se trouveront sous lesdits scellés & contre-scellés, Parties présentes ou duement appellées ; comme aussi ordonne qu'il sera procédé par les Officiers de ladite Election, au Jugement des contestations qui pourroient survenir à ce sujet, en la maniere accoutumée, sauf l'appel en la Cour des Aydes ; fait défenses aux Notaires du Châtelet, à la veuve Guillemardet, au Commissaire Hugues, aux Officiers du Châtelet de Paris, & à tous autres, de troubler lesdits Officiers de l'Election dans leurs fonctions ; procès-verbal fait par Mes. Chavet & Lescoufflet, Notaires au Châtelet de Paris, le 7 Octobre 1776, dans la maison de la veuve Guillemardet, en exécution de l'Arrêt du Conseil, du 10 Juin 1776, duquel il résulte qu'attendu la vente qui avoit été faite des effets dudit feu sieur Guillemardet, il n'avoit pas été possible de procéder audit récolement desdits effets ordonné par ledit Arrêt du Conseil, du 10 Juin 1776 ; copie informe de l'intitulé de l'inventaire fait par deux

1784. Notaires au Châtelet de Paris, dans l'Abbaye de Saint-Germain des Prés, après le décès du sieur Cardinal de la Roche-Aymon, du 7 Novembre 1777; copie d'un Arrêt du Parlement de Paris, du 18 Mars 1782, qui ordonne la confection d'un inventaire après décès, en la ville de Saint-Denis, par Me. Dubreuil, Notaire au Châtelet de Paris; autre copie d'Arrêt de la même Cour, du 23 Mars 1782, concernant les privileges des Notaires au Châtelet de Paris, de faire les inventaires, lorsqu'ils en sont requis. De la part du sieur David, Adjudicataire-Général des Fermes, un imprimé d'Arrêt du Conseil d'Etat, du 1er Avril 1762, portant Réglement pour la Jurisdiction de la Prévôté de l'Hôtel, la grosse d'un Arrêt du Parlement de Paris, du 20 Janvier 1775, par lequel ladite Cour, sur le conflit élevé entr'elle & la Cour des Aydes, au sujet des scellés & de l'inventaire après le décès du sieur Guillemardet, a renvoyé les Parties à se pourvoir ainsi qu'elles aviseroient bon être; la grosse de l'Arrêt de la Cour des Aydes, du 25 Janvier 1775, par lequel ladite Cour, sans avoir égard aux demandes & requisitions tant de la veuve dudit sieur Guillemardet, que des Doyen & Syndics des Notaires, auroit ordonné qu'il seroit procédé par les Officiers de l'Election, à la levée des scellés & à l'inventaire & description des meubles, titres & effets du sieur Guillemardet; exploits de signification dudit Arrêt, faite aux Doyen & Syndics des Notaires, à la veuve dudit sieur Guillemardet & aux Officiers de l'Election, ces exploits en date du 28 Janvier 1775; la grosse d'un Arrêt de la Cour des Aydes, du 19 Avril 1776, qui, sans s'arrêter aux oppositions & demandes de la Communauté des Huissiers-Priseurs, dont ils auroient été déboutés, a ordonné que l'Arrêt de ladite Cour, du 25 du mois de Janvier 1775, seroit exécuté selon sa forme & teneur; imprimé d'un Arrêt du Conseil d'Etat, du 10 Février 1780, & Lettres-Patentes enregistrées en la Cour des Aydes, le 5 Avril suivant, portant renvoi à la Jurisdiction des Gabelles de Moulins, & à la Cour des Aydes, de toutes les contestations civiles & criminelles, concernant la faillite du sieur Baresme de Cremille; & de la part des Officiers de l'Election, copie signifiée d'un Arrêt du Conseil, rendu le 18 Mai 1779, sur la requête de l'Adjudicataire des Fermes, qui auroit ordonné que ladite requête seroit communiquée aux Syndics des Notaires de Paris, à l'effet d'y répondre; imprimé d'Arrêt du Conseil d'Etat, du 10 Février 1780, & Lettres-Patentes du même jour ci-dessus visées; Arrêt de la Cour des Aydes, du 22 Avril 1780, concernant la faillite du sieur Baresme de Cremille; copie signifiée de l'Arrêt du Conseil du 14 Septembre 1779, ci-dessus visée; imprimé de l'Arrêt du Conseil du 10 Juin 1776, ci-devant également visé; ensemble les Mémoires imprimés respectivement signifiés par les Parties, dans l'instance, & généralement tout ce qui a été produit & remis par lesdites Parties, par-devers le sieur de Colonia, Chevalier Conseiller du Roy en ses Conseils, Maître des Requêtes ordinaire de son Hôtel, Commissaire à ce Député, après en avoir communiqué aux sieurs le Pelletier de Beaupré, d'Ormesson, de Vaudeuil, Vidaud de la Tour, Lambert & Dupleix de Bacquencourt, Conseillers d'Etat, Commissaires à ce Députés: oui le rapport & tout considéré,

Le Roy, en son Conseil, faisant droit sur l'instance, a reçu & reçoit ledit Laurent David, Adjudicataire-Général des Fermes unies, & les Officiers de l'Election de Paris, opposans audit Arrêt du Conseil du 10 Juin 1776; ce faisant a ordonné & ordonne que l'Arrêt de la Cour des Aydes de Paris, du 25 Janvier 1775, sera exécuté; condamne les Doyen & Syndics des Notaires de Paris, aux dépens envers toutes les Parties. Fait au Conseil d'Etat privé du Roy, tenu à Versailles, le vingt-six Juillet mil sept cent quatre-vingt-quatre. *Signé*, MOREAU.

1784.

DÉCLARATION du 30 Août 1784, qui ordonne que celle du premier Septembre 1775, qui avoit ordonné qu'il seroit tenu deux Audiences par semaine dans chacune des seconde & troisieme Chambres de la Cour, seroit exécutée jusqu'aux Vacances de 1785.

ARRÊT de la Cour des Aides, portant Réglement sur les procédures à tenir dans l'instruction des procès contre les Faux-sauniers, accusés de récidive.

6 Septembre 1784.

LOUIS, &c. Vu par notredite Cour la Requête présentée par notre Procureur-Général, expositive qu'il croit de la sagesse de notredite Cour de réunir en un seul Réglement les dispositions de plusieurs de ses Arrêts rendus récemment, au fait des procédures usitées dans l'instruction des procès contre les Faux-sauniers accusés de récidive, & de rendre ce Réglement commun à tous les Sieges qui connoissent des droits de Gabelles dans l'étendue de son ressort. A ces causes, requéroit notredit Procureur-Général, &c.

Notredite Cour ordonne, 1°. que sur la Requête de l'Adjudicataire-Général de nos Fermes ou de ses Préposés, contenant plainte de Faux-saunage en récidive, il sera procédé par information, décret, Jugement qui regle à l'extraordinaire, récolement, confrontation, affrontation, s'il y a lieu, & interrogatoire en jugeant, comme dans les autres crimes méritant peine afflictive; le tout conformément à l'article XXI du titre XVII de l'Ordonnance des Gabelles.

2°. Qu'auxdites informations, récolemens & confrontations, il ne sera nécessaire d'appeller les Commis qui auront constaté le premier délit, que lorsque l'accusé ne conviendra pas de ce premier délit, sans qu'en aucun cas l'Adjudicataire-Général soit dispensé de rapporter la Sentence de premiere condamnation.

3°. Que, conformément à l'article Ier. du titre X de l'Ordonnance criminelle, après l'information faite sur la plainte en récidive, les décrets jugés nécessaires seront prononcés sur les conclusions des Substituts de notre Procureur-Général, & que, par suite desdits décrets, les accusés seront écroués à la requête desdits Substituts.

4°. Que, dans les procès réglés à l'extraordinaire, il ne pourra être donné communication des informations & autres pieces secretes desdits procès à autres qu'auxdits Substituts, & ce, sous les peines portées par l'article XV du titre VI de ladite Ordonnance criminelle.

5°. Que l'interrogatoire subi par les Faux-sauniers, lors de leur capture & emprisonnement, ne pourra dispenser de leur en faire subir un nouveau, après que, sur la plainte en récidive, l'information aura été décrétée; & sans préjudice du dernier interrogatoire en jugeant, prescrit par l'article XXI du titre XIV de ladite Ordonnance & par l'Arrêt de notredite Cour du 31 Mars dernier.

6°. Que, si dans le nombre des prévenus de Faux-saunage par un même procès-verbal, il s'en trouve qui soient dans la suite accusés de récidive, il ne

1784. pourra être statué que par un seul & même Jugement contre tous les accusés, sauf à prononcer contre chacun d'eux la peine qu'il appartiendra.

7°. Que les Sentences portant condamnation à peine afflictive ne pourront être mises à exécution, avant l'expiration d'un mois à dater du jour qu'elles auront été rendues, conformément aux articles XXVI & XXVII du titre XVII de l'Ordonnance des Gabelles : que lesdites exécutions ne pourront avoir lieu, ni les condamnés être transférés en d'autres prisons, qu'après que la grosse desdites Sentences aura été représentée duement en forme aux Substituts de notredit Procureur-Général, & qu'au bas desdites grosses, ils auront donné, sans frais & par écrit, consentement auxdites exécutions & décharge de l'écrou fait à leur requête; lequel consentement ils ne pourront refuser, si ce n'est au cas de l'appel mentionné auxdits articles, dans la forme & aux conditions y prescrites : le tout sauf l'appel que notredit Procureur-Général pourroit interjetter, conformément à l'Arrêt de notredite Cour, du 2 Juin 1756, portant enregistrement de la Déclaration du 30 Mars précédent.

8°. Que, les geoliers des prisons du ressort de notredite Cour, ne pourront consentir à l'élargissement ou au transférement d'aucuns prisonniers écroués à la requête des Substituts de notredit Procureur-Général, s'il ne leur apparoît de leur consentement donné en la forme susdite, & avant que mention en soit faite sur le registre de la geole, en marge dudit écrou, à peine par lesdits geoliers de répondre personnellement desdits Faux-sauniers.

9°. Que, conformément aux Arrêts de notredite Cour des 28 Novembre 1780 & 19 Février 1781, les convaincus de Faux-saunage en récidive, soit à cheval, soit à col, dont le premier délit aura été commis à col, seront condamnés seulement aux peines portées par l'article III du titre XVII de l'Ordonnance des Gabelles, contre les récidiveurs à col.

10°. Que le présent Arrêt sera imprimé & copies collationnées d'icelui envoyées aux Sieges du ressort de notredite Cour, qui connoissent des droits de Gabelles, pour y être lu, publié, & registré, l'audience tenante, & encore pour être les articles VII & VIII inscrits sur les registres des geoles du ressort de notredite Cour, par les Greffiers d'icelles, à la diligence & en présence des Substituts de notredit Procureur-Général, auxquels la Cour enjoint d'y tenir la main & de la certifier de leurs diligences au mois. Si te mandons, &c.

Donné à Paris, en la premiere Chambre de notre Cour des Aydes, le sixieme jour de Septembre, l'an de grace mil sept cent quatre-vingt-quatre, & de notre regne le onzieme. *Signé*, LE PRINCE.

ARRÊT de la Cour des Aides, qui juge que les Secretaires du Roi des Chancelleries établies près des Parlements, sont tenus de faire registrer leurs titres aux Élections, à l'effet de jouir des privileges attachés à leurs Offices.

2 Décembre 1784.

LOUIS, &c. Vu par notre Cour la Requête présentée par notre Procureur-Général, expositive que Louis-Joseph Robin de Scevole, notre Secretaire en la Chancellerie établie près le Parlement de Grenoble, ayant interjetté appel de

Sentence rendue en l'Election de la Châtre, le 3 Décembre 1783, qui le condamnoit à payer la cotte de taille à lui ouverte au rôle des tailles de l'année 1783; il a été rendu Arrêt en la seconde Chambre de notredite Cour, le 19 Août 1784, qui met l'appellation & la Sentence au néant; émendant, le décharge des condamnations contre lui prononcées; ordonne que ses cottes de tailles des années 1783 & 1784 lui seroient rendues & restituées, à l'effet de quoi, réimposées sur le général des Habitans d'Argentan. Cet Arrêt lui paroît évidemment surpris à la religion de notredite Cour: la Sentence de l'Election de la Châtre est fondée sur ce que les Officiers de cette Election ignorent si ledit de Scevole est en effet exempt de taille; ils sont & seront fondés à l'ignorer, jusqu'à ce que ledit de Scevole leur ait fait connoître son titre d'exemption, ce qu'il ne peut faire qu'en leur rapportant ses Lettres de Secretaire du Roy, & en les soumettant à l'enregistrement en leur Siege. Tant que ledit de Scevole n'aura pas satisfait à cette formalité, ni justifié de son titre d'exemption, les Officiers de l'Election de la Châtre ne peuvent le regarder que comme roturier, & comme tel sujet à la taille. En effet l'Ordonnance de François Ier. du mois de Juin 1517, porte, article VIII, que tous Officiers & autres seront imposés aux tailles, s'ils ne justifient d'un titre d'exemption aux Officiers de l'Election, auxquels est enjoint de se faire représenter les titres pour les vérifier. Depuis ce temps il a toujours été de principe & d'usage, que tout privilégié ait soumis ses titres d'exemption aux Officiers des Elections, & les ait fait registrer à leur greffe. Ce principe & cet usage sont fondés en raison; il est nécessaire que les Elus voyent les titres d'exemption, & qu'ils les examinent, afin de juger s'ils sont fondés, s'ils ne contiennent aucune fausse énonciation, s'ils sont directs & personnels à celui qui en fait usage. Il n'y a que deux voies pour soumettre les titres à cet examen; celle de la signification & celle de l'enregistrement; la voie de la signification est insuffisante, soit parce que l'usage & les Réglemens ont consacré celle de l'enregistrement, soit parce que des copies sont sujettes à des erreurs, à des faussetés qui disparoissent à l'inspection de l'original. C'est des originaux mêmes, & non pas des copies signifiées, que l'Ordonnance de 1517 entend parler, en enjoignant aux Elus de contraindre les soi-disans privilégiés à leur montrer & exhiber leurs privileges. C'est d'après ces principes, que l'Edit de Mai 1702 renouvella l'obligation dans laquelle sont tous les privilégiés jouissans d'exemption, à quelque titre que ce soit, autre que celui de noblesse, de représenter leurs titres aux Elections, pour y être registrés. A la vérité, aux termes de ce Réglement, ceux qui jouissent de l'exemption à titre de noblesse, ne peuvent être contraints à l'enregistrement aux Elections, & notre Cour en a fait une maxime par son Arrêt du 16 Juillet 1734. Mais cette exception fondée sur des motifs particuliers, ne peut s'appliquer à ceux qui jouissent d'exemption à titre d'office quelconque, ni même à ceux qui en jouissent à cause de la noblesse attachée à leurs Offices; en effet la Déclaration de Juillet 1703, interprétative de l'Edit de Mai 1702, dispense de l'enregistrement prescrit par cet Edit, les Officiers des Cours souveraines, ceux des Bureaux des Finances & ceux de la Grande-Chancellerie, qui tous jouissent d'une noblesse attachée à leurs Offices; il n'y a donc pas moyen de douter qu'en général, ceux mêmes qui possedent la noblesse par leurs Offices, sont assujettis à l'enregistrement, & que ceux-là seuls en sont exempts, auxquels la loi en a fait une dispense expresse & particuliere. D'ailleurs de ce que la loi a nommément dispensé de l'enregistrement les Secretaires du Roy en la Grande-Chancellerie, il résulte que ceux des Chancelleries établies près les Parlemens & autres Cours souveraines, n'en sont point dispensés: or telle est la qualité dudit de Scevole. A ces causes, requéroit, &c. oui le rapport de M^e^. Emmanuel-

1784.

1784. Jean-François Camus, Conseiller; & tout considéré. Notredite Cour reçoit notre Procureur-Général opposant à l'Arrêt du 19 Avril 1784; faisant droit sur son opposition, lui permet d'assigner ledit de Scevole, pour en venir avec lui à l'audience; & cependant, par provision, ordonne que, sans avoir égard audit Arrêt, les cottes ouvertes aux rôles des tailles des années 1783 & 1784, au nom dudit de Scevole, seront par lui payées & acquittées; lui fait défenses de faire aucun usage dudit Arrêt contre les Habitans d'Argentan, auxquels il sera tenu de rendre & restituer les sommes qu'il auroit pu avoir reçues, soit à raison des frais, soit à raison de ses cottes; ordonne qu'il continuera d'être imposé tant qu'il n'aura pas justifié de ses titres d'exemption aux Officiers de l'Election de la Châtre, dans la maniere accoutumée. Si te mandons, &c.

Donné à Paris, en la seconde Chambre de notredite Cour, le deux Décembre mil sept cent quatre-vingt-quatre.

ARRÊT de la Cour des Aides, qui maintient la compétence des Elections sur la connoissance des contestations nées à l'occasion des saisies & oppositions à saisies, lorsque les Collecteurs y sont opposants.

10 Décembre 1784.

LOUIS, &c. Vu la Requête présentée par notre Procureur-Général, expositive que la saisie des meubles & effets faite sur la veuve Petit, Habitant de la Paroisse de Riceybas, a donné lieu entre ses créanciers à une instance de contribution & distribution des deniers provenus de la vente desdits meubles, qui a été portée au Bailliage de Bar-sur-Seine; le Substitut de notredit Procureur-Général au Siege des Conseillers-Honoraires, exerçant la Justice sur le fait des aydes & tailles de ladite Ville de Bar-sur-Seine, informé que les Collecteurs de la Paroisse de Riceybas avoient formé opposition à ladite saisie, pour raison des impositions des années 1782 & 1783 dues par la veuve Petit, a, conformément à notre Déclaration du 22 Août 1665, revendiqué ladite instance de préférence & contribution. Cette revendication faite le 22 Septembre 1783, a été signifiée tant aux Officiers du Bailliage qu'aux Procureurs des créanciers poursuivans & opposans, elle a même été suivie d'une opposition entre les mains de l'Huissier-Priseur qui avoit fait la vente des meubles, à ce qu'il eût à ne pas se dessaisir des deniers provenus de ladite vente: nonobstant cette revendication & cette opposition, les Officiers du Bailliage de Bar-sur-Seine, au lieu de se dessaisir de la connoissance de l'affaire, ont rendu, le 21 Juin 1784, Sentence qui a enjoint à Soecard, Juré-Priseur, de remettre les deniers provenus de la vente des meubles de la veuve Petit, entre les mains de Braley, nommé sequestre par lesdits Officiers. De leur côté, les Conseillers-Honoraires exerçans la Justice sur le fait des aydes & tailles, ont aussi rendu, le 22 du même mois de Juin, Sentence qui fait défenses à Soecard de se dessaisir des deniers provenus de la vente, & aux Parties de se pourvoir & procéder ailleurs que devant eux. Deux Sentences aussi contraires, émanées de deux Jurisdictions indépendantes l'une de l'autre, ne devoient être suivies d'aucune instruction, ni Jugement, jusqu'à ce qu'il ait été statué sur la revendication. Cependant, le 28 du même mois de Juin, les Officiers du Bailliage, sur le requisitoire du Substitut audit Siege, rendirent Sentence, qui, entr'autres dispositions, ordonne l'exécution de celle des premier Décembre 1783 & 21 Juin 1784. Enjoint à Soecard de s'y conformer dans trois jours, sinon le déclare interdit de toutes fonctions. Quelqu'irréguliere que fût cette Sentence, il paroît qu'elle a été exécutée par Soecard, qui, craignant l'effet de l'interdiction prononcée contre lui, faute de s'y conformer, a, le 2 Juillet dernier, remis les deniers de la vente entre les mains de Braley. Il paroît aussi que les Procureurs des créanciers se croyant suffisamment autorisés par cette derniere Sentence du Bailliage, y continuoient l'instruction de l'instance. C'est ce qui a donné lieu à une interdiction de trois mois prononcée par les Conseillers-Honoraires, contre Aubert, l'un des Procureurs, pour avoir suivi l'instance au Bailliage, au mépris des défenses faites par la Sentence du 22 Juin. De pareilles contestations sont également contraires à l'ordre établi entre les différentes Jurisdictions & nuisibles à l'intérêt des Parties. C'est pour les faire cesser que notredit Procureur-Général croit devoir provoquer l'autorité de notredite Cour. La compétence des Conseillers-Honoraires dans l'affaire dont il s'agit, est textuellement décidée par notre Déclaration du 22 Août 1665. Cette loi s'exprime ainsi: « tous les procès & différends pour raison des saisies & » oppositions faites & à faire par les Seigneurs propriétaires, leurs Fermiers, créan- » ciers & tous autres, & celles faites & à faire par les Asséeurs & Collecteurs » des tailles & pour raison de la préférence desdites saisies & oppositions, » seront instruites & jugées par les Officiers des Elections, chacun dans son ressort, » en premiere instance, & par appel en notredite Cour des Aydes, &c. ». Or, au 22 Décembre 1783, époque de la revendication du Substitut de notre Procureur-Général, il ne s'agissoit que de saisie mobiliaire faite sur la veuve Petit, il n'y avoit qu'une instance de contribution & distribution des deniers provenus de la vente des meubles entre ses créanciers; les Collecteurs des années 1782 & 1783 étoient du nombre de ces créanciers, pour raison desdites deux années dues par la veuve Petit. Ils avoient formé opposition aux saisies; par conséquent la revendication étoit bien fondée, le Bailliage devoit donc, au lieu de retenir la connoissance de l'affaire contre le vœu de la Loi, adhérer à la revendication & renvoyer l'instance pardevant les Conseillers-Honoraires. Il est évident qu'il a excédé ses pouvoirs, en ordonnant la remise des deniers depuis la revendication, & en rendant de nouvelles Sentences tendantes à détruire celles desdits Conseillers-Honoraires. La compétence de celle-ci est incontestable & notredite Cour ne manquera pas de la soutenir de son autorité; quant à l'interdiction prononcée contre Aubert, il s'en est déjà rendu appellant en notredite Cour, qui, par provision, l'a renvoyé dans ses fonctions. Comme les circonstances portent à croire que ce Procureur, en continuant l'instruction au Bailliage, l'a fait plutôt par la crainte des menaces & des injonctions qui lui ont été faites par ce Siege, que par mépris pour les défenses faites par la Sentence des Conseillers-Honoraires, du 22 Juin, notre Procureur-Général pense que notredite Cour voudra bien user d'indulgence à son égard & le relever définitivement de son interdiction; le même motif engagera sans doute aussi notredite Cour à empêcher qu'il soit donné aucune suite aux procédures soit civiles, soit criminelles, qui auroient pu être faites par les Conseillers-Honoraires, pour raison de distraction de Jurisdiction contre quelques Officiers qui se seroient conformés aux Sentences du Bailliage, ou qui auroient cherché à y retenir l'instance dont il s'agit. A ces causes, requéroit notredit Procureur-Général, &c. Oui le rapport de Me. Jacques Lecourtois, Conseiller, & tout considéré. Notredite Cour ordonne que notre Déclaration du 22 Août 1665, sera exécutée selon sa forme & teneur; en conséquence évoque en icelle les con-

1784. testations relatives à la saisie des meubles de la veuve Petit, circonstances & dépendances; renvoie lesdites contestations pardevant lesdits Conseillers-Honoraires au Bailliage de Bar-sur-Seine, lesquels en connoîtront jusqu'à Sentence définitive inclusivement, sauf l'appel en notredite Cour, s'il y a lieu; fait défenses aux Officiers dudit Bailliage d'en connoître, & aux Parties & à leurs Procureurs de se pourvoir & procéder ailleurs que pardevant lesdits Conseillers-Honoraires, à peine d'interdiction, nullité des procédures, mille livres d'amende, & de toutes pertes, dépens, dommages & intérêts. Ordonne que les deniers provenus de la vente des meubles remis par Soecard, Juré-Priseur, entre les mains de Braley, sequestre nommé par les Officiers du Bailliage, seront réintégrés, par ledit Braley, entre les mains dudit Soecard; à quoi faire ledit Braley sera contraint, même par corps, dans les vingt-quatre heures de la signification du présent Arrêt; quoi faisant, il en sera & demeurera bien & valablement quitte & déchargé; sauf auxdits Conseillers-Honoraires à ordonner ensuite le dépôt desdits deniers entre les mains de tel sequestre que bon leur semblera. Fait main-levée de l'interdiction prononcée contre Aubert, Procureur, & à cet effet déclare définitif le renvoi provisoire dans ses fonctions, ordonné par Arrêt du 3 Décembre présent mois. Fait pareille main-levée de tous décrets qui auroient pu être prononcés contre tous autres Procureurs ou sequestres, pour raison de distraction de Jurisdiction, lesquels décrets & procédures qui les auront précédés & suivis, seront comme non avenus & sans aucun effet. Ordonne que le présent Arrêt sera, à la requête de notredit Procureur-Général, poursuite & diligence de son Substitut audit Siege, signifié aux Procureurs des créanciers, poursuivans & opposans, à Soecard, à Braley & à tous autres que besoin sera, avec sommation d'y satisfaire. Si te mandons, &c.

Donné à Paris, en la premiere Chambre de notredite Cour, le dix Décembre mil sept cent quatre-vingt-quatre.

ARRÊT du Conseil, portant Réglement pour les chasses aux Loups.

15 Janvier 1785.

XV. LES Officiers de la Louveterie étant assimilés aux Commensaux de notre Maison, seront tenus de faire enregistrer, comme par le passé, à notre Cour des Aydes de Paris, leurs provisions.

XVII. Veut Sa Majesté que les Lieutenans, Officiers, Sergens & Gardes de la Louveterie jouissent de tous les privileges, immunités & exemptions attribués à leurs Offices par les anciens Réglemens, concernant la Louveterie, & notamment de l'exemption de la taille personnelle, de la collecte, de tutelle, curatelle, & de nomination à icelles, de la trésorerie des Hôpitaux, de Marguillier & autres charges d'Eglise, du logement des gens de guerre, guet & garde, patrouille, corvées, milice, avec faculté du port-d'armes, & de porter & faire porter les couleurs de Sa Majesté.

SUPPLÉMENT

SUPPLÉMENT
AU RECUEIL DES RÉGLEMENTS SUR LES TAILLES, ET LES TRIBUNAUX QUI CONNOISSENT DE CETTE IMPOSITION.

AVIS.

Nous avons recouvré dans le cours de l'impression plusieurs pieces qui n'ont pu être mises à leur date. Nous suivrons, autant qu'il sera possible, l'ordre chronologique dans ce Supplément. Si nous recouvrions, pendant le cours de l'impression, quelques pieces qui ne pourroient être mises à leur place, nous les donnerons, & la table chronologique qui sera à la fin, remettra le tout dans son ordre.

Nous ne donnerons que la notice des pieces qui nous paroîtront les moins importantes; mais comme ces notices seront peut-être en trop grand nombre pour les mettre en italique, comme nous l'avons fait dans le Recueil, nous les distinguerons par une main qui sera mise au commencement.

L'année ne commençoit autrefois qu'à Pâque. Ce n'est que depuis le premier Janvier 1567, que l'on a commencé dans les Tribunaux, à compter l'année du premier Janvier. Nous aurons attention de mettre dans les occasions où cela sera nécessaire, la date suivant le nouveau style, au-dessous de la date de l'ancien style.

☞ ORDONNANCE du 26 Mai 1356, faite en conséquence d'une assemblée des Etats, portant, 1°. que ceux qui auront 100 livres de rente & au-dessous jusqu'à 5 livres, payeront le vingt-cinquieme de leur revenu; 1356.

2°. Qu'après ces premiers 100 livres de rente, les nobles qui auront 5000 livres de rente, & les non nobles qui auront 1000 livres, payeront le cinquantieme de leur revenu. Quant à ceux qui n'ayant pas 400 livres de rente, auront des meubles, 1000 livres en meubles seront comptés pour 100 livres de rente, jusqu'à ce que par le moyen de cette estimation, ils soient censés avoir la valeur de 400 livres de rente, au-delà de laquelle valeur leurs meubles ne seront plus estimés;

3°. Qu'on payera le vingtieme de la valeur des meubles, ceux qui n'en auront pas pour 5 livres ne payeront rien;

4°. Que les Laboureurs & les Ouvriers qui travaillent à la journée, & qui n'auront pas 5 livres, payeront 5 sols;

5°. que les serviteurs & mercenaires qui, outre leur dépense, gagnent 10 livres, payeront 10 sols; ceux qui gagnent 5 livres, payeront 5 sols; que ceux qui gagneront moins de 5 sols, ne payeront rien;

1356. 6°. & 7°. Que toutes personnes de quelqu'état ou condition qu'elles soient, excepté les Gens d'Eglise payant décimes, payeront ce subside. Que les personne libres qui ne seront pas taillables à la volonté de leurs Seigneurs (1), le payeron en entier. Que les serfs qui seront taillables à la volonté de leurs Seigneurs, n'en payeront que la moitié. Que ce subside se payera deux fois, à la Saint Jean-Baptiste prochaine, & à l'Assomption suivante;

8°. que les deniers qui proviendront de ce subside, seront employés à l'entretien des gens d'armes, dans les pays où ils auront été levés, ou dans les pays voisins;

9°. Enfin cette Ordonnance confirme celle faite en conséquence des Etats tenus à la Saint-André précédente, dans les articles auxquels il n'est pas fait de changement par celle-ci. (Ordonnances du Louvre, Tome III, page 53.)

COMMISSION pour les trois Elus par les Etats-Généraux, de l'autorité de Charles, fils aîné & Lieutenant de Roi, & départis dans les Dioceses de Clermont & de Saint-Flour (2). (Ordonnances du Louvre, Tome IV, page 181.)

3 Mars $\frac{1356.}{1357.}$

CHARLES, aisné fils du Roy de France, & son Lieutenant, Duc de Normandie & Dalphin de Viennois : à nos amez & feaulz, Maistre Ebrant de Chalenco, Chanoine de Clermont, Gralh de Saint-Nettier, Seigneur dudit lieu en partie, & Jaques Tisseir, Bourgois de Clermont, demourans à Clermont, Esleuz ès Villes & Dyoceses de Clermont & de Saint-Flour, de nostre auctorité, par les troiz Estaz du Royaume de France en la Languedoyl, sur le fait l'ayde avisée & ordonnée par lesdits troiz Estaz estre faicte pour cause des présentes guerres, salut & dilection. Comme à nostre commandement lesdiz trois Estaz ayent esté assemblés à Paris, par plusieurs fois, & derrenierement au cinquieme jour de Février derrenierement passé, & aus jours en suivans, pour nous donner conseil & ayde sur la délivrance de nostre très-cher Seigneur & pere, & sur la garde,

---

(1) C'est-à-dire qui ne paient qu'une taille fixe que le Seigneur ne peut augmenter. Pour les serfs ils étoient *taillables, haut & bas à volonté*; c'est-à-dire que leurs Seigneurs pouvoient leur imposer telle taille qu'ils jugeoient à propos, & l'augmenter ou la diminuer à leur volonté. (Note de l'Editeur des Ordonnances. Voyez ci-devant la note de la page 26.)

(2) On nomma pour lever dans le Diocese de Clermont l'aide établie par les Etats, trois Elus qui furent les trois Députés que l'Auvergne avoit envoyés aux Etats de Paris. Ils furent aussi élus pour le Diocese de Saint-Flour. Le Duc de Normandie [*fils aîné du Roi*] leur donna des lettres de commission, le 3e. de Mars $\frac{1356}{1357}$, ces lettres lues & publiées aux Gens des trois Etats du Diocese de Clermont qui étoient assemblés dans cette Ville, dans la Maison des Cordeliers.... Il s'en tint apparemment de semblables dans les autres Dioceses de la Langued'oyl. Les lettres de commission entrent dans un grand détail sur le pouvoir & les fonctions attribués aux Elus dans les Dioceses. On peut affirmer, sans craindre de se tromper, qu'on envoya des lettres semblables dans toutes les autres Provinces du Royaume. (Ordonnances du Louvre, Tome III, Préface, page 67.)

bon gouvernement, tuition & défense dudit Royaume, & par yceulx ayent [ait] esté avisié par grant & meure délibération, tant sur le conseil, comme sur l'ayde, en certaine maniere à vous exposée, & plus à plain contenue en certains rolles & escriptures lesquelles après la premiere assemblée ont esté portées par les pays, leuz & approuvez par ceulx des pays, tant gens d'Eglise, comme Nobles, Bourgois des bonnes Villes & autres, & rapportées en ceste derreniere assemblée, & de rechef veuz, leuz & approuvez tant par nous & nostre Conseil, comme par lesdiz trois Estaz estant en laditte derreniere assemblée; & entre les autres choses ayent advisié & ordené à faire certaine ayde pour un an pour les causes dessusdites, par & sur certaines conditions & modiffications par nous à eulx accordées & scellées, à lever laditte ayde en la maniere qui s'ensuit : 1356.

I. C'est assavoir, l'Estat du Clergié, disieme & demi de tous leurs Benefices, rentes & autres revenues, à vie, à volenté & à héritage ou cas qu'il plaira au S. Pere; & l'Estat des Nobles semblablement disieme & demi de toutes leurs rentes & autres revenues, à vie, à volenté & à héritages; & l'Estat des Bourgois des bonnes Villes & plat pays, de cent feux, un homme d'armes de demy escu de paye le jour, selon la forme, maniere & qualité contenue en certaine instruction sur ce faicte par lesdiz trois Estaz, laquelle nous vous envoyons souz le scel du Chastelet, en l'absence du grand scel de nostredit Seigneur; & avec ce ont ordené & avisié que vous soyez Esleuz ès Villes & Dyoceses de Clermont & de Saint-Fleur [Flour] & aurez povoir de nostre auctorité de asseoir, cuillir & recevoir par vous ou par autres que vous deputerez ad ce, ès Villes & Dyoceses de Clermont & de Saint-Flour, toutes les revenues desdites aydes.

II. Item. Povoir de contraindre & faire contraindre les défaillans de payer ce qu'ils devront pour laditte Ordenance, tant les personnes du Clergié par les bras de l'Eglise, & prinse, vendue [vente], & explectation de leur temporel, se mestier est, comme les personnes des autres Estaz, par prinse, levée, vendue & explectation de leurs biens, meubles, rentes & héritages, & autrement en la maniere contenue en laditte instruction; c'est assavoir en la maniere qu'il est accoustumé à faire pour les propres debtes du Roy, nostre Sire, toutes solemnités ostées.

III. Item. De faire emprunts & finances par vous ou vos Depputez, se mestier en estoit pour les faiz dessusdiz ou nom de nous & des trois Estaz, & obligier par lettres ou instrumens publics envers quelconques personnes, nous & les trois Estaz dessusdiz, & chacun d'iceulx Estaz pour telle portion qu'il pourront devoir dudit ayde, & tout le fait & revenue dudit ayde, en tout ou en partie; de faire & bailler quittance souz voz sceaulx ou autres, de ce que vous prendriez ou recevriez, de deleguer ou assigner ausdiz créanciers de qui l'on empruntera ou nom [sur la sureté] du payement de ladite revenue dudit ayde, en tout ou en partie conjointement ou singulierement, & de bailler quittance ou quitt [quittances] de ce que vous assignerez ou deleguerez en payement.

IV. Item. Povoir de establir Receveurs, un ou plusieurs esdittes Villes & Dyoceses de Clermont & de Saint-Flour, tant & telx comme bon vous semblera, en la maniere contenue en laditte instruction, de oyr & faire oyr les comptes desdiz Receveurs, & de eulx contraindre à compter toutes foiz qu'il vous plaira, & de eulx contraindre à payer le residu, & de eulx faire & donner quittance de ce qu'il auront payé, mis & alloué à vous ou à autre de vost[re] commandement.

V. Item. Que vous aurez, & non autre, povoir & auctorité de nous, d'avoir la congnoissance, punition, correction & réformation de touz les Commis & Depputez

1356. par vous sur ledit fait, ès termes [districts] des Villes & Dyoceses de Clermont & de Saint-Flour, & ès cas touchants leurs Offices, & aussi de tous les Subjez dedittes Villes & Dyoceses rebelles [refusans de payer] & autres forfaisans ou délinquans sur ledit fait, se aucun en y avoit, & de leur infliger & imposer amendes pécuniaires, ordinaires, ou autres telles comme raison donrra [ordonnera] lesquelles amendes seront appliquées au fait des guerres; sauvé [sauf] toutesvoyes les libertéy de l'Eglise, quant aux personnes du Clergié, lesquels seront corrigez par leurs Ordinaires, se sur ce sont requis.

VI. Item. Ils ont advisé que [de] tous les deniers reçeuz esdittes Villes & Dyoceses, les Generaulx-Esleuz à Paris & non autres, pourront ordener & dispenser pour tourner & convertir ou fait de la guerre, tant en mer comme en terre, & ailleurs ainsi comme bon leur semblera; & en ce cas à iceulx Generaulx-Esleuz, vous serez tenuz de obeir & vous [vos] Depputez pour le fait dessusdiz; & non à autres, quelque povoir qu'il ayent, ou quel fait [pour lequel fait de la guerre] tous les deniers seront miz & convertiz, & non en autres usages : & qui feroit ou vouldroit faire le contraire, feust nous ou autres de par nous, vous ne voz Depputez ne seront tenuz de obéir; mais le pourrez contredire & y résister par toutes manieres, sans encourre pour ce aucune paine ou offense.

VII. Item. Que vous pourrez taxer & ordener salaires suffisans & raisonnables pour & à touz voz Commiz & Depputez sur ledit fait esdiz Dyoceses, & les Généraulx-Esleuz à Paris [vous] taxeront & ordeneront bons sallaires suffisans & raisonnables.

VIII. Item. Ont avisé que vous aurez povoir & auctorité de nous, de mander & faire assembler à Clermont & Saint-Flour ou ailleurs esdittes Dyoceses au nom des trois Estaz, generalement & espialement touz ceulx des trois Estaz desdits Dyoceses, & aucuns d'eulx, ainsi & toutes fois que bon vous semblera, pour le fait dessusdiz & les deppendances, & nous des maintenant l'octroyons & l'avons octroyé.

Et nous ont requis lesdiz trois Estaz, que les choses dessusdittes & plusieurs autres tant sur le conseil comme sur l'ayde par eulx avisiez & ordenez, & plus à plain ailleurs escriptes & scellées, sur les conditions, modifications & formes qui mises y sont, nous vueillions avoir aggréables, ratiffier, confermer & auctorisier, toutes lesquelles choses eu par nous bonne & meure délibération à [avec] nostre Grant-Conseil, avons eu & avons aggréable, & ycelles ratiffions, auctorisons & confermons tant comme nous povons : & pour ce qu'elles soient mieulx accomplies & exécutées, nous, sçachant votre bonne loyauté, senz & diligence, vous commectons & donnons povoir, auctorité & mandement espécial & general en & sur toutes les choses de nous déclarées & exprimées, & sur les deppendances d'ycelles faire par vous & voz Depputez, & ycelles enteriner & accomplir de point en point. Si mandons & commandons à tous les Subjez du Royaume, de quelqu'estat qu'il soyent, & quelconques povoirs qu'il ayent, que à vous & aux Depputez de par vous esdittes Citez & Dyoceses de Clermont & de Saint-Flour, obéissent & entendent diligemment, & que à vous & aux Depputez & Commis de par vous, donnent conseil, confort, avis & ayde en & sur les choses dessusdites, toutes foiz que requis en seront : & deffendez à tous sur quanques il se pevent meffaire envers mondit Seigneur & pere & envers nous, que en rien de fait ou de dit, ne vous empeschent ou voz Depputez en la prosecution [poursuite] de cette besoigne, laquelle nous avons tant à cuer [cœur] comme nous povons plus : & se il estoit ainsi, que ja n'avieigne, que aucun scientement & pertinassement [*pertinaciter*] empeschassent le fait des avis & ordenances dessusdites, nous voulons estre procédé de par vous contre ceulx [eux] le mieulx, le plus diligemment & rigoureusement que on le pourra faire selon raison, sommairement & de plain sans strepite [*strepiter*] & figure de Jugement. Voulons aussi que [de] vos Sentences & exécutions & ordenances judiciaires ou autres ne soit ou puisse estre en aucune maniere, appellé ou réclamé par voye ordinaire, mais par voye de supplication aux Generaulx-Depputez à Paris : & les choses dessusdites lesquelles vous avez jurées & jurerez à tenir, garder, faire & accomplir bien & loyaulment, nous promettons en bonne foy tenir & garder sans les enfreindre ou venir encontre : & ou cas que pour aucune maniere nous ferions ou ferions faire le contraire, nous voulons que tout ce soit tenu & réputé pour nul & de nulle value, & que à ce ne soit en aucune maniere obéi, non obstant lettres baillées ou à bailler au contraire. 1356.

Donné à Paris, soubz le scel du Chastellet de Paris, en l'absence du grant scel de nostredit Seigneur & pere, le 3e. jour de Mars, l'an de grace 1356, & estoient signées en marge par M. le Duc TOURNEUR.

Copie des instructions faites sur ledit subside. (*Ordonnances du Louvre, Tome IV, page* 183.)

Instructions faites & ordenées par les trois Estaz du Royaume de France de la Languedoyl, assemblez à Paris du commandement de M. le Duc de Normandie, le cinquieme jour de Février & les jours en suivans l'an $\frac{1356}{1357}$, sur le fait de l'ayde avisée & ordenée pour cause de ces présentes guerres, montant à la somme de trente mille payés pour un an, & demi escu pour jour, ou au-dessouz [pour la solde de chaque gens d'armes] tant qu'il puisse souffire au fait de la guerre, selon l'avis & ordenance des Generaulx-Esleuz sur ledit fait, du 4 Mars 1356.

I. En la Ville de Paris aura dix personnes, & à chacun Evesché aura trois personnes des trois Estaz Esleuz, tant par les Gens de Paris (1) comme desdites Eveschés & Dyoceses auctorisées de M. le Duc, qui auront povoir de exécuter & faire exécuter par eulx ou par leurs Commis, les choses & en la maniere qui cy-après s'en suit:

II. Item. Toutes manieres de Gens d'Eglise exempts & non exempts, Hospitalliers & autres quelconques ayant temporalité [des biens] payeront pour ce présent an, aux termes qui sont ordenés, de toutes les rentes & revenues de Sainte Eglise, un disieme & demi, à payer selon le taux à quoi leurs Benefices sont taxés au disieme, & de leurs Benefices & revenues qui ne sont point aux taux [qui ne sont pas taxés] payeront selon la valeur dudit Benefice justement estimé, semblablement disieme & demi.

III. Lesdittes Gens d'Eglise qui auront rentes ou revenues à vie, à volenté

(1) *Note de M. Secousse.* Je crois que par *les Gens de Paris*, il faut entendre les Elus-Généraux & super-Intendants établis pour avoir l'inspection générale sur le fait de l'aide, & qui résidoient à Paris, comme il paroît par les articles XXI & XXII de ces Instructions. Ainsi ces Députés particuliers départis dans les Evêchés, étoient élus par les Généraux super-Intendants résidants à Paris, & par les Députés que les Evêchés avoient envoyés aux Etats. (M. Secousse pourroit peut-être se tromper ici; il y a apparence que par *les Gens de Paris*, il faut entendre les Habitants de Paris. L'Instruction dit qu'en la Ville de Paris il y aura dix personnes élues par les Gens de Paris, & dans chaque Evêché trois personnes élues par les trois Etats de ces Evêchés.)

1356. ou à héritages, payeront semblablement de ce, disieme & demi pour ce présent an aux termes comme dessus.

IV. Que tous Nobles, tant du Sang de France, comme autres, qui auront rentes, possessions ou revenues à vie, à volenté, ou à héritage, payeront comme dit est, disieme & demi aux termes comme dessus.

V. Les termes de payement sont ordenés, quant aux Eglises & Nobles, à payer de deux moys en deux moys, la sixieme partie de ladite ayde, commençant l'an le premier jour de Mars: & le premier payement pour deux moys le premier jour d'Avril en suivant, [en] telle monnoye comme il courra au jour des payemens.

VI. Toutes manieres de gens de bonnes Villes, de quelqu'estat & condition qu'il soyent, & Clers non Beneficiers & autres & du plat pays, exceptez lesdittes Gens d'Eglise & Nobles, & exceptez ceulx qui vivent d'aumosne sans labour [sans travailler] payeront de cent feuz un homme d'armes, qui montera par chacun jour [a] demi escu ou la valeur : & s'il [y] avoit en une Paroisse ou Ville plus de cent feuz ou moins, ladite Paroisse ou Ville payeront de tant comme il y auroit de feuz, du plus plus, du moins moins, selont la quantité : & esliront ceulx des bonnes Villes ou Paroisses, bonnes gens, trois, quatre, cinq ou six, ou tant comme bon leur semblera de leursdites Villes, qui asseront par leurs sermens justement laditte cuillette, par telle maniere que le fort portera le foible, au plus égaument [également] qu'il pourra être fait; pourvu que s'il y a aucunes grosses Villes qui veullent bailler gens d'armes selon le nombre des feuz & du temps, faire le pourront ou cas qu'il bailleront gens convenables & suffisans ad ce. Et si se payera ladite ayde de deux moys en deux moys comme dit est.

VII. Item. Ou nombre des feuz desdittes Villes seront comptez tous Sergens, Officiers, Chastellains. Consierges, Coustres d'Eglise (1), Laiz & autres personnes quelconques, privilégiez & non privilegiez, Monnoyers ou autres tenans feuz sans [sauf] leurs privileges en autres cas.

VIII. Item. Toutes femmes veves & mendres d'asge [veuves ou mineures] & autres personnes qui ne tendront point de feuz, ayant dix livres de terre & au-dessus seront comptez au nombre des feux.

IX. Item. Lesdittes Gens d'Eglise & Nobles jureront & seront creuz par leurs sermens & loyautez de la valeur des rentes & revenues que il ont tant à vie, à volenté, comme à héritage : toutes voies ou cas où il avoit en ce aucune fraude ou soupçon, il seroit corrigé & amendé par les trois Esleuz, lesquelz [quels] en pourront ordener à leurs volentez, selon raison.

X. Item. Que lesdittes Gens d'Eglise & Nobles se aquitteront [payeront l'aide] de leurs Benefices, rentes, possessions & revenues que il ont, ès lieux là ou lesdittes revenues sont situées, excepté les Eglises & Abbayes qui ont accoustumé de eulx aquitter en chief [au chef-lieu pour tous les membres] de tous leurs membres, lesquelles se aquitteront ès chiefs là où le chief demeure, & les gens des bonnes Villes & plat pays, Officiers & autres, se aquitteront ès Villes & plat pays, esquelles il demeurent, pour tout leur vaillant en quelque lieu qu'il soit.

XI. Item. Sera ordené par les trois Esleuz, un Receveur ou plusieurs ès Villes & Eveschés qui leur seront baillées à gouverner, lesquels recevront l'argent dudit

(1) *Note de M. Secousse. Coustre d'Eglise Laiz.* Je n'ai pu trouver l'explication de ce mot. C'est apparemment la même chose que les contre Marguilliers Laiz.

subside en la maniere & ou lieu que lesdits trois Esleuz ordeneront & non autrement : & seront lesdiz Receveurs bonnes personnes & solvables, pris & esleuz par le conseil des trois Estaz estant desdittes Villes. 1356.

XII. Item. Lesditz Esleuz sans délai & de l'auctorité de M. le Duc, manderont & feront crier notoirement & publiquement par touz les lieux accoustumez, à faire criz que toutes manieres de Gens d'Eglise qui tendront rentes & revenues à vie, à volenté ou à héritage, qui ne seront point à tau de disieme, apportent par-devers eulx ou leurs Depputez, dedans huit jours après laditte publication, la valeur que leursdittes rentes & revenues pevent valoir par an à juste prix & loyal, & seront rabatus les coux & les frais & toutes autres charges quelconques, & seront prisiées tant seulement à tant que elles pourroient valoir à Ferme, sans y mettre la main [pour le prix qu'elles pourroient valoir à Ferme, sans les faire valoir par ses mains.]

XIII. Item. Semblablement manderont & feront crier que touz Nobles apportent en somme par écrit devers eulx [le calcul de leurs revenus réduit en somme totale] toutes leurs rentes, possessions & revenues que il ont à vie, à volenté, à héritage, tout en la forme & maniere que par-dessus est devisé.

XIV. Item. Feront crier semblablement & mander que tous les Maires, Echevins, Prevosts & Souverains de Ville, de Loi, & les Curez des Villes du plat pays, esquelles il n'a commun ou College, appellé avec eulx deux bonnes personnes desdites Villes, qu'ils apportent justement sans fraude, par-devers lesdits Esleuz ou leurs Depputez, le nombre des feux qui seront esdittes Villes ou Paroisses, déduit ceulx qui ne doivent être comptés comme dit est : auxquels Maires, Echechins, Prevosts & Souverains, Curez & bonnes gens, lesdiz Esleuz feront commandement qu'il, par leurs sermens, ayent assiz en la Ville & Paroisse dont il seront, ladite cuillette dedens huit jours après ledit commandement fait, & que ce il ayent fait sur certaine peine ordenée par lesdits Depputez, à appliquer au profit de la chose publique.

XV. Item. Sera commandé & crié que il apportent par escript les noms de tous les Nobles & des possessions que il ont esdittes Villes.

XVI. Item. Prendront lesdiz Esleuz copie [la liste] des Benefices qui sont taxez au disieme, & le taux [la taxe pour laquelle ils sont employés] par-devers les Gens [les Officiers] des Prélas, & les retendront par-devers eulx, & en feront autant prendre ausdiz Receveurs.

XVII. Item. Lesdiz trois Esleuz prendront semblablement par escript, les Benefices qui ne sont point aux taux, & de ce, feront prendre autant ausdiz Receveurs, & semblablement des rentes & revenues à vie, à volenté & à héritage, que lesdiz Gens d'Eglise & Nobles ont.

XVIII. Item. Lesdiz Esleuz prendront semblablement par-devers eulx, le nombre des feux des bonnes Villes & du plat pays, & en feront autant prendre ausdiz Receveurs.

XIX. Item. Lesdiz Esleuz feront contraindre [à payer] par auctorité de M. le Duc à eulx donnée, toutes les personnes dessus nommez, par leurs Commis & Depputez à ce, comme des propres debtes du Roy & autrement [& par tous autres moyens] duement : c'est assavoir les gens du Clergié vivant clergiaument [cléricalement] en habit & en tonsure, par les Juges ordinaires de l'Eglise, & sera chacun estat tenu à ayder lesdiz Esleuz à faire lesdittes contraintes, & à eulx faire obéir selon raison, par la maniere que dit est.

XX Item. Lesdiz Esleuz taxeront les salaires raisonnables de Receveurs & de autres Commis par eulx en leursdittes Dyoceses sur ledit fait, & les Esleuz-

Generaulx à Paris taxeront les salaires des particuliers Esleuz esdittes Dyocese

1356. XXI. Item. Que si ès choses dessusdittes & ès dépendances, avoit doubte ou occurr [obscurité] lesdiz Esleuz esdittes Dyoceses pourroient desclairier [expliquer] & modifier selon le fait & nécessité; eulx avisiez sur ce aux gens desdiz Estaz esditte Villes & aux Generaulx-Esleuz à Paris, se mestier est [si cela est nécessaire.]

XXII. Item. Que ceulx des trois Estaz qui à laditte assemblée ont esté ou autres ayans povoir comme eulx, retournent à Paris au Lundi après Quasimodo & tous ceulx de la Languedoyl, qui à laditte assemblée n'ont esté tant Gens d'Eglise, comme Nobles & bonnes Villes, seront mandez par espécial & generalement par cry solemnel, que audit jour soyent à Paris tous avisiez & instruits [de ce que le dixieme & demi peut produire dans les Dioceses, pour lesquels ils sont députés] tant ceulx qui y ont esté comme autres, chacun en sa Dyocese, de la valeur d'un disieme & demi pour les Benefices, rentes & aultres revenues du Clergié, & de la valeur des rentes & revenues des Nobles, & aussi du nombre des feuz desdittes bonnes Villes & plat pays, selon la forme de l'instruction sur ce faite, pour avoir leur avis sur ce que laditte ayde pourra monter en somme, afin d'ycelle accroistre ou appeticier [diminuer] & le fait desdittes guerres ordener en la maniere que pour lors, pour le conseil des trois Estaz sera conseillé & avisié que bon sera à faire.

Donné au Louvre-lez-Paris, le 4e. jour de Mars, l'an de grace 1356, soubz le scel du Chastelet de Paris, en l'absence du grand scel du Roy nostre Sire. Par M. le Duc TOURNEUR.

On trouve encore à la tête du compte de Robert de Riom une Lettre du 17 Mai 1357, dont voici le titre en entier.

Les Generaulx-Esleuz à Paris par les Gens des trois Estaz du Royaume de France, de l'auctorité de M. le Duc de Normendie, Dalphin de Viennois, ainsné filz & Lieutenant du Roy, Mons. sur le subside octroyé sur le fait de la guerre, à nos amez les Esleuz de par lesdiz trois Estaz en la Ville, Cité & Dyocese de Clermont en Auvergne, sur le nouvel & dernier subside, salut & dilection....

Cette Lettre finit ainsi : donné à Paris, sous nos seaulx, le 17e. jour de Mai 1357. Ainsi signé par les Generaulx-Esleuz à Paris, sur le subside octroyé pour les guerres. J. CORDIER. (Ordonnances du Louvre, Tome III, Préf. page 67.)

1359. ☞ Privileges des Arbalêtriers de Paris accordés le 9 Août 1359, par Charles, Dauphin de France, Régent du Royaume. (Ordon. du Louvre, Tome III, p. 360.)

L'Editeur des Ordonnances observe qu'il y avoit trois Corps, 1°. celui des Arbalêtriers, qui étoient au nombre de soixante, en 1411;

2°. celui des Archers de la Ville de Paris, établis au nombre de cent vingt, le 12 Juin 1411;

3°. Celui des Arquebusiers, créés au nombre de cent, au mois de Mars 1523, par François I.

Que ces trois Corps forment aujourd'hui les trois Compagnies des Archers de la Ville; que ces trois Compagnies conservent encore leurs mêmes noms. Car Louis XIV, par ses Lettres-Patentes du mois de Mars 1690, créa en titre d'office des places d'Archers des trois Compagnies d'Archers, d'Arbalêtriers & d'Arquebusiers de la Ville, institués par les Edits du Roy Charles VI, &c.

☞ Ordonnance

☞ Ordonnance du 4 Décembre 1360, par laquelle le Roy Jean, entr'autres objets, établit une ayde de douze deniers pour livre sur toutes les marchandises & denrées qui seront vendues ès parties de la Langued'oyl, payable par le vendeur, l'imposition du cinquieme sur le sel, & le treizieme sur les vins & autres breuvages, le tout payable par le vendeur. (Ordonnances du Louvre, Tome III, page 436.) 1360.

☞ Commission donnée à deux Réformateurs envoyés par le Roy, pour faire le procès à ceux qui auront fait des malversations sur le fait des Aydes & Finances, du 6 Avril 1374, après Pâque. (Ordonnances du Louvre, Tome VI, page 514.) 1374.

☞ Lettres du 28 Juin 1382, qui, sur la représentation faite au Roy par les Nobles & Bourgeois du Pays du Vexin-François, qu'ils ont toujours été tenus pour François, qu'ils ne sont nullement de la Province de Roûen, sinon au spirituel seulement, mais qu'ils sont du ressort du Bailliage de Senlis, ordonnent que néanmoins les Habitans du Vexin-François seront tenus de payer leur part de l'aide établie par les trois Etats de ce Duché, laquelle sera levée par deux personnes préposées par eux, qui ne seront point soumises aux Elus établis par les trois Etats de la Normandie. (Ibid. page 659.) 1382.

☞ Lettres du 6 Octobre 1397, adressées *à nos amés & féaux Généraux-Conseillers sur le fait des Aydes, ordonnées pour la guerre en notre Pays de Languedoc*, qui portent que les Gens d'Eglise ne payeront point, même par rapport à leurs biens de patrimoine, l'ayde établie à l'occasion du mariage d'Isabelle de France avec le Roy d'Angleterre. (Ibid. Tome VIII, page 154.) 1397.

☞ Lettres de Charles VI, du 11 Juin 1403, par lesquelles il suspend l'exercice des Offices des Trésoriers de France, jusqu'à ce que par lui il en soit autrement ordonné. (Ordonnances du Louvre, Tome XII, page 214.) 1403.

☞ Lettres du même, du 30 Janvier 1404, par lesquelles il est ordonné qu'il sera levé par tout le Royaume une ayde, dont le produit ne pourra être employé que pour la guerre, & dont nul ne sera exempt, sinon les Nobles portans armes, ou hors d'état de les porter; les Ecclésiastiques ayant Bénéfice, & les pauvres mandians. (Ordonnances du Louvre, ibid. page 218.) 1404.

☞ Lettres du même, du 4 Juillet 1405, qui maintiennent les Nobles de Languedoc dans l'exemption des aydes & subsides, excepté cependant ceux d'entr'eux qui font fait de marchandise publique. (Ibid. page 221.) 1405.

1409. ☞ Lettres du 20 Octobre 1409, par lesquelles Charles VI nomme des Réformateurs-Généraux auxquels il donne pouvoir de corriger les abus qui s'étoient glissés dans l'administration des Finances, & dans quelques autres parties du Gouvernement, & de punir ceux qui en étoient les auteurs. (Ordonnances du Louvre, Tome IX, page 468.)

1426. ☞ Lettres du même, du 12 Juin 1426, par lesquelles le Roy révoque, pendant un an, les mandemens de finance par lui précédemment accordés, & ordonne que dorénavant il ne commandera aucunes lettres ou mandemens de finance, sinon lui étant en son Conseil, & en la présence & par l'avis de sa mere, la Reine de Sicile, de ses très-chers & amés cousins, les Comtes de Clermont, Richemont & de Foix, & autres nommés dans lesdites lettres, du Chancellier... les Généraux-Conseillers sur le fait & gouvernement des finances, ou des quatre d'iceux étant devers lui; voulant que lesdits mandemens ne soient vérifiés ni expédiés, ni sur iceux décharges levées, sinon par son exprès commandement fait en son Conseil, par l'avis des dessusdits en la maniere que dit est. (Ordonnances du Louvre, Tome XIII, page 117.)

☞ Lettres de Charles VII, du 21 Novembre 1426, par lesquelles il déclare exempts de tous subsides les Officiers du Parlement de Languedoc. (Ordonnances du Louvre, Tome XIII, page 122.)

1430. ☞ Lettres du même, du mois de Mai 1430, par lesquelles il affranchit les Habitans de Mehun-sur-Eure de servitude, tailles, mortailles & autres redevances. (Ibid. page 154.)

1436. LETTRES *de Charles VII, par lesquelles il nomme des Commissaires pour juger en dernier ressort & souveraineté les causes pressées & nécessaires, durant la cessation des Jurisdictions qui se tenoient au Palais à Paris. (Ordonnances du Louvre, Tome XIII, page 218.)*

22 Mai 1436.

CHARLES, &c. Comme obstans certains grans affaires touchant nous & nostre Royaume, ne puissions pour le présent instituer nostre Parlement en nostre Ville de Paris, ainsi que nous avons ordonné briefvement le faire : & pour certaines causes raisonnables à ce nous mouvans, ayons ordonné en nostre Grand-Conseil que toutes les Cours & Auditoires qui se souloient tenir en nostre Palais à Paris, cessent, jusques à ce que par nous en soit autrement ordonné, durant lequel temps & de jour en jour peuvent sourdre & avenir plusieurs cas touchant, ressort & souveraineté, ès Villes, Diocese, Prévosté & Vicomté de Paris, & ès Bailiages de Meaulx & de Senliz, ausquels cas est & sera nécessité de hastivement pourveoir. Nous ces choses considérées, confians à plain des grans sens, loyaulté, preudhommie & bonne diligence de nos amez & féaulx Mes. *Guillaume Letur* & *Jean Rabateau*, Présidens; *Thibault de Vitry*, *Jean de Vailly*, *Aimery Marchant*, *Jaque Meaulx*, *Jehan Colas*, & *Jehan de Sauzay* noz Conseillers en nostre Cour de Parlement à *Poictiers*, de Mes. *Guillaume de Villiers*, *Philippe de Rully*, *Guillaume Coutin*, & *Jean Vivien*, noz Conseillers, iceulx avons commis & commettons par ces présentes en nostre Palaiz à Paris, en tel lieu convenable que par eulx sera advisé, desdits cas ou causes hastives & nécessaires de ressort & souveraineté; ausquels de ce faire, & aux neuf, huit, sept ou six en matiere civile, & cinq en matiere criminelle dont l'un desdits Présidens soit l'un, donnons povoir, auctorité, commission & mandement espécial, & aussi de cognoistre de toutes causes hastives & nécessaires appartenans à la Cour ou Auditoire des Généraulx sur le fait de la Justice, & d'icelles causes de souveraineté & des aydes cognoistre, jugier, sentencier & déterminer pareillement comme feroient & pourroient faire nosdites Cours de Parlement & des Généraulx si elles y estoient, &c. 1436.

Données à Bourges, le vingt-deux Mai mil quatre cent trente-six.

LETTRES *de Charles VII, pour obvier aux pilleries & vexations des gens de guerre.* (*Ordonnances du Louvre, Tome XIII, page 312.*) 1439.

2 Novembre 1439.

POUR obvier & donner remede à faire cesser les grands excès & pilleries faites & commises par les gens de guerre, qui par long temps ont vescu & vivent sur le Peuple sans ordre de justice, ainsi que bien au long a esté dit & remonstré au Roy par les gens des trois Estats de son Royaume, de présent estant assemblez en ceste Ville d'Orléans; le Roy, par l'advis & délibération des Seigneurs de son Sang, la Royne de Sicile, de Nossieurs le Duc de Bourbon, & Charles d'Anjou, les Comtes de la Marche, d'Eu & de Vendosme, plusieurs Prélats, & autres Seigneurs notables, Barons & autres, Gens d'Eglise, Nobles & Gens de bonnes Villes. Considérant la pauvreté, oppression & destruction de son Peuple ainsi destruit & foullé par lesdites pilleries, lesquelles choses ont esté & sont à sa très-grande desplaisance, & n'est pas son intention de les plus tollérer ne soustenir en aucune maniere, mais en ce, bon ordre & provision y estre mises & données, par le moyen & ayde de Dieu nostre Créateur, à faict, constitué, ordonné & estably, fait & establit par Loy & Edict general, perpétuel & non revocable, par forme de pragmatique-sanction, les Edicts, Loix, Statuts & Ordonnances qui s'ensuyvent :

Premierement, &c.

XLI. Item. Et pour ce que souventes fois, après que du consentement des trois Estats, le Roy a fait mettre sus aucune taille sur son Peuple pour le fait de la guerre, & lui subvenir & ayder à ses nécessités, les Seigneurs, Barons & autres empeschent & font empescher les deniers de ladicte taille & aussi des aydes du Roy en leurs terres & seigneuries, & les aucuns les prennent souhz

1439. couleur qu'ils ont estés assignez, ou dient aucunes sommes leur estre dues, ou avoir esté promises par le Roy; & aucuns autres croissent & mettent avec & par-dessus la taille du Roy sur leurs Sujets, & autres, grandes sommes de deniers qu'ils font lever avec & soubz couleur de la taille du Roy, à leur profit : par quoi le Roy est empesché & ne peut estre payé des deniers de la taille par son Peuple; le Roy ordonne, mande & commande que toutes telles voies doresnavant cessent.

XLII. Item. Avec ce, le Roy défend que doresnavant aucun de quelque estat, qualité ou condition qu'il soit, prenne, arreste, ne détienne les deniers des tailles & aydes du Roy, soit par don ou assignation à lui faicte par le Roy, ou pour debte à lui due par le Roy, mais laisse & souffre lesdits deniers des tailles & aydes du Roy estre levez & cueillis par les Commis à ce, par les Receveurs sur ce, ordonnez par le Roy, sans en aucune maniere les empescher, ne souffrir estre empeschez au contraire, & sur peine de confiscation de corps & de biens, & expressément du lieu, seigneurie & terres où l'empeschement auroit esté donné, ainsi comme dit est dessus en autres choses.

XLIII. Et avec ce, le Roy défend à tous Seigneurs, Barons, Capitaines & autres Officiers, que doresnavant ils ne mettent aucune crue ne outre & par-dessus la taille du Roy, soubz quelque cause ou couleur que ce soit, & sur peine de confiscation de corps & de biens, & spécialement de la seigneurie où ladite crue & par-dessus aura este mise sur ladicte taille.

XLIV. Et pour ce que plusieurs mettent tailles sus en leurs terres, sans l'auctorité & congé du Roy, pour leur volonté ou autrement, dont le Peuple est moult opprimé, le Roy prohibe & défend à tous, sur lesdictes peines de confiscation de biens, que nul de quelque estat, qualité ou condition qu'il soit, ne mette ou impose tailles ou autre ayde ou tribut sur ses Sujets ou autres, pour quelque cause ou couleur que ce soit, sinon que ce soit de l'auctorité & congé du Roy, & par ses Lettres-Patentes : & déclare le Roy, dès-à-présent, le lieu ou seigneurie où telles tailles & aydes seront mises sus sans ses auctorité ou congé commis & confisqués envers lui.... Fait à Orléans, le second jour de Novembre 1439.

1472. LETTRES-PATENTES *qui défendent d'imposer aux tailles les Habitants de la Ville de Lyon, à cause des biens qu'ils possedent hors la Ville de Lyon. (Recueil des Chartes, Lettres-Patentes, &c. concernant les privileges des Bourgeois & Habitants de Lyon, édition de 1731, page 57 (1).)*

23 Avril 1472.

LOUIS, &c. A nos amez & feaulx Conseillers les Gens de notre Grand-Conseil, les Gens de notre Cour de Parlement, les Generaulx-Conseillers par nous ordonnez tant sur le faict & gouvernement de nos Finances, que sur le faict de la Justice de nos aydes, aux Esleuz sur le faict desdites aydes au pays de Lyonnois.... L'umble supplication de nos chiers & bien amez les Conseillers & Habitans de

(1) Nous citerons ce Recueil dans la suite, sous la dénomination de *Recueil des privileges de Lyon*.

nostre Ville & Cité de Lyon, avons reçue, contenant que tantost après nostre advenement à la Couronne, nous, par grande & meure délibération de nostre Conseil, feismes certaines instructions & Ordonnances, par lesquelles & pour les causes en icelles contenues, nous ordonnasmes que les aydes qui lors avoient cours en notre Pays de Languedoct, dont nostre amé & féal Jehan Briçonnet à de présent la charge de la recepte generale seroient abatuz & aboliz, & que au lieu d'iceulx aydes seroit mis sus ungt équivalent, hors les bonnes Villes & Citez dudit pays, esquelles bonnes Villes & Citez iceulx aydes auroient toujours cours, & y seroient cueillis & levez, & pareillement seroit cueilli & levé le huictieme du vin vendu à détail, tant esdites bonnes Villes que au plat pays; & au regart desdites bonnes Villes ou lesdites aydes auroient cours, elles ne seroient contribuables audit équivalent & payement de nosdits gens de guerre, ainsi qu'il est plus à plain contenu esdites instructions & Ordonnances, lesquelles ont tousjours depuis esté gardées & entretenues, & combien que ladite Ville & Cité de Lyon soit du nombre desdites bonnes Villes où lesdites aydes auroient tousjours eu & ont cours, & qui n'ont point contribué à nosdits deniers mis sus par forme de taille, & aussi que lesdits Supplians n'aient jamais accoustumé de contribuer à icelles nos tailles, pour raison des héritaiges qu'ils tiennent & possedent au plat pays de Lyonnois & hors ladite Ville de Lyon avecques les Habitans du plat pays de Lyonnois, néanmoins puis aucun tems en ça, les Habitans de Saint-Cire, de Saint-Didier au Mont-d'Or, de Collonges, de Lislebarbe, de Curys, de Saint-Genis-Laval, d'Irigniers & d'autres, jusqu'au nombre de dix ou douze Paroisses près dudit Lyon, pour eux & leurs adhérans dudit plat pays de Lyonnois, ont voulu prétendre & maintenir que lesdits Suppliants devoient & estoient tenus de contribuer à nosdites tailles avecque lesdites Habitans dudit plat pays, à cause des biens qu'ils tenoient & possédoient audit plat pays; & à ceste cause s'est meu procès entre iceulx Habitans desdites Paroisses, demandeurs d'une part, & lesdits Supplians, deffendeurs d'autre, tant pardevant vous Esleuz de Lyonnois, comme depuis en nostredit Grand-Conseil, auquel a esté tellement procédé, que par Arrest d'ycelui nostre Grand-Conseil, lesdites Parties ont esté renvoyées pardevant vous Esleuz pour voir les causes d'oppositions desdits Supplians, & pour au surplus faire & administrer justice auxdites Parties, selon & en ensuivant l'usance & coustume gardée & observée esdite Ville de Lyon & plat pays de Lyonnois; mais depuis iceulx Habitans desdites Paroisses, se sont portez pour appellans de vous Esleuz, & ont relevé leur appel pardevant vous lesdits Generaulx de ladite justice desdites aydes, laquelle cause d'appel a depuis esté pour certaines causes évoquée en nostredit Grand-Conseil, où lesdites Parties se sont comparues, après laquelle comparicion lesdits Supplians nous ont faict remonstrer les grands vexacions, peines, travaux & despenses qu'ils avoient jà soustenues au moyen dudit procès, lequel estoit en voye de prendre long traict & délai, en nous requérans que nostre plaisir feust les faire joyr & user doresnavant desdites Ordonnances dont dessus est faicte mention par la maniere & ainsi qu'ils en avoient joy & usé par cy-devant, & sur ce leur impartir nostre grace. Pour quoi, nous ce que dict est considéré, voulans nosdites Ordonnances.... estre entretenues & gardées selon leur forme & teneur, & desirans nourrir paix & amour entre nos Subjets, & mesmement entre ceulx de ladite Ville de Lyon & dudit plat pays de Lyonnois, & obvier à tous procès meuz ou qui se pourroient mouvoir entre eulx pour occasion des choses dessusdictes,... vous mandons & expressément enjoignons... que du contenu en icelles nos Ordonnances, vous faictes, souffrez & laissez joyr & user lesdits Supplians par la maniere & tout ainsi qu'ils en ont joy & usé par cy-devant, sans

les contraindre, ne souffrir estre contrains à contribuer à nosdites tailles, qui
1472. seront mises sus de par nous audit plat pays de Lyonnois, pour raison des biens qu'ils ont ou auront hors de ladite Ville de Lyon, ne les asseoir, ne souffrir estre assis, ne imposez avecques iceulx Habitans dudit plat pays de Lyonnois, à cause de leursdicts biens estant hors d'icelle Ville de Lyon, autrement qu'ils ont esté par cy-devant, ains que tout ce que faict, actempté ou innové auroit esté, ou seroit au contraire, reparez-le & mectez, ou faictes réparer & mectre au néant & au premier estat & deu, non obstant oppositions ou appellations quelconques, &c.

Données au Plessis-du-Parc, le 23e. jour d'Avril 1472. *Signé*, BOURRE.

1485. *LETTRES-PATENTES de Charles VIII, confirmatives des priviléges des Habitans de la Ville de Lyon. (Recueil des Privileges de Lyon, page 58.)*

30 Novembre 1485.

CHARLES.... A nos amez & feaulx les Generaux-Conseillers par nous ordonnez tant sur le fait & gouvernement de nos finances, que de la justice de nos aydes à Paris, & aux Esleuz sur le fait desdites aydes en l'Election de Lyonnois, ou à leurs Commis, &c.

Ordonnons & déclarons.... que [les Bourgeois, Manans & Habitans de nostre Ville de Lyon] & chacun d'eulx soient & demeurent francs, quittes & exempts de contribuer aux tailles & imposts qui ont esté mises sus en ladite Election de Lyonnois, depuis nostre nouvel & joyeulx avenement à la Couronne, & qui y seront doresnavant mises sus, soit pour le fait & entretennement de nos gens de guerre ou autrement, pour quelque cause ou occasion que ce soit, & de ce les avons & chacun d'eulx affranchis, quitez & exemptez, affranchissons, quitons & exemptons de nosdittes grace, puissance & auctorité par cesdittes présentes, tant qu'il nous plaira. Si vous mandons, &c.

Données à Melun, le dernier jour de Novembre 1485.

Registrées par les Generaulx-Conseillers du Roy sur le fait & gouvernement des Finances, le 23 Janvier $\frac{1485}{1486}$; & en la Cour des Aydes à Paris, le 13 Septembre 1486.

1501.

DÉCLARATION contenant attribution à la Chambre des Comptes de Dijon, de la connoissance du Domaine & des Aides, en premiere instance, & à la charge de l'appel au Parlement. (Recueil de plusieurs Edits, Déclarations, Arrêts & autres pieces qui prouvent le droit & la possession immémoriale du Parlement de Dijon, de recevoir & juger les appellations interjetées des Jugements rendus par la Chambre des Comptes, en toutes matieres non concernant purement & directement le fait des comptes, page 1.)

Quand on citera ce Recueil, on ne le citera que sous la dénomination de *Recueil du Parlement de Dijon.*

Dernier Février 1501.

LOUIS, &c. Comme nous ayons été avertis que combien que les Gens de la Chambre de nos Comptes à Dijon, laquelle par nos prédécesseurs a été créée & establie en nos Pays & Duché de Bourgogne, en telle & semblable autorité, prérogatives & prééminences que celle de notre bonne Ville de Paris, ayent & doivent avoir la jurisdiction & connoissance en premiere instance, des causes & matieres de notre Domaine & des Greniers à sel, aydes ordinaires & extraordinaires dudit pays, parce que en icelle n'y a Elu, Cour des Généraux de la Justice de nosdites aydes, comme à Paris & autres lieux & pareillement doivent connoître de la vérification & expédition & entérinement des dons & octrois que faisons à eux adressans, & qui doivent par eux être expédiées ès différends & matieres de nos Duchés de Bourgogne, Comté de Masconnois & Pays ressortissans en notredite Chambre, en la forme & maniere qu'il se fait en notredite Chambre des Comptes à Paris, & aussi de l'audition, clôture & affinement des Comptes des Finances ordinaires de nosdits pays, & d'autres matieres & choses dépendans du fait de leurdite Jurisdiction, toutesfois ils ont été & sont souvent troublés & empêchés tant par notredite Cour de Parlement, Baillifs & autres nos Officiers en icelui pays, qui, à la poursuite & importunité de plusieurs Parties, entreprennent la connoissance; qui ne se fait par lesdites Parties que pour y conserver la longueur, dissimulation & fuir à la raison, laquelle chose est encontre les privileges, autorités, prérogatives & prééminences de notredite Chambre & en nostre très-grand préjudice & dommage, & plus peut-être se par nous n'étoit sur ce donné provision, & fait déclaration de notre vouloir sur ce.

Sçavoir faisons, que nous, les choses dessusdites considérées, voulons que pour le bien de nous, notredit Domaine & Finances, nos Officiers vivent en si bonne paix & union, que, pour le débat de leur Jurisdiction, dommages & inconvénient ne nous en puisse avenir, pour ces causes.... ordonnons & nous plaît... que doresnavant les Gens de notredite Chambre des Comptes à Dijon, auront jurisdiction & connoissance en premiere instance des causes & matieres de notredit Domaine, Grenier à sel & Aydes ordinaires & extraordinaires desdits pays & Duché de Bourgogne, & d'autres matieres & choses dépendantes de fait de comptes & de leurdite Jurisdiction, & en jugeront, décideront & en détermineront par leurs Sentences interlocutoires & définitives, lesquelles sortiront leur effet; toutes voies si des Sentences desdits comptes étoit appellé en tant que

1501. touche les procès desdits Domaines, & de Partie à Partie, les appellations seront relevées en ladite Cour de Parlement, & icelles vuidées & déterminées par Arrêt, & au regard des Sentences & appointemens des affinemens & clôture desdits comptes, & choses dépendans dudit fait de comptes, & autres matieres dont en cas de débat, l'on connoît en la Chambre neutre à Paris, par aucuns de ladite Cour & Gens des Comptes, voulons... que le semblable se fasse & soit tenu, gardé & observé toutes & quantes fois que le cas y aviendra ou échoira, & soient lesdites choses vuidées en ladite Chambre neutre à Dijon, le tout en la forme & maniere que ce soit (1). Si donnons en mandement, &c.

Donnée à Paris, le dernier jour de Février, l'an de grace 1501, & de notre regne le quatrieme. *Signé*, par le Roy, Gedoyn.

1523. ☞ Edit de Juillet 1523, registré en la Cour, le 13 Août suivant, contenant création d'un Elu en chaque Election. (Greffe de la Cour des Aydes.)

1527. ☞ Lettres-Patentes du 16 Août 1527, adressées aux Généraux de la Justice des Aydes à Paris, obtenues par Me. Jean Prévôt Naguerre, Commis à l'Extraordinaire des Guerres, Conseiller & Général des Finances, expositives que ledit Jean Prévôt depuis trois ans a fait ajourner pardevant lesdits Généraux de la Justice ses Clercs & Commis, qui ont eu charge & administration sous lui, pendant qu'il a été Commis aux Extraordinaires des Guerres, pour lui rendre leurs comptes & payer le reliquat; qu'il lui est impossible de rendre ses comptes, si lesdits Commis ne lui rendent celui qu'ils lui doivent; que aucuns desdits Clercs, Commis & Comptables se sont portés pour opposans au Parlement de Paris, des Sentences & appointemens des Commissaires députés par lesdits Généraux de la Justice, pour ouir les Parties. Le Roy par ces Lettres mande à la Cour, qu'*attendu que la connoissance de telles affaires lui appartient*, s'il appert à ladite Cour que lesdits Commis soient comptables & reliquataires envers ledit Prévôt, de les y contraindre réaument & de faire promptement & diligemment par prise-de-corps, vente & exploitation de leurs biens, meubles & immeubles, nonobstant toutes oppositions & appellations, mandant à tous Justiciers de leur donner conseil, confort & ayde, & prison si métier est. (Greffe de la Cour des Aydes.)

1532. ☞ Edit de Janvier $\frac{1531}{1532}$, registré en la Cour des Aydes, le 15 Mai suivant, & en la Cour des Monnoies, le premier Juin, portant translation dans la Ville de Montferrand du Siege de l'Election, & de la recette des tailles qui étoit dans la Ville de Clermont, & de la Monnoie & Chambre d'icelle qui étoit à S. Pourçain. (Blanchard.)

---

(1) Il y a sans doute ici une faute dans l'imprimé, peut-être doit-il y avoir *en la forme & maniere qu'il se pratique en ladite Chambre neutre.*

☞ Lettres-

☞ Lettres-Patentes du 26 Juin 1532, contenant renvoi à la Cour, des contestations pour raison des dettes actives de Jean Sapin, Receveur-Général de Languedoil, registrées le 9 Juillet suivant. (Répertoire de la Cour des Aydes.) 1532.

☞ Lettres-Patentes du dernier Juillet 1532, registrées le 7 Août, contenant renvoi en la Cour, de la poursuite des dettes actives dues à la succession de Morelet du Museau, Receveur-Général des Finances. (Greffe de la Cour des Aydes.)

☞ Lettres-Patentes du 5 Janvier $\frac{1533}{1534}$, registrées le 10 Mars suivant, portant création d'un Siege d'Election à Clermont en Auvergne. 1534.

☞ Lettres-Patentes du 14 Mars $\frac{1533}{1534}$, contenant renvoi en la Cour, de toutes les contestations relatives aux dettes actives de feu Lambert Maigret, Contrôleur-Général des Guerres. (Répertoire de la Cour des Aydes.)

☞ Lettres-Patentes du 15 Juin 1534, adressées à la Cour & aux Elus de Paris, registrées en la Cour, le 3 Juillet suivant, contenant Réglement en neuf articles pour les Fermes des vins vendus en gros, & de la Buche en l'Election de Paris.

L'article I défend au Parlement, aux Maîtres des Requêtes du Palais & de l'Hôtel, de connoître du fait des aydes & tailles, circonstances & dépendances, en quelque maniere que ce soit, & en confirme la connoissance aux Elus & à la Cour. (Greffe de la Cour des Aydes.)

☞ Lettres-Patentes du 12 Mai 1535, registrées en la Cour, le 22 Juin, contenant commission au premier Huissier pour évoquer en la Cour toutes les contestations concernant les dettes dues à Me. Antoine Boyer, Général des Finances, fils de Thomas Boyer, Général des Finances en Normandie, condamné par les Commissaires de la Tour-Quarrée à 170,000 livres. (Greffe de la Cour des Aydes.) 1535.

☞ Lettres-Patentes du 12 Mai 1535, contenant renvoi à la Cour, de la connoissance de toutes les dettes actives dues à la succession de M. Raoul Hurault, Général des Finances. (Répertoire de la Cour des Aydes.)

1535. ☞ Lettres-Patentes du 13 Juillet 1535, regiſtrées en la Cour le 20, portant que tous procès des Tréſoriers-Extraordinaires de l'Artillerie, & traités faits à ce ſujet, quelque part & en quelques Juriſdictions qu'ils ſoient pendants, ſont évoqués & renvoyés en la Cour, avec défenſes à tous autres Juges d'en connoître. (Répertoire de la Cour des Aides.)

1536. ☞ Lettres-Patentes du 13 Juillet 1536, portant renvoi à la Cour, de tous les procès concernant les dettes actives de M. Jean Carré, Receveur-Général des Finances de Normandie. (Ibid.)

☞ Lettres-Patentes du 2 Août 1536, qui créent un troiſieme Huiſſier en la Cour des Aides. (Greffe de la Cour des Aides.)

1537. ☞ Lettres-Patentes du 28 Février $\frac{1536}{1537}$, portant renvoi en la Cour, de la conteſtation du compte demandé par M. Hugues de Malras, Receveur-Général des Finances de Guyenne, à Altinge de Malras ſa ſœur, veuve de François Faure, Commis à ladite recette. (Répertoire de la Cour des Aides.)

On trouve dans les Répertoires de la Cour nombre d'autres Lettres de renvois ſemblables, que nous nous diſpenſerons de rapporter.

1543. ☞ Lettres-Patentes du premier Avril 1543, contenant création d'une Election à Sezannes. (Ibid.)

Cette Election avoit été diſtraite de celle de Troyes, par Lettres-Patentes du 27 Mars précédent. (Ibid.)

1544. ☞ Lettres-Patentes de Juillet 1544, regiſtrées le 2 Août, contenant érection d'un Siege principal d'Election à Montargis. (Ibid.)

1550. ☞ Edit de Janvier $\frac{1549}{1550}$, adreſſé à nos amés & féaux les Gens tenans notre Cour des Aides à Paris, regiſtré en la Cour, le 2 Mai 1550, portant que nul ne pourra être reçu Général ou Conſeiller en la Cour des Aides (ladite Cour étant ſouveraine) s'il n'eſt âgé de vingt-cinq ans, & qu'il n'ait été examiné ſur les Ordonnances concernant tant le fait de l'aide que de la taille & gabelle, & ſur la forme de pratiquer en icelle, & qu'il n'ait été approuvé des deux tiers en nombre des Présidens, Généraux & Conseillers. Permis au Procureur-Général, avant ladite réception, d'informer des vie & mœurs. 1550.

La Cour, par son enregistrement du 2 Mai 1550, a étendu les dispositions de cette Ordonnance aux Gens du Roi. (Greffe de la Cour des Aides.)

☞ Déclaration du 6 Mai 1553, qui déclare les Officiers & Archers de la Prévôté de l'Hôtel, Officiers domestiques & Commensaux du Roi. (Ibid.) 1553.

☞ Edit de Mai 1555, contenant démembrement de l'Election de Nemours, pour former celles de Coulommier en Brie, Nogent-sur-Seine, Beaufort en Champagne & Saint-Florentin. (Répertoire de la Cour des Aides.) 1555.

☞ Arrêt du Conseil du 8 Avril 1556, qui enjoint au Procureur-Général de la Chambre des Comptes, d'envoyer tous les trois mois au Procureur-Général de la Cour des Aides, l'état des comptables demeurés en reste; registré en la Cour des Aides, le 27 Avril 1557. (Greffe de la Cour des Aides.) 1556.

☞ Arrêt du Conseil, du 26 Octobre 1556, rendu sur la contestation entre la Cour des Aides & le Parlement de Bretagne, lequel décide en faveur de la Cour des Aides, que nonobstant le renvoi général fait au Parlement de Bretagne de tous procès mus & à mouvoir entre les Sujets dudit pays, dans ce renvoi n'est pas compris la connoissance des procès & différends provenants à cause des décimes & solde de cinquante mille hommes de pied, laquelle a été attribuée à la Cour des Aides de Paris, par l'Edit de Mars 1551, portant établissement d'une seconde Chambre pour en connoître privativement à toutes autres Cours & Juges quelconques, selon ladite institution & érection, adressé à la Cour des Aides avec pouvoir de le faire présenter & signifier aux Gens du Parlement de Bretagne; registré en la Cour des Aides, le 13 Novembre 1556. (Ibid.)

LETTRES-PATENTES *portant que la Cour des Comptes de Provence connoîtra des affaires des Tailles, Aides & Gabelles, & que les affaires concernant les dons gratuits, équivalent, décimes, solde de cinquante mille hommes de pied appartiendront à la Cour des Aides de Paris, suivant l'attribution qui lui en est faite par l'Edit d'Octobre 1552. (Greffe de la Cour des Aides.)*

2 Novembre 1556.

HENRY, PAR LA GRACE DE DIEU, ROY DE FRANCE, Comte de Provence, Forcalquier & terres adjacentes; à tous ceux, &c. Comme procès & différent soit mu en notre privé Conseil entre notre Procureur-Général en notre Cour de Parlement de Provence, appellant de certaines procédures faites par

les Présidens & Maîtres rationnaux de la Chambre des Comptes dudit Provence, sur la publication de l'Edit par nous fait au mois d'Août 1555, pour raison du
1556. rétablissement de ladite Chambre des Comptes & nouvelle attribution de Jurisdiction à icelle, d'une part; & notre Procureur en ladite Chambre, intimé, d'autre; & entre notredit Procureur en ladite Chambre des Comptes, & M^e^. Bertrand Malbec, Greffier des submissions en ladite Chambre, demandeur, & requérant l'entérinement & observation dudit Edit, d'une part, & notredit Procureur-Général en notredite Cour de Parlement, le Procureur des trois Etats de Provence, les Villes d'Arles & Marseilles, les Lieutenans-Généraux & Sénéchal dudit pays, tant des premieres appellations, que des submissions, Lieutenans & autres Officiers de l'Admirauté, Arcules Noguet, Visiteur des Gabelles, & M^e^. Guillaume Fabre, Greffier-Civil en ladite Cour de Parlement de Provence, opposans à la publication dudit Edit, d'autre.

Sçavoir faisons que nous, après avoir fait voir en notredit Conseil le plaidoyé desdites Parties, ledit Edit, autre Edit du mois de Juillet 1501, contenant l'érection de la Cour de Parlement, avec attribution de Jurisdiction des matieres dont connoissent les autres Cours de Parlement de notre Royaume, & les oppositions de la Chambre des Comptes dudit Provence; autre Edit de la réformation de la Justice dudit Provence, du mois de Septembre 1535; advis donné sur lesdites instances par nos amés & féaux Conseillers, les Gens de notre Grand-Conseil, auquel lesdites Parties auroient été renvoyées: & oui le rapport qui a été fait dudit advis donné sur lesdites instances: & après que les Présidens desdites Cours, ensemble notre Procureur-Général en notre Cour des Aydes à Paris, ont aussi été ouis en notredit Conseil; tout considéré: nous, par l'advis & délibération des Gens d'icelui notredit Conseil, avons ordonné & ordonnons, en faisant droit sur lesdites instances, que lesdits Gens de nos Comptes connoissent en dernier ressort du fait des tailles, aydes & gabelles, sans préjudice des droits du Visiteur des Gabelles & autres Officiers qui prétendront ladite Jurisdiction en premiere instance; fors & excepté du fait des dons gratuits, équivallent, décimes & solde de cinquante mille hommes de pied, desquels la connoissance demourera à notre Cour des Aydes à Paris, suivant l'Edit du mois d'Octobre 1552; & quant au surplus du contenu audit Edit, pour le regard du rétablissement de ladite Chambre des Comptes & nouvelle attribution de Jurisdiction, nous avons pareillement ordonné & ordonnons que lesdites Parties demeureront en l'état & réglement qu'elles étoient auparavant ledit Edit & lors d'icelui, & lequel pour ce regard, en tant qu'il y contreviendroit, avons révoqué & adnullé, révoquons & adnullons par ces présentes, par lesquelles inhibons & défendons aux Gens de notredite Chambre des Comptes, de ne rien entreprendre en vertu d'icelui Edit, au préjudice de l'autorité de notredite Cour; avons ordonné & ordonnons que ledit Malbec sera remboursé de la somme de 3000 livres qu'il nous a fournie pour la finance dudit Office de Greffier des submissions en notredite Chambre des Comptes, en remettant icelui entre nos mains; & au surplus avons mis & mettons lesdites Parties hors de Cour & de procès sans depens, attendu la qualité d'icelles. Si donnons en mandement à nos amés & féaux les Gens tenans notredite Cour de Parlement, Chambre des Comptes audit Provence & Cour des Aydes à Paris, & chacun d'eux en droit soi, & si comme à lui appartiendra, que nos présent Arrêt & Ordonnances, &c.

Données à Paris, le 2e. jour de Novembre, l'an de grace 1556, & de notre regne le dixieme. *Signé* par le Roy, Comte de Provence, en son Conseil.

Enregistrées à Paris, au Greffe de la Cour des Aydes, le Juin 1558.

1557.

ORDONNANCE qui fixe le rang des Cours souveraines, du Châtelet & de la Ville dans les assemblées publiques. (Greffe de la Cour des Aides.)

Avril 1557.

ORDONNONS qu'en tous actes & assemblées publiques qui seront ci-après faites en notredite Ville de Paris & hors d'icelle, où lesdites assemblées se feront par notredite ordonnance & commandement, notredite Cour de Parlement ira & marchera la premiere, & après elle immédiatement marchera notre Chambre des Comptes, & après ladite Chambre ira & marchera notredite Cour des Aydes, & après la Cour de nos Monnoyes, & après elle le Prévôt de Paris & Officiers du Châtelet, & après eux le Prévôt des Marchands & Echevins de notredite Ville de Paris, à part & séparément, sans que l'un cotoye ni puisse cotoyer l'autre, ne se autrement mêler.

☞ Ordonnance de Mai 1557, portant suppression de la Cour des Aydes de Périgueux, & création de six Généraux-Conseillers en la Cour des Aydes de Paris; enregistrée en la Chambre des Comptes, le 16 Juin 1557, & en la Cour des Aydes, le 11 Août suivant. (Greffe de la Cour des Aydes.)

☞ Edit d'Août 1557, contenant désunion & division des Trésoriers de France d'avec les Généraux des Finances, avec pouvoir à ceux qui étoient pourvus desdites Charges réunies, d'opter celle des Charges de Trésorier de France ou de Général des Finances qu'ils préféreroient de conserver, en remettant l'autre entre les mains du Roy, & création d'un pareil nombre de Charges de Trésoriers de France & Généraux des Finances, que celles qui seroient délaissées, adressées aux Parlement de Paris, Toulouse, Bordeaux, Rouen, Dijon, Dauphiné, Provence, Savoie, Piémont, Chambres des Comptes auxdits pays, & Cour des Aydes de Paris; Rouen, Montpellier, aux Trésoriers de l'Epargne, aux Baillis, &c. enregistré en la Cour des Aydes de Paris, le premier Septembre 1557, sans préjudice des droits, privileges & prééminences des Trésoriers-Généraux anciennement créés & reçus en la Cour. (Ibid.)

☞ Lettres-Patentes du 3 Octobre 1557, rendues sur l'option faite par M. François de Cholonet, de l'Office de Général des Finances de Lyon, par préférence à celui de Trésorier de France, qu'il avoit laissé à la disposition du Roy, ainsi qu'il y étoit autorisé par l'Edit d'Août 1557, qui divisoit lesdits Offices, & qui fixe les fonctions de Trésorier de France de Lyon, & en augmente la compétence au préjudice de la Charge de Général des Finances, sous prétexte qu'autrement la Charge de Trésorier de France auroit été presque sans fonctions, lesdites Lettres adressées à la Chambre des Comptes & à la Cour; registrées en la Cour, le 21 Décembre suivant, du très-exprès commandement du Roy. (Ibid.)

1557.

☞ Provisions du 6 Octobre 1557, de Général des Finances en la Généralité de Toulouse, accordées à M. Pierre de Cherberoy, au moyen de ce que M. Beranguier qui avoit la Charge de Trésorier de France, Général des Finances de Toulouse, avoit opté de conserver celle de Trésorier de France, & avoit délaissé au Roy celle de Général des Finances de Toulouse, reçu en la Chambre des Comptes, pour en jouir aux charges, droits, profits, prééminences, privileges par ci-devant accordés aux anciens Généraux des Finances, auparavant l'union faite des états desdits Généraux avec les états des Trésoriers de France. Aujourd'hui Pierre de Cherberoy, sieur & Baron de Saint-Michel, nommé au blanc, de l'autre part, a été reçu en la Cour des Aydes à Paris, en l'état & Office de Conseiller & Général des Finances, en la Charge & Généralité de Toulouse, après serment par lui fait en tel cas accoutumé, pour dudit état & Office, jouir & icelui exercer selon & ainsi que le Roy veut & mande par ces présentes, le 12 Novembre 1557. (Greffe de la Cour des Aydes.)

Le Greffe de la Cour contient plusieurs réceptions semblables dont nous ne parlerons pas. Il paroît que les Généraux des Finances & les Trésoriers de France ont cessé d'être reçus en la Cour des Aides depuis 1600.

☞ Lettres-Patentes du 18 Octobre 1557, adressées à la Cour des Aydes, données sur les réclamations du Procureur-Général, lesquelles, 1°. révoquent d'autres Lettres-Patentes du 3 Octobre précédent, qui avoient renvoyé en la Cour de Parlement la connoissance d'une proposition d'erreur, contre un procès jugé en la Cour des Aydes, en appellant audit Jugement, à rendre en Parlement, trois Conseillers de la Cour des Aydes qui avoient passé au Parlement, & qui avoient assisté au Jugement en la Cour, & le Conseiller de la Cour des Aydes, Rapporteur; 2°. ayant égard aux représentations du Procureur-Général de la Cour des Aydes, & que cette Cour a été créée & *établie souveraine* pour juger en icelle Cour tous procès & différends, renvoye le Jugement de ladite proposition d'erreur en la Cour des Aydes, pour y être décidée & déterminée, ainsi qu'il appartiendra par raison, y appellés & assistans les trois Conseillers du Parlement qui avoient assisté en la Cour au Jugement de l'Arrêt, comme Conseillers de la Cour, si faire se peut, & les autres qui ont assisté audit Jugement & autres, ainsi qu'il est accoutumé faire en cas semblable; enregistrées en la Cour, le 20 Mars $\frac{1558}{1559}$. (Ibid.)

☞ Edit de Janvier $\frac{1557}{1558}$, registré le 7 Mars suivant, portant création de sept Elections en Poitou, sçavoir Fontenai, Niort, Saint-Maxence, Mauleon, Leblanc & Bourganeuf. (Répertoire de la Cour des Aydes.)

1558.

☞ Ordonnance de Février $\frac{1557}{1558}$, qui ordonne la suppression de cinq des six Officiers de Généraux-Conseillers en la Cour des Aydes de Paris, établis par l'Edit de Mai précédent; & la réception en la Cour de M. Nicolas Janvier, pourvu de l'un de ces six Offices; registré en la Cour, le 14 dudit mois de Février. (Greffe de la Cour des Aydes.)

☞ Lettres-Patentes d'Avril 1558, adressées aux Cours de Parlement, & de la Justice des Aydes à Paris, Montpellier & Bordeaux, portant érection & établissement d'une Généralité & Bureau des Finances en la Ville de Limoges; registrées en la Chambre des Comptes, le 7 Mai suivant, & le 13 dudit mois, en la Cour des Aydes, à la charge que la Généralité de Limoges demeurera & sera du ressort de Paris, ancien & accoutumé. (Ibid.)

☞ Lettres-Patentes du 28 Juillet 1558, registrées en la Cour des Aydes, le 6 Avril 1559, pour procéder à de nouvelles taxes de décimes en l'Evêché de Châlon. (Répertoire de la Cour des Aydes.)

☞ Trois Arrêts du Conseil, des 16 & 23 Juillet 1557 & 28 Mars $\frac{1558}{1559}$, qui jugent contradictoirement avec la Chambre des Comptes de Montpellier & la Cour des Aydes de ladite Ville, que la Cour des Aydes plus anciennement établie que la Chambre des Comptes dudit lieu, aura la préséance sur la Chambre des Comptes, nonobstant que, par Lettres-Patentes, du 4 Février 1546, il eût été ordonné que la Chambre des Comptes de Montpellier ayant été établie à l'instar de celle de Paris, l'ordre & Réglement entre le Parlement, la Chambre des Comptes & les Généraux des Aydes à Paris, seroit observé à Montpellier entre la Chambre des Comptes de Montpellier & la Cour des Aydes, & qu'en conséquence la Chambre des Comptes de Montpellier précéderoit la Cour des Aydes dudit lieu, du bénéfice desquelles Lettres lesdits Gens des Comptes sont déboutés. 1559.

☞ Lettres-Patentes du 18 Août 1559, registrées en la Cour, le 19 dudit mois, portant que le feu Roy ayant commis pour faire le procès criminel à M. Gabriel Merland, Trésorier de France à Dijon, à Jean Rousseau, son Secrétaire & autres leurs complices, jusqu'à Sentence définitive exclusivement, M. Pierre Delaplace, Premier Président en la Cour des Aydes, & Claude Boscheron, Procureur-Général en ladite Cour; ils se seroient transportés en Bourgogne, où ils auroient fait & parfait lesdits procès aux accusés, & mis en état de juger, en sorte qu'il ne reste plus qu'à nommer des Juges pour procéder au Jugement desdits

1559. procès : & comme la Cour des Aydes est seule compétente, par les Edits & Ordonnances pour juger les procès dont est question, le Roy en renvoie la connoissance à ladite Cour, nonobstant que par lesdites commissions il se la fût réservée & à son privé Conseil. (Greffe de la Cour des Aydes.)

☞ Arrêt du Parlement de Paris, du 25 Octobre 1559, registré en la Cour, le 22 Mars suivant, qui renvoie à la Cour des Aydes la connoissance d'un procès entre un Sergent au Châtelet de Paris & un Commis à la recette des tailles, pour le fait du recouvrement des deniers de la taille. (Répertoire de la Cour des Aydes.)

1560. ☞ Edit de Juillet 1560, qui fait défenses de faire aucune cotisation de levée, ni cueillette de deniers sans exprès commandement du Roy. (Fontanon, Tome II, page 860.)

1561. ☞ Lettres Patentes du 4 Août 1561, portant que ceux seulement qui sont natifs & originaires du Canton Suisse, & non autres, jouiront des privileges accordés aux Suisses. (Fontanon, Tome II, page 833.)

ARRÊT du Conseil, qui exempte de la taille les maisons de plaisir, garennes & clos y joints des Habitants de Lyon. (Recueil des privileges de Lyon, page 70.)

2 Octobre 1561.

ENTRE les Manans & Habitans du plat pays de Lyonnois, demandeurs & requérans l'observation des articles concernant le fait des tailles, des Ordonnances du Roy, faites sur les réponses des cahiers présentés à Orléans par les Députés des trois Etats, & les Conseillers, Echevins & Habitans de la Ville de Lyon, défendeurs & demandeurs en Lettres de déclaration & exemption, & par ce moyen, être maintenus en leurs privileges, franchises & libertés. Vu par le Roy, en son Conseil privé, les réponses faites audit Conseil, aux cahiers des Députés desdits Etats concernant le fait des tailles; les Ordonnances depuis sur ce faites, publiées au Parlement de Paris, par un article desquelles est ordonné que toutes personnes roturieres habitant ès Villes franches, de quelque qualité qu'ils soient, & toutes personnes ecclésiastiques, de condition roturiere, seront tenus bailler à ferme leurs terres & héritages, afin que le Fermier aide à soulager & décharger le pauvre peuple, autrement, à faute de ce faire, seront eux-mêmes cottisés à la taille, nonobstant quelconque privilege, Lettres d'exemption ou affranchissemens qu'ils pourroient alléguer au contraire. Vu aussi les Lettres-Patentes & provisions obtenues par lesdits Conseillers & Habitans de Lyon, des feus Rois Louis XI, Charles VIII & François Ier, par eux produites, & autres productions

tions respectivement faites par les Parties; lesquelles, ou leurs Députés, à plein ouis audit Conseil, & tout ce qu'ils auroient voulu dire & proposer. 1561.

Dit a été par le Roy, en sondit Conseil, que, sans préjudice des exemptions, affranchissemens & privileges desdits Conseillers & Habitans de la Ville de Lyon, auxquels Sa Majesté n'entend préjudicier en autres choses, ledit article desdites Ordonnances concernant le fait des tailles, aura lieu, sera observé & exécuté tant pour le regard de ladite Ville de Lyon, que les autres Villes franches de ce Royaume; n'entend toutes fois, & n'a entendu le Roi, comprendre audit article les maisons de plaisir, jardins, garennes & clos qui sont autour desdites maisons; pour l'exemption desquels lieux seulement seront expédiées Lettres de déclaration, sans dépens de la présente instance entre lesdites Parties. Fait au Conseil privé du Roy, tenu à Saint-Germain-en-Laye, le deuxieme jour d'Octobre 1561.

☞ Edit de Mai 1565, contenant création d'une Election à Vitry-le-François, registré le 5 Mars suivant, à la charge de l'opposition des Habitans de Châlons. (Répertoire de la Cour des Aydes.) 1565.

ARRÊT de la Cour des Aides, qui regle les formalités à observer dans les demandes en sur-taux. (Arrêts de Papon, sixieme édition, in-folio, Livre V, Titre XI, page 215.) 1568.

L'on a ci-devant prins coustume, dit Papon, d'une pratique fort mauvaise; c'est que quand aucun se sentoit chargé de tailles, pour y donner remede s'attaquoit à un particulier, à qui il se comparoit, & soutenoit ne devoir être plus, ou moins chargé que lui; dont s'ensuivoit un brouillis entre les deux, de peu d'effet. Depuis cela a été corrigé par l'Arrêt de la Cour des Aides dont la teneur s'ensuit.

13 Décembre 1568.

VU par la Cour, le procès par écrit... entre Julien Dubuisson... Appellant de certaine Sentence contre lui donnée par les Elus de Forets, le quatorzieme jour de Novembre 1566, d'une part, & Mathieu Parron, intimé, d'autre part, &c.

A fait & fait ladite Cour inhibitions & défenses auxdits Elus de Forets, de recevoir à l'avenir à partie un particulier ou plusieurs contre lesquels on prendra des comparaisons, & d'y procéder par prise & estimation de biens: ains leur enjoint de garder & observer les Ordonnances du Roy, & les Arrêts & Réglemens de ladite Cour, en telles matieres; & néanmoins a condamné & condamne lesdits Elus à rendre & restituer audit intimé les deniers par eux reçus desdites Parties, tant pour l'instruction & confection desdites présentes Lettres, que jugement d'icelles. Et pour obvier à l'advenir que lesdits Elus ne commettent en la confection des procès de sur-taux telle faute, ordonne ladite Cour que les opposans seront tenus faire appeller à jour de Fête, à issue de Messe, les Habitans de la Paroisse en parlant à leurs Procureurs, & en leur absence aux Marguilliers, & leur laisser copie de l'exploit & cause d'opposition, pour délibérer & déclairer par lesdits Habitans, au jour de l'assignation, s'ils veulent soutenir l'opposant avoir

1568. été bien taxé, ou être réduit & modéré en son ancien taux : pour la déclaration des Habitans vue, & les Parties sommairement ouies & interrogées sur lesdites causes d'opposition, lesdits opposans être sommairement vuydés, si faire se peut; sinon ordonner que les Parties conviendront des plus apparens Habitans de la Paroisse, ou d'autres, jusqu'au nombre de quatre ou six, pour eux ouis, leur être fait droit sur leur opposition. Et où lesdites Parties ne pourroient convenir, ordonne qu'elles articuleront sommairement leurs faits, & sur iceux informeront par quatre ou six témoins, suivant l'Ordonnance. Et si les Habitans déclairent ne vouloir soustenir l'assiette des opposans, n'alléguant ou mettant en fait les Asséeurs avoir commis fraude ou malversation en l'assiette des tailles, seront lesdits Elus tenus de vuider l'opposition sur-le-champ & sans figure de procès. Et si les Parties alleguent malversation, seront tenus les Asséeurs, icelle malversation duement vérifiée par lesdites Parties, en répondre en leur propre & privé nom. Et sera ce présent Arrêt leu & enregistré au greffe de ladite Election, pour à l'advenir se conduire & régler par lesdits Elus èsdits procès de sur-taux suivant iceluy, sur peine de recouvrer sur eux par les Parties tous leurs despens, dommages & intérêts. Prononcé le treizieme jour de Décembre 1568. *Signé*, DEPRAS.

1569. ☞ Edit de Mai 1569, registré en la Cour, le 2 Septembre 1569, contenant rétablissement de deux Offices de Généraux en la Cour des Aydes, qui avoient été supprimés d'après les Ordonnances d'Orléans & de Blois, la vacance d'iceux étant arrivée par le décès de Me. *Robert Lottin*, & *Nicolas le Picart*. (Greffe de la Cour des Aydes.)

☞ Lettres-Patentes du 8 Juin 1569, confirmatives d'autres du 7 Août 1568, contenant exemption pour Jean Poullard, Messager de l'Université d'Angers, de toutes tailles, subsides & impositions, passages & barrages, comme en doivent jouir les Messagers de l'Université. (Répertoire de la Cour des Aydes.)

EDIT de Philippe II, Roi d'Espagne, qui regle la maniere de faire l'assiette du Centieme *d'Artois, imposition réelle établie sur les immeubles.*

9 Septembre 1569.

PHILIPPE, &c. A tous ceux qui ces présentes verront, salut. Comme nos états des pays pardeçà, pour parvenir à nos urgens affaires & aux nécessitez desdits pays, nous ayent accordez le centiesme denier de tous biens, meubles & immeubles à estre levez par plusieurs & divers moyens contenus en leurs remontrances que chacun d'iceulx Etats en particulier nous ont fait exhiber; & il soit que après avoir fait diligemment visiter & examiner icelles remontrances, tant en nos Consaulx d'Etat & privé, que des Finances, & sur le tout prins le regard que convient, nous ayons trouvé convenable de faire dresser quelque Ordonnance, selon laquelle, endroit la levée & fournissement dudit centiesme, chacun se aura à régler & conduire ; sçavoir faisons que nous, les choses dessus dites considérées, avons, par la délibération de nostre très-chier & très-amé cousin, Chevalier de nostre Ordre, Lieutenant, Gouverneur & Capitaine-Général de nosdits pays de pardeçà, le Duc Dalve, Marquis de Concerez, ordonné, statué & décrété, ordonnons, statuons par cesdites présentes les points & articles que s'ensuivent. 1569.

I. Et en premier lieu desirant gratifier auxdits Etats, & considération prinse à diverses remontrances par la plupart d'iceulx faites & proposées, & aussi pour plus faciliter la collectation dudit centiesme au regard des biens-immeubles, avons ordonné & ordonnons que le centiesme desdits immeubles sera estimé & se levera à l'advenant de la ferme ou louaige d'iceulx.

II. Et consécutivement, pour procéder à la levée & collectation dudit centiesme, ordonnons aussi que, incontinent après la publication de cettes, nos Officiers de Justice ou leurs Lieutenans, tant des Villes & bourgades que villaiges & ceux de nos vassaulx, seront tenus faire rassembler les gens de loi desdites Villes, bourgades & villaiges, où les hommes de fiefs ou autres ayent connoissance du civil, & par ensemble écrite, dénommer & commettre, assçavoir èsdites Villes autant de personnes idoines, gens de biens & notables que selon l'exigence & grandeurs de la Ville, & pour effectuer ce que cy-après sera déclaré, leur sembiera besoing ; & ceulx des bourgades & villaiges esliront & députeront d'eux, trois ou quatre personnes les plus idoines & resséans du lieu à l'effet que dessus, pour respectivement recevoir, accepter de nos Sujets & vassaulx, les rapports des maisons & héritaiges & biens-immeubles, & après procéder à l'estimation dudit centiesme denier tant du meuble que immeuble, comme sera ordonné cy-après.

III. Lesquels Députez & Commis seront tenus faire serment pertinent ès-mains de l'Officier de la Ville, bourgade ou villaige de nous ou de nos vassaulx, & jureront qu'ils porteront bon soing & regard, & feront leur extrême debvoir de faire faire bonne & juste déclaration de toutes les maisons, héritaiges & biens-immeubles de quelque qualité qu'ils puissent être, gissans ou comprins ès enclos desdites Villes, & qu'ils annoteront les louaiges desdites maisons & tauxeront celles possédées par propriétaires, douairiers viagiers, selon semblables voisinnes, & que en conformité ils feront aussi d'autres biens-immeubles gissans èsdites Villes, ensemble des maisons & héritaiges gissans ès fauxbourgs, district, jurisdiction & banlieue d'icelles ; d'avantaige, qu'ils recouvreront & feront exhiber à nos Sujets les baux des fermes des biens donnez en louaige & ferme, où il y en a ; & où il n'en y a point, que rapport, déclaration & spécification leur sera faite desdits biens-immeubles, & qu'ils procéderont à l'estimation dudit centiesme-denier sur les louaiges ou fermes desdites maisons & biens, selon cette notre Ordonnance & le prix cy-après déclairé, le tout sans fraulde, faveur, connivence ou dissimulation, & sans rien obmettre, & les Députez des bourgades & villaiges feront semblable serment à l'endroit des terres, héritaiges, maisons & tous autres biens-immeubles de leur charge.

IV. Et si avant que ceulx étant eslus & députez, comme dit est, refusassent d'accepter lesdites charges, ou de faire le serment dessusdits, iceulx seront à ce contraints de notre autorité & par voie de Justice, comme chose concernant notre service & le bien publiq.

V. Et afin que lesdits Députez puissent entendre leurs charges & ce qu'ils auront à faire, avons déclairé & déclairons par cette, que suivant l'accord de nosdits Etats de pardeçà & les modérations sur ce faites, tous nos vassaulx & Sujets de quelque

1569. état, qualité & condition qu'ils soient, possédans aucunes maisons, situées en l'enclos des villes ou ès fauxbourg & banlieue d'icelles avec les héritaiges en dépendans, aussi granges, greniers, caves, pacthuys, loges & tous autres édifices, aussi au plat-pays & bourgades & villaiges, seront tenus rapporter ce qu'ils vaillent en ferme ou louaige, comme feront aussi de toutes terres labourables, jardins ou vergiers, & autres terres ou héritaiges appliquez à hocqueries ou en terres, jardins, vignobles, houblonnieres, pretz, patures, passiz, ozerayes, viviers, estangs ou fossez servans à nourrir poissons, tourbieres ou moures, garennes ou dunas, forests, bois de rape ou haute-fustée, moulin à vent, à eaue & à cheval, pescheries & rivieres ou moures, péaiges de chemins, ponts, ports, passaiges par terre ou rivieres, maltottes, grutes, reliefs, droits seigneuriaux, marequet, pontgelt, droit de morte-mains ou de meilleur catheil, disme ou terraiges, & de tous autres biens-immeubles de quelque qualité, nature qu'il soit dont on tire prouffit ou s'en pourroit tirer, le tout pour estre payé ledit centiesme-denier, selon l'estimation au pris & suivant ce que cy-après sera déclairé, à peine que ceulx qui seront trouvez avoir mal rapporté & recellez aucunes parties, encoureront l'amende du quadruple du centiesme des biens mal rapportez, ou recellez, à appliquer les deux tiers à notre prouffit, & le troisieme tiers au prouffit du dénonciateur.

VI. Et soubz ferme espoir & confidence qu'avons en nosdits Gens de loys & Députez, que chacun respectivement se acquittera en sadite charge, comme sont tenus de faire, & qu'ils se régleront selon cette notre Ordonnance, avons authorisé & authorisons par cette, lesdits Députez & Commis à choisir & commettre tant ès Villes & bourgades que villaiges, de pouvoir faire l'estimation dudit centiesme, avons accordé comme dit est, pour donner à nosdits Sujets, tant meilleur contrictement, voulant que ladite estimation soit tenue vallable pour le payement des deux premiers termes, mesme que nos Receveurs des Aydes & leurs Commis ayent à recevoir & faire venir ens ledit centiesme, sans s'arrêter ou avoir regard aux griefs & doléances de ceulx qui se vouldroient dire estre trop tauxez. Bien-entendu que pendant le temps susdit & avant l'eschéance du dernier terme, nous ferons recoler les cayers qui seront faits desdites estimations par ceulx qui seront à ce commis de nostre part, pour redresser les faultes & obmissions, si aucunes s'y trouvent par erreur, mesgect ou autrement, & les justifier, approuver & liquider comme appartient, & du changement que aussi sera fait desdits cayers, soit par diminution ou augmentation des sommes, nosdits Receveurs en seront de bonne heure avertis, pour au dernier terme venir en compte avec ceulx des Villes, bourgades, villaiges ou particuliers qui ce regardera ou pourra toucher, & alors liquider ce qu'ils auront à payer, leur faisant suppléer ce qu'ils auront payé peu, ou rabattre sur les payemens précédens ce qu'ils auront payé trop; en quoy nosdits Receveurs, aussi les Commis particuliers des Villes, bourgades & villaiges, se auront à conduire, de sorte que nosdits Sujets n'ayent cause de s'en douloir.

VII. Et à ce que lesdites plaintes & doléances de ceulx qui se vouldroient dire estre trop tauxez, ne donnent délay & retardement aux affaires ou trop grande fâcherie à ceulx qui seront commis pour les terminer, nous avons ordonné & ordonnons par cesdites présentes, que tous ceulx qui vouldroient proposer aucunes doléances seront tenus les faire tellement, & de si bonne heure, que icelles puissent estre entendues, vuidées & terminées devant l'expiration du second terme du payement, & ce pardevant le principal Officier du lieu, prins avec lui le Receveur de nos Aydes du quartier que nous avons à ce commis pour juges,

auxquels ordonnons aussi de faire le debvoir & diligence, afin que la terminaison s'en fasse comme dessus : leur ordonnant en outre en connoistre soummierement 1569.
& sans aucun délay, & toute appellation obmise, laquelle en cestuy affaire ne voulons avoir lieu, & pour exclure toute calomnie, ordonnons semblablement que ceulx qui seront trouvez s'estre doulus à tort, seront condempnez en la peine de payer le double de ce à quoy ils avoient été tauxez, & en tout événement soit qu'ils obtiennent ou non, seront tenus payer les dépens de ceulx qui auront vacquiez à oyr & entendre leursdites doléances.

VIII. Et afin que les Députez puissent faire tant meilleur debvoir & office, & que par tous les pays & principalles Villes on besoingne uniformément, nous avons députez nos Receveurs du domaine en chacun quartier, pour ayder & assister à ladite estimation, & prendre regarde que l'Ordonnance & instruction faite sur icelle estimation soit observée selon sa forme & teneur, vers lesquels nosdits Receveurs, les Députez des petites Villes & autres des bourgades & villaiges auront leurs recours & reffuge, advenans aucunes difficultez ou doubtes, sur l'estimation des biens ou autrement pour par ensemble le vuider & le terminer.

IX. Et pour donner commencement à l'estimation dudit centiesme & ce qu'en despend, lesdits Députez des Villes qui auront charge de l'annotation desdites maisons, édifices, héritaiges & autres biens-immeubles dedans ladite Ville, tels qu'ils sont ci-devant déclairez, feront publier que tous bourgeois & manans possédans ou occupans biens-immeubles, se tiennent pretz pour, à leur venue vers eulx, déclairer s'ils sont propriétaires ou louaigiers desdites maisons, héritaiges ou biens-immeubles, & faire ostention de leur contract ou bail de ferme ou louaige, s'ils en ont par escript, sinon le vérifier par temoings ou autres enseignemens ; &, si mestier est, en suplément de preuve par serment, ce qu'ils payent ou sont tenus de payer pour l'année courrante 69, & ce fait, lesdits Députez se repartiront, pour deux à deux aller de Paroiche en Paroiche & de ruë en ruë, ou par quartier ou wisques, & prendront par bonne ordre déclaration desdites maisons selon les ruës, annotant lesdits louaiges, & faisant notes des maisons possédées par propriétaires, louaigiers & conchierges, pour à leur assemblé estre lesdites maisons estimées selon leur louaige à l'advenant du denier seize, sans déduction d'aucunes réparations ou l'entretenement d'icelles, & celles possédées par propriétaires, soient habitées ou non, selon les louaiges de semblables maisons voisinnes.

X. Et quant aux terres labourables, pretz, vignobles, jardins & autres héritaiges gissans èsdites Villes & séparés des maisons, s'en fera selon qu'il est dit des maisons ci-dessus, sauf que l'estimation du louaige se fera à l'advenant du denier vingt-deux.

XI. Et entre lesdits Députez des Villes, seront aussi commis trois, quatre, cinq ou plus grand nombre de personnes, pour faire semblable debvoir tels que dessus ès fauxbourgs, banlieuë, district ou jurisdiction de ladite Ville, prenant à leur assistance en chacun fauxbourg, ung manant ou habitant d'icelui qui peult avoir connoissance des biens-immeubles, héritaiges & jardinaiges de quelque qualité qu'ils soient; & s'il leur semble que pour accélérer l'affaire, conviendroient mieulx faire rapporter lesdits biens-immeubles gissans esdits fauxbourg & soubs la jurisdiction esdites Villes, le remontreront à ceulx de la loy, lesquels en ce cas commenderont par édict & publication ausdits propriétaires ou louaigiers, d'ainsi le faire, & au cas susdits iceulx Députez se tiendront sur la maison de la Ville pour recevoir lesdits rapports, & dresser les cayers & faire l'estimation dudit

1569. centiesme, comme dit est cydessus, allendroit des maisons & héritaiges scitués & gissans èsdites Villes.

XII. Et à ce que les Députez des bourgades & villaiges puissent aussy avoir connoissance des maisons & héritaiges gissans au plat-pays, & de tous & quelconques les biens-immeubles ci-devant déclairez, de quelque nature qu'ils soient, dont on prend prouffit ou s'en pourroit prendre, pour après seurement pouvoir procéder à l'estimation dudit centiesme, & que chacun bourgades, villaiges & particulier puisse sçavoir ce qu'il aura à payer, avons ordonné & ordonnons par cettes, que tous nosdits Sujets & vassaux de quelque qualité qu'ils soient, propriétaires, usufructuaires, viaigiers, louaigiers, fermiers ou censiers, aussy tous Receveurs & entremetteurs des biens des personnes absens & résidens hors de nosdits pays, possédans, occupans ou tenans à fermes, à louaige aucun bien & immeuble tel que dessus, seront tenus, en dedans un mois après la publication de cettes, rapporter ès mains desdits Députez des bourgades & villaiges, premier leurs maisons & héritaiges respectivement des paroiches où ils sont scitués & gissans, avec déclaration des fermes ou louaiges qu'ils en payent par an, ou doibvent payer en cet an 1569, lesquelles fermes ou louaiges ils seront tenus vérifier par les contracts qui en auront été faits, au cas qu'ils en aient aucuns, ou en faute de bail selon que cy-dessus est dit, allendroit des maisons & héritaiges scitués & gissans ès Villes. Et seront lesdites maisons estimées par lesdits Députez au denier seize: mais si avant que lesdites maisons fussent louées avec les terres; en ce cas ne s'en fera aucun rapport à part, mais les maisons possédées par les propriétaires avec les terres, seront rapportées & estimées avec lesdites terres, prenant regard au louaige de semblables maisons qui seront louées avec les terres, faisant mention desdites maisons, & combien de terres se possèdent avec icelles.

XIII. D'avantaige seront aussi rapportées toutes les terres & fonds d'héritaige, à quelque usaige, fruit & prouffit qu'ils soient mis & appliquez, & de quelque qualité qu'ils soient, en dedans le temps dessus dit, ès mains des Députez desdites Villes, bourgades & villaiges où ils seront gissans, & leur seront aussy exhibés les baux de ferme, si avant que lesdites terres ou biens soient donnez à ferme ou louaige, & selon le prix d'iceulx estimez à l'advenant du denier vingt-deux; & où il n'y aura aucun enseignement de bail, en sera fait comme dessus, exhibant les carthulaires & autres enseignemens qu'ils en peuvent avoir : & si avant qu'elles soient possédées par propriétaires ou usufructuaires, seront estimez selon la ferme ou louaige des terres voisinnes estant baillées à ferme ; mais, au regard des terres labourables, pretz, bois de la nature que dessus de nos pays & Comtez d'Artois & de Haynaut, gissant devant les Villes frontieres d'iceulx pays, pour le respect des dommaiges qu'ils ont soufferts & souffrent par diverses occasions tant de la guerre que autrement, seront seulement estimez au denier dix-huit de ce qu'ils vaillent en ferme : mais les terres & biens gissans derriere les Villes par-dedans le pays, seront estimez au denier vingt-deux, comme autres.

XIV. Et feront nosdits Députez diligence & bon debvoir en recevant lesdits baux ou enseignement des fermes ou louaiges susdits, d'aussy s'enquerir si oultre & au dehors du prix & ferme ou louaige annuel y exprimé, a été baillé quelque somme de deniers prestement par forme de vin ou autre gratuite, & en ce cas mesme quand ils y trouveront somme notable, regarderont de la repartir selon & à l'advenant des années du bail, & de ce augmenter iceluy bail & en tauxer le centiesme. D'avantaige regarderont aussy si le censier ou louaigier, par-dessus le prix de sa ferme ou louaige, a retenu à soy aucunes charges, si comme de payer rentes hiporéquées sur le fonds ou autres, auquel cas augmenteront semblablement le bail d'icelles charges, & en tauxeront le centiesme comme dessus. 1569.

XV. Quant aux terres subjectes à dicage, le centiesme de celles baillées à ferme ou louaige, en payant clairs deniers, demeurant par-dessus iceulx l'entretenement des digues à la charge du fermier, sera semblablement estimé à l'advenant du denier vingt-deux, de ce que lesdites terres vaillent en ferme.

XVI. Et des terres en considération de la grandeur des dépens desdits entretenemens des digues, sont données en ferme, avec réservation qu'iceulx demeurent à la charge du propriétaire sera exhibé avec le contract de la ferme, déclaration bien vérifiée & justifiée combien qu'iceulx despens ont porté l'année passée 1568, & là ou s'avancera desdites fermes déduits lesdits despens, sera tauxé le centiesme comme dessus.

XVII. Des dismes & terraiges sera faite une évaluation de ce que icelles ont valu les trois dernieres années & de la masse pris le tiers, sera iceluy estimé à l'advenant dudit denier vingt-deux.

XVIII. Pareillement touttes maltottes & gruttes appartenans à particuliers, aussy reliefs, droits seigneuriaux, mangelt, pontgelt, droit de morte-mains ou de meilleur catheil ou autres prouffits & revenus cazuels quelconques, seront aussi estimez à l'advenant le denier vingt-deux, selon la ferme ou louaige égalle sur six dernieres années.

XIX. Quant aux bois dont on est accoutumé vendre les tailles, coppes ou raspe, en tant de part que montent touttes les annuelles tailles d'iceulx bois & de telle part sera aussy payé le centiesme estimé le denier vingt-deux.

XX. Le semblable se fera des bois que les propriétaires & usufructuaires font copper sans vendre ou louer les tailles ou coppes, lesquels seront estimez à l'advenant d'autres semblables bois, selon que les dernieres tailles ou coppes annuelles ont valu, ou selon que le bois que le propriétaire à mesure fait ouvrer, aura été vendu en déduisant les despens desdites coppes.

XXI. D'avantaige si par-dessus ladite raspe on fait prouffit par vente de chesne ou autre bois de haute-fustée, aussy des bois où croissent seulement grands ou vieulx chesnes, faulx, hallots ou autres bois monstans, dont se vendent seulement les plus vieulx & périssables, sera fait une masse de ce que les ventes ont portées ès six dernieres années, & sera estimé le centiesme au denier vingt-deux à l'advenant que portera la sixiesme part.

XXII. Et les bourguoy loué au respect des pasturages, paisson de grands faulx ou autres prouffits, sera payé par le propriétaire ou usufructuaire, le centiesme-denier de la sixiesme part de la somme que lesdites eschéances ont porté ès six dernières années.

XXIII. Tous fonds d'héritaiges plantez de chesnes, faulx, tilleux, abeaulx, ormeaulx, ipreaulx ou autres arbres, pour plaisir, seron aussy rapportez, estimez comme les terres voisinnes; & quant aux arbres qui sont plantez sur les ruës & fonds publicqs, seront estimez comme si iceulx estoient abbatus par terre.

XXIV. Touchant les moures, tourbieres ou decruiclans, sera prins regard, combien que les propriétaires ou usufructuaires auroit fait tirer ou fouyr de tourbes, & combien de prouffit qu'il en sera procédé, soit par le louaigier, acheteur ou autres aussy à son singulier prouffit, & de la sixiesme part du revenu & valeur d'iceluy sera payé le centiesme, & estimé au denier vingt-deux : & quant à celles dont on n'auroit encoire prouffit, & néantmoins s'en pourroit faire, sont estimées comme les terres voisinnes de semblable nature.

1569. XXV. Au regard des terres où se prennent ou tirent houille, charbon, plombguez, fer, ardoises ou autres matériaux dont on fait prouffit, l'on se réglera à l'estimation dudit centiesme, selon le bail si aucun en a, sinon à l'advenant du prouffit que les propriétaires ont accoutumé d'en faire.

XXVI. Les autres biens-immeubles comme viviers, estangs ou fossez où se nourrit poissons, aussy pescheries & rivieres ou moures, moulin à vent, à eaue & à cheval, péaiges de chemins, ponts, ports, passaiges par terre, rivieres ou autres eaues baillées à ferme, seront aussy rapportez en dedans le temps dessusdit, avec exhibition de baulx des fermiers, & seront selon iceulx tauxés au denier seize, & s'ils sont occupez par propriétaires ou baillez par quote, seront prisez comme ils ont vallu auparavant, en ferme, ou comme autres biens voisins de semblable qualité, sans défalquer aucunes réparations ou autrement.

XXVII. Et si avant que les biens donnez à ferme & une masse, soient gissant en diverses Paroiches, en ce cas l'on sera tenu les exhiber en la Paroiche où la principale demeure ou censse est gissante, & où le fermier prend ses sacremens, & ce quand il y a censse, sinon en telle Paroiche, où la plus part desdits biens aussy donnez en masse sont gissans, & sera ledit censier néantmoins tenu donner & exhiber en l'autre Paroiche, spécification de la moindre partie desdites terres, & déclairer d'avoir exhibé le rendaige de l'entiere censse, en la Paroiche où le principal bien est gissant, afin que les Députez de chacune Paroiche en puissent faire note sur leurs cayers.

XXVIII. Et est nostre intention que à l'estimation & tauxation dudit centiesme, soit selon le louaige ou à l'advenant du louaige des biens-immeubles voisins de quelque nature ou condition qu'ils soient, icelles tauxations ou estimations se feront desdits immeubles, comme s'ils fussent libres, francqs, & quittes de toutes charges & redevances annuelles, soit censives, rentes seigneuriales, canons en forme d'arrentement, sur-cens ou autrement en argent, plumes, grains ou autres choses, sauf à rabbatre par les possesseurs & occupeurs aux payemens desdites rentes, redevances & arrentement ledit centiesme, de ce que porteroit lesdites rentes à raison dudit denier vingt-deux.

XXIX. Quant il apperra ausdits Députez, par les baulx de ferme, déclaration ou affirmation, que d'aucuns biens-immeubles en tout ou en partie, le fermier est tenu payer sa ferme en grains en nature de quelque espece qu'il soit ou autre denrée, comme beurre, lin, bois, foings ou autres choses, icelles s'estimeront & priseront par lesdits Députez au prix commun, selon qu'ils peuvent valloir au temps de l'estimation, excepté seulement les grains, lesquels seront réduits à la mesure de la Ville capitale de la province; assçavoir, en Brabant, selon la mesure & muyd de Louvain, au pris, si comme la soille à trois livres de quarante gros le muyd, le froment, épeaultre, orge, avainne, semailles, à l'advenant, qu'il a accoutumé de valloir plus ou moins; en nostre pays & Comté d'Artois, seront toutes mesures réduites à l'advenant de mencauld de nostre Ville d'Arras, au pris de vingt sous le mencauld de froment & les autres grains à l'advenant; en nostre pays & Comté d'Haynaut, à l'advenant du muyd de nostre Ville de Mons, au pris de quatre livres dix sous dudit pris le muyd de froment & le muyd de soille trois semblables livres: & quant à nos pays de Flandres & Namur & autres, s'en fera au regard du soille, froment, semailles & autres grains, comme dit est cy-dessus, & que par l'instruction des commissaires sera déclairé plus amplement, à quoy le remettons cettes.

XXX. Ordonnons en oultre à tous nos Receveurs-Généraulx & particuliers de nostre domaine & des confiscations, que en dedans ung mois après la publication

cation de cettes, ils ayent à rapporter ou envoyer par bonne & ample déclaration par escript ès mains de nosdits Receveurs des Aydes, toutes les rentes soit perpétuelles ou viagieres à rachapt ou sans rachapt hypotecquées ou assignées sur nostre domaine, avec spécification à quel denier icelles sont rachetables, authorisant nosdits Receveurs des Aydes, de mesme tauxer le centiesme desdites rentes; asscavoir celles héritaibles sans rachapt au denier vingt-deux, & les rachetables au prix qu'il les ont constitués, & les viagieres au denier six, s'il n'y a autre denier opposé par les lettres de constitution. 1569.

XXXI. Pareillement ordonnons à tous nos Receveurs des états de nosdits pays, qu'ils en ayent aussy à rapporter par escript en dedans le temps susdit à nos Receveurs des Aydes, toutes les rentes soit perpétuelles ou viagieres à rachapt ou sans rachapt ou pensions, dont lesdits états sont chargez, avec spécification à quel denier icelles sont racheptables, & qu'ils en tauxent aussy le prix dudit centiesme comme dessus.

XXXII. Ordonnons aussy aux Gens de loy des Villes & Châtellenie, que pareillement en dedans le temps dessusdits, ils ayent à envoier ès mains de nosdits Receveurs des Aydes ou leurs Commis, déclaration de semblables rentes telles que dessus, avec spécification du denier de la constitution, pour semblablement en estre tauxé le centiesme denier comme dessus, lequel centiesme denier nous voulons estre payé & déboursé par nosdits Receveurs du domaine, & ceulx desdits états, Trésoriers ou Receveurs de nos Villes, & les deniers fournis ès mains de nosdits Receveurs des Aydes aux termes cy-après désignez: bien entendu que les Receveurs susdits se pourront rembourser dudit centiesme des rentes, & icelluy rabattre ou retenir sur les payemens qu'ils feront aux rentiers, nonobstant que par les lettres de constitution, nous, nosdits estats ou Villes eussions promis indempnité de semblables contributions, & que autrement fut convenu & stipulé, de quoi pour bon respect avons dérogé & dérogeons par cettes.

Et au regard des rentes que doivent nosdits états, dont nos Receveurs des Aydes mesmes ont charge les payer, iceulx Receveurs en feront pareillement un cayer & déclaration autentique, qu'ils envoieront à ceulx de nos Chambres des Comptes où ils ressortissent, soubs leurs seings manuels, pour selon & les charger en recette; asscavoir du centiesme denier qu'ils pourront tenir en leurs mains & en répondre à nostre prouffit, aux termes ci-après désignez.

XXXIII. Et pour savoir si pardessus lesdites charges des rentes que doivent les Corps desdites Villes ou Châtellenies, leur demeure quelque chose de bon ou clair, ordonnons aux gens de loy d'icelles Villes & Châtellenies, que au plus juste que faire pourront, ils ayent à dresser l'estat de la Ville ou Châtellenie, tant en recepte qu'en dépense, & ce par forme d'évaluation, prenant le revenu sur les 6 dernieres années finies en l'an 1568, avec spécification de la qualité d'icelui, & l'envoyer signé, & féablement clos en dedans un mois prochainement venant à ceulx de nos Chambres des Comptes qu'il appartiendra, pour, de ce qui avancera, faire estimation comme des autres biens de pareille nature.

XXXIV. Et comme aucuns bourgades & villaiges pourroient être aussy chargez d'aucunes rentes en deniers, grains ou autres especes, les Gens de loy d'iceux ou les Députés qu'ils auront choisis, seront tenus les mettre par bonne & deue spécification du denier de la constitution, pour estre aussy les centiesmes estimez & payez en rabattant au propriétaire ce qu'ils auront déboursé comme dessus; & s'ils ne doibvent aucunes rentes, seront tenus les déclairer & annoter par leurdit cayer. D'avantaige lesdites Gens de loy & députez des bourgades & villaiges seront encore

1569. tenus faire déclaration en leurdit cayer, par un article à part des héritaiges ou biens immeubles dépendans de leurs communes, qu'ils donnent en ferme ou louaige & à quel prix pour de ce qu'ils en prouffitassent tauxer le centiesme, comme dessus au denier vingt-deux, & iceluy estre payé par le Fermier, en le défalquant sur sa ferme.

XXXV. Qu'en toutes Villes, bourgades & villaiges, seront commis & ordonnez par ceulx de la loy du lieu, une ou deux personnes suffisantes, pour collecter & faire venir ens lesdits centiesme denier, selon que iceluy aura été rapporté & estimé par lesdits Députés, lesquels apporteront ou envoyeront les deniers au comptoir de nosdits Receveurs des Aydes, aux termes déclairez en cette nostre ordonnance sans aucun délay, & en cas qu'il y en eût aucuns refusans ou non veullans payer ledit centiesme, ils envoyeront incontinent avec lesdits deniers les noms & taux desdits malveullans ès mains de nosdits Receveurs des Aydes, pour par eulx estre exécutés comme se fait pour les deniers de nos domaines & aydes & ce à leurs dépens.

XXXVI. Tous Fermiers, usufructuaires ou propriétaires qui jouiront des fruits ou dépouilles de l'Aoust de cette année 1569, seront tenus payer ledit centiesme ès mains des Commis particuliers de chacune Ville, bourgades ou villaiges, assçavoir un tiers au Noël prochainement venant & payé à la Chandelleur ensuivant précisément, un autre tiers à la saint Jean prochain, & payé précisément au vingtieme jour d'Aoust l'an 1570, & le troisieme tiers au Noël audit an 70, & par payé à la Chandelleur ensuivant; bien entendu que celuy qui a l'eschéance de chacun terme se trouvera en possession, jouissance ou occupation des biens, sera tenu & obligé de payer ce que sera deub, soit qu'il en ait eu la possession ou autre censier précédent, sauf son recouvrier sur celuy qui en aura eu la jouissance, dont se fait advertance, afin que chacun entrant en nouvelle ferme ou louaige s'y pourvoye.

XXXVII. Lequel payement du centiesme, le censier, louaigier ou fermier desdits biens immeubles rabbattera ou recouvrera sur le propriétaire, en faisant le payement de sadite ferme ou louaige, sauf la sixieme part, laquelle demeurera à sa charge, en considération du prouffit qu'il fait de sa ferme & entremise.

XXXVIII. Et afin que tout soit mieulx amené à connoissance, voulons que du payement soit donné quittance par les Collecteurs, sans que iceulx puissent prendre aucun salaire pour ladite quittance.

XXXIX. Et comme nous ayons accordé aux Receveurs de nos Domaines & Aydes & autres nosdits Estats & Villes, de eulx rembourser sur le payement du cours des rentes, du centiesme denier qu'ils auront déboursé & payé à nostre prouffit aux termes ci-dessus déclairez, accordons semblablement à tous particuliers, nous ayans payé le centiesme denier du cler & entier rendaige de leurs biens immeubles, qu'ils le pourront déduire à ceulx ausquels ils doivent aucunes rentes sur ledit centiesme denier. Assçavoir les rentes non racheptables audit denier vingt-deux, & les racheptables selon qu'elles sont constituées, & viagieres comme dessus, soit qu'elles soient hipothecquées sur quelque hipotecque spéciale ou généralement sur tous les biens des constituans, nonobstant que par lettre de contract ou de constitution, autrement en fût convenu & stipulé, comme dit est, à quoi pour bon respect avons aussi dérogué & déroguons par cettes.

XL. A laquelle contribution dudit centiesme ne seront comprins les lieux sacrez, si comme Eglises, Chapelles, Cloistres, Monasteres, attres ni les héritages dans l'enclos des murailles ou fossez d'iceulx Cloistres & Monasteres.

XLI. Pareillement en seront tenus exemptes les maisons & cours du Siege

Episcopal, & aussi les maisons Pastorales habitées par les Curés, affectées aux Eveschez ou Cures. 1569.

XLII. Aussi seront tenus exempts les châteaulx des Seigneurs & maisons de plaisances des particuliers, estant aux champs, avec les jardins y tenans & adjacens, & fossez servant à la seureté desdits châteaulx & maisons, ne fût qu'on les baillât en Ferme.

XLIII. Semblablement seront tenus exemptes les communes, dont l'on use pour pasturaiges des bestiaulx, ne fût que icelles fussent baillées en Ferme, louaige, ou que s'en tirast autre prouffit par ceulx entre lesquels elles sont communes, ausquels cas seront estimez comme autres biens-immeubles & s'en payera ledit centiesme.

XLIV. Quant à l'estimation des meubles, & pour donner ordre comment nos Sujets & Vassaulx, aussi les étrangers résidens & ayant domicile par-deçà, se auront à conduire & régler au respect de leursdits biens-meubles, & la déclaration que sur ce ils auront à faire à nosdits Commis & Députez; & en premier lieu pour y procéder au respect dudit bien-meuble, de sorte que richesse d'un chacun ne soit découvert, nous avons ordonné & ordonnons par cesdites présentes, que en chacune Ville seront de par nous commis deux personnaiges, lesquels, avec deux autres qui seront commis de par ladite Ville, repartiront icelle en quatre, six, huit, dix ou plus de quartiers, selon la grandeur & importance d'icelle, comme ils trouveront mieulx convenir, aussi pour les fauxbourgs & banlieues de leurs Jurisdictions, lesquels avons authorisez & authorisons par cette, pour un chacun quartier pouvoir choisir quatre notables personnes, qui mieulx pourront avoir connoissance de la qualité des meubles, marchandises, finances & négociations de ceulx qui demeurent en icelui quartier, lesquelles personnes choisies feront serment solemnel ès-mains desdits quatre Commissaires, que chacun d'eulx à part leur déclairera léallement son jugement, & ce qu'il peult sçavoir de la qualité & richesse, tant en meubles que marchandises & négociation de chacun demeurant en icelui quartier, & aussi qu'il tiendra ladite estimation secrette sans la déclarer l'ung à l'autre desdits quatre, estimation ainsi par eulx faite, sera en après fait une masse par iceulx Commissaires, dont se liquidera le quart, & selon ce debvra contribuer chacun desquels ils auront aussi fait l'estimation, en cas que lesdits Commissaires trouvent estimation bien faite; sinon aviseront de la redresser & annotteront, lesdits Députez, ladite estimation au cayer qu'ils seront tenus de faire, lequel ils délivreront signé & certifié à nosdits Receveurs des aydes, & ce en dedans ung mois après la publication de cettes.

XLV. Et pour la tauxation & estimation des biens des Commissaires, principaux Receveurs & autres qui auront esté entremis pour tauxer & estimer les biens, tant meubles que immeubles de nos Subjects comme dessus, seront commis autres personnaiges, lesquels feront la tauxation & estimation de leursdits biens, tant meubles que immeubles, & en feront le rapport en la même forme comme dit est cy-dessus.

XLVI. Lesdites tauxations & estimations généralement faites en chacune Ville, en la maniere susdite, lesdits Commissaires feront signifier à chacun son taux particulier, pour préparer le payement d'iceluy aux termes cy-devant déclairez, & debvront, tant nos Commissaires, que ceulx desdites Villes, eulx tenir en icelle le temps de quinze jours, après leursdites tauxation & estimation signée, afin de illecq sur attendre & rendre raison à ceulx qui vouldroient se plaindre d'estre trop tauxez.

XLVII. Le cas advenant que quelqu'un se vint plaindre devant lesdits Commissaires, d'estre trop tauxez comme dessus, soit en meubles, marchandises ou

1569. négociation, lesdits Commissaires oiront le plaindant sur son grief, & veuillant affirmer par serment la valleur de ces meubles, marchandises ou négociation sujets à la tauxe, lesdits Commissaires l'accepteront & n'en fera recherche plus avant.

XLVIII. Et au regard des bourgades, villaiges & lieulx champestres, non estant tenus privilegez pour Villes, les Commis & Députez qui vacqueront à l'estimation des immeubles desdites bourgades, villaiges & autres lieux susdits, feront aussi l'estimation & prisée des meubles des gens y demeurant, prins avec eulx l'Officier du lieu pour assistance, & de ce que par eulx ensemble ou la plus-part d'eulx sera tauxé & estimé, se fera un recueil & cayer pour le mettre ès-mains de notre Receveur des Aydes du quartier, & en faire selon que dit est.

XLIX. En laquelle contribution des meubles nous n'entendons comprendre & ne voulons que soient tauxés les meubles qui servent seulement pour usaiges, & dont chacun se sert ordinairement selon sa qualité, comme ustencils, lingerr, accoustrement & tapisseries, tous sujets à empirance & détérioration, bien que de la vaisselle (oires que l'on s'en serve) l'on devra payer ledit centiesme, comme aussi de tout or, argent monnoyé & non monnoyé, & semblablement des bagues & joyaux.

L. Seront aussy exempts dudit centiesme, tout ornement d'Eglise dont on se sert pour le Service Divin.

LI. Et ne seront aussy comprins en ladite contribution les chevaux, jumens, mulets & mules, dont les Prélats, Seigneurs, Gentilshommes & autres estans à nos gaiges se servent, ni pareillement ceulx des gens de Villaiges, dont ils ont besoin pour cultiver les terres.

LII. Et seront encore au payement dudit centiesme des meubles tenus exempts, ceulx qui en marchandise, négociation ou en meubles, n'auront plus de cent florins une fois, ne fut toutes fois que au respect de la marchandise, ils fussent associez avec autres, auquel cas la compagnie debvra payer le centiesme de l'entier capital, pour autant qu'elle sera estimée avoir des biens en négociation.

LIII. Semblablement les navires avec leurs équipaiges servant à la pescherie, tant grandes que petites & autres, dont l'on use par dedans le pays sans aller en mer.

LIV. Et à ce que les plus riches & nottables ne soient travailliez par tauxe & estimation de leurs biens-meubles, à laquelle mesme de ceulx principalement qui traitent le fait de marchandises, est fort difficile pour l'incertitude de leurs biens, nous voulons que desdits biens-meubles, nul pourra estre plus hault tauxé que à mille florins une fois, tellement que tous ceulx qui pour la rédemption du centiesme de leursdits biens-meubles qu'ils peuvent posséder, vouldront donner semblable somme seront exempts de ultérieure charge ou estimation à faire en la maniere susdite, dont lesdits Commissaires seront tenus faire déclaration par leurs cayers. Et sera le centiesme desdits biens-meubles, payé selon qu'il sera tauxé & estimé par lesdits Commissaires ès-mains des Commis particuliers des Villes, bourgades & villaiges, ordonnez à en faire la collectation, pour par iceulx estre rapporté & délivré à nos Receveurs des Aydes du quartier, en la forme & maniere comme dit est cy-dessus.

LV. Et afin que ceulx contribuans les plus grandes sommes audit centiesme ayent meilleure commodité de payer iceluy, estant leur deu tant des biens meubles que immeubles, clair & liquide, & que iceluy excédant deux cents florins, le pourront payer en denier ou rente à rachapt au denier quatorze, bien & seurement hypothecqué sur fonds de terre suffisante, & en exhiber lettres deuement despeschées à leurs despens à notre proufit ou de celuy à qui ladite rente se transportera, sans, à cause de ladite constitution, payer aucuns droits seigneuriaulx; lesquelles lettres de constitution de rente expédiées comme dit est, iceulx Collecteurs particuliers seront tenus accepter & donner en payement à nosdits Receveurs des aydes, déclairant icelle rentes exécutables comme les deniers de notre Domaine. 1569.

LVI. Et pour le salaire des vacations desdits Commissaires & Collecteurs, nous leurs avons accordés & accordons par cette, les deux centiesmes deniers de ce qu'ils auront tauxé ou passé par leurs mains, à repartir entr'eux également, sans que notre Receveur y puisse prendre quelque portion, & encore où par le labœur susdit se trouvest, qu'ils eussent mérité quelque plus grand salaire ou récompense, le nous pourront remontrer pour leur en estre tauxé ce que de raison.

LVII. Si donnons en mandement, &c.

☞ Edit de Novembre 1570, registré en la Cour le 18 Juillet 1571, portant création de 17 Offices de Généraux des Finances, pour être répartis en chacune des dix-sept Généralités du Royaume. (Greffe de la Cour des Aydes.) 1570.

LETTRES-PATENTES *du 27 Mars 1571, registrées en la Cour le 26 Avril suivant, confirmatives de la compétence de la Cour pour connoître des contestations relatives aux rentes constituées sur les Aides & Gabelles & autres impositions. On voit par ces Lettres, que le nommé Boudon s'étoit fait constituer une rente sur l'Hôtel de Ville, sans avoir fourni au Roi la valeur, en établissant son prétendu droit sur des suppositions de noms, & fabrication des extraits de pieces par lui présentées aux Commissaires du Roi. Ces Lettres portent :* 1571.

D'AUTANT que la connoissance de telles matieres, comme dépendantes du fait de nos finances, vous appartient, nous vous avons commis & ordonné..... pour procéder à la vérification de ce que dessus, & selon que vous trouverez bon à l'instruction du procès dudit Boudon & autres, ses adhérents & complices, circonstances & dépendances, selon le requisitoire du Procureur-Général en notre Cour des Aydes..... pour le procès instruit, fait & parfait, être jugé, décidé & déterminé par vous en dernier ressort : & afin que vous puissiez tant plutôt vérifier ledit fait susdit, mandons à notre Procureur-Général en notredite Chambre des Comptes à Paris, vous faire exhiber les extraits, tant desdites dettes & pieces, par ledit Boudon présentées auxdits Commissaires, que de l'Arrêt de vérification d'icelles, & généralement tous autres papiers..... paraphés & signés du Greffier de ladite Chambre. (Greffe de la Cour des Aydes.)

☞ Edit de Septembre 1573, registré en la Cour le 26 Octobre suivant, contenant établissement d'un Bureau des Finances à Limoges. (Répertoire de la Cour des Aydes.) 1573.

1573. ☞ Edit de Novembre 1573, adressé seulement à la Chambre des Comptes, contenant réglement pour le recouvrement des restes. (Recueil de Gosset.)

1574. Lettres-Patentes du 12 Février 1574, registrées en la Cour des Aydes le 26 Février suivant, portant que par Edit de Novembre 1573, le Roy ayant supprimé l'Office de Solliciteur général des restes, & au lieu & place créé une Charge de Contrôleur-Général des restes & deniers recelés, le Roy avoit pourvu dudit Office Me. Antoine Arnaud, Auditeur des Comptes, par Lettres-Patentes du 26 Janvier 1574, que par inadvertance l'adresse à la Cour avoit été obmise, & comme les Edits & commissions ont de tout temps accoutumé être registrés en la Cour, à laquelle appartient la connoissance des exécutions faites au recouvrement desdites rentes, le Roy ordonne que lesdits Edits & Lettres de commission soient registrés en ladite Cour. Registrées en la Cour des Aydes, le 26 Février suivant, à la charge que les différens qui seront mus, & les oppositions qui seront formées pour le payement desdits restes & intérêts, seront poursuivis en la Cour & non ailleurs. (Répertoire de la Cour des Aydes.)

☞ Edit de Septembre 1574, registré en la Cour le 7 Décembre suivant, portant création de l'Election de Chaumont-en-Bassigny, par démembrement de celle de Langres. (Ibid.)

Lettres-Patentes du 15 Décembre 1574, confirmatives de l'Edit de Septembre 1573, contenant création d'un Bureau de recette générale à Orléans. (Ibid.)

1575. ☞ Lettres-Patentes d'Octobre 1575, registrées le 3 Février 1576, contenant érection d'une Election à Montdidier. (Ibid. Recueil des Réglements, page 414.)

1576. ☞ Edit de Février 1576, portant création d'une Election à Clamecy, registré le 15 Février suivant, à la charge de l'opposition de l'Abbé de Vezelay, & des Habitans de ladite Ville qui se pourvoiroient devers le Roi. (Ibid.)

☞ Edit d'Août 1576, registré en la Cour des Aydes, le 21 Novembre suivant, portant suppression d'une Election à Cognac. (Ibid.)

☞ L'Edit de Mars 1577, portant création de l'Election de la Ferté-Bernard, & celui d'Avril audit an, portant création de l'Election d'Amboise, ont été regiſtrés en la Cour des Aydes le 19 Juillet ſuivant. (Répertoire de la Cour des Aydes; voyez Réglement, page 423.) 1577.

☞ L'Edit de Juin 1577, contenant création des Elections de la Châtre & de Châteauroux en Berry, a été enregiſtré en la Cour des Aydes le 10 Juillet ſuivant. (Ibid. Voyez Réglement, page 422.)

☞ Edit de Juin 1577, contenant création de l'Election de Vitry-le-François, regiſtré en la Cour le 30 Août ſuivant.

☞ Lettres-Patentes d'Août 1577, regiſtrées en la Cour le 4 Décembre ſuivant, portant création de l'Election de Mauléon, premiere Baronnie de Poitou. (Répertoire de la Cour des Aydes.)

☞ Lettres-Patentes de Septembre 1577, regiſtrées en la Cour le 4 Décembre ſuivant, portant création d'une Election à Dreux. (Ibid.)

☞ Lettres-Patentes de Septembre 1577, regiſtrées en la Cour le 4 Décembre ſuivant, portant création d'une Election à Parthenay en Poitou. (Ibid.)

☞ Lettres-Patentes de Novembre 1577, regiſtrées le 10 Janvier ſuivant, portant ſuppreſſion de l'Election de Crépy en Valois, nouvellement créée. (Ibid.)

☞ Edit de Décembre 1577, regiſtré avec modification le 7 Janvier 1580, portant création d'une Election à Mirebeau. (Ibid.)

☞ Edit de Mars 1578, regiſtré en la Cour le 9 Avril ſuivant, portant création d'un Siege d'Election à Belac, pour la Baſſe-Marche. (Ibid.) 1578.

1578. ☞ Edit d'Avril 1578, regiſtré en la Cour le 20 Janvier 1580, portant établiſſement d'une Election à Joigny. (Répertoire de la Cour des Aydes.)

☞ Edit d'Août 1578, regiſtré en la Cour le 3 Septembre ſuivant, contenant ſuppreſſion des Elections de la Ferté-Bernard & de Mayenne, en rembourſant les Offices par les Officiers de l'Election du Mans. (Ibid.)

1580. ☞ Lettres-Patentes du 20 Juillet 1580, regiſtrées en la Cour le 16 Février 1581, portant rétabliſſement de l'Election de Cognac. (Ibid.)

1581. ☞ Edit de Janvier 1581, regiſtré en Parlement, le Roy y ſéant le 21 Mars ſuivant.

En la Chambre des Comptes le 22 Avril 1582, du très-exprès commandement du Roy, pluſieurs fois réitéré, tant de bouche qu'autrement.

Et en la Cour des Aydes le 12 Mai ſuivant, du très-exprès commandement du Roy, pluſieurs fois réitéré par ſes Lettres de Juſſion, Lettres cloſes & de bouche. Cet Edit contient création d'un ſixieme Tréſorier-Général de France, d'un Préſident en chaque Généralité, pour faire le nombre de ſept aux mêmes honneurs, que les anciens, &c. avec pouvoir de connoître & juger ſouverainement & en dernier reſſort, les apellations interjettées des Sentences des Elus pour le fait des tailles & autres impoſitions ordinaires & extraordinaires juſqu'à la ſomme de dix livres tournois. (Recueil de Fournival.)

☞ Arrêt du Conſeil, du 28 Février 1581, rendu ſur les remontrances de la Cour, qui aſſujettit les Généraux Tréſoriers à ſe faire recevoir en la Cour, & y prêter ſerment après information préalable. (Répertoire de la Cour des Aydes.)

☞ Lettres-Patentes du 24 Avril 1581, contenant augmentation de gages aux Officiers de la Cour des Aydes, à cauſe de l'attribution de Juriſdiction concédée aux Généraux des Finances par l'Edit de Janvier 1581. (Greffe de la Cour des Aydes.)

LETTRES

1581.

Lettres-Patentes qui renvoient à la Cour des Aides la connoissance des oppositions ou appellations des contraintes décernées par les Prévôt des Marchands & Echevins de Paris, contre les Receveurs-Généraux & particuliers, Fermiers & Adjudicataires particuliers redevables des décimes de la recette affectée au paiement des rentes dues auxdits Prévôt des Marchands & Echevins.

5 Juillet 1581.

HENRY, &c. Comme par nos Lettres-Patentes données à Poitiers le 20 Juillet 1577, pour faciliter le payement des rentes dûes à nos très-chers & bien-amez les Prevost des Marchands & Echevins de notre bonne Ville & Cité de Paris, & à eux assignez sur nos recettes, & nos prédécesseurs Roys à eux faites d'aucunes nos aydes & impositions, le payement d'icelles ne fut aucunement reculé ni retardé, nous eussions voulu & ordonné, si par certification dudit Prevost des Marchands, ou de notre cher & bien-amé M. François de Vigny, Receveur de notredite Ville, il apparoissoit au premier notre Huissier ou Sergent, que plusieurs Receveurs-Generaux & particuliers, & Fermiers aussi generaux & particuliers, veuves & héritiers, leurs Clercs & Commis, fussent demeurez redevables d'aucuns deniers, qu'ils fussent contraints réellement & de fait, nonobstant opposition ou appellation quelconque, au payement de ce qu'ils devroient, par emprisonnement de leurs personnes, & directement menez prisonniers sous bonne & seure garde ès prisons de la Conciergerie de notre Palais à Paris, le tout suivant les contrats par nous faits avec lesdits Prevost des Marchands & Echevins; & pour éviter aux menées & intelligences que faisoient ordinairement lesdits Receveurs-Generaux & particuliers, ensemble leurs pleiges & cautions, & même ceux de notre Duché de Normandie, clameur de Haro, & usages quelconques, Chartres, privileges de notredit Pays de Normandie, pour lesquelles ne voulons estre aucunement différé, & s'il en intervenoit, que nous en eussions retenu la connoissance, & icelle renvoyée en notre Cour des Aydes à Paris, à laquelle par lesdits contrats de vente en aurions attribué par nosdites Lettres toute Cour, Jurisdiction & connoissance, icelle interdisant à toutes nos autres Cours. Et encore que lesdits Prevost des Marchands & Echevins eussent toujours depuis ce temps usé suivant nosdites Lettres des contraintes accoutumées sur lesdits Receveurs; néantmoins depuis l'établissement des Bureaux de nos Tresoriers de France par nous établis ès Villes de Paris, Rouen & autres Generalités de ce Royaume, lesdits Tréforiers se seroient voulu entremettre d'ordonner des deniers provenans desdits aydes & autres domaines engagez en ladite Ville; si bien que ledit de Vigny, suivant lesdits contrats & Lettres Patentes, voulant user de ses contraintes ordinaires, y auroit esté empêché par lesdits Tresoriers-Generaux de Rouen, & encore par Wasset, Receveur-General de Paris, aucuns desquels sur requête par eux présentée ausdits Tréforiers de France, auroient obtenu défenses contre ledit de Vigny d'user de contrainte contr'eux, qui estoit en se faisant, dénier ausdits Prevost des Marchands & Echevins le payement desdites rentes, desquelles nosdits Prevost des Marchands & Echevins auroient esté contraints d'appeller en notre Cour de Parlement, de laquelle nous aurions évoqué le différend, Et finalement sur les remontrances ce

1581. jourd'hui à nous & à notredit Conseil privé par eux faites pour estre payé des arrérages des rentes qui leur sont dues, & à notredite Ville de Paris; & aussi pour interdire ausdits Tresoriers-Generaux de France à Rouen de faire chose qui puisse retarder ledit payement; aurions en nostredit Conseil privé & d'Etat ordonné, que lesdits Prevost des Marchands & Echevins auroient Lettres de contraintes semblables à celles qu'ils ont ci-devant obtenues le 20 Juillet 1577; & outre qu'il seroit mandé audit Receveur-General dudit Paris, de payer & acquitter lesdites rentes par quartier avant qu'entrer au payement de tous dons, pensions & autres assignations qui pourroient estre levées sur ledit Receveur, & défendre ausdits Tresoriers en prendre aucune connoissance. Nous à ces causes, & autres à ce nous mouvans, conformément à nosdites Lettres, du 20 Juillet 1577 & de notredit Arrest, avons ordonné & ordonnons que lesdits Prevost des Marchands & Echevins puissent, tant pour le passé que pour l'avenir, sur leur rescription ou dudit de Vigny, leur Receveur, user de contraintes, tant contre nosdits Receveurs-Generaux de Paris & Rouen, que tous nos autres Receveurs-Generaux & particuliers, Fermiers, Adjudicataires-Generaux & particuliers, veuves & héritiers, leurs Clercs, Commis qui sont & seront ci-après redevables d'aucuns deniers de leurs recettes, pour ce qui est affecté au payement des rentes par nous dues ausdits Prevost des Marchands & Echevins, réellement & de fait, comme pour nos propres deniers & affaires au payement d'iceux, mêmement par emprisonnement de leurs personnes, que nous voulons estre constituez prisonniers, & amenez sous bonne & seure garde ès prisons de notre Conciergerie du Palais: nonobstant oppositions ou appellations quelconques, Chartres & privileges de notredit pays de Normandie, pour lesquelles ne voulons estre aucunement différé; & si aucuns en interviennent, en avons retenu la connoissance, & icelle derechef, suivant notredit contrat, renvoyé & renvoyons en notredite Cour des Aydes à Paris, à laquelle nous attribuons toute Cour, Jurisdiction & connoissance, icelle interdisant à toutes nos Cours souveraines, Juges ordinaires, mêmes à nos Trésoriers-Generaux de France, ausquels avons par ces présentes par exprès inhibé & défendu prendre aucune connoissance sur peine de nullité: déclarant tous exploits qui seront faits par nos Sergens, pour le payement desdites rentes à nosdits Receveurs-Generaux & particuliers, & autres par vertu de ces presentes ou *vidimus* d'icelles, & sur la rescription de nosdits Prevost des Marchands & Echevins, ou leurdit Receveur, bons & valables, & leursdites rescriptions de tel effet & valeur, comme si c'étoit par vertu de ces présentes; enjoignant à tous nosdits Receveurs & Fermiers d'y obéir, ensemble de garder & observer le contenu en nostre présente Ordonnance. Si donnons en mandement, &c.

Données à Saint-Maur-des-Fossés, le 5 Juillet 1581.

Registrées en la Chambre des Comptes, le 29 Juillet 1581, & en la Cour des Aydes, le 23 Août 1582.

1581.

ARRÊT du Conseil, qui maintient les Habitants de Lyon dans l'exemption de Taille, pour les biens roturiers qu'ils possedent à la campagne. (Recueil des Privileges de Lyon, seconde Partie, page 1.)

26 Août 1581.

ENTRE les Consuls & Echevins, Habitans & Manans de la Ville de Lyon, demandeurs, & requérant l'entérinement d'une Requête par eux présentée au Roy... aux fins d'être restitués contre un Arrêt donné au Conseil dudit Seigneur, le second jour d'Octobre 1561... & les Syndics & Procureurs du plat pays de Lyonnois, défendeurs, &c.

Le Roy, en son Conseil, ayant égard à la Requête civile obtenue par lesdits Habitans de Lyon, les a remis & remet en tel estat qu'ils estoient auparavant l'Arrêt du 2 Octobre 1561 & autres depuis donnés en conséquence, & en exécution d'iceluy; & faisant droit sur l'opposition formée en la Cour de Parlement par lesdits Consuls, Manans & Habitans de la Ville de Lyon, lors de la publication de l'Edit d'Orléans en l'année 1561, a maintenu & gardé, maintient & garde lesdits Consuls & Habitans de Lyon, suivant leurs anciens privileges, franchises & libertez, en l'exemption desdites tailles pour les biens roturiers qu'ils tiennent & tiendront ci-après hors ladite Ville de Lyon, en laquelle exemption ils souloient [avoient coutume] estre avant ledit Edit d'Orléans. Ordonne que s'ils ont esté mis & imposez aux roolles, ils en seront rayez; & a fait inhibitions & défenses à ceux dudit plat pays de les y comprendre, ores ni pour l'avenir; & néanmoins Sadite Majesté, en considération que ledit plat pays de Lyonnois est d'une petite étendue, stérile & infertile, sujet à grands passages, & pour plusieurs autres grandes & bonnes considérations, a déchargé les Habitans dudit plat pays, de la somme de 1333 écus, un tiers pour chacun an de la grande taille, & ainsi des autres à la même raison; ordonnant qu'à la prochaine assiette d'icelles, ils jouiront dudit rabais. Et pour obvier à tous abus que pourroient commettre ceux qui en fraude desdites tailles, s'iront par cy-après habituer en ladite Ville de Lyon, a ordonné & ordonne qu'ils ne seront receus à jouir des privileges d'icelle, jusques à ce qu'ils ayent fait inscrire ès registres du Consulat de ladite Ville, la déclaration des biens qu'ils possedent, tant en icelle, qu'ès champs, & y ayant demeuré en outre eux & leurs enfans sans fraude, l'espace de dix ans entiers, & sont lesdites Parties mises hors de Cour & de procès, sans dépens, dommages & intérests d'une part & d'autre. Fait au Conseil, tenu à Paris, le 26e. jour d'Aoust 1581. *Signé*, POTIER.

☞ Edit de Septembre 1581, registré en la Cour, le 24 Octobre suivant, portant création d'une Election à Châtillon-sur-Indre. (Répertoire de la Cour des Aydes.)

☞ Arrêt du Conseil, du 11 Septembre 1581, qui regle que les Présidens des Bureaux des Finances auront, le jour de leur réception en la Cour, séance au-dessus du plus ancien Conseiller. (Ibid).

1581. ☞ Edit d'Octobre 1581, registré en la Cour, le 24 Novembre suivant, portant création d'Election à Crépy en Valois. (Répertoire de la Cour des Aydes.)

☞ Edit d'Octobre 1581, contenant création des Elections de Romorantin & Beaujency, registré en la Cour des Aydes, le 24 Novembre 1581, du très-exprès commandement du Roy, réitéré tant par Lettres de Jussion que de bouche. (Greffe de la Cour des Aydes.)

☞ Edit de Décembre 1581, registré en la Cour, le 2 Mai suivant, contenant création d'une Election & Bureau de recette particuliere à la Fleche en Anjou. (Répertoire de la Cour des Aydes.)

☞ Edit du même mois, contenant création d'une Election & Bureau de recette particuliere à Crécy en Brie. (Ibid.)

☞ Edit de Décembre 1581, registré en la Cour, le 16 Mai 1582, portant création d'un Siege d'Election en la Ville de Pluviers en Beausse. (Greffe de la Cour des Aydes.)

☞ Edit de Décembre 1581, registré en la Cour, le 26 Janvier 1582, contenant création d'une Election à Bar-sur-Aube. (Répertoire de la Cour des Aydes.)

1582. ☞ Edit de Janvier 1582, registré en la Cour, le 28 Février suivant, portant révocation de la création d'une Election à Issoudun. (Ibid.)

Rétablie par Edit de Juin 1588, registré en la Cour, le 4 dudit mois. (Ibid.)

☞ Lettres-Patentes du 24 Mars 1582, portant création de l'Election de Romorantin. (Greffe de la Cour des Aydes.)

☞ Edit de Mai 1582, registré le 16 dudit mois, contenant suppression de l'Election de Pluviers. (Répertoire de la Cour des Aydes.)

1583.

☞ Edit de Mars 1583, registré en la Cour, le 14 Avril suivant, portant suppression de l'Election de Longey distraite de celle de Chartres. (Ibid.)

ARRÊT du Conseil, qui confirme celui du 26 Août 1581, qui maintient les Habitants de Lyon dans l'exemption de Tailles pour les biens roturiers qu'ils possedent à la campagne. (Recueil des Privileges de Lyon, seconde Partie, page 2.)

2 Septembre 1583.

SUR la Requeste presentée au Roy par les Manans & Habitans du plat pays de Lyonnois, joint avec eux les Habitans de la Paroisse de Sainte-Foi-les-Lyon, tendant à ce que pour les causes y contenues... il plut à Sa Majesté évoquer à soi & à son Conseil, le procès & different pendant & indécis en la Cour des Aydes, entre Jean Chaussonnet, Habitant de ladite Ville de Lyon, appellant de certaine Sentence contre lui donnée par les Présidens & Eleus dudit Lyon, le 7 Février dernier, au profit des Consuls, Manans & Habitans de Sainte-Foy, &c.

Le Roy, sans s'arrester à ladite Requeste, a renvoyé & renvoye le procès & different susmentionné, en ladite Cour des Aydes pour y estre jugé & terminé: enjoignant néanmoins Sadite Majesté à ladite Cour, de juger ledit different suivant & selon le contenu des Arrests & Réglemens donnez en son Conseil, pour le fait des tailles entre les Habitans de la Ville de Lyon, d'une part, & ceux des Villages & Paroisses dudit plat pays, d'autre; mesmes suivant ledit Arrêt du 26 Aoust 1581; ordonnant Sadite Majesté que ledit Arrêt sera enregistré ès registres de ladite Cour, à laquelle il enjoint icelui faire observer de point en point selon sa forme & teneur, & juger doresnavant les differens qui se présenteront pardevant eux entre lesdits Habitans de ladite Ville de Lyon & ceux dudit plat pays, pour raison desdites tailles selon & conformément le contenu audit Arrest, à peine de nullité des Jugemens & Arrests qui seroient par ladite Cour donnez au contraire. Fait audit Conseil d'Etat, tenu à Paris, le 2 Septembre 1583.

Signé, DE VILLOETTREYS.

ARRÊT du Conseil, qui maintient les Habitants de Lyon dans l'exemption des Tailles, pour les biens roturiers qu'ils possedent à la campagne. (Recueil des privileges de Lyon, seconde Partie, page 3.) 1585.

23 Octobre 1585.

ENTRE les Manans & Habitans du plat pays de Lyonnois.... d'une part, & les Conseillers, Echevins, Manans & Habitans de la Ville de Lyon, defendeurs, d'autre, &c.

Le Roy... a ordonné que ledit Arrêt du 26 Août 1581, sera exécuté selon

1585. sa forme & teneur : & ce faisant que aux charges contenues en icelui, lesdits Echevins, Manans & Habitans de ladite Ville de Lyon, jouiront de l'immunité & exemption des tailles portées par icelui : & en le déclarant & interprétant, ordonne Sadite Majesté, pour obvier aux abus qui ont été commis ou se pourroient commettre à l'avenir, que ceux qui voudront jouir de ladite immunité & exemption, feront leur résidence & demeure continuelle en ladite Ville, du moins la meilleure & plus grande partie de l'année & sans fraude ; & outre que ceux qui n'y auront fait résidence & demeurance actuelle eux & leur famille par l'espace de dix ans, soit auparavant ledit Arrêt dudit 26 Août 1581 ou depuis, seront imposez & cottisez auxdites tailles ès Paroisses esquelles ils demeuroient & avoient accoutumé de contribuer : & outre que ceux qui tiendront à Ferme héritage d'autruy, ores [quoique] ils fussent vrays Habitans de ladite Ville de Lyon, soit qu'ils tiennent lesdites Fermes en argent ou grains, ou les prennent à part & portion, seront assis & imposez auxdites tailles pour lesdits biens tenus à Ferme ou à moitié, sans que les propriétaires soient receus à prendre le fait & cause pour eux : & sera le présent Arrest enregistré en la Cour des Aydes, lu, publié & enregistré en l'Election de Lyon, &c. Fait au Conseil privé du Roy, tenu à Paris, le 23e. jour d'Octobre 1585. *Signé*, COMPAING.

1586. ☞ Edit de Décembre 1586, registré en la Cour, le 19 dudit mois, contenant établissement d'une Election à Rozay en Brie. (Répertoire de la Cour des Aydes.)

1587. ☞ Edit de Septembre 1587, registré en la Cour, le 6 dudit mois, contenant création de l'Election de Ganat en Bourbonnois. (Greffe de la Cour des Aydes.)

1589. ☞ Edit d'Avril 1589, portant translation de la Chambre des Comptes & de la Cour des Aydes de Rouen dans la Ville de Caen. (Répertoire de la Cour des Aydes.)

☞ Déclaration du 4 Mai 1589, adressée au Parlement de Paris, transféré à Tours, pour lui annexer la Cour des Aydes de Paris, & lui en attribuer toute la Jurisdiction. (Greffe de la Cour des Aydes.)

1591. ☞ Lettres-Patentes du 28 Décembre 1591, registrées le 16 Octobre 1593, en la Cour des Aydes à Tours, pour le rétablissement de Vivien, Président en l'Election de Paris. (Ibid.)

☞ Lettres-Patentes de Charles-Emmanuel, Duc de Savoie, du 14 Mai 1592, enregistrées en la Chambre des Comptes de Savoie, le 12 Janvier 1593, qui déclarent les Citoyens de la Ville de Lyon, possédans biens roturiers en ses Etats de Bresse, quittes & exempts pour l'avenir du payement des sommes auxquelles ils ont été cotisez, & les déclarent exempts de toutes autres tailles qui se feront dans ledit pays de Bresse, pour les affaires & négoces particuliers des Communautés. (Recueil des Privileges de Lyon, seconde Partie, page 31.) 1592.

☞ Lettres-Patentes du 23 Février 1593, registrées en la Cour, le 17 Mars suivant, portant rétablissement de l'Election de Beaugency. (Répertoire de la Cour des Aydes.) 1593.

☞ Lettres-Patentes du 24 Janvier 1594, registrées en la Cour, le 22 Novembre suivant, pour la conservation de la Jurisdiction de la Cour des Aydes & des Elections. Ces Lettres-Patentes observent que pendant que la Cour des Aydes, durant les troubles, est demeurée quelque temps sans être rétablie, diverses entreprises ont été faites sur les droits & jurisdiction des Elus, des Grenetiers, des Maîtres des Ports & de la Cour, & pour empêcher ce pervertissement de Jurisdiction, Henri IV par ces Lettres-Patentes, ordonne l'exécution des Ordonnances de Louis XII, de 1500 & de Henri II, de 1552, duement vérifiées en Parlement, & révoque toutes commissions & attributions particulieres contraires auxdites Ordonnances. (Greffe de la Cour des Aydes.) 1594.

EXTRAIT de l'article XIV de l'Edit & Déclaration du Roi Henri IV, sur la réduction de la Ville de Lyon à son obéissance. (Recueil des Privileges de Lyon, seconde Partie, page 4.)

Mai 1594.

JOUIRONT de leurs anciens privileges pour l'exemption des tailles des biens roturiers lesdits Habitans dudit Lyon, suivant l'Arrêt donné en notre Conseil privé, le 26 Août 1581 : comme aussi des privileges d'exemption à contribuer au ban & arriere-ban pour leurs fiefs & maisons nobles, le tout ainsi qu'ils en ont bien & duement joui & jouissent encore de présent.

Enregistré en Parlement, Chambre des Comptes & Cour des Aydes, les 24 & 27 Mai 1594.

☞ Edit de Novembre 1594, portant création d'une Election aux Sables-d'Olonne. (Répertoire de la Cour des Aydes.)

1595.

***Lettres-Patentes** qui accordent à Me. Guillaume Robineau, Avocat en Parlement & Procureur du Roi en l'Election & Grenier à Sel de Paris, l'Office d'Avocat du Roi en ladite Election & Grenier à Sel, pour exercer ledit Office conjointement avec celui de Procureur du Roi en l'Election & Grenier à Sel.*

10 Janvier 1595.

HENRY, &c. Par Edit de l'an 1578, a été créé & érigé en titre d'Office en chacune Election & Grenier à Sel de ce Royaume, un Avocat pour nous, confirmé par autre Déclaration du 25 Mars 1582, & parce qu'il n'y a à présent personne pourvu dudit Office, pour l'intérêt que Nous avons qu'il y ait pour notre service & conservation de nos droits, personne capable qui exerce ledit Office, mêmement en ce temps où la nécessité de nos affaires augmente; sçavoir faisons, que pour le bon & louable rapport, littérature, loyauté, prud'hommie, expérience & bonne diligence qui faite nous a été, de la personne de notre bien amé Me. Guillaume Robineau, Avocat en Parlement, & notre Procureur en ladite Election & Grenier à sel de Paris, à icelui pour les causes & autres à ce nous mouvans, avons donné & octroyé, donnons & octroyons par ces présentes ledit état & Office de notre Avocat en ladite Election & Grenier & magasin à sel de Paris; pour ledit Office, avoir, tenir & dorénavant exercer & en jouir par ledit Robineau, aux honneurs, autorités, prérogatives, prééminences, franchises, libertés, gages attribués audit Office & augmentation de trente-trois écus un tiers, droits, taxations, profits, revenus & émolumens dont jouissent nos Elus & Grenetier en ladite Election & Grenier à sel, & pourront jouir ci-après, soit par augmentation nouvelle ou autrement, suivant l'Edit & Déclaration susdits, tant qu'il nous plaira, & conjointement avec sondit Office de notre Procureur en ladite Election & Grenier à sel, dont attendu le long & bon service qu'il nous a fait depuis dix ans en ladite Charge de notre Procureur, & qu'il continue, nous l'avons dispensé & dispensons, de notre grace spéciale, nonobstant quelconques Edits, Ordonnances & Arrêts à ce contraires, auxquels pour ce regard nous avons dérogé & dérogeons par ces présentes, par lesquelles donnons en mandement à nos amés & féaux Conseillers les Gens de notre Cour des Aydes de Paris, qu'après qu'il leur sera apparu des vies, mœurs, foi, Religion Catholique, Apostolique & Romaine, suffisance & capacité dudit Robineau, & de lui pris & tenu le serment en tel cas requis & accoutumé, le mettent & instituent de par nous en possession & saisine dudit état & Office, & à nos amés & féaux aussi Conseillers, les Présidens, Lieutenans & Elus en ladite Election, Grenetiers & Contrôleurs du Grenier à sel de Paris, qu'ils ayent à faire & laisser jouir ledit Robineau des honneurs, autorités, prérogatives, prééminences, gages, augmentations, taxations, droits, profits, revenus & émolumens dessusdits, le fassent, souffrent & laissent jouir & user pleinement & paisiblement, & à lui obéir & entendre de tous ceux & ainsi qu'il appartiendra ès choses touchant & concernant ledit état & Office: mandons en outre à nos amés & féaux Conseillers les Trésoriers-Généraux de France établis audit Paris, que par les Receveurs des tailles de ladite Election, chacun en l'année de son exercice, ils fassent payer, bailler & continuer dorénavant

dorénavant par chacun an lesdits gages attribués par ledit Edit, & augmentation de trente-trois écus un tiers, aux termes & en la maniere accoutumée, & auxdits Grenetiers & Contrôleurs, lever lesdits droits attribués audit Office pareils & semblables dont ils jouissent à présent & dont ils jouiront ci-après; & aux Marchands ou Marchands Adjudicataires desdits Greniers & Magasins à sel, payer & continuer les taxations, droits, profits, revenus & émolumens audit Office appartenans, du jour & date des présentes, rapportant lesquelles, ou *vidimus* d'icelles fait sous scel royal pour une fois seulement, & quittance dudit Robineau sur ce suffisante, nous voulons lesdits gages, augmentations, taxations & droits de ce que payé, baillé & délivré lui aura été, pour les causes que dessus, être passé & alloué ès comptes, & rabattu de la recette desdits Receveurs & chacun d'eux, par nos amés & féaux les Gens de nos Comptes de Paris, auxquels nous mandons ainsi le faire sans difficulté. Car tel est notre plaisir, &c. 1595.

Données à Paris, le dixieme Janvier, l'an de grace mil cinq cent quatre-vingt-quinze, & de notre regne le sixieme. Par le Roy, & plus bas, DE BAGNEAUX.

Guillaume Robineau a été reçu en la Cour des Aides, le 11 Mars 1693, en l'Office d'Avocat du Roi pour en jouir conjointement avec l'Office de Procureur du Roi, & a prêté serment en cette qualité au Bureau des Finances, le 13 dudit mois.

☞ Lettres-Patentes d'Avril 1595, registrées en la Cour, le 29 Août suivant, portant création d'une Election à la Fleche en Anjou. (Greffe de la Cour des Aydes.)

LETTRES-PATENTES portant exemption de toutes Tailles & impositions ordinaires & extraordinaires, pour les biens que les Habitants de Lyon possedent ou posséderont en Bresse. (Recueil des Privileges de Lyon, seconde Partie, page 35.)

Septembre 1595.

HENRY, &c. Nous, ayant fait voir en notre Conseil lesdites exemptions, en suivant l'article XIV dudit Edit de la réduction de Lyon, confirmatif desdites exemptions (page 1999) voulons & nous plaît que le tout sorte son plein entier effet, selon sa forme & teneur : & de nouveau en tant que besoin soit.... déchargeons lesdits exposans & chacun d'eux du fait & contribution desdites tailles & impositions, tant ordinaires qu'extraordinaires, mises & à mettre pour quelque cause que ce soit, pour les biens qu'ils possedent & posséderont ci-après esdits pays de Bresse & de Savoye, & du service & contribution du ban & arriere-ban pour les fiefs & maisons qu'ils y ont ou auront, sans qu'ils puissent être compris ès roles desdites impositions & contributions à peine de mille écus d'amende; & où ils l'auroient été, voulons qu'ils en soient rayez & ôtez, & les deniers qu'ils auront été contraints payer, rendus & restitués... permettant auxdits opposans de faire voiturer & conduire les fruits & revenus de leursdits héritages sis esdits pays de Bresse & Savoye en cette Ville de Lyon,

1595. comme des autres lieux estant sous nostre obéissance, sans que pour ce ils soie tenus obtenir aucun passeport.... voulons qu'ils jouissent desdites exemptio & privileges, ainsi qu'ils en ont ci-devant bien & duement joui & usé, jouisse & usent encore de présent. Si donnons en mandement à nos amés & féau Conseillers les Gens de nos Cours de Parlement & Aydes à Paris, &c.

Données à Lyon, au mois de Septembre mil cinq cent quatre-vingt-quinze.

☞ Edit de Décembre 1595, registré en la Cour, le 23 Février 1596, portan suppression de l'Election d'Issoudun & réunion à celle de Bourges. (Greffe d la Cour des Aydes.)

1596. ☞ Lettres-Patentes du 24 Mai 1596, registrées en la Cour, le 26 Juin sui vant, ajoutant à celle du 30 Janvier 1579, portant révocation des privilege accordés à ceux qui se prétendent issus d'Eudes Lemaire, dit Chalo Saint-Mas attendu qu'il y a sept ou huit mille personnes qui se prétendent issus dudit Saint Mas. (Ibid.)

1597. ☞ Lettres-Patentes du 17 Janvier 1597, qui exemptent l'Election de Vitry le-François, créée par Edit de Mai 1545, confirmé par Edit de 1576, de l suppression ordonnée par l'Edit de 1577, qui avoit supprimé toutes les Elec tions de nouvelle création. (Ibid.)

☞ Edit de Mai 1597, contenant création de quatre Offices de Conseiller en la Cour, enregistré en Lit-de-Justice, le Roy prononçant l'enregistrement par la bouche de M. le Prince de Conty, assisté du sieur d'Estain, Chevalier des Ordres du Roy, & du sieur de Boissise, Conseiller en son Conseil d'Etat, le 16 Juillet 1597.

Suivent les Lettres de commission de M. le Prince de Conty, du 12 Juillet, & un Arrêt du Conseil, du 17 dudit mois, qui enjoint au Greffier en chef de la Cour de signer la lecture & publication dudit Edit, quoiqu'elles ayent été faites en son absence & de ses Clercs, commis en la premiere Chambre. (Ibid.)

☞ Lettres-Patentes du 30 Mai 1597, registrées le 3 Juin suivant, portant renvoi en la Cour des Aydes, de tous procès & différends entre quelques personnes que ce soit, pour le fait de la taille réelle sur les biens ruraux & roturiers du pays de Bazadois, avec défenses au Parlement de Bordeaux & à tous autres Juges d'en prendre connoissance, laquelle Sa Majesté attribue à ladite Cour. (Ibid.)

1597.

☞ Réglement du 22 Juin 1597, registré le 13 Décembre 1598, fait entre les Officiers de l'Election de Laval. (Greffe de la Cour des Aydes.)

ARRÊT du Conseil, qui confirme les privileges d'exemption de taille en faveur des Habitants de Lyon, & ordonne l'exécution des Arrêts du Conseil des années 1581 & 1585. (Recueil des Privileges de Lyon, seconde Partie, page 5.)

3 Juillet 1597.

ENTRE les Habitans du plat pays de Lyonnois, demandeurs...... & les Prévôts des Marchands & Echevins de la Ville de Lyon, défendeurs, &c. Le Roy..... a ordonné & ordonne, que lesdits Arrêts des *26* Août 1581 & 23 Octobre 1585, (pages 1995 & 1997) seront exécutés selon leur forme & teneur, pour le regard des héritages roturiers, dont lesdits habitans de Lyon jouissent à présent, soit que ci-après ils les vendent, eschangent, ou autrement en disposent entr'eux, ainsi qu'ils verront estre à faire : & néanmoins ayant égard à la nécessité du tems & grandes charges que lesdits Habitans du plat pays supportent, pour lesquelles ils pourroient estre contraints à aliéner leurs héritages à vil prix, & autres bonnes & justes considérations; Sadite Majesté a ordonné & ordonne par provision, que, pour les autres terres roturieres que lesdits Habitans de Lyon acquesteront par ci-apres, & depuis la signification qui leur sera faite du présent Arrêt, ils seront tenus les bailler à Ferme, afin que les Fermiers contribuent à la taille, pour le soulagement desdits Habitans du plat pays; autrement lesdits Habitans de Lyon, qui n'ont autre privilege particulier que de l'habitation de ladite Ville, seront eux-mêmes cottisés pour le regard desdits biens roturiers qu'ils tiendront en leurs mains, fors & excepté des maisons de plaisir, jardins, garennes & autres héritages désignés & spécifiés esdits Arrêts du 2 Octobre 15*61* & 5 Mars 15*66*. Pareillement a ordonné que ceux du plat pays qui voudront s'aller habituer en ladite Ville, ne pourront jouir de l'immunité & exemption d'icelle, que au préalable ils n'ayent fait publier aux Prosnes de leurs Paroisses, la translation de leur domicile, ayent baillé la nommée & déclaration de leurs biens au Consulat de ladite Ville, & ayent fait résidence en icelle, eux & leur famille, sans fraude, par l'espace de dix ans, & que lesdits Prévots des Marchands & Eschevins de ladite Ville ne les ayent avouez & certifiez pour vrais Habitans d'icelle : lequel temps de dix ans ne commencera que du jour que ladite publication aura esté faite & ladite déclaration de biens baillée audit Consulat.

Et ayant esgard à ladite Requeste [des Habitans du plat pays de Lyonnois] mise au sac, le Roy a déchargé & décharge lesdits Habitans du plat pays de ladite imposition & subside [d'un écu vingt sols] du vin qui sortira hors ladite Province de Lyonnois, pour estre transporté hors ladite Province de Lyonnois, pour estre transporté aux autres Provinces de ce Royaume, & sans despens. Fait au Conseil d'Estat, tenu à Paris, le trois Juillet mil cinq cent quatre-vingt-dix-sept.

Signé, FAYET.

1597. ☞ Edit de Décembre 1597, registré le 29 Janvier 1598, portant suppression de l'Election de Montlhéry. (Greffe de la Cour des Aydes.)

1598. ☞ Edit de Février 1598, registré le 14 dudit mois, portant révocation de celui de Mai 1597, contenant création de quatre Offices de Conseillers en la Cour des Aydes; ladite révocation à la charge néanmoins que ceux qui ont levé des quittances aux Parties-casuelles, en seront remboursés de la finance qu'ils auront payée sans fraude, attendu que lors de la réduction de Paris, le Roy a créé quatre autres Charges de Conseillers. (Ibid.)

☞ Lettres-Patentes du 6 Février 1598, registrées en la Cour des Aydes, le 2 Mars 1598, portant qu'il n'y aura aucune Election particuliere établie sous celle de Paris, autres que celles de Lagny, Poissy, Corbeil & Chevreuse. (Ibid.)

☞ Arrêt de la Cour des Aydes, du premier Avril 1598, qui homologue une Sentence des Elus du Beaujolois du 8 Janvier 1592, qui confirme, contradictoirement avec les Habitans de la Paroisse de Saint-Vincent de Boissel, la noblesse de Pierre de Bussieres, sieur de Laye, demeurant en ladite Paroisse; ladite Sentence rendue par lesdits Elus, à la charge toutefois de faire vérifier en la Cour ladite Sentence, suivant l'Edit sur ce fait. (Ibid.)

☞ Arrêt de la Cour des Aydes, du 24 Novembre 1598, qui homologue une Sentence de noblesse, rendue le 8 Décembre 1595, par les Elus de Beaujolois, contradictoirement avec les Habitans de Saint-Cyr & le Procureur du Roy en ladite Election, en faveur de la noblesse de Jacques Darcy, sieur de la Brosse, & de Philiberte de la Brosse, sa femme; ladite Sentence portant, à la charge néanmoins que ledit sieur Darcy sera tenu de faire vérifier & homologuer la présente Sentence pardevant Nosseigneurs de la Cour des Aydes à Paris, dans huit mois prochain, à peine d'être déchu & débouté de l'effet de la présente Sentence. (Ibid.)

☞ Arrêt de la Cour des Aydes, du 19 Décembre 1598, qui homologue une Sentence des Elus de Beaujolois, rendue le 13 Février 1589, contradictoirement avec les Habitans de la Paroisse d'Ouroux & le Procureur du Roy de ladite Election, en faveur de la noblesse de sieur Claude de Perrieu, sieur de Courcelles-Lacour; ladite Sentence rendue à la charge d'apporter par lui en ladite Election, dans six mois la vérification & approbation de la présente Sentence de Nosseigneurs de la Cour des Aydes, suivant & à la forme de l'Edit sur ce fait par Sa Majesté & non autrement. (Ibid.)

1599.

☞ Les Commissaires ordonnés par le Roy pour le régalement des tailles & réformation des abus & malversations qui se commettent au fait des finances, aydes, tailles, taillon & gabelles en la Généralité de Lyon, ont, par le Réglement fait le 27 Février 1599, fait très-expresses inhibitions & défenses aux Consuls & Parteurs des Paroisses de l'Election de Lyon, de comprendre en leurs rôles les Habitans de Lyon, qui y ont fait continuelle résidence par l'espace de dix ans, pour les biens à eux appartenans avant l'Arrêt du mois de Juillet 1597 (page 2003), ni leurs serviteurs domestiques, pour les terres qu'ils cultivent & labourent, lesquelles les Arrêts permettent aux Habitans de Lyon de tenir en leurs mains, & ce conformément auxdits Arrêts contradictoirement donnés entre les Parties, avec défenses auxdits Consuls & Parteurs d'y contrevenir à peine de tous dépens, dommages & intérêts en leurs noms. (Recueil des Privileges de Lyon, seconde Partie, page 7.)

LETTRES-PATENTES *qui confirment les Habitants de Lyon dans l'exemption de Tailles pour les biens qu'ils tiennent au pays de Lyonnois, adressées à la Cour des Aides, Trésoriers de France & aux Elus de Lyon. (Recueil des Privileges de Lyon, seconde Partie, page 8.)*

27 Août 1599.

HENRY, &c. Voulons & nous plaît que les Supplians [Citoyens demeurans en la Ville de Lyon] soient & demeurent quittes, exempts & affranchis du payement de leursdites tailles & impositions tant ordinaires qu'extraordinaires, & à cette fin, nous vous mandons & très-expressément enjoignons à chacun de vous par cesdites présentes, que vous ayez à les faire jouir pleinement & paisiblement de ladite exemption & affranchissement, sans plus permettre qu'il leur soit fait, mis & donné aucun trouble ni empêchement au contraire; faisant défenses auxdits Habitans de Dardilly & autres des Elections dudit pays de Lyonnois & Asséeurs, de plus asseoir & imposer & comprendre ci-après lesdits Supplians en leursdits rôles, & ceux auxquels ils ont été compris soient rayés & biffés d'iceux, & leur fassent pleine & entiere main-levée de leurs biens saisis & exécutés, comme aussi des sommes de deniers qui pourroient avoir esté payées ou consignées, pour leur estre rendues & restituées; & à ce faire lesdits Collecteurs y estre contraints par toutes voyes dues & raisonnables, mesme par emprisonnement de leurs personnes, nonobstant tous Réglemens, Arrests, Sentences & autres à ce contraires, auxquels ne voulons avoir aucun esgard, oppositions ou appellations quelconques, pour lesquelles ne voulons estre différé: car tel est notre plaisir.

Données à Blois, le vingt-sept Aoust mil cinq cent quatre-vingt-dix-neuf.

Registrées en la Cour des Aydes, le 11 Septembre 1599.

1599. ☞ Lettres-Patentes du premier Septembre 1599 & Commission, registrées le 11 Septembre 1599, adressées à nos amés & féaux M. Guillaume le Rebours, Conseiller en notre Conseil d'Etat & Président en notre Cour des Aydes à Paris, & Mes. Claude du Praſt, Robert Regnaut, Claude Foucault, Jean Donjay, Charles Dumonceau & Charles Barentin, Conseillers & Généraux en notredite Cour, pour, avec Jean Perrot, Guillaume Canto, François Gedouyn, Claude Feuillette, Jean Dufoys & François Duvivier, Présidents & Elus en l'Election de Paris, lesquels ont informé des exactions commises à la levée du nouvel impôt, par les Commis des portes à Paris, & des fraudes commises par ceux qui s'exemptent induement de payer les droits, juger en tel lieu & telle heure qu'ils jugeront à propos, lesdits Elus appellés, souverainement & sans appel lesdits abus & malversations, & en faire punition jusques à condamnation de mort s'il y échecit: voulant Sa Majesté que lesdits Jugements soient de telle force & vertu, comme si ils étoient rendus en corps de ladite Cour ou autres souveraines, sans que les condamnés puissent se pourvoir ailleurs par appel ou autrement, Sa Majesté en attribuant toute Cour, Jurisdiction & connoissance auxdits Députés, nonobstant tous Edits de création & établissement des Cours. (XLIIe. Registre de la Cour des Aydes, article 104.)

1600. *LETTRES-PATENTES par lesquelles le Roi confirme les Habitants de Lyon en l'exemption des Tailles. (Recueil des Privileges de Lyon, seconde Partie, page 9.)*

11 Août 1600.

Le Roi avoit envoyé en 1597 plusieurs Commissaires dans les Povinces pour le Régalement des tailles. Il leur avoit donné pour instruction des Mémoires vérifiés en la Cour des Aides. Par le treizieme article de ces Mémoires, le Roi avoit ordonné que les Habitants des Villes franches seroient tenus de bailler à Ferme leurs terres & héritages, autrement & à faute de ce faire, qu'ils seroient eux-mêmes imposés & cottisés à la taille. Les Commissaires, sçachant l'intention du Roi, avoient conservé les Habitants de Lyon en l'exemption des tailles, ainsi qu'il avoit été réglé par l'Arrêt du 3 Juillet 1597, Sa Majesté pour couper court à toutes difficultés qui pourroient s'élever entre les Habitants de Lyon & les Habitants du plat pays de Lyonnois, donna les Lettres-Patentes qui suivent:

HENRY, &c. Déclarons nos vouloirs & intentions n'avoir oncques esté, & n'estre point de faire préjudice ausdits Arrêts contradictoirement donnés (1), ni de comprendre lesdits exposans, Manans & Habitans de notredite Ville de Lyon, audit XIIIe. article des Mémoires par nous baillés auxdits Commissaires & vérifiés en nostredite Cour, ains que nous avons toujours entendu & entendons les en excepter, comme d'abondant nous les avons excepté & exceptons par ces présentes, voulant qu'ils soient conservés en ladite exemption & affranchissement desdites tailles & autres impositions, pour en jouir conformément audit Arrêt,

---

(1) Arrêts des 26 Août 1581, 23 Octobre 1585 & 3 Juillet 1597, pages 1995, 1997, 2003.

[du 3 Juillet 1577] lequel nous voulons estre gardé, entretenu & exécuté selon sa forme & teneur, nonobstant ledit XIIIe. article dudit Mémoire, & autres choses quelconques à ce contraires, &c. 1600.

Données à Lyon, le onzieme jour d'Août, l'an de grace mil six cent.

Vu par la Cour, &c. La Cour a ordonné & ordonne que lesdites Lettres seront registrées au greffe d'icelle, pour jouir par lesdits impétrans du contenu ausdites Lettres, lorsqu'ils auront acquis le droit de Bourgeoisie par dix ans entiers; & sans que pour raison de l'exemption portée par icelle, leurs Fermiers, Censiers & Admodiateurs se puissent prévaloir de ladite exemption. A Paris, le 19 Juin 1601.

☞ Edit de Mars 1601, registré en la Cour, le 28 dudit mois, portant création des Elections de Bourg, Belley & Gex en Bresse, nouvellement réunies à l'obéissance du Roy, par le traité de paix entre le Roy & le Duc de Savoie. (Répertoire de la Cour des Aydes.) 1601.

☞ Lettres Patentes du 20 Mars 1601, registrées le 12 Mai suivant, contenant confirmation de noblesse de Jacques Lecarron, sieur de la Vertelle, dont les ancêtres avoient été annoblis par Lettres d'Août 1497 & Juin 1585. Ces Lettres portent :

Et d'autant que Sa Majesté, par le Réglement général a renvoyé à la Cour des Aydes la connoissance de telles matieres, & qu'en tout cas l'appel y ressortit, & que ledit Jacques Lecarron a payé deux cents écus pour le rachat de dix livres de rentes par lui dues pour l'indemnité, il est ordonné à ladite Cour d'examiner si lesdites Lettres ont été accordées pour services & mérites, & non pour argent, pour les vérifier & en faire jouir ledit Lecarron. (Greffe de la Cour des Aydes.)

☞ Arrêt du Conseil, du 6 Avril 1604, portant Réglement contradictoire entre le Parlement & la Chambre des Comptes de Dijon, par lequel entr'autres dispositions il est ordonné, article V, que la connoissance souveraine & en dernier ressort de toutes matieres concernant le fait & la jurisdiction des aydes, appartiendra à la Cour de Parlement de Dijon en la même sorte, autorité & prérogative qu'elle est attribuée à la Cour des Généraux des Aydes à Paris · & ce, tant pour vérification de lettres concernans lesdites aydes, que jurisdiction contentieuse d'icelles; mêmement de toutes appellations interjetées des Grenetiers & Contrôleurs des Greniers.... Elus dudit pays, Lieutenans de la foraine, resve & haut passage, traverse, traite du domaine forain, Maîtres des Postes, conservateurs des foires, des sur-taux des tailles & autres subsides, circonstances & dépendances; comme aussi de celles qui seront interjetées des Jugemens de ladite Chambre des Comptes, ès cas esquels la connoissance du fait desdites aydes lui est attribuée en premiere instance par le présent Réglement. Cet Arrêt regle aussi les objets qui sont de la compétence de la Chambre des Comptes, & ceux sur lesquels elle ne pourra juger qu'en premiere instance. Cet Arrêt a été enregistré 1604.

1604. au Parlement de Dijon, le 15 Juillet 1604. (Recueil du Parlement de Dijon, page 13.)

Nous ne donnons ici que la notice de cet Arrêt, parce qu'il a été révoqué par Edit du mois de Juillet 1626, & du mois d'Août 1630, dont il sera parlé ci-après à leur date.

1610. ☞ Arrêt du Conseil & Lettres-Patentes du 7 Août 1610, enregistrés en la Chambre des Comptes, le 7 Septembre suivant, qui maintiennent les Habitans des quartiers de Saint-Just & Saint-Irénée, compris dans l'enceinte de la Ville de Lyon, dans l'exemption & affranchissement de toutes tailles & impositions qui s'imposent sur les Habitants du plat pays de Lyonnois, comme les autres Habitants de la Ville de Lyon. (Recueil des Privileges de Lyon, seconde Partie, pages 11 & 12.)

1611. *Lettres-Patentes par lesquelles le Roi renvoie à la Cour des Aides de Paris la connoissance des procès & différends concernant le paiement des rentes sur le Clergé, aides, recettes générales & sur le Sel.*

6 Janvier 1611.

LOUIS, &c. A nos amés & féaux les gens tenans notre Cour des Aydes à Paris, salut. De la part de Me. Jean de Moisset, l'un de nos Conseillers, Notaires & Secretaires, nous a été exposé, qu'à cause du payement qu'il a fait des rentes du Clergé, aydes, recettes générales, & qu'il fait encore des rentes d'icelles, comme aussi des rentes constituées sur le sel, il y a grand nombre de procès & instances, tant pour raison des fausses ou doubles quittances, que pour autres difficultés qui se rencontrent ordinairement au payement desdites rentes, & à cette occasion, est journellement poursuivy en plusieurs & diverses Jurisdictions, sçavoir, pardevant le Prevost de nostre bonne Ville de Paris, ou son Lieutenant-Civil, le Prevost des Marchands & Eschevins d'icelle, les gens tenans les Requestes du Palais, Requestes de l'Hôtel, Cour des Aydes, Grand-Conseil, Chambre des Comptes & Cour de Parlement, dont arrive souvent contrariété de Jugement, & que ledit Exposant est condamné à payer deux fois une même rente, selon que les pratiques desdites Jurisdictions sont différentes; ce qui arrive aussi à cause que l'instance originale est quelquefois traitée en une Jurisdiction, & l'instance de garantie en l'autre; sur quoy il desireroit lui estre pourvu; & à cette fin qu'il nous plût attribuer la connoissance de tous lesdits differends & procez concernant lesdites rentes & payemens des arrerages d'icelles, à telle de nos Cours Souveraines qu'il nous plairoit ordonner. A ces causes, & afin que la diversité de Jurisdictions n'empêche la bonne & breve justice, que nous entendons être rendue à nos Sujets & n'apporte contrarietez de Jugemens, en même fait; joint qu'il est question de matiere de finance, dont la connoissance est attribuée par nos Ordonnances à notre Cour des Aydes de Paris, soit en premiere instance ou par appel, privativement à toutes nos autres Cours, Jurisdictions; & en conséquence de quoi par le XXIXe article du contrat & bail general des aydes, & par l'article L de celui du sel, la connoissance desdits differends est reservée à notredite Cour des Aydes, &

& interdite à tous autres Juges Avons de notre grace, pleine puissance & autorité royale, évoqué à nous & à notre Conseil tous les procez & instances mûs & à mouvoir, pour raison desdites rentes, en quelque Cour & Jurisdiction qu'elles soient pendantes & indécises; & icelles avec leurs circonstances & dépendances, renvoyées & renvoyons par ces presentes à vous, Gens de nottredite Cour des Aydes à Paris, pour être par vous tous lesdits procez & differends jugez en premiere instance ou par appel, icelle interdite & défendue, interdisons & défendons à toutes nos autres Cours & Jurisdictions quelconques. Faisant très-expresses inhibitions & défenses à toutes personnes de se pourvoir ailleurs que pardevant vous, à peine de nullité, cassation des procédures, dépens, dommages & interêts. De ce faire, vous avons donné & donnons pouvoir, puissance & autorité, & en tant que besoin est ou seroit, commission & mandement spécial; enjoignant à tous Greffiers de porter ou envoyer au Greffe d'icelle tous procez & differends mûs & à mouvoir à cause de ce, moyennant salaire compétant, & à tous Huissiers & Sergens faire pour l'execution des presentes, tous exploits requis & necessaires. 1611.

Données à Paris le sixieme jour de Janvier, l'an de grace mil six cent onze, & de notre regne le premier. *Signé*, Par le Roy, la Reine Regente sa mere presente, DE LOMENIE.

Registrées en la Cour des Aydes à Paris, le 26e. jour de Mars 1611.

EDIT portant réunion de la Cour des Aides de Bourgogne à la Chambre des Comptes de Dijon. (Recueil du Parlement de Dijon, page 25.) 1626.

Cet Edit a été révoqué par l'Edit d'Août 1630, rapporté ci-après, page 2013.

Juillet 1626.

LOUIS, &c. Encore que par les Edits de création & établissement de nos Cours Souveraines, les Rois nos prédécesseurs n'aient rien obmis de ce qui les devoit tenir en union & bonne intelligence, ayant si bien réglé leurs pouvoirs, qu'il sembloit que chacune Compagnie eût de quoi se contenter de ce qui lui étoit attribué, sans rien entreprendre les uns sur les autres: néanmoins comme toutes choses sont sujettes à interprétation, le changement des tems, ou plutôt des personnes qui ont depuis rempli les charges desdites Compagnies, ont fait naître diverses contestations entre lesdites Cours, & particuliérement entre nos Cours & Chambres des Comptes, que sans le soin que nous avons pris de les régler, lorsque le mal est venu à notre connoissance, le cours de la Justice auroit été souvent interrompu, & nos affaires grandément reculées. Mais comme en cela notre interêt étoit joint à celui de nos Sujets, après avoir fait tout ce que nous avons pu pour faire cesser lesdites contentions, & reconnu que les réglemens généraux par nous faits entre nosdites Cours de Parlement & Chambre de nos Comptes ne pouvoient pas servir également par toutes les Provinces de nos Royaumes, à cause des usages differens qui s'observoient en certains lieux, notamment en notre Province de Bourgogne, en laquelle la

1626. connoissance des Aydes & Gabelles prétendue par nos Parlemens & Chambre dudit pays a donné lieu à plusieurs procès & contentions entr'eux, qui n'ont pû jusqu'à présent être vuidés, quelques soins que l'on ait apportés, & desirant autant qu'il nous est possible pour la justice, repos & soulagement de nos Sujets, terminer tous les différends étant entre lesdites deux Compagnies, leur ôter à l'avenir tout sujet de contentions & difficultés, savoir faisons que, &c. Voulons & nous plaît, que dorénavant & à toujours la souveraine & entiere connoissance & jurisdiction de nos aydes, tailles, subsides, octrois, décimes, subventions, gabelles & Greniers à sel, traites foraines & domaniales, Elections & autres généralement quelconques concernant le fait de nosdites aydes en nos pays & Duchés de Bourgogne, Bresse, Bugey, Valromey & Gex, appartiennent à notredite Chambre des Comptes de Bourgogne seule, pour être & tenir lieu de Cour de nos Comptes & Finances audit pays.

Laquelle Cour des Aydes nous avons unie, incorporée, unissons & incorporons à ladite Chambre des Comptes, pour en jouir & l'exercer aux mêmes honneurs, qualités, pouvoirs, autorités, prérogatives, jurisdiction, & en la même forme qu'elle est attribuée à notre Cour des généraux des Aydes à Paris, & autres de notre Royaume, pour connoître, juger & déterminer en dernier & souverain ressort, de tous les procès & différends qui interviendront entre nos Sujets, Villes & Communautés, Fermiers de nos Gabelles, aydes, tailles, subside, Greniers à sel, traites foraines & domaniales, ensemble des appellations qui seront interjettées des Ordonnances des Trésoriers de France & des Sentences des Elus, Grenetiers, Maîtres des Ports, & tous autres nos Juges, auxquels la connoissance en doit appartenir en premiere instance, & de toutes autres matieres généralement quelconques, tant civiles que criminelles, circonstances & dépendances, desquelles la connoissance est attribuée à nosdites Cours des Aydes par nos Edits, Ordonnances & Réglemens sur ce faits, combien qu'elles ne soient cy par le menu spécifiées, lui en attribuant par notre présent Edit & aux Officiers d'icelle, la souveraine & entiere connoissance.

A cet effet, voulons & ordonnons que dorénavant à toujours, toutes Lettres-Patentes, Edits, Déclarations, concessions, octrois, baux à fermes, & autres expéditions généralement quelconques, concernant le fait de nosdites aydes, tailles, subsides, octrois, décimes, subventions, gabelles, Greniers à sel, Elections, traites foraines & domaniales, Lettres de provisions de tous nos Officiers de Finances & Judicatures par nous établis & à établir pour l'exercice des Charges susdites, soient adressées à notredite Cour des Comptes, Aydes & Finances de Bourgogne seulement, pour y être lesdits Edits, Lettres-Patentes & Déclarations, baux à fermes & autres expéditions concernant nosdites Aydes & Finances registrées & lesdits Officiers reçus en icelles, avec défenses à notredite Cour de Parlement de Dijon de prendre ci-après aucune connoissance, Cour ni jurisdiction en quelque sorte & maniere que ce soit des choses & matieres dessusdites concernant nosdites aydes tant au civil qu'au criminel, que nous leur avons très-expressément inhibé & défendu, inhibons & défendons, voulant que tous les Jugemens qui seront rendus par notredite Cour des Comptes, Aydes & Finances soient exécutés nonobstant oppositions ou appellations quelconques, & comme les Arrêts de nos Cours souveraines, &c.

Cet Edit révoque la connoissance du domaine ci-devant attribuée en premiere instance à la Chambre des Comptes, pour l'attribuer aux Officiers que le Roy trouvera plus convenable pour le bien de la Justice, & en réserve la connoissance par appel au Parlement, & révoque le Réglement du Conseil, du 6 Avril 1604, en ce qu'il pourroit être contraire au présent Edit.

ARRÊT de la Cour des Aides, entre les Habitants de Lyon & les Echevins de Villefranche, & les Habitants des Paroisses de Forneaux & Cogny en Beaujolois, qui confirme les Habitants de Lyon en l'exemption des tailles, pour les biens qu'ils possedent dans le Beaujolois. (Recueil des Privileges de Lyon, seconde Partie, page 28.) 1628.

31 Mai 1628.

NOTREDITE Cour.... fait inhibitions & défenses aux Consuls, Manans & Habitans de Forneaux & Cogny & aux Echevins de Villefranche de les taxer [les Habitans de Lyon y dénommés] & imposer à l'avenir ès rôles des tailles pour les héritages qu'ils possedent esdits lieux, tant & si longuement qu'ils seront Habitans de ladite Ville de Lyon, & bailleront leurs héritages à Ferme ou grangeage... & ayant égard aux conclusions du Procureur-Général, ordonne notredite Cour que le présent Arrêt sera lu, publié & registré au greffe de l'Election de Villefranche, &c.

Donné à Paris, en notredite Cour des Aydes, le trente-un Mai mil six cent vingt-huit.

EDIT de création de la Cour des Aides de Guienne. 1629.

Décembre 1629.

LOUIS, &c. Les procès & differends qui naissent entre nos Sujets concernant le fait des aydes & autres impositions qui se levent sur eux, en la plupart desquels nous avons le principal interest pour la conservation de nos droits, ont donné sujet aux Roys nos prédecesseurs, pour les distinguer d'avec les causes ordinaires, & afin que sur iceux il fût rendu prompte justice à nosdits Sujets, de créer & établir des Cours des Aydes en aucunes Provinces de cettuy notre Royaume, ce que nous avons reconnu avoir apporté un tel soulagement aux Habitans des Provinces où lesdites Justices des Aydes sont exercées séparément d'avec les ordinaires, que nous avons jugé à propos de faire pareil établissement où lesdites Justices sont encore conjointes, & spécialement en notre Province de Guyenne, en laquelle la Cour de Parlement y établie, connoît à présent des différends qui interviennent pour raison desdites aydes & impositions, bien que la plupart soient de legere importance, jugeant lesdits differends avec les mêmes formalitez qui s'observent aux causes ordinaires, au moyen de quoi les payemens de nos droits en son retardez pendant lesdites procédures & les Parties consommées en frais, dont ayant souvent reçu des plaintes, nous avons estimé raisonnable d'y pourvoir par un remede convenable, en établissant en l'une des Villes de notre Province de Guyenne une Cour souveraine pour connoistre des différends concernant lesdites aydes, dont connoist à présent notredite Cour de Parlement de Bordeaux, & composer ladite Cour d'un nombre d'Officiers suffisant. A ces causes, &c. créons, érigeons, ordonnons & établissons en notre

1629. Ville d'Agen, une Cour souveraine des Aydes, laquelle nous voulons estre dorénavant qualifiée notre Cour des Aydes de Guyenne établie audit Agen, pour connoistre & juger souverainement de toutes matieres & nature d'aydes, tailles, taillons, crues & autres levées, augmentations, impositions sur le sel, vin & autres denrées & marchandises, traites-foraines, solde de gens de guerre, emprunts, octroys, contributions au ban & arriere-ban, procès & differends des Officiers & Commis pour la Justice & perception desdites impositions, administrations & réglemens de leurs Offices, vérifications des chartres, privileges, annoblissemens, affranchissemens, de toutes les appellations qui seront interjettées des Sentences & Jugemens qui seront rendus par les Officiers des Elections de la Generalité de Guyenne, ressortissans à présent en nottedite Cour de Parlement de Bordeaux; connoistra aussi & décidera notredite Cour présentement créée, privativement à tous nos autres Juges, des Réglemens, punition & correction des Officiers d'icelle, ensemble de tous les Officiers des Elections dudit ressort, comptables, Receveurs & Controlleurs, tant généraux que particuliers, Commis & tous autres établis à la perception de tous nosdits droits, lorsqu'il sera question des fautes, abus ou malversations commises en l'exercice de leurs charges & différends concernant leurs privileges, exemptions, rang & séance: seront aussi tous Juges & Officiers de Judicature, dépendans des Elections dudit ressort, examinez en icelle; & généralement connoistra ladite Cour de toutes les causes & matieres concernant les causes susdites, dont connoist à présent nottedite Cour de Parlement de Bordeaux, & tout ainsi qu'en connoist notre Cour des Aydes de Paris en l'étendue de son ressort. Voulons que les Arrests qui interviendront en nottedite Cour présentement créée sur toutes les matieres & en l'étendue du ressort susdit tant en fait civil que criminel, circonstances & dépendances, soient exécutés souverainement contre tous les Habitans dudit pays, sans qu'il soit loisible de se pourvoir contre lesdits Arrests, sinon par les voyes de droit permises par nos Ordonnances; faisant comme nous faisons très-expresses inhibitions & défenses à nottedite Cour de Parlement de Bordeaux, & tous autres Juges, de prendre dorénavant aucune Cour, jurisdiction & connoissance des cas susdits, & aux Parties d'en faire aucune poursuite ni en ladite Cour de Parlement ni ailleurs, qu'en notredite Cour des Aydes de Guyenne présentement créée, à peine de nullité, cassation des procédures, Jugemens & Arrests qui interviendront au contraire. Laquelle Cour des Aydes d'Agen sera composée de quatre nos Conseillers & Présidens, dont l'un aura la qualité de Premier Président; vingt nos Conseillers & Generaux desdites aydes; deux nos Conseillers & Avocats-Generaux; un notre Conseiller & Procureur-General pour nous; un Greffier & un Controlleur dudit greffe hereditaire; deux Maistres Clercs aussi hereditaires, dont l'un tiendra l'audience; trois nos Conseillers-Receveurs & Payeurs anciens, alternatif & triennal des gages des Officiers de notredite Cour, qui seront aussi Receveurs des amendes; trois aussi nos Conseillers & Controlleurs desdits Payeurs; un Greffier Garde-sacs, & un Controlleur des productions hereditaires; douze Procureurs postulans; un premier Huissier Beuvetier, cinq autres Huissiers & un Concierge hereditaire, qui sera aussi Garde des prisons; tous lesquels Offices nous avons par le présent Edit créé & érigé, créons & érigeons aux mêmes honneurs, pouvoir & jurisdiction, autoritez, prérogatives, privileges, exemptions, franchises, libertez, droits d'épices & autres droits dont jouissent les Officiers de notre Cour des Aydes de Paris, dont nous voulons que les pourvus jouissent, tout ainsi que s'ils étoient ici particuliérement spécifiés, pour estre par nous dès-à-présent & nos successeurs Roys pourvus ausdits Offices, lorsque vaccation arrivera, & en jouir par les pourvus aux gages : à sçavoir ledit Premier Président en ladite Cour, de 4000 livres de gages ; les autres trois Présidens, de 3000 livres chacun ; les vingt Conseillers-Generaux, 1500 livres chacun ; les deux Avocats Generaux, 1500 livres chacun ; notre Procureur-General, 2000 livres ; le Greffier & Controlleur dudit greffe, 500 livres chacun ; les trois Receveurs & Payeurs des gages de ladite Cour, 1200 livres chacun ; les trois Controlleurs, 600 livres chacun ; le premier Huissier Beuvetier, 200 livres ; les cinq autres Huissiers, 50 livres chacun ; & le Concierge & Garde des prisons, 150 livres, revenans lesdits gages à la somme de 55000 livres, de laquelle nous voulons qu'il soit fait fonds par chacun an ès états qui seront expédiez en nostre Conseil, de la recette & dépense des deniers de la Ferme du convoy de Bordeaux, sous le nom des Receveurs & Payeurs desdits gages, qui seront en exercice, pour leur estre icelle somme payée par les Fermiers dudit convoy, présens & à venir de quartier en quartier, & distribuée par lesdits Payeurs aux Officiers de notredite Cour, aussi de quartier en quartier sur leurs simples quittances, sans que ledit fonds puisse estre diverty en quelque sorte que ce soit, & à la charge d'en compter par lesdits Payeurs par état, pardevant les Tresoriers-Generaux de France à Bordeaux, & en nostre Chambre des Comptes de Paris : & quant ausdits deux Maistres Clercs, Greffier-Garde-sacs, Controlleur des productions, & douze Procureurs postulans, n'auront aucuns gages, ains jouiront chacun des mêmes fonctions & droits attribuez aux Offices de semblable qualité établis en nostredite Cour des Aydes de Paris, &c. *1629.*

Donné à Paris, au mois de Décembre, l'an de grace mil six cent vingt-neuf, & de notre regne le vingtieme. *Signé*, LOUIS ; & plus bas, par le Roy, DE LOMENIE.

Leu & publié le dernier Décembre *1629*. *Signé*, BOULEN.

EDIT *portant réunion de la jurisdiction des Aides au Parlement de Dijon, avec révocation de l'attribution qui en avoit été faite précédemment, soit en premiere instance, soit en dernier ressort, à la Chambre des Comptes par le Réglement du 6 Avril 1604, & l'Edit du 25 Juillet 1626. (Recueil du Parlement de Dijon, page 30.)* *1630.*

Août 1630.

LOUIS, &c. Comme pour faire cesser les différends qui étoient entre nos Officiers de notre Cour du Parlement de Bourgogne & ceux de notre Chambre des Comptes dudit pays, au fait de la Jurisdiction de nos Aydes en notre Province de Bourgogne, au ressort de notre Parlement, nous aurions créé & établi, par notre Edit du mois de Juillet 1626, en notredite Province, une Cour des Aydes & Finances, avec tel pouvoir, prééminence & autorité que notre Cour des Aydes de Paris, & autres de notre Royaume, & icelle unie & incorporée à notre Chambre des Comptes dudit pays. Mais l'expérience nous ayant depuis fait connoître que cet établissement nouveau, au lieu de faire cesser le mal & les différends desdites Compagnies, les auroit accrus &

1630. aigris davantage, dont nos Sujets recevoient journellement, par telles contentions, de grands frais & vexations en leurs personnes & biens. Ce que nous ayant été représenté en notre Conseil, & que notredit Parlement étoit en possession, dès sa premiere création & institution, de ladite Jurisdiction des Aydes, qui lui auroit été confirmée par les Rois nos prédécesseurs & nous, en l'administration de laquelle nous aurions toujours reçu le contentement & satisfaction que nous pouvions desirer de bons & loyaux Officiers. Nous, voulant témoigner auxdits Officiers de notre Cour de Parlement, combien nous sommes portés à les conserver & maintenir en la Jurisdiction entiere desdites Aydes, bien mémoratifs des services qu'ils nous ont rendus, & auxdits Rois nos prédécesseurs en toutes occasions, où ils ont courageusement exposé leurs vies & biens, dont nous avons entiere satisfaction, pour d'autant plus les obliger à continuer lesdits services.

A ces causes, &c. révoquons notredit Edit du mois de Juillet 1626, portant attribution de ladite Jurisdiction des Aydes à notredite Chambre des Comptes de Dijon, ensemble le Réglement fait en notre Conseil, en l'an 1604, entre nosdits Officiers du Parlement & Chambre des Comptes de Dijon, & par ces présentes...... attribuons à notredite Cour de Parlement, toute Cour, Jurisdiction & connoissance en dernier ressort, des différends de ce qui dépend entiérement du fait de nos aydes, tailles, taillon, gabelles & finances, traites foraines & domaniales, levée de deniers ordinaires & extraordinaires, domaines, péages, subsides, octrois, subventions, élections, Greniers à sel, fournissement d'iceux, compositions, équivalens, dons gratuits, étapes, munitions, avitaillement de places, fortifications d'icelles, deniers communs, emprunts, & en premiere instance des différends pour raison des finances, dont l'audition appartient à notre Chambre des Comptes, des débets, des exécutions tant des Arrêts & Jugemens de ladite Chambre des Comptes, que des Tresoriers-Generaux de France, en notre Province de Bourgogne, & de toutes autres matieres, dont nos Cours des Aydes de Paris & autres de notre Royaume connoissent en premiere instance, de l'entegistrement des Edits de créations d'Elus, Officiers de Gabelles, réceptions d'iceux, même de ceux de nos Elections de Mâcon, Auxerre & Bar-sur-Seine, qui avoient accoutumé d'être reçus en notredite Chambre des Comptes de Bourgogne, en ladite qualité de Cour des Aydes, appellations des Jugemens des Officiers étant du ressort de notredit Parlement, & de tous procès mus & à mouvoir pour raison des pensions, dons, récompenses, gages, amendes adjugées par notredite Cour & Chambre des Comptes, cessions & transports, Associations faites entre nos Fermiers & Receveurs associés, & autres personnes généralement quelconques pour les cas cy-dessus, de l'effet, validité ou invalidité des privileges attribués à tous Officiers, & même de ceux qui ont été ou seront continués aux Villes, Bourgs, Villages & Communautés de notredite Province, ressort de notre Parlement, ou autres personnes généralement quelconques, des cottisations des taxes faites des fiefs & arriere-fiefs sujets à l'arriere-ban, des exemptions des tailles & cottisations ordinaires & extraordinaires, & généralement telle & semblable connoissance qui a été attribuée à nos Cours des Aydes de notre Royaume, par les Edits de leur création, Réglemens, Arrêts & Déclarations intervenus depuis les établissemens d'icelles, suivant lesquels nous voulons que notredite Cour connoisse cy-après, juge & décide sommairement de tous procès civils & criminels, mus & à mouvoir pour raison desdits cas, que de toutes autres choses dont la connoissance appartient à nos Cours des Aydes, nonobstant qu'elles ne soient ici spécifiées & exprimées, en interdisant la connoissance à tous nos autres Juges, même à notre Chambre des Comptes de Bourgogne, nonobstant toutes Ordonnances, Edits, Déclarations, Réglemens, même celui de l'année 1604, en ce qui peut être contraire au contenu en ces présentes, Concordats, Transactions, Us, Coutumes, Statuts & Arrêts à ce contraires, auxquels par ces présentes nous dérogeons pour ce regard, & aux dérogatoires des dérogatoires y contenus. Voulons que tous procès & différends indécis concernant lesdites aydes & finances, soient évoqués en l'état qu'ils sont, en quelques lieux qu'ils soient pendans, pour être jugés souverainement & en dernier ressort en notredit Parlement : comme aussi les Requêtes civiles qui seroient obtenues & s'obtiendront cy-après contre les Jugemens rendus en notredite Chambre, depuis notredit Edit du mois de Juillet *1626*. Faisons à cet effet inhibitions & défenses à nos autres Cours de Parlement, Chambre des Comptes, Cour des Aydes & tous autres Juges, d'en prendre connoissance au préjudice de notre présent Edit, à peine de nullité des Arrêts & Jugemens, dommages & intérêts des parties en leurs propres & privés noms : validons & approuvons tous les Arrêts donnés par notredite Cour, tant sur les enregistremens des Edits & Déclarations qui y ont été présentés, que nous voulons être de pareille force & vertu que si lesdits Edits avoient été registrés purement & simplement, sans aucune modification ni restriction en notre Cour de Parlement, comme pareillement tous Arrêts donnés par notredite Chambre des Comptes & des Aydes, sur le fait des particuliers, contre lesquels nous réservons aux parties de se pourvoir par les voies de droit, si bon leur semble. Mais d'autant qu'à cause de ladite attribution & union de Jurisdiction à notredite Cour, des matieres cy-dessus déclarées, la Justice ne pourroit être si promptement rendue & administrée à nos Sujets que le desirerions : nous avons pour cet effet, par cettuy notre présent Edit, du même pouvoir, avis & conseil que dessus, créé & érigé, créons & érigeons en notredit Parlement une nouvelle Chambre, pour servir de Chambre d'Enquêtes, à l'instar de celles établies en nos autres Parlemens, &c. 1630.

Si donnons en mandement à nos amés & féaux Conseillers, les Gens tenans nos Cours de Parlement & des Aydes à Dijon, Chambre de nos Comptes, Présidens & Trésoriers de France audit lieu, que le présent Edit ils fassent lire, &c.

Donné à Dijon, au mois d'Avril mil six cent trente.

Enregistré au Parlement de Dijon, le 29 Avril 1630.

LETTRES-PATENTES *en forme de Déclaration, portant Réglement de jurisdiction de la Cour des Aides de Guienne.* 1631.

6 Mai 1631.

LOUIS, &c. Nos amez & feaux Conseillers, & les gens tenans nostre Cour des Aydes de Guyenne, nous ont fait dire & remontrer par leurs députez, qu'au préjudice de nostre Edit de leur création, pour connoistre, décider &

1631. terminer en souveraineté & dernier ressort toutes causes & differends qui surviendront à l'occasion des aydes, tailles, taillon, crues, imposts & subsides, emprunts, subventions, fortifications, réparations, clôture des villes, bourgs, châteaux, munitions, dons, soldes, recompenses, assignations, deniers communs & d'octroy, des étapes, exemptions, privileges, tant de gens nobles, ecclesiastiques & officiers, que des villes & communautez, soit pour l'entrée & débit des vins en icelles, en gros & en détail, que pour toutes autres denrées & marchandises, & generalement toutes matieres de cette qualité, leurs circonstances & dépendances, tant civiles que criminelles, dans l'étendue de leur ressort, suivant & conformément à l'attribution qui en a esté faite aux autres Cours des Aydes de nostre Royaume, par les Edits & Déclarations de nos predecesseurs Roys, nosdits Officiers sont journellement inquiétés & troublés en la connoissance de toutes ces choses par entreprise de jurisdiction, tant de nos Parlemens de Tholose, Bordeaux, Chambre de l'Edit de Guyenne, que Cours des Aydes de Paris & Montpellier, Juges, Présidiaux, Senéchaux & autres ordinaires, au retardement de nostre service, & au dommage de nos sujets de ladite Province ; à quoy desirant pourvoir : sçavoir faisons, qu'ayant fait voir en nostre Conseil tous les Edits, Ordonnances & Déclarations, esquelles nosdits Officiers desdites Cours des Aydes de Paris, Montpellier & autres de cettuy nostre Royaume, sont fondez au fait de leurs anciennes jurisdictions, exemptions & attributions, à l'instar desquelles nous avons créé nostredite Cour des Aydes de Guyenne, même les Edits des feus Roys Louis XI, du 3 jour de Mars 1467; de Charles VIII, du 5 Octobre 1495 ; de Louis XII, du mois de Juin 1500, avec les Lettres - Patentes, premieres, secondes, des 19 Juillet 1511 & 1512, & 15 Octobre 1513 ; de François I, du 3 Février 1526, & Henry II, du mois de Juin 1552, & au mois de Février 1553, au mois de Mars 1554, & au mois de Septembre 1555 ; de Charles IX, 1568 ; de Henry III, 1584, & du feu Roy Henry-le-Grand nostre Seigneur & pere, par sa Déclaration sur la Jurisdiction des Elus en premiere instance, & par appel à nostredite Cour des Aydes, du mois de Décembre 1594, vérifié en notre Parlement de Bordeaux, qu'avons voulu estre attaché sous le contre-scel de ces présentes, & par autre du mois d'Aoust 1599, sur les procès & différends meus & à mouvoir de ceux de la Religion prétendue réformée. Nous, &c. statuons & ordonnons, de nostre certaine science, pleine puissance & autorité royale, que nostredite Cour des Aydes de Guyenne établie à Agen, connoistra, jugera & décidera en souveraineté & dernier ressort, toutes matieres & causes, procès & différends qui pourroient avenir pour raison de nos aydes & tailles, taillons, crues, augmentations & levées, imposition sur quelque sorte de denrée & marchandise que ce soit, douannes, traites-foraines, en quelques lieux qu'elles soient dans le ressort de nostredite Cour, comme de Bayonne, des lannes, convoy & comptablie de Bordeaux, solde de gens de guerre, emprunts, capitation, octrois des Villes & Communautés quelles qu'elles puissent estre, même de celle de Bordeaux, contributions au ban & arriere-ban, taxe de franc-fief, nouveaux acquêts, fortifications, réparations des Villes, leurs ports & murailles, ponts & pavez d'icelles, démolitions, avitaillement & estapes, procez & différends des Officiers & Commis pour la justice & perception desdites impositions, administration, réglemens de leurs Offices ou Commissions, vérifications des chartres, privileges, annoblissemens, affranchissemens des Ecclésiastiques, Nobles, Villes, Officiers & Communautez, de toutes les appellations qui seroient interjettées des Officiers des Elections, Maistres des ports, Voyers particuliers & Juges des

des douannes & traites foraines, des réglemens de leurs charges, punition & correction de leurs abus & malversations; ensemble de tous Officiers comptables, Receveurs & Controlleurs particuliers & generaux, leurs Commis & autres établis à la perception des droits, & de tous les différends concernant leurs privileges, exemptions, rangs & séances, privativement à tous autres Juges quelconques, & pareillement des appellations qui seront interjettées des Elections, des Consuls, Collecteurs & autres Officiers des Villes, Communautez, Paroisses, & des appellations des comptes rendus par les Consuls, Collecteurs, leurs Tresoriers, Receveurs ou Commis à la levée tant de nos deniers que des communs d'octroy & autres de quelque nature qu'ils puissent estre; comme aussi des differends qui interviendront pour causes de refections des ponts, peages qui se prennent sur le sel & poisson sallé passant par les rivieres, abus & vexations des Fermiers & Commis à la levée des droits d'iceux, tant dans le détroit de nos Domaines, que des terres des Seigneurs & Communautez, & des levées qui se feront pour l'entretenement des rivieres de Garonne, le Lot, d'Ordoigne, Ladouze & Midouze, & autres de nostredite Province, afin qu'elles soyent tenues en bon estat, pour le commerce & trafic commun de la navigation, pour les gages des Juges Présidiaux de ladite Ville d'Agen & autres de ladite Province. Voulons aussi & entendons que nostredite Cour des Aydes ait la connoissance des droits d'entrées dans nos Villes & autres lieux, sur quelque sorte de denrées & marchandises que ce soient, même sur le vin, vente & débit d'iceluy tant en gros qu'en détail, soit au préjudice de nos droits ou des statuts & privileges de nosdites Villes & Habitans d'icelles, jaugeage, appetissement des pintes, des imposts sur le bled, bois, merrain, pied-fourché & pied-rond, par qui que ce soit qu'il se leve, & au profit de qui, même des Jurats de nostre Ville de Bordeaux, les baux à Ferme, lesquels voulons désormais estre faits en nostredite Cour des Aydes, & rendre compte tous les ans pardevant les Commissaires d'icelle, ainsi qu'ils avoient accoustumé faire devant les Commissaires de nostredite Cour de Parlement, en qualité de Cour des Aydes; comme aussi de tous procez & différends pour raison des débets de nostredite Chambre des Comptes entre comptables qui seront du ressort de nostredite Cour, des exécutoires décernez par nostredite Chambre des Comptes, Tresoriers-Generaux, & de l'exécution de toutes les contraintes délivrées par nos Receveurs-Generaux & particuliers des tailles & taillon, de tous les comptes des Clercs à Maistre, & generalement de toutes les contraventions qui concerneront les matieres susdites, circonstances & dépendances d'icelles, tant en civil que criminel, dans l'étendue de son ressort, suivant les susdits Edits & Declarations, desquels en tant que de besoin seroit, lui attribuons de nouveau toute jurisdiction & connoissance, & icelle interdisons & défendons par ces présentes, tant à nos Cours de Parlement de Tholose, Bordeaux, Chambre de l'Edit, Cour des Aydes de Paris & Montpellier, Juges Presidiaux & Senechaux & autres Juges ordinaires du ressort d'icelle, à peine de privation de leurs Charges, & plus grande si le cas y échoit. Avons évoqué & évoquons à nous, tous & chacuns les procez des qualitez susdites, si aucuns estoient pendans en nosdites Cours de Parlement de Tholose, Bordeaux, Chambre de l'Edit, Cour des Aydes de Paris & Montpellier, Juges Presidiaux, Senechaux & autres Juges ordinaires du ressort d'icelle, & iceux renvoyez & renvoyons en nostredite Cour des Aydes de Guyenne, un mois après la publication de ces présentes, faite en l'audience d'icelle; & à ces fins enjoignons à tous Greffiers, leurs Commis ou autres détempteurs desdits procez, iceux renvoyer & remettre au greffe de nostredite Cour des Aydes de Guyenne, aux dépens de qui il appartiendra, dont leur

1631.

1631. sera fait taxe raisonnable par nostredite Cour des Aydes de Guyenne, à peine d'être procedé contre lesdits Officiers refusans ou dilaians, par les voyes de nos Ordonnances, & par corps, & à tous Avocats & Procureurs de porter & produire aucunes causes des qualitez susdites ailleurs que pardevant nostredite Cour des Aydes, à peine d'amende arbitraire, & à tous nos Secretaires, Audienciers & Controlleurs en nos Chancelleries, de signer ou expédier aucun relief d'appel ou autres provisions, sous quelque prétexte que ce soit, ni en faire l'adresse qu'en nostredite Cour des Aydes, sur les mêmes peines, & pour cet effet, leur mandons & enjoignons faire publier cesdites presentes esdites Chancelleries, & à tous Huissiers ou Sergens de faire aucuns exploits pour raison de ce, à peine de privation de leurs Offices, déclarant de nul effet & valeur toutes procédures & jugemens, qui, après ladite publication, pourroient estre faites en nosdites Cours & Sieges, comme faites & données par personnes privées & Juges incompetans, sans qu'aucunes Parties se puissent ayder ni faire aucunes poursuites ailleurs qu'en nostredite Cour des Aydes de Guyenne, à peine de l'amende contre les contrevenans. Si donnons en mandement, &c. mandons en outre & expressément enjoignons à nos Procureurs-Generaux de nosdites Cours de Parlement de Tholose, Bordeaux, Chambre de l'Edit de Guyenne, Chambre des Comptes, des Aydes de Paris & Montpellier, de tenir la main à l'observation & execution de ces présentes, chacun en leur ressort, à peine d'en répondre en leurs propres & privez noms: & à mêmes peines & de privation de leurs Charges, à leurs Substituts faire toutes diligences & requisitions que besoin sera pour la publication, registrement & observation d'icelles, chacun en droit soi, dans les Sieges & Greffes de leurs Jurisdictions, & d'envoyer un mois après à nostre Procureur General de nostredite Cour des Aydes de Guyenne, lesdits actes de publication & registrement, &c.

Données à Fontainebleau, le sixieme jour de Mai, l'an de grace mil six cent trente-un, & de nostre regne le vingt-unieme. *Signé*, LOUIS; & sur le reply, par le Roy, PHELYPEAUX.

Registrées à Agen, en la Cour des Aydes de Guyenne, le 22 Août 1631. *Signé*, LESCAZES.

1634. *LETTRES-PATENTES par lesquelles le Roi confirme les Habitants de Lyon dans l'exemption de Tailles, nonobstant le XXXIIIe. article du Réglement du mois de Janvier 1634. (Recueil des Privileges de Lyon, seconde Partie, page 16.)*

Mai 1634.

LOUIS, &c. Déclarons & ordonnons.... que lesdits Prevost des Marchands, Eschevins & Habitans de nostredite Ville de Lyon jouiront pleinement & paisiblement de leurs privileges & exemptions des tailles, conformément audit Arrêt de nostre Conseil, du 3 Juillet 1597 & Lettres-Patentes expédiées en conséquence, le 11 Août 1600; registrées en nostre Cour des Aydes, le 19 Janvier

1601, nonobstant le XXXIIIe article du Réglement des tailles, du mois de Janvier dernier, auquel nous avons dérogé & dérogeons par cesdites présentes, &c. 1634.

Données à Fontainebleau, au mois de Mai, l'an de grace mil six cent trente-quatre.

Registrées en la Cour des Aydes, le 27 Mai 1634.

Arrêt de la Cour des Aides, portant Réglement général pour les taxes & salaires des Huissiers & Sergents, pour les commandements, contraintes, exécutions & emprisonnemens des Asséeurs, Collecteurs, Manants & Habitants des Paroisses du ressort de la Cour. 1636.

28 Mai 1636.

Entre Jean Lyandon, Jean Bezas, Michel Duryé & Louis du Gourd, Huissiers, Sergens des Aydes & Tailles de l'Eslection de Moulins, appellans de certain prétendu réglement rendu par les Esleus de ladite Eslection, le vingtieme Aoust 1632, & Ordonnance estant au bas d'une requeste à eux presentée le vingtieme Avril 1634, & de tout ce qui s'en est ensuivy, d'une part. Et le Procureur-General du Roy, prenant le fait & cause pour son Substitut en icelle, inthimé, d'autre, &c. La Cour a mis & met lesdites appellations & ce dont est appellé au néant, emandant, a ordonné & ordonne que lesdits Lyandon & consors, ne pourront pretendre pour chacun commandement simple qu'ils feront sur les Collecteurs ou Habitans des Paroisses esloignées de la Ville de Moulins de trois lieues & au-dessous que vingt sols tournois, & de ceux qui seront faits au delà desdites trois lieues, jusques à six, que vingt-cinq sols tournois; & de ceux qui seront faits au delà desdites six lieues jusques à dix & au dessous, trente-deux sols tournois; & de celles esloignées depuis lesdites dix lieues jusques à quinze, quarante sols; & pour celles depuis quinze jusques à vingt, quarante-cinq sols tournois. Et pour le regard des emprisonnemens qu'ils feront desdits Collecteurs & Habitans desdites Paroisses és prisons dudit Moulins, ou executions avec transport actuel de biens, ne pourront iceux Lyandon & autres pretendre ne recevoir pour tels exploicts faits dans les Paroisses esloignées dudit Moulins desdites trois lieues & au dessous, que quarante sols; celles esloignées jusques à six & au dessous, cinquante sols; & celles esloignées depuis lesdites six lieues jusques à dix & au dessous, soixante-quatre sols; de celles esloignées depuis lesdites dix lieues jusques à quinze, quatre livres; & pour celles depuis quinze jusques à vingt lieues, quatre livres dix sols. Au payement desquelles taxes ledit Lyandon & autres pourront faire contraindre les Receveurs qui les auront chargez de leurs contrainctes, sur les procez verbaux qu'ils auront faits & dressez: & lesdits Receveurs, les Collecteurs ou Habitans contre lesquels lesdits commandemens, executions & emprisonnemens auront esté faits, le tout conformement à l'Arrest de la Cour du sixieme Fevrier 1635, & Edict de Janvier 1634. Faict ladite Cour inhibitions & deffenses à iceux Lyandon & consors, de recevoir aucune chose

1636. pour leurs salaires & frais, d'autres mains que de celles desdits Receveurs, à pei[ne] d'amende arbitraire & suspension de leurs charges. Ordonne ladite Cour, qu[e] copies collationnées du present Arrest par le Greffier d'icelle, seront envoyé[es] és Sieges des Elections de son ressort, pour y estre leu & publié, l'Audien[ce] tenant, & registré au Greffe d'icelles, à la diligence des Substituts dudit Pr[o]cureur-General, &c. Prononcé le vingt-huictieme May mil six cent trente-si[x].

Signé, BOUCHER.

ARRÊT du Conseil, qui maintient un Avocat de Lyon dans l'exemption de Tailles dans le pays de Forez. (Recueil des Privileges d[e] Lyon, seconde Partie, page 18.)

4 Juillet 1636.

ENTRE les Consuls & Habitans de Maleval au pays de Forest.... d'un part, & Me. Jean Colombet, Avocat ès Cours de Lyon.... d'autre, &c.

Le Roy, en son Conseil, faisant droit sur le tout, a ordonné que ledit Colombe[t] sera rayé du rôle des tailles de ladite Paroisse de Maleval. Fait Sadite Majest[é] défenses auxdits Habitans de le comprendre à l'advenir au rôle desdites tailles, tant & si longuement qu'il sera Habitant de ladite Ville de Lyon, sauf à eux d'imposer ses Fermiers: ordonné que les sommes payées par ledit Colombet lui seron[t] rendues & restituées, & néanmoins sans dépens. Fait au Conseil privé du Roy, tenu à Paris, le quatre Juillet mil six cent trente-six.

1637. *ARRÊT de la Cour des Aides, obtenu sur la requête de M. le Procureur-Général du Roi, en explication des Arrêts des 6 Février 1635 & 28 Mai 1636, portant Réglement des salaires & taxes des Sergents employés en la collecte des tailles.*

9 Février 1637.

VEU par la Cour la requeste à elle presentée par le Procureur-General d'icelle; contenant que la Cour par ses Arrests des 6 Fevrier 1635 & vingt-huitieme May 1636, auroit réglé les sommes de deniers que les Receveurs des tailles doivent payer aux Sergens qu'ils employent pour la collecte d'icelles, suivant la distance des lieux, pour leurs salaires de chacun commandement & contrainte qu'ils font aux Collecteurs: mais que l'intention de ladite Cour en faisant ledit reglement, auroit été de reprimer & empescher les taxes excessives que pretendoient lesdits Sergens en aucunes Provinces du ressort de la Cour, dont il y avoit plaintes & procez intentez, & non d'augmenter celles qui se payoient volontairement, & sans contredit, suivant l'usage & la commune observance des lieux: neanmoins le suppliant a eu advis, que lesdits Arrests estans venus à la cognoissance d'aucuns desdits Sergens exploictans en des Elections où ils n'ont jamais contesté leursdites taxes, ains les ont toujours receues volontairement, veulent prétendre à present & s'efforcent de se faire payer sur le pied des taxes portées par lesdits Arrests; ce qu'il ne seroit juste de souffrir davantage : que lesdits Sergens en general n'estans obligez de representer leurs exploicts & procez-verbaux pardevant les Esleus, en presence des Substituts, pour les examiner & cognoistre la fraude qui pourroit y avoir, à cause de ce ; le Suppliant a encore eu advis & receu des plaintes des abus & malversations qui se commettent entre lesdits Sergens & Receveurs, par l'intelligence qu'ils pratiquent ensemble, faisant faire plusieurs voyages pour un, & quantité de procez-verbaux & exécutions inutiles, de quoi ils retirent de grands émolumens qu'ils partagent entr'eux, n'ayant personne qui les controlle ; & prennent une telle licence au moyen de ce que la Cour par lesdits Arrests n'a prononcé sur ce point : ce qui va entierement à la foulle & oppression du publicq ; à quoi il est besoin de remédier. Partant requeroit ledit Suppliant, &c. La Cour ayant égard à ladite requeste, en expliquant lesdits deux Arrests des 6 Fevrier 1635 & 28 Mai 1636, a ordonné qu'ès Eslections esquelles suivant l'usage des lieux, les taxes des Huissiers & Sergens employez à la collecte des tailles de chacune Paroisse se trouveront moindres, & au-dessous de celles portées par lesdits Arrests ; que lesdits Huissiers & Sergens ne pourront pretendre plus grandes taxes pour leursdits salaires que celles qu'ils avoient de coustume de percevoir avant lesdits Arrests : & outre qu'ils seront tenus de représenter les exploicts & procez-verbaux qu'ils feront ausdits Collecteurs des Paroisses pardevant les Esleuz, en présence des Substituts pour y estre examinez, & les taxes par eux préalablement arrestées pour leursdits salaires, conformément à ce que dessus, & ausdits Arrests : a fait & fait ladite Cour inhibitions & defenses aux Receveurs des tailles de les payer que suivant les taxes qu'ils verront avoir esté arrestées par lesdits Esleus, en présence desdits Substituts, sans que lesdits Esleus & Substituts puissent prétendre pour raison d'icelles aucuns droits ni salaires, à peine de concussion & suspension de leurs Charges & de 6000 livres d'amende ; ordonne en outre ladite Cour, qu'à la diligence des Substituts dudit Procureur-General, le présent Arrest soit publié en la maniere accoustumée, & executé sur l'extrait d'icelui. Prononcé le neuf Fevrier mil six cent trente-sept. 1637.

☞ Arrêt du Conseil, du 16 Avril 1638, qui ordonne que les Habitans de la Ville de Lyon ne pourront être compris dans les rôles & chartreaux qui se feront par les Consuls, Manans & Habitans de Franc-Lyonnois, pour la contribution aux tailles, pour les biens-fonds qu'ils possedent dans le Franc-Lyonnois, si ce n'est qu'ils soient actuellement demeurans dans ledit Franc-Lyonnois. (Recueil des Privileges de Lyon, seconde Partie, page 21.) 1638.

La petite contrée appellée aujourd'hui *le Franc-Lyonnois*, & anciennement *le petit Franc-Lyonnois*, lorsque la Province, à cause des privileges & franchises de sa Ville capitale & des Habitants, portoit le nom de *Franc-Lyonnois*, n'est précisément qu'une langue de terre qui s'étend depuis le Village de Riottiers, le long de la rive gauche de la riviere de la Saône jusqu'aux deux portes de Lyon, nommées de la Croix-Rousse & d'Alincourt, & qui est coupée par Trévoux & son territoire, au-dessous de la source du ruisseau de *Froment* ou *Formant*, jusqu'à son embouchure, en tirant une ligne droite de cette source à la Saône. Elle a de longueur environ deux lieues & demie, & de largeur réduite, environ une lieue ; car il s'en faut bien que la largeur soit égale par-tout. La Bresse & la Dombes la confinent au levant & au septentrion, la Ville de Lyon la confine au midi, & la riviere de Saône au couchant.

Les treize *Marches* ou *Messages*, c'est-à-dire les treize petites Villes, Bourgs, Villages ou Hameaux qui composent le *Franc-Lyonnois*, sont en sortant de Lyon, *Cuires*, dit la

1638. Croix-Rousse, *Caluire*, *Fontaines*, *Rochetaillée*, *Fleurieu*, *Neuville*, nommée auparavant Vimi, *Genay*, *Bernoud*, *Civrien*, *Saint-Jean-de-Thurigneu*, & au-delà du territoire de Trévoux, de l'autre côté du ruisseau de Formant, *Saint-Bernard*, *Riottiers* & *Saint-Didier*.

De ces Marches, il n'y en a que trois qui soient entiérement du Franc-Lyonnois, celles de *Fontaines*, *Genay* ou *Saint-Bernard*. Les autres n'y ont qu'une moitié, un tiers & un quart de leurs feux ou de leurs territoires, le surplus est dans la Dombes ou dans la Bresse, en sorte que de toutes ces Paroisses on auroit peine à en former quatre, telles que celles du Lyonnois. Il paroît que *Genay* étoit autrefois le chef-lieu, c'est aujourd'hui *Neuville*, petite Ville murée, érigée en Marquisat en faveur de la Maison de Villeroy.

Il seroit difficile de marquer précisément l'époque où cette petite contrée s'est donnée à la France. Tout ce qu'on apprend de ses titres publics, est qu'originairement démembrée de la Bresse & de la Dombes, qui appartenoient à l'Empire, elle se soutint quelque temps dans une sorte d'indépendance, qu'autorisoient sa situation frontiere & le voisinage de différents Souverains plus ou moins puissants dont elle se trouvoit entourée; qu'en 1398 elle se mit sous la sauve-garde des Comtes de Savoie, comme Vicaires de l'Empire, que pour ce droit de garde & de protection, les Habitants s'obligerent de payer une redevance annuelle de cent livres de cire, avec la clause expresse que la redevance ne pourroit pas être augmentée dans la suite, sous le prétexte de l'augmentation des feux & des familles; & qu'en 1426, Amédée, Duc de Savoie, voulant recouvrer les Comtés de Valentinois & de Diois, ses Syndics lui firent présent de deux cents florins d'or pour lui marquer leur attachement, mais que l'on inséra dans les Lettres qui en furent dressées de part & d'autre, que c'étoit un don purement gratuit, & qu'il étoit accepté sans conséquence, ni préjudice pour leurs libertés & franchises.

Elle se trouvoit donc encore sous la protection des Ducs de Savoie, en leur qualité de Vicaires de l'Empire, plus de deux cents ans après que nos Rois furent entrés dans la pleine souveraineté de Lyon & de son territoire. On peut avancer néanmoins, sans trop donner aux conjectures, que cinquante ans après ce dernier traité, & long temps avant la fin du quinzieme siecle, ses Habitants se jetterent entre les bras des Rois de France, soit qu'ils y fussent forcés par quelque vexation des Ducs de Savoie, par quelqu'entreprise pour les réunir à la Bresse, & les remettre dans leur premiere sujétion, soit qu'ils y fussent déterminés par la seule raison de leur situation qui les exposoit aux incursions & aux ravages de tous les partis, & qui demandoit la protection du plus fort & du plus puissant; soit enfin que nos Monarques les aient reçus en échange de leurs anciens Souverains ou protecteurs, comme cela est dit dans l'Arrêt du Parlement de Paris du 22 Décembre 1525. Quoi qu'il en soit, il résulte de ce titre qu'ils jouissoient d'un état tranquille à l'ombre du trône des prédécesseurs de François Ier. ce qui peut remonter à Louis XI, lorsque ce Prince s'empara de la Bourgogne, & que resserrant la Bresse de presque tous les côtés, il ne voulut plus sans doute laisser en des mains ennemies, ou au premier occupant, un petit pays, qui venoit jusqu'aux portes d'une Ville aussi importante que Lyon. Ce fut à cette époque que ce pays prit le nom de *Petit Franc-Lyonnois*, pour le distinguer de la Province dont il commençoit à faire partie.

Quoique le traité originaire ne paroisse pas, on ne sçauroit douter, suivant les titres postérieurs & multipliés, qu'il n'eût pour bases ces trois conditions principales; l'une, que le pays ne changeroit pas de qualité, & qu'il seroit à perpétuité regardé comme pays étranger; en conséquence les Habitants paient le droit de *Traite foraine* pour toutes les marchandises & denrées qu'ils tirent de Lyon & du Lyonnois: l'autre, que ses Habitants seroient affranchis de *toutes tailles, subsides & impositions généralement quelconques*: la troisieme, que pour reconnoître la protection de nos Rois, ils paieroient volontairement de huit ans en huit ans une somme de 3000 livres par forme de don gratuit: privileges & franchises perpétuellement enviés & attaqués, mais entretenus jusqu'à présent avec de légers changements qu'ont occasionnés les seules circonstances de quelques temps difficiles.

Ce petit pays dans les matieres civiles & féodales, a continué de se régir par les Statuts de Bresse, sa loi primitive. La connoissance de ses causes, tant pour la conservation & la manutention de ses privileges & franchises, que pour le fait de la Justice, Police & Finances, est expressément attribuée en premiere instance au Sénéchal de Lyon ou à son Lieutenant-Général, & en cas d'appel au Parlement de Paris. C'est le Sénéchal de Lyon qui ordonne

& regle la levée du don gratuit. Par un grand nombre d'Arrêts du Conseil du Roi, rendus en différents temps, toute jurisdiction a été interdite aux Trésoriers de France & aux Elus du Lyonnois, à la Cour des Aides de Paris, &c. Il y a pour le pays un Syndic Général & un Procureur-Syndic, quelques Paroisses ont des Syndics particuliers. 1638.

L'Eglise de Lyon possede en Seigneurie & Domaine la plus grande partie du territoire. (Almanach Astronomique & Historique de la Ville de Lyon.)

☞ Edit de Décembre 1639, portant création de deux Greffiers-Civils & Criminels Héréditaires & Domaniaux Clerc Commis, Parisis & Contrôleurs desdits greffes en ses Cours de Parlement, Chambre des Comptes, Cours des Aydes, des Monnoies, Requêtes de l'Hôtel & du Palais, Chambre du Trésor, des Eaux & Forêts, Table de Marbre, Sieges Présidiaux, Bailliages, Sénéchaussées, Prévôtés, Vicomtés, Vigueries, Prévôts des Marchands, Juges-Consuls, & en toutes autres Justices, Sieges & Jurisdictions Royales & Seigneuriales du Royaume, avec attribution & augmentation de droits & émolumens. 1639.

EDIT *portant création d'une Cour des Aides à Cahors, transférée depuis à Montauban.* (*Recueil de Montauban, page* 491.) 1642.

Juillet 1642.

LOUIS, &c. Ayant par notre Edit du mois de Janvier 1635, créé & établi un Bureau des Finances à Montauban pour la sûreté de nos deniers & commodité des Officiers de Finances des onze Elections de nos pays de Rouergue, Quercy & haute Guyenne, nous jugeâmes deslors être aussi nécessaire d'établir en l'une des Villes en dépendantes, une Cour des Aydes & Finances, pour connoître & juger souverainement en l'étendue d'iceux les différends concernant les aydes & impositions, dont connoît à présent notre Cour des Comptes, Aydes & Finances de Montpellier, afin de soulager nos sujets desdits pays des incommodités qu'ils souffrent, & périls qu'ils encourent allant & venant de ladite Ville de Montpellier, distante de soixante-quinze lieues françoises, chercher l'expédition de leurs affaires; néanmoins pour certaines considérations, nous en différâmes l'exécution jusqu'à ce que nous fussions pleinement informés, comme nous avons été depuis peu, des grands avantages que produiroit cet établissement, & du peu de préjudice qu'apportera cette distraction à ceux qui nous en voudroient faire des plaintes, outre les secours que nous en pourrons présentement recevoir pour subvenir à partie des grandes dépenses auxquelles la nécessité des affaires de notre Etat nous a obligé. A ces causes, &c. Avons par notre présent Edit perpétuel & irrévocable, distrait & désuni de ladite Chambre des Comptes & Cour des Aydes de Montpellier, la jurisdiction & connoissance de ce qui dépend de nos aydes, tailles, gabelles, & autres impositions & levées, des Elections de Villefranche, Millau, Ville, Cité & Bourg de Rodez, Cahors, Montauban, Figeac, Commenge, Riviere-Verdun, Armagnac, Lomagne & Astarac, unies & incorporées à notredite Cour des Comptes, Aydes & Finances de Montpellier, & ne conséquence créé & érigé, créons & érigeons une Cour souveraine des Aydes & Finances desdits pays & Elections, qui sera établie en notre Ville de Cahors,

1642. comme la plus commode, pour par icelle connoître & juger souverainement & en dernier ressort, en l'étendue desdites onze Elections qui composent la Généralité dudit Montauban, de toutes matieres civiles & criminelles concernant nos aydes, tailles, taillon, ponts & chaussées, crues, levées, impositions, gabelles, & autres denrées & marchandises, douane, traite foraine & domaniale, octrois, subsides, subventions & contributions au ban & arriere-ban, emprunts, solde & logement de gens de guerre, procès & différends à cause des contraventions de ladite douane, des Officiers, Commis & Fermiers, pour la justice, perception desdites impositions, gabelles, douane, administration & réglemens de leurs Officiers, vérification de chartres, privileges, ennoblissemens, affranchissemens, appellations des Sentences & Jugemens des Officiers des Elections & Gabelles de ladite Généralité, de l'exécution des baux & levées de deniers ordonnés pour la construction, réparation & manutention des ouvrages publics, & des dettes du corps des Villes & Communautés desdits pays de Rouergue, Quercy, & ressort des onze Elections, ensemble du payement d'icelles; comme aussi pour connoître par notredite Cour présentement créée, privativement à tous autres Juges, des procès & différends criminels des Officiers du corps d'icelle, des réglemens, punitions & corrections d'iceux, & de tous ceux des Elections & Gabelles de ladite Généralité, comptables & non comptables, Receveurs & Contrôleurs-Généraux & particuliers, Collecteurs & Asseeurs des tailles, Commis, Fermiers, & tous autres commis à la perception de nosdits droits, lorsqu'il s'agira des fautes, abus, ou malversations commises en l'exercice de leurs charges, commissions & fermes, & des différends concernant leurs privileges, exemptions, rangs & séances, de l'examen & réception de tous lesdits Officiers des Elections & Gabelles dudit ressort, & généralement de toutes les autres choses de la qualité de celles dont connoissent dans leur district notre Cour des Aydes de Paris, & autres Cours des Aydes & Finances de ce Royaume, par les Edits de création d'icelles, Réglemens, Arrêts & Déclarations intervenus depuis leur établissement, même par celle du 20 Décembre 1635; de toutes lesquelles choses, nonobstant qu'elles ne soient ci-exprimées par le menu, nous avons attribué toute jurisdiction & connoissance à notredite Cour des Aydes & Finances de Cahors, en ce qui est de l'étendue desdites onze Elections, & icelle interdite & défendue à notredite Chambre & Cour des Aydes de Montpellier, & à tous autres Juges: voulons que les Arrêts qui interviendront en icelle sur toutes lesdites matieres, en l'étendue de son ressort, tant en fait civil que criminel, circonstances & dépendances, soient exécutés souverainement, sans qu'il soit loisible de se pourvoir contre lesdits Arrêts que par les voies de droit permises par nos Ordonnances; & défendons très-expressément à notre Parlement de Toulouse, Cours des Comptes, Aydes & Finances de Montpellier, Guienne, & tous autres Juges, de prendre dorénavant aucune Jurisdiction des choses susdites, & aux parties d'en faire poursuites ailleurs qu'en icelle, à peine de nullité, cassation des procédures, & des Jugemens & Arrêts qui interviendront au contraire. Voulons pareillement qu'en toutes assemblées générales & particulieres qui se feront en ladite Ville de Cahors, tant pour la police, pauvres, affaires communes de ladite Ville, que pour toutes autres causes & occasions, l'un des Présidens & deux Conseillers de ladite Cour, qui seront par elle députés annuellement, à tour de rôle, avec notredit Procureur-Général, y soient appellés par les Consuls & Bourgeois directeurs desdites affaires communes, élus & nommés, & qu'en icelles assemblées lesdits Officiers y président & y tiennent les premiers rangs. Pour composer laquelle Cour des Aydes & Finances, nous

avons

avons créé & érigé, créons & érigeons en titre d'offices formés, un premier Président, trois autres Présidens, vingt Conseillers, deux Avocats-Généraux, un Procureur-Général pour nous, deux Substituts dudit Procureur-Général, un Greffier Civil Secretaire de ladite Cour, ancien, alternatif & triennal, un Greffier Criminel aussi Secretaire de ladite Cour, ancien, alternatif & triennal, & un Greffier des présentations & affirmations pareillement Secretaire de ladite Cour, ancien, alternatif & triennal, un Greffier garde des sacs & productions, ancien, alternatif & triennal, un Contrôleur desdits greffes, ancien, alternatif & triennal, deux nos Conseillers Secretaires de ladite Cour, un Maître Clerc Commis des audiences, ancien, alternatif & triennal, un autre Maître Clerc civil, ancien, alternatif & triennal, un autre Maître Clerc du criminel, aussi ancien, alternatif & triennal, un premier Huissier, sept autres Huissiers, trois nos Conseillers-Receveurs, & trois Contrôleurs des consignations, anciens, alternatifs & triennaux, trois nos Conseillers-Payeurs des gages des Officiers de ladite Cour & Chancellerie ci-après déclarée & Receveurs des amendes & épices d'icelle, & trois Contrôleurs desdits Payeurs & Receveurs, anciens, alternatifs & triennaux, trois Commissaires-Receveurs des saisies réelles, anciens, alternatifs & triennaux, trente Procureurs postulans, un Beuvetier garde des meubles, & un Concierge garde des prisons, tous lesdits offices aux mêmes honneurs, dignités, fonctions, attributions, pouvoirs, jurisdictions, autorités, prérogatives, privileges, exemptions, franchises, libertés, droits d'épices, *Committimus*, & autres droits, profits & émolumens dont jouissent les Officiers de nos Cours des Aydes de Paris & autres Cours des Aydes de ce Royaume; tous lesquels droits attribués à chacun des Officiers de semblable qualité que ceux mentionnés ci-dessus, par les Edits, Arrêts & Réglemens intervenus depuis leur création & établissement jusques à cejourd'hui, même de ceux portés par notre Déclaration du 15 Décembre 1635, vérifiée au Parlement de Paris le 20 dudit mois, sans aucuns excepter ni réserver, nous avons accordé & accordons à ceux créés par notre présent Edit, nonobstant que le tout ne soit ci-exprimé par le menu, & particuliérement auxdits Présidens, Conseillers, nos Procureur & Avocats-Généraux, Greffier civil & criminel, & Secretaire de notredite Cour des Aydes de Cahors, de porter la robe rouge, & droits de préséance en toutes assemblées générales & particulieres, & aux gages annuels, pour ledit premier Président, de 3000 livres; pour chacun des autres Présidens, de 2000 livres; pour chacun des vingt Conseillers, de 1000 livres; pour ledit Procureur-Général, de 2000 liv. pour lesdits deux Avocats-Généraux, chacun de 1100 livres; pour chacun des deux Substituts, 150 livres; pour chacun des deux Notaires & Secretaires de ladite Cour, de 250 livres; pour ledit Greffier civil & Secretaire de ladite Cour, de [illegible]00 livres; pour ledit Greffier-criminel, de 150 livres; pour le Contrôleur desdits greffes, 150 livres; pour ledit premier Huissier, 90 livres; pour chacun des sept autres Huissiers, de 20 livres; pour chacun desdits Receveurs des consignations, de 100 livres; pour chacun des Contrôleurs desdites consignations, 3 liv. 6 f. 8 den. pour chacun desdits Payeurs des gages des Officiers de ladite Cour & Chancellerie, Receveurs des épices & des amendes, 100 livres; pour chacun des Contrôleurs desdits Payeurs & Receveurs, 33 liv. 6 f. 8 den. pour chacun des Commissaires-Receveurs des saisies réelles, 50 livres; pour le Beuvetier garde des meubles, de 50 livres; & pour le Concierge garde des prisons, de [illegible]0 livres; lesquels offices de Greffiers, Maîtres Clercs, Contrôleurs d'iceux, Concierge & garde des prisons & des meubles, Receveurs & Contrôleurs des consignations, nous avons faits héréditaires & domaniaux; & pour le regard

1642. desdits offices de Payeurs desdits gages, Receveurs desdites amendes & épices de ladite Cour, & leurs Contrôleurs, Commissaire-Receveur des saisies réelles, & Procureurs postulans, nous les avons aussi faits & rendus héréditaires, sans qu'ils puissent être déclarés domaniaux, ni sujets à revente. Et afin que nos sujets desdites onze Elections de ladite Généralité de Montauban se ressentent dès-à-présent du soulagement qu'ils recevront par l'établissement de ladite Cour, nous avons évoqué à nous & à notredit Conseil, toutes les instances, procès & différends concernant les matieres ci-dessus, pendans & indécis en ladite Cour des Comptes, Aydes & Finances dudit Montpellier, & iceux avec leurs circonstances & dépendances, renvoyé & renvoyons en notredite Cour des Aydes & Finances de Cahors présentement créée, pour y procéder suivant les derniers erremens, & y être jugés & terminés conformément aux Ordonnances, Arrêts & Réglemens en quelque état que soient lesdits procès & différends, même l'exécution des Jugemens & Arrêts rendus esdite Cour des Comptes, Aydes & Finances de Montpellier; à laquelle, & à tous autres Juges, nous faisons par ces présentes très-expresses inhibitions & défenses d'en plus connoître, à peine de nullité, cassation de procédures, encore que les parties y eussent procédé volontairement, sans que lesdites instances, procès & différends puissent être évoqués de notredite Cour des Aydes de Cahors, que pour cause de parenté au degré de l'Ordonnance, bien que lesdites parties soient catholiques ou qu'elles fassent profession de la religion prétendue réformée; avec commandement aux Greffiers de ladite Cour des Aydes de Montpellier, ses Clercs Commis, ou autres qui seront saisis des pieces & procédures desdits procès & différends, les apporter ou envoyer incessamment, moyennant salaire compétent, aux greffes de notre Cour des Aydes de Cahors; & à ce faire y seront contraints par toutes voies dues & raisonnables, en vertu des Arrêts d'icelle. Mandons & commandons à tous Gouverneurs, Lieutenans, Prévôts des Maréchaux des Sénéchaussées & Sieges Présidiaux dudit Cahors, Rouergue, leurs Lieutenans, & autres, de prêter main-forte, & donner toute ayde & support, si besoin est, pour l'entiere exécution des Arrêts de ladite Cour, tant en fait civil que criminel, sur les peines portées par nos Ordonnances & Arrêts. Et d'autant que l'impression de notre sceau est nécessaire pour autoriser lesdits Arrêts & autres actes de Justice qui seront rendus en notredite Cour, nous avons aussi créé, érigé & établi par le présent Edit, créons, érigeons & établissons en notredite Ville de Cahors, près notredite Cour des Aydes, une Chancellerie en laquelle seront scellés tous les Arrêts, exécutoires, requêtes civiles, relief d'appel, anticipations, acquiescemens, conversion d'appel en opposition, désertions, récisions, restitutions en entier, lettres pour articuler faits nouveaux, & d'assiettes de 150 livres & au dessous, toutes autres lettres de Justice concernant la jurisdiction & connoissance de notredite Cour des Aydes, conformément à nos Edits, Déclarations & Arrêts donnés sur le fait de la Chancellerie établie près notredite Cour des Comptes, Aydes & Finances de Montpellier. Voulons à cet effet qu'il soit fabriqué un sceau pour l'exercice de ladite Chancellerie, où nos armes seront gravées, & qu'en la circonférence il soit mis, *Scel de la Chancellerie établie près notre Cour des Aydes de Cahors*, avec l'année de la fabrication d'icelui ; & pour icelle composer, nous avons pareillement créé & érigé en titre d'offices formels, un Conseiller Garde-scel, dont sera pourvu un des Conseillers de notredite Cour, aux gages de 200 liv. outre ceux attribués à l'office de Conseiller ; deux nos Conseillers Audienciers, Notaires & Secretaires, aux gages de 200 livres chacun; deux nos Conseillers-Contrôleurs, aussi Notaires & Secretaires, aux gages de 200 livres chacun;

deux nos Conseillers-Référendaires, chacun aux gages de 100 livres; d'un Commis-Receveur des émolumens du sceau de ladite Chancellerie, ancien, alternatif & triennal, aux gages de 300 livres, & droits semblables à ceux de cette nature; d'un Chauffe-cire aux gages de 100 livres; & de deux Huissiers audienciers, avec pouvoir d'exploiter par tout notre Royaume, aux gages chacun de 10 livres, & aux mêmes honneurs, autorités, prérogatives, prééminences, franchises, libertés, privileges, exemptions, droits, séances, tant aux assemblées générales que particulieres, droits de bourse, fruits, profits, revenus & émolumens qui ont été concédés, & dont jouissent nos autres Officiers de semblable qualité de notre Chancellerie près notre Cour des Comptes, Aydes & Finances dudit Montpellier, & autres de ce Royaume, avec droit de survivance auxdits Conseillers Garde-scel, Audienciers & Contrôleurs, & leurs premiers résignataires, sans pour ce payer aucune finance; & afin de régler les droits de l'émolument du sceau de ladite Chancellerie, nous voulons & ordonnons que les droits du sceau des lettres & expéditions qui seront faites en icelles, soient taxés & payés à la même raison qu'il est fait en nos autres Chancelleries, & que le contrôle, registre, populos & délivrance en soient faits par l'ordre & pratique observés en icelles, sans exception ni réserve, & comme si le tout étoit ci par le menu & plus au long exprimé; de tous lesquels gages de notredite Cour des Aydes & Chancellerie présentement créée, revenant à 37500 livres, ensemble de ce qu'il conviendra pour les taxations, épices, façon & reddition du compte, & pour les menues nécessités de ladite Cour, nous leur ferons faire fonds annuellement, à commencer du premier Janvier dernier, ès états qui seront expédiés en notre Conseil de la recette & dépense des deniers de nos finances & tailles de ladite Généralité de Montauban, sous le nom des Receveurs & Payeurs desdits gages qui seront en exercice, pour être lesdites sommes payées par nos Receveurs-Généraux, ou autres de ladite Généralité, présens & à venir, de quartier en quartier, & distribuées par lesdits Payeurs aux Officiers susdits, aussi de quartier en quartier sur leurs simples quittances, sans aucun retranchement & divertissement, desquels gages & menues nécessités lesdits Receveurs-Payeurs compteront par état pardevant les Présidens Trésoriers de France & Généraux de nos finances audit Montauban, & après en notre Chambre des Comptes à Paris, &c. 1642.

Donné à Lyon, au mois de Juillet, l'an de grace mil six cent quarante-deux, & de notre regne le trente-troisieme. *Signé* LOUIS; & plus bas, DE LOMENIE.

Lu, publié & enregistré en la Cour des Aydes & Finances de Cahors, avec la Commission du Roy, pour l'établissement & exercice d'icelle, oui & ce requérant le Procureur-Général de Sa Majesté audit Cahors, le 30 Octobre 1642.

Lu, publié & registré en la Chambre des Comptes, oui le Procureur-Général du Roy, pour avoir lieu & être exécuté suivant l'Arrêt sur ce fait, les deux Bureaux assemblés, le troisieme jour de Mai 1644.

1643.

LETTRES-PATENTES qui confirment les Habitants de Lyon & les Paroisses de Saint-Just & de Saint-Irenée, dans l'exemption de toutes tailles & des droits d'aides pour le vin de leur cru vendu à pot & à pinte. (Recueil des Privileges de Lyon, seconde Partie, page 23.)

6 Décembre 1643.

LOUIS, &c. Nos très-chers & bien-amés les Prevosts des Marchands & Eschevins de nostre bonne Ville de Lyon, nous ont fait remontrer, que nostredite Ville capitale de la Province, & l'une des plus importantes frontieres de nostre Royaume, a été dès sa fondation, comme colonie Romaine, exempte de toutes charges personnelles, ainsi que sont les tailles au pays de Lyonnois, & les habitans d'icelle; ensemble ceux des Paroisses de Saint-Just & Saint-Irenée, faisant partie de ladite Ville, ont de tems immémorial joui de ladite exemption, non seulement pour les fonds & héritages qu'ils ont possédés & possedent dans l'enclos de ladite Ville & hors d'icelle; ce qui leur auroit été confirmé par Lettres-Patentes du 24 Avril 1472, accordées par le Roy Louis XI, & par celles de Charles VIII & autres Rois nos prédécesseurs, du dernier Novembre 1485, & Charles IX du 17 Février 1571, même par le feu Roy nostre très-honoré Seigneur & pere, par Lettres données à Lyon au mois de Juin 1630, & à Fontainebleau au mois de Mai 1634, & par plusieurs Arrests & Réglemens contradictoires de nostre Conseil, & en la présente année par l'article 21 de la nouvelle Déclaration faite le 16 Avril dernier, portant Réglement sur le fait de nos tailles: comme aussi lesdits habitans auroient joui de ladite exemption, non seulement dans nostre Royaume, même hors icelui, & particuliérement dans les Estats de Savoie & Province de Bresse, suivant les diverses Lettres des Ducs de Savoie, même par celles de Charles-Emmanuel données à Nice le 14 Mai 1592, confirmées depuis la réunion de ladite Province de Bresse à nostre Couronne par le feu Roy Henri IV, par Lettres du mois de Septembre 1595, & par Arrest & Réglement fait le dernier Septembre 1610, entre les habitans de nostredite Ville & ceux de ladite Province, lesquels pour dédommager de ladite exemption, les Roys nos prédécesseurs auroient déchargé annuellement de la somme de 1713 livres 18 sols dans les estats de nos finances pour les biens roturiers que les habitans de ladite Ville possédoient audit pays de Bresse au premier Janvier 1605, mentionnés au procès-verbal qui en fut dressé par les Commissaires à ce députés le quinzieme jour de Décembre 1606, depuis lequel le nommé Pierre Constantin, habitant de ladite Ville, auroit été déchargé par Arrêt de nostre Conseil du premier Octobre 1632, de la somme de 79 livres 9 sols 6 deniers, pour les biens par lui ou ses prédécesseurs possédés audit pays de Bresse, obmis à comprendre dans le susdit procès-verbal du 15 Décembre 1606. De plus, lesdits exposans nous ont fait remontrer que les habitans de ladite Ville étoient en possession immémoriale, non jamais interrompue de pouvoir pendant toute l'année vendre le vin de leur crû à pot & à pinte, sans pour raison de ladite vente nous payer aucun droit d'ayde, pourvu qu'elle se fasse sans assiette ni serviette, dans laquelle possession lesdits habitans auroient été maintenus & confirmés par Arrêt contradictoire de nostre Conseil du 19 Décembre 1637, confirmé par Lettres-Patentes de nostredit Seigneur & pere, données à S.-Germain en ladite année 1638, registrées où besoin a été : de toutes lesquelles exemptions & franchises lesdits exposans nous auroient fait très-humblement supplier vouloir leur accorder nos Lettres de continuation & confirmation à ce nécessaires. A ces causes, &c. 1643.

Avons auxdits Prevosts des Marchands & Eschevins, & autres habitans de nostredite Ville de Lyon, & Paroisses de Saint-Just & Saint-Irenée, continué & confirmé.... confirmons.... ladite franchise & exemption de toutes tailles, tant ordinaires qu'extraordinaires, comme encore dudit droit d'ayde pour le vin de leur crû qu'ils vendront pendant toute l'année à pot & à pinte, sans assiette ni serviette, le tout conformément aux susdites Lettres, Réglemens & Arrests de nostre Conseil cy-dessus mentionnés, pour en jouir par les exposans & habitans pleinement & paisiblement, tout ainsi qu'ils en ont cy-devant bien & duement joui, & jouissent encore de présent. Si donnons en mandement, &c.

Données à Paris, le six Décembre mil six cent quarante-trois.

Registrées en la Cour des Aydes, le 9 Janvier 1644.

ARRÊT du Conseil, qui ordonne que les Habitants du Beaujolois qui se retireront en la Ville de Lyon, seront tenus de se conformer aux formalités prescrites par l'Arrêt du Conseil, du 3 Juillet 1597, pour pouvoir jouir des exemptions de tailles. (Recueil des Privileges de Lyon, seconde Partie, page 30.) 1644.

15 Juin 1644.

LE Roy en son Conseil.... a ordonné & ordonne que l'Arrêt du 3 Juillet 1597, confirmé par Lettres-Patentes du mois de Mai 1634, sera exécuté selon sa forme & teneur ; & en conséquence de ce, que ceux du pays de Beaujollois qui se retireront en la Ville de Lyon, ne pourront jouir de l'immunité & exemption d'icelle, qu'ils n'ayent fait publier aux Prosnes de leurs Paroisses la translation de leurs domiciles, baillé la nommée & dénombrement de leurs biens au Consulat de ladite Ville, fait résidence en icelle, eux & leur famille sans fraude, par l'espace de dix ans, & que lesdits Prevosts des Marchands & Eschevins de la Ville de Lyon ne les ayent avoués & certifiés pour vrais habitans d'icelle, lequel tems ne commencera que du jour que ladite publication aura été faite, & ladite déclaration donnée au Consulat. Fait au Conseil d'Etat du Roy tenu à Paris, le 15 Juin 1644.

1645.

ARRÊT du Conseil, qui renvoie, pendant la guerre, les contestations pour le paiement des rentes, pardevant les Prévôt des Marchands & Echevins de Paris, en premiere instance, & par appel en la Cour.

7 Janvier 1645.

SUR ce qui a été remontré au Roy en son Conseil par son Procureur-General de la Cour des Aydes de Paris, qu'ils [les Officiers de ladite Cour] sont fondés en déclaration pour la connoissance des rentes constituées sur les Prevost des Marchands & Eschevins de la Ville de Paris en premiere instance, dont ils sont en possession, laquelle est troublée par les Prevosts des Marchands & Eschevins de la Ville de Paris, requerant qu'il plût à Sa Majesté luy pourvoir. Le Roy en son Conseil, a ordonné & ordonne que les Déclarations seront exécutées selon leur forme & teneur: neantmoins Sa Majesté en a sursis l'execution pendant la guerre, attendu le retardement des deniers pour le payement des rentes; ordonne que les contestations qui naîtront pour raison desdites rentes, seront traitées en premiere instance pardevant les Prevost des Marchands & Eschevins de la Ville de Paris, & par appel en la Cour des Aydes, auquel Prevost des Marchands & Eschevins, Sa Majesté enjoint de faire droit aux Parties sommairement, ainsi qu'il appartiendra par raison. Fait au Conseil d'Etat du Roy, tenu à Paris, le septieme jour de Janvier 1645. *Signé*, BORDIER.

RÉGLEMENT de la Cour des Aides de Cahors, sur la forme de l'imposition & levée des tailles des Elections du ressort de la Cour des Aides & Finances de Montauban. (Recueil de Montauban, page 1.)

15 Mai 1645.

SUR la requête présentée à la Cour par le Procureur-Général du Roy en icelle, tendante à ce que pour le bien & soulagement du peuple, & pour pourvoir aux abus & malversations qui se commettent en l'imposition & levée des tailles des Elections de son ressort, il lui plaise, conformément aux Edits & Ordonnances de Sa Majesté, pourvoir sur la forme de l'imposition & levée desdites tailles, enjoignant de garder & observer le réglement qui interviendra, sur peine d'amende arbitraire. Vu ladite requête.

I. La Cour a ordonné & ordonne que les Présidens, Lieutenans, Elus, Contrôleurs & Receveurs de cette Province, huit jours après qu'ils auront reçu les commissions du Roy, feront le département des tailles des Paroisses de leur Election, auquel ils procéderont avec la plus grande égalité que faire se pourra.

II. Envoyeront promptement leurs commissions aux Villes, Bourgs & Communautés de leur ressort, dans lesquelles ils déduiront spécifiquement les sommes qu'il conviendra imposer & lever sur tous les contribuables aux tailles de leur ressort, ensemble le droit de vérification & signature de rôle, bordereau & contrôle qui leur sont attribués par les Edits & Réglemens du Roy & de ladite Cour, pour les pourvus & reçus auxdits Offices, & pour les Paroisses faisant rôle de taille seulement. Enjoint à ces fins ladite Cour auxdits Elus de faire mention dans leurs commissions du nombre desdites Paroisses pour lesquelles ils doivent jouir desdits droits, sans que lesdits Elus puissent désunir les Hameaux ou Villages du Corps des Communautés sans lettres de désunion duement enregistrées en la Cour. 1645.

III. Feront annuellement lesdits Elus leurs chevauchées, s'informeront soigneusement si aucuns s'exemptent induement, & si les Officiers des Communautés, par crainte, dissimulation ou connivence, n'ont compris dans les rôles tous les biens contribuables aux tailles, suivant les Arrêts & Réglemens du Roy, ou si aucuns s'exemptent, du tout ou en partie, desdites tailles, par autorité qu'ils prennent sur les autres, faveur, ou autrement; & de tout dresseront leurs procès-verbaux, & iceux remettront dans quinzaine après au greffe de l'Election, pour y avoir recours quand besoin sera.

IV. Pourront se faire représenter les comptes rendus aux Communautés, avec les pieces justificatives d'iceux, & dresseront procès-verbaux de tous abus & malversations qu'ils trouveront en iceux, pour être procédé contre les coupables comme il appartiendra; recevront les plaintes des particuliers concernant lesdits comptes, sur-taux & autres affaires desdites Communautés : sans que pour raison de ce ils puissent prendre aucun droit ni vacation, à peine de concussion.

V. Ne pourront lesdits Elus faire leurs chevauchées deux années consécutives en même Paroisse, ains seront tenus de changer de département par chacun an, sans pouvoir choisir les Paroisses qu'ils auront une fois eues en département, qu'ils n'ayent été en toutes les Paroisses de leur Election, ni pareillement faire leurs chevauchées & assister aux départemens des tailles & vérification des rôles des Paroisses où ils auront des domaines, Fermes & héritages.

VI. Vérifieront promptement les rôles qui leur seront présentés par les Officiers des Communautés, les calculeront, & écriront au bas d'iceux les sommes auxquelles ils se trouveront monter, feront mention du revenant bon, paraferont tous les feuillets desdits rôles, sur lesquels sera faite la recette.

VII. En procédant à la vérification & signature de rôle, lesdits Elus prendront soigneusement garde que lesdits rôles ne soient excessifs, & que dans iceux les Consuls, Collecteurs, Asséeurs & autres, n'y comprennent sans permission du Roy ou de ladite Cour, autres ou plus grandes sommes de deniers que celles qu'il leur sera mandé d'imposer, outre les droits de recette & frais ordinaires desdites cottisations; auquel cas ne procéderont à la vérification desdits rôles, à peine d'en répondre en leurs propres & privés noms, ains tiendront la main à ce qu'iceux rôles soient modérés & refaits aux dépens desdits Consuls, Collecteurs & Asséeurs; & ladite vérification faite, remettront dans trois jours les rôles qui leur auront été délaissés par lesdites Communautés, aux greffes desdites Elections, pour y avoir recours quand besoin sera.

VIII. Feront lesdits Elus résidence actuelle & continuelle dans le lieu de leur établissement, & ne s'absenteront que pour cause légitime, & par permission du Bureau. Entreront du moins trois jours de la semaine pour rendre justice, & ne répondront aucunes requêtes qu'elles n'ayent été rapportées en plein Bureau, à peine de suspension de leurs charges.

IX. Les Manans & Habitans des Communautés de chacune Election, en procédant à l'élection de leurs Consuls & Collecteurs, nommeront deux notables habitans d'expérience, probité & integrité requise, pour procéder à la cottisation des tailles pendant l'année.

1645. X. Les Consuls, Collecteurs & Asséeurs des Villes & Paroisses seront tenus, dans la huitaine après que les commissions des Elus leur auront été portées & délivrées, de faire publier à l'issue des Messes Paroissiales desdites Communautés la réception desdites commissions, & le temps auquel il sera procédé à la cottisation de la taille; & au jour désigné y procéderont incessamment & sans discontinuation, en la présence du Syndic des forains possédans biens en ladite Communauté, lequel sera averti trois jours auparavant, pour y assister, si bon lui semble.

XI. Lesdits Consuls, Collecteurs & Asséeurs procéderont à la cottisation des tailles le plus justement & également, & à moins de frais que faire se pourra, tous supports & haines cessant, conformément aux Arrêts & Réglemens du Roy & de ladite Cour.

XII. Feront leurs rôles sans non-valeurs & excès; ne comprendront en iceux autres sommes de deniers que celles qu'il leur sera mandé d'imposer par les commissions desdits Elus, ou par vertu des Lettres-Patentes de Sa Majesté, ou permission de ladite Cour, à peine contre les contrevenans, pour la premiere fois, de cinq cens livres d'amende, & pour la seconde, de punition exemplaire.

XIII. Et afin de pouvoir à l'avenir valablement juger & connoître des sur-taux & manquemens qui se pourroient faire en la taxe & cottisation des héritages de chacun particulier, ordonne ladite Cour que lesdits Consuls, Asséeurs & Collecteurs desdites Communautés feront écrire aux marges de la minute des rôles & des expéditions d'iceux, qui demeureront aux greffes des Elections, à côté des cottes de chacun particulier cottisé, l'allivrement ou prisée à laquelle les héritages roturiers desdits particuliers cottisés seront taxés au cadastre de ladite Communauté.

XIV. Au préambule desdits rôles feront mention du temps auquel ils auront reçu les commissions des Elus, la date d'icelles, ensemble la forme qui aura été observée en ladite cottisation, à quelle somme monte le cadastre de la Communauté, combien de fois il aura fallu doubler, ou sur quel pied ils auront cottisé pour composer la somme portée par la commission, avec le droit de recette & les frais de la peréquation. Et sur la fin de chacun desdits rôles feront mention de la somme grosse à laquelle arrivera le total de l'imposition, & déclareront ensuite quelle somme a été imposée sur les héritages, & quelle somme sur les facultés mobiliaires : le tout à peine de 100 livres d'amende, pour laquelle lesdits Consuls & Collecteurs seront contraints en leurs noms, sans répétition.

XV. Inséreront au long, par chapitres séparés, à la fin desdits rôles, les frais & vacations faites à l'assiette & département de la taille; & ensuite écriront les noms & surnoms des possesseurs des biens nobles & exempts, & la contenance d'iceux, s'il y en a dans la Communauté; & s'il n'y en a, seront tenus de le déclarer au bas desdits rôles.

XVI. Ne feront lesdits Consuls, Asséeurs & Collecteurs, les cottisations, sinon en lieu où ils seront libres, & n'y assistera personne que ceux qui en auront la charge; avec défenses à toutes personnes, de quelle qualité & condition qu'elles soient, d'intimider ou contraindre lesdits Consuls, Asséeurs & Collecteurs en la liberté de leurs voix, sous les peines portées par les Ordonnances.

XVII. Comprendront dans les rôles tous les contribuables aux tailles, de quelle qualité & condition qu'ils soient, qui se trouveront condamnés par les Arrêts & Réglemens, pour les héritages roturiers par eux tenus & possédés, à peine d'être contraints en leurs noms au payement des sommes auxquelles les héritages roturiers desdits condamnés auroient dû être taxés.

XVIII.

XVIII. Taxeront, avec les Prud'hommes, en leur loyauté & conscience, par articles séparés de la cotte des héritages, tous les manans & habitans du tiers état, pour leurs facultés mobiliaires, trafic & industrie, conformément à l'Arrêt du Conseil du 24 Octobre 1639; à quoi ils procéderont avec la plus grande égalité que faire se pourra, sans aucune considération ou affection particuliere, à peine d'en répondre en leurs propres & privés noms. 1645.

XIX. Lesdits Consuls, Asséeurs & Collecteurs vaqueront incessamment & sans discontinuation à la cottisation des tailles sans se divertir à autres affaires, & feront les rôles en moins de temps que faire se pourra : & ne sera passé en dépense auxdits Officiers par lesdits Elus, que pour le temps qu'ils affirmeront avec serment d'avoir vaqué; & néanmoins ne leur sera fait taxe pour plus d'un jour pour prendre le pied qu'il faudra tenir dans toute la Communauté pour imposer la taille, & dresser le procès-verbal d'icelle, à la maniere qu'il est dit ci-devant. Et pour procéder à la cottisation, faire & parfaire le rôle, & le calculer, ne sera taxé auxdits Officiers plus d'un jour de vacation pour les Communautés ou Paroisses qui seront composées de cent contribuables, pour celles de deux cens contribuables deux jours, & ainsi des autres à proportion.

XX. La cottisation faite, & la minute du rôle signée par lesdits Consuls, Asséeurs & Collecteurs, le Secretaire ou Greffier en fera deux expéditions, qui seront par lui signées, dont l'une, avec l'allivrement & prisée à la marge, sera laissée à celui des Elus qui aura vérifié, signé & parafé lesdits rôles, pour être par lui remise en même temps au greffe de l'Election, d'où elle ne pourra être tirée; ains y demeurera pour y avoir recours quand besoin sera; & l'autre expédition, qui sera faite sans l'allivrement & prisée aux marges, après avoir été dûement vérifiée & parafée en tous les feuillets, sera remise au Collecteur, pour sur icelle faire la levée. Et si en procédant à la vérification desdits rôles, il se trouve quelques erreurs ou omissions, elles seront corrigées par l'Elu qui aura fait ladite vérification; cela fait, l'expédition sur laquelle se devra faire la recette, sera représentée auxdits Consuls & Collecteurs, pour être sa minute pareillement corrigée, au bas de laquelle sera tenu faire mention de ladite correction.

XXI. Lesdits Consuls, Asséeurs & Collecteurs écriront en bon papier & lettres bien lisibles, le nom, surnom & qualité des cottisés, sans user du mot d'hoirs ou bientenans; écriront tout au long le montant de leur cottisation, & le remettront en fin de ligne, en chiffre commun, sans y faire aucune rature, renvoi ni omission, à peine de 10 livres d'amende.

XXII. Lesdits rôles, signés & expédiés en bonne forme, seront portés incontinent & sans délai, par un seul voyage, au Président ou Elu qui aura lesdites Communautés ou Paroisses en département, ou à autre, en son absence ou légitime empêchement, pour les vérifier, signer & parafer dans le Bureau de l'Election; ce que la Cour enjoint auxdits Elus de faire promptement & sur le champ, sans prendre aucuns salaires ni vacations que ceux qui leur seront ordonnés par les Edits, Arrêts & Réglemens.

XXIII. Lesdits Elus, en procédant à la vérification & signature desdits rôles, n'excéderont la taxe ci-dessus ordonnée, & n'accorderont qu'un seul voyage pour leur apporter les rôles de toutes les Paroisses d'un seul mandement.

XXIV. La vérification faite desdits rôles, la minute demeurera aux archives de la Communauté, avec les commissions desdits Elus, & la permission de la Cour, au cas qu'il y en ait, ou autres actes en vertu desquels la cottisation aura été faite, pour y avoir recours quand besoin sera.

XXV. Fait ladite Cour très-expresses inhibitions & défenses aux Consuls &

1645. Collecteurs de faire aucune levée de deniers sur rôles non vérifiés & parafés par lesdits Elus, à peine de faux & de punition exemplaire.

XXVI. Et afin que les particuliers cottisés puissent savoir au vrai les sommes auxquelles ils auront été taxés esdits rôles, enjoint ladite Cour aux Secretaires & Greffiers de faire un extrait abrégé du rôle de chacune Paroisse, qui sera par lui signé, lequel sera remis à un notable habitant de chacune desdites Paroisses: pour, à l'issue des Messes Paroissiales, & autre temps, lire auxdits particuliers cottisés les sommes auxquelles ils auront été taxés auxdits rôles.

XXVII. Ne feront lesdits Consuls, Collecteurs, ou autres détenteurs des cadastres ou compoix, aucuns chargemens ou déchargemens des héritages vendus ou échangés, sur les extraits des cadastres desdites Paroisses ou Communautés, qu'en procédant à la cottisation de la grande taille royale, sans retardation néanmoins d'icelle; sur lesquels cadastres ils écriront le jour & date desdites ventes ou échanges, & le temps auquel lesdits chargemens ou déchargemens auront été faits, sans que pour raison de ce lesdits Secretaires & Greffiers puissent prétendre aucun droit, salaire ni vacation contre les Communautés, ains seulement contre les particuliers qui requerront lesdits chargemens ou déchargemens, pour lesquels ne sera payé auxdits Greffiers que deux sols, savoir, un sol pour chacun article de chargement, & un sol pour celui de déchargement.

XXVIII. Les Consuls & Officiers des Villes & Communautés, desquelles les héritages ne sont encadastrés, feront travailler incessamment à la confection de leurs cadastres, dans lesquels ils feront comprendre tous les héritages roturiers déclarés taillables par les Arrêts & Réglemens, avec l'estime & prisée d'iceux, sur tel pied qu'il sera par eux avisé; comme aussi feront insérer dans un cahier particulier, à la fin desdits cadastres, tous les héritages qui doivent demeurer exempts, suivant lesdits Arrêts & Réglemens, avec les tenans & aboutissans, quantité, qualité & consistance, & les noms des possesseurs d'iceux: pour ce fait, les tailles être imposées & levées au sol la livre sur le pied de l'estime & prisée de chaque héritage contribuable compris auxdits cadastres.

XXIX. Les registres & cadastres des Communautés, qui ne sont en bon & dû état, pour être trop vieux ou embrouillés, seront refaits ou renouvellés aux dépens desdites Communautés, après au préalable en avoir demandé permission à la Cour, & à la diligence des Officiers d'icelles, auxquels ladite Cour enjoint d'y faire travailler incessamment, à peine de répondre en leurs noms des non-valeurs ou omissions qui à ce défaut surviendront en la cottisation & levée des tailles.

XXX. Ordonne ladite Cour que les grosses & minutes desdits cadastres ne seront faites en liasse, ains seront écrites dans un livre relié, cotté & parafé en chacun feuillet par le Commissaire à ce député; auxquelles grosses & minutes ne pourra rien être changé, augmenté ni diminué, ains seront faits extraits d'icelles pour servir à charger & décharger les particuliers, selon la mutation & changement des possesseurs des héritages. Fait ladite Cour très-expresses inhibitions & défenses aux Consuls, Collecteurs & Asséeurs desdites Villes & Communautés, d'imposer les tailles sur le pied desdits cadastres, qu'ils n'aient été vérifiés & homologués par ladite Cour, à peine contre les contrevenans de 300 livres d'amende.

XXXI. Tous les rôles, titres, papiers & documens appartenans auxdites Villes & Communautés, ensemble les grosses & minutes de leurs registres & cadastres, seront dûement inventoriés & mis dans les archives desdites Villes & Communautés, qui seront fermées à deux clefs, qui seront tenues par les deux premiers Consuls, lesquels en demeureront chargés & responsables envers la Communauté, sans que lesdits cadastres, titres & papiers puissent être tirés desdites archives, qu'ensuite des délibérations des principaux habitans desdites Villes & Communautés, & aux conditions que ceux auxquels lesdits papiers seront remis, en passeront bons & valables récépissés, qui seront écrits dans un livre destiné à cet effet. Enjoint ladite Cour aux Officiers desdites Communautés, & à tous autres qui se trouveront saisis des papiers desdites Villes & Communautés, de les remettre incessament aux archives d'icelles, sans les pouvoir garder ni retenir sous prétexte de leurs salaires, frais & vacations : à ce faire ils seront contraints par toutes voies de Justice dûes & raisonnables, même par emprisonnement de leurs personnes. 1645.

XXXII. Et pour obvier aux non-valeurs qui procedent du déguerpissement ou abandonnement que les particuliers cottisés font de leurs héritages contribuables aux tailles, ordonne ladite Cour que dans quinzaine après la publication du présent Réglement qui sera faite aux Bureaux des Elections du ressort de la Cour, les particuliers qui ont déguerpi ou abandonné leurs héritages pour être déchargés du payement de la taille, déclareront aux Consuls desdites Communautés s'ils veulent rentrer dans la possession de leursdits héritages; à quoi ils seront reçûs, en payant les arrérages desdites tailles. Et à faute de ce faire, après ledit temps de quinzaine, & icelui passé, enjoint ladite Cour aux Consuls desdites Communautés de faire exposer en vente lesdits héritages, & d'en faire la délivrance à ceux qui feront la condition meilleure, pour, les deniers qui proviendront de la vente d'iceux, être employés au payement des arrérages desdites tailles, & les acquéreurs tirés & cottisés pour raison d'iceux aux tailles qui s'imposeront dans lesdites Communautés.

XXXIII. Les Collecteurs feront leurs recettes sur le rôle signé & parafé par l'un des Elus, & le tiendront en main lorsqu'ils poursuivront les cottisés, pour croiser & marquer en même instant le payement qui leur aura été fait. Fait ladite Cour très-expresses inhibitions & défenses auxdits Collecteurs de faire la levée des deniers des tailles sur les copies desdits rôles, à peine de faux.

XXXIV. Les Collecteurs établiront leurs bureaux dans chaque mandement ou jurisdiction de leurs collectes, & en lieu commode & de libre accès aux habitans. Feront publier, à l'issue des Messes Paroissiales des lieux, les termes des payemens de la taille, & à ce que tous les cottisés aient à porter au Bureau de leur recette, sur les lieux, leurs cottes; le payement desquelles les Collecteurs ou leurs Commis seront tenus de recevoir, de quelle part qu'il leur soit présenté : écriront à la marge du rôle les sommes reçues; & étant entiérement payées, croiseront lesdites cottes, & passeront acquit de main privée auxdits cottisés, s'ils en sont requis, sans pour ce prendre aucun droit de quittance, à peine de concussion : & où lesdites collectes seroient données à des personnes illiterées, seront tenus lesdits Collecteurs de passer acquit des sommes reçues pardevant Notaire & témoins aux dépens desdits cottisés, au cas qu'ils le requierent.

XXXV. Comme aussi pour ne pas retarder la levée des deniers de la taille, & obvier au divertissement d'iceux, fait ladite Cour pareilles inhibitions & défenses aux Collecteurs de tenir ou prendre à ferme, directement ou indirectement, les droits, cens, rentes, & autres devoirs seigneuriaux dûs par les habitans des lieux de leurs collectes, à peine de suspension de leurs charges & d'amende arbitraire.

1645. XXXVI. Fait pareillement ladite Cour inhibitions & défenses auxdits Collecteurs, & aux Receveurs des tailles de chacune Election, de prendre & imputer les payemens qui leur seront faits pour la taille sur aucune autre nature de dette ou de deniers; leur enjoignant de recevoir les especes d'or ou d'argent au prix courant, à peine de concussion & de 1000 livres d'amende.

XXXVII. Et afin d'obvier aux frais des fréquentes exécutions que lesdits Collecteurs font faire, lesquels excedent par fois le principal de la taille, ordonne ladite Cour que lesdits Collecteurs, après les termes des payemens de la taille expirés, ne feront faire au plus aux particuliers cottisés, qu'un exploit de commandement par les Bailes ou Sergens des lieux, pour lequel ne pourra être taxé au plus que deux sols. Après quoi, en cas de refus ou délai de payer, feront procéder par saisie sur les fruits, meubles & bestiaux exploitables des particuliers cottisés, qu'ils seront tenus de faire exposer en vente par un seul encan aux plus prochains marchés des lieux; à la charge que toutes les délivrances qui se feront, seront enregistrées au greffe des Elus, pour y avoir recours quand besoin sera: & où lesdits meubles, fruits ou bestiaux ne suffiroient, feront procéder par saisie réelle sur les héritages roturiers des cottisés qui auront donné lieu à la cottisation; & à la vente & délivrance, tant desdits fruits, meubles & bestiaux, que desdits héritages, observeront lesdits Collecteurs la forme des criées prescrites par les Réglemens de la Cour, à peine de nullité, cassation des procédures, dépens, dommages & intérêts des parties.

XXXVIII. Ne pourront lesdits Collecteurs contraindre les particuliers cottisés par emprisonnement de leurs personnes, au payement des sommes auxquelles ils se trouveront taxés, ni pour raison de ce, procéder par saisie sur les chevaux, bœufs & autres bestiaux, ustensiles & outils servans au labour & aux manœuvres & artisans, sur le fourrage & pâture nécessaire pour la nourriture desdits bestiaux, ni pareillement sur le blé réservé pour ensemencer les terres qui seront en labour, ni sur le pain & lits desdits particuliers cottisés, comme aussi découvrir les maisons, arracher les portes & fenêtres, & faire couper les arbres fruitiers, sur les peines portées par les Ordonnances de Sa Majesté.

XXXIX. A fait ladite Cour très-expresses inhibitions & défenses auxdits Collecteurs de contraindre les particuliers cottisés, au payement des frais & dépens faits au recouvrement des tailles, que par un préalable ils n'aient été sommairement taxés & liquidés par les Elus, pardevant lesquels lesdits Collecteurs seront tenus de rapporter de huitaine en huitaine tous les exploits des exécutions qu'ils auront fait faire; pour ce fait, être lesdits particuliers cottisés contraints au payement d'icelles à proportion de ce qui sera taxé par jour au Sergent qui aura fait lesdits exploits; au bas de chacun desquels la taxe d'iceux sera faite, sans pour raison de ce dresser aucun rôle ou déclaration. Ne pourront néanmoins lesdits Elus taxer auxdits Collecteurs plus de cinq sols pour chacun exploit de commandement, dix sols pour saisie de meubles, deux sols pour chaque encan de meubles, cinq sols pour le dernier encan & délivrance desdits meubles; pour chaque saisie d'immeubles dix sols, chaque encan d'iceux cinq sols, pour le troisieme encan & délivrance desdits immeubles dix sols; à ce compris les droits du Secretaire ou Greffier pour leurs droits d'enregistrement desdits encans & délivrance. Et en payant ou consignant par lesdits cottisés les sommes ci-dessus taxées pour raison desdits exploits, lesdits cottisés en demeureront valablement quittes & déchargés.

XL. Et pour obvier à l'abus que peuvent commettre toutes sortes de personnes sur l'aveu du bétail, autre que celui de labour, trouvé en la possession des contribuables aux tailles, la Cour a ordonné & ordonne que de tout ce qui sera baillé à croît, appellé captal ou gasaille, ou autre profit, sera fait & passé contrat pardevant Notaire & témoins; sans que ledit bail puisse être prouvé par écritures privées ni témoins, à quoi on n'aura aucun égard : & où le bail se trouveroit duement fait pardevant Notaire & témoins, suivant l'Ordonnance, advenant que le bétail soit saisi, s'il y a augmentation de profit, ladite augmentation partagée suivant le bail, la portion appartenant au Fermier pourra être vendue pour les tailles, ensemble ce qui se trouvera de plus entre les mains des Fermiers que le contenu audit bail. 1645.

XLI. Fait ladite Cour inhibitions & défenses à toutes personnes, de quelle qualité & condition qu'elles soient, de prêter leurs noms pour aider à la simulation & déguisement des contrats, ou en faire & passer aucuns en fraude des tailles, ni de retirer les effets & facultés des particuliers cottisés au préjudice desdites tailles, à peine de punition exemplaire.

XLII. Enjoint aux Consuls & Collecteurs de rendre compte à la fin de l'année, & un mois après, des deniers de leurs recettes, & de payer le reliquat, si aucun y en a, ensemble de remettre les quittances qu'ils auront retirées des Receveurs des tailles des Elections à l'acquit desdites Villes, Bourgs & Communautés.

XLIII. Lesdits Collecteurs, après la remise du rôle duement signé & parafé, feront diligence pour faire la levée & collecte des deniers sur chacun des particuliers cottisés, & sans remise ou délai les porteront ès mains des Receveurs des tailles des Elections, ou autres à qui ils seront destinés, sans les employer ou divertir à leurs usages particuliers, à peine de péculat : & où lesdits Habitans, en vertu des Lettres-Patentes du Roy ou permission de ladite Cour, auroient imposé quelques sommes de deniers conjointement avec la taille royale, lesdits Collecteurs seront tenus par un préalable d'acquitter les deniers royaux avant de faire aucun payement aux particuliers qui auront à prendre sur ladite imposition, à peine de répondre en leurs propres & privés noms de la retardation des deniers de Sa Majesté.

XLIV. Les registres des Receveurs des tailles des Elections seront cottés & parafés en chaque feuillet, le nombre écrit au long, & non en chiffre, par le Président de l'Election, en la présence de deux Elus; dans lesquels registres, & non autres, lesdits Receveurs écriront ce qu'ils recevront des Collecteurs, à l'instant que les payemens leur seront faits, & sur quelle nature de deniers; comme aussi lesdits Receveurs tiendront registre particulier, qui sera parafé par lesdits Elus, dans lequel ils écriront le bordereau des especes qu'ils auront reçues; leur faisant ladite Cour inhibitions & défenses de billonner, à peine de la vie, suivant l'Ordonnance.

XLV. Et conformément à l'article LV de l'Edit de Sa Majesté, du mois de Janvier 1634, ne décerneront leurs contraintes solidairement contre les particuliers cottisés, pour le payement des sommes auxquelles les Paroisses & Communautés se trouveront taxées, si ce n'est en cas de rebellion des Habitans.

XLVI. Donneront lesdits Receveurs leurs contraintes pour plusieurs Paroisses voisines à un même Sergent, & par même voyage, si faire se peut; auxquels Sergens la Cour fait très-expresses inhibitions & défenses d'exiger aucuns deniers ni traitement des Collecteurs ou Particuliers cottisés, à peine de punition exemplaire.

XLVII. Ne pourront à l'avenir lesdits Receveurs des tailles, bailler aucunes quittances à ceux qui sont assignés sur eux, pour s'en faire payer, ains feront les poursuites & diligences eux-mêmes, pour ne pas constituer les Collecteurs

1645. ni les contribuables aux tailles en frais: & quant à celles qu'ils ont baillées par le passé sur des Communautés, qui n'ont été payées ni acquittées, seront tenus lesdits Receveurs de les reprendre.

XLVIII. Et pour obvier aux abus, malversations & concussions que les Sergens & autres qui sont commis au recouvrement des tailles, commettent au fait de leurs charges, avec retardation, & le plus souvent perte entiere des deniers royaux, ordonne ladite Cour que sitôt que lesdits Sergens auront eu le département des Communautés de proche en proche, & reçu les contraintes des Receveurs, ils seront tenus dans trois jours de se transporter dans les Paroisses de leur département, & y faire le dû de leurs charges, rapporter dans un mois du jour & date que les contraintes leur auront été baillées, leurs procès-verbaux & exploits, & les délivrer auxdits Receveurs; & en cas de négligence, connivence, malversation ou concussion, seront par les Elus suspendus & privés de leurs états, & leurs procès faits & parfaits, même punis exemplairement & corporellement, s'il y écheoit.

XLIX. Lesdits Receveurs ne pourront faire plus d'un commandement auxdits Collecteurs, qui ne soit suivi d'exécution réelle ou personnelle : & pour faire ledit exploit de commandement, n'envoieront qu'un Sergent à pied, lequel ne pourra prendre plus de vingt sols par jour, & un Record à pied, qui ne prendra que dix sols; & où il y aura des commandemens à faire de proche en proche, lesdits Receveurs seront tenus de les faire faire en un jour, ou en tout cas en deux, selon la distance des lieux.

L. Après le premier commandement fait, lesdits Receveurs, quinze jours après, à défaut de payement par lesdits Collecteurs, les pourront faire contraindre par saisies réelles de leurs biens & emprisonnemens de leurs personnes.

LI. Les Commissaires, Huissiers ou Sergens royaux à cheval, qui seront envoyés par lesdits Receveurs pour contraindre lesdits Collecteurs, ne pourront chacun prendre que trois livres par jour pour tous frais, dépens & vacations, à peine de concussion; & s'ils font plusieurs exploits & exécutions en un jour, les vacations desdits Commissaires, Huissiers ou Sergens seront égalisées par les Elus, en procédant à la taxe d'iceux, sur les Collecteurs qui auront souffert lesdites exécutions; & où lesdits Commissaires, Huissiers ou Sergens prendroient quelque somme de deniers desdits Collecteurs ou autres, elle sera répétée sur lesdits Receveurs, lesquels seront responsables civilement des abus & malversations desdits Sergens & autres par eux employés au recouvrement des deniers des tailles.

LII. Fait ladite Cour très-expresses inhibitions & défenses auxdits Sergens & autres qui seront employés au recouvrement des deniers des tailles, de recevoir leurs salaires des Habitans ou Collecteurs, à peine de concussion; ains recevront seulement leursdits salaires par les mains desdits Receveurs, suivant la taxe qui en aura été faite par les Elus, qui procéderont sommairement à la fin de chaque mois à la taxe desdites vacations, lesquelles lesdits Receveurs payeront entiérement auxdits Commissaires & Sergens, sans user de retention, ni participer à la taxe desdits salaires, desquels lesdits Receveurs feront le recouvrement des Collecteurs au premier payement qu'ils leur feront, moyennant quoi seront tenus lesdits Receveurs des tailles, en recevant des Collecteurs le payement des salaires desdits Sergens & autres par eux employés pour l'exécution de leurs contraintes, de rendre auxdits Collecteurs à la fin du payement de la taille, tous les exploits avec quittances desdits salaires au dos de la taxe qui aura été faite.

LIII. Fait pareillement ladite Cour défenses auxdits Receveurs des tailles &

à tous autres Officiers des Elections, de recevoir ni exiger aucune chose des Collecteurs des tailles, ni des Consuls, Procureurs, Syndics, Manans & Habitans des Communautés, sous prétexte de présens ou gratifications, à peine de concussion, & contre lesdits Collecteurs, Syndics, Manans & Habitans, de 100 livres d'amende applicable aux réparations des Eglises des Communautés. 1645.

LIV. Tous les Receveurs comptables des deniers du Roy, ensemble ses Fermiers, dans le ressort de la Cour, seront tenus d'élire domicile dans la Ville de Cahors, & de constituer Procureur en la Cour.

LV. Ordonne la Cour que le présent Réglement sera observé & exécuté de point en point selon sa forme & teneur, par provision, & jusqu'à ce qu'autrement par Sa Majesté en ait été ordonné, avec défenses d'y contrevenir, aux peines y contenues; & copies collationnées d'icelui seront envoyées aux Elections du ressort de la Cour, pour y être pareillement lues & publiées, l'audience tenant, & par lesdits Elus envoyées aux Communautés de leur ressort pour y être pareillement lues & publiées à l'issue de la Messe le premier jour de Dimanche, à ce que personne n'en prétende cause d'ignorance. Enjoint aux Substituts du Procureur-Général desdites Elections d'y tenir la main, & de certifier la Cour de leurs diligences dans le mois. Fait à Cahors, en ladite Cour des Aydes & Finances, & publié à l'audience d'icelle, le quinze Mai mil six cent quarante-cinq.

☞ Arrêt du Conseil, du 11 Décembre 1647, portant qu'il ne pourra être ordonné aucune séparation des biens des comptables d'avec ceux de leurs femmes à peine de nullité, si ce n'est en présence & du consentement des Procureurs-Généraux de la Chambre des Comptes ou de leurs Substituts; fondé sur ce que ces séparations se font souvent en fraude des droits du Roy; enregistré en la Chambre des Comptes, le 25 Juin 1648. 1647.

DÉCLARATION *concernant la Noblesse personnelle. (Recueil de Montauban, page 213.)* 1656.

30 Décembre 1656.

LOUIS, &c. Nous avons jusques à présent fait tous nos efforts pour apporter un ordre certain & assuré en l'imposition de nos tailles, & pour les faire régaler sur les contribuables avec le plus de justice qu'il se pourroit, afin que par ce moyen elles fussent moins à charge à nos sujets. Mais la quantité de personnes qui sous prétexte de noblesse, & des privileges & exemptions des tailles qu'ils ont induement acquis, soit par force & violence, ou par la collusion & intelligence qu'ils ont avec les Officiers de nos Elections, Collecteurs & habitans des Paroisses, en les mettant d'autorité au nombre des exempts & privilégiés dans les rôles des tailles, ont causé telle confusion dans lesdites impositions, qu'il n'y a pas à présent les deux tiers des contribuables qui soient imposés. Et étant nécessaire de rétablir l'ordre dans notre Royaume, & faire une distinction entre les véritables Gentilshommes de naissance ancienne & ceux qui ont été par nous & nos prédécesseurs Roys ennoblis par les services qu'ils nous ont rendus, d'avec ceux qui par usurpation prennent induement & sans aucun titre la qualité d'Ecuyer, avec armes timbrées, & s'exemptent de l'imposition

1656. des tailles, au grand préjudice & oppression de nos sujets contribuables aux tailles, nous avons estimé qu'il étoit à propos, en faisant exécuter nos Ordonnances & celles des Roys nos prédécesseurs, de remédier à ces abus. A ces causes, &c. Voulons & nous plaît par ces présentes, signées de notre main, que tous ceux qui depuis l'année 1606 se trouveront, sans être nobles & sans titres valables, avoir induement pris la qualité de Chevalier ou d'Ecuyer, avec armes timbrées, & usurpé le titre de noblesse & exemption des tailles, soit de leur autorité, force & violences, tant en vertu de sentences & jugemens donnés par les Commissaires députés pour le régalement des tailles ou des franc-fiefs, que des sentences des Elus ou autres Juges, qui se trouveront avoir été données par collusion & sous faux donné à entendre, soient imposés aux rôles des tailles des Paroisses où ils sont demeurans, eu égard aux biens & facultés qu'ils possedent, nonobstant lesdites sentences; & pour l'indue usurpation par eux faite, qu'ils seront tenus nous payer, conformément au réglement des tailles de 1634, la somme de deux mille livres, & les deux sols pour livre, sur les rôles qui seront arrêtés en notre Conseil. Et afin de connoître lesdits usurpateurs, voulons que pardevant les Commissaires qui seront par nous députés du corps de notre Cour des Aydes de Cahors, ceux qui prétendent jouir du titre de noblesse, & des privileges d'icelle, soient tenus de représenter leurs titres en originaux, aux premiers commandemens qui leur seront faits à la requête de notre Procureur général en notredite Cour des Aydes de Cahors, poursuite & diligence de Me. François Baudin, que nous avons chargé de l'exécution & recouvrement de notre présente déclaration, pour, sur icelles pieces, être par eux jugé souverainement & en dernier ressort, de la noblesse ou usurpation de ceux qui seront assignés. Et bien que nous ayons tout sujet de révoquer tous les ennoblissemens accordés à plusieurs de nos sujets, tant par nos prédécesseurs Roys Henry IV & Louis XIII d'heureuse mémoire, que par nous, depuis ladite année 1606 jusques à la fin de la présente année, la plus grande partie ayant été accordés par surprise ou par importunité, néanmoins voulant traiter favorablement lesdits nouveaux ennoblis, nous les avons confirmés & confirmons dans lesdits ennoblissemens, à la charge de nous payer, par chacun d'eux, dans le temps qui sera par nous ordonné, la somme de quinze cens livres, & les deux sols pour livre, pour la confirmation & manutention desdits ennoblissemens. Et ne voulant pas que ceux qui ont obtenu quelques graces, privileges, dons, gratifications, & autres bienfaits de nous & nos prédécesseurs Roys, soient frustrés de l'effet d'iceux, quoiqu'ils aient causé un dommage notable à notre domaine & à nos finances, nous voulons que tous ceux qui ont obtenu des lettres de dons, provisions, naturalités, bâtardises, deshérances, confiscations, dérogeances pures & simples ou autrement, légitimations & généralement toutes Lettres-Patentes & Chartres émanées de notre grand sceau, de quelque nature qu'elles soient, depuis ladite année 1606 jusqu'en fin de la présente, soient & demeurent confirmés, comme de nouveau nous les confirmons par ces présentes, ès dons, permissions, privileges, exemptions & attributions portées par icelles : à la charge de nous payer le droit de confirmation d'icelles, selon qu'il sera réglé en notre Conseil, eu égard à la valeur & conséquence des Lettres-Patentes & Chartres qui auront été accordées. Si donnons en mandement, &c.

Donnée à Paris, le trente Décembre mil six cent cinquante-six, & de notre regne le quatorzieme. *Signé*, LOUIS; & plus bas, par le Roy, PHELYPEAUX.

Registrée en la Cour des Aydes de Cahors, le 5 Mars 1657.

ARRÊT

1657.

ARRÊT du Conseil & Lettres-Patentes, portant renvoi en la Cour des Aides de Paris, de tous procès, instances & différends concernant sa Jurisdiction, nonobstant toutes évocations & commissions expédiées au contraire.

18 Avril 1657.

LE Roy ayant fait examiner en son Conseil, le Mémoire présenté par les Députez de sa Cour des Aydes de Paris, contenant les plaintes des évocations & surséanses ordonnées par Arrests du Conseil, de plusieurs affaires, procez & differends au préjudice de sa Jurisdiction; & Sa Majesté voulant que les Ordonnances soient exécutées selon leur forme & teneur, conserver les Cours souveraines dans la connoissance des matieres qui leur sont attribuées, & empêcher que ses sujets ne soient traduits ailleurs que pardevant leurs Juges naturels : Sa Majesté étant en son Conseil, a ordonné & ordonne, qu'à l'avenir, tous les procez & differends de la connoissance & Jurisdiction de ladite Cour des Aydes de Paris seront traitez en premiere instance pardevant les Officiers des Elections, Greniers à Sel, & autres, ressortissans en ladite Cour, sans qu'aucun desdits Officiers en puisse prendre connoissance en particulier, soit en vertu de subdelegations ou autrement, ny que les appellations en puissent être portées ailleurs qu'en ladite Cour des Aydes : comme aussi Sadite Majesté a revoqué la commission decernée au Lieutenant Criminel de Paris, pour la connoissance de la perception des droits d'entrées des vins entrans dans ladite Ville de Paris, & toutes autres commissions qui se trouveront avoir été obtenuës, pour proceder en premiere instance en matiere dépendante de la connoissance de ladite Cour des Aydes: fait Sa Majesté deffenses de proceder plus avant en vertu desdites commissions, ny de poursuivre l'execution d'icelles : veut Sa Majesté que le Reglement fait par ladite Cour des Aydes, le 8 May 1646 & autres faits en consequence, pour la nomination des Asséeurs, Collecteurs, soit exécuté, nonobstant les Arrêts du 17 Juin 1656 pour la Generalité de Poitiers, & celuy du 3 Janvier dernier pour les Paroisses de l'Election de Pithiviers, même celuy du 26 Septembre 1656 publié en la Generalité de Paris : que tous procez & differends d'assiettes & collectes, émotions populaires & rebellions, arrivées au sujet de la levée des deniers de Sa Majesté, circonstances & dépendances, tant en civil que criminel, seront traitez en premiere instance pardevant les Officiers ressortissans en ladite Cour, qui en doivent connoître, & par appel en icelle; à laquelle Sa Majesté a renvoyé & renvoye les Procez & differends pendans entre les parties cy-après nommées, pour en connoître & juger en icelle, ainsi qu'il appartiendra, nonobstant les Arrests d'évocation & surséanse qui pourroient avoir esté donnez, sçavoir; entre, &c.

Veut Sadite Majesté, que les parties procedent en ladite Cour des Aydes, ausdites instances, circonstances & dépendances, tant au civil qu'au criminel, suivant les derniers erremens, sans qu'il puisse être procedé ailleurs, à peine de nullité des procedures qui se trouveront faites depuis la signification du present Arrest. Fait au Conseil d'Estat du Roy, Sa Majesté y étant, tenu à Paris, le dix-huitiéme jour d'Avril mil six cent cinquante-sept.

Signé, DE GUENEGAUD.

1657. LOUIS, &c. A nos amez & feaux, les Gens tenans notre Cour des Aydes à Paris; salut. Dans l'intention que nous avons de conserver à nos Cours souveraines la connoissance des matieres qui leur sont attribuées, & d'empêcher que nos sujets ne les traduissent pardevant autres que leurs Juges naturels. Après avoir fait examiner en notre Conseil le memoire des plaintes à nous presenté par vos Deputez, sur les évocations & surséanses de plusieurs affaires ordonnées en notre Conseil, au prejudice de votre Jurisdiction; par l'Arrêt que nous y avons ce jourd'huy donné, & dont l'extrait est cy-attaché, sous le contrescel de notre Chancellerie, nous avons ordonné qu'à l'avenir tous les procez & differends dont la Jurisdiction vous appartient, seront traitez en premiere instance pardevant les Officiers ressortissans de votre ressort, sans qu'aucuns autres en puissent prendre connoissance, soit en vertu de nos commissions, soit par subdelegation ou autrement, ny que les appellations en puissent être interjettées ailleurs que pardevant notredite Cour des Aydes; nous avons revoqué les commissions données au contraire, & luy avons même renvoyé les procez & differends pendans entre les parties y dénommées, & ordonné qu'elles procederont à l'avenir pardevant elle, aux instances, circonstances & dépendances, tant au civil qu'au criminel, suivant les derniers erremens, sans qu'il puisse être procedé ailleurs, à peine de nullité des procedures qui se trouveront avoir été faites après la signification du present Arrêt: comme nous entendons que cet Arrêt soit executé en tous ses points, & que conformement à ce qu'il contient, notredite Cour des Aydes soit maintenuë en sa Jurisdiction; nous pour ces causes, vous mandons & ordonnons aussi, que vous ayez à le faire publier & enregistrer, & à tenir la main qu'il soit executé selon sa forme & teneur: mandons, &c.

Donné à Paris, le dix-huitiéme jour d'Avril, l'an de grace mil six cent cinquante-sept, & de notre regne le quatorziéme. *Signé*, LOUIS: & plus bas, par le Roy, DE GUENEGAUD.

1659. *EDIT portant augmentation du nombre des Officiers de la Cour des Aides de Cahors, & révocation de l'Edit du mois d'Octobre 1658. (Recueil de Montauban, page 535.)*

Juin 1659.

LOUIS, &c. Le feu Roy, notre très-honoré Seigneur & pere, ayant par Edit du mois de Juillet 1642, créé une Cour des Aydes & Finances en la ville de Cahors, & ayant retiré de grands avantages de son établissement pour le bien de son service & du public, il auroit augmenté le nombre des Officiers d'icelle par autre Edit du mois d'Avril 1643, & rejetté les propositions que la Cour des Aydes de Montpellier faisoit pour sa réunion à leur Compagnie. Et nous, ayant depuis voulu transférer ladite Cour des Aydes de Cahors en la Ville de Montauban, & unir à icelle le Bureau des Trésoriers de France dudit lieu, avec augmentation d'Officiers portée par notre Edit du mois d'Octobre dernier, ladite Cour des Aydes de Cahors nous auroit fait entendre, par les très-humbles remontrances de ses Députés (1), le notable préjudice que cette translation causeroit au bien de nos

(1) Voyez ces Remontrances, Recueil de Montauban, page 530.

affaires, & la ruine inévitable de la plupart des Officiers qui la composent, lesquels étant natifs & établis dans ladite Ville de Cahors, ne pouvoient abandonner leurs maisons & leurs biens pour aller à Montauban, où les vivres sont fort chers, le louage des maisons de grand prix, la Ville beaucoup plus petite que Cahors, & si pleine qu'elle ne sauroit loger une Compagnie souveraine & toute la suite qu'elle attire nécessairement après elle : que même les Trésoriers de France n'ont pu s'y loger depuis leur établissement, joint que ladite Ville de Montauban est assise à l'extrémité du ressort de ladite Cour & joignant le Languedoc, & que la Ville de Cahors est la capitale du Quercy, une des plus grandes Villes de la Guienne, abondante en toutes sortes de denrées, assise au milieu du ressort, & ainsi la plus propre de toutes pour la commodité des Officiers & de leurs justiciables ; outre qu'il ne seroit pas juste qu'au lieu de récompenses que lesdits Officiers peuvent attendre de notre bonté pour les grands & importans services qu'ils nous ont rendus, particuliérement dans les derniers troubles de Guienne, ayant affermi notre autorité dans les ordres de la Province, & arrêté par leur zele & par leur conduite les progrès des armes de nos ennemis, ils fussent contraints aujourd'hui de quitter leurs biens pour aller dans une Ville où la diversité de Religions pourroit produire des divisions continuelles, & les rendre inutiles pour notre service : que même l'union des Trésoriers de France à ladite Cour étoit sans exemple, & qu'il ne seroit pas juste que lesdits Trésoriers, dont la plupart ne sont gradués, fussent reçus dans une Cour souveraine, où l'examen doit être fait avec grande rigueur, suivant les Ordonnances. D'ailleurs notre Ville de Cahors nous auroit exposé sa fidélité inviolable depuis l'établissement de la monarchie, & fait représenter par ses très-humbles supplications les notables dépenses qu'elle avoit faites depuis trente ans pour le bien de notre service, sans avoir eu jamais d'autre récompense de nous ni des Roys nos prédécesseurs, que l'établissement de ladite Cour des Aydes, qui soulage le défaut qu'elle souffre du commerce, & lui donne moyen de payer les tailles & impositions que la nécessité de nos affaires nous oblige de lever, ce qu'elle ne pourroit faire si elle étoit privée de l'avantage qu'elle retire de ladite Cour. Notre Ville de Montauban nous auroit aussi fait représenter très-humblement son affection à notre service, le préjudice que cette nouveauté porteroit à son commerce, & le trouble qu'elle causeroit aux ordres que nous avons établis dans notredite Ville, qui pourroit altérer le bien de notre service & le repos des habitans. Lesquelles remontrances ayant été examinées, nous avons jugé nécessaire la révocation de notredit Edit du mois d'Octobre dernier & tout ce qui s'en est ensuivi, & le raffermissement pour toujours de notredite Cour des Aydes en notredite Ville de Cahors, moyennant une crue & augmentation d'Officiers en ladite Cour, dont nous pourrons tirer un notable secours dans les présentes nécessités de notre état. A ces causes, &c. ayant égard aux services à nous rendus par les Officiers de notredite Cour des Aydes, nos Villes de Cahors & Montauban, & voulant reconnoître iceux, nous avons, par notre présent Edit perpétuel & irrévocable, révoqué & supprimé, révoquons & supprimons notredit Edit du mois d'Octobre dernier, portant translation de ladite Cour à Montauban, & union des Trésoriers de France de la Généralité de Montauban à icelle, augmentation d'Officiers, & taxes portées par icelui, & tout ce qui s'en est ensuivi, circonstances & dépendances : voulons & nous plaît que ladite Cour soit à perpétuité séante dans la Ville de Cahors, sans qu'elle puisse à l'avenir en être jamais distraite, transférée, ni unie à aucune Compagnie, sous quelque cause que ce soit, pour connoître par ladite Cour des causes & matieres de sa

1659.

1659. jurisdiction dans l'étendue des pays de Quercy, Rouergue, haute Guienne, enclaves & dépendances desdits pays & onze Elections; avec défenses à nos Cour de Parlement de Toulouse, Chambre des Comptes, Cours des Aydes & Finances de Montpellier, de basse Guienne & autres, de l'y troubler, à peine de cassation de procédures, dépens, dommages & intérêts. Et de la même autorité & puissance que dessus, nous avons créé & érigé, créons & érigeons en titres d'offices formés, un de nos Conseillers Président en notredite Cour, aux gages de 3000 livres, pour avec les sept anciens, y compris le premier Président, faire le nombre de huit; six Conseillers, aux gages de 1600 livres chacun, pour avec les vingt-huit anciens faire le nombre de trente-quatre; un autre Procureur-Général pour nous en ladite Cour, aux gages de 3000 livres; & deux Secretaires de ladite Cour, aux gages de 250 livres chacun, qui avec les deux anciens feront le nombre de quatre; un Receveur & Payeur, ancien, alternatif, triennal & quatriennal, des gages attribués auxdits nouveaux Officiers, aux gages de 250 livres chacun, & à nos Officiers de la Maréchaussée mentionnés ci-après; & deux Audienciers & deux Contrôleurs en la Chancellerie étant près ladite Cour, aux gages de 250 livres chacun; & iceux joints & unis, joignons & unissons au corps de notredite Cour & Chancellerie, pour & avec le nombre porté par les Edits du mois de Juillet 1642 & Avril 1643, ne faire & ne composer qu'un même corps, que nous promettons, en foi & parole de Roy, pour nous & les Roys nos successeurs, ne jamais plus augmenter; desquels gages, montant à 18100 livres, ensemble de deux deniers pour livre pour augmentation des menues nécessités de ladite Cour, le fonds en sera fait & laissé annuellement ès états qui seront expédiés au Conseil, de la recette générale des finances dudit Montauban, & ce au chapitre des Elections de Cahors, Montauban & Figeac, à commencer du premier Janvier dernier, pour être payés d'iceux par les Receveurs & Payeurs, ainsi qu'il est accoutumé. Voulons que ceux qui seront pourvus des offices créés par notre présent Edit, jouissent des mêmes honneurs, autorités, prérogatives, prééminences, franchises, immunités, privileges, préséance en la maison de Ville de Cahors & ailleurs, droits, profits & émolumens attribués aux anciens Officiers, & comme si les uns & les autres étoient créés par un même Edit, & si le tout étoit ci par le menu & plus au long exprimé.... Et afin que les Arrêts de notredite Cour soient exécutés, que les crimes soient punis, & que la levée de nos tailles soit faite avec exactitude, non par les compagnies & brigades que les Traitans des tailles ou Fermiers de nos fermes mettent sur pied, en conséquence des Arrêts de notre Conseil, ou des permissions à eux accordés, ains par des Archers & autres qui auront serment à Justice, nous avons de la même puissance & autorité, créé & érigé, créons & érigeons en titre d'office formés héréditaires, un Prévôt-Général pour exécuter tous les Arrêts & Ordonnances qui y interviendront, connoître de tous crimes & délits prévôtables concernant la jurisdiction d'icelle, lequel aura entrée, séance & voix délibérative en ladite Cour, après le dernier Conseiller d'icelle, pour y rapporter les affaires qui le requerront, & pour jouir de toutes les fonctions, pouvoirs, autorités & droits dont jouissent les autres Prévôts des Maréchaussées du Royaume au cas des Ordonnances; un Lieutenant, un Assesseur, un Substitut de nos Procureurs-Généraux de ladite Cour, un Greffier, deux Exempts, trente Archers de ladite Prévôté, qui porteront les casaques des Prévôts des Maréchaux avec nos armes, & avec pouvoir d'exploiter par tout le Royaume.... Et nous voyant encore obligés à faire des dépenses pour parvenir à une bonne & durable paix, nous aimons mieux faire des ennoblissemens & affranchissemens de biens taillables dans le ressort de ladite Cour, sur les deniers ordinaires de nos tailles de ladite Généralité, que de faire de nouvelles levées & impositions sur nos peuples. C'est pourquoi de la même autorité & puissance que dessus, nous avons ennobli & affranchi, ennoblissons & affranchissons jusques à la somme de 60000 livres de biens taillables dans ledit ressort, dont sera fait diminution sur les impositions qui se feront en ladite Généralité l'année présente & les suivantes, en faveur de ceux qui les acquerront dans les Elections & Paroisses de la Généralité; lesquels biens seront rayés des cadastres où ils sont compris, suivant l'état qui en sera arrêté par les Commissaires de ladite Cour que nous nommerons, sans que lesdits biens ennoblis & affranchis puissent jamais être remis dans ledit cadastre, ni cottisés pour aucunes impositions, pour quelque cause & occasion que ce puisse être; & seront les cadastres & allivremens diminués d'autant dans les Paroisses où lesdits biens seront ennoblis, & ce à commencer du premier de Janvier dernier. Et sera permis à toutes personnes, de quelque qualité & condition qu'elles soient, d'acquérir lesdits ennoblissemens & affranchissemens des biens taillables, au défaut & sur le refus fait par les propriétaires d'en faire l'acquisition, & ce un mois après le commandement qui leur en sera fait à leur personne ou domicile, sans que lesdits propriétaires soient reçus à aucune préférence, ledit temps d'un mois passé, pour quelque cause que ce soit. Et afin d'obliger nos sujets d'acquérir lesdits ennoblissemens & affranchissemens des tailles, & nous assister en la nécessité présente de nos affaires, nous voulons que ceux qui seront porteurs des quittances de l'épargne, expédiées pour icelles, jouissent desdits droits d'affranchissemens & ennoblissemens y contenus, sur leurs simples quittances par les mains desdits propriétaires, à commencer dudit jour premier Janvier dernier, & qu'ils en soient payés de quartier en quartier, par iceux propriétaires des fonds taillables, à quoi faire ils seront contraints comme pour deniers royaux. Et parce que depuis peu diverses Communautés & particuliers, pour éviter le payement de nos deniers, auroient obtenu diverses évocations, sans connoissance de cause, en notre Conseil, de leurs causes pendantes en notredite Cour des Aydes, leurs Juges naturels, nous avons, conformément audit Edit du mois d'Octobre dernier, révoqué & révoquons toutes & chacunes les évocations par nous accordées auxdites Communautés & particuliers, pour quelque cause & sous quelque prétexte que ce soit, sauf à eux de se pourvoir, au cas de l'Ordonnance, par les voies portées par icelle, pour leur être pourvu en connoissance de cause, ainsi que de raison, renvoyant en ladite Cour des Aydes lesdites causes évoquées, pour leur être fait droit comme auparavant lesdites évocations. Et d'autant que les grandes contestations qui sont arrivées entre notredit Parlement de Toulouse & notre Cour des Aydes de Cahors, nous auroient obligé d'évoquer les causes des Officiers de ladite Cour & tous les suppôts d'icelle, des Sénéchaux de leur ressort & dudit Parlement de Toulouse, lesdites contestations étant plus grandes que jamais, nous avons évoqué & évoquons dudit Parlement de Toulouse, Sénéchaux de Cahors & autres, à nous & à notre Conseil, les causes des Officiers de ladite Cour des Aydes, Avocats, Procureurs & autres suppôts d'icelle, à perpétuité, & icelles avons renvoyées & renvoyons en premiere instance en notre Sénéchal & Présidial de Brive, & par appel en notre grand Conseil, auxquels en attribuons toute Cour, jurisdiction & connoissance, & icelle avons interdite & interdisons audit Parlement de Toulouse & tous autres Juges. Voulons néanmoins qu'en matieres criminelles, tant en demandant qu'en défendant, nosdits Officiers de ladite Cour des Aydes jouissent du privilege qui est dû aux Com-

1659. pagnies souveraines ; ce faisant, que les Officiers qui la composent ne puissent être jugés que par elle. Et parce qu'il est nécessaire pour le bien de notre service que leurs Arrêts soient exécutés, nous enjoignons aux Consuls de notre Ville de Cahors, & tous autres de leur ressort, de recevoir les ordres de ladite Cour, & obéir à iceux, leur rendre le respect & l'obéissance qu'ils doivent aux Compagnies souveraines. Voulons aussi, conformément à la Déclaration du mois d'Août dernier, faite en faveur des anciens Officiers de ladite Cour des Aydes de Cahors, qu'ils jouissent de la dispense de quarante jours, sans payer aucun prêt ni avance, en payant le droit annuel de l'année courante & suivantes jusques au terme porté par icelle, permettant aux pourvus des offices créés par ledit présent Edit, de les tenir, posséder & exercer conjointement avec d'autres offices de justice & de finance, sans qu'on leur puisse objecter aucune incompatibilité, dont nous les avons dispensés & dispensons pour cette premiere fois, & sans tirer à conséquence, nonobstant toutes Ordonnances, Arrêts, Déclarations & choses à ce contraires, auxquelles nous avons dérogé. Et afin que notredite Cour des Aydes puisse rendre la Justice à nos sujets avec la décence requise, nous ordonnons qu'il sera fait imposition sur lesdites onze Elections de son ressort, de la somme de 8000 livres, pour achever de bâtir & construire le Palais. Enjoignons à ces fins aux Officiers desdites Elections de procéder incessamment à ladite imposition de 8000 livres, en vertu du présent Edit, sans qu'il soit besoin d'aucunes lettres d'assiette pour être levée en l'année prochaine 1660. Si donnons en mandement à notre amé & féal le sieur Seguier, Chevalier, Chancelier de France, que notre présent Edit il ait à faire lire & publier en notre grande Chancellerie le sceau tenant, & registrer ès registres d'icelle ; à nos amés & féaux les gens de nos Comptes à Paris, & de notre Cour des Aydes & Finances de Guienne à Cahors, Présidens & Trésoriers-Généraux de France à Montauban, que notre présent Edit ils fassent lire, &c.

Donné à Paris, au mois de Juin, l'an de grace mil six cent cinquante-neuf, & de notre regne le dix-septieme. *Signé*, LOUIS ; & plus bas, par le Roy,

PHELYPEAUX.

Registré en la Cour des Aydes à Cahors, le 14 Juillet 1659.

1660. COMMISSION (1) *ou Mandement pour la levée des Tailles pour l'année 1660, donnée depuis la conclusion de la paix, au profit & soulagement des Peuples contribuables aux Tailles, suivant les Lettres-Patentes du Roi & attache des Trésoriers de France.*

7 Février 1660.

THOMAS LE LIEVRE, Chevalier, Marquis de Fourilles & de la Grange, Baron d'Huriel, Conseiller du Roy en ses Conseils, Maistre des Requestes or-

(1) Nous avons donné ci-devant, page 1029, le Mandement pour la répartition de la taille de l'année 1688, qui étoit le premier que nous avions alors recouvré. Depuis nous avons recouvré celui envoyé pour l'année 1660 ; nous croyons à propos de le donner ici, parce qu'il se trouve plus circonstancié sur plusieurs objets.

dinaire de son Hostel, President en son grand Conseil, departy pour l'execution des ordres de Sa Majesté, & Intendant de la Justice, Police & Finances près les Troupes dans la Generalité de Paris. 1660.

Et les President, Lieutenant, Assesseur, Esleus & Controlleurs Esleus, Conseillers du Roy en l'Eslection de Paris: aux Eschevins, Syndic, Marguilliers, Manans & Habitans de la Paroisse de ... Salut. Le Roy nostredit Seigneur, par ses Lettres-Patentes, signées, controllées & scellées, données à Bordeaux le 25 Septembre dernier, à nous addressantes, narratives, que Dieu ayant voulu benir ses armes & exaucer ses prieres, en telle sorte qu'après de grandes & signalées victoires, elle auroit lieu d'attendre de jour à autre la conclusion d'une bonne solide paix, dont le principal advantage qu'elle en espere, est de descharger ses peuples des impositions que la guerre, continuée depuis 24 ans, a renduë absolument necessaires: mais comme Sadite Majesté n'a pû soustenir cette longue guerre, ny reduire les choses au point où elles sont, sans espuiser ses finances & consommer par advance, & mesme aliener une partie de ses revenus ordinaires, quelques succez que puissent avoir ses soins, elle est encores obligée de tenir ses troupes sur pied durant le present quartier d'hyver, & ne peut parvenir à l'accomplissement de la paix & de son mariage, & pourveoir aux reparations de ses maisons qui ont esté negligées pendant la guerre sans de nouvelles & extraordinaires despenses: elle voit avec déplaisir qu'il luy sera encore impossible de donner à ses sujets tout le soulagement qu'elle souhaiteroit, & qu'elle croit leur pouvoir promettre infailliblement à l'avenir: & neantmoins, outre la diminution qu'elle a dejà faite de ses tailles pour l'année derniere 1659, elle n'a pas laissé de les diminuer encore pour la presente année 1660, avec dessein de continuer plus avantageusement & plus favorablement les années suivantes: c'est pourquoy, Sa Majesté par sesdites Lettres-Patentes, nous auroit mandé de faire imposer & lever sur les contribuables aux tailles de cette Eslection, par mesme assiete & département, un million quatre-vingt-treize mil quatre cens cinquante-trois livres six sols huit deniers, dont par preference, sans aucunes nonvaleurs, la somme de huit cens cinquante-six mil sept cens quarante-une livre sept sols onze deniers: sçavoir à déduire sur le principal des tailles & creuës y jointes, six cens quatre-vingt-dix-sept mil neuf cens soixante & onze livres six sols huit deniers: sur le taillon ordinaire de la Gendarmerie, y compris le troisiesme quartier de la solde retranchée aux anciens Officiers des Mareschaussées, quatre-vingt-six mil trois cens quatre-vingt-quinze livres un sol trois deniers: sur la solde desdits anciens Officiers des Mareschaussées, trois cens soixante & quinze livres pour un quartier, qui sera payé ausdits Officiers: & sur les ponts & chaussées, soixante & douze mil livres: & le restant de ladite premiere somme montant à deux cens trente-six mil sept cens onze livres dix-huit sols neuf deniers, en seconde & derniere partie: sçavoir, pour le reste desdites tailles, creuës y jointes, gages, droits, taxations d'Officiers, rentes & autres charges, deux cens cinq mil neuf cens trente-quatre livres neuf sols quatre deniers: pour reste dudit taillon, treize mil neuf cens soixante-huit livres huit sols huit deniers: pour reste de la solde des anciens & nouveaux Officiers des Mareschaussées, qui est un quartier aux anciens, & deux aux nouveaux, quatre mil trois cens neuf livres neuf deniers; & pour reste desdits ponts & chaussées, douze mil cinq cens livres. Comme aussi nous a Sadite Majesté mandé de faire asseoir & lever avec ladite premiere partie, les sommes suivantes: sçavoir, cinq mil huit cens quatre-vingt livres, pour la part que cette Eslection doit porter de celle de vingt-quatre mil trois cens soixante & quinze livres, à laquelle la Generalité de Paris a esté taxée pour la refection

1660. des pavez; cinq mil quatre-vingt-trois livres six sols huit deniers pour un denier pour livre, faisant partie des six deniers cy-devant imposez pour les Officiers des Justices subalternes, ledit denier attribué aux Officiers des Eslections & Receveurs des tailles, pour la jouissance de l'année derniere; & pareille somme de cinq mil quatre-vingt-trois livres six sols huit deniers, pour la jouissance de la presente année: lesquels deux deniers ont esté distraits du principal de la taille, & doivent estre payez ausdits Officiers de cette Eslection & Receveurs des tailles, après qu'ils auront acquitté les taxes sur eux faites pour raison de ce, & en attendant, au porteur des quittances de finances d'icelles, suivant l'Arrest du Conseil du vingt-septiesme Aoust dernier; trente mil cinq cens livres, pour les six deniers pour livre cy-devant retranchez aux Collecteurs: quatre-vingt mil livres, pour ce que cette Eslection doit porter de la somme de deux cens vingt mil quatre cens dix livres, ordonnée estre imposée sur la Generalité de Paris, la presente année, suivant l'Arrest du Conseil du 24 Juillet, pour partie du remplacement du manque de fonds qui s'est trouvé sur les rentes de la Ville de Paris, seconde partie de l'espargne, & charges assignées sur la recette generale des Finances de la Ville de Paris, l'année 1657; & six mil cinq cens livres pour la part de cent un mil cinq cens livres de remboursement des advences faites à Sa Majesté sur le traité de l'establissement d'une sauve-garde en chacun Bourg & Paroisse du Royaume, revoqué par Arrest du Conseil du 3 Juillet dernier, le tout à plain mentionné esdites Lettres; quatre mil huit cens livres, pour partie de dix-sept mil huit cens livres, ordonnée estre levée sur ladite Generalité, pour la refection du pont de Montargis, par Arrests du Conseil des 21 Aoust & 20 Novembre 1659; & la somme de seize mil cinq cens livres, ordonnée estre imposée en ladite année présente suivant l'Arrest du Conseil du sur tous les sujets contribuables aux tailles & subsistances de cette Eslection, sans avoir esgard aux exemptions & descharges qu'aucune des Villes, Bourgs & Paroisses de cette Eslection pourroient avoir obtenu, que Sadite Majesté auroit revoqué; comme aussi sur les nobles, exempts & privilegiez, dont les exemptions sont revoquées par Edict de Novembre 1640 & Déclarations des 20 May 1645 & 20 Septembre 1646 qui n'ont esté restablis; lesquels nobles, exempts & privilegiez seront taxez selon leurs biens & facultez, suivant les Reglemens sur ce intervenus & Déclaration de Sa Majesté du 16 Avril 1643 verifiés en la Cour des Aydes. Suivant lesquelles Lettres-Patentes, en fin desquelles est l'attache des sieurs Tresoriers de France, & grands Voyers en ladite Generalité de Paris, du 13 Octobre dernier, nous, par le departement qu'avons fait desdites sommes, & des frais d'assiette, sur toutes les Villes, Bourgs & Paroisses taillables de cette Eslection, vous avons taxez; sçavoir, pour vostre part du quartier d'hyver, taillon & autres sommes ordonnées estre levées par preference & sans aucunes non-valleurs, à la somme de ; pour vostre part desdites tailles, subsistances & autres sommes restans, ordonnées estre levées à la somme de que vous payerez ès mains de Maistre Denys Gibert, Conseiller du Roy, Esleu en l'Eslection de Mont-Fort, commis à la recepte des tailles & impositions de ladite Eslection de Paris, par Arrests du Conseil d'Estat du Roy, des 4 Décembre 1669 & 4 Février 1660, suivant la nomination de Maistre Pierre Carton, propriétaire de l'office de Receveur des tailles en ladite Eslection, en son bureau estably au logis dudit sieur Carton, rue des Prouvaires, Paroisse Saint Eustache.

Plus, vous imposerez vingt-quatre deniers pour livre de tout le contenu aux rolles qui seront faits la presente année en vostre Paroisse, attribuez aux offices de de Commissaires des Tailles, ancien, alternatif, triennal & quatriennal y joint, creez par Edicts des mois de Fevrier 1658 & Mars 1659, verifiez en la Cour des Aydes le 9 Fevrier 1658 & Mars 1659, sçavoir quinze deniers pour livre à l'ancien, & neuf deniers aussi pour livre aux alternatif, triennal & quatriennal y joint, payable aux acquereurs desdits offices sur leurs simples quittances & en attendant que l'adjudication soit faite desdits offices, ès mains dudit Gibert: & seront lesdites sommes cy-dessus par vous payées; sçavoir, vostredite part du quartier d'hyver, taillon, & autres sommes à lever par preference, & lesdits vingt-quatre deniers en trois termes & payemens égaux, au 15 Mars, 15 Avril & dernier May de l'année presente, également & par preference à toutes autres natures de deniers aussi imposez la presente année, & celle du restant desdites tailles, subsistances & autres impositions en deux autres payemens: sçavoir, au 15 Septembre & 15 Novembre de la presente année, sans que les Officiers de la Mareschaussée & autres, puissent sous pretexte de leurs gages, s'entremettre à la recepte d'aucuns deniers dans vostredite Paroisse, en quelque sorte & maniere que ce soit, à peine de perte de leurs offices, & d'estre contrains solidairement & par corps, à la restitution des sommes qu'ils auront receuës, & au quadruple d'icelles. 1660.

Outre lesquelles sommes vous imposerez & leverez six deniers pour livre de tout le contenu au rolle, attribuez aux Collecteurs des tailles de vostre Paroisse, qu'ils retiendront par leurs mains pour leur droit de collecte, frais de voyage & port de rolle.

Et pour l'effet de l'assiette & levée des sommes cy-dessus, nous vous mandons incontinent la presente receuë, que vous ayez à mettre ladite commission ès mains des Collecteurs qui seront par vous esleus, à la nomination desquels & d'un Syndicq, au cas que n'y ayez déjà pourveu, vous vaquerez trois jours après la reception d'icelle, qui seront choisis capables, suffisans & solvables, au nombre de six seulement ès grandes Paroisses composées de trois cens feux & plus, trois en celles de cent feux jusques à deux cens, & deux aux Paroisses de cent feux & au-dessous: ferez en sorte que ceux qui seront par vous nommez n'ayent aucune cause valable de décharge, à peine d'en estre par nous nommez d'office, & delivré contre vous dits Eschevins, Marguilliers, Syndicq & principaux Habitans, contraintes solidaires pour le payement desdites sommes; & neantmoins en cas de contestation pour lesdites descharges, les parties se pourvoiront pardevant nous en nostre Bureau au Palais, pour estre jugées sommairement; ausquels Asseeurs, Collecteurs deffendons de prendre plus grande descharge que sur le pied de celle par nous faite en ladite Paroisse, ny de diminuer leurs parens & aliez, sous quelque pretexte que ce soit, à peine de l'amende; & où ils contreviendront à ce que dessus, ils seront privez de ladite diminution, sauf leur opposition en surtaux, si bon leur semble.

Et d'autant que par le passé les contribuables de cette Eslection ont refusé le payement des sommes de deniers, esquelles ils estoient cottisez, aux Collecteurs de leurs Paroisses, qui n'ont autres voyes pour les contraindre que l'execution de leurs meubles, qui sont le plus souvent cachez & recellez; & ainsi faute de payement par les redevables, lesdits Collecteurs sont mis & retenus prisonniers à la requeste des Receveurs: pour obvier à tels desordres, & faciliter la recepte desdits Collecteurs, ordonnons à vousdits Eschevins, Marguilliers, Syndicq & principaux Habitans, de faire compter tous les mois lesdits Collecteurs de vostre Paroisse des deniers qu'ils auront receus des cottisez aux rolles, vous l'exhiber & representer, pour voir ce qui aura esté payé; ensemble les quittances qu'ils auront des Receveurs, de faire un estat de ceux qui seront refusans de payer,

1660. pour y estre par nous pourveu & decerné contre iceux contraintes aux Receveu pour en faire le recouvrement à la descharge desdits Collecteurs, ausquels se loisible de prendre les Huissiers des Tailles, porteurs des contraintes de no verifiées, pour faire en leurs presences toutes executions requises & necessair pour le payement des sommes dont se trouveront redevables les cottisez ref sans de payer, & sera par nous fait taxe des executions qu'ils feront ès maiso desdits cottisez, & à recouvrer sur iceux ; & faute de payemens par lesdits co tribuables ausdits Collecteurs, Sadite Majesté assignera passage & logement c gens de guerre pour le fait de la taxe du quartier d'hyver ès Paroisses qui n'auro satisfait à ce que dessus, vous enjoignant d'y tenir la main ; & pour plus ampl connoissance du contenu au present article, le Curé sera tenu de publier ladi Ordonnance tous les premiers Dimanche du mois, ès Prosnes des Messes Paro chialles, à ce que nul n'en pretende cause d'ignorance.

Aussi-tost la presente commission mise ès mains desdits Collecteurs, ils pro cederont incessamment & sans delay à la confection du rolle des sommes cy dessus, pardevant celuy qui sera pourveu de l'office de Commissaire des taille de vostre Paroisse, ou commis à l'exercice d'iceluy, si aucun y a, à peine de refec tion de rolle, amande arbitraire, tous despens, dommages & interests, sino par telle personne que bon leur semblera : & ledit Commissaire des tailles, ou celuy qui sera choisi par lesdits Collecteurs, sera tenu d'escrire ponctuellemen tout ce qui sera dicté par les Collecteurs pour le fait de la taxe des cottisez au rolle, & de l'arrester au vray au bas de chaque page, & en fin d'iceluy mettre exactement la somme totale, conformément à celle contenuë en la presente commission ; & seront lesdites sommes cy-dessus, departies & imposées par un seul rolle sur vous tous Habitans contribuables de vostredite Paroisse, le fort portant le foible, le plus justement & également que faire se pourra : dans lequel rolle neantmoins sera fait à chaque cotte des contribuables deux lignes separées ; la premiere pour la cotte de la premiere partie desdites tailles, taillon & vingt-quatre deniers ; la seconde pour le surplus desdites tailles & autres impositions, excepté les gens d'Eglise, Nobles vivans noblement, Officiers des Cours souveraines, Secretaires du Roy, les Officiers des sept offices de la Maison du Roy, les veufves des Veterans, les Commensaux des maisons royalles, servans actuellement par quartier ou semestre, qui reçoivent gages & sont employez ès estats de Sa Majesté & en ceux desdites maisons royalles, portez & verifiez en la Cour des Aydes, ne faisans aucun trafic de marchandises, ne tenans hostelleries, Fermes d'autruy, ny bail à loyer, à la charge aussi de ne faire valoir ny tenir par leurs mains qu'une Ferme à eux appartenant, & non d'autres terres ou métairies par leurs domestiques, serviteurs & chartiers, auquel cas Sadite Majesté entend qu'ils soient taxez au lieu des maistres & proprietaires, ainsi que seroit un Fermier particulier qui demeureroit esdites Paroisses, & que ceux qui depuis la Declaration du mois de Novembre 1643 faite pour le restablissement des privileges, ont acheté des offices qui les rendent commensaux des maisons royalles, ou qui en acheteront cy-après, ne seront exempts seulement que de la mesme somme à laquelle le resignant estoit imposé avant ledit restablissement, si ce n'est que les resignations ayent esté faites de pere à fils ou de beau-pere à gendre : les Prevosts & Lieutenant de la Mareschaussée seront exempts de toutes tailles & subsistances ; les Greffiers & Exempts, de trente livres seulement ; & les Archers de quinze livres, qui seront diminuez sur leurs cottes & taxes des impositions qui seront faites à proportion de leurs biens & facultez, sans que pour raison de ladite exemption lesdits Greffiers, Exempts & Archers puissent estre augmentez esdites tailles, pourveu qu'ils servent actuellement en leurs charges, ne fassent trafic & ne tiennent Fermes & Hostelleries : les Intendans & Controlleurs des deniers communs seront cottisez ès rolles des Paroisses où ils sont domiciliez ; ensemble les veufves des privilegiez revoquez & non restablis par la Declaration de Janvier 1647 : seront aussi taxez en vos rolles les Huissiers, Bedeaux, Appariteurs & francs Sergens des Eglises de fondation royale ; les Officiers des Monnoyes, ceux de la defunte Duchesse d'Orleans, les Gensdarmes & Chevaux-Legers de la Reyne, de Monseigneur le Duc d'Anjou & de Monseigneur le Duc d'Orleans ; les Gardes à cheval & à pied des forests, bois & buissons, plaines, varennes & plaisirs, à l'exception toutes fois de ceux des chasses & plaisirs des Maisons Royales de S. Germain en Laye, Versailles, Bois de Boulogne & Varenne du Louvre, & leurs veufves, restablis en leurs privileges & exemptions de tailles & subsistances, suivant les Declarations des mois de Juin 1650, 10 Novembre 1654 & Novembre 1656 : seront pareillement taxez ès rolles des tailles de leurs Paroisses les Archers des toilles, les Officiers de la Vennerie & Fauconnerie ; ceux de l'Artillerie & de la Marine : comme aussi les Fermiers & Commis des Gabelles, Aydes, cinq grosses Fermes & autres desdites Fermes, qui feront des acquisitions dans l'estenduë de cette Eslection & ailleurs, seront cottisez ès lieux où ils resident, comme les autres taillables de ce Royaume, le tout conformément aux Declarations de Sa Majesté des 20 May 1645, 20 Septembre 1646 & Arrest du Conseil du 20 Decembre en suivant, portans revocation des privileges des dénommez en cet article, avec faculté aux Collecteurs de les cottiser pour tous leurs biens & facultez, ainsi que les autres contribuables. 1660.

Et d'autant que plusieurs particuliers, pour s'exempter de la contribution des tailles & autres impositions, se sont habituez & acquis domicile en des Villes & Paroisses franches & abonnées en l'estenduë de cette Eslection, & neantmoins labourent & font valoir par leurs mains des terres & heritages, soit de leur propre, à rente ou ferme, situez ès Paroisses taillables, & enlevent les grains & fruits esdites Villes & Paroisses franches & abonnées où ils sont demeurans, dont les autres contribuables de cette Eslection ont receu & reçoivent de grandes incommoditez & surcharges, enjoignons ausdits Collecteurs de les taxer au rolle des sommes cy-dessus, & autres qui seront à l'advenir imposées en vostre Paroisse, tout ainsi que le pourroient estre les Fermiers qui tiendroient & feroient valoir lesdites terres & heritages, & à proportion du profit qu'ils y pourront faire, si ce n'est que lesdits heritages soient de leur propre, & consistent en maisons, dans l'enclos desquelles il y ait des terres labourables, prez, vignes ou bois, ou que lesdits particuliers soient bourgeois de cette Ville de Paris & qu'ils ne fassent valoir qu'une ferme à eux appartenant ; auquel cas seulement ils ne seront par vous taxez, le tout au desir des articles 33 de la Declaration de 1634 & 21 de la Declaration de 1643, verifiées en la Cour des Aydes. Lequel rolle, à peine de refection d'iceluy, contiendra les noms, surnoms & conditions des cottisez, s'ils labourent pour eux ou pour autruy, & à quel nombre de charruës : lesquels Officiers privilegiez & contribuables, ne pourront estre taxez qu'en la Paroisse où ils sont actuellement demeurans, pour toutes leurs facultez, trafic, labour, fermes & tenures, soit en ladite Paroisse ou ailleurs, à l'exception de ceux qui tiendront ferme en vostre Paroisse & resideront hors de cette Eslection : comme aussi les Receveurs ou Admodiateurs generaux, soit qu'ils souffermment le tout ou partie de leurs fermes & receptes, seront cottisez pour le profit qu'ils feront en la Paroisse du principal manoir

1660. desdites fermes, & que ceux qui ont transferé & transfereront leurs domiciles dans les Paroisses affranchies ou abonnées, & en celles qui ne payent que le taillon & subsistance, ainsi que ceux qui viendront s'habituer en cette Ville de Paris, seront taxez pendant dix années, après leurs departs, ès Paroisses qu'ils auront quittées, eu esgard à leurs biens & facultez, sans qu'ils puissent estre taxez & cottisez esdits lieux affranchis, abonnez & autres cy-dessus declarez, qu'après lesdites dix années expirées, conformément aux Arrests du Conseil des 26 Janvier 1646 & 21 Janvier 1647 : & à l'égard des particuliers qui transfereront leurs domiciles en autres Paroisses de l'Eslection non affranchies & abonnées, seront encore cottisez ; sçavoir, les Laboureurs & Fermiers après l'an & jour de la publication de leur translation en celles dont ils seront sortis, deuëment signifiée aux Procureurs, Syndics des Paroisses, & publiée aux Prosnes d'icelles avant le premier jour d'Octobre precedent leur depart, & executée avant le premier Janvier suivant, & les autres après deux années de pareilles publications & translations, lesquelles à l'advenir les susnommez qui changeront de domicile, seront tenus faire registrer dans le dernier Decembre de l'année qu'ils quitteront lesdites Paroisses au Greffe de cette Eslection, dont leur sera par nostre Greffier delivré acte, pour y avoir recours quand besoin sera.

En fin duquel rolle vous mettrez les noms des Seigneurs de vostredite Paroisse, des Nobles & autres privilegiez qui doivent jouyr de l'exemption des tailles, les fiefs & arriere-fiefs, & à qui ils appartiennent, combien il y a de feux & de charuës en vostre Paroisse, soit en propre ou tenure, à peine de refection du rolle : & sous chacun des contribuables compris au rolle, sera fait, comme dit est, deux cottes en deux lignes separées, l'une pour sa part de ladite premiere partie de la taille, taillon & vingt-quatre deniers ; & l'autre pour sa part du surplus desdites tailles & autres impositions cy-dessus, sans rature, chiffre ny abbreviation, & chaque page aura marge & distance competante pour y escrire joignant les cottes, ce qui sera receu d'icelles par lesdits Collecteurs, au fur & à mesure des payemens, & à l'instant d'iceux, ce que leur enjoignons de faire ; leur deffendant de se servir de cueilloirs & broüillards, à peine de faux & d'amande.

Defendons à tous Ecclesiastiques, Gentils-hommes, Seigneurs des Paroisses & autres, de quelque qualité & condition qu'ils soient, d'assister & d'estre presens avec lesdits Collecteurs lors de l'assiette & confection des rolles, de les intimider, ny user d'aucunes menaces, violences, ny voyes de fait à leur endroit, pour favoriser ceux qui leur appartiennent, & en cas de contravention, y sera par nous pourveu & procedé contr'eux suivant la rigueur des Edicts, Arrests & Reglemens. Incontinent ledit rolle fait & signé desdits Collecteurs, l'un d'iceux l'apportera en cette Ville de Paris, avec le double d'iceluy, conforme en pages & sommes, avec la presente commission, & le rolle desdites tailles de vostre Paroisse de l'année derniere, pour estre verifié, calculé & signé de celuy de nous qui a fait la visite & chevauchée en vostre Paroisse, & non d'autre.

Pour lesdites sommes cueillies & levées par lesdits Collecteurs, estre par eux portées & mises ès mains dudit Gibert, aux temps & termes cy-dessus ; à quoy faire ils seront contraints, nonobstant oppositions ou appellations quelconques, pour lesquelles ils se pourvoiront pardevant nous au Bureau de cette Eslection & non ailleurs : & seront les Collecteurs de vostre Paroisse, tenus de faire controller les quittances qui leur seront délivrées par ledit Gibert, à l'instant des payemens qu'ils feront des sommes contenues en la présente, par Maistre Gaspard

Chesnet, aussi Conseiller du Roy & Controlleur en cette Eslection, en sa maison rue des Quatre-Fils, proche l'Hostel de Guise, & ce dans vingt-quatre heures, à peine de nullité desdites quittances : & en cas que pour la collecte & levée desdits deniers il arrive quelque rebellion, il en sera par nous susdits informé, & le procez fait & parfait aux coupables, suivant la rigueur des Ordonnances, conformément ausdites Lettres-Patentes. 1660.

Faisons deffenses audit Gibert de délivrer ses contraintes contre lesdits Collecteurs, qu'elles ne soient verifiées & signées de nous, au nombre de trois, & scellées du scel de cette Eslection, & à tous Huissiers & Sergens de les mettre à exécution, si elles ne sont en la forme susdite, à peine de faux, & que l'exploict de commandement ou signification qu'ils feront, sera signé des Parties & tesmoins, ou interpellez de ce faire : ausquels Huissiers ou Sergens faisons aussi défenses d'exiger aucune chose desdits Collecteurs, sous prétexte de salaires desdites contraintes, à peine de punition corporelle : & seront payez par ledit Receveur & Commis, suivant la taxe qui en sera par nous faite au Bureau de cette Eslection, au nombre de cinq Officiers, sur les procès-verbaux, exploicts de commandement, contraintes & escrouës, à peine audit Gibert de restitution, qui sera remboursé par lesdits Collecteurs, ausquels il fournira quittance.

Et si pour raison de l'assiette & levée des sommes contenuës en ces présentes, il survient quelque differend ou opposition, les opposans seront assignez pardevant nous au Bureau de cette Eslection, sis dans l'enclos du Palais, en premiere instance, & non ailleurs, à peine de cinq cens livres d'amande, & à tout ce que dessus ne ferez faute. De ce faire vous donnons pouvoir, en vertu de celui à nous donné par lesdites Lettres-Patentes. Fait au Bureau de l'Eslection de Paris, le septiesme jour de Fevrier mil six cens soixante.

ARRÊT de la Cour des Aides, qui permet aux Habitants de la Ville de Tours de tenir leurs vignes par leurs mains, en les faisant cultiver par Closiers ou autres personnes ès Paroisses où les vignes sont situées. (Code Rural, Tome II, page 343.)

16 Avril 1660.

ENTRE les Collecteurs des tailles de la Paroisse de Fondette en Touraine, & les Manans & Habitans de ladite Paroisse, appellans des Jugement & Ordonnance rendus par les Elus de Tours, les 7 Février, 7 & 21 Avril 1659, d'une part ; & M^e. Alexandre Roujon... Jacques Robichon, &c. tous Bourgeois & Habitans de la ville & fauxbourgs de Tours, intimés, d'autre ; & les Maire & Echevins de ladite Ville de Tours, intervenans, &c.

Après que Lhoste, Avocat pour les Habitans, Asséeurs & Collecteurs de la Paroisse de Fondette, appellans, a dit que leur appel est des Sentences rendues par les Elus de Tours, par lesquelles ils ont ordonné la radiation des particuliers, intimés, des rôles des tailles & autres impositions de ladite Paroisse de Fondette, soutient qu'il a été mal jugé : les moyens des appellans fondés sur une vérité constante, que tous Habitans des Villes franches, à la réserve des Bourgeois des Villes de Paris & Lyon, sont imposables aux tailles, pour l'exploitation qu'ils font

de leurs terres & héritages de la campagne, & la distinction que les intimés
1660. ont alléguée au Parquet, d'entre les terres labourables & vignes, & dans laquelle ils renferment toute la défense de la cause, n'est, sauf correction de la Cour, d'aucune considération, étant certain que la taille en France est mixte & partie réelle & partie personnelle; & que dans l'imposition l'on considere non seulement la personne, mais la chose; & que la terre qui fait produire la vigne, est la même qui fait germer & mûrir les grains, & ainsi nulle raison de différence; ajoute encore que le terroir de la Paroisse de Fondette est composé pour la plus grande partie de vignes possédées en propriété par les Habitans de Tours, lesquels, s'ils parvenoient à leurs fins, tireroient le profit entier de la Paroisse, sans rien supporter des charges d'icelle, & ne sert de dire qu'il y a des Closiers qui façonnent lesdites vignes & qui sont des sujets capables de recevoir l'imposition, étant la plus grande partie tous pauvres gens sur lesquels on ne peut asseoir exécution; & en conséquence conclut à ce qu'en infirmant les Sentences dont est appel, il soit dit que les rôles seront vérifiés par les Elus, & iceux exécutés contre les y dénommés, demande, dépens.

Bilain pour Roujon & Consorts, intimés, a dit que la contestation est réduite à ce seul fait; qu'il soutient que ses Parties ayant des Closiers actuellement demeurans sur les lieux & payant la taille, ils ne doivent pas la payer; qu'en l'année 1632 semblable contestation ayant été agitée entre les mêmes Parties, & réglée par deux Arrêts solemnels, rendus avec grande connoissance de cause, les Sentences des Elus de Tours ont été confirmées, semblables à celles dont les Habitans se plaignent: que les intimés à l'égard des vignes sont fondés en usage de plus de deux cens ans, qui a été nommément déclaré & approuvé par lesdits Arrêts; qu'ensuite les Réglemens généraux faits sur les tailles étant survenus ès années 1634 & 1643, sont entiérement relatifs à cet usage, & le confirment, d'autant qu'ils ordonnent que pour ce qui regarde les vignes, il en sera usé, comme il a été fait auparavant. En conséquence soutient que ses Parties n'ayant fait aucun acte dérogeant à leur privilege & à cet usage, les appellans sont, sauf correction de la Cour, sans griefs & mal-fondés dans leur appel, y conclut & à dépens.

Et que de Toulieu, pour les Maire & Echevins de la Ville de Tours, Pallu & Consorts, intervenans & demandeurs, a dit: que l'on ne révoque point en doute le privilege qui fut accordé à la Ville de Tours en l'année 1641, auquel temps elle fut affranchie du payement des tailles; & pour ce qui est des maisons que les Habitans possedent à la campagne, comme la taille n'est point réelle dans la Province de Touraine, qu'elle ne se prend pas même sur les fruits en nature, parce que l'Habitant de Ville franche qui baille la terre labourable à façonner à moitié, emporte la moitié des fruits sans payer taille, & qu'au contraire l'on peut dire qu'elle est plus personnelle que mixte: c'est un droit commun qui ne peut être changé, & conséquemment quand les Habitans de la Ville de Tours ont sur les lieux des Metayers ou des Closiers qui payent actuellement taille, ils ne la doivent point payer; que si la chose est hors de contestation à l'égard du Laboureur, il n'y a pas plus de justice de la contester à l'égard du Vigneron, y ayant pareille raison; l'un & l'autre étant naturellement taillable, & domicilié en lieu taillable, y ayant aussi proportion toute entiere de l'argent que l'on donne à l'un pour la façon de la vigne, aux fruits en nature que l'on donne à l'autre pour la façon de la terre labourable; que l'un & l'autre est le fruit de leur travail & de leur industrie: d'où il est vrai de conclure que comme le Laboureur domicilié dans la métairie, paye la taille sur la moitié seule des fruits en nature qu'il remporte par son industrie, auquel cas l'on demeure d'accord que le propriétaire ne paye point la taille, le Vigneron semblablement la paye sur l'argent seul qu'il remporte pour la façon de la vigne : & ainsi vrai de dire que le propriétaire ne la doit point payer pour le profit de son héritage, & conclut en l'intervention des Maire & Echevins de la Ville de Tours, & requête des particuliers Habitans à ce que y faisant droit, &c. 1660.

Oui Ravot pour le Procureur-Général du Roy, qui a dit que la cause qui est à juger n'est pas seulement l'intérêt de la Ville de Tours, mais celui de toutes les Villes franches du Royaume, puisqu'il s'agit de régler le bon usage de leurs privileges, & de juger si les Habitans des Villes franches seront obligés de donner à Ferme, à prix d'argent ou à moitié fruits les vignes qui leur appartiennent. Les Maire & Echevins de Tours soutiennent que l'on ne peut les y contraindre, & qu'il suffit de les faire cultiver par leurs Closiers ou autres Habitans de la Paroisse, auxquels ils donnent une récompense en argent pour les façons & cultures de leurs vignes, soit que lesdits Vignerons demeurent dans leurs closeries ou ailleurs; que l'Ordonnance ne leur est pas contraire, & qu'en tout cas l'usage & les Arrêts l'ont expliqué favorablement pour eux. Et en effet bien que l'Ordonnance d'Orléans, article 129, ait expressément obligé tous les Habitans des Villes franches, non nobles ou privilégiés de donner à Ferme tous les héritages, sans distinction de vigne ou autre nature de fonds, néanmoins il faut présupposer que l'usage a été contraire à la Loi, puisque l'Ordonnance de 1634, article 33, & celle de 1643, article 21, reprenant les termes de cette ancienne Ordonnance, ajoutent cette clause en fin des articles : *n'entendons toutesfois comprendre au présent article les maisons consistans en clos & vignes, pour lesquelles il sera usé comme il a été fait ci-devant;* clause qui seroit superflue & peu correcte en son sens, si on vouloit l'entendre seulement des vignes faisant partie de l'enclos des maisons, puisque les enclos sont affranchis, en quoi qu'ils consistent. Il faut donc conclure que le mot de maison est pris là pour domaine, au sens qu'il est dans Xénophon, au Livre du Gouvernement domestique; aussi l'usage lui a donné cette interprétation, & les Arrêts l'ont bien voulu, puisque la même question a été jugée par la Cour en 1633, par Arrêt du 6 Septembre, en faveur des mêmes Habitans de Tours, & au Conseil du Roy, le 26 Mars 1658, pour Orléans; ces Réglemens & Arrêts peuvent être intervenus par la considération du temps & de la dépense que demandent les vignes pour être mises en valeur. *Omnis labor impendendus, & omnes cogendæ in sulcum ac multâ mercede domandæ*, dit Virgile au second des Géorgiques : les fruits en sont d'une longue attente, & encore peu certains; alors que les vignes sont en état de rapporter, elle n'est pas à l'épreuve de la fraîcheur d'une matinée, ni d'un rayon de soleil, pour peu qu'il soit intempéré: on ne trouve pas à les donner à ferme à cause de l'incertitude de la récolte; & ce seroit un autre malheur de les y donner : les Vignerons tirent au fruit & oppriment la plante, de sorte qu'après peu d'années d'un mauvais gouvernement, le bois se trouve sec & la vigne stérile. Il faut encore ajouter que les Habitans de Tours s'obligent de faire cultiver leurs vignes à prix d'argent, par les Habitans taillables de la Paroisse, ainsi elle est dédommagée par la récompense de la culture dont elle profite, qui n'est pas moins de vingt ou vingt-cinq francs pour arpent.

Reste la comparaison du privilege de Paris & de Lyon. Paris exempt pour une seule Ferme, & Lyon pour un lieu de plaisir, son enclos & deux arpens au-dehors seulement, qui semble moindre que celui de Tours, si son domaine est affranchi, se trouvant consister en vignes, quoiqu'il fut assis en différens lieux:

cette objection ne fait point de peine, puisque cette même licence de recueillir
1660. les vins appartient aux Bourgeois de Paris & Lyon au-delà de leurs privileges, sous la même condition de faire cultiver leurs vignes par les Habitans des Paroisses esquelles elles seront situées, a estimé qu'il y a lieu, &c.

La Cour a mis & met l'appellation & ce dont a été appellé au néant, en émandant ordonne que les particuliers Habitans de la Ville de Tours compris aux rôles des tailles de la Paroisse de Fondette, l'année derniere dont est question, en seront rayés, & que les deniers par eux payés leur seront rendus & restitués, & à cette fin réassis, imposés & levés sur les Habitans à la prochaine assiette, en vertu du présent Arrêt.

Et ayant égard à l'intervention des Maire & Echevins de ladite Ville de Tours, & conclusions du Procureur-Général du Roy, a fait inhibitions & défenses aux Habitans, Asséeurs & Collecteurs de ladite Paroisse de Fondette, de comprendre à l'avenir en leurs rôles les Habitans de la Ville de Tours, tant & si longuement qu'ils n'auront que des maisons & des vignes en leur Paroisse, qu'ils feront façonner par les particuliers Habitans dudit Fondette, qui seront compris aux rôles des tailles, sans dépens. Fait à Paris, en ladite Cour des Aydes, le seizieme jour d'Avril mil six cent soixante. *Signé*, BOUCHER.

ARRÊT du Conseil, portant remise de vingt millions sur les restes des tailles; & autres Réglements pour le soulagement des Sujets du Roi.

3 Août 1660.

LE Roy voulant faire ressentir à ses Sujets le plus promptement qu'il luy sera possible les effets de la paix, qu'il a plu à Dieu d'accorder à ses prieres & à ses travaux : & Sa Majesté estant informée qu'ils n'ont pas seulement souffert par l'augmentation des impositions courantes, que le malheur du tems rendoit necessaires, mais encore par les restes de plusieurs années que leur impuissance autant que toute autre chose entassoit les uns sur les autres, & dont le recouvrement se faisoit encore aujourd'hui par diverses personnes, avec differentes contraintes & beaucoup de frais, mesme par le recouvrement de quelques autres droits très-légitimes en soy, mais où il se commettoit une infinité d'abus dans les Provinces; à quoy Sa Majesté jugeant d'autant plus necessaire de pourvoir, qu'en l'estat present de ses affaires, au sortir d'une si longue & si fascheuse guerre, quelque grand & ferme dessein qu'elle ait pour le soulagement de ses peuples, il luy est impossible de les décharger, autant qu'elle l'auroit souhaité, des tailles de l'année presente & de la prochaine, dont les deniers aussi bien que la pluspart des autres revenus de son Estat ont esté consommez par avance, ou destinez à des dépenses inévitables: & cependant la juste impatience où elle est pour le repos de ses Sujets, ne luy permettant pas de differer davantage à leur donner quelques marques de sa bonté, & à leur faire connoistre par ce commencement ce qu'ils en doivent attendre à l'avenir, après avoir fait examiner par M. le Cardinal Mazarini, & autres principales personnes de son Conseil, ce qui se pouvoit faire de plus prompt & de plus avantageux pour eux.

Sa Majesté estant en son Conseil, a ordonné & ordonne, que sur les restes des tailles, taillon, subsistance & autres impositions de l'année 1647 & les suivantes, il il sera quitté & remis auxdits contribuables, jusques à la somme de vingt millions de livres. Et afin que la distribution en soit faite avec équité & justice, ordonne Sa Majesté, que les Receveurs ou Commis aux receptes desdites tailles & taillon, seront contraints par les voyes accoustumées, de compter incessamment par estats au vray de leurs manimens desdites années, pardevant les Tresoriers de France de chacune des Generalitez des pays d'Eslections, & de leur fournir des estats par le menu de leurs restes, deuement certifiez, aux peines de l'Ordonnance, à la verification desquels il sera procedé par les sieurs de Garibal, Dugué & Dargouges, Conseillers en ses Conseils, Maistres des Requestes ordinaires de son Hostel, que Sa Majesté a commis pour cet effet, pardevant lesquels conjointement ou séparément les Collecteurs seront tenus de representer leurs rolles & aquits, & de cotter par qui lesdits restes sont deus, pour connoistre si c'est par impuissance, rebellion, ou malice, dont il sera dressé des estats & procez-verbaux par lesdits Commissaires, qui les envoyeront avec leurs avis audit Conseil, pour sur ce y estre fait & arresté un estat de distribution de ladite décharge de vingt millions, suivant lequel les reprises des comptables seront passées & allouées dans leurs estats & comptes. Et cependant fait Sa Majesté defenses à tous Receveurs & Commis auxdites receptes des tailles & taillon, de faire executer aucunes contraintes, tant pour le principal desdites impositions, que pour les frais de ladite année 1647 & suivantes, jusques & compris 1656, à peine de concussion, 3000 livres d'amende, & de tous dépens, dommages & interests; & à tous Huissiers, Sergens & Archers de mettre lesdites contraintes à execution, à peine de punition corporelle & de perte de leurs offices. Et moyennant ce veut & ordonne Sa Majesté, que les impositions des années 1657, 1658 & 1659 soyent payées, & les contraintes executées après avoir esté visées par les Officiers des Eslections en la maniere accoustumée. Et voulant aussi Sa Majesté faire cesser les vexations & frais pour les restes de l'impost du sel des années des baux de Maistres Philippes Hamel & Jacques Dattin expirez au dernier Decembre 1655, ordonne Sa Majesté que les interessez ausdits baux rapporteront dans trois mois audit Conseil, les estats de ce qui leur est deu deuement certifiez, en marge desquels ils cotteront par qui & pourquoy ils n'ont pu estre payez, pour sur ce y estre pourveu par Sa Majesté, en connoissance de cause, ainsi que de raison. Et cependant fait Sa Majesté défenses ausdits interessez & à leurs Commis de faire executer aucunes contraintes pour le principal & frais desdites années, à peine de perte de leur deu, de dix mille livres d'amende, & de tous dépens, dommages & interests. Et à l'égard des restes de l'impost du bail de Maistre Simon le Noir, commencé le premier Janvier 1656 & fini le dernier Decembre 1659, le recouvrement en sera fait en la maniere accoustumée: le tout sans retardation de l'impost de l'année courante & des suivantes, dont la levée se fera aux termes, & par les voyes ordinaires, suivant les Reglemens. Et sur les plaintes faites à Sa Majesté, que ceux qui sont chargez du recouvrement des taxes de l'affranchissement & de la confirmation des francs-fiefs, ont fait faire des rolles de sommes exorbitantes par des Commissaires subdeleguez, qui taxent des frais excedans souvent le principal, ordonne Sa Majesté, que par les Curez des Paroisses il sera publié & fait savoir que ceux qui auront esté contraints au payement desdites taxes, ayent à declarer & justifier aux Lieutenans-Generaux des Bailliages desquels ils ressortissent, quelles sommes ils ont payées, soit pour le principal, ou pour les frais: pour le tout estre mis ès mains desdits Commissaires departis dans les Provinces, afin de donner leurs avis à Sa Majesté de ce qu'il conviendra faire sur ce sujet. Ordonne aussi Sa Majesté auxdits Commissaires, aux Tresoriers de France, Officiers des Eslections, & autres 1660.

qu'il appartiendra, de tenir la main chacun en droit soy à l'execution du present
1660. Arrest, & iceluy faire publier où besoin sera, à ce que personne n'en pretende cause d'ignorance. Fait au Conseil d'Estat du Roy, Sa Majesté y estant, tenu à Vincennes, le troisieme jour d'Aoust mil six cent soixante.

Signé, DE GUENEGAUD.

1661. *ARRÊT du Conseil, portant décharge de trois millions de livres sur les Tailles, & autres Réglements pour le soulagement du Peuple.*

Avril 1661.

LE Roy voulant donner de nouvelles marques de l'affection paternelle qu'il a pour ses Sujets, & ne pouvant souffrir tout le delay qui seroit necessaire pour les faire jouir des fruits de la paix, par le soulagement entier des charges extraordinaires qu'ils ont portées pendant la guerre, à cause des grandes sommes qui sont deues pour les dépenses du passé, & de la necessité de fournir à celles que l'establissement de la paix a causées : pour cet effet Sa Majesté s'estant fait representer l'estat general des impositions, avec ceux des charges & dépenses ordinaires; & ayant recherché par une exacte information qu'elle en a prise, ce qui se pourroit faire dés-à-present pour faire gouster à ses Peuples le commencement des douceurs de la tranquillité publique, & leur monstrer ce qu'ils doivent attendre à l'avenir de son soin, de sa justice & de son application au gouvernement de son Royaume, aussi tost que l'estat de ses affaires le pourra permettre. Le tout consideré & meurement examiné, Sa Majesté estant en son Conseil, a ordonné & ordonne, que les impositions des tailles de l'année prochaine 1662, seront moindres que celles de la presente, de la somme de trois millions de livres, dont le regalement sera fait en faveur des Generalitez, Elections & Paroisses qui en auront le plus de besoin. Qu'il sera pourveu par Sa Majesté à ce que lesdites impositions soient faites avec égalité, & que les contribuables aux tailles soient soulagez des vexations qu'ils reçoivent tant à cause des exemptions de tailles accordées à plusieurs Officiers qui n'en doivent jouir, que des procès qu'ils sont obligez de soustenir pour surtaux & décharges de Collecteurs; comme aussi des frais qu'ils supportent par la multiplicité des contraintes des Receveurs : esperant Sa Majesté qu'au moyen de ce lesdits contribuables satisferont volontairement au payement des sommes qui seront sur eux imposées, sinon & à faute de ce, veut & ordonne Sa Majesté qu'ils y soient contraints par les voyes prescrites par les Ordonnances & Reglemens des tailles, registrées en ses Cours des Aydes. Et d'autant que Sa Majesté a receu diverses plaintes d'autres vexations qui se font dans les Provinces pour le recouvrement de certaines taxes cy-devant ordonnées, pour ayder à supporter les dépenses de la guerre, Sa Majesté a sursis & surseoit la recherche & les taxes faites sur les Courtiers & Jaugeurs de vins; celles des francs-fiefs & nouveaux acquests, en consequence de la Declaration du mois de Decembre 1652; celles de l'advenement de Sa Majesté à la Couronne; celles de la confirmation de l'exemption des francs-fiefs, des Villes franches; celles faites sur les Receveurs des deniers communs & d'octrois, & sur les Maires & Eschevins des Villes, tant pour attribution de droits ausdits Receveurs, que pour la revocation de la Chambre de Justice. Et à l'égard de la taxe faite sur les Villes, à cause des frais faits pour le voyage de Sa Majesté, pour conclure le traité de la paix, & de son heureux mariage, Sa Majesté ordonne que la contrainte solidaire n'aura lieu que contre les Maires & Eschevins, & non contre les particuliers habitans, sinon en cas de rebellion jugée. A revoqué & revoque Sa Majesté les taxes faites sur les Hosteliers, Cabaretiers & Marchands de vin, pour estre déchargez de la collecte des tailles; comme aussi l'Edit portant attribution d'un droit sur le poisson de la Province de Bresse, & celui des Greffiers des notifications de Normandie, à la charge qu'ils seront remboursez par les Controlleurs des titres dudit Pays, aux conditions qui seront reglées par l'Edit que Sa Majesté fera expedier pour cet effet. Et comme il ne seroit pas raisonnable de surseoir ni revoquer les taxes & droits cy-dessus specifiez, sans pourvoir aux interessez, Sa Majesté ordonne qu'après que les Traitans auront compté audit Conseil, & que les proprietaires des droits revoquez y auront rapporté leurs titres, il leur sera pourveu ainsi qu'il appartiendra par raison: & moyennant les décharges cy-dessus, Sa Majesté ordonne que tous les droits dont ses Fermes sont à present composées, seront levez durant les temps portez par les baux qui en ont esté faits l'année derniere & la presente, nonobstant tous Arrests donnez à ce contraires, que Sa Majesté a cassez & annullez. Et pour l'execution de tout ce que dessus, seront lettres à ce necessaires expediées; cependant le present Arrest executé nonobstant oppositions, appellations, & autres empeschemens quelconques, dont si aucuns interviennent, Sa Majesté s'est reservée la connoissance en sondit Conseil, & icelle interdite & defendue à toutes ses Cours & autres Juges. Fait au Conseil d'Estat du Roy, Sa Majesté y estant, tenu à Paris, le deuxiesme jour d'Avril mil six cent soixante-un. *Signé*, PHELYPEAUX. 1661.

EDIT *du Roi, portant translation de la Cour des Aides de Cahors à Montauban* (1). (*Recueil de Montauban, page 544.*)

Octobre 1661.

LOUIS, &c. Les entreprises & rebellions ouvertes survenues depuis quelque temps dans notre Ville de Montauban contre notre autorité & la tranquillité de nos Sujets, y ayant toûjours été faites & excitées par ceux de la Religion prétendue réformée, à cause de la foiblesse des Catholiques de ladite Ville, nous auroient non seulement obligés au commencement de l'année 1660, d'en retirer le College & Académie desdits de la Religion prétendue réformée, & les mettre à Puylaurens, mais aussi de faire châtier les coupables & principaux auteurs desdites rebellions, & notamment de la sédition arrivée en ladite Ville sur la fin du mois de Juin dernier, à l'occasion d'une désobéissance faite à nos ordres. Et considérant combien il importe à notre service d'augmenter en ladite Ville le nombre desdits Catholiques, & qu'entre tous les moyens qui nous ont été proposés, & que la piété nous suggere pour le repos de nosdits Sujets, il n'y en a point de plus assuré ni qui nous puisse être plus avantageux que celui

---

(1) La Cour des Aides de Cahors fit des remontrances pour empêcher cette translation; mais elles n'eurent pas le même succès que les précédentes, & la Cour des Aides fut transférée pour toujours à Montauban. Voyez le Recueil de Montauban, page 542 & suivantes.

1661. d'y transférer notre Cour des Aydes de Cahors, nous avons trouvé d'autant plus à propos de faire cet établissement en ladite Ville de Montauban, qu'outre que cette Compagnie est composée de plusieurs familles Catholiques & riches, ladite Ville étant de grand abord, de beaucoup de commerce, & située en lieu très-avantageux & abondant, & au milieu des onze Elections qui composent la Généralité de Montauban, nosdits Sujets qui ressortissent de ladite Cour y trouveront plus de commodité qu'à Cahors. A ces causes, &c. Nous avons transféré & transferons par ces présentes, signées de notre main, notredite Cour des Aydes de Cahors en notredite Ville de Montauban. Ordonnons aux Présidens, Conseillers, nos Procureurs & Avocats-Généraux, Greffiers & Huissiers, Procureurs & tous autres Officiers de ladite Cour, de se rendre en ladite Ville de Montauban, & d'y apporter tous leurs papiers, registres & écritures, dans trois mois, à compter du jour & date de cesdites présentes, pour dorénavant & à toûjours y tenir par les Officiers de ladite Cour la séance d'icelle, exercer leurs charges, & en faire les fonctions avec les mêmes honneurs, pouvoirs & autorités qu'ils ont fait ou dû faire jusques à présent en notre Ville de Cahors, suivant nos Ordonnances, nous réservant de pourvoir au dédommagement & indemnité de ceux qui souffriront perte à cause de ladite translation; & à faute par lesdits Officiers de la faire dans ledit temps de trois mois, icelui passé, nous les avons interdits & interdisons de tout exercice & fonction de leursdites charges, & faisons très-expresses inhibitions & défenses à tous nos Sujets de leur ressort de les reconnoître ni de se pourvoir pardevant eux, déclarant nuls tous les Arrêts qui seront par eux donnés après ledit temps de trois mois dans ladite Ville de Cahors. Et pour l'accomplissement de tout ce que dessus, ordonnons aux Consuls & habitans de ladite Ville de Montauban, de donner en icelle aux Officiers de ladite Cour des Aydes, une maison propre & commode pour y tenir leur séance, en attendant qu'il leur soit par nous pourvû d'un autre lieu, & à tous nos Sujets de les reconnoître en ladite Ville de Montauban, & non ailleurs, sans difficulté, sur peine de désobéissance. Si donnons en mandement à nos amés & féaux les gens tenans notredite Cour des Aydes de Cahors, &c.

Donné à Fontainebleau, au mois d'Octobre, l'an de grace mil six cent soixante-un, & de notre regne le dix-neuvieme.

Registré à Cahors, en la Cour des Aydes, le 7 Janvier 1662.

☞ Le Roy par Edit de Septembre 1660, avoit réuni à la Province de Languedoc les Paroisses qui composent le Comté de Carmain, & ordonné qu'elles seroient imposées conjointement avec les autres Paroisses du Diocese de Toulouse; mais les Officiers de l'Election de Lomagne ayant représenté les inconvéniens & la perte que cette distraction pouvoit causer aux deniers des tailles, le Roy par Edit du mois d'Août 1663, réunit à la Province de Guyenne toutes les Paroisses dudit Comté, & voulut qu'elles fussent comptées au département de l'Election de Lomagne. (Recueil de Montauban, page 548).

EDIT portant révocation des Lettres de noblesse accordées depuis le premier Janvier 1634. (Recueil de Montauban, page 216). 1664.

Septembre 1664.

LOUIS, &c. Le préjudice que notre ancienne noblesse reçoit par la quantité d'ennoblis par lettres expédiées depuis trente ans en faveur de gens de peu de mérite, ou qui les ont obtenues par faveur ou surprise, nous a fait résoudre d'y apporter le remede nécessaire, en les révoquant tous, avec réserve toutefois de faire considération de ceux qui se sont signalés dans nos armées & en d'autres emplois importans pour le bien de l'état. A ces causes, &c. révoquons toutes les lettres de noblesse accordées par le feu Roy, notre très-honoré Seigneur & pere, & par nous, depuis le premier Janvier 1634; nous réservant néanmoins de faire donner des lettres de confirmation à ceux qu'il nous plaira, sur la connoissance particuliere que nous prendrons de leurs mérites & services, lesquelles lettres seront registrées où besoin sera, sans nouveaux frais. SI donnons en mandement, &c.

Donné à Vincennes, au mois de Septembre, l'an de grace mil six cent soixante-quatre, & de notre regne le vingt-deuxieme. *Signé*, LOUIS; & plus bas, par le Roy, PHELYPEAUX.

Registré en la Cour des Aydes de Montauban, le 28 Janvier 1664.

ARRÊT du Conseil, qui ordonne que celui du 3 Juillet 1597, (page 2003), concernant les privileges d'exemption de tailles des véritables Habitants de Lyon, sera exécuté. (Recueil des Privileges de Lyon, seconde Partie, page 75). 1665.

10 Mai 1665.

VU par le Roy, &c. Le Roy en son Conseil a ordonné & ordonne que l'Arrêt rendu en icelui le 3 Juillet 1597, sera exécuté selon sa forme & teneur; ce faisant, que les véritables Habitans de ladite Ville de Lyon jouiront de la décharge & exemption des Tailles, même des biens qui leur seront advenus depuis qu'ils ont acquis le privilege d'exemption, & qu'ils pourront prendre une de leurs maisons, soit dans Saint-Chamont, (Province du Lyonnois, Election de S.-Etienne) ou ailleurs dans le plat pays, pour maison de plaisir, & la faire valoir par leurs mains, valets & domestiques, avec le clos & adjencement, si aucun y a; à la charge que pour les autres maisons, fonds & héritages ils seront tenus de les bailler à ferme ou grangeage, pour estre les Fermiers ou Grangers imposez pour leur profit; si ce n'est que lesdites maisons, fonds & héritages ayent été possédez sans discontinuation par exempts & privilégiez, avant & depuis ledit Arrêt du Conseil de 1597: comme aussi que les Marchands & Négocians, qui auront acquis les privileges de l'exemption des Tailles, pourront tenir dans leurs maisons des

champs, soit à Saint-Chamont ou ailleurs, martinets, blancheries, & autres lieux
1665. de leurs manufactures, des facteurs & valets à gages, pour veiller & agir à leurs affaires, sans que les uns ni les autres puissent estre imposez à la Taille, si ce n'est que lesdits facteurs ou valets fussent mariez, & possédans biens dans le plat pays; à condition qu'ils n'y pourront tenir boutiques ni magasins ouverts, & vendre rubans en détail ou à piece, & autrement que par caisses ou balles : & à la charge que lesdits Marchands & Négocians, & autres véritables Habitans de ladite Ville de Lyon qui prétendront jouir du privilege de ladite exemption des Tailles, seront obligés de résider la plus grande partie de l'année dans ladite Ville, sans faire aucune différence entre les Marchands & associés ou ceux qui ne le sont pas, pourvu qu'ils ayent tous acquis le privilege de ladite exemption, & qu'ils ne pourront prendre à ferme ou grangeage aucuns biens, soit dans Saint-Chamont ou dans le plat pays, à peine d'estre descheus dudit privilege.

Fait Sadite Majesté très-expresses inhibitions & défenses aux Habitans de ladite Ville de Lyon, de prêter leurs noms en fraude aux taillables du plat pays pour les décharger induement des Tailles, à peine d'estre décheus de leurs privileges, & obligez à recommencer les dix années d'habitation dans ladite Ville, pendant lesquelles ils seront imposez auxdites Tailles, & les taillables qui en auront profité, seront condamnez, au profit des Communautez, à la restitution de toutes les sommes dont ils auront induement joui.

Comme aussi ordonne Sadite Majesté, que tous les Habitans du plat pays qui feront des donations à leurs enfans ou parens résidens dans la Ville de Lyon, comme compagnons, apprentifs, servans ou autres, autrement qu'en faveur de mariage, & ne laissent de cultiver & faire valoir les fonds, demeurans sur les lieux comme auparavant, seront continuez aux mesmes imposts qu'ils étoient imposez avant lesdites donations, & conformément audit Arrêt de ladite année 1597.

Que lesdites années d'habitation dans ladite Ville ne commenceront que du jour de la signification & publication, qui sera faite aux Prosnes des Paroisses que lesdits taillables quitteront, de la translation de leurs domiciles, nommée & dénombrement de biens baillés dans l'Hôtel commun de ladite Ville, & satisfaisant aux charges de guet, garde & autres dont ils seront obligez d'apporter des certificats des Capitaines-Penons certifiez & signez par les Prévost des Marchands & Eschevins de ladite Ville.

Ordonne en outre Sa Majesté que suivant les Déclarations & Arrêts dudit Conseil, & l'usage de ladite Province, les mineurs qui auront atteint l'âge de 18 ans complets, seront imposez aux Tailles nonobstant tous Arrêts de la Cour des Aydes même contradictoires à ce contraires : leur permet néanmoins Sadite Majesté, après les 18 ans complets & non plutost, de l'autorité de leur curateur d'élire & établir leur domicile dans ladite Ville de Lyon, en faisant signifier aux Habitans & publier aux Prosnes des Paroisses de leur premier domicile l'élection & translation qu'ils font, & leur nommée & dénombrement de biens en l'Hôtel commun de ladite Ville, auquel jour commenceront les dix années, pendant lesquelles ils seront tenus de payer les Tailles aux Paroisses de leur premier domicile.

Et quant aux Officiers dont la résidence est acquise aux lieux où ils font l'exercice & fonction de leurs charges, les supprimez ou qui ne jouissent plus d'offices, mesme ceux qui ne sont ou n'ont été véritables propriétaires des offices portant exemptions des Tailles, & n'ont fait que prêter que leurs noms aux propriétaires, ne pourront jouir d'aucunes exemptions de tailles, qu'en satisfaisant aux charges & conditions portées par ledit Arrêt du Conseil de 1597, payé la Taille pendant dix ans, à compter du jour de la signification & publication au Prosne des Paroisses qu'ils quitteront, de leur translation de domicile, nommée & dénombrement baillés en l'Hôtel commun de ladite Ville. 1665.

Et pour l'exécution du présent Arrêt, seront toutes lettres à ce nécessaires expédiées, &c. Fait au Conseil d'Etat du Roy, tenu à Paris, le vingtieme jour de Mai mil six cent soixante-cinq.

RÉGLEMENT que le Roi, étant en son Conseil, a ordonné & ordonne être exécuté dans la Généralité de Montauban, pour la confection & réformation des tarifs, imposition & levée des deniers royaux & municipaux des Communautés de ladite Généralité. (Recueil de Montauban, page 29.) 1666.

26 Août 1666.

I. SA MAJESTÉ a ordonné & ordonne que la Généralité de Montauban sera divisée & départie en douze mille feux, qui seront partagés en cent belugues chacun, sur le pied desquels se feront à l'avenir les impositions tant ordinaires qu'extraordinaires, conformément aux tarifs de la Généralité & à ceux des Elections qui la composent, qui ont été arrêtés au Conseil, sans avoir égard aux décharges accordées ci-devant à aucunes Communautés par Arrêts du Conseil ou autrement, pour quelque cause que ce soit, attendu la considération qui a été faite de leurs forces & facultés dans la réformation & la confection des tarifs, & sans qu'à l'avenir les Elections & les Communautés puissent être surchargées ni déchargées de leurs feux pour quelque cause & occasion que ce soit, sinon à l'égard des Communautés seulement & non des Elections; lesquelles Communautés pourront être déchargées à cause des accidens de grêle, incendie, stérilité, perte de fonds, ou quelqu'autre cause considérable, & pour le temps qui sera ordonné, pendant lequel la diminution sera rejettée sur le total de l'Election seulement, & sera fait mention dans les départemens de chacune année de l'Arrêt qui l'aura accordée, & du temps qui restera à expirer pour la jouissance d'icelle; & ledit temps passé, l'on rechargera les Communautés des feux dont elles auront été déchargées, & les impositions de l'Election & de ladite Communauté se feront sur le pied ordinaire.

II. Et d'autant que depuis plusieurs années Sa Majesté a accordé de grandes & notables diminutions à toutes les Communautés de la Généralité, & qu'il en a été pourvu de plus grandes aux foibles & impuissantes dans la comparaison & réduction des tarifs, au moyen desquelles elles sont en état de payer leurs tailles avec facilité, si les sommes qu'elles doivent imposer sont départies sur des cadastres faits avec égalité, Sa Majesté veut & ordonne que conformément à l'Arrêt du Conseil, du 8 Octobre 1664, il soit procédé à la confection des cadastres & compoix dans les Communautés où il n'y en a pas, & à la réformation de ceux des Communautés où il y en a, mais qui sont défectueux, soit à cause que tous les héritages sont évalués sur le même pied & sur la contenance seulement ou autrement, en telle sorte que la taille ne puisse être imposée sur les biens, qu'à proportion de leurs forces & valeur, & qu'il n'y ait point de non-valeur, à peine d'être six des principaux Habitans contraints solidairement au payement des tailles.

III. Et si nonobstant que les cadastres & compoix soient faits en la maniere susdite, il se trouve encore des biens dans les Communautés qui fassent des non-

1666. valeurs, étant abandonnés & non cultivés, Sa Majesté a ordonné & ordonne qu'après trois sommations faites à la diligence des Syndics & Consuls des Communautés aux propriétaires desdits biens abandonnés, à leurs personnes ou domiciles, s'ils sont Habitans dans ladite Généralité, & à leur dernier domicile, au cas qu'ils demeurent hors d'icelle, ou aux Seigneurs censiers & autres prétendans droit sur lesdits fonds & héritages, de reprendre la possession d'iceux, ou autrement qu'ils en seront déchus, il sera procédé à la publication pendant trois Dimanches consécutifs au Prône des Paroisses où sont situés lesdits fonds & héritages abandonnés, & ensuite au bail à Ferme d'iceux pour trois années pardevant le Juge Royal des lieux, à la poursuite & diligence desdits Syndics & Consuls, pour en être le prix employé par préférence au payement de la taille, sauf aux propriétaires ou autres prétendans droit sur lesdits biens, d'y rentrer en remboursant les Fermiers de ce qui aura été par eux payé pour la taille, ensemble des frais, impenses & améliorations, sur lesquelles sera tenu compte des fruits. Et après trois baux desdits biens abandonnés, de trois en trois ans, avec les formalités susdites, & encore un an de plus, faisant en tout dix années, lesdits biens appartenans à gens majeurs au temps du premier bail qui en aura été fait, seront réputés déserts & abandonnés, & déclarés appartenir à la Communauté après que l'allivrement en aura été réglé pour demeurer fixé dans le commun cadastre; & seront déchargés de toutes hypotheques & actions, sans préjudice néanmoins des droits des Seigneurs pour les arrérages qui courront depuis le premier bail desdits héritages, demeurans déchargés des précédens.

IV. Seront dans lesdits cadastres les biens nobles & ceux qui sont exempts des tailles appartenans à l'Eglise, les lieux sacrés, publics, communes, rivieres, ravines, chemins & autres fonds non sujets aux impositions, compris dans un chapitre séparé avec leur contenance, bien confrontés & limités, sans néanmoins qu'ils puissent être en aucune maniere imposés aux tailles.

V. Dans les cadastres qui se feront de nouveau, les biens ruraux seront réduits à la livre, qui contiendra vingt sols, & chaque sol douze deniers; & pour empêcher que l'ordre & le pied des impositions ne soit changé à l'avenir dans les Communautés, les cadastres qui auront été faits par délibération de la plus grande partie des Habitans d'icelles & approuvés par eux, seront exécutés, & les impositions faites & réglées sur le pied porté par iceux; & si pour raison de ce, il survient quelque différend, les Parties se pourvoiront devant l'Intendant de la Province, avec défenses à tous autres Juges d'en connoître.

VI. Veut & ordonne Sa Majesté que conformément à l'Arrêt du Conseil, du 5 Novembre 1659, donné au profit de la Ville de Moissac, & autres Arrêts confirmatifs d'icelui, tous possesseurs d'héritages roturiers du taillable & cadastre de chaque Communauté de la Généralité de Montauban, contribuent à l'avenir suivant leur allivrement à toutes tailles, tant ordinaires qu'extraordinaires, taillon, crue, garnison, subsistance, étapes, régalement de foule de gens de guerre, principal & intérêts des dettes & affaires des Communautés, frais municipaux, réparations, & généralement à toutes impositions & levées des deniers ordinaires & extraordinaires, tant au profit de Sa Majesté, que pour autre cause, sans distinction ni différence quelconque de qualités & privileges, soit personnels des Ecclésiastiques, nobles, Officiers de toutes Cours & Jurisdictions, ou autres exempts ou privilégiés, soit que lesdits propriétaires ou possesseurs se trouvent actuellement Habitans desdites Communautés & taillables, ou non, nonobstant tous usages, privileges & Arrêts à ce contraires, que Sa Majesté a révoqués, & sans que le payement desdites impositions extraordinaires puisse être arrêté ou suspendu

pendu par oppositions ou appellations, & sous quelqu'autre prétexte que ce soit.

VII. Et attendu qu'il s'impose sur les Communautés plusieurs sommes sans nécessité & sans permission, & que la Cour des Aydes de Montauban ordonne souvent pour toutes sortes de sommes & de causes sans distinction, que les Communautés se pourvoiront au Roy pour obtenir des lettres, & cependant par provision permet d'imposer les sommes demandées, sans qu'il soit, après ladite permission, obtenu aucunes lettres, Sa Majesté fait très-expresses inhibitions & défenses aux Consuls & Syndics des Communautés, & à tous autres, d'imposer aucunes sommes sans sa permission, sur les peines portées par les Ordonnances : & néanmoins permet Sadite Majesté auxdits Consuls & Syndics, pour cause nécessaire seulement, & en vertu de la délibération de la Communauté, à laquelle auront assisté six des plus haut taxés des Habitans & deux des forains ou bientenans, d'imposer sur les Communautés de cinquante feux & au-dessus, jusqu'à la somme de 900 livres; de trente feux & au-dessus jusqu'à cinquante, 600 livres; & de dix feux & au-dessus jusqu'à trente, 300 livres : le tout néanmoins en vertu des lettres qui seront expédiées en la Chancellerie de la Cour des Aydes de Montauban, visées par l'Intendant de la Province, ce qui ne sera permis qu'une fois pour chaque année seulement, avec défenses aux Officiers des Elections de prendre pour l'enregistrement desdites lettres, plus d'un denier pour livre, à peine de concussion. *1666.*

VIII. Permet aussi Sa Majesté aux Syndics & Consuls, en cas de nécessité urgente seulement, pour logemens, passages & subsistances de gens de guerre, ou fournitures de vivres & munitions pour le service de Sa Majesté, & pour la dépense du mal contagieux, d'imposer sur lesdites Communautés jusqu'aux sommes contenues en l'article précédent, sans qu'il soit besoin, audit cas, d'aucunes lettres de Chancellerie; à la charge de faire arrêter six mois après, par l'Intendant de la Province, l'état de la dépense des deniers provenans desdites impositions, à peine de radiation de ladite dépense dans les états & comptes desdits Consuls, & de répétition des sommes levées, contr'eux solidairement en leur privé nom.

IX. Et s'il convient faire des impositions qui excedent les sommes mentionnées aux deux articles précédens, elles ne pourront être faites qu'en vertu de lettres de la grande Chancellerie, contrôlées au Contrôle général des Finances, & enregistrées au Bureau des Finances de la Généralité & de l'Election, après avoir été visées par l'Intendant; pour les droits desquels enregistremens les Trésoriers de France ne pourront prendre plus de deux deniers pour livre, & les Elus un denier; sans que la levée des impositions extraordinaires puisse aucunement préjudicier à celles des deniers de Sa Majesté, qui seront payés par préférence.

X. Les Consuls & Syndics étant en charge dresseront par chacun an un état des sommes qui devront être imposées, pour être lu & délibéré en conseil général, suivant la coutume, lequel état sera signé de tous les assistans; & ne pourront y être compris les frais municipaux, qu'ils n'ayent été réglés, ni le principal ou intérêts des dettes, qu'elles n'ayent été vérifiées; à peine, en cas de contravention, d'être procédé contre lesdits Consuls & Syndics, & les Elus qui auront vérifié les rôles, suivant les Ordonnances.

XI. Dans toutes les Villes & Communautés de la Province, il sera fait choix d'un lieu commode, dans lequel seront mis & déposés les actes, titres & documens d'icelles, pour y être conservés, & y avoir recours quand besoin sera; lequel lieu sera fermé sous deux clefs, dont l'une sera mise entre les mains du premier Consul qui sera en charge, & l'autre entre les mains du Procureur du Roy ou Procureur-Fiscal des lieux; desquels actes, titres & documens il sera fait un inven-

1666. taire, dans lequel seront employés tous les ans ceux qui seront passés pour les affaires des Communautés, enjoignant Sa Majesté à son Procureur ou au Procureur-Fiscal, de tenir la main à l'exécution du présent article, & de faire pour raison de ce, toutes poursuites & diligences nécessaires.

XII. Les revenus & émolumens des biens patrimoniaux & autres des Villes & Communautés de la Province, seront affermés six semaines avant l'imposition des tailles; & ne pourra être procédé à leur bail ou Fermes, qu'après avoir fait faire les proclamations en tel cas requises, & que la derniere enchere n'ait été approuvée par délibération de la Communauté; pour être les deniers provenans desdits émolumens, employés au payement des frais locaux & inévitables, contenus en l'état qui en aura été arrêté par l'Intendant de la Province, & enregistré sans frais au greffe de l'Election, pour y avoir recours lorsque les rôles seront vérifiés, & pareillement dans les livres & archives de la Communauté: & au cas que lesdits émolumens soient suffisans pour le payement desdits frais locaux & inévitables, Sa Majesté fait défenses aux Communautés d'en comprendre aucunes parties dans les rôles des tailles, à peine contre les Consuls & Syndics de punition corporelle, & contre les Elus de suspension de leurs charges: & si la dépense des frais locaux excede lesdits émolumens, il sera permis d'employer seulement dans les rôles des tailles la partie nécessaire pour acquitter ce qui excédera.

XIII. Les Consuls des Villes & Communautés, & lieux en dépendans, seront tenus quinzaine après avoir reçu la mande ou commission des tailles, de faire faire les diligences & proclamations requises pour la délivrance de la collecte, qui sera adjugée au moinsdisant & à celui qui fera la condition meilleure, & le livre & rôle de la taille lui sera remis incontinent & sans délai, dans lequel on ne pourra employer pour d'autres droits de collecte, autre somme que celle pour laquelle elle aura été adjugée, sans qu'elle puisse excéder les six deniers pour livre que les Communautés ont faculté d'accorder, si ce n'est qu'il fût jugé à propos par l'Intendant de la Province d'en donner davantage pour quelque cause bien considérable.

XIV. Les deniers imposés ou empruntés ne pourront être divertis, pour quelque cause & occasion que ce puisse être, à autre usage qu'à celui auquel ils auront été destinés par les délibérations qui auront été préalablement sur ce prises, à peine de répétition, tant contre les Parties prenantes, que contre les ordonnateurs & leurs héritiers. Enjoint à ceux qui examineront les comptes de rayer ces parties, & aux Consuls qui sont en charge d'y tenir la main, sous les mêmes peines.

XV. Ne pourra être fait aucun ouvrage public qu'en conséquence d'un devis préalablement dressé & des proclamations faites, & les moinsdites reçues, sans que l'adjudication ou bail puisse en être fait, que la derniere n'ait été approuvée par délibération de la Communauté, le tout en présence du Juge & du Procureur du Roy ou Procureur-Fiscal des lieux, qui assisteront sans frais, sans lesquelles formalités & réceptions d'ouvrages, les dépenses d'iceux ne pourront être passées aux Consuls qui en compteront.

XVI. Et d'autant que les non-valeurs qui se rencontrent dans le recouvrement des deniers imposés sur ladite Généralité, procedent particuliérement de la nobilité ou exemption des héritages qui peuvent avoir été usurpés dans le déréglement des derniers temps, Sa Majesté voulant soulager les particuliers sujets aux tailles, & y faire contribuer ceux qui en ont usurpé l'exemption, a ordonné & ordonne que les possesseurs des biens nobles ou exempts dont la nobilité ou exemption sera contestée, représenteront leurs titres pardevant l'Intendant de la

Province, pour être examinés; & s'ils ne sont pas suffisans & valables, lesdits biens être déclarés roturiers & sujets aux tailles, si ce n'est que la nobilité ou exemption fût fondée sur des Arrêts donnés par collusion & surprise, auquel cas ledit Intendant en dressera son procès-verbal, qu'il envoiera avec son avis à Sa Majesté, pour y être pourvû. 1666.

XVII. Veut & ordonne Sa Majesté que tous les biens ruraux ennoblis depuis l'an 1600, soient imposés à la taille, en rendant ce qui aura été payé pour les indemnités, suivant ce qui sera justifié par bons titres, sans intérêts, qui demeureront compensés avec la jouissance de l'exemption pour le passé; à l'effet de quoi seront tenus les propriétaires & possesseurs des héritages de cette qualité, d'en faire dans un an après la publication du présent Réglement, leurs déclarations aux greffes des Elections, & pour les lieux non dépendans de l'Election au greffe du Sénéchal, & d'y rapporter leurs titres, pour être vûs & examinés, & pourvû à leur remboursement ainsi qu'il sera ordonné par l'Intendant : & à faute d'y satisfaire dans ledit temps, & icelui passé, permet à tous les particuliers d'en faire les déclarations & poursuites, en conséquence desquelles Sa Majesté leur a accordé la moitié de ce qui pourroit appartenir aux propriétaires desdits héritages à cause de l'indemnité, pour droit d'avis & remboursement de frais, l'autre moitié demeurant acquise à la décharge & au profit des Communautés.

XVIII. Ne pourront les biens être déclarés nobles d'ancienneté & avant l'année 1600, que sur des actes de concession, d'inféodation, anciens hommages, aveus & dénombremens, & autres titres en bonne & dûe forme; & pour prévenir ci-après les usurpations ou les différends qui pourroient naître pour raison de la nobilité ou exemption des héritages, il en sera fait mention à l'avenir, tant dans la concession & inféodation, que dans les hommages, aveus & dénombremens qui seront rendus desdits biens, lesquels seront signifiés aux Syndics des Communautés pour les débattre si bon leur semble. Seront en outre lesdits actes de concessions, aveus & dénombremens, enregistrés aux greffes des Elections & dans les livres des délibérations des Communautés, dont les propriétaires qui prétendront ladite nobilité & exemptions, seront tenus de retirer les actes en bonne forme, à peine de déchéance de tout droit de nobilité & exemption.

XIX. Et d'autant que les instances pendantes en la Cour des Aydes de Montauban, pour raison desdits biens nobles ou exempts, consomment en frais les Communautés & particuliers par la longueur des procédures & la multiplicité des Arrêts interlocutoires, Sa Majesté enjoint à ladite Cour des Aydes de procéder incessamment à l'expédition & jugement des instances qui y seront pendantes pour raison de la nobilité & exemption des fonds; sans que ladite Cour dans lesdites instances, & celles qui y seront portées ci-après pour raison de ladite nobilité & exemption, puisse rendre plus d'un Arrêt interlocutoire, pour descente, vûe, & montrer piquetement, plus ample communication, contestation, ou pour quelque autre cause que ce soit, à peine de nullité des seconds Arrêts interlocutoires, & des Arrêts définitifs qui pourroient survenir dans lesdits procès : pendant l'instruction desquels, & jusques après la vérification & séparation des biens, les possesseurs desdits biens prétendus nobles seront contraints au payement de la taille, en cas qu'ils y aient été imposés par le passé, sans que la provision puisse être jugée autrement, à peine de nullité, ni que la séparation & piquetement des biens puisse être fait par le Rapporteur ou autre Commissaire de la Cour des Aydes, qui sera tenu d'en faire le renvoi aux Elus des lieux, auxquels la partie remettra l'Arrêt ou commission dans les trois mois de leurs dates, passé

1666. lequel temps, lesdits Arrêts seront censés nuls, & ne pourront avoir aucune exécution.

XX. Les biens ruraux affranchis des tailles par Arrêts du Conseil ou Lettres Patentes bien & dûement vérifiées, en faveur de toutes sortes de personnes, tant ecclésiastiques que séculiers, dont les propriétaires & possesseurs auront été déchargés du payement des tailles en baillant leur certification de *non soluto* aux Consuls ou Syndics pour les remettre au Receveur, qui étoit obligé de les prendre comme deniers comptans, seront compris dans les cadastres & imposés au rôle des tailles, suivant leur consistance & valeur, sauf auxdits particuliers de se retirer pardevers Sa Majesté pour faire employer à leur profit dans les états de ses finances, au chapitre de l'Election dont les Communautés sont dépendantes, avec les fiefs & aumônes, telle somme qu'il lui plaira, sans préjudicier néanmoins aux exemptions accordées pour les lieux sur lesquels les Eglises & Chapelles se trouveront construites, ce qui ne pourra s'étendre aux autres fonds & héritages des Eccésiastiques & Monasteres.

XXI. Permet Sa Majesté d'imposer l'industrie, cabaux & meubles lucratifs pour partie de la somme qui s'imposera, savoir, dans les Villes, à raison du dixieme; dans les gros bourgs & villages où il y a foire & marché, du douzieme; & dans les autres Paroisses & Communautés, du quinzieme; à la charge par les Habitans d'en user ainsi qu'ils ont bien & dûement fait par le passé, ou qu'ils verront devoir être à faire à l'avenir entr'eux, pour faciliter la levée des deniers sur eux imposés : sans qu'ils puissent néanmoins comprendre pour le droit d'habitation ou usage, ni pour l'industrie, cabaux ou meubles lucratifs, les Ecclésiastiques, les Nobles, les Présidens, Conseillers, Avocats & Procureurs-Généraux, Greffiers en chef des Cours de Parlement & des Aydes, Présidens & Trésoriers de France, Avocats & Procureurs du Roy au Bureau des Finances.

XXII. Les contribuables aux tailles, qui possèdent dans une même Communauté des biens qui sont de rapport, & des biens qui ne le sont pas, quoiqu'ils soient employés dans le cadastre par différens articles, ne pourront point abandonner le bien qui ne produit pas, qu'ils n'abandonnent ensemble celui qui produit, ni s'en déposséder par contrats de vente, échange, donnations, ou autrement, qu'à personnes solvables & resséantes; & nonobstant lesdits contrats, ils seront toujours contraints au payement de la taille pour les héritages de peu de valeur, ainsi que pour les bons.

XXIII. Ne pourront les possesseurs & propriétaires d'aucuns héritages taillables en faire le déguerpissement, que le Procureur du Roy de l'Election, le Receveur ou Commis à la recette des tailles, & le Syndic de la Communauté, ne soient ouïs ou duement appellés.

XXIV. Les rentes & redevances en blé, vin & autres denrées qui seront sujettes à la taille dans les Elections du Rouergue & du Querci, ne pourront être taxées à plus haut que le tiers de leur valeur, laquelle sera réglée sur le pied commun des deux marchés précédens l'échéance du payement de la rente & du suivant.

XXV. Il sera procédé à l'avenir à la nomination des Consuls & Collecteurs dans toutes les Villes & Communautés au premier jour de l'an, nonobstant toutes coutumes & usages à ce contraires, auxquelles Sa Majesté a dérogé expressément; & à faute de ce, seront six des principaux habitans contraints au payement des termes échus de la taille, jusques à ce que ladite nomination soit faite. Et s'il survient quelques contestations pour raison desdites nominations, elles seront portées aux Sénéchaux, à l'égard des Consuls qui ont jurisdiction, & par appel au Parlement; & celles des Consuls qui ne sont que Collecteurs, aux Elus, & par appel à la Cour des Aydes. Et seront tenus les appellans de faire vuider leur appel dans le quinzieme Février. Enjoint Sa Majesté auxdites Cours d'y procéder sommairement; & à faute de ce, ledit temps passé, Sa Majesté a déclaré les appellans déchus, & en conséquence ordonne que les Jugemens des Sénéchaux & Elus seront exécutés définitivement. 1666.

XXVI. Afin de prévenir les abus qui peuvent se commettre dans les impositions, & les longueurs & difficultés de la vérification des rôles, ordonne Sa Majesté qu'au commencement d'iceux, sera employé l'état des sommes à imposer suivant la délibération de la Communauté, par articles séparés; ensuite de quoi seront transcrits les noms de tous les contribuables, & la contenance & allivrement de leur bien rural par articles séparés; & seront tous les feuillets dudit rôle cottés & parafés par lesdits Elus, qui seront tenus à la fin d'iceux, de multiplier l'allivrement par tel nombre qui sera nécessaire, jusques à concurrence de la somme qui doit être imposée dans les Communautés où les départemens se font par livre; & dans les Communautés où les départemens se font par séterées, concades & autres mesures de terre, lesdits Elus mettront au bas dudit rôle quelles sommes l'arpent, la séterée, concade ou autrement, doit porter.

XXVII. Tous les Seigneurs, Gentilshommes, Officiers & autres personnes puissantes, seront tenus de payer leurs cottes de toute taille, tant royale que municipale, pour les biens ruraux qu'ils possedent, dans les termes portés par les mandemens & commissions, sans aucune difficulté; & en cas de demeure ou de résistance, ils y seront contraints par toutes voies, & avant les autres redevables des mêmes Communautés; à l'effet de quoi, suivant les ordonnances de l'Intendant ou des Elus, les Consuls remettront un état de leurs taux & articles aux Receveurs ou Commis auxdites recettes, qui en feront la levée à la décharge desdits Consuls & Communautés.

XXVIII. Fait Sa Majesté très-expresses inhibitions & défenses aux personnes puissantes & accréditées, de faire payer leurs tailles par compensation d'arrérages de rentes, dettes de Communautés, ou sous quelqu'autre prétexte que ce soit, même aux Consuls & Collecteurs des années précédentes, par compensation de ce qui peut leur être dû des tailles des années de leur exercice & collecte, par les Consuls & Collecteurs étant en charge; à peine d'être les contrevenans sujets à la recherche & répétition, nonobstant la remise ou surséance des tailles en tous laps de temps qui pourroient être allégués, & de pareille peine contre les Consuls & habitans qui auront consenti & approuvé ladite compensation ou payement autrement qu'en deniers, comme participans & sujets solidairement auxdites recherches de restitutions, dont l'action pourra s'intenter par chacun des contribuables, qui en partagera par moitié le profit avec la Communauté.

XXIX. Et d'autant que les Consuls ou Collecteurs, par intelligence avec des personnes puissantes & accréditées, pour exempter leurs biens ruraux de la taille, emploient souvent dans leurs comptes en reprise la taille desdits biens ruraux, comme incultes, Sa Majesté ordonne que les Consuls & Collecteurs seront tenus de le justifier par procès-verbal du Juge des lieux, fait en présence du Syndic de la Communauté, deux d'entre les six plus haut taxés des habitans, & deux des forains & bientenans, à peine de radiation pure & simple de la reprise, tant contre lesdits Consuls & Collecteurs, que les Auditeurs de leurs comptes.

XXX. Et pour faciliter la levée des tailles, & éviter la multiplicité des frais & contraintes, veut & ordonne Sa Majesté que le nombre d'Huissiers & Sergens,

1666. des Porteurs & Exécuteurs des contraintes des Receveurs des tailles & Commis auxdites recettes, soit réglé par l'Intendant de ladite Généralité sur l'avis des Elus, ou par eux en son absence, dont les frais & salaires seront par eux arrêtés, & les états d'iceux ou exécutoires transcrits dans deux registres cottés & parafés par le Président & Procureur du Roy de l'Election, dont l'un demeurera au greffe, & l'autre entre les mains du Receveur ou Commis, qui contiendra le jour du départ desdits Huissiers & Sergens & de leur retour, ensemble des diligences qu'ils auront faites pendant leur voyage, & des taxes faites pour leurs frais, huitaine après leur retour, pour y avoir leur recours quand besoin sera; voulant Sa Majesté qu'il leur soit fait taxe raisonnable, en sorte qu'ils puissent subsister sans être obligés de commettre aucune concussion, ce que Sa Majesté leur défend, à peine d'être punis selon la rigueur des Ordonnances.

XXXI. Et sera le présent Réglement lu, publié & registré en la Cour des Aydes de Montauban, Bureaux des Trésoriers de France en ladite Généralité, dans les Sénéchaussées & Sieges Royaux, Elections, & par-tout où besoin sera; enjoignant Sa Majesté aux Officiers desdites Cours & Sieges de juger conformément à icelui, à peine de nullité & de cassation de leurs jugemens. Ordonne aux Gouverneur, ses Lieutenans-Généraux, Intendans & Commissaires départis en la Province de Guienne, Procureur-Général de ladite Cour des Aydes, & tous autres Officiers, d'y tenir la main. Fait au Conseil d'Etat du Roy, Sa Majesté y étant, tenu à Vincennes, le vingt-sixieme jour d'Août mil six cent soixante-six.

Signé, PHELYPEAUX.

LOUIS, &c. Les plaintes que nous avons reçues des abus ci-devant commis aux impositions des tailles des Communautés dépendantes de la Généralité de Montauban, nous ayant obligé de donner Arrêt en notre Conseil le 13 Février 1664, par lequel il auroit été ordonné à notre amé & féal Conseiller audit Conseil, Maître des Requêtes ordinaire de notre hôtel, & Intendant en notre Province de Guienne, le sieur Pellot, de travailler à la révision des tarifs & cadastres sur lesquels lesdites impositions avoient accoûtumé de se faire, pour nous donner son avis sur ce qu'il conviendroit faire pour corriger lesdits abus, & empêcher les grandes non-valeurs qu'ils ont causées par le passé : en conséquence de quoi ledit sieur Pellot & aucuns Officiers de nos Cours des Aydes, Bureaux des Finances & Elections des Généralités de Bordeaux & Montauban, accompagnés d'Experts, Greffiers & Huissiers, se seroient transportés dans toutes les Communautés de ladite Généralité; où étans ils auroient, en présence des Consuls, fait mesurer & arpenter les héritages dont elles sont composées, avec distinction des fonds, & fait l'estimation d'iceux, dont ils ont dressé leurs procès-verbaux, par le moyen de quoi l'on espere que chaque Communauté pourra porter les impositions & les payer sans non-valeurs. Et ayant fait examiner le tout par les sieurs d'Aligre, de Seve & de la Marguerie, Conseillers ordinaires en nos Conseils, Colbert, aussi Conseiller ordinaire en notre Conseil Royal, Contrôleur-Général des finances, Marin & Hotman, aussi Conseillers ordinaires en nos Conseils, Intendans de nos finances, qui nous en ont fait leur rapport, Nous avons arrêté le Réglement ci-attaché sous le contre-scel de notre Chancellerie, lequel voulant être exécuté pour le bien de nos affaires, & le soulagement de nos Sujets. A ces causes, &c. Voulons & nous plaît que ledit Réglement soit exécuté selon sa forme & teneur, sans qu'il y soit contrevenu, en quelque maniere que ce soit. Voulons que les Arrêts de notre Cour des Aydes de Montauban & les Jugemens des Officiers des Elections soient rendus conformément audit Réglement, pour les matieres y énoncées, à peine de nullité. Si donnons en mandement, &c. 1666.

Donné à Vincennes, le deuxieme jour de Septembre, l'an de grace mil six cent soixante-six, & de notre regne le vingt-quatrieme. *Signé*, LOUIS; & plus bas, par le Roy, PHELYPEAUX.

Registré en la Cour des Aydes de Montauban, le 27 Octobre 1666.

DÉCLARATION du Roi, qui interprete le susdit Réglement. (Recueil de Montauban, page 33.)

30 Décembre 1666.

LOUIS, &c. Nous aurions par le troisieme article du Réglement arrêté en notre Conseil le deuxieme jour de Septembre dernier, pour faciliter & assurer la perception de nos deniers dans la Généralité de Montauban, ordonné que les biens ruraux qui sont abandonnés & sans culture, seroient à l'avenir incommutablement unis aux biens patrimoniaux des Communautés, après dix années de possession par lesdites Communautés, suivant les baux à ferme qui en seroient faits à la diligence des Syndics & Consuls d'icelles. Mais nous ayant depuis été représenté par notre amé & féal Conseiller en nos Conseils, Maître des Requêtes ordinaire de notre hôtel, Commissaire par nous départi en notre province de Guienne, le sieur Pellot, après en avoir pris l'avis des Officiers de notre Cour des Aydes de Montauban, que lesdites Communautés prendroient moins de soin de faire cultiver les biens ruraux abandonnés, d'en faire des baux, & les particuliers de les prendre à ferme, si pendant dix années de culture il étoit permis aux propriétaires d'y rentrer, d'autant que par ce moyen ils trouveroient un avantage très-considérable dans leur négligence, & au contraire les Communautés & leurs fermiers en souffriroient seuls le préjudice, se trouvant frustrés du fruit de leur culture & de leurs avances, dont d'ailleurs la connoissance doit être réservée aux Elus, & par appel en la Cour des Aydes de Montauban, où le Réglement a été vérifié & enregistré, & dont la compétence est plus naturelle que d'aucune autre Cour, pour ce qui regarde le privilege & la perception de nos deniers, pour la levée desquels les Consuls, Jurats & Collecteurs doivent faire incessamment leurs diligences, en sorte que dans les trois années après la vérification des rôles, les taux & articles se trouvent entiérement acquittés, sinon à l'égard des personnes puissantes & gens de main-forte, dont ils seront tenus de faire apparoir par des procès-verbaux & autres actes justificatifs de leurs diligences en bonne forme, pour y être par nous pourvû. A ces causes, &c. Avons, en interprétant le troisieme article dudit Réglement, restraint & limité, restraignons & limitons par ces présentes signées de notre main, le temps de dix années porté par icelui pour le retrait accordé aux propriétaires de leurs héritages abandonnés, à trois années seulement, à commencer du jour & date du premier bail qui en aura été fait, suivant les formes prescrites par ledit Réglement, aux charges, clauses & conditions y contenues, passé lequel temps & sans espérance d'aucun autre délai, lesdits propriétaires ne seront plus reçus à revendiquer lesdits héritages, & y rentrer, pour quelque cause & prétexte

1666. que ce soit, dont nous les avons dès-à-présent comme deslors, déclarés définitivement déchûs en vertu des présentes, sans qu'il soit besoin d'autres Lettres ni Arrêts, & sans aussi que cette peine puisse passer pour comminatoire. Et en cas de contestation pour raison desdits baux à ferme, ou de ladite réunion, nous ordonnons que les parties se pourvoiront pardevant les Elus, & par appel en notre Cour des Aydes de Montauban, leur en attribuant à cette fin toute Cour, jurisdiction & connoissance, privativement à tous nos autres Juges & Cours. Et en interprétant les articles II & III dudit Réglement, nous enjoignons à tous Consuls, Jurats & Syndics, Asséeurs & Collecteurs des Villes, Bourgs & Communautés de ladite Généralité de Montauban, de faire toutes les diligences requises & nécessaires contre les compris & dénommés aux rôles des tailles, dans le même temps de trois ans, à compter du jour que la vérification en aura été faite, passé lequel temps, lesdits Consuls, Jurats, Asséeurs & Collecteurs en demeureront seuls responsables en leurs propres & privés noms, sans espérance d'aucun recours, & sans qu'ils puissent en faire aucunes poursuites, ni même exercer des contraintes contre les redevables en leurs personnes & biens, passé ledit temps, pour le total ou pour le reste de leurs cottes, à peine de tous dépens, dommages & intérêts, à la réserve seulement des personnes puissantes & gens de main morte, desquels ils n'auront pu être payés dans ledit temps de trois ans, & dont ils seront tenus de rapporter les procès-verbaux & autres actes de diligences par eux faites, en bonne forme, pour sur iceux être pourvu par le Commissaire départi dans ladite Généralité pour l'exécution de nos ordres. *Si* donnons en mandement, &c.

Donnée à Saint-Germain-en-Laye, le trente Décembre mil six cent soixante-six, & de notre regne le vingt-quatrieme. *Signé*, LOUIS; & plus bas, par le Roy, PHELYPEAUX.

Lue, publiée & enregistrée, oui & ce requérant le Procureur-Général du Roy, pour être exécutée selon sa forme & teneur. Ordonne néanmois la Cour qu'en cas de retrait, les fruits appartiendront aux Adjudicataires desdits biens, sans qu'ils puissent être recherchés pour raison d'iceux par les propriétaires pendant leur jouissance, sous quel prétexte que ce soit. Et copies collationnées de ladite Déclaration seront envoyées aux Bureaux des Elections & autres Sieges du ressort, &c. Fait à Montauban, en la Cour des Aydes, le 27 Janvier *1666*. *Signé*, FOULHET.

1669. *ARRÊT du Conseil, concernant les cadastres. (Recueil de Montauban, page 40.)*

5 Avril *1669*.

SUR ce qui a été représenté au Roy, en son Conseil, que les cadastres de la Généralité de Montauban ayant été corrigés & réformés par Sa Majesté, sur les avis du sieur Pellot, Maître des Requêtes ordinaire de l'hôtel, Commissaire départi en la Province de Guienne, lesdits cadastres & le réglement fait pour l'exécution d'iceux, registré en la Cour des Aydes de Montauban en l'année mil

mil ſix cent ſoixante ſix, ont produit un bénéfice conſidérable à tous les taillables de la Province, & beaucoup de facilité pour le recouvrement des deniers de Sa Majeſté; mais comme ſouvent il ſurvient des conteſtations en exécution deſdits cadaſtres, pour charger ou décharger les articles particuliers des taillables pour la tranſcription ou altération d'iceux, ou autres qui concernent les intérêts deſdits particuliers. Sur quoi Sa Majeſté voulant faire connoître ſes intentions, ouï le rapport du ſieur Marin, Intendant des finances, Sa Majeſté en ſon Conſeil, a ordonné & ordonne que tous les procès & différends mûs & à mouvoir ſur le fait deſdits cadaſtres qui ne concernent pas les tarifs des Elections ou le corps des cadaſtres établis en chacune Communauté, ſeront inſtruits & jugés par les Officiers des Elections, chacun dans leur reſſort, & par appel en ladite Cour des Aydes de Montauban; à laquelle Sa Majeſté, en tant que beſoin ſeroit, en attribue toute Cour, juriſdiction & connoiſſance, lui faiſant défenſes de prendre connoiſſance de ce qui concerne les tarifs des Elections & le corps entier deſdits cadaſtres, que Sa Majeſté veut être inviolablement obſervés. Fait au Conſeil d'Etat du Roy, tenu à Paris, le vingt-cinquieme jour d'Avril mil ſix cent ſoixante-neuf. Collationné. *Signé*, BERRYER. *1669.*

LOUIS, &c. Aux Officiers des Elections de la Généralité de Montauban, ſalut. Suivant l'Arrêt dont l'extrait eſt ci-attaché ſous le contre-ſcel de notre Chancellerie, cejourd'hui donné en notre Conſeil d'Etat, nous vous mandons & ordonnons d'inſtruire & juger tous les procès mûs & à mouvoir ſur le fait des cadaſtres qui ne concerneront pas les tarifs des Elections ou les corps des cadaſtres établis en chacune Communauté, chacun dans votre reſſort, dont les appellations ſeront jugées en notre Cour des Aydes de Montauban, à laquelle, en tant que de beſoin, nous en attribuons toute Cour, juriſdiction & connoiſſance. Commandons au premier des Huiſſiers de nos Conſeils, ou autre notre Huiſſier ou Sergent ſur ce requis, de ſignifier ledit Arrêt à tous qu'il appartiendra, à ce qu'ils n'en prétendent cauſe d'ignorance, & faire pour ſon entiere exécution, & deſdits cadaſtres, tous commandemens, ſommations, défenſes y portées, & autres actes & exploits à ce requis & néceſſaires, ſans autre permiſſion. Voulons qu'aux copies dudit Arrêt & des préſentes, collationnées par l'un de nos amés & féaux Conſeillers Secretaires, foi ſoit ajoutée comme aux originaux: car tel eſt notre plaiſir. Donné à Paris, le vingt-cinquieme jour d'Avril, l'an de grace mil ſix cent ſoixante-neuf, & de notre regne le vingt-ſixieme. Par le Roy en ſon Conſeil.

Signé, BERRYER.

☞ En exécution du Réglement du *26* Août *1666*, il a été dreſſé, le 4 Juin *1669*, un Tarif de la Généralité de Montauban, ſur lequel les impoſitions doivent être faites. Ce Tarif eſt diviſé en douze mille feux, le feu en cent belugues, & la belugue en quarts.

L'Election de Montauban, compoſée de quatre-vingt-trois Communautés, comprend mille trois cens un feux cinq belugues.

L'Election de Cahors, compoſée de deux cens quatre Communautés, comprend mille trois cens vingt-trois feux quarante-deux belugues deux quarts.

L'Election de Rodez, compoſée de deux cens neuf Communautés, comprend mille cinquante-ſept feux ſoixante-dix-neuf belugues trois quarts.

1669. L'Election de Villefranche, composée de deux cens dix-neuf Communaut comprend mille deux cens quatre-vingt-dix-sept feux deux belugues un quart.

L'Election de Milau, composée de cent cinquante-huit Communautés, co prend mille deux cens trente-quatre feux huit belugues trois quarts.

L'Election de Figeac, composée de cent trente-quatre Communautés, co prend mille quatre-vingt-dix-sept feux cinquante belugues.

L'Election d'Armagnac, composée de trois cens vingt-deux Communaut comprend mille cent quarante-un feux soixante-dix belugues un quart.

L'Election de Riviere-Verdun, composée de cent trente-quatre Communaut comprend huit cens soixante-dix-neuf feux vingt-huit belugues.

L'Election de Lomagne, composée de cent soixante-six Communautés, co prend neuf cens cinquante-quatre feux vingt-huit belugues.

L'Election d'Astarac, composée de deux cens huit Communautés, compre six cens quarante-trois feux quarante-cinq belugues.

L'Election de Comenge, composée de trois cens quarante-six Communauté comprend mille soixante-dix feux quarante-cinq belugues.

Quoique la Généralité de Montauban ne comprenne à présent que le Quer & le Rouergue, depuis que la Gascogne en a été désunie en 1716, cependa cette derniere Province qui forme aujourd'hui la Généralité d'Auch, est toujou du ressort de la Cour des Aydes de Montauban.

Depuis le tarif, quelques Communautés ont été démembrées pour en compos de nouvelles, en vertu d'Arrêts du Conseil & des Arrêts de la Cour des Ayd rendus en conséquence : il y a encore eu quelques autres changemens : M. le Du de Bouillon obtint un Arrêt du Conseil au mois de Novembre 1705, qui déclar plusieurs masages dépendans de la Vicomté de Turenne, qui avoient été un à la Communauté de Cahus, immunes de toutes impositions royales ; & e conséquence ladite Communauté fut déchargée de six feux neuf belugues & demi qui ont été rejettées sur le reste de l'Election de Figeac, & compren quarante-deux Communautés.

Nous ne donnons pas ici ce tarif rapporté dans le Recueil de Montauban, page 42, parc que l'on s'occupe de la confection d'un nouveau cadastre de cette Généralité.

DÉCLARATION portant Réglement sur les différends entre les particuliers qui se retirent dans la Ville de Lyon, & les Habitants des lieux taillables d'où ils sortent, pour raison des privileges des véritables Bourgeois de Lyon. (Recueil des Privileges de Lyon, seconde Partie, page 78.)

6 Août 1669.

LOUIS, &c. Les différends qui surviennent assez fréquemment pour raison des privileges des véritables Bourgeois de la Ville de Lyon, entre les Particuliers qui s'y retirent & les Habitans des Paroisses des lieux taillables d'où ils sortent, causent une infinité de procès, les uns se pourvoyant en notre Conseil, qui juge suivant le Réglement fait le troisieme Juillet 1597, sur l'avis des Commissaires nommés par le feu Roy Henry-le-Grand, notre ayeul, pour le Réglement des tailles de la Généralité de Lyon, & conformément aux Arrêts dudit

Conseil rendus en conséquence; & les autres se pourvoyant en notre Cour des Aydes, laquelle n'ayant pas enregistré lesdits Réglemens & Arrêts, juge tout au contraire : tellement que nos Sujets souffrent pour cette diversité d'Arrêts, beaucoup de frais & de vexations; ce qui se peut éviter, en faisant sçavoir à ladite Cour nos intentions sur ce sujet. 1669.

A ces causes, &c. voulons & nous plaît, que les véritables Bourgeois & Habitans de notredite Ville de Lyon jouissent de la décharge & exemption des tailles pour les maisons de plaisirs qu'ils ont dans le plat pays, lesquelles ils pourront faire valoir par leurs mains, valets & domestiques, avec le clos, si aucun y a, à la charge que pour les autres maisons, fonds & héritages, ils seront tenus de les bailler à ferme à gens taillables. Ordonnons que les Marchands & Négocians qui auront acquis les privileges d'exemption de tailles, pourront tenir dans leurs maisons de campagne des martinets, blancheries & autres lieux servans à leurs Manufactures, comme aussi des facteurs & valets à gages, pour agir à leurs affaires, sans que les uns ni les autres soient tenus de payer la taille, si ce n'est que lesdits facteurs ou valets fussent mariés & possédans biens dans ledit plat pays; & à condition qu'ils n'y pourront tenir boutiques ni magasins ouverts, & vendre rubans en détail ou à pieces & autrement que par caisses ou balles; & à la charge que lesdits Marchands & Négocians & autres véritables Habitans de ladite Ville de Lyon, qui prétendront jouir des privileges de ladite exemption des tailles, seront obligés de résider au moins sept mois de l'année dans ladite Ville, sans faire aucune différence entre les Marchands & Associés ou ceux qui ne le sont pas, pourvu qu'ils ayent tous acquis le privilege de ladite exemption; & ne pourront prendre à Ferme ou grangeage aucuns biens dans le plat pays, à peine d'être déchus dudit privilege.

Voulons que ceux qui sortiront desdits lieux taillables, sans distinction de majeurs ou de mineurs, pour résider en ladite Ville de Lyon, continuent de payer la taille ès lieux d'où ils sont sortis, pendant dix années, à commencer du jour qu'ils auront acquis le droit de bourgeoisie.

Faisons défenses aux Habitans de ladite Ville de prêter leurs noms en fraude aux taillables du plat pays, pour les décharger induement de leurs cottes, à peine d'être déchus de leurs privileges.

Ordonnons que tous les Habitans du plat pays qui feront des donations à leurs enfans ou parens, résidans dans ladite Ville de Lyon, comme compagnons, apprentifs, servans ou autres, autrement qu'en faveur de mariage, & ne laissent de cultiver & faire valoir les fonds, demeurans sur les lieux comme auparavant, seront continués aux mêmes impôts qu'ils étoient imposés avant lesdites donations.

Que les dix années d'habitation dans ladite Ville ne commenceront que du jour de la signification & publication qui sera faite aux Prônes des Paroisses que lesdits taillables quitteront, & feront sçavoir la translation de leurs domiciles, nommée & dénombrement de biens baillés dans l'Hôtel commun de ladite Ville, & satisfaisant aux charges de guet, gardes & autres, dont ils seront obligés d'apporter des certificats des Capitaines-Penons, certifiés & signés par les Prevôt des Marchands & Echevins de ladite Ville.

Voulons aussi que suivant l'usage de la Province, les mineurs qui auront atteint l'âge de dix-huit ans complets, soient imposés aux tailles, nonobstant tous Arrêts de notre Cour des Aydes; leur permettant toutefois, après les dix-huit ans complets, & non plutôt, de l'autorité de leurs curateurs, d'élire & établir leur domicile dans ladite Ville de Lyon aux conditions ci-dessus réglées. Si donnons en mandement, &c.

1669. Donnée à Saint-Germain-en-Laye, le sixieme jour d'Août mil six cent soixante-neuf. *Signé*, LOUIS; & plus bas, par le Roy, COLBERT.

Registrée en la Cour des Aydes, le 13 Août 1669, du très-exprès commandement du Roy, porté par M. le Prince de Condé.

1670. *ARRÊT du Conseil, qui ordonne que les exploits pour le recouvrement des deniers du Roi, seront contrôlés dans trois jours ès lieux où il y a Bureau du Contrôle; & à l'égard des exploits qui seront faits dans les lieux où il n'y a point de Bureau, qu'ils seront contrôlés dans huitaine.*

19 Mai 1670.

LE Roy ayant fait examiner, en son Conseil, les avis qui lui ont été donnez de la part des Receveurs-Généraux des Finances, & Receveurs particuliers des tailles & autres impositions, Fermiers-Généraux des gabelles de France, aydes & Fermes-unies & autres préposés au recouvrement des deniers & affaires de Sa Majesté, qu'étant obligés, aux termes de l'Edit du mois d'Août 1669 & de l'Arrêt du Conseil du 30 Mars dernier, de faire contrôler tous les exploits faits pour le recouvrement des deniers des tailles, impôt du sel, Ferme des gabelles, aydes, entrées & cinq grosses Fermes, & pour les autres deniers & affaires de Sa Majesté, dans trois jours de date desdits exploits; & les Huissiers & Sergens qui feroient lesdits exploits, tenus de faire faire ledit contrôle dans ledit temps, sur les peines portées par ledit Edit & Arrêt; que les Huissiers qui sont ordinairement chargés des contraintes des Receveurs & Fermiers en diverses Paroisses ès lieux des Elections & Greniers éloignés les uns des autres, étant obligés de mener avec eux des gens à pied pour les assister & faire les emprisonnemens, exécutions & enlèvemens de meubles, ils ne peuvent se transporter dans les Bureaux établis à l'effet dudit contrôle, pour faire contrôler leurs exploits dans ce bref temps de trois jours, auquel ils sont rigoureusement assujettis, attendu le nombre & la diversité des contraintes qui leur sont délivrées chacun voyage; ce qui pourroit causer un retardement considérable au recouvrement desdits deniers & affaires de Sa Majesté, pour la facilité desquels elle a dispensé les Collecteurs des tailles & de l'impôt du sel seulement, de faire contrôler les exploits qui seront faits à leur requête contre les particuliers imposés dans leurs rôles pour le payement de leurs taux, aucuns desquels l'on ne pourroit assujettir audit contrôle: à quoi desirant pourvoir, & en même temps à la conservation dudit contrôle, si avantageux à la sureté publique, pour empêcher les suppositions de commandemens, sommations, contraintes, exécutions & ventes de meubles; sous pretexte desquelles poursuites les Huissiers, Sergens & Archers ont très-souvent exigé plusieurs sommes des Collecteurs, Hôtes, Cabaretiers & autres particuliers redevables des droits du Roy, sans avoir laissé aucuns exploits, ni fait aucunes taxes ni exécutoires de leurs frais & voyages: & après que Maître Claude Vialet, Fermier-Général des Domaines de France, a été entendu au Conseil: oui le rapport du sieur Colbert, Conseiller du Roy au Conseil Royal, Contrôleur-Général des Finances; & tout considéré. Sa Majesté, en son Conseil, a ordonné & ordonne que l'Arrêt d'icelui dudit jour trentieme Mars dernier, sera exécuté selon sa forme & teneur; & en conséquence que les exploits pour le recouvrement des tailles, impôt du sel, des aydes, entrées & cinq grosses Fermes & autres deniers de Sa Majesté, qui seront faits dans les Villes, Bourgs & lieux où il y a des Bureaux établis pour le contrôle des exploits, seront contrôlés à la diligence des Huissiers, Archers & Sergens qui les auront faits dans le temps de trois jours porté par lesdits Edit & Arrêt, sur les peines y contenues; & à l'égard des exploits qui seront faits pour lesdits recouvremens dans les Paroisses & lieux de la campagne où il n'y a point de Bureaux établis pour ledit contrôle, ordonne Sa Majesté qu'ils seront contrôlés à la diligence des Huissiers & Sergens qui les auront faits, dans huitaine du jour de la date d'iceux, sur les peines portées par ledit Arrêt; & seront toutes les peines portées par lesdits Edit & Arrêt du 30 Mars dernier, exécutées contre les contrevenans, sans que les Collecteurs de la taille & impôt du sel puissent être assujettis à faire contrôler les exploits qui seront faits à leur requête contre les particuliers imposés dans leurs rôles pour le payement de leurs taux seulement, dont Sa Majesté les a dispensés & déchargés : fait Sa Majesté très-expresses inhibitions & défenses aux Huissiers, Archers, Sergens & autres employés pour le recouvrement des tailles, impôt du sel, aydes & de ses autres deniers, de prendre ni recevoir aucune chose directement ou indirectement des particuliers taxés par les rôles des tailles & de l'impôt du sel, Hôtes, Cabaretiers & tous autres particuliers, sous prétexte de leurs frais, voyages, salaires, ou autrement; lesquels frais seront payés sur les taxes qui en seront faites par les Officiers qui en doivent connoître, au pied des exploits bien & duement contrôlés, à peine de concussion & punition exemplaire. Et sera le présent Arrêt lu, publié & affiché par-tout où besoin sera, & exécuté nonobstant oppositions, appellations & autres empêchemens quelconques, pour lesquels ne sera différé, & dont si aucuns interviennent, Sa Majesté se réserve la connoissance en son Conseil, & icelle interdit & défend à toutes ses Cours & autres Juges. Fait au Conseil d'Etat du Roy, tenu à Paris, le dix-neuvieme Mai mil six cent soixante-dix. *Signé*, FOUCAULT. 1670.

EDIT portant suppression de l'un des Receveurs-Généraux, & d'un Contrôleur-Général des Finances, & d'un Receveur des Tailles de l'Election de Paris.

Juillet 1670.

LOUIS, &c. Depuis que nous avons pris le soin & la conduite de nos Finances, nous avons remarqué que la multiplicité d'Officiers comptables nous estoit fort préjudiciable, d'autant qu'un seul Receveur estant pourvu de deux ou trois Offices, il dispose de nos deniers, & les employe à ses affaires particulieres, sans qu'il soit possible de connoistre le véritable estat des fonds restans en ses mains; car en continuant ainsi ses exercices, il ne peut appurer aucun compte, & tombe enfin dans la confusion & le désordre. C'est ce qui nous a fait résoudre d'entendre à la proposition à nous faite, de réduire le nombre des Receveurs-Généraux de nos Finances à deux, pour exercer alternativement, comme il a été fait par les Receveurs des tailles, afin de donner le temps à celui qui sortira d'exercice de recouvrer ses restes, & compter de son maniment dans l'année suivante, comme il a esté ordonné par nostre Edit & Réglement du mois d'Aoust 1669. En con-

1670. séquence de quoi, il conviendra aussi de réduire les Contrôleurs desdits Receveurs-Généraux à deux, où il y en a présentement trois de subsistans. A ces causes, &c. esteignons & supprimons l'un des Offices de Receveurs & de Contrôleurs-Généraux de nos Finances des Généralités de nostre Royaume; ensemble l'un des trois Receveurs des tailles de l'Election de Paris, qui avoient esté exceptez de la suppression faite par nostre Edit du mois d'Aoust 1661. Et en ce faisant, ordonnons qu'il sera arresté estat en nostre Conseil des noms & surnoms de ceux que nous entendons réserver. Voulons que les Receveurs-Généraux qui seront par nous choisis, remboursent les supprimez des sommes dont ils pourront convenir entre eux de gré à gré, sinon sur le pied qui sera réglé en nostredit Conseil: moyennant quoi les gages, taxations & droits desdits supprimez, seront joints & unis aux deux Offices réservez, pour exercer alternativement, à commencer au premier Janvier prochain; & à la charge que l'évaluation desdits deux Offices sera augmentée de celle du supprimé, en sorte que nos droits casuels ne diminuent en aucune maniere, à cause de ladite union par nous présentement accordée pour l'avantage desdits réservez. N'entendons qu'un seul desdits Receveurs-Généraux des Finances & Receveurs des Tailles puisse être propriétaire directement ou indirectement de plus d'un Office. Supprimons l'un des Contrôleurs desdits Receveurs-Généraux des Finances en chacune Généralité, nous réservant le choix des deux autres, suivant l'estat qui en sera pareillement arresté en nostre Conseil. Voulons que lesdits supprimez soient remboursez sur le pied de la liquidation qui en sera faite par les Commissaires, lesquels seront à cette fin par nous députez, en leur justifiant par lesdits Contrôleurs de leurs titres, qui seront fournis, avec lesdites liquidations & quittances suffisantes au Garde de nostre Trésor Royal, lequel les payera en deniers comptans des sommes portées par lesdites liquidations, sans que lesdits Contrôleurs-Généraux supprimez soient obligez d'obtenir d'aquits patents, ni de rapporter des avis de finance, dont nous les avons dispensez & dispensons. Et pour assûrer lesdits Receveurs-Généraux & leurs Contrôleurs, ensemble lesdits Receveurs des tailles de l'Election de Paris, réservez, que leur nombre ne sera ci-après augmenté, déclarons & ordonnons qu'il ne sera fait aucun restablissement desdits Offices supprimez pour quelque cause & occasion que ce soit; ce que nous promettons en bonne foi & parolle de Roy. Si donnons en mandement, &c.

Donné à Saint-Germain-en-Laye, au mois de Juillet, l'an de grace mil six cent soixante-dix, & de nostre regne le vingt-huitieme. *Signé*, LOUIS; & plus bas, par le Roy, COLBERT.

Enregistré en la Chambre des Comptes, le 31 Juillet 1670.

1673. *ARRÊT de la Cour des Aides de Montauban, pour la distribution des procès dans les Elections. (Recueil de Montauban, page 237.)*

4 Septembre 1673.

SUR la requête présentée à la Cour par le Procureur-Général du Roy en icelle, contenant qu'il demeure averti des abus qui se commettent dans les Bureaux des Elections du ressort de la Cour, singuliérement dans celui de Riviere-Verdun, dans lequel il ne se fait aucune distribution des procès, qui sont rapportés par le premier occupant, & les Officiers les plus diligens s'en saisissent sans aucun ordre ni formalité de Justice : qu'ils ne s'en chargent que sur des feuilles volantes, & non sur aucun registre ; & même ils n'en font pas de reçu, & les vont prendre entre les mains des Procureurs ; de maniere qu'il est aisé de faire perdre les productions, & de cacher aux Parties le nom de leur Rapporteur : d'ailleurs que les Greffiers n'y tiennent aucun registre, soit pour la distribution desdits procès & pour en charger les Rapporteurs, soit pour la Chambre du Conseil & les audiences, dont les appointemens se visent au dos des cartels, qui s'égarent ou s'alterent souvent ; & il arrive que ni lesdits Greffiers ni lesdits Juges ne conviennent pas entr'eux de ce qui est ordonné, ce qui cause diverses plaintes contre les uns & les autres, que les Parties accusent d'avoir changé les Ordonnances, Sentences & appointemens : comme aussi que lesdits Officiers dudit Bureau & ceux des autres du ressort de la Cour, jugent les procès en moindre nombre qu'il n'est porté par les Ordonnances de Sa Majesté ; & pour éviter les peines qu'ils encourrent pour la contravention auxdites Ordonnances, aussi bien que la restitution des épices non dues ou excessives, ils obligent leurs Greffiers d'omettre dans l'expédition des Sentences le nom & le nombre des Juges qui ont assisté au Jugement, & la taxe des épices : de plus ils reçoivent tous les jours des requêtes en rétractement contre les Sentences rendues en contradictoire défense, ce qui n'est qu'une pure invention pour consommer les Parties en des frais inutiles & prendre deux rapports pour une même affaire & entre mêmes Parties, n'y ayant que la voie d'appel lorsque les Juges inférieurs se sont acquittés de leurs charges & que toutes les Parties ont été ouies, & celle de la requête civile devant les supérieurs. Et d'autant qu'il est important de pourvoir à tous ces abus, qui sont très-préjudiciables aux affaires du Roi & au bien public, requéroit la Cour d'ordonner, &c. Vu ladite requête, la Cour, ayant égard à icelle, a ordonné & ordonne que dans tous les Bureaux des Elections du ressort de la Cour, il sera fait distribution tous les mois des procès qui y seront pendans, par le Président ; auquel effet les Greffiers tiendront un registre tant pour ladite distribution, que pour la remise des productions ; & les Rapporteurs s'en chargeront sur le registre : faisant défenses auxdits Rapporteurs de donner leurs reçus sur des feuilles volantes, & aux Greffiers de les recevoir, à peine de cent livres d'amende ; comme aussi auxdits Officiers de s'ingérer au rapport des procès, & aux Greffiers de les leur délivrer, qu'après qu'ils leur auront été distribués par le Président, à peine de cent livres d'amende, nullité des Jugemens qui interviendront, dépens, dommages & intérêts des Parties, tant contre les Officiers, que contre les Greffiers. Enjoint auxdits Greffiers de tenir bon & fidele registre, tant pour la Chambre du Conseil, que pour l'audience : ordonne que les cartels qui seront récités en icelle, seront enregistrés, avec le dire des Procureurs des Parties, & l'ordonné ensuite ; & que les appointemens seront visés chaque jour d'audience par celui qui y aura présidé, sur même peine. Fait inhibitions & défenses auxdits Officiers de juger en moindre nombre qu'il n'est porté par l'Ordonnance ; leur enjoint d'appeller, lorsqu'il en manquera, le Substitut du Procureur-Général du Bureau, excepté aux affaires où il aura donné ses conclusions, ou celles où le Roy & le public ont intérêt, auquel il sera fait taxe seulement du droit d'assistance, à peine de nullité des Jugemens qui interviendront. Enjoint aux Greffiers de mettre le nom & le nombre des Juges, & la taxe des épices, dans l'expédition des Sentences, à peine de cent livres d'amende, dépens, dommages & intérêts des Parties : comme aussi fait ladite Cour inhibitions & défenses à tous lesdits Officiers de recevoir aucunes requêtes en rétractement contre

1673.

1673. les Sentences contradictoires, à peine de nullité desdites Sentences, cent livres d'amende & restitution des épices. Enjoint aux Greffiers d'exhiber les registres au Substitut du Procureur-Général lorsqu'ils en seront requis. Ordonne que le présent Arrêt sera publié & registré aux Bureaux des Elections, &c. Fait à Montauban, en la Cour des Aydes & Finances, le quatre Septembre mil six cent soixante-treize.

1675. 27 Juillet 1675.

☞ Les Consuls de la Ville de Montauban avoient obtenu, le 9 Août 1664, tant en leurs noms, que de leurs Syndics, Conseillers & autres Officiers de l'Hôtel de Ville, leurs femmes, enfans & domestiques, une évocation au Conseil, & renvoi de leur cause en la Cour des Aydes de Montpellier. M. le Procureur-Général de la Cour des Aydes représenta au Conseil que cette évocation étoit nulle & cassable par les trois raisons sur lesquelles elle étoit fondée & appuyée: qu'en premier lieu, lesdits Consuls fondoient leur évocation sur divers procès & différends qui étoient pendans au Conseil entre ladite Cour des Aydes, les Trésoriers de France, Présidiaux, Elus & Consuls, touchant leurs rangs, séances & autres droits honorifiques qui ont donné lieu à ladite évocation; mais que tout cela avoit pris fin par le moyen de l'Arrêt contradictoire du Conseil d'Etat, rendu, Sa Majesté y étant, le 10 Octobre 1664, qui régloit toutes les Compagnies de Montauban, lequel a été toujours exécuté en tous ses points: en second lieu, que lesdits Consuls appuyoient leur évocation sur un démêlé que les enfans du feu sieur Granjon, Président en ladite Cour des Aydes, & Couderc, Garde des meubles du Palais d'icelle, avoient eu avec le sieur Dupré, Consul, pour raison duquel, par Arrêt du Conseil, du 22 Juin 1663, quelques Officiers de ladite Cour des Aydes avoient été interdits pour avoir élargi ledit Couderc, mais que par autre Arrêt dudit Conseil d'Etat, du 28 Septembre 1663, le susdit Arrêt auroit été cassé, comme aussi les décrets rendus contre les enfans dudit Granjon & autres; & les Parties, sur la demande en excès, mises hors de Cour & de procès, avec injonction audit Dupré & autres Consuls de Montauban, de rendre aux Officiers de ladite Cour des Aydes, l'honneur & le respect qu'ils leur doivent: ce qui faisoit entiérement cesser les motifs de ladite évocation, outre que lesdits sieurs Granjon & Dupré, qui avoient ces démêlés, étoient décédés, & par conséquent sous ce prétexte recherché, lesdits Consuls & leurs successeurs ne se pouvoient pas soustraire de la jurisdiction naturelle de ladite Cour des Aydes: en dernier lieu, que lesdits Consuls ne pouvoient pas opposer de l'évocation que les Officiers de la Cour des Aydes avoient eue au Sénéchal de Brive, & par appel au Grand Conseil, & que sur ce prétexte, ils étoient en droit d'avoir une évocation de leurs causes en la Cour des Aydes de Montpellier, puisque pour fonder cette évocation, il faudroit que lesdits Consuls fussent Juges des Officiers de ladite Cour des Aydes, ce qui n'est pas, puisque le *committimus* des Officiers de ladite Cour leur donne droit de porter leurs affaires civiles aux requêtes du Palais de Toulouse, & les criminelles devant eux-mêmes, suivant leur Edit de création, & plusieurs autres donnés en conséquence: que si ladite évocation avoit lieu, le Procureur-Général en ladite Cour des Aydes, qui est obligé par le dû de sa charge, de faire rendre compte aux Consuls de leur administration consulaire, & d'empêcher qu'il ne soit rien imposé & levé sans permission de Sa Majesté, conformément aux Ordonnances, seroit privé de l'exercice l'exercice de sa Charge, si lesdits Consuls avoient droit, en vertu d'une évocation surprise, de la traduire en la Cour des Aydes de Montpellier; ce qui seroit d'une très-pernicieuse conséquence, & causeroit un grand préjudice aux affaires de Sa Majesté & au public. Par Arrêt du 27 Juillet 1675, le Roy, en son Conseil, conformément à l'Ordonnance du mois d'Août 1669, a révoqué & révoque l'évocation contenue en l'Arrêt du Conseil privé, du 9 Août 1664, & sans y avoir égard, ordonne qu'en toutes matieres concernant les tailles & autres matieres attribuées aux Elus & Cour des Aydes, les Consuls, Syndics & Habitans de ladite Ville de Montauban, procéderont en premiere instance pardevant les Elus de ladite Ville de Montauban, & par appel en la Cour des Aydes établie en ladite Ville; leur faisant Sa Majesté défenses de procéder ailleurs à peine de nullité. (Recueil de Montauban, page 552.) 1675.

ARRÊT de la Cour des Aides de Montauban, portant Réglement pour les Bureaux des Elections. (Recueil de Montauban, page 239.) 1684.

7 Septembre 1684.

SUR la requête présentée à la Cour par le Procureur-Général du Roy, contenant que pour obliger les Officiers des Elections du ressort de la Cour, de rendre la Justice avec l'ordre, l'exactitude & la décence requises, il auroit été ci-devant poursuivi par le Suppliant divers Arrêts & Réglemens, lesquels auroient été envoyés aux Officiers desdites Elections; mais parce que par lesdits Réglemens il n'a pas été pourvu à divers inconvéniens qui se sont depuis rencontrés, & auxquels néanmoins il est nécessaire de pourvoir, le Suppliant en auroit dressé un nouveau, dans lequel il a tâché de comprendre ce qui pouvoit manquer aux précédens. Ce considéré, & vu ledit Réglement ci-attaché, requéroit la Cour d'ordonner que ledit Réglement sera autorisé; ce faisant, qu'il sera envoyé aux Bureaux des Elections de son ressort, pour y être lu, publié & registré, l'audience tenant, sur les requisitions des Substituts du Suppliant ès Elections, auxquels doit être enjoint de l'en certifier dans le mois, comme aussi des contraventions qu'on y fera. Vu ladite Requête & Réglement y attaché, signée d'Hauteserre, la Cour, faisant droit sur la Requête du Procureur-Général du Roy, a ordonné & ordonne que les Officiers des Elections de son ressort garderont & observeront les articles du Réglement ci-exprimés.

I. Les Officiers des Elections résideront actuellement dans les lieux où leurs Bureaux sont établis, pour y faire l'exercice & fonction de leurs Charges, & ne s'absenteront sans l'avoir proposé auxdits Bureaux.

II. Lesdits Officiers donneront audience aux Parties un jour de chaque semaine, qui sera fixé par les Officiers de chaque Election; & en cas ledit jour seroit férié, l'audience sera renvoyée au jour suivant; & seront tenus, tant le Président que les Officiers, de s'y trouver en habit décent, sur les peines des Ordonnances.

III. L'heure de l'audience sera en été celle de huit du matin, & en hiver celle de neuf; les Procureurs seront tenus de porter les cartels au Président, & en son absence au plus ancien des Officiers.

IV. Les appointemens d'audience seront visés, parafés & corrigés, dans le même jour de l'audience, par le Président en seul, & à son absence par l'Officier

1684. qui aura présidé ; sans néanmoins qu'il puisse rien changer à la disposition desdits appointemens, & à ce qui aura été prononcé.

V. En cas que le Président fût récusé dans des affaires d'audience, seront lesdites affaires vuidées à huis clos, à l'issue de ladite audience, par les autres Officiers ; & sera tenu ledit Président récusé, de se retirer en la Chambre du Conseil.

VI. Lorsqu'il y aura des appointemens à mettre pieces sur le bureau, lesdites pieces seront remises ès mains d'un des Officiers qui aura assisté à l'audience, & l'affaire sera jugée en plein bureau par tous ceux qui y auront assisté, conformément à l'Ordonnance.

VII. Les dépens adjugés par les appointemens donnés à l'audience, seront liquidés conformément à la nouvelle Ordonnance : & où cette liquidation seroit difficile à faire sur-le-champ, elle sera faite après l'audience par le Président, après avoir pris l'avis des autres Officiers qui y auront assisté, pour être ensuite ladite liquidation mise sur le plumitif par le Greffier, sans frais.

VIII. Le Président fera la distribution des procès dans le bureau à l'issue de l'audience, de quinze en quinze jours, & à son absence, le plus ancien Officier, dont le Greffier tiendra bon & fidele registre, sur lequel les Officiers se chargeront aussi des procès qui leur auront été distribués ; avec défenses auxdits Officiers de s'ingérer au rapport d'aucuns procès, qu'ils ne leur ayent été distribués, à peine de nullité des Jugemens & de cinq cens livres d'amende, & aux Greffiers de les leur délivrer qu'après qu'ils leur auront été distribués, sous la même peine.

IX. S'il n'y avoit pas le nombre de procès pour faire l'entiere distribution, & que quelque Partie présente demande Jugement, le Président distribuera ledit procès sur la requête de ladite Partie, & tiendra lieu à la distribution prochaine.

X. Ladite distribution sera faite par le Président en présence d'un des Officiers qui y assistera à tour de rôle, sans voix délibérative ni choix de procès : & en cas d'absence dudit Président, ladite distribution sera faite par le plus ancien, assisté d'un des autres Officiers ; enjoignons à ceux qui feront lesdites distributions d'y procéder avec le plus d'égalité qu'il se pourra.

XI. Les procès par écrit seront rapportés & jugés par lesdits Officiers dans le bureau tous les jours de la semaine qui ne seront fériés, même les jours d'audience, avant ou après la tenue d'icelles, au nombre de trois pour le moins.

XII. En cas d'absence, ou en défaut d'Officiers, le Substitut du Procureur-Général du Roy sera appellé ès affaires où Sa Majesté, l'Eglise, ou le Public n'auront point d'intérêt, même les Gradués, pour remplir le nombre nécessaire ; & le Greffier tiendra registre des présens auxdits jours, ensemble des Jugemens & autres affaires qui seront jugées, à peine de cent livres.

XIII. Aucuns procès ne pourront être jugés sans dictes, à peine de nullité ; comme aussi les Greffiers être payés desdits dictes qu'après l'expédition d'icelles, & qu'elles n'ayent été remises dans le procès avant le Jugement d'iceux.

XIV. Les Officiers qui s'absenteront seront obligés avant leur départ de remettre au greffe les procès qui leur auront été distribués, à peine de répondre aux Parties de tous dépens, dommages & intérêts ; pour être lesdits procès, trois jours après leur départ, distribués à d'autres Officiers présens, par le Président, & à son absence, par le plus ancien Officier ; auquel cas lesdits procès tiendront lieu d'autres à la prochaine distribution.

XV. En cas de partage dans le Jugement des affaires, un desdits Officiers absens, ou un Gradué, ſera appellé pour les vuider; ce qui ſe fera en préſence des Officiers qui auront été partagés en avis. 1684.

XVI. Lorſque le Préſident rapportera des procès, il prendra le bureau, opinera le premier; & ſa voix, & celle des autres Officiers ſera colligée par le plus ancien qui préſidera audit Jugement.

XVII. Les procès jugés avec le dictum des Sentences ſignées par le Préſident, Rapporteur & autres Officiers, ſeront remis au greffe immédiatement après le Jugement; & ſeront tenus les Rapporteurs d'écrire de leur main l'ordonné deſdites Sentences avec la date d'icelles & le nom des Juges, conformément à la nouvelle Ordonnance; comme auſſi ſera tenu le Greffier de mettre au bas des expéditions qu'il en fera, le nom deſdits Juges, & la taxe des épices, à peine de cent livres d'amende.

XVIII. Les procès criminels ſeront jugés au nombre de cinq pour le moins ès affaires où il y aura concluſions à peine afflictive; les décrets de priſe de corps ſeront conclus au nombre de trois; & ceux d'ajournement perſonnel pourront être donnés par un ſeul.

XIX. La vérification des rôles des impoſitions ſera faite dans le bureau par les Officiers au nombre de trois pour le moins; & ſeront tenus leſdits Officiers de coucher au pied deſdits rôles la taxe des ſommes qui leur appartiendront pour la vérification & ſignature d'iceux, pour être leſdites taxes remiſes ès mains du Greffier, & par lui diſtribuées également auxdits Officiers.

XX. Toutes les épices que leſdits Officiers ſe taxeront, ſeront auſſi reçues par ledit Greffier des mains des Parties, & par lui diſtribuées auxdits Officiers.

XXI. Toutes requêtes de conſéquence ſeront délibérées en plein bureau, ſans que pour raiſon des Ordonnances rendues ſur le pied d'icelles, les Préſidens ou autres Officiers puiſſent prendre aucunes épices, à peine de concuſſion.

XXII. Les requêtes en retractement des Sentences contradictoires rendues par leſdits Officiers ſur procès par écrit, ne pourront être par eux revues, à peine de nullité des ſecondes Sentences, de cent livres d'amende, & de reſtitution des épices.

XXIII. Tous procès, tant civils que criminels, où Sa Majeſté, l'Egliſe, ou le Public auront intérêt, ſeront communiqués au Subſtitut du Procureur-Général du Roy, à peine de nullité des Jugemens qui interviendront; & ſera tenu ledit Subſtitut de ſe taxer au bas deſdites concluſions, & d'y mettre le ſolvit, ſans qu'il puiſſe commettre en cas d'abſence, récuſation, ou maladie, d'autre perſonne à ſa place que celle qui aura été commiſe par commiſſion expreſſe du Procureur-Général du Roy.

XXIV. Les inſtructives qui ſe feront avant que les inſtances ſoient réglées, ſeront faites par le Préſident, & à ſon abſence par le plus ancien Officier, auquel les émolumens en appartiendront; les autres inſtructives qui ſe feront après la diſtribution deſdits procès, ſeront faites par le Rapporteur, qui en percevra les émolumens, comme auſſi ceux des ſuites des Jugemens ou Sentences qu'ils auront rendus.

XXV. Les informations ſeront diſtribuées à tour de rôle, & toutes les ſuites en appartiendront à celui qui en aura donné le décret; l'inſtallation des Officiers & ſuppôts du bureau ſe fera audit bureau, tous les autres Officiers appellés; & le Préſident, & à ſon abſence le plus ancien Officier procédera à ladite inſtallation.

XXVI. Il ſera dreſſé, par leſdits Officiers, un tableau des droits, tant pour ladite inſtallation, que autres, que le Greffier aura lieu de prendre pour tout ce qui s'expédiera au greffe, & qu'il couchera au pied deſdites expéditions, comme il a été dit ci-deſſus.

1684. XXVII. Les épices des affaires jugées seront taxées par celui qui aura présidé, au bas des Jugemens & Sentences : & seront lesdites épices divisées & partagées entre les Officiers de la même maniere qu'il en aura été usé par le passé, chacun, pour raison de ce, observant la coutume & le Réglement de son bureau.

XXVIII. Et sera le présent Réglement lu, publié & registré ès Bureaux desdites Elections, pour servir de Réglement général à l'avenir, à la diligence & sur les réquisitions des Substituts du Procureur-Général du Roy, &c. Fait à Montauban, en la Cour des Aydes & Finances, le septieme Septembre mil six cent quatre-vingt-quatre.

DÉCLARATION concernant la nobilité des fonds. (Recueil de Montauban, page 197.)

Octobre 1684.

LOUIS, &c. Les Députés des gens des trois États de notre Province de Languedoc nous ayant, dès l'année *1667*, supplié très-humblement de leur pourvoir d'un Réglement raisonnable sur la qualité des fonds qui devroient être présumés nobles dans ladite Province, & en conséquence exempts & immuns de l'imposition des tailles, nous aurions, par Arrêt de notre Conseil, du 12 Novembre audit an, renvoyé à l'assemblée des gens des trois Etats de notredite Province de Languedoc, pour examiner les moyens qu'ils jugeroient les plus propres & les plus avantageux à ladite Province au sujet de ladite nobilité des fonds, & en faire un Réglement pour l'avenir, pour icelui vu & rapporté en notre Conseil, ensemble l'avis de ladite assemblée, être par nous ordonné ce que de raison ; en conséquence duquel Arrêt les gens desdits Etats ayant délibéré dans leur assemblée tenue à Montpellier, & examiné les moyens qu'ils jugeoient les plus propres & les plus avantageux à notredite Province au sujet de ladite nobilité des fonds, auroient projeté quelques articles, & nous auroient donné leur avis sur iceux par leur délibération du 22 Novembre dernier, lesquels nous ayant été rapportés, & iceux vus & examinés en notre Conseil, voulant pourvoir à toutes les contestations qui pourroient naître à l'avenir au sujet de la nobilité des fonds, & établir une jurisprudence à laquelle les Juges soient tenus de se conformer à l'avenir. A ces causes, &c. nous avons par ces présentes, signées de notre main, ordonné ce qui ensuit.

I. Les biens nobles ne seront sujets à aucune des impositions qui se feront, tant pour nos deniers, que pour ceux des Communautés, sans distinction de la qualité des possesseurs desdits biens.

II. Contribueront néanmoins les biens nobles aux impositions qui seront faites pour la conservation du terroir, & autres cas semblables où il s'agira de leur utilité particuliere.

III. Les biens dépendans des principales Eglises, comme Cathédrales, Abbatiales, Commanderies, ou autres de fondation Royale, seront censés & présumés nobles, s'il n'est justifié par le contrat d'acquisition ou autres actes, de la roture desdits biens.

IV. Seront pareillement présumés nobles les biens dépendans des Eglises Paroissiales, dans l'étendue de leur Paroisse seulement ; & à l'égard des biens dépendans des autres Eglises, Chapelles, Fondations, Obituaires, Confrairies & autres semblables, ils seront censés roturiers, & contribueront aux impositions (quand même les Curés en jouiroient) si les possesseurs ne justifient par titres de leur nobilité. 1684.

V. Seront néanmoins les fonds où sont construits les Eglises, les Séminaires, Maisons Presbytériales, Maisons Religieuses & Hôpitaux, avec leur jardin seulement, pourvu qu'il soit contigu auxdites maisons, immuns & déchargés de la contribution aux tailles, tant & si longuement que lesdits lieux serviront à cet usage.

VI. Les fonds, héritages & droits possédés par les Seigneurs Justiciers, dans l'étendue de leur Jurisdiction, même par ceux qui n'auront que la moindre partie de la basse Justice, seront censés & présumés nobles, s'il n'est justifié du contraire par actes.

VII. Ne jouiront néanmoins de ladite présomption de nobilité les Seigneurs Justiciers, hauts, moyens & bas, au cas qu'il soit justifié que ladite justice a été acquise ou possédée, en quelque temps que ce soit, séparément du bien dont ils prétendront la nobilité.

VIII. Les biens qu'on justifiera par les titres primordiaux, avoir été donnés en inféodation & noblement par nous, par les Eglises & par les Seigneurs Justiciers, ou dont on remettra les hommages anciens, ne seront tenus de contribuer aux impositions, quand même les possesseurs desdits biens n'auroient aucune portion de justice.

IX. La nobilité des biens qui ne sont pas fondés en présomption, ne pourra être prouvée que par un hommage au moins, lequel soit ancien de cent ans ou au-dessus, & suivi d'un dénombrement reçu dans les formes, ou d'autres titres suffisans.

X. Les directes & censives appartenant à autres qu'à ceux qui sont fondés en présomption, seront censées roturieres, ainsi que les autres foncieres, si la nobilité n'en est justifiée par titres.

XI. Si les titres servans à la preuve de la nobilité se trouvent différens entr'eux pour la contenance & qualité du terroir, ladite contenance sera réglée sur le titre primordial, & s'il n'est pas rapporté, sur l'hommage ou dénombrement qui contiendra la moindre quantité, quand même il ne seroit pas le plus ancien; ce qui sera observé tant à l'égard de ceux qui sont fondés en présomption, que de ceux qui ne le sont pas.

XII. Les biens acquis par l'Eglise ou par les Seigneurs Justiciers, seront censés & déclarés roturiers, s'il n'appert par titres de leur nobilité.

XIII. Les biens possédés par les Eglises fondés en présomption, ou par les Seigneurs Justiciers, qui se trouveront compesiés sous le nom d'un ou de plusieurs autres particuliers avant quarante ans, seront censés roturiers, si le contraire n'est prouvé par titres; ce qui aura lieu pour les biens de pareille nature qui se trouveront compesiés depuis sous d'autres noms, & dont la cottisation sera justifiée par quelques rôles & payemens.

XIV. Les fonds & héritages baillés à cens, rentes foncieres, champart ou agrier, seront roturiers & sujets au payement de la taille, nonobstant qu'ils fussent nobles avant la tradition desdits fonds, ou qu'ils fussent revenus au Seigneur par droit de confiscation, deshérance, prélation ou autrement.

XV. Si néanmoins lesdits héritages, après avoir été délaissés, ont été réunis au fief par droit de déguerpissement, ils seront déclarés nobles, pourvu que le déguerpissement ait été fait suivant les formalités prescrites dans les articles qui sont ci-après.

XVI. Les fonds nobles pourront être assujettis à la taille par transactions, con-

ventions & autres actes passés entre personnes libres & majeures, comme au
1684. par le payement des tailles de trente années consécutives ou interrompues, fait p
les possesseurs.

XVII. Nulle prescription ou possession immémoriale d'immunité du payeme des tailles, ne pourra être alléguée ni opposée pour la preuve de la nobilité d héritages, quand même ils n'auroient jamais été compesiés ni allivrés dans l cadastres.

XVIII. Tous contrats & transactions d'annoblissement, d'abonnement & d composition des tailles, passés entre les Consuls ou Syndics des Communautés & les possesseurs des héritages roturiers, seront déclarés nuls, sans que pour raiso de ce aucune prescription puisse être opposée, sauf aux Parties d'entrer dans le mêmes droits qu'elles avoient auparavant lesdits contrats & transactions; ave défenses à tous Consuls, Syndics & autres, d'en passer de semblables à l'aveni & de changer la qualité des fonds roturiers, soit par transaction, soit par com pensation avec un fonds noble ou autrement, pour quelque cause & prétexte qu ce soit.

XIX. Les possesseurs des biens déclarés roturiers par les Arrêts rendus pa les Cours des Aydes, seront condamnés au payement des arrérages des taille depuis vingt-neuf années avant l'introduction de l'instance, en cas que lesdi biens fussent compesiés avant ledit temps, sinon depuis le compesiement.

XX. Le déguerpissement des fonds & héritages roturiers sera fait par acte public, signifié tant aux Seigneurs directs & censiers, qu'aux Consuls de la Com munauté où les biens sont situés; & en cas de refus de l'accepter, ledit déguer pissement sera fait en jugement, les Seigneurs censiers & Consuls appellés.

XXI. Les possesseurs ne pourront être reçus à déguerpir qu'en abandonnant tous les biens roturiers qu'ils ont dans le même terroir & taillable, & en payant tous les arrérages des tailles & droits seigneuriaux par eux dus jusqu'au jour dudit déguerpissement.

XXII. Ceux qui auront fait le déguerpissement en la forme ci-dessus prescrite, ne pourront plus être cottisés dans le rôle des tailles, & sera fait mention dudit déguerpissement dans le compoix, à la marge des biens déguerpis.

XXIII. Les Seigneurs censiers & tous particuliers contribuables ne pourront aliéner en fraude par donation, vente, ou autrement aucun fonds roturier, à l'effet de le pouvoir reprendre noblement par le délaissement de l'acquéreur, ou pour se décharger de partie de l'allivrement; & telles & semblables aliénations seront de nul effet, & ceux qui les auront faites seront tenus de payer les tailles & censives des fonds aliénés, comme ils faisoient auparavant.

XXIV. Les biens déguerpis pourront être baillés par les Seigneurs féodaux à nouvel achat, sans que l'allivrement en puisse être diminué sous quelque prétexte que ce soit.

XXV. S'il ne se présente personne pour prendre les biens déguerpis sous les mêmes charges, le Seigneur censier pourra les reprendre noblement, après toutefois avoir fait appeller les Consuls en la Cour des Aydes de Montauban, pour voir ordonner que proclamations seront faites pour sçavoir si personne ne voudroit prendre les biens déguerpis, en payant les tailles & droits seigneuriaux.

XXVI. Les proclamations seront faites à la diligence des Seigneurs censiers pendant trois dimanches, de quinzaine en quinzaine tant aux Prônes des Paroisses où les biens sont situés, qu'à ceux des trois Paroisses des Villes & lieux les plus voisins.

XXVII. Le procès-verbal & exploits de proclamation contiendront en détail les fonds déguerpis avec leur contenance & confrontations, ensemble les droits auxquels ils sont sujets & la cottité de l'allivrement, & seront affichés à la porte des Eglises & maisons communes. 1684.

XXVIII. Si pendant le cours des proclamations il se présente quelqu'un pour prendre les biens déguerpis, il fera son offre au greffe de la Jurisdiction & de la Communauté; après quoi le Seigneur censier sera tenu de lui en passer acte de nouvel achat, autrement il demeurera responsable du payement de la taille envers la Communauté.

XXIX. S'il se présente plusieurs personnes qui veuillent prendre lesdits biens déguerpis, il sera permis au Seigneur censier de préférer celui que bon lui semblera, sans dol ni fraude.

XXX. La procédure des proclamations achevée, si personne ne se présente pour prendre les biens déguerpis, le Seigneur censier fera assigner les Consuls ou Syndic en la Cour des Aydes de Montauban, en vertu du Jugement qui aura ordonné les proclamations, à ce que lesdits biens soient réunis noblement à son Fief.

XXXI. Pendant le délai des assignations, & jusqu'au Jugement définitif, toutes offres seront reçues; & si personne ne se présente pour prendre lesdits biens, ils seront déclarés réunis au Fief du Seigneur direct, pour être par lui possédés noblement, & seront ensuite rayés du compoix & insérés dans le cahier ou état des biens nobles.

XXXII. Sera loisible aux Seigneurs censiers de prendre possession sans aucune formalité, des biens déguerpis, à la charge par eux d'en payer la taille sur le pied des derniers possesseurs, & sans que lesdits Seigneurs censiers puissent, après en avoir joui, être reçus à faire les proclamations & requérir la nobilité desdits fonds.

XXXIII. Si les Consuls prouvent par acte que les biens dont le Seigneur justicier ou censier jouit noblement, ont été tenus à cens ou à rente de lui ou de ses auteurs, il sera tenu de remettre le titre du déguerpissement, & la procédure faite avec les formalités requises, pour justifier que lesdits biens lui seront revenus noblement, faute de quoi ils seront déclarés roturiers.

XXXIV. Si néanmoins il est justifié que depuis le déguerpissement le Seigneur censier a possédé les biens déguerpis, sans trouble & sans payer la taille pendant trente années consécutives, voulons qu'en ce cas il soit déchargé de la remise de la procédure faite sur les proclamations; sans néanmoins que pour quelque laps de temps que ce soit, même de cent ans & au-delà, il puisse être déchargé de rapporter le titre du déguerpissement, abrogeant tous usages à ce contraires. Si donnons en mandement, &c.

Donnée à Chambort, le neuvieme jour d'Octobre, l'an de grace mil six cent quatre-vingt-quatre, & de notre regne le quarante-deuxieme. *Signé*, LOUIS; & plus bas, PHELYPEAUX.

Registrée en la Cour des Aydes de Montauban, le 27 Juin 1685.

1692.

EDIT *portant création d'Officiers en la Cour des Aides.* (*Recueil de Montauban, page 555.*)

Mai 1692.

LOUIS, &c. Nous étant fait instruire de l'état présent de notre Cour des Aydes de Montauban, & des divers Edits & Déclarations qui la concernent depuis celui du mois de Juillet 1642, par lequel le feu Roi notre très-honoré seigneur & pere, pour des considérations importantes, avoit fait l'établissement de cette Compagnie dans la Ville de Cahors pour les pays de la haute Guienne démembrés à cet effet de la Cour des Aydes de Montpellier; & étant informés des avantages que cet établissement a produits dans la suite pour le bien de notre service & celui du public, même du fruit considérable que la Religion catholique en a retiré par la conduite & l'exemple des familles qui composent cette Compagnie, depuis l'année 1661 qu'elle réside à Montauban, où nous l'avons transférée par notre zele à faire fleurir la Religion catholique, & la rétablir particuliérement dans cette Ville & lieux circonvoisins qui l'avoient le plus abandonnée; & ayant connoissance non seulement de ce que les Officiers de ladite Cour ont agréablement supporté dans tous ces changemens, mais encore de leur bonne volonté, par les offres & soumissions qu'ils viennent de nous faire pour nous aider à supporter les grandes dépenses que nous sommes obligés de faire, & voulant leur en donner des marques particulieres, & leur fournir même plus de moyen à continuer avec plus d'assiduité dans cette Ville leur zele pour notre service, & le désintéressement avec lequel ils rendent la justice à nos sujets de leur ressort; & afin que l'exercice n'en soit point retardé par l'absence ou empêchement d'aucun d'eux, nous avons résolu d'augmenter le nombre des Conseillers. A ces causes, &c. érigeons & établissons en titre d'Offices formés, quatre nos Conseillers en notredite Cour des Aydes de Montauban, six nos Conseillers Notaires, Secretaires, Audienciers & Contrôleurs en la Chancellerie, servant près icelle, pour y être par nous pourvu de personnes capables, lesquels jouiront desdits offices, aux mêmes noms, titres, prééminences, honneurs, autorités, franchises, privileges & exemptions, *committimus*, fonctions, droits & émolumens dont jouissent les Officiers revêtus de pareilles charges en ladite Chancellerie, &c.

Donné à Versailles, au mois de Mai, l'an de grace mil six cent quatre-vingt douze, & de notre regne le quarante-neuvieme. *Signé*, LOUIS; & plus bas, par le Roy, PHELYPEAUX.

ARRÊT

1698.

Arrêt du Conseil, qui ordonne que par les Officiers du Grenier à sel de Paris, il sera procédé à la levée des scellés, tant au Bureau qu'en la maison du sieur Garrot, Receveur en titre dudit Grenier, & à la description & inventaire des papiers & effets: & que le procès sera fait audit Garrot & ses complices, par lesdits Officiers, suivant les Ordonnances & Réglements, sans y pouvoir être troublés par les Officiers du Châtelet & autres, à peine de tous dépens, dommages & intérêts.

30 Décembre 1698.

SUR la Requête présentée au Roi, par Thomas Templier, Fermier-Général des Gabelles & autres Fermes unies de Sa Majesté, contenant que Me. Garrot, Receveur en titre du Grenier à sel de Paris, s'est absenté le huit du présent mois de Décembre 1698, sans avoir rendu compte de l'année de son exercice & maniement, ni remis les deniers de sa recette à la caisse générale, & aux particuliers assignés sur ledit Grenier, dont le débet sera très-considérable. Aussi-tôt que le suppliant en fut averti, il présenta sa requête aux Officiers de la jurisdiction des Gabelles, Juges naturels en cette partie, pour se transporter au bureau de la recette, y apposer le scellé, & permettre d'informer de l'évasion: en conséquence les Officiers permirent l'information, se transporterent le 10 dudit mois au bureau, y mirent le scellé; & comme ils furent informés que ledit Garrot tenoit la plupart des papiers, états & acquits de la Ferme dans sa maison d'habitation, lesdits Officiers s'y transporterent de suite à la sortie du bureau, & y apposerent le scellé. En cet état le suppliant étoit en terme de faire lever les scellés, & procéder à l'inventaire des pieces nécessaires, pour dresser le compte & former le débet, pour en faire ensuite le recouvrement sur les effets étant sous les scellés, avec les formalités requises; mais il s'est trouvé empêché par de nouveaux scellés, qu'un Commissaire du Châtelet de Paris est venu apposer le 12 en ladite maison d'habitation, par ordonnance du sieur Lieutenant Civil au Châtelet, ce qui ne peut avoir été fait que dans le dessein de faire un conflit de jurisdiction & un réglement de Juges, dont les procédures tireroient en longueur, afin de favoriser l'impunité dudit Garrot, & retarder la discussion de ses effets, & d'autant qu'il ne peut y avoir aucun prétexte de conflit de jurisdiction, la compétence des Juges des Fermes de Sa Majesté étant certaine & établie par les Edits, Ordonnances & Réglemens, s'agissant d'un Receveur des Gabelles de Sa Majesté, qui s'est absenté & a emporté les deniers de la Ferme, dont les biens, charges & effets doivent être discutés & distribués, suivant qu'il est porté par l'Edit en forme de Réglement du mois d'Août 1669, & le crime puni suivant qu'il est porté par la Déclaration du 5 Mai 1690, qui attribuent l'un & l'autre toutes jurisdictions à cet effet aux Juges des Fermes, & par appel aux Cours des Aydes. Le bail des Fermes de Sa Majesté, art. 431, veut aussi que la discussion des biens des Commis, Receveurs & Sous-Fermiers des Fermes, soit portée en premiere instance pardevant les Juges des Fermes, & par appel aux Cours des Aydes, lorsque l'adjudicataire sera saisissant & opposant; & dans le fait particulier dont il s'agit, le suppliant est saisissant & opposant, & les Officiers du Grenier à Sel ont prévenu & apposé les scellés les premiers, de sorte qu'il n'y a & ne peut y avoir aucun prétexte de conflit, ni de contester leur compétence.

1698. A ces causes, requéroit le suppliant qu'il plût à Sa Majesté ordonner que les scellés mis par les Officiers du Grenier à Sel, & par le Commissaire du Châtelet & autres qui pourroient encore y avoir été apposés par autres Officiers, seront brisés par les Officiers des Gabelles, iceux préalablement reconnus & description par eux faite des titres, papiers, renseignemens & effets qui se trouveront sous lesdits scellés, tant au bureau qu'en la maison dudit Garrot, pour être ensuite procédé au compte, & au recouvrement du débet qui en résultera en la maniere ordinaire pardevant les Officiers des Gabelles.

Vu ladite Requête, les Edits & Déclarations des années 1669 & 1690, & l'Article 431 du bail des Fermes, oui le rapport du sieur Phelypeaux de Pontchartrain, Conseiller ordinaire au Conseil Royal, Contrôleur-Général des Finances.

Le Roi en son Conseil, ayant égard à ladite Requête, a ordonné & ordonne que par les Officiers du Grenier à Sel de Paris, il sera procédé à la levée des scellés apposés, tant au bureau qu'en la maison dudit Garrot, après toutefois que ceux apposés par les Commissaires du Châtelet auront été reconnus par eux; lesquels seront tenus de comparoir à cet effet à la premiere sommation qui leur sera faite; sinon ordonne Sa Majesté que les scellés seront brisés par lesdits Officiers du Grenier à Sel, & par eux procédé à la description & inventaire des papiers & effets, les opposans duement appellés en la maniere accoutumée : comme aussi que le procès sera fait & parfait audit Garrot & ses complices par lesdits Officiers, suivant les Ordonnances & Réglemens, sans y pouvoir être troublés par les Officiers du Châtelet de Paris, ni autres, à peine de tous dépens, dommages & intérêts. Fait au Conseil d'Etat du Roi, tenu à Versailles, le trentieme jour de Décembre mil six cent quatre-vingt-dix-huit, collationné. *Signé*, DELAISTRE.

1702. *ARRÊT du Conseil, qui exempte les Habitants de Charleville sortis des Paroisses taillables, du paiement de la taille pendant dix années, conformément à l'article XXVI du Réglement des tailles de l'année 1643, fait défenses aux Collecteurs desdites Paroisses taillables de les comprendre dans leurs rôles, tant qu'ils ne feront valoir par leurs mains aucuns biens & héritages, soit de leur propre, ou tenus à Ferme esdites Paroisses taillables.*

16 Mai 1702.

SUR la Requête présentée au Roi, en son Conseil, par les Consul & Habitans de la Ville & Souveraineté de Charleville, contenant que plusieurs Habitans de ladite Ville qui sont venus des lieux & Communautés taillables, y demeurer, pour jouir des franchises, sont imposés à la taille & capitation par lesdites Communautés & Paroisses taillables pendant plusieurs années, sous prétexte que par l'article XXVI du Réglement des tailles de l'année 1643, il est dit que ceux des lieux taillables qui voudront se retirer dans une Ville franche, pourront être imposés à la taille pendant dix années pour acquérir cette franchise, & sont poursuivis & contraints en vertu des rôles esquels ils sont compris, ce qui ne peut s'entendre que des taillables qui vont s'établir dans une Ville franche de la domination de France; mais non pas lorsqu'ils sortent des Communautés taillables pour s'établir dans des lieux où ils cessent d'être sujets de Sa Majesté, & qu'ils ne font valoir par leurs mains aucuns biens & héritages dans l'étendue desdites Paroisses & Communautés; ladite Requête contenant encore, que les Maire & Echevins de la Ville de Mézieres donnent des billets de logement au Pont-d'Arches, pour la sixieme partie des troupes de passages, &c. A ces causes, requéroient qu'il plût à Sa Majesté, décharger les Habitans de ladite Ville de Charleville, des sommes auxquelles ils pourroient avoir été imposés par la taille & capitation dans les Paroisses & lieux taillables dont ils sont sortis pour s'établir en ladite Ville de Charleville, ordonner que les cottes seront rayées esdits rôles où ils ont été compris, & faire défenses aux Collecteurs & Communautés de les comprendre à l'avenir dans lesdits rôles des tailles & capitation, à peine de cinq cens livres d'amende, & de tous dépens, dommages & intérêts; comme aussi déclarer le Pont-d'Arches exempt du logement des troupes. Vu la Requête, &c. Le Roi en son Conseil, conformément à l'avis dudit sieur de Pomereu, [Intendant de Châlons], a déchargé & décharge les Habitans de la Ville & Principauté de Charleville, des tailles & autres impositions, esquelles ils pourroient être compris à l'avenir par droit de suite dans les Paroisses taillables de la domination de Sa Majesté, d'où ils ont transféré leur domicile pour aller demeurer en ladite Ville & Principauté de Charleville, pourvu toutefois qu'ils ne fassent valoir par leurs mains esdits lieux taillables, aucuns biens & héritages, soit de leur propre ou tenus à ferme: fait Sa Majesté défenses aux Communautés & Collecteurs, d'imposer aucuns desdits Habitans de la Ville de Charleville à la taille & autres impositions, tant qu'ils ne feront pas valoir par leurs mains aucuns biens & héritages, soit de leur propre ou tenus à ferme dans l'étendue desdites Communautés: ordonne Sa Majesté qu'il en sera usé comme par le passé, suivant & conformément aux Réglemens faits entre les Habitans de Mézieres & les Habitans du Pont-d'Arches, pour la part des troupes qui passent par étape à Mézieres, ou qui y sont envoyées en quartier-d'hyver, que les Habitans dudit Pont-d'Arches ont accoutumé de loger; enjoint, Sa Majesté, audit sieur de Pomereu, de tenir la main à l'exécution du présent Arrêt. Fait au Conseil d'Etat du Roi, tenu à Versailles, le seizieme jour de Mai mil sept cent deux. *Signé*, DUJARDIN. 1702.

EDIT portant création de deux Chevaliers d'Honneur en chacun des Parlements, Chambres des Comptes & Cours des Aides du Royaume, où il n'en a point encore été établi, à l'exception seulement du Parlement de Paris, deux au Grand-Conseil, deux en la Cour des Monnoies, & d'un en chaque Bureau des Finances.

Juillet 1702.

LOUIS, &c. Les Rois nos prédécesseurs à l'instante priere de la Noblesse de France, assemblée dans les Etats-Généraux, ont en différens temps ordonné l'établissement dans tous les Parlemens & autres Cours Supérieures, d'un nombre de Chevaliers d'Honneur, à l'exemple du Parlement de Paris, où les Pairs de ce Royaume ont toujours eu séance & voix délibérative, cet établissement quoique très-judicieux & très-avantageux pour le Corps de la Noblesse, n'a cependant eu lieu jusqu'à présent que dans un petit nombre de Parlemens; &

1702. comme nous cherchons en toutes occasions à donner à ce Corps toute la protection que méritent les services que nous en recevons journellement, nous avons cru devoir lui procurer le même avantage dans toutes les Cours Supérieures de notre Royaume où cet établissement n'a point encore été introduit. A ces causes, &c. créons & érigeons en titres d'Offices formés & héréditaires deux Chevaliers d'Honneur en notre Grand-Conseil, deux en notre Cour des Monnoyes, deux en chacun des Parlemens, Chambres des Comptes & Cours des Aydes de notre Royaume, où il n'en a point encore été établi, à l'exception seulement de notre Parlement de Paris, & un dans chacun des Bureaux de nos Finances, lesquels auront rang & séance dans nosdites Cours & Bureaux des Finances tant aux audiences qu'aux Chambres du Conseil, en habit noir avec le manteau, le collet & l'épée au côté sur le ban des Conseillers, & avant le Doyen d'iceux, sans néanmoins que ceux qui seront établis dans nosdites Cours de Parlemens puissent précéder nos Gouverneurs ou Lieutenans-Généraux de nos Provinces, lesquels y ont leurs séances, ni même prendre séance que dans les Grandes-Chambres de nosdites Cours : auront lesdits Chevaliers d'Honneur voix délibérative en toutes matieres civiles, sans néanmoins qu'ils ayent aucune part à la distribution des procès ni aux épices; voulons qu'ils jouissent de tous les privileges, honneurs, prérogatives, droit de *committimus* & franc-salé dont jouissent les autres Officiers de nosdites Cours; ensemble des gages qui seront réglés par les rôles qui seront arrêtés en notre Conseil, pour la fixation du prix desdits Offices, & afin que lesdits Offices ne puissent être remplis que de sujets qui en soient dignes tant par leur extraction que par leur mérite, voulons que les acquéreurs n'en puissent être pourvus qu'après en avoir obtenu notre agrément, & fait preuve de leur noblesse entre les mains du sieur d'Hozier, Juge-Général des Armes & Blasons, & Garde de l'Armorial de France, dont ils seront tenus de rapporter le certificat en la maniere ordinaire. Si donnons en mandement, &c.

Donné à Marly, au mois de Juillet, l'an de grace mil sept cent deux, & de notre regne le soixantieme. *Signé*, LOUIS; & plus bas, par le Roy, PHELYPEAUX.

Registré en Parlement le 20 Juillet 1702.

1703. *DÉCLARATION concernant les peines qu'ont encourues ceux qui ont repris la qualité de Nobles, au préjudice de leur renonciation ou des condamnations prononcées contr'eux. (Recueil de Montauban, page 224.)*

30 Janvier 1703.

LOUIS, &c. Nous avons, par notre Déclaration du 4 Septembre *1696*, ordonné la recherche des usurpateurs du titre de Noblesse, & réglé l'amende de l'usurpation à deux mille livres : & par deux Arrêts de notre Conseil des 30 Octobre *1695* & 8 Août 1702, nous avons ordonné que ceux qui auroient continué de prendre les qualités destinées à la Noblesse, au préjudice des condamnations, ou renonciations faites par eux ou leurs auteurs dans la précédente recherche, seroient employés dans des rôles, & tenus de payer les sommes y contenues. Et depuis ayant été informés que grand nombre de ceux qui se trouvent assignés, avoient trouvé moyen de faire fabriquer de faux titres, en sorte que plusieurs avoient été maintenus dans leur prétendue noblesse, nous aurions, pour arrêter ce désordre, établi une Chambre à l'Arsenal, laquelle nous donnant lieu de connoître ceux qui se sont servis de cette mauvaise voie pour continuer leur usurpation, nous avons résolu de faire procéder à la révision des Jugemens rendus en leur faveur, & même de faire payer une seconde amende à ceux qui ayant été déclarés usurpateurs depuis notre Déclaration du 4 Septembre *1696*, en auront pris de nouveau la qualité. A ces causes, &c. voulons & nous plaît, que tous ceux qui se trouveront avoir repris les qualités de Noble homme, d'Ecuyer ou de Chevalier, au préjudice de leur renonciation, ou des condamnations prononcées contr'eux & leur pere, dans les recherches de noblesse faites en conséquence des Déclarations des années *1661* & *1664*, & autres, soient tenus de nous payer en entier les sommes pour lesquelles ils ont été ou seront employés dans les rôles qui ont été ou seront arrêtés conformément aux Arrêts de notre Conseil des 30 Octobre *1696* & 8 Août 1702, que nous voulons être exécutés. Voulons pareillement que ceux qui auront repris lesdites qualités depuis les condamnations prononcées contr'eux en exécution de notre Déclaration du 4 Septembre *1696*, soient pareillement tenus de nous payer une seconde amende de deux mille livres & les deux sols pour livre, entre les mains de M^e^. François Ferrand, que nous avons subrogé à la recherche desdits usurpateurs, ses Procureurs ou Commis, le tout sans qu'il puisse être fait aucune modération desdites amendes; au payement desquelles lesdits usurpateurs seront contraints par toutes voies, ainsi qu'il est accoutumé pour nos deniers & affaires, même par corps: déclarons lesdites peines encourues sur la représentation d'un seul acte de la qualité portée par notre Déclaration du 30 Mai dernier. Voulons que les deux cens lettres de noblesse créées par notre Edit du mois de Mai 1702, puissent être expédiées sous le titre de lettres de confirmation & ennoblissement en tant que besoin seroit, ainsi qu'il est porté par les Arrêts de notre Conseil des 3 Avril & 2 Octobre *1696*. Ordonnons en outre qu'il sera incessamment procédé à la révision des Jugemens obtenus pour confirmation de noblesse par ceux contre lesquels il a été décrété à la requête de notre Procureur-Général en la Chambre de l'Arsenal, pour pieces fausses, ou contre lesquels il y aura des charges: & s'ils se trouvent avoir obtenu lesdits Jugemens sur de faux titres, voulons qu'ils soient condamnés au double de l'amende portée par notre Déclaration du 4 Septembre *1696*, sans aucune remise ni modération; au payement de laquelle ils seront contraints comme dessus. Ordonnons aussi que ceux qui produiront dans leurs preuves de noblesse, des titres qui seront impugnés de faux, seront tenus de payer cent livres d'amende pour chacun de ceux dont ils se désisteront avant le Jugement des instances, & trois cens livres aussi d'amende pour chacun desdits titres qui seront déclarés faux par lesdits Jugemens; sans que lesdites sommes, ni l'amende portée par nosdites Déclarations, puissent être modérées, en aucune maniere que ce puisse être: déclarons déchus de la faculté que nous avons accordée de renoncer auxdits titres, ceux des usurpateurs qui n'auront pas fait leurs déclarations dans les trois mois portés par notre Déclaration du 30 Mai 1702. Voulons au surplus que nos Déclarations des 4 Septembre *1696* & 30 Mai 1702, & les Arrêts & Réglemens rendus en conséquence, soient exécutés selon leur forme & teneur, en ce qui ne sera contraire aux présentes. *Si donnons en mandement*, &c.

1703.

Donnée à Versailles, le trentieme jour de Janvier, l'an de grace mil sept cent

1703. trois, & de notre regne le soixantieme. *Signé*, LOUIS; & plus bas, par le Roy, PHELYPEAUX.

Registrée en la Cour des Aydes de Montauban, le 14 Mars 1703; & en celle de Rouen, le 2 dudit mois. (*Réglement de Normandie, page 486.*)

1704. *DÉCLARATION portant que toutes les appellations des Sentences rendues sur le fait des aides & gabelles, par les Prévôts de S. A. S. Monseigneur le Prince, dans l'étendue de ses Comtés de Clermont, Stenay, Dun, Jamets & les Moutignons, releveront nuement à la Cour des Aides, sans que lesdites appellations puissent être relevées au Bailliage desdits Comtés, ni ailleurs qu'à ladite Cour des Aides.*

14 Juin 1704.

LOUIS, &c. Notre très-cher & très-amé Cousin, Henry-Jules de Bourbon, Prince de Condé, premier Prince de notre Sang, premier Pair & Grand-Maître de France, Duc d'Anguien, Comte de Stenay, Dun, Jamets & Clermont, nous a fait remontrer que par nos Lettres-Patentes du mois de Décembre 1648, nous avons fait don au feu sieur Prince de Condé des Comtés de Stenay, Dun, Jamets & Clermont, leurs appartenances & dépendances, pour en jouir en toute propriété & avec tous les droits, fruits, profits, revenus & émolumens y appartenans, cens, rentes, droits de Bourgeoisie, amendes, droits de hallage, gabelle de vins, stellage & minage de grains, dîmes de tous fruits décimables, fours bannaux, pressurages de vins, tabellionnages, droits de bien-venues, moulins bannaux & non bannaux à eau & à vent, forges, prés, vignes, terres labourables, bois taillis & de haute-futaye, terres vaines & vagues, droits de six deniers pour franc du dixieme pot de vin, bierre & autres boissons, droit d'aubeine, deshérance, épaves & confiscations, droits de Taverniers, terrages de bleds & de vins, droits de rivieres, pêches & passages, péages par eau & par terre, les droits de Tonlieu, Foires de Saint-Gilles, plaids bannaux, ceux des Bouchers & tous autres métiers, pressoirs bannaux & particuliers, jaugeages de vins, faciendes de bierre, Mairies & Doyennez, Thuilleries, Gaignages, Fermes, corvées, sauvemens, droits de chasses, Aydes de Saint-Remy, droits & conduits, impôts de fredeau, fiefs, arriere-fiefs & mouvances, droits seigneuriaux en cas de mutation desdits fiefs, foi & hommage, lods-&-ventes, provisions & nominations d'offices & bénéfices qui ne sont consistoriaux, même ce qui pourroit nous appartenir à cause de l'imposition de la gabelle sur les Vassaux & Habitans desdites terres, Seigneuries, avec faculté de faire vendre le sel en provenant à son profit, au même prix qu'il se vend dans les greniers des Evêchés de Metz, Toul & Verdun, la taille & tous les autres droits, subsides & redevances généralement quelconques, quoique non exprimés dépendans desdites terres & Seigneuries; sans aucune chose en réserver ni retenir, excepté les droits régaliens, la Souveraineté & le ressort & la Jurisdiction des cas royaux, par lesquelles Lettres nous avons permis audit feu sieur Prince de Condé de faire exercer la justice dans lesdites terres en son nom par les Officiers qui seroient par lui établis; & ordonné que les appellations des Jugemens qui ſeroient rendus par les Officiers des Bailliages deſdites terres ſeroient relevées nuement & ſans moyen en notre Cour de Parlement de Paris, tant en matiere civile que criminelle, & avec les mêmes privileges & prérogatives que les Pairies de notre Royaume; leſquelles Lettres ont été enregiſtrées au Parlement de Paris, le 4 Septembre 1660, & depuis en la Cour des Aydes, le 15 Janvier 1661, en conſéquence de nos Lettres de ſurannation & de relief d'adreſſe du huitieme Janvier de la même année: & par l'Arrêt d'enregiſtrement que notredite Cour des Aydes a rendu, elle a ordonné que les appellations des Sentences & Jugemens des Officiers des lieux, rendus pour raiſon des droits de gabelle & autres droits non domaniaux, ſeroient relevées & jugées en ladite Cour des Aydes; lequel Arrêt donne lieu à pluſieurs conteſtations entre nos Sujets & Vaſſaux deſdits Comtés, incertains de ſavoir ſi les droits pour leſquels ils plaident ſont domaniaux, ou ne le ſont pas; & ſi les appellations des Jugemens rendus par les Officiers deſdits Comtés doivent être relevées en notre Cour de Parlement de Paris, ou en notre Cour des Aydes; ce qui oblige l'Expoſant d'avoir recours à nous, pour nous ſupplier de vouloir régler les droits dont la connoiſſance doit appartenir à la Cour des Aydes, afin que la compétence de noſdites Cours étant fixée, nos Sujets puiſſent ſavoir dans quelle Juriſdiction ils auront à ſe pourvoir. A ces cauſes, &c. Voulons & nous plaît, que les appellations des Jugemens qui ſont rendus par les Juges des Comtés de Clermont, Stenay, Dun & Jamets & les Montignons, concernant les droits de Gabelle, de vins, de ſix deniers pour franc, dixieme pot de vin & de bierre & autres boiſſons, droits de Taverniers, jaugeage de vins, faciende de bierre, Aydes de Saint-Remy, droits de conduits, impôts de fredeau & impoſitions de Gabelle, tabac, tailles, papier timbré, ſubſides & autres droits, dont notre Cour des Aydes a accoutumé de connoître, ſoient relevées nuement en notre Cour des Aydes, ſans que l'appel du Prévôt reſſortiſſe au Bailliage, & que les appellations des Jugemens concernant les droits domaniaux deſdits Comtés, reſſortiſſent en notredite Cour de Parlement. *Si* donnons en mandement, &c. 1704.

Donnée à Verſailles, le quatorzieme jour de Juin, l'an de grace mil ſept cent quatre, & de notre regne le ſoixante-deuxieme. *Signé*, LOUIS; & plus bas, par le Roy, COLBERT.

Regiſtrée en la Cour des Aydes, à Paris, le premier Juillet 1704.

EDIT *portant création de deux Préſidents & deux Conſeillers en la Cour des Aides. (Recueil de Montauban, page 557.)*

Octobre 1704.

LOUIS, &c. Nous avons par différens Edits, créé, par augmentation, de nouveaux Officiers dans nos Cours de Parlement & Chambre de nos Comptes, dont nous avons tiré des ſecours conſidérables; & comme nous apprenons qu'il a été fait quelques offres en nos revenus caſuels, pour acquérir de ſemblables offices en notre Cour des Aydes de Montauban, où le nombre d'Officiers ſe trouve bien moindre qu'en aucune autre Compagnie ſupérieure de notre royaume, nous avons réſolu de

1704. l'augmenter de deux Présidens & de deux Conseillers. A ces causes, &c. créons & érigeons en titre d'offices formés deux nos Conseillers Présidens & deux nos Conseillers en notre Cour des Aydes de Montauban, pour par les pourvus desdits offices jouir des mêmes & semblables gages dont jouissent les autres Présidens & Conseillers de notredite Cour, & qui seront fixés par les rôles que nous ferons arrêter en notre Conseil, de la finance desdits offices. Jouiront en outre des mêmes privileges, rang, séance, honneurs & prérogatives dont jouissent les autres Présidens & Conseillers, sans aucune distinction ni différence, & seront admis comme eux à l'annuel, dont nous les dispensons néanmoins pour l'année dans laquelle ils seront pourvus. Si donnons en mandement, &c.

Donné à Fontainebleau, au mois d'Octobre, l'an de grace mil sept cent quatre, & de notre regne le soixante-deuxieme. *Signé*, LOUIS; & plus bas, par le Roy, PHELYPEAUX.

CENTIEME D'ARTOIS.

Réglement du 4 Novembre 1704. Lettres-Patentes, 22 Juillet 1705, 17 Mars 1706, 4 Août 1708, Septembre 1716, 10 Octobre 1724, 7 Décembre 1737, Septembre 1751.

Nous avons rapporté ci-devant, page 1978, l'Edit du 9 Septembre 1569 de Philippe II, Roi d'Espagne, concernant la maniere de faire l'assiette du centieme d'Artois, tel qu'il se trouve dans le Tome II, page 811 & suivantes, du nouveau Répertoire de Jurisprudence. Pour ne point interrompre ce qui concerne cette imposition, nous allons donner de suite, en les séparant seulement par un filet simple, les Réglements postérieurs, tels qu'ils se trouvent dans ce Répertoire.

LA maniere de procéder au recouvrement des centiemes, (d'Artois) dit l'Auteur de cet article, déja réglée par l'Edit du 9 Septembre 1569, que nous venons de transcrire, l'a été de nouveau & avec plus de soins par les Etats d'Artois en 1704.

Plusieurs Habitans des Villes & Communautés de la Province, s'étoient plaints de ce que les exécutions qui se faisoient sur les rôles des Collecteurs, & les contraintes que les Receveurs des Etats faisoient exercer contre les Communautés, étoient si fréquentes & les frais si excessifs par les formalités que les Huissiers ou Sergens étoient obligés d'observer dans leurs exploits, que la plupart des redevables payoient souvent pour les frais au-delà de ce qu'ils devoient de principal; ce qui les mettoit hors d'état de fournir leur quote-part des centiemes, capitations & autres impositions, tant ordinaires qu'extraordinaires, & donnoit encore lieu aux gens de loi de la plupart des Communautés de faire des assiettes de faux-frais qui surchargeoient les Habitans, & dans lesquelles il se rencontroit souvent des abus considérables.

Pour remédier à ces abus, les Etats d'Artois ont porté le 4 Novembre 1704, un réglement qui est divisé en deux titres.

Le premier concerne *les Collecteurs de la campagne & les Receveurs particuliers des centiemes & des impositions des Villes.* Voici ce qu'il porte:

« Huit jours avant, les Collecteurs des Villages feront faire des publications au sortir de la Messe Paroissiale par jour de dimanche ou fête; & pour les Villes, les Receveurs particuliers

1704.

particuliers feront mettre des affiches ès lieux publics, à ce que chacun ait à satisfaire à la cotisation à laquelle il se trouve compris dans le rôle ou assiette, dont si besoin est, sera fait lecture.

Huit jours après, ils feront avertir les défaillans dans leur domicile, de venir payer dans huitaine, à peine de contrainte, pour laquelle advertance sera payé par chacun particulier redevable, un sol à la campagne, & rien dans les Villes où l'advertance se fera par affiches & cris publics.

La huitaine étant écoulée faute de payement, les redevables seront contraints par exécution faite sur simple rôle, & sans commission de Juges, chacun pour la totalité de leur redevance; & à cet effet, seront employés les Sergens des lieux, sachant lire & écrire, ou autres qui seront tenus de se contenter de la somme réglée pour leurs salaires dans le mandement des Etats, qui est de cinq sous pour chacune exécution.

Dans ces exécutions, lesdits Sergens seront tenus de saisir & lever des meubles pour la totalité des sommes dues, afin de n'être pas obligés à une nouvelle exécution; ils signifieront en même-tems aux redevables la vente de leurs meubles en dedans huit jours, au lieu ordinaire, & cependant les remettront entre les mains d'un dépositaire ou gardien, lequel ordinairement sera le Collecteur du lieu, s'il y est résident, sinon, quelqu'autre des principaux Habitans qui seront tenus de l'accepter *gratis* & sans frais, d'en répondre en leur propre & privé nom, & de les représenter au jour préfix, sous peine de payer pour les redevables.

Les huit jours étant écoulés, si les redevables n'ont point acquitté toute la somme due, leurs meubles seront vendus au plus offrant au lieu accoutumé, dont procès-verbal sera tenu & signifié au débiteur; & pour tout, sera payé vingt sous sans aucun droit de contrôle, sauf & excepté pour l'exploit & signification de la vente des meubles & bestiaux qui auront été levés».

Le deuxieme titre du réglement cité concerne les *Receveurs Généraux & particuliers des Etats, des Villes & quartiers de la Province, & les Sergens qu'ils emploient sur leurs rôles.* Il est conçu en ces termes;

« Un mois après l'échéance, les Receveurs des Etats feront avertir les Communautés une fois seulement de satisfaire entiérement au total échu de leurs centiemes & impositions, pour laquelle advertance sera payé dix sous pour chacune Communauté.

Trois semaines après, si les Communautés n'ont point satisfait, ils les y contraindront pour le total des sommes dues, en dirigeant leurs exécutions contre les Collecteurs qui seront obligés d'en répondre, & indiquer les particuliers redevables, chez lesquels les Sergens leveront des meubles ou bestiaux pour la totalité desdites sommes; & en cas qu'il ne se trouve point d'effets suffisans, ils les dirigeront sur autant de principaux Habitans qu'il sera besoin, observant alors de ne point lever sur un seul particulier tant de meubles ou bestiaux qui le mettroient hors d'état de faire son travail ou cultiver ses terres: tous lesquels effets seront déposés entre les mains du gardien dans la maniere & les peines marquées ci-dessus; & pour telle exécution, sera payé par chacune Communauté trois liv. ainsi que les autres frais qui s'en ensuivront, payables un tiers par les Collecteurs, un tiers par tous les redevables à proportion, & l'autre tiers par les Baillis & gens de loi, sans pouvoir en rejetter la répartition sur ceux qui se trouveront avoir acquitté leur part au jour de l'exécution; & en même tems sera signifiée aux débiteurs la vente de leurs meubles & bestiaux huitaine, au lieu accoutumé.

Les huit jours expirés, faute de payement, les meubles seront vendus à la bretecque de la Ville la plus voisine, sans que les Receveurs puissent réitérer la contrainte,

1705. pour lors à leur charge ; & pour ladite vente, procès-verbal & signification, ne sera payé que trois livres, sans y comprendre le contrôle de la vente des effets & bestiaux ».

---

22 Juillet 1705.

CE réglement [que nous venons de rapporter] a été approuvé par des Lettres-Patentes du 22 Juillet 1705, qui ont été enregistrées au Conseil d'Artois le 21 Juin 1706. Le dispositif en est remarquable. « Nous avons approuvé & confirmé, approuvons & confirmons par ces présentes signées de notre main, le réglement fait en l'assemblée générale de nos Etats d'Artois le 4 Novembre dernier, & autorisé & autorisons nosdits Etats de l'*augmenter, diminuer & corriger par la suite*, selon que le bien de notre service & celui de nos peuples pourront le requérir. Voulons que ledit réglement soit exécuté selon sa forme & teneur, & les changemens qui pourront y être apportés par nosdits Etats. Enjoignons à tous Juges de les faire observer, & à tous Huissiers, Sergens, Collecteurs & Receveurs de s'y conformer, à peine de nullité, & de tous dépens, dommages & intérêts ».

---

17 Mars 1706.

LES Etats d'Artois usant de l'autorité que leur donnoient ces Lettres-Patentes, [dont nous venons de parler] ont fait le 17 Mars 1706, un réglement qui ajoute aux dispositions du précédent. On avoit exposé à l'assemblée générale du mois de Novembre 1705, qu'il résultoit de très-grands abus de ce que, dans la plupart des bourgs & villages, la collecte des centiemes étoit exercée par les Officiers de Justice des lieux; que presque tous ne donnoient aux particuliers que des quittances *en tant moins*, & n'apportoient jamais aux Communautés des décharges absolues ; en sorte que, d'un côté, les particuliers exécutés à leur requête, ne pouvoient se défendre sans être obligés d'entrer dans un *décompte* très-long & presque impossible, durant l'examen duquel ils étoient toujours contraints par provision à payer ; & que, de l'autre, les Communautés n'ayant pas de quittance absolue à produire, demeuroient dans l'oppression & dans la confusion, ce qui causoit plusieurs procès, & donnoit lieu aux Collecteurs d'exiger ce qui leur plaisoit, & depuis autant de temps que bon leur sembloit, *au préjudice des Ordonnances des Etats qui ne leur donnoient que trois ans pour la répétition des dettes par eux prétendues*. Pour faire cesser cet abus, le réglement du 17 Mars 1706 « fait défenses aux Collecteurs de donner aucune quittance en tant moins, que pour le même centieme ou imposition qui y sera exprimé, & dont le dernier payement portera quittance absolue; défense pareillement aux Baillis, Greffiers & Procureurs pour office d'exercer la collecte dans les lieux dont ils sont Officiers ».

La disposition du même réglement sur le défaut dans lequel étoient les Collecteurs d'apporter aux Communautés des décharges absolues des Etats, sera retracée ci-après.

1705.

Septembre 1716.

PAR un autre Réglement du mois de Septembre 1716, l'assemblée générale des Etats a ordonné « que les Huissiers & Sergens en faisant les exécutions & saisies des meubles, effets & bestiaux des redevables, ne pourroient saisir ni lever les chevaux & choses servant au labourage, & seroient obligés de laisser au moins une vache aux particuliers exécutés ».

17 Mars 1706.

LA comptabilité des centiemes embrasse deux objets différens, c'est-à-dire les comptes que les Collecteurs doivent rendre aux Communautés d'Habitans, & ceux qui se rendent ensuite aux Etats.

Sur les premiers, le Réglement du 17 Mars 1706, dont il vient d'être parlé, ordonne « à tous Collecteurs & Receveurs particuliers des centiemes & autres impositions des deniers de Sa Majesté & des Etats, de rendre compte pardevant les gens de loi & autres Habitans qui voudront s'y trouver, à ce appellés par publication au sortir de la Messe Paroissiale & son de la cloche, chacun an, vers la Fête de tous les Saints, de tous & chacun les centiemes & impositions demandés durant le cours de l'année échue au mois d'Août précédent, aussi-bien que des assiettes & collectes particulieres qu'ils auront faites pendant le temps dudit compte: & tant desdits comptes que des assiettes & collectes particulieres, en remettre tous les trois ans entre les mains des Receveurs des Etats pour être rapportés aux greffes desdits Etats, sçavoir un double au long la premiere année, & pour la seconde & la suivante du *finito* seulement, au-bas duquel sera couché une quittance absolue dudit Receveur des Etats à la décharge de la Communauté ».

Septembre 1751.

LES comptes qui doivent se rendre aux Etats, font la matiere d'un Réglement fait en l'assemblée générale du mois de Septembre 1751.

L'article 1 de ce Réglement porte que le Receveur-Général fera pleine recette de tous les deniers qu'il aura reçus ou dû recevoir pour l'année du compte.

L'article 2 ordonne que les comptes des centiemes se rendront par les Receveurs particuliers dans le courant du mois de Mars, & celui du Receveur-Général au mois d'Avril suivant.

L'article 3 déclare qu'il ne sera passé dans aucun compte ni reprise, ni remises, sauf pour cause de surséance accordée par une assemblée générale ou par une assemblée à la main; & que néanmoins les Députés pourront aussi accorder des surséances qui auront effet jusqu'à l'assemblée suivante, après lequel temps elles cesseront, à moins qu'elles n'y soient confirmées.

L'article 6 défend de passer aucune quittance en dépense, à moins qu'elle ne soit signée & datée antérieurement à la présentation du compte.

L'article 7 oblige le Receveur-Général de donner, au commencement de chaque mois, un état en partie double de la recette & de la dépense du mois précédent.

L'article 8 veut que cet état contienne tout ce que le Receveur-Général aura reçu ou dû recevoir, & les payemens qu'il aura faits.

Selon l'article 9, l'état fourni pour le premier mois suivant immédiatement la

1705. date des comptes rendus, doit porter en tête de la recette le débet ou reliquat de ces comptes, ou en tête de la dépense, la somme dont le Receveur sera en avance.

L'article 10 ordonne que le reliquat ou l'avance résultant du premier état, soit de même porté en tête de la recette ou de la dépense de l'état suivant, & ainsi successivement de mois en mois.

L'article 11 confie aux Députés ordinaires le soin d'examiner & arrêter chaque état.

Suivant l'article 12, pour faciliter l'arrêté des états de chaque mois, le Receveur-Général doit tenir un registre-journal en partie double des recettes & dépenses, où chaque article de recette & dépense sera couché de suite dans l'ordre de la date, & l'importance de chaque article tiré hors de texte en deux colonnes de chiffres séparées, l'une servant aux importances des reçus, & l'autre à celle des payemens qui seront calculés & sommés au bas de chaque colonne.

L'article 13 déclare qu'il y aura chaque année un nouveau registre, en tête duquel les Députés ordinaires tiendront procès-verbal de sa destination, qu'ils signeront tous trois, & le registre sera cotté & parafé par l'un d'eux.

L'article 14 porte que ce registre sera représenté chaque mois aux Députés ordinaires, & par eux arrêté tant en recette que dépense.

L'article 15 veut qu'à l'avenir les Députés ordinaires ne puissent tirer aucune somme des Receveurs particuliers, ni faire expédier mandats que sur le Receveur-Général.

L'article 16 décide que ce Receveur-Général pourra, en vertu du présent Réglement, faire contraindre les Receveurs particuliers pour le payement des sommes dont ils seront débiteurs.

---

4 Août 1708.

LA connoissance de toutes les contestations qui s'élevent, tant sur les centiemes, que sur les autres impositions auxquelles ils servent de regle, avoit toujours appartenu en premiere instance à l'Election d'Arras, & en cas d'appel, au Conseil d'Artois, supérieur en cette partie, lorsque par Arrêt du Conseil, du 4 Août 1708, il fut ordonné que les Députés des Etats de la Province connoîtroient exclusivement à tous Juges, de tout ce qui concernoit la levée des milices, les contributions, les emprisonnemens des Habitans de la Province par les ennemis, & les indemnités prétendues par les particuliers emprisonnés, comme aussi de la capitation & des centiemes en général, & de toutes les autres impositions qui se faisoient par les Etats sur le pied des centiemes; en conséquence Sa Majesté défendoit au Conseil d'Artois & à tous autres Juges de la Province d'en prendre connoissance, à peine de nullité, cassation, dépens, dommages-intérêts, à la réserve néanmoins, à l'égard desdits centiemes seulement, des cas qui ont été de tout temps de la compétence dudit Conseil & des Elus d'Artois.

---

10 Octobre 1724.

LES Officiers du Conseil d'Artois formerent opposition à cet Arrêt [du 4 Août 1708], & par un autre rendu le 10 Octobre 1724, contradictoirement avec les Etats, il a été prononcé en ces termes: « le Roi, en son Conseil, a reçu & reçoit les Officiers du Conseil Provincial d'Artois, opposans à l'exécution de l'Arrêt du 4 Août 1708, & tout ce qui s'en est ensuivi ; & faisant droit sur les demandes & contestations des Parties, a maintenu & maintient les Juges ordinaires de la Province, & les Officiers du Conseil d'Artois dans l'exercice de la jurisdiction ordinaire & contentieuse ; a pareillement maintenu & maintient les Députés des Etats-Généraux de ladite Province d'Artois dans le droit de connoître, sans forme de procès, de tout ce qui concerne la levée des milices, les contributions, les emprisonnemens des Habitans de ladite Province par les ennemis, & les indemnités prétendues par les particuliers emprisonnés, comme aussi de la capitation & des centiemes en général, & de toutes les impositions qui se font par lesdits Etats sur le pied desdits centiemes, même de faire appeller devant eux les Parties sur l'exécution de ce qui concerne lesdites impositions, & de les régler sommairement & à l'amiable, sauf, en cas que les Parties ne veulent pas s'en tenir à leurs décisions, de les renvoyer à se pourvoir pour être fait droit sur leurs contestations, sans préjudice toutefois de l'exécution des mandemens desdits Etats, qui ne pourra être sursise, sous quelque prétexte que ce soit, par le Conseil Provincial, & sans aussi que les Parties puissent se pourvoir devant lesdits Juges ordinaires, pour raison desdites levées, contributions & impositions, qu'elles n'ayent auparavant comparu devant lesdits Etats, & qu'elles n'ayent été renvoyées à se pourvoir ». 1705.

---

7 Décembre 1737.

LA derniere disposition de cet Arrêt [du 10 Octobre 1724] a été confirmée par un Jugement du Conseil d'Artois, dont voici l'espece. André Hochedé, Fermier à Annay, ayant formé contre la Communauté du même lieu une demande relative à sa contribution aux centiemes, cette Communauté vint conclure à ce qu'en conformité de l'Arrêt du Conseil, du 10 Octobre 1724, les Parties fussent renvoyées devant les Députés ordinaires des Etats, pour faire régler par eux sommairement & à l'amiable, si faire se pouvoit, la difficulté que le demandeur faisoit naître ; Sentence de l'Election d'Arras, du 12 Juillet 1737, qui, sans avoir égard à l'exception proposée par les Habitans, leur ordonne de servir de défense contre la requête d'André Hochedé. Appel, & le 7 Décembre suivant, Arrêt sur délibéré qui porte : « notredite Cour a mis & met l'appellation & ce au néant, émendant, ordonne qu'il sera sursis à faire droit sur la demande de la Partie de M^e. Develle (Hochedé), jusqu'à ce que les Parties se soient retirées pardevant les Députés des Etats d'Artois, conformément à l'Arrêt du 10 Octobre 1724 ».

ARRÊT de la Cour des Aides de Montauban, concernant les saisies pour Tailles. (Recueil de Montauban, page 73.)

9 Septembre 1705.

SUR la Requête présentée à la Cour par le Procureur Général du Roi en icelle, contenant qu'il a reçu plusieurs plaintes de ce que les Consuls & Collecteurs des Communautés du ressort de la Cour s'avisent journellement de contraindre les Sequestres par eux établis sur les fruits des redevables des deniers

1705. imposés, à la représentation desdits fruits & à la vente d'iceux, par toutes voies, même par corps, sans plutôt s'être pourvus pardevant les Officiers de l'Election, pour en obtenir la permission, quoiqu'ils soient les seuls Juges compétens pour ordonner ladite contrainte par corps, conformément aux Edits, Déclarations & Arrêts du Conseil, sauf l'appel en la Cour: à quoi lesdits Consuls & Collecteurs sont portés par les Receveurs-Généraux, sous prétexte de certaine Ordonnance qu'ils se jactent d'avoir obtenue du Commissaire départi dans cette Généralité, qui le leur permet ainsi, quoique la Cour soit seule compétente pour faire des réglemens sur le fait de la levée des deniers du Roy. Et d'autant que s'il étoit permis auxdits Collecteurs d'user de pareilles contraintes, il s'en ensuivroit plusieurs inconvéniens, en ce que les Collecteurs pourroient faire faire des saisies pour des tailles qui seroient payées, pour favoriser le saisi sur les fruits duquel on auroit fait d'autres saisies particulieres pour dettes, & remettre ensuite l'argent provenant desdits fruits audit saisi, pour en priver le véritable créancier; au lieu que la contrainte devant être ordonnée par lesdits Elus, toutes parties peuvent former leur opposition à ladite saisie, joint que les saisies faites à la requête desdits Collecteurs peuvent être nulles; cependant les fruits se trouveroient vendus à vil prix au préjudice du saisi. D'ailleurs il peut y avoir des personnes qui ont privilege sur lesdits fruits avant les deniers de la taille, comme ceux qui ont fourni les semences. Enfin il est inoui que lesdits Consuls, Collecteurs & Sequestres puissent faire procéder à la vente des choses saisies, sans préalablement en avoir obtenu la permission de Justice : ce qui a été toujours pratiqué jusqu'à présent. C'est pourquoi requéroit, &c. La Cour a fait inhibitions & défenses auxdits Consuls & Collecteurs de contraindre les Sequestres à la représentation des choses saisies; comme aussi auxdits Sequestres, Consuls & Collecteurs de faire procéder à la vente desdites choses saisies, sans qu'au préalable lesdits Consuls, Collecteurs & Sequestres ne se soient pourvus pardevant les Officiers de l'Election pour en obtenir la permission, laquelle leur sera accordée sur simple Requête sans frais, à peine de nullité, cassation des procédures, de tous dépens, dommages & intérêts, & de cent livres d'amende contre les Consuls, Collecteurs & Sequestres qui y contreviendront, payable en leur propre, sans que ladite peine puisse être réputée comminatoire. Ordonne en outre ladite Cour que le présent Arrêt sera lu & publié, l'audience tenant, dans les Bureaux des Elections, &c. Fait à Montauban, en la Cour des Aydes & Finances, le neuf Septembre mil sept cent cinq. *Signé*, DELBREIL.

LETTRES-PATENTES concernant l'exemption des Tailles, en faveur des Bourgeois de Lyon. (Recueil des Privileges de Lyon, seconde Partie, page 85.)

Premier Décembre 1705.

LOUIS, &c. Voulant favorablement traiter les Bourgeois de notre bonne Ville de Lyon, leur donner des marques de la satisfaction que nous avons de leur fidélité, & des secours qu'ils nous ont donné dans tous les temps dans les pressans besoins de l'Etat, nous...... ordonnons que les Arrêts de notre Conseil des 3 Juillet 1597, 20 Mai 1665, & la Déclaration du 6 Août 1669 soient exécutés selon leur forme & teneur ; & en conséquence nous avons maintenu & gardé, maintenons & gardons les Bourgeois de notre bonne Ville de Lyon, dans le droit de jouir par leurs mains, de leurs maisons de plaisir, clos & ajencemens sans autres bornes & limites que les chemins publics, les rivieres & les ruisseaux, & les faire cultiver par leurs valets & domestiques mariés ou non mariés, à leur choix, sans qu'eux, leurs valets & domestiques puissent être imposés pour raison de ladite jouissance, dans les rôles des tailles des Paroisses où lesdits biens sont situés, à peine par les Habitans & Collecteurs desdites Paroisses qui les auront imposés, d'en répondre en leurs propres & privés noms. 1705.

Faisons très-expresses inhibitions & défenses aux Bourgeois de la Ville de Lyon, d'abolir aucuns chemins publics pour étendre leurs maisons & clos.

Ordonnons qu'ils seront tenus de donner les fonds à eux appartenans, séparés de leurs clos à des Fermiers ou à des Grangers, lesquels seront cottisés dans les rôles des tailles, selon l'usage observé dans les Elections de la Généralité de Lyon, depuis notre Déclaration du sixieme Août *1669*, sans néanmoins que lesdits Grangers ou Fermiers puissent être obligés de faire la collecte de la taille, si ce n'est qu'ils possedent d'autres fonds dans lesdites Paroisses : & faute par lesdits Bourgeois de donner les fonds séparés de leurs clos à des Fermiers ou à des Grangers, nous voulons que lesdits Bourgeois soient eux-mêmes imposés dans les rôles des tailles, de la même maniere que les Fermiers ou Grangers l'auroient été. Si donnons en mandement, &c.

Données à Versailles, le premier jour du mois de Décembre mil sept cent cinq. *Signé*, LOUIS ; & sur le reply, par le Roy. CHAMILLARD.

Enregistrées en la Cour des Aydes, le 19 Janvier *1706*, à la charge que les procès & différends qui naîtront en conséquence desdites Lettres, ne pourront être instruits & jugés que pardevant les Officiers de l'Election de Lyon en premiere instance, & par appel en ladite Cour.

ARRÊT de la Cour des Aides de Montauban, en exécution de celui du 9 Septembre 1705, concernant les saisies pour Tailles. (Recueil de Montauban, page 75.) 1706.

29 Avril 1706.

SUR la requête présentée par le Procureur-Général du Roy, contenant que par Arrêt de la Cour du 9 Septembre de l'année derniere, rendu à sa requête, il est fait inhibitions & défenses aux Consuls & Collecteurs de contraindre les Sequestres à la représentation des choses saisies ; comme aussi auxdits Sequestres, Consuls & Collecteurs de faire procéder à la vente desdites choses saisies, sans qu'au préalable lesdits Consuls, Collecteurs & Sequestres ne se soient pourvus pardevant les Officiers des Elections pour en obtenir la permission, laquelle leur sera accordée sur simple requête & sans frais, à peine de nullité, cassation des procédures, & de tous dépens, dommages & intérêts, & de 100 livres d'amende. Et quoique la Cour ait voulu éviter par cet Arrêt les longueurs & les frais des procédures, en ordonnant que ces sortes de permissions seront accordées par les

1706. Officiers des Elections sur simple requête & sans frais, & que ledit Arrêt ait été lu & publié dans tous les Bureaux des Elections à la diligence des Substituts dudit Procureur-Général; néanmoins les Consuls & Collecteurs de la Communauté de Soucirac lui ont porté plainte de ce qu'ayant fait faire plusieurs saisies sur les fruits des biens des contribuables dudit lieu pour le payement de leurs articles de taille; & ayant présenté requête, en exécution de l'Arrêt de la Cour, devant les Officiers de l'Election de Figeac, pour demander qu'il fût ordonné qu'au premier commandement les Sequestres établis auxdits fruits saisis, les remettront entre les mains de l'Huissier exécuteur, à peine d'y être contraints par corps; & par même moyen qu'il leur fût permis de faire procéder à la vente d'iceux, pour l'argent en provenant être employé au payement des sommes pour lesquelles les saisies ont été faites, & des frais & dépens desdites saisies, lesdits Elus ont rendu une Ordonnance sur cette requête le 22 du présent mois d'Avril, portant qu'il est permis auxdits Consuls de faire le commandement requis: & en cas de refus de satisfaire, lesdits Elus ont renvoyé les parties en jugement & signifié, pour en venir à jour & heure préfixe. Mais d'autant que c'est une contravention formelle à l'Arrêt de la Cour, qui, pour accélérer le recouvrement des deniers royaux, a ordonné que les permissions de contraindre les Sequestres à la remise & à la vente des choses saisies, sera accordée par les Elus sur simple requête & sans frais; & que cependant les Elus dudit Figeac, pour éluder l'exécution dudit Arrêt, ont refusé d'accorder auxdits Consuls de Soucirac la permission de contraindre les Sequestres à la remise des fruits saisis, & ont renvoyé les parties en jugement, sur le refus de satisfaire; ce qui causeroit des longueurs & des discussions très-préjudiciables au recouvrement, & contraires à l'intention de la Cour. A quoi étant nécessaire de remédier. A ces causes, requéroit qu'il plût à la Cour casser ladite Ordonnance des Elus de Figeac, par contravention audit Arrêt de la Cour, &c. la Cour, faisant quant à ce droit sur ladite requête, a cassé & casse ladite Ordonnance desdits Elus de Figeac par contravention audit Arrêt de la Cour du 9 Septembre de l'année derniere, lequel la Cour a ordonné & ordonne être exécuté selon sa forme & teneur; faisant inhibitions & défenses, tant auxdits Elus de Figeac, qu'aux autres Officiers des Elections du ressort de la Cour, de rendre à l'avenir de pareilles Ordonnances, à peine de nullité, cassation, de 50 livres d'amende, & d'interdiction contre les Officiers desdites Elections qui les auront rendues. Enjoint aux Substituts du Procureur-Général esdites Elections de tenir la main à l'exécution du présent Arrêt. Fait à Montauban, en la Cour des Aydes & Finances, le vingt-neuf Avril mil sept cent six.

Signé, DELBREIL.

DÉCLARATION portant attribution à la Grand'Chambre du Parlement de Bretagne, des appellations, procès & différends concernant les Fermes des grands & petits devoirs de la Province de Bretagne.

5 Juin 1706.

LOUIS, &c. Par notre Déclaration du 21 Juillet 1705 nous aurions ordonné entr'autres choses, que toutes les affaires concernant les Fermiers des grands & petits devoirs de notre Province de Bretagne & autres droits y joints, qui naîtront au au sujet des contraventions qui se commettent journellement dans la perception d'iceux, seroient portées en premiere instance devant nos Juges, & par appel en notre Cour de Parlement de Bretagne indéfiniment sans aucune désignation de Chambre; ce qui fait que lesdits Fermiers sont obligés de plaider en différentes Chambres; & comme il en pourroit arriver des Réglemens contraires les uns aux autres qui causeroient de l'embarras, & seroient à charge auxdits Fermiers & aux parties; cette même raison nous auroit porté au mois de Décembre 1680, de rendre notre Déclaration concernant nos Fermes des Gabelles, par laquelle nous aurions ordonné que les procès des contrevenans seroient jugés en la Grand'Chambre, ou Chambre de l'Audience de notredite Cour de Parlement de Bretagne, à laquelle nous en aurions attribué toute Jurisdiction, tant pour le civil que pour le criminel exclusivement aux Chambres des Enquêtes & Tournelle, & que les procès lors intentés, ou qui le seroient dans la suite, pour raison desdites contraventions seroient portés au greffe civil de notre Grand'Chambre, ce qui auroit depuis été exécuté à la satisfaction de nos Fermiers & de nos Sujets de ladite Province. A ces causes, &c. en interprétant en tant que besoin est ou seroit notre Déclaration du 21 Juillet 1705, nous avons par ces présentes, signées de notre main, déclaré & ordonné, déclarons & ordonnons, voulons & nous plaît, que tous les procès & instances intentées & à intenter à l'occasion des fraudes & contraventions à la perception des droits des Fermes des grands & petits devoirs, & autres droits y joints de notre Province de Bretagne, tant civiles que criminelles, circonstances & dépendances soient portés en premiere instance pardevant nos Juges, & par appel en la Grand'Chambre de notre Parlement de Bretagne, à laquelle en tant que besoin est ou seroit, nous en avons attribué & attribuons par ces présentes, toute Cour & Jurisdiction exclusivement aux Chambres des Enquêtes & Tournelle, & qu'à cet effet lesdits procès soient portés au greffe civil de la Grand'Chambre de notredite Cour de Parlement. Si donnons en mandement à nos amés & féaux les gens tenans notre Cour de Parlement à Rennes, &c. 1706.

Donnée à Versailles, le cinquieme jour de Juin, l'an de grace mil sept cent six, & de notre regne le soixante-quatrieme. *Signé*, LOUIS; & plus bas, par le Roy, COLBERT.

Enregistrée au Parlement à Rennes, le 19 Juillet 1706.

ARRÊT *de la Cour des Aides de Montauban, qui ordonne que les biens prétendus nobles, dont les possesseurs n'ont obtenu que des Arrêts provisoires, seront sujets aux Tailles. (Recueil de Montauban, page 204.)* 1707.

6 Mai 1707.

SUR la requête présentée à la Cour par le Procureur-Général du Roy, contenant que divers particuliers qui possedent dans le ressort de la Cour des biens prétendus nobles, ayant obtenu des Arrêts provisoires pour jouir noblement desdits biens pendant procès, à la charge de faire vuider les instances dans un délai compétent, se perpétuent dans la jouissance à la faveur desdits Arrêts, sans

1707. en poursuivre de définitifs; à quoi les Consuls des lieux dans lesquels lesdits biens prétendus nobles sont situés, leur tiennent la main : & que d'ailleurs, par un abus préjudiciable au bien public, les Consuls de plusieurs Communautés font prendre des délibérations en cede [feuille] volante, & non sur le registre des délibérations; & qu'ils séparent les assemblées sans que lesdites délibérations soient signées & parfaites, pour y ajouter ou diminuer ce que bon leur semble. A quoi étant nécessaire de pourvoir, requiert qu'il plaise à la Cour ordonner, &c. Vu ladite requête, signée Dadines d'Hauteserre, la Cour, faisant droit sur icelle, a ordonné & ordonne que les biens prétendus nobles, & dont les possesseurs n'ont obtenu que des Arrêts provisoires de nobilité, seront compris à l'avenir dans toutes les impositions ordinaires & extraordinaires, en la même forme & maniere que les autres biens roturiers; à peine contre les Consuls & Asséeurs des tailles de payer le montant desdits articles en leur propre & privé nom, & d'en demeurer solidairement responsables envers les Communautés. Ordonne en outre que toutes les délibérations qui se tiendront dans lesdites Communautés, seront écrites dans un registre; avec défenses auxdits Consuls de les écrire en feuille volante, leur enjoignant de les faire signer avant que l'assemblée se sépare, & de faire mention de ceux qui ont signé ou qui n'ont pas su signer, à peine de nullité & de 100 liv. d'amende contre les contrevenans. Comme aussi ordonne qu'à la diligence du Procureur-Général du Roy le présent Arrêt sera envoyé, &c. Fait à Montauban, en la Cour des Aydes, le six Mai mil sept cent sept. Collationné. *Signé*, Delbreil.

1709. *Arrêt du Conseil, concernant les privileges des Commis Buralistes des Aides, & qui ordonne que les Habitants de Saint-Remy seront tenus de nommer un des plus solvables d'entr'eux pour recevoir les déclarations & droits des vins & autres boissons vendus en gros.*

13 Août 1709.

SUR la requête présentée au Roy, en son Conseil, par Daniel Maulgné, Sous-fermier des aydes & droits y joints, des Généralités de Soissons & Amiens : contenant que n'ayant point été trouvé de plus assuré moyen pour l'établissement d'une solide régie, & pour prévenir les fraudes qui se faisoient au préjudice desdits droits d'aydes, que de commettre des Buralistes dans les Paroisses de vignobles & dans celles où il y a des plans & vergers à cidre, afin d'y délivrer pour la commodité publique des congés nécessaires pour l'enlevement des vins & boissons, & pour la perception des droits de gros, augmentation, jauges & courtage & autres droits : Sa Majesté par plusieurs Réglemens, & entr'autres par l'article LXXX du bail général de ses Fermes fait le 9 Juin 167.., à Martin du Fresnoy, auroit enjoint aux Habitans des Bourgs & Villages de nommer un des plus solvables d'entr'eux pour recevoir les déclarations & les droits des vins vendus en gros, auquel il seroit payé pour ses salaires six deniers pour livre de sa recette, à peine de demeurer responsables desdits droits : & par l'article CLXXIV du même bail, Sa Majesté auroit ordonné que tous les Employés ne seroient cottisés ou imposés aux tailles, emprunts, subsistances ni autres subsides ordinaires & extraordinaires des Villes & Communautés, si ce n'est qu'ils y fussent domiciliés & cottisés avant que d'être reçus auxdits Emplois, &

que néanmoins ils ne pourroient être augmentés pour quelque cause & occasion que ce soit, si ce n'est à proportion des acquisitions & trafics qu'ils feroient, & des Fermes qu'ils tiendroient, avec défenses aux sieurs Intendans des Provinces, Elus & autres de les taxer d'office, nonobstant les clauses des Commissions expédiées pour les tailles, auxquelles Sa Majesté auroit dérogé pour ce regard; & aux Habitans desdits lieux, Asséeurs & Collecteurs des tailles & impositions, de les cottiser à des sommes plus fortes que celles auxquelles ils étoient imposés lorsqu'ils sont entrés dans les Commissions, ni de les nommer auxdites charges d'Asséeurs & Collecteurs des tailles, cottiser les Commis qui seroient de nouveau envoyés esdites Villes & Paroisses où lesdites Fermes d'aydes ont cours, ni de faire contraindre les domiciliés & cottisés avant leurs Emplois, pour plus grandes sommes que celles qu'ils payoient alors, & les nouveaux Commis à aucunes taxes, à peine d'être contraints solidairement à la restitution en leurs propres & privés noms, & de tous dépens, dommages & intérêts : voulant néanmoins Sa Majesté qu'en cas de diminution desdites impositions, lesdits Commis domiciliés avant leurs Emplois profitent à proportion des diminutions; & en cas de contravention, que le Fermier & ses Commis fassent assigner les contrevenans au Conseil. Et quoique toutes ces dispositions ayent été renouvellées & confirmées tant par l'article XI du titre commun pour toutes les Fermes de l'Ordonnance du mois de Juillet 1681 & par plusieurs Arrêts & Réglemens, & tout nouvellement par la Déclaration du 23 Octobre 1708, enregistrée en la Cour des Aydes le 10 Décembre ensuivant, par laquelle Sa Majesté, afin de donner auxdits Commis les moyens de vaquer à leurs Emplois, veut qu'ils jouissent des exemptions à eux accordées de collecte, tant de tailles que de sel, tutelle, curatelle, logemens de gens de guerre, & de toutes autres charges publiques, & qu'ils ne puissent être augmentés à la taille ni à la capitation, qu'à proportion du trafic qu'ils pourront augmenter, avec injonction aux sieurs Intendans & Commissaires départis dans les Provinces, de maintenir lesdits Commis dans la jouissance desdits privileges. Néanmoins le Suppliant retient depuis long-temps ses plaintes au Conseil, sur les vexations que l'on fait à ses Commis au sujet desdits privileges, qui enfin anéantiroient la Régie & Droits de la Ferme, si Sa Majesté n'avoit la bonté de les réprimer. Le Suppliant est donc obligé de remontrer, 1º. qu'encore que Nicolas Couvelaire, Buraliste, anciennement établi ès Paroisses & Vignobles de Verdronne & Rozoy, ait réitéré son serment, & qu'il ait été de nouveau reçu devant les Elus de Clermont en Beauvoisis, au renouvellement du bail du Suppliant par Jugement du 27 Novembre 1705, signifié aux Syndic & Habitans le 23 Janvier 1707, toutefois lesdits Habitans l'auroient nommé pour Collecteur en 1708, pour 1709, & se sont pourvus pardevant les Elus: par Sentence du 19 Novembre 1708, ils auroient ordonné qu'il justifieroit de l'enregistrement fait en leur Greffe de ses privileges, & cependant par provision l'auroient condamné à faire la charge de Collecteur des Tailles; & comme il ne pourroit vaquer à ladite collecte, pendant qu'il seroit obligé de faire l'emploi de Buraliste, il auroit fait assigner le Suppliant, pour être déchargé de l'une ou de l'autre desdites fonctions: & nonobstant les remontrances du Suppliant, & que lesdits Elus ne puissent ignorer les Ordonnances & Réglemens qui exemptent les Buralistes de toutes collectes & charges publiques, puisqu'ils sont enregistrés en leur Greffe, aussi-bien que les réceptions desdits Commis qui se font devant eux, cependant par leur Sentence du 3 Décembre 1708, ils ont ordonné que ledit Couvelaire remettroit ses registres & compteroit des recettes au Bureau, sauf au Suppliant à se pourvoir d'un nouveau Buraliste au lieu & 1709.

1709. place dudit Couvelaire. 2°. Pierre Vacheux, autre Buraliste en la Paroisse de Fresnoy, ayant été surimposé de 110 liv. en l'année 1707, par Sentence des mêmes Elus du 12 Janvier 1708, il auroit été fait défenses aux Collecteurs de la Taille de l'année 1708 & des suivantes, d'imposer ledit Vacheux à plus haute somme que celle de 127 liv. qu'il avoit été imposé avant sa Commission en l'année 1705, sans lui accorder aucun rejet de son surtaux, ni des frais de la poursuite & Sentence, qui montent à plus de 100 liv. lesdits Elus ayant exigé de lui à deux différentes fois, & sans en donner aucun reçu, la somme de 80 liv. sous prétexte d'enregistrement & d'épices, outre les frais de sa réception, payés lors de l'enregistrement du bail du Suppliant, & de la nouvelle réception de tous ses Commis. 3°. Que Louis Spic, Buraliste en la Paroisse de S.-Remy, ayant été aussi surimposé à 103 liv. 16 s. 4 den. en l'année 1708, au-delà de celle de 41 liv. qu'il avoit été taxé en l'année précédente 1707, quoiqu'il eût aussi renouvellé son serment le 14 Novembre 1706, signifié à la Communauté & aux Collecteurs, le premier Février 1708, deux mois auparavant la confection de leurs rôles, il se seroit pourvu devant les mêmes Elus, où, dissimulant sa qualité de Buraliste, pour reprendre celle qu'il avoit auparavant, dans l'appréhension qu'on ne lui accordât aucun rejet de son surtaux, & des frais & dépens, ainsi qu'il étoit arrivé audit Vacheux, Buraliste à Fresnoy, par Sentence du 22 Octobre 1708, la cotte dudit Spic a été réduite à ladite somme de 41 liv. & ordonné que le surplus seroit rendu & restitué, & à cette fin, réassis en l'année suivante avec les frais & dépens, dont ledit Spic a pris occasion de faire signifier le 21 Novembre ensuivant, qu'il ne vouloit plus s'attirer la haine des Habitans par ledit emploi de Buraliste, il déclaroit ne vouloir plus l'exercer, & qu'ils ayent à y pourvoir une autre personne. A ces causes, requéroit le Suppliant, &c.

Le Roy en son Conseil, ayant égard à ladite Requête, conformément à l'avis dudit sieur d'Ormesson, a cassé & annullé les Sentences des Elus de Clermont en Beauvoisis des 19 Novembre 1708, en ce que par icelle ledit Couvelaire, Buraliste à Verdronne & Rozoy, n'a pas été déchargé de la collecte des Tailles; & du 12 Janvier de ladite année, en ce que la réimposition du surtaux de 110 liv. dont ledit Vacheux, Buraliste à Fresnoy, a été déchargé, n'a pas été ordonnée par ladite Sentence, avec les frais & dépens en conséquence. Ordonne Sa Majesté que ledit Couvelaire & les autres Commis Buralistes jouiront de l'exemption de la collecte & autres charges publiques; & que la somme de 110 liv. dont ledit Vacheux a été déchargé, sera réimposé au prochain département des Tailles avec les frais & dépens. Fait défenses à tous Habitans, Syndics & Collecteurs de troubler lesdits Commis dans les exemptions à eux attribuées, ni de les augmenter à la Taille & autres impositions, qu'à proportion de l'augmentation desdites impositions, ou des acquisitions & trafics dont ils auront augmenté depuis leurs Commissions. Ordonne en outre Sa Majesté, que les Habitans du Bourg & Paroisse S.-Remy seront tenus de nommer incessamment, au lieu & place dudit Spic, un des plus solvables d'entr'eux, pour recevoir les déclarations & droits des vins & autres boissons vendus en gros, à la remise de six deniers pour livre de la recette actuelle, à peine de demeurer responsables desdits droits. Enjoint Sa Majesté au sieur Commissaire départi en la Généralité de Soissons, de tenir la main à l'exécution du présent Arrêt, & aux Officiers des Elections de la Généralité, de faire jouir lesdits Commis des exemptions & privileges portés par les Déclarations & Réglemens de Sa Majesté, à peine d'en répondre en leurs propres & privés noms, & de tous dépens, dommages & intérêts. Fait au Conseil d'Etat du Roi, tenu à Versailles, le treize Août mil sept cent neuf.

1711.

Arrêt de la Cour des Aides de Montauban, concernant la tenue des Audiences dans les Bureaux des Elections. (Recueil de Montauban, page 253.)

7 Juillet 1711.

SUR la requête présentée à la Cour par le Procureur-Général, contenant, &c. La Cour faisant droit sur ladite requête, a ordonné & ordonne que les Officiers des Elections du ressort de la Cour rendront à l'avenir la justice dans l'Auditoire, aux endroits où il s'en trouve d'établis ; & dans les lieux, où il n'y en a pas d'établis, dans les endroits qui seront préposés à cet effet, leur enjoint d'assister en robe & en bonnet aux Audiences & Jugemens des affaires par écrit : leur fait inhibitions & défenses de par ci-après tenir lesdites Audiences & juger les affaires par écrit dans d'autre lieu que l'Auditoire qui se trouvera établi, ou l'endroit qui sera à cet effet préposé dans les lieux où il n'y en aura pas d'établis, autrement qu'en robe & en bonnet. Enjoint pareillement aux Avocats, Procureurs, Greffiers & autres Suppôts esdites Elections, d'assister aux Audiences en robe & en bonnet. Fait inhibitions & défenses auxdits Officiers des Elections de souffrir qu'ils y assistent autrement qu'en robe & en bonnet, à peine de mille livres d'amende & de suspension de leurs charges en cas de contravention. Ordonne que le présent Arrêt, ou copies d'icelui duement collationnées, sera envoyé dans tous les Bureaux des Elections du ressort de la Cour, &c. Fait à Montauban, en la Cour des Aydes & Finances, le sept Juillet mil sept cent onze.

Arrêt de la Cour des Aides de Montauban, portant injonction aux Consuls en charge d'envoyer au Parquet un état de tous les biens jouis noblement dans leurs Communautés. (Recueil de Montauban, page 205.) 1713.

2 Septembre 1713.

SUR la requête présentée à la Cour par le Procureur-Général du Roy, contenant que par un abus contraire aux desirs de la Cour, au bon ordre & à la justice, un grand nombre de personnes jouissent noblement depuis longues années des biens dont la nobilité leur étoit contestée, & ce, en vertu des Arrêts provisoires par eux obtenus, à la charge de faire vuider les instances dans le mois, à compter du jour que lesdits Arrêts ont été rendus, sans qu'ils se soient donnés du depuis le moindre mouvement pour faire juger ces instances ; ce qui a causé un préjudice très-notable aux Communautés dans lesquelles sont situés les biens jouis noblement en conséquence desdits Arrêts. La Cour, touchée de ce désordre, rendit Arrêt le 6 Mai 1707, sur notre requête, qui enjoignoit aux Maires & Consuls d'imposer à la taille lesdits biens jouis noblement, en vertu desdits Arrêts provisoires, faute par ceux qui les avoient obtenus d'avoir fait vuider les instances dans les délais portés par lesdits Arrêts, à peine d'en répondre en leur propre. Mais ils ont regardé

1713. cet Arrêt comme comminatoire, & le mal, au lieu de diminuer, a accru. Les nouvelles charges que les besoins de l'Etat ont rendus nécessaires, rendent les recouvremens difficiles; le Peuple en souffre lorsque quelques particuliers jouissent leurs biens noblement sans être tenus d'aucune charge, quoiqu'ils soient peut-être de la même nature de ceux qui en payent. A quoi étant nécessaire de pourvoir, pour empêcher qu'à la faveur desdits Arrêts, les Communautés du ressort de la Cour ne soient pas plus long temps accablées, & que ceux qui les ont obtenus, ne se perpétuent pas, à la faveur d'iceux, dans la nobilité desdits biens. A ces causes, requéroit, &c. La Cour, ayant égard à ladite requête, a ordonné que ledit Arrêt du 6 Mai 1707, sera exécuté suivant sa forme & teneur; ce faisant, que les possesseurs des biens prétendus nobles, qui ont poursuivi & obtenu des Arrêts provisionnels de nobilité, feront vuider dans trois mois, pour tout délai, les interlocutoires portés par lesdits Arrêts; passé lequel délai, qui ne pourra être réputé comminatoire, & faute d'y avoir satisfait, enjoint aux Maires & Consuls des Communautés où sont situés lesdits biens, de les comprendre dans leurs rôles d'impositions ordinaires & extraordinaires, en la même sorte & maniere que les autres biens roturiers; à peine, contre lesdits Maires, Consuls & Asséeurs des tailles, de payer en leur propre & privé nom le montant desdits articles, d'en demeurer solidairement responsables envers les Communautés, & de deux cens livres d'amende qui ne pourra être réputée comminatoire. Enjoint en outre, sous les mêmes peines, auxdits Maires & Consuls, de fournir & remettre au Parquet, dans le mois après la publication ou enregistrement du présent Arrêt, un état certifié de tous les biens qui sont jouis noblement dans lesdites Communautés, avec les noms, surnoms & qualités de ceux qui en sont possesseurs. Ordonne de plus que le Greffier de la Cour sera tenu de délivrer au Procureur-Général du Roy un état certifié desdits Arrêts de provision, avec les noms, surnoms & qualités de ceux au profit de qui ils ont été donnés, avec la date des jours, mois & années auxquelles ils ont été rendus, ensemble de lui en fournir tous les extraits qu'il demandera. Et sera le présent Arrêt exécuté suivant sa forme & teneur, lu, publié & affiché par-tout où besoin sera, à la diligence du Procureur-Général du Roy, & desdits Maires & Consuls du ressort de la Cour, sous les peines portées par icelui. Enjoint auxdits Maires & Consuls de certifier la Cour de leurs diligences dans le mois. Fait à Montauban, en la Cour des Aydes, le deux Septembre mil sept cent treize. *Signé*, DELBREIL.

1715. *ARRÊT de la Cour des Aides de Montauban, concernant l'exemption des tailles des jardins & enclos des Maisons Religieuses. (Recueil de Montauban, page 207.)*

6 Avril 1715.

ENTRE les Maire, Lieutenant de Maire, Consuls & Communauté de Cahors, supplians par requête du 23 Décembre 1713 pour être reçus bien opposans envers l'Arrêt de la Cour du 22 Août audit an, comme non ouis ni défendus; & en les remettant au même état qu'ils étoient avant icelui, les décharger des condamnations contr'eux ordonnées, d'une part: & Me. Pierre Gary, Conseiller du Roy, Receveur des Consignations, & Commissaire aux saisies

1715.

réelles du Présidial & Sénéchal de Cahors, intimé en la personne de son Procureur Descuris par l'exploit du même jour, fait par la Capelle, Huissier en la Cour, ensemble le Procureur-Général du Roy, défendeurs, d'autre. Et encore entre lesdits Maire, Lieutenant de Maire & Consuls dudit Cahors, supplians par une seconde requête du 24 Novembre audit an, pour demander qu'en leur adjugeant les fins prises dans leur précédente Requête, les biens cottisés sous le nom de Delprat de Soulomès, & qui sont aujourd'hui possédés par les Peres Capucins dudit Cahors, soient compris dans les rôles de taille à toutes sortes d'impositions, suivant leur allivrement; & qu'en défaut de paiement des tailles, il sera permis aux Collecteurs de faire procéder à la saisie des fruits desdits biens, avec dépens, d'une part: & ledit Gary, intimé en la personne de son Procureur par exploit fait dans le Palais le même jour par Bousquet, premier Huissier en la Cour, défendeur, d'autre. Et entre ledit Gary, suppliant par Requête du 29 dudit mois de Novembre, à ce que, sans avoir égard à l'opposition formée par lesdits Consuls envers ledit Arrêt, & les en déboutant avec dépens, pour ce qui le concerne, il plût à la Cour ordonner qu'il sera exécuté suivant sa forme & teneur pour la condamnation de dépens & garantie contenue en icelui; & au surplus, en cas que les Consuls seront trouvés mal fondés dans leur opposition, pour ce qui concerne lesdits Religieux Capucins, condamner encore lesdits Consuls & Communauté à reprendre les articles de taille de ladite piece, non seulement pour les trois années 1705, 1708 & 1709, énoncées dans lesdits Arrêts, mais encore pour les années suivantes jusques & inclus l'année 1712, & autres fins, avec dépens, d'une part: & lesdits Consuls, intimés & défendeurs, d'autre. Et encore entre ledit Gary, suppliant par Requête de joint du 22 Décembre audit an 1713, à ce qu'il plût à la Cour, en cas elle fasse droit sur l'opposition desdits Consuls envers ledit Arrêt, & qu'elle déclare la piece de terre dont s'agit sujette aux impositions de tailles, ordonner que la Sentence de décret qu'il a obtenue d'autorité des Officiers de l'Election dudit Cahors le 27 Février 1710, sur l'appel de laquelle ledit Arrêt a été rendu, sera exécutée, non seulement pour le paiement du montant de la taille de ladite piece de l'année 1705, énoncée dans ladite Sentence, mais encore pour l'année 1708 & suivantes, jusques & inclus 1712, pendant lesquelles il a été Collecteur; & au surplus lui adjuger les fins de sa précédente Requête, avec dépens, d'une part; & ledit sieur Procureur-Général, intimé en la personne de Durand-Davy, Clerc au Parquet, défendeur, & autrement suppliant par Requête de joint du 16 Avril 1714, à ce que, sans avoir égard à l'opposition desdits Capucins, en ce seulement regardant lesdits Capucins, il plût à la Cour ordonner que son Arrêt du 22 Août 1713 sera exécuté suivant sa forme & teneur, avec dépens, d'une part. Et lesdits Maire, Lieutenant de Maire, Consuls & Syndic de Cahors, intimés, défendeurs, & autrement supplians par Requête du 23 Juillet 1714, à ce que, sans avoir égard à chose dite ni alléguée au contraire, faisant droit sur leur Requête en opposition, il plût à la Cour leur adjuger les fins par eux prises au discours du Procès, avec dépens, d'une part: & ledit sieur Procureur-Général, intimé en la personne dudit Durand-Davy, Clerc au Parquet, défendeur, d'autre. Et encore entre lesdits Maire, Consuls & Communauté de Cahors supplians par autre Requête de joint du 7 Août suivant, à ce qu'il plût à la Cour casser la saisie réelle & entiere procédure de décret poursuivie par ledit Gary sur les biens dépendans de l'article de Delprat de Soulomès, pour une somme modique de 12 liv. 10 sols, ensemble tout ce qui s'en est ensuivi; ce faisant, leur adjuger toutes les autres fins par eux prises dans le cours de

1715. l'instance, avec dépens, d'une part : & ledit Gary, ensemble le Procureur Général, en la personne dudit Durand-Davy, Clerc au Parquet, intimés. Et ledit, défendeur, & autrement suppliant par Requête de joint du 7 Septembre 1714, à ce que, sans avoir égard aux Requêtes desdits Maire & Consuls, il plût à la Cour lui adjuger les fins ci-devant prises, avec dépens, d'une part ; & lesdits Maire, Consuls & Communauté, intimés, défendeurs, d'autre. Vu le Procès : plaidés du premier Avril 1713 : lesdites Requêtes de joint desdits jours 22 Décembre 1713, 16 Avril, 23 Juillet, 7 Août & 7 Septembre 1714 : Arrêt de la Cour du 22 Août 1713 : productions & pieces sur lesquelles ledit Arrêt a été rendu : extrait du cadastre, tant de l'article des Capucins, que de celui dudit Delprat de Soulomès, du 20 Novembre 1713, signé Cammas, Secretaire : dire par écrit dudit Gary, duement signifié auxdits Maire & Consuls : actes de sommation : dénonces de la remise du Procès au Greffe, & du retirement fait par le Rapporteur : inventaires de production, & autres actes desdites Parties. La Cour, en ce que par ledit Arrêt du 22 Août 1713, lesdits Consuls & Communauté ont été condamnés en tous les dépens exposés par ledit Gary devant lesdits Officiers en l'Election, & en ceux exposés en la Cour avant leur vocation en cause, les a reçus & reçoit bien opposans envers ledit Arrêt : & pour le surplus, sans avoir égard aux Requêtes desdits Consuls & Communauté, a ordonné & ordonne que ledit Arrêt sera exécuté selon sa forme & teneur ; ce faisant, & disant droit sur les Lettres & Requêtes du Procureur-Général du Roi, évoquant l'instance, & en icelle évoquée & retenue, a cassé & casse ladite saisie, & tout ce qu'en conséquence s'en est ensuivi ; a fait inhibitions & défenses, sans tirer à conséquence en autre cas à l'avenir, tant audit Gary, qu'à tous autres, de faire telles demandes auxdits Religieux Capucins dudit Cahors, & aux Consuls de ladite Ville de les comprendre à l'avenir dans les rôles des Tailles dudit Cahors, sous leur nom ou dudit Delprat de Soulomès, ou autrement ; pour ladite piece de terre, tant & si longuement qu'elle sera jointe & enclavée dans le jardin desdits Capucins, à peine contre chacun de 500 livres d'amende & autre arbitraire. A fait pareilles inhibitions & défenses, tant auxdits Capucins, que autres Moines, Religieux, ou Communautés Religieuses, régulieres ou séculieres, de s'ingérer à l'avenir, sous quelque cause & prétexte que ce soit, pour raison des acquisitions faites, ou qu'elles feront, des biens roturiers, soit à titre d'achat, successions testamentaires, légats, donations, ou à tel autre titre que ce soit, d'enclaver lesdits biens dans leurs anciennes clôtures, soit en abattant les murs qui les en séparoient, soit en en construisant de nouveaux pour les y joindre, & ce sous peine de 500 livres d'amende, de démolition desdits murs à leurs frais & dépens, & du rétablissement, à leursdits frais & dépens, de ceux qu'ils auront abattus pour les enclaver dans lesdites anciennes clôtures : desquelles acquisitions lesdits Capucins, Moines, Religieux, ou autres Communautés Religieuses, régulieres ou séculieres, seront tenus de payer toutes tailles & autres impositions ordinaires & extraordinaires ; enjoignant à cet effet auxdits Consuls & Communauté de les y comprendre, sous pareille peine de 500 livres. Et faisant, quant à ce, droit sur le surplus des Lettres & Requêtes dudit Gary, a condamné & condamne lesdits Consuls de Cahors à reprendre les articles de taille de ladite piece de terre des années 1705, 1708, 1709, 1710, 1711 & 1712, & en a déchargé ledit Gary ; dépens compensés entre le Procureur-Général du Roi & ledit Gary, même entre le Procureur-Général du Roi & lesdits Consuls & Communauté de Cahors. Condamne les Consuls de 1710, défaillans, en leur propre, aux dépens frustratoires, que la Cour a liquidés à 6 livres. Condamne lesdits

lesdits Consuls & Communauté de Cahors aux entiers dépens exposés par ledit Gary pour l'obtention de l'Arrêt du 22 Août 1713, & ce depuis l'évocation en cause desdits Consuls & Communauté. Condamne en outre lesdits Consuls & Communauté envers ledit Gary au quart des dépens du présent Arrêt, les autres demeurant compensés. Fait à Montauban, en la Cour des Aydes, le six Avril mil sept cent quinze. *Signé*, BUSCON. 1715.

☞ Déclaration du 10 Décembre 1715, registrée en la Cour des Aydes à Paris, le 4 Janvier 1716, qui attribue par appel à la premiere Chambre seule de la Cour, la connoissance des contestations pour raison des droits de six deniers pour franc & du dixieme pot de vin & de bierre, dans l'étendue des Comtés de Clermont, Stenay, Dun, Jamets & les Montignons. (Voyez ci-devant, page 2094, la Déclaration du 14 Juin 1704.)

ARRÊT de la Cour des Aides de Paris, qui homologue une transaction passée entre le Prieur de la Haye-aux-Bons-Hommes-lès-Angers & les Maire & Echevins de la Ville d'Angers, au sujet des privileges des quatre Bourgeois de la Ville d'Angers, appellés Francs-Bourgeois, *lesquels Francs-Bourgeois sont à la nomination dudit Prieur de la Haye.* 1716.

19 Juin 1716.

LOUIS, &c. Sçavoir faisons, comme cejourd'hui comparant judiciairement en notre Cour, Antoine Lemoine, Prêtre, Docteur de la Maison & Société de Sorbonne, Prieur Commendataire du Prieuré de la Haye-aux-Bons-Hommes-lès-Angers, demandeur en requête du 10 du présent mois, à ce que la transaction passée entre le demandeur & les défendeurs ci-après nommés, pardevant Charles & son Confrere, Notaires Royaux en la Ville d'Angers, le 24 Avril dernier, fût homologuée selon sa forme & teneur, d'une part; & les Maire & Echevins de ladite Ville d'Angers, défendeurs, d'autre part; de laquelle transaction la teneur s'en suit:

Le vingt-quatrieme jour d'Avril 1716, après-midi, pardevant les Notaires Royaux à Angers, soussignés, furent présens MM. Me. Nicolas Rousseau, Seigneur de Pautigny, & Echevin perpétuel de l'Hôtel commun de cette Ville, & Jacques-Julien Maillard, aussi Conseiller & Procureur du Roy dudit Hôtel de Ville, tous deux demeurans au nom & comme Députés de MM. les Maire & Echevins de cette Ville, par conclusion du Samedi 4 de ce mois, d'une part; & Denis-Charles Poisson, Prêtre, Religieux de la Haye, au nom & comme Procureur fondé de procuration de M. Antoine Lemoine, Prêtre, Docteur de la Maison & Société de Sorbonne, Prieur Commendataire du Prieuré de la Haye-aux-Bons-Hommes-lès-Angers, d'autre part.

Disant ledit sieur Poisson audit nom que ledit Prieuré de la Haye a, par la fondation qu'en a faite Henri II, Roy d'Angleterre, Comte d'Anjou, plusieurs beaux droits, libertés, franchises, prérogatives & privileges, entr'autres le droit d'avoir & de nommer dans cette Ville d'Angers, quatre hommes, & un dans la

1716. Ville de Beaufort en Vallée, francs & exempts de toutes charges & impositions, tailles, fouages, pontages, pontonnages, louages, passages, huitieme, vinage, coutumes des Prévôts d'Angers, ostages, cloisonnages, milices, ustensiles & logemens de gens de guerre, tutelle, curatelle, & généralement de toutes charges quelles qu'elles puissent être, & droits imposés & à imposer tant par eau que par terre, lesdits droits, franchises, libertés, privileges & prérogatives confirmés par Lettres-Patentes de Richard, Roy d'Angleterre & Comte d'Anjou, fils du Fondateur, données à Grammont le dernier jour de Mars 1192, entérinées par le Sénéchal d'Anjou, le 18 Août 1368; & autres du 15 Décembre 1196, données à Chinon; de Philippe de Vallois, du mois de Juillet 1328; autres de Jean, aîné fils du Roy de France & Comte d'Anjou, portant défenses de troubler lesdits Religieux dans la jouissance desdits privileges, données à Paris, le 4 Septembre 1342; lettres de Charles V, données à Vincennes, le 11 Mars 1374; de Marie, Reine de Jérusalem & de Sicile, Duchesse d'Anjou, ayant l'administration de Louis & Charles ses fils, données au Château d'Angers, le 20 Février 1388; dudit Louis en mêmes qualité & lieu, le 12 Mai 1400; de Charles VI, à Grammont, en Janvier 1421; de Charles VII, à Chinon, en Janvier 1431; à Poitiers, en Octobre 1434; à Amboise, le 8 Juillet 1435; à Tours, le 4 Juin 1444 & le 3 Mars 1446; de Charles VIII, données à Saint-Laud-lès-Angers, le 7 Juin 1488; de François Ier., à Tours, en Août 1516, lues & publiées en la Sénéchaussée d'Anjou & en l'Election, le 13 Novembre 1516, & registrées en la même Election le 13 Décembre suivant; de Henry II, à Dijon, au mois de Juillet 1548; de Charles IX, à Fontainebleau, en Février 1543; de Henry III, à Paris, en Mai 1575; de Henry IV, au camp devant Rouen, en Janvier 1592; & à Paris, au mois d'Octobre 1610: lesdits privileges reconnus par le Chapitre de Saint-Laud, pour le droit de coutume du vin, en passant sur leurs terres de Ruzebourg, par transaction faite entre ledit Chapitre & le Prieur de la Haye, & homologuée en la Cour des Grands-Jours par le Sénéchal d'Anjou, le 20 Mars 1395; Sentence de l'Election d'Angers, du 14 Janvier 1444, qui maintient lesdits quatre Francs-Bourgeois dans leurs privileges, & fait défenses aux Habitans de la Paroisse de Notre-Dame de la Ville d'Angers & au Procureur du Roy, joint avec eux, de les plus troubler: Sentence desdits Elus d'Angers, du 15 Avril 1548, rendue en faveur desdits Francs-Bourgeois pour exemption du huitieme & la confirmation de leurs autres privileges: Arrêt du Parlement, de la Chambre des Comptes, Sentences de la Sénéchaussée & de l'Election d'Angers, des 3 Juin, 13 Novembre & 3 Décembre 1521, données pour l'enregistrement desdites Lettres-Patentes & confirmation desdits privileges énoncées dans l'Arrêt du Grand-Conseil, du 25 Septembre 1677: desquels privileges les Prieurs de la Haye sont en possession depuis la fondation dudit Prieuré, ainsi qu'il appert par plusieurs lettres desdits Francs-Bourgeois des années 1349, 1350, 1404, 1431, 1442, 1445, 1486, 1577, 1622, 1678, & même par les baux des octrois que la Ville d'Angers a fait en différens temps, à la charge des exemptions des Francs-Bourgeois de la Haye: dans laquelle possession les Prieurs de la Haye ayant été troublés pour raison du droit de cloison & doublement d'icelui, par le Fermier des octrois qui avoit obtenu Sentence de M. le Lieutenant-Général d'Angers, du 11 Décembre 1634; sur l'appel interjetté par ledit Prieur, est intervenu avec les Maire & Echevins de ladite Ville d'Angers, Arrêt du Grand-Conseil du 30 Mars 1637, contradictoire entre toutes lesdites Parties, qui infirme ladite Sentence, & maintient les Francs-Bourgeois dudit Prieur en exemption dudit droit de cloison: que par autre Arrêt dudit Grand-Conseil du 25 Septembre 1677, rendu contradictoirement avec les

1716.

Maire & Echevins de ladite Ville d'Angers, le sieur Marcelle & les Associés en la Ferme des octrois de ladite Ville d'Angers, en faveur dudit Prieur de la Haye, l'exécution de celui du 31 Mars 1637 a été ordonnée, & que lesdits Francs-Bourgeois demeureront exempts du droit de cloison & de tous autres qui se levent au profit de ladite Ville d'Angers, anciens & nouveaux, même de ceux imposés en l'année 1668, & ce, pour toutes les denrées provenantes de leur crû, entr'autres dans ladite Ville d'Angers, soit qu'ils les consomment dans ladite Ville d'Angers, soit qu'ils les consomment dans leurs maisons, soit qu'ils les vendent & débitent en détail, les Maire & Echevins condamnés aux dépens : & lorsqu'en conséquence desdits privileges & Arrêts le sieur Abbé Daurd, précédent Titulaire dudit Prieuré de la Haye, a nommé des Francs-Bourgeois, le Fermier des Octrois, les Maire & Echevins d'Angers ont encore contesté de nouveau lesdits privileges, sur lesquelles contestations il est intervenu Sentence par défaut en l'Election d'Angers contre lesdits Francs-Bourgeois, le 19 Août 1679, qui ordonne que les Parties se retireront vers le Roy & Nosseigneurs de son Conseil dans quatre semaines, pour leur être fait droit, toutes choses demeurant en état, dépens, dommages & intérêts réservés. Ledit sieur Abbé Daurd étant fort âgé & accablé d'infirmités, long temps avant sa mort, ne put donner ses soins à la poursuite de cette affaire, & le sieur Abbé Lemoine ayant été pourvu dudit Prieuré en 1707, & n'étant point instruit de ses droits, auroit été quelque temps sans poursuivre; mais aussi-tôt qu'il les a connus, il a d'abord tenté les voies de conciliation pour éviter un procès avec le Corps de Ville d'Angers, pour lequel il est plein de considération & de respect. Il s'est enfin trouvé obligé d'interjetter appel à la Cour des Aydes de ladite Sentence de l'Election d'Angers, du 19 Août 1679, & demander l'exécution desdits Arrêts du Grand-Conseil. Sur quoi il est intervenu Arrêt par défaut de ladite Cour des Aydes, le 27 Mars 1715, qui a infirmé ladite Sentence & ordonné l'exécution desdits Arrêts, auquel lesdits Maire & Echevins se seroient opposés dans la huitaine. Ledit sieur Lemoine étant sur le point de faire lever leur opposition & de faire juger définitivement cette affaire, les Parties, pour éviter la continuation d'un procès dont les frais seroient considérables & l'événement toujours douteux, ont transigé ainsi qu'il suit :

C'est à sçavoir que lesdits sieurs Maire & Echevins, Conseillers & autres Officiers du Corps de Ville d'Angers, tant pour eux que pour les autres Habitans de ladite Ville présens & à venir, après avoir pris communication des pieces & titres ci-dessus mentionnés, & reconnu par iceux le droit qui appartient aux Prieurs du Prieuré de la Haye, d'avoir & nommer quatre Bourgeois dans la Ville d'Angers, appellés *Francs-Bourgeois*, pour jouir des privileges ci-dessus mentionnés, ont consenti & consentent par ces présentes que ledit sieur Abbé Lemoine, comme Prieur dudit Prieuré de la Haye, & ses successeurs dudit Prieuré, soient & demeurent maintenus & gardés dans le droit de nommer lesdits quatre Francs-Bourgeois, & par décès ou démission de ceux qui auroient été nommés, en nommer d'autres en leur place, en sorte qu'il y en ait toujours quatre, lesquels Francs-Bourgeois & chacun d'eux à leur égard, jouiront, pendant leur vie, de tous les droits & privileges mentionnés esdites lettres de concession, Sentences & Arrêts ci-dessus spécifiés; renonçant, lesdits sieurs Maire, Echevins & Officiers de Ville esdits noms à toutes prétentions contraires, même consentant l'exécution dudit Arrêt de la Cour des Aydes, du 27 Mars 1715, purement & simplement; se désistant à cet effet de l'opposition par eux formée audit Arrêt; à la charge néanmoins que le droit de l'exemption des droits d'octrois & autres charges de ladite Ville, demeurera fixé dès-à-présent & pour toujours à faire entrer en ladite Ville huit pipes de vin de leur crû, deux char-

1716. retées de foin par chacun an, & le bois nécessaire pour leur chauffage, sans payer po[ur] ladite quantité de vin, foin & bois aucuns droits, quand même lesdits droits d'oc[trois] seroient augmentés, & sans aussi qu'ils puissent prétendre exemption pour plu[s] grande quantité, sous prétexte de diminution desdits droits : comme aussi que lesdit[s] Francs-Bourgeois seront exempts de logement de gens de guerre, ustensiles & autres contributions pour raison de ce, & généralement de toutes les autres charge[s] de ladite Ville, présentes & à venir, fors néanmoins la capitation ; ce que lesdit[s] sieurs Maire & Echevins ont consenti à leur égard, sans être obligés de fair[e] valoir la présente transaction contre les Fermiers des droits du Roy, contre lesquel[s] ledit sieur Abbé Lemoine se défendra à ses frais, ainsi qu'il avisera. Consentant les-dites Parties que pour plus grande sureté de l'exécution des présentes, elles soient homologuées à la Cour des Aydes & par-tout ailleurs où besoin sera, constituant à cet effet leurs Procureurs, sçavoir, les sieurs Maire & Echevins esdits noms, Me. Guesdon, Procureur en la Cour, & ledit sieur Poisson, pour ledit sieur Lemoine, Me. Leblanc, aussi Procureur en ladite Cour, auxquels ils donnent pouvoir d'en requérir & consentir l'homologation, sans qu'il soit besoin d'autres pouvoirs que ces présentes, qui furent faites & passées, &c.

Appointé est que la Cour a homologué & homologue ladite transaction passée entre les Parties, le 24 Avril dernier, pour être exécutée selon sa forme & teneur; l'appointement reçu, ce requérant Guesdon & Leblanc, Procureurs, suivant l'Arrêt judiciaire de cejourd'hui. Fait à Paris, en la premiere Chambre de ladite Cour des Aydes, le dix-neuf Juin mil sept cent seize.

1717. ☞ Lettres-Patentes du mois de Septembre 1717, par lesquelles le Roy confirme les Prévôt des Marchands & Echevins, Bourgeois & Habitans de la Ville de Lyon & des Paroisses de Saint-Just & Saint-Irenée, dans la franchise & exemption de toutes tailles tant ordinaires qu'extraordinaires, & des droits d'aydes pour le vin de leur crû qu'ils vendront pendant toute l'année à pot & à pinte, sans assiettes ni serviettes, le tout conformément aux Lettres, Réglemens & Arrêts du Conseil concernant les privileges dont jouissent lesdits Bourgeois de la Ville de Lyon, pourvu toutefois que lesdits privileges n'ayent point été révoqués par aucuns Edits, Déclarations ou Arrêts ; enregistrées en la Cour des Aydes, le 28 Mars 1718, à la charge que les procès & différends qui naîtront en conséquence desdites Lettres, ne pourront être instruits & jugés que pardevant les Officiers de l'Election de Lyon en premiere instance, & par appel en la Cour. (Recueil des Privileges de Lyon, seconde Partie, pages 92 & 104.)

1718.

Arrêt de la Cour des Aides, qui défend d'imposer sur les rôles des Tailles de la Paroisse de Montrouge, les Fermiers exploitants les terres de l'Hôpital de Sainte-Anne, dit la Santé, appartenantes à l'Hôtel-Dieu de Paris, celles appartenantes à l'Hôpital des Incurables, les terres des Religieuses Cordelieres, & autres terres y dénommées, lesquelles terres ladite Cour déclare être situées sur les Paroisses de Paris & sur le terroir de Saint-Jean-de-Latran, Notre-Dame-des-Champs & Sainte-Genevieve, & non sur le terroir de Montrouge; lesdites terres détaillées & confinées par ledit Arrêt.

16 Mai 1718.

Notredite Cour faisant droit sur le tout, ayant aucunement égard aux interventions & demandes des Maîtres, Gouverneurs & Administrateurs de l'Hôtel-Dieu de Paris, & Hôpital des Incurables, des Religieuses Cordelieres du Fauxbourg Saint-Marcel, & de Louis Charpentier, Maître ordinaire en la Chambre des Comptes, à cause de Marguerite de Valle son épouse, portées par leur Requête des 21 Mars & 28 Juin 1709, a donné & donne acte auxdits Administrateurs de l'Hôtel-Dieu & des Incurables, Religieuses Cordelieres, & audit Charpentier, de leur intervention, & encore auxdites Religieuses Cordelieres, & Charpentier, de leur prise de fait & cause pour les nommés Nicolas Normand & Jean-Baptiste Plu, & de leurs offres d'acquitter lesdits Plu & Normand, de tout l'événement du Procès suivant & conformément à ladite Requête dudit jour 21 Mars; & en conséquence en tant que touche les appellations respectivement interjettées, tant par lesdits Administrateurs de l'Hôtel-Dieu & Incurables, Religieuses Cordelieres, ledit Louis Charpentier, lesdits Jean-Baptiste Plu, Nicolas Normand & Jacques Girard, que par lesdits Habitans de Montrouge, de la Sentence rendue par les Officiers de l'Election de Paris, le 13 Juillet 1708; a mis & met lesdites appellations & Sentences dont a été appellé au néant, émendant, ayant aucunement égard aux demandes desdits Jean-Baptiste Plu, Jacques Girard & Nicolas Normand, desdits Administrateurs de l'Hôtel-Dieu & Incurables, desdites Religieuses Cordelieres & Louis Charpentier, ès noms, portées par leurs Requêtes du 9 Février, 21 Mars, 28 Juin 1709, 5 Décembre 1710, 11 Mai 1711, 23 Mai 1712 & 4 Février 1716, les a reçus & reçoit appellans des taxes & impositions faites desdits Plu, Normand & Girard, ès rôles des tailles & autres impositions de ladite Paroisse de Montrouge, les années 1708, 1709, 1710, 1711, 1712, 1713, a mué & converti lesdites appellations en opposition, & y faisant droit, dit qu'à bonne & juste cause ils se sont opposés auxdites taxes, ordonne qu'elles seront rayées & biffées desdits rôles, que les sommes que lesdits Plu, Normand & Girard auront été ou seront contraints de payer, seront rendues & restituées, & à cet effet réimposées en trois années prochaines & consécutives, sur lesdits Habitans de Montrouge, par les Collecteurs qui seront lors en charge, en leur mettant par lesdits Plu, Girard, Normand, Cordelieres, ou autres avant la confection des rôles, l'original ou copie collationnée du présent Arrêt, à peine par lesdits Collecteurs, d'en ré-

pondre en leurs propres & privés noms, & de tous dépens, dommages & inté-
1718. rêts; fait défenses auxdits Habitans de Montrouge & à leurs Collecteurs, d'imposer à l'avenir sur leurs rôles des tailles, & autres impositions, lesdits Fermiers exploitans les terres dépendantes de l'Hôpital Sainte-Anne, dit la Santé, appartenantes audit Hôtel-Dieu de Paris, & ceux qui exploiteront les six à sept arpens appartenans à l'Hôpital des Incurables, comme aussi les Fermiers qui exploiteront les terres desdites Religieuses Cordelieres, contenant treize arpens ou environ spécifiés ci-après, & dudit Louis Charpentier, toutes lesdites terres comprises ès baux des 25 Septembre 1705, 27 Juin, 30 Juillet 1707, & 16 Juillet audit an 1705, passés par lesdits Administrateurs, Religieuses Cordelieres & Louis Charpentier, au profit desdits Plu, Normand & Girard, lesquels ladite Cour déclare être situées sur les Paroisses de Paris, & le terroir de Saint-Jean-de-Latran, Notre-Dame-des-Champs & Sainte-Genevieve, & non sur le terroir de Montrouge, consistant lesdites terres; sçavoir, celles desdits Administrateurs & appartenantes audit Hôtel-Dieu, treize arpens, trois quartiers en une piece, sis au terroir de Saint-Jean-de-Latran, tenant d'un côté aux terres de Saint-Marcel, d'autre à la veuve Maunoury, d'un bout à la porte Saint-Marcel, & d'autre bout au chemin de la Gravelée; un arpent faisant la pointe des chemins d'Orléans & de Bagneux, un demi-arpent tenant d'un côté au chemin des Prêtres, d'autre à Denis Potterie, d'autre à Isaac Langlois, sept quartiers en plusieurs haches, tenant du septentrion au sieur Viard, au lieu du sieur de Lesseville, d'autre aux Jésuites, & par les haches au sieur Viard sur le chemin aux Prêtres, & d'autre à Louis Girard; un quartier & demi tenant au sieur de la Folie d'autre, d'un bout au chemin des Prêtres, & d'autre au terroir de Saint-Jean; un demi-arpent tenant au septentrion à Jean Langlois, qui tient aux trois quartiers de Sainte-Genevieve, d'autre aux Jésuites, d'un bout par haut aux Cordelieres, par bas à Fillot de Gentilly; un demi-arpent, tenant d'un côté aux Chartres de Jacques Mignot au midi, d'autre à Louis Girard, d'un bout à Plu au lieu dudit Charpentier, & d'autre aux Jésuites; un demi-arpent tenant aux murs de la Santé, d'autre à Bolanc, Fermier des Minans, d'un bout aux terres de l'Hôtel-Dieu, & d'autre aux terres de l'Hôtel-Dieu; un quartier tenant aux murs de la Santé, d'autre à Jean Langlet, au lieu de la veuve Raison, d'un bout aux murs du Cimetiere, d'autre à Bault, Fermier des Mineurs; un quartier & demi tenant à Jean Langlet, au lieu de la veuve Raison, d'autre au sieur de Boissy, d'un bout au Cimetiere, d'autre à Plu au lieu dudit Charpentier; un arpent tenant d'un côté auxdites Cordelieres, d'autre aux héritiers de Jacques Mignot & audit de Boissy, d'un bout à Plu au lieu dudit Charpentier, & à Moulinet & autres, d'autre aux murs de la Santé; trois quartiers, tenant d'un côté aux terres de Saint-Jean-de-Latran, d'autre audit de Boissy, d'un bout aux héritiers Mignot, d'autre à Plu au lieu dudit Charpentier & à l'Hôtel-Dieu; deux arpens, tenant aux murs de la Santé, d'autre aux terres de Saint-Jean, d'un bout au chemin de Paris à Arcueil, d'autre à Plu au lieu dudit Charpentier; un arpent & demi, tenant d'un côté aux murs de la Santé, & d'autre au chemin d'Arcueil, d'un bout sur lesdits murs, & de l'autre audit de Lesseville; trois quartiers, tenant d'un côté aux terres de Saint-Jean-de-Latran, d'autre à Ragot, d'un bout au chemin d'Arcueil, & d'autre audit de la Folie au lieu dudit Coignet; onze quartiers & demi tenant d'un côté audit Coignet, d'autre au chemin de Paris à Arcueil, d'un bout audit de la Folie, d'autre au chemin de Lourfine; un demi-arpent, tenant d'un côté audit de Lesseville, d'autre à   d'un bout aux terres de

la Fabrique de Saint-Jacques-du-Haut-Pas, d'autre au chemin d'Orléans; deux arpens, tenant d'un côté au chemin d'Orléans, d'autre à d'un bout, & d'autre aux Invalides; onze arpens trois quartiers en plusieurs haches, tenant d'un côté audit Noiré, & d'autre aux Chartreux, d'un bout aux terres de l'Institution, & d'autre au chemin d'Orléans; deux arpens & demi, tenant d'un côté à Plu au lieu dudit Charpentier, & d'autre à d'un bout au chemin de la Gravelée, & d'autre aux terres de l'Institution: quatre arpens & demi, tenant d'un côté à Julien David, & d'autre au chemin de la Gravelée, d'un bout & d'autre à ; six arpens, tenant d'un côté à Sadot, & d'autre à la veuve Colin, d'un bout au chemin de Vanvres à Paris, & d'autre à ; sept quartiers, tenant d'un côté aux murs des Capucins, & d'autre audit Demay, d'un bout aux terres de Martin, d'autre à la Porte Saint-Jacques; celles appartenantes audit Jean-Baptiste Plu, qui les a acquises dudit Charpentier, consistantes en neuf quartiers & une perche audit terroir de Saint-Jean-de-Latran, tenant d'un côté au chemin qui conduit à la barriere de Loursine des Capucins, d'autre à Martin Sallet, d'un bout au chemin d'Arcueil, & d'autre à l'Hôtel-Dieu; sept quartiers faisant hache au terroir de Saint-Jean-de-Latran, d'un bout par haut à la veuve Payen, d'autre bout au chemin qui conduit à la barriere de la rue de Loursine, d'un côté à Saint-Jean-de-Latran, d'autre côté à Noël le Gros; un demi-arpent au même terroir, tenant d'un côté auxdites Cordelieres, d'un bout au chemin d'Arcueil, d'autre côté à la veuve Payen, d'autre au chemin qui conduit au petit Gentilly; un arpent & demi au même terroir tenant d'un côté audit terroir de Saint-Jean-de-Latran, d'un bout audit Quinquet, d'autre côté à Jacques Dauphin, d'autre bout tenu par la veuve du Fait; cinq quartiers audit terroir de Saint-Jean, tenant d'un côté à Jean Dauphin, d'un bout par haut à la terre ci-dessus, d'autre côté tenu par la veuve du Fait, d'autre bout à la Creusevoie; un arpent & demi faisant hache, tenant d'un côté à l'Hôtel-Dieu, d'autre aux héritiers dudit Foucault, d'un bout audit Quinquet, d'autre à ; trois quartiers audit terroir, tenant des trois côtés à l'Hôtel-Dieu, d'autre à Saint-Jean-de-Latran; un demi-arpent derriere l'Hôpital Sainte-Anne, d'un côté tenu par Jacques Boudinot, d'un bout par bas aux Peres Jésuites, d'autre côté tenu par Missy, & d'autre bout par haut aux Incurables; quatre arpens sis audit terroir, tenant d'un côté au chemin aux Prêtres, d'autre aux héritiers du sieur Président de Maisons, d'un bout à plusieurs, d'autre tenu par Etienne Girard; cinq arpens audit terroir, tenant au chemin aux Prêtres, d'un bout à la Creusevoie, d'autre bout à Saint-Jacques-du-Haut-Pas, tenu par Jacques Dauphin; demi-arpent sis au terroir de Saint-Jean-de-Latran, tenant d'un côté à Jacques Dauphin, d'autre côté audit de la Folie, trois quartiers audit terroir tenant d'un côté à Charles Meusnier, d'un bout sur le chemin d'Orléans, d'autre côté tenu par Jacques Boully, & d'autre bout tenu par Jacques Dauphin; un arpent & demi quatre perches tenant d'un côté à Jacques Dauphin, sur le pavé qui conduit de la Porte Saint-Michel à Orléans, d'un côté à la veuve Moullé, & d'autre bout aux terres de Saint-Jean-de-Latran; un arpent sis au terroir de Saint-Jean, tenant d'un côté aux terres de Saint-Jean, d'un bout audit de la Rue, d'autre côté à Noël Durey, & d'autre bout au moulin des Invalides; un demi-arpent sis au terroir de Saint-Jean, tenant audit de la Fontaine, d'une part, & d'autre bout à la vieille Buche, aboutissant d'un bout sur le chemin des Invalides, & d'autre bout sur une terre tenue par Jacques Roger; un demi-arpent trois perches sis au terroir de Notre-Dame-des-Champs, tenant d'un côté à la terre du moulin des Invali-

1718.

1718. des, & d'un bout par haut aux Filles du Saint-Sacrement, & d'autre côté à ; un quartier au même lieu tenant par haut à la piece ci-devant d'un côté au moulin des Invalides, d'un bout par haut auxdites Filles du Saint-Sacrement, d'autre côté à ; un demi-arpent tenant d'un côté audit Vergne, d'un bout par haut audit de Lesseville, d'autre côté tenu par Jean Roger, & d'autre bout par bas au pavé Saint-Jacques; un arpent onze perches où il y a une pointe sise au terroir Notre-Dame-des-Champs, tenant les deux pointes aux murs de l'Observatoire, & audit Bellelouvilliers, d'autre audit de Lesseville, & d'autre bout audit Vergne; un demi-arpent au terroir Sainte-Genevieve, tenant d'un côté à la veuve Jacques Raison, d'autre côté audit Usée, d'un bout par haut au pavé, d'autre bout par bas aux terres de l'Hôtel-Dieu; deux arpens faisant hache sis derriere le mur de l'Institution, & y aboutissant des deux bouts, & d'un côté en hache aux terres de l'Hôtel-Dieu; celles appartenantes auxdites Religieuses Cordelieres du Fauxbourg Saint-Marcel, consistantes en trois quartiers & trois perches tenant d'une part à d'autre à d'un bout à Philippe Guerard, Fermier, d'autre au chemin d'Arcueil; un arpent moins cinq perches audit terroir, au lieu de Pignchoux, tenant d'une part audit Guerard, d'autre à Jacques Mignon, d'un bout auxdites Religieuses, & d'autre à Flau, comme Fermier; un arpent douze perches de terre un tiers, le chemin des Prêtres passant à travers, tenant d'une part à Jean Langlois, d'autre à la veuve Moullé, Fermiere, par haut dans les hautes bornes à Denis Poterie, & par bas au nommé Bault, tuteur de mineurs; un demi-arpent cinq perches faisant hache audit terroir & chantier Pignehoux, tenant d'un côté à la veuve Dauphin, d'autre au nommé Flau, & par hache à Jacques Boudinot, d'un bout à Philippe Guerard, comme Fermier, d'autre à François Moullé aussi comme Fermier; demi-arpent moins dix perches au même terroir & chantier, tenant d'un côté à Etienne Girard, d'autre audit Moullé comme Fermier, d'un bout à l'Hôtel-Dieu, d'autre à la veuve Raison; cinq arpens quatre perches audit terroir de Saint-Jean & chantier des Chassegais, près les murs du clos dudit Payen, tenant d'une part aux héritiers de la Croix, d'autre à Antoine Courtois comme Fermier, d'un bout au chemin qui conduit d'Arcueil à Saint-Marcel, & d'autre qui conduit de Gentilly au Fauxbourg Saint-Jacques; trois quartiers au même terroir & chantier de la Creusevoie, tenant d'une part à Jean Demay, d'autre à Antoine Courtois, d'un bout au nommé Guerard, Fermier, & d'autre à la Creusevoie; trente perches audit terroir, tenant d'une part à Gastorge, d'autre à Germain Moullé, d'un bout audit Guerard comme Fermier, d'autre à ; un arpent au chantier de Pignehoux, faisant hache, tenant d'une part à Jacques Mignon, d'autre & par hache audit Courtois, d'un bout au chemin d'Arcueil, d'autre audit Courtois, & par hache auxdites Religieuses; un demi-arpent au même terroir & chantier, tenant d'une part & d'autre audit Guerard, Fermier, & d'un bout à plusieurs, d'autre au chemin aux Prêtres; un demi-arpent au même terroir & lieu, aboutissant sur les terres de la Santé, tenant d'une part & d'autre à l'Hôtel-Dieu, d'un bout aux terres de l'Hôpital-Général, & d'autre bout audit Courtois; & celles appartenantes audit Hôpital des Incurables affermées à Jacques Girard, aussi consistantes en cinq quartiers près le petit Gentilly, tenant au chemin d'Arcueil, d'autre au mur dudit Payen, d'un bout à Jacques Dauphin comme Fermier, d'autre à Paul Gaumont dit l'Orange; six quartiers audit terroir & canton des Chassegais, tenant d'une part au champ de l'Alouette, d'autre audit Piu, d'un bout audit Payen, d'autre à la Commanderie de Saint-Jean-de-Latran; neufs quartiers audit

audit terroir, canton des Pignehoux, tenant d'une part audit Payen, d'autre audit Chrestien, d'un bout au chemin d'Arcueil, & d'autre audit Viard; cinq quartiers audit terroir canton des hautes Bornes, tenant d'une part à la Fabrique de Saint-Jacques-du-Haut-Pas, d'autre à Jacques Boudinot, d'un bout au chemin d'Orléans, d'autre à la Commanderie de Saint-Jean-de-Latran, & ce, tant & si longuement que lesdits Fermiers & ledit Plu ne seront point Habitans de ladite Paroisse de Montrouge, & ne tiendront à Ferme aucunes terres dépendantes du terroir taillable dudit Montrouge, à peine par lesdits Habitans de Montrouge de tous dépens, dommages & intérêts; faisant droit sur les requêtes respectives desdits Normand & Religieuses Cordelieres, ordonne que compensation sera faite de la somme de 180 livres à laquelle ladite Cour a arbitré l'indemnité demandée par ledit Normand contre lesdites Religieuses, ensemble ce qu'il pourra justifier avoir payé par ordre desdites Religieuses sur ce que ledit Normand peut devoir auxdites Religieuses sur le prix de son bail: ledit bail au surplus sera exécuté. Ordonne pareillement que sur les sommes qui seront réimposées en vertu du présent Arrêt au profit dudit Normand, ladite somme de 180 livres sera reçue par lesdites Religieuses, & sur leurs quittances & sur le surplus de toutes les demandes, fins & conclusions des Parties, les a mis & met hors de Cour & de Procès. Condamne lesdits Habitans en tous les dépens, tant des causes principales, d'appel & de demandes, tant en demandant, défendant, que des sommations envers lesdits Maîtres, Gouverneurs & Administrateurs de l'Hôtel-Dieu, les Incurables, Charpentier, les Religieuses Cordelieres, Plu, Jacques Girard & Normand, lesquels dépens seront réimposés sur lesdits Habitans en trois années avec les sommes dont les réimpositions sont ordonnées par le présent Arrêt, iceux préalablement taxés en la maniere accoutumée, tous les dépens faits entre lesdites Cordelieres & Normand compensés. Si te mandons, &c.

Donné à Paris, en la premiere Chambre de notredite Cour des Aydes, le seize Mai, l'an de grace mil sept cent dix-huit. Par la Cour des Aydes. ROBERT.

ARRÊT du Conseil, pour l'établissement d'une nouvelle maniere de lever la Taille dans l'Election de la Rochelle, Généralité de la Rochelle.

20 Juin 1718.

LE Roy s'étant fait représenter l'Arrêt rendu en son Conseil, le 31 Janvier dernier, par lequel Sa Majesté auroit commis les sieurs Chevalier Renau, Lieutenant-Général de ses Armées, Comte de Chateautiers, & de Vauguion, Lieutenant-Général au Bailliage & Siege Royal de Niort, pour procéder dans l'Election de ladite Ville, à l'essai d'une nouvelle maniere de lever la taille dans les Paroisses qui en auroient fait l'option; & sa Majesté ayant été informée qu'en conséquence dudit Arrêt, presque toutes les Paroisses de ladite Election ayant opté cette nouvelle forme d'imposition, malgré les oppositions de ceux qu'elle oblige de contribuer aux charges à proportion de leurs facultés, lesdits sieurs Commissaires l'auroient établie avec des précautions qui assurent mieux que par le passé la perception des deniers publics, & qui produit enfin cette réparti-

1718. tion égale entre les contribuables depuis si long temps & si justement desirée: desorte qu'après un tel succès, on peut espérer de grands avantages de cet établissement, non seulement dans ladite Election de Niort, mais encore dans les autres; ce qui a porté la plupart des Paroisses circonvoisines à présenter des requêtes pour demander le même établissement à Sa Majesté, comme la plus grande grace qu'elles pussent obtenir, soit pour faire cesser la disproportion si ordinaire dans les impositions où le crédit a souvent plus de part que la justice; soit pour diminuer les frais, & encourager les Peuples à la culture des terres & à la nourriture des bestiaux. D'ailleurs Sa Majesté qui n'a rien tant à cœur que de faire connoître à ses Sujets combien elle est touchée de leurs souffrances, & combien elle souffre elle-même de ce que les grandes dettes contractées pour les indispensables besoins des guerres, ne lui ont pas encore permis de suivre tout ce que lui inspire son affection pour des Peuples si zélés & si fideles, reconnoissant avec joye que l'épreuve faite à Niort a mis lesdits sieurs Commissaires en état de perfectionner ce projet d'une nouvelle taille, avec tant d'avantage pour les pauvres Habitans de son Royaume, que non seulement le courant des impositions, mais encore les restes des années précédentes, pourront être acquittés dans un certain temps, de la maniere la plus convenable au soulagement dont les Paroisses ont tant besoin, à quoi étant juste & nécessaire de pourvoir. Oui le rapport, &c. a ordonné & ordonne que dans l'Election de la Rochelle ladite nouvelle maniere de lever la taille & la capitation à imposer pour les années 1719, 1720 & 1721 sur chaque taillable, sera établie ainsi qu'il ensuit, sans donner aucune atteinte aux droits du Clergé, de la Noblesse, ni des autres privilégiés, & sans que le présent Réglement puisse avoir lieu dans la Ville de la Rochelle, où la levée des impositions se fera en la forme ordinaire.

I. Ladite taille sera levée sur les terres labourables, vignes, prés, bois taillis & autres héritages, à raison de la dixieme partie de tout ce qui se trouvera à recueillir sur lesdites terres pendant lesdites trois années, avec obligation aux exploiteurs d'avertir les préposés à la levée de ladite nouvelle taille, vingt-quatre heures avant de rien emporter de dessus lesdites terres, à peine de payer le quadruple du prix de ladite dixieme partie, comme aussi avec obligation auxdits exploiteurs de la faire remettre aux endroits qui leur seront indiqués dans l'étendue de chaque Paroisse.

II. Ladite taille sera levée en argent par rapport au commerce & industrie sur chaque taillable, même sur les enfans & domestiques au-dessus de vingt ans, & au-dessous de soixante-dix, à raison de la dixieme partie de ce que peut leur rapporter par an leur commerce ou industrie, suivant l'estimation qui en sera faite.

III. Ladite taille sera semblablement levée en argent sur chacun des bestiaux de toute espece, autre que de lait, à raison de la vingtieme partie du profit que peuvent rapporter dans le cours de l'année lesdits bestiaux, suivant l'estimation qui en sera faite.

IV. Lesdites impositions en argent seront payées en deux termes égaux, le premier dans le courant de Janvier, & le second avant le premier Juillet, à peine de payer le quart en sus en cas de retardement, sans que ladite peine puisse être réputée comminatoire.

V. Le droit de lever ladite dixieme partie des fruits en nature, ainsi que lesdites sommes imposées en argent, sera adjugé après trois publications faites en chaque Paroisse par trois Dimanches consécutifs, au plus offrant & dernier enchérisseur: faisant Sa Majesté très-expresses inhibitions & défenses d'empêcher les encheres par même voye, à peine de punition exemplaire & même corporelle, si le cas y échoit; & sera permis à toutes personnes dans la quinzaine après lesdites adjudications, de se faire subroger à l'adjudicataire, en offrant le cinquieme en sus. 1718.

VI. Les adjudications seront faites par les Commissaires à ce députés, dans les Maisons de Ville, halles, ou autres lieux publics, aux jours & heures qu'ils feront indiquer, & seront tenus les Adjudicataires de donner pardevant lesdits sieurs Commissaires en présence des Receveurs des tailles, bonnes & suffisantes cautions.

VII. Les Adjudicataires remettront le prix de leurs baux, à quelques sommes qu'ils puissent monter, entre les mains du Receveur des tailles en exercice, en quatre payemens égaux; sçavoir en Janvier, Avril, Juillet & Octobre de chaque année; & en cas de retardement, payeront auxdits Receveurs des tailles deux sols pour livre d'intérêt à proportion du retard.

VIII. Le Receveur des tailles en exercice sera tenu de faire porter lesdits deniers, huit jours après, au Bureau de la recette générale, & d'envoyer à l'ordinaire à la caisse commune le double de son livre journal, parafé de lui, suivant qu'il est porté par l'Edit du mois de Juin 1716.

IX. Outre le prix de l'adjudication, les Adjudicataires seront tenus de payer un sol pour livre du montant en total desdites adjudications, duquel sol pour livre partie sera donnée aux Receveurs des tailles, par forme de gratification, & le surplus sera distribué ainsi qu'il sera ordonné par Sa Majesté, à condition que lesdits Receveurs des tailles seront responsables de la solvabilité des Fermiers & cautions.

X. Tous les adjudicataires durant le cours de leurs baux, seront exempts de logement de gens de guerre, de guet & garde, de milice, tutelle, curatelle & autres charges publiques; Sa Majesté leur accordant aussi le port d'armes, & voulant en outre que toutes personnes de quelque qualité & condition qu'elles soient, puissent prendre & exécuter lesdits baux, sans déroger à Noblesse.

XI. Pour fixer le nombre & les qualités des taillables qui devront être imposés à raison de leur commerce & industrie, comme aussi la quantité, nature & valeur des bestiaux, il sera dressé au premier Novembre en chaque Paroisse, par les Fermiers Adjudicataires, en présence de quatre, six ou huit des plus notables Habitans choisis à la pluralité des voix, à l'issue de la Messe Paroissiale, un état contenant le dénombrement & les qualités desdits taillables, avec une liste desdits bestiaux; à l'effet de quoi, ceux qui auront lesdits bestiaux seront tenus d'en fournir auxdits Adjudicataires une déclaration fidele, à peine de payer le quadruple pour chacun desdits bestiaux qui n'auront pas été déclarés, & faute de faire lesdites déclarations, les listes en seront dressées par lesdits Adjudicataires, en présence desdits notables, sur l'opinion commune, sans que le taillable, dont le nombre & la qualité des bestiaux auroient été augmentés par lesdites listes, puisse se dispenser de payer les sommes qui y seront portées.

XII. Aussitôt après que lesdits états & listes auront été dressés, il en sera composé un seul rôle pour chaque Paroisse, contenant tout ce que chaque contribuable devra payer, soit par rapport à son industrie & commerce, soit par rapport à ses bestiaux; lequel rôle sera arrêté par lesdits sieurs Commissaires, & il en sera délivré trois expéditions en papier timbré, l'une pour le greffe de l'Election, l'autre pour l'Adjudicataire, & la troisieme pour le Receveur des tailles en exercice.

XIII. Tout ce qui concerne l'établissement de ladite nouvelle taille, & toutes les contestations qui pourront naître sur l'exécution du présent Arrêt, seront réglées & jugées sommairement par les sieurs Chevalier Renau, Lieutenant-Général des

12 N ij

1718. Armées du Roy, ayant lettres de services dans les Généralités de Poitiers & de la Rochelle; de Creil, Intendant & Commissaire départi dans la Généralité de la Rochelle; & de Foudras, Comte de Chateautiers, que Sa Majesté a commis & commet à cet effet; & ce qui sera par eux ordonné & jugé sera exécuté nonobstant oppositions & autres empêchemens, sans y préjudicier, sauf l'appel au Conseil: Enjoint Sa Majesté audit sieur Intendant & Commissaire départi dans ladite Généralité de la Rochelle, de tenir la main à l'exécution du présent Arrêt, qui sera enregistré au greffe de l'Election de la Rochelle, lu, publié & affiché par-tout où besoin sera, pour l'exécution duquel toutes lettres nécessaires seront expédiées. Fait au Conseil d'Etat du Roy, Sa Majesté y étant, tenu à Paris, le vingtieme jour de Juin mil sept cent dix-huit. *Signé*, PHELYPEAUX.

1719. *LETTRES-PATENTES qui ordonnent que le prix du bail des Messageries de l'Université sera compris dans le bail général des Postes & Messageries de France; & demeurera fixé au vingt-huitieme effectif du prix dudit bail général, & en conséquence établit l'instruction gratuite dans les Colleges de ladite Université.*

14 Avril 1719.

LOUIS, &c. Notre très-chere & bien-amée Fille aînée l'Université de notre bonne Ville de Paris, nous ayant fait remontrer que depuis son établissement elle a eu droit d'établir des Messagers dans toutes les Provinces de notre Royaume, avec retour desdites Provinces à Paris, dans lequel droit elle a été maintenue par Arrêts de notre Conseil, des 14 Décembre 1641, 29 Mars 1642, 19 Novembre 1644 & Lettres-Patentes expédiées en conséquence le 15 Mai 1645, & par autres Arrêts de notre Conseil, des 5 Octobre 1647 & 27 Mai 1686; & nous ayant très-humblement supplié qu'il nous plût de fixer à la somme de 150,000 l. le prix desdites Messageries, si mieux nous n'aimions lui permettre de les affermer séparément, à la charge par elle de faire faire gratuitement l'instruction de la jeunesse dans tous les Colleges de plein exercice de notredite Fille aînée, & en cas qu'il nous plût de fixer le prix desdites Messageries, & de les comprendre dans le bail général des Postes & Messageries de notre Royaume, que cette fixation fût faite par proportion au prix du bail général; à la charge que le Fermier-Général sera tenu de prendre le bail desdites Messageries, & qu'il pourra être poursuivi pour le payement, qui sera fait de quartier en quartier & par avance, en notredite Cour de Parlement de Paris, & que faute de payement, notredite Fille rentrera dans la libre disposition desdites Messageries, nous y avons pourvu par l'Arrêt ce jourd'hui rendu en notre Conseil d'Etat, nous y étant; pour l'exécution duquel nous avons ordonné que toutes lettres nécessaires seront expédiées, lesquelles notredite Fille nous a très-humblement fait supplier de lui accorder. A ces causes, voulant favorablement traiter notredite Fille aînée l'Université de Paris, de l'avis, &c. ordonnons que le bail des Messageries appartenantes à notredite Fille aînée l'Université de Paris, sera toujours compris ou censé compris dans le bail général des Postes & Messageries de notre Royaume; à l'effet de quoi les Nations de la Faculté des Arts de ladite Université seront tenues de passer le bail desdites Messageries à l'Adjudicataire-

Général desdites Postes & Messageries ; & faute par lesdites Nations de passer ledit bail, ledit bail général suffira audit Fermier des Postes pour l'exploitation desdites Messageries : ordonnons que le prix du bail desdites Messageries de ladite Université demeurera fixé pour toujours au vingt-huitieme effectif du prix dudit bail général desdites Postes & Messageries Royales, lequel vingt-huitieme sera payé par l'Adjudicataire, à commencer au premier Avril de la présente année, sans aucune retenue, & franc & quitte de toutes charges, de quartier en quartier & par avance aux Receveurs qui seront nommés par ladite Faculté des Arts, lequel payement sera passé dans le compte dudit Fermier-Général des Postes & Messageries Royales, sur les quittances desdits Receveurs, sans néanmoins que pour raison dudit vingt-huitieme ladite Université puisse prétendre aucune portion de propriété dans lesdites Postes & Messageries Royales, mais seulement dans celles des Messageries dans laquelle elle a été maintenue par les Arrêts de notre Conseil, des 14 Décembre 1641, 29 Mars 1642, 12 Septembre, 5 Octobre 1647, 27 Mai 1686, & par la Déclaration du 15 Mai 1645 : & en conséquence de la fixation du prix desdites Messageries au vingt-huitieme du prix du bail général, & du consentement de ladite Faculté des Arts contenu dans lesdits actes, ordonnons qu'à commencer du premier Avril de la présente année, l'instruction de la jeunesse sera faite gratuitement dans les Colleges de plein exercice de notredite Fille aînée ladite Université, sans que sous quelque prétexte que ce soit les Régens desdits Colleges puissent exiger aucuns honoraires de leurs Ecoliers ; faute de laquelle instruction gratuite ledit Arrêt & les présentes demeureront nuls, comme non avenus. Voulons aussi que faute par le Fermier des Postes & Messageries de payer à ladite Faculté le vingt-huitieme du prix dudit bail général, elle rentrera dans tous ses droits, pour les exercer comme elle auroit dû faire en vertu des Arrêts de notre Conseil & Lettres-Patentes susdatées. SI vous mandons, &c. 1719.

Données à Paris, le quatorzieme jour d'Avril, l'an de grace mil sept cent dixneuf, & de notre regne le quatrieme. *Signé*, LOUIS ; & plus bas, par le Roy, le Duc d'Orléans, Régent, présent. *Signé*, PHELYPEAUX.

Registrées en Parlement & Chambre des Comptes, les 8 & 12 Mai 1719.

ARRÊT de la Cour des Aides, rendu en faveur des Abbé, Prieur & Chanoines Réguliers de l'Abbaye Royale de Sainte-Genevieve au Mont de Paris, contre les Habitants & Collecteurs de Moloy.

Premier Septembre 1719.

LOUIS, &c. Sçavoir faisons, qu'entre les Abbé, Prieur & Chanoines Réguliers de l'Abbaye de Sainte-Genevieve au Mont de Paris, appellans de Sentence de l'Election de Crépy en Vallois, du 19 Mai 1719, demandeurs en requête du 11 Août suivant.... mettre l'appellation de ce, au néant ; émandant, évoquant le principal & y faisant droit, condamner les Habitans de Moloy, comme garands de l'imposition, de rapporter le rôle des tailles dudit Moloy de la présente année 1719 ; ce faisant, ordonner que l'article concernant lesdits sieurs de Sainte-Genevieve, sera rayé & biffé, & les décharger du payement de la cotte ; en tout

1719. cas condamner les Collecteurs solidairement pour leur contravention, à payer ladite cotte en l'acquit desdits sieurs de Sainte-Genevieve, & d'en faire l'avance à la recette des tailles sans aucune répétition contr'eux ; faire défenses auxdits Habitans & Collecteurs de mettre ledit rôle à exécution, & à l'avenir de comprendre lesdits sieurs de Sainte-Genevieve dans leurs rôles des tailles ni autres impositions; & pour l'avoir fait, condamner tant lesdits Habitans que lesdits Collecteurs, aux dommages & intérêts, & en tous les dépens de cause principale & d'appel, & défendeurs, d'une part; les Collecteurs des tailles du Hameau de Moloy, l'année présente 1719, les Manans & Habitans dudit lieu, intimés, défendeurs & opposans à l'Arrêt dudit mois d'Août... après que Goguet, Avocat des appellans, demandeurs & défendeurs; & Guérin, Avocat des intimés, défendeurs & opposans, ont respectivement été ouis; ensemble Bellanger, pour le Procureur-Général, & que la cause a été plaidée par une audience : la Cour... a mis & met l'appellation & ce dont a été appellé au néant; émandant, évoquant le principal & y faisant droit, dit qu'à bonne & juste cause les Parties de Goguet [les Chanoines Réguliers de Sainte-Genevieve] se sont opposées à la cotte & imposition faite de leurs personnes au rôle des tailles de la Paroisse de Moloy, en la présente année 1719 : ordonne que ladite cotte sera rayée, & que les sommes qu'ils seront contraints de payer, leur seront rendues & restituées ; & à cet effet réimposées & levées sur les Habitans de ladite Paroisse en la prochaine assiette par les Asséeurs & Collecteurs qui seront lors en charge, en leur mettant entre les mains l'original du présent Arrêt avant la confection des rôles, à peine d'en répondre en leurs propres & privés noms : a fait & fait inhibitions & défenses aux Habitans, Asséeurs & Collecteurs de ladite Paroisse de Moloy, d'imposer & comprendre à l'avenir dans leurs rôles lesdites Parties de Goguet tant & si longuement qu'ils ne feront acte dérogeant à leurs privileges, & qu'ils ne feront valoir que quatre charrues en une seule Ferme & dans la même Paroisse, à peine par les Collecteurs d'en répondre pareillement en leurs propres & privés noms : condamne lesdites Parties de Guérin [les Habitans & Collecteurs de Moloy] aux dépens des causes principale & d'appel, lesquels seront réimposés en la maniere accoutumée. Si mandons, &c.

Donné à Paris, en la premiere Chambre de la Cour des Aydes, le premier Septembre, l'an de grace mil sept cent dix-neuf, & de notre regne le cinquieme

---

1720. *Arrêt du Conseil, qui permet à toutes personnes Nobles de tenir & prendre à Fermes les Terres & Seigneuries appartenantes aux Princes & Princesses du Sang. (Code Rural, Tome II, page 355.)*

25 Février 1720.

LE Roy étant informé que la clause insérée dans tous les baux des Fermes de Sa Majesté, par laquelle il est permis à tous ceux qui ont l'honneur d'être Nobles, de s'associer avec l'Adjudicataire, & de prendre intérêt dans lesdites Fermes sans déroger à leur Noblesse & privilege, n'a pas peu contribué à faire trouver des personnes solvables & intelligentes pour l'exploitation & la régie de ses revenus; & Sa Majesté voulant procurer, par le même avantage, aux Princes & Princesses de son Sang un moyen favorable de porter le prix des

Fermes de leurs terres & Seigneuries à leur juste valeur; oui le rapport du sieur Law, Contrôleur-Général des Finances, Sa Majesté... a permis & permet à toutes personnes Nobles de tenir & prendre à Ferme les terres & Seigneuries appartenantes aux Princes & Princesses de son Sang, sans que sous prétexte de l'exploitation desdites Fermes, tant pour le passé que pour l'avenir, lesdits Nobles puissent être inquiétés ni recherchés pour cause de dérogeance à leur Noblesse & privilege; & pour l'exécution du présent Arrêt toutes lettres nécessaires seront expédiées. Fait au Conseil d'Etat du Roy, Sa Majesté y étant, tenu à Paris, le vingt-cinquieme jour de Février mil sept cent vingt. *Signé*, PHELYPEAUX. 1720.

☞ Lettres-Patentes du 9 Mars 1721, qui ordonnent que l'Arrêt du Conseil, du 26 Février 1692, sera exécuté selon sa forme & teneur, tant pour l'avenir que pour ce qui peut avoir été fait en exécution d'icelui; ce faisant, que lorsque les Juges des droits de sorties & entrées, & autres doits y joints, créés par l'Edit du mois de Mai 1691, & des autres Jurisdictions y mentionnées, seront récusés, absens ou malades, nos Procureurs tiendront le Siege, & jugeront en leur lieu & place; auquel cas le plus ancien Avocat ou Praticien du Siege fera la fonction de notre Procureur; & lorsque nosdits Procureurs seront récusés, absens ou malades, le plus ancien Avocat ou Praticien du Siege fera leurs fonctions, & donnera ses conclusions, sans néanmoins que nosdits Procureurs puissent être juges des affaires dans lesquelles ils auront fait des requisitions, ou pris des conclusions; registrées en la Cour des Aydes de Paris, le même jour 9 Mars, & en celle de Montauban, le 15 Mai 1721. [Recueil de Montauban, page 265.] 1721.

DÉCLARATION qui permet aux Communautés du ressort de la Cour des Aides de Montauban, de se pourvoir par requête civile, sans consigner, contre les Arrêts concernant la nobilité des fonds, &c. (Recueil de Montauban, page 211.)

14 Septembre 1721.

LOUIS, &c. Par la Déclaration du 30ᵉ Août 1707, le feu Roy notre très-honoré Seigneur & bisaïeul, a ordonné que la Déclaration du Roy François Iᵉʳ. du 26 Mars 1543 & celle du 9 Octobre 1684, sur la nobilité des fonds & héritages situés dans la Province de Languedoc, seroient exécutées selon leur forme & teneur dans ladite Province: & en interprétant lesdites Déclarations, ensemble l'article XXXV de l'Ordonnance du mois d'Avril 1667, au titre des requêtes civiles, il a été permis aux Communautés de ladite Province de Languedoc de se pourvoir par requête civile envers les Arrêts donnés en matiere de nobilité, nonobstant tous laps de temps, & sans que lesdites Communautés soient tenues de justifier que les pieces nouvellement recouvrées ont été retenues par le fait de la Partie, ni de consigner l'amende de quatre cens cinquante livres. Et étant informé que ladite Déclaration du 9 Octobre 1684, quoique donnée pour la Province de Languedoc seulement, est exécutée dans le ressort de la Cour des Aydes de Montauban, où elle a été enregistrée, où les tailles sont

1721. réelles, comme elles le sont dans l'étendue de la Province de Languedoc, & qu'il est avantageux au bien de notre service, & aux Communautés du ressort de ladite Cour des Aydes de Montauban, où les tailles sont réelles, que ladite Déclaration du 30 Août 1707 y soit exécutée, comme elle l'est dans notre Province de Languedoc. A ces causes, &c. voulons & nous plaît, que la Déclaration du 30 Août 1707, rendue en faveur des Communautés de la Province de Languedoc, soit également exécutée dans les Communautés du ressort de la Cour des Aydes de Montauban, où la taille est réelle; & en conséquence permettons auxdites Communautés du ressort de notredite Cour des Aydes de Montauban, qui auront recouvré des pieces justificatives de la roture des biens déclarés nobles par des Arrêts contradictoires, de se pourvoir par forme de requête civile contre lesdits Arrêts, nonobstant tous laps de temps, dont nous les avons relevées par ces présentes, en conformité des Déclarations des 26 Mars 1543 & 9 Octobre 1684; sans que lesdites Communautés soient tenues de justifier que les pieces nouvellement recouvrées ont été retenues par le fait de la Partie, ni de consigner l'amende de 450 livres portée par notre Ordonnance, à laquelle nous avons expressément dérogé & dérogeons en faveur desdites Communautés, à cet égard seulement. Voulons néanmoins qu'en cas que lesdites Communautés succombent, elles soient condamnées en ladite amende. Si donnons en mandement, &c.

Donnée à Paris, le quatorzieme jour de Septembre, l'an de grace mil sept cent vingt-un, & de notre regne le septieme. *Signé*, LOUIS; & plus bas, par le Roy, le Duc d'Orléans, Régent, présent. PHELYPEAUX.

Registrée en la Cour des Aydes de Montauban, le 22 Octobre 1721.

1722. *EDIT portant confirmation des privileges de l'Université de Paris.*

Février 1722.

LOUIS, &c. Notre très-chere & bien-amée Fille aînée l'Université de notre bonne Ville de Paris, nous a fait remontrer qu'ayant été fondée par le Roy Charlemagne, & dotée de peu de biens, elle a été enrichie & ornée de plusieurs beaux droits, privileges, prérogatives, franchises & libertés; que les Roys nos prédécesseurs qui ont regné ensuite, reconnoissant les importans services que cette Université, premiere Chrétienne, avoit toujours rendu à l'Eglise, & les signalés avantages, que non seulement nos Royaumes, mais généralement toutes les Nations Etrangeres, recevoient de cette fameuse Mere des bonnes Lettres, l'ont honorée d'une affection véritablement paternelle, lui ont départi leurs graces & faveurs royales: & pour la rendre de plus en plus florissante pour le bien universel de toute la Chrétienté, & l'ornement de leur Royaume, ils ont non seulement confirmé, mais aussi de temps en temps amplifié les privileges à elle octroyés, pris en leur protection spéciale les personnes & biens de tous & chacun les Docteurs, Maîtres, Bacheliers, Suppôts, Ecoliers & Officiers d'icelle, leur ont donné & octroyé immunités & exemptions de toutes charges publiques, tailles, aydes, subsides, emprunts, droits d'entrée de Ville, pour l'ancien droit de quatre sols dix deniers sur chaque muid de vin, provenant soit de leur crû sur leurs fonds ou Bénéfices,

Bénéfices, ou acheté pour leur provision, ensemble du gros & huitieme en cas de débit, & de toutes impositions, logemens de gens de guerre, levées de deniers & péages, tant sur eau que sur terre, même sur toutes marchandises & denrées, dont aucuns des Officiers de notredite Université s'entremettent & font trafic; pareillement exemption de guet, gardes des portes, tant de jour que de nuit, de toutes charges publiques, tutelles, curatelles, contributions & levées de deniers, même sur les Habitans de notre bonne Ville de Paris, tant exempts que non exempts, privilégiés & non privilégiés, & généralement de toutes contributions, même pendant le temps de la guerre, & autres usages & privileges, dont notredite Fille, ses Suppôts, Officiers & Serviteurs ont droit & sont en bonne possession, nonobstant que par les mandemens il soit dit, exempts & non exempts, privilégiés & non privilégiés: voulu & ordonné que ladite Université en Corps eût ses causes, tant en demandant qu'en défendant, en notre Cour de Parlement de Paris en premiere instance, ou pardevant le Prévôt dudit lieu, ou son Lieutenant-Civil, conservateur de ses privileges, à son choix; & les particuliers Docteurs, Bacheliers, Maîtres, Suppôts, Ecoliers & Officiers d'icelle, pardevant notredit Prévôt de Paris, ou sondit Lieutenant, Juge-conservateur de ses privileges, sans pouvoir être traduits, convenus ni appellés ès autres Jurisdictions, pour quelque cause ou prétexte que ce soit, & qu'à cette fin notredit Prévôt prêteroit serment à ladite Université, le premier ou second Dimanche après sa réception; que pour les différends qui pourroient naître entre lesdits de l'Université, pour l'ordre & discipline d'icelle, la connoissance en est attribuée au Recteur & Université; que pour obtenir les Bénéfices vacans aux Gradués, ceux de notredite Fille ont droit de préférence sur tous ceux des autres Universités; que même par la disposition des Statuts de réformation de ladite Université, faits par l'ordre & autorité du Roy Henry IV, de glorieuse mémoire, vérifiés & enregistrés en notre Cour de Parlement de Paris, ès années 1598 & 1600, les Principaux des Colleges, & les Professeurs & Régens d'iceux, duement qualifiés, qui, sept ans entiers & continus & sans fraude, ont eu la direction de la discipline & des études, ou professé & fait lectures ordinaires & publiques, ont semblablement droit de préférence en l'obtention des Bénéfices vacans ès mois affectés aux Gradués, sur tous autres Gradués de quelque antiquité qu'ils soient, à la réserve des Docteurs en la Faculté de Théologie de ladite Université; que les Docteurs, Professeurs, Bacheliers & Ecoliers de ladite Université, pourvus de Prébendes, Bénéfices, ont droit d'en percevoir & recueillir tous les fruits pendant le temps de leurs lectures ou études, sans en pouvoir être privés par non résidence, à la réserve des distributions manuelles & quotidiennes: que pour empêcher le cours des mauvaises & fausses doctrines & extirper toutes erreurs, nosdits prédécesseurs Roys ont fait inhibitions & défenses à tous Imprimeurs & Libraires, d'imprimer ou faire imprimer, vendre ou publier aucuns livres concernant la Religion ou les mœurs, ni mêmement exposer en vente, vendre, publier ou débiter ceux qui sont apportés des Pays étrangers, que premiérement ils n'ayent été vus, visités & examinés par la Faculté de Théologie de ladite Université: que le papier & parchemin, même celui qui arrive en notredite bonne Ville, fauxbourgs & banlieue de Paris, doit être visité par lesdits Officiers de ladite Université: que pour cet effet, elle a quatre Papetiers & quatre Parcheminiers-Jurés, & halle destinée où ledit parchemin doit être directement mené & déchargé, pour y être visité par lesdits Jurés, sous peine de confiscation & amende contre les contrevenans. Comme aussi que ladite Université a droit de nommer & pourvoir de Messagers, tant pour les Dioceses, qu'autres lieux de

1722. nos Royaumes & Pays étrangers; esquels droits & privileges ils ont été confirmés par les lettres de confirmation en forme d'Edit à eux accordées par le feu Roy notre très-honoré Seigneur & bisayeul, au mois de Septembre 1651, registrées où besoin a été; mais comme ils appréhendent d'être troublés dans lesdits droits & privileges, sous prétexte que depuis notre avénement à la Couronne, nous ne les avons pas confirmés, ils nous ont très-humblement fait supplier leur vouloir accorder nos Lettres de confirmation sur ce nécessaires. Et mettant en considération les grands biens & services que notredite Fille aînée, mere de toutes les Universités Chrétiennes, continue de faire, & desirant de tout notre cœur, à l'exemple des Roys nos prédécesseurs, l'aimer, la maintenir & la traiter favorablement, & contribuer de notre part à la rendre florissante de plus en plus. A ces causes, &c. continuons, confirmons & approuvons, comme par Edit perpétuel & irrévocable, à notredite Fille aînée l'Université de Paris, Docteurs, Maîtres, Régens, Bacheliers, Suppôts, Ecoliers & Officiers d'icelle, tous & chacuns les droits, prérogatives, privileges, immunités, exemptions & libertés sus mentionnées à eux octroyées par les Roys nos prédécesseurs & nous; comme encore, tous autres droits, usages, coutumes & privileges, quoiqu'ils ne soient exprimés; toutes prérogatives, immunités, exemptions, franchises & libertés, tant exprimées ci-dessus, que non exprimées, dont ils ont droit par les concessions de nosdits prédécesseurs Roys & de nous, sans qu'il leur soit fait aucun trouble ni empêchement. Voulons pareillement que lesdits Suppôts, Ecoliers & Officiers, jouissent de tous & un chacun les privileges à eux accordés, tant par nous que par les Roys nos prédécesseurs, même pendant le temps de la guerre, conformément aux Arrêts de notre Cour des Aydes, des 7 Octobre 1635 & 20 Octobre 1642. Voulons en outre que les Messagers-Jurés de notredite Fille continuent l'exercice libre & entier de leurs Charges, ainsi qu'ils ont accoutumé: & en outre, que lesdits Messagers & autres Officiers & Suppôts de notredite Fille, jouissent pleinement des immunités & exemptions à eux accordées par nos prédécesseurs Roys, tout ainsi & en la même forme & maniere qu'ils ont ci-devant fait; & d'autant qu'il n'est raisonnable que lesdits Docteurs, Bacheliers, Maîtres, Suppôts, Ecoliers & Officiers de ladite Université fussent distraits de leur profession, études ou services hors ladite Ville de Paris, pour le fait de plaidoirie; nous, en confirmant & continuant leurs anciens privileges, avons pris en notre protection & sauvegarde leurs personnes & biens, & leur avons octroyé par ces présentes pouvoir de faire appeller & convenir toutes personnes, tant en demandant qu'en défendant, pour toutes causes & affaires: sçavoir, notredite Fille en Corps, en notre Cour de Parlement de Paris, & lesdits particuliers Docteurs, Maîtres, Bacheliers, Suppôts, Ecoliers & Officiers, pardevant notredit Prévôt de Paris ou son Lieutenant, conservateur des privileges à eux accordés, sans qu'ils puissent être convenus ou appellés ailleurs par aucunes personnes de quelque qualité & condition qu'ils puissent être, sous quelque cause & prétexte que ce soit, & sans qu'ils soient tenus comparoir devant autres Juges quelconques, dont nous les dispensons, en leur interdisant la connoissance, qui appartiendra à notredit Parlement, ou à notredit Prévôt de Paris ou à son Lieutenant-Civil, conservateur desdits privileges, nonobstant toutes Ordonnances, Mandemens, Coutumes & autres contraires, & aux dérogatoires des dérogatoires y contenus; à quoi nous avons dérogé & dérogeons par ces présentes. Voulons aussi que tous différends mus & à mouvoir entre les particuliers de l'Université, touchant l'ordre & la discipline d'icelle, & exécution des Statuts, tant généraux que particuliers, soient décidés & réglés sommairement par lesdits Recteur & Université, sans pouvoir être traduits pardevant autres Juges; desquels droits, prérogatives, privileges, immunités, exemptions & libertés, nous voulons & entendons que notredite Fille aînée l'Université de Paris, Docteurs, Maîtres, Régens, Bacheliers, Suppôts, Ecoliers & Officiers d'icelle, jouissent & usent, tout ainsi qu'ils en ont ci-devant bien & duement joui ou dû jouir, jouissent & usent encore à présent. Et parce qu'il n'y a point de plus prompt moyen d'empêcher le cours des erreurs & doctrines contraires à la Religion & bonnes mœurs, qu'en exécutant les Edits & Réglemens faits sur ce sujet: voulons & ordonnons que l'Edit fait à Fontainebleau, le 11 Décembre 1547, & celui de Château-Briant, du 27 Juin 1551, vérifiés, soient exécutés selon leur forme & teneur. Faisons très-expresses inhibitions & défenses à tous Imprimeurs & Libraires, d'imprimer ou faire imprimer, vendre ou publier aucun livre concernant la Religion ou les mœurs, mêmement exposer en vente, publier ou débiter ceux qui sont apportés des Pays étrangers, que premiérement ils n'ayent été vus, visités & examinés de la Faculté de Théologie, & ce, sous les peines portées par icelui Edit, du 11 Décembre 1547. Semblablement, défendons très-expressément à tous Imprimeurs & Libraires, d'imprimer, vendre ou avoir en leur possession aucuns livres, lesquels par censure ou jugement de ladite Faculté ont été & seront ci-après réprouvés, ensemble d'ouvrir aucune balle des livres qui leur seront apportés de dehors, sinon en présence de deux bons personnages qui seront commis par ladite Faculté de Théologie. Voulons & nous plaît, que deux fois l'an pour le moins, les officines & boutiques des Imprimeurs, Libraires & vendeurs de livres, soient visitées par les Députés de ladite Faculté, & qu'iceux Imprimeurs & Libraires soient tenus de tenir deux catalogues, l'un des livres censurés & réprouvés, & l'autre de tous ceux qu'ils auront en leurs boutiques, qu'ils seront tenus de communiquer toutes & quantes fois qu'ils en seront requis par lesdits Visiteurs: le tout conformément aux Edits ci-dessus mentionnés & sous les peines y contenues. Si donnons en mandement, &c. 1722.

Donné à Paris, au mois de Février, l'an de grace mil sept cent vingt-deux, & de notre regne le septieme. *Signé*, LOUIS; & plus bas, par le Roy, le Duc d'Orléans, Régent, présent. Phelypeaux.

Registré en Parlement & en la Chambre des Comptes, les 15 Avril & 12 Mai 1722, & en la Cour des Aydes, pour jouir par les Impétrans de l'effet y contenu, ainsi qu'ils en ont bien & duement joui, usent & jouissent encore à présent, suivant & conformément aux Edits & Déclarations du Roy, bien & duement vérifiés en la Cour, Arrêts & Réglemens d'icelle; à la charge que lesdits Impétrans ne se pourront pourvoir ailleurs; sçavoir ladite Université en Corps, qu'en ladite Cour; & lesdits particuliers Docteurs, Maîtres, Bacheliers, Suppôts & Ecoliers, que pardevant les Officiers des Elections & Greniers à sel du ressort de ladite Cour, en premiere instance, & par appel en icelle pour raisons des procès & différends, dont la connoissance leur appartient, suivant les Ordonnances, Edits & Déclarations du Roy, à peine de déchéance. Fait à Paris, en la premiere Chambre de la Cour des Aydes, le 8 Juin 1722. *Signé*, Robert.

☞ Arrêt du Conseil, du 10 Mars 1722, qui maintient les Habitans des franchises d'Orléans, dans le privilege & exemption du payement de la taille, pour raison des terres & vignes qu'ils font valoir dans l'étendue desdites

1722. franchises, comme aussi dans celui de pouvoir cultiver & façonner par leurs mains ou celles de leurs domestiques demeurans dans leurs maisons, les clos & vignes qu'ils possédent, comme propriétaires, dans les Paroisses taillables des environs desdites franchises.

1723. ☞ Lettres-Patentes du 4 Mai 1723, qui font défenses aux Officiers des Elections & Juges des Fermes de mettre en liberté les coupables ou complices de rebellion, qui seront arrêtés dans l'instant d'icelle, qu'après l'instruction & Jugement définitif, & en cas d'appel de la part du Fermier, qu'après le Jugement dudit appel; à peine de répondre par lesdits Officiers en leurs propres & privés noms des dépens, dommages & intérêts du Fermier, même des amendes & confiscations encourues par les fraudeurs; registrées en la Cour des Aydes de Paris, le 12 Juin 1723, & en celle de Montauban, le 12 Août suivant.

ARRÊT de la Cour des Aides, portant Réglement entre les Président, Lieutenant, Elus, Conseillers & le Substitut de M. le Procureur-Général en l'Election de Ganat, d'une part; & le Greffier de ladite Election, d'autre part.

Premier Septembre 1723.

LA Cour faisant droit sur l'appel interjetté par Claude Chedavier, Greffier de l'Election de Ganat, tant de l'Ordonnance du 23 Octobre 1717, que de la Sentence du 9 Décembre audit an, a mis & met l'appellation & ce dont est appel au néant, émandant a déchargé ledit Chedavier des condamnations portées par ladite Ordonnance & Sentence, & néanmoins ordonne audit Chedavier de porter honneur & respect auxdits Président, Elus & Procureur du Roy de ladite Election de Ganat, comme à ses supérieurs. Et ayant aucunement égard, tant aux demandes desdits Président, Elus & Procureur du Roy de ladite Election de Ganat, qu'à celle dudit Chedavier, Greffier de ladite Election de Ganat, portées par leurs Requêtes des 25 Juin, 7, 15 & 20 Juillet 1718, ordonne,

I. Qu'à l'avenir il ne sera écrit sur le registre plumitif, autres choses que les Sentences & Jugemens qui auroient été prononcés à l'Audience.

II. Que les Sentences interlocutoires & d'appointemens seront expédiées sur papier, & que les Sentences & Jugemens définitifs & autres qui seront mis à exécution, tant en matieres civiles que criminelles, rendues à l'Audience ou sur Procès par écrit, seront expédiées en parchemin, conformément aux Déclarations du Roy, des 19 Juin 1691 & 16 Juillet 1697.

III. Sur la demande dudit Chedavier à ce que lesdits Officiers soient tenus de compter ou faire rendre compte audit Chedavier, de tous les droits perçus par Jean-François Tidedenter, commis par eux pour exercer le Greffe au lieu & place dudit Chedavier, met les Parties hors de Cour, sauf à lui à se pourvoir contre ledit commis Greffier, tant à fin de rapport des droits par lui perçus, que des minutes des Sentences & autres actes étant en ses mains.

1723.

IV. Que les Ordonnances, qu'il est d'usage d'être signées par trois desdits Officiers, passeront au Greffe, pour être expédiées par le Greffier, quand il en sera requis.

V. Que le dictum des Sentences & Jugemens rendus sur vu de pieces, sera signé dans la Chambre du Conseil par tous les Juges qui y auront assisté, sans que le Greffier soit tenu de le porter dans leurs maisons pour le leur faire signer : & sera ledit dictum, & le procès en entier remis au Greffe par le Rapporteur, dans les trois jours du Jugement des procès.

VI. Les rôles des tailles & autres impositions, seront remis au Greffe par ceux desdits Officiers qui les auront vérifiés, trois jours après ladite vérification.

VII. Aucune minute ne sera tirée du Greffe, si ce n'est pour cause légitime; auquel cas, celui desdits Officiers qui en aura besoin, s'en chargera au Greffe, & le rapportera ou renverra au Greffier, aussi-tôt que l'affaire, pour laquelle il l'aura demandée, sera jugée; & néanmoins, lorsque les Juges assemblés pour le Jugement d'un procès, auront besoin de quelques minutes, le Greffier sera tenu de l'apporter & laisser sur le bureau, sans qu'il puisse rester dans la chambre, & lui sera ladite minute rendue à la fin de la séance par le Rapporteur.

VIII. Sans avoir égard à la demande du Greffier, afin d'avoir une part pareille à celle d'un Officier, dans les gratifications que les Fermiers-Généraux accordent aux Officiers de ladite Election, dont il est débouté, ordonne qu'il aura part d'Officier dans les réceptions & installations desdits Officiers, à la charge par lui d'en délivrer les expéditions *gratis* : & quant aux enregistremens des baux & sous-baux, ledit Greffier aura seulement les deux tiers de la part d'un Officier, outre & par-dessus son expédition.

IX. Que ledit Greffier aura place & séance dans les cérémonies publiques & accoutumées, même dans le banc & tribune dont est question, immédiatement après le Substitut du Procureur-Général du Roy, à la charge par ledit Greffier, de rembourser auxdits Officiers sa part & portion des sommes qu'ils justifieront avoir déboursées pour la construction de ladite tribune.

X. Que le Greffier, immédiatement après l'Audience levée, & sans faire d'autres actes & fonctions, représentera le plumitif à celui qui aura présidé, lequel l'examinera sans remise & paraphera chacun des Jugemens qui auront été prononcés, & signera enfin ledit plumitif.

XI. Que ledit Chedavier, Greffier, ne pourra être mandé en la Chambre, que pour les choses concernant son ministere.

XII. Ne pourront lesdits Officiers partager entr'eux les 150 livres qui leur sont accordées par le Roy, pour le loyer de la Jurisdiction, mais seront tenus de les employer annuellement aux réparations & entretien de l'Auditoire, Chambre du Conseil, Parquet, les Greffes & autres nécessités de ladite Jurisdiction.

XIII. Seront tenus lesdits Officiers faire incessamment carreler ledit Greffe, garnir les croisées de verres & de barreaux de fer suffisans pour la sûreté dudit Greffe. Comme aussi, ledit Chedavier, un mois après la réparation achevée, de faire mettre dans ledit Greffe, des armoires fermantes à clef, pour y resserrer les minutes.

XIV. Que lesdits Officiers ne pourront se servir d'autre Greffier que de celui en exercice, ou de Commis qui leur sera par lui présenté, lesquels ils seront tenus recevoir, après avoir fait une information de vie & mœurs, & ne leur sera payé par chaque réception desdits Commis, que la somme de 25 livres.

XV. Que ledit Chedavier & autres Greffiers de ladite Election, ou Commis,

1723. seront tenus de venir en robe & bonnet, tant aux Audiences, que Chamb du Conseil & autres lieux, où lesdits Officiers se trouveront pareillement robe, pour l'administration de la Justice.

XVI. Que ledit Chedavier, ou autres Greffiers, ou Commis seront ten d'aller en robe avec les Officiers dans les descentes & transports qu'il convie dra faire pour les Fermes & droits du Roy, d'écrire les procès-verbaux d'i cendie, grêle & gelée, d'apposer les scellés, faire les inventaires chez l Collecteurs, Cabaretiers, Commis ou Receveur, tant des Aydes que des Tai les, qui seront décédés, ou auront quitté, emporté ou dissipé les denier & généralement tous autres actes requis, sans qu'ils puissent être assujett à aller aux chevauchées.

XVII. Que ledit Chedavier ou autres Greffiers recevront les épices desdi Officiers, pour leur en compter & délivrer toutes fois & quantes ils en seror requis, à la remise d'un sol pour livre; à l'effet duquel compte le Greffier tien dra un registre cotté & paraphé par le Président, ou en son absence, par le Lieu tenant ou plus ancien desdits Officiers.

XVIII. Que ledit Chedavier ou autres Greffiers en exercice seront tenus d'avoi des registres cotés, reliés & paraphés par le Président, & en son absence, par le Lieu tenant ou plus ancien des Officiers de ladite Election, suivant l'ordre du tableau

XIX. Que ledit Chedavier sera tenu payer auxdits Officiers les épices & émolu mens qu'il a reçus pour eux comme Greffier en l'année 1713 & 1715, même de ce qu'il pourroit recevoir à l'avenir desdites années.

XX. Que ledit Chedavier & autres Commis au greffe seront tenus, dans le temp de leurs exercices, de se trouver les jours de Bureau & d'Audience au greffe depuis huit heures du matin jusqu'à midi, & depuis deux heures de relevée jus qu'à six, pour le service du Public.

XXI. Et sur le surplus de toutes les autres demandes, fins & conclusions respectives, a mis & met les Parties hors de Cour & de procès, dépens com pensés, même ceux réservés par l'Arrêt du 17 Août dernier.

Arrêté en la premiere Chambre de la Cour des Aydes à Paris, le premier Sep tembre mil sept cent vingt-trois.

☞ Lettres-Patentes du 8 Décembre 1723, qui ordonnent que les Jugemens interlocutoires & d'instruction des Juges des Fermes seront exécutés nonobstant l'appel. (Code Louis XV, Tome I, page 66.)

1724. *DÉCLARATION portant Réglement pour le Parlement de Bretagne.*

5 Juillet 1724.

Article VIII. LA Grand'Chambre de notredit Parlement connoîtra privativement de toutes les appellations verbales sans distinction, concernant nos Domaines, Fermes, traites, droits y joints, droits de ports & havres, gabelles, fouages, impôts & billots, devoirs des Etats, le tout tant pour le civil que pour le criminel : des appellations des Jugemens rendus en matiere de police, aussi tant au civil qu'au criminel, des Réglemens entre les Juges inférieurs, s'ils incident aux procès pendans aux Enquêtes, & des procès évoqués des autres Parlemens, & renvoyés audit Parlement. 1724.

LETTRES-PATENTES qui ordonnent l'enregistrement pur & simple de la Déclaration du 7 Janvier 1727, qui regle les contestations entre la Chambre des Comptes & la Cour des Aides de Paris, sur le fait de leur jurisdiction. 1727.

3 Mars 1727.

LOUIS, &c. Nous étant fait représenter notre Déclaration du 7 Janvier dernier, par laquelle, après avoir fait examiner en notre Conseil lesdits titres, pieces & mémoires fournis respectivement par notre Chambre des Comptes & notre Cour des Aydes de Paris, aurions réglé les contestations qui étoient entre ces deux Cours sur le fait de leur jurisdiction : & étant informés qu'au préjudice d'une décision aussi authentique, vous auriez par votre Arrêt d'enregistrement, du 5 Février dernier, modifié & interprété notredite Déclaration. A ces causes, de l'avis de notre Conseil, & conformément à l'Arrêt ci-attaché sous le contre-scel de notre Chancellerie, cejourd'hui donné en notre Conseil d'Etat, nous y étant, nous avons, par ces présentes signées de notre main, cassé & annullé votredit Arrêt d'enregistrement du 5 Février dernier. Voulons que dans huitaine, pour tout délai, il soit par vous procédé à l'enregistrement pur & simple de notredite Déclaration. Si vous mandons, &c.

Données à Versailles, le trois Mars mil sept cent vingt-sept.

Registrées en la Cour des Aydes, le 7 Mars suivant.

ARRÊT de la Cour des Aides de Montauban, qui fait défenses aux Officiers des Elections de procéder à la retaxe des dépens. (Recueil de Montauban, page 269.) 1732.

25 Janvier 1732.

LA Cour faisant droit sur les conclusions verbales du Procureur-Général du Roy, fait inhibitions & défenses, tant aux Officiers de l'Election de Millau, que tous autres du ressort de la Cour, de procéder à la retaxe des dépens faite devant eux, à peine d'interdiction, sauf aux Parties de se pourvoir par appel en la Cour. Ordonne que le présent Arrêt sera envoyé, &c. Fait à Montauban, en la Cour des Aydes & Finances, le vingt-cinq Janvier mil sept cent trente-deux.

1739.

ARRÊT de la Cour des Aides de Montauban, concernant les Déclarations d'appel & Requêtes en opposition. (Recueil de Montauban, page 273.)

30 Mai 1739.

SUR la Requête présentée à la Cour par le Procureur-Général du Roy, contenant que quoique les appels ne soient établis que pour faire réparer les griefs qui peuvent être inférés par les Juges subalternes, plusieurs néanmoins s'en servent pour multiplier les procédures & perpétuer les procès. On voit journellement une infinité d'obstacles aux Jugemens des procès pendans devant les Juges inférieurs, par des déclarations d'appel hasardées & réitérées le plus souvent par les Procureurs, & quelquefois par les Parties, sans obtenir des lettres de la Chancellerie; sur chacune desquelles déclarations d'appel, la Partie contre laquelle est la déclaration d'appel, se trouve obligée de poursuivre en la Cour, des Ordonnances portant que l'appel sera relevé en forme, & ensuite qu'à faute de l'avoir relevé, il sera passé outre, & que ce dont l'appel a été déclaré sera exécuté. L'abus que font la plupart de la liberté de se pourvoir par Requête en opposition contre les Jugemens ou Arrêts rendus à faute de se présenter, ou à l'audience faute de plaider, est aussi devenu un moyen familier pour favoriser la chicane de ceux qui veulent éluder, soit par l'affectation de supprimer dans la copie le nom de l'Avocat ou Procureur qui a signé la Requête, soit par des assignations inutiles & frustratoires qu'ils font donner en conséquence de ces requêtes en opposition, sans que la Partie poursuivante soit dédommagée du tort que ce retardement lui cause. Et attendu que le devoir du ministere du Suppliant l'engage de prévenir le préjudice & les inconvéniens qui viennent de pareils abus, dont l'esprit de la justice demande la réformation, il requiert la Cour d'ordonner, &c. La Cour, faisant droit sur ladite Requête, a ordonné & ordonne ce qui suit :

I. Les Parties ou les Procureurs qui ont déclaré ou qui déclareront appel principal ou incident en matiere civile, dans la présente Ville ou dans la banlieue d'icelle, des procédures, appointemens, Sentences ou Jugemens des Bureaux des Elections, Juges des Gabelles, Maîtres des Ports, Traites foraines & autres Juges inférieurs, dont l'appel ressortit en la Cour, obtiendront des lettres de la Chancellerie de relief d'appel, par le premier jour de la tenue du sceau après la signification de la déclaration d'appel, & feront signifier lesdites lettres avec assignation, & ce par le même jour de la tenue du sceau. Et faute d'avoir obtenu & fait signifier lesdites lettres, & d'avoir intimé les Parties, les Jugemens, appointemens & Sentences seront mis à exécution, & les procédures continuées & parachevées comme s'il n'y avoit point eu de déclaration d'appel; sans qu'il soit nécessaire de poursuivre aucune Ordonnance pour comminer de relever l'appel en forme, & pour rétablir la Jurisdiction des Juges inférieurs.

II. Les délais pour obtenir & pour faire signifier avec assignation les lettres de relief d'appel faites ou à faire des Jugemens, appointemens, Sentences & procédures des Juges inférieurs dont l'appel ressortit en la Cour, seront dans les lieux qui sont hors de la présente Ville & dans la banlieue d'icelle, ou de la distance de quinze lieues de la présente Ville, de huitaine; de quinze lieues à trente, de quinzaine; de trente à quarante, de trois semaines; & au-delà de quarante lieues, le délai sera d'un mois; sans néanmoins qu'à l'égard des déclarations d'appel d'appel faites dans la présente Ville par les Parties ou par leurs Procureurs, ils puissent jouir d'un plus long délai, sous prétexte de la distance du domicile des Parties; mais ils obtiendront & feront signifier lesdites lettres dans le premier jour de la tenue du sceau. Et faute par les Parties ou par les Procureurs de faire signifier lesdites lettres avec assignation dans les délais, il sera procédé comme avant lesdites déclarations d'appel. 1739.

III. Si après une premiere déclaration d'appel, & les délais portés par les deux articles précédens, il est fait une nouvelle déclaration d'appel des mêmes Jugemens, appointemens ou Sentences, il n'y sera eu aucun égard, & il sera passé outre, & procédé à l'exécution de ce dont il aura été déclaré appel, ou à la continuation de la procédure, comme s'il n'y avoit point eu de déclaration d'appel.

IV. Il ne sera eu aucun égard aux déclarations d'appel faites par les Parties ou par les Procureurs, si elles ne sont signées par ceux qui déclareront l'appel. Et en cas les Parties ne sçachent signer, il en sera fait mention dans l'exploit, & qu'elles en ont été requises; autrement il sera passé outre & procédé comme s'il n'y avoit point de déclaration d'appel.

V. La Partie qui aura déclaré ou qui déclarera appel, & qui n'obtiendra pas des lettres de relief, & ne les fera pas signifier, avec assignation dans les délais ci-dessus prescrits, sera tenue envers les autres Parties de l'instance dont il aura suspendu les poursuites ou l'exécution des Jugemens, des frais du séjour, à compter du jour de la déclaration d'appel jusqu'au jour auquel les poursuites pourront être reprises; lesquels frais seront réputés dépens frustrés, qui seront dûs, quel événement qu'ait le procès au fonds. Elle sera en outre condamnée en dix livres d'amende, à titre de dommage & intérêts, en faveur de chacune des Parties de l'instance, ou en une plus grande, s'il y écheoit.

VI. Le Procureur qui déclarera appel, & qui n'obtiendra pas des lettres de la Chancellerie, & qui ne les fera pas signifier avec assignation, dans les délais ci-dessus prescrits, sera tenu en son propre des frais du séjour & des dommages & intérêts envers les autres Parties, sans qu'il puisse les répéter sur sa Partie.

VII. Les Requêtes en opposition aux Jugemens ou Arrêts rendus à faute de se présenter, ou à l'audience faute de plaider, seront données & signifiées dans le délai porté par l'article CXI du titre XXXV de l'Ordonnance de *1667*, sans assignation; déclarant nulles & de nul effet celles qui pourroient être données en pareil cas, tant devant les Juges inférieurs qu'en la Cour, auxquelles assignations il ne sera eu aucun égard, & il sera passé outre & procédé au Jugement des Requêtes en opposition, comme s'il n'y avoit point d'assignation.

VIII. Il ne sera non plus eu égard aux Requêtes en opposition mentionnées en l'article précédent, lorsque dans les copies on aura omis ou supprimé le nom des Avocats ou Procureurs qui les auront signées, & il sera passé outre, & ce à quoi sera formé opposition exécuté, & procédé comme s'il n'y avoit point de Requête en opposition.

Et afin que le présent Arrêt soit notoire, ordonne que copies, duement collationnées, seront envoyées dans tous les Bureaux des Elections, Gabelles, Maîtres des Ports, Traites foraines & autres Jurisdictions du ressort de la Cour, pour y être registré & publié, à la diligence des Substituts du Procureur-Général, qui en certifieront la Cour dans le mois; & que pareilles copies seront remises aux Syndics des Procureurs en la Cour, pour le contenu audit Arrêt être gardé & observé suivant sa forme & teneur. Fait à Montauban, en la Cour des Aydes & Finances, le trente Mai mil sept cent trente-neuf. Collationné. *Signé*, BUSCON.

1740. ☞ Arrêt du Conseil, du 22 Novembre 1740, qui ordonne que pour parvenir à un Réglement général, les Officiers des Bureaux des Finances du Royaume seront tenus de remettre à M. le Contrôleur-Général leurs titres, pieces, tarifs & Mémoires, pour justifier des droits qu'ils prétendent percevoir pour la perception & prestation de serment des Officiers qui sont sous leurs charges; & cependant que par provision & jusqu'à ce que par elle il en ait été autrement ordonné, lesdits Officiers des Bureaux des Finances ne pourront exiger ni recevoir des Officiers des Elections & des Greniers à sel pour leur réception & prestation de serment & enregistrement de leurs provisions, que la somme de 60 livres pour tous droits, non compris les droits réservés & rétablis qui peuvent être dus. Ordonne au surplus Sa Majesté que les Réglemens & Arrêts du Conseil qui enjoignent aux Officiers des Elections & des Greniers à sel de se faire recevoir, prêter serment, & de faire enregistrer leurs provisions aux Bureaux des Finances, seront exécutés selon leur forme & teneur. (Mémoire sur les privileges & fonctions des Trésoriers-Généraux de France, imprimé à Orléans en 1745, page 117.)

1745. *LETTRES-PATENTES qui homologuent la délibération prise par les Officiers de l'Election de Paris, du 13 Juillet de la présente année, & ordonne qu'elle sera exécutée selon sa forme & teneur.*

7 Août 1745.

LOUIS, &c. Notre intention étant de donner à nos amés & féaux Conseillers les Président, Lieutenant, Assesseur, Elus, Avocat & Procureur de l'Election de Paris, des marques de notre satisfaction de leur zele & des mesures qu'ils ont prises pour le plus prompt payement de la somme de 340000 liv., à laquelle nous avons fixé le rachat de leur prêt & annuel, & l'acquisition des taxations qui leur sont attribuées par l'Edit du mois de Février dernier; nous avons écouté favorablement la Requête qu'ils nous ont présentée, pour nous supplier d'homologuer la délibération qu'ils ont prise, le 13 Juillet dernier, devant Deshayes & son Confrere, Notaires à Paris, à l'effet d'emprunter ladite somme de 340000 liv. aux clauses, charges & conditions portées par icelle, & d'exempter de toute retenue du dixieme les taxations qui leur sont attribuées, & leur faire main-levée pleine & entiere des saisies faites de leurs gages, en vertu de l'Arrêt du 15 Mai dernier, & d'ordonner le *visa* des originaux des exploits des saisies qui pourroient être faites des arrérages & des principaux des rentes qu'ils constitueront jusqu'à concurrence de ladite somme principale de 340000 liv., & qu'enfin pour les mettre en état de soutenir les engagemens qu'ils contractent aujourd'hui, ils nous supplioient très-humblement, en expliquant en détail les privileges dans lesquels nous les avons expressément maintenus & confirmés par l'article VI de notre Edit du mois de Février dernier, concernant leurs fonctions, de leur rendre l'attribution & connoissance des Fermes & droits, tels que sont les toiles peintes, les bois quarrés, les cuivres, les cartes à jouer, la marque des fers, celle de l'étain, les droits rétablis, tant ceux dont la régie est ordonnée, que ceux nouvellement donnés à ferme, dont ils sont Juges naturels, & dont cependant ils ont été dépouillés au préjudice de l'établissement de leur Jurisdiction, nous avons pourvu par Arrêt rendu en notre Conseil d'Etat cejourd'hui, à l'homologation de ladite délibération du 13 Juillet de la présente année, & ordonné qu'elle seroit exécutée selon sa forme & teneur, & en conséquence permis auxdits Officiers de l'Election de Paris d'emprunter aux clauses, charges & conditions portées par icelle, jusqu'à concurrence de ladite somme de 340000 livres, à l'effet de quoi une expédition de ladite délibération demeureroit annexée à la minute de l'Arrêt qui interviendroit, & ordonné que les taxations attribuées auxdits Officiers par ledit Edit du mois de Février dernier, qui sont ou seront par eux déléguées à leurs créanciers, seroient exemptes de toute retenue du dixieme, & que les originaux des exploits de saisies qui pourroient être faites des arrérages de rentes ou des principaux d'icelles, qui seront constituées par lesdits Officiers, soient visés par celui d'entre eux chargé du payement desdites rentes & remboursemens des capitaux d'icelles, à peine de nullité desdites saisies. Nous aurions de plus fait main-levée pleine & entiere auxdits Officiers des saisies qui pourroient avoir été faites de leurs gâges, en vertu de l'Arrêt du 15 Mai dernier, nous réservant de faire droit sur les autres demandes desdits Officiers concernant leurs fonctions & attributions, ainsi & de la maniere que nous trouverions la plus convenable; & voulant que tout le contenu audit Arrêt soit exécuté selon sa forme & teneur. A ces causes, nous vous mandons & ordonnons par ces présentes signées de notre main, que ledit Arrêt ci-avec ledit Edit du mois de Février dernier, & l'expédition de ladite délibération du 13 Juillet dernier, prise devant Deshayes & son Confrere, Notaires au Châtelet de Paris, attachés sous le contre-scel de notre Chancellerie, vous ayez ensemble ces présentes à enregistrer, & tout leur contenu exécuter & faire exécuter sans y contrevenir, ni souffrir qu'il y soit contrevenu en quelque sorte & maniere que ce soit: car tel est notre plaisir. 1745.

Données au Camp d'Alost, le septieme jour d'Août, l'an de grace mil sept cent quarante-cinq, & de notre regne le trentieme. *Signé*, LOUIS; & plus bas, par le Roy, PHELYPEAUX.

Registrées en la Cour des Aydes, le 28 Août 1745.

ARRÊT de la Cour des Aides, qui ordonne que le Procureur du Roi de l'Election de Millau sera oui dans tous les Jugements par défaut. (Recueil de Montauban, page 281.) 1748.

29 Janvier 1748.

SUR la Requête présentée à la Cour par le Procureur-Général du Roy, contenant qu'en exécution de l'article CXI du titre V des congés & défauts en matiere civile de l'Ordonnance de 1667, le profit des défauts doit être jugé sur-le-champ en audience, & les conclusions adjugées au demandeur, si la demande se trouve juste & bien vérifiée. Cette derniere disposition établit la vérification comme un préalable nécessaire; mais comme l'examen des pieces justificatives des demandes en profit de défaut ne peut être fait que très-difficilement à l'audience, & que le défaut d'examen peut donner lieu à beaucoup de surprises, & causer de grands préjudices aux défaillans, ce qui multiplie les oppositions, & expose

1748. les Parties à des frais que la vérification de la demande auroit évités; la Cour ordonné depuis long temps que tous les défauts, avant d'en poursuivre l'utilit seroient communiqués aux Gens du Roy, afin qu'ils pussent vérifier les demand & les pieces justificatives, & en faire le rapport à l'audience. Quoique cette d cision dût servir de regle aux Bureaux des Elections du ressort de la Cour, cepe dant il demeure informé que les Officiers en l'Election de Millau jugent l'utili des défauts sans entendre ses Substituts audit Bureau; ce qui occasionne souve des surprises couteuses aux Parties. C'est pourquoi requiert la Cour d'ordonner, & La Cour faisant droit sur la requête du Procureur-Général, a ordonné & ordonn que dans tous les Jugemens qui seront rendus à l'avenir par les Officiers en l'Electio de Millau sur l'utilité des défauts, les Avocats ou Procureurs du Roy audit Bure seront ouis, à peine de nullité & cassation desdits Jugemens; auquel effet enjoint au Procureurs postulans de leur communiquer deux jours avant l'audience les défau & pieces justificatives de la demande, à peine de 100 livres d'amende, en leu propre, & de tous dépens, dommages & intérêts. Sera le présent Arrêt enregistr au greffe de ladite Election, lu & publié, l'audience tenant; desquels registre lecture & publication son Substitut certifiera la Cour dans le mois. Fait à Montau ban, en la Cour des Aydes & Finances, le vingt-neuf Janvier mil sept cent qua rante-huit. Collationné. *Signé*, BUSCON.

1751. *ARRÊT de la Cour des Aides de Montauban, portant Réglemen pour le Bureau de l'Election de Commenge. (Recueil de Montauban, page 282.)*

11 Mars 1751.

ENTRE les Officiers de l'Election de Commenge, séant à Muret, supplians par requête de soit-montré du 18 Août dernier, à ce que pour les causes y contenues, il plût à la Cour condamner, tant Me. François-Guillaume Bugat, Président en ladite Election, que Duclos, Commis au greffe, de payer & remettre solidairement auxdits Officiers, &c. La Cour, disant droit définitivement aux Parties, & sur les conclusions du Procureur-Général du Roy, a ordonné & ordonne que de la somme de 400 livres consignée par ledit Bugat, en conséquence de l'Arrêt de la Cour, du 4 Août 1750, il en sera délivré 200 livres aux Officiers de l'Election qui ont été présens à son installation; & la somme de 200 livres restante sera rendue audit Bugat; à quoi faire le Greffier de ladite Election contraint par toutes voies & par corps, & moyennant ce valablement déchargé; sauf aux Officiers dudit Bureau de régler entr'eux à l'avenir par délibération le droit d'entrée & installation, ainsi qu'ils verront être à faire; & en défaut, ordonne qu'à l'avenir ceux qui auront été pourvus & reçus aux Offices de Président, Lieutenant, Conseillers & Procureur du Roy en ladite Election, consigneront 200 liv. pour ledit droit, & les fils de Maître moitié moins; lesquelles sommes seront partagées par égales portions entre les Officiers présens ou malades dans la Ville de Muret, ou ceux qui seront absens pour les fonctions de leurs charges, affaires de la Compagnie, ou qui seront en commission. Ordonne que les lettres ou paquets adressés aux Officiers du Bureau seront remis au Président ou autre ayant le dévolu en son absence, & ne pourront être ouverts que dans la Chambre du Conseil, en présence des Officiers qui seront entrés. Ordonne aussi que le Procureur du

Roy, & en son absence ou récusation, le Président ou autre Officier, suivant l'ordre du tableau, pourra accorder en seul les certificats de non parenté. A ordonné & ordonne qu'il sera choisi par les Officiers dudit Bureau, si fait n'a été, un lieu sûr & commode, joignant la Chambre du Conseil ou de l'Audience, pour y établir le greffe, dans lequel tous les registres, les minutes des rôles de taille des Communautés de ladite Election & autres papiers du greffe, seront déposés, & y resteront perpétuellement, pour y avoir recours, sans qu'ils puissent être transportés ailleurs, sous quelque prétexte que ce soit, à peine contre lesdits Greffiers ou autres qui auroient détourné lesdits papiers, de punition exemplaire, & d'en être enquis. Enjoint au Greffier dudit Bureau & à ses Commis de se tenir dans ledit greffe pour y délivrer les expéditions aux Parties, & de s'y trouver une heure au moins avant les audiences. Ordonne que huitaine après l'expédition du présent Arrêt, il sera fait par le Président de ladite Election, & à son défaut, par un autre Officier, suivant l'ordre du tableau, un bon & fidele inventaire desdits registres, rôles & papiers, dont il sera fait double, l'un desquels restera au greffe, & l'autre sera déposé dans un coffre avec les registres des délibérations & les autres actes concernant l'intérêt particulier dudit Bureau, dont la clef sera gardée par le Syndic desdits Officiers. Ordonne aussi que par le même Commissaire il sera fait une exacte recherche desdits titres, rôles & papiers du greffe, tant dans la maison du Greffier actuel & de ses Commis, que dans celles de leurs prédécesseurs ou leurs héritiers, pour être déposés au greffe, & insérés dans ledit inventaire; auquel effet lesdits Greffiers, Commis ou leurs héritiers seront tenus d'ouvrir en présence dudit Commissaire, les chambres, armoires, coffres & cabinets, dans lesquels ledit Commissaire pourroit présumer que lesdits titres ont été recélés, à peine d'ouverture & bris des portes; pardevant lequel Commissaire lesdits Greffiers, Commis ou leurs héritiers seront tenus d'affirmer par serment qu'ils n'ont en leur pouvoir, & ne cessent de détenir par dol ni fraude les registres, rôles & papiers dudit greffe; de laquelle recherche & prestation de serment, il sera dressé procès-verbal par ledit Commissaire, qui sera envoyé au greffe de la Cour, dans le mois, à la diligence du Substitut du Procureur-Général du Roy. A ordonné & ordonne qu'à chaque changement de Greffier, par mort ou autrement, l'inventaire desdits titres & papiers sera récolé par le Président, ou autre Officier dudit Bureau à son défaut, suivant l'ordre du tableau, pour sçavoir s'il manque quelqu'un desdits titres & papiers compris audit inventaire; & ceux qui auront été déposés au greffe y seront additionnés pour éviter l'égarement. A ordonné & ordonne que les Ordonnances royaux, Arrêts & Réglemens de la Cour, & notamment celui du 7 Septembre 1684, seront exécutés suivant leur forme & teneur, & que ledit Réglement sera registré, si fait n'a été, ès registres dudit Bureau, ensemble le présent Arrêt, à la diligence du Substitut du Procureur Général du Roy en ladite Election, auquel enjoint d'en certifier la Cour dans le mois, dépens compensés. Fait à Montauban, en la Cour des Aydes & Finances, le onze Mars mil sept cent cinquante-un. 1761.

1755.

ARRÊT de la Cour des Aides, qui fait défenses de mettre à exécution un Jugement des Trésoriers de France, qui ordonnoit que les Officiers de l'Election de Paris seroient tenus de poursuivre leur réception audit Bureau, aussi-tôt après qu'ils auront été reçus en la Cour, sans pouvoir s'immiscer dans les fonctions de leurs Offices postérieurement au jour de leur installation, & défenses aux Officiers de l'Election de les souffrir.

14 Juin 1755.

VU par la Cour la Requête à elle présentée par le Procureur-Général, contenant que le 13 Mars 1755, il a été rendu au Bureau des Finances de Paris un Jugement par lequel les Officiers de l'Election de Paris sont tenus de poursuivre leur réception audit Bureau aussi-tôt après qu'ils auront été reçus en la Cour, sans pouvoir s'immiscer dans les fonctions de leurs Offices postérieurement au jour de leur installation, & défenses sont faites auxdits Officiers de les souffrir. Ce Jugement a été signifié tant au Substitut qu'au Greffier de ladite Election. Ce Jugement étant un attentat sur l'autorité de la Cour, qui seule a droit de recevoir lesdits Officiers de l'Election, & de les installer dans les fonctions de leurs Offices & de les mettre en état de les exercer, le Procureur-Général se croit obligé de donner la présente Requête. A ces causes requéroit, &c.

La Cour a reçu & reçoit le Procureur-Général appellant, tant comme de Juge incompétent qu'autrement dudit Jugement du Bureau des Finances, du 13 Mars dernier; permet au Procureur-Général du Roy d'intimer sur icelui qui bon lui semblera, & cependant fait défenses de mettre ledit Jugement à exécution. Fait & donné à Paris, en la premiere Chambre de la Cour des Aydes, le quatorze Juin mil sept cent cinquante-cinq. *Signé*, BESNIER.

Cet Arrêt signifié au Procureur du Roi de l'Election de Paris, le 27 Juin suivant, à la requête de M. le Procureur-Général.

1756.

DÉCLARATION concernant les Loix Pénales contre les Contrebandiers. (Enregistrement de l'Election, Volume coté XXIII, folio 3.)

30 Mars 1756.

LOUIS, &c. Par les Ordonnances, Edits & Réglemens précédemment rendus, il a été ordonné que les vagabonds & gens sans aveu, artisans, gens de métier, facteurs, messagers, voituriers, crocheteurs, gens de peine, gens repris de justice, matelots & autres personnes de cette qualité qui seront condamnés en des amendes pour faux-saunage, contrebande & contravention à nos Ordonnances, & qui ne pourront les payer dans le mois, seront sur la requête de l'Adjudicataire de nos Fermes, condamnés à la peine des galeres. Nous sommes informés que lorsque les Jugemens, qui prononcent cette peine par conversion & faute

de payement des peines pécuniaires, sont intervenus, les condamnés ne sont plus admis à payer lesdites amendes, pour se soustraire à la peine des galeres. 1756.
Les Ordonnances & Réglemens précédemment rendus prescrivent aussi, que dans le cas où il est prononcé par le même Jugement des peines corporelles & afflictives, & des amendes contre les faux-sauniers & contrebandiers récidiveurs, ils seront tenus de consigner dans un mois les amendes auxquelles ils seront condamnés, & que passé ce délai les condamnations de galeres seront exécutées nonobstant l'appel des Sentences, & quoique l'article VI du titre XXVI de l'Ordonnance du mois d'Août 1670, prescrive que lorsqu'une Sentence porte condamnation de peine corporelle, de galere, de bannissement à perpétuité, ou d'amende honorable, soit qu'il y ait appel ou non, l'accusé & son procès seront renvoyés en nos Cours. L'article XXVI du titre XVII de l'Ordonnance du mois de Mai 1680, en renouvellant la disposition de la Déclaration de 1677, a ordonné que l'appel des Sentences définitives, même de celles qui porteront peines afflictives, ne sera reçu, que les sommes auxquelles monteront les condamnations, tant pour les amendes que pour les restitutions de nos droits de gabelles, n'ayent été actuellement consignées entre les mains du Commis de l'Adjudicataire de nos Fermes, ce qui a donné lieu à plusieurs de nos Cours & Juges de douter si la disposition de l'Ordonnanc de 1670, à laquelle il n'a point été dérogé expressément par celle de 1680, ne devoit pas continuer à s'exécuter, & voulant interpréter favorablement les dispositions pénales portées par lesdites loix, autant que le peuvent permettre le recouvrement & la régie des revenus destinés à supporter les charges de l'Etat, nous avons résolu d'expliquer plus clairement nos intentions sur ces deux points. A ces causes, &c. voulons & nous plaît ce qui suit:

I. Ceux qui auront été condamnés aux galeres faute de payement, & par conversion de l'amende contre eux prononcée, seront admis à payer ladite amende après le Jugement de conversion, même après qu'ils auront commencé à subir la peine contre eux prononcée, & seront aussi-tôt remis en liberté de même que s'ils avoient payé ladite amende, immédiatement après la condamnation; & le Jugement de conversion contr'eux prononcé, demeurera, en ce cas, sans effet & comme non avenu.

II. L'article VI du titre XXVI de l'Ordonnance du mois d'Août 1670, sera exécuté lorsque les Sentences des premiers Juges, qui ressortissent en nos Cours, auront prononcé contre les faux-sauniers, contrebandiers & autres contrevenans aux Ordonnances de nos Fermes, la peine de mort ou autres condamnations emportant mort civile, ce qui aura pareillement lieu dans le cas où elles prononceront des peines infamantes contre les Ecclésiastiques, les Gentilshommes, les pourvus d'Offices royaux, & tous autres jouissans des privileges de la noblesse; voulons en conséquence qu'auxdits cas lesdites Sentences ne puissent être exécutées qu'après qu'elles auront été confirmées par les Arrêts de nos Cours, & que dans tous les autres cas l'article XXVI du titre XXVII de l'Ordonnance de 1680 soit exécuté selon sa forme & teneur, & en conséquence l'appel interjetté par ceux qui seront condamnés à des peines corporelles & afflictives, ne pourra être reçu qu'après que les peines pécuniaires prononcées par lesdites Sentences auront été exécutées, & si elles ne le sont dans le mois du jour de la signification, lesdites Sentences passeront en force de chose jugée, dérogeant à cet égard, en tant que de besoin, à l'Ordonnance de 1670, & à toute autre à ce contraire. Si donnons en mandement, &c.

Donnée à Versailles, le trentieme jour de Mars, l'an de grace mil sept cent

1756. cinquante-six, & de notre regne le quarante-unieme. *Signé*, LOUIS; & plus bas, par le Roy, M. P. DE VOYER D'ARGENSON.

Registrée en la Cour des Aydes, oüi & ce requérant le Procureur-Général du Roy, pour être exécutée selon sa forme & teneur, sans préjudice néanmoins de l'article III de la Déclaration de 1744, qui sera exécuté selon sa forme & teneur, en conséquence ordonne que les condamnés aux galeres, par conversion & faute de payement de l'amende, ne seront point marqués; & en outre à la charge que l'article II de la présente Déclaration n'aura lieu que pour les condamnés pour fauxsaunages & restitution des droits des gabelles seulement; le tout sauf l'appel que le Procureur-Général du Roy pourroit interjetter. Ordonne au surplus l'exécution de l'article VI du titre XXVI de l'Ordonnance de 1670, & que copies collationnées de la présente Déclaration & du présent Arrêt, seront envoyées aux Greniers à sel & dépôts des sels, &c. Fait à Paris, en ladite Cour des Aydes, les Chambres assemblées, le 2 Juin 1756. *Signé*, BESNIER.

1757. LETTRES-PATENTES *portant privilege exclusif de la Manufacture Royale des glaces en faveur de Louis Renard.*

22 Octobre 1757.

LOUIS, &c. Nos chers & bien-amés les Intéressés en la Manufacture Royale des glaces, associés sous le nom de Louis Renard & Compagnie, nous ont fait représenter que les avantages que cette Manufacture a procurés en tout temps à la France, sont connus. Que le premier privilege accordé en 1665 se bornoit à imiter les glaces soufflées de Venise, mais que bientôt le génie inventif de la Nation donna lieu à un nouveau privilege pour les glaces coulées, en 1688. Que les commencemens de ces établissemens furent difficiles & coûteux, malgré les différentes exemptions & privileges qui leur furent accordés, & dont ils ont toujours joui. Que ce n'est que depuis la réunion de ces deux privileges, en 1695, & l'ordre établi dans la Compagnie qui les exploitoit par l'Arrêt du Conseil, du 22 Août & les Lettres-Patentes, du 23 Octobre 1702, que cette entreprise a prospéré & acquis un dégré de solidité qui annonçoit la suite de ses succès, qui furent récompensés par un nouveau privilege accordé à la même Compagnie par les Lettres-Patentes du 20 Février 1727, sous le nom d'Antoine Dagincourt; que depuis ce temps les soins que les exposans se sont donnés pour améliorer cette Manufacture & les dépenses considérables qu'ils ont fait pour la porter au plus haut degré de perfection, les avoient mis dans le cas non seulement de fournir à la consommation intérieure du Royaume les glaces qu'on tiroit auparavant de l'Etranger, mais même d'en fournir à l'exportation, qui n'est arrêtée que par le payement des droits de sortie, dont ils nous supplioient de leur accorder l'exemption. Que d'ailleurs l'économie de leur manutention, & encore plus l'extension de leur commerce, les avoient mis en état de supporter quelques diminutions sur le prix des glaces arrêté par leur tarif actuel, & principalement sur les glaces de numéro & sur celles petites & moyennes; que leur zele les portoit à accepter à cet effet un nouveau tarif auquel ils offrent de se soumettre dès-à présent & pour le temps qui reste à expirer de leur privilege existant, espérant que si leur zele excédoit leurs forces, nous voudrions bien y pourvoir par la suite, & observant

observant que quoique le privilege accordé par les Lettres-Patentes de 1727 ne soit point expiré, les mêmes raisons qui ont déterminé à leur accorder lesdites Lettres plus de cinq ans avant l'expiration du privilege de 1702, militent aujourd'hui en leur faveur pour l'obtention de nouvelles Lettres qu'ils nous supplient de leur accorder dès-à-présent, pourquoi s'étant pourvu en notre Conseil, vu leur Requête expositive de ce que dessus, lesdites Lettres-Patentes des premier Mai & 15 Octobre 1695, 23 Octobre 1702 & 20 Février 1727, ensemble le projet de nouveau tarif y joint, & l'avis des Députés du Bureau du Commerce, & oui le rapport du sieur Peyrinc de Moras, Conseiller ordinaire au Conseil Royal, Contrôleur-Général de nos Finances, il y est intervenu Arrêt le 23 Août dernier, sur lequel nous avons ordonné que toutes Lettres nécessaires seroient expédiées. A ces causes, de l'avis de notre Conseil qui a vu ledit Arrêt du 23 Août dernier, & le nouveau tarif y annexé, ci-attachés sous le contre-scel de notre Chancellerie, nous avons, conformément audit Arrêt, ordonné, & par ces présentes signées de notre main, ordonnons que lesdits Intéressés en la Manufacture Royale des glaces, associés sous le nom de Louis Renard & Compagnie, jouiront pendant le temps & espace de trente années consécutives, à compter du 23 Octobre 1762, du privilege exclusif exempt de toutes charges, de fabriquer & faire fabriquer dans toute l'étendue du Royaume, par tels Ouvriers que bon leur semblera, nobles ou roturiers, des glaces de toutes grandeurs, de toutes formes & de toutes couleurs, tant à souffler qu'à couler, & de quelqu'autre maniere qu'on les puisse fabriquer, les tailler, doucir & polir; le tout conformément aux Lettres-Patentes des premier Mai & 15 Octobre 1695, 23 Octobre 1702 & 20 Février 1727, à la charge par les Intéressés de diminuer le prix des glaces porté par l'ancien tarif à raison de vingt pour cent sur les glaces de numéro, de cinq pour cent sur les glaces de 150 livres & au-dessous, & de deux pour cent sur les glaces de 620 livres & au-dessous, jusqu'au prix de 150 livres; en conséquence, de livrer lesdites glaces au Public sur le pied du nouveau tarif annexé à la minute dudit Arrêt, ce qu'ils seront même tenus de faire pendant le temps qui reste à expirer de leur nouveau privilege, & ce, à compter au premier Janvier 1758. Ordonnons pareillement que ledit Renard & sa Compagnie pourront faire & fabriquer, concurremment avec ceux qui en ont le droit, des cristaux, verres blancs & toutes sortes d'ouvrages de grosse & petite verrerie, à la charge par ledit Renard, sous peine de révocation du présent privilege, d'entretenir un fourneau travaillant pour la fabrication des cristaux & verres blancs, & d'en tenir dans notre bonne Ville de Paris un magasin ouvert au Public. Faisons défenses à toutes personnes d'introduire dans notre Royaume & d'y faire fabriquer ni vendre sous quelque prétexte que ce puisse être, d'autres glaces que celles fabriquées par ledit Renard, à peine de confiscation d'icelles & des matieres & outils servant à leur fabrication, démolition des fourneaux, & de 3000 livres d'amende pour chaque contravention, applicable le tiers au dénonciateur, un autre tiers à l'Hôpital général & l'autre tiers au profit dudit Renard & Compagnie, sans que lesdites confiscations & amendes puissent être modérées, & ladite peine réputée comminatoire, ni que les Receveurs & Fermiers de nos Domaines y puissent rien prétendre. Ordonnons que la même amende sera encourue pour chaque contravention contre les conducteurs desdites glaces, qui seront confisquées au profit de ladite Compagnie, ensemble les bateaux, charrettes, chevaux & autres voitures & équipages qui serviront à les transporter. Permettons aux Commis & Préposés dudit Renard & Compagnie de faire, quand bon leur semblera, les visites nécessaires en tous lieux, en se faisant accompagner

1757.

du Juge de Police le plus prochain; comme aussi de porter armes défensives
1757. de même que ceux employés dans nos Fermes. Ordonnons aussi que ledit Renar & Compagnie continueront de jouir de l'exemption des droits des cinq grosse Fermes & autres droits & impositions généralement quelconques à nous appar tenans, mis ou à mettre, de domaine, barrage & autres, même de ceux de pon tage & nouvel octroi de Rouen, & généralement de tous autres octrois ancien & nouveaux, de tous drois de péage de Communautés & Seigneurs particuliers comme aussi de tous droits de barrage & autres établis & à établir à l'entré & à la sortie, tant de notre Royaume que des Provinces d'icelui & de notre Vill de Paris & autres lieux, traites foraines & autres droits, & ce, tant pour toute les glaces & autres ouvrages de ladite Manufacture, que pour toutes les matiere servant ou qui serviront à la composition ou fabrication des glaces, à l'exceptio néanmoins du charbon de terre venant des Pays étrangers, dont lesdits Entrepre neurs seront tenus à l'avenir de payer les droits d'entrée à raison de quinze pou cent du prix d'achat ou de facture; comme aussi à l'exception des glaces brutes dont lesdits Entrepreneurs seront tenus de payer les droits à la sortie comme par le passé. Ordonnons que ledit Renard & ses Associés jouiront du droit de *committimus* aux Requêtes de l'Hôtel & du Palais pour les affaires concernant ladite entreprise seulement, tout & ainsi qu'en jouissent les Commensaux de notre Maison; comme aussi que tant eux que leurs Commis, Ouvriers, Gardes & autres employés, servans & domiciliés dans les différens établissemens de ladite entreprise, ne pourront être imposés ni augmentés à la taille pour raison de leur travail dans ladite Manufacture. Ordonnons en outre que lesdits Entrepreneurs demeureront exempts de logement de gens de guerre dans l'enceinte de leurs Manufactures, & que leurs principaux Ouvriers & Commis compris dans un rôle qui sera arrêté chaque année par les sieurs Intendans & Commissaires départis dans les Généralités de Soissons & de Caen, seront aussi exempts de milice & de corvées. Ordonnons que ledit Renard & sa Compagnie jouiront du droit de revendication & de suite sur les glaces & autres ouvrages par eux livrés, pourvu qu'ils se trouvent entre les mains des premiers acheteurs, & que lesdites glaces & autres ouvrages puissent être reconnus. Permettons audit Renard de faire battre dans ses différens établissemens de l'étain en feuille à la maniere d'Angleterre, d'en vendre aux Miroitiers & à tous autres particuliers; comme aussi de l'employer à mettre au teint les glaces destinées pour les Maisons Royales, & même pour toutes personnes regnicoles ou étrangeres, sauf néanmoins & sans préjudice du privilege des Miroitiers & Lunetiers de Paris, dans lequel ils demeureront conservés, suivant & conformément à l'Arrêt & aux Lettres-Patentes du 15 Octobre 1695. Ordonnons en outre que ledit Renard & sa Compagnie demeureront autorisés à prendre en tous lieux de notre Royaume les matieres premieres propres à la fabrication de leurs différens ouvrages, en en payant la valeur de gré à gré ou à dire d'Experts & gens à ce connoissans; comme aussi que ledit Renard pourra associer à son entreprise telles personnes que bon lui semblera, nobles ou roturiers, regnicoles ou étrangers, sans que lesdits Associés Nobles puissent être censés ou réputés avoir dérogé à leur noblesse pour raison de leur association: & que ces Associés & Ouvriers étrangers, après trois ans consécutifs de travail dans lesdites Manufactures, jouissent du droit de naturalité, sans qu'ils soient tenus de prendre aucunes Lettres à ce sujet. Si vous mandons, &c.

Données à Versailles, le vingt-deuxieme jour d'Octobre, l'an de grace mil sept cent cinquante-sept, & de notre regne le quarante-troisieme. *Signé*, LOUIS; & plus bas, par le Roy, Phelypeaux.

Registrées en Parlement, le 7 Septembre 1758, & en la Chambre des Comptes, le 14 Mars 1759. 1757.

Registrées en la Cour des Aydes, oui le Procureur-Général du Roy, pour être exécutées & jouir par les Impétrans de l'effet & contenu en icelles selon leur forme & teneur, aux charges y portées, à la charge que l'exemption de taille accordée par lesdites Lettres aux intéressés de ladite Manufacture, Commis, Ouvriers, Gardes & domiciliés dans les différens établissemens d'icelle, sera uniquement restreinte aux profits qu'ils pourront tirer de leur travail dans ladite Manufacture; mais qu'ils seront imposés, en cas qu'ils possèdent aucuns biens & qu'ils fassent aucun commerce, négoce ou travail autre que leur emploi de ladite Manufacture; à la charge que les personnes, qui avant d'être employées à ladite Manufacture auront été cottisées aux tailles, continueront d'y être imposées aux rôles sans pouvoir en être rayées: comme aussi à la charge que les Directeurs de ladite Manufacture dans les différens établissemens qui sont ou seront faits dans le ressort de la Cour, seront tenus d'envoyer chaque année au greffe de la Cour un état des Ouvriers, Commis, Gardes & domiciliés, avec le nom des lieux & des Elections où demeuroient lesdits Ouvriers, Commis, Gardes & domiciliés, avant que d'être employés dans ladite Manufacture, à l'effet de connoître à quelle quotité de taille lesdits Ouvriers, Commis & autres étoient imposés, pour les faire comprendre aux mêmes sommes dans le rôle de la Paroisse où la Manufacture sera établie. A Paris, en la premiere Chambre de la Cour des Aydes, le 30 Avril 1759. Collationné. *Signé*, BESNIER.

ARRÊT de la Chambre des Comptes de Dole, concernant l'imposition des dîmes. (Recueil de Besançon, Tome V, page 807.) 1762.

20 Novembre 1762.

NOTRE Chambre & Cour, mémorative du contenu en l'article XXVIII de notre Déclaration du 18 Mai 1706, & instruite de l'usage général de notre Royaume, a ordonné & ordonne que toutes les Communautés de notredite Province du Comté de Bourgogne seront tenues à l'avenir de comprendre à la portion colonique dans les rôles de l'imposition ordinaire, les Fermiers des dixmes tant ecclésiastiques qu'inféodées & des novales, pour raison du profit qu'ils peuvent faire, ainsi & de la même maniere que l'on a coutume de les comprendre pour les biens fonds d'ancienne dotation, & sur les autres rôles, à proportion : que lesdits Fermiers seront obligés de le souffrir ainsi, & de payer aux Echevins & Collecteurs ce à quoi ils auront été répartis sur les rôles pour lesdites dixmes.

II. Ordonne en outre notredite Cour aux Décimateurs, lorsqu'ils voudront faire l'exploitation par eux-mêmes, de le faire signifier aux Communautés avant le 15 Octobre de chaque année, à la personne de leurs Echevins & Commis, relativement à l'article XXII de notre susdite Déclaration, du 18 Mai 1706, à défaut de quoi ils pourront être imposés à la portion colonique.

III. A fait & fait défenses aux Présidiaux de mettre ou apporter, soit directement ou indirectement aucun obstacle à l'exécution de ladite imposition; leur ordonnant de se conformer au dispositif du présent Arrêt, toutes les fois que la

cas dont il s'agit se présentera à décider pardevant eux, à peine de nullité de
1762. tous jugemens qu'ils pourront rendre au contraire.

IV. Ordonne au surplus notredite Cour, que le présent Arrêt en forme de Réglement général, sera lu & publié, &c.

1771. *Edit portant suppression de la Cour des Comptes, Aides & Finances de Dole, & création d'un Bureau des Finances à Besançon, avec attribution tant au Parlement qu'audit Bureau des Finances, de différentes matieres qui étoient de la compétence de ladite Cour.* (*Recueil de Besançon, Tome IV, page 670.*)

Octobre 1771.

LOUIS, &c. Nous avons donné une attention particuliere à la composition des Tribunaux qui existent dans notre Comté de Bourgogne, & nous avons reconnu que la Chambre des Comptes & Cour des Aydes établies à Dole, n'avoit pas toute l'utilité que s'étoit proposée notre auguste prédécesseur & bisaïeul, lors de son établissement. La plupart des matieres qui dans les autres Provinces sont de la compétence de la Cour des Aydes, ayant été attribuées à l'Intendant & Commissaire départi, à cause de la liaison que ces matieres peuvent avoir avec l'administration soit de nos finances, soit des autres parties qui est confiée auxdits Intendans, nous avons cru qu'il seroit plus utile à nos Sujets, & plus conforme aux anciens principes établis pour la régie & administration de nos finances, d'établir un Bureau des Finances qui connoisse de plusieurs matieres dont l'attribution a été donnée à l'Intendant, & même de quelques-unes de celles dont la connoissance auroit été renvoyée à la Cour des Aydes, à cause de la connexion nécessaire qu'elles ont avec l'administration de nos finances, de rendre en même temps à nos Juges ordinaires une autorité plus étendue, en leur attribuant la connoissance de plusieurs matieres qu'il nous a paru convenable de leur donner. Enfin nous avons jugé à propos de rapprocher de nous la comptabilité des deniers perçus dans notredit Comté, & versés en notre Trésor royal. A ces causes, &c.

I. Nous avons éteint & supprimé, éteignons & supprimons à compter du jour de la publication de notre présent Edit, notre Cour des Comptes, Aydes & Finances de Dole, confirmée par Edit du mois d'Août 1692, & notre Bureau des Finances créé par Edit du mois de Février 1696, & réuni à notredite Cour des Comptes par autre Edit du mois de Septembre de la même année 1696. Voulons que les Officiers de notredite Cour remettent au plus tard dans le délai de trois mois leurs titres & provision entre les mains de, &c.

II. Et de la même autorité.... créons & établissons un Bureau des Finances dans notre Ville de Besançon, qui sera présidé par l'Intendant & Commissaire départi dans ladite Province, & sera au surplus composé d'un second Président, & dix Trésoriers-Généraux de France, d'un notre Procureur, un notre Avocat & un Greffier, &c.

III. L'Intendant & Commissaire départi dans notredite Province, comme Président établi par notredit Edit, du Bureau des Finances, présentera sa commission audit Bureau pour y être enregistrée, & s'y fera recevoir en ladite qualité, sans qu'il ait besoin d'autre titre ni provision que sadite commission, ni qu'il puisse être exigé de lui aucune formalité. 1771.

IV. Dans le cas d'absence, maladie ou autre empêchement dudit Intendant, ledit Bureau sera présidé par le second Président établi par l'article II du présent Edit, en vertu des provisions qui lui en seront par nous expédiées; & en son absence, par le plus ancien desdits Trésoriers-Généraux, suivant l'ordre de réception.

V. Seront lesdits Officiers reçus en vertu de nos Lettres de provisions en titre d'offices inamovibles, sans payer aucunes finances, & aux gages & appointemens, sçavoir, &c.

VI. Notredit Bureau des Finances connoîtra de toutes les matieres, & exercera toutes les fonctions qui sont attribuées aux autres Bureaux des Finances établis dans notre Royaume, à l'exception des matieres qui seront renvoyées à nos Juges ordinaires par notre présent Edit; connoîtra de plus de toutes les matieres qui lui seront nommément attribuées par les articles suivants du présent Edit.

VII. En conséquence nosdits Trésoriers-Généraux procéderont, conjointement avec ledit Intendant & Commissaire départi dans notre Province de Franche-Comté, à l'assiette & répartition de l'imposition ordinaire, & le brevet desdites impositions leur sera adressé comme aux autres Bureaux des Finances.

VIII. Pourra notredit Intendant ou notredit Bureau des Finances continuer d'ordonner la confection d'office de rôle de répartition de quelle Communauté qu'il jugera à propos, devant tel Commissaire qu'il aura nommé, & pourra de la même autorité, prononcer telle cote d'office qu'il jugera convenable, ainsi qu'il en a été usé par le passé; & toutes les oppositions, tant auxdits rôles, qu'auxdites cotes d'office, seront portées audit Bureau des Finances, sauf l'appel au Conseil.

IX. Les actions en sur-taux dans les Communautés, dont les rôles seront faits par les Commis-Répartiteurs, continueront d'être portées aux Bailliages-Présidiaux, qui rempliront en cette matiere les fonctions des Elections dans les autres Généralités; &attendu que lesdits Bailliages sont ressortissans au Parlement dans toutes les autres matieres de leur compétence, l'appel des Jugemens rendus sur lesdites actions sera porté en la Chambre des Enquêtes de notre Cour de Parlement de Franche-Comté, dans le cas où il y aura lieu à l'appel.

X. Renvoyons devant nos Juges ordinaires, & par appel en la Grand'Chambre de notredite Cour de Parlement, toutes les contestations qui intéresseront notre Domaine proprement dit, soit que lesdites contestations soient principales, & que notre Procureur-Général y agisse comme Partie principale, soit qu'elles soient incidentes, & qu'elles soient entre particuliers, permettons à cet effet, & même ordonnons à notre Procureur-Général & à ses Substituts dans les Bailliages, de faire telles poursuites qu'ils aviseront bonnes, pour faire rentrer dans nos mains les parties qui pourroient en avoir été distraites ou diverties. Ne pourront toutefois nos Fermiers, Receveurs ou Régisseurs faire aucunes poursuites pour ladite rentrée dans les fonds à nous appartenans, qu'ils n'y ayent été autorisés par Ordonnance de notre Bureau des Finances, auquel cas la provision sera accordée à nosdits Fermiers, Régisseurs ou Receveurs.

XI. Nos Receveurs-Généraux des Finances, Receveurs-Généraux des Domaines & Bois & autres ayant le maniement de nos deniers en Franche-Comté, seront tenus de compter par état au vrai, soit en notre Conseil, soit entre notredit Bureau des Finances, selon la nature des deniers; & seront leurs comptes présentés en notre Chambre des Comptes de Paris, à laquelle nous attribuons à cet

1771. effet toute Cour & Jurifdiction en cette partie, pour y être jugés conformément à notre Edit du mois d'Août 1669 & autres Reglemens intervenus fur cette matiere.

XII. Les Receveurs particuliers des Finances compteront par états au vrai qui feront arrêtés par notredit Bureau des Finances; & les états ainfi arrêtés ferviront de bafe au compte de nos recettes générales.

XIII. N'entendons néanmoins que pour raifon de ladite comptabilité ni du recours à exercer en vertu des Jugemens de notredite Chambre des Comptes de Paris, ledit Receveur-Général puiffe y attirer aucun de nos Sujets de Franche-Comté; renvoyant devant nos Juges ordinaires de ladite Province, & par appel au Parlement, toutes les conteftations qui pourroient naître à l'occafion defdits recours.

XIV. Connoîtront nos Juges ordinaires, & par appel notre Parlement, de toutes queftions de nobleffe, & autres qui intérefferont l'état & la qualité des perfonnes, foit relativement aux partages, foit aux honneurs, prérogatives & prééminences attachés à ladite qualité. Voulons que tous brevets de dons, conceffions & érections continuent d'être enregiftrés en la Grand'Chambre de notredite Cour, que nous commettons par le préfent Edit pour recevoir, fans autre frais que ceux du greffe, tous actes de foi & hommages, aveux & dénombremens, & autres devoirs féodaux à nous dus. Voulons que defdits actes il foit envoyé des groffes en parchemin pour être dépofées aux archives de notre Chambre des Comptes de Paris, & des expéditions en papier au greffe de notredit Bureau des Finances.

XV. Voulons que notre Procureur-Général en notre Cour de Parlement de Franche-Comté, ait la garde & confervation des archives de nos chartres, titres & autres actes de propriété, & autres droits à nous appartenans dans notredit Comté de Bourgogne. Sera notredite Cour tenue de veiller à ladite confervation, & ne pourra notredit Procureur-Général donner en communication aucuns defdits actes confervés dans ledit dépôt, fi ce n'eft en vertu de nos ordres exprès.

XVI. Connoîtra notredit Bureau des Finances, conjointement avec l'Intendant & Commiffaire départi, des affaires contentieufes qui ont été par nous attribuées audit Intendant & Commiffaire départi, en la forme & maniere qui fera par nous expliquée, pour que la préfente difpofition ne puiffe nuire en rien à l'expédition des affaires.

XVII. Pourra ledit Bureau des Finances juger toutes les conteftations qui feront portées devant lui au nombre de fept Juges, à l'exception feulement de celles qui font, quant à préfent, jugées par l'Intendant feul, & qui pourront être jugées au nombre de deux; fçavoir le Tréforier de France, Rapporteur, & l'Intendant comme Préfident; & en cas de partage, ledit partage fera jugé en notre Confeil.

XVIII. Attribuons audit Bureau des Finances la connoiffance des matieres de traite, tant au civil qu'au criminel, ainfi que ladite connoiffance avoit été attribuée à la Chambre des Comptes de Dole par les Edits des mois d'Avril 1770 & Janvier 1771. Enjoignant audit Bureau des Finances de fe conformer, pour ce qui regarde les procédures criminelles, à l'Ordonnance du mois d'Août 1670.

XIX. Voulons que ledit Bureau des Finances connoiffe de toutes les conteftations qui pourront s'élever au fujet de l'exécution de la Déclaration du 4 Mai 1749, pour l'introduction des tabacs étrangers, des Lettres-Patentes du 19 Décembre 1745, pour la régie & adminiftration de la vente du tabac dans les Paroisses limitrophes des Provinces, où la vente exclusive du tabac a lieu, & autres Réglemens concernant la régie & administration du tabac, sauf l'appel au Conseil dans les matieres civiles, & en dernier ressort au criminel. 1771.

XX. Attribuons audit Bureau des Finances la jurisdiction des gabelles de Franche-Comté, ainsi qu'en jouissoit ladite Chambre des Comptes de Dole, soit en premiere instance, soit par appel.

XXI. Attribuons pareillement audit Bureau des Finances l'appel des Jugemens des Juges des salines de Salins, & tout ce qui regarde l'administration & amélioration des salines de Salins & de Montmorot, sauf les Jugemens qui seront rendus en réformation.

XXII. Voulons que ledit Bureau des Finances connoisse de toutes matieres de voierie, direction de chemins & autres y relatives, à l'exception seulement de celles réservées aux Officiers municipaux, & par appel au Parlement par la Déclaration du 4 Janvier 1740.

XXIII. N'entendons néanmoins rien innover aux usages qui ont été suivis jusqu'à présent dans notre Province de Franche-Comté, ni qu'à raison du présent Edit, notredit Intendant & Commissaire départi puisse être troublé dans les fonctions qui lui ont été par nous attribuées, qu'il continuera d'exercer comme par le passé; nous réservant de faire connoître à notredit Bureau des Finances nos intentions, pour ce qui regarde la police intérieure dudit Bureau.

XXIV. Tous les Officiers dudit Bureau des Finances seront par nous choisis; & lors de la vacance d'aucuns desdits Offices par mort, démission ou autrement, il nous sera présenté par ledit Bureau trois sujets, entre lesquels nous choisirons celui qu'il nous plaira; & dans le cas où aucuns desdits trois sujets ne seroit agréé par nous, il sera par ledit Bureau présenté trois autres sujets, sur lesquels nous choisirons celui qui nous paroîtra le plus convenable. Si donnons en mandement, &c.

Donné à Fontainebleau, au mois d'Octobre, l'an de grace mil sept cent soixante-onze, & de notre regne le cinquante-septieme. *Signé*, LOUIS.

Enregistré en Parlement, le 18 Novembre 1771. *Signé*, POURCHERESSE.

ARRÊT *du Conseil, qui annulle celui de la Cour des Aides de Paris, du 22 Février 1769, par lequel il avoit été fait défenses au sieur Sainfray, que M. l'Intendant de Paris avoit nommé Commissaire pour assister à la confection du rôle des tailles de la Paroisse de Steuil, Election de Mantes, de s'immiscer dans la confection des rôles, soit à titre de Commissaire ou autrement; & confirme le pouvoir donné à MM. les Intendants de nommer des Commissaires pour assister à la confection des rôles dans les Paroisses où ils le jugent nécessaire.* 1772.

6 Février 1772.

LE Roy s'étant fait représenter, en son Conseil, l'Arrêt rendu par la Cour des Aydes de Paris le 22 Février 1769, par lequel, entr'autres dispositions, ladite Cour faisant droit sur les conclusions du Procureur-Général de Sa Majesté, auroit fait

1772. défenſes au ſieur Sainfray de s'immiſcer à l'avenir dans la confection des rôles, ſoit à titre de Commiſſaire ou autrement, ſous telles peines qu'il appartiendroit, & ordonné que ledit Arrêt ſeroit ſignifié audit ſieur Sainfray, ou à ſon domicile; Sa Majeſté auroit reconnu que ledit Arrêt portoit une atteinte formelle aux Réglemens concernant la répartition des impoſitions, & particuliérement aux Déclarations de 1761 & 1768, qui défendent que les Commiſſaires des tailles puiſſent jamais être attaqués perſonnellement, pour raiſon des impoſitions auxquelles ils auroient préſidé (1), & qui donnent aux ſieurs Intendans & Commiſſaires départis, privativement, le choix deſdits Commiſſaires : & comme ledit Arrêt ne pourroit que mettre des entraves à cette même répartition en arrêtant l'activité & le zele des Commiſſaires des tailles, dont les travaux ſeuls peuvent procurer les connoiſſances néceſſaires à cet effet; que d'un autre côté, les ſieurs Intendans & Commiſſaires départis dans les Provinces, craignant d'expoſer les perſonnes, en qui ils mettent leur confiance, à des condamnations & même à des recherches déſagréables, avoient totalement négligé de nommer des Commiſſaires, ou n'en avoient nommé que très-peu; en ſorte que dans quelques Généralités la répartition des impoſitions étoit prête à retomber dans le déſordre, dont une ſuite de travaux de plus de vingt ans l'avoit à peine tirée; Sa Majeſté s'étant d'ailleurs aſſurée par le compte particulier qui lui en a été rendu, du zele, de la probité & de l'intelligence dudit ſieur Sainfray, Elle a jugé néceſſaire de détruire les obſtacles que pouvoit apporter l'Arrêt dont il s'agit, à ce qu'il fût utilement employé à l'avenir, comme il l'a été par le paſſé, à la confection des rôles de la taille; au ſurplus l'intention de Sa Majeſté étant de ne négliger aucuns moyens pour procurer à ſes peuples une répartition exacte, & voulant à cet effet que rien ne puiſſe arrêter l'activité des Intendans à cet égard, & qu'ils jouiſſent ſans contradiction du droit qu'une foule d'Arrêts & de Réglemens depuis 1715 leur donne de faire faire en leur préſence ou en celle des Commiſſaires qu'ils jugent à propos de choiſir, les rôles des tailles en tel nombre que peut le requérir l'utilité de la répartition, & de faire dreſſer les procès-verbaux néceſſaires à la connoiſſance des biens impoſables, droit que ladite Cour des Aydes auroit paru vouloir reſtreindre par les modifications par elle appoſées à la Déclaration de 1768. A quoi voulant pourvoir : Oui le rapport du ſieur Abbé Terray, Conſeiller ordinaire au Conſeil Royal, Contrôleur-Général des Finances; Sa Majeſté étant en ſon Conſeil, ſans s'arrêter à l'Arrêt de la Cour des Aydes du 22 Février 1769, qui ſera & demeurera nul & comme non avenu, en ce qui touche les défenſes faites au ſieur Sainfray de s'immiſcer à titre de Commiſſaire ou autrement dans la confection des rôles des tailles, deſquelles défenſes Sa Majeſté l'a, en tant que de beſoin, relevé & releve par le préſent Arrêt; a permis & permet audit ſieur Sainfray, de procéder comme par le paſſé, à la confection des rôles des tailles, pour leſquelles il ſera commis, à l'effet de quoi Sa Majeſté a autoriſé & autoriſe le ſieur Intendant & Commiſſaire départi dans la Généralité de Paris, à l'en charger : comme auſſi ſans s'arrêter pareillement aux modifications appoſées par la Cour des Aydes de Paris dans ſon Arrêt du 5 Septembre 1768, portant enregiſtrement de la Déclaration du 7 Février précédent; Sa Majeſté a gardé & maintenu, garde & maintient les ſieurs Intendans & Commiſſaires départis dans les Provinces, dans le pouvoir de faire faire en leur préſence, ou en celle de telles perſonnes qu'ils jugeront à propos de commettre, les rôles des tailles des Paroiſſes de leur Généralité, & ce, en tel nombre que l'utilité de la répartition pourra le requérir. Veut en conſéquence Sa Majeſté qu'il puiſſe être

(1) Voyez la Déclaration du 4 Juillet 1781, (Régl. page 1871.)

tenu

tenu en présence desdits Commissaires, conformément aux articles IV & V de ladite Déclaration, une ou plusieurs assemblées générales d'habitans, pour y être dressé procès-verbal des déclarations de leurs biens, tenures & facultés, & ce, toutes fois & quantes lesdits Intendans & Commissaires départis le jugeront convenable, à l'effet de quoi Sa Majesté leur enjoint de tenir la main à l'exécution du présent Arrêt. Fait au Conseil d'Etat du Roy, Sa Majesté y étant, tenu à Versailles, le six Février mil sept cent soixante-douze. *Signé*, PHELYPEAUX. 1772.

DÉCLARATION concernant la compétence du Bureau des Finances de Besançon, & qui ordonne que les Procureurs & Huissiers de la Chambre des Comptes de Dole exerceront leurs fonctions près ledit Bureau. (Recueil de Besançon, Tome IV, page 703.)

14 Mars 1772.

I. NOTRE Bureau des Finances, établi à Besançon, aura la comptabilité des Octrois des Villes & Bourgs de notre Province de Franche-Comté.

II. Pourra notre Bureau des Finances, ordonner des arpentemens des territoires, lorsqu'ils seront demandés par des Communautés pour l'assiette des impositions, sans qu'il puisse, sous ce prétexte, connoître des questions de propriétés, partage ou aliénation des communes, de limitation de territoires, & autres contestations de cette nature, qu'il sera tenu de renvoyer devant les Juges ordinaires.

III. Nos Juges des traites & gabelles connoîtront pareillement en premiere instance, & par appel notre Bureau des Finances connoîtra de toutes les contestations concernant la régie de nos droits sur les cuirs, droits réunis, droits réservés, & tous autres droits de nos Fermes & régies généralement quelconques.

Les art. 6 & 7 ordonnent que les Procureurs & Huissiers de la Chambre des Comptes de Dole exerceront leurs fonctions près ledit Bureau.

Donnée à Versailles, le quatorze Mars mil sept cent soixante-douze.

Enregistrée au Parlement, le 23 dudit mois.

☞ Arrêt du Parlement de Bretagne du 4 Août 1775, rendu Chambres assemblées, sur les remontrances & conclusions de M. le Procureur-Général insérées audit Arrêt, qui déclare nul & contraire aux Loix & Réglemens, l'Arrêt de la Chambre des Comptes du 10 Juillet 1775, & les plégemens & arrêts formés aux mains du Receveur des consignations de la Cour les 6 Mai & 23 Juin précédent; ordonne que les suites & instructions de l'instance de saisies réelles des biens du sieur Resteau, Receveur & Payeur des gages de la Chambre des Comptes, seront continuées en la Chambre des Requêtes du Palais, & que les Ordonnances, Edits & Déclarations du Roy seront exécutés. 1775.

1775.

EDIT qui rétablit le Parlement de Besançon dans le même état qu'il étoit avant les Edits de Juillet 1771. (Recueil de Besançon, Tome IV, page 829.)

Mars 1775.

ART. VI. NOTREDITE Cour de Parlement de Besançon restera comme elle étoit avant l'Edit de suppression du mois de Juillet 1771, composé du même nombre de Chambres & du même nombre d'Officiers, & continuera de connoître des matieres dont elle connoissoit alors, & des attributions qui lui ont été faites lors de la suppression de la Chambre des Comptes de Dole, laquelle attribution nous confirmons en tant que de besoin, par notre présent Edit.

Registré le 7 Avril 1775.

ARRÊT du Parlement de Besançon, qui fait défenses de contrevenir à la Déclaration du 18 Mai 1706, au sujet de la portion colonique des Officiers du Parlement. (Recueil de Besançon, Tome IV, page 848.)

23 Décembre 1775.

VU par la Cour, toutes les Chambres assemblées, le mandement du Commissaire départi pour la répartition de l'imposition ordinaire de la Province de Franche-Comté en l'année 1776, daté à Besançon le 30 Novembre 1775, signé, Griois, dans lequel, art. 9, il est dit: *Que les biens de roture des Officiers du Parlement, de la Chambre des Comptes, des Chancelleries & des Universités, même ceux des honoraires, ne jouiront plus du privilege de la réduction à la portion colonique; qu'en conséquence les biens de roture desdits Présidens, Conseillers, Avocats, Procureur-Généraux, leurs Substituts, du Greffier en chef, du premier Huissier & des Officiers honoraires dudit Parlement & de tous autres Officiers, auxquels le privilege avoit été accordé, seront imposés en plein, à compter de la présente année 1776, comme tous ceux des autres habitans.*

Considérant que ce mandement du Commissaire départi est contraire aux Loix & Ordonnances qui reglent dans la Province la répartition des impôts, & spécialement à l'Art. XXIX de la Déclaration du Roy, du 18 Mai 1706, qui porte: *Et voulant traiter favorablement* les Officiers de notre Cour de Parlement, ceux de notre Chambre des Comptes, Aydes & Finances de Dole, le Recteur, Professeurs & Distributeurs de l'Université de Besançon, & les maintenir dans tous les privileges qui leur ont été attribués soit par nous, soit par les Rois Catholiques, ordonnons que tous les biens des Présidens, Conseillers, nos Procureur & Avocats-Généraux, leurs Substituts & Greffier en chef de notredite Cour de Parlement; des Présidens, Conseillers-Maîtres, Correcteurs & Auditeurs de nos Avocats & Procureur-Généraux & du Greffier en chef de *notredite Chambre & Cour des Comptes, Aydes & Finances de Dole, & des Recteur, Professeurs & Distributeurs de ladite Université, continueront d'être réduits à la portion colonique, de quelque nature qu'ils soient. Considérant que les Officiers du Parlement* sont en possession de tous tems, même sous la domination des Comtes, des Ducs de Bourgogne & des Rois Catholiques, de l'exemption d'impôts pour leurs biens, qu'ils y ont été maintenus, ainsi que dans tous leurs privileges, à la réunion de la Province à la Couronne, par les capitulations de 1668, 1674, & par les Lettres-Patentes de rétablissement du Parlement du 17 Juin de ladite année 1674 : que par son serment prêté le 14 Février 1668, Louis XIV jura, *qu'il seroit bon & juste Prince aux Officiers de sondit Parlement, que lui & ses augustes successeurs les tiendroient & maintiendroient bien & loyalement en tous & quelconques leurs privileges, franchises & libertés, anciennes possessions & usages :* que sous son regne & sous celui du feu Roy, il ne fut jamais donné atteinte au privilege de la réduction des biens des Officiers du Parlement à la portion colonique ; privilege le plus beau, le plus noble & le plus précieux dont ils puissent jouir, & qui ne peut être compensé par aucun équivalent. Considérant que le Roy lui-même, par son Edit du mois de Mars de la présente année, Article II, a rétabli dans l'exercice de leurs charges tous ceux qui étoient pourvus d'Offices de Présidens, Conseillers, Avocats, Procureur-Généraux & Substituts en son Parlement, antérieurement à l'Edit de suppression du mois de Juillet 1771, *pour en jouir par eux, aux mêmes rang, honneur, prérogatives, droits, pouvoirs, privileges, prééminences, gages & émolumens quelconques dont ils jouissoient avant ledit Edit :* que la volonté du Restaurateur des Loix étant manifestée par son Edit du mois de Mars dernier, il n'est pas possible de supposer une volonté contraire, à moins qu'elle n'apparoisse dans les formes usitées par les Loix du Royaume, pour rendre publiques les volontés des Rois : qu'ainsi un simple ordre émané du Commissaire departi n'est pas capable de détruire ce qu'une possession immémoriale, fondée sur les Loix les plus sacrées, a rendu inébranlable. Considérant que cette innovation atteint à l'ordre public, & entraîneroit après elle les plus dangereuses conséquences sur le maintien des formes sagement établies, & sur l'anéantissement de tous les privileges des Peuples : que de la même maniere le privilege de l'Eglise, de la Noblesse, des biens de fief, des biens Ecclésiastiques, pour la réduction à la portion colonique, pourroit être supprimé, puisqu'il n'a d'autres titres que celui des Officiers du Parlement. Considérant encore ladite Cour, qu'elle manqueroit à un de ses devoirs les plus essentiels, si elle n'usoit pas de l'autorité que le Roy lui a confiée pour maintenir celle des Loix, & l'observation des Réglemens qui sont à sa garde. 1775.

Les gens du Roy mandés, sur ce ouis & retirés, oui le rapport, &c.

La Cour a ordonné & ordonne que les Ordonnances, Edits, Déclarations & Lettres-Patentes dont mention est faite ci-dessus, seront exécutés selon leur forme & teneur, & notamment l'art. II de l'Edit du mois de Mars dernier, ainsi que l'Art. XXIX de la Déclaration du 18 Mai 1706. Fait défenses à toutes personnes, de quelque qualité & condition qu'elles soient, d'y contrevenir, à peine d'être poursuivies extraordinairement ; ordonne que le présent Arrêt sera lu, publié & enregistré aux actes importans de la Cour, pour être exécuté suivant sa forme & teneur : que copies collationnées en seront envoyées, &c. Fait en Parlement à Besançon, toutes les Chambres assemblées, le 23 Décembre 1775. *Signé*, CATTON.

Les gages accordés par les Lettres-Patentes du 22 Juillet 1771, aux Officiers du Parlement, au moyen desquels ils ne jouiroient plus de la portion colonique, étant supprimés en 1775, & les anciens Officiers rétablis aux mêmes honneurs, prérogatives, droits, pouvoirs, privileges, prééminences, gages & émoluments quelconques dont ils jouissoient avant l'Edit de Juillet 1771, la portion colonique étoit rétablie de droit. Cependant le mandement de l'imposi-

1775. tion ordinaire, du 30 Novembre 1775, prorogeoit la suppression du privilege, ensuite d'une simple lettre de M. le Contrôleur-Général, contre ce qui est prescrit par la Déclaration du 18 Mai 1706. Le Parlement rendit l'Arrêt ci-dessus du 23 Décembre, pour procurer l'exécution de la Déclaration du 18 Mai 1706. La démarche du Parlement fut approuvée du Roi, & dans les mandements subséquents on a inséré les deux articles suivants.

ART. X. Conformément aux ordres du Roi à nous adressés, le 7 Juin 1776, les biens des Présidents, Conseillers, Avocats & Procureur Généraux du Parlement de Besançon, de leurs Substituts, du Greffier en chef & du premier Huissier seulement, de quelque nature qu'ils soient, jouiront du privilege de la portion colonique, comme avant 1771, lorsqu'ils seront exploités par des Fermiers ou Amodiateurs, sans que ceux des autres Officiers dudit Parlement, non compris & dénommés ci-dessus, & aucuns autres Officiers sans exception, & de quelque qualité & condition qu'ils soient, puissent être réduits à la portion colonique, s'ils sont biens de roture; & seront imposés en plein, soit qu'ils les fassent valoir par leurs mains, soit qu'ils soient exploités par des Fermiers, nonobstant qu'ils eussent ci-devant joui de ladite portion colonique. Enjoignons aux Commis de les imposer en plein, à peine d'en être responsables en leurs propres & privés noms.

ART. XI. Pourront aussi lesdits Présidents, Conseillers, Avocats & Procureur Généraux dudit Parlement, les Présidents, Conseillers-Maîtres, Avocats & Procureur Généraux honoraires de la Chambre des Comptes de Dole, supprimée, & Secretaires du Roi desdites Chancelleries, faire valoir par leurs mains & celles de leurs domestiques salariés & non mariés, une seule grange ou Ferme de biens roturiers, jusqu'à concurrence du labourage de trois charrues au plus; & les Correcteurs & Auditeurs honoraires de ladite Chambre des Comptes, Greffiers en chef desdites Compagnies, & premier Huissier dudit Parlement, aussi-bien que les Substituts & les Recteur, Professeurs & Distributeurs de l'Université, jusqu'à concurrence d'une charrue seulement, conformément à la Déclaration de 1706, à l'Edit de 1715 & aux Lettres-Patentes du 27 Décembre 1771, enregistrés au Parlement le 21 Janvier 1772, portant confirmation de privileges en faveur des Officiers de ladite Chambre des Comptes de Dole, supprimée, sans être cotisés pour raison desdits biens qu'ils feront ainsi valoir par leurs mains ou de leurs domestiques salariés & non mariés, & sans que ceux dénommés ci-dessus puissent joindre plus d'une grange ou Ferme ensemble, nonobstant qu'elles n'excédassent ladite valeur, & seront tenus de faire signifier dans le mois d'Octobre, aux Echevins en charge, & aux Commis qui seront nommés pour l'année suivante, qu'ils entendent tenir lesdites Fermes par leurs mains, faute de quoi ils seront imposés l'année suivante, soit qu'ils soient affermés ou non.

1776. *ARRÊT du Conseil d'Etat du Roi, rendu contradictoirement entre le sieur Fabre, Tailleur d'habits, demeurant à Paris, & les Maire & Echevins de la Ville de Melun; qui juge que les Bourgeois de Paris ne sont point exempts de taille pour leurs maisons & clos, lorsqu'ils sont situés hors l'étendue de l'Election de Paris.*

Du 6 Février 1776.

SUR la requête présentée au Roy, en son Conseil, par les Maire & Echevins & Habitans de la Ville de Melun, & par les Collecteurs des tailles de ladite Ville pour les années 1773 & 1774, contenant qu'ils ne peuvent se dispenser de se pourvoir par la voie de la cassation au Conseil, contre un Arrêt rendu par défaut à la Cour des Aydes de Paris le 7 Juillet dernier, dont les dispositions directement contraires au Réglement du 20 Mars 1673, sont encore dans le cas d'entraîner les plus grands inconvéniens, & de donner journellement lieu à des contestations sur l'assiette & répartition de la taille, en retardant le recouvrement: que dans le fait, le sieur Joseph

Fabre, ci-devant Maître Tailleur d'habits à Paris, est propriétaire d'une maison & enclos situés à Melun, fauxbourg & Paroisse de Saint-Barthelemi : que cette maison est habitée par le sieur Fabre une partie de l'année, & les terreins qu'il lui a plu d'enclorre, par lui cultivés & exploités : que dans cet état, les supplians se sont crus fondés, d'après les Réglemens, à l'imposer à la taille de la Paroisse de Saint-Barthelemi de Melun, pour les années 1773 & 1774 : que quelque juste que fût cette imposition, le sieur Fabre a imaginé de se pourvoir en décharge & radiation de sa cote au Siege de l'Election de Melun, où par Sentence du 2 Décembre 1773, il a été débouté de sa demande & condamné aux dépens envers les Collecteurs : que sur la signification faite au sieur Fabre de cette Sentence, il en a interjetté appel en la Cour des Aydes de Paris, où il a fait assigner les supplians pour y procéder sur son appel : & par Arrêt rendu par défaut contre les supplians & contradictoirement avec un des Collecteurs, l'appellation & la Sentence dont est appel ont été mis au néant ; émandant, le sieur Fabre a été déchargé des condamnations contre lui prononcées par ladite Sentence : en conséquence, ledit sieur Fabre a été reçu opposant aux cotes des impositions faites de sa personne aux rôles des tailles de la Paroisse de Saint-Barthelemi de Melun, pour les années 1773 & 1774 ; faisant droit sur son opposition, il a été ordonné que les cotes seroient rayées & biffées desdits rôles, & que les sommes que ledit Fabre auroit été ou auroit pu être contraint de payer en vertu desdits rôles, lui seroient rendues & restituées, & à cet effet réimposées sur le général des Habitans, conformément à la Déclaration du 13 Avril 1761, avec défenses auxdits Maire, Echevins & Habitans & Collecteurs de ne plus imposer à l'avenir ledit Fabre, tant qu'il ne feroit acte dérogeant à son prétendu privilege de Bourgeois de Paris, sous telles peines qu'il appartiendroit ; la même Sentence a condamné lesdits Maire, Echevins, Habitans & Collecteurs aux dépens envers ledit Fabre, tant des causes principales, que d'appel & demandes, lesquels dépens seroient pareillement réimposés sur le général des Habitans, conformément à la susdite Déclaration : que cet Arrêt a été signifié aux supplians, par exploit du 27 Juillet dernier, avec commandement de payer les condamnations y portées, & de procéder à la réimposition sur le général des Habitans, aux termes du susdit Arrêt : que les supplians, menacés des poursuites les plus rigoureuses, & qui dans l'imposition qu'ils ont faite du sieur Fabre sur le rôle des tailles, n'ont fait que se conformer aux Réglemens, seroient on ne peut pas plus fondés à réclamer contre les dispositions d'un Arrêt qui y contrevient aussi formellement : qu'en effet, l'Arrêt de ladite Cour des Aydes, en déchargeant d'un côté le sieur Fabre de son imposition, & en faisant de l'autre côté des défenses de l'imposer à l'avenir, tant qu'il ne fera pas acte dérogeant à son privilege de Bourgeois de Paris, admet une exemption, & un prétendu privilege absolument proscrit par la loi, même dans toute autre Election que celle de Paris ; il y a donc dès-lors contravention au Réglement de 1673, & par suite ouverture à la cassation de l'Arrêt. Pour s'en convaincre encore davantage, il suffit de rapporter les dispositions du Réglement sur le fait des tailles, du 20 Mars 1673 ; voici ce qu'il porte, article XV : « Nul ne pourra être réputé » Bourgeois de Paris, s'il n'y reste actuellement avec sa famille au moins sept mois » chaque année, tenant maison & payant les taxes des pauvres, lanternes & boues, » moyennant quoi ils pourront tenir par leurs mains & faire exploiter par leurs » valets & domestiques, dans l'étendue de l'Election de Paris seulement, jusques à » la quantité de terre qu'une charrue peut labourer, pourvu toutefois que lesdites » terres appartiennent auxdits Bourgeois de leurs propres ou acquêts. » Qu'il est [s]ensible que le privilege n'affecte que les biens appartenans aux Bourgeois de Paris, [si]tués dans l'Election de Paris ; que c'est par la situation de l'héritage que ce même

1776.

1776. privilege se détermine ; que les Bourgeois de Paris n'en peuvent prétendre aucun hors de l'Election ; que telles sont les dispositions précises du Réglement de 1673 ; que la maison & enclos exploité par le sieur Fabre ne sont pas situés dans l'Election de Paris, mais bien dans celle de Melun ; que dès-lors il n'y avoit nul privilege à prétendre pour le sieur Fabre ; que cependant l'Arrêt de la Cour des Aydes, par ses défenses d'imposer le sieur Fabre, tant qu'il ne feroit pas d'acte dérogeant à son privilege, en admet nécessairement un en faveur du sieur Fabre, où il n'en existe point ; qu'une pareille disposition est dès-lors absolument contraire à l'espece & au texte du Réglement de 1673 ; que ce même Arrêt établit une nouvelle jurisprudence qui peut avoir les plus grandes conséquences ; que s'il subsistoit, tous les Bourgeois de Paris possédant & exploitant des biens dans les différentes Elections du Royaume, ne manqueroient pas de s'en faire un titre d'affranchissement de la taille, & feroient juger dans les Cours des Aydes en conformité de l'Arrêt rendu par celle de Paris ; qu'il en résulteroit une infinité d'abus & une surcharge pour les taillables ; qu'il est de principe que tout privilege étant contre le droit commun, doit être toujours restreint & jamais étendu ; que l'Arrêt de la Cour des Aydes a plus fait que de donner l'extension à celui des Bourgeois de Paris, puisqu'il leur en accorde un qu'ils n'ont pas & n'ont jamais eu ; qu'il y a une innovation dans les dispositions de cet Arrêt, qui est contraire à tous les principes & contrevient tout à la fois à une loi positive ; que tout concourt dès-lors à en faire prononcer la cassation. A ces causes, requéroient les supplians qu'il plût à Sa Majesté, sans s'arrêter ni avoir égard à l'Arrêt rendu en la Chambre de la Cour des Aydes de Paris, au rapport du sieur l'Echassier de Méry, en faveur du sieur Fabre, ci-devant Maître Tailleur d'habits à Paris, contre les supplians, le 7 Juillet 1775, signifié le 27 du même mois, lequel Arrêt sera regardé comme nul & non avenu, cassé & annullé, amendé, ainsi que tout ce qui s'est ensuivi & auroit pu s'ensuivre, décharger les supplians des condamnations contr'eux prononcées par le susdit Arrêt ; ordonner que la Sentence rendue en l'Election de Melun en faveur des supplians contre ledit sieur Fabre, le 2 Décembre 1773, réformée par le susdit Arrêt de la Cour des Aydes, sera exécutée selon sa forme & teneur ; ordonner pareillement que toutes les sommes que les supplians auroient pu être contraints de payer audit sieur Fabre, tant pour dépens qu'autres, en vertu du susdit Arrêt, leur soient rendues & restituées avec les intérêts d'icelles, à compter du jour & date des payemens ; à quoi faire, le sieur Fabre contraint par toutes voies, quoi faisant déchargé ; & condamner ledit sieur Fabre en tous les dépens envers les supplians, tant ceux faits en la Cour des Aydes, qu'au Conseil, lesquels seront taxés en la maniere accoutumée ; le condamner pareillement en tels dommages & intérêts qu'il plaira à Sa Majesté arbitrer, résultant de sa mauvaise contestation. Vu ladite requête, signée Parent, Avocat des supplians ; copie sans l'approuvé de l'Arrêt de la Cour des Aydes du 7 Juillet 1775, dont la cassation est demandée, & de l'exploit de signification étant ensuite. Vu l'avis du sieur Bertier, Intendant-adjoint & Commissaire départi dans la Généralité de Paris : Oui le rapport du sieur Turgot, Conseiller ordinaire au Conseil royal, Contrôleur-Général des Finances : le Roi en son Conseil, ayant aucunement égard à ladite requête, a cassé & annullé l'Arrêt de la Cour des Aydes de Paris du 7 Juillet 1775, signifié le 27 du même mois, rendu en faveur du sieur Fabre, ci-devant Maître Tailleur d'habits à Paris, ainsi que tout ce qui s'en seroit ensuivi ou auroit pu s'ensuivre ; décharge Sa Majesté les Habitans de la Ville de Melun, des condamnations contr'eux prononcées par ledit Arrêt ; ordonne que la Sentence rendue en leur faveur en l'Election de Melun, le 2 Décembre 1773, infirmée par ledit Arrêt, sera exécutée selon sa forme & teneur, & que les sommes qu'ils pourroient avoir été contraints de payer en vertu dudit Arrêt, leur seront rendues & restituées ; & condamne ledit sieur Fabre au coût du présent Arrêt, que Sa Majesté a liquidé & liquide à la somme de soixante livres, pour tenir lieu de tous autres dépens, dommages & intérêts : enjoint Sa Majesté au sieur Intendant & Commissaire départi en la Généralité de Paris, de tenir la main à l'exécution du présent Arrêt, lequel sera exécuté, nonobstant oppositions ou autres empêchemens généralement quelconques, pour lesquels ne sera différé, & dont, si aucuns interviennent, Sa Majesté s'est réservé à elle & à son Conseil la connoissance, qu'elle interdit à toutes ses Cours & autres Juges. Fait au Conseil d'Etat du Roi, tenu à Versailles, le six Février mil sept cent soixante-seize. Collationné. *Signé*, HUGUET DE MONTARAN. 1776.

LETTRES-PATENTES *concernant les franchises & exemptions des Habitants des Paroisses & enclaves des Marches communes du Poitou & de la Bretagne.* 1777.

6 Août 1777.

LOUIS, &c. Le sieur Charles de la Roche Saint-André, Syndic-Général des Habitans des Paroisses & enclaves des Marches communes, franches de Poitou & de Bretagne, & lesdits Habitans, nous ont fait exposer qu'à l'avénement des Roys à la Couronne, les Pays & Provinces de leur domination s'empresserent de rendre hommage au nouveau Monarque, & de réclamer de lui la confirmation des traités & privileges convenus vis-à-vis d'eux, ou qui leur ont été accordés. Le respect & la fidélité des Marches pour notre personne, ne sont pas moins sinceres : mais les droits & privileges, dont ils réclament la confirmation, sont d'une nature particuliere à ce pays, & tiennent à sa propre constitution. Le Canton des Marches est une portion de pays particulier entre la Province de Poitou & celle de Bretagne : il forme la lisiere de chacune de ces Provinces, & est toujours resté en commun entre les Ducs de Bretagne & les Comtes de Poitou : enfin par l'impossibilité de fixer les limites de ces deux Provinces, il a été convenu que cette partie de pays ne dépendroit pas plus de l'une que de l'autre ; & c'est en conséquence qu'on lui a donné la dénomination des Marches communes de Poitou & de la Bretagne. La nature de cette constitution nécessitoit une espece de gouvernement à ce Canton. De-là sont nés les droits & privileges des Marches communes, & qui remontent aux temps les plus reculés. Dès 1434, ce Canton étoit exempt de tous subsides : en conséquence Jean V, Duc de Bretagne, par sa Lettre du 14 Avril de cette même année, le déchargea de ceux qu'il avoit demandés à la Province de Bretagne. En 1438, Charles VII, Comte de Poitou, & Jean V, Duc de Bretagne, se réunirent pour faire vérifier les droits & privileges des Marches, & d'après vérification faite, Charles VII donna ses Lettres du 2 Août 1439, par lesquelles voulant tenir & garder ledit Canton dans ses droits, privileges & libertés, il a été ordonné qu'ils en jouiroient. Que ces mêmes privileges furent ensuite confirmés par d'autres Lettres, conjointement données par Charles VII, & Jean V, en date du 29 Mars 1441 : que ces mêmes droits, privileges & franchises furent confirmés par Charles VIII, en 1492 ; par Louis XII, en 1498 ; par Henri II, par Lettres du 25 Avril 1548 ; par François II, par Lettres du mois de

1777. Septembre 1560; par Henri III, par Lettres du 22 Mai 1584; par Henri IV en 1606; par Louis XIII, en 1626; par Louis XIV, en 1659; & par notre très-cher & très-honoré Seigneur & Ayeul, en 1729 : que c'est de ces mêmes privileges que les exposans nous supplioient de leur accorder la reconnoissance & la confirmation : à quoi ayant égard, nous avons, par Arrêt de notre Conseil, du 24 Juin dernier, statué sur le contenu en l'exposé ci-dessus, pour l'exécution duquel nous avons ordonné que nos Lettres-Patentes nécessaires seroient expédiées. A ces causes, de l'avis de notre Conseil, qui a vu ledit Arrêt du 24 Juin dernier, ci-attaché sous le contre-scel de notre Chancellerie, nous avons, conformément à icelui, de notre grace spéciale, pleine puissance & autorité royale, ordonné, & par les présentes signées de notre main, ordonnons que les Habitans des Marches communes de Bretagne & Poitou; sçavoir, les Habitans de la Paroisse de Cugan, ceux de la Paroisse de Gestigné, ceux de la Paroisse de la Brussiere, ceux de la Paroisse de Boussay, ceux des Hameaux du Baril, la Roziere, la Perduere, le Motay-l'Hopitau, Belair, la Rochemarie, la Douceticre, la Marzelle, la petite Douceticre, la Guilletiere, le Boisjoly, la Bouroirie, la Fillée, la Jarie, la Piottiere, la Guillotte, Lustau, la Boucherie, le Bourg Vazon, la Morissiere, la Rochette, la Quiombre, Quinquinavant, le Chiron, la Prée, la Croix, la Griveliere, la Guinaudiere, la Vrignais, le Hotier, la Jordroniere, Langle & le haut Vrignais Gojon, qui composent l'enclave dite de la Trinité de Machecoul, laquelle enclave faisant partie desdites Marches communes, dépend de la Paroisse de la Trinité de Machecoul, entiérement située, pour le surplus, dans la Province de Bretagne: ceux de la Maison de Puiroussèau, & des Hameaux de la Poiriere, les Plantes, les Grenonnieres, les Ruelles, le Retaillon, la Sauzaie, la Didrie, les Glandieres, la Rainciniere, la Maison neuve, la Chesselerie, le Peau, la Butte, l'Epinassiere, les grands & petits Poutereau, Boisjoly, les Chauvetieres, les Landes, les Basses Longeais, le Sableau, le Plessis-Viaud, la Boursaudiere, l'Hilaire, le Pays, le Vrignais, la Betuisiere, la Gauvardiere, les Etoubles, le Marchantier, la Billonniere, le Chiron, la Breneliere, la Blanchardiere, l'Ardoiziere, la Bonneliere, la Moratiere, la Fouclose, l'Herbretiere, la Giraudiere, Varne, la Coutellerie, la Laumiere, la Fouaçerie, la Tardoiserie, les Egeons, la Gaudiniere, le Pasty, le Champ-Fleury & le Gavigneau, qui composent l'enclave dite de la Garnache, laquelle faisant partie desdites Marches communes, dépend de la Paroisse de la Garnache, entiérement située, pour le surplus, dans la Province de Poitou : ceux du Bourg du Bois de Cené, de la Maison de la Baillie, & des Hameaux des grandes & petites Railleres, la Gaptrie, les Loges, la Moureliere, la haute & petite Cailletiere, la Rousseliere, le Gaveau, la Navarriere, les Fretieres, la Piltiere, la Roche-Bregeon, les Bluticres, la Giraudiere, la Ditiere, la Boursaudiere, la Poieniere, la Poupetiere, la Marchoirie, l'Epine, la Michellerie, la Biguetrie, la Grolerie, la Grigueniere, la Queribonneau, la Massetiere, la Moratiere, la Couartiere, le Bois-Bourdeau, la Bardonniere, les Homeaux, la Poleziere, le Chiron-Reculeau, la Platerelle, le Picq, la Simonniere, la Riviere, Lessart, les Loquest, la Chaussée, les Chiron, près le Bourg, la Verserie, la Papiniere, l'Hommeau, Mauregard, l'Isle-Jean, les Cinq-Sols, la Denisiere, le Chotard, la Bardonnere, le Chiport, le Port de la Roche, le Pré Pichon, les grandes & petites Censeries, Durand, le Cul-Dupré, la petite Ecurie, la Freté, la Guillaudiere, la Barbauderie, la Croix du Guignard, le Groscoef, les Murs, les Rulleaux, la Chetre, la Thibaudiere, les Borderies, la Salle-Verte, le Boisveau, le Courtil, le Blanchard, la Chappe, la Grange, le Plorit & le Clouzeau, qui composent l'enclave dite du Bois de Cené, laquelle faisant partie desdites Marches communes,

communes, dépend de la Paroisse du Bois de Cené, entiérement située pour le surplus, nommée Isle Chauvet, dans la Province de Poitou : ceux de la Paroisse de Paux, ceux du Bourg de Saint Colombin, & des hameaux du Plessis-Baudry, la Marniere, le Pont-Luctiere, le Puymilon, les Vergnes, la Relaudiere, la Salle, le Grand-Bois, Roquet, la Renauliere, le grand & petit Rassinux, le Coudray, le Pay-Richereau, Champagnay, la Bretinniere, les Noyers, la Mouchetiere, la Sorinniere, le Forsin & la Barbatiere, qui composent l'enclave dite de Saint Colombin, laquelle faisant partie des Marches communes, dépend de la Paroisse de Saint Colombin, entiérement située, pour le surplus, en la Province de Bretagne : ceux de la maison prieurale de Saint Etienne de Corcoué, de la maison du sieur Chobellet du Chaffault, & de celles des nommés Jacques Gratien, Charles Chardavoine, Paul Bretagne, Pierre Thibault, Marie Junailleau veuve Bussy, Pierre Belouard & Anne Jamoneau veuve Pelletier ; lesquelles maisons sont situées dans le Bourg de Saint Etienne de Corcoué : la maison noble du coin & des hameaux de la Vallée, la Forcetiere, la Martiniere, les grandes & petites Jansraires, la Gautrie, la Laudiere, Favet, la Nonnandiere, la Pacquetiere & la Maison-neuve ; lesquelles maisons & hameaux composent la Marche dite de Saint Etienne de Corcoué, laquelle Marche faisant partie desdites Marches communes, dépend de la Paroisse de Saint Etienne de Corcoué, entiérement située pour le surplus, dans la Province de Poitou : ceux de la maison du Retail & des hameaux de Villeneuve, la Baraugerie, la Loranderie, la Cornetiere, la Faverie, la Renaudiere, la Sorinniere, la Daviniere, le Pay, le Puyberne, la Fuye, le Retay, la Crochetiere & la Planche, qui composent l'enclave dite du Retail, laquelle faisant partie desdites Marches, dépend de la Paroisse du Luc, située, pour le surplus, partie en la Province de Bretagne & partie dans celle de Poitou : ceux de la Paroisse de Saint Etienne du Bois, ceux du Bourg commun de Legé, ceux du Bourg propre dudit Legé, à l'exception néanmoins de ceux qui habitent les maisons des sieurs Dorion de la Forêt, de Pierre Orceau, la veuve Fort, Gobin de la Gaillardiere, & Julien des Borderies, qui, quoique situées dans ledit Bourg propre, dépendent de la Province de Bretagne : ceux des hameaux de la Gauvriere, la Domangere, l'Hilairiere, la Chauviere, la Guichere, la Retiere, la Duchere, la Gestiere, la Reziliere, les Goupillaux, la Sorderie, la Panniere, les Moulins Bonneaux, la Moisnardiere, les Forges, la Violiere, la Tireliere, la Paudouere, la Nauliere, la Couarde, la Parniere, la Gareliere, la Bretinniere, la Goichonniere, l'Epinay, la Maison du Bois Chevallier, la Gaillardiere, la Voisiniere, la Bossardiere, le Cormier, le Douet, la Bernardiere, la Cadiniere, la Giffraire, la Croix-Boizeau, Salvert, la Segoviniere, la Guilbaudiere, la Laigne, la Birocherie, la Duptiere, le Fief-aumalade, la Lucheziere, la Pouzinniere, la Lande, la Bretonniere, la Gueniziere, la Bourie, la Beliniere, le Motay, les Meilleurs, la Haye, les Barres, l'Audouiniere, Louché-du-Four, le Moulin Enguerin, la Chaussée-Bujeand, Saint Laurent, les Perrieres, la Goisliere, la Coudray, la Ville du Bois, qui composent la censive & le terroir de la Boesse, lesquels Bourgs, Censives & Terroirs de ladite Boesse faisant partie des Marches communes, dépendent de la Paroisse de Legé, entiérement située, pour le surplus, dans la Province de Bretagne : ceux des hameaux de la Brejounée, la petite Vilneuve, la Violliere, les Revelierres, la Gobiniere, la Brosse, la Giraudiere, les Chauvetieres du Moulin des Chauvetieres, la Faucherie, la Baraziere, le Pas de Machecoul, la Grolliere, le Breuil, les grandes & petites Dronieres, la Marreliere, la Maison-neuve, le Pas Chataignier, la Comploniere, le Guy de Salmon, la Joubertiere, la Genaudiere, la Haute Tiercerie & le Haut Richebonne, qui composent la Marche dite de grande Lande,

1777.

1777. faisant partie desdites Marches communes, dépendent de la Paroisse de Grande Lande, située, pour le surplus, dans la Province de Bretagne & celle de Poitou; lesdites Paroisses, enclaves, Marches, Hameaux & autres lieux ci-dessus désignés; composans seuls lesdites Marches de Bretagne & de Poitou, seront & demeureront exempts de toutes tailles, fouages, crues & subsistances, quartiers d'hiver, impositions pour logemens de gens de guerre & autres dans l'étendue desdites Marches; à la charge par eux d'acquitter annuellement la prestation annuelle de 600 livres, d'une part, & 128 livres, d'autre, lesquelles deux sommes réunies, formant ensemble celle de 728 livres, continueront d'être payées entre les mains du Receveur des Fouages du Comté Nantais, & sans que la jouissance desdites exemptions & privileges de quelque nature qu'ils soient, puisse être en aucun cas prétendue par d'autres Habitans que ceux spécialement & nommément désignés audit Arrêt & dans ces présentes. Et à l'égard des Habitans desdites Marches communes de Bretagne & de Poitou qui posséderoient ou feroient valoir terres ou Fermes hors de leurs territoires, nous voulons & ordonnons... qu'ils soient imposés dans les Paroisses où ils posséderont & feront valoir lesdites terres ou Fermes, hors de l'étendue desdites Marches, & soient assujettis à toutes les impositions qui auront lieu dans lesdites Paroisses voisines, à proportion des autres contribuables d'icelles, & eu égard aux héritages qu'ils y posséderont, & dont ils dépouilleront les fruits, lesquels fruits ils ne pourront enlever desdites Paroisses où ils auront été imposés, qu'en payant au préalable, si ledit payement n'avoit été fait par eux précédemment, les sommes auxquelles ils auront été cottisés, ou en donnant caution valable & suffisante, & de les acquitter dans les termes qu'elles sont dues & échues : nous avons aussi ordonné & ordonnons que les Habitans desdites Marches communes seront & demeureront assujettis, comme ils l'ont été jusqu'à présent, à l'imposition des vingtiemes, ainsi qu'à toutes les autres impositions territoriales, qui pourront être ordonnées & réparties à l'avenir, sur les possesseurs de biens-fonds, & autres droits réels indistinctement; comme aussi que la somme à laquelle lesdites Marches communes ont été abonnées pour les vingtiemes, par Arrêt de notre Conseil, du 26 Septembre 1773, cessera d'être versée entre les mains des Receveurs-Généraux de la Province de Bretagne, ainsi que l'ordonnoit ledit Arrêt, pour être payée à l'avenir, & à compter de la présente année 1777, entre les mains du Garde de notre Trésor Royal, en deux payemens égaux; le premier, à la fin de Juin; le second, au dernier Décembre de chaque année. Ordonnons pareillement que les Habitans desdites Marches communes continueront d'acquitter la capitation & autres impositions qui auront été ordonnées par nous, au marc la livre d'icelle, partie dans la Province de Bretagne & partie dans celle de Poitou, ainsi que cela s'est observé jusqu'à présent, & ce, jusqu'à ce qu'il nous ait plu de manifester nos intentions sur la demande formée par les Habitans desdites Marches, à l'effet d'être reçus à abonner ladite imposition, sur le fondement que leur territoire forme une administration absolument distincte & séparée des Provinces de Bretagne & de Poitou : voulons que, conformément à notre Edit du mois de Mai 1774, les Habitans desdites Marches soient & demeurent dispensés du droit de Joyeux avénement : comme aussi que les procès & différends qui pourroient intervenir pour la levée & imposition de la prestation annuelle ci-dessus énoncée, soient traités & jugés par le Sénéchal de Nantes, & par appel au Parlement de Rennes, auquel nous avons attribué & attribuons toutes jurisdictions & connoissance de cause, & icelles interdisons à tous autres Juges, & sans préjudice des droits des Seigneurs desdites Marches & de leurs Jurisdictions ès autres cas; & à l'égard des contestations qui poursoient survenir à l'occasion des impositions des Habitans desdites Marches, dans les Provinces voisines, à raison des héritages qu'ils y posséderoient ou feroient valoir, voulons que les Habitans des Marches ne puissent procéder ailleurs en premiere instance, que dans les Elections ou autres Jurisdictions dont ressortiront les Paroisses dans les rôles desquelles ils auront été imposés, & par appel, s'il y a lieu, dans les Cours dont releveront les Jurisdictions desquelles il aura été interjetté appel. Nous avons confirmé & confirmons également les Habitans desdites Marches communes dans l'exemption, franchise & immunité des droits de traites foraines & domaniales, pour les choses crues & expédiées desdites Marches, ou qui y seront apportées d'ailleurs pour y être consommées, à la charge par eux de se conformer exactement aux dispositions de l'Ordonnance des Fermes de 1687, & de remplir les formalités établies pour la sûreté de la régie de nos droits & pour celle du commerce. Nous avons permis & permettons au Syndic-Général desdites Marches, d'imposer les sommes nécessaires pour subvenir aux payemens des frais qui seroient occasionnés par des procès entrepris ou soutenus au nom des Habitans desdites Marches, pour quelque cause & dans quelque Jurisdiction que ce soit, lorsque toutefois lesdits procès auront été entrepris en vertu d'une délibération des représentans desdites Marches communes, arrêtée dans une assemblée tenue en la maniere ordinaire & accoutumée, ou que le montant des frais, dont l'entier remboursement sera devenu nécessaire, aura été constaté dans une assemblée des Commissaires desdites Marches. Si vous mandons, &c. 1777.

Données à Versailles, le sixieme jour d'Août, l'an de grace mil sept cent soixante-dix-sept, & de notre regne le quatrieme. *Signé*, LOUIS; par le Roy, AMELOT.

Registrées au Parlement de Paris, le 17 Mars 1778; en la Cour des Aydes, le 5 Mai suivant, & au Parlement de Rennes, le 25 Juin suivant.

LETTRES-PATENTES *pour les Maire & Echevins de la Ville de Mamers, Election du Mans, concernant la répartition de la taille.* 1779.

10 Décembre 1779.

LOUIS, &c. Nos chers & bien-amés les Maire & Echevins de la Ville de Mamers, Election du Mans, nous ont fait exposer que par Arrêt de notre Conseil, du 30 Novembre dernier, nous avons ordonné que la répartition de la taille & autres impositions accessoires de ladite Ville, seroit faite pendant l'espace de dix années, à commencer de l'année prochaine 1780, conformément au réglement annexé à la minute de notredit Arrêt, & que sur ledit Arrêt & Réglement y annexé toutes lettres nécessaires seroient expédiées, lesquelles ils nous faisoient très-humblement supplier de leur accorder. A ces causes, de l'avis de notre Conseil qui a vu ledit Arrêt dudit jour 30 Novembre dernier & ledit Réglement dont expédition est ci-attaché sous le contre-scel de notre Chancellerie, nous avons de notre pleine puissance & autorité royale ordonné, & par ces présentes signées

1779. de notre main, ordonnons que la répartition de la taille & autres impositions accessoires de la Ville de Mamers, sera faite pendant l'espace de dix années, à commencer de l'année prochaine 1780, conformément au Réglement annexé à la minute dudit Arrêt, dérogeant en tant que de besoin à l'Arrêt de notre Conseil, du 24 Septembre 1776 & au Réglement annexé à la minute dudit Arrêt; voulons que ladite répartition soit faite de la maniere & ainsi qu'il suit :

1°. Il sera choisi tous les ans six Commissaires d'une probité reconnue, lesquels seront pris dans les différentes classes, corps & métiers, & choisis dans l'assemblée générale des Habitans, sans qu'il puisse y en avoir deux du même état ou profession, ou de la même famille; & sans que leur mission puisse durer plus d'une année ni être prorogée sous quelque prétexte que ce soit. S'il arrivoit que les Habitans convoqués ne s'accordassent pas sur le choix des Commissaires, en ce cas il y sera pourvu par notre Commissaire départi en la Généralité de Tours.

2°. La convocation sera faite dans le lieu ordinaire & en la maniere accoutumée, huit jours au moins avant l'assemblée. On aura soin dans le procès-verbal d'assemblée, à peine de nullité, d'indiquer les noms, qualités, demeures & professions des délibérans; le sieur notre Intendant & Commissaire départi sera prévenu du jour de la convocation, à l'effet d'y assister lui-même ou par son Subdélégué, s'il le juge à propos.

3°. Les Collecteurs seront nommés suivant l'ordre du tableau, sans que sous quelque prétexte que ce soit, il puisse être interverti, sauf, en cas de contestations, à se pourvoir à l'Election, & s'il y a lieu, par appel, à la Cour des Aydes.

4°. Les taillables seront tenus de faire des déclarations qui seront transcrites sur un registre particulier déposé au greffe de l'Hôtel de Ville de Mamers; ceux des contribuables qui se croiront trop taxés par comparaison avec les autres, pourront prendre communication dudit registre & des déclarations qu'il contiendra, dans les deux mois du jour du rôle arrêté, vérifié & publié, d'après les déclarations qui seront affirmées véritables devant les Maire & Echevins; & ne pourront sous quelque prétexte que ce soit, les dépositaires dudit registre, en refuser la communication, ni prendre aucun salaire pour cette communication.

5°. Trois mois après, à compter du jour du rôle rendu exécutoire, vérifié & publié, il sera indiqué une assemblée générale au lieu & en la maniere accoutumée, dans laquelle les contribuables pourront, d'après les communications par eux prises, en exposer le résultat, sauf en cas de contestation à se pourvoir en l'Election, & par appel en la Cour des Aydes, s'il y a lieu. Après ces trois mois, l'assemblée générale destinée à la discussion de cet objet, ne pourrra plus être demandée, sans que, sous aucun motif ou prétexte, qui pourroit donner lieu à une assemblée générale, après les trois mois, lesdits contribuables puissent se plaindre d'être trop taxés, sauf à eux à se pourvoir par les voies de droit.

6°. Les déclarations faites par le taillable, feront mention du métier qu'il exerce, & porteront le détail article par article de tous les biens ou rentes qu'il possede, des fonds qu'il fait valoir ou qu'il occupe comme propriétaire, ainsi que de ceux qu'il tient à ferme ou à loyer, tels que métairies, bordages, moulins, pieces de terres & prés, pâtures & labour, droits de coutume, havage, pieds fourchés, langayage, greffes, dixmes & autres, tels qu'ils puissent être, soit que lesdits fonds ou droits fussent exploités ou exercés dans la Ville de Mamers & dans son territoire, soit qu'ils le fussent ailleurs. Les déclarations seront justifiées par titres tels que des contrats d'acquisition, partage, baux à ferme & autres, à la charge que si quelqu'un des objets compris dans la déclaration est justifié taxé dans une autre Paroisse, il en sera fait distinction. Cette distinction ne sera faite cependant que pour les objets d'exploitation, pour lequel le déclarant justifiera être taxé dans une autre Paroisse, & non à raison des propriétés. 1779.

7°. Dans les déclarations des taillables, on laissera un blanc dans lequel on puisse faire mention par la suite de l'augmentation ou diminution qui pourra survenir chaque année dans les facultés des taillables, ou à raison de leurs propriétés, commerce, exploitation & industrie.

8°. On inscrira dans le blanc desdites déclarations les diminutions survenues aux peres de famille, par les avantages faits à leurs enfans, par mariage, démission ou autrement. Ces enfans mariés ou démissionnaires, propriétaires ou exploitans à quelque titre que ce soit, supporteront, à raison des objets qui leur auront été cédés, la portion de taille dont la diminution aura été faite à leur pere.

9°. Les taxés d'office seront tenus de faire leurs déclarations comme les autres taillables, & d'en représenter le double certifié & collationné par le Maire de la Ville de Mamers, au sieur Intendant & Commissaire départi, pour servir à régler leur taxe d'office, & s'il s'éleve des contestations à raison des taxes d'office, elles seront jugées conformément aux Réglemens.

10°. Le propriétaire qui occupera une maison à lui dans la Ville de Mamers, ne sera taxé qu'à deux sols quatre deniers pour livre du revenu, dont la déclaration aura été faite ou justifiée, avec diminution d'un douzieme pour les réparations, sans que dans ladite diminution ou déduction d'un douzieme on puisse comprendre les vingtiemes.

11°. Si la fixation faite par le propriétaire occupant sa maison n'étoit pas suffisamment justifiée par des titres en bonne forme, les Commissaires pourront déterminer eux-mêmes la fixation, sauf au contribuable, s'il l'exige, à faire faire l'estimation par Experts.

12°. Pour fixer les estimations ou évaluations requises ou ordonnées, il sera tous les ans choisi trois Experts en même temps que l'on choisira les Commissaires; mais ces Experts ne pourront assister aux opérations des Commissaires & Collecteurs que lorsqu'ils en seront requis.

13°. Les maisons que les propriétaires donneront à loyer seront taxées à deux sols quatre deniers pour livre du revenu, dont la location payera deux sols, & le propriétaire domicilié dans la Ville de Mamers, quatre deniers. Il sera fait déduction d'un douzieme au propriétaire pour les réparations & accessoires autres cependant que les vingtiemes.

14°. Dans le cas où les propriétaires de maisons par eux données à Ferme, seront privilégiés ou non domiciliés, les quatre deniers n'auront point lieu à leur égard, & les maisons ainsi louées ne seront imposées qu'aux deux sols pour livre, payables par le locataire sans aucune diminution ni déduction.

15°. Le locataire privilégié ne payera pas non plus la taille de maison par lui occupée, alors l'imposition demeurera réduite aux quatre deniers à la charge du propriétaire, avec la déduction d'un douzieme, conformément à l'article 13.

16°. Ceux qui prendront des maisons à rentes foncieres, & qui occuperont par eux-mêmes, payeront deux sols pour livre de la rente, & quatre deniers pour la plus value, sous la déduction cependant du douzieme de revenu, si la rente est stipulée remboursable ou l'est de sa nature.

17°. Les propriétaires desdites rentes foncieres ou constituées sur les biens de la Ville, ne seront imposés qu'à raison de quatre deniers pour livre.

1779. 18°. L'arpent de bon terrein en prés sera évalué à cinquante livres de revenu & imposé à deux sols quatre deniers pour livre, dont deux sols à la charge du Fermier, & les quatre deniers à la charge du propriétaire.

19°. Le terrein médiocre en pré sera estimé quarante livres l'arpent & imposé à deux sols quatre deniers pour livre, dont deux sols à la charge du Fermier, & les quatre deniers à la charge du propriétaire.

2°. Le journal de bonne terre sera évalué vingt livres & imposé deux sols quatre deniers pour livre, dont deux sols à la charge du Fermier, & quatre deniers à la charge du propriétaire.

21°. Le journal de terre médiocre sera évalué à quinze livres & imposé à deux sols quatre deniers pour livre, dont deux sols à la charge du Fermier, & quatre deniers à la charge du propriétaire.

22°. Le mauvais arpent de pré sera évalué à dix livres & imposé à deux sols quatre deniers pour livre, dont deux sols à la charge du Fermier, & quatre deniers à la charge du propriétaire.

23°. Le mauvais journal de terre ne sera évalué que six livres & sera imposé à deux sols quatre deniers, dont deux sols à la charge du Fermier, & quatre deniers à la charge du propriétaire.

24°. Lorsque les propriétaires feront valoir eux-mêmes lesdits arpens de pré ou journaux de terres, ils payeront seuls les deux sols quatre deniers, sauf les déductions portées par l'article 13.

25°. Les métairies, bordages, moulins à blé & à tan seront imposés à deux sols quatre deniers pour livre, dont deux sols payables par les Fermiers, & les quatre deniers par les propriétaires; lesquels dans le cas où ils feroient valoir par eux-mêmes, acquitteront la totalité de l'imposition, sauf la diminution portée audit article 13.

26°. Il en sera de même des métairies, bordages étant dans l'étendue du terroir de la Ville de Mamers.

27°. Les taillables faisant valoir à ferme générale des droits de communauté, havages, pieds fourchés, langayages, dixmes perçus dans la Paroisse & Ville de Mamers, seront imposés à deux sols quatre deniers pour livre du prix de leurs baux, ou sur l'estimation par Experts, dans le cas où il y auroit de justes raisons de suspecter les baux, à la charge de la répartition ci-dessus établie entre le Fermier & le propriétaire qui acquittera seul l'imposition, s'il est domicilié dans la Ville & territoire de Mamers & s'il exploite le tout.

28°. Ceux qui feront valoir par eux-mêmes quelques portions détachées de terre & ne faisant point partie d'une Ferme-générale, comme prés, pâtures, journaux de terres, acquitteront la même imposition que celle portée dans les articles 17, 18, 19, 20, 21 & 22, suivant la nature, classe & qualité du terrein.

29°. Les domiciliés dans la Ville, terroir & Paroisse de Mamers, qui étant Fermiers-Généraux auront sous-affermé les objets de leurs Fermes situés hors de ladite Ville, territoire & Paroisse, payeront quatre deniers pour livre du prix de la Ferme-générale, le surplus de l'imposition due à cause de ladite exploitation étant acquitté par le Sous-Fermier dans le lieu de la situation des biens compris dans la Ferme-générale.

30°. En conséquence aucuns des biens affermés hors le territoire de la Ville de Mamers en quelques lieux qu'ils soient situés & de quelque nature qu'ils soient, comme maisons, fonds d'héritages, rentes foncieres & constituées étant imposés à la taille dans le lieu de la situation, ne seront compris dans l'imposition de la Ville de Mamers.

31°. Les rentes constituées sur domiciliés audit Mamers & celles à rentes viageres, ne seront imposées qu'à quatre deniers pour livre, tant à charge qu'à décharge. 1779.

32°. Le Procureur, le Notaire, le Greffier, l'Huissier ne seront taxés que quatre deniers pour livre du produit & revenu de leurs Charges, suivant l'estimation à la commune renommée.

33°. Le commerçant & l'artisan seront imposés à quatre deniers pour livre du produit de leur commerce & métier, aussi suivant l'estimation à la commune renommée, & ceux d'entr'eux qui justifieront contribuer aux droits d'industrie établis dans la Ville de Mamers, ne seront imposés qu'à quatre deniers pour livre.

34°. Les propriétaires ou locataires des maisons, bâtimens, jardins situés dans ladite Ville de Mamers, dont la jouissance excede le terme de Noël, payeront l'année de taille commencée au premier Octobre précédent, & les propriétaires ou locataires en jouissance au temps des récoltes payeront la taille, à commencer du premier Octobre qui la suivra.

35°. Le taux des taillables décédés après l'opération de la répartition de la taille commencée par les Communautés & Collecteurs, sera payé par les héritiers tel qu'il aura été imposé dans ladite répartition.

36°. Tout particulier qui aura fait une fausse déclaration ou manqué de faire un supplément de déclaration lorsque ses facultés, biens ou tenures auront augmenté, payera une double taille, sans que cependant ledit doublement s'étende au-delà de l'année & puisse s'appliquer à d'autres objets que ceux qui auront été dissimulés, sans préjudice de l'amende encourue telle qu'elle sera prononcée par le sieur Intendant & Commissaire départi en la Généralité de Tours. Le montant des amendes sera remis au Receveur des impositions, & ce montant sera d'autant moins imposé sur la Communauté.

37°. S'il y avoit dans les déclarations du prix des baux des changemens en diminutions qui ne fussent pas suffisamment justifiés, ou dont la cause ne fût pas notoire & contre lequel il s'élevât des raisons de suspicion fondées, les Commissaires pourront fixer eux-mêmes la valeur des effets ou la faire estimer par les Experts, conformément à l'article 12.

38°. Lorsque les taux seront fixés d'après les regles prescrites par le présent tarif, si le total ne se trouve point suffisant pour remplir le montant de la taille dudit Mamers, ce qui se trouvera manquer sera imposé au marc la livre sur tous les contribuables non privilégiés; il en sera usé de même en diminution, dans le cas où le total des cottes réunies excédera la somme à répartir.

39°. & dernier. Les particuliers qui ont obtenu des Jugemens de réduction au Siege de l'Election du Mans, seront tenus, néanmoins sans pouvoir se prévaloir de ces Jugemens, de faire leur déclaration, conformément au présent Réglement.

Si vous mandons que ces présentes vous ayez à faire registrer, & le contenu en icelles, & audit Arrêt de notre Conseil, du 30 Novembre dernier, faire exécuter selon sa forme & teneur, cessant & faisant cesser tous troubles & empêchemens & nonobstant toutes choses à ce contraires; mandons pareillement au sieur Intendant & Commissaire départi de la Généralité de Tours, de tenir la main à l'exécution des présentes & dudit Arrêt: car tel est notre plaisir.

Données à Versailles, le trente-unieme jour de Décembre, l'an de grace mil sept cent soixante-dix-neuf, & de notre regne le sixieme. *Signé*, LOUIS.

Registrées en la Cour des Aydes, le 1780.

1781.

ARRÊT du Conseil & Lettres-Patentes qui autorisent les Habitans de la Ville de Vitry-le-François à percevoir les droits énoncés au tarif arrêté par lesdits Habitants.

13 Mars & 30 Mai 1781.

Extrait des Registres du Conseil d'Etat.

SUR la Requête présentée au Roy en son Conseil, par les Maire, Echevins, Gens du Conseil de Ville, & Habitans de la Ville de Vitry-le-François, contenant que cette Ville jouit, par forme d'octroi, de différens droits sur les marchandises, denrées & autres objets de consommations, qui entrent & qui sortent de la Ville, contenues dans un ancien tarif, & dont le profit est destiné annuellement à payer les charges ordinaires & extraordinaires de la Ville, à l'entretien de son pavé, de ses ponts, portes & aqueducs; que le tarif étoit si obscur & si mal expliqué, qu'il causoit continuellement des procès entre les Adjudicataires desdits octrois, & les redevables qui ruinoient les Adjudicataires, qui avoient diminué le prix de l'adjudication si considérablement, qu'il n'étoit plus suffisant pour acquitter les charges, ni entretenir les ouvrages publics; ce qui auroit infailliblement causé la ruine du commerce de la Ville; que, pour y obvier, les Supplians ont dressé un nouveau tarif, que le Roy a eu la bonté d'homologuer par Arrêt de son Conseil du 25 Septembre 1731: mais que le nouveau tarif ayant été fait avec précipitation, parce que le bail desdits octrois étoit alors instant à renouveller, il convenoit qu'il fût fait pour percevoir les droits sur le pied de ce nouveau tarif, qui ayant encore souffert difficultés, & donné lieu à des inconvéniens, les Supplians ont travaillé à l'éclaircir, & ont arrêté, le 7 Janvier 1733, un nouveau tarif, afin qu'il n'y eût plus aucune contestation dans la perception desdits droits; qu'en conséquence de l'homologation de ce nouveau tarif, que le Roy a bien voulu faire par l'Arrêt de son Conseil du 2 Juin 1733 (1), sur lequel Lettres-Patentes ont été obtenues le 9 Juillet suivant, le tout enregistré, tant en la Cour des Aydes, qu'au Bureau des Finances de Champagne à Châlons, & au Greffe de l'Election dudit Vitry; qu'à compter de ladite année 1733, la perception des droits contenus audit tarif s'est faite jusqu'à présent, à l'exception des droits y établis, à l'entrée & à la sortie; sçavoir, d'un sol pour chacun sac de froment ou de seigle, d'un sol par chacun sac d'avoine ou d'orge, de pareil droit pour la farine, & 3 s. pour chacun char ou charrette à moisson de grains en branche, & 1 s. 6 d. pour la petite charrette à moisson de grains, suivant les articles 167, 168, 169 & 173 dudit tarif; tous lesquels droits ont été suspendus par Arrêt du Conseil d'Etat de Sa Majesté, du 3 Juin 1775, & dont la perception a été en conséquence arrêtée depuis que la privation de ce droit, qui faisoit annuellement un produit pour la Ville, la met dans l'impossibilité d'acquitter ses charges augmentées considérablement, tant par la rente annuelle de 2000 liv. au principal de 4000 liv., faisant le prix de l'achat des Offices Municipaux au profit de ladite Ville, en 1772, par Arrêt du Conseil de Sa Majesté, sur lequel Lettres-Patentes ont été obtenues, & enregistrées où besoin a été; que par une augmentation annuelle de 1000 liv. au profit du College de la Ville de

(1) Il ne faut pas confondre ce Tarif avec celui rapporté à la page 1638.

Vitry;

Vitry, indispensable pour son soutien, & encore par le payement d'autres sommes que la Ville a empruntées pour achat de grains qui ont été distribués depuis 1770, dans les temps de disette aux pauvres, & enfin par d'autres charges : que la Ville n'ayant pas de revenus patrimoniaux, autres que ledit octroi, tant pour l'acquit des arrérages que des charges & rentes annuelles, les supplians n'ont trouvé d'autres moyens, pour y satisfaire, que dans un nouveau tarif des droits; qu'en conséquence ils ont examiné celui de 1733. Ils ont reconnu que, malgré l'attention qui avoit été apportée pour prévenir les inconvéniens, il en résultoit encore beaucoup; pourquoi ils ont arrêté, le 18 Juin 1779, un nouveau tarif en réformation de celui de 1733, en la Chambre du Conseil de Ville, où ont assisté les Notables. Pour justifier du contenu en la présente Requête, les supplians produisent deux pieces. La premiere est le tarif des droits & octrois pour ladite Ville, arrêté au Conseil le 2 Juin 1733. La seconde est le projet du nouveau tarif desdits droits d'octroi, en réformation de celui arrêté au Conseil le 2 Juin 1733, dont les supplians demandent l'autorisation. Requéroient, à ces causes, les supplians, qu'il plaise à Sa Majesté homologuer & autoriser le nouveau tarif qu'ils ont arrêté, le 18 Juin 1779, en la Chambre du Conseil de Ville; en conséquence ordonner que lesdits droits seront perçus conformément, & sur le pied d'icelui, à commencer du jour de la signification qui sera faite au Fermier desdits droits, de l'Arrêt qui homologuera ce nouveau tarif, & qu'il sera exécuté selon sa forme & teneur, nonobstant toutes oppositions, & autres empêchemens généralement quelconques, pour ce ne sera différé, & dont, si aucuns interviennent, Sa Majesté se réservera la connoissance & à son Conseil. Vu ladite Requête signée Petit, les pieces y énoncées & jointes, l'état des Receveurs des charges & dettes de ladite Ville, qui constate, 1°. que les revenus sont de 14581 liv. 4 s. 6 d.; 2°. que les charges sont de 20428 liv.; & 3°. que les dettes sont de 31406 liv. 8 s.; l'état, par apperçu, de l'augmentation que produira le nouveau tarif; ensemble l'avis du sieur Rouillé d'Orfeuille, Intendant & Commissaire départi dans la Province de Champagne : oui le rapport du sieur Moreau de Beaumont, Conseiller d'Etat ordinaire, & au Conseil Royal des Finances. Le Roi, en son Conseil, a permis & permet aux Officiers Municipaux de la Ville de Vitry-le François, de lever & percevoir, à compter du jour de la publication du présent Arrêt, les droits énoncés en l'état arrêté dans une Assemblée desdits Officiers Municipaux & Notables de ladite Ville, le 18 Juin 1779, & conformément aux tarifs desdits droits annexés au présent Arrêt. Ordonne que le produit dudit tarif sera employé, sans divertissement, à l'acquit des charges annuelles de ladite Ville, au payement de ses dettes, & qu'il sera compté du produit en la maniere accoutumée. Ordonne pareillement que, sur ledit présent Arrêt, toutes Lettres-Patentes nécessaires seront expédiées, si besoin est. Fait au Conseil d'Etat du Roi, tenu à Versailles, le treize Mars mil sept cent quatre-vingt-un. Collationné, & *signé*, LE MAITRE. 1781.

1781. *TARIF des droits à percevoir dans la Ville de Vitry-le-François en exécution de l'Arrêt dudit jour, sur les denrées & marchandises entrantes & sortantes de ladite Ville, fauxbourgs d'icelle, & sur celles qui seront déchargées ou chargées dans les maisons, bâtiments sur la prairie, le petit Blacy autrement les Indes, & ports de ladite Ville, & pour servir à l'acquit de ses charges annuelles & au paiement de ses dettes.*

TITRE PREMIER.

Draperie, mercerie, bijouterie, quincaillerie & bonneterie.

l. s. d.

LE cent pesant de drap d'étoffe de laine, poil de chameau, fil de coton & étoffes de toute qualité, payera d'entrée, 12

Le cent pesant de toutes sortes de soieries mêlées d'or & d'argent, payera d'entrée, 2 10

Le cent pesant d'étoffes de soie pure, bas, mouchoirs, & tout ce qui comprend la soierie, payera d'entrée, 1 5

Le cent pesant d'étoffes, bas, mouchoirs & tous ouvrages de soie mêlés de fil, coton, poil ou laine, ainsi que la filoselle mêlée, ou non, payera d'entrée, 15

Le cent pesant de bijouteries en or ou argent, payera d'entrée, 3

Le cent pesant de toutes sortes de bijouteries, qui ne sont mêlées d'or ni d'argent, payera d'entrée, 2

Le cent pesant de celles d'autres matieres, payera d'entrée, 15

Le cent pesant de quincailleries grosses & menues de cuivre, fer, acier, & de tous autres métaux non dénommés au présent titre, payera d'entrée, 8 4

Le cent pesant de meubles vieux & neufs, comme lits, matelas, couvertures, garnitures de lits, chaises, fauteuils garnis de laine, tapisseries de toutes especes, payera pour l'entrée, 10

Le cent pesant de glaces, miroirs, trumeaux, payera d'entrée, 1

Le cent pesant de commodes, bureaux, bibliotheques, armoires & autres ouvrages de l'art & métier de menuiserie & d'ébeniste, garnis ou non garnis, payera d'entrée, 10

Nota. Les chassis, coffres & effets ne payeront rien, & les actuels ci-dessus ne serons assujettis à aucuns droits de sortie.

Il sera permis aux Habitans de la Ville & fauxbourgs de faire porter des meubles à leur terre & à leur maison de campagne, & de les faire rapporter à la Ville sans être tenus de payer aucuns droits d'entrée desdits meubles, & pour prévenir les fraudes, ils seront tenus de faire faire un état des meubles qu'ils feront sortir, où ils seront désignés, lequel sera signé d'eux & du Fermier des octrois, dont il restera un double au Fermier, sur lequel il fera la vérification des meubles que l'on voudra faire rentrer dans la Ville, & sera tenu ledit Fermier, trois mois avant l'expiration de son bail, de remettre à l'Hôtel de Ville les doubles des états qui auront été faits pendant son bail qui lui seront restés, en se purgeant par serment qu'il ne lui en reste point d'autres, & qu'ils sont sérieux & véritables.

1781.

l. s. d.

Le cent pesant de lin, de chanvre ou d'étoupes crus ou façonnés, payera d'entrée, 4 2

Le cent pesant de coton en écaille ou façonné, de fil de lin, de chanvre ou d'étoupe, payera d'entrée, 8 4

Le cent pesant de coton filé ou non, payera d'entrée, dix sols & autant de sortie, 10

Chaque douzaine de sangles ou de surfaix, payera d'entrée, 1

Le cent pesant de toutes sortes de mousselines, linons, gazes, Saint-Quentin, payera d'entrée, 15

Le cent pesant de toiles de toutes sortes de qualités, blanches ou crues, payera d'entrée, 12 6

Le cent pesant de coutils, canevas, treillis & toiles d'emballages, payera d'entrée, 4 2

Le cent pesant de toutes sortes de papiers marbrés, peints, dorés, carton, cartes à jouer, cartes géographiques, estampes, livres de musique, payera d'entrée, 10

Nota. Les livres imprimés ne payeront rien.

Le cent pesant d'habits tant à l'usage d'hommes que de femmes, lingerie, fripperie vieux ou neufs, que traînent ou vendent les Frippiers, payera, 4 2

Le cent pesant de toutes sortes de draperies, merceries, quincailleries, &c. non dénommées au présent titre, payera, 8 4

Les Marchands forains, colporteurs, portes-balles & tous autres qui feront entrer des marchandises désignées au présent titre, pour les vendre & les débiter dans la Ville, les Commis des portes visiteront lesdites marchandises pour en connoître l'espece, dont ils évalueront le poids & en feront consigner les droits qu'ils coucheront sur leurs registres, pour après la vente ou le débit que lesdits Marchands auront fait du tout ou de partie, payer l'entrée de ce qu'ils auront vendu, ci, *Mémoire.*

TITRE II.

Vins ordinaires, de liqueurs, eaux-de-vie & liqueurs mixtionnées, huiles, sucres, épiceries & teintures.

BOISSONS.

Chaque poinçon de vin, jauge Champagne, entrant dans la Ville & fauxbourgs de Vitry, à l'exception de celui du cru des Habitans, acheté ou venant de la banlieue ou l'Election de Vitry, & même celle de l'Election de Bar-sur-Aube & Joinville, payera pour l'entrée 3 l. 10 s. & aucun ne sera réputé Habitant qu'il n'ait demeuré an & jour dans ladite Ville & fauxbourgs, & les autres vaisseaux à proportion, ci, 3 10

Chaque poinçon de vin, jauge Champagne, de la haute & basse Bourgogne, ainsi que des Elections de Rheims, Epernay, Vertus, Châlons, les Chisseys, Bar-sur-Seine, Bar-le-Duc & de toutes les qualités non dénommées au présent tarif, payera d'entrée 5 liv. & les autres vaisseaux à proportion, ci, 5

Chaque bouteille, pinte de Paris, des vins ci-dessus, payera d'entrée, 2

Le poinçon, jauge Champagne, des vins d'Espagne, de Frontignan,

muscat, Malaga, de Saint-Peret & tous vins de liqueurs & de vins *l. s. d.*
1781. étrangers, payera d'entrée 10 liv. & les autres vaisseaux à proportion, ci, 10

La bouteille, pinte de Paris, desdits vins, payera d'entrée, 2 6

La bouteille, pinte de Paris, de liqueurs mixtionnées, payera d'entrée, 3 6

Le poinçon, jauge Champagne, de vin vicié ou vinaigre, payera d'entrée, 2 liv. & les autres vaisseaux à proportion, ci, 2

Huiles & épiceries.

Le cent pesant de toutes sortes d'huiles, de savon, d'essence, ainsi que les dégrais, payera d'entrée, 10 s. 7 d. & point de sortie, 10 7

Le cent pesant de poivre, sucre, piment, dragées fines, confitures seches & liquides, sirops, eaux de senteur & pommades, payera d'entrée, 2 6

Le cent pesant de cassonnades & dragées communes, payera d'entrée, 12 6

Le cent pesant de pains d'épice de tels pays qu'ils viennent, de miel, de poudre à poudrer, amidon, colle forte, colle claire, colle de poisson, réglisse, noix de galle, alun, couperose, raucourt, poix noire, poix blanche, gaudron, résine, pierre-ponce, glu, gomme, colophane, bois d'Inde & bois du Brésil en buche en écaille ou moulus, tout ce qui sert à faire peintures, teintures ou couleurs, à l'exception du blanc de craye, payera d'entrée, 10

Chaque livre de café, payera d'entrée, 2

Chaque livre de girofle, cannelle & muscade, payera d'entrée, 1

Chaque livre d'encens, vernis, azur, outre-mer, inde ou indigo, ou le vif-argent, payera d'entrée, 1

Chaque livre de thé, payera d'entrée, 10

Le cent pesant de toutes sortes d'épiceries généralement non dénommées au présent titre, payera d'entrée, 10

Nota. Toutes les denrées & marchandises comprises sous le présent titre, ne payeront aucuns droits de sortie.

TITRE III.

Le cent pesant de chandelles, payera d'entrée, 1 5

Le cent pesant de cire en écaille ou vieille cire, tant jaune que blanche, payera d'entrée, 15

Le cent pesant de cire jaune façonnée en cierge, pains ou autrement, payera d'entrée, 1 10

Le cent pesant de cire blanche façonnée ou non façonnée, payera d'entrée, 2 10

Nota. Il ne sera payé aucuns droits de sortie pour les articles compris au présent titre troisieme.

TITRE IV.

Étains, plombs, cuivre, fers & clouteries.

Le cent pesant d'étain de soudure, d'étain, de cuivre, d'airain, de potin, le tout vieux ou neuf, façonné ou non, payera d'entrée, 10

Le cent pesant de plomb vieux ou neuf, façonné ou non, même à giboyer, ainsi que la mitraille de cuivre & le fer à giboyer, payera pour l'entrée, | *l. s. d.* 4 | 1781.

Fers.

	l.	s.	d.
Le cent pesant de fer blanc ou noir, en feuille, fil de fer & de laiton servant à lanternes, payera d'entrée,		10	
Chaque chariot à un ou deux timons, ainsi que le camion à ridelles ou sans ridelles, & char ou charrette à moisson, chargées de fer soit en barres ou en verges, chaudieres, marmites & autres marchandises de fer, de fonte, payera d'entrée,	1	5	
Chaque charrette chargée desdits fers, payera d'entrée,		15	
Le cent pesant de fer à cheval, de clous à bandes, fers d'essieux d'esses de chaînon, bandages, plaques à épaules façonnées ou non, toutes sortes de clous & autres marchandises de fer entrant soit en tonneaux, sacs ou poinçons, payera pour l'entrée,		12	
Le cent pesant de tôle, bouchoirs de fer, verges rondes ou quarrées, & chaque douzaine de faulx, payera d'entrée,		3	
Le cent pesant d'acier, de quelques lieux qu'il vienne, ou qu'il soit, payera d'entrée,		6	
Chaque douzaine de cuillers à pot, d'écumoires, de papinettes de fer & de faucilles, payera d'entrée,		2	
Chaque douzaine de poëles à frire, petites ou grandes, de réchauds, de léchefrites, de grils & de tôles, payera d'entrée,		10	
Chaque douzaine de poêlons payera pour l'entrée,		5	
Le cent pesant de toutes sortes d'ouvrages de fer & acier, non dénommés au présent titre, payera d'entrée,		10	

Nota. Aucun des articles du présent titre ne seront assujettis au droit de sortie.

TITRE V.

Chapeaux & laines.

	l.	s.	d.
Chaque douzaine de chapeaux entrant en ladite Ville & fauxbourgs, payera d'entrée,	1	10	
Les chapeaux qui auront été façonnés en ladite Ville & fauxbourgs, ne payeront ni entrée, ni sortie, ci,	*Mémoire.*		
Le cent pesant de laines, de quelques qualités & pays qu'elles soient, payera pour l'entrée, ci,		12	

TITRE VI.

Porcelaines, faïances, & poteries.

	l.	s.	d.
Le char ou grande charrette chargée de porcelaines ou de faïances, payera pour l'entrée,	1		
La petite charrette chargée de porcelaines ou de faïances, payera d'entrée,		10	
Le char ou grande charrette chargée de terrines ou d'autres vaisseaux de terre ou de grès, & généralement de toutes sortes de poteries, payera d'entrée,		15	

l. s. d.

1781. La petite charrette chargée desdites matieres, payera d'entrée, 7 6

Il ne sera levé aucun droit sur le ver ni le cristal, ci *Mémoire.*

Nota. Aucun des articles du présent titre ne seront assujettis aux droits de sortie.

TITRE VII.

Bois de charpente, menuiserie, charronnage & autres bois façonnés ou non façonnés, arrivant tant par terre que par eau; chaque chariot à un ou deux timons, ainsi que le camion à ridelles ou sans ridelles, chargés de bois de charpente ou à bâtir, équarré ou non équarré, travaillé ou non travaillé, même les madriers & plapeaux, payeront pour l'entrée, 1 15

Le char ou charrette à moisson, chargés desdits bois, payera d'entrée, 1 5

La charrette chargée desdits bois, payera d'entrée, 1 5

Les mêmes voitures qu'à l'article 64, chargées de volilles desdits bois durs, payeront chacune pour l'entrée, 2

Le char ou charrette à moisson, chargés desdites volilles, payera d'entrée, 1 10

La petite charrette chargée desdites volilles, payera d'entrée, 15

Les mêmes voitures qu'à l'article 64, chargées de planches en bois blancs, ou de sapin ou de peuplier, ainsi que les cartelages & volilles du même bois, payeront chacune pour l'entrée, 1 10

Le char ou charrette à moisson, chargés desdits bois, payera d'entrée, 1

La petite charrette chargée desdits bois, payera d'entrée, 10

Les mêmes voitures qu'à l'article 64, chargées de lattes, échaussillons, aisses ou taxillons, merrains, bois de cuve ou de cuvier, gentes, respales, ou d'autres bois façonnés de charpente, de menuiserie & de charronnage, payeront chacune pour l'entrée, 2 5

Le char ou charrette à moisson, chargés desdits bois, payera d'entrée, 1 10

La petite charrette desdits bois, payera d'entrée, 1

Le char ou charrette à moisson, ou camion chargés de filieres, pannes ou perches, de quelque bois que ce soit, payera d'entrée, 1 5

La charrette chargée desdites marchandises, payera pour l'entrée, 12 6

Chaque charrette à moisson, ou camion chargés de sabots, arçons, bâtons de colliers, bois de sas & de boisseaux, battoirs, pelles, seaux, écuelles, vases, revettes, boîtes & tous autres bois ouvragés de pareille nature, payera d'entrée, 2 10

La petite charrette desdits bois, payera d'entrée, 1 10

Chaque hottée d'arçons & de talons, payera d'entrée, 1

Chaque charge de cheval desdits arçons & talons, payera d'entrée, 3

Chaque cent en nombre de balais de bouleau, payera d'entrée, 2

Chaque botte de bâtons, ou paisseaux quarrés ou non, de quelque bois qu'ils soient, payera d'entrée, 5

Les bâtons ou paisseaux que les Habitans de ladite Ville & fauxbourgs feront sortir pour être conduits dans leurs vignes, ne payeront rien, ci, *Mémoire.*

Chaque poinçon, muid ou tonneau neuf ou vieux, payera d'entrée, 1

Les demi & quarts à proportion, & pareille somme à la sortie.

	l.	ſ.	d.
Les cuves, cuvettes, cuviers, baclons vieux ou neufs, payeront à proportion de leur grandeur à raiſon d'un ſol par poinçon Champagne, & pareille ſomme à la ſortie, ci,		1	
Leſdits vaiſſeaux vieux ne payeront rien pour la ſortie,	*Mémoire.*		
Chaque chariot à un ou deux timons ou camions, à ridelles ou ſans ridelles, chargés de bois neuf façonné, pour faire cuves, cuvettes, cuviers ou autres vaiſſeaux, payera pour l'entrée 40 ſols, & pareille ſomme pour la ſortie, ci,	2		
Le char ou charrette à moiſſon chargés deſdits bois, payera d'entrée,	1	5	
Autant pour la ſortie.			
La charrette ordinaire chargée deſdits bois, payera d'entrée,		12	6
Chaque cerceau à cuve, chaque couronne de cerceau & poinçons, cuviers & autres vaiſſeaux, payera pour l'entrée,			3
Autant pour la ſortie.			
Chaque rouet à filer, violon, baſſe, ſerinette & autres inſtrumens de muſique, payera pour l'entrée ſeulement,		3	
Le cent en nombre de cordes de tilleuls doubles, payera pour l'entrée,		16	8
Le cent en nombre de cordes de tilleuls ſimples, payera d'entrée,		8	4
Chaque char, charrette à moiſſon ou camion chargés d'écorces battues ou non battues, de tels bois que ce ſoit, payera d'entrée,	1	10	
La charrette chargée deſdites écorces, payera d'entrée,		15	
Les vieux bois de charpente n'étant plus propres qu'à brûler, payeront comme les bois de chauffage; mais s'ils ſont dans le cas de pouvoir ſervir, ſeront regardés comme bois travaillés & façonnés, & payeront comme le bois à bâtir, ci,	*Mémoire.*		
Le char ou charrette à moiſſon chargés de perches, avirons, écopes, quincots neufs, ancres & de tous autres uſtenſiles ou agrès neufs ſervant à l'équipement des bateaux, nacelles & trains des bois entrant dans ladite Ville & fauxbourgs, ou déchargés au bas du Village & ſur les ports, payera d'entrée,	1	5	
La charrette chargée deſdits bois, payera pour l'entrée ſeulement,		10	
Le char de fagots ou faſcines de ſaule ou autres bois tendres propres à équiper les bateaux, & entrant & déchargés comme à l'article précédent, payera d'entrée,	1		
La charrette deſdits fagots ou bois tendres, payera pour l'entrée,		10	
Leſdits équipages arrivant par la riviere, payeront;			

1781.

SÇAVOIR:

	l.	ſ.	d.
Le cent d'écopes de perches ou d'avirons, payera d'entrée,		16	8
Et la moindre quantité à proportion.			
Chaque ancre ou quinot, payera d'entrée,	1	5	
Le cent de fagots ou faſcines de ſaule, payera d'entrée,		10	

TITRE VIII.

Bois de chauffage, charbons, ſoins, paille & oſier.

	l.	ſ.	d.
Chaque chariot à un ou deux timons, ainſi que le camion à ridelles ou ſans ridelles, chargés de fagots de bois dur, de gros bois à brûler, d'écailles, de vieux bois de charpente auſſi propre à brûler, payera d'entrée,	1	10	

1781. Chaque char ou charrette à moisson chargés desdits bois, payera d'entrée, l. 1 s.

La charrette chargée desdits bois, payera d'entrée, 10

Chaque camion à ridelles & sans ridelles, à un ou deux timons, chargé de fagots de bois d'aune, de saule, de peuplier, de fagots appellés vulgairement génilles & fascines de saule & d'épines, d'autres gros bois de pareilles especes que dessus, payera pour l'entrée, 18

Chaque char ou charrette à moisson chargés dudit bois, payera d'entrée, 12

La charrette chargée desdits bois, payera pour l'entrée, 6

La charge d'homme de toutes sortes de bois à brûler, à l'exception du sarment, payera pour l'entrée,

Charbon.

Chaque banne double, chariot ou charrette à moisson chargés de charbon en sacs, payera d'entrée, 1 10

Chaque banne simple ou char chargés dudit charbon, payera d'entrée, 15

Chaque banne double ou charrette à moisson de charbon non chargé de sacs, payera d'entrée, 1

La petite banne & char chargés dudit charbon, payera d'entrée, 10

Chaque char, charrette à moisson ou camion chargés seulement de charbons en sacs, payera d'entrée, 1 5

La charge de charbon entrant sur un cheval ou sur un âne, payera d'entrée, 4

Le charbon que les Chaufourniers, Habitans de Vitry, feront sortir pour la fourniture de leurs fourneaux, ne payera rien.

Foin.

Chaque chariot à un ou deux timons, à ridelles ou sans ridelles, chargé de foin bottelé ou non bottelé, payera d'entrée, 2

Chaque char ou charrette à moisson chargés de foin bottelé ou non bottelé, que feront entrer les Laboureurs & Particuliers & Bourgeois de ladite Ville & fauxbourgs de Vitry, payera pour l'entrée, 1 10

Chaque char ou charrette à moisson, communément appellés char de place, chargés de foin bottelé ou non, que feront entrer les Particuliers de campagne, pour être exposés en vente sur la place, payera d'entrée, 1

La petite charrette dudit foin, payera d'entrée, 12 6

Chaque charge d'homme dudit foin, payera, 6

Chaque charge dudit foin sur un cheval ou âne, payera d'entrée, 2

Pailles & gluis.

Chaque cent de gluis, payera d'entrée, 12

Chaque char, charrette à moisson ou camion chargés de paille, payera d'entrée, 10

La petite charrette chargée de paille, payera d'entrée, 5

Osier

1781.

Osier.

	l.	s.	d.
Le char ou camion d'osier non façonné, payera d'entrée,		15	
La voiture ou charrette dudit osier, payera d'entrée,		7	6
Chaque charge de cheval ou d'âne dudit osier, payera d'entrée,		2	
Chaque charge d'homme dudit osier, payera d'entrée,		1	
Chaque char ou camion d'osier façonné, payera d'entrée,	1		
Chaque voiture ou charrette dudit osier, payera d'entrée,		12	
Chaque charge de cheval ou d'âne dudit osier, payera d'entrée,		5	

TITRE IX.

Bêtes vives ou tuées, viandes & cuirs.

	l.	s.	d.
Chaque porc gras qui sera amené du dehors & entrera dans la Ville, fauxbourgs & dépendances, payera pour l'entrée,	1		
Chaque porc maigre, payera pour l'entrée seulement,		5	
Chaque porc de lait, payera pour l'entrée,		2	6
Chaque bœuf, vache, godin, genisse ou bouvillon entrés dans ladite Ville, fauxbourgs & dépendances, pour y être égorgés, payera pour l'entrée seulement,	1	5	
Chaque taureau entier, comme dessus, payera pour l'entrée,	1	15	
Chaque veau, payera d'entrée,		5	
Chaque mouton, brebis, bouc ou chevre, payera d'entrée,		2	6
Et autant pour la sortie.			
Chaque agneau, chevreau, payera d'entrée,		1	
Chaque livre de viande de boucherie, porc, même jambon salé, payera pour l'entrée,			3
Toutes les bêtes ci-dessus entrantes un jour de foire, ne payeront rien, ci,	*Mémoire.*		

Les bestiaux achetés par les Habitans de la Ville & dépendances, les jours de foires & autres jours, pour nourrir chez eux, payeront les droits ci-après détaillés, dont ils seront tenus de faire déclaration au plus prochain Bureau de leur demeure, à peine de 300 livres d'amende, qui ne pourra être remise ni modérée.

SÇAVOIR.

	l.	s.	d.
Pour le bœuf, vache, godin, genisse ou bouvillon, payera pour l'entrée,		6	
Le veau pour idem, payera,		2	
Le mouton, brebis, bouc ou chevre,		1	
L'agneau, le chevreau & porc de l'an,			6
Le porc gras, pour idem,		5	
Le porc maigre,		2	6

Cuirs.

	l.	s.	d.
Le cent pesant de gros cuirs de Flandre & autres cuirs forts, payera pour l'entrée seulement,	2	10	

1781. La douzaine de cuirs de chevreau ou de vache, tannés ou passés, payera pour l'entrée, *l. s. d.* 1 16

La livre de maroquin, payera pour l'entrée, 1

La douzaine de cuirs de veaux ou d'autres petits cuirs tannés ou passés, payera d'entrée, 3

Et autant pour la sortie.

Les cuirs secs en poil ou cuirs & en plein de bœuf, de chevreaux ou de vache, payeront pour chacune peau pour la sortie, 5

Et ne sera rien perçu pour l'entrée.

La douzaine de peaux de veaux ou de mouton passées ou non, & de toutes peaux teintes, payera d'entrée, 3

Et pareille somme pour la sortie.

Les petites peaux en poil passées, & toutes autres marchandises de pelleteries, payeront par cent pesant, 1 5

Le cent pesant de colle à gand & rognures de toutes sortes de cuirs, payera seulement pour la sortie, 5

TITRE X.

Pierres, tuiles.

Briques & ardoises, le marbre de toute espece, tant en bloc qu'ouvragé, payera pour l'entrée par pied de roy en quarré, de telle épaisseur qu'il soit, 4

La pierre de liais tant en bloc qu'ouvragée, payera pour l'entrée, 1 s. par chaque pied de roy en quarré, de telle épaisseur que ce soit, 1

Chaque char, charrette à moisson ou camion chargés de pierre de taille, pierre morte, tuiles & briques, patoureaux & autres matériaux de cette espece, payera pour l'entrée, 10

Et autant pour la sortie.

Chaque charrette chargée desdits matériaux, payera pour l'entrée, 5

Et autant pour la sortie.

La pierre qui entrera pour achever & continuer l'Eglise Notre-Dame, ne payera rien, ci, *Mémoire.*

La pierre, le bois, la brique, la tuile & autres matériaux de toutes sortes pour construire & réparer les édifices publics, les ponts, les chaussées qui sont à la charge de la Ville, ne payeront aucuns droits d'entrée & de sortie, non plus que le bois de chauffage à l'usage & à la charge de l'Hôtel de Ville, ci, *Mémoire.*

Chaque meule à moulins, à huileries & autres usines de cette espece, payera d'entrée, ci, 10

Chaque meule à moudre, payera d'entrée, 3

Le cent pesant de plâtre cuit ou non, payera pour l'entrée, 2 6

Le cent pesant de pierres à fusil ou à aiguiser, payera d'entrée seulement, 10

Chaque char, charrette à moisson ou camion chargés d'ardoises, payera pour l'entrée seulement, 2 10

La charrette chargée desdites ardoises, payera d'entrée seulement, 1 10

Chaque char, charrette à moisson ou camion chargés de carreaux ou contre-cœur de terre de mara, payera d'entrée, 8

La charrette chargée desdits carreaux ou contre-cœur, payera d'entrée, 4

ARTICLE GÉNÉRAL.

Toutes les denrées & marchandises mentionnées au présent tarif, dont les droits d'entrée ou de sortie sont marqués pour être payés par cent ou par douzaine, payeront lesdits droits à proportion du poids ou du nombre qu'il y aura.

TITRE XI *& dernier.*

Tous les bois, planches & autres marchandises assujettis aux droits, par le présent tarif, que toutes personnes de quelque qualité ou condition qu'elle soient, & de quels lieux qu'elles soient habitantes, déchargeront ou feront décharger dans les maisons & bâtimens sises en la Prairie dudit Vitry, au petit Blacy, appellé les Indes, sur les ports de la riviere de Saulx, & depuis le pont de Vaux & de la riviere de Marne, depuis la Ville de Vitry, jusques & compris le Village d'Ablancourt, payeront les droits d'entrée & de sortie suivant le présent tarif, & avant la charge ou la décharge desdites marchandises sur lesdits lieux : tous les particuliers, sans exceptions à qui elles appartiendront, seront tenus de faire leurs déclarations de la quantité & espece de marchandises qu'ils y feront mener, à peine de confiscations & de 300 liv. d'amende, qui ne pourra être remise ni modérée, & d'en payer les droits d'entrée & de sortie, sous les mêmes peines.

Toutes les marchandises & denrées qui seront chargées ou déchargées dans les fauxbourgs de ladite Ville de Vitry, seront sujettes aux droits d'entrée & de sortie, & en conséquence les propriétaires desdites marchandises seront tenus d'en faire leur déclaration au plus prochain Bureau, avant la décharge ou l'enlévement qui s'en fera, sous les mêmes peines de confiscation & de 300 liv. d'amende qui ne pourront être remises ni moderées; la levée de tous les droits & impôts du présent tarif, se fera par l'Adjudicataire ou ses Commis sans y commettre aucune fraude à leur mal récusation, ni exaction. Fait & arrêté au Conseil d'Etat du Roi, tenu à Versailles, le treizieme jour de Mars mil sept cent quatre-vingt-un. Collationné.

Signé, LE MAITRE.

---

30 Mai 1781.

LOUIS, par la grace de Dieu, Roy de France & de Navarre, à nos amés & féaux Conseillers les Gens tenans notre Cour des Aydes à Paris, Présidens, Tréroriers de France, Généraux de nos Finances à Châlons en Champagne, salut. Nos bien amés les Maire, Echevins, Gens du Conseil de Ville & Habitans de la Ville de Vitry-le-François, nous ayant très-humblement fait supplier de leur octroyer des Lettres-Patentes que nous avons ordonné être expédiées sur l'Arrêt rendu en notre Conseil le 13 Mars dernier, voulant les faire jouir de l'effet & du contenu audit Arrêt; à ces causes, de l'avis de notre Conseil qui a vu ledit Arrêt du 13 Mars dernier, de notre grace spéciale, pleine puissance, autorité royale, permis & accordé, & par les présentes signées de notre main, permettons & accordons auxdits Maire, Echevins, Gens du Conseil de Ville, Habitans de la Ville de Vitry-le-François, de lever & percevoir, à compter du jour de la publication des présentes, les droits énoncés en l'état arrêté dans une assemblée desdits Officiers municipaux & notables de ladite Ville, le 18 Juin 1779, & conformément auxdits droits annexés audit Arrêt du 13 Mars dernier; voulons en outre

1781. que le produit desdits droits soit employé sans aucun divertissement, à l'acquit des charges annuelles de ladite Ville & au payement de ses dettes, & qu'il soit compté dudit produit en la maniere accoutumée. Si vous mandons que les présentes, & le tarif étant annexé à la suite du susdit Arrêt, vous ayez à faire registrer, & de leur contenu, jouir & user lesdits exposans pleinement & paisiblement, cessant & faisant cesser tous troubles & empêchemens contraires; car tel est notre plaisir.

Données à Versailles, le trentieme jour de Mai, l'an de grace mil sept cent quatre-vingt-un, & de notre regne le huitieme. *Signé*, LOUIS; par le Roy,

GRAVIER DE VERGENNES.

Registrées en la Cour des Aydes le 3 Juillet 1781, à la charge, 1°. que les Adjudicataires des droits y mentionnés, seront tenus de faire registrer leur adjudication au Greffe de l'Election de Vitry; 2°. que dans le cas où les Supplians voudroient régir lesdits droits par eux-mêmes, ils ne pourront commettre à la perception que des Commis ayant serment en Justice, ou qui le prêteront devant les Officiers de ladite Election, & que leur procuration en vertu de laquelle ladite perception se feroit en leur nom, non à leur requête ou à celle de leur fondé de procuration, pareillement enregistrée en ladite Election; 3°. que les contestations relatives à la perception desdits droits seront portées en premiere instance en ladite Election, & par appel en la Cour, & copies envoyées, &c.

1783. ☞ Arrêt de la Cour des Aydes, du 23 Mai 1783, qui juge que l'âge de soixante-dix ans ne peut exempter de la contrainte par corps un débiteur de deniers royaux.

Le sieur A... Receveur-Général des Finances, étant mort au mois d'Octobre 1780, le sieur B... fut commis pour achever son exercice: ce Commis commença par demander communication des comptes & des registres du sieur A...

Calcul fait, il fut reconnu que le sieur C... Caissier du sieur A... étoit débiteur d'une somme de 194,062 livres 16 s. 6 d. tant pour excédent de recette qui ne se trouvoit pas en caisse, que pour erreur de calcul dans différens bordereaux, & pour omission de recette. Les héritiers bénéficiaires du sieur A... & le sieur B... se réunirent pour faire assigner le sieur C... en la Cour des Aydes, en condamnation de la susdite somme, & par corps.

Le sieur C... demanda un délai, & conclut à être déchargé de la contrainte par corps.

Sa demande étoit fondée sur son âge de plus de quatre-vingt ans, & donna lieu à la question de sçavoir si l'âge de soixante-dix ans peut exempter de la contrainte par corps un débiteur de deniers royaux.

Et par Arrêt dudit jour 23 Mai, la Cour, sans s'arrêter à la demande dudit C... le condamna à payer les 194,062 livres 16 s. 6 d. & par corps. (Gazette des Tribunaux, année 1783, n°. 27.)

1783.

LETTRES-PATENTES *confirmatives des privileges de la Ville de Langres.*

Juillet 1783.

LOUIS, &c. Nos chers & bien amés les Maire, Echevins, Bourgeois & Habitans de notre Ville de Langres, nous ont très-humblement représenté que des services importans rendus à l'Etat, leur ont procuré différens privileges qui leur ont été confirmés par les Roys nos prédécesseurs, & ils sollicitoient pareillement la confirmation de nos bontés, nous suppliant de vouloir bien leur accorder nos Lettres-Patentes sur ce nécessaires. A ces causes, voulant traiter favorablement notre Ville de Langres, & reconnoître, à l'exemple des Roys nos prédécesseurs, les marques éclatantes de son zele & de sa fidélité, de l'avis de notre Conseil, &c. nous avons maintenu & confirmé par ces présentes signées de notre main, maintenons & confirmons les privileges accordés à notredite Ville de Langres & à ses Habitans, pour en jouir ainsi qu'ils seront ci-après désignés.

I. Les Habitans de notre Ville de Langres continueront d'être exempts de toutes tailles, taillon, crues y jointes & de toutes autres impositions généralement quelconques accessoires desdites tailles.

II. Maintenons pareillement lesdits Habitans dans l'affranchissement du quatrieme, huitieme & vingtieme des vins, tel qu'il a été fixé & arrêté par l'Arrêt du Conseil (1) du *29* Avril *1692*, à la charge, 1°. que tout Habitant privilégié fournira par chacun an au Régisseur ou Fermier des Aydes, une déclaration par tenans & aboutissans des vignes qui lui appartiendront & qu'il fera valoir par ses mains, & dont le produit sera constaté par les procès-verbaux d'évaluation ordonnée par Lettres-Patentes du 10 Septembre *1723*; 2°. que tout vin de crû amené dans la Ville pour le compte du Propriétaire, ne pourra être admis au privilege de la vente en gros qu'autant qu'il aura été préalablement déchargé & encavé dans la maison dudit Propriétaire; 3°. que tout Habitant qui ne sera pas né dans la Ville de Langres, ne pourra être admis à la qualité de Bourgeois & participer aux privileges qu'après une résidence continue au moins de trois années, à compter du jour qu'il se sera fait inscrire à l'Hôtel de Ville; 4°. que tout Bourgeois privilégié sera tenu pour jouir des privileges de résider à Langres au moins sept mois de chaque année, de laquelle résidence il sera tenu de justifier tant par les titres de propriété ou par bail de sa maison d'habitation, passé devant Notaire, que par les quittances de son imposition à la capitation & autres charges publiques; 5°. enfin que le privilege n'aura lieu pour les vins de crû vendus en détail & à pot que quand la vente s'y fera dans la seule maison d'habitation du propriétaire qui sera tenu de payer les droits en entier, de ceux qu'il vendroit en d'autres lieux, bien que lesdits lieux lui appartiennent.

III. Autorisons lesdits Habitans de Langres, à continuer de tenir dans leur Ville deux foires franches par an, & exemptes de tous droits & impositions quel-

(1) Cet Arrêt ordonne qu'à l'avenir il sera payé vingt sols par chacun muid de vin du crû des Habitans, qu'ils revendent en gros, & quarante-cinq s. dix den. pour droit de détail, le tout jauge de Langres, faisant les cinq sixiemes de la jauge de Paris.

1783. conques, lesquelles foires seront de huit jours non feriés & consécutifs, & commenceront l'une le 15 Février & l'autre le 17 Août.

IV. Maintenons lesdits Maire & Echevins de Langres dans la faculté d'acquérir en tous lieux toutes sortes de rentes & cens au nom & au profit de la Ville, en se conformant toutes fois aux dispositions de l'Edit du mois d'Août 1749.

V. Maintenons pareillement les Habitans de Langres dans la faculté de racheter au denier vingt tous cens, rentes, légats & pensions étant sur les maisons situées dans la Ville.

VI. Permettons auxdits Maire & Echevins de Langres, de contraindre chaque Bourg & Village à trois lieues à la ronde, à fournir aux occurrences & en tems nécessaires, un ou deux charois, pour transporter les matériaux propres aux fortifications de ladite Ville.

VII. Voulons pareillement qu'ils ayent la faculté de faire conduire & amener dans leurdite Ville, toutes denrées, sans payer aucun péage ni traverse; n'entendons néanmoins qu'ils puissent jouir de ce droit, autrement qu'ils en ont joui jusqu'à présent.

VIII. Les Habitans de Langres continueront à jouir du droit de chasse autour de leur Ville, mais à une lieue de circonférence seulement, à compter du 1er. Septembre jusqu'au 1er. Mars de chaque année.

IX. Le Maire de la Ville continuera à avoir la garde des clefs de ladite Ville, & le commandement des Troupes Bourgeoises, comme il les a eus jusqu'à présent, en l'absence du Gouverneur de la Province.

X. Voulons que toutes les causes de la Communauté & Habitans, tant en demandant qu'en défendant, soient portées en premiere instance au Bailliage Royal de Langres, sauf l'appel en notre Parlement de Paris. Si donnons en mandement, &c.

Données à Versailles, au mois de Juillet, l'an de grace mil sept cent quatre-vingt-trois.

Registrées en la Cour des Aydes, le Décembre 1783.

Lettres-Patentes qui approuvent les opérations faites par le sieur Intendant de Paris & les Elus-Généraux de Bourgogne, pour fixer les limites des deux Généralités dans le territoire des Bourgs des Riceys.

13 Septembre 1783.

LOUIS, &c. Sur ce qui nous a été représenté par les Elus-Généraux de notre Duché de Bourgogne, Comtés & pays adjacens, que les trois bourgs des Riceys sont situés dans un territoire limitrophe de notre Duché de Bourgogne, à cause du Comté de Bar-sur-Seine, & de notre Province de Champagne, Généralité de Paris, Election de Tonnerre; que quoique, suivant les dénombremens fournis par les Seigneurs de ces bourgs, depuis plus de deux siecles, cette terre qui a le titre de Marquisat, soit entiérement située en Bourgogne, qu'elle releve de nous & de notre Chambre des Comptes de Dijon, à cause dudit Comté de

Bar-sur-Seine, il est cependant arrivé, par succession de temps, qu'une partie desdits bourgs & des Habitans d'iceux, ont été depuis très-long-temps compris dans les rôles des impositions de la Généralité de Paris; mais comme il n'y avoit pas de bornes séparatives connues & déterminées entre les deux Provinces, il en résultoit souvent des inconvéniens, & il arrivoit quelquefois que des Habitans étoient imposés dans les deux Généralités, tandis que d'autres ne l'étoient ni dans l'une ni dans l'autre, à cause des fréquens changemens d'habitation; c'est ce qui arriva sur-tout en l'année 1776, où il se rencontra qu'un grand nombre d'Habitans furent doublement imposés dans les deux Généralités, & un plus grand nombre encore qui ne l'étoit pas du tout en Bourgogne; ce qui donna lieu aux Habitans de Ricey-haut de se pourvoir pardevant le sieur Intendant & Commissaire départi pour l'exécution de nos ordres en la Généralité de Paris, par une Requête où ils exposerent que ces trois bourgs ne composoient qu'une seule & même Paroisse, quoiqu'ils eussent chacun leur Eglise, qu'ils n'avoient qu'un seul Seigneur, un seul & même finage sans division ni partage distinctif, & sans savoir en quelle Généralité leurs fonds étoient situés; que les maisons étoient à la vérité distinguées dans les rôles, par tradition & par un ancien usage, les unes pour être de la Généralité de Paris, les autres de celle de Dijon, mais avec tant d'embarras, que tel qui avoit une maison réputée de la Généralité de Paris, avoit un voisin censé de celle de Dijon, qu'il y avoit même des maisons dont une chambre étoit sur Paris, & l'autre sur Dijon; que dans cette confusion on avoit suivi dans les impositions, même pour celle des vingtiemes, la maison d'habitation, de maniere que l'Habitant qui y résidoit, étoit imposé pour l'universalité de ses biens situés dans l'une & l'autre Généralité; & à l'égard des propriétaires forains, ils étoient imposés dans le lieu de la situation de leurs vendangeoirs; qu'en 1776, l'Intendant Commissaire départi pour l'exécution de nos ordres en la Généralité de Paris, avoit suivi cet usage, & n'avoit imposé les Habitans que relativement à leur domicile, mais cependant eu égard à l'universalité de leurs biens dans tout le finage indivis, & n'avoit point imposé ceux qui avoient passé des maisons de Champagne en celles de Bourgogne; mais que, comme dans cette Province on avoit suivi les anciens rôles des vingtiemes, malgré les changemens d'habitation, il en étoit arrivé qu'un très-grand nombre d'habitans des maisons de Champagne se trouvoient en même temps imposés dans les rôles de cette Généralité & dans ceux de Bourgogne, à raison de tous leurs biens, tandis que les particuliers qui avoient passé des maisons de Champagne en celles de Bourgogne, n'étoient point imposés aux vingtiemes de cette derniére Province; que sur cette requête, le sieur Intendant Commissaire départi pour l'exécution de nos ordres en la Généralité de Paris, avoit proposé aux Élus-Généraux de Bourgogne, de faire constater les faits & examiner les moyens qu'il y auroit de faire cesser l'indivision & la confusion qui en résultoit; que ce parti ayant été adopté, les deux administrations avoient député respectivement des Commissaires & Ingénieurs sur les lieux, lesquels, après avoir constaté la vérité de l'exposé des Habitans, seroient demeurés d'accord qu'il n'y avoit d'autre moyen de faire cesser tout inconvénient que celui du partage des trois bourgs & du territoire, & de planter ensuite des bornes immuables entre les deux Généralités; que quant à la proportion du partage, le moyen le plus juste étoit de suivre celle du montant des impositions respectives, moyen d'autant plus avantageux à la Généralité de Paris, que ses impositions de 1776 venoient d'être faites sur de nouvelles déclarations des redevables, au lieu que celles de Bourgogne n'a-

1783.

1783. voient presque pas varié depuis l'origine des impositions du vingtieme; quant à la forme dudit partage, il se seroit élevé entre les Commissaires respectifs, quelques difficultés sur lesquelles les deux administrations se seroient entendues, ainsi qu'il paroît par une délibération des Elus-Généraux de Bourgogne, du 18 Mai 1779, une Ordonnance du sieur Intendant Commissaire départi pour l'exécution de nos ordres en la Généralité de Paris, du 6 Juillet suivant, & une seconde délibération desdits sieurs Elus, du 20 du même mois, par laquelle ils en auroient passé à l'avis dudit sieur Intendant Commissaire départi, suivant son Ordonnance du 6, en conséquence de quoi les Commissaires & Ingénieurs, nommés par les deux administrations, s'étant transportés sur les lieux au mois de Septembre 1779, auroient procédé au partage desdits bourgs & de leurs territoires, conformément à ce qui avoit été résolu & convenu par lesdites délibérations & Ordonnance des 18 Mai, 6 & 20 Juillet de ladite année 1779, & à la plantation des bornes dans tous les lieux où il en avoit été besoin, pour désormais séparer les deux Généralités, ainsi qu'il résulte du procès-verbal desdits Commissaires & Ingénieurs, clos le 15 Septembre de ladite année, signé d'eux & fait double en présence de tous les Syndics desdits trois bourgs, & de plusieurs Habitans principaux qui auroient aussi approuvé, par leur présence & leurs signatures, l'opération desdits Commissaires & Ingénieurs, qui étoient de la part desdits Elus-Généraux, le sieur Sacquinot, Syndic des Etats de Bourgogne, & de la part du sieur Intendant Commissaire départi pour l'exécution de nos ordres en la Généralité de Paris, le sieur Gachet, Conseiller en l'Election de Tonnerre, accompagnés chacun d'un Ingénieur-Géographe à ce député; que dans les circonstances il ne restoit plus, pour assurer à ces opérations une exécution perpétuelle & immuable, que de nous supplier d'y donner notre approbation; mais qu'attendu que l'Election de Tonnerre impose, dans ses rôles, les Habitans de la partie de Bourgogne, à raison des fonds qu'ils possèdent sur la Généralité de Paris, qu'ils imposent aussi à la taille d'exploitation, les Habitans de Bourgogne qui vont cultiver des fonds en Champagne, il étoit juste d'autoriser, en tant que de besoin, soit lesdits sieurs Elus-Généraux, soit les Habitans de la partie de Bourgogne, à user de réciprocité en imposant chez eux les propriétaires & les cultivateurs Champenois pour les fonds qu'il posséderoient ou qu'ils cultiveroient dans la partie de Bourgogne: pourquoi lesdits Elus-Généraux auroient requis qu'il nous plût homologuer lesdites délibérations, Ordonnance & procès-verbal, & notamment ledit procès-verbal contenant division des territoire & bourgs des Riceys, entre les deux Généralités & la plantation des bornes séparatives, pour être suivis & exécutés à perpétuité selon leur forme & teneur, autoriser en conséquence soit lesdits Elus-Généraux, soit les Habitans de Ricey-Hauterive & Ricey-bas, à imposer dans leurs rôles les Habitans de Ricey-haut, à raison des fonds & possessions qui leur appartiendront ou qu'ils cultiveront dans la partie assignée à la Province de Bourgogne, par ledit procès-verbal de partage & bornage, ainsi qu'il en est usé dans la partie de la Généralité de Paris: & voulant sur ce pourvoir, nous aurions fait connoître nos intentions par l'Arrêt rendu le 19 Décembre 1779, en notre Conseil d'Etat, nous y étant, pour l'exécution duquel nous aurions ordonné que toutes lettres nécessaires seroient expédiées. A ces causes, de l'avis de notre Conseil qui a vu lesdites délibérations des Elus-Généraux de Bourgogne, des 18 Mai & 20 Juillet 1779, l'Ordonnance du sieur Intendant & Commissaire départi pour l'exécution de nos ordres en la Généralité de Paris, du 6 Juillet de la même année, le procès-verbal des sieurs Sacquinot & Gachet, clos

clos le 15 Septembre de ladite année, contenant division des territoire & bourgs des Riceys, entre les Provinces respectives & plantation des bornes séparatives d'icelles, ensemble ledit Arrêt de notre Conseil du 19 Décembre 1779, dont expéditions sont ci-attachées sous le contre-scel de notre Chancellerie, nous avons ordonné, & par ces présentes signées de notre main, ordonnons que lesdites délibérations & Ordonnance, & notamment ledit procès-verbal dressé en conséquence, soient exécutés à perpétuité suivant leur contenu, conformément audit Arrêt de notre Conseil, du 19 Décembre 1779; autorisons en conséquence soit les Elus-Généraux de Bourgogne, soit les Habitans de Riceyhauterive & Ricey-bas, à imposer dans leurs rôles les Habitans de Riceyhaut, à raison des fonds & possessions qui leur appartiendront, ou qu'ils cultiveront dans la partie assignée à la Province de Bourgogne, par ledit procès-verbal de partage & bornage, ainsi qu'il en est usé dans la partie de la Généralité de Paris. Si vous mandons, &c. 1783.

Données à Versailles, le treizieme jour de Septembre, l'an de grace mil sept cent quatre-vingt-trois, & de notre regne le dixieme. *Signé*, LOUIS; par le Roy, AMELOT.

Registrées, oui & ce requérant le Procureur-Général du Roy, pour être exécutées selon leur forme & teneur, à la charge que les Habitans de la Généralité de Paris, qui sont transférés dans la Généralité de Bourgogne, & respectivement, que les Habitans de la Généralité de Bourgogne, transférés dans la Généralité de Paris, ne supporteront d'autres ni plus forts droits ou impositions que ceux établis & perçus dans la Généralité où ils auront été transportés : imprimées & copies collationnées d'icelles envoyées aux Sieges des Elections de Bar-sur-Seine & Tonnerre, pour y être lues, &c. Fait à Paris en la Cour des Aydes, Chambres assemblées, le 1er jour de Juillet 1785.

Signé, LEPRINCE.

ARRÊT du Conseil, qui casse l'Arrêt de la Cour des Aides, du 19 Juin dernier, concernant l'adjudication des octrois d'Auxerre. 1784.

8 Août 1784.

SUR ce qui a été représenté au Roy, en son Conseil, que la Cour des Aydes de Paris auroit, par Arrêt du 19 Juin dernier, reçu le Procureur-Général en ladite Cour appellant d'une Ordonnance rendue le 27 Mai précédent, par le sieur Intendant & Commissaire départi en Bourgogne, pour faire procéder après les affiches & publications accoutumées, par le sieur de Pontagny, Subdélégué à Auxerre, à l'adjudication du droit d'Inspecteurs aux boucheries, de celui de 30 s. par muid de vin entrant dans la Ville, & de la jauge des tonneaux, lesdits droits appartenans à la ville d'Auxerre, auroit permis audit Procureur-Général d'intimer sur ledit appel les Officiers municipaux de ladite Ville; & cependant par provision auroit fait défenses d'exécuter ladite Ordonnance, & d'avoir égard auxdites affiches, ordonné que les cahiers des charges y mentionnées, seront remis & déposés au Greffe des Conseillers-honoraires du Bailliage d'Auxerre, à l'instant de la signification dudit Arrêt, à quoi faire seroit le Sub-

1784. délégué & les dépositaires contraints même par corps, nonobstant opposition quelconque, & sans qu'il puisse être différé; ordonné que les Officiers municipaux d'Auxerre seront tenus de présenter requête auxdits Conseillers-honoraires, à l'effet de parvenir auxdites adjudications par de nouvelles affiches, & en satisfaisant aux conditions & formalités prescrites par les Réglemens; ordonné que ledit Arrêt sera signifié à qui il appartiendra, publié & registré au Greffe des Conseillers-honoraires dudit Bailliage l'Audience tenant, & enjoint au Substitut du Procureur-Général du Roy d'y tenir la main & de certifier la Cour de ses diligences au mois. Vu la copie dudit Arrêt signifié le 23 Juin dernier audit sieur Rolinet de Pontagny, Subdélégué du sieur Intendant & Commissaire départi en Bourgogne, ensemble l'Ordonnance dudit sieur Intendant, du 29 Mai 1784, concernant l'adjudication des octrois de la Ville d'Auxerre, Sa Majesté considérant que le droit de faire procéder à l'adjudication desdits octrois fait partie des pouvoirs qu'elle a confiés au sieur Intendant Commissaire départi en Bourgogne, & que la Cour des Aydes de Paris n'a pu, sans sortir des bornes de ses fonctions, recevoir le Procureur-Général en ladite Cour appellant de l'Ordonnance dudit sieur Intendant, & faire défenses d'exécuter ladite Ordonnance. Oui le rapport du sieur de Calonne, Conseiller ordinaire au Conseil Royal, Contrôleur-Général des Finances; le Roy en son Conseil a cassé & annullé, casse & annulle ledit Arrêt de la Cour des Aydes, du 19 Juin dernier, ensemble tout ce qui a suivi & pourroit s'ensuivre; ordonne Sa Majesté que l'Ordonnance du sieur Commissaire départi en Bourgogne, du 29 Mai précédent, sera exécutée selon sa forme & teneur: enjoint audit sieur Intendant & Commissaire départi d'y tenir la main, & sera le présent Arrêt exécuté nonobstant toutes oppositions & empêchemens quelconques, dont si aucuns interviennent, Sa Majesté se réserve & à son Conseil, la connoissance, & icelle interdit à toutes ses Cours & Juges. Fait au Conseil d'Etat du Roy, Sa Majesté y étant, tenu à Versailles, le huit Août mil sept cent quatre-vingt-quatre. *Signé*, le Baron DE BRETEUIL.

☞ Arrêt de la Cour des Aydes, du 7 Septembre 1784, qui infirme deux Sentences de l'Election de Montreuil-Bellay, des 25 Juin 1781, & 1er. Septembre 1783, qui ordonnoient la radiation de la cote donnée sur le rôle de Villiers, à Noël Pâris, Invalide du Château de Saumur, ayant pris à Ferme l'auberge du Chesne-verd, audit lieu. Ledit Pâris s'étoit pourvu contre la cote, sous prétexte qu'il ne faisoit rien valoir.

☞ Edit de Décembre 1784, enregistré en la Cour des Aydes le 21 dudit mois, portant création de la charge d'Aumônier de la grande Louveterie de France, pour en jouir par celui qui sera pourvu aux privileges & avantages attribués aux Officiers Commensaux de la Maison du Roy.

1785.

LETTRES-PATENTES qui approuvent & confirment l'adjudication des ouvrages à faire pour reconstruire la porte d'entrée du Bureau des Finances d'Amiens.

16 Février 1785.

LOUIS, &c. Nous étant fait représenter en notre Conseil les devis & détail estimatifs, dressés de l'ordre du sieur Intendant & Commissaire départi pour l'exécution de nos ordres en la Généralité d'Amiens, le 4 Septembre dernier, par le sieur Rousseau, ancien Inspecteur des Ponts & Chaussées, Ingénieur de la Ville d'Amiens, des ouvrages à faire pour reconstruire la porte d'entrée du Bureau de nos Finances de ladite Ville, & pour réparer les parties dégradées dudit bâtiment, ensemble l'adjudication desdits ouvrages, faite le 21 Octobre dernier, par le sieur Derveloy, Subdélégué dudit sieur Intendant & Commissaire départi, au sieur Isnard, Constructeur des bâtimens de ladite Ville, pour la somme de 11,000 liv. à condition que ledit Entrepreneur ne touchera la premiere moitié du prix de ladite adjudication, qu'en Octobre 1786, & l'autre moitié en Octobre 1787; & étant informé par ledit sieur Intendant, que lesdits ouvrages sont indispensables pour tenir les séances du Bureau de nos Finances, & que la Ville d'Amiens qui, aux termes de l'Arrêt de notre Conseil, du 29 Mars 1773, devroit pourvoir à la dépense desdits ouvrages, est d'autant moins en état d'y subvenir sur ses revenus, qu'elle ne peut pas même faire face à ses charges ordinaires, en sorte qu'il devient nécessaire d'y faire pourvoir d'une autre maniere : à quoi voulant pourvoir, & voulant faire connoître nos intentions, nous aurions, par Arrêt de notre Conseil du 13 Novembre 1784, sur lequel nous aurions ordonné que toutes Lettres-Patentes nécessaires seroient expédiées, approuvé & confirmé l'adjudication faite, le 21 Octobre dernier, des ouvrages à faire pour reconstruire la porte d'entrée du Bureau des Finances d'Amiens, & réparer les autres parties dégradées dudit bâtiment. A ces causes, &c. confirmons l'adjudication faite, le 21 Octobre dernier, de l'ordre du sieur Intendant & Commissaire départi pour l'exécution de nos ordres en la Généralité d'Amiens, par le sieur Derveloy, son Subdélégué, des ouvrages à faire pour reconstruire la porte d'entrée du Bureau des Finances d'Amiens, & réparer les autres parties dégradées dudit bâtiment; ordonnons qu'après que les ouvrages y mentionnés seront entiérement achevés & reçus dans les formes ordinaires, le nommé Isnard, Entrepreneur, sera payé du prix de son adjudication montant à 11,000 liv. par le Receveur-Général de nos Finances de la Généralité d'Amiens en exercice, sur les ordonnances dudit sieur Intendant & Commissaire départi; savoir, 5500 liv. en Octobre 1786, & 5500 livres en Octobre 1787; à l'effet de quoi voulons que lesdites sommes soient imposées conjointement au marc la livre de la capitation de ladite Province de Picardie ou autre imposition en tenant lieu, sçavoir, 5500 livres dans les rôles de l'année 1786, & 5500 livres dans les rôles de l'année 1787; permettons en outre aux Collecteurs de lever en sus desdites sommes, huit deniers pour livre d'icelles, pour frais de recouvrement, dont quatre deniers leur appartiendront, & lesdits quatre autres deniers audit Receveur-Général, qui sera tenu de compter de la recette & dépense qu'il aura faites à ce sujet, devant ledit sieur Intendant & Commissaire départi pour l'exécution de nos ordres en la Géné-

1785. ralité d'Amiens, auquel nous enjoignons de tenir la main à l'exécution des présentes & dudit Arrêt. Si vous mandons, &c.

Données à Versailles, le seizieme jour de Février, l'an de grace mil sept cent quatre-vingt-cinq. *Signé*, LOUIS; & plus bas, par le Roy,

le Baron DE BRETEUIL.

Registrées en la Cour des Aydes, le 6 Avril 1785.

---

19 Avril 1785.

Le sieur Foucou, Maître en Chirurgie, Dentiste à Paris, possede à Ferrieres en Brie, une maison de campagne & des terres & prés.

Autour de sa maison est un potager environné de murs.

Immédiatement après ce clos est un autre clos fermé de hayes vives & fossés, séparé du premier par un chemin de quinze à vingt pieds, appartenant à la Paroisse de Ferrieres. Ce dernier clos contient treize arpens de prés, & cinquante-sept arpens de terres labourables.

Le sieur Foucou avoit toujours payé la taille pour les cinquante-sept arpens de terres.

Le Commissaire chargé de la confection du rôle de 1784, s'imagina être en droit de l'en exempter.

Les Habitans s'en apperçurent & demanderent que sa cote fût ajoutée au rôle, ainsi qu'elle y avoit été employée les années précédentes.

Le sieur Foucou crut que l'omission faite sur le rôle de 1784, étoit un titre d'exemption, en conséquence il s'opposa à la demande des Habitans; il prétendit qu'il ne devoit pas la taille, parce que ses terres étoient un clos attenant sa maison, quoique séparé par un sentier; il demanda même la restitution des sommes qu'il avoit payées les années précédentes pour raison de ce clos.

Une Sentence de l'Election de Paris, du 26 Août 1784, jugea que le sieur Foucou devoit la taille pour raison de ce clos, elle le condamna à l'acquitter pour les cinquante-sept arpens de terre; elle ordonna que la cote omise seroit ajoutée au rôle, & condamna le sieur Foucou aux dépens.

Sur l'appel interjetté par le sieur Foucou, la Sentence a été confirmée par Arrêt de la Cour des Aydes, du 19 Avril 1785, rendu en la premiere Chambre sur les conclusions de M. Clément de Barville, premier Avocat-Général.

ARRÊT de la Cour des Aides, en interprétation de l'Arrêt du 6 Septembre 1784, concernant les formalités qui doivent être observées dans l'instruction des procédures criminelles.

12 Juin 1785.

LOUIS, &c. Vu par notredite Cour la requête à elle présentée par notre Procureur-Général en icelle, expositive que notredite Cour, par son Réglement du 6 Septembre 1784, a rappellé aux Juges de son ressort, les formalités qui doivent être observées dans l'instruction des procédures criminelles, que ce Réglement a produit jusqu'à présent les plus heureux effets, & qu'il y a lieu de croire que les Officiers des Sieges, en s'y conformant, éviteront le désagrément de voir leurs Sentences annullées : qu'il est instruit néanmoins qu'il s'est élevé des doutes sur l'exécution de l'article II de ce Réglement, en ce qu'il ordonne qu'aux informations, récolemens & confrontations, il ne sera nécessaire d'appeller les Commis qui auront constaté le premier délit, que lorsque l'accusé ne conviendra pas de ce premier délit, sans qu'en aucun cas l'Adjudicataire-Général soit dispensé de rapporter la Sentence de premiere condamnation ; qu'il est un cas où le rapport de cette Sentence paroît ne devoir pas être exigé par les premiers Juges, celui où le faux-saunier, dont on instruit la récidive, a déjà été flétri de la lettre G; qu'en effet la flétrissure de la lettre unique G étant destinée seulement à la conversion de l'amende à laquelle les faux-sauniers porte-à-col en premier délit, ont été condamnés, la reconnoissance de cette flétrissure lui paroît suffisante pour constater la premiere contravention, & suppléer au rapport de la Sentence. A ces causes, &c. Notredite Cour ordonne que, lorsqu'il aura été judiciairement reconnu que l'accusé de faux-saunage en récidive est flétri de la lettre G, l'Adjudicataire-Général des Fermes sera dispensé de rapporter la Sentence de premiere condamnation, & d'appeller les Commis qui auront constaté le premier délit, sans que cette dispense puisse avoir lieu en aucun autre cas; ordonne au surplus que les dispositions de l'Arrêt du 6 Septembre 1784, même celles de l'article II dudit Arrêt, en tout autre cas, seront exécutées selon leur forme & teneur; ordonne que le présent Arrêt sera imprimé, & copies collationnées d'icelui envoyées aux Sieges des Gabelles du ressort de notredite Cour, pour y être lu, &c. 1785.

Donné à Paris, en la premiere Chambre de notredite Cour, le vingt-un Juin, l'an de grace mil sept cent quatre-vingt-cinq. *Signé*, BARON DESBORDES.

ARRÊT de la Cour des Aides, qui condamne Pierre Paignat, Collecteur, Porte-rôle des tailles, & autres impositions de la Paroisse de Trois-Fontaines-l'Abbaye, pour l'année 1783, Election de Vitry-le-François, à l'amende, à la marque des trois lettres G A L, & aux galeres pour trois ans, pour raison de divertissement des deniers de sa collecte.

14 Juillet 1785.

LOUIS, &c. Notredite Cour, faisant droit sur l'appel *à minimâ* interjetté par le Substitut de notre Procureur-Général, de la Sentence rendue le 14 Juillet 1784, contre Pierre Paignat, par les Officiers de l'Election de Vitry-le-François, a mis & met l'appellation & Sentence dont étoit appel au néant, en ce que ladite Sentence n'a point prononcé d'amende envers nous contre ledit Paignat, émendant quant à ce, condamne ledit Paignat en l'amende de 3 livres envers nous, ladite Sentence au résidu sortissant son plein & entier effet; & pour faire mettre le présent Arrêt à exécution, renvoie ledit Paignat prisonnier pardevant les Officiers de ladite Election de Vitry. SI te mandons mettre le présent Arrêt à exécution, de ce faire te donnons pouvoir.

Donné à Paris, en la premiere Chambre de notredite Cour, le quatorze Juillet, l'an de grace mil sept cent quatre-vingt-cinq, & de notre regne le douzieme.

PIECES RECOUVRÉES PENDANT L'IMPRESSION.

1639. *Lettres-Patentes qui réunissent à la Communauté des Procureurs de l'Election & Grenier à Sel de Paris, les deux Offices héréditaires de Tiers-Référendaires-Modérateurs de depens, créés en ladite Election & Grenier à Sel. (Enregistrement de l'Election, Volume coté II, folio 308.)*

Février 1639.

LOUIS, &c. Salut. Ayant par Arrêt de notre Conseil d'Etat, du 21 Octobre 1638, & pour les causes & considérations y contenues, ordonné que les Communautés des Procureurs postulans ès Elections & Greniers à Sel, leveroient en nos parties-casuelles les Offices de tiers-Référendaires-modérateurs de dépens, créés par notre Edit du mois de Décembre 1635, Déclaration sur icelui, du 26 Mai 1637, & ordonnés être établis en chacun Siege, suivant le nombre porté par le Réglement arrêté en notre Conseil, le 26 Août audit an 1637, & payeroient au porteur des quittances des Trésoriers de nos parties-casuelles, les sommes auxquelles lesdits Offices auroient été taxés par l'état arrêté en notre Conseil ledit jour 21 Octobre 1638, pour iceux Offices unir & incorporer si bon leur sembloit à leurs Offices de Procureurs, & la fonction en être faite par ceux d'entr'eux qu'ils aviseroient, avec la faculté de prendre la qualité de tiers-Référendaires de dépens, & de percevoir les droits attribués auxdits Offices pour être distribués entr'eux comme ils verroient bon être.

Sçavoir faisons, qu'ayant fait voir en notre Conseil lesdits Edit, Déclaration, Réglement, ledit Arrêt du 21 Octobre 1638, les quittances de finance & de marc d'or payées par la Communauté de nos bien amés les Procureurs en l'Election & Grenier à Sel de Paris pour lesdits deux Offices héréditaires de Référendaires-modérateurs de dépens, créés en ladite Election & Grenier à Sel, par notre susdit Edit, dont copies duement collationnées à leurs originaux sont ci-attachées sous le contre-scel de notre Chancellerie, de l'avis d'icelui, & de nos certaine science, grace spéciale, pleine puissance & autorité royale, nous avons joint, uni & incorporé, joignons, unissons & incorporons par ces présentes signées de notre main, lesdits deux Offices héréditaires de Référendaires-modérateurs de dépens, créés en ladite Election & Grenier à Sel de Paris comme dit est, à la Communauté des Procureurs d'icelle Election & Grenier à Sel, sans qu'ils en puissent être ci-après par nous ou nos successeurs Roys, distraits, démembrés & désunis pour quelque prétexte & occasion que ce soit; déclarant dès-à-présent comme pour lors toutes provisions qui pourroient être obtenues au contraire, nulles & de nul effet & valeur, & avons conformément audit Arrêt, de notre même grace & autorité royale que dessus, permis & permettons à la Communauté desdits Procureurs de faire faire l'exercice & fonctions desdits deux

Offices de Référendaires-modérateurs de dépens, d'en prendre la qualité & de percevoir les droits y attribués par tels d'entr'eux que bon leur semblera, & desdits droits faire bourse commune entr'eux, ainsi qu'ils aviseront & jugeront pour le mieux. 1639.

Si donnons en mandement aux Président, Lieutenant & Elus de l'Election, Président, Grenetier & Contrôleur au Grenier à Sel de Paris, chacun d'eux en droit soi, que ces présentes nos lettres ils fassent registrer, garder & inviolablement entretenir, & de tout le contenu en icelles ils souffrent & laissent jouir & user ladite Communauté desdits Procureurs présens & à venir, sans permettre qu'il y soit contrevenu directement ou indirectement en quelque sorte & maniere que ce soit; car tel est notre plaisir, &c.

Données à Saint-Germain-en-Laye, au mois de Févriet mil six cent trente-neuf. *Signé*, LOUIS; & sur le repli, par le Roy, DE LOMENIE.

Registrées en l'Election, le 11 Mars 1639.

SENTENCE de MM. les Commissaires-Généraux, portant Réglement pour les gages & droits que les Officiers de l'Election de Paris ont à prendre sur les Aides d'icelle Election.

19 Août 1639.

LES Commissaires-Généraux députés par le Roy pour l'exécution de ses Lettres-Patentes du 28 Mars dernier, pour la vérification des aydes aliénées, dont les propriétaires ont été dépossédés, rentes constituées, gages & droits d'Officiers supprimés & non supprimés, & autres intérêts prétendus sur lesdites aydes, Généralités & Elections de la Ferme Générale, & pour, suivant l'Edit du mois de Février dernier, dresser l'état général des gages & droits appartenans aux Officiers non supprimés, & constituer rentes au denier 18 aux Officiers supprimés, engagistes dépossédés, rentiers & autres prétendans droits & intérêts sur lesdites aydes: sur ce qui nous auroit été remontré par les Officiers de l'Election de Paris, que pour satisfaire au commandement à eux fait en vertu de notre Ordonnance, ils auroient mis au greffe de notre Commission, les titres, provisions, quittances de finances, & autres pieces concernans leurs gages & droits; requérant après la vérification d'iceux, qu'il nous plût ordonner qu'ils seront employés dans l'état qui en sera par nous fait & qu'ils seront dorénavant payés; sçavoir, onze Elus de 250 livres de gages; le Procureur du Roy de 300 livres, y compris son augmentation en forme de pension; lesdits onze Elus avec les treize Officiers restans, y compris les trois Contrôleurs, chacun de 21 liv. 14 s. pour le droit de sol pour bail & de 100 livres pour leur dépense commune, montant lesdites parties à la somme de 3670 liv. 16 s. pour tous gages & droits prétendus par les Officiers de ladite Election. Vu l'extrait de la Chambre des Comptes, signé Poncet, en date du 2 Juillet 1639, du compte de M^e^. Etienne Budé, Receveur des Aydes de Paris, rendu pour l'année 1558, dans lequel appert de l'emploi de 250 liv. de gages attribués à six Elus, au lieu desquels sont à présent pourvus M^es^. Benoist Mylon, Antoine Cocquelin, Guillain Parent, Matthieu Pourrat, François Forcadel &

1639. François Pelet; l'Edit de 1575, vérifié en la Cour des Aydes, portant création de deux Offices d'Elus aux mêmes gages & droits que les anciens, dont sont à présent pourvus Mes. Etienne le Maréchal & Antoine Groisy; un autre Edit de l'an 1578, vérifié en ladite Cour, portant création d'un Office d'Elu aux mêmes gages & droits des anciens, dont est à présent pourvu Me. Nicolas Lottin; un autre Edit de l'an 1595, vérifié comme dessus, portant création d'un Office d'Elu aux mêmes gages & droits des anciens, dont est à présent pourvu Me. François Pepin; un autre Edit vérifié en la Cour des Aydes, portant création d'un Office d'Elu en ladite Election, aux mêmes gages & droits des anciens, dont est à présent pourvu Me. Jean Fougeroux; un autre extrait du double du compte rendu par Me. Henry Dallivilliers, de l'année 1613, par lequel appert avoir été employé audit compte à chacun desdits onze Elus, 250 livres de gages, signé & collationné, Pigray, Conseiller-Secretaire du Roy; la Déclaration du Roy Henry III, du 9 Décembre 1582, vérifiée en la Cour des Aydes, portant attribution auxdits Officiers de l'Election de Paris du droit de 12 deniers pour bail du huitieme de chacune Paroisse; les quittances de neuf desdits Officiers, du 3 Août 1587, signées Sublet, Trésorier des Parties-casuelles, en vertu desquels ils jouissent dudit droit, les autres ayant été ci-après créés à l'instar jusqu'au nombre de vingt-quatre, y compris les trois Contrôleurs, l'Avocat, le Procureur du Roy & le Greffier; autre Déclaration du premier jour de Juillet 1634, vérifiée en la Cour des Aydes, le 12 Février 1635, par laquelle lesdits Elus sont confirmés au droit de sol pour bail sur les aydes de chacune Paroisse, pour en être payés par les Fermiers desdites aydes, sans diminution de leur bail, ainsi qu'ils avoient accoutumé; l'extrait signé Baudinet, Conseiller du Roy, Auditeur en la Chambre des Comptes, tiré de l'Ordonnance d'icelle, sur la requête présentée par Me. Etienne Brioys; des comptes rendus depuis les années 1609 jusqu'en 1632, par lequel appert avoir été payé au Greffier pour la dépense commune des Elus, la somme de 100 livres chacune desdites années; les Lettres-Patentes jusqu'au nombre de sept, signées en commandement, données tant par le Roy à présent régnant, que par ses prédécesseurs Roys, registrées par Arrêt de la Chambre des Comptes, pour justifier de 50 livres de gages & de 250 livres d'augmentation par forme de pension, attribués au Procureur du Roy de l'Election de Paris, les huitiemes en date du huitieme jour de Mars 1633, signé Deloménie, confirmative de ladite pension au profit de Me. Eustache de Lessau, pour tant & si longuement qu'il possédera ledit Office; la vérification desdites pieces, quittance de finance, & tout considéré : nous Commissaires susdits, avons ordonné & ordonnons que lesdits Officiers de l'Election de Paris seront (sous le bon plaisir du Roy) employés dans l'état qui sera fait pour le payement des gages & droits assignés sur la Ferme Générale des aydes, & qu'ils seront dorénavant payés pour tous leursdits gages & droits de la somme de 3670 liv. 16 sols à départir; sçavoir, à onze Elus ci-devant nommés, à chacun 250 livres de gages, au Procureur du Roy 300 livres tant de gages que de pension, aux vingt-quatre Officiers de l'Election, chacun 21 liv. 14 sols pour leur droit de sol pour bail sur chacune Paroisse, & au Greffier 100 livres pour la dépense commune. Fait & arrêté en l'Assemblée de MM. les Commissaires-Généraux à ce députés, à Paris, le dix-neuvieme jour d'Août mil six cent trente-neuf, signé par mesdits sieurs les Commissaires-Généraux. Meniot.

ARRÊT

1653.

ARRÊT du Conseil, par lequel Sa Majesté a ordonné que les Arrêts & Réglements concernant la fonction des Charges des Trésoriers de France & Officiers des Elections, seront exécutés selon leur forme & teneur, sur les peines portées par iceux ; en conséquence, sans s'arrêter aux Ordonnances des Trésoriers de France à Moulins, des 4 & 6 Novembre dernier, a déchargé le Greffier de ladite Election de Moulins des amendes portées par icelles, comme rendues par gens sans pouvoir.

8 Janvier 1653.

SUR la requête présentée au Roy, en son Conseil, par les Présidens, Lieutenans & Elus de l'Election de Moulins, contenant, que bien que par les Ordonnances, Arrêts & Réglemens, la levée des chevaux d'artillerie, fourrage, Pionniers & autres extraordinaires qu'il plaît à Sa Majesté d'ordonner dans le temps qu'elle en a besoin, leur appartienne : si est-ce que les Trésoriers de France de la Généralité de Moulins ayant reçu ordre pour la levée d'un certain nombre de Pionniers en icelle, pour employer à la démolition de Mont-rond, au lieu d'en faire le départ sur chacune Election, pour par les Officiers d'iceux, ensuite chacun en droit soi, en faire un sur les Paroisses qui les composent, en nommer un pour la conduite desdits Pionniers, ont envoyé eux-mêmes dans les Paroisses des commissions pour la levée, & nommé pour faire la conduite de ceux levés en l'Election dudit Moulins, M. Claude Davoy, l'un desdits Supplians, qui l'auroit acceptée à l'insçu de ses Confreres, ce qui les auroit obligés pour ne retarder en aucune façon le service de Sa Majesté, d'en dresser seulement un procès-verbal, sous les protestations que l'envoi de ladite commission ne leur pourroit nuire ni préjudicier, & faire signifier un acte, contenant les mêmes protestations au Greffe desdits Trésoriers de France ; ce qui les auroit obligés de donner leur Ordonnance le 4 Novembre dernier, portant que s'il arrivoit dorénavant sujet de plainte aux Supplians, ils procéderoient pardevant eux par requête ou remontrance, & que le Greffier des Supplians seroit assigné pour représenter devant lesdits Trésoriers de France l'original de leurs protestations, à peine de 300 livres d'amende, déclarée encourue en cas de contravention ; ce qu'étant venu à la connoissance desdits Supplians, ils auroient donné leur Ordonnance le 6 desdits mois & an, par laquelle ils auroient déchargé leur Greffier de ladite assignation & amende. En haine de quoi lesdits Trésoriers de France auroient donné autre leur Ordonnance du même jour, portant cassation de celle desdits Supplians, & ordonné que leur Greffier satisferoit à leur premiere Ordonnance, sur peine de 600 livres de nouvelle amende, avec défenses aux Supplians de donner de pareils Jugemens à l'avenir, à peine de radiation de leurs gages, & de 1000 livres d'amende déclarée encourue. A ces causes, requéroient qu'il plût à Sa Majesté casser, révoquer & annuller les Ordonnances desdits Trésoriers de France, des 4 & 6 Novembre dernier, & ordonner que celle dudit jour 6 sera tirée de leur registre, & qu'au lieu & place d'icelle le présent Arrêt sera transcrit esdits registres, & ce faisant le Greffier déchargé des amendes portées par lesdites Ordonnances, avec défenses à tous Huissiers de les mettre à exécution,

1653. à peine de suspension de leurs Charges, comme aussi faire injonction auxdits Trésoriers de France, aussi-tôt qu'ils auront reçu les commissions de Sa Majesté pour la levée de ses deniers, Pionniers & autres affaires concernant son service, de les envoyer incessamment aux Supplians, & que l'entreprise faite par lesdits Trésoriers de France, pour la levée desdits Pionniers pour la démolition de Mont-rond, ne pourra tirer en aucune conséquence contre les Supplians, & que s'il intervient quelques débats pour raison desdites levées, soit civils ou criminels, la connoissance en appartiendra (ainsi que de tout temps) auxdits Supplians privativement, & à l'exclusion desdits Trésoriers de France, avec défenses auxdits Trésoriers de France d'user à l'avenir de pareilles entreprises, à peine de 10000 livres d'amende, dépens, dommages & intérêts. Vu ladite requête signée Chauvanon, Avocat audit Conseil & desdits Supplians, copies des commissions du Roy à eux envoyées pour faire quelques levées de Pionniers en leur Election ès années 1622 & 1629, lesdites commissions envoyées par lesdits Trésoriers de France pour la levée des Pionniers en ladite Election la présente année, & la nomination dudit Davoy pour en faire la conduite, lesdits procès-verbal, acte & Ordonnances desdits jours 4 & 6 Novembre, Arrêt du Conseil, du 18 Décembre 1649, portant cassation d'une Ordonnance rendue par lesdits Trésoriers de France contre les Supplians, pour raison de l'envoi des commissions des étapes, & à eux enjoint de les envoyer incessamment aux Supplians; autre Arrêt du 20 Décembre 1651, sur la requête des Elus de Troyes, qui ordonne qu'à l'avenir toutes impositions, soit en argent, denrées, fourrages & autrement, se feront sur les Elections par les Trésoriers de France de Châlons, & sur les Paroisses par les Elus de Troyes, & réserve la connoissance des débats en premiere instance en ladite Election, & par appel en la Cour des Aydes. Oui le rapport de ladite requête, tout considéré: le Roy, en son Conseil, ayant aucunement égard à ladite requête, sans s'arrêter auxdites Ordonnances desdits Trésoriers de France à Moulins, des 4 & 6 Novembre dernier, a déchargé & décharge ledit Greffier de ladite Election de Moulins, des amendes portées par lesdites Ordonnances, & au surplus ordonne Sadite Majesté que les Arrêts dudit Conseil, & Réglemens concernant la fonction des Charges des Trésoriers de France & Officiers des Elections, seront exécutés de point en point selon leur forme & teneur, entre les Supplians & les Officiers dudit Bureau des Finances de Moulins, sur les peines portées par iceux. Fait au Conseil d'Etat du Roy, tenu à Paris, le huitieme jour de Janvier mil six cent cinquante-trois. *Signé*, GALLAND.

1660. *DÉCLARATION portant Réglement pour le recouvrement des deniers revenant-bons au Roi.*

12 Août 1660.

LOUIS, &c. A nos amés & féaux Conseillers, les Gens tenans notre Cour des Aydes à Paris, salut. Ayant par Arrêt de notre Conseil d'Etat, du 11 Août dernier, ci-attaché sous le contrescel de notre Chancellerie, renvoyé pardevant vous l'entiere exécution d'autres Arrêts de notredit Conseil du 24 Octobre 1658, donnés pour le recouvrement des deniers à nous dûs & revenant-bons, en ce qui concerne le ressort & jurisdiction de notredite Cour, & les matieres dont vous devez connoître, pour être poursuivis à la requête de notre Procureur-Général, poursuite & diligence de Me. Jean Raguin, que nous aurions d'abondant, & en tant que besoin seroit, commis pour faire lesdites poursuites & diligences nécessaires pour parvenir aux condamnations & recouvrement des sommes de deniers mentionnés auxdits Arrêts; & pour cet effet nous aurions évoqué à nous & à notredit Conseil, tous les procès & différends retenus à instruire & à juger, par quels Juges, Commissaires, députés ou Subdélégués, dont vous avez droit & pouvoir de connoître; lesquels procès & différends, circonstances & dépendances, nous aurions aussi renvoyés pardevant vous, pour y être, ou par les Officiers qui seroient par-vous commis, instruits & jugés le plus sommairement que faire se pourroit, & les coupables punis suivant la rigueur de nos Ordonnances, à la réserve toutefois des instances encommencées par aucuns desdits Juges, en vertu desdits Arrêts, que nous voulons être continués par lesdits Juges, jusqu'à Sentence définitive exclusivement, pour le tout communiqué à notredit Procureur-Général, être par vous procédé au jugement définitif desdits procès, ainsi qu'il appartiendra, comme il est plus au long mentionné par ledit Arrêt, à l'exécution duquel étant nécessaire de pourvoir. *1660.*

A ces causes, &c. nous plaît qu'il soit par vous incessamment procédé à l'entiere exécution de ce que dessus, en ce qui concerne votre jurisdiction, & les matieres dont vous devez connoître, à la requête de notredit Procureur-Général en notredite Cour, poursuite & diligence dudit Raguin, que nous avons d'abondant & en tant que besoin seroit, commis & commettons pour faire toutes les demandes, poursuites & diligences nécessaires pour parvenir aux condamnations & recouvremens des sommes & deniers mentionnés auxdits Arrêts de notre Conseil des 24 Octobre 1658 & 11 Août dernier; & à cet effet avons évoqué & évoquons à nous & à notredit Conseil tous procès & différends restans à instruire & à juger par quelques Juges, Commissaires, députés ou Subdélégués pour l'exécution dudit Arrêt, dont vous avez droit & pouvoir de connoître, & iceux procès & différends, circonstances & dépendances, nous avons renvoyés & renvoyons, pour être lesdits procès par vous, ou par les Officiers qui seront par vous commis, instruits & jugés en notredite Cour le plus sommairement que faire se pourra; & les coupables punis suivant la rigueur des Ordonnances, à la réserve toutefois des instances encommencées par aucuns desdits Juges, en exécution desdits Arrêts de notre Conseil, que nous voulons être continuées par les Juges qui seront par vous commis, jusqu'à Sentences définitives exclusivement, pour le tout à vous rapporté & communiqué à notredit Procureur-Général, être procédé par notredite Cour au jugement définitif, ainsi qu'il appartiendra: & encore à la réserve de ce qui a été & sera jugé & ordonné par notre Chambre des Comptes à Paris, à la requête de notre Procureur-Général en icelle, poursuite & diligence du Contrôleur-Général des restes en ladite Chambre, & de Me. Robert de Fremont, notre Conseiller & Secretaire, commis par Arrêt de notre Conseil, & nos lettres du 24 Octobre 1658, regiftrées en notredite Chambre des Comptes, pour faire la recette desdits deniers à nous dus & revenant-bons, débet des quittances & autres deniers mentionnés audit Arrêt & lettres, pour ce qui concerne les débets de clair, débets de quittances & autres natures de deniers provenans de la ligne de compte, qui ne sont de jurisdiction contentieuse, & dont notredite Chambre des Comptes doit connoître, suivant les Ordonnances. Voulons que les saisies & ventes par décrets des offices, biens-meubles & immeubles des comptables, & autres qui nous sont redevables, qui ont été & seront faites en exécution des Arrêts ci-devant contradictoirement

1660. rendus en notredit Conseil, pour raison desdits deniers revenant-bons, & Arrêts de ladite Chambre des Comptes, soient poursuivis pardevant vous; ensemble l'ordre & distribution des deniers qui en proviendront, faits en la maniere accoutumée, avec le plus de diligence qui se pourra faire, pour être tous les deniers qui se trouveront nous appartenir, les frais de saisie & autres à faire pour parvenir auxdites condamnations, Jugemens & décrets, préalablement pris, suivant qu'il sera par vous jugé & ordonné, payés sur les quittances dudit de Fremont, contrôlées & par lui portées à l'Epargne, conformément auxdits Arrêts & à nosdites Lettres-Patentes, sans que vous puissiez appliquer ni divertir les restitutions & amendes à autre usage qu'à notre profit particulier, ni que la recette en puisse être faite par autre que par ledit Raguin & sur les quittances dudit de Fremont; & d'autant que nous serions privés du secours que nous espérons du recouvrement desdits deniers & desdites restitutions, si nous n'apportions quelques retranchemens aux formalités de Justice, afin qu'elle nous soit plus promptement rendue, nous voulons & ordonnons que sur les requêtes qui vous seront présentées par notredit Procureur-Général en notredite Cour, poursuite & diligence dudit Raguin, l'un des Conseillers d'icelle soit commis, lequel donnera son ordonnance pour faire assigner pardevant lui, & ce dans les délais raisonnables, suivant les distances des lieux, les Particuliers dénommés esdites requêtes, & que notredit Procureur-Général entendra poursuivre en exécution des présentes lettres: si les parties assignées en conséquence de ladite Ordonnance dudit Conseiller commis, ne comparoissent point pardevant lui, il donnera défaut premier, portant réassignation dans bref temps: & si sur ladite réassignation elles ne comparoissent, sera donné défaut deuxieme, pour le profit il ordonnera qu'il en sera par lui référé en notredite Cour, laquelle jugera lesdits défauts définitivement à l'égard de la restitution des sommes de deniers à nous revenant-bons: & au cas que lesdites parties assignées comparoissent pardevant ledit Conseiller commis, sera par lui dressé procès-verbal de leurs comparutions, demandes, défenses, dires & déclarations, sur lequel il ordonnera que ledit procès-verbal, pieces justificatives, & tout ce que bon leur semblera, sera mis pardevant lui dans trois jours, pour trois jours après prendre communication de tout ce qui aura été écrit & produit, & trois autres jours après être fait droit par ladite Cour, au rapport dudit Conseiller commis, sur ce qui se trouvera pardevers lui, sans autre forclusion, ni que les susdits délais puissent être prolongés sous quelque prétexte que ce soit, à l'égard des restitutions desdits deniers à nous dus & revenant-bons, ainsi qu'il appartiendra par raison; le tout sans préjudice du crime, lequel sera poursuivi par les voyes ordinaires, par notredit Procureur-Général, & les coupables punis suivant la rigueur des Ordonnances. Voulons que ce qui sera, par ledit Conseiller commis, ordonné soit exécuté, nonobstant oppositions, appellations ou récusations, & sans préjudice d'icelles, qu'il soit par vous procédé au Jugement desdites instances, & sans que les Arrêts, Sentences & Jugemens auxquels ledit Raguin n'a point été partie, pour ce qui concerne les restitutions desdits deniers, nous puissent nuire ni préjudicier, & ce nonobstant toutes Ordonnances, Edits, Déclarations, Arrêts & Réglemens à ce contraires, auxquels & aux dérogatoires des dérogatoires, nous avons dérogé & dérogeons par ces présentes. Si vous mandons, &c.

Donnée à Paris, le douze Août mil six cent soixante.

Registrée en la Cour des Aydes, les Chambres assemblées, le 18 Décembre suivant.

1665.

ARRÊT du Conseil, concernant les gages & droits que les Officiers de l'Election de Paris ont à prendre sur la Ferme des Aides.

12 Mars 1665.

SUR la requête présentée au Roy en son Conseil, par les Officiers de l'Election de Paris; contenant, que de tems immémorial ils ont reçu des Fermiers des Aydes, savoir, ceux qui ont été pourvus des onze anciens Offices d'Elus, chacun 250 livres de gages, le Procureur du Roy 300 livres pour gages & pension, outre le sol pour bail dont ils jouissent en commun avec tous les autres Officiers depuis créés, à raison de 21 livres 14 sols chacun, & 100 livres au Greffier pour menues nécessités du Bureau de ladite Election; néanmoins Me. Jean Rouvelin, à présent Fermier-Général desdites Aydes, a fait difficulté aux Supplians de leur payer leursdits gages & droits pour l'année 1664 & la présente, prétendant en être déchargé par son bail, comme faisant partie des charges locales dont Sa Majesté s'est obligée de faire le remboursement; requéroient les Supplians qu'il plût à Sa Majesté leur vouloir sur ce pourvoir, les faire jouir au moins de deux quartiers desdits gages & droits, ainsi qu'ils ont fait les années précédentes, & leur pourvoir de remplacement pour l'année 1664 en laquelle ils n'ont touché aucune chose : vu ladite requête & l'Ordonnance des Commissaires députés pour la vérification des titres concernant lesdites charges locales du 19 Août 1639, par laquelle il appert que les Supplians ayant représenté leurs titres, il auroit été ordonné qu'ils seroient employés pour lesdits gages & droits dans les états de ladite Ferme des Aydes, montant pour les quatre quartiers à la somme de 3670 livres 16 sols : oui le rapport du sieur de Seve, Conseiller au Conseil Royal des Finances, Commissaire à ce député, & tout considéré : Sa Majesté en son Conseil, ayant égard à ladite requête, a ordonné & ordonne que dans l'état de ladite Ferme-Générale des Aydes de la présente année 1665, emploi sera fait de deux quartiers desdits gages & de sol pour bail, ensemble du total des 100 livres de menues nécessités du Bureau de ladite Election, pour être payés, savoir, à Mes. François Forcadel, Etienne Pelet, Pierre Milon, Jean Pourrat, Vincent-Philippes Lotin, François Fougeroux, Nicolas Guiet, Pierre Pepin, Louis Brochot, Etienne Groisy & Edme Desbois, pourvus des onze anciens Offices d'Elus, chacun moitié de 250 livres de gages, au Procureur du Roy moitié de 300 livres pour gages & pension, à tous les Officiers de ladite Election chacun moitié de 21 livres 14 sols pour le droit de sol pour bail, le tout sans aucun retranchement de ladite moitié, & au Greffier 100 livres pour les menues nécessités dudit Bureau, qui lui seront payées entiérement. Et quant à l'année 1664, dont les Supplians demandent le remplacement, ordonne Sa Majesté que l'emploi en sera aussi fait par doublement dans ledit état de la Ferme des Aydes de la présente année, pour être payées auxdits Officiers, comme il est dit ci-dessus, sur leurs simples quittances rapportant; lesquelles sommes, qui leur auront été payées en vertu du présent Arrêt & de l'état de Sa Majesté, seront passées & allouées au Fermier desdites Aydes dans son état & compte sans difficulté. Fait au Conseil d'Etat du Roy, tenu à Paris, le douzieme jour de Mars mil six cent soixante-cinq. *Signé*, BOSSUET.

1684.

EDIT portant Réglement touchant la décence des habits des Officiers de la Cour des Aides.

Avril 1684.

LOUIS, &c. Nos grandes occupations au gouvernement de notre état, nous obligeant de nous décharger sur nos Cours du soin de rendre à nos Sujets la justice qu'il a plu à Dieu nous confier, nous ne saurions apporter trop d'application pour choisir des personnes capables de s'acquitter d'une fonction si importante, & de s'attirer du respect par la sagesse de leur conduite, aussi-bien que par la dignité du caractere dont nous les honorons : nous avons fait plusieurs Ordonnances dans ce dessein : & la plupart de nos Cours ayant considéré que les habits qui rendoient les Magistrats vénérables aux yeux des autres, les faisoient souvenir de la modestie & de la gravité que leur profession desire, elles ont fait différens Réglemens sur ce sujet, & quelques-unes ont même prononcé l'interdiction contre ceux qui y contreviendroient : & comme nous avons appris que quelques-uns des plus jeunes Officiers de nosdites Cours n'observent pas des Réglemens si utiles, nous avons estimé d'autant plus nécessaire de prévenir les suites que cette licence pourroit avoir, que nous avons bien voulu permettre par notre Edit du mois de Décembre dernier, l'entrée dans nosdites Cours dans un âge moins avancé que celui qui avoit été fixé par nos précédentes Ordonnances.

Savoir faisons, que nous... déclarons par ces présentes... que les Présidens, Conseillers & autres Officiers qui sont du corps de notredite Cour des Aydes, portent leurs robes fermées au Palais, aux assemblées publiques & dans toutes les fonctions de leurs Charges, soit dedans, soit dehors de leurs maisons ; que dans les lieux particuliers, ils pourront porter des habits noirs avec des manteaux & collets, & qu'ils seront invités de se dispenser de se trouver dans les lieux où ils ne peuvent être vus sans diminution de leur dignité. Voulons que ces présentes soient lues tous les ans, lors de la lecture des Ordonnances. SI donnons en mandement à nos amés & féaux les Gens tenant notre Cour des Aydes à Paris, &c.

Donné à Versailles, au mois d'Avril, l'an de grace mil six cent quatre-vingt-quatre.

Enregistré en la Cour des Aydes, le 19 Mai suivant.

1690.

Arrêt du Conseil, qui unit & incorpore à la Communauté des Procureurs de l'Election & Grenier à Sel de Paris, les deux Offices de tiers-Référendaires-Taxateurs & Calculateurs de dépens. (Enregistrements de l'Election, Volume coté VIII, folio 492.)

7 Novembre 1690.

SUR la requête présentée au Roy en son Conseil, par les Procureurs postulans ès Election & Grenier à sel de Paris, contenant que Sa Majesté ayant, par son Edit du mois de Novembre 1689, créé des tiers-Référendaires-taxateurs & Calculateurs de dépens dans les Cours & Jurisdictions du Royaume, & notamment deux en ladite Election, Me. Charles Remy, chargé de la vente desdits Offices, & du recouvrement des deniers qui en doivent provenir, auroit fait faire commandement aux Supplians de lui payer la somme de 12,000 livres, & les deux sols pour livre d'icelle, à laquelle lesdits offices ont été taxés par le rôle arrêté au Conseil le 27 Mai 1690. Ce qui auroit obligé les Supplians de représenter à Sa Majesté, qu'en exécution des Edits des mois de Décembre 1635 & Février 1639, ils auroient acquis & uni à leur Communauté lesdits deux Offices de tiers-Référendaires-taxateurs des dépens, créés en ladite Election par lesdits Edits du mois de Décembre 1635, pour lesquels, bien qu'ils ayent financé aux coffres de Sa Majesté la somme de 1500 livres, ils leur étoient demeurés presqu'inutiles, tant à cause de la cessation des affaires, que de plusieurs Edits & Réglemens qui sont depuis intervenus, par lesquels les taxes de dépens & les discussions des affaires ont été abrogées, en sorte que, supposé que l'intention de Sa Majesté soit, comme il y a apparence qu'elle l'est, que les affaires soient à l'avenir instruites, tant par écrit qu'autrement, comme elles étoient ci-devant, puisqu'elle l'a ainsi ordonné par son Edit du mois de Novembre 1689, & que par autre Edit dudit mois, elle ait expressément créé lesdits deux Offices de Référendaires-taxateurs & Calculateurs de dépens en ladite Election, lesdits Supplians prennent la liberté de représenter à Sa Majesté, que du nombre de huit Procureurs créés en ladite Election, il y en a deux vacans, que les héritiers de ceux qui en étoient pourvus ne peuvent vendre faute de trouver des acquéreurs, que les six autres ont si peu d'affaires, qu'il n'y en a pas moitié pour les occuper, lesquelles étant presque toutes sommaires & décidées aux Audiences, il n'y avoit point, ou peu de dépens à taxer, en sorte que leurs charges leur demeurent comme inutiles; ce qui fait que ladite somme de 12,000 livres, d'une part, & les deux sols pour livre d'autre, à eux demandées sont excessives, & qu'il leur est impossible de les payer. Que si néanmoins il plaisoit à Sa Majesté les modérer à la somme de 7500 livres, & les deux sols pour livre qu'ils ont offerts au Conseil, & ordonner que les affaires seroient à l'avenir instruites & jugées, & les dépens taxés ès Elections & Greniers comme ci-devant, pour marquer le zele qu'ils ont pour le service de Sa Majesté, & leur permettre d'emprunter lesdites sommes, ils se mettroient en état de faire un effort pour y satisfaire. Pour quoi ils supplioient Sa Majesté de leur pourvoir selon son équité & sa justice ordinaire.

Vu ladite requête, ledit Edit du mois de Novembre 1689, les quittances de finances payées par les Supplians ès années 1636 & 1639, pour jouir des

1690. Offices desdits tiers-Référendaires créés en ladite Election & Grenier à sel par ledit Edit du mois de Décembre 1635, les Arrêts du Conseil, des 29 Novembre 1689, 24 Janvier, 21 Février & 9 Mai 1690, le rôle arrêté au Conseil ledit jour 27 du mois de Mai, & autres pieces jointes à ladite requête. Oui le rapport du sieur Phelippeaux de Pont-chartrain, Conseiller au Conseil Royal Contrôleur-Général des Finances.

Le Roy en son Conseil, ayant égard à ladite requête, a réduit & modéré ladite somme de 12,000 livres, portée au rôle dudit jour 27 Mai dernier, à celle de 7500 livres, qui sera incessamment payée par les Supplians, ès mains dudit Remy sur la quittance du Receveur des revenus casuels de Sa Majesté, & les deux sols pour livre sur celle dudit Remy, à ce faire lesdits Supplians contraints solidairement par les voies portées par lesdits Arrêts & rôles: & moyennant le payement desdites sommes, Sa Majesté a ordonné & ordonne que lesdits deux Offices de tiers-Référendaires-taxateurs & Calculateurs de dépens créés par ledit Edit du mois de Novembre 1689, en ladite Election & audit Grenier à Sel de Paris, avec pouvoir d'y postuler, demeureront unis & incorporés aux Offices & Communauté des Supplians, pour en jouir par eux & leurs successeurs héréditairement, & y être les dépens qui sont & seront adjugés esdites Elections & Grenier à Sel de Paris, taxés & calculés par ceux desdits Supplians qui seront par eux choisis & nommés de deux en deux mois, ou autrement, comme ils le trouveront à propos, aux droits de 18 deniers pour chacun article de dépens qui seront employés dans les déclarations d'iceux, desquels droits ils feront bourse commune, pour être employés ou distribués entr'eux ainsi qu'ils aviseront, sans qu'ils soient tenus pour faire lesdites taxes & calculs, de prendre de nouvelles provisions & prêter nouveau serment, ni de payer plus grandes sommes pour les droits d'annuels, prêts ou marc d'or, que celle qu'ils ont accoutumé payer pour leursdits Offices; faisant Sa Majesté défenses à tous Juges, & autres [que ceux] qui seront nommés par les Supplians, de s'immiscer aux taxes & calculs desdits dépens, & aux Greffiers desdites Elections & Grenier à sel de délivrer aucuns exécutoires que sur les déclarations des dépens qui seront taxés, calculés & arrêtés par les Supplians, à peine de nullité, 3000 livres d'amende, dommages & intérêts, le tout conformément audit Edit & aux Arrêts du Conseil des 29 Novembre 1689, 24 Janvier, 14 Février & 9 Mai 1690. Et pour faciliter le payement desdites sommes, permet Sa Majesté aux Supplians d'emprunter le tout ou partie d'icelle, & ordonne que ceux qui prêteront leurs deniers, auront privilege spécial sur les droits provenans desdits Référendaires, & hypotheque sur lesdits Offices de Procureurs, par préférence à tous créanciers, à l'exception seulement des vendeurs & ceux qui auront prêté leurs deniers pour les acquérir, sans qu'il soit besoin de faire la déclaration dudit emprunt par les quittances qui en seront délivrées, ni dans celle qui sera expédiée pour la finance desdits deux Offices par le Trésorier des revenus casuels; & en outre ordonne Sa Majesté que les pourvus desdits Offices, ni les veuves ou créanciers des décédés, ne pourront disposer d'iceux dits Offices, qu'en chargeant les acquéreurs des débets de ladite Communauté, ni les acquéreurs pourvus ni reçus qu'à ladite condition, sans que lesdits Offices de Procureurs puissent être exempts des débets de ladite Communauté en quelque maniere que ce puisse être. Et sera le présent Arrêt exécuté nonobstant opposition, appellation ou empêchement quelconque, dont si aucun intervient, Sa Majesté s'en réserve la connoissance, & icelle interdit à toutes ses Cours & autres Juges, & seront aussi toutes lettres nécessaires expédiées auxdits Supplians. Fait au Conseil d'Etat du Roy, tenu à Versailles le septieme jour

Jour de Novembre mil six cent quatre-vingt-dix. Collationné. *Signé*, DELAISTRE, avec paraphe. 1690.

Registré en l'Election le 18 Décembre 1690.

Comme notre objet a été de donner dans ce Recueil les Réglements concernant la procédure qui est en usage dans les Tribunaux du ressort de la Cour des Aides, nous mettons dans ce Supplément les plus essentiels de ces Réglements qui ont été omis dans le Recueil.

DÉCLARATION concernant les inscriptions de faux contre les procès-verbaux des Commis aux Aides. (Recueil des Fermes, appellé grand Recueil, Tome IV; Enregistrements de l'Election, Volume coté X, folio 135 verso.) 1699.

6 Janvier 1699.

I. CEUX qui voudront s'inscrire en faux contre les procès-verbaux des Commis aux exercices de nos Aydes, pour fraudes prétendues commises dans le débit des vins & autres boissons dans l'étendue de la Généralité d'Amiens, seront tenus dans le jour de l'échéance des assignations qui leur seront données pour répondre sur lesdits procès-verbaux, de le déclarer à l'audience ou par écrit, faute de quoi, ledit tems passé, ils n'y seront plus reçus.

II. Nul ne sera reçu à l'inscription de faux, qu'en consignant préalablement en deniers ès mains du Receveur des Amendes, ou des Fermiers de nos Domaines, l'amende de 60 livres pour les Elections, & de 100 livres en cas d'appel en notre Cour des Aydes.

III. Aussi-tôt que les inscriptions de faux auront été reçues, & le même jour, les inscrivans seront pareillement tenus de passer & signer leurs inscriptions, & de déclarer par le même acte les noms, surnoms, qualités & demeures des témoins dont ils entendront se servir, lequel acte sera signifié à nos Fermiers.

IV. En cas d'inscription de faux reçue dans la forme ci-dessus prescrite, les moyens en seront fournis par lesdits inscrivans, & mis au Greffe dans les vingt-quatre heures de leurs inscriptions; faute de quoi faire dans ledit tems, lesdits moyens ne pourront être admis.

V. Défendons à nos Elus d'accorder aux accusés de fraudes, d'autres ni plus grands délais que ceux ci-dessus exprimés, à peine de répondre en leurs noms des dommages & intérêts de nos Fermiers.

VI. Voulons que notre présente Déclaration soit exécutée dans toute l'étendue du ressort de notre Cour des Aydes de Paris, & qu'au surplus nos Ordonnances, Arrêts & Réglemens sur le fait de nos Aydes, concernant lesdites fraudes & inscriptions de faux, soient exécutés. Si donnons en mandement, &c.

Donnée à Versailles, le sixieme jour de Janvier mil six cent quatre-vingt-dix-neuf.

Registrée en la Cour des Aydes, le 22 Janvier 1699.

Pareille Déclaration du 14 Janvier 1693 avoit été enregistrée en la Cour des Aides de Rouen, le 28 Janvier 1693.

1699.

DÉCLARATION en interprétation de celle du 6 Janvier 1699 concernant les inscriptions de faux contre les procès-verbaux de Commis. (Grand Recueil, Tome IV; Enregistrement de l'Election Volume coté X, folio 150 verso.)

14 Avril 1699.

I. CEUX qui voudront s'inscrire en faux contre les procès-verbaux des Commis aux exercices de nos Aydes, pour fraudes prétendues commises dans le débit des vins & autres boissons dans l'étendue du ressort de notre Cour des Aydes de Paris, seront tenus dans les trois jours après l'échéance des assignations qui leur seront données pour répondre sur lesdits procès-verbaux, de le déclarer à l'Audience ou par écrit, faute de quoi ledit temps passé, ils n'y seront plus reçus.

II. Aucune personne ne sera reçue à l'inscription de faux, sans avoir consigné préalablement en deniers ès mains du Receveur des amendes, ou des Fermiers de nos Domaines, l'amende de 60 livres pour les inscriptions de faux qui seront formées dans les Elections, & celle de 100 livres pour celles qui seront formées en notredite Cour des Aydes.

III. Aussi-tôt que les inscriptions de faux auront été reçues, & le même jour, les inscrivans seront tenus de passer & signer lesdites inscriptions, faute de quoi ils en demeureront déchus.

IV. En cas d'inscription de faux reçue dans la forme ci-dessus prescrite, les moyens en seront fournis par les inscrivans, & mis au Greffe trois jours après leur inscription, faute de quoi faire dans ledit tems, lesdits moyens de faux ne pourront être admis.

V. Après que les moyens de faux auront été déclarés pertinens & admissibles, les inscrivans seront tenus dans le jour suivant de prendre l'Ordonnance du Juge pour faire entendre les témoins, & de lui déclarer dans le même jour les noms, surnoms, qualités & demeures de ceux dont ils voudront se servir, sans qu'ils puissent dans la suite en faire entendre d'autres.

VI. Défendons aux Officiers des Elections, & à ceux de notredite Cour des Aydes, d'accorder aux accusés de fraude qui s'inscriront en faux contre les procès-verbaux des Commis aux exercices de nos Aydes, d'autres ni plus grands délais que ceux ci-dessus ordonnés, à peine de nullité, dérogeant à tous Edits, Déclarations, Arrêts & Réglemens à ce contraires: Voulons au surplus qu'ils soient exécutés. SI donnons en mandement, &c.

Donnée à Versailles, le quatorze Avril mil six cent quatre-vingt-dix-neuf.

Enregistrée en la Cour des Aydes, le 30 Avril 1699.

DÉCLARATION portant peine de neuf ans de galeres contre les Particuliers qui faciliteront avec force & port d'armes, l'entrée des marchandises défendues. (Grand Recueil des Fermes, Tome IV; Enregistrement de l'Election, Volume coté X, folio 182.) 1699.

25 Août 1699.

LOUIS, &c. Par l'article I du titre VIII de notre Ordonnance du mois de Février 1687, concernant notre Ferme-Générale des cinq grosses Fermes, nous avons ordonné que les Marchands & Voituriers qui auroient tenté l'entrée des marchandises de contrebande, seroient condamnés en 500 livres d'amende, outre la confiscation desdites marchandises, & sans préjudice des peines afflictives portées par nos Ordonnances, suivant la qualité de la contravention: & étant informés que plusieurs Particuliers que lesdits Marchands louent à prix d'argent, escortent lesdites marchandises avec armes, pour intimider les Gardes de nosdites Fermes, ou s'opposer avec violence à leurs visites, & à la confiscation qu'ils en doivent faire conformément à nosdites Ordonnances, nous voulons établir une peine proportionnée à ce crime.

A ces causes.... Voulons & nous plaît, que tous Particuliers qui faciliteront avec force & port d'armes l'entrée des marchandises défendues & de contrebande dans l'étendue de notre Royaume, terres & seigneuries de notre obéissance, soient condamnés par les Juges à qui la connoissance en appartient, à neuf années de galeres, laquelle peine ne pourra être remise, ni diminuée sous quelque prétexte & occasion que ce soit. Si donnons en mandement, &c.

Donnée à Marly, le vingt-cinq Août mil six cent quatre-vingt-dix-neuf.

Enregistrée en la Cour des Aydes, en vacation, le 18 *Septembre 1699.*

DÉCLARATION portant des peines contre les Marchands & autres, & contre les Employés des Fermes subornés, qui feront entrer & sortir du Royaume des Marchandises en fraude. (Grand Recueil, Tome IV; Enregistrement de l'Election, Volume coté X, folio 276 verso.) 1701.

20 Septembre 1701.

LOUIS, &c. Voulons & nous plaît, qu'il soit procédé extraordinairement contre les Négocians-Marchands, leurs Facteurs & Commissionnaires, les Voituriers, Conducteurs, Guides, Entremetteurs & autres, qui d'intelligence avec les Receveurs en titre, ou par commission, Contrôleurs, Visiteurs, Brigadiers, Gardes & autres Employés de nos Fermes, & moyennant une somme d'argent ou autre récompense équivalente, auront fait entrer ou sortir des marchandises, de quelque qualité qu'elles soient, en fraude de nos droits ou par contravention à nos défenses;

1701. ensemble contre lesdits Receveurs, Contrôleurs & autres Employés desdites Fermes. Voulons que pour réparation, lesdits Négocians & Marchands soient déclarés indignes & incapables d'exercer le négoce & la marchandise leur vie durant, avec défenses à eux de le continuer, & à toutes autres personnes d'entretenir aucun commerce ni correspondance avec eux pour fait de marchandises, auquel effet leurs boutiques seront murées, les enseignes & inscriptions ôtées, & leurs noms & surnoms seront écrits dans un tableau qui sera affiché dans l'Auditoire de la Jurisdiction Consulaire, s'il y en a établie dans la même Ville, sinon dans la plus prochaine; que leurs Facteurs, Commissionnaires non Négocians, ni Marchands, les Voituriers, Guides, Conducteurs & autres qui auront eu part auxdites subornations, soient appliqués au carcan pendant trois jours de marché. Et quant aux Receveurs en titre ou par commission, Contrôleurs, Visiteurs, Brigadiers, Gardes & autres Employés de nos Fermes, qu'ils soient condamnés aux galeres pour neuf ans, & les Offices des titulaires confisqués à notre profit. Voulons que notre présente Déclaration ait lieu, tant dans l'étendue des Provinces des cinq grosses Fermes, que dans toutes les autres de notre Royaume, Pays, Terres & Seigneuries de notre obéissance, le tout sans préjudice des amendes, confiscation & autres peines pécuniaires portées par nos Ordonnances, lesquelles au surplus seront exécutées selon leur forme & teneur. Si donnons en mandement, &c.

Donnée à Versailles, le vingt Septembre mil sept cent un.

Enregistrée en la Cour des Aydes, en vacation, le 7 Octobre 1701.

1703. *ARRÊT du Conseil, qui ordonne que le sieur de Mauvillain, Procureur & Avocat du Roi en l'Election de Paris, aura dans les distributions des droits d'enregistrements des privilégiés, deux parts comme Procureur du Roi, & une part comme Avocat du Roi.*

28 Août 1703.

SUR la requête présentée au Roy en son Conseil, par le sieur de Mauvillain, Avocat & Procureur de Sa Majesté en l'Election de Paris, contenant que par la Déclaration du Roy, du 5 Juin dernier, concernant le partage entre les Officiers des Elections du droit d'enregistrement des titres des privilégiés à eux attribués par l'Edit du mois de Janvier de la présente année 1703, il est porté que les Procureurs du Roy auront le double d'un Elu, que le Suppliant ayant l'honneur d'être encore Avocat du Roy, par des provisions distinctes & séparées de celles de Procureur du Roy, il a demandé à la Compagnie si elle n'entendoit pas qu'il eût une troisieme part dans les droits en question, en qualité d'Avocat du Roy. A quoi ayant répondu qu'elle ne pouvoit décider une telle prétention, la Déclaration n'en faisant aucune mention, le Suppliant a pris cette réponse pour un véritable refus. C'est pourquoi il est obligé de se pourvoir en interprétation de ladite Déclaration, & de remontrer très-humblement, qu'étant Officier en deux qualités par des provisions distinctes & séparées, il a toujours porté les charges de la Jurisdiction dans ces deux qualités; qu'ainsi par un juste retour,

Il doit participer de même à ces deux avantages. A ces causes, requéroit le Suppliant, qu'il plût à Sa Majesté ordonner que la Déclaration du 5 Juin 1703, dont est question, sera exécutée selon sa forme & teneur, & icelle expliquant & interprétant en tant que de besoin est, ordonner que le Suppliant aura trois parts d'Elu dans les droits dont il s'agit, sçavoir, deux parts en qualité de Procureur du Roy, & une troisieme en celle d'Avocat du Roy, avec défenses de l'y troubler sous quelque prétexte que ce puisse être. Vu ladite Déclaration, &c. 1703.

Le Roy, en son Conseil, ayant égard à ladite requête, a ordonné & ordonne que le Suppliant aura trois parts dans la distribution qui sera faite entre les Officiers de l'Election de Paris des droits d'enregistremens des titres des privilégiés à eux attribués par l'Edit du mois de Janvier de la présente année, sçavoir, deux parts comme Procureur de Sa Majesté, conformément à la Déclaration du 5 Juin dernier, qui sera exécutée selon sa forme & teneur, & une part comme Avocat de Sa Majesté. Fait au Conseil d'Etat du Roy, tenu à Versailles, le vingt-huitieme jour d'Août mil sept cent trois. *Signé*, RANCHIN.

DÉCLARATION qui ordonne que la contrainte par corps aura lieu en faveur des intéressés dans les affaires du Roi, contre ceux de leurs associés pour lesquels ils auront payé. (Grand Recueil des Fermes, Tome IV.) 1705.

13 Juin 1705.

LOUIS, &c. Voulons & nous plaît, qu'à l'avenir, lorsqu'un associé dans nos Fermes ou autres affaires & traités aura été contraint par corps pour le payement d'une dette de la société, il puisse exercer pour son remboursement la même contrainte contre chacun de ses associés en particulier pour leurs parts & portions, après néanmoins qu'il en aura obtenu la permission des Juges qui en doivent connoître, auxquels nous enjoignons de la prononcer, sans qu'il soit tenu de demander ni obtenir de nous aucune subrogation en nos droits, nonobstant ce qui est porté par le titre XXXIV de l'Ordonnance de 1667, auquel nous avons, en tant que de besoin seroit, dérogé pour ce regard seulement, SI donnons en mandement, &c.

Donnée à Versailles, le treize Juin mil sept cent cinq.

Enregistrée en la Cour des Aydes, le 27 Juin suivant.

☞ Déclaration du 13 Juin 1705, qui ordonne que la conversion des peines établies contre les fraudeurs de la Ferme du tabac, ne pourra être prononcée que du consentement du Fermier.

1709.

ARRÊT du Conseil, portant exemption de taille en faveur de Maîtres des Coches d'eau, & leur Commis.

5 Février 1709.

SUR la requête présentée au Roy, en son Conseil, par Louis-Urbin le Fevre de Caumartin, Conseiller d'Etat ordinaire, Intendant des Finances, Propriétaire des Coches par eau de Paris à Melun, Moret, Montreau, & les nommés Gellé, Fermiers desdits Coches; contenant que par contrat du 22 Octobre 1698, il auroit été vendu & aliéné par les sieurs Commissaires-Généraux, députés par Sa Majesté pour la vente de ses domaines, audit sieur de Caumartin, lesdites voitures des Coches par eau de Paris à Melun, Montreau & Moret, & retour desdits lieux, pour en jouir conformément à l'Edit du mois de Mars 1695, à la charge de faire aller lesdites voitures dans les jours accoutumés pour l'utilité publique & le commerce, faute de quoi il y seroit pourvu par le Prévôt des Marchands & Echevins de la Ville de Paris. En exécution de cette vente, ledit sieur de Caumartin a fait bail desdits Coches auxdits sieurs Gellé, qui auroient établi lesdits Coches, & les ont fait partir dans les jours accoutumés, pour l'utilité publique & celle du commerce, depuis dix ans, sans y avoir été troublés, que cette année, que les Collecteurs des tailles de la Ville de Montreau se sont avisés de les comprendre dans le rôle desdites tailles de la Ville, pour la somme de 22 livres 6 sols, pour la présente année, quoique lesdits Fermiers fassent leur demeure ordinaire à Paris sur le Port Saint-Paul, où est établi leur Bureau, & qu'ils n'en ayent aucun dans les Villes de Montreau, Moret & Melun, où ils ne font même aucun commerce, n'y ayant simplement qu'un entrepôt pour l'utilité publique, où l'on reçoit les marchandises qu'on y apporte, afin de les faire charger lorsque les Coches partent, en sorte qu'ils ne peuvent jamais être réputés Habitans desdites Villes, qu'ils ont un même entrepôt dans chacune d'icelles, ce qui les oblige de se pourvoir pour raison de ladite imposition, & ledit sieur de Caumartin, pour la conservation de sa Ferme, parce que si lesdits Fermiers ou autres après eux, étoient assujettis à payer la taille dans toutes ces Villes, il lui seroit impossible de trouver des Fermiers qui voulussent affermer & entreprendre lesdites voitures, ce qui lui causeroit un tort considérable, au Public, au commerce & même aux Habitans desdites Villes; qu'il est de notoriété publique que tous les autres Fermiers des Coches d'eau des Villes d'Auxerre, Nogent, Sens & autres endroits, n'ont jamais été imposés à la taille; que les Collecteurs des tailles de Melun ayant en l'année 1692 imposé le Fermier des Coches d'eau de ladite Ville à la taille, il se pourvut à la Cour des Aydes, où il obtint Arrêt le 28 Août 1692, sur les conclusions du Procureur-Général de Sa Majesté, qui le décharge de ladite imposition, & condamne les Collecteurs aux dépens; mais comme il seroit préjudiciable auxdits Fermiers d'avoir tous les ans des procès pour leur décharge, ils ont recours à Sa Majesté, à ce qu'il lui plût recevoir lesdits Gellé opposans aux rôles des tailles de la Ville de Montreau, de la présente année 1709, faisant droit sur leur opposition, ordonner qu'ils seront rayés d'icelui, & que les sommes qu'ils auront été contraints de payer leur seront restituées par lesdits Collecteurs à ce faire contraints, comme il est accoutumé, sauf le rejet qui en sera fait sur les Habitans, & faire défenses tant auxdits Collecteurs de

Montreau, qu'à ceux des Villes de Moret & Melun, de comprendre dans aucun de leur rôle des tailles & ustensiles lesdits Fermiers & Voituriers, pour raison de leurs voitures, à peine de tous dépens, dommages & intérêts. Vu ladite requête, l'extrait du rôle de la taille de Montreau, pour la présente année, dans lequel le Fermier des Coches de ladite Ville & le nommé le Velle, son Commis, sont compris solidairement, à cause de ladite Ferme, pour la somme de 22 liv. 6 sols; ledit Arrêt de la Cour des Aydes du 28 Août 1692, ci-dessus énoncé & autres pieces attachées à ladite requête. Oui le rapport du sieur Desmaretz, Conseiller ordinaire au Conseil Royal, Contrôleur-Général des Finances, le Roy, en son Conseil, ayant égard à ladite requête, a ordonné & ordonne que lesdits Fermiers des Coches d'eau de ladite Ville de Montreau & leur Commis, seront rayés du rôle des tailles de ladite Ville, de la présente année 1709, sans préjudice néanmoins de l'exécution dudit rôle par provision. Fait Sa Majesté défenses aux Habitans & Collecteurs des tailles, tant de ladite Ville de Montreau que de celles de Moret & Melun, de comprendre à l'avenir lesdits Fermiers des Coches d'eau & leur Commis dans leur rôle des tailles & ustensiles, pour raison de ladite Ferme, à peine d'en demeurer responsables en leur propre & privé nom. Ordonne que les sommes que lesdits Fermiers ont été contraints de payer en exécution dudit rôle des tailles de ladite Ville de Montreau, leur seront rendues & restituées; à cet effet, réimposées au prochain département, conjointement avec la taille de ladite Ville de Montreau, par le sieur Commissaire départi pour l'exécution de ses ordres en la Généralité de Paris, auquel Sa Majesté enjoint de tenir la main à l'exécution du présent Arrêt, nonobstant toutes oppositions & autres empêchemens, dont si aucuns interviennent, Sa Majesté s'en est réservée la connoissance & à son Conseil, & icelle interdit à toutes ses Cours & autres Juges. Fait au Conseil d'Etat du Roy, tenu à Versailles, le cinq Février mil sept cent neuf. *Signé*, GOUJON. 1709.

DÉCLARATION concernant la régie des droits d'aides. (Grand Recueil des Fermes, Tome IV.) 1714.

30 Janvier 1714.

ART. III. DÉFENDONS à tous voituriers & autres conduisans des boissons en quelque temps que ce soit, de se faire escorter par des valets, domestiques ou autres gens sans aveu, armés de sabres, pistolets, fusils, bâtons, fourches ou autres instrumens que ceux servans à leur usage, si ce n'est en cas de nécessité bien prouvée.

IV. Voulons qu'en cas de contravention, il soit procédé extraordinairement contre lesdits voituriers & complices, ensemble contre les fraudeurs nocturnes & contre leurs adhérans, pour être punis suivant la rigueur des Ordonnances comme séditieux & rebelles; & qu'en cas de violence & rebellion de leur part, le procès leur soit fait extraordinairement, sans qu'il puisse être fait aucunes poursuites contre les Commis qui auront tué les fraudeurs ou complices, en leur faisant résistance, violence ou rebellion, imposons silence en ce cas à tous nos Procureurs.

V. Déclarons les maîtres de maisons, ensemble les peres & meres, respon-

1714. sables civilement & solidairement des condamnations qui seront jugées contre leurs domestiques & enfans de famille, mineurs, & demeurans avec eux, pour fraude ou complicité, ou pour violence & rebellion.

Ladite Déclaration du 30 Janvier 1714, enregistrée en la Cour des Aydes, le 17 Février suivant.

DÉCLARATION en interprétation de celles des 6 Janvier & 14 Avril 1699, concernant les inscriptions de faux contre les procès-verbaux des Commis. (Grand Recueil des Fermes, Tome IV.)

18 Décembre 1714.

LOUIS, &c. Voulons & nous plaît que nos Déclarations des 6 Janvier & 14 Avril 1699, registrées en notre Cour des Aydes de Paris, soient exécutées selon leur forme & teneur, & y ajoutant & icelles interprétant, en tant que de besoin est ou seroit, que ceux qui voudront s'inscrire en faux contre les procès-verbaux desdits Commis, soient tenus de le déclarer au plus tard dans le jour de l'échéance des assignations qui leur seront données, à la requête de nos Fermiers, à l'Audience de la Jurisdiction ou par écrit, en baillant copie de la quittance de 60 livres d'amende consignée pour cet effet, & que dans le même jour ils soient pareillement tenus de passer & de signer leur inscription au Greffe de l'Election, comme aussi de déclarer par le même acte les noms, surnoms, qualités & demeures des témoins dont ils entendent se servir, lequel acte sera signifié dans le même temps à nosdits Fermiers, sans qu'ils soient tenus de faire comparoître leurs Commis pour soutenir lesdits procès-verbaux véritables, de représenter les originaux desdits procès-verbaux, ni de déclarer qu'ils s'en veulent servir, pourvu qu'ils ayent été duement affirmés, & que le double desdits originaux ait été remis au greffe, conformément à nos Ordonnances & Réglemens, & en conséquence, défendons aux Officiers desdites Elections d'avoir égard aux actes & procédures qui ne seront pas conformes à la disposition des présentes, à peine de nullité de leurs Jugemens, & de répondre en leurs propres & privés noms des dommages & intérêts de nos Fermiers, pour lesquels il leur sera pourvu ainsi qu'il appartiendra. Si donnons en mandement, &c.

Donnée à Versailles, le dix-huit Décembre mil sept cent quatorze.

Registrée en la Cour des Aydes, le 29 dudit mois.

1715. *DÉCLARATION qui fixe des peines contre les Marchands de vins & autres qui auront fraudé les droits du Roi & séduit les Commis, & contre les Commis. (Grand Recueil des Fermes, Tome IV.)*

12 Octobre 1715.

LOUIS, &c. Voulons & nous plaît que la disposition de notre Déclaration du 20 Septembre 1701, soit étendue à toutes nos Fermes, & qu'en conséquence, sur la plainte & à la requête de l'Adjudicataire de nos Fermes, il soit procédé extraordinairement

extraordinairement contre les Marchands de vin, d'eau-de-vie & autres boissons, Bouchers & autres Marchands, leurs Garçons, Facteurs & Commissionnaires, les Voituriers tant par eau que par terre, Guides, Entremetteurs & tous autres qui en fraude de nos droits, d'intelligence avec les Receveurs en titre ou par commission, Contrôleurs, Commis des barrieres, Brigadiers, Gardes & autres Employés dans nos Fermes, moyennant une somme d'argent, récompense équipollente en quelque sorte & maniere que ce puisse être directement ou indirectement, auroient fait entrer dans notre bonne Ville & fauxbourgs de Paris & dans les autres Villes de notre Royaume, des vins, eaux-de-vie & autres boissons, bœufs, vaches, veaux, moutons & porcs vifs ou morts, entiers ou par morceaux & autres marchandises, ou autrement fraudé les droits de nos Fermes, ensemble contre lesdits Receveurs, Contrôleurs, Commis des barrieres, Brigadiers, Gardes & autres Employés desdites Fermes. Voulons que pour réparation, lesdits Marchands de vins, d'eaux-de-vie & autres boissons, les Bouchers, Chaircuitiers & autres Marchands, soient déclarés indignes & incapables de plus excercer leur négoce & marchandise, & aucun autre leur vie durant: leur faisons très-expresses défenses de le continuer, & à toutes autres personnes d'entretenir aucun commerce ni correspondance avec eux pour fait de marchandises, auquel effet leurs enseignes & inscriptions seront ôtées, & leurs noms & surnoms seront écrits dans un tableau qui sera affiché dans l'Auditoire de la Jurisdiction Consulaire de notre bonne Ville de Paris, & des Jurisdictions Consulaires les plus proches des lieux où lesdites fraudes auront été commises: que les Facteurs, Commissionnaires non Négocians ni Marchands, les Voituriers tant par eau que par terre, Guides, Conducteurs & autres qui auront eu part auxdites subornations & fraudes, soient appliqués au carcan pendant trois jours de marché. Et quant aux Receveurs en titre ou par commission, Contrôleurs, Commis des barrieres, Brigadiers, Gardes & autres Employés de nos Fermes, qu'ils soient condamnés aux galeres pour neuf ans, & les Offices des Titulaires confisqués à notre profit; le tout sans préjudice des amendes, confiscations & autres peines pécuniaires portées par nos Ordonnances, lesquelles au surplus seront exécutées selon leur forme & teneur. *Si donnons en mandement, &c.* 1715.

Donnée à Vincennes, le douze Octobre mil sept cent quinze.

Enregistrée en la Cour des Aydes, le 24 dudit mois.

☞ Déclaration du 27 Juin 1716, en faveur des Fermiers, sous-Fermiers, Commis & Employés dans les Fermes du Roy, qui les met sous la protection & sauve-garde du Roy, fait défenses de leur méfaire, ni médire, de les troubler directement ni indirectement dans les exercices & fonctions de leurs Charges & Emplois, de faire imprimer, vendre & distribuer contr'eux aucuns libelles, le tout à peine de 500 livres d'amende, & de punition corporelle. (Grand Recueil des Fermes, Tome IV.) 1716.

1716.

EDIT (1) *portant suppreſſion de différents Offices y mentionnés, & de partie des droits attribués auxdits Offices.*

Août 1716.

LOUIS, &c. Le deſir que nous avons de ſoulager nos Peuples, nous a engagé à ſupprimer un grand nombre d'Offices nouvellement créés (2), qui leur étoient extrêmement à charge, dont les fonctions ne pouvoient plus être d'aucune utilité; mais il y en a pluſieurs autres qui ne leur ſont pas moins onéreux, ſoit à cauſe des différens privileges qui y ſont attachés, ſoit parce que les fonctions qui y ont été unies avoient été démembrées de quelques Offices anciens dont la valeur a été conſidérablement diminuée, ſoit enfin parce que les droits exceſſifs qui y ſont attribués gênent le commerce des ventes & des acquiſitions, & interrompent en quelque ſorte le cours de la Juſtice, par l'impoſſibilité où ſont la plupart de nos Sujets de fournir à cette augmentation de frais & de dépenſe dans la pourſuite des procès qu'ils ſont obligés de ſoutenir. Nous aurions fort ſouhaité prendre ſur nos propres revenus les deniers ſuffiſans pour rembourſer les acquéreurs de ces différens Offices, afin de procurer dès aujourd'hui à nos Peuples la décharge entiere de tous ces droits; mais l'état préſent de nos finances ne le permettant pas, nous avons cru ne pouvoir rien faire à cet égard de plus utile pour eux, que de ſupprimer toutes ces Charges avec les gages qui y ſont joints, & de retrancher en même temps une grande partie des droits qui y ont été attribués: la portion que nous en laiſſerons ſubſiſter ſuffira pour rembourſer dans l'eſpace de quelques années ce qui ſe trouvera légitimement dû aux acquéreurs deſdits Offices, à qui nous rendons par ce moyen la juſtice qui leur eſt due, pendant que nous donnons à nos Peuples un ſoulagement réel, avec l'eſpérance certaine d'être affranchis dans la ſuite de la totalité de ces droits, qui demeureront entiérement éteints & ſupprimés après le rembourſement des titulaires. A ces cauſes, &c.

I. Nous avons par le préſent Edit éteint & ſupprimé, éteignons & ſupprimons, à commencer du premier Janvier de l'année prochaine 1717, les Offices de tiers-Référendaires Taxateurs de dépens; Vérificateurs & Rapporteurs des défauts à faute de comparoir ou de défendre; Receveurs & Contrôleurs des amendes, épices, ſabbatines & vacations; Inſpecteurs deſdites amendes; Greffiers-Gardes-Conſervateurs des minutes des Arrêts, Sentences, Jugemens & autres actes de nos Cours & Juriſdictions; Enquêteurs & Commiſſaires-Examinateurs; Contrôleurs des déclarations de dépens; Syndics des Communautés des Procureurs & Huiſſiers & des Commiſſaires au Châtelet de Paris; Rapporteurs, Vérificateurs & Certificateurs des ſaiſies-réelles, criées & ſubhaſtations; Conſervateurs-Généraux & particuliers des Offices de France, ſoit qu'ils ayent été commués en Offices de Tréſoriers de France, ou qu'ils ayent été levés ſous le titre de Conſervateurs;

(1) Nous n'avons donné qu'un extrait de cet Edit, page 1346, tel que nous l'avons trouvé au Code des Tailles, Tome III, page 113; mais comme cet extrait eſt mal fait, & contient, article VI, à la fin, une omiſſion qui en ôte tout le ſens, nous croyons devoir donner ici cet Edit en entier.

(2) Voyez page 1345.

l'Office de Garde des bannieres & archives du Châtelet de Paris; les Offices de Gardes & Dépositaires des archives de nos Cours & Jurisdictions y ressortissantes; de Commissaires-Conservateurs-Généraux des décrets volontaires & leurs Contrôleurs; & de Trésoriers de France Conservateurs des gages intermédiaires : tous lesdits Offices créés par Edits des mois de Novembre 1689, Mars 1691, Septembre 1710, Février & Avril 1691 & Novembre 1704; Février 1705, Juillet 1697, Mars 1703, Janvier & Août 1708, Octobre 1713 & 1714, Août 1713, Octobre 1693, Mars 1694, Mars & Novembre 1704, Octobre 1694, Mai 1706, Janvier 1707, Janvier & Juillet 1708, Mars 1709 & Décembre 1712, & autres Edits rendus avant ou depuis l'année 1689 concernant lesdits Offices. 1716.

II. Eteignons & supprimons pareillement, à commencer dudit jour premier Janvier prochain, la moitié des droits qui étoient attribués auxdits Offices de Commissaires-Conservateurs-Généraux des décrets volontaires & leurs Contrôleurs, & le tiers des droits qui étoient pareillement attribués aux autres Offices supprimés par le présent Edit, & en total les gages & droits d'exercice & de franc-salé attribués auxdits Offices, le tout à commencer dudit jour premier Janvier prochain, jusques auquel temps les titulaires, acquéreurs & propriétaires desdits Offices continueront d'en faire les fonctions, & jouiront des gages & droits y attribués, sans y être troublés. Voulons que passé ledit temps, lesdits gages & droits d'exercice & de franc-salé soient rejettés des états de nos Finances, Domaines & Gabelles, dans lesquels ils ont été ou dû être employés, & que les titulaires, acquéreurs & propriétaires desdits Offices supprimés en cessent toutes les fonctions, & ne puissent s'immiscer dans la recette & perception des droits y attribués, sous peine de restitution du quadruple & de 3000 livres d'amende.

III. Au moyen de la présente suppression, les droits attribués aux Commissaires-Conservateurs-Généraux des décrets volontaires seront réduits à moitié, & ceux des autres Offices compris dans ladite suppression, ensemble les droits de quittances attribués à aucun d'eux, seront réduits aux deux tiers des sommes auxquelles ils étoient réglés, tant par les Edits de création, Déclarations & Arrêts rendus en conséquence, que par les tarifs arrêtés en notre Conseil. Voulons que par ceux qui seront par nous préposés à cet effet, lesdits droits soient levés & perçus sur le pied de ladite réduction, & conformément au tarif attaché sous le contre-scel du présent Edit, pour être les fonds en provenans employés au remboursement des titulaires, acquéreurs & propriétaires desdits Offices & droits, après lequel remboursement en vertu du présent Edit, lesdits droits demeureront entiérement éteints & supprimés.

IV. Et attendu que par de précédens Edits, il a déjà été supprimé aucuns desdits Offices, & que les droits y attribués ont été réunis aux Corps, Compagnies & Communautés d'aucuns Officiers de nos Cours ou autres, nous avons lesdits droits désunis & désunissons des Corps & Communautés desdits Offices, pour être à l'avenir levés & perçus à commencer du premier Janvier prochain, sur le pied de la réduction & en la forme réglée par le présent Edit.

V. Et comme les dix sols pour livre attribués aux Receveurs, Contrôleurs & Inspecteurs des amendes par les Edits des mois de Février 1691, Mars 1695, Juillet 1697, Novembre 1704, Janvier & Août 1708, & par la Déclaration du 8 Juillet 1705 sur les amendes adjugées à notre profit, & le quart des amendes extraordinaires attribués auxdits Offices d'Inspecteurs, sont pris sur la partie des amendes qui nous appartient, & ne font aucune augmentation de droits à la charge de nos Peuples; & que les deux sols pour livre du prix des Offices levés vacans à nos revenus casuels, & la totalité du fonds des gages intermédiaires attribués

1716. tant aux Conservateurs desdits Offices, qu'aux Conservateurs des gages intermédiaires par nos Edits des mois de Mai 1706 & Décembre 1712, sont deniers revenans bons à notre Trésor Royal, qui peuvent augmenter le fonds destiné au remboursement des Offices supprimés par le présent Edit, sans être à charge à nos Sujets : nous voulons & ordonnons que lesdits dix sols pour livre des amendes adjugées à notre profit, & le quart des amendes extraordinaires, ensemble les deux sols pour livre du prix des Offices levés vacans, & la totalité du fonds des gages intermédiaires, soient reçus & payés entre les mains des Commis qui seront établis, de même & tout ainsi qu'ils l'ont été en vertu desdits Edits & Déclarations, sans aucune réduction ni retranchement.

VI. Au moyen de la suppression de tous lesdits Offices, voulons qu'à commencer dudit jour premier Janvier prochain, les anciens Officiers de nos Cours, Sieges & Jurisdictions, & autres Officiers dont les Charges ont souffert quelque démembrement de fonctions par l'établissement & la création des Offices supprimés par le présent Edit, puissent rentrer dans ces fonctions & les faire à l'avenir de même & ainsi qu'avant la création desdits Offices supprimés, lesquelles fonctions nous avons en tant que besoin, rétablies & rétablissons en faveur des anciens Officiers, sans toutefois qu'ils puissent prétendre & faire payer aucun des nouveaux droits attribués auxdits Offices supprimés : & à l'égard des salaires & vacations qui leur étoient anciennement dus, ils en envoyeront des mémoires aux Procureurs-Généraux de nos Cours, chacun à leur égard, pour le tout vu & examiné y être pourvu ainsi que de raison.

VII. Quant aux nouvelles fonctions attribuées aux Offices supprimés, nous les avons éteintes & éteignons, à l'exception seulement de celles des Offices de Receveurs des amendes, qui sera faite & continuée par les Commis qui seront à cet effet établis, de même qu'elle l'est actuellement par les titulaires & propriétaires desdits Offices de Receveurs des amendes.

VIII. Et comme il est nécessaire d'assurer la perception des droits réduits & réservés par le présent Edit, nous défendons aux Greffiers de nos Cours & Jurisdictions, Fermiers de nos greffes & leurs Commis, de délivrer aucunes expéditions d'Arrêts, Sentences, décrets, Jugemens & autres actes de quelque nature que ce puisse être sujets à aucuns desdits droits, suivant les Edits de création des Offices compris dans la présente suppression, & les Déclarations, Réglemens, tarifs & Arrêts rendus en conséquence, que les droits n'ayent été payés entre les mains des Commis qui seront établis pour les recevoir, & qui seront tenus d'en quittancer lesdites expéditions.

IX. Défendons pareillement à tous Procureurs d'arrêter ou faire arrêter aucunes déclarations de dépens, que les droits de tiers-Référendaires-Taxateurs de dépens réservés par le présent Edit, n'ayent été payés, & de faire signifier aucunes desdites déclarations, que les droits des Contrôleurs desdites déclarations & ceux des Syndics desdits Procureurs, aussi réservés par le présent Edit, n'ayent été pareillement payés entre les mains desdits Commis qui seront tenus d'en quittancer lesdites déclarations.

X. Faisons défenses à tous Huissiers & Sergens de signifier aucunes desdites déclarations, qu'elles ne soient quittancées desdits droits; à tous Procureurs de faire procéder à l'adjudication des biens saisis réellement, soit en cas de décrets forcés ou de décrets volontaires, si les droits des Rapporteurs, Vérificateurs & Certificateurs des saisies & criées n'ont été payés, & à tous Greffiers & Scelleurs de délivrer ou sceller les décrets volontaires, & à tous Procureurs de les lever que les droits des Commissaires-Conservateurs des décrets volontaires, & leurs

Contrôleurs n'aient été pareillement payés sur le pied que lesdits droits sont réservés par le présent Edit. 1716.

XI. Faisons pareillement défenses aux Huissiers-Audienciers de nos Cours, Sieges & Jurisdictions, de faire aucunes significations, même de Procureur à Procureur, que les droits ci-devant attribués aux Syndics desdits Huissiers n'ayent été payés, le tout sur le pied de la réduction ordonnée par le présent Edit, & du tarif arrêté en conséquence; à peine contre lesdits Greffiers, Procureurs & Huissiers, de restitution du quadruple desdits droits, de perte de leurs frais, & de 500 liv. d'amende.

XII. Voulons que tous les autres droits attribués auxdits Offices supprimés par le présent Edit, soient pareillement payés sur le pied de la réduction ordonnée par ledit Edit, & par le tarif arrêté en conséquence, par ceux qui en seront tenus, en la forme & de la maniere prescrite par les Edits, Déclarations, Arrêts, Tarifs & Réglemens qui les ont établis, & sous les peines y portées, & ce entre les mains des Commis qui seront préposés pour les recevoir; lesquels Edits, Déclarations, Arrêts, Tarifs & Réglemens, nous voulons être à cet égard exécutés en ce qui n'y est point dérogé par le présent Edit, & par le tarif arrêté en conséquence.

XIII. Le produit de tous lesdits droits sera remis à la fin de chaque quartier en notre Trésor Royal, par celui qui sera chargé de l'exécution de notre présent Edit, pour être employé suivant les états de distribution qui en seront arrêtés en notre Conseil, au payement que nous voulons être fait aux acquéreurs & propriétaires desdits Offices, des intérêts à raison du denier vingt-cinq du montant des sommes auxquelles leurs finances auront été liquidées, & le surplus au remboursement des capitaux.

XIV. Voulons que ledit remboursement soit fait suivant la date des Edits de création desdits Offices supprimés, à commencer par ceux dont la création est la plus ancienne, & entre ceux de même création, suivant la date de la quittance de finance; & que les propriétaires & acquéreurs desdits Offices supprimés par notre présent Edit, soient tenus à cet effet de représenter incessamment leurs titres pardevant les Commissaires qui seront par nous nommés, pour être par eux procédé à la liquidation de leur finance, sur la représentation de leurs quittances de finance des sommes qui nous ont été payées pour l'acquisition desdites Charges.

XV. Et comme nous sommes informés que dans plusieurs Provinces de notre Royaume, une partie desdits Offices a été donnée à un prix si bas & si disproportionné aux droits qui leur étoient attribués, que les acquéreurs desdits Offices ont quelquefois retiré en moins de quatre à cinq années des sommes plus fortes que celles qu'ils avoient payées pour les acquérir; & qu'il y a même beaucoup d'endroits où les traitans après avoir connu le produit considérable qui en pouvoit être retiré, par la régie qu'ils en avoient faite pendant quelques années, les ont acquis eux-mêmes & à fort bas prix sous des noms interposés: voulons & ordonnons que lorsqu'il apparoîtra aux Commissaires par nous nommés pour procéder à ladite liquidation, que les produits des gages & droits attribués à quelques-uns desdits Offices ont été trop excessifs, par rapport à la finance qui en a été payée, ils imputent sur le sort principal les sommes qui excéderont, par estimation année commune, & leurs frais de régie déduits, le denier dix de la finance qui aura été payée pour chacune desdites Charges.

XVI. Permettons à celui qui sera chargé de l'exécution du présent Edit,

1716. d'établir en vertu de ſes ſimples procurations le nombre de Commis qu'il jugera néceſſaire pour la régie, recette & perception des droits réduits & réſervés par notre préſent Edit, leſquels Commis ſeront reçus & inſtallés ſans aucuns frais par les Officiers de nos Cours & autres Sieges des lieux de leur établiſſement, après le ſerment par eux prêté en la maniere accoutumée.

Si donnons en mandement à nos amés & féaux Conſeillers les Gens tenant notre Cour de Parlement, Chambre des Comptes & Cour des Aydes à Paris, que le préſent Edit ils ayent à faire lire, publier & regiſtrer, & le contenu en icelui garder & exécuter ſelon ſa forme & teneur, nonobſtant tous Edits, Déclarations & autres choſes à ce contraires, auxquels nous avons dérogé & dérogeons par ces préſentes. Car tel eſt notre plaiſir, &c.

Donné à Paris, au mois d'Août, l'an de grace mil ſept cent ſeize.

Regiſtré en Parlement, le 29 Août 1716, & en la Cour des Aydes, le 20 Novembre ſuivant.

TARIF des droits que le Roi, en ſon Conſeil, veut & ordonne être payés, à commencer du premier Janvier 1717, en conſéquence & ſur le pied qu'ils ont été réduits & réſervés par l'Edit du préſent mois, leſdits droits faiſant partie de ceux qui ont été ci-devant attribués aux Offices ſupprimés par ledit Edit.

SÇAVOIR:

Offices de Tiers-Référendaires, Taxateurs & Calculateurs des dépens.

	Anciens droits.			Droits à payer ſur le pied de la réduction.		
	l.	ſ.	d.	l.	ſ.	d.
POUR le droit de taxer & calculer tous les dépens tant au civil qu'au criminel, qui ſeront adjugés dans les Cours & Juriſdictions chacun à leur égard, ſuivant la forme preſcrite par les Réglemens qui ont dû en être arrêtés.						
Il ſera payé un ſol par chacun article de dépens, au lieu de dix-huit deniers attribués auxdits Offices par l'Edit du mois de Novembre 1689, ci		1	6		1	

Offices de Receveurs, Contrôleurs & Inſpecteurs des amendes.

	Anciens droits.			Droits à payer ſur le pied de la réduction.		
	l.	ſ.	d.	l.	ſ.	d.
Pour les conſignations d'amendes qui ſeront faites à l'avenir à commencer du premier Janvier 1717, tant ordinaires qu'extraordinaires; inſcriptions de faux, requêtes civiles & autres, il ne ſera payé que deux ſols huit deniers pour livre pour les droits des Receveurs, au lieu de quatre ſols pour livre qui leur étoient attribués, & dont ils jouiſſoient en ſus du montant deſdites conſignations d'amendes, ſuivant leſdits Edits des mois de Février 1691 & Novembre 1704, ci		4				12

A l'égard des dix ſols pour livre attribués aux Receveurs, Contrôleurs & nſpecteurs desdites amendes, par Edits des mois de Mars 1695, Juillet 1697, Janvier & Août 1708, & Déclaration de Sa Majesté, du 28 Juillet 1705, sur le montant des consignations d'amendes qui seront adjugées à Sa Majesté, & du quart des amendes extraordinaires prononcées par les Juges & Officiers : veut Sa Majesté qu'ils soient reçus à l'avenir en leur entier, comme par le passé, par celui qui sera préposé à l'exécution de l'Edit du présent mois, ou par ses Procureurs & Commis, ainsi qu'il est ordonné par ledit Edit. 1716.

Et pour chacun droit de quittance attribué auxdits Offices de Receveurs, par Edits des mois de Juillet 1697 & Novembre 1704, lesquels ont été doublés par Déclaration du Roy, du 21 Avril 1705, & fixés à dix sols pour les amendes & aumônes consignées, & à vingt sols pour celles qui seront restituées, il sera payé à l'avenir & à commencer du premier Janvier 1717;

SÇAVOIR:	Anciens droits.			Droits à payer sur le pied de la réduction.		
	l.	*s.*	*d.*	*l.*	*s.*	*d.*
Pour les droits de quittances des amendes & aumônes lors de la consignation, six sols huit deniers, ci		10			6	8
Et pour celles qui seront restituées aux Parties, treize sols quatre deniers, ci	1				13	4

Offices de Receveurs & Contrôleurs des épices, vacations & sabbatines & Gardes des Archives.

Par Edits des mois de Février & Avril 1691, Mars 1703, Février 1705, Janvier 1708 & Arrêt du Conseil, du 16 Juillet 1709, il est attribué sept sols pour livre, sçavoir, quatre sols aux Receveurs desdites épices, deux sols à leurs Contrôleurs, & un sol aux Gardes des archives, sur le montant de tous les droits d'épices, vacations & sabbatines, auxdits Offices de Receveurs & Contrôleurs, & aux Greffiers-Gardes des archives de toutes les Cours & Jurisdictions.

Lesquels ne seront plus reçus à l'avenir, à commencer du premier Janvier 1717, que sur le pied de quatre sols huit deniers, outre & par-dessus les épices, vacations, sabbatines, droits & salaires que les Juges des Cours & Jurisdictions se seront taxés, tant à l'ordinaire ou de commission, soit en matiere civile ou criminelle, en vertu d'Arrêts, Sentences & Jugemens rendus sur procès par écrit, appointés en droit, au Conseil, & à mettre en toutes matieres, & généralement pour tous Arrêts, Jugemens, Ordonnances, Commissions, & tous autres actes de Justice sujets à épices, vacations & salaires, faits ou prononcés; & seront lesdits quatre sols huit deniers pour livre pareillement payés outre & par-dessus les épices des conclusions, vacations & droits de transports, & assistances des Avocats & Procureurs de Sa Majesté & leurs Substituts de toutes les Cours de Parlement, Cours Supérieures, Chambres des Comptes, Bureaux des Finances, Amirautés & généralement dans toutes les Cours, Sieges & Jurisdictions du Royaume, ci | 7 | | 4 8

1716.

Offices de Vérificateurs & Rapporteurs des défauts.

	Anciens droits			Droits à payer sur le pied de la réduction.		
	l.	*ſ.*	*d.*	*l.*	*ſ.*	*d.*
Pour chaque défaut à faute de comparoir ou de défendre, en toutes affaires excédentes vingt livres, vingt sols, au lieu de trente sols, attribués par Édit du mois de Mars 1691, ci	1	10		1		
Et pour chaque défaut à faute de comparoir ou de défendre, en affaires dont la demande sera de vingt livres & au-deſſous, il sera payé huit deniers pour livre du montant de la ſomme portée en la demande, au lieu d'un ſol pour livre attribué par Déclaration du 7 Août 1691, ci		1				8

Offices de Greffiers-Gardes-Conſervateurs des minutes des Arrêts, Sentences, &c. dans les Parlement, Chambre des Comptes, Grand-Conſeil, Cour des Aydes & des Monnoyes à Paris, Requêtes de l'Hôtel, & Eaux & Forêts, en dernier reſſort; autres Parlemens, Chambres des Comptes, Cours des Aydes & des Monnoyes, Eaux & Forêts en dernier reſſort, & autres Cours & Conſeils Supérieurs du Royaume, ſera payé:

SÇAVOIR:

	l.	*ſ.*	*d.*	*l.*	*ſ.*	*d.*
Pour la minute des Arrêts contradictoires d'audience, ci		10			6	8
Arrêts par défaut à l'audience, ci		5			3	4
Arrêts ſur défaut faute de comparoir, de défendre, de conclure & vu de pieces, ci		5			3	4
Arrêts ſur requête, ci		5			3	4
Arrêts ſur procès par écrit, ci	1				13	4
Procès-verbaux de quelque longueur qu'ils ſoient, ci		10			6	8
Arrêts ſur leſdits procès-verbaux, ci		10			6	8
Arrêts de réception de caution, ci		5			3	4
Acte de ſoumiſſion de la caution, ci		5			3	4
Arrêts préparatoires pour la réception des Officiers, ci		10			6	8
Arrêts de réception deſdits Officiers, ci	1				13	4
Arrêts d'enregiſtrement de Lettres-Patentes, diſpenſes, nobleſſe, privileges & généralement tous autres Arrêts d'enregiſtrement, ci	1				13	4
Appointemens de concluſion au Conſeil, en droit, à mettre, à fournir débats & ſoutenemens, appointemens de jonction, appointemens qui ſe paſſent de concert entre les Procureurs, & généralement tous Arrêts qui ſe rendent pour l'inſtruction des procès, ci		5			3	4
Exécutoires des rembourſemens d'épices & vacations, exécutoires de dépens, de dommages & intérêts, apport d'épices, & conduite de priſonniers, ci		5			3	4
Plaintes, informations, décrets de priſe de corps, d'ajournemens perſonnels, d'aſſigné pour être oui, interrogatoires, récolement, confrontation, comparution ſur décret d'ajournement perſonnel, pour chacun, ci		5			3	4

Toutes

1716.

	Anciens droits.			Droits à payer sur le pied de la réduction.		
	l.	*s.*	*d.*	*l.*	*s.*	*d.*
Toutes oppositions aux décrets volontaires ou forcés, soit à fin de décharge, ou à fin de distraire, à fin d'annuller ou de conserver ; Jugemens portant que les procès-verbaux de criées seront mis pardevers la Cour, congé d'adjuger, enchere de quarantaine & adjudication, sauf quinzaine, ci		5			3	4
Décrets d'adjudications de biens, ci	1				13	4
Baux judiciaires, ci		10			6	8
Actes de reprises, de désaveu, de déguerpissement, de curateurs aux successions vacantes, d'autorisation, d'inscription de faux, mis au Greffe & tous autres actes de Greffe, ci		5			3	4
Arrêts de rétention, ci		5			3	4
Pour la communication & droit de recherche de chacune minute d'Arrêts ou autres Jugemens dans les Jurisdictions où il n'y a point eu d'établissement de Commis pour ladite communication, en exécution de l'Edit du mois de Novembre 1690, ci		3	6		2	4
Pour celle de chacun registre, ci		10			6	8
Pour celle de chacune déclaration de dépens dans l'année, ci		10			6	8
Pour celle de chacune déclaration de dépens après l'année, ci		15			10	

Aux Requêtes du Palais, Requêtes de l'Hôtel à l'ordinaire, Châtelet, Trésoriers de France & Chambre du Domaine, Eaux & Forêts à l'ordinaire, Amirautés, Connétablie, Bailliage du Palais, Présidiaux, Sénéchaussées, Bailliages, Elections, Greniers à Sel, Juges des Traites, Jurisdictions Consulaires, & des Bourses des Marchands, Conservations, Maîtrises des Ports & autres Sieges & Jurisdictions Royales du Royaume, ressortissantes nuement aux Parlemens & autres Cours & Conseils Supérieurs,

SÇAVOIR,

	l.	*s.*	*d.*	*l.*	*s.*	*d.*
Pour Sentences contradictoires d'audiences, autres que de simple instruction, ci		5			3	4
Sentences de même nature par défaut à l'audience, ci		1				8
Sentences contradictoires de simple instruction, ci		1				8
Sentence par défaut d'instruction, ci			6			4
Sentence par défaut faute de comparoir, de défendre & vu de pieces, ci		2	6		1	8
Sentence sur requête, ci		2	6		1	8
Sentences d'entérinement d'avis de parens, rapport & vérification de criées, tutelle & curatelle, ci		5			3	4
Sentences sur productions des Parties, ou par forclusion, ci		10			6	8
Sentences sur lesdits procès-verbaux, ci		5			3	4
Procès-verbaux de quelques longueurs qu'ils soient, ci		5			3	4
Sentences de réceptions de cautions, ci		2	6		1	8
Actes de soumissions de cautions, ci		2	6		1	8
Sentences préparatoires pour les réceptions des Officiers, ci		5			3	4
Sentences de réception d'iceux, ci		10			6	8
Sentences de réceptions des Gardes des Eaux & Forêts, ci		5			3	4
Toutes Sentences d'enregistrement, ci		10			6	8

1716.

	Anciens droits. l.	ſ.	d.	Droits à pay[er] ſur le pied [de] la réduction l.	ſ.
Appointemens en droit, à mettre, à fournir débats, ſoutenemens, appointemens de jonction, & généralement tous les appointemens qui ſe paſſent de concert entre les Procureurs, ou par défaut pour l'inſtruction des inſtances, ci		1			
Commiſſions, protections, gardes-gardiennes, compulſoires, Lettres de Maîtriſes & Jurandes, ci		2	6		1
Commiſſions & preſtations de ſerment, des Commis des Fermes & leurs procès-verbaux, ci		3			2
Rôles des tailles, du ſel & autres impoſitions, ne ſera payé aucuns droits, mais lorſqu'il ſera délivré des extraits, ſera payé outre le droit de Greffier, ci		2	6		1
Exécutoires, remburſemens d'épices & vacations, exécutoires de dépens, dommages & intérêts, apport de pieces & conduite de priſonniers, ci			6		
Plaintes, informations, décrets de priſe de corps, d'ajournement perſonnel, d'aſſigné pour être oui, interrogatoires, récollemens, confrontations, comparutions ſur ajournemens perſonnels, pour chacun, ci		2	6		1
Toutes oppoſitions aux décrets volontaires ou forcés, ſoit à fin de charge, de diſtraire, d'annuller & de conſerver, jugemens portant que les procès-verbaux de criées ſeront mis par-devers la Cour, congés d'adjuger, enchere de quarantaine, adjudication, ſauf quinzaine, ci		2	6		1
Actes de repriſes, de déſaveu, de déguerpiſſement, de curateurs aux ſucceſſions vacantes, d'autoriſation, d'inſcription de faux, & tous autres actes de Greffe, ci		2	6		1 [illegible]
Sentences de rétention & d'évocation, ci		1			[illegible]
Pour la communication de chacune minute de Sentences dans les Juriſdictions où il n'y a point eu d'établiſſement de Commis, pour ladite communication, en exécution de l'Edit du mois de Novembre 1690, ci		1	9		1 [illegible]
Pour celle de chacun regiſtre, ci		5			3 [illegible]
Pour celle de chacune déclaration de dépens dans l'année, ci		5			3 [illegible]
Pour celle de chacune déclaration de dépens après l'année, ci		7	6		5

Dans les Prévôtés, Châtellenies, Vigueries, Jugeries, Mairies, Hôtels de Ville & autres Juriſdictions Royales non reſſortiſſantes nuement aux Parlemens & autres Cours & Conſeils Supérieurs, moitié des droits expliqués pour les Bailliages, Sénéchauſſées & Préſidiaux.

Offices d'Enquêteurs & Commiſſaires-Examinateurs.

	Anciens droits.	Droits à payer
Pour le prix du montant de toutes les adjudications par décret qui ſe feront dans les Sieges, ſera payé deux deniers & deux tiers de deniers pour livre, au lieu de quatre deniers attribués par l'Edit du mois d'Octobre 1693, ci	4	2⅔

1716.

Offices de Contrôleurs des déclarations de dépens, Syndics des Communautés de Procureurs & Commiſſaires au Châtelet de Paris, & Gardes des archives.	Anciens droits.			Droits à payer ſur le pied de la réduction.		
	l.	*ſ.*	*d.*	*l.*	*ſ.*	*d.*
Pour le montant de tous les dépens & ſalaires, frais & miſes, frais ordinaires & extraordinaires de criées, d'ordre de directions de créanciers, dommages, intérêts & généralement de tous les autres frais, ſoit qu'ils ſoient adjugés par Arrêts, Jugemens, appointemens ou autrement, tant en matiere civile que criminelle, ſera payé à l'avenir, & à commencer du premier Janvier 1717, dans les Conſeils de Sa Majeſte, un ſol huit deniers pour livre, au lieu de deux ſols ſix deniers portés par les Edits des mois de Mars 1694 & Mars 1704, & Déclaration du 24 Janvier 1705, ci		2	6		1	8
Et dans toutes les Cours & Juriſdictions ſeize deniers pour livre, au lieu des deux ſols attribués par leſdits Edits, & par ceux des mois de Novembre 1704, Septembre 1707, Janvier & Juillet 1708, & Mars 1709, tant aux Offices de Contrôleurs deſdits dépens, Syndics des Procureurs & des Commiſſaires du Châtelet, qu'aux Greffiers, Gardes & Dépoſitaires des archives de toutes leſdites Cours & Juriſdictions, ci		2			1	4
Offices de Rapporteurs, Vérificateurs & Certificateurs des ſaiſies-réelles, criées & ſubhaſtations.						
Pour les ſaiſies qui ſeront faites de biens en roture pour dettes montant à la ſomme de mille livres & au-deſſus, ci	2	10		1	13	4
Depuis mille livres juſqu'à deux mille livres, ci	4			2	13	4
Et pour toutes autres ſaiſies faites pour dettes au-deſſus de deux mille livres, à quelque ſomme qu'elles puiſſent monter, ci	6			4		
En cas qu'il y ait des biens ſitués en diverſes Paroiſſes, ſera payé dix ſols par Paroiſſe, outre & par-deſſus les droits ci-deſſus, ci		15			10	
Et pour les ſaiſies des héritages en fiefs, ſera payé le double deſdits droits.						
A l'égard des droits attribués aux certificateurs des criées de Paris, par un tarif arrêté au Conſeil, le 21 Mars 1690.						
Ils ne ſeront à l'avenir, & à commencer du premier Janvier 1717, payés que pour les deux tiers du montant d'iceux, ainſi que les trente ſols qui leur ont été attribués par Déclaration du 17 Septembre 1695, qui ne ſeront payés, à commencer dudit jour premier Janvier 1717, que ſur le pied de vingt ſols pour chacun rapport & certification de criées de biens en roture de quelque nature qu'ils puiſſent être, & à quelques ſommes que les cauſes de la ſaiſie puiſſent monter, & pour chacune Paroiſſe où les criées ſeront faites, ci	1	10		1		

1716.

Offices de Syndics dans les Communautés d'Huissiers.	Anciens droits.			Droits à payer sur le pied de la réduction.		
	l.	*ſ.*	*d.*	*l.*	*ſ.*	*d.*
Pour chacune ſignification qui ſera faite par tous les Huiſſiers des Parlemens, Compagnies Supérieures, Bureaux des Finances, Sieges Préſidiaux, Bailliages, Sénéchauſſées & autres Juſtices Royales ordinaires & extraordinaires, de quelque nature qu'elle ſoit ou puiſſe être, même de celle de Procureur à Procureur, ci			2			2

Offices de Garde-bannieres ou archives du Châtelet.

	l.	*ſ.*	*d.*	*l.*	*ſ.*	*d.*
Pour chaque rôle des expéditions qui ſeront délivrées, contenant vingt-deux lignes à la page & quinze ſyllabes à la ligne, ci	1	16		1	4	
Pour tous les actes qui ſeront apportés au dépôt, où il y aura Partie requérante, ſera pareillement payé, ci	1	16		1	4	
Pour chaque proviſion ou réception d'Officiers, dont les lettres auront été regiſtrées aux regiſtres des bannieres, en conſéquence de Sentence, ainſi que pour toutes les proviſions de tous les Officiers qui ſeront reçus audit Châtelet, ſoit de Juſtice, Police ou Finance, & tous autres ſans exception, ſoit qu'ils ſoient reçus à l'Audience, à la Chambre du Conſeil, ou à l'Hôtel des Juges, ſera payé, ci	3			2		
Pour le droit de recherche ſur les regiſtres, lorſque le mois & l'année ne ſeront point cottés, ſera payé, ci	3			2		
Et lorſque le mois & l'année ſeront cottés, il ne ſera payé que, ci	1	10		1		
Pour chacune ſignification de Procureur à Procureur, faite par les Huiſſiers dudit Châtelet, ſera payé, ci			6			4

A l'égard des droits attribués à l'Office du Greffier des baptêmes, mariages & ſépultures de la Ville, fauxbourgs & Châtelet de Paris, ſupprimé par Edit du mois de Janvier 1707, veut Sa Majeſté que leſdits droits attribués depuis la ſuppreſſion dudit Office, à celui de Garde deſdites bannieres & archives dudit Châtelet, ſoient à l'avenir payés à la déduction ſeulement d'un tiers, conformément à l'Edit du préſent mois.

Offices de Gardes & Dépoſitaires des archives de toutes les Cours, Préſidiaux, Bailliages, &c.

	l.	*ſ.*	*d.*	*l.*	*ſ.*	*d.*
Sera payé dans les Cours lors de l'enregiſtrement de chacune proviſion, Arrêts de réceptions d'Offices de Préſidens & Conſeillers eſdites Cours, ci	20			13	6	8
Pour chaque Office de Judicature des Sieges y reſſortiſſans, ci	10			6	13	4
Pour chaque Office de Police ou Finance, ci	6			4		
Et pour chaque matricule d'Avocat, Office de Greffier, Procureur, Notaire, Huiſſier, Sergent & autres, ci	3			2		

Et moitié deſdits droits dans tous les autres Sieges & Juriſdictions.

1716.

	Anciens droits.	Droits à payer sur le pied de la réduction.
	l. s. d.	*l. s. d.*
Fait Sa Majesté défenses aux Greffiers desdites Cours, Sieges & Jurisdictions de rendre aux pourvus desdits Offices leurs Lettres de provisions, & de leur délivrer les Arrêts & Sentences de réception, ni aucune matricule d'Avocat, que lesdits droits n'ayent été payés, sous les peines portées par l'Edit du présent mois.		

Commissaires-Conservateurs-Généraux des décrets volontaires, & leurs Contrôleurs.

	Anciens droits.	Droits à payer sur le pied de la réduction.
Pour chacune saisie-réelle d'héritages & autres immeubles, & pour chaque contrat d'acquisition, en conséquence desquels se font les décrets volontaires, sera payé à l'avenir, & à commencer du premier Janvier 1717, ci	9	4 10
De toutes les sommes portées par les contrats de ventes volontaires, ou actes équipollens qui seront suivis d'un décret volontaire scellé sans aucunes oppositions subsistantes, quand même il interviendroit contestation, ou instance de préférence sur la distribution du prix entre les mains des créanciers, qui pourroit donner lieu à la consignation, ou aux droits du Receveur des Consignations, il sera payé à l'avenir, & à commencer dudit jour premier Janvier 1717, quatre deniers pour livre, ci	8	4
Seront lesdits droits de quatre deniers pour livre payés à la même proportion que dessus, du sort principal des rentes, charges annuelles, ou pensions viageres, dont l'acquéreur seroit chargé en déduction de son prix, sçavoir, à raison du denier vingt pour les rentes & charges perpétuelles rachetables, ou non rachetables & du denier dix pour les charges & rentes, ou pensions viageres, ci	8	4

A l'égard de tous les décrets qui seront faits sur les acquéreurs, comme ayant acquis les maisons, terres & autres immeubles, en vertu d'obligations, promesses ou autres actes, veut Sa Majesté qu'ils soient censés volontaires, & comme tels, sujets aux droits de quatre livres dix sols fixés ci dessus; encore bien que par les oppositions qui surviendroient auxdits décrets ils devinssent forcés, auquel cas lesdits droits de quatre deniers pour livre seront payés par les acquéreurs, & les droits du Receveur des Consignations seront pris sur la chose en la maniere accoutumée.

Conservateurs-Généraux & Trésoriers de France, Conservateurs des gages intermédiaires.

Quant aux deux sols pour livre du prix des Offices levés vacans aux revenus casuels, attribués auxdits Conservateurs des Offices, & à la totalité des gages & droits intermédiaires pareillement attribués tant auxdits Conservateurs des Offices, qu'aux Trésoriers de France, Conservateurs desdits gages intermédiaires; veut Sa Majesté qu'ils soient payés en entier & sans aucune réduction, conformément à l'Edit du présent mois, & le fonds d'iceux remis entre les mains de celui qui sera préposé à l'exécution dudit Edit, ou en celles de ses Procureurs & Commis sur leurs simples quittances, par les Trésoriers, Receveurs,

Payeurs & autres comptables; sçavoir, les deux sols pour livre du prix des
1716. Offices levés vacans de six en six mois, & le fonds des gages & droits intermédiaires dans les mêmes termes que ledit payement auroit dû en être fait aux pourvus & propriétaires des Offices.

Fait Sa Majesté très-expresses défenses aux Commis qui seront établis & préposés pour recevoir les droits contenus au présent tarif, d'en exiger aucun au-delà, encore qu'ils leur fussent offerts, à peine de concussion.

Fait & arrêté au Conseil d'Etat du Roy, tenu à Paris, le huitieme jour d'Août mil sept cent seize. Collationné. *Signé*, RANCHIN.

1719. ☞ Lettres-Patentes du 30 Mars 1719, registrées en la Cour des Aydes, le 25 dudit mois, qui permettent d'emprisonner ceux & celles qui feront entrer dans la Ville & fauxbourgs de Paris, du vin, eau-de-vie & autres boissons en bouteilles, cruches & barils, & huitieme de muid, même en muids & demi-muids & quart, s'ils ne sont en évidence; permet pareillement d'emprisonner ceux & celles qui seront trouvés transportant de jour avec attroupement au nombre de cinq, ou de nuit, encore que ce soit sans attroupement, lesdites boissons & toutes especes de viandes même en pieces & morceaux, dans l'étendue d'un quart de lieue des extrêmités de la Ville & fauxbourgs de Paris, à peine de 500 livres d'amende pour l'eau-de-vie, 100 livres pour le vin & autres boissons & pour toutes especes de viandes, & de confiscation des boissons, viandes, chevaux, voitures & équipages. (Grand Recueil des Fermes, Tome IV.)

1720. *DÉCLARATION concernant les amendes prononcées contre les fraudeurs des droits d'aides. (Grand Recueil des Fermes, Tome V.)*

16 Mars 1720.

LOUIS, &c. Voulons & nous plaît que la Déclaration rendue... le 9 Juin 1705, adressée à notre Cour des Aydes de Normandie & enregistrée en ladite Cour, le 10 Juillet suivant, soit exécutée selon sa forme & teneur dans l'étendue de notre Ferme des aydes; ce faisant, que les Sentences qui ont été & seront rendues au profit du Fermier de nos aydes, soient exécutées en ce qui regarde l'amende, nonobstant l'appel & sans y préjudicier, encore que lesdites amendes excedent la somme de 50 livres, en donnant par lesdits Fermiers audit cas pour caution, leurs Directeurs ou Receveurs residans sur les lieux, lesquels en feront leurs soumissions au greffe en leurs propres & privés noms, sans préjudice de la caution du bail, & que les fraudeurs condamnés à la confiscation des choses saisies, soient tenus aussi, en cas d'appel, de donner dans la huitaine d'icelui, bonne & suffisante caution, laquelle sera reçue avec nos Fermiers, pour la valeur de ladite confiscation, sinon & ledit temps passé, que la vente des choses saisies & confisquées soit faite à la requête desdits Fermiers, & les deniers en provenant remis en leurs mains, aussi tant à la caution de leurs Directeurs ou Receveurs résidans sur les lieux, qui en feront leurs soumissions, comme est ci-dessus ordonné, qu'à la caution du bail; faisons défenses à nos Cours des Aydes de recevoir l'appel des Sentences portant condamnation d'amende & de confiscation, qu'après la consignation faite desdites amendes entre les mains de nosdits Fermiers, leurs Directeurs ou Receveurs, & d'accorder aucuns Arrêts de surséance, ni de défenses d'exécuter lesdites Sentences à l'égard de la confiscation & de l'amende, à quelques sommes qu'elles puissent monter, si ce n'est en cas d'inscription de faux faite dans le temps, & dans les formes prescrites par les Réglemens, contre les procès-verbaux qui auront donné lieu auxdites condamnations, dérogeant en tant que de besoin est ou seroit aux articles 26, 27 & 43 du titre commun de l'Ordonnance du mois de Juillet 1681, & à ladite Déclaration du 9 Juin 1705, en ce qu'il peut y avoir de contraire à la disposition des présentes. Si donnons en mandement, &c. 1720.

Donnée à Paris, le seize Mars mil sept cent vingt.

Enregistrée en la Cour des Aydes, le 20 Avril suivant.

DÉCLARATION portant que les Officiers du ressort de la Cour ne pourront passer outre à l'instruction des inscriptions de faux, contre les procès-verbaux des Commis, lorsqu'il y aura appel de la Sentence qui aura jugé les moyens de faux pertinents & admissibles, jusqu'à ce que l'appel soit jugé. (Grand Recueil des Fermes, Tome V.) 1721.

7 Octobre 1721.

LOUIS, &c. Par l'Ordonnance des Aydes, du mois de Juin 1680, titre des exercices des Commis, article IX, il est ordonné que les procès-verbaux feront foi en Justice, sauf l'inscription de faux, & par les Déclarations des 6 Janvier & 14 Avril 1699, & 18 Décembre 1714, il a été prescrit quelles sont les formalités que les inscrivans en faux doivent observer; nous sommes cependant informés que les inscriptions de faux deviennent fréquentes dans le ressort de notre Cour des Aydes de Paris, par la facilité des premiers Juges à les admettre, quoiqu'il n'ait pas été satisfait aux formalités prescrites par lesdites Déclarations, & que les moyens de faux soient le plus souvent d'une nature à ne pouvoir être admis, ce qui jette nos Fermiers & nos Sujets dans des procédures d'autant plus précipitées & onéreuses, que lesdits Juges passent outre au préjudice de l'appel, sous prétexte qu'il s'agit d'instruction, & décretent les Commis, sans faire différence entre ces sortes d'inscriptions de faux qui sont incidentes à des demandes purement civiles & qui ne sont formées qu'en récriminant, sur lesquelles il est préalable de connoître si les moyens allégués contre des procès-verbaux revêtus de toutes les formalités, sont recevables ou non, d'avec une inscription de faux principal qui commence par une information & un décret, par lesquels le corps du délit étant rendu constant, l'instruction n'en doit pas être sursise par un simple appel; c'est sur ce fondement que notre Cour des Aydes de Normandie, par son Arrêt du 27 Mai 1686, rendu sur les conclusions de notre Procureur-Général, a fait défenses aux Elus de passer outre à l'information des moyens de faux, ni d'ordonner l'exécution des Sentences qui les déclarent pertinens & admissibles au préjudice de l'appel, à peine d'interdiction & des dommages & intérêts des Parties,

1721. ce qu'il est du bien de notre service de faire exécuter dans toutes les Jurisdictions qui connoissent des droits de nos Fermes.

A ces causes, &c. voulons & nous plaît que nos Officiers des Elections, Greniers à Sel, Traites & tous autres qui connoissent des droits de nos Fermes, ne puissent passer outre à l'instruction des inscriptions en faux contre les procès-verbaux des Commis & Gardes, lorsqu'il y aura appel de la Sentence qui aura jugé les moyens de faux pertinens & admissibles, jusqu'à ce que ledit appel ait été jugé, à peine de nullité des procédures, d'interdiction des Juges, & des dommages & intérêts des appellans. Si donnons en mandement, &c.

Donnée à Paris, le sept Octobre mil sept cent vingt-un.

Enregistrée en la Cour des Aydes, le 11 Décembre suivant.

1723. *DÉCLARATION qui prononce des peines contre les soldats, vagabonds & autres, qui font entrer dans Paris des vins & autres boissons, pied-fourché, viande en morceaux, denrées, sel, tabac & marchandises en fraude.*

12 Juillet 1723.

LOUIS, &c. Par l'Arrêt de notre Conseil du 18 Juin 1639, nous avons fait défenses à tous soldats de notre garde & autres personnes, d'assister aucuns porteurs de cruches & barils de vin pour les faire entrer en fraude dans notre bonne Ville de Paris, à peine de la vie. Par nos Ordonnances des 7 Janvier 1661, 13 Mai 1666, 12 Mars 1675 & 5 Février 1676, nous avons pareillement fait défenses à tous nos gens de guerre, tant de cheval que de pied, françois & étrangers, de vendre aucuns vins ni autres boissons, sans payer nos droits d'aydes, d'empêcher ni troubler la perception de nos droits, de commettre aucuns excès ni violences contre les Commis de nos Fermes, ni de prendre & faire la fonction de vivandiers lorsque nos troupes demeureront dans notre Royaume, à peine contre les soldats & cavaliers, de la vie; & contre les vivandiers, de punition corporelle & de confiscation des vivres & denrées. Par notre Déclaration du 30 Janvier 1717, nous avons de nouveau, en cas de violence, prononcé la peine de mort, & ordonné, lorsqu'il ne s'agira que de simples fraudes, sans violences & sans attroupemens, la peine de deux cens livres d'amende que nous avons convertie, au défaut de consignation ou de payement dans le mois du jour de la prononciation de la Sentence, en celle de galeres pour cinq années, afin de prévenir les désordres que l'impunité entraîne après soi; nous avons cru, en imposant de pareilles peines, avoir suffisamment pourvu à la sureté de nos droits; cependant nous sommes informés que les soldats des Régimens, tant de notre garde, que de nos autres troupes, & un nombre considérable de vagabonds & gens sans aveu, prétendant que notre Déclaration du 30 Janvier 1717 ne doit pas avoir son exécution dans notre bonne Ville & fauxbourgs de Paris, & qu'elle ne concerne que nos troupes distribuées dans notre Royaume, font entrer dans notre bonne Ville & fauxbourgs de Paris, des vins & autres boissons, pied-fourché, viandes en morceaux, marchandises & denrées sujettes à nos droits, sel, tabac & marchandises

dises & denrées sujettes à nos droits, sel, tabac & marchandises de contrebande en fraude, à main armée, avec attroupement, forcent les Bureaux, insultent & maltraitent les Commis, & viennent en grand nombre enlever de force les saisies qu'ils ont faites sur aucuns d'eux; que lesdits soldats se déguisent, travestissent pour n'être point reconnus, rodent une partie des nuits avec attroupement autour des barrieres & dans les marais, après la retraite sonnée, portent des armes à feu, ont de gros bâtons & de gros chiens à leur suite, font par eux-mêmes, leurs femmes & enfans entrer les boissons, denrées & marchandises, ou escortent les fraudeurs, en sorte que le désordre est porté à un point si grand, qu'il est nécessaire non seulement de renouveller contre lesdits soldats les peines portées par nos Réglemens, mais encore d'y comprendre les vagabonds & gens sans aveu, qui n'ont aucun état & vacation ni domicile certain. A ces causes, &c. voulons & nous plaît ce qui en suit : 1723.

I. Que les soldats, tant des Régimens de notre garde, que de nos autres troupes, les vagabonds & gens sans aveu qui n'ont aucun état, vacation, ni domicile certain, attroupés au nombre de cinq & au-dessus, armés de fusils, pistolets, baïonnettes, épées, gros bâtons ou autres armes offensives, qui seront surpris entrant ou escortant, tant de jour que de nuit, en notre bonne Ville & fauxbourgs de Paris, des vins & autres boissons, pied-fourché, viande en morceaux, denrées & marchandises sujettes à nos droits du sel, tabac & marchandises de contrebande, ou qui s'opposeront avec violence ou rebellion aux visites des Commis, forceront les Bureaux, enleveront d'iceux les choses saisies, soient punis de mort, & ceux qui seront en moindre nombre que de cinq avec armes, soient condamnés, en cas de violence ou rebellion, pour la premiere fois, aux galeres pour trois ans, & en deux cens livres d'amende, & en cas de récidive, à la mort.

II. Ordonnons que lesdits soldats, les vagabonds & gens sans aveu, qui ne commettront que de simples fraudes sans violences & attroupemens, soient condamnés en la confiscation des choses saisies, & chacun en deux cens livres d'amende, qu'ils seront tenus de payer & consigner dans le mois du jour de la signification de la Sentence, & au défaut de payement ou de consignation de ladite amende dans ledit temps, voulons conformément à notre Déclaration du 30 Janvier 1717, que la peine en soit convertie en celle des galeres pour cinq ans, par les Juges qui auront rendu la Sentence sur une simple requête du Fermier de nos droits & sans nouvelle instruction. Défendons à notre Cour des Aydes, de recevoir l'appel desdites Sentences, que l'amende n'ait été préalablement consignée entre les mains du Fermier. Voulons que les femmes desdits soldats, & celles qui sont vagabondes & sans aveu, qui seront convaincues de fraude, soient condamnées au fouet, outre la confiscation des choses saisies.

III. Défendons auxdits soldats sous les mêmes peines, de se travestir, de porter aucunes armes à feu & gros bâtons, d'avoir aucuns dogues ou gros chiens à leur suite, de maltraiter, insulter ni troubler les Commis, de passer ni repasser par les portes & barrieres la nuit après la retraite sonnée. Enjoignons aux Officiers d'y tenir la main, à peine de répondre des dommages & intérêts du Fermier.

IV. Voulons que ceux à qui appartiendront les marchandises & denrées dénommées en l'article premier, qui se serviront du ministere desdits soldats, vagabonds & gens sans aveu pour les faire entrer en fraude, soient condamnés pour la premiere fois en cinq cens livres d'amende; & en cas de récidive, en mille livres qui ne pourront être remises ni modérées sous quelque prétexte que ce soit.

V. Enjoignons au Prévôt des Bandes, d'arrêter prisonniers les soldats, contre

1723. lesquels il sera intervenu, en exécution des présentes, une condamnation de peine afflictive ou pécuniaire, dans l'instant de la signification qui lui sera faite à la requête du Fermier-Général, du Jugement qui sera intervenu, & de les conduire sous bonne & sure garde dans les prisons de la Conciergerie, pour y rester jusqu'à ce que ledit Jugement ait été exécuté; & de donner avis desdits emprisonnemens aux Colonels & Capitaines. Faisons défenses auxdits Colonels, Capitaines & Officiers, d'accorder aucuns congés auxdits soldats qui auront été condamnés; déclarons lesdits congés qui pourroient être accordés, nuls. Voulons qu'en cas d'absence desdits soldats, ils soient poursuivis comme déserteurs, & condamnés comme tels par le Conseil de guerre, suivant la rigueur de nos Ordonnances, & qu'il soit donné avis par ledit Prévôt des Bandes, du Jugement qui interviendra, à notre Secretaire d'Etat pour la guerre.

VI. Défendons conformément à notre Déclaration du 30 Janvier 1714, de faire aucunes poursuites contre les Commis, Brigadiers & Gardes aux entrées de notre bonne Ville & fauxbourgs de Paris, qui auront tué les fraudeurs ou complices, en leur faisant violence ou rebellion, imposons silence en ce cas à tous nos Procureurs.

VII. Défendons à nos Juges, même à notre Cour des Aydes de Paris, de modérer les peines & amendes portées par ces présentes. Voulons au surplus que notre Déclaration du 30 Janvier 1717 soit exécutée selon sa forme & teneur, en ce qui n'est contraire à la disposition des présentes. Si donnons en mandement, &c.

Donnée à Meudon, le douzieme jour de Juillet mil sept cent vingt-trois.

Registrée en la Cour des Aydes, le 5 Août suivant.

LETTRES-PATENTES qui ordonnent que les Jugements interlocutoires & d'instruction des Juges des Fermes & des Gabelles, seront exécutés nonobstant les appels qui en pourroient être interjettés.

8 Décembre 1723.

LOUIS, &c. Ayant été informé que plusieurs Particuliers surpris en contravention aux Ordonnances, Arrêts & Réglemens concernant nos Fermes, se sont avisés depuis peu d'interjetter appel des Sentences interlocutoires rendues par les Juges auxquels la connoissance des contraventions est attribuée en premiere instance, pour prolonger par ce moyen l'instruction des procès, éviter les consignations d'amende qu'ils sont tenus de faire avant de pouvoir appeller des Sentences définitives, pendant lequel temps ils mettent à couvert les effets qui sont en leur possession; en sorte que lorsqu'ils sont condamnés par Arrêts des Cours Supérieures, le Fermier ne trouve plus de quoi asseoir l'exécution des Jugemens, & est non seulement privé du fruit desdites condamnations, mais même obligé de faire des frais considérables en faisant constituer les Particuliers condamnés dans les prisons, d'où il est contraint par la suite de les faire élargir. Nous y avons pourvu par Arrêt rendu en notre Conseil d'Etat, nous y étant, le 30 Novembre dernier, pour l'exécution duquel nous aurions ordonné que toutes Lettres nécessaires seroient expédiées. A ces causes, &c. ordonnons que les appels qui seront interjettés des Sentences & Jugemens interlocutoires & d'instruction des Juges de nos Fermes & Gabelles, ne pourront suspendre l'exécution de ces mêmes Jugemens. Enjoignons aux premiers Juges nonobstant lesdits appels de continuer l'instruction desdits procès jusqu'à Sentences & Jugemens définitifs inclusivement, sauf aux Parties à se pourvoir contre lesdites Sentences & Jugemens par les voyes de droit. Si vous mandons, &c. 1723.

Données à Versailles, le huitieme jour de Décembre mil sept cent vingt-trois.

Registrées en la Cour des Aydes, le 14 Février 1724.

LETTRES-PATENTES qui prescrivent les formalités pour procéder à la vérification des sels saisis, & défendent aux Officiers des Greniers à sel de recevoir aucune requête en plainte tendante à détruire les procès-verbaux, sauf aux Parties assignées à s'inscrire en faux; formalités à observer pour s'inscrire en faux.

15 Décembre 1723.

LOUIS, &c. Ordonnons que conformément à la Déclaration du 19 Mai 1711 servant de Réglement pour le droit de quart-bouillon en la Province de Normandie, que les délais des assignations qui seront données sur les procès-verbaux des Commis, Gardes ou Archers de nos Fermes, aux accusés & prévenus de fraude, aux fins de rapporter les échantillons de sel qui leur auroient été laissés, & de voir juger la confiscation des choses saisies & l'amende, ne soit que de trois jours, sans qu'il en puisse être accordé un nouveau par les Officiers des Greniers à sel, qui seront tenus à la première audience qui suivra immédiatement l'échéance desdits trois jours francs, de faire procéder à la vérification du sel, & de prononcer leurs Jugemens suivant & ainsi qu'il est porté par l'Arrêt du 12 Avril dernier... voulons que les Experts qui seront nommés par les Parties ou d'office, pour la visite & confrontation des échantillons de sel, soient pris dans le nombre des Amineurs de chaque Grenier, sans que lesdits Amineurs puissent être reprochés par les Parties, à cause de leur qualité d'Amineurs, & sans qu'il en puisse être nommés d'autres par les Parties ou d'office; faisons défenses à nos Officiers des Greniers & Chambres à sel, d'admettre & recevoir aucune requête en plainte contre les Commis, tendante à détruire leurs procès-verbaux, sauf aux Parties assignées à s'inscrire en faux contre lesdits procès-verbaux, s'ils le jugent à propos; laquelle inscription ils seront tenus de déclarer par écrit ou à l'audience, au plus tard dans le jour de l'échéance de l'assignation qui leur aura été donnée à trois jours francs, en donnant copie de la quittance de soixante livres d'amende consignée pour cet effet, passé lequel temps, ils n'y seront plus reçus; & que dans le même jour ils seront pareillement tenus de passer & signer leur inscription au Greffe des Greniers; comme aussi de déclarer par le même acte les noms, surnoms, qualités & demeures des témoins dont ils entendent se servir, lequel acte sera signifié dans le même temps au Fermier ou à ses Commis.

A l'égard des accusés de faux-saunage & autres qui auront été décrétés, qui

1723. voudront s'inscrire en faux contre les procès-verbaux des Commis, voulons que les inscrivans soient tenus de le déclarer lors de leur premier interrogatoire, dans lequel il leur sera fait lecture du procès-verbal, de consigner l'amende, passer & signer leur description le même jour, suivant qu'il est porté par la Déclaration du 9 Mai 1702, qui sera au surplus exécutée selon sa forme & teneur. Faisons défenses à nos Officiers des Greniers à sel, d'accorder autres ni plus grands délais, & d'avoir égard aux actes & procédures qui ne seront pas conformes à la disposition des présentes & de notredite Déclaration du 9 Mai 1701, à peine de nullité de leurs Jugemens, & de répondre en leurs propres & privés noms de toutes pertes, dommages & intérêts. Si vous mandons, &c.

Données à Versailles, le quinze Décembre mil sept cent ving-trois.

Enregistrées en la Cour des Aydes, le 14 Février 1724.

1724. *Lettres-Patentes qui ordonnent que les Juges des Fermes ne pourront passer outre à l'instruction des inscriptions de faux, lorsqu'il y aura appel de la Sentence qui aura jugé les moyens admissibles, jusqu'à ce que l'appel ait été jugé.*

4 Avril 1724.

LOUIS, &c. Nous étant fait représenter l'Arrêt rendu en notre Conseil, le 30 Novembre dernier, & nos Lettres-Patentes expédiées sur icelui, le 8 Décembre suivant, par lesquels nous avons ordonné que les appels qui seront interjettés des Sentences & Jugemens interlocutoires & d'instruction des Juges de nos Fermes & Gabelles, ne pourront suspendre l'exécution des mêmes Jugemens, & nous avons enjoint aux premiers Juges, nonobstant lesdits appels, de continuer l'instruction des procès jusqu'à Sentences & Jugemens définitifs inclusivement, sauf aux Parties à se pourvoir contre lesdites Sentences & Jugemens par les voies de droit, & ayant depuis reconnu qu'encore que la disposition desdits Arrêts & Lettres-Patentes ne concerne que les appels interjettés par les accusés pour suspendre l'exécution des Jugemens qui doivent être rendus avec célérité, on pourroit néanmoins prétendre que leur disposition générale déroge tacitement à notre Déclaration du 7 Octobre 1721, qui porte que les Officiers des Elections, Greniers à sel, Traites & tous autres ne pourront passer outre à l'instruction des inscriptions de faux contre les procès-verbaux des Commis & Employés, lorsqu'il y aura appel de la Sentence qui aura jugé les moyens de faux pertinens & admissibles, jusqu'à ce que ledit appel ait été jugé, à peine de nullité des procédures, d'interdiction des Juges, & des dommages & intérêts des appellans, & qu'elle autorise les premiers Juges à passer outre à l'instruction & au Jugement définitif, nonobstant l'appel des Jugemens interlocutoires & d'instructions indistinctement & dans tous les cas, sans excepter même ceux où il est juste que l'appel soit suspensif; & voulant sur ce expliquer nos intentions, nous y avons pourvu par l'Arrêt de cejourd'hui rendu en notre Conseil d'Etat, pour l'exécution duquel nous avons ordonné que toutes lettres nécessaires seroient expédiées.

A ces causes, &c. déclarons n'avoir entendu déroger par nosdits Arrêt & Lettres-Patentes des 30 Novembre & 8 Décembre derniers, à l'article XIX du titre commun pour toutes nos Fermes, de l'Ordonnance du mois de Juillet 1681 & à notre Déclaration du 7 Octobre 1721. Ce faisant & conformément à iceux, nous avons ordonné & ordonnons que les Officiers des Elections, Greniers à sel, Traites & autres qui connoissent les droits de nos Fermes, ne pourront passer outre à l'instruction des inscriptions de faux formées contre les procès-verbaux des Commis & Employés de nos Fermes, lorsqu'il y aura appel de la Sentence qui aura jugé les moyens de faux pertinens & admissibles, jusqu'à ce que ledit appel ait été jugé, sous les peines portées par notredite Déclaration : défendons pareillement sous les mêmes peines auxdits Juges de passer outre à l'instruction des procès, lorsqu'il y aura appel des Sentences & Jugemens interlocutoires qui auront admis à faire preuve des faits tendans à attaquer la foi des procès-verbaux des Commis & Gardes, autrement que par la voie de l'inscription de faux, jusqu'à ce que les appellations ayent été jugées : & seront au surplus lesdits Arrêt & Lettres-Patentes exécutés selon leur forme & teneur. Si vous mandons, &c. 1724.

Données à Versailles, le quatre Avril mil sept cent vingt-quatre.

Enregistrées en la Cour des Aydes, le 16 Juin suivant.

ARRÊT du Conseil & Lettres-Patentes sur icelui, concernant les appellations qui sont portées en la Cour des Aides de Paris, des Sentences rendues en matieres criminelles par les Juges des Fermes. (Grand Recueil des Fermes, Tome VI.)

8 Mai 1724.

LE Roy étant informé qu'il survient de temps en temps des difficultés sur les manieres d'instruire les appellations qui sont portées en la Cour des Aydes de Paris, des Sentences rendues en matiere criminelle par les Juges des différens droits des Fermes de Sa Majesté, que bien qu'il ait toujours été d'usage dans cette Cour de ne point conclure sur ces appellations comme en procès par écrit, dans les cas où la Sentence dont est appel n'a point prononcé de peines afflictives, & que cet usage soit même confirmé par un Arrêt de la même Cour des Aydes, du 15 Avril 1710, rendu entre Pierre de Brou, Marchand, demeurant à Nantes, d'une part, & Charles Yšambert, lors chargé de la régie des Fermes, qui a jugé que l'appel des Sentences sur les procès criminels instruits contre les faux-sauniers par récolement & confrontation, ne doivent pas être conclus, quoique les Sentences ne prononcent que des condamnations pécuniaires; néanmoins ladite Cour s'écarte quelquefois de cet usage; qu'en effet elle a ordonné par un Arrêt du 19 Mars 1723, que les Parties concluront comme en procès par écrit, sur l'appel qui a été interjetté par François Desmoulins & Charles-Adrien [illegible]ideguive, d'une Sentence rendue contr'eux en l'Election de Paris, le 15 Janvier de ladite année, qui a déclaré ces deux Particuliers atteints & convaincus des rebellions par eux faites, tant à la barriere Sainte-Anne, que dans les prisons de Saint-Eloy, & pour réparation les a condamnés à être mandés en la Chambre

1724. du Conseil, pour y être admonestés, avec défenses de récidiver sur plus grandes peines, & en outre condamnés chacun en 50 livres d'aumône applicables au pain des prisonniers de Saint-Eloy, & solidairement en 500 livres d'intérêts civils envers Charles Cordier, chargé de la régie des Fermes unies, en l'amende de 100 livres portée par les Ordonnances & aux dépens. Et Sa Majesté desirant fixer l'usage qu'elle entend être observé à cet égard en ladite Cour des Aydes de Paris, épargner aux Parties les frais inutiles de procédures, qui sont inséparables de ces appointemens de conclusion, comme en procès par écrit, & accélérer, conformément à l'esprit & aux dispositions des Ordonnances des Fermes, le Jugement des appellations des Sentences rendues en matieres criminelles par les Juges des différens droits qui les composent.

Oui le rapport du sieur Dodun, Conseiller ordinaire au Conseil Royal, Contrôleur-Général des Finances, Sa Majesté étant en son Conseil, a ordonné & ordonne que toutes les appellations qui seront portées en la Cour des Aydes de Paris, des Sentences rendues en matiere criminelle par les Juges des différens droits de ses Fermes, y seront instruites & jugées, sans que les Parties puissent être admises à conclure comme en procès par écrit, quoique ces Sentences n'ayent pas prononcé de peines afflictives, & seront pour l'exécution du présent Arrêt toutes lettres nécessaires expédiées. Fait au Conseil d'Etat du Roy, Sa Majesté y étant, tenu à Versailles, le huit Mai mil sept cent vingt-quatre.

Les Lettres-Patentes dudit jour sur ledit Arrêt ont été enregistrées en la Cour des Aydes, le 29 Novembre suivant.

LETTRES-PATENTES *qui fixent le temps pour relever l'appel des Jugements portant confiscation ou amendes en toutes matieres dépendantes des Fermes générales & particulieres. (Grand Recueil, Tome VI.)*

20 Juin 1724.

LOUIS, &c. Sur ce qui nous a été remontré que quoique par l'article XLVII du titre commun des Fermes, de l'Ordonnance du mois de Juillet 1681, il seroit porté que les condamnés au payement des droits pour fait purement civil, seront tenus de relever leur appel dans trois mois du jour de la signification de la Sentence, à leur personne ou à leur domicile, sinon le temps passé, que l'appel ne sera plus recevable, & que la Sentence passera en force de chose jugée en dernier ressort, & que par l'article XLVIII il est aussi porté que lorsqu'ils auront relevé leur appel dans les trois mois, ils seront tenus de le mettre en état de juger dans les neuf mois suivans, sinon le temps passé, que la Sentence demeurera confirmée de plein droit, avec amendes & dépens, qui seront taxés en vertu dudit Arrêt : néanmoins nous sommes informés que quelques-unes de nos Cours & Jurisdictions auxquelles la connoissance des droits de nos Fermes est attribuée, font difficulté de juger en conformité de ces articles, dans les affaires où il s'agit purement de confiscation ou amendes, sous prétexte que ledit article XLVII ne parle que des condamnés au payement des droits, quoique nous nous en soyons expliqués par l'article XV du titre XII de l'Ordonnance des cinq grosses Fermes, du mois de Juillet 1687, & par d'autres Réglemens postérieurs. Et voulant prévenir les incidens qui pourroient naître à l'occasion des

instances en matieres de confiscation & amendes concernant toutes nos Fermes, nous y avons pourvu par l'Arrêt cejourd'hui rendu en notre Conseil d'Etat, 1724.
nous y étant, pour l'exécution duquel nous avons ordonné que toutes Lettres nécessaires seroient expédiées.

A ces causes... nous avons ordonné... & ordonnons que conformément à l'article XV du titre XII de l'Ordonnance du mois de Février 1687, & aux Arrêts de notre Conseil des 10 Décembre 1709 & premier Mai 1724, le temps prescrit par l'Ordonnance du mois de Juillet 1681, au titre commun pour toutes nos Fermes, pour relever l'appel des Sentences qui condamnent au payement de nos droits, que pour mettre lesdits appels en état de juger, sera observé pour l'appel des Jugemens portant confiscation ou amendes en toutes matieres dépendantes de nos Fermes générales & particulieres, quoique non exprimées aux présentes. SI vous mandons, &c.

Données à Versailles, le vingt Juin mil sept cent vingt-quatre.

Registrées en la Cour des Aydes, le premier Août suivant.

EDIT *qui rétablit les Receveurs des Tailles dans la jouissance de deux demi-deniers pour livre de taxations par augmentation, & des droits de quittance qui avoient été supprimés.* (*Code Louis XV, Tome II, page 45.*) (1) 1716.

Octobre 1716.

LOUIS, &c. Par notre Déclaration du 9 Juillet dernier, nous avons supprimé l'administration des recettes générales des finances qui avoit été établie depuis le premier Juillet 1716, & ordonné en même temps que les Receveurs-Généraux de nos Finances & Receveurs des Tailles seroient tenus de signer à l'avenir des résultats & traités particuliers, pour nous assurer le payement des impositions dans des termes fixes & certains, de la même maniere qu'on le pratiquoit avant l'année 1716. Les Receveurs des Tailles des vingt Généralités des Pays d'Elections nous ont depuis fait représenter que leurs Charges étant infiniment diminuées depuis la suppression des finances qu'ils ont payées depuis 1689, dont le remboursement ne leur a été fait qu'en quittances de finances, portant intérêt au denier cinquante ou en rentes sur les tailles au même denier, il leur seroit impossible de contracter aucun engagement avec les Receveurs-Généraux des Finances, pour le payement des impositions dans les termes fixes & certains, s'il ne nous plaisoit de les rétablir dans la jouissance du revenu d'une partie desdites finances, sur le pied & ainsi qu'elles étoient avant la suppression; lesquelles représentations ayant été examinées en notre Conseil, nous avons cru que pour mettre les Receveurs des Tailles en état de soutenir le service, & exercer leurs Charges avec honneur & désintéressement, il étoit nécessaire d'en augmenter le revenu, & de le proportionner aux dépenses qu'ils sont dans la nécessité de faire pour remplir par

---

(1) La notice de cet Edit, page 1448, porte par erreur que le Roi rétablit les Receveurs des Tailles dans la jouissance de deux deniers, au lieu de deux demi-deniers.

1726. des avances les engagemens qu'ils seront tenus de prendre avec les Receveurs-Généraux, & nous avons jugé qu'il étoit plus convenable de rétablir les Receveurs des Tailles dans la jouissance des droits de quittances à eux ci-devant attribués par Edit du mois d'Octobre 1693, & des deux demi-deniers pour livre de remise & taxations sur le total des impositions de la taille & crues y jointes comprises dans les commissions desdites impositions, que nous avions attribués par augmentation auxdits Receveurs des Tailles, par Edits des mois de Juin 1704 & Janvier 1710, le tout moyennant une finance proportionnée que lesdits Receveurs des Tailles payeront en notre Trésor Royal, suivant les rôles qui seront arrêtés à cet effet en notre Conseil. A ces causes, &c.

I. A commencer du premier Janvier de l'année prochaine 1727, les Receveurs des Tailles des vingt Généralités des pays d'Election jouiront par augmentation de deux demi-deniers pour livre de remise & taxations sur le total des impositions de la taille & crues ordinaires & extraordinaires y jointes, ainsi & de la même maniere qu'ils en ont joui en vertu des Edits des mois de Juin 1704 & Janvier 1710.

II. Voulons que dans les états de nos finances qui seront arrêtés en notre Conseil pour l'année 1727 & à l'avenir, outre & par-dessus les remises & taxations attribuées aux Receveurs-Généraux de nos finances en exercice, il soit fait fonds sous leurs noms & dans un même article de la somme à laquelle se trouveront monter lesdits deux demi-deniers, sur le total des impositions de la taille & crues ordinaires & extraordinaires y jointes, lesquels droits de remises & taxations seront avec les quatre deniers ordinaires, retenus par les Receveurs-Généraux, chacun dans leur année d'exercice, & par eux remis aux Receveurs des Tailles aussi en exercice, à raison de cinq deniers du total des impositions de la taille de leurs Elections, en signant par lesdits Receveurs des Tailles, leurs soumissions de payer aux Receveurs-Généraux dans les termes portés par les résultats arrêtés en notre Conseil, les sommes revenantes en nos recettes générales, conformément à nos Edits, Déclarations & Réglemens, que nous voulons être exécutés selon leur forme & teneur; & seront lesdites remises & taxations passées & allouées dans les états & comptes desdits Receveurs-Généraux par leurs mains, sans qu'ils puissent être obligés de rapporter aucune quittance, conformément à l'emploi qui en sera fait dans nos états, & en rapportant néanmoins pour la premiere fois seulement copie collationnée des quittances de la finance que lesdits Receveurs des Tailles nous auront payée en exécution du présent Edit, nonobstant que les dates desdites quittances de finance soient postérieures audit jour premier Janvier 1727.

III. Et de la même autorité que dessus, nous avons rétabli & rétablissons lesdits Receveurs des Tailles des vingt Généralités des pays d'Election, dans la jouissance des droits de quittances qui leur avoient été attribués par Edit du mois d'Octobre 1693.

IV. Ordonnons que les Receveurs des Tailles des vingt Généralités des pays d'Election, pour jouir des susdites taxations & droits de quittance, seront tenus chacun en droit soi, de payer entre les mains du Garde de notre Trésor royal, les sommes pour lesquelles ils seront compris aux rôles qui seront arrêtés en notre Conseil, ensemble les trois deniers pour livre d'icelles pour les frais de recouvrement, sur les quittances de celui qui sera par nous choisi & nommé pour l'exécution du présent Edit, au payement desquelles sommes ils seront contraints par toutes voies dues & raisonnables. Si donnons en mandement, &c.

Donné à Fontainebleau, au mois d'Octobre mil sept cent vingt-six.

Enregistré

Enregistré en la Chambre des Comptes, le 20 Novembre 1726, à la charge que les Receveurs des tailles ne pourront jouir des droits à eux attribués par le pré- 1726.
sent Edit, qu'en justifiant par des quittances de finance, du payement par eux fait avant le dernier Juin 1727, des sommes auxquelles ils seront taxés pour la jouissance desdits droits : & qu'ils ne pourront jouir du droit de quittance sur les parties des gages, augmentations de gages, rentes ou intérêts dont jouissent les Parties prenantes au denier cinquante, & sur les Parties de la somme de vingt livres & au-dessous.

DÉCLARATION qui établit des peines contre les contrebandiers. 1729.

2 Août 1729.

LOUIS, &c. Nous avions lieu de croire que les peines que nous avons prononcées par nos Ordonnances & Déclarations contre les contrebandiers, & les ordres que nous avons donnés pour réprimer l'exercice de la fraude & de la contrebande, en arrêteroient le cours : mais étant informés qu'elle se commet avec plus de licence que jamais, nous avons résolu de faire cesser cet abus par des dispositions également séveres & justes, qui établissent des peines proportionnées à la qualité des délits. A ces causes, &c.

I. Ceux qui seront convaincus d'avoir porté du tabac, toiles peintes & autres marchandises prohibées en contrebande ou en fraude, par attroupement au nombre de cinq au moins, avec port d'armes, seront punis de mort & leurs biens confisqués, même dans les lieux où la confiscation n'aura pas lieu ; & s'ils sont sans armes & au-dessous du nombre de cinq, ils seront condamnés aux galeres pour cinq ans, & en 1000 livres d'amende chacun, payable solidairement.

II. Les Commis & Employés de nos Fermes qui seront d'intelligence avec les fraudeurs & contrebandiers, & favoriseront leur passage, seront punis de mort.

III. Les contrebandiers qui forceront les postes & les corps de gardes établis dans les Villes, villages, ou à la campagne, & gardés par les Gardes de nos Fermes, seront punis de mort, encore qu'ils n'eussent lors aucunes marchandises de contrebande, & qu'ils fussent moins de cinq.

IV. En cas de rebellion de la part des contrebandiers contre les Commis de nos Fermes, ordonnons auxdits Commis d'en dresser leur procès-verbal sur-le-champ, & d'en donner avis dans vingt-quatre heures aux Juges qui en doivent connoître, à peine d'être déclarés incapables de tous emplois, même de punition corporelle s'il y écheoit.

V. Dans le cas de l'article précédent, ordonnons à nosdits Juges d'informer desdites rebellions dans les vingt-quatre heures, après qu'ils en auront eu avis, à la requête du Fermier ou de nos Procureurs, à peine de 300 livres d'amende & d'interdiction.

VI. Ceux qui porteront ou débiteront du faux tabac ou autres marchandises de contrebande dans notre bonne Ville de Paris, ou autres lieux de notre Royaume, & pareillement tous receleurs, complices ou fauteurs desdits fraudeurs ou contrebandiers, seront condamnés pour la premiere fois aux galeres pour trois ans, & en 500 livres d'amende, & en cas de récidive, aux galeres perpétuelles & en 1000 livres d'amende. Voulons que les femmes qui se trouveront dans l'un des cas ci-dessus marqués, soient condamnées au fouet, à la fleur de lys, au ban-

1729. nissement pour trois ans, & en 500 livres d'amende pour la premiere fois, & en cas de récidive, au bannissement à perpétuité & en 1000 livres d'amende, ou à être renfermées pendant leur vie dans l'Hôpital ou Maison de force le plus près du lieu où la condamnation aura été prononcée.

VII. Défendons aux Cabaretiers, Fermiers & autres gens de la campagne, de donner retraite aux contrebandiers ou à leurs marchandises, à peine de 1000 liv. d'amende pour la premiere fois, & de bannissement en cas de récidive, même d'être poursuivis comme complices desdits contrebandiers, & d'être condamnés, s'il y écheoit, aux peines portées par l'article précédent, si ce n'est que dans les vingt-quatre heures au plus tard ils ayent requis le Juge le plus prochain ou les Officiers de la Maréchaussée de se transporter en leurs maisons à l'effet d'y dresser procès-verbal de la violence que les contrebandiers auroient faite pour se procurer l'entrée dans leursdites maisons; à laquelle requisition lesdits Juges ou les Officiers de Maréchaussée seront tenus de satisfaire sur-le-champ, à peine d'interdiction. Voulons en outre que lesdits Cabaretiers ou Fermiers soient tenus dans le même délai de faire avertir les Brigades de nos Fermes qui sont les plus proches du lieu de leur demeure, à l'effet de courre sur les contrebandiers, & ce, sous les mêmes peines que dessus.

VIII. Ordonnons aux Syndics, Manans & Habitans des bourgs & villages par lesquels il passera des Particuliers attroupés avec port d'armes & des ballots sur leurs chevaux, de sonner le tocsin, à peine de 500 livres d'amende, qui sera prononcée solidairement contre les Communautés.

IX. Ceux qui auront été employés dans nos Fermes en qualité de Commis ou de Gardes, qui seront arrêtés avec du tabac ou autres marchandises de contrebande, seront condamnés aux galeres pour cinq ans, & en 500 liv. d'amende, quoiqu'ils ne fussent attroupés ni armés.

X. Voulons au surplus que nos Ordonnances, Déclarations, Arrêts & Réglemens concernant le tabac & la contrebande, soient suivis & observés en ce qui ne se trouvera pas contraire aux présentes. *Si donnons en mandement*, &c.

Donnée à Versailles, le deuxieme jour d'Août mil sept cent vingt-neuf.

Enregistrée en vacation, en la Cour des Aydes, le 12 *Septembre 1729.*

1731. *ARRÊT du Conseil, portant Réglement sur les conclusions que les Procureurs du Roy des Elections doivent donner avant le Jugement des procès concernant les Fermes des Aides. (Code Louis XV, Tome III, page 421.)*

17 Février 1731.

LE Roy, en son Conseil, ayant aucunement égard à la requête de Boyer, Fermier des Aydes de la Généralité de Rouen, lui enjoint & à tous autres de communiquer aux Procureurs du Roy des Elections les causes dans lesquelles il s'agira de prononcer des amendes & confiscations, avant de les pouvoir porter à l'audience; à cet effet fait défenses aux Officiers des Elections de rendre aucunes Sentences dans lesquelles il s'agira d'amende & confiscations sans conclusions du Procureur du Roy, enjoint aux Greffiers d'en faire mention sur le plumitif &

dans l'expédition des Sentences, à peine de répondre des dommages & intérêts des Parties : enjoint pareillement aux Procureurs du Roy de se trouver exactement aux Audiences pour y conclure, & en leur absence à l'Officier de l'Election, dernier reçu, de faire la fonction de Procureur du Roy, si ce n'est en cas d'insuffisance du nombre de Juges, auquel cas il sera commis par les Officiers du Siege pour faire ladite fonction. 1731.

DÉCLARATION concernant les inscriptions de faux. (Code Louis XV, Tome IV, page 266.) 1732.

25 Mars 1732.

LOUIS, &c. Par nos Ordonnances des années 1680 & 1681, & par nos Déclarations & Réglemens des 14 Janvier 1693, 6 Janvier & 14 Avril 1699, 9 Mai 1702, 19 Mai 1711, 7 Octobre 1713, 18 Décembre 1714, 7 Octobre 1721, 6 Mars 1722, 7 & 15 Décembre 1723, 4 Avril 1724 & 12 Mai 1727 & autres rendues en conséquence, nous avons limité les temps & prescrit les formalités qui doivent être observées pour instruire & juger les inscriptions de faux qui sont formées contre les procès-verbaux des Commis & Employés de nos Fermes; ces Réglemens qui ont été rendus pour avoir lieu dans les différentes Provinces de notre Royaume, à mesure que les fraudes s'y sont multipliées, ne sont suivis que dans les Cours où ils ont été enregistrés : & jugeant qu'il est important que la même jurisprudence soit observée dans toutes les Cours & Jurisdictions auxquelles la connoissance du fait de nos Fermes est attribuée, nous avons résolu de rassembler dans un seul Réglement les dispositions contenues dans ceux qui ont été rendus jusqu'à présent.

A ces causes, &c.

I. Ceux qui voudront s'inscrire en faux contre les procès-verbaux des Commis & Employés de nos Fermes, pour fraudes, ou faux-saunage ou contrebande commise contre nos droits, seront tenus de le déclarer au plus tard dans le jour de l'échéance des assignations qui leur seront données à la requête de nos Fermiers & sous-Fermiers, à l'Audience de la Jurisdiction ou par écrit, & de leur faire signifier dans le même temps copie de la quittance de l'amende qui sera consignée pour cet effet, faute de quoi ils n'y seront plus reçus.

II. Aucune personne ne sera reçue à l'inscription de faux pour fait de nos grandes & petites gabelles, aydes & autres droits de nos Fermes, sans avoir préalablement consigné en deniers ès mains des Receveurs des Greniers ou Contrôleurs des dépôts; & pour les autres parties de nos Fermes ès mains des Buralistes du Contrôle & des exploits, chargés de faire la recette des amendes & non ailleurs, l'amende de soixante livres pour les inscriptions de faux formées dans les Jurisdictions inférieures; & celle de cent livres pour celles qui seront formées dans nos Cours des Aydes ou autres qui connoissent des droits de nos Fermes, ès mains du Receveur desdites amendes.

III. Le même jour que les inscriptions de faux auront été faites, les inscrivans seront tenus de passer & signer lesdites inscriptions au greffe de la Jurisdiction où ils procéderont, & de déclarer par le même acte les noms, surnoms, qualités & demeures des témoins dont ils entendent se servir, faute de quoi ils

1732. demeureront déchus de leur inscription, sans qu'ils puissent par la suite faire entendre d'autres témoins.

IV. L'acte d'inscription de faux étant passé dans la forme portée par les articles précédens, sera signifié dans le jour de sa date à nosdits Fermiers.

V. En cas d'inscription de faux faits dans la forme ci-dessus, les moyens en seront fournis par les inscrivans, & mis au greffe dans les vingt-quatre heures, faute de quoi les moyens ne pourront plus être admis, & seront rejettés.

VI. Dispensons nos Fermiers de faire comparoître leurs Commis pour soutenir leurs procès-verbaux véritables, d'en représenter les originaux, ni de déclarer qu'ils s'en veulent servir, pourvu qu'ils ayent été duement affirmés, & que le double desdits originaux ait été remis au greffe, conformément à nos Ordonnances & Réglemens.

VII. Les Officiers des Elections, Greniers à sel, Maîtres des ports, Juges des traites, & tous autres qui connoissent des droits de nos Fermes, ne pourront passer outre à l'instruction de faux, lorsqu'il y aura appel de la Sentence qui aura jugé les moyens de faux pertinens & admissibles, jusqu'à ce que ledit appel ait été jugé, à peine de nullité des procédures, d'interdiction des Juges & des dommages & intérêts des appellans.

VIII. Leur défendons d'admettre aucune preuve testimoniale, ni de recevoir aucune requête en plainte contre les Commis & Employés, tendantes à détruire leurs procès-verbaux, sauf aux Parties assignées de s'inscrire en faux contre lesdits procès-verbaux s'ils le jugent à propos, en observant les formalités prescrites par les précédens articles.

IX. A l'égard des accusés de faux-saunages, contrebande, rebellion, ou autres fraudes, qui auront été décrétés & qui voudront s'inscrire en faux contre les procès-verbaux des Commis & Employés, voulons que s'il ne leur a point été donné copie du procès-verbal avant la plainte du Fermier, lecture leur en soit faite lors de leur premier interrogatoire, & qu'ils soient tenus de déclarer, au plus tard dans le troisieme jour, qu'ils entendent s'inscrire en faux, à cet effet consigner l'amende, passer & signer leur inscription dans la forme ci-dessus prescrite; ce qu'ils seront tenus de faire dans les vingt-quatre heures de leur premier interrogatoire, lorsqu'avant la plainte, copie leur aura été donnée du procès-verbal.

X. Défendons aux Officiers qui connoissent des droits de nos Fermes, même à nos Cours d'avoir égard aux actes & procédures qui ne seront pas conformes à la disposition des présentes, ni d'accorder d'autres & plus grands délais que ceux exprimés dans la présente Déclaration, à peine de nullité de leurs Jugemens.

XI. Leur défendons sous les mêmes peines, de procéder à l'audition des témoins, avant le jour qui suivra la signification que les inscrivans seront tenus de faire faire à nos Fermiers, de la Sentence qui aura admis les moyens de faux.

XII. Ceux qui voudront s'inscrire en faux contre les procès-verbaux des Commis & Employés de nos Fermes, avant d'être assignés sur iceux, seront tenus de se conformer aux formalités prescrites par ces présentes. Si donnons en mandement, &c.

Donnée à Versailles, le vingt-cinq Mars mil sept cent trente-deux.

Registrée en la Cour des Aydes, oui ce requérant le Procureur-Général du Roy, pour être exécutée selon sa forme & teneur, à la charge que s'il n'a pas été donné copie du procès-verbal avant la plainte du Fermier, lecture en sera faite aux accusés lors de leur premier interrogatoire, & que dans les vingt-quatre heures dudit interrogatoire, le Fermier sera tenu de leur donner copie du procès-verbal, au moyen de quoi les accusés seront tenus de déclarer au plus tard dans les trois jours du premier interrogatoire, s'ils entendent s'inscrire en faux, & de satisfaire aux autres formalités prescrites par l'article IX desdites lettres. Et ordonné que copies collationnées desdites lettres seront envoyées, &c. A Paris, en la premiere Chambre de ladite Cour des Aydes, le 30 Avril 1732. *Signé*, LEFRANC. 1732.

La Déclaration du 21 Mars 1671, concernant les condamnations & consignations d'amende, ordonne que de quelque maniere qu'il soit prononcé, quand les poursuivans succomberont dans leurs requêtes civiles, inscriptions de faux ou opposition, soit par *déboutés*, *sans avoir égard*, *sans s'arrêter*, *ou hors de Cour*, même en cas d'acquiescement, l'amende soit acquise au Roy.... sans que les Cours & Juges en puissent ordonner la remise ou modération, & sans qu'ils puissent faire application d'aucunes amendes civiles & criminelles, à quelque somme qu'elles se puissent monter, soit pour réparations, pain des prisonniers, nécessité du Palais, à l'Ordonnance de la Cour, ou sous quelqu'autre prétexte que ce soit, lesquelles appartiendront entiérement au Roy... à peine de payer par les contrevenans, chacun en droit soi, lesdites amendes en leurs propres & privés noms, & outre de 500 livres d'amende contre chacun Greffier des Cours & Sieges & Procureur contrevenant pour chacune contravention pour la premiere fois; & d'interdiction en cas de récidive; & au payement seront les contrevenans contraints par corps à leurs frais & dépens, en vertu de ladite Déclaration.

Voyez aussi l'article L, titre du faux incident, de l'Ordonnance du mois de Juillet 1737 ci-après, concernant le faux principal & le faux incident.

☞ Déclaration du 23 Septembre 1732, registrée en la Cour des Aydes, le 10 Octobre suivant, qui ordonne que les affirmations des procès-verbaux des Employés de toutes les Fermes pourront être par eux valablement faites devant les Juges des lieux, ou les plus prochains Juges, soit royaux, soit des Seigneurs. (Code Louis XV, Tome IV, page 288.)

DÉCLARATION qui établit des peines contre les contrebandiers. 1733.

27 Janvier 1733.

LOUIS, &c. Nous nous étions proposé, en rendant notre Déclaration du 2 Août 1729, qui établit contre les contrebandiers des peines proportionnées à la qualité des délits, d'y rappeller non seulement les principales dispositions de nos anciennes Ordonnances, Déclarations, Arrêts & Réglemens concernant le tabac & la contrebande; mais de réprimer par des peines encore plus séveres, l'exercice de la fraude & de la contrebande, & les attroupemens contraires à notre autorité, au bien de notre service, & qui exposent journellement nos Sujets à des excès que nous ne sçaurions trop tôt prévenir. Mais étant informé que plusieurs de nos Juges ne trouvent pas les dispositions de cette Déclaration assez claires, pour faire subir aux contrebandiers les peines auxquelles ils sont assujettis dans les cas qui se présentent le plus communément, ce qui a procuré

1733. l'impunité à plusieurs coupables, & donne de l'assurance à ceux qui sont adonnés à l'exercice de la fraude & de la contrebande, de continuer leur mauvais commerce; & voulant fixer une Jurisprudence certaine, qui puisse réprimer des crimes qui intéressent la tranquillité de l'Etat & la sureté de nos Sujets, encore plus que la perception de nos droits. A ces causes, &c.

I. Conformément à l'article XX de notre Déclaration du 17 Octobre 1720 & l'article I de notre Edit du mois d'Octobre 1726, les Particuliers qui seront arrêtés portant du tabac, des toiles peintes ou autres marchandises de contrebande ou en fraude, par attroupemens & armés, au nombre de trois & au-dessus, seront punis de mort, & leurs biens confisqués, même dans les lieux où la confiscation n'aura pas lieu.

II. Ceux qui seront convaincus d'avoir escorté des chevaux, voitures, bateaux ou même des hommes chargés de ballots, de quelque nature que ce puisse être, par attroupemens au nombre de cinq au moins, avec port d'armes, sans avoir aucun titre, qualité ou permission du Commandant ou de l'Intendant dans la Province, pour porter les armes, & pour escorter des voitures & ballots, seront punis de mort, & leurs biens confisqués, même dans les lieux où la confiscation n'aura pas lieu. Voulons que ledit crime puisse être prouvé par voye d'information & audition des témoins, qui déposeront les avoir vus escortant des ballots, attroupés au nombre de cinq au moins, avec port d'armes, récollemens, confrontations & autres regles prescrites par notre Ordonnance criminelle de 1670, pour les crimes de toute autre nature; & que ledit crime soit censé prouvé, quand bien même il ne leur auroit été saisi aucune desdites marchandises, lors de leur marche ou passage en troupe avec armes.

III. Voulons qu'à commencer du jour de la publication des présentes, ceux qui seront trouvés & arrêtés sur les terres & pays de notre obéissance, attroupés au nombre de cinq au moins, armés de fusils, carabines ou autres armes à feu, soit en allant ou revenant du lieu du chargement, & en quelque façon que ce soit, & dès qu'ils seront attroupés audit nombre, soient punis de la peine des galeres à perpétuité, quand bien même ils ne se trouveroient chargés d'aucunes marchandises : laquelle peine ne pourra cependant être prononcée que contre des vagabonds, gens sans aveu, artisans, gens de métier, gens de peine, matelots, paysans & autres de cette qualité, qui ne sont point du rang de ceux auxquels nous permettons & souffrons le port d'armes; & seront leurs biens confisqués, même dans les lieux où la confiscation n'aura pas lieu.

IV. Voulons que ceux désignés en l'article précédent, qui auront déja été condamnés pour fait de contrebande de tabac, toiles peintes ou autres marchandises, & qui seront trouvés & arrêtés, attroupés audit nombre de cinq au moins, armés de fusils, carabines ou autres armes à feu, soient punis de mort, & leurs biens confisqués, même dans les lieux où la confiscation n'aura pas lieu. Et seront au surplus les autres Réglemens rendus concernant la contrebande & la fraude du tabac, exécutés selon leur forme & teneur. Si donnons en mandement à nos amés & féaux les Gens tenant notre Cour de Parlement, Aydes & Finances à Grenoble, &c.

Donnée à Marly, le vingt-septieme jour de Janvier mil sept cent trente-trois.

La Cour, les Chambres assemblées, a ordonné & ordonne que ladite Déclaration sera lue & publiée à l'audience publique, & enregistrée au greffe de ladite Cour, pour être exécutée selon sa forme & teneur; & cependant très-humbles remontrances seront faites au Roy, sur la confiscation des biens : que plusieurs copies collationnées par l'un des Secretaires de ladite Cour, seront envoyées au Présidial de Valence, Bailliages, Sénéchaussées, Justice d'Orange & autres Sieges Royaux & accoutumés du ressort, pour y être faites pareilles lectures, &c. Fait à Grenoble, en Parlement, le 23 Février 1733. 1733.

Signé, MASSERON.

ARRÊT qui change en taille proportionnelle, la taille arbitraire imposée aux Habitants de la Ville de Dreux.

8 Septembre 1733.

SUR la requête présentée au Roy, en son Conseil, par Mathurin Jouvelin, Procureur de Sa Majesté des Eaux & Forêts de Dreux, Maire de la même Ville; Charles & Charles-Pierre Menestrel, Echevins, & Claude Marie le Prince, Avocat, Procureur-Syndic de la même Ville; contenant, que l'inégalité dans la répartition de la taille & autres impositions auxquelles la Ville de Dreux est imposée, est la source & l'origine des maux au sujet desquels les Supplians osent prendre aujourd'hui la liberté de faire leurs très-humbles remontrances. La Ville de Dreux, autrefois si florissante par ses Manufactures & son commerce, qui s'étendoit jusqu'aux extrémités du Royaume, ne présente plus aujourd'hui que l'ombre d'un état si heureux. Le corps des Négocians, autrefois composé de près de quarante Marchands Drapiers, est aujourd'hui réduit à six ou sept; les veuves surchargées de tailles abandonnent leur patrie, & se retirent dans les Villes voisines pour y conserver les tristes débris de leur fortune : les plus aisés des Habitans achetent des Charges pour se mettre à couvert des impositions, dont les pauvres destitués de faveur & de protection, portent tout le fardeau; d'un autre côté, les cinq Collecteurs chargés tous les ans d'en faire l'assiette, encourent inévitablement la haine de la plupart des contribuables, soit qu'ils surchargent les uns, ou refusent de diminuer ceux qui se prétendent surchargés; ce sont enfin autant de haines héréditaires, dont les funestes effets sont les jalousies, les injustices & les vengeances. Ça été pour remédier à tant de maux & en arrêter le progrès, que plusieurs Villes du Royaume qui en étoient affligées, ont eu recours à Sa Majesté, & en ont obtenu le changement de la taille arbitraire, en une taille proportionnée aux biens, emplois, commerce, facultés, industrie & profession de chaque taillable. Par ce changement les tailles ont été bien payées, & ces Villes ont eu le bonheur de voir refleurir leurs Manufactures & leur commerce, & regner parmi leurs Habitans la paix & l'union que la taille arbitraire en avoit écartés. Les Supplians vivement touchés de la ruine presqu'entiere de la Ville de Dreux & de la discorde qui regne parmi ses Habitans, flattés d'ailleurs de la douce espérance de la rétablir dans son ancienne splendeur, & y rappeller la paix & l'union, à l'exemple des Villes dont Sa Majesté a bien voulu écouter les justes plaintes, prirent la liberté de proposer au sieur de Harlay, Intendant de la Généralité de Paris, l'établissement de la taille proportionnelle dans leur Ville, au lieu de la taille arbitraire. Ce Magistrat approuva le zele des Supplians, & leur permit de faire à cet égard tel mémoire, & de prendre telles mesures qu'ils jugeroient convenables pour parvenir à cet établissement. Les Supplians dresserent un projet pour la répartition proportionnelle de la taille à laquelle la Ville de Dreux est imposée pen-

1733. dant la présente année 1733, & convoquerent l'assemblée générale de tous les Corps & Habitans; chacun y convint que les malheurs dont ils étoient affligés, que la chûte du commerce & des Manufactures, les haines & les dissentions qui regnent parmi eux, ne proviennent que de la taille arbitraire, & que la taille proportionnelle, à laquelle d'une voix unanime, chaque Corps & chaque Habitant en particulier a consenti de se soumettre, sous le bon plaisir de Sa Majesté, rameneroit le calme & l'abondance. Le projet que les Supplians avoient dressé ayant été unanimement approuvé & reçu de tous les Corps & Habitans de la Ville, il a été pris une délibération le 14 Mai dernier, par laquelle il a été délibéré, que Sa Majesté seroit très-humblement suppliée de changer pour tel nombre d'années à l'avenir, la taille arbitraire en une taille proportionnelle qui sera partagée sur tous les Corps de la Ville, & sur ceux qui occupent ou font valoir les terres labourables, prés, vignes, maisons, jardins, bois taillis & autres fonds situés dans l'étendue des deux Paroisses de ladite Ville, fauxbourgs & dépendances, conformément aux évaluations qui seront faites de ces biens. Les Supplians osent d'autant plus espérer que Sa Majesté voudra bien écouter favorablement leurs très-humbles remontrances, que non-seulement leurs vues jointes aux vœux unanimes de tous les Habitans, ne tendent qu'à contribuer au bien public, & à se conserver dans les sentimens d'équité & d'union, mais sont conformes à celles de nos Roys exprimées dans toutes leurs Ordonnances sur le fait de la taille. Celle de 1449, article premier, s'exprime en ces termes : *voulons équité être gardée entre nos Sujets ès charges & faix qu'ils ont à supporter, sans que l'un porte ou soit contraint à porter le faix & charge de l'autre, sous ombre de privileges, cléricature ou autrement.* Celle de 1597, article 17, temps auquel les abus, dans la répartition de la taille, commencerent à s'introduire, s'exprime ainsi : *& d'autant que l'inégalité dont usent les Asséeurs des Paroisses au fait de leurs rôles & assiettes, est l'une des principales causes de la ruine & subversion des Paroisses, par les vengeances, procès & différends qui en naissent entre les taillables, & de-là un désordre qui rend les deniers de la taille très-difficiles à recouvrer; nous desirons qu'à l'avenir, égalité soit gardée en la contribution desdites tailles, & que nos pauvres Sujets ne soient foulés ni oppressés au soulagement des riches & aisés; voulons & ordonnons que dorénavant les Elus en faisant leurs chevauchées, s'informent sur les lieux desdites inégalités.* Or ces Réglemens, & ceux qui ont été rendus depuis sur le même fait, ont tous en vue l'égalité dans la répartition de la taille & autres impositions; l'établissement de la taille proportionnelle, en obviant aux abus inséparables de la partialité dans les répartitions, remettant le calme dans les esprits, l'imposition s'en fera avec égalité, & chacun contribuant aux charges proportionnément à son état & à son bien, les pauvres se trouveront soulagés. Alors on verra refleurir le commerce & les Manufactures, la paix & l'union, la justice & la bonne foi régneront entre les Habitans; plus de haines, plus de jalousies, plus de vengeances, plus d'injustices. C'est pour parvenir à un état si desirable, que les Supplians viennent réclamer la protection & l'autorité souveraine de Sa Majesté. A ces causes, requéroient les Supplians qu'il plût à Majesté homologuer & approuver la délibération dudit jour 14 Mai 1733. Ce faisant, ordonner que la taille proportionnelle sera établie dans ladite Ville de Dreux, suivant & conformément à ladite délibération. Vu ladite requête, ensemble l'avis du sieur de Harlay, Intendant & Commissaire départi en la Généralité de Paris, oui le rapport du sieur Orry, Conseiller d'Etat & au Conseil Royal, Contrôleur-Général des Finances. Le Roy, en son Conseil, ayant égard à ladite requête, a autorisé & approuvé la délibération prise par les Habitans de la Ville de Dreux, le 14 Mai de la présente année; en conséquence a ordonné & ordonne ce qui suit; sçavoir : 1733.

I. La taille à laquelle la Ville de Dreux est cotisée par chacun an, & dont la répartition a été jusqu'aujourd'hui arbitraire, sera à l'avenir, & pendant neuf années consécutives, à commencer de la prochaine 1734, convertie en une taille proportionnelle, & que la répartition s'en fera sur tous les contribuables, par rapport à l'occupation des fonds, à l'industrie, au commerce & à la profession de chacun desdits contribuables.

II. Que de la somme de 12800 livres à laquelle la Ville de Dreux est imposée en la présente année 1733, le Corps des Marchands Drapiers en payera celle de 700 livres.

III. Le Corps des Marchands Merciers en payera celle de 550 livres.

IV. Les Epiciers en payeront celle de 400 livres.

V. Le Corps des Marchands Tanneurs, celle de 280 livres.

VI. Les Teinturiers en grand teint, payeront celle de 250 livres.

VII. Les Teinturiers en petit teint, payeront celle de 26 livres.

VIII. Les Aubergistes, Hôtelliers, Pâtissiers & Traiteurs, payeront la somme de 350 livres.

IX. Les Chaircuitiers payeront la somme de 160 livres.

X. Les Bouchers payeront celle de 90 livres.

XI. Les Bonnetiers payeront celle de 90 livres.

XII. Les Tailleurs payeront celle de 45 livres.

XIII. Les Boulangers payeront celle de 220 livres.

XIV. Les Bourreliers payeront celle de 50 livres.

XV. Les Selliers payeront celle de 30 livres.

XVI. Les Cordiers payeront celle de 70 livres.

XVII. Les Pelletiers, Gantiers, Parcheminiers & Mégissiers, payeront celle de 70 livres.

XVIII. Les Orfevres & Horlogers payeront celle de 6 livres.

XIX. Les Vitriers payeront celle de 60 livres.

XX. Les Chauderonniers payeront celle de 45 livres.

XXI. Les Serruriers, Armuriers, Couteliers payeront celle de 27 livres.

XXII. Les Taillandiers payeront celle de 46 livres.

XXIII. Les Epingliers payeront celle de 12 livres.

XXIV. Les Tourneurs, Boisseliers & Vaniers payeront celle de 115 livres.

XXV. Les Marchands Potiers d'étain payeront celle de 40 livres.

XXVI. Les Maréchaux payeront celle de 44 livres.

XXVII. Les Cordonniers payeront celle de 80 livres.

XXVIII. Les Maçons payeront celle de 65 livres.

XXIX. Les Charpentiers payeront celle de 50 livres.

XXX. Les Menuisiers payeront celle de 55 livres.

XXXI. Les Tisserands payeront celle de 30 livres.

XXXII. Les Carreleurs payeront celle de 15 livres.

XXXIII. Les Perruquiers payeront celle de 9 livres.

XXXIV. Les Marchands de Vaches payeront la somme de 40 livres.

XXXV. Les Maîtres Chirurgiens payeront celle de 90 livres.

XXXVI. Les Grainetiers, Marchands de Fromage, payeront celle de [illegible]0 livres.

XXXVII. Les Tonnelliers, Vinaigriers payeront celle de 65 livres.

XXXVIII. Les Chapeliers payeront celle de 12 livres.

1733. XXXIX. Les Tondeurs payeront celle de 120 livres.

XL. Les Cardiers payeront celle de 3 livres.

XLI. Les petits Cabaretiers à l'année, payeront la somme de 100 livres.

XLII. Les Procureurs payeront celle de 30 livres.

XLIII. Les Huissiers payeront celle de 8 livres.

XLIV. Les Officiers des Eaux & Forêts, qui n'auront point de privileges d'ailleurs, ne seront imposés que par rapport à leurs occupations.

XLV. Les Officiers du Grenier à Sel, les Avocats, Médecins, Laboureurs, Vignerons & Jardiniers, ne seront pareillement imposés que par rapport à leurs occupations.

XLVI. Le surplus desdits Habitans sera distribué en cinq classes, dont ceux de la premiere payeront 15 livres; ceux de la seconde, 10 livres; ceux de la troisieme, 6 livres; ceux de la quatrieme, 3 livres; & ceux de la cinquieme, 1 livre.

XLVII. Seront employés dans le rôle les noms de ceux des Habitans taillables qui ne seront en état de payer aucune somme, soit par pauvreté, infirmité, ou autres raisons valables, lesquels seront cotisés seulement pour l'occupation des biens & maisons dont ils jouissent; & en cas que quelqu'un d'eux parvienne dans la suite à une meilleure fortune, il sera employé dans une desdites cinq classes, suivant son état & faculté.

XLVIII. Les Corps, Communautés & Professions, feront chacun à leur égard, & sur les membres qui le composent, la répartition en détail des sommes qu'ils doivent supporter, & s'il survenoit entr'eux quelque difficulté au sujet de ladite répartition, en exécution du présent Arrêt, elle sera levée à l'amiable par les Maire & Echevins; & en cas qu'ils ne veuillent s'en tenir à leur décision, les Parties se pourvoiront pendant lesdites neuf années consécutives, pardevant le sieur Intendant & Commissaire départi en la Généralité de Paris, qui sur l'avis par écrit desdits Maire & Echevins, après avoir entendu les Parties intéressées, réglera leurs contestations.

XLIX. A l'égard de la répartition de la somme à laquelle sont imposés les Habitans distribués en cinq classes, elle se fera par les Maire & Echevins & deux notables Bourgeois qui seront choisis & nommés par ledit sieur Intendant de la Généralité de Paris.

L. S'il arrivoit dans la suite que quelque Corps, Communauté ou Profession fût trop chargée, la somme qui se trouvera excéder la juste proportion, sera répartie au sol la livre sur les autres Corps, Communautés & Professions, à l'exception des biens-fonds; & au contraire, si quelqu'un desdits Corps & Communautés ou Professions augmentoit considérablement, soit par rapport au commerce ou au nombre des personnes, la taxe sera augmentée au profit des autres Corps au sol la livre; en cas d'augmentation ou diminution de la taille de ladite Ville, la répartition en sera faite ainsi que des impositions extraordinaires qui pourroient survenir, sur toutes les Parties taillables; il en sera usé de même, s'il se trouve des non-valeurs dans le courant de l'année.

LI. Lesdits Corps, Communautés & Professions feront choix, chacun à leur égard, de personnes suffisantes & solvables pour faire le recouvrement des sommes, dont l'imposition en détail sera faite sur eux, desquels Préposés, lesdits Corps, Communautés & Professions demeureront solidairement responsables, aussi-bien que des payemens qu'ils en seront tenus de faire entre les mains du Receveur nommé par la Ville, aux échéances prescrites par les Réglemens des tailles, & feront lesdits Préposés, les recouvremens sur des états de répartition, qui seront arrêtés dans lesdits Corps & Communautés, & visés par lesdits Maire & Echevins, sans qu'il soit besoin d'autres formalités. 1733.

LII. Les Fermiers & Exploiteurs des quatre moulins à bled qui sont dans l'étendue des deux Paroisses de cette Ville, demeureront fixés à la somme de 300 livres; sçavoir, celui de l'Aumône à 70 livres; celui de l'Ecluse à 65 livres; celui du Louvet à 120 livres; & celui du Bléras à 45 livres.

LIII. Les Exploiteurs & Fermiers des cinq moulins à tan & à foulon, qui sont dans l'étendue desdites deux Paroisses, demeureront aussi fixés à la somme de 75 livres pour la roue seulement, ce qui est pour chaque moulin la somme de 15 livres.

LIV. Les Fermiers des dixmes des sieurs Chanoines de Saint Etienne de Dreux, Curés de S. Pierre & S. Jean, Prieurs de S. Léonard, S. Martin, Musy-en-France & autres, payeront un sol six deniers du prix de leurs baux; & en cas que le prix de leurs baux soit en grain, l'estimation s'en fera à raison de trente sols le minot de bled, & douze sols celui d'avoine.

LV. Le Fermier du mesurage demeurera fixé à la somme de 100 livres.

LVI. Les Fermiers du Notariat, Greffe & aulnages, demeureront fixés conjointement à la somme de 100 livres, qui sera répartie entr'eux au marc la livre du prix de leurs baux.

LVII. Le Fermier de la Boucherie demeurera fixé à la somme de 30 livres.

LVIII. Les Propriétaires ou Fermiers taillables, des prés situés dans l'étendue desdites deux Paroisses, payeront 3 livres par chacun arpent.

LIX. Les Propriétaires ou Fermiers taillables, des vignes situées dans l'étendue desdites deux Paroisses, payeront 40 sols par chacun arpent.

LX. Les Propriétaires ou Fermiers taillables, des jardins & terres labourables, aulnais, bois taillis & autres fonds, autres que ceux ci-dessus dénommés, situés dans l'étendue desdites deux Paroisses, payeront deux sols pour livre du prix de leurs baux, ou de l'estimation qui en sera faite par lesdits Maire & Echevins.

LXI. Toutes les sommes ci-dessus étant prélevées, ce qui manquera pour parfaire la somme de 12800 livres à laquelle la Ville de Dreux est imposée en la présente année 1733, sera payé par les Locataires ou Propriétaires taillables, des maisons au sol la livre, du prix des baux desdites maisons, ou de l'estimation qui en sera faite comme dessus, & ne pourra ladite imposition excéder les deux sols pour livre; & en cas qu'elle ne suffise pas, ce qui manquera pour parfaire ladite somme de 12800 livres sera imposé sur le Corps au sol la livre.

LXII. Et pour asseoir avec égalité & juste proportion sur les immeubles, la taille à laquelle chaque immeuble devra être imposé, les Propriétaires, Fermiers & Locataires seront tenus de faire la déclaration chacun en droit soi pardevant lesdits Maire & Echevins, dans le temps qui leur sera par eux indiqué; & faute par lesdits Propriétaires, Fermiers & Locataires desdits immeubles d'y satisfaire dans ledit temps, les condamner au quadruple de la taille, à laquelle chaque immeuble non déclaré auroit dû être imposé, pour être le montant dudit quadruple réparti dans le rôle de l'année suivante à la décharge des autres contribuables à la taille, sans que cette peine puisse être réputée comminatoire.

LXIII. Les Fermiers & Locataires taillables, payeront la taxe de leurs occupations, sans aucun recours contre les Propriétaires, soit privilégiés ou taillables, & ne seront tenus les Propriétaires taillables de payer pour ladite occupation qu'en cas qu'ils occupent par eux-mêmes, ou qu'ils louent à des exempts ou privilégiés, & seront lesdits Fermiers, Locataires & Propriétaires occupans,

1733. responsables, chacun en droit soi, de leurs Sous-Fermiers, Locataires & Sous-Locataires, sans qu'en aucun cas les Ecclésiastiques, exempts & privilégiés, propriétaires ou locataires puissent être tenus de ladite occupation.

LXIV. Pour prévenir la confusion que le changement de demeure & d'exploitation pourroit causer dans la suite, les Propriétaires & Locataires seront tenus de donner avis auxdits Maire & Echevins desdits changemens, sous telle peine qu'il appartiendra.

LXV. Pour prévenir aussi toute collusion entre les Propriétaires, Locataires & Fermiers, lesdits Propriétaires ne pourront exiger de leurs Locataires & Fermiers que le prix énoncé dans les baux; & en cas de fraude, lesdits Propriétaires & Locataires seront condamnés chacun à telle amende qu'il plaira à Sa Majesté arbitrer.

LXVI. Le rôle de la taille sera fait annuellement par les Maire & Echevins, en présence d'un Commissaire, qui sera nommé par le sieur Intendant, & deux notables Habitans qui seront nommés par les quarante Conseillers-Pairs de la Ville, & ledit rôle contiendra les taxes de l'exploitation des fonds en détail & par articles, & les cotes des Habitans, suivant qu'il est expliqué ci-dessus, & sera ledit rôle rendu exécutoire par ledit sieur Intendant Commissaire départi.

LXVII. Il sera nommé à la pluralité des voix, par lesdits quarante Conseillers-Pairs de la Ville, un Receveur, lequel après que sa nomination aura été approuvée par ledit sieur Commissaire départi, fera, sous le cautionnement de la Ville, le recouvrement en détail des taxes de l'occupation des fonds & des cotes des Particuliers distribués en cinq classes, & le recouvrement en gros des sommes que chaque Corps, Communauté ou Profession devra porter, sur ceux qui seront préposés pour lever en détail sur les Particuliers de chaque Corps & Profession; lequel Receveur pourra faire exercer à sa requête, en vertu du rôle, toutes les diligences permises aux Collecteurs, aux termes des Réglemens, & sera tenu de payer la taille de quartier en quartier au Receveur des Tailles, à peine d'y être contraint par les voyes qui sont en usage contre les Collecteurs.

LXVIII. Les susdits taillables payeront outre & par-dessus leurs cotes, un sol pour livre en sus du montant de leur taille, seulement, audit Receveur de la Ville, tant pour lui tenir lieu de gages & d'appointemens, que pour les frais de la répartition, contrôle & sceau du rôle, papier & écritures, qui demeureront à sa charge.

LXIX. Fera aussi ledit Receveur, le recouvrement de la capitation & de l'ustensile avec la rétribution ordinaire des quatre deniers pour livre, qui s'imposent pour les frais de recouvrement des Collecteurs. Et seront pour l'exécution du présent Arrêt, toutes Lettres nécessaires expédiées. Fait au Conseil d'Etat du Roy, tenu à Versailles, le huit Septembre mil sept cent trente-trois.

Signé, GUYOT.

Ce tarif a été prorogé pour dix ans par Arrêt du Conseil du 17 Mai 1740, & pour vingt ans par celui du 17 Février 1756. Voyez ci-après ce dernier Arrêt à sa date.

1734. ☞ Arrêt de la Cour des Aydes, du 25 Mai 1734, qui infirme une Sentence de l'Election de Pontoise, & juge que les contraintes du Fermier pour droits de gros des vins manquans des inventaires, doivent être exécutées par saisie & vente des meubles, nonobstant les oppositions, sauf aux opposans à prendre communication des registres dans les Bureaux où ils sont déposés, pour déduire ensuite leurs moyens. 1734.

Et sur les conclusions de M. le Procureur-Général, fait défenses aux Elus de Pontoise, d'ordonner des surséances aux contraintes.

LETTRES-PATENTES qui ordonnent la maniere & la forme dans lesquelles les Commis des Fermes pourront faire les visites dans les Abbayes & autres Couvents de filles.

19 Octobre 1734.

LOUIS, &c. Ordonnons que les Commis de nos Fermes ne pourront sous aucun prétexte demander à entrer dans les Abbayes ou autres Couvens de filles, si ce n'est en cas de soupçons de fraude apparens & bien fondés, & qu'ils seront tenus de se contenter des certificats de l'Abbesse ou Supérieure, & de quatre des plus anciennes Religieuses de chaque maison, de la quantité des boissons qu'elles auront recueillies ou fait entrer dans leurs maisons, ou qu'elles auront brassées ou façonnées, lesquelles déclarations affirmatives, lesdites Religieuses seront tenues de donner au Fermier, dans les cas & sous les peines portées par l'Ordonnance & Réglemens; & en cas de soupçons de fraude apparens & bien fondés, ordonnons que les Commis ne pourront entrer dans l'intérieur desdites maisons, qu'après en avoir obtenu la permission de l'Evêque Diocésain, ou de l'un de ses Grands-Vicaires, & seront tenus de se faire assister d'un Officier des Elections, Greniers à sel ou Juge des Traites, dans les lieux où les Sieges desdites Jurisdictions sont établis, ou n'en sont pas éloignés de plus de trois lieues, ou dans les autres lieux en présence du plus prochain Juge Royal, ou du Juge ordinaire desdits lieux, lesquels Juges seront tenus d'avertir un des Prêtres desdites maisons de les accompagner dans lesdites visites, & de faire mention dans leurs procès-verbaux de la présence d'un desdits Prêtres, ou des causes pour lesquelles ils n'en auront pas été assistés, soit pour absence, refus ou autrement. Pourront néanmoins les Commis sans la permission de l'Evêque ou Grand-Vicaire, dans les cas urgens dans lesquels la preuve de la fraude pourroit échapper, entrer dans lesdites maisons religieuses, assistés d'un Juge, & en présence d'un des Prêtres de la maison, ou ledit Prêtre de ce interpellé. SI vous mandons, &c.

Données à Fontainebleau, le dix-neuf Octobre mil sept cent trente-quatre.

Enregistrées en la Cour des Aydes, le premier Décembre suivant.

☞ Arrêt de la Cour des Aydes, du 16 Mars 1735, qui juge qu'une héritiere d'un Receveur des Fermes du Roy, ne pouvoit profiter des Lettres de bénéfice d'inventaire par elle obtenues, & qui ordonne que dans quinzaine pour toute préfixion & délai, elle sera tenue de renoncer à la succession de ce Receveur, & à faute de ce faire dans ledit temps & icelui passé, condamne cette héritiere à payer le débet de ce Receveur. (Code Louis XV, tome VI, page 8.) 1735.

1737.

ORDONNANCE *concernant le faux principal & faux incident, & la reconnoissance des écritures & signatures en matiere criminelle.*

Juillet 1737.

LOUIS, &c. Le feu Roy notre très-honoré Seigneur & bisayeul, crut ne pouvoir rien faire de plus avantageux pour ses Sujets, que de renfermer dans un corps de loix toutes les regles de la procédure civile & criminelle ; & cet ouvrage a été regardé comme un de ceux qui ont le plus contribué à immortaliser la gloire de son regne. Les difficultés qui se présenterent dans l'exécution de ses Ordonnances, ne servirent qu'à redoubler son attention pour suppléer ce qui pouvoit y manquer, & pour les porter par des déclarations postérieures, à une plus grande perfection. Mais outre que ces loix particulieres n'ont pas été réunies jusqu'à présent, pour ne former qu'un seul tout avec les loix générales, & devenir par-là encore plus connues & plus utiles, nous savons que la diversité des opinions, & la différente maniere d'expliquer les mêmes dispositions, ont produit une si grande variété dans les usages de plusieurs Tribunaux, que des procédures qui paroissent aux uns régulieres & suffisantes, sont regardées par d'autres comme nulles & défectueuses. Le remede qu'on est obligé d'y apporter, en faisant recommencer ce qui a été déclaré nul, est souvent presque aussi fâcheux que le mal même, l'expérience ayant appris que cette voie onéreuse aux Officiers qui en supportent les frais, favorable quelquefois au coupable ou au plaideur téméraire, a toujours le grand inconvénient de prolonger les procès, & souvent de retarder des exemples nécessaires. Des considérations si importantes nous ont fait croire, qu'au lieu de se contenter de réparer les défauts de procédures, à mesure qu'ils se présentent, il étoit beaucoup plus convenable d'en tarir la source par une nouvelle loi, qui renfermât en même-temps & le supplément & l'interprétation des Ordonnances précédentes. Mais dans la nécessité où nous sommes, de partager un ouvrage d'une si grande étendue, nous avons cru que la revision de l'Ordonnance de 1670, sur la procédure criminelle, devoit occuper d'abord toute notre attention : & dans cette Ordonnance même nous avons jugé à propos de faire un choix, en commençant un ouvrage si utile, par les titres *de la reconnoissance des écritures ou signatures privées, & du faux principal ou incident.* Les différens objets de ces deux titres y ont été tellement mêlés, que les Juges ont eu de la peine à en faire un juste discernement, & qu'il leur est souvent arrivé, ou de séparer ce qui devoit être réuni, ou de confondre ce qu'il auroit fallu distinguer. C'est donc pour remédier à cet inconvénient par un ordre plus naturel, que nous avons jugé à propos d'établir d'abord dans un premier titre, les regles qui seront observées dans la poursuite du faux principal ; de fixer ensuite dans un second titre, celles qui auront lieu à l'égard du faux incident ; & d'y ajouter enfin un dernier titre, sur ce qui concerne seulement la reconnoissance des écritures & signatures privées ; en sorte que l'on puisse reconnoître aisément dans chaque titre les formalités qui sont propres à chacune de ces trois procédures, & celles qui leur sont communes. Nous y laisserons beaucoup moins à suppléer à l'attention de ceux qui sont chargés de l'instruction des procès criminels, qu'on ne l'avoit fait par l'Ordonnance de 1670, & si nous sommes obligés par-là d'entrer dans un détail beaucoup plus exact sur ce qui regarde chaque acte de la procédure, nous espérons que l'inconvénient de la longueur, presque inséparable de cette exactitude, sera avantageusement compensé par le bien que nous ferons à la Justice, en mettant devant les yeux des Juges une suite de regles claires & précises, qui dirige surement toutes leurs démarches, en les conduisant par degrés & comme pas à pas, dans tout le cours de l'instruction. Il ne nous reste donc plus, après nous être fait rendre un compte exact des différens usages de nos Parlemens, & avoir reçu les Mémoires des principaux Magistrats de ces Compagnies, que de faire publier une loi si nécessaire pour parvenir à cette uniformité parfaite, qui n'est pas moins desirable, & qu'il est encore plus facile d'établir dans la forme de la procédure, que dans le fond des Jugemens: elle y sera d'autant plus utile à nos Sujets, que les difficultés qui regardent l'ordre judiciaire, naissent beaucoup plus souvent que les questions de Jurisprudence qui partagent les Tribunaux, & que le fond même de la Justice est en danger, lorsque les voies qui y conduisent sont obscures ou incertaines. A ces causes, &c. Nous disons, déclarons & ordonnons, voulons & nous plaît ce qui suit. 1737.

Titre du faux principal.

I. Les plaintes, dénonciations & accusations de faux principal, se feront en la même forme que celles des autres crimes, sans consignation d'amende, sans inscriptions en faux, sommation ni autres procédures, avec celui contre lequel l'accusation sera formée.

II. L'accusation de faux pourra être admise, s'il y échet, encore que les pieces prétendues fausses ayent été vérifiées, même avec le Plaignant, à d'autres fins que celles d'une poursuite de faux principal ou incident, & qu'en conséquence, il soit intervenu un Jugement sur le fondement desdites pieces comme véritables.

III. Sur la requête ou plainte de la Partie publique, ou de la Partie civile, à laquelle elles seront tenues de joindre les pieces prétendues fausses, si elles sont en leur possession, il sera ordonné qu'il sera informé des faits portés par ladite requête ou plainte, & ce, tant par titres que par témoins, comme aussi par Experts, ensemble par comparaison d'écritures ou signatures, le tout selon que le cas le requerra; & lorsque le Juge n'aura pas ordonné en même temps ces différens genres de preuve, il pourra y être suppléé, s'il y échet, par une Ordonnance ou un Jugement postérieur.

IV. Ledit Jugement ou Ordonnance contiendra en outre, qu'il sera dressé procès-verbal de l'état des pieces prétendues fausses, lesquelles à cet effet seront remises au Greffe, si elles sont jointes à la requête ou plainte, sinon apportées audit Greffe, ainsi qu'il sera dit ci-après.

V. En cas que lesdites pieces ne soient pas en la possession de la Partie publique, ou de la Partie civile, & qu'elles n'ayent pu les joindre à leur requête ou plainte, il sera ordonné par le même Jugement ou Ordonnance qui permettra d'informer, qu'elles seront remises au Greffe par ceux qui les auront entre leurs mains, & qu'à ce faire ils seront contraints, sçavoir, les dépositaires publics, par corps, ou s'ils sont Ecclésiastiques, par saisie de leur temporel; & ceux qui ne sont pas dépositaires publics, par toutes voies dues & raisonnables, sauf à être ordonné, s'il y échet, qu'ils y seront contraints par les mêmes voies que les dépositaires publics.

VI. Le délai pour l'apport & la remise desdites pieces, courra du jour de la signification de ladite Ordonnance ou Jugement, au domicile de ceux qui les auront en leur possession: & sera ledit délai de trois jours, s'ils sont dans le lieu de la Jurisdiction; de huitaine, s'ils sont dans les dix lieues, & en cas de plus grande distance, le délai sera augmenté d'un jour par dix lieues, même de tel autre temps

1737. que les Juges estimeront nécessaire, eu égard à la difficulté des chemins, & à la longueur des lieues; sans néanmoins qu'en aucun cas le délai puisse être réglé sur le pied de plus de deux jours par dix lieues.

Faux principal.

VII. Ne pourront être entendus aucuns témoins, avant que les pieces prétendues fausses ayent été déposées au Greffe; ce qui sera observé à peine de nullité, si ce n'est qu'il ait été ordonné expressément, soit en accordant la permission d'informer, soit par une Ordonnance ou un Jugement postérieur, que les témoins pourront être entendus avant le dépôt desdites pieces, ce que nous laissons à la prudence des Juges; comme aussi de statuer, ainsi qu'il appartiendra suivant l'exigence des cas, lorsque les pieces prétendues fausses se trouveront avoir été soustraites, ou être perdues, ou lorsqu'elles seront entre les mains de celui qui sera prévenu du crime de faux.

VIII. Lorsque l'information par Experts aura été ordonnée suivant ce qui est porté par l'article III, lesdits Experts seront toujours nommés d'office, à peine de nullité: & la nomination en sera faite par l'Ordonnance ou Jugement qui ordonnera ladite information, si ce n'est que ladite nomination ait été renvoyée à un Juge commis sur les lieux pour procéder à ladite information, lequel Juge commis fera pareillement d'office ladite nomination.

IX. Défendons aux Juges de recevoir de l'accusé aucune requête en récusation contre les Experts, à peine de nullité; sauf audit accusé à fournir ses reproches, si aucuns y a, contre lesdits Experts, en la même forme & dans le même temps que contre les autres témoins.

X. Le procès-verbal de l'état des pieces prétendues fausses, ratures, surcharges, interlignes, & autres circonstances du même genre qui pourront s'y trouver, sera dressé au Greffe ou autre lieu du Siege destiné aux instructions, en présence, tant de notre Procureur, ou de celui des Hauts-Justiciers, que de la Partie civile, s'il y en a, à peine de nullité, & l'accusé ne sera point appellé audit procès-verbal.

XI. Lesdites pieces seront paraphées lors dudit procès-verbal, tant par le Juge que par la Partie civile, si elle peut les parapher, sinon il en sera fait mention, ensemble par notre Procureur ou celui des Hauts-Justiciers, le tout à peine de nullité, après quoi elles seront remises au Greffe.

XII. Lorsque la preuve par comparaison d'écritures aura été ordonnée, nos Procureurs ou ceux des Hauts-Justiciers, & la Partie civile, s'il y en a, pourront seuls fournir les pieces de comparaison, sans que l'accusé puisse être reçu à en présenter de sa part, si ce n'est dans le temps & ainsi qu'il sera dit par les articles XLVI & LIV ci-après; & le contenu au présent article sera observé à peine de nullité.

XIII. Ne pourront être admises pour pieces de comparaison que celles qui sont authentiques par elles-mêmes: & seront regardées comme telles, les signatures apposées aux actes passés devant Notaires ou autres personnes publiques, tant séculieres qu'ecclésiastiques, dans les cas où elles ont droit de recevoir des actes en ladite qualité; comme aussi les signatures étant aux actes judiciaires faits en présence du Juge & du Greffier, & pareillement les pieces écrites & signées par celui dont il s'agit de comparer l'écriture, en qualité de Juge, Greffier, Notaire, Procureur, Huissier, Sergent, & en général, comme faisant, à quelque titre que ce soit, fonction de personne publique.

XIV. Pourront néanmoins être admises pour pieces de comparaison, les écritures ou signatures privées qui auroient été reconnues par l'accusé; sans qu'en aucun autre cas lesdites écritures ou signatures privées puissent être reçues pour pieces de comparaison, quand même elles auroient été vérifiées avec ledit accusé, sur la dénégation qu'il en auroit faite: ce qui sera exécuté à peine de nullité.

XV.

XV. Laissons à la prudence des Juges, suivant l'exigence des cas, & notamment lorsque l'accusation de faux ne tombera que sur un endroit de la piece qu'on prétendra être faux ou falsifié, d'ordonner que le surplus de ladite piece servira de piece de comparaison.

1737.

Faux principal.

XVI. Si les pieces indiquées pour pieces de comparaison, sont entre les mains des dépositaires publics, ou autres, le Juge ordonnera qu'elles seront apportées, suivant ce qui est prescrit par les articles V & VI à l'égard des pieces prétendues fausses; & les pieces qui auront été admises pour pieces de comparaison, demeureront au greffe pour servir à l'instruction; & ce, quand même les dépositaires d'icelles offriroient de les apporter toutes les fois qu'il seroit nécessaire: sauf aux Juges à y pourvoir autrement, s'il y échet, pour ce qui concerne les registres des baptêmes, mariages, sépultures & autres, dont les dépositaires auroient besoin continuellement pour le service du public.

XVII. Sur la présentation des pieces de comparaison, qui sera faite par la Partie publique, ou par la Partie civile, sans qu'il soit donné aucune requête à cet effet, il sera dressé procès-verbal desdites pieces, au greffe ou autre lieu du Siege destiné aux instructions, en présence de ladite Partie publique, ensemble de la Partie civile, s'il y en a, à peine de nullité.

XVIII. L'accusé ne pourra être présent au procès-verbal de présentation de pieces de comparaison, ce qui sera pareillement observé, à peine de nullité.

XIX. A la fin dudit procès-verbal, & sur la requisition ou sur les conclusions de la Partie publique, le Juge réglera ce qu'il appartiendra, sur l'admission ou le rejet desdites pieces, si ce n'est qu'il juge à propos d'ordonner qu'il en sera par lui référé aux autres Officiers du Siege: auquel cas il y sera pourvu par délibération du Conseil, après que ledit procès-verbal aura été communiqué à notre Procureur, ou à celui des Hauts-Justiciers, & à la Partie civile.

XX. S'il est ordonné que les pieces de comparaison seront rejettées, la Partie civile, s'il y en a, ou nos Procureurs ou ceux des Hauts-Justiciers, seront tenus d'en rapporter ou d'en indiquer d'autres dans le délai qui sera prescrit, sinon il y sera pourvu ainsi qu'il appartiendra: & sera au surplus observé sur l'apport desdites pieces, le contenu en l'article XVI ci-dessus.

XXI. Dans tous les cas où les pieces de comparaison seront admises, elles seront paraphées, tant par le Juge, que par nos Procureurs, ou par ceux des Hauts-Justiciers, & par la Partie civile, s'il y en a, & si elle peut signer, sinon il en sera fait mention: le tout à peine de nullité.

XXII. Dans toutes les informations qui seront faites par Experts, ils seront toujours entendus séparément, & par forme de déposition, ainsi que les autres témoins, sans qu'il puisse être ordonné en aucun cas, que lesdits Experts feront leur rapport sur les pieces prétendues fausses, ou qu'il sera procédé préalablement à la vérification d'icelles, ce que nous défendons à peine de nullité.

XXIII. En procédant à ladite information, la plainte ou requête contenant l'accusation de faux, & la permission d'informer donnée en conséquence, les pieces prétendues fausses, & le procès-verbal de l'état d'icelles, les pieces de comparaison, lorsqu'il en aura été fourni, ensemble le procès-verbal de présentation d'icelles, & l'Ordonnance ou Jugement par lequel elles auront été reçues, seront remis à chacun des Experts, pour les voir & examiner séparément & en particulier, sans déplacer; & sera fait mention de la remise & examen desdites pieces, dans la déposition de chacun des Experts, sans qu'il en soit dressé aucun procès-verbal, lesquels Experts parapheront les pieces prétendues fausses, le tout à peine de nullité.

1737. Faux principal.

XXIV. Seront en outre entendus comme témoins, ceux qui auront connoissance de la fabrication, altération & en général de la fausseté desdites pieces, ou de faits qui pourront servir à en établir la preuve; à l'effet de quoi sera permis d'obtenir, s'il y échet, & faire publier des monitoires, ce qui pourra être ordonné en tout état de cause.

XXV. En procédant à l'audition desdits témoins, les pieces prétendues fausses leur seront représentées, si elles sont au greffe, & en cas qu'elles n'y fussent pas, la représentation en sera faite lors du récollement, & si elles n'étoient pas au greffe, même audit temps, la représentation s'en fera lors de la confrontation.

XXVI. Lesdits témoins parapheront lesdites pieces, lors de la représentation qui leur en sera faite, s'ils peuvent ou veulent les parapher, sinon il en sera fait mention.

XXVII. Les pieces servant à conviction, qui auroient été remises au greffe, seront pareillement représentées à ceux desdits témoins qui en auront connoissance & par eux paraphées, ainsi qu'il est porté par l'article précédent, le tout lors de leur déposition.

XXVIII. Voulons néanmoins qu'en cas d'omission de la représentation & du paraphe ci-dessus ordonnés des pieces prétendues fausses ou servantes à conviction, qui seroient au greffe lors de la déposition desdits témoins, il puisse y être suppléé lors du récollement; & s'il a été omis alors d'y satisfaire, il y sera suppléé en procédant à la confrontation, à peine de nullité de ladite confrontation, ainsi qu'il sera dit par l'article XLV ci-après.

XXIX. A l'égard des pieces de comparaison & autres qui doivent être représentées aux Experts, suivant l'article XXIII, elles ne seront point représentées aux autres témoins, si ce n'est que le Juge en procédant, soit à l'information, soit au récollement ou à la confrontation desdits témoins, estime à propos de leur représenter lesdites pieces ou quelques-unes d'icelles, auquel cas elles seront par eux paraphées ainsi qu'il est ci-dessus prescrit.

XXX. Sur le vu de l'information, soit par Experts ou par autres témoins, il sera décerné, s'il y échet, tel décret qu'il appartiendra; ce que les Juges pourront pareillement faire sans information, en cas qu'il y ait d'ailleurs des charges suffisantes pour décréter, le tout sur les conclusions de nos Procureurs ou de ceux des hauts-Justiciers.

XXXI. Lors de l'interrogatoire des accusés, les pieces prétendues fausses, comme aussi les pieces servantes à conviction, qui seront actuellement au greffe, leur seront représentées & par eux paraphées, s'ils peuvent ou veulent le faire, sinon il en sera fait mention: & en cas d'omission de ladite représentation & paraphe, il y sera suppléé par un nouvel interrogatoire, à peine de nullité du Jugement qui seroit intervenu sans avoir réparé ladite omission.

XXXII. Les pieces de comparaison ou autres qui doivent être représentées aux Experts suivant l'article XXIII, ne pourront être représentées auxdits accusés avant la confrontation.

XXXIII. En tout état de cause, même après le réglement à l'extraordinaire, les Juges pourront ordonner, s'il y échet, à la requête de la Partie civile, ou sur le requisitoire de la Partie publique, ou même d'office, que l'accusé sera tenu de faire un corps d'écriture tel qu'il lui sera dicté par les Experts.

XXXIV. Lorsque ledit corps d'écriture aura été ordonné, il y sera procédé au greffe, ou autre lieu du Siege destiné aux instructions, en présence de nos Procureurs ou de ceux des Hauts-Justiciers, ensemble de la Partie civile, s'il y en a, ou elle duement appellée à la requête de la Partie publique: sera ledit corps d'écriture paraphé tant par le Juge, les Experts & nosdits Procureurs, ou ceux des Hauts-Justiciers que par la Partie civile, si elle peut & veut le faire, sinon il en sera fait mention; ensemble par l'accusé, s'il veut le parapher, & ce en présence desdits Experts, & en cas qu'il refuse de le faire, il en sera fait mention, le tout à peine de nullité. 1737. Faux principal.

XXXV. A la fin dudit procès-verbal & sans qu'il soit besoin d'autre Jugement, le Juge ordonnera, s'il y échet, que ledit corps d'écriture sera reçu pour piece de comparaison, & que les Experts seront entendus par voie de déposition en la forme prescrite par l'article XXIII sur ce qui peut résulter dudit corps d'écriture, comparé avec les pieces prétendues fausses; ce qui aura lieu encore qu'ils eussent déjà déposé sur d'autres pieces de comparaison, sans préjudice au Juge, s'il y échet, d'en nommer d'autres ou d'en ajouter de nouveaux aux premiers, ce qu'il ne pourra faire néanmoins que par délibération de Conseil, à l'effet de quoi il en sera par lui référé aux autres Juges.

XXXVI. Laissons à la prudence des Juges, en cas de diversité dans la déposition des Experts, ou de doute sur la maniere dont ils se seront expliqués, d'ordonner sur la requisition de la Partie publique, ou même d'office, qu'il sera entendu de nouveaux Experts en la forme prescrite par les articles XXII & XXIII, même qu'il sera fourni de nouvelles pieces de comparaison; ce qu'ils pourront ordonner, s'il y échet, avant que de décréter ou apres le décret jusqu'au réglement à l'extraordinaire; après quoi ils ne pourront l'ordonner que lorsque l'instruction sera achevée & en jugeant le procès: & en cas que ce soit l'accusé qui fasse une pareille demande, sera observé ce qui est prescrit par les articles XLIV & LIV ci-après.

XXXVII. Lors du récollement des Experts, les pieces prétendues fausses & les pieces de comparaison seront représentées auxdits Experts & tant à eux qu'aux accusés, lors de la confrontation, à peine de nullité: au surplus, le récollement & la confrontation desdits Experts se feront en la même forme que le récollement & la confrontation des autres témoins, sans néanmoins qu'il soit besoin d'interpeller lesdits Experts, de déclarer si c'est de l'accusé présent qu'ils ont entendu parler dans leur déposition & récollement, à moins qu'ils n'ayent déposé de faits personnels audit accusé.

XXXVIII. En procédant au récollement des témoins, autres que les Experts, les pieces prétendues fausses seront représentées auxdits témoins; comme aussi les pieces servantes à conviction & en général toutes celles qui leur auront été représentées lors de leur déposition, & en cas que lesdites pieces prétendues fausses n'ayent été remises au greffe que depuis leur déposition, elles leur seront représentées, & par eux paraphées lors dudit récollement, suivant ce qui est prescrit par les articles XXV & XXVI, ce qui aura lieu pareillement pour les pieces servantes à conviction, dont lesdits témoins auroient connoissance & qui auroient été remises au greffe depuis leur déposition, comme aussi pour celles dont la représentation auroit été omise lors de l'audition desdits témoins, suivant ce qui est porté par l'article XXVIII.

XXXIX. Toutes les pieces qui auront été représentées auxdits témoins, tant lors de leur déposition, que lors de leur récollement, leur seront représentées, ainsi qu'à l'accusé lors de leur confrontation, & en cas que les pieces n'ayent été remises au Greffe que depuis ledit récollement, elles seront représentées auxdits témoins, & par eux paraphées lors de ladite confrontation, suivant ce qui est prescrit par les articles XXV & XXVI, ce qui aura lieu pareillement pour les pieces servantes à conviction, dont lesdits témoins auroient connoissance,

1757. Faux principal.

& qui n'auroient été remises au Greffe que depuis ledit récollement, comme aussi pour celles dont la représentation auroit été omise lors de la déposition & du récollement, suivant ce qui est porté par l'article XXVIII.

XL. Si les témoins représentent quelque piece, soit lors de leur déposition ou du récollement ou de la confrontation, elles y demeureront jointes, après avoir été paraphées, tant par le Juge que par lesdits témoins, s'ils peuvent ou veulent le faire, sinon il en sera fait mention : & si lesdites pieces servent à conviction, elles seront représentées aux témoins qui en auroient connoissance, & qui seroient entendus, récollés ou confrontés depuis la remise desdites pieces, & elles seront par eux paraphées, le tout suivant ce qui est prescrit par les articles XXVII & XXVIII ci-dessus.

XLI. Si l'accusé représente des pieces lors de ses interrogatoires, elles y demeureront jointes, après avoir été paraphées tant par le Juge que par ledit accusé, s'il peut, ou veut les parapher, sinon il en sera fait mention, & elles seront représentées aux témoins, s'il y échet, auquel cas elles seront par eux paraphées, s'ils peuvent ou veulent le faire, sinon il en sera fait mention.

XLII. Si l'accusé représente des pieces lors de la confrontation, elles y demeureront pareillement jointes, après avoir été paraphées, tant par le Juge que par l'accusé, & par le témoin confronté avec ledit accusé : & si ledit accusé & ledit témoin ne peuvent ou ne veulent les parapher, il en sera fait mention ; le tout à peine de nullité de ladite confrontation : & seront lesdites pieces représentées, s'il y échet, aux témoins qui seroient confrontés depuis, & par eux paraphées, ainsi qu'il est porté par l'article précédent.

XLIII. Lorsqu'il aura été ordonné que les accusés seront récollés sur leurs interrogatoires, & confrontés les uns aux autres, les pieces qui auront été représentées à chaque accusé, ou qu'il aura rapportées lors de ses interrogatoires, lui seront pareillement représentées lors de son récollement, & tant à lui qu'aux autres accusés, lors de la confrontation : & sera au surplus observé sur ladite représentation, & sur le paraphe desdites pieces ce qui est prescrit par les articles XXXVIII, XXXIX, XL & XLI ci-dessus.

XLIV. Dans tous les cas où il a été ordonné par les articles précédens que les pieces prétendues fausses, ou autres pieces, seront paraphées, soit par le Juge, soit par les Experts, ou autres témoins, soit par les accusés, ou qu'il sera fait mention à l'égard desdits témoins ou accusés, qu'ils n'ont pu ou n'ont voulu les parapher, il suffira de faire parapher lesdites pieces, ou de faire ladite mention dans le premier acte lors duquel lesdites pieces seront représentées, sans qu'il soit besoin de réitérer ledit paraphe ou ladite mention, lorsque les mêmes pieces seront de nouveau représentées.

XLV. Desirant expliquer plus particuliérement nos intentions sur les cas où la peine de nullité sera prononcée par le défaut de représentation aux témoins, autres que les Experts, des pieces prétendues fausses, ou servantes à conviction, & de paraphe desdites pieces, voulons que ladite peine ne puisse avoir lieu qu'à l'égard de la confrontation, lorsque l'on n'y aura pas suppléé à l'omission de représentation ou de paraphe desdites pieces, auquel cas les Juges ordonneront, s'il y échet, qu'il sera procédé à une nouvelle confrontation, lors de laquelle lesdites pieces seront représentées auxdits témoins, & par eux paraphées en la forme ci-dessus prescrite ; ce qui sera pareillement observé à l'égard des accusés, lorsqu'il aura été ordonné qu'ils seront récollés & confrontés les uns aux autres.

XLVI. En cas que l'accusé présente une requête pour demander qu'il soit remis de nouvelles pieces de comparaison entre les mains des Experts, les Juges ne pourront y avoir égard, qu'après l'instruction achevée, & par délibération de Conseil, sur le vu du procès, à peine de nullité.

1737.

Faux principal.

XLVII. Si la requête de l'accusé est admise, le Jugement lui sera prononcé dans vingt-quatre heures au plus tard; & il sera interpellé par le Juge d'indiquer lesdites pieces, ce qu'il sera tenu de faire sur le champ. Laissons néanmoins à la prudence des Juges de lui accorder un délai, suivant l'exigence des cas, pour indiquer lesdites pieces, sans que ledit délai puisse être prorogé, & ne pourra l'accusé présenter dans la suite d'autres pieces que celles qu'il aura indiquées: le tout sans préjudice à la Partie civile ou à la Partie publique, de contester lesdites pieces.

XLVIII. Les écritures ou signatures privées de l'accusé ne pourront être reçues pour pieces de comparaison, (encore qu'elles eussent été par lui reconnues, ou vérifiées avec lui) si ce n'est du consentement, tant de la Partie publique, que de la Partie civile, s'il y en a, ce qui sera observé, à peine de nullité.

XLIX. Les dispositions des articles XIII & XVI seront observées, tant par rapport à la qualité desdites nouvelles pieces de comparaison, qu'en ce qui concerne l'apport & remise au Greffe d'icelles, lequel apport & remise se feront à la requête de la Partie publique.

L. Le procès-verbal de présentation des nouvelles pieces de comparaison indiquées par l'accusé, sera fait à la requête de la Partie publique, & dressé en présence dudit accusé, lequel paraphera les pieces qui seront reçues, s'il peut ou veut les parapher, sinon il en sera fait mention, le tout à peine de nullité: & en cas que l'accusé ne soit pas dans les prisons, & ne se présente pas pour assister audit procès-verbal, il y sera procédé en son absence, après qu'il aura été duement appellé à la requête de la Partie publique: sera au surplus observé tout ce qui a été ci-dessus prescrit par rapport au procès-verbal de présentation des pieces de comparaison, rejet ou admission d'icelles, & procédures à faire en conséquence.

LI. En cas que les pieces de comparaison soient admises, il sera procédé à une nouvelle information sur ce qui peut résulter desdites pieces, dans la forme prescrite par les articles XXII & XXIII, & ce, à la requête de la Partie publique, & par les mêmes Experts qui auront été déjà entendus, à moins qu'il n'en ait été autrement ordonné; seront les anciennes pieces de comparaison remises entre les mains des Experts, ainsi que les nouvelles, ensemble les procès-verbaux de présentation & les Ordonnances ou Jugemens de réception de toutes lesdites pieces.

LII. N'entendons empêcher que la Partie civile, ou la Partie publique ne puissent être admises à produire de nouvelles pieces de comparaison, & ce, en tout état de cause, même dans le cas où il n'auroit pas été permis à l'accusé d'indiquer de nouvelles pieces de comparaison: le tout à la charge de se conformer aux dispositions des articles XIII & suivans, notamment en ce qu'il y est porté, que l'accusé ne sera point présent au procès-verbal de présentation des pieces de comparaison, rapportées par la Partie publique ou par la Partie civile.

LIII. Lorsqu'à l'occasion de nouvelles pieces de comparaison indiquées par l'accusé, la Partie publique ou la Partie civile, s'il y en a, en auront aussi produit de leur part, les Juges pourront, après que lesdites pieces auront été reçues en la forme ci-dessus marquée, ordonner, s'il y échet, que sur les unes & les autres, il sera procédé à une seule & même information par Experts.

LIV. Si l'accusé demande qu'il soit entendu de nouveaux Experts, soit sur les anciennes pieces de comparaison, ou sur de nouvelles, les Juges ne pourront

1737. Faux principal.

l'ordonner, s'il y échet, qu'après l'instruction achevée & par délibération de Conseil, sur le vu du procès, ce qui sera observé à peine de nullité.

LV. S'il est ordonné qu'il sera procédé à une information par de nouveaux Experts, ils seront toujours nommés d'office, & entendus en la forme prescrite par les articles XXII & XXIII, le tout à peine de nullité.

LVI. Dans tous les cas marqués par les articles XXXVI, XLVI, XLVII, LII, LIII, LIV & LV, où il aura été procédé à une nouvelle information, soit sur de nouvelles pieces de comparaison, ou par de nouveaux Experts, les Juges pourront la joindre au procès, pour, en jugeant, y avoir tel égard que de raison, ou décerner de nouveaux décrets, s'il y échet, ou ordonner sans décret, que les Experts entendus dans ladite information, seront récollés & confrontés, ou y statuer autrement, suivant l'exigence des cas, ce que nous laissons à leur prudence.

LVII. Dans tous les procès-verbaux où la présence de la Partie civile est requise, suivant ce qui a été réglé ci-dessus, il sera permis à ladite Partie civile d'y faire assister, au lieu d'elle, le porteur de sa procuration, qui ne sera admise qu'en cas qu'elle soit spéciale, & passée devant Notaires.

LVIII. Ladite procuration sera annexée à la minute de l'acte pour lequel elle aura été donnée, si elle ne concerne qu'un seul acte, & si elle en concerne plusieurs, elle sera annexée à la minute du premier acte, lors duquel elle aura été représentée, & sera paraphée, tant par le Juge, que par le porteur d'icelle, lequel paraphera en outre toutes les pieces qui devroient être paraphées par ladite Partie civile, si elle étoit présente : & en cas qu'il refuse de les parapher, il y sera pourvu par les Juges sur les conclusions de la Partie publique, ainsi qu'il appartiendra.

LIX. Lorsque les premiers Juges auront ordonné la suppression ou lacération, ou la radiation en tout ou en partie, même la réformation ou le rétablissement des pieces par eux déclarées fausses, il sera sursis à l'exécution de ce chef de leur Jugement, jusqu'à ce que par nos Cours, sur le vu du procès, & sur les conclusions de nos Procureurs-Généraux, il y ait été pourvu ainsi qu'il appartiendra : ce qui aura lieu, encore que la Sentence fût de nature à pouvoir être exécutée sans avoir été confirmée par Arrêt, & qu'il n'y en eût aucun appel, ou que l'accusé y eût acquiescé, dans les cas où il peut le faire.

LX. N'entendons néanmoins empêcher que ledit accusé ne soit mis en liberté, dans ledit cas d'acquiescement de sa part à la Sentence, lorsqu'il n'y aura point d'appel *à minimâ* interjetté par nos Procureurs-Généraux ou leurs Substituts, ou par les Procureurs des Hauts-Justiciers.

LXI. En cas que le Jugement soit rendu par contumace contre les accusés, ou aucun d'eux, la surséance portée par l'article LIX aura lieu, tant que les accusés contumaces ne se présenteront pas, ou ne seront point arrêtés, ce qui sera observé même après l'expiration des cinq années ; & en cas que les contumaces se représentent, ou qu'ils soient arrêtés, ladite surséance aura pareillement lieu, si le Jugement qui interviendra contradictoirement avec eux, contient, à l'égard des pieces fausses, quelqu'une des dispositions mentionnées audit article LIX.

LXII. L'exécution des Arrêts de nos Cours, qui contiendront quelqu'une des dispositions mentionnées dans l'article LIX, sera pareillement sursise, lorsque lesdits accusés, ou aucuns d'eux, auront été condamnés par contumace, si ce n'est que dans la suite il en soit autrement ordonné par nosdites Cours, s'il y échet, & ce, sur les conclusions de nos Procureurs-Généraux, ce que nous laissons à leur prudence, suivant l'exigence des cas.

LXIII. Par le Jugement de condamnation, ou d'absolution, qui interviendra sur le vu du procès, il sera statué, ainsi qu'il appartiendra, sur la remise des pieces, soit à la Partie civile, ou aux témoins, ou aux accusés qui les auront fournies ou représentées; ce qui aura lieu, même à l'égard des pieces prétendues fausses, lorsqu'elles ne seront pas jugées telles: & à l'égard des pieces qui auront été tirées d'un dépôt public, il sera ordonné qu'elles seront remises ou renvoyées par les Greffiers aux dépositaires d'icelles, par les voies en tel cas requises & accoutumées, le tout, sans qu'il soit rendu séparément un autre Jugement sur la remise desdites pieces, laquelle néanmoins ne pourra être faite que dans le temps, & ainsi qu'il sera ci-après marqué.

1737. Faux principal.

LXIV. Lorsque les procès seront de nature à être portés en nos Cours, sans même qu'il y ait d'appel de la Sentence des premiers Juges, suivant les dispositions de l'Ordonnance de 1670, & pareillement lorsqu'il y aura appel de ladite Sentence, les pieces dont la remise y aura été ordonnée, ne pourront être retirées du Greffe, jusqu'à ce qu'il y ait été pourvu par nosdites Cours.

LXV. Si les procès ne sont pas de la nature marquée par l'article précédent, voulons qu'encore qu'il n'y eût point d'appel de la Sentence, ou que l'accusé y eût acquiscé, aucune desdites pieces ne puisse être retirée du Greffe que six mois après ladite Sentence. Enjoignons aux Substituts de nos Procureurs-Généraux, ou aux Procureurs d'office, d'informer diligemment nosdits Procureurs-Généraux, du contenu aux Jugemens rendus dans leur Siege en matiere de faux, même par contumace, pour être par nosdits Procureurs-Généraux fait en conséquence telles requisitions qu'ils jugeront nécessaires.

LXVI. Lorsque le procès pour crime de faux aura été instruit en nos Cours, ou qu'il y aura été porté, suivant ce qui a été dit ci-dessus, lesdites pieces ne pourront être retirées du Greffe qu'après l'Arrêt définitif qui en aura ordonné la remise.

LXVII. Dans les cas portés par les articles LIX, LXI & LXII, où il doit être sursis à l'exécution des Sentences ou Arrêts qui contiendroient, à l'égard des pieces déclarées fausses, quelqu'une des dispositions mentionnées auxdits articles, il sera pareillement sursis à la remise des pieces de comparaison ou autres pieces, si ce n'est qu'il en soit autrement ordonné par nos Cours, sur la requête des dépositaires desdites pieces, ou des Parties qui auroient intérêt d'en demander la remise, & sur les conclusions de nos Procureurs-Généraux en nosdites Cours.

LXVIII. Enjoignons aux Greffiers de se conformer exactement aux articles précédens, en ce qui les regarde, à peine d'interdiction, d'amende arbitraire appliquable à nous, ou aux Hauts-Justiciers, & des dommages & intérêts des Parties, même d'être procédé extraordinairement contre eux, s'il y échet.

LXIX. Pendant que lesdites pieces demeureront au Greffe, les Greffiers ne pourront délivrer aucunes copies, ni expéditions des pieces prétendues fausses, ou servantes à conviction, si ce n'est en vertu d'un Jugement, qui ne pourra être rendu que sur les conclusions de nos Procureurs-Généraux, ou de leurs Substituts, ou des Procureurs d'office: & à l'égard des actes dont les originaux ou minutes auront été remis au Greffe, & notamment des registres sur lesquels il y auroit des actes non argués de faux, lesdits Greffiers pourront en délivrer des expéditions aux Parties qui auront droit d'en demander, sans qu'ils puissent prendre de plus grands droits que ceux qui seroient dus aux dépositaires desdits originaux ou minutes: & sera le présent article exécuté sous les peines portées par l'article précédent.

1737.

Titre du faux incident.

I. La poursuite du faux incident aura lieu lorsqu'une des Parties ayant signifié, communiqué, ou produit quelque piece que ce puisse être dans le cours de la procédure, l'autre Partie prétendra que ladite piece est fausse ou falsifiée.

II. Ladite poursuite pourra être reçue, s'il y échet, encore que les pieces prétendues fausses ayent été vérifiées, même avec le demandeur en faux, à d'autres fins que celles d'une poursuite de faux principal ou incident, & qu'en conséquence il soit intervenu un Jugement sur le fondement desdites pieces comme véritables.

III. La Partie qui voudra former la demande en faux incident, présentera une requête tendante à ce qu'il lui soit permis de s'inscrire en faux contre les pieces qui y seront indiquées, & à ce que le défendeur soit tenu de déclarer s'il entend se servir desdites pieces : sera ladite requête signée du demandeur ou du porteur de sa procuration spéciale, à peine de nullité ; & sera ladite procuration attachée à la requête.

IV. Le demandeur en faux sera tenu de consigner, savoir, en nos Cours, Requêtes de notre Hôtel & du Palais, cent livres, aux Bailliages, Sénéchaussées, Sieges Présidiaux ou autres Sieges ressortissans immédiatement en nosdites Cours, soixante livres, & vingt livres dans tous les autres Sieges, sans qu'il soit consigné plus d'une amende, quel que soit le nombre des demandeurs, ou des pieces arguées de faux, pourvu que l'inscription soit formée conjointement & par le même acte.

V. Lorsque la requête à fin de permission de s'inscrire en faux sera donnée en nos Cours dans les six semaines antérieures au temps auquel elles finissent leurs séances, ou pour les Compagnies semestres, dans les six semaines antérieures à la fin de chaque semestre, le demandeur en faux sera tenu de consigner la somme de trois cens livres, même plus grande somme si les Juges estiment à propos de l'ordonner.

VI. Les sommes qui seront consignées pour les inscriptions en faux, seront reçues sans aucuns droits ni frais par les Receveurs des amendes en titre, ou par commission, s'il y en a, sinon par le Greffier du Siege où l'inscription sera formée.

VII. La quittance de consignation d'amende sera attachée à la requête du demandeur, & visée dans l'Ordonnance qui sera rendue sur ladite requête.

VIII. Ladite Ordonnance portera que l'inscription sera faite au Greffe par le demandeur, & qu'il sera tenu à cet effet dans trois jours au plus tard, de sommer le défendeur de déclarer s'il veut se servir de la piece maintenue fausse; ce que ledit demandeur sera tenu de faire dans ledit temps de trois jours, à compter du jour de ladite Ordonnance, sinon sera déclaré déchu de sa demande en inscription de faux.

IX. La sommation sera faite au défendeur au domicile de son Procureur, auquel sera donné copie par le même acte, de la quittance d'amende, du pouvoir spécial, si aucun y a, de la requête du demandeur, & de l'Ordonnance du Juge, le tout à peine de nullité : & sera le défendeur interpellé par ladite sommation de faire sa déclaration dans le délai ci-après marqué.

X. Ledit délai courra du jour de ladite sommation, & sera de trois jours, si le défendeur demeure dans le lieu de la Jurisdiction ; & s'il demeure dans un autre lieu, le délai pour lui donner connoissance de ladite sommation, & le mettre en état d'y répondre, sera de huitaine, s'il demeure dans les dix lieues : sauf au Juge à le prolonger eu égard à la difficulté des chemins, & à la longueur des lieues, sans néanmoins que ledit délai puisse être plus grand en aucun cas que de quatre jours par dix lieues.

XI.

XI. Le défendeur sera tenu dans ledit délai, de faire sa déclaration précise, s'il entend, ou s'il n'entend pas se servir de la piece maintenue fausse: & sera ladite déclaration signée de lui ou du porteur de sa procuration spéciale, & signifiée au Procureur du demandeur, ensemble ladite procuration, si le défendeur n'a pas signé lui-même ladite déclaration. 1737. Faux incident.

XII. Faute par le défendeur d'avoir satisfait à tout ce qui est porté par l'article précédent, le demandeur en faux pourra se pourvoir à l'Audience, pour faire ordonner que la piece maintenue fausse sera rejettée de la cause ou du procès, par rapport au défendeur: sauf au demandeur à en tirer telles inductions ou conséquences qu'il jugera à propos, ou à former telles demandes qu'il avisera, pour ses dommages & intérêts, même en matiere bénéficiale; pour faire déclarer le défendeur déchu du bénéfice contentieux, s'il a fait ou fait faire la piece fausse, ou s'il en a connu la fausseté: ce qui pourra aussi être ordonné sur la seule requisition de nos Procureurs-Généraux, ou de leurs Substituts.

XIII. La disposition de l'article précédent aura lieu pareillement, en cas que le défendeur déclare qu'il ne veut pas se servir de ladite piece.

XIV. Si le défendeur déclare qu'il veut se servir de la piece arguée de faux, il sera tenu de la remettre au Greffe dans vingt-quatre heures, à compter du jour que sa déclaration aura été signifiée: & dans les vingt-quatre heures après, il sera pareillement tenu de donner copie au demandeur, au domicile de son Procureur, de l'acte de mis au Greffe, sinon le demandeur pourra se pourvoir à l'Audience, pour faire statuer sur le rejet de ladite piece, suivant ce qui est porté en l'article XII, si mieux n'aime demander qu'il lui soit permis de faire remettre ladite piece au Greffe, à ses frais, dont il sera remboursé par le défendeur, comme de frais préjudiciaux, à l'effet de quoi il lui en sera délivré exécutoire.

XV. Dans vingt-quatre heures au plus tard après la signification faite au demandeur, de l'acte de mis au Greffe, ou dans les vingt-quatre heures après la remise de la piece audit Greffe, si elle y a été mise par le demandeur, il sera tenu d'y former son inscription en faux, & ce, en personne, ou par son Procureur fondé de sa procuration spéciale, faute de quoi le défendeur pourra se pourvoir à l'Audience, pour faire ordonner que sans s'arrêter à la requête dudit demandeur, il sera passé outre au Jugement de la cause ou du procès.

XVI. En cas qu'il y ait minute de la piece inscrite de faux, il sera ordonné, s'il y échet, sur la requête du demandeur, ou même d'office, que le défendeur sera tenu, dans le temps qui lui sera prescrit, de faire apporter ladite minute au Greffe, & que les dépositaires d'icelle y seront contraints par les voies, & dans les délais marqués par les articles V & VI, du titre du faux principal. Laissons à la prudence des Juges, d'ordonner, s'il y échet, sans attendre l'apport de ladite minute, qu'il sera procédé à la continuation de la poursuite du faux; comme aussi de statuer ce qu'il appartiendra, en cas que ladite minute ne pût être rapportée, ou qu'il fût suffisamment justifié qu'elle a été soustraite ou qu'elle est perdue.

XVII. Dans les cas où il écherra de faire apporter ladite minute, le délai qui aura été prescrit à cet effet au défendeur, courra du jour de la signification de l'Ordonnance ou Jugement, au domicile de son Procureur: & faute par le défendeur d'avoir fait les diligences nécessaires pour l'apport de ladite minute dans ledit délai, le demandeur pourra se pourvoir à l'Audience, pour faire ordonner le rejet de la piece maintenue fausse, s'il y échet, suivant ce qui est porté en l'article XII, si mieux n'aime demander qu'il lui soit permis de faire apporter

1737. Faux incident.

ladite minute à ses frais, dont il sera remboursé par le défendeur, comme de frais préjudiciaux, & il lui en sera délivré exécutoire à cet effet.

XVIII. Le rejet de la piece arguée de faux, ne pourra être ordonné en aucun cas que sur les conclusions de nos Procureurs-Généraux ou de leurs Substituts, ou des Procureurs des Hauts-Justiciers, à peine de nullité du Jugement qui seroit rendu à cet égard, & sauf à y être statué de nouveau sur lesdites conclusions, ainsi qu'il appartiendra.

XIX. Dans les cas mentionnés aux articles XII, XIII, XIV & XVII, dans lesquels, par le fait du défendeur le rejet de ladite piece auroit été ordonné, il sera permis au demandeur de prendre la voie du faux principal sans retardation néanmoins de l'instruction & du Jugement de la contestation à laquelle ladite inscription de faux étoit incidente, si ce n'est que par les Juges il en soit autrement ordonné.

XX. Et à l'égard des cas portés par l'article XV & par les articles XXVII & XXXVII ci-après, où par le fait du demandeur, il auroit été ordonné, que sans s'arrêter à la requête ou à l'inscription en faux, il seroit passé outre à l'instruction ou au Jugement de la cause ou du procès, ledit demandeur ne pourra être reçu à former l'accusation de faux principal qu'après le Jugement de ladite cause ou dudit procès.

XXI. La distinction portée par les deux articles précédens n'aura lieu à l'égard de nos Procureurs ou de ceux des Hauts-Justiciers, lesquels pourront en tout temps, & dans tous les cas, poursuivre le faux principal, si bon leur semble; sans que sous ce prétexte il soit sursis à l'instruction ou au Jugement de la contestation à laquelle l'inscription de faux étoit incidente, si ce n'est que sur leur conclusion, & avec les Parties intéressées, il en soit autrement ordonné.

XXII. L'accusation de faux principal qui sera formée dans les cas marqués par les trois articles précédens, soit à la requête du demandeur en faux incident, soit à la requête de la Partie publique, sera portée dans la Cour ou Jurisdiction qui avoit été saisie de la poursuite du faux incident, pour être ladite accusation de faux principal instruite & jugée par la Chambre, ou par les Juges à qui la connoissance des matieres criminelles est attribuée dans ladite Cour ou Jurisdiction.

XXIII. Il sera dressé procès-verbal de l'état des pieces prétendues fausses, trois jours après la signification qui aura été faite au demandeur, au domicile de son Procureur, de la remise desdites pieces au Greffe, ou trois jours après que le demandeur y aura fait remettre lesdites pieces, suivant ce qui est porté par l'article XIV.

XXIV. S'il a été ordonné que les minutes desdites pieces seront apportées, le procès-verbal sera dressé conjointement tant desdites pieces, que des minutes, & le délai de trois jours ne courra, audit cas, que du jour de la signification qui sera faite au demandeur, au domicile de son Procureur, de l'apport desdites minutes au Greffe, ou du jour que le demandeur les y auroit fait apporter suivant l'article XVII. Laissons néanmoins à la prudence des Juges d'ordonner, suivant l'exigence des cas, qu'il sera dressé d'abord procès-verbal de l'état desdites pieces, sans attendre l'apport desdites minutes, de l'état desquelles il sera en ce cas dressé procès-verbal séparément, dans le délai ci-dessus marqué.

XXV. Le procès-verbal mentionné dans les articles précédens, sera fait suivant ce qui est prescrit par les articles X & XI du titre du faux principal, en y appellant néanmoins le défendeur outre le demandeur, & notre Procureur ou celui des Hauts-Justiciers; & les pieces dont sera dressé procès-verbal, seront paraphées par ledit défendeur, s'il peut ou veut les parapher (sinon il en sera fait mention) &

pareillement par le demandeur & autres dénommés auxdits articles; le tout à peine de nullité: à l'effet de quoi ledit défendeur sera sommé par acte signifié au domicile de son Procureur, de comparoître audit procès-verbal dans vingt-quatre heures; & faute par lui d'y satisfaire, il sera donné défaut & passé outre sur le champ audit procès-verbal.

1737. Faux incident.

XXVI. Le demandeur en faux, ou son conseil, pourra prendre communication en tout état de cause des pieces arguées de faux, & ce, par les mains du Greffier ou du Rapporteur, sans déplacer & sans retardation.

XXVII. Les moyens de faux seront mis au Greffe par le demandeur, dans les trois jours après que le procès-verbal aura été dressé, sinon le défendeur pourra se pourvoir à l'Audience pour faire ordonner, s'il y échet, que le demandeur demeurera déchu de son inscription en faux: voulons néanmoins que lorsqu'il aura été fait deux procès-verbaux différens, l'un de l'état des pieces arguées de faux, & l'autre de l'état des minutes desdites pieces, le délai de trois jours ci-dessus marqué ne courre que du jour que le dernier desdits procès-verbaux aura été fait.

XXVIII. En aucun cas il ne sera donné copie ni communication des moyens de faux au défendeur.

XXIX. Sur les conclusions de nos Procureurs ou de ceux des Hauts-Justiciers, il sera rendu tel Jugement qu'il appartiendra, pour admettre ou pour rejetter les moyens de faux, en tout ou en partie; ou pour ordonner, s'il y échet, que lesdits moyens ou aucuns d'iceux, demeureront joints, soit à l'incident de faux, si quelques-uns desdits moyens ont été admis, soit à la cause ou au procès principal, le tout, selon la qualité desdits moyens & l'exigence des cas.

XXX. En cas que lesdits moyens ou aucuns d'iceux soient jugés pertinens & admissibles, le Jugement portera qu'il en sera informé, tant par titres que par témoins, comme aussi par Experts & par comparaison d'écritures ou signatures, le tout selon que le cas le requerra, sans qu'il puisse être ordonné que les Experts feront leur rapport sur les pieces prétendues fausses, ou qu'il sera procédé préalablement à la vérification d'icelles, ce que nous défendons à peine de nullité.

XXXI. Les moyens de faux qui seront déclarés pertinens & admissibles seront marqués expressément dans le dispositif du Jugement qui permettra d'en informer, & ne sera informé d'aucuns autres moyens: pourront néanmoins les Experts faire les observations dépendantes de leur art qu'ils jugeront à propos, sur les pieces prétendues fausses, sauf aux Juges à y avoir tel égard que de raison.

XXXII. Voulons au surplus que les dispositions des articles VIII & IX du titre du faux principal, au sujet desdits Experts, soient pareillement observées dans la poursuite du faux incident.

XXXIII. Les pieces de comparaison seront fournies par le demandeur, sans que celles qui seroient présentées par le défendeur puissent être reçues, si ce n'est du consentement du demandeur & de nos Procureurs, ou de ceux des Hauts-Justiciers, le tout à peine de nullité, sauf aux Juges, après l'instruction achevée, à ordonner, s'il y échet, que ledit défendeur sera reçu à fournir de nouvelles pieces de comparaison, & ce conformément à l'article XLVI du titre du faux principal: seront observés au surplus les articles XIII, XIV, XV & XVI dudit titre, sur la qualité des pieces de comparaison & sur l'apport desdites pieces.

XXXIV. Le procès-verbal de représentation des pieces de comparaison, se fera en la forme prescrite par les articles XVII & XIX du titre du faux principal, en y appellant néanmoins le défendeur, outre le demandeur & notre Procureur ou celui des Hauts-Justiciers; & les pieces de comparaison qui seront admises, seront paraphées par ledit défendeur, s'il peut ou veut les parapher, (sinon il en

1737. Faux incident.

sera fait mention), comme aussi par le demandeur & autres dénommés auxdi articles, le tout à peine de nullité; à l'effet de quoi le demandeur sera somm de comparoître audit procès-verbal dans trois jours, par acte signifié au domici de son Procureur, & faute par lui d'y satisfaire, il sera donné défaut par le Jug & passé outre à la présentation des pieces de comparaison, même à la receptio d'icelles, s'il y échet.

XXXV. Lors dudit procès-verbal, les pieces de comparaison seront repr sentées au défendeur, s'il y comparoît, pour convenir desdites pieces, ou le contester, sans que pour raison de ce, il lui soit donné délai ni conseil.

XXXVI. Si les pieces de comparaison sont contestées par le défendeur, o s'il refuse d'en convenir, le Juge en fera mention, pour y être pourvu ainsi qu'i appartiendra, sur les conclusions de nos Procureurs, ou de ceux des Hauts-Jus ticiers, & ce dans la forme prescrite par ledit article XIX du titre du faux prin cipal.

XXXVII. En cas que les pieces de comparaison ne soient pas reçues, il sera ordonné que le demandeur en rapportera d'autres dans le délai qui sera pres crit par le Jugement qui interviendra sur le vu du procès-verbal; & faute par le demandeur d'y avoir satisfait, les Juges ordonneront, s'il y échet, que, sans s'arrêter à l'inscription de faux, il sera passé outre à l'instruction & au Jugement de la contestation principale; laissons à leur prudence de l'ordonner ainsi, par le Jugement même qui portera que ledit demandeur sera tenu de fournir d'autres pieces de comparaison.

XXXVIII. Dans les procès-verbaux qui doivent être faits en présence du demandeur & du défendeur en faux, suivant ce qui a été dit ci-dessus, il sera permis à l'un & à l'autre d'y comparoître par le porteur de procuration spéciale; & sera observé à cet égard le contenu aux articles LVII & LVIII du titre du faux principal; pourront néanmoins les Juges ordonner, s'ils l'estiment à propos, que lesdites Parties, ou l'une d'elles, seront tenues de comparoître en personne audit procès-verbal.

XXXIX. En procédant à l'audition des Experts, la requête à fin de permission de s'inscrire en faux, & l'Ordonnance ou Jugement intervenus sur icelle, l'acte d'inscription en faux, les pieces prétendues fausses, & le procès-verbal de l'état d'icelles, les moyens de faux, ensemble le Jugement qui les aura admis, & qui aura ordonné l'information par Experts, les pieces de comparaison, lorsqu'il en aura été fourni, le procès-verbal de présentation d'icelles, & l'Ordonnance ou le Jugement par lequel elles auront été reçues, seront remises à chacun des Experts, pour les examiner, sans déplacer: & sera en outre observé tout ce qui est prescrit par les articles XXII & XXIII du titre du faux principal.

XL. Lorsqu'il aura été ordonné, aux termes de l'article XXX du présent titre, qu'il sera informé, tant par titres que par témoins, seront entendus les témoins qui auroient connoissance de la fabrication, altération, & en général de la fausseté des pieces inscrites de faux, ou de faits qui pourroient servir à en établir la preuve: à l'effet de quoi pourra être permis, en tout état de cause, d'obtenir & faire publier Monitoires.

XLI. Toutes les dispositions des articles XXV, XXVI, XXVII, XXVIII & XXIX du titre du faux principal, concernant la représentation des pieces y mentionnées auxdits témoins, le paraphe desdites pieces, & les actes dans lesquels on peut suppléer à l'omission de ladite représentation & dudit paraphe, si l'on n'y a pas satisfait lors de la déposition desdits témoins, seront aussi exécutées dans le faux incident: & si lesdits témoins représentent quelques pieces lors de leur dépoſition, il ſera obſervé ce qui eſt preſcrit par l'article XL du même titre.

1737. Faux incident.

XLII. La diſpoſition de l'article XXX dudit titre aura lieu pareillement dans le faux incident, par rapport aux décrets qui pourront être prononcés, tant contre le défendeur que contre d'autres, encorequ'ils ne fuſſent Parties dans la cauſe du procès; laiſſons à la prudence des Juges, lorſqu'il n'y aura point de charges ſuffiſantes pour décréter, d'ordonner que l'information ſera jointe à la cauſe ou au procès, ou de ſtatuer ainſi qu'il appartiendra, ſuivant l'exigence des cas.

XLIII. Seront auſſi obſervées dans le faux incident, les diſpoſitions des articles XXXI, XXXII & XLI du titre du faux principal, concernant les pieces qui doivent être répréſentées aux accuſés, & par eux paraphées lors de leurs interrogatoires, & celles qui ne doivent l'être qu'à la confrontation; comme auſſi les pieces qu'ils répréſenteroient lors de leurſdits interrogatoires.

XLIV. Le contenu aux articles XXXIII, XXXIV, XXXV & XXXVI dudit titre aura lieu pareillement dans le faux incident, tant par rapport au corps d'écriture que le défendeur en faux ou autre accuſé ſera tenu de faire, s'il eſt ainſi ordonné par les Juges, que par rapport aux cas où ils peuvent ordonner avant le réglement à l'extraordinaire, qu'il ſera entendu de nouveaux Experts, ou qu'il ſera fourni de nouvelles pieces de comparaiſon.

XLV. Après le réglement à l'extraordinaire, lorſqu'il y aura lieu de le donner, toute l'inſtruction du faux incident ſe fera en la même forme que celle du faux principal, & ainſi qu'il eſt preſcrit par les articles XXXVII, XXXVIII, XXXIX, XL, XLI, XLII, XLIII, XLIV & XLV du titre précédent de la préſente Ordonnance.

XLVI. Si le défendeur ou autre accuſé demande qu'il lui ſoit permis de fournir de nouvelles pieces de comparaiſon, ou qu'il ſoit entendu de nouveaux Experts, il ne pourra y être ſtatué que dans le temps & ainſi qu'il eſt preſcrit par les articles XLVI, XLVII, XLVIII, XLIX, L, LI, LII, LIII, LIV & LV du titre du faux principal; ſera auſſi obſervée la diſpoſition de l'article LVI dudit titre, au ſujet de ce qui pourra être ordonné dans tous les cas où il auroit été procédé à une nouvelle information, ſoit ſur de nouvelles pieces de comparaiſon ou par de nouveaux Experts.

XLVII. Lorſque le faux incident aura été jugé, après avoir été inſtruit par récollement & confrontation, ſera obſervé tout ce qui eſt preſcrit par les articles LIX, LX, LXI & LXII dudit titre du faux principal concernant l'exécution des Sentences & Arrêts qui contiendroient à l'égard des pieces déclarées fauſſes, quelques-unes des diſpoſitions mentionnées auxdits articles, comme auſſi ce qui eſt porté par les articles LXIII, LXIV, LXV, LXVI, LXVII & LXVIII dudit titre, ſur la remiſe ou le renvoi des pieces prétendues fauſſes & autres dépoſées au greffe, & le temps auquel elles pourront en être retirées, ſi ce n'eſt qu'il en ait été autrement ordonné à l'égard de celles deſdites pieces qui peuvent ſervir au Jugement de la conteſtation à laquelle la pourſuite du faux étoit incidente.

XLVIII. Lorſqu'il n'y aura point eu de réglement à l'extraordinaire, les Juges ſtatueront ainſi qu'il appartiendra, ſur la remiſe & le renvoi des pieces inſcrites de faux & autres qui auront été dépoſées au greffe, ce qu'ils ne pourront faire que ſur les concluſions de nos Procureurs, ou de ceux des Hauts-Juſticiers, ſans néanmoins que les Sentences des premiers Juges à cet égard puiſſent être exécutées au préjudice de l'appel qui en ſeroit interjetté.

XLIX. Le demandeur en faux qui ſuccombera ſera condamné en une amende applicable, les deux tiers à nous ou aux Hauts-Juſticiers, & l'autre tiers à la

1737. Faux incident.

Partie; laquelle amende, y compris les sommes consignées lors de l'inscription en faux, sera de 300 livres dans nos Cours, ou aux Requêtes de notre Hôtel & du Palais, de 100 livres aux Sieges qui ressortissent immédiatement en nosdites Cours, & aux autres de 60 livres, & seront lesdites amendes réglées suivant la qualité de la Jurisdiction où l'inscription en faux aura été formée, quoiqu'elle soit jugée dans une autre même supérieure à la premiere; permettons à tous Juges d'augmenter ladite amende, ainsi qu'ils l'estimeront à propos, suivant l'exigence des cas.

L. La condamnation d'amende aura lieu toutes les fois que l'inscription en faux ayant été faite au greffe, le demandeur s'en sera désisté volontairement, ou aura succombé, ou que les Parties auront été mises hors de Cour, soit par le défaut de moyens ou de preuves suffisantes, soit faute d'avoir satisfait, de la part du demandeur, aux diligences & formalités ci-dessus prescrites; ce qui aura lieu en quelques termes que la prononciation soit conçue, & encore que le Jugement ne portât pas expressément la condamnation d'amende, le tout, quand même le demandeur offriroit de poursuivre le faux comme faux principal.

LI. La condamnation d'amende ne pourra avoir lieu, lorsque la piece ou l'une des pieces arguées de faux aura été déclarée fausse en tout ou en partie, ou lorsqu'elle aura été rejettée de la cause ou du procès; comme aussi lorsque la demande à fin de s'inscrire en faux n'aura pas été admise ou suivie d'inscription formée au greffe, & ce, de quelques termes que les Juges se soient servis pour rejetter ladite demande, ou pour n'y avoir point d'égard; dans tous lesquels cas la somme consignée par le demandeur, pour raison de ladite amende, lui sera rendue, quand même le Jugement n'en ordonneroit pas expressément la restitution.

LII. Il ne pourra être rendu aucuns Jugemens sur la condamnation ou la restitution de l'amende, que sur les conclusions de nos Procureurs ou de ceux des Hauts-Justiciers, & aucunes transactions, soit sur l'accusation de faux principal, ou sur la poursuite du faux incident, ne pourront être exécutées, si elles n'ont été homologuées en Justice, après avoir été communiquées à nosdits Procureurs, ou à ceux des Hauts-Justiciers, lesquels pourront faire, à ce sujet, telles requisitions qu'ils jugeront à propos, & sera le présent article exécuté à peine de nullité.

LIII. Voulons au surplus que les dispositions de l'article LXIX du titre du faux principal, sur les expéditions des pieces qui auront été déposées au Greffe, soient pareillement exécutées dans le faux incident.

Titre de la reconnoissance des écritures & signatures, en matiere criminelle.

I. Les écritures & signatures privées, qui pourront servir à l'instruction & à la preuve de quelque crime que ce soit, seront représentées aux accusés, après serment par eux prêté; & ils seront interpellés de déclarer s'ils les ont écrites ou signées, ou s'ils les reconnoissent véritables: après quoi elles seront paraphées par le Juge & par l'accusé, s'il peut ou veut les parapher, sinon en sera fait mention, le tout, à peine de nullité.

II. La représentation & interpellation mentionnées dans l'article précédent, pourront être faites aux accusés, soit lors de leurs interrogatoires, ou dans un procès-verbal qui sera dressé à cet effet; & les pieces à eux représentées demeureront jointes à la procédure criminelle.

III. Si l'accusé convient avoir écrit ou signé lesdites pieces, ou si lesdites pieces étant d'une main étrangere, il les reconnoît véritables, elles feront foi contre lui, sans qu'il en soit fait aucune vérification.

1737.

Reconnoissance des écritures, &c.

IV. Si l'accusé déclare n'avoir écrit ou signé lesdites pieces, ou s'il refuse de les reconnoître, ou de répondre à cet égard, il sera ordonné qu'elles seront vérifiées sur pieces de comparaison; ce qui sera pareillement ordonné, s'il y échet, à l'égard des accusés qui seront en défaut ou contumace, encore que lesdites pieces n'ayent pu leur être représentées.

V. Le procès-verbal de présentation des pieces de comparaison sera fait en présence de nos Procureurs ou de ceux des Hauts-Justiciers, ensemble de la Partie civile, s'il y en a, & de l'accusé, à l'effet de quoi, s'il est dans les prisons, il sera amené par ordre du Juge, pour assister audit procès-verbal, sans aucune sommation ou signification préalable: & pareillement il n'en sera fait aucune, lorsque l'accusé étant absent, la contumace aura été instruite contre lui.

VI. Si l'accusé n'est pas dans les prisons, & si la contumace n'est pas instruite à son égard, il sera sommé de comparoître audit procès-verbal, dans le délai porté par l'article VI du titre du faux principal, à l'effet de quoi la sommation lui en sera faite par acte signifié, dans la forme & aux lieux prescrits par l'Edit du mois de Décembre 1680, concernant l'instruction de la contumace: & faute par l'accusé d'y comparoître dans ledit délai, il sera passé outre audit procès-verbal.

VII. En procédant audit procès-verbal, lorsque l'accusé y sera présent, les pieces de comparaison lui seront représentées pour en convenir ou les contester, sans qu'il lui soit donné pour raison de ce, délai ni conseil: & celles qui seront admises, seront par lui paraphées, s'il peut ou veut le faire, sinon il en sera fait mention: & soit que ledit accusé soit présent ou absent lors dudit procès-verbal, les pieces qui seront reçues, seront paraphées par le Juge, notre Procureur ou celui des Hauts-Justiciers, ensemble par la Partie civile, si elle peut & veut les parapher, sinon il en sera fait mention, le tout à peine de nullité.

VIII. Sera observé au surplus tout ce qui est prescrit au sujet des pieces de comparaison, par les articles XII, XIII, XIV, XVI, XVII & XIX du titre du faux principal, & par l'article XXXVI du titre du faux incident.

IX. En cas que les pieces de comparaison ne soient point reçues, la Partie civile, s'il y en a, ou nos Procureurs, ou ceux des Hauts-Justiciers, seront tenus d'en rapporter d'autres dans le délai qui sera prescrit, autrement les Juges ordonneront, s'il y échet, qu'il sera passé outre à l'instruction & au Jugement du procès, sauf, en cas qu'avant le Jugement du procès, ladite Partie civile ou la Partie publique rapportent des pieces de comparaison, à y être pourvu par les Juges ainsi qu'il appartiendra.

X. Les Experts qui procéderont à la vérification, seront nommés d'office, & entendus séparément, par forme de déposition, sans qu'il puisse être ordonné que lesdits Experts feront préalablement leur rapport sur lesdites pieces, ce que nous défendons à peine de nullité: & sera observé par rapport auxdits Experts, ce qui est prescrit par les articles VIII & IX du titre du faux principal.

XI. En procédant à l'audition desdits Experts, les pieces qu'il s'agira de vérifier, & le Jugement qui en aura ordonné la vérification, les pieces de comparaison, ensemble le procès-verbal de présentation d'icelles, & l'Ordonnance ou Jugement par lequel elles auront été reçues, seront remises à chacun desdits Experts, & sera au surplus observé tout ce qui a été réglé par l'article XXIII du titre du faux principal.

XII. Pourront en outre être entendus comme témoins, ceux qui auront vu écrire ou signer lesdites écritures ou signatures privées, ou qui auront connoissance, en quelqu'autre maniere, des faits qui puissent servir à en établir la vérité.

1737. Reconnoissance des écritures, &c.

XIII. En procédant à l'audition desdits témoins, lesdites écritures ou signatures privées leur seront représentées, & par eux paraphées, ainsi qu'il a été ordonné pour les pieces prétendues fausses, par les articles XXV & XXVI du titre du faux principal: & sera aussi observé tout ce qui est porté par les articles XXVII, XXVIII & XXIX dudit titre concernant la représentation des pieces y mentionnées, auxdits témoins, le paraphe desdites pieces, & les actes dans lesquels on pourra suppléer à l'omission de la représentation & du paraphe, soit desdites écritures ou signatures privées, ou des autres pieces, si l'on n'y a pas satisfait lors de la déposition desdits témoins: & s'ils représentent quelques pieces lors de leur déposition, il sera observé ce qui est prescrit par l'article XL du même titre.

XIV. Sur le vu de l'information, soit par Experts ou par autres témoins, il sera décerné tel décret qu'il sera jugé à propos, même contre d'autres que l'accusé, s'il échet, ou sera rendu telle Ordonnance qu'il appartiendra.

XV. Seront au surplus observées les dispositions des articles XXXI, XXXII & XLI du titre du faux principal, concernant les pieces qui doivent être représentées aux accusés, & par eux paraphées lors de leurs interrogatoires, & celles qui ne doivent l'être qu'à la confrontation, comme aussi les pieces qu'ils représenteroient lors de leursdits interrogatoires.

XVI. Le contenu aux articles XXXIII, XXXIV, XXXV & XXXVI dudit titre, sera pareillement exécuté, tant par rapport au corps d'écriture que l'accusé sera tenu de faire, s'il est ainsi ordonné par les Juges, que par rapport au cas où ils pourront ordonner avant le réglement à l'extraordinaire, qu'il sera entendu de nouveaux Experts, ou qu'il sera fourni de nouvelles pieces de comparaison.

XVII. Lors du récollement & de la confrontation des Experts & autres témoins, ou du récollement des accusés, & de la confrontation des uns aux autres, il sera observé ce qui est prescrit par les articles XXXVII, XXXVIII, XXXIX, XL, XLII, XLIII, XLIV & XLV du titre du faux principal.

XVIII. Si l'accusé demande qu'il soit admis à fournir de nouvelles pieces de comparaison ou qu'il soit entendu de nouveaux Experts, il ne pourra y être statué que dans le temps, & ainsi qu'il est prescrit par les articles XLVI, XLVII, XLVIII, XLIX, L, LI, LII, LIII, LIV & LV dudit titre : sera aussi observée la disposition de l'article LVI du même titre, au sujet de ce qui pourra être ordonné dans tous les cas où il auroit été procédé à une nouvelle information, soit sur de nouvelles pieces, ou par de nouveaux Experts.

XIX. Toutes les dispositions des articles LVII, LVIII, LIX, LX, LXI, LXII, LXIII, LXIV, LXV, LXVI, LXVII, LXVIII & LXIX du titre du faux principal, concernant les procurations qui peuvent être données par la Partie civile, l'exécution des Sentences & Arrêts qui contiendroient les dispositions mentionnées dans ledit article LIX, la remise ou le renvoi des pieces déposées au Greffe, & les expéditions qui pourront en être délivrées, seront exécutées par rapport auxdites écritures ou signatures privées, ou autres pieces qui auroient servi à l'instruction.

XX. Dans tous les délais prescrits pour les procédures mentionnées au présent titre & aux deux précédens, ne seront compris le jour de l'assignation, ou signification, ni celui de l'échéance : & à l'égard de ceux desdits délais seulement, qui ont été fixés à trois jours ou au-dessous, les jours fériés auxquels il n'est pas d'usage de faire des significations, n'y seront point comptés.

Voulons que la présente Ordonnance, à compter du jour de la publication qui en sera faite, soit gardée & observée dans toute l'étendue de notre Royaume, terres & pays de notre obéissance, pour y tenir lieu à l'avenir des dispositions contenues

contenues dans les titres VIII & IX de l'Ordonnance du mois d'Août 1670, auxquelles à cet effet nous avons dérogé & dérogeons en tant que besoin seroit. Abrogeons pareillement toutes Ordonnances, Loix, Coutumes, Statuts, Réglemens, styles & usages différens ou qui seroient contraires à notre présente Ordonnance, sans néanmoins que les procédures qui auroient été faites avant sa publication, suivant les regles établies par ladite Ordonnance du mois d'Août 1670, puissent être déclarées nulles, sous prétexte qu'elles ne seroient pas conformes à ce qui a été ordonné de nouveau par les présentes.

1737.

Reconnoissance des écritures, &c.

Si donnons en mandement à nos amés & féaux les gens tenans nos Cours de Parlement, Grand-Conseil, Chambre des Comptes, Cour des Aydes, Baillis, Sénéchaux & tous autres nos Officiers, que ces présentes ils gardent, observent, entretiennent, fassent garder, observer & entretenir, & pour les rendre notoires à nos Sujets, les fassent lire, publier & registrer; car tel est notre plaisir, & afin que ce soit chose ferme & stable à toujours, nous y avons fait mettre notre scel.

Donnée à Versailles, au mois de Juillet mil sept cent trente-sept, & de notre regne le vingt-deuxieme. *Signé*, LOUIS; & plus bas, par le Roy, PHELIPEAUX.

Registrée au Parlement, le 11 Décembre 1737.

ARRÊT du Conseil, qui change en taille proportionnelle la taille arbitraire imposée sur les Habitants de la Ville de Mante.

13 Août 1737.

SUR la requête présentée au Roy, en son Conseil, par les Maire, Echevins, Bourgeois & Habitans de la Ville de Mante, contenant que par la vérification qu'ils ont faite sur les registres publics, ils ont trouvé que depuis trente à quarante ans le nombre des Habitans taillables de ladite Ville a diminué de près de quatre cens, c'est-à-dire, de plus d'un tiers, & le nombre des maisons à proportion; que la cause d'un si grand changement ne provient que de l'inégalité de la répartition de la taille, qui a toujours été faite arbitrairement & qui a tellement accablé les Habitans, que les uns ont pris le parti de se retirer & de transporter leurs familles ailleurs, dans l'espérance d'y trouver plus de douceur & d'être mieux traités dans leurs impositions, & les plus aisés se sont fait pourvoir d'offices qui les exemptent de la taille; en sorte que ce qui reste aujourd'hui d'Habitans taillables ne consistant plus qu'en un très-petit nombre de Marchands, dont le commerce est totalement cessé, & en quelques Artisans, Vignerons & gens de riviere très-pauvres, il n'est plus possible d'assurer à l'avenir les deniers de la taille, ni de pourvoir au logement des gens de guerre, dont les passages sont très-fréquens en ladite Ville, outre la garnison ordinaire des troupes de la Maison de Sa Majesté: que pour remédier à ces inconvéniens qui acheveroient en peu de temps & sans aucune ressource la ruine totale de cette Ville, s'il n'y étoit promptement pourvu, les Supplians instruits que plusieurs Villes du Royaume ont fait des projets de répartition sur un principe d'égalité & d'une maniere stable & proportionnée aux revenus & facultés d'un chacun, & que ces projets ont été approuvés au Conseil de Sa Majesté, se seroient assemblés pour

1737. convenir entr'eux & régler sur ces principes l'imposition de la taille de leur Ville & en conséquence de leurs délibérations des 7 & 14 du mois de Juillet dernier il auroit été dressé un projet de taille proportionnelle sur le plan de celle établi dans la Ville de Verneuil, qu'ils auroient approuvé, suivant lequel les Supplians auroient tout lieu d'espérer qu'on verroit bientôt diminuer les injustice qui troublent les différens Corps & états de leur Ville, & qui ne sont occasionnés que par la taille arbitraire, & que chacun des Habitans se trouvant assuré dans son état par une imposition proportionnée à son bien & à son industrie, l'union & la paix se rétabliroient, & la Ville se repeupleroit insensiblement.

A ces causes, requéroient les Supplians qu'il plût à Sa Majesté sur ce leur pourvoir. Vu ladite Requête, ensemble les délibérations desdits Supplians des 7 & 14 Juillet dernier, le projet de répartition de ladite taille proportionnelle arrêté ledit jour 14 Juillet, & l'avis du sieur de Harlay, Conseiller d'Etat ordinaire, Intendant de la Généralité de Paris. Oui le rapport du sieur Orry, Conseiller d'Etat & au Conseil Royal, Contrôleur-Général des Finances : Sa Majesté en son Conseil, ayant égard à ladite requête, a ordonné & ordonne ce qui suit :

I. La répartition de la taille & autres impositions y jointes de la Ville de Mante, se fera pendant neuf années consécutives, à commencer de l'année prochaine 1738, à proportion de l'exploitation des fonds, de l'occupation des maisons de ladite Ville & dépendances, & par rapport aux autres biens & facultés des Habitans taillables d'icelle.

II. Les Propriétaires ou Locataires taillables des maisons, fouloirs, jardins, solles & autres biens-fonds situés dans la Ville, fauxbourgs & dépendances de ladite Ville de Mante, seront imposés à raison de trois sols pour livre du prix du loyer ou de la tenue desdits biens, & ce suivant l'estimation qui en sera faite ou sur les derniers baux qui seront représentés aux Maire & Echevins de ladite Ville.

III. Les Locataires taillables payeront lesdites sommes en leurs propres & privés noms, sans qu'ils puissent prétendre aucun recours ou indemnité contre les Propriétaires, & lesdits Propriétaires taillables ne seront tenus de payer l'occupation de leurs fonds que lorsqu'ils les occuperont par eux-mêmes, ou qu'ils les loueront à des exempts ou privilégiés, lesquels Propriétaires ou Locataires seront responsables chacun en droit soi de leurs sous-Locataires particuliers. Ne pourront en aucun cas être compris dans ladite imposition les exempts & privilégiés, Propriétaires ou Locataires.

IV. Pour prévenir la confusion que le changement de demeure pourroit causer dans la suite, les Propriétaires & Locataires principaux seront tenus, avant le premier Septembre de chaque année, de déclarer aux Maire & Echevins ceux qui occuperont actuellement leurs maisons, sous telles peines qu'il appartiendra, & de celle du quadruple en cas de fausse déclaration, dont moitié appartiendra aux dénonciateurs, & l'autre moitié à l'Hôpital de ladite Ville.

V. Le surplus de la taille, après les trois sols pour livre levés sur les fonds de ladite Ville, fauxbourgs & dépendances, sera imposé sur les Habitans taillables de ladite Ville, Propriétaires de fonds & autres, par rapport à leurs autres biens & facultés, à l'effet de quoi il sera fait seize classes, dans lesquelles ils seront employés, eu égard auxdites facultés, dont la premiere sera de 70 livres, la seconde de 60 livres, la troisieme de 50 livres, la quatrieme de 40 livres, la cinquieme de 35 livres, la sixieme de 30 livres, la septieme de 25 livres, la huitieme de 20 livres, la neuvieme de 15 livres, la dixieme de 12 livres, la onzieme de 9 livres, la douzieme de 6 livres, la treizieme de 4 livres, la quatorzieme de 2 livres, la quinzieme de 1 livre, & la seizieme de 10 sols.

VI. Seront employés dans le rôle à la suite desdites classes, les noms de ceux qui ne seront en état de payer aucune taille, pour servir de mémoire & les comprendre par la suite dans lesdites classes, en cas que quelqu'un d'eux parvînt à une meilleure fortune. 1737.

VII. Le rôle de ladite Ville se fera annuellement par les Maire & Echevins, en présence du sieur Intendant de la Généralité ou son Subdélégué, & de quatre notables Habitans taillables qui seront élus à la pluralité des voix, dans une assemblée générale qui sera convoquée à cet effet & tenue en présence dudit sieur Intendant ou de son Subdélégué, qui rendra le rôle exécutoire, lequel rôle contiendra en détail les taxes de l'exploitation des fonds & par articles séparés, les cotes des Habitans taillables, suivant les seize classes ci-dessus, & en cas d'augmentation ou diminution de la taille de ladite Ville, la répartition en sera faite ainsi que des impositions extraordinaires qui pourroient survenir, au marc la livre de la taille suivant lesdites classes.

VIII. Il sera nommé par la Ville pour une ou plusieurs années un Receveur qui fera sous le cautionnement de ladite Ville, le recouvrement de la taille suivant la répartition ci-dessus, entre les mains & au Bureau duquel les taillables seront tenus de venir payer leurs impositions de quartier en quartier, sinon ledit Receveur pourra faire & exercer à sa requête en vertu du rôle toutes les diligences permises aux Collecteurs aux termes des Réglemens, & seront les exploits faits à sa requête exempts du contrôle, comme le sont ceux des Collecteurs. Pourra ledit Receveur être contraint par les Receveurs des Tailles, ainsi & par les voyes qui sont en usage contre lesdits Collecteurs.

IX. Il sera payé annuellement audit Receveur la somme de 450 livres, laquelle sera jointe au principal de la taille au lieu des six deniers pour livre qui s'imposent ordinairement pour les Collecteurs, & répartie au sol la livre sur l'imposition, suivant les classes seulement & non sur les biens-fonds qui en demeureront déchargés; lequel Receveur aura en outre les remises ordinaires qui sont accordées sur les autres impositions, dont il sera tenu de faire le recouvrement, ainsi que d'en remettre soigneusement les deniers, & en compter toutes les fois qu'il en sera requis par les Receveurs des Tailles ou le Procureur du Roy de l'Hôtel de Ville. Et pour éviter l'embarras d'une assemblée générale pour la nomination dudit Receveur, il sera nommé & élu à la pluralité des voix, par vingt des plus notables Habitans, dont la liste sera faite par les Maire & Echevins, & présentée audit sieur Intendant & Commissaire départi pour être par lui approuvée.

X. Ledit Receveur sera responsable du payement de chaque cote, à moins qu'il ne rapporte des procès-verbaux en bonne forme, contenant perquisition des meubles & effets des contribuables pour justifier de leur insolvabilité, & sera tenu ledit Receveur des frais du scel du rôle de la taille & de la confection des rôles qu'il conviendra faire tous les ans, même de fournir trois copies du rôle de la taille; sçavoir, une au Greffe de l'Election, une au Grenier à sel, & l'autre à l'Hôtel de Ville.

XI. Ledit Receveur sera tenu d'écrire en toutes lettres & non en chiffres, les sommes qu'il recevra des taillables, de mettre la date de chaque reçu à l'article du rôle qui les concernera, & de tenir un registre de sa recette coté & paraphé suivant l'Ordonnance.

XII. L'estimation du revenu des maisons & fonds occupés par les Propriétaires taillables, ne pourra être augmentée ou diminuée par les Maire & Echevins, sinon au cas d'augmentation ou répartition qui en augmenteroient réelle-

1737. ment le revenu; auquel cas lesdits Maire & Echevins se feront autoriser par ledit sieur Intendant à nommer des Experts pour en faire l'estimation, sur laquelle seront réglées les sommes que lesdits Propriétaires devront supporter; & en cas de décadence, pareille estimation en sera faite en la forme ci-dessus, & ne pourront pareillement lesdits Maire & Echevins transporter un taillable d'une classe à l'autre, sans le faire passer préalablement par celle du milieu de dégré en dégré.

XIII. En cas qu'il se trouve des non-valeurs bien & duement justifiées, celles qui procéderont de la taxe des fonds, seront réparties au marc la livre de ce que porteront lesdits Propriétaires ou Locataires desdits fonds, & celles qui procéderont des seize classes seront pareillement réparties sur lesdits Habitans taillables qui y sont compris, au marc la livre de ce qu'ils portent, sur les Ordonnances dudit sieur Intendant.

XIV. Les contestations qui pourront naître sur l'exécution de ce qui est porté par le présent Arrêt, circonstances & dépendances, seront jugées sommairement par ledit sieur Intendant & Commissaire départi en la Généralité de Paris, sur l'avis par écrit des Maire & Echevins, après avoir entendu les Parties intéressées, & ce qui sera par lui jugé sera exécuté, nonobstant oppositions ou autres empêchemens quelconques & sans y préjudicier, sauf l'appel au Conseil. Enjoint Sa Majesté audit sieur Intendant & Commissaire départi en la Généralité de Paris, de tenir la main à l'exécution du présent Arrêt, qui sera lu, publié & affiché par-tout où besoin sera, à ce que personne n'en ignore. Fait au Conseil d'Etat du Roy, tenu à Versailles, le treizieme jour d'Août mil sept cent trente-sept.

Signé, GUYOT.

1741. *ARRÊT de la Cour des Aides, qui déclare nulle la vérification du rôle des tailles de Lagny, de l'année 1741, faite par autres que par les Officiers de l'Election.*

11 Août 1741.

LOUIS, &c. Vu la requête à elle présentée par notre Procureur-Général, notredite Cour ayant égard à ladite requête, a déclaré & déclare nulle la vérification faite par le sieur Mignot de Montigny, [Subdélégué] du rôle des tailles de la Paroisse de Lagny, pour la présente année 1741; ordonne que sans y avoir égard, ledit rôle sera vérifié en l'état qu'il est par un des Officiers de l'Election de Paris, & qu'à cet effet la minute & l'expédition dudit rôle seront représentés à l'Elu, à ce faire le Greffier de l'Election & les Collecteurs de Lagny seront contraints par corps. *Si mandons*, &c.

Donné à Paris, en la premiere Chambre de notredite Cour des Aydes, le onze Août mil sept cent quarante-un.

1748.

Arrêt du Conseil, qui ordonne qu'à commencer au premier Octobre prochain, les impositions qui se levent sur la Ville & fauxbourgs de Thouars, Généralité de Poitiers, seront & demeureront commuées & converties en un droit, qui se percevra sur toutes les denrées & marchandises qui y entreront, énoncées au tarif.

27 Août 1748.

SUR la Requête présentée au Roy en son Conseil, par les Habitans de la Ville de Thouars; contenant, que pour remédier à la misere publique & à la ruine totale de cette Ville, qui se trouve depuis long temps accablée sous le poids des impositions, assurer les deniers de Sa Majesté, faire refleurir le commerce, conserver l'union des Citoyens, rappeller ceux qui sont sortis de la Ville, ce qui a été la suite des injustes répartitions des tailles, empêcher les Habitans de continuer à quitter & abandonner la Ville; de tous les moyens, le plus sûr étoit la commutation de la taille, capitation & autres impositions, en un droit d'entrées sur les marchandises & denrées, ou l'établissement d'un tarif, ainsi que les Habitans l'avoient reconnu dans un acte d'assemblée générale du 24 Avril 1741, & encore par autre acte d'assemblée générale du 12 May 1748, dans lequel il fut arrêté, qu'ils supplieroient très humblement Sa Majesté, qu'il lui plût convertir la taille arbitraire en une taille fixe & certaine, & pour en faire le recouvrement, leur permettre de percevoir certains droits sur les denrées & marchandises qui entreront dans ladite Ville, suivant le tarif qu'ils en ont fait dresser, & le sol pour livre du montant desdits droits: requéroient à ces causes les Supplians, qu'il plût à Sa Majesté commuer & convertir la taille & les autres impositions qui se levent sur la Ville de Thouars, & les fauxbourgs de Saint Michel, Lavau, le Boël en dépendant, y compris les Maisons-neuves, la Poitevinere, le Bourg-neuf, le Moulin du Vicomte, & les maisons du Pont-neuf dépendantes de la Paroisse de Saint Jean, en une levée de droits sur les denrées & marchandises qui arriveront tant par eau que par terre, & entreront dans ladite Ville & fauxbourgs, à commencer au premier Octobre 1748, suivant qu'elles sont énoncées audit tarif, & le sol pour livre du montant desdits droits, dont néanmoins seront exempts le Clergé, tant Séculier que Régulier, y compris les Maisons & Communautés des Ursulines & Hôpitaux, la Noblesse, & ceux des privilégiés, dont la capitation est retenue sur les gages des offices dont ils sont pourvus, pour leurs denrées & provisions de toutes especes, même à l'égard du Clergé, pour les matériaux & autres effets destinés aux réparations & reconstructions de leurs Eglises & maisons & les ornemens desdites Eglises; consentant lesdits Habitans, que ledit Clergé, la Noblesse & lesdits privilégiés soient & demeurent maintenus dans tous les privileges, immunités & exemptions dont ils jouissoient avant l'établissement dudit tarif, à la charge néanmoins de faire leurs déclarations aux Bureaux des entrées par billets, qui seront visés par les Commis établis à la perception desdits droits, & qui en donneront des acquits, comme aussi à la charge de pareilles déclarations dans le cas de vente de quelques denrées, qui ne seront pas employées à leur consommation, pour en être en ce cas les

droits perçus tout & ainsi qu'ils l'auroient été à l'entrée desdites denrées dans la Ville.
1748. Vu ladite Requête signée André, Avocat des Supplians, les actes d'assemblées desdits Habitans, des 24 Avril 1741, 12 Mai & 12 Avril 1748, les procès-verbaux des 13 Mai & 12 Août de ladite année, ensemble le projet du tarif des droits à percevoir aux entrées dans la Ville de Thouars, du même jour 12 Août 1748. Oui le rapport du sieur de Machault, Conseiller ordinaire au Conseil Royal, Contrôleur général des Finances. Le Roy en son Conseil, ayant aucunement égard à ladite Requête, & voulant favorablement traiter lesdits Habitans, a ordonné & ordonne, que les impositions, tant ordinaires qu'extraordinaires, qui se levent sur ladite Ville de Thouars, & les fauxbourgs en dépendans, de Saint Michel, Lavau, le Boël, y compris les Maisons-neuves, la Poitevinere, le Bourg-neuf, le Moulin du Vicomte, & les maisons du Pont-neuf dépendantes de la Paroisse de Saint Jean, seront & demeureront commuées & converties en un droit, qui se percevra sur toutes les denrées & marchandises qui y entreront, énoncées au tarif proposé par lesdits Habitans, à l'exception de la garence provenante de la Manufacture établie au Bourg de Missé, qui ne sera point destinée pour la consommation de la Ville, ensemble le montant du sol pour livre desdits droits; lequel tarif demeurera annexé à la minute du présent Arrêt, pour être ledit droit payé par toute sorte de personnes, à l'exception du Clergé, tant Séculier que Régulier, y compris les Maisons & Communautés des Ursulines & Hôpitaux de ladite Ville, de la Noblesse & de ceux des privilégiés, dont la capitation est retenue sur les gages des offices dont ils sont pourvus, lesquels seront exempts desdits droits, pour les denrées & provisions de toutes especes destinées pour leur consommation, même le Clergé Régulier & les Hôpitaux pour les matériaux & autres effets destinés aux réparations & reconstructions de leurs Eglises & Maisons : voulant Sa Majesté, que ledit Clergé, la Noblesse & lesdits privilégiés soient & demeurent maintenus dans tous les privileges, immunités & exemptions dont ils jouissoient avant l'établissement dudit tarif, à la charge néanmoins de faire leurs déclarations aux Bureaux qui seront établis pour la perception desdits droits, des denrées & de tout ce qu'ils feront entrer pour leur consommation, suivant les états qui en seront fixés & arrêtés par le sieur Intendant & Commissaire départi en la Généralité de Poitiers; comme aussi, à la charge de pareille déclaration dans les cas de vente de quelques-unes desdites denrées qui ne seront pas employées à leur consommation, pour en être, en ce cas, les droits perçus de la même maniere & ainsi qu'ils l'auroient été à l'entrée desdites denrées dans ladite Ville: veut Sa Majesté, que ledit droit soit levé à l'avenir à commencer au premier Octobre prochain, & que par ledit sieur Intendant & Commissaire départi en la Généralité de Poitiers, ou par celui qu'il voudra commettre, en présence des Habitans, ou de ceux qui seront par eux députés, l'adjudication en soit faite au plus offrant & dernier enchérisseur, en la maniere accoutumée, & pour tel nombre d'années que ledit sieur Commissaire départi jugera à propos; à la charge par l'Adjudicataire de payer à Sa Majesté, entre les mains du Receveur des tailles en exercice, dans les termes ordinaires & accoutumés, la somme à laquelle se trouveront monter les impositions pour lesquelles ladite Ville & lieux en dépendans seront annuellement compris dans les commissions des tailles & autres rôles & assiettes desdites impositions, tant ordinaires qu'extraordinaires, à quoi faire ledit Adjudicataire, ensemble lesdits Habitans seront contraints comme pour les propres deniers & affaires de Sa Majesté, du produit desquels droits il sera chaque année rendu compte par ledit Adjudicataire pardevant ledit sieur Commissaire départi en la Généralité de Poitiers; & en cas qu'il se trouvât de l'excédent après la taille & autres impositions, tant ordinaires qu'extraordinaires de ladite

Ville & lieux en dépendans, acquittées, le surplus sera employé suivant les ordonnances dudit sieur Commissaire départi, aux besoins & affaires communes de ladite Ville & fauxbourgs de Thouars, suivant les délibérations qui seront prises à cet effet, sans que ledit Adjudicataire soit tenu d'en rendre aucun compte en la Chambre des Comptes ni ailleurs, dont Sa Majesté l'a expressément dispensé : & où le produit du tarif ne se trouveroit pas suffisant pour acquitter la taille & autres impositions, tant ordinaires qu'extraordinaires de ladite Ville de Thouars & lieux en dépendans, veut Sa Majesté, que ce qui s'en manquera, soit imposé par capitation sur tous les Habitans sujets aux droits dudit tarif, en vertu du présent Arrêt & sans qu'il en soit besoin d'autres. Permet Sa Majesté auxdits Habitans de rétablir les portes & murailles de ladite Ville, ou d'en construire de nouvelles, suivant les procès-verbaux qui en ont été ou seront faits par ledit sieur Intendant & Commissaire départi, ou celui qu'il voudra commettre, de mettre des barrieres dans les lieux convenables, de clore & murer les croisées & fausses portes construites dans les murailles de ladite Ville, établir des Commis & des Bureaux où ils seront nécessaires. Fait Sa Majesté défenses aux Marchands & autres Particuliers, de faire des entrepôts dans l'étendue des hameaux & écarts de la Paroisse de Saint Médard de Thouars, & dans les Paroisses de Saint Jean, Saint Jacques, Sainte Verge, Sainte Radegonde, Rigny, Mauzé, Louzy, Montbrun & Missé, qui sont contigus aux fauxbourgs de ladite Ville de Thouars, & de faire entrer en fraude les marchandises & denrées sujettes audit droit, les tenir cachées & les faire passer au-delà des Bureaux sans déclarations, à peine de confiscation desdites denrées & marchandises au profit desdits Adjudicataires, & d'amende, qui, pour la premiere contravention, demeurera fixée à vingt livres ; en cas de récidive, à quarante livres ; & pour toutes autres, à cent livres, appliquable moitié au profit de l'Adjudicataire, & l'autre moitié au profit des Hôpitaux de la Ville de Thouars. Veut & ordonne Sa Majesté, que ceux des Habitans de ladite Ville & lieux en dépendans qui feront valoir de leurs propres ou tiendront à ferme aucuns biens & héritages situés tant dans ladite Election de Thouars, qu'hors d'icelle, seront & demeureront taillables dans les Paroisses où lesdits biens & héritages seront situés ; qu'aucun Particulier d'un lieu taillable ne pourra s'établir en ladite Ville de Thouars & lieux en dépendans pour y jouir des privileges, sous quelque prétexte que ce soit, qu'à condition d'y payer la taille sa vie durant. Ordonne Sa Majesté, que toutes les contestations qui pourront survenir à l'occasion desdits droits & établissement du tarif, seront portées en premiere instance pendant les six premieres années dudit établissement, pardevant le sieur Intendant & Commissaire départi en la Généralité de Poitiers, & par appel au Conseil : & après lesdites six années expirées, pardevant les Officiers de l'Election de Thouars, & par appel en la Cour des Aydes : & pour l'exécution du présent Arrêt, toutes Lettres nécessaires seront expédiées. Enjoint Sa Majesté audit sieur Intendant & Commissaire départi en la Généralité de Poitiers, de tenir la main à l'exécution d'icelui. Fait au Conseil d'Etat du Roy, tenu à Versailles, le vingt-septieme jour d'Août mil sept cent quarante-huit. Collationné. *Signé*, BERGERET. 1748.

1748.

Ensuit la teneur dudit Tarif.

A.

	l.	f.	d.
1. Acier par ballon en bille & en barre, par cent pesant, payera cinq sols, ci		5	
2. Acier de Piémont, d'Allemagne, par cent pesant, payera dix sols, ci		10	
3. Airains, cuivres, laton, potains non ouvrés, par cent pesant, payera deux livres dix sols, ci	2	10	
4. Anguilles & anguillettes emballées, par charge de cheval ou âne, payera dix-huit sols, ci		18	
5. Anguilles & anguillettes, par grand panier, payera six sols, ci		6	
par douzaine, trois sols, ci		3	
6. Angéliques confites & toutes confitures seches, en pâte ou liquides, dragées de toutes especes, sucre d'orge & candi, par cent pesant, payera deux livres dix sols, ci	2	10	
7. Ardoises, par millier, une livre dix sols, ci	1	10	
8. Ails & oignons, par charretée, une livre dix sols, ci	1	10	
par charge de cheval, six sols, ci		6	
par charge d'âne, quatre sols six deniers, ci		4	6
par gerbe, quatre deniers, ci			4
9. Avoine par boisseau, payera trois deniers, ci			3
10. Agneaux & chevreaux de lait, par piece, trois sols, ci		3	
11. Amandes seches en coque, par boisseau, six deniers, ci			6
en noyaux ou bejons, par livre, trois deniers, ci			3
vertes, par boisseau, un sol, ci		1	
12. Argenterie en argent, ou argent en lingots pour Orfevres, par marc, une livre, ci	1		
13. Arbres fruitiers à planter, ceux en plein vent, par piece, trois deniers, ci			3
arbres nains, par piece, un denier, ci			1
14. Asperges, par paquet, trois deniers, ci			3
15. Artichauts, par douzaine, six deniers, ci			6
16. Allumettes, par paquet de trois cens petits paquets, trois deniers, ci			3
17. Andouilles, par piece, un denier, ci			1
18. Boudins, par douzaine, six deniers, ci			6
19. Cervelats, gratons & langues fourrées, par livre, trois deniers, ci			3

B.

	l.	f.	d.
20. Bois de noyer en arbres, bines & morceaux, par charretée, payera vingt sols, ci	1		
par charge de cheval, quatre sols six deniers, ci		4	6
par charge d'âne, trois sols, ci		3	
par toise en planches de six pieds en quarré, dix sols, ci		10	
21. Bois en planches de chêne, par toise, six sols, ci		6	
22. Bois blanc d'hiard, sapins & autres, par toise, trois sols, ci		3	

23. Bois

1748.

	l.	*ſ.*	*d.*
23. Bois d'ouvrages, madriers, ſolives, ſoliveaux, chevrons, limandes & autres gros bois, par charretée, trente ſols, ci	1	10	
24. Bois en barreau, par charretée de ſoixante-trois fagots, trente-ſix ſols, ci	1	16	
25. Bois merrains par millier ordinaire, composé de mille pieces ſeulement, ſix livres, ci	6		
par charretée de grand bois, deux livres, ci	2		
merrains en fonds de barriques, ganivelle & portoires, par charretée, trente ſols, ci	1	10	
26. Bois en rets de charrette & pommelles, par charretée, payera trente ſols, ci	1	10	
en gentes, par piece, ſix deniers, ci			6
en boutons de charrette tout faits, par piece, un ſol, ci		1	
27. Bois d'ormeaux, en arbres & bines pour Charrons, par charretée, vingt ſols, ci	1		
par charge de cheval ou âne, trois ſols, ci		3	
28. Bois à tamis, caiſſes, grelles, par paquet, quatre ſols ſix deniers, ci		4	6
29. Bois de fagots de pied, branchages, par fagot, deux deniers, ci			2
par cent, ſeize ſols huit deniers, ci		16	8
30. Bois de fagots de remille, brandes, ſaules & autres propres à chauffer le four, par cent, douze ſols ſix deniers, ci		12	6
31. Bois javelles, par fagot de douze javelles, un denier, ci			1
par cent, huit ſols quatre deniers, ci		8	4
32. Bois en bûches, par charretée de trois roartées, ou d'une cordée, douze ſols, ci		12	
par charge de cheval, un ſol ſix deniers, ci		1	6
par charge d'âne, un ſol, ci		1	
par charge d'homme ou femme, trois deniers, ci			3
33. Bois de buis, par charge de cheval, douze ſols, ci		12	
par charge d'âne, neuf ſols, ci		9	
par charge d'homme ou femme, trois ſols, ci		3	
34. Beurre frais, par livre, quatre deniers, ci			4
35. Briques, tuiles & carreaux, par charretée, douze ſols, ci		12	
par charge de cheval ou d'âne, un ſol ſix deniers, ci		1	6
36. Balais de bouleau, brandes, joncs & genets, par douzaine, un ſol, ci		1	
37. Bois en cuves & rondeaux; ſçavoir, les cuves, par piece, ſept ſols ſix deniers, ci		7	6
les rondeaux, par piece, deux ſols, ci		2	
38. Boiſſeau, par piece, ſix deniers, ci			6

Balles de marchandiſes concernant les Marchands Drapiers & Soyeriers, diviſées en quatre claſſes.

	l.	*ſ.*	*d.*
39. Balles de mouſſelines, toiles de cotons, blanche, batiſte, linons, ſoyeries fabriquées en damas & autres étoffes, taffetas de toutes eſpeces, velours, ſerge de ſoye, bas & gands de ſoye, rubans, ſoyes à coudre, des Manufactures de Paris, Lyon, Nîmes & Tours; dentelles, galons d'or & d'argent, payeront par cent peſant, huit livres, ci	8		

40. Draps d'Elbeuf, Louviers, Sédan, d'Arnetal, écarlate & tous autres

draps fins, castors & tous autres chapeaux fins, par cent pesant, payeront quatre livres, ci — *l. f. d.* 4

1748.

41. Draps de Lodeve, Montagne, Carcassonne, cadis d'Agnand, molletons de Sommieres & autres draperies de Languedoc, raz de castor, raz de marocq, dauphines, voiles & autres étoffes de la Manufacture de Rheims, camelots, laines, de soye, de poil, pannes, crêpons, étamines jaspées, fines, demi-fines, ordinaires, éternelles, bouracans, camelots écarlate, callemandres, coutils à fleurs, camelots, papelines & toutes autres étoffes des Manufactures de l'Isle, Amiens, Abbeville; raz à doubler; serge de londe & demi-londe; molletons fins & autres draperies de la Manufacture de Beauvais; pinchinats d'Amboise; draps de Cherbourg, Valonnes, Vires, Châteauroux, Romorantin; pluches de Châteaurenaud & autres draps de Berry; étamines du Mans, Château-Gontier, du Lude, Laval, Chinon, Azais & Richelieu; serge de Caen; grenades blanches; bazins rayés & unis; finettes de S. Lo; raz de Saint-Lo; Falaize; frocs & molletons de Lizieux; bas d'étain, bas & bonnets de Ségovie; couvertures fines, boutons de chameau, de crin, poil de chevre & jarretieres; toiles blanches, de Rouen, d'Alençon, Laval, Châteaugontier, Chollet, ainsi que toiles grises; raz de Lusignan, Saint-Maixant; tapisseries de toutes especes; flanelles rayées, à fleurs; baleines d'Hollande; Espagnolettes de Rouen & d'Arnetal; fort en diable de l'Isle; serge de Mende & cadis, par cent pesant, payeront trente sols, ci 1 10

42. Pinchinats tout laine de Partenay, sur fil de la Manufacture aussi de Partenay; tiretaine de Bersuire; croisée de Moncoustans & Azais; serges d'Oirvault, de Saint-Loup; pinchinats de Coulonges, de Niort; serge de Vivonne, de Château-Larcher, de Châtellerault & Lusignan; droguets & étamines de Doué; serges de Loudun; étamines de Chiché & droguets de Pouzauges; droguets de Bouquant, carisé & blanc; de couleurs; campes noires; coutil de Vieille-vignes, Villiers & de Normandie; toiles d'Oirvault & de Pais; toiles d'Angers, de Beaufort, du Lude, du Château du Loir, Doué & couvertures de poil de bœuf; fil de Paris, de Tours, de Rennes, Niort, Angers; fils blancs de toutes qualités, poudre à poudrer; velours de gueux; revêches à panier & serges trémieres, en vert, bleux & jaunes & autres couleurs; bougrins; toiles cirées; toiles boucassines à doubler; cotonnade de Rouen; toiles de coton, & fil & coton, fichus de coton de Rouen, & fichus de fil de Chollet; peaux de daims, culottes de peaux; grandes peaux jaunes & blanches: toiles de crin, chapeaux de païs; galons d'or & d'argent faux; rubans; galons de laine & fil; clous dorés; couteaux de chasse; miroirs; glaces de miroirs, payeront par cent pesant, vingt-cinq sols, ci 1 5
à l'exception de la grosse toile d'emballage, qui ne payera que vingt sols par balle de cent cinquante livres, ci 1

43. Brand d'abeille, par boisseau, un sol, ci 1

44. Bouchons de liege, par cent de bouchons, dix-huit deniers, ci 1 6

45. Bœufs & vaches, qui se tuent, par piece, trois livres, ci 2

46. Bierres, par barriques ou deux quartauts, douze sols, ci 12

47. Bois de menuiserie vieille & neuve, par charretée, trente sols, ci 1 10
par charge de cheval ou âne, six sols, ci 6

48. Bois à faire chaises, par charretée, quinze sols, ci 15
par charge de cheval ou âne, six sols, ci 6

	l.	s.	d.
49. Bois à faire seaux, par pile de soixante pieces à la pile, avec les garnitures, payera quinze sols, ci		15	
seaux faits, par piece, six deniers, ci			6
50. Bottes de cuir, par paire, vingt sols, ci	1		
51. Bottines de toutes especes, par paire, cinq sols, ci		5	

C.

	l.	s.	d.
52. Chevre & bouc, par piece, dix sols, ci		10	
53. Cendres communes, par boisseau, non compris celles qu'employent les Salpêtriers, payera trois deniers, ci			3
54. Cercles de bois ou feuillards, de toutes especes, par charretée de trente-deux feuillards, vingt-quatre sols, ci	1	4	
55. Grands cercles de frêne & autres pour cuves, par piece, six den. ci.			6
56. Caparaçons, par douzaine, une livre quatre sols, ci	1	4	
57. Clous de toutes especes, par cent pesant, seize sols huit deniers, ci		16	8
Caboches, par cent pesant, huit sols quatre deniers, ci		8	4
58. Chaux, par charretée, dix-huit sols, ci		18	
par charge de cheval, un sol six deniers, ci		1	6
59. Cire fine à cacheter, par livre, deux sols, ci		2	
60. Cuillers de bois, godets, fuseaux, vilebrequins, petites boîtes, gamelles, balances & autres petits ouvrages de bois façonnés, par charge de cheval ou âne, dix sols, ci		10	
par charge d'homme ou femme, un sol, ci		1	
61. Canons de fusils, par piece, trois sols, ci		3	
62. Platines de fusils & pistolets, par piece, un sol, ci		1	
63. Fusils, par piece, vingt sols, ci	1		
64. Chanvre broyé & peigné prêt à filer, par livre, trois deniers, ci			3
65. Chanvre commun non teillé ni peigné pour les Cordiers, par cent pesant, douze sols six deniers, ci		12	6
66. Charbon de terre, par boisseau, six deniers, ci			6
67. Charbon de bois, par charretée de petits sacs, vingt sols, ci	1		
par charge de cheval, un sol, ci		1	
68. Châtaignes, par charge de cheval ou âne, neuf sols, ci		9	
69. Cochons, par piece, morts ou vifs qui se vendront pour la Ville, trente sols, ci	1	10	
par morceaux, trois deniers, ci		3	
70. Petits cochons de lait, par piece, trois sols, ci		3	
71. Cornes en feuilles, par piece, quatre sols six deniers, ci		4	6
72. Crins de cheval & autres frisés ou filés, par livre, trois deniers, ci			3
crins non filés, par livre, deux deniers, ci			2
73. Cheveux de toutes especes, par livre, seize sols, ci		16	
74. Cuir de roussi pour les Selliers, par livre, six deniers, ci			6
75. Cuirs forts, par cent pesant, seize sols neuf deniers, ci		16	9
76. Cuirs de veaux, moutons, basannes & autres pour les Selliers & Cordonniers, du cent pesant, payeront vingt-cinq sols, ci	1	5	
77. Cuir blanc rase, un sol par livre, ci		1	
78. Choux, melons, betteraves, porreaux, porettes, céleri, concombres, citrouilles, naveaux, par charge de cheval ou âne, quatre sols six deniers, ci		4	6
par charge d'homme ou femme, un sol, ci		1	

Bien entendu que les Habitans de la Ville, qui ont des jardins dans *l. s. d.*
1748. les fauxbourgs, enclavés dans les barrieres, ne payeront point d'entrées pour leurs provisions de légumes, également que toutes les productions des jardins de la basse Ville, quoique hors des murs, parce qu'ils ont toujours été compris dans la taille de la Ville, dont ils ont de tout temps contribué à acquitter les charges, ainsi doivent être regardés comme Jardiniers de Ville.

79. Cornes de cerf & autres, par livre, un denier, ci 1

80. Chastellet, par piece, un denier, ci 1
un travouil ou trouil, par piece, un sol, ci 1
une geole, par piece, trois deniers, ci 3

81. Cribles de toutes especes, par piece, deux sols, ci 2

82. Cardes à carder laine & coton, par paire, deux sols, ci 2

D.

83. Drogues pour la peinture, par livre, trois sols six deniers, ci 3 6

84. Drogues servant au corps humain, non compris la rhubarbe, la boîte & l'emballage, par livre, deux sols, ci 2

E.

85. Eau-de-vie, par barrique de vingt-neuf veltes, cinq livres, ci 5

86. Etain de Cornouailles en saumon & vaisselle, par livre, six den. ci 6

87. Etain commun, par livre, ouvré ou non ouvré, trois deniers, ci 3

88. Ecorces pour les Tanneurs, par charretée, dix-huit sols, ci 18
en poudre, par charge de trois cens ou environ, trois sols, ci 3

89. Eau de mélisses, des Carmes, de la Reine de Hongrie & autres que les Droguistes apportent en fioles & bouteilles, par grandes caisses, une livre dix sols, ci 1 10
par petites caisses, quinze sols y compris la caisse, ci 15

90. Ecrevisses, par cent, six deniers, ci 6

Epiceries divisées en treize classes.

91. Cire blanche, jaune, bougie du Mans & autres pays, payera par cent pesant, sans y comprendre l'emballage, vingt-cinq sols, ci 1 5

92. Cotons fils, non fils; girofles; muscades; cannelles; poivres; piments; noix de galles; garence; savons; cassonnades blanches & brunes; raveaux; safrans; indigo; bois de Brésil; verd de gris; azur; pierre de bleu; arsenic; argent-vif; encens; storax; benjoins; fer-blanc; fromage de Gruiere, Brie, Hollande & Auverghe; jambons; cafés, thés, chocolats; fleurs de soufre, térébenthine, essence de térébenthine; huile d'aspic; sandalles; chandelles; suif fondu, en pain ou en barriques; poudre à tirer; huiles d'olive fine, & sucre en pain, payeront par cent pesant, sans y comprendre les barriquages & emballages, seize sols huit deniers, ci 16 8

93. Suifs en grappe, liege; miel; orseil; savon noir; amidon; couperose; blanc de céruse; blanc d'Espagne; vieil oing; beurre salé; bois d'Indes rapés & en bûches, & de Sainte-Marthe; olives; raisins; cabats; figues; anchois, capres; glues; alun; colle-fortes & de poisson; gommes de toutes especes; cendres gravelées; plomb ouvré & non ouvré; prunes;

1748.

	l.	s.	d.
poires ; cormes & autres fruits secs ; soufres ; gravelles ; noir de fumée ; ocre de toutes especes ; gemme ; goudrons ; huile d'olive grasse, de poisson, de dégras, de rabitte, noix & de cheneviers ; fil de Guibray & résine, payeront par cent pesant, sans y comprendre les barriquages ni emballages, huit sols quatre deniers, ci		8	4
94. Cartes fines, par grosse, vingt sols, ci	1		
95. Cartes communes, par grosse, douze sols, ci		12	
96. Morues vertes du grand banc, par poignée, deux sols, ci		2	
97. Morues vertes, moyennes & petites, par poignée, un sol six deniers, ci		1	6
98. Morues seches, par cent pesant, vingt-cinq sols, ci	1	5	
99. Harengs blancs & saurs, par baril, vingt-cinq sols, ci	1	5	
100. Sardines salées, en baril & en panier, par baril & panier, vingt-cinq sols, ci	1	5	
101. Papier lombard, grand papier de compte, par rame, cinq sols, ci		5	
102. Petits papiers carrés, d'enveloppe, par rame, deux sols, ci		2	
103. Papiers cassés & à la livre, par cent pesant, huit sols quatre deniers, ci		8	4
F.			
104. Fromages de Lignerots, Poitiers, Tenezais & autres fromages du pays, par charge de cheval ou âne, neuf sols, ci		9	
par piece, un denier, ci			1
105. Fûts de bâts à chevaux, mulets ou âne, par piece, un sol trois deniers, ci		1	3
106. Fûts de barriques vieilles ou neuves, par piece, deux sols, ci		2	
107. Fers de toutes especes, ouvrés, par livre, deux deniers, ci			2
non ouvrés, par livre, un denier, ci			1
108. Fûts de soufflets & lanternes, par cent de fûts, vingt-cinq sols, ci	1	5	
109. Faïances, porcelaines, cailloux & autres, par charge, vingt-cinq sols, ci	1	5	
110. Fontes en toutes façons ; marmites ; garde-feu ; chaudrons & autres de même métail, par cent pesant, vingt-cinq sols, ci	1	5	
111. Fil de lin & de chanvre ; brin & crud, payera par livre, trois deniers, ci			3
112. Fil de lin & chanvre, & chanvre en reparon & crud, par étoupe du pays, par livre, un denier, ci			1
113. Foin, par charretée de treize à quatorze cens, plus ou moins, douze sols, ci		12	
par charge de cheval, de deux cens, un sol six deniers, ci		1	6
par charge d'âne, un sol, ci		1	
par charge d'homme ou femme, six deniers, ci			6
en boteau, par millier, dix sols, ci		10	
114. Faux à faucher, par piece, un sol, ci		1	
115. Faucilles, par piece, trois deniers, ci			3
G.			
116. Graines de lin & chanvre, par boisseau, un sol, ci		1	
117. Graines de millet & riz, par livre, deux deniers, ci			2

118. Graisse par cent pesant, non compris le pot ou baril, vingt- *l. s. d.*
1748. cinq sols, ci 1 5
119. Greles & grélaux pour passer bled, par piece, trois deniers, ci 3
120. Galoches & souliers de bois & cuir, par piece, six deniers, ci 6
121. Glands par boisseau, trois deniers, ci 3
122. Grosses feves, par boisseau, six deniers, ci 6
123. Guignes & cerises, de toutes especes, par charge de cheval ou âne, deux sols, ci 2
par grand panier, six deniers, ci 6
par moyen panier, quatre deniers, ci 4
par petit panier, deux deniers, ci 2

H.

124. *Nota.* A l'égard des Habitans de la Ville & fauxbourgs, qui portent des noix de chez eux, dont les droits auroient été payés dans les bourgs voisins, pour faire faire de l'huile, ils en feront déclaration au Bureau de la porte, & ne payeront aucun droit en entrant.

125. Hottes de toutes grandeurs & especes, par piece, un sol, ci 1
126. Habits d'hommes neufs de gourgourand ou de soye, par piece, vingt-cinq sols, ci 1 5
idem de draps fins, par piece, vingt sols, ci 1
idem de gros draps & autres étoffes, dix sols, ci 10

I.

127. Néant.

L.

128. Lattes plates & carrées, de toutes longueurs, par charretée de soixante-trois fagots, trente sols, ci 1 10
129. Linges vieux, linges à faire papier, par cent pesant, trois sols en sortant seulement, ci 3
130. Laines du pays non teintes, de toutes especes, par cent pesant, non compris l'emballage, vingt-cinq sols, ci 1 5
131. Laines d'abat non teintes, par cent pesant, seize sols huit den. ci 16 8
132. Laines en graisse & terre, par cent pesant, non compris l'emballage, huit sols quatre deniers, ci 8 4
133. Laines teintes prêtes à filer & filées, de Saumur, Loudun & autres lieux, par livre, six deniers, ci 6
134. Lin en poil & poupée, par livre, quatre deniers, ci 4
lin d'Hollande prêt à filer, par livre, neuf deniers, ci 9
lin en trousseau, non peigné, par livre, deux deniers, ci 2
135. Librairie par cent pesant, compris les enveloppes, vingt-cinq sols, ci 1 5

M.

136. Merceries ou grosses clincailleries, comme galons, lacets, épingles, aiguilles, couteaux communs, fil de fer, petits miroirs, bourses

	l.	s.	d.
de cuir, menus ouvrages d'ivoire, joncs & geay, images, toiles à tamis, petits tableaux, étrilles, étriers, boucles de fer & de cuivre, & généralement tout ce qui est réputé grosses merceries & clincailleries, payera par cent pesant, non compris les emballages, trente sols, ci 1748.	1	10	
137. Mors de bride garnis & non garnis & filets, payeront par piece, deux sols, ci		2	
138. Mines de plomb & litharge d'or, par cent pesant, douze sols, ci		12	
139. Métal en mortier, cloches, sonnettes & autres, par livre, un sol, ci		1	
140. Moules ou moucles, huîtres & palourdes, par charge de cheval, neuf sols, ci.		9	
141. Meules de moulin, par charretée, trente sols, ci	1	10	
142. Moutons & brebis, par piece, quatre sols, ci		4	
143. Manchons de poil pour homme, par piece, neuf sols, ci		9	
pour femme, de loup cervier & velours, à fourreau, quatre sols six deniers, ci		4	6
petits manchons en poil, plumes & autres pour enfans, deux sols trois deniers, ci		2	3
144. Meules à aiguiser, grandes & petites, par piece, trois sols, ci		3	
145. Moulins à passer bled, par piece, quinze sols, ci		15	
N.			
146. Noix en coque, par boisseau comble, trois deniers, ci			3
celles qui seront vertes venant de l'arbre, par boisseau, deux deniers, ci			2
147. Noix en noyaux ou begeons, par livre, trois deniers, ci			3
148. Nantilles, par boisseau, trois deniers, ci			3
149. Nerfs de bœufs, par piece, trois deniers, ci			3
150. Noisettes, par boisseau, un sol, ci		1	
O.			
151. Or en lingots & en œuvre, comme montres, vaisselles, bagues, joyaux, par marc, trois livres, ci	3		
152. Similor, en lingots, par marc, quatre sols, ci		4	
153. Œufs, par douzaine, deux deniers, ci			2
154. Oranges & citrons, non confits, par charge de cheval, neuf sols, ci		9	
par panier à bras, deux sols, ci		2	
155. Ornemens d'Eglise, de soye, brodés en or, argent, ou garnis d'or & d'argent, par piece, trente sols, ci	1	10	
P.			
156. Pipes fines, par grosses, douze sols six deniers, ci		12	6
157. Pelles de bois, par piece, trois deniers, ci			3
158. Prêtes ou osiers, par millier, un sol six deniers, ci		1	6
159. Paniers ou paillons de clisses, par piece, pour les grands, trois deniers, ci			3
petits paniers de clisses ou osier, par piece, un denier, ci			1
grands paniers manequins, par piece, trois sols, ci		3	

1748.		*l.*	*s.*	*d.*
	paniers à bras, civieres & lauchaux à prendre du poisson, par piece, un sol, ci		1	
	160. Portoires, par paire, trois sols, ci			3
	161. Poteries & autres vaisselles de terre, compris les buyes, par charge de cheval, six sols, ci		6	
	162. Pônes, par charretée, dix-huit sols, ci		18	
	163. Peaux d'anguilles, par cent, un sol, ci		1	
	164. Peaux de lievres, levreaux & lapins, par piece, un den. ci			1
	165. Peaux de fouines, renards & bléraux, un sol piece, ci		1	
	166. Peaux de cochons & truies, par piece, trois sols, ci		3	
	167. Peaux de bœufs & vaches, en poil, par charge de deux cens cinquante à trois cens livres pesant, payeront vingt-cinq sols, ci	1	5	
	168. Peaux de veaux en poil, par piece, un sol, ci		1	
	169. Peaux de moutons, brebis, chevres & chevreaux & agneaux tondus & non tondus, payeront par piece, trois den. ci			3
	170. Peaux de bœufs, vaches, veaux, moutons, & toutes autres, tanées ou en cuireaux, par cent pesant, payeront trente-trois sols quatre deniers, ci	1	13	4
	171. Peaux de castor, veaux d'Orléans, apprêtées, & d'autres lieux, par cent pesant, cinquante sols, ci	2	10	
	172. Peaux de loups, loutres, chats & autres petites peaux, par piece, trois deniers, ci			3
	173. Poëles à frire, par livre, deux sols, ci		2	
	à châtaigne, par livre, un sol, ci		1	
	174. Pois secs, de toutes especes, & petites feves, dites pois de mai, par boisseau, un sol, ci		1	
	175. Prunes vertes, par charge de cheval ou âne, trois sols, ci		3	
	par grand panier, un sol, ci		1	
	par petit panier, trois deniers, ci			3
	176. Prunes & autres fruits, secs ou cuits, quoique portés en l'article des Marchands Epiciers, attendu qu'il s'en vend par d'autres Particuliers, payeront par charge de cheval ou âne, douze sols, ci		12	
	par grand panier, quatre sols, ci		4	
	par petit panier, deux sols, ci		2	
	177. Pierres de tuf & moilons, & autres, par charretées, deux sols, ci		2	
	par charge de cheval ou âne, trois deniers, ci			3
	178. Plumes à faire lit, par livre, six deniers, ci			6
	179. Paille, par charretée, six sols, ci		6	
	par charge de cheval ou âne, un sol, ci		1	
	par charge d'homme ou femme, un denier, ci			1
	180. Paille ou jonc en natte, par charge de cheval ou âne, trois sols, ci		3	
	par charge d'homme ou femme, un sol, ci		1	
	181. Paniers à l'usage des Dames, par piece, six sols, ci		6	
	182. Parapluyes & parasols, par piece, cinq sols, ci		5	
	183. Plâtre, par charretée, vingt sols, ci	1		
	184. Poissons de mer, raies, pocheteaux, aloses, lamproyes & autres, par charge de cheval, vingt-cinq sols, ci	1	5	
	par panier, six sols, ci		6	
	par alose & lamproye seules, trois deniers, ci			3

185. Poisson

	l.	s.	d.	
185. Poisson d'eau douce, de toutes especes, par charge de cheval, douze sols, ci		12		1748.
par charge d'âne, six sols, ci		6		
par panier, par livre, non compris le panier, un denier, ci			1	
186. Pommes, poires, pêches & pavis, vertes, par charge de cheval, trois sols, ci		3		
par charge d'âne, deux sols, ci		2		
par panier, trois deniers, ci			3	

Et à l'égard des Habitans des fauxbourgs, qui recueillent des pommes, poires, pêches, prunes, amandes, cerises & autres fruits, ne payeront rien, non plus que leurs légumes, ainsi que des Bourgeois demeurant en ville, qui ne payeront rien de ce qu'ils amassent dans leurs renclos & jardins des fauxbourgs, des fruits & légumes de toutes especes, en les faisant entrer en Ville, soit par eux ou leurs Bordiers, excepté du vin, foin, bois & paille.

	l.	s.	d.
187. Peignes à peigner la laine, lin & chanvre, par piece, cinq sols, ci		5	

Q.

	l.	s.	d.
188. Quincaillerie fine, comme tabatieres fines d'écailles garnies en or & argent, ou similor, étuis fins, couteaux de tables, pistolets & fusils garnis en argent, ou similor, éventails fins, souliers brodés, chandeliers d'argent haché, cuillers & fourchettes de même métal, & généralement tout ce qui est réputé quincaillerie fine, excepté ce qui est en or & argent pur & qui ne fait point partie d'orfévrerie, & ce qui est porté aux articles des Marchands Drapiers, payera par cent pesant, quinze sols, ci		15	

Et à l'égard des Marchands de cette Ville qui meneront des marchandises de quincailleries & toute autre marchandise de chez eux aux foires du voisinage, dont ils auront payé les droits, ils les déclareront par écrit au Bureau de la sortie, & en rentrant, ils n'en payeront point de droit.

R.

	l.	s.	d.
189. Rhubarbe, par livre, quinze sols, ci		15	
190. Rouffanges, ou riortes, par millier, cinq sols, ci		5	
191. Reparons de lin & chanvre, non filés, par livre, un demi-denier, ci			½
192. Rouets à filer, par piece, deux sols, ci		2	

S.

	l.	s.	d.
193. Souliers de cuir fort & veau, pour homme & femme, par paire, deux sols, ci		2	
194. Sangles, cordages & ficelles, par livre, six deniers, ci			6
195. Sabots, par charge de cheval, ou âne, neuf sols, ci		9	
par douzaine grands & petits, trois sols, ci		3	
196. Saumon frais, par piece, vingt sols, ci	1		
saumon salé, par piece, cinq sols, ci		5	

1748.		l.	s.	d.
	197. Sardines fraîches, par charge de cheval, douze sols, ci		12	
	198. Soufflets, par piece, six deniers, ci			6
	pour forge, par piece, dix sols, ci		10	
	199. Sirops, capillaires, limons, orges & autres par fiole d'un septier & demi ou environ, & bouteille de plus grande quantité à proportion, six deniers, ci			6
	200. Sables à fourbir vaisselles, par boisseau, un denier, ci			1

T.

	l.	s.	d.
201. Tamis faits & garnis, par piece, payera un sol, ci		1	

V.

	l.	s.	d.
202. Vesce & jarousse par boisseau, trois deniers, ci			3
203. Verres en tablis pour Vitrier, par panier, quinze sols, ci		15	
204. Verres à boire, bouteilles & autres, par charge de cheval, douze sols, ci		12	
par charge d'âne, deux sols, ci		2	
par charge d'homme & femme, trois sols, ci		3	
205. Viroles pour fléaux, par piece, un denier, ci			1
206. Vins de toutes sortes de crus & d'especes, de la Province & d'autres Provinces, par barrique, vingt sols, ci	1		
207. Vins en bouteilles, autres que de la Province, par bouteille, un sol, ci		1	
208. Demi-vin, par barrique, dix sols, ci		10	
209. Vinaigre, par barrique, deux livres, ci	2		
210. Vendanges, par charretée à six bœufs, deux livres, ci	2		
par charretée à quatre bœufs, trente sols, ci	1	10	
par charretée à deux bœufs, dix-huit sols, ci		18	
par charge de cheval, six sols huit deniers, ci		6	8
par charge d'âne, quatre sols six deniers, ci		4	6
par grand panier, deux sols, ci		2	
par moyen panier, un sol, ci		1	
par petit panier, six deniers, ci			6

Et à l'égard des vendanges, qui s'amasseront en les vignes des fauxbourgs, en dedans des poteaux & barrieres, seront sujettes aux droits, comme si elles entroient en ville; les vins, demi-vins en provenant, seront inventoriés un mois après l'ouverture des vendanges, & les droits payés sur les contraintes qui seront décernées à cet effet, à l'instant & de la même maniere qu'il en est usé pour les droits d'Inspecteurs aux boissons, & pareillement pour les bois provenant desdites vignes, comme aussi les foins & pailles.

	l.	s.	d.
211. Veaux de lait, par piece en entrant, douze sols, ci		12	

Volailles.

	l.	s.	d.
212. Un dindon ou dinde, par piece, un sol, ci		1	
un chapon, canard ou cane, par piece, trois deniers, ci			3

	l. s. d.	
une oye, six deniers, ci	6	1748.
une poule ou coq, trois deniers, ci	3	
une couple de poulets, trois deniers, ci	3	
pigeons de maison, par couple, trois deniers, ci	3	
pigeons de fuye, par couple, deux deniers, ci	2	
poularde du Mans, par piece, deux sols, ci	2	
moratons, cercelles, poules d'eau, par piece, trois deniers, ci	3	

Tous gibiers & volailles, dont le Messager sera chargé, ne payeront rien en sortant.

Et tous les articles compris au présent tarif, le plus ou le moins d'un millier, un cent, une livre ou autrement, payeront à proportion, & toujours non compris la bouteille, le pot, la cruche, la futaille, la caisse, la balle ou l'emballage.

Les marchandises & denrées qui passeront debout, ne payeront rien, mais seront tenus, les Marchands & Conducteurs, de les déclarer au Bureau d'entrée, par quantité & qualité, de signer leurs déclarations; il leur en sera donné copie sur papier blanc, sans frais, pour la présenter au Bureau de la sortie, pour la vérifier: en cas de fraude, les marchandises, chevaux, bœufs & équipages seront confisqués, les Marchands & les Voituriers, condamnés en l'amende de cent livres solidairement & par corps, modérée cependant à vingt livres pour la premiere fois, à quarante livres pour la seconde, & à cent pour la troisieme, relativement au procès-verbal.

Les marchandises & denrées, pour passer debout, qui coucheront en la ville & fauxbourgs, ne pourront y séjourner plus de vingt-quatre heures; & s'il est justifié que les Marchands en aient déballé & mis en vente, elles seront confisquées, & eux condamnés comme dessus.

Et à l'égard de celles qui arriveront pour les Habitans des fauxbourgs, ils ne pourront les entrer chez eux, sans auparavant en avoir été faire la déclaration au Bureau, & payer les droits, sous les mêmes peines que dessus.

A l'égard des personnes qui ont droit d'avoir de petits bateaux sur la riviere, ils seront tenus tous les soirs de les enchaîner avec cadenas proche le Bureau le plus proche de chez eux, sous peine de dix livres d'amende, toutes les fois qu'ils y manqueront.

Qu'il sera libre à la Ville de faire la régie, ou d'affermer.

ARRÊT *du Conseil, qui ordonne qu'à commencer au premier Octobre prochain, les impositions qui se levent sur la Ville & fauxbourgs de Saint-Maixant, Généralité de Poitiers, seront & demeureront commuées & converties en un droit qui se percevra sur toutes les denrées & marchandises qui y entreront, & sur celles qui sortiront, énoncées au tarif.*

3 Septembre 1748.

SUR la Requête presentée au Roy en son Conseil, par les Maire, Echevins & Habitans de la ville de Saint-Maixant, contenant que cette ville, autrefois

peuplée & commerçante, étoit fort déchue de cet état florissant, ce qui proven
1748. de l'inégalité dans la répartition de la taille & des autres impositions, qui av
causé la ruine de plusieurs familles, & de ce que les Collecteurs, ne pouv
payer dans les temps prescrits, étoient obligés, pour éviter les frais & les contraint
de faire des emprunts de sommes considérables, que ces circonstances &
inimitiés que cause la collecte avoient fait déserter les meilleurs Habitans. Q
dans la vue de remédier à de si fâcheux inconvéniens, ils se seroient assemb
le 13 Juillet 1747, pour délibérer sur les moyens de se procurer une situati
plus heureuse, & qu'ils étoient convenus unanimement que le seul expédie
pour prévenir la ruine & la désertion de ce qui restoit d'Habitans, étoit
supplier très-humblement Sa Majesté, qu'il lui plût convertir la taille arbitrai
de ladite Ville, en une taille fixe & certaine, & pour en faire le recouvremen
leur permettre de percevoir certains droits sur les denrées & marchandises q
entrent dans ladite Ville, suivant le tarif qu'ils en feroient dresser. Que même p
cet acte d'assemblée ils auroient donné leur consentement à ce que l'Abba
des Bénédictins, le Couvent des Religieuses Bénédictines, ceux des Cordelie
& des Capucins, établis dans la Ville de Saint-Maixant, fussent exempts, ain
que les Curés de Saint-Saturnin, Saint-Leger & Saint-Martin, & la Communau
des Chapelains de Sainte-Marie-Magdeleine, desdits droits d'entrée pour tout
les denrées destinées à leur consommation; mais que ce consentement n'avo
pas empêché les Religieux Bénédictins & la Communauté des Religieuses Béné
dictines de s'opposer audit tarif, à l'établissement duquel il seroit aussi surven
d'autres oppositions, tant de la part des Gentilshommes domiciliés dans la Vill
de Saint-Maixant, que de la part de plusieurs des Officiers privilégiés résidan
dans la même Ville. Que dans la vue de faire cesser toutes ces oppositions, lesdit
Habitans auroient offert à ceux qui les auroient formées, ainsi qu'au surplus d
Clergé, tant Séculier que Régulier, de fixer de concert les denrées nécessaire
pour leur consommation, & pour lesquelles lesdits Habitans consentoient qu
l'exemption desdits droits d'entrées leur fût accordée. Qu'en conséquence, pa
déliberation du 16 Août 1748, ladite fixation a été faite, sçavoir, avec la Communauté des Religieux Cordeliers, à vingt-cinq bariques de vin, quinze charretées à quatre bœufs de bois de chauffage, quatre charretées de foin, trois charretées de paille, vingt boisseaux d'avoine, & quatre-vingt livres de laine provenant de leur quête; avec la Communauté des Religieux Capucins, à vingt bariques de vin, quinze charretées à quatre bœufs de bois de chauffage, trois charretées de paille & quatre-vingt livres de laine; avec la Communauté des Filles de l'Union-Chrétienne, à douze bariques de vin, douze charretées à quatre bœufs de bois de chauffage, deux charretées de paille & deux cochons gras; avec les Curés de Saint-Saturnin, Saint-Leger, la Communauté des Chapelains de la Magdeleine, & le Principal du College, pour chacun à six bariques de vin, six charretées à quatre bœufs de bois de chauffage, & vingt boisseaux d'avoine, provenant de leurs bénéfices; avec le Curé de Saint-Martin, à huit bariques de vin, six charretées à quatre bœufs, de bois, trois charretées de foin, deux charretées de paille & vingt boisseaux d'avoine. Que par la même délibération lesdits Habitans ont consenti que l'Hôpital de la vieille Aumônerie des Filles trouvées, & celui fondé par le sieur Gogué, jouissent de l'exemption de tous droits pour les vins, bois & autres denrées destinées à la consommation desdits Hôpitaux; & que le sieur Carry, chargé du service de la Poste, fit entrer en exemption la quantité de vingt-cinq charretées de foin, douze charretées de paille, trois cens boisseaux d'avoine & dix bariques de vin; que les Religieux Béné-

dictins & les Religieuses Bénédictines, ainsi que le sieur Briſſonnet, Archiprêtre de la Ville de Saint-Maixant, n'ayant point accepté la fixation des denrées faite à leur égard par ladite déliberation, que les Gentilshommes & les Officiers privilégiés ne s'étant point pareillement expliqués sur l'alternative que les Habitans leur avoient donnée par ladite délibération, ou de jouir de l'exemption pour les denrées qui y étoient fixées, ou que la Ville demeurât chargée du payement de leur capitation. Lesdits Habitans, par une derniere délibération du 20 Août 1748, sans s'arrêter à la fixation faite par celle du 16 Août précédent des exemptions, par rapport aux Couvens des Bénédictins & des Bénédictines, de l'Archiprêtre de Saint-Maixant, de la Noblesse & des privilégiés qui n'ont pas souscrit à ladite fixation, ont consenti que lesdites deux Communautés, & ledit Archiprêtre de Saint-Maixant soient exempts desdits droits d'entrées pour toutes les denrées & provisions de toutes especes destinées à leur consommation, même pour les matériaux & autres effets destinés aux réparations de leurs maisons & aux reconstructions, réparations & ornemens de leurs Eglises; & qu'à l'égard de la Noblesse & des privilégiés, ils ont réitéré par ledit acte leurs offres ou de payer la capitation desdits Gentilshommes & privilégiés, qui en ce cas seroient soumis aux droits d'entrées, ou que lesdits Gentilshommes & privilégiés demeurassent chargés du payement de leur capitation, & qu'en ce dernier cas ils fissent entrer, en exemption des droits d'entrées, toutes les denrées nécessaires pour leur consommation; consentant au surplus lesdits Habitans que lesdites Communautés, Archiprêtre & autres Ecclésiastiques, la Noblesse & les privilégiés soient & demeurent maintenus dans tous les privileges, immunités & exemptions dont ils jouissoient avant l'établissement dudit tarif, à la charge néanmoins de faire leurs déclarations au Bureau des entrées, par billets qui seroient visés par les Commis établis à la perception desdits droits, & qui en donneroient des acquits; comme aussi à la charge de pareilles déclarations dans le cas de vente de quelques denrées qui ne seroient pas employées à leur consommation, pour en être en ce cas les droits perçus tout & ainsi qu'ils l'auroient été à l'entrée desdites denrées dans la Ville, sous peine en cas de fraude de confiscation des denrées & marchandises, & de cent livres d'amende, tant contre les vendeurs que contre les acheteurs; requéroient, à ces causes, les Supplians qu'il plût à Sa Majesté commuer & convertir la taille & les autres impositions qui se levent sur la Ville & fauxbourgs de Saint-Maixant, en une levée de droits sur les denrées & marchandises qui entrent dans ladite Ville & fauxbourgs, à commencer du 1 Octobre 1748, suivant qu'elles sont énoncées audit tarif, & le sol pour livre du montant desdits droits, à la charge néanmoins des fixations, restitutions & exemptions ci-dessus mentionnées, & portées par lesdits actes d'assemblées desdits Habitans des 16 & 20 Août 1748; ordonner que l'adjudication desdits droits sera faite par les Maire & Echevins, au plus offrant & dernier enchérisseur, en la maniere accoutumée, & pour tel nombre d'années qu'ils jugeront à propos, à la charge par l'Adjudicataire de payer entre les mains du Receveur des tailles, en exercice, la somme à laquelle se trouveront monter les impositions de ladite Ville & fauxbourgs; permettre auxdits Maire & Echevins de rétablir les portes & murailles de ladite Ville, suivant les procès-verbaux qui en seront faits, de mettre des barrieres, & d'établir des Commis & des Bureaux où il en sera besoin; faire défenses aux Marchands & autres Particuliers, de faire des entrepôts dans les Paroisses de Saint-Martin, Nanteuil, Saivre, Exireuil & Azay, qui sont contiguës aux fauxbourgs de ladite Ville de Saint-Maixant, & de faire entrer en fraude les marchandises & denrées sujettes auxdits droits, les tenir cachées, ou les passer au-

1748.

1748. delà des Bureaux ſans déclaration, à peine de confiſcation deſdites marchandiſes & denrées, au profit de l'Adjudicataire, & de 100 livres d'amende, & que la connoiſſance des conteſtations qui pourroient s'élever ſur la perception deſdits droits de tarif, ſoit attribuée au ſieur Commiſſaire départi de Sa Majeſté dans la Généralité de Poitiers. Vu ladite Requête, les actes d'aſſemblées deſdits Habitans, des 13 Juillet 1747, 19 Mai, 16 & 20 Août 1748, enſemble le projet du tarif des droits à percevoir aux entrées de ladite Ville de Saint-Maixant; oui le rapport du ſieur de Machault, Conſeiller ordinaire au Conſeil Royal, Contrôleur-Général des Finances: le Roy en ſon Conſeil, ayant aucunement égard auxdites requêtes & délibérations; & voulant traiter favorablement leſdits Habitans, a ordonné & ordonne que les impoſitions, tant ordinaires qu'extraordinaires, qui ſe levent ſur ladite Ville & fauxbourgs de Saint-Maixant, ſeront & demeureront commuées & converties en un droit, qui ſe percevra ſur toutes les denrées & marchandiſes qui y entreront, énoncées au tarif propoſé par leſdits Habitans, enſemble le montant du ſol pour livre deſdits droits, lequel tarif demeurera annexé à la minute du préſent Arrêt, pour être ledit droit payé par toutes ſortes de perſonnes, à l'exception du Clergé tant Séculier que Régulier, du Principal du College, des Hôpitaux, de la Nobleſſe & des privilégiés, leſquels ſeront exempts deſdits droits pour les denrées & proviſions deſtinées à leur conſommation, même le Clergé Régulier & les Hôpitaux pour les matériaux & autres effets deſtinés aux réparations & reconſtructions de leurs Egliſes & maiſons, ſçavoir, la Communauté des Cordeliers, celle des Capucins, celle des Filles de l'Union-Chrétienne, les Curés de Saint-Saturnin & de Saint-Leger, la Communauté des Chapelains de la Magdeleine, le Principal du College, le Curé de Saint-Martin, les Hôpitaux, & le ſieur Carry, Maître de la Poſte aux chevaux, en ce qui touche les denrées de leur conſommation, ſuivant la fixation qui en a été faite avec eux, & à laquelle ils ont conſenti par la délibération du 16 Août 1748; & à l'égard des Religieux & Religieuſes de l'Ordre de Saint Benoît, de l'Archiprêtre de la ville de Saint-Maixant, & des Gentilshommes & privilégiés qui n'ont point accepté les fixations propoſées par ladite délibération, ſuivant les états de leur conſommation, qui ſeront fixés & arrêtés par le ſieur Intendant & Commiſſaire départi en la Généralité de Poitiers, ſans que cela puiſſe nuire, ni préjudicier au Clergé, à la Nobleſſe & aux privilégiés, qui ſeront & demeureront au ſurplus maintenus dans tous les privileges, immunités & exemptions dont ils jouiſſoient avant l'établiſſement dudit tarif, à la charge néanmoins de faire leurs déclarations aux Bureaux qui ſeront établis pour la perception deſdits droits, des denrées, & de tout ce qu'ils feront entrer pour leur conſommation, conformément aux fixations ci-deſſus; comme auſſi à la charge de pareille déclaration, dans le cas de vente de quelqu'une deſdites denrées, qui ne ſeront pas employées à leur conſommation, pour en être en ce cas les droits perçus de la même maniere & ainſi qu'ils l'auroient été à l'entrée deſdites denrées dans la Ville. Veut Sa Majeſté, que ledit droit ſoit levé à l'avenir, à commencer du premier Octobre prochain, & que par ledit ſieur Intendant & Commiſſaire départi en la Généralité de Poitiers, ou par celui qu'il voudra commettre, en préſence des Habitans, ou de ceux qui ſeront par eux députés, l'adjudication en ſoit faite au plus offrant & dernier enchériſſeur, en la maniere accoutumée, & pour tel nombre d'années que ledit ſieur Commiſſaire départi jugera à propos, à la charge par l'Adjudicataire de payer à Sa Majeſté, entre les mains du Receveur des tailles en exercice, dans les termes ordinaires & accoutumés, la ſomme à laquelle ſe trouveront monter

1748.

les impositions pour lesquelles ladite Ville & fauxbourgs en dépendans seront annuellement compris dans les commissions des tailles, & autres rôles & assiettes desdites impositions, tant ordinaires qu'extraordinaires; à quoi faire ledit Adjudicataire, ensemble lesdits Habitans seront contraints comme pour les propres deniers & affaires de Sa Majesté: du produit desquels droits il sera chaque année rendu compte par ledit Adjudicataire, pardevant ledit sieur Intendant & Commissaire départi en la Généralité de Poitiers; & en cas qu'il se trouve de l'excédent après la taille & autres impositions, tant ordinaires qu'extraordinaires de ladite Ville & fauxbourgs acquittées, le surplus sera employé, suivant les délibérations qui seront prises à cet effet, sur les Ordonnances dudit sieur Commissaire départi, aux besoins & affaires communes de ladite Ville & fauxbourgs de Saint-Maixant, sans que ledit Adjudicataire soit tenu d'en rendre aucun compte en la Chambre des Comptes ni ailleurs, dont Sa Majesté l'a expressément dispensé; & où le produit du tarif ne se trouveroit pas suffisant pour acquitter la taille & les autres impositions de ladite Ville & fauxbourgs, veut Sa Majesté que ce qui s'en manquera soit imposé par capitation, sur tous les Habitans sujets aux droits dudit tarif, en vertu du présent Arrêt, & sans qu'il en soit besoin d'autre. Permet Sa Majesté auxdits Habitans de rétablir les portes & murailles de ladite ville, ou d'en construire de nouvelles, suivant les procès-verbaux qui en ont été ou seront faits par ledit sieur Intendant & Commissaire départi, ou celui qu'il voudra commettre; de mettre des barrieres, d'établir des Commis & des Bureaux où ils seront nécessaires. Fait Sa Majesté défenses aux Marchands & autres Particuliers, de faire des entrepôts dans les Paroisses de Saint-Martin, Nanteuil, Saivre, Exireuil & Azay, qui sont contigües aux fauxbourgs de ladite Ville de Saint-Maixant, & de faire entrer en fraude les marchandises & denrées sujettes auxdits droits; les tenir cachées, & les faire passer au-delà des Bureaux sans déclarations, à peine de confiscation desdites denrées & marchandises, au profit desdits Adjudicataires, & de 100 livres d'amende. Veut & ordonne Sa Majesté que ceux des Habitans desdites Villes & fauxbourgs qui feront valoir de leurs propres, ou tiendront à ferme aucuns biens & héritages, dans l'Election de Saint-Maixant ou hors d'icelle, soient & demeurent taillables dans les Paroisses où lesdits biens & héritages seront situés; & qu'aucun Particulier d'un lieu taillable ne puisse venir s'établir en ladite Ville & fauxbourgs de Saint-Maixant, pour y jouir des privileges, sous quelque prétexte que ce soit, qu'à la charge de payer la taille sa vie durant, dans le lieu taillable qu'il aura quitté. Ordonne Sa Majesté, que toutes les contestations qui pourront survenir à l'occasion desdits droits & établissement du tarif, serons portées en premiere instance, pendant les six premieres années qui suivront ledit établissement, pardevant ledit sieur Intendant & Commissaire départi, & par appel au Conseil; & après lesdites six années expirées, pardevant les Officiers de l'Election de Saint-Maixant, & par appel en la Cour des Aydes; & pour l'exécution du présent Arrêt, toutes lettres nécessaires seront expédiées. Enjoint Sa Majesté au sieur Intendant & Commissaire départi en la Généralité de Poitiers, de tenir la main à l'exécution d'icelui. Fait au Conseil d'Etat du Roy, tenu à Versailles, le troisieme jour de Septembre mil sept cent quarante-huit. *Signé*, BERGERET.

1748.

ENSUIT *la teneur du Tarif pour la perception des droits d'entrée & sortie de la Ville de Saint-Maixant en Poitou* (1).

	l.	s.	d.
1. ACIER réputé d'Allemagne, en petite bille, payera à raison du cent pesant, une livre seize sols, ci	1	16	
2. Acier petite barre carrée en ballon, payera à raison de cent livres pesant, quinze sols, ci		15	
3. Airain, cuivre & laiton ouvré & non ouvré, & métail, payera à raison du cent pesant, cinq livres, ci	5		
4. *Airain, cuivre en mitraille, payera à raison du cent pesant, deux livres dix sols à la sortie seulement, ci*	2	10	
5. Ardoise, par millier, payera trois livres, ci	3		
6. Angélique non confite, par charge de cheval, une livre, ci	1		
7. Aulx, oignons, échalottes, à raison du cent pesant, quinze sols, ci		15	
8. Avoine, par boisseau, payera neuf deniers, ci			9
9. Arbres, noyers à replanter, par piece, payeront trois deniers, ci			3
10. Arbres de toutes especes entés à porter fruits, à raison de la douzaine, trois sols, ci		3	
11. Arbres sauvages, de toutes especes, payeront à raison de la douzaine, un sol six deniers, ci		1	6
12. Arbrisseaux, ou plantes de vignes ayant racines, payeront par cent un sol six deniers, ci		1	6
13. Armes, fusils, payeront par piece sept sols six deniers, ci		7	6
14. Armes, pistolets d'arçon & de poche, payeront par paire sept sols six deniers, ci		7	6
15. *Amidon, payera à raison du cent pesant, quinze sols en entrant & en sortant, ci*		15	
16. Balais de bouleau, brande & genêt, non manchés, payeront par douzaine, un sol, ci		1	
17. Balais de palmier, payeront par piece, six deniers, ci			6
18. Balais, arante-louers & frottoirs, faits avec soyes ou poil de cochon ou sanglier, payeront par douzaine, neuf sols, ci		9	
19. Bois de toutes sortes, excepté le bois blanc en madrier de deux pouces d'épaisseur, au-dessus à proportion, la toise carrée, payera une livre cinq sols, ci	1	5	
20. Bois blanc en planche, d'un pouce d'épaisseur par toise carrée, payera dix sols, ci		10	
21. Bois blanc en planche, d'un demi-pouce d'épaisseur, & au-dessous par toise carrée, payera cinq sols, ci		5	
22. Bois de sapin en planche, d'un pouce d'épaisseur par toise carrée, dix sols, ci		10	

(1) On mettra en italique les articles qui payeront à l'entrée & à la sortie, & ceux qui ne payeront qu'à la sortie : ceux qui doivent payer à l'entrée seulement seront en caractere ordinaire.

23. En

1748.

	l.	s.	d.
23. En planches resciées, la moitié du droit ci-dessus, cinq sols, ci		5	
24. Bois de toutes sortes en planche, d'un pouce d'épaisseur, par toise carrée, quinze sols, ci		15	
25. Bois en planche d'un demi-pouce d'épaisseur & au-dessous, payera par toise carrée, six sols, ci		6	
26. Bois de toutes especes à bâtir, charpente & menuiserie, par charretée, payera deux livres, ci	2		
27. Par charge de cheval, neuf sols, ci		9	
28. Bois de rouage & charrue, par charretée, payera deux livres, ci	2		
29. Par charge de cheval, payera six sols, ci		6	
30. Bois, rais & pommelle de charrette, par cent, payera douze sols, ci		12	
31. Bois, lattes plattes & carrées, par cent, payera trois sols, ci		3	
32. La petite latte, payera par cent, deux sols, ci		2	
33. Bois merrain, par quart, au grand compte de trois cents trois douelles de longueur, de trois pieds sept à huit pouces chacune, & deux cents deux pieces de fonçures, payera une livre dix sols, ci	1	10	
34. Bois merrain dit baricage, par quart, au petit compte de deux cents trente douelles de longueur, de trois pieds & deux pouces chacune, & cent trente pieces de fonçures, payera une livre deux sols six deniers, ci	1	2	6
35. Bois futailles, vieilles & neuves, à raison de la barique de vingt-huit à trente veltes, payera trois sols, ci		3	
36. Basses neuves à porter vendange, par paires, deux sols, ci		2	
37. Bois, seaux, seilles, fûts de boisseaux, demi-boisseaux, quarts & mesures, à raison du boisseau, payera trois sols, ci		3	
38. Bois, fûts de tamis, cribles, boîtes, pelles & autres ouvrages, par douzaine, payera trois sols, ci		3	
39. Bois, fûts de bâts, arçons & bandes pour selles, payera, à raison le cent pesant, deux livres dix sols, ci	2	10	
40. Bois, jadelles, vases, fuseaux, robinets, boules, moules de boutons & autres ouvrages de cette nature, faits par Tourneur, par cent pesant, payera une livre cinq sols, ci	1	5	
41 & 42. Bois manches de faux, verges de fléaux, rateaux & fourches pour fanner, par douzaine, payera trois sols, ci		3	
43. Bois, perches pour chaises, pieux, gallereaux, verges à battre la laine, riottes, osier, payera par charretée, une livre, ci	1		
44. Par charge de cheval, quatre sols, ci		4	
45. Par charge d'homme, à raison du cent pesant, payera un sol trois deniers, ci		1	3
46. Bois, échelles à rollons, civieres, boyards & autres ouvrages de cette nature, payera, à raison de la piece, trois deniers, ci			3
47. Bois, clayes plattes, paniers, bouteilles, par charrette, payera une livre dix sols, ci	1	10	
48. Par charge de cheval, six sols, ci		6	
49 Par charge d'homme, deux sols, ci		2	
50. Bois, clayes rondes, mannequins, malles, holles, cages & autres ouvrages de cette espèce, payera par charretée, deux livres cinq sols, ci	2	5	
51. Par charge de cheval, six sols, ci		6	
52. Par charge d'homme, deux sols, ci		2	

53. Bois, grosses clayes rondes, clayes pour battre les laines, boutrons à

nettoyer les menues laines, mélouers à cuire fruits au four, géoles à *l. s. d.*
1748. tenir volailles, & autres ouvrages de cette espece, payera par charretée quinze sols, ci 15

54. Par charge de cheval, trois sols, ci 3

55. Par charge d'homme, neuf deniers, ci 9

56. Bois, sabots de toutes sortes de bois & façons, payera par charge de cheval, une livre, ci 1

57. Par douzaine de paires fournies & marchandes, payera trois sols, ci 3

58. Bois, cercles pour cuves & tonneaux, à raison de huit pieds de longueur, payera quatre sols, ci 4

59. Cercles de castine, à raison de la douzaine, trois sols, ci 3

60. Cercles, *idem* pour pipes, bariques, basses, payera par charretée, trois livres, ci 3

61. Par charge de cheval, payera six sols, ci 6

62. Bois, buis en bûches & en écoupeaux, par charretée, six livres, ci 6

63. Par charge de cheval, une livre cinq sols, ci 1 5

64. Bois à brûler, bûches & écoupeaux de toutes sortes d'especes non propres à faire ouvrage, payera par charretée, douze sols, ci 12

65. Par charge de cheval, un sol six deniers, ci 1 6

66. Par charge d'homme, six deniers, ci 6

67. Bois, fagots parés, par charretée, une livre, ci 1

68. Par charge de cheval, deux sols six deniers, ci 2 6

69. Par charge d'homme, à raison du nombre du cent, neuf deniers, ci 9

70. Bois, fagots nommés ramillons & non parés, par charretée, dix sols, ci 10

71. Par charge de cheval, au nombre du cent, neuf deniers, ci 9

72. Par charge d'homme, au nombre du cent, trois deniers, ci 3

73. Bois, fagots de genêts, brandes & bruyeres, par charretée, dix sols, ci 10

74. Bois, fagots de javelles de vigne, à raison du nombre du cent, payera dix sols, ci 10

75. Bois en rames pour jardins, par charge de cheval, payera un sol, ci 1

76. Par charge d'homme, trois deniers, ci 3

77. Bois étrangers à faire teintures en bûches, écoupeaux émoulus, sçavoir, bois de Brésil & Brésilet, bois violet, campel, sandal, bois de Galatour, Fustel & bois jaune, bois de Sainte-Marthe, & généralement toutes sortes de bois à faire teinture, payeront par cent pesant, une livre, ci 1

78. Bois, liege en planches & bouchons, à raison de la livre pesant, trois sols, ci 3

79. Bois, meubles neufs de toutes sortes de bois, à raison du cent pesant, un sol six deniers, ci 1 6

80. Bestiaux morts ou vifs pour boucherie, payeront la piece, sçavoir, bœufs & vaches, quatre livres dix sols, ci 4 10

81. Veaux de lait, payeront douze sols, ci 12

82. Moutons & brebis, six sols, ci 6

83. Agneaux & chevreaux, trois sols par piece, sçavoir, les agneaux trois sols, & les chevreaux un sol, ci 3

84. Chevres, dix sols, ci 10

85. Cochons autres que de lait, deux livres, ci 2

1748.

	l.	s.	d.
86. Cochons de lait, par piece, trois sols, ci		3	
87. Biere, par barique, payera une livre dix sols, ci	1	10	
88. Baleine, par livre pesant, trois sols, ci		3	
89. Braiches seches d'abeilles à tirer de la cire, payeront, à raison du cent pesant, une livre dix sols, ci	1	10	
90. Bran dit d'abeilles, dont la cire a été tirée, payera par boisseau, trois sols neuf deniers, ci		3	9
91. Beurre de toutes sortes, frais & salé, à raison du cent pesant, deux livres dix sols, ci	2	10	
92. Balle d'avoine, payera par sac, six deniers, ci			6
93. Champignons frais, payeront par livre trois deniers, ci			3
94. Cendres communes, payeront à raison du boisseau, un sol, ci		1	
95. Chanvre teillée ou broyée, non peignée, payera, à raison du cent pesant, quinze sols, ci		15	
96. Peignée & mise en étoupons, à raison du cent pesant, douze sols six deniers, ci		12	6
97. Peignée à fond & en poupées, à raison du cent pesant, une livre cinq sols, ci	1	5	
98. Chanvre, brin filé fin, à raison du cent pesant, payera une livre cinq sols, ci	1	5	
99. Reparé, filé mi-fin, à raison du cent pesant, seize sols, ci		16	
100. Cordages, ficelles, sangles, muselieres, caparaçons, carnacieres, rezeaux & tous autres ouvrages de cordes & ficelles, à raison du cent pesant, une livre cinq sols, ci	1	5	
101. Charbon de bois, payera par charretée, trois livres, ci	3		
102. Par charge de cheval, six sols, ci		6	
103. Charbon de terre, à raison du boisseau, un sol six deniers, ci		1	6
104. Chardons sans queues pour Bonnetier, par livre, payeront six deniers, ci			6
105. Avec queue pour Drapiers, par livre, trois deniers, ci			3
106. Cire blanche ouvrée & non ouvrée, payera par livre deux sols, ci		2	
107. Cire jaune ouvrée & non ouvrée, payera par livre un sol six deniers, ci		1	6
108. Corne ou bois de cerf, payera par livre six deniers, ci			6
109. Corne de toute espece non ouvrée, payera, à raison du cent pesant, une livre dix sols, ci	1	10	
110. Corne en feuilles, payera par livre six deniers, ci			6
111. Chaux par charretée, payera deux livres cinq sols, ci	2	5	
112. Par charge de cheval, payera six sols, ci		6	
113. Chapeaux de toutes especes, payeront, à raison du cent pesant, trois livres quinze sols, ci	3	15	
114. Confitures seches & liquides de toutes especes, payeront par livre un sol, ci		1	
115. Coton filé & non filé, à raison du cent pesant, trois livres, ci	3		
116. Crins de chevaux & bœufs non filés, par livre, six deniers, ci			6
117. Filés & frisés, à raison du cent pesant, trois livres, ci	3		
118. Crins ouvrés, toiles à tamis, boutons, cordons à chapeaux, & autres ouvrages de crins, payera par livre un sol, ci		1	
119. Café & chocolat, payera par livre trois sols, ci		3	

l. *s.* *d.*

120. Cheveux de toutes sortes, blancs naturels & herbés, grisailles, 1748. blonds, châtains & noirs, payeront par livre quinze sols, ci 15

121. Couvertures de lits ou mantes, catelannes de laine fine, fabriquées hors de cette Province, payeront à raison du cent pesant, deux livres dix sols, ci 2 10

122. De grosses laines, fabriquées en cette Province & celle de Limoges, payeront, à raison du cent pesant, une livre cinq sols, ci 1 5

123. Faites avec ficelles & retailles de Tailleurs, payeront par piece un sol, ci 1

124. Colle de toutes sortes d'especes, payera, à raison du cent pesant, une livre cinq sols, ci 1 5

125. Eau-de-vie, payera par barique de vingt-sept veltes, sept livres dix sols, ci 7 10

126. Etain ouvré & non ouvré, par cent pesant, trois livres, ci 3

127. Epiceries, poivre, girofle, cannelle & muscade, à raison du cent pesant, trois livres quinze sols, ci 3 15

128. Fer de toute espece, en bourre non ouvré, sortant des forges, à raison du cent pesant, neuf sols, ci 9

129. Ouvré de toutes especes, sçavoir, essieux, bandes, clous, étaux, enclumes, grosses limes, fer de charrues, fourches, beches, haches, coignées, serpes, scies, coings, queues de poélons, chaudrons & autres ouvrages ici non exprimés, servant aux Maréchaux, Serruriers & Taillandiers, payera par cent pesant, dix-huit sols, ci 18

130. Fer, ferrailles vieilles, payera, à raison du cent pesant, quatre sols six deniers, ci 4 6

131. Fer, fontes, gardes-feux, tuyeres pour soufflets de forges, platenes de Chapeliers, chaudieres, marmites, pots & cloches, & toutes sortes d'ouvrages de même matiere, payera, à raison du cent pesant, quatre sols six deniers, ci 4 6

132. Fer-blanc en feuilles, à raison du cent pesant, douze sols six deniers, ci 12 6

133. Ouvré, payera, à raison du cent pesant, quinze sols, ci 15

134. Fil de toutes sortes en blanc & couleurs, payera par livre six deniers, ci 6

135. Filets ou rets à pêcher & chasser, coëffes à perruques & autres ouvrages de fil lassé à l'aiguille, par livre neuf deniers, ci 9

136. Foin & regain, par charretée de deux milliers, une livre dix sols, ci 1 10

137. Par charge de cheval, six sols, ci 6

138. Par charge d'homme, à raison du cent pesant, un sol six deniers, ci 1 6

139. Fruits, fraises, framboises, groseilles, à raison du petit panier d'une livre pesant, trois deniers, ci 3

140. Fruits à noyau, par livre, sçavoir, pêches, abricots, trois deniers, ci 3

141. Cerises & guignes, à raison du cent pesant, cinq sols, ci 5

142 Prunes, à raison du cent pesant, cinq sols, ci 5

143. Fruits, poires de toutes especes, à raison du cent pesant, dix sols, ci 10

144. Fruits, pommes de toutes especes, par charge de cheval, quatre sols, ci 4

1748.

	l.	s.	d.
145. Par charge d'homme, à raison du boisseau, un sol, ci		1	
146. Fruits, pommes de pins, à raison du cent pesant, neuf sols, ci		9	
147. Fruits, figues, grenades, mêles, cormes & cornouilles, à raison du cent pesant, neuf sols, ci		9	
148. Oranges douces & citrons, à raison du cent pesant, dix-huit sols, ci		18	
149. Ameres & petits citrons, à raison du cent pesant, sept sols six deniers, ci		7	6
150. Châtaignes & marrons de toutes especes, à raison du boisseau, deux sols six deniers, ci		2	6
151. Amandes tendres en coques seches, à raison du cent pesant, une livre seize sols, ci	1	16	
152. Amandes dures en coques, seches, à raison du cent pesant, douze sols, ci		12	
153. Amandes en noyaux, épluchées, à raison du cent pesant, trois livres, ci	3		
154. Noix vertes, non mûres, à faire teintures, payeront par boisseau trois deniers, ci			3
155. Noix vertes, bonnes à faire cerneaux, payeront par boisseau un sol six deniers, ci		1	6
156. Coques de noix vertes, desquelles on a tiré des cerneaux, payeront par boisseau un denier, ci			1
157. Fruits, noix calettes, seches ou non seches, payeront par boisseau deux sols, ci		2	
158. Racines de noyers, payeront par charge de cheval un sol six deniers, ci		1	6
159. Par charge d'homme, à raison du cent pesant, six deniers, ci			6
160. Noyaux de noix épluchées, prêts à tirer de l'huile, payeront par livre trois deniers, ci			3
161. Ecorce de coques de noix, à faire teintures, payera par charge de cheval neuf deniers, ci			9
162. Ecorce de chêne pour Tanneurs, payera par charretée trois livres quinze sols, ci	3	15	
163. Poudre d'écorce de chêne à faire teinture, par charge de cheval, une livre un sol, ci	1	1	
164. Drogues à faire teintures, sçavoir, alun, cochenille, indigo, garance, pastel, galle, orseille, cendre gravelée, redon, soumat, garie, jadouil & couperose, payeront, à raison du cent pesant, une livre, ci	1		
Si ce n'est l'indigo, qui payera cinq livres du cent, ci	5		
165. A faire peinture & couleurs, sçavoir, blanc de céruse, vermillon, azur, émail, ocre, cinabre, noir de fumée, terre d'ombre, mine de plomb, litharges d'or & d'argent & autres, payeront, à raison du cent pesant, deux livres, ci	2		
166. A faire médecines, sçavoir, ambre, musc, civette, iris, aloès, rhubarbe, séné, jalap, manne, scammonée, safran, couperose blanche, vipere, fleur de soufre, argent-vif, arsenic, sublimé, antimoine, térébenthine, tartre, poix de Bourgogne, & toutes sortes de sels, esprits, essences, huiles, gommes, racines & herbes seches, payeront, à raison du cent pesant, deux livres dix sols, ci	2	10	

1748\. 167. Fruits, noisettes de toutes especes, payeront, à raison du cent pesant, quatre sols, ci | *l. s. d.* 4

168\. Fruits séchés, raisins, cabas & figues seches, faits hors de cette Province, à raison du cent pesant, deux livres, ci 2

169 & 170. Poires, pommes, coins, pêches, abricots, raisins & autres fruits séchés de cette Province, à raison du cent pesant, neuf sols, ci 9

171\. Fruits salés, olives & capres, à raison du cent pesant, deux livres, ci 2

172\. Fromages de toutes especes, faits hors de cette Province, payeront, à raison du cent pesant, deux livres, ci 2

173\. Fromage sec, fait en cette Province, payera, à raison du cent pesant, une livre un sol, ci 1 1

174\. Fromage frais, fait de caillé bouilli & aigre, payera, à raison de la douzaine, six deniers, ci 6

175\. Draps de laines de toutes especes, soieries, camelots, basins, & autres draps & étoffes fabriqués hors de cette Province, galons d'or, & dentelles, toiles, batistes, linons, mousselines, & autres marchandises fines, payeront, à raison du cent pesant, six livres, ci 6

176\. Draperies ordinaires, serges, tiretaines, molletons, revêches, droguets tout laines, droguets fil & laine, & autres étoffes fabriquées en cette Province, payeront, à raison du cent pesant, trois livres, ci 3

177\. Drapille à faire papier, payera, à raison du cent pesant, trois sols, ci 3

178\. Glands de chêne, payeront par boisseau, six deniers, ci 6

179\. Gemme & goudron, payera, à raison du cent pesant, dix sols, ci 10

180\. Grains ronds & autres réputés légumes, à manger, riz, pois, feves, lentilles & haricots de toutes sortes, payeront, à raison du boisseau, quatre sols, ci 4

181\. Non à manger, sçavoir, pois roux, cumin, garobe, bled noir, dit sarasin, bled de Turquie, & garouil, payeront, à raison du boisseau, un sol six deniers, ci 1 6

182\. Graines de lin, chanvres, millets pilés & non pilés, moutarde, luzerne, senevé, sain-foin, & anis vert, payeront, à raison du boisseau, quatre sols, ci 4

183\. De toutes herbes potageres, racines, salades, graines, & oignons à fleurs, payeront par livre pesant un sol, ci 1

184\. *Graisse payera, à raison du cent pesant, deux livres dix sols, en entrant & en sortant, ci* 2 10

185\. Gourdes, bouteilles seches, grosses & petites, par douzaine, payeront un sol, ci 1

186\. Galoches, souliers & mules de bois & cuir, payeront par paires, six deniers, ci 6

187\. Glu, pour prendre oiseaux, payera par livre, deux sols, ci 2

188\. *Gibiers vifs ou morts, sçavoir, faisans, bitards, courlis, canes pêtieres, oyes, canards sauvages, perdrix, bécasses, bécassines, tourterelles, pigeons-ramiers, pluviers, vaneaux, trayes, grives, merles, cailles, alouettes, & autres petits oiseaux, payeront, à raison de la livre, un sol, en sortant seulement, ci* 1

186\. *Gibier, lievres, par piece, payeront un sol six deniers, ci* 1 6

190\. *Lapins, par piece, neuf deniers, ci* 9

	l.	s.	d.
191. Huile d'olive fine payera, à raison du cent pesant, trois livres, ci	3		
192. Huile d'olive commune, à graisser, payera, à raison du cent pesant, une livre dix sols, ci	1	10	
193. Huiles de noix, de poissons, de graines, & autres, payeront, à raison du cent pesant, une livre quatre sols, ci	1	4	
194. Choux pommés, à raison du cent pesant, six sols, ci		6	
195. Herbes potageres, sçavoir, choux de toutes sortes non pommés, poireaux, jouttes, cardes, épinards, oseille, chicorée verte, & persil, salades, asperges, céleri, laitues, chicorée blanche de toutes sortes, pourpied, brouffettes, cresson, raiponces, & autres menues herbes à faire salade, racines, raiforts, betteraves, navets, carottes, panais, salsifis, scorsoneres, persil, chervis, topinambours ou pommes de terre, feves & pois, haricots verds en cosse, melons, concombres, payeront, à raison de dix livres pesant (& au-dessous dudit poids, ne payeront rien) six deniers, ci			6
196. Artichauts payeront, à raison de la douzaine, six deniers, ci			6
197. Herbes à faire teintures, sçavoir, gandre, génétrolle, échepechat, mille-pertuis, & autres, servant au même usage, étant seches, payeront, à raison du cent pesant, deux sols six deniers, ci		2	6
198. Herbes vertes payeront, à raison du cent pesant, un sol trois deniers, ci		1	3
199. Herbes vertes, à pâturer bestiaux, par charge de cheval, payeront un sol six deniers, ci		1	6
200. Par charge d'homme payeront, à raison du cent pesant, six deniers, ci			6
201. Herbe, thé, payera par livre six deniers, ci			6
202. Herbes jaunes en tresse, pour faire paniers aux jupes des Dames, payeront par piece de vingt aunes cinq sols, ci		5	
203. *Linges vieux à faire papier, rognures de peaux, ou cales de Tanneries, payeront à raison du cent pesant, dix sols, en entrant & en sortant, ci*		10	
204. Laines de toutes especes, en blanc & couleurs, payeront, à raison du cent pesant, deux livres dix sols, ci	2	10	
205. Laine sale non dégraissée, payera, à raison du cent pesant, une livre cinq sols, ci	1	5	
206. Peignon payera, à raison du cent pesant, une livre cinq sols, ci	1	5	
207. Miel payera, à raison du cent pesant, douze sols, ci		12	
208. Mousserons & morilles frais, payeront par livre, trois deniers, ci			3

1748.

209. Merceries, & clinquailleries fines de toutes sortes d'ouvrages, tant unies qu'enjolivées, ou brodées en or, argent, soies, franges, dentelles, fils, ou laines, rubans, galons de soie, lentilles, cordonnets, clinquants, aigrettes, fleurs artificielles, tabliers, vestes, pourpoints, bas, bonnets, mules, souliers, éventails, gands, manchons, mouchoirs, palatines, coëffures, colliers, bracelets de toutes sortes, poudre à poudrer, essences, pommades, mouches, bourses pour argent & cheveux, plumets, nœuds d'épées & de cannes, jones ou jeais,

1748. rapes, tabatieres, & boîtes à mouches de toutes sortes, bonnets, tablettes, porte-feuilles, miroirs, tableaux, moulins à café, petits cabarets à prendre liqueurs, couteaux & ciseaux fins, tire-bouchons, petits flacons à liqueurs, fouets de fil, de laiton, & de corde de boyau sur baleine de toutes sortes, instruments de musique, ouvrages de toutes sortes de métaux, vaisselles, vases, chandeliers, flambeaux, girandoles, mouchettes & porte-mouchettes, sucriers, poignées d'épées & de cannes, garnitures de brides, boutons pour habits, boucles pour souliers, & généralement toutes sortes de marchandises fines en merceries & clinquailleries, ici exprimées & non exprimées, payeront, à raison du cent pesant, quatre livres dix sols, ci — *l.* 4 *s.* 10

210. Merceries & clinquailleries ordinaires, sçavoir, de toutes sortes de galons fil & soie pour housses, passements, galons de laine & soie, galons & toques de fil, fleurets, lacets laine de toutes couleurs pour broder, miroirs de toilette, lunettes, savonnettes, pipes à fumer, peignes de bois, cornes & autres, écritoires, tabatières & étuis, de même, petites boîtes pour enfans, parapluies, fontes de cuir bouilli pour pistolets, bouteilles à poudre, étuis de toutes sortes, de même, plumes pour écrire, brosses, éponges, amadou, soie ou poil de sanglier pour Cordonniers, chapelets, colliers & brasselets de toutes sortes de grains, verres, os, bois & pattes, rapes à tabac, toutes sortes d'ouvrages d'or & d'argent fin, toutes sortes de petits livres, fil de fer fin, & satou, épingles, aiguilles, carrelets, boucles pour souliers & rideaux, compas, pieds-de-roy, pates & crochets pour attache, tire-bourres, dés pour coudre, guimbelets, robinets, ferrures & cadenas, limes d'Allemagne, petites scies, cuillers, & couvertures à pots, liens de sabots, truelles de Maçons, mors de brides, bossettes, clous de cuivre, & autres porte-pieces, étriers, étrilles, boucles de toutes sortes pour Selliers, couteaux, ciseaux & canifs, rasoirs, & toutes sortes d'instruments servant en l'art de Chirurgie, fers à friser, flammes, parotiers, tricoises, & brochouers pour Maréchaux, couteaux à pied, tranchets, pinces, tenailles, marteaux, alênes & clous pour Cordonniers, & autres outils servant à plusieurs métiers ou professions, canons de fusils & pistolets, platines, lames d'épées, fers à unir le linge, chenets, pelles & pincettes, le tout payera, à raison du cent pesant, deux livres cinq sols, ci — 2 5

211. Oeufs, par douzaine, payeront trois deniers, ci — 3

212. Os de bestiaux, propres à faire ouvrages, payeront par livre trois deniers, ci — 3

213. Pierre pour faire lits & meules des moulins, payera par charretée deux livres dix sols, ci — 2 10

214. Pour Emouleurs, payera, à raison du cent pesant, un sol six deniers, ci — 1 6

215. Pour aiguiser faux & autres outils, payera par douzaine, un sol six deniers, ci — 1 6

216. Pierres à fusils, payeront, à raison du cent pesant, un sol six deniers, ci — 1 6

217. Plâtre & pierre de tripoli, à raison du cent pesant, trois sols, ci — 3

218. Paille, par charretée, douze sols, ci — 12

219. Par

l. s. d. — 1748.

219. Par charge de cheval, deux sols, ci 2

220. Par charge d'homme, à raison du cent, trois deniers, ci 3

221. Pailles ouvrées, sçavoir, paillons, grands & petits, rondeaux ou trousseaux à conserver les ponnes & chaudrons, capotes & chapeaux de paille, & autres ouvrages, payeront par piece, trois deniers, ci 3

222. Plomb ouvré & non ouvré, payera à raison du cent pesant, quinze sols, ci 15

223. Poudre à giboyer, payera par livre deux sols, ci 2

224. Plumes à faire lits, payera par cent pesant, deux livres dix sols, ci 2 10

225. Poissons de mer, salés & non salés, comme saumons, aloses, lamproies, plies, meuils, soles, turbots, barbus, carrelets, flets, ennaudes, dorades, grenots, rougets, vives, maquereaux, raies, auges, chiens de mer, esturgeons, lotes, marsouins, mulets, éperlans, royans, & sardines, payeront par charge de cheval, une livre quatre sols, ci 1 4

226. Coquillages & autres poissons armés, comme tortues, huîtres, moules, palourdes, congres, crabes & chevrettes, payeront, à raison de la charge, quinze sols, ci 15

227. Poisson de mer salé, morue par couple payera trois sols, ci 3

228. Seche morue, ou merluche & harengs saures, payera par cent pesant, deux livres, ci 2

229. Poissons d'eau douce, sçavoir, truites, carpes, brochets, tanches, perches, brêmes, barbeaux, chevenes, dards, gardons, anguilles & écrevisses, payeront par charge, une livre quatre sols, ci 1 4

230. Anguillettes & autres menus poissons, payeront par charge, neuf sols, ci 9

231. Poissons d'eau douce de toutes especes, payeront par livre un denier, ci 1

232. Oiseaux réputés poissons, sçavoir, macreuses, hérons, sarcelles, poules d'eau, marotons, râles, plongeons & cublancs, payeront par livre trois deniers, ci 3

233. Animal réputé poisson, la loutre payera par livre trois deniers, ci 3

234. Papier de toute sorte pour écrire & imprimer, payera, à raison du cent pesant, une livre dix sols, ci 1 10

235. Pour plier, payera, à raison du cent pesant, quinze sols, ci 15

236. Imprimé, coloré, images, pieces de géographie, & autres ouvrages faits à la planche, payera, à raison du cent pesant, une livre dix sols, ci 1 10

237. Carton de toute sorte pour presses de Tondeurs, & autres utilités, payera à raison du cent pesant, quinze sols, ci 15

238. Cartes de toute qualité pour jouer, payeront, à raison du cent pesant, trois livres; & par sixain, un sol six deniers, ci 1 6

239. Peaux ouvrées & non ouvrées servant à la pelleterie, fourrures & housses, sçavoir, loups cerviers, ours, lievres, lapins, marthes, genestes, foins, chapitois, bisets, loutres, renards & bléreaux, payeront, à raison du cent pesant, une livre quatre sols, ci 1 4

		l. s. d.
1748.	240. Peaux de bœufs, vaches, veaux & chevaux en poil vert, payeront, à raison du cent pesant, quinze sols, ci	15
	241. De moutons, brebis, agneaux, chevres, chevreaux, & basanes en laine & poil, payeront, à raison du cent pesant, une livre dix sols, ci	1 10
	242. De bœufs, vaches, veaux & chevaux, tannées, payeront, à raison du cent pesant, une livre quatre sols, ci	1 4
	243. De moutons, brebis, agneaux, chevres & chevreaux en cuireaux, payeront, par cent pesant, dix-huit sols, ci	18
	244. De daims, cerfs, biches, chevreuils, buffles, buffetiers, orignaux, & d'élans en poil & en terre, & autres peaux apprêtées, & en graisse, payeront, à raison du cent pesant, deux livres dix sols, ci	2 10
	245. De bœufs, vaches, veaux, chevreaux & autres apprêtées en tannerie ou corroyées, ouvrées & non ouvrées, payeront, à raison du cent pesant, une livre quatre sols, ci	1 4
	246. Peaux de moutons, brebis, agneaux, chevres, chevreaux & autres apprêtées & façonnées, tant en chamoiserie, tannerie, corroyerie & mégisserie, soit en tanné jaune, blanc, & généralement de toutes couleurs, payeront, à raison du cent pesant, une livre quatre sols, ci	1 4
	247. Résine payera, à raison du cent pesant, neuf sols, ci	9
	248. Roseaux ouvrés & non ouvrés, pieces de natte de toute grandeur pour teintures & à conserver les tapisseries, rots pour Tisserands & autres ouvrages, payeront, à raison du cent pesant, douze sols, ci	12
	249. Savon de toute sorte, blanc, marbré & noir, payera, à raison du cent pesant, une livre quatre sols, ci	1 4
	250. Soufre, à raison du cent pesant, quinze sols, ci	15
	251. *Sel*, par minot de deux boisseaux pesant cent vingt ou cent trente, payera deux sols, ci	2
	252. Sucre en pain payera, à raison du cent pesant, deux livres dix sols, ci	2 10
	253. En cassonnade grise ou terrée, payera, à raison du cent pesant, une livre quatre sols, ci	1 4
	254. Sable à recrépir, payera par charge de cheval, trois deniers, ci	3
	255. Sablon à écurer, payera, à raison du boisseau, six deniers, ci	6
	256. *Suif de toute sorte en pains & chandelles, payera, à raison du cent pesant, deux livres en entrant & en sortant, ci*	2
	257. Truffe payera par livre trois sols, ci	3
	258. Terre, toute sorte d'ouvrage en porcelaine & fayance, payera par charretée trois livres quinze sols, ci	3 15
	259. Par charge de cheval, payera quinze sols, ci	15
	260. Terre, grès & autres, en toutes sortes d'ouvrages de terre, tant fabriquée en cette Province que dehors, payera par charge de cheval, dix sols, ci	10
	261. En carreaux, briques, tuiles plates & creuses, payera par charretée, douze sols, ci	12
	262. Par charge de cheval, payera un sol, ci	1

	l.	s.	d.
263. Toile du pays en écrû, payera par cent pesant une livre dix sols, ci 1748.	1	10	
264. Verre en tables pour vitres, par panier, payera une livre seize sols, ci	1	16	
265. Verres & crystaux, généralement en toutes sortes d'ouvrages, soit de couleurs naturelles & autrement, payeront par charretée une livre dix sols, ci	1	10	
266. Par charge de cheval, payeront six sols, ci		6	
267. Par charge d'homme, payeront un sol six deniers, ci		1	6
268. Viandes seches, sçavoir, hures, jambons, langues fourrées & autres, cervelas, saucisses, andouillettes & conserves de viandes, payeront par livre, trois deniers, ci			3
269. Volaille, sçavoir, coqs, chapons, poules, oyes, canes, payera par piece, six deniers, ci			6
270. Vins de toutes sortes de crus & d'especes, du pays, par barique de vingt-huit à trente veltes, payeront une livre, ci	1		
271. Vins de Saintonge, d'Angoumois, Aunis & Mirebalais, payeront par barique de vingt-huit à trente veltes, & autres que de cette Province, une livre dix sols, ci	1	10	
272. Boissons ou demi-vins, par barique comme dessus, payeront dix sols, ci		10	
273. Vendange, par charretée à quatre bœufs, dix-huit sols, ci		18	
274. Par charretée à deux bœufs, payera douze sols, ci		12	
275. Par charge de cheval, trois sols, ci		3	
276. Par panier, à raison du cent pesant, six deniers, ci			6
277. Vinaigre, par barique, payera deux livres, ci	2		
278. Par charge de cheval, payera douze sols, ci		12	
279. Dindons, par piece, payeront un sol, ci		1	
280. Poulets, le couple, six deniers, ci			6
281. Pigeons, le couple de maison, payera six deniers, ci			6
282. Pigeons, le couple de fuye, payera trois deniers, ci			3

ARRÊT du Conseil, portant commutation des impositions de la Ville & fauxbourgs de Fontenai-le-Comte, en droits d'entrées sur toutes les marchandises & denrées, énoncées au tarif, qui entreront dans ladite Ville, à commencer au premier Octobre 1749. 1749.

20 Mai 1749.

SUR la Requête présentée au Roy en son Conseil par les Maire, Echevins, Syndic & Habitans de la Ville de Fontenay-le-Comte, Capitale du Bas-Poitou : contenant que cette Ville est réduite au dernier point de désolation & de misere, par la désertion d'un grand nombre de ses Habitans, & par le dépérissement de ses Manufactures de draps, d'étamines & de serges ; que pour remédier à leurs malheurs, les Habitans se sont assemblés le 2 Mai 1746, & ayant reconnu qu'ils ne provenoient que de la quantité de privilégiés qui s'étoient établis dans la Ville de Fontenay, & des injustices pratiquées depuis long-temps dans la répartition

1749. de la taille & des autres impositions, ils ne trouvoient qu'un seul moyen pour se procurer une situation plus favorable, qui étoit de supplier très-humblement Sa Majesté de vouloir bien commuer la taille & les autres impositions de leur Ville en droits d'entrées sur toutes les marchandises qui y entreroient, suivant le tarif qu'ils en dresseroient, & qui l'a été en conséquence & approuvé par tous les Habitans, dans une assemblée du 29 Septembre 1748; que pour faire cesser les oppositions formées à cet établissement de la part du Clergé, de la noblesse & des privilégiés, ils ont dans un procès-verbal fait avec les opposans le 7 Octobre suivant, consenti que tout le Clergé, tant séculier que régulier, jouît de ses privileges, ainsi qu'il se pratique dans les Villes tariffées, de Niort, des Sables, de Saint-Maixent & de Thouars; & en conséquence de l'exemption des droits d'entrées pour toutes les denrées destinées à leur consommation, que les Gentilshommes soient exempts des droits d'entrées, à condition de demeurer chargés du payement de leur capitation, en déduction des impositions de la Ville, si mieux ils n'aiment être sujets auxdits droits d'entrées, auquel cas la Ville se chargeoit du payement de leur capitation, à l'exception seulement du sieur Marquis de la Carte, Lieutenant-Général du Bas-Poitou, & du sieur de la Coudraye, Gouverneur de la Ville de Fontenay, en faveur desquels ils consentoient purement & simplement l'exemption des droits d'entrées des denrées de leur consommation; & à l'égard des privilégiés, il en soit usé ainsi que dans les autres Villes tariffées; que comme il se trouve quelques maisons & hameaux dépendantes des Paroisses de la Ville de Fontenay, qu'il n'est pas possible de comprendre à cause de leur éloignement dans les clôtures de la Ville, que les Habitans de ces maisons & hameaux méritant aussi du secours, sans cependant devoir être affranchis de toutes les impositions à la surcharge de la Ville, les supplians consentent que les impositions de ces Habitans hors des clôtures, soient réduites à moitié de ce à quoi ils sont actuellement imposés, pourvu qu'il plaise à Sa Majesté permettre que l'autre moitié soit répartie, tous les ans, par forme de capitation sur lesdits Habitans des déhors, au profit de la Ville. Requéroient à ces causes les supplians, qu'il plût à Sa Majesté commuer la taille & les autres impositions de la Ville & Fauxbourgs de Fontenay, en une levée de droits sur les denrées & marchandises qui entreront dans ladite Ville & Fauxbourgs, à commencer au premier Octobre de la présente année, suivant qu'elles sont énoncées audit tarif, lesquels droits seront payés suivant qu'il se pratique dans les autres Villes tariffées, par toutes sortes de personnes de quelque état & condition qu'elles puissent être, à l'exception néanmoins du Clergé, des Gentilshommes & autres privilégiés non taillables, dans le cas seulement où lesdits Gentilshommes & privilégiés opteroient de payer une capitation proportionnée à leurs facultés, laquelle entrera en diminution des sommes imposées sur ladite Ville de Fontenay, à l'exception aussi des Habitans résidans dans les villages & hameaux dépendans de ladite Ville, qui se trouveront hors les barrieres & clôtures, à l'égard desquels il sera sur le montant des impositions qui seront fixées chaque année sur la Ville de Fontenay, distrait une somme par le sieur Commissaire départi de Sa Majesté, lors du département des tailles, laquelle somme n'excédera pas moitié ou environ des impositions que payent actuellement les Habitans desdits hameaux & maisons, pour être ladite somme imposée sur eux par forme de capitation, suivant le rôle qui en sera arrêté en présence des Adjudicataires du tarif, par les Maire, Echevins, Syndic, & six notables Bourgeois de la Ville de Fontenay, lesquels seront nommés par ledit sieur Commissaire, & par lui vérifié, pour ledit rôle être ensuite remis auxdits Adjudicataires avant le 15 Janvier de chaque année, & le recouvrement en être par eux fait à leur profit par les voyes ordinaires & uſitées pour les deniers de Sa Majeſté : faire déſenſes à tous les Marchands & Habitans de ladite Ville de Fontenay, de faire aucun entrepôt de marchandiſes & denrées dans les Bourgs & Villages voiſins, à la diſtance de deux lieues de ladite Ville de Fontenay, à peine de confiſcation & d'amende, leſquelles ſont pareillement prononcées contre ceux qui feront entrer dans ladite Ville des marchandiſes & denrées en fraude deſdits droits de tarif: permettre aux ſupplians, en cas qu'il ſe trouve de l'excédent après la taille & les autres impoſitions acquittées, d'employer le ſurplus aux beſoins & utilité de la Ville, ſuivant les délibérations qui ſeront priſes à cet effet : comme auſſi, leur permettre de faire faire autour de ladite Ville les clôtures convenables; ordonner que toutes les conteſtations qui ſurviendront à l'occaſion de l'établiſſement des droits dudit tarif, circonſtances & dépendances, ſeront jugées pendant les ſix premieres années par le ſieur Commiſſaire départi dans la Généralité de Poitiers, dont les Ordonnances ſeront exécutées par proviſion, ſauf l'appel au Conſeil. Vu ladite Requête, les actes d'aſſemblée deſdits Habitans, des 2 Mai 1746 & 29 Septembre 1748, le procès-verbal du 7 Octobre ſuivant, enſemble le projet du tarif des droits à percevoir aux entrées de ladite Ville de Fontenay. Oui le rapport du ſieur de Machault, Conſeiller ordinaire au Conſeil Royal, Contrôleur-Général des Finances : le Roy en ſon Conſeil, ayant aucunement égard à ladite Requête, & voulant favorablement traiter leſdits Habitans, a ordonné & ordonne que les impoſitions, tant ordinaires qu'extraordinaires, qui ſe levent ſur ladite Ville & fauxbourgs de Fontenay, ſeront & demeureront commuées & converties en un droit ſur les marchandiſes & denrées qui y entreront, énoncées au tarif propoſé par leſdits Habitans, lequel tarif demeurera annexé à la minute du préſent Arrêt, pour être ledit droit payé par toutes ſortes de perſonnes, à l'exception du Clergé, tant ſéculier que régulier, de la nobleſſe & des privilégiés, leſquels ſeront exempts deſdits droits pour les denrées & proviſions deſtinées à leur conſommation, même le Clergé régulier & les Hôpitaux, pour les matériaux & autres effets deſtinés aux réparations & conſtructions de leurs Egliſes & maiſons. Voulant Sa Majeſté que ledit Clergé, la Nobleſſe & leſdits privilégiés ſoient & demeurent maintenus dans tous les privileges, immunités & exemptions dont ils jouiſſoient avant l'établiſſement dudit tarif, à la charge néanmoins de faire leurs déclarations aux Bureaux qui ſeront établis pour la perception deſdits droits des denrées, & de tout ce qu'ils feront entrer pour leur conſommation, ſuivant les états qui en ſeront fixés & arrêtés par le ſieur Intendant & Commiſſaire départi en la Généralité de Poitiers, comme auſſi à la charge de pareille déclaration dans le cas de vente de quelques-unes deſdites denrées qui ne ſeront pas employées à leur conſommation, pour en être en ce cas les droits perçus de la même maniere, & ainſi qu'ils l'auroient été à l'entrée deſdites denrées dans la Ville : ſeront auſſi exempts deſdits droits d'entrées les Habitans réſidens dans les Villages & Hameaux dépendans de ladite Ville, qui ſe trouveront hors les barrieres & clôtures, à l'égard deſquels Habitans, ordonne Sa Majeſté, qu'il ſera ſur le montant des impoſitions qui ſeront fixées chaque année ſur la Ville de Fontenay, diſtrait une ſomme par ledit ſieur Intendant & Commiſſaire départi lors du département des Tailles, pour être ſur eux impoſée ſuivant le rôle qui en ſera arrêté tous les ans en préſence des Adjudicataires du tarif de ladite Ville de Fontenay, par les Maire, Echevins, Syndic & ſix notables Bourgeois de ladite Ville, leſquels ſeront nommés par ledit ſieur Commiſſaire départi, qui vérifiera ledit rôle, qui ſera enſuite remis auxdits Adjudicataires, avant le 15 Janvier de chaque année, pour en faire le recouvrement à leur profit, par les voyes ordinaires & uſitées pour

1749.

1749. les deniers de Sa Majesté. Veut Sa Majesté que ledit droit soit levé à l'avenir à commencer du premier Octobre prochain, & que par ledit sieur Intendant & Commissaire départi en la Généralité de Poitiers, ou par celui qu'il voudra commettre en présence des Habitans ou de ceux qui seront par eux députés, l'adjudication en soit faite au plus offrant & dernier enchérisseur, en la maniere accoutumée, & pour tel nombre d'années que ledit sieur Commissaire départi jugera à propos, à la charge par l'Adjudicataire de payer à Sa Majesté, entre les mains du Receveur des tailles en exercice, dans les termes ordinaires & accoutumés, la somme à laquelle se trouveront monter les impositions pour lesquelles ladite Ville & Fauxbourgs en dépendans seront annuellement compris dans les commissions des tailles & autres rôles & assiettes desdites impositions, tant ordinaires qu'extraordinaires; à quoi faire ledit Adjudicataire, ensemble lesdits Habitans seront contraints comme pour les propres deniers & affaires de Sa Majesté; du produit desquels droits il sera chaque année rendu compte par ledit Adjudicataire, pardevant ledit sieur Intendant & Commissaire départi en la Généralité de Poitiers, & en cas qu'il se trouve de l'excédent après la taille & les autres impositions tant ordinaires qu'extraordinaires de ladite Ville & Fauxbourgs acquittées, le surplus sera employé suivant les délibérations qui seront prises à cet effet, sur les Ordonnances dudit sieur Commissaire départi, aux besoins & affaires communes de ladite Ville de Fontenay, sans que ledit Adjudicataire soit tenu d'en rendre aucun compte en la Chambre des Comptes ni ailleurs, dont Sa Majesté l'a expressément dispensé, & où le produit du tarif ne se trouveroit pas suffisant pour acquitter la taille & les autres impositions de ladite Ville & Fauxbourgs, veut Sa Majesté que ce qui s'en manquera soit imposé par capitation sur tous les Habitans sujets aux droits du tarif, en vertu du présent Arrêt, & sans qu'il en soit besoin d'autre. Permet Sa Majesté auxdits Habitans de rétablir les portes & murailles de ladite Ville, ou d'en construire de nouvelles, suivant les procès-verbaux qui en ont été ou seront faits par ledit sieur Intendant & Commissaire départi, ou celui qu'il voudra commettre, de mettre des barrieres, établir des Commis & des Bureaux où ils seront nécessaires. Fait Sa Majesté défenses aux Marchands & autres Particuliers de faire des entrepôts dans les Bourgs & Villages, à la distance de deux lieues de ladite Ville de Fontenay, & de faire entrer en fraude les marchandises & denrées sujettes auxdits droits, les tenir cachées & les faire passer au-delà des Bureaux sans déclaration, à peine de confiscation desdites denrées & marchandises, au profit dudit Adjudicataire, & d'amende qui pour la premiere contravention demeurera fixée à 20 livres, en cas de récidive, à 40 livres, & pour toutes les autres à 100 livres, applicables moitié au profit de l'Adjudicataire, & l'autre moitié au profit des Hôpitaux de ladite Ville de Fontenay. Veut & ordonne Sa Majesté, que ceux des Habitans de ladite Ville & Fauxbourgs qui feront valoir de leur propre ou tiendront à ferme aucun bien & héritages, situés tant dans l'Election de Fontenay, que hors ladite Election, soient & demeurent taillables dans les Paroisses où lesdits biens & héritages seront situés, & qu'aucun Particulier d'un lieu taillable ne puisse venir s'établir en ladite Ville & Fauxbourgs de Fontenay, pour y jouir des privileges, sous quelques prétextes que ce soit, qu'à la charge de payer la taille sa vie durant dans le lieu taillable qu'il aura quitté. Ordonne Sa Majesté, que toutes les contestations qui pourront survenir à l'occasion desdits droits & établissement du tarif, seront portées en premiere instance, pendant les six premieres années dudit établissement, pardevant ledit sieur Intendant & Commissaire départi en la Généralité de Poitiers, & par appel au Conseil, après lesdites six années expirées, pardevant les Officiers de l'Election de Fontenay,

& par appel en la Cour des Aydes ; & pour l'exécution du présent Arrêt, toutes Lettres nécessaires seront expédiées. Enjoint Sa Majesté audit sieur Intendant & 1749.
Commissaire départi en la Généralité de Poitiers, de tenir la main à l'exécution d'icelui. Fait au Conseil d'Etat du Roy, tenu à Versailles, le vingt Mai mil sept cent quarante-neuf. Collationné, *signé*, DEVOUGNY.

TARIF des droits qui se perçoivent sur les marchandises & denrées qui entrent dans la Ville & fauxbourgs de Fontenai-le-Comte.

A.

	l.	*s.*	*d.*
ACIER d'Allemagne, par baril pesant un cent, une livre douze sols, ci	1	12	
2. Acier commun en ballon, pesant un cent, douze sols, ci		12	
3. Airain, cuivre, laiton ouvré ou non ouvré, en métal, trois livres quinze sols, ci	3	15	
4. Airain en cuivre & en mitraille *néant*, attendu qu'il a été jugé que cet article préjudicieroit au précédent.			
5. Ardoise par millier, deux livres, ci	2		
6. Ails, oignons par charge de cheval, dix sols, ci		10	
Par boisseau, deux sols, ci		2	
Par liasse d'une poignée, un denier, ci			1
7. Avoine, par tonneau, une livre dix sols, ci	1	10	
Par boisseau, huit deniers, ci			8
8. Agneaux de lait, trois sols, ci		3	
9. Ais en planches de toutes sortes de bois, d'épaisseur d'un pouce, par toise, huit sols, ci		8	
10. Auvures bâtardes simples, quatre sols, ci		4	

B.

Boucherie.

	l.	*s.*	*d.*
11. Bœufs, pour tuer & vendre, six livres, ci	6		
12. Vaches pour idem, trois livres, ci	3		
13. Veaux de lait, douze sols, ci		12	
14. Moutons & brebis, cinq sols, ci		5	
15. Cochons, autres que de lait, une livre dix sols, ci	1	10	
16. Chevreaux, six deniers, ci			6
17. Chevres, cinq sols, ci		5	
18. Cochons de lait, cinq sols, ci		5	

Bois de toute espece.

	l.	*s.*	*d.*
19. Bois blanc en planches, huit sols, ci		8	
20. Planches de sapin de dix, onze & douze pieds de long, par cent de cent vingt, six livres, ci	6		

		l. s. d.
1749.	21. Planches de sapin de six pieds jusqu'à neuf, idem, cinq livres cinq sols, ci	5 5
	22. Planches de sapin resciées, deux livres dix sols, ci	2 10
	23. Bois en madriers de deux pouces d'épaisseur & de six pieds de longueur, au-dessus, à proportion, par toise, une livre, ci	1
	24. Bois de charpente à bâtir, de charronnage, par charretée, trois livres, ci	3
	Demi & quart de charretée, à proportion, ainsi que la charge de cheval.	
	25. Bois ouvré en jadeaux, écuelles, balances, cuilliers, faisselles, chandeliers, mortiers, fuzeaux & autres ouvrages de cette nature, payeront par sac, cinq sols, ci	5
	26. Bois ouvré en sabots, par charge de cheval, quinze sols, ci	15
	27. Bois ouvré en boisseaux, demi-boisseau, mesure, seaux, seilles, baratte, quart, basse, entonnoirs, grelles, fûts de bas, écardes, jougs à coupler les bœufs, par charge de cheval, quinze sols, ci	15
	28. Bois ouvré en arches & bouteilles siclées, servant de cabinets aux paysans, un sol, ci	1
	29. Bois en civiere roulante, deux sols, ci	2
	30. Bois en roues de charrette, dix sols, ci	10
	31. Bois en ruelles de charrues, un sol, ci	1
	32. Bois en échelles, boquets, épandoueres, rateaux, fourches, dalles, par charge d'homme, un sol, ci	1
	33. Bois en geolles, geollons, melouers, fromageres ou chaisieres & autres de cette nature, par charge d'homme, un sol, ci	1
	Par charge de cheval, quatre sols, ci	4
	34. Bois en forme & talons de souliers, six deniers par douzaine, ci	6
	Par douzaine de formes, deux sols six deniers, ci	2 6
	35. Bois en moules de boutons, par douzaine de grosses, un sol, ci	1
	36. Bois en balles, paniers de vendanges, corbeilles, par charge de cheval, quinze sols, ci	15
	37. Bois mairain, par quart, faisant une charretée, une livre dix sols, ci	1 10
	Par charge de cheval, trois sols, ci	3
	38. Bois de feu, comme bûches de forêts, cosses de marais, fagots de forêts & de marais, par charretée, une livre, ci	1
	Par charge de cheval, deux sols, ci	2
	39. Bois de fournilles, boutiers, fagots de sarmens, à chauffer les fours & cheminées, par charretée, dix sols, ci	10
	Par charge de cheval, un sol, ci	1
	40. Balais de palmiers, par douzaine, douze sols, ci	12
	41. Balais de boullas, brandes & genet, idem, pour chambre, un sol, ci	1
	42. Balais d'aires, pour la moisson, trois sols, ci	3
	43. Buis en bûches, par charge de cheval, une livre, ci	1
	44. Bran d'abeilles, par boisseau, trois sols, ci	3
	45. Balles de draps de laines, soieries, camelot, bas fins & autres draps & étoffes fabriquées hors cette Province, galons d'or & d'argent, dentelles, toiles, batistes, linon, mousselines & autres marchandises fines, par balle de cent vingt livres à cent cinquante livres pesant, payeront deux livres cinq sols, ci	2 5

46. Par

46. Par ballots, paquettes ou autrement, à proportion. — l. s. d. — 1749.

47. Beurre net de toutes especes, frais & salé, payera le cent pesant, deux livres dix sols, ci — 2 10

Par livre, six deniers, ci — 6

48. Briques par cent, un sol, ci — 1

C.

49. Carreau double, par cent, dix sols, ci — 10

50. Carreau simple, par cent, cinq sols, ci — 5

51. Cendres à lessive, par boisseau, un sol, ci — 1

52. Cercles de toute espece de bois de feuillards, par fourniture de molles de vingt-un, molles de fourniture, la fourniture, quinze sols, ci — 15

53. Grands cercles de frêne & autres par tonneau & meules de moulins, payeront par piece, trois sols, ci — 3

54. Charbon de terre, par muid, dix livres, ci — 10

Par boisseau, un sol, ci — 1

55. Charbon de bois, par charretée, deux livres dix sols, ci — 2 10

Par charge de cheval, cinq sols, ci — 5

Par grand sac, deux sols, ci — 2

Par sachets, trois deniers, ci — 3

56. Châtaignes, par charge de cheval, cinq sols, ci — 5

Par boisseau, un sol, ci — 1

57. Chardon pour Drapiers, par charge de cheval, quinze sols, ci — 15

58. Cire blanche, par cent pesant, trois livres, ci — 3

59. Cire jaune, par cent pesant, deux livres, ci — 2

60. Chaux, par barique, composée de cinq boisseaux, six sols, ci — 6

Par charge de cheval, quatre sols, ci — 4

Par boisseau, un sol, ci — 1

61. Chapeaux de toute espece, par balle pesant depuis cent trente jusqu'à cent cinquante, qui se fabriquent hors la Province & dans icelle, par balle, trois livres, ci — 3

62. Coitis, toiles, bougrans, revêches, serges, tiretaines, droguets tout laine, droguets fils & laines & autres étoffes fabriquées en cette Province, bas, bonnets, clous de fer ouvré, fils de fer, laiton, cornes en feuilles, cartes à jouer, feuille de carte à Drapier, gands de toutes sortes, glaces de miroir, crins de cheval, bourre, ivoire & ouvrage d'icelle, jones, librairie, poudre à poudrer, toile à tamis de toutes sortes, papier, armes, comme fusils & autres, couvertures de lits & autres, & généralement tout ce qui est réputé merceries & quincailleries, payera par balle pesant cent trente liv. à cent cinquante livres, une livre dix sols, ci — 1 10

63. Chandeliers sculptés & dorés, par demi-douzaine, pour la sortie, trois livres, ci — 3

64. Vieux chandeliers pour redorer, entrée & sortie ensemble, par demi-douzaine, trois livres, ci — 3

65. Coton filé & non filé, amidon, baleines, girofle, muscade, cannelle, poivre, couperose, galle, garance, indigo, Brésil, bois de Campet, bois de Sainte-Marthe, & tous autres bois propres à la teinture, raisins, figues, anchois, capres, pastel, amandes, verd-de-gris, azur, arsénic, argent-vif, encens, glu, alun, rhubarbe, séné, gomme, fer-blanc, cendres,

1749. gravelée, fromages de toutes especes, jambons, café, chocolat, soufre, fleur de soufre, gravelles, noir à noircir & de fumée, ocre de toute espece, poix de Bourgogne, térébenthine, sandal, & généralement toute sorte d'épicerie & droguerie, payera par charge de deux ballots, pesant trois cens livres, une livre dix sols, ci | *l.* 1 | *s.* 10 | *d.*

66. Confitures seches & liquides, de toute espece, compris l'angélique & dragées, par cent pesant, une livre cinq sols, ci | 1 | 5

67. Chaises à s'asseoir, de frêne, par douzaine, six sols, ci | | 6

68. Chaises de menuiserie ou en sculpture venant de Paris ou ailleurs, par douzaine, quatre livres, ci | 4

69. Chaises en fauteuil de même nature, par douzaine, six livres, ci | 6

70. Chaises d'aubier, par douzaine, quatre sols, ci | | 4

71. Canapés, sophas, duchesse, marquise, lits de repos, commodes, bureaux, tables en sculpture, lits d'impérial, lustre, par piece, ci | 1

D.

72. De gras pour les Tanneurs, cent pesant, une livre, ci | 1

E.

73. Etain ouvré & non ouvré, par cent pesant, deux livres dix sols, ci | 2 | 10

74. Ecrans en menuiserie & sculpture venant de Paris, par piece, dix sols, ci | | 10

F.

75. Fer non ouvré en barre & toute autre espece, par millier pesant, deux livres, ci | 2

76. Fer ouvré en différentes manieres, comme serrureries, taillanderies, outils à la terre, outils de forêts de toute espece, & généralement tous outils de fer, par millier, trois livres, ci | 3

77. Ficelles, cordages, sangles & licols, par charge de cheval, une livre dix sols, ci | 1 | 10

Par cent pesant, dix sols, ci | | 10

78. Futailles vieilles & neuves, par barique, trois sols, ci | | 3

79. Foin, par charretée de deux mille à deux mille cinq cens, une livre cinq sols, ci | 1 | 5

Par demi-charretée de mille à douze cens cinquante, douze sols six deniers, ci | | 12 | 6

Par charge de cheval, trois sols, ci | | 3

80. Fil de chanvre, par balle de cent trente livres à cent cinquante, une livre, ci | 1

81. Fouasses, échaudés & pains de Boulanger, des Paroisses voisines, qu'ils apportent vendre aux foires & marchés de Fontenay, par charge de cheval, cinq sols, ci | | 5

82. Fromages du pays, par piece, trois deniers, ci | | | 3

83. Figures en sculpture de bois ou de pierre, pour la sortie & par piece, une livre dix sols, ci | 1 | 10

Fruits.

	l.	s.	d.
84. Cerises de toutes especes, par charge de cheval, deux sols, ci		2	
Par grands manequins, un sol, ci		1	
Par petits manequins, six deniers, ci			6
Par bouteilles, trois deniers, ci			3
Par carreau, deux deniers, ci			2
Par bouriches de toute espece, un denier, ci			1
85. Noix seches, par boisseau, un sol six deniers, ci		1	6
86. Noix vertes à cerneaux, le boisseau, dix deniers, ci			10
87. Oranges douces & bigarades, par caisse d'oranges douces, une liv. ci	1		
Par caisse d'oranges ameres, dix sols, ci		10	
88. Pommes & poires, par charretée, une livre, ci	1		
Par charge de cheval, trois sols, ci		3	
Par manequin, un sol, ci		1	
Par bouteille, six deniers, ci			6
Par carreau, quatre deniers, ci			4
89. Prunes vertes, par charge de cheval, trois sols, ci		3	
Par paniers, six deniers, ci			6
Par bouricheés de toute grandeur, trois deniers, ci			3
90. Prunes & autres fruits secs, par boisseau, deux sols, ci		2	
Par mesure, deux deniers, ci			2
91. Pommes de pain, par douzaine, six deniers, ci			6
92. Nefles par charge de cheval, trois sols, ci		3	
Par bouteille, neuf deniers, ci			9
Par carreau, quatre deniers, ci			4

G.

	l.	s.	d.
93. Gemmes, goudron, par baril de trois cens pesant, quinze sols, ci		15	
94. Graine de lin & chanvre, par boisseau, quatre sols, ci		4	
95. Graisses, par cent pesant, deux livres dix sols, ci	2	10	
96. Garobes vertes, ou gaboreau qui se fait manger en vert à la Ville, par charretée, huit sols, ci		8	
Par charge de cheval, un sol, ci		1	

H.

	l.	s.	d.
97. Huile d'olive fine & commune de toute espece, par cent pesant et, deux livres, ci	2		
98. Huile de poisson, de noix & de graines, idem, une livre inq sols, ci	1	5	
99. Harengs blancs & saurets, par baril, une livre, ci	1		

L.

	l.	s.	d.
100. Lin de pays en bois, par charretée, une livre, ci	1		
Par charge de cheval, trois sols, ci		3	
Par boteau, de quatre douzaines, trois deniers, ci			3

1749.

l. s. d.

101. Lin en feron ou broyé, par livre, trois deniers, ci

102. Lin peigné, par livre, six deniers, ci

103. Lin filé, par livre, un sol, ci 1

104. Reparon en filasse, pour livre, deux deniers, ci

105. Reparon filé, pour livre, quatre deniers, ci

106. Etoupe en filasse, pour livre, un denier, ci

107. Etoupe filée, pour livre, deux deniers, ci

108. Lin en pierre, par charge de trois cens pesant, une livre dix sols, ci 1 10

109. Lin d'Hollande habillé, par cent pesant, dix-huit sols, ci 18

Chanvres.

110. Chanvre en bois, par douzaine, trois deniers, ci 3

111. Chanvre broyé, par livre, deux deniers, ci 2

112. Chanvre peigné, par livre, quatre deniers, ci 4

113. Chanvre filé, par livre, neuf deniers, ci 9

114 & 115. Linge vieux à faire papier, rognures de peaux ou colles, pour entrée & sortie, par balle de cent trente à cent cinquante livres pesant, dix sols, ci 10

116. Lattes plates & carrées, celles de Gâtine, par cent de deux boteaux, un sol six deniers, ci 1 6

117. Laines nettes, de toutes especes, par cent pesant, une livre cinq sols, ci 1 5

118. Laines sales, par cent pesant, douze sols six deniers, ci 12 6

119. Laine filée, par livre, un sol, ci 1

120. Liege par planche, pour livre, six deniers, ci 6

121. Liege en bouchons, par cent en nombre, un sol, ci 1

122. Linge qui entrera en Ville venant ou d'achat ou de succession, par toute sorte de personnes, payera par cent pesant, cinq sols, ci 5

123. Laines tirées en étain, teintes ou naturelles, filées ou non filées, pour la teinte P. L. trois sols, ci 3

Et pour la naturelle, deux sols, ci 2

M.

124. Moules, huîtres, palourdes & autres coquillages, par charge de cheval, douze sols, ci 12

125. Meules à émoudre, par meule, quatre sols, ci 4

126. Meules de moulin, par meule, deux livres dix sols, ci 2 10

127. Morue verte du grand banc, le grand cent de soixante-deux, couples, par cent pesant, six livres, ci 6

128. Morue moyenne, le cent de soixante-deux, couples, par cent, quatre livres, ci 4

129. Morue moindre, par cent, trois livres, ci 3

130. Morue seche, dite parée, par cent pesant, une livre dix sols, ci 1 10

131. Meubles faits, vieux ou neuf, entrant en Ville, venant d'achat ou de succession, payera par charretée, deux livres dix sols, ci 2 10

Par charge de cheval, douze sols, ci 12

Par charge d'homme, trois sols, ci 3

	l.	s.	d.
132. Marmelades ou excrémens de sucres, par cent pesant, dix sols, ci		10	
133. Minots des farines communes, sçavoir, par sac de minot, composé de trois boisseaux de farines fines, pure, quatre sols, ci		4	
134. Farines communes de toutes especes qui se consommeront dans la Ville de Fontenay, y compris celles qui se feront au moulin du Château, dans l'enceinte de la clôture, par boisseau, un sol, ci		1	
135. Mil par boisseau, deux sols, ci		2	
136. Miel par livre, trois deniers, ci			3

1749.

N.

	l.	s.	d.
137. Natte de roseau, par toise carrée, six deniers, ci			6
138. Noisettes du pays, par mesure, trois deniers, ci			3

O.

	l.	s.	d.
139. Osiers par le cent de poignée, douze sols six deniers, ci		12	6
Par poignée, deux deniers, ci			2
140. Œufs, par charge de cheval, quinze sols, ci		15	
Par douzaine, trois deniers, ci			3

Oiseaux de riviere.

	l.	s.	d.
141. Canards francs & sauvages, par piece, six deniers, ci			6
142. Cerselles, joselles & morattons, autres de pareille nature, par piece, quatre deniers, ci			4

P.

	l.	s.	d.
143. Parpins & pierres de tailles, par charretée, quatre sols, ci		4	
Par charretée de moilon, deux sols, ci		2	
Par charge de cheval, trois deniers, ci			3
144. Paille, par charretée, dix sols, ci		10	
Par charge de cheval, un sol six deniers, ci		1	6
145. Porcelaines, faïance & verrerie, caraffes, par charretée, trois livres, ci	3		
Par charge de cheval, douze sols, ci		12	
Par charge d'homme, six sols, ci		6	
146. Poisson de mer, aloses & saumons, par charge de cheval, quinze sols, ci		15	
147. Poisson d'eau douce, de toutes especes, par panier, cinq sols, ci		5	
Par charge de cheval, dix-huit sols, ci		18	
Par piece de poisson, quand elles sont belles, par livre, apportées seules, trois deniers, ci			3
148. Poteries de terre, par charge de cheval, douze sols, ci		12	
149. Plâtre, par charge, un sol, ci		1	
150. Peaux de pelleterie de toute espece, par charge de cheval, trois livres, ci	3		
151. Peaux de bœufs, vaches & veaux en poil, par charge de cheval, une livre cinq sols, ci	1	5	

1749.

	l.	*ſ.*	*d.*
152. Par piece de peau de bœuf, douze ſols, ci		12	
153. Par piece de peau de vache, ſix ſols, ci		6	
154. Par piece de peau de veau, deux ſols, ci		2	
155. Par piece de peau de cheval, cinq ſols, ci		5	
156. Par piece de peau de cochon, un ſol, ci		1	
156. Peaux de chevre, chevreaux & moutons en poil & laine, par charge de cheval, une livre dix ſols, ci	1	10	
157. Par piece, trois deniers, ci			3
158. Peaux de bœufs, vaches & veaux tannés, par charge de cheval, deux livres, ci	2		
159. Par peau de bœuf, huit ſols, ci		8	
160. Par peau de vache, ſix ſols, ci		6	
161. Par peau de veau, un ſol, ci		1	
162 & 163. Peaux de moutons en cuireaux, par charge de cheval, deux livres cinq ſols, ci	2	5	
163. Peaux de boucs, chevres & chevreaux en cuireaux, par charge de cheval, deux livres cinq ſols, ci	2	5	
165. Peaux de daims, cerfs, biches, origneaux & d'élans, en poil & en terre, & autres peaux apprêtées & en graiſſes, par charge de trois cens peſant, quatre livres dix ſols, ci	4	10	
166. Peaux de lievres, lapin, renard & autres de cette nature, par douzaine, un ſol, ci		1	
167. Peaux de rouſſi, par livre, un ſol, ci		1	
168. Pouvre ou pouſſiere provenant de l'écorce de chêne, propre aux Tanneurs, par charge de deux cens quarante peſant, quinze ſols, ci		15	
169. Plomb ouvré & non ouvré, & en dragées ou en grains, le cent, une livre, ci	1		
170. Poëles, marmites, pot de fer, garde-feu, par charge, quinze ſols, ci		15	
171. Plumes à faire lit, de toutes eſpeces, par livre, ſix deniers, ci			6
172. Pois ronds, giſſe & lentille, le tout ſec, par boiſſeau, quatre ſols, ci		4	
Par meſure, ſix deniers, ci			6
173. Pois verds de toutes eſpeces, par charge de cheval, trois ſols, ci		5	
174. Par panier ordinaire, un ſol, ci		1	
175. Par petit panier, huit deniers, ci			8
176. Par bourichées, trois deniers, ci			3
177. Pois de Paris ou mougettes blanches par boiſſeau, quatre ſols, ci		4	
178. Par meſure, ſix deniers, ci			6
179. Groſſes feves, par boiſſeau, un ſol, ci		1	

R.

	l.	*ſ.*	*d.*
180. Pain de réſine de cent à deux cens peſant, par pain, neuf ſols, ci		9	

S.

	l.	*ſ.*	*d.*
181. Savons, par caiſſe depuis deux cens juſqu'à deux cens ſoixante livres peſant net, une livre cinq ſols, ci	1	5	

1749.

	l.	s.	d.
182. Sel, par charge de cheval de trois boisseaux, mesure de Brouage & de six boisseaux, mesure de Fontenay, cinq sols, ci		5	
183. Sucre en pain, par cent pesant, une livre quinze sols, ci	1	15	
184. Sucre en cassonnade blanche P. C. pesant, une livre cinq sols, ci	1	5	
185. Sucre en cassonnade grise, une livre, ci	1		
186. Sablon à fourbir, par bassée ou boisseau, trois deniers, ci			3
187. Sardines fraîches, par charge de cheval, quinze sols, ci		15	
188. Sardines salées en barique, par barique, une livre dix sols, ci	1	10	
189. Suif en barique ou pain, ouvré & non ouvré, par cent pesant, une livre dix sols, ci	1	10	
190. Suif en chandelle, pour cent pesant, une livre dix sols, ci	1	10	
191. Sable à crépir, par boisseau ou basse, un denier, ci			1
Par charge de cheval, quatre deniers, ci			4
192. Soufflets par piece, six deniers, ci			6
193. Souliers par paire, un sol, ci	1		
194. Soques par paire, six deniers, ci			6

T.

	l.	s.	d.
195. Tabernacle en sculpture & doré, pour la sortie, par piece, six livres, ci	6		
196. Tabernacle ancien pour redorer, pour l'entrée & la sortie, six livres, ci	6		
197. Toile du pays, de lin, par piece de vingt-une aunes, cinq sols, ci		5	
198. Toile de chanvre, rigure & reparon, pour idem, trois sols, ci		3	
199. Toile d'étoupe, pour idem, deux sols, ci		2	
200. Terre à bâtir, par charretée, six deniers, ci			6
Par charge de cheval, un denier, ci			1
201. Tamis faits pour passer les farines, par piece, trois deniers, ci			3
201. Tuiles par cent, un sol, ci		1	

V.

	l.	s.	d.
203. Verre en table, pour vitres, par panier, une livre dix sols, ci	1	10	
204. Vin de toute espece, la barique, une livre dix sols, ci	1	10	
205. Vendange, par charretée, trois livres, ci	3		
206. Par somme de vendange, huit sols, ci		8	
207. Demi-vin ou boisson, par barique, douze sols, ci		12	
208. Bierre par barique, une livre, ci	1		
209. Vinaigre par barique, deux livres cinq sols, ci	2	5	
110. Eaux-de-vie de vingt-sept veltes, la piece, huit livres, ci	8		

Volailles.

	l.	s.	d.
211. Dindons par piece, un sol, ci		1	
212. Chapons par piece, six deniers, ci			6
213. Poules par piece, six deniers, ci			6
214. Poulets par couple, six deniers, ci			6
215. Pigeons, par couple, trois deniers, ci			3
216. Oie & oison par piece, six deniers, ci			6
217. Tous les articles de marchandises ou denrées omis au présent tarif, payeront pour droits d'entrée, huit deniers pour livre de leur valeur, ci			8

1749. 218. Tous les articles compris au présent tarif, le plus ou le moins d'un millier, un cent, une livre ou autrement, payeront à proportion pour le net seulement.

219. Les marchandises & denrées qui passeront debout ne payeront rien, mais seront tenus les Marchands & Conducteurs de les déclarer au Bureau d'entrée par quantité & qualité, & de signer leur déclaration, dont il leur sera donné copie sur papier non timbré (sans frais) pour la présenter au Bureau de la sortie, afin de la vérifier, & en cas de fraude, les marchandises, chevaux, bœufs & équipages seront confisqués; les Marchands & Voituriers condamnés en l'amende de cent livres solidairement & par corps, modérée cependant à vingt livres pour la premiere fois, à quarante livres pour la seconde fois, à cent livres pour la troisieme, relativement au procès-verbal.

220. Les marchandises & denrées pour passer debout en la Ville & fauxbourgs, ne pourront y séjourner plus de vingt-quatre heures, & s'il est justifié que les Marchands en ayent déballé & mis en vente, elles seront confisquées, & condamnés comme dessus.

221. Ne pourra être fait de magasins ni entrepôts dans la distance de deux lieues, par les Marchands & Négocians résidans audit Fontenay, à peine de confiscation & de l'amende ci-dessus.

1752. *ARRÊT du Conseil, portant établissement d'un tarif dans la Ville & fauxbourgs de Doué, Généralité de Tours.*

3 Octobre 1752.

SUR la Requête présentée au Roy en son Conseil, par les Habitans de la Ville de Doué en Anjou, Election de Saumur, poursuite & diligence de Jean-Baptiste Jollivet de la Verronniere, Conseiller du Roy, Maire ancien & perpétuel de ladite Ville & Communauté de Doué; contenant, que depuis plusieurs années on s'est apperçu que la plupart des Habitans de cette Ville l'ont abandonnée pour aller s'établir dans des Paroisses voisines, en sorte qu'une grande partie des maisons sont inhabitées, que le commerce y est absolument tombé & qu'un très-grand nombre des Habitans qui y sont encore, se trouvent réduits à une extrême misere, qu'ils sont hors d'état de payer la taille & autres impositions, & qu'il n'est même plus possible aux Collecteurs d'en faire la répartition; on a cherché la cause & le remede d'un si grand mal, & on a reconnu qu'il étoit occasionné par l'inégalité des répartitions; que l'on avoit surchargé plusieurs desdits Habitans, qui, pour se dérober aux poursuites, se sont vus forcés de se retirer dans d'autres endroits. Pour remédier à cette misere publique, prévenir la ruine totale de la Ville, assurer le payement des charges & impositions, faire refleurir le commerce, conserver l'union des concitoyens, rappeller ceux qui sont sortis à cause des excessives répartitions des tailles, & empêcher les autres de quitter & abandonner la Ville, on a trouvé, que de tous les moyens, le plus sûr étoit la commutation de la taille, capitation & autres impositions, en un droit d'entrée sur les marchandises & denrées, suivant un tarif, parce que ces droits, ne se payant par les Habitans qu'à proportion de leur consommation ou de leur commerce, ne seront à charge à personne en particulier. Pour l'exécution de ce projet, les Habitans se sont adressés au sieur Intendant & Commissaire départi en la Généralité de Tours; & sur les représentations

sentations qu'ils lui ont faites de l'état malheureux de leur Ville, & de leur projet pour tâcher de la rétablir dans son premier état, il leur a permis de convoquer, 1752.
à la diligence du Procureur du Roy à l'Hôtel de Ville, une assemblée générale en la maniere accoutumée, dans laquelle les Maire & autres Officiers de Ville communiqueroient, au général des Habitans, un projet de tarif à l'effet de délibérer sur icelui, proposer & arrêter les changemens, augmentations ou réductions convenables : cette assemblée a été tenue le Dimanche 8 Mars 1750, le projet de tarif qui avoit été dressé par les Maire & autres Officiers de Ville, y a été communiqué; tous les Habitans ont senti les maux que le rejet arbitraire de la taille & la collecte ont causés à la Ville, ils ont été tous d'avis de l'établissement de ce tarif & des droits d'entrées énoncés : à l'exemple de plusieurs Villes des Provinces voisines dans lesquelles il a été déjà établi, & qui commencent à se ressentir du bon effet inséparable d'un semblable établissement, ils ont en conséquence arrêté & approuvé le projet de tarif qui leur a été communiqué, & ont été d'avis de présenter une Requête à Sa Majesté, pour la supplier de commuer la taille & autres impositions qui se levent sur la Ville de Doué, les métairies du grand Ruau, de la Durandiere, les moulins de Chapet, Meau, Saule, où est à présent une blanchirie de toile, de Monfief, la Croix-Rouge, le Petit Moulin & les trois maisons de S. François, dépendantes de la Paroisse de Saint-Maurice de Doulces, contiguës à celles de la Ville de Doué, & distance dudit Doulces d'environ trois cens toises, & sur l'Amphithéatre qui est de Doulces, en une levée de droits sur les denrées & marchandises qui arriveront & entreront en ladite Ville, & tout ainsi qu'il est porté au tarif arrêté, & par eux approuvé, & qu'ils prennent la liberté de présenter à Sa Majesté. Ce tarif contient le détail de tous les droits qui se percevront sur toutes les différentes especes de marchandises & denrées, qui entreront & se consommeront dans ladite Ville de Doué, si Sa Majesté veut bien l'agréer & leur en permettre l'établissement; mais depuis l'arrêté de ce tarif, on a reconnu que l'on avoit omis quelques droits, qui devoient cependant être payés. Pour éviter toutes plaintes, & afin que chacun contribue également au payement du tarif, les métairies & borderies sises dans ladite Paroisse de Doué, & imposées aux rôles de la Ville, pour contribuer proportionnément au tarif, doivent payer 3 sols pour livre du prix de leurs baux ou du revenu; les pieces de terres détachées, dépendantes de la Ville & semées dans la campagne, doivent payer; savoir, celles qui sont exploitées par les propriétaires, 15 sols par arpent, & celles tenues à titre de ferme ou moitié, 12 sols; les moulins, tant à eau qu'à vent, doivent payer 2 sols pour livre du prix de leurs baux, lorsqu'ils sont affermés à prix d'argent, & lorsqu'ils sont affermés en bled, suivant l'évaluation qui en sera faite une fois pour toujours : on a aussi reconnu que les auberges adjacentes à ladite Ville de Doué, savoir, l'Amphithéatre, les Quatre-vents, l'Image Saint-Nicolas de la Paroisse de Notre-Dame de la Chapelle, Election de Montreuil, même les cabarets qui pourroient se former par la suite dans ladite Paroisse de Doulces & de la Chapelle, & contiguës aux maisons de la Ville, doivent pareillement être assujetties au tarif & payer en outre dix sols par pipe de vin qu'ils débiteront; de même que les auberges & cabarets de la Ville, c'est-à-dire, cinq sols par busse au-delà de ce qui est porté dans le projet de tarif, en payant néanmoins par les Préposés au recouvrement desdits droits de tarif, aux Receveurs des Tailles des Elections dont ressortissent ces auberges ou cabarets, les sommes auxquelles lesdites auberges ou cabarets se trouveront imposés. Dans cet état, Sa Majesté est très-humblement suppliée de permettre cet établissement, les supplians prennent la liberté de l'assurer, que c'est le seul moyen de rétablir le commerce dans la Ville, de

1752. faire cesser les haines & les inimitiés, les plaintes réciproques & les procès fort souvent intentés sur l'inégalité des taux, au grand préjudice du repos & de la fortune de plusieurs familles, dont quelques-unes ont été presque ruinées : cet établissement procurera même un recouvrement beaucoup plus prompt de la taille & autres subsides auxquels la Ville est imposée. Requéroient à ces causes les supplians, qu'il plût à Sa Majesté commuer & convertir la taille & autres impositions qui se levent sur la Ville & Fauxbourgs de Doué, les Métairies du grand Ruau, de la Durandiere, les moulins de Chapel, Meau, Saule, où est à présent une blanchirie de toile, de Monfief, la Croix-Rouge, le Petit Moulin, les trois Maisons de Saint François & l'Amphithéatre, dépendant de la Paroisse de Saint Maurice de Doulces, contiguës à celles de la Ville de Doué, en une levée de droits sur les denrées & marchandises qui arriveront & entreront en ladite Ville & maisons en dépendantes ; leur permettre de percevoir lesdits droits contenus au tarif qui en a été dressé & joint à la présente Requête, à compter du premier Octobre 1752, ensemble du montant du sol pour livre desdits droits ; ordonner que lesdits droits seront payés par toutes sortes de personnes, à l'exception néanmoins du Clergé, tant Séculier que Régulier, des Maisons d'Ecoles de charité, de l'Hôtel-Dieu, du Médecin servant ledit Hôtel-Dieu & les pauvres gratuitement ; de la Noblesse, des Officiers Municipaux à titre de finance, & de ceux qui habitent le Château de ladite Ville de Doué, lesquels seront exempts desdits droits pour les denrées & provisions de toutes especes destinées pour leur consommation ; même le Clergé, les Ecoles de charité, ledit Hôtel-Dieu, le château & maisons en dépendantes, pour les matériaux & autres effets destinés aux réparations & reconstructions de leurs Eglises & Maisons, & pour les ornemens desdites Eglises, à la charge néanmoins de faire leur déclaration aux Bureaux qui seront établis pour la perception desdits droits, des denrées & de tout ce qu'ils feront entrer pour leur consommation, suivant les états qui en seront fixés & arrêtés par le sieur Intendant & Commissaire départi en la Généralité de Tours ; comme aussi à la charge de pareille déclaration dans le cas de vente de quelques-unes desdites denrées qui ne seront point employées pour leur consommation, pour être dans ce cas lesdits droits perçus en la même maniere, & ainsi qu'ils l'auroient été à l'entrée desdites denrées dans ladite Ville ; ordonner en outre que les métairies & borderies sises dans ladite Paroisse de Doué & imposées au rôle de la Ville, payeront trois sols pour livre du prix de leurs baux ou du revenu ; que les pieces de terre détachées dependantes de ladite Ville & semées dans la campagne, payeront ; sçavoir, celles qui sont exploitées par le Propriétaire, quinze sols par arpent, & celles tenues à titre de ferme ou moitié, douze sols ; que les Moulins, tant à eau qu'à vent, payeront deux sols pour livre du prix de leurs baux, lorsqu'ils seront affermés à prix d'argent, & lorsqu'ils seront affermés en bled, suivant l'évaluation qui en sera faite une fois pour toujours ; ordonner pareillement que les auberges adjacentes à ladite Ville de Doué ; sçavoir, les Quatre-Vents, l'Image Saint Nicolas de la Paroisse de Notre-Dame de la Chapelle, Election de Montreuil, même les cabarets qui pourroient se former par la suite dans lesdites Paroisses de Doulces & de la Chapelle, seront assujettis au tarif, & en outre qu'ils payeront dix sols par pipe de vin qu'ils débiteront, ainsi que celles de la Ville, c'est-à-dire, cinq sols par busse au-delà de ce qui est porté dans le projet de tarif, en payant néanmoins par les Préposés au recouvrement desdits droits de tarif, aux Receveurs des tailles des Elections dont ressortissent ces auberges & cabarets, les sommes auxquelles lesdites auberges & cabarets se trouveront imposés : procès-verbal préalablement fait de montant des impositions, à quoi sont taxées les maisons, sans pouvoir être augmentées ni diminuées; ordonner que par les Maires actuels de ladite Ville & leurs successeurs, il sera procédé au plus offrant & dernier enchérisseur, en la maniere accoutumée, & pour tel nombre d'années qu'ils jugeront à propos, à l'adjudication desdits droits, à la charge par l'Adjudicataire de payer à Sa Majesté entre les mains du Receveur des tailles en exercice, le montant de la taille & autres impositions par quartier, dont les Maires & autres Officiers de ladite Ville seront & demeureront garans & responsables; permettre aux supplians de rétablir les portes & murailles de ladite Ville, même d'en agrandir l'enceinte dans quelques endroits, suivant les procès-verbaux qui en seront faits par qui il plaira à Sa Majesté commettre, de mettre des barrieres dans les lieux convenables, clore & murer les croisées & portes construites dans les murailles de la Ville, établir des Bureaux & Commis où ils seront nécessaires; faire défenses aux Marchands & à tous autres Particuliers de faire des entrepôts ou magasins dans l'étendue des hameaux & écarts des Paroisses Saint Pierre de Doué, Doulces, la Chapelle, Saint Just & Saint Pierre de Verché, Concourson, Saint Georges, Châtelaison, Louresse, Rochemenier, Denezé, Forges, Montfort, Cizé, la Madelaine & Brosse, Saint Hilaire de Rillé & Messeme qui sont contigus aux fauxbourgs de ladite Ville de Doué, & de faire entrer en fraude les denrées & marchandises sujettes audit droit, les tenir cachées & les faire passer au-delà des Bureaux sans déclaration, à peine de confiscation desdites denrées & marchandises, au profit de l'Adjudicataire dudit tarif, & d'amende, qui pour la premiere contravention demeurera fixée à vingt livres, & en cas de récidive à quarante livres, & pour toutes les autres à cent livres, applicables moitié au profit de l'Adjudicataire, & l'autre moitié au profit de l'Hôtel-Dieu de cette Ville; ordonner que les Habitans des maisons, dont partie des logemens sont de ladite Ville de Doué & partie des Paroisses de Doulces & de la Chapelle, seront assujettis au droit de tarif; permettre à tous ceux qui ont des maisons dans ladite Ville & fauxbourgs de Doué, & qui ne les ont abandonnées que par la surcharge des impôts qu'ils ne pouvoient plus porter, de venir les occuper, sans qu'ils puissent être compris dans les rôles des tailles & autres impositions des Paroisses dont ils sortiront, plus long-tems qu'il n'est porté par la Déclaration de Sa Majesté; sçavoir, deux ans pour ceux qui ne changeront point d'Election, & trois ans pour ceux qui en changeront; & à l'égard des étrangers qui viendront s'établir dans ladite Ville pendant dix ans, ainsi qu'il se pratique à Angers, capitale de la Province: vu ladite Requête signée André, Avocat des Supplians, ensemble ledit projet de tarif arrêté par tous les Habitans le 8 Mars 1750. Oui le rapport, le Roy en son Conseil, ayant aucunement égard à ladite Requête, a ordonné & ordonne, qu'à commencer du présent mois d'Octobre, les impositions, tant ordinaires qu'extraordinaires qui se levent sur ladite Ville de Doué, fauxbourgs & dépendances d'icelle, seront & demeureront commuées & converties en un droit qui se percevra sur toutes les denrées & marchandises qui entreront dans ladite Ville, fauxbourgs & dépendances, énoncées au tarif proposé par lesdits Habitans, lequel sera & demeurera annexé à la minute du présent Arrêt, pour être ledit droit, ensemble le sol pour livre d'icelui, payé par toutes personnes, à l'exception du Clergé, tant séculier que régulier, de l'Hôtel-Dieu, de l'Ecole de Charité, des Gentilshommes, & de ceux qui par des concessions & privileges non révoqués, jouissent ou doivent jouir actuellement de l'exemption des tailles, lesquels seront exempts desdits droits pour les denrées & provisions de bouche destinées à leur consommation seulement; les matériaux destinés aux réparations

1752.

1752. des Eglises & maisons & autres bâtimens à eux appartenans, ainsi que pour les marchandises de toutes especes qui devront être employées aux ornemens d'Eglise, à la charge d'en faire leur déclaration aux Bureaux qui seront établis pour la perception desdits droits ; & en cas qu'ils viennent à vendre ou à échanger aucunes desdites denrées, provisions ou marchandises, d'en faire pareillement leur déclaration au Bureau général, pour être audit cas les droits perçus de la même maniere qu'ils l'eussent été à l'entrée, & ce sous peine de déchéance de leur exemption pour un an, laquelle demeurera encourue de plein droit du jour que la contravention aura été découverte & constatée par procès-verbal, sans qu'il soit nécessaire de la faire ordonner. Veut Sa Majesté que la même peine ait lieu de la même maniere contre ceux qui auroient prêté leur nom ou autrement abusé de leurs privileges : qu'en cas de récidive ou de fraudes considérables, elle puisse être étendue par jugement à trois années & au-delà, sans qu'en aucun cas elle puisse être regardée comme comminatoire : comme aussi qu'en cas de contestations sur l'exercice & l'étendue desdites exemptions, elles puissent être limitées par le sieur Intendant & Commissaire départi dans la Généralité de Tours à la quantité de chaque espece de denrées suffisante pour la consommation de tous ou d'aucuns desdits Ecclésiastiques, Nobles, Maisons ou Particuliers privilégiés : veut Sa Majesté qu'outre les droits compris au tarif, il soit payé par tous les Aubergistes, Cabaretiers, & autres débitans de vin, tant dans ladite Ville & fauxbourgs & lieux en dépendans, que dans ceux qui seront ci-après désignés, dix sols par pipe de vin, & cinq sols par pipe de demi-vin vendus en détail. Ordonne Sa Majesté que par ledit sieur Commissaire départi ou par celui qu'il voudra commettre, en présence des Habitans ou de ceux qui seront par eux députés, l'adjudication des droits compris audit tarif soit faite au plus offrant & dernier enchérisseur, en la maniere accoutumée, & pour tel nombre d'années que ledit sieur Commissaire départi jugera convenable, à la charge par l'Adjudicataire de payer à Sa Majesté entre les mains du Receveur des tailles en exercice, dans les termes ordinaires, la somme à laquelle se trouveront monter les impositions, pour lesquelles ladite Ville & lieux en dépendans seront annuellement compris dans les commissions des tailles & autres rôles & assiettes desdites impositions, tant ordinaires qu'extraordinaires, à quoi faire ledit Adjudicataire & les Officiers municipaux seront contraints solidairement, comme pour les propres deniers & affaires de Sa Majesté, & de payer sur l'excédent du prix de son bail, les dépenses qui seront ordonnées par ledit sieur Commissaire départi, suivant les délibérations prises à cet effet, pour les besoins & affaires communes de ladite Ville : ordonne Sa Majesté qu'il sera rendu compte chaque année par ledit Adjudicataire de l'emploi desdits deniers pardevant ledit sieur Commissaire départi, sans qu'il soit tenu d'en rendre aucun autre en la Chambre des Comptes ni ailleurs, dont Sa Majesté l'a expressément dispensé : permet auxdits Habitans de rétablir les portes & les murailles de ladite Ville ou d'en construire de nouvelles, de mettre des barrieres dans les lieux convenables, de murer les croisées & portes des bâtimens & jardins extérieurs à l'enceinte de ladite Ville & fauxbourgs, ou de faire élever les murs desdits jardins ou autres clôtures, suivant les procès-verbaux qui en seront dressés par ledit sieur Commissaire départi ou celui qu'il voudra commettre ; comme aussi d'établir le nombre de Commis & Bureaux nécessaires pour l'exercice dudit tarif : fait Sa Majesté très-expresses défenses à tous Particuliers, Marchands ou autres, de faire aucuns entrepôts des denrées & marchandises sujettes aux droits du tarif, dans l'étendue des hameaux & écarts de ladite Ville de Doué, & de ceux des Paroisses de Saint Pierre de

Doué, Doulces, la Chapelle, Concourson, Saint Georges, Châtelaison, Rochemenier, Forges, Montfort, Cizé, Saint Just & Saint Pierre de Verché, Louresse, Denezé, la Madelaine & Brossay, Saint Hilaire de Rillé & Messeme qui sont contigus aux fauxbourgs de ladite Ville de Doué, dans la distance d'une lieue des barrieres; de faire entrer en fraude lesdites denrées & marchandises, les tenir cachées, & les faire passer au-delà des Bureaux sans déclaration, sous peine dans le cas d'entrepôts, de confiscation desdites denrées & marchandises entreposées, & de cent livres d'amende solidaire entre les Propriétaires d'icelles & les Propriétaires ou locataires des lieux qui auront servi d'entrepôts; & dans le cas de simple fraude desdits droits d'entrée, de pareille confiscation & d'amende, qui pour la premiere fois sera fixée à vingt livres, pour la seconde à quarante livres, & pour la troisieme à cent livres, lesdites amendes applicables, moitié à l'Adjudicataire & l'autre moitié à l'Hôtel-Dieu; en cas d'avis ou de soupçon desdits entrepôts, Sa Majesté permet aux Commis préposés de l'Adjudicataire, de se transporter dans toutes les maisons & lieux indiqués ou soupçonnés, à quelques personnes qu'ils appartiennent, ou par quelques personnes qu'ils soient occupés, en prenant néanmoins l'Ordonnance du sieur Commissaire départi ou de son Subdélégué sur les lieux; ordonne auxdits cas aux Propriétaires ou locataires desdits lieux d'en faire ouverture & souffrir les recherches desdits Commis dans leurs maisons & lieux quelconques en dépendans, à peine de deux cens livres d'amende dans les deux cas ci-dessus, l'amende pourra être convertie contre les Ecclésiastiques & autres privilégiés Habitans de la Ville, en une privation des exemptions à eux accordées pour trois ou plus grand nombre d'années; ordonne que ceux qui tiennent ou tiendront à l'avenir, soit en propre, soit à loyer les maisons de Saint François, les auberges des Quatre-vents, Saint Nicolas, l'Amphithéatre, & autres maisons & bâtimens adjacens de ladite Ville, dont sera fait état par ledit sieur Intendant & Commissaire départi, ou celui qu'il voudra commettre, en présence des Propriétaires d'icelles, ou eux duement appellés, quoique situés sur le territoire d'autres Paroisses, soient sujets aux droits dudit tarif, tant à l'entrée qu'au détail, comme si lesdites maisons étoient situées dans la Ville & ses dépendances, & qu'en cette considération ils soient taxés d'office à la taille dans les Paroisses de leur domicile par le sieur Commissaire départi, sans pouvoir être augmentés par les Collecteurs; Sa Majesté se réservant en cas d'appel desdites taxes, la connoissance d'icelui, & icelle interdisant à toutes ses Cours & autres Juges; comme aussi que partie de ladite taille & autres impositions accessoires soient payées à la décharge desdits Propriétaires ou locataires, par l'Adjudicataire du tarif sur le prix de son bail, suivant les états qui en seront arrêtés tous les ans par le sieur Commissaire départi, proportionnément au produit des droits que chacun d'eux aura payé dans le cours de l'année: fait défenses d'établir désormais dans la banlieue de ladite Ville de Doué, aucunes auberges ou cabarets autrement que du consentement des Maire & Echevins, avec la permission du sieur Commissaire départi, & sous les conditions ci-dessus exprimées; & afin que la banlieue de ladite Ville ait à l'avenir des limites fixes & connues, ordonne Sa Majesté qu'il en sera dressé procès-verbal par ledit sieur Intendant & Commissaire départi, ou celui qu'il voudra commettre, en présence des Maire & Echevins & du Syndic avec deux principaux Habitans des Paroisses de campagne, dont portion pourroit être comprise dans ladite banlieue, en conséquence duquel procès-verbal il sera planté des bornes par-tout où besoin sera. Enjoint à tous Marchands, Débitans, Artisans de ladite Ville, fauxbourgs & lieux ci-dessus désignés, de remettre à l'Adjudicataire ou ses Préposés, le premier Décembre pro-

1752.

1752. chain, une déclaration qu'ils affirmeront véritable, & signeront ou feront signer pour eux par deux témoins, de toutes les marchandises & denrées sujettes aux droits du tarif, qui seront actuellement en leur possession, soit dans leurs maisons, magasins, caves, greniers, soit ailleurs; leur fait défenses d'en receler ou entreposer aucunes, à peine de confiscation & de cent livres d'amende, solidaire entr'eux & ceux qui auroient favorisé lesdits recelés ou entrepôts : ordonne que pour la vérification desdites déclarations, il soit fait immédiatement après un inventaire chez tous lesdits Marchands, Artisans & Débitans, sur lequel inventaire les droits de toutes les marchandises & denrées seront par eux payés conformément audit tarif; ordonne que ceux desdits Habitans de ladite Ville & fauxbourgs & des Paroisses voisines, qui font ou feront valoir, soit en leur propre, soit à ferme des terres, prés, ou autres héritages de campagne, dans les dehors de ladite Ville & le territoire qui en dépend, seront imposés pour raison de l'exploitation d'iceux aux trois sols pour livre du produit annuel, s'il s'agit de corps d'héritages, & si ce sont pieces de terres détachées, à raison de douze sols par arpent, dont le recouvrement sera fait par l'Adjudicataire du tarif à son profit, & qu'à cet effet le rôle en sera incessamment arrêté, sur la représentation que les Propriétaires ou Fermiers d'iceux seront tenus de faire avant le premier Décembre prochain, des baux, tant anciens que modernes, ou, au défaut d'iceux, suivant l'estimation qui en sera faite par comparaison aux biens de même nature affermés; entend Sa Majesté que ceux des Habitans de ladite Ville & fauxbourgs qui feront valoir de leur propre, ou tiendront à ferme aucuns biens & héritages dans les Paroisses de campagne, tant de l'Election de Saumur que des Election voisines, soient & demeurent taillables, conformément aux réglemens généraux, dans les Paroisses où lesdits biens seront situés, & qu'aucun Particulier ne puisse s'établir dans ladite Ville de Doué & lieux dépendans, pour y jouir du bénéfice dudit tarif, qu'à condition de payer la taille sa vie durant dans la Paroisse de laquelle ils seroient sortis, à l'exception néanmoins de ceux qui ayant quitté ladite Ville depuis trois ans seulement, y rentreroient dans le cours de l'année qui suivra la publication du présent Arrêt, lesquels seront seulement taxés par droit de suite dans leur dernier domicile, pendant le tems & ainsi qu'ils l'auroient dû être, si ladite Ville étoit demeurée taillable; ordonne Sa Majesté que toutes les contestations qui pourroient survenir à l'occasion de l'établissement, perception & exercice dudit tarif, seront portées en premiere instance pardevant le sieur Intendant & Commissaire départi dans la Généralité de Tours, & par appel au Conseil, jusqu'à ce qu'il en ait été autrement ordonné; lui enjoint de tenir la main à l'exécution du présent Arrêt, sur lequel seront, si besoin est, toutes Lettres à ce nécessaires expédiées. Fait au Conseil d'Etat du Roy, tenu pour les Finances, à Fontainebleau, le troisieme jour du mois d'Octobre mil sept cent cinquante-deux. *Signé*, DE VOUGNY.

1752.

Suit la teneur dudit Tarif.

ARTICLE PREMIER.

	l.	s.	d.
Acier par ballon, en bille & en barre, par cent pesant, payera rois sols, ci		3	
Acier d'Allemagne & de Piémont, par cent pesant, payera six sols, ci		6	
Airains, cuivre, laiton, potains non ouvrés, par cent pesant, ente sols, ci	1	10	
Airains, cuivre, laiton & potains en mitrailles, par cent pesant, ix sols, ci		10	
Angélique confite, & toutes sortes de confitures seches ou liquides, agées de toutes especes, sucre d'orge & candi, par cent pesant, deux livres,	2		
Ardoise de la plus belle qualité, payera par millier, une livre inq sols, ci	1	5	
De la moyenne qualité, par millier, une livre, ci	1		
De la moindre qualité, par millier, quinze sols, ci		15	
Avoine par boisseau, payera trois deniers, ci			3
Amandes seches, en coques, par boisseau, trois deniers, ci			3
En noyaux ou bejons, par livre, trois deniers, ci			3
Vertes, par boisseau, un sol, ci		1	
Alouettes, par douzaine trois deniers, ci			3
Argenterie en lingots ou en argent pour Orfevres, par marc payera ngt sols, ci	1		
Arbres fruitiers en plein vent, payera par piece trois deniers, ci			3
Arbres nains pour espalier, par piece un denier, ci			1
Asperges, par paquet trois deniers, ci			3
Artichauts, par douzaine six deniers, ci			6
Bœufs ou vaches qui seront exposés en vente dans les marchés de Ville, payeront par piece cinq deniers, non compris le denier de age, ce qui fait six deniers, ci			6
Bœufs & vaches détaillés pour la consommation de la Ville & des irons, par piece trois livres, ci	3		
Bois de noyer en arbres ou morceaux, par charretée payera une livre, ci	1		
Par charge de cheval, quatre sols six deniers, ci		4	6
Par toise en planche de six pieds carrés, payera huit sols, ci		8	
Bois en planches de chêne, par toise cinq sols, ci		5	
Bois d'hiard & autres bois blancs en planche, par toise deux sols deniers, ci		2	6
Bois d'ouvrages, madriers, solives, soliveaux, chevrons, limandes utres gros bois, par charretée vingt sols, ci	1		
Bois en barreaux, par charretée de soixante-trois fagots, payera vingt- sols, ci	1	5	
Bois mairain ordinaire, par millier, composé de mille pieces, quatre liv. sols, ci	4	10	
Par charretée de grand bois, une livre dix sols, ci	1	10	

1752.

	l.	*ʃ.*	*d.*
Mairain à fond de bariques, ganivelles & portoires, par charretée une livre, ci	1		
Bois en rêts de charrette & pommelles, par charretée trente sols, ci	1	10	
En gentes, par piece, six deniers, ci			6
En boutons de charrettes, par piece, un sol, ci		1	
Bois d'ormeaux en arbres & billes pour Charrons, par charretée une livre, ci	1		
Par charge de cheval ou âne, trois sols, ci		3	
Bois à tamis, caisses, grilles, par paquet trois sols, ci		3	
Bois fagots de pied, branchages, par fagot deux deniers, ci			2
Par cent de fagots, seize sols huit deniers, ci		16	8
Bois fagots petits du Poitou, remilles, brandes ou ageons, & autres propres à chauffer le four, par cent, douze sols six deniers, ci		12	6
Par charge de cheval, un sol trois deniers, ci		1	3
Par charge d'homme ou femme, six deniers, ci			6
Bois en bûches pour brûler, par demi-corde, douze sols, ci		12	
Par charge de cheval, un sol six deniers, ci		1	6
Par charge d'âne, un sol trois deniers, ci		1	3
Par charge d'homme ou de femme, six deniers, ci			6
Bois javeaux ou javelles, par fagot de douze javeaux, un denier, ci			1
Par cent de fagots de javeaux, huit sols quatre deniers, ci		8	4
Bois de buis, par charge de cheval, neuf sols, ci		9	
Par charge d'âne, six sols six deniers, ci		6	6
Par charge d'homme ou femme, deux sols, ci		2	
Bois lattes carrés, par millier dix sols, ci		10	
Lattes de moyenne qualité, par millier cinq sols, ci		5	
Briques, tuiles & carreaux, par charretée dix sols, ci		10	
Par charge de cheval ou âne, un sol, ci		1	
Bois à faire des chaises, par charretée quinze sols, ci		15	
Par charge de cheval ou âne, trois sols, ci		3	
Bois à faire des seilles ou seaux, par pille de soixante pieces à la pille avec les garnitures, payera dix sols, ci		10	
Seilles ou seaux faits par piece, six deniers, ci			6
Bariques neuves, par fourniture payera vingt sols, ci	1		
Balais de bouleau, jonc, brande ou genets, par douzaine payera un sol, ci		1	
Beurre frais & salé, payera par livre trois deniers, ci			3
Bottes fortes de cuir, par paire vingt sols, ci	1		
Bottines de toutes especes, par paire payera cinq sols, ci		5	
Bouchons de liege, par cent, un sol six deniers, ci		1	6
Brand d'abeilles par boisseau, payera un sol, ci		1	

Balles de marchandises concernant les Marchands Drapiers & Soieriers, divisées en quatre classes.

	l.	*ʃ.*	*d.*
1. Balle de mousseline, toile de coton blanche, batiste, linons, soieries fabriquées en damas & autres étoffes; taffetas de toutes especes; velours; serge de soie; bas de soie & gands de soie; rubans, soie à coudre des Manufactures de Paris, Lyon, Nîmes & Tours; dentelles; galons d'or & d'argent, payeront par cent pesant, huit livres, ci	8		

2. Draps

l. s. d. 1752.

2. Draps d'Elbeuf, Louvier, Abbeville, Sedan, d'Arnetal, écarlate & tous autres draps fins, payeront par cent pesant, quatre livres, ci 4

Par balle de castors de cent livres pesant, payera dix livres, ci 10

Par balle de demi-castors & autres chapeaux fins, payera par cent pesant, cinq livres, ci 5

3. Draps de Lodeve, Montagne, Carcassonne, Cadis d'Aignan, molletons de Saumieres & autres draperies du Languedoc, raz de castor, raz de Maroc, Dauphines, voiles & autres étoffes de la Manufacture de Rheims; camelots, laine de soie, de poil; pannes, crépons, étamines jaspées, fines & demi-fines, ordinaires; éternels, bouracans, camelots, écarlate, callemandres, coutils à fleurs, camelots, papelines & toutes autres étoffes de la Manufacture de Lisle, Amiens, Abbeville; raz à doubler, serge de Londres & demi-Londres, molletons fins, & autres draperies de la Manufacture de Beauvais; pinchinats d'Amboise; draps de Cherbourg, Vallogne, Vire, Châteauroux, Romorantin; pluches de Châteaurenault & autres draps de Berry; étamines du Mans, Château-Gontier, du Lude, Laval, Chinon, Azay & Richelieu; serges de Caen, grenades blanches, basins rayés & unis; finettes de Saint-Lo, raz de Saint-Lo, Falaise; frocs & molletons de Lisieux; bas d'étain, bas & bonnets de Ségovie; couvertures fines; boutons de chameau, de crin, de poil de chevre; jarretieres; toiles blanches de Rouen, d'Alençon, Laval, Château-Gontier, Chollet, ainsi que toiles grises; raz de Lusignan, Saint-Maixant; tapisseries de toutes especes, flanelles rayées à fleurs, baleine de Hollande; espagnolettes de Rouen & d'Arnetal, forts en diable de Lisle; serges de Mende & Cadis, par cent pesant, une livre dix sols, ci 1 10

4. Pinchinats tout laine de Partenay, sur fil aussi de Partenay; tiretaine de Bressuire croisée, de Moncontans & Azay; serges d'Oirvaux de Saint-Loup; pinchinats de Coulonges de Niord; serges de Vivonne de Château-Larcher, de Châtellerault & Lusignan; droguets & étamines de la Chapelle-sous-Doué; serges de Loudun; étamines de Chiche & droguets de Pouzauche, droguets de Beaucamp; carisé blanc & de couleurs, campes noires, coutils de Vieille-vigne, Villiers, Vihiers & de Normandie; toiles d'Oirvaux & de pays; toiles d'Angers & de Beaufort, du Lude, du Château-du-Loir, & couvertures de poil de bœuf; fils de Paris, de Tours, de Rennes, Niord, Angers, fils blanc de toutes qualités; velours de gueux; revêche à paniers & serge trémiere en verd, bleu & jaune, & autres couleurs; bougrans, toiles cirées, toiles boucassines à doubler, droguets & étamines de Thouars & de ses environs; cotonades de Rouen; fichus des Manufactures de Chollet & de Saumur; peaux de daim, culottes de peaux, grandes peaux blanches & jaunes; toiles de crin, chapeaux de pays; galons d'or, d'argent faux, rubans, galons de laine & fil; clous dorés, couteaux de chasse; miroirs, glaces de miroirs; poudre à poudrer, payeront par chaque cent pesant, vingt sols, ci 1

A l'exception de la toile d'emballage grosse, qui ne payera par balle de cent cinquante livres, que quinze sols, ci 15

Chevre & bouc exposés au marché pour y être vendus vifs, payeront par piece, trois deniers, y compris le denier ordinaire de pavage, ci 3

Pour être détaillés en viande de boucherie, par piece, dix sols, ci 10

Cendre commune, non compris celle qu'employent les Salpêtriers, par boisseau payera trois deniers, ci 3

		l.	*s.*	*d.*
	Cercles de bois ou feuillards de toutes especes, par charretée de trente-			
1752.	deux feuillards, vingt-quatre sols, ci	1	4	
	Grands cercles de frêne & autres pour cuves, par piece, quatre deniers, ci			4
	Caparaçons, par douzaine, une livre quatre sols, ci	1	4	
	Clous de toutes especes, par cent pesant, seize sols huit deniers, ci		16	8
	Caboches, par cent pesant, trois sols deux deniers, ci		3	2
	Chaux vive, par charretée, payera dix sols, ci		10	
	Par charge de cheval ou âne, un sol trois deniers, ci		1	3
	Cire fine à cacheter, par livre, deux sols, ci		2	
	Canons de fusils, & par paire pour les pistolets, six deniers, ci			6
	Platines de fusils & celles des pistolets, six deniers, ci			6
	Fusils par piece & pistolets par paire, douze sols, ci		12	
	Cuillers de bois, godets, fuseaux, vilebrequins, petites boîtes, gamelles, balances & autres petits ouvrages de bois façonné, payeront par charge de cheval ou âne, dix sols, ci		10	
	Par charge d'homme ou femme, un sol, ci		1	
	Chanvre broyé & peigné prêt à filer, par livre, deux deniers, ci			2
	Chanvre commun non teillé ni peigné pour les Cordiers, par cent pesant, dix sols, ci		10	
	Charbons de terre, par boisseau, six deniers, ci			6
	Charbons de bois, par charretée de petits sacs, vingt sols, ci	1		
	Par charge de cheval ou âne, deux sols, ci		2	
	Châtaignes, par charge de cheval ou âne, neuf sols, ci		9	
	Cochons morts à vendre en détail pour la Ville & les environs, par piece, quinze sols, ci		15	
	Cornes en feuilles, par piece, un sol, ci		1	
	Crins de cheval & autres, frisés ou filés, par livre, trois deniers, ci			3
	Non filés, par livre, un denier, ci			1
	Cheveux de toutes especes, ouvrés ou non ouvrés, par livre, dix sols, ci		10	
	Cuir de roussi pour Selliers, par livre, un sol trois deniers, ci		1	3
	Cuir fort, par charge de cheval, vingt sols, ci	1		
	Cuir de veaux, moutons, basanes & autres pour les Selliers & Cordonniers, par cent pesant, douze sols six deniers, ci		12	6
	Choux, melons, betteraves, porreaux, porrettes, céleris, concombres, citrouilles, navaux, raves ou raifort, chicorées, laitues & autres, par charge de cheval ou âne, trois sols, ci		3	

Bien entendu que les Habitans de la Ville qui ont des jardins dans les fauxbourgs enclavés dans les barrieres ou poteaux, ne payeront point d'entrée pour leurs provisions de légumes, également que toutes les productions des jardins de ceux qui ont été compris dans la taille de la Ville.

	l.	*s.*	*d.*
Corne de cerf & autres, par livre, un denier, ci			1
Châtellit & travouil, trois deniers par piece, ci			3
Cribles de toutes especes, par piece, deux sols, ci		2	
Par douzaine de peaux pour cribler, trois sols, ci		3	
Carde à carder la laine & coton, par piece, deux sols, ci		2	
Chaises ordinaires enjonchées ou empaillées, par douzaine, six sols, ci		6	
Idem, des fauteuils, six sols, ci		6	
Chevolue, autrement plant de vigne, payera par cent, cinq sols, ci		5	
Drogues pour la peinture, par livre, deux sols, ci		2	
Drogues servant au corps humain, non compris la rhubarbe, la boîte & l'emballage, payeront par livre, deux sols, ci		2	

1752.

	l.	s.	d.
Eau-de-vie par barique, par vingt-neuf veltes, cinq livres, ci	5		
Etain de Cornouailles en saumon & vaisselles, par livre, six deniers, ci			6
Etain commun ouvré ou non ouvré, vieux ou neuf, par liv. trois den. ci			3
Ecorces pour les Tanneurs, par pochée en poudre, un sol six deniers, ci		1	6
Eau de mélisse des Carmes, de la Reine d'Hongrie & autres, que les Droguistes apportent en fioles & en bouteilles, par grande caisse, une livre, ci	1		
Par petite caisse, y compris la caisse, dix sols, ci		10	

Epiceries divisées en treize classes.

	l.	s.	d.
1. Cire blanche & jaune, bougie du Mans & autres pays, payera par cent pesant, sans y comprendre l'emballage, vingt-cinq sols, ci	1	5	
2. Cotons fils non fils, girofles, muscades, cannelles, poivres, piments, noix de galles, garances, savons, cassonade blanche & brune, raveaux, safrans, indigo, bois de Brésil, verd-de-gris, azur, pierre de bleu, arsenic, argent-vif, encens, storax, benjoins, fer-blanc, fromages de Grueres, de Brie, d'Hollande & d'Auvergne, jambons, cafés, thés, chocolats, fleur de soufre, térébenthine, essence de térébenthine, huile d'aspic, sendalle, chandelles, suif fondu, en pain ou en barique, poudre à tirer, huile d'olive fine, sucre en pain, payeront par cent pesant, sans y comprendre les barricages & emballages, seize sols huit deniers, ci		16	8
3. Suif en grappe, liege, miel, orseil, savon noir, amidon, couperose, blanc de céruse, blanc d'Espagne, vieux oing, bois d'Inde, rapé & en buche & de Sainte-Marthe, olives, raisins-cabas, figues, anchois, capres, glues, alun, colle-forte & de poisson, gomme de toutes especes, cendre gravelée, plomb ouvré & non ouvré, soufre gravelé, noir de fumée, ochre de toutes especes, gemme, goudrons, huile d'olive grasse, de poisson, de dégras de rabite, de noix & de cheneviere, fil de Guibray & raisine, payeront par cent pesant, huit sols quatre deniers, ci		8	4
4. Cartes fines, par grosse, vingt sols, ci	1		
5. Cartes communes, par grosse, douze sols, ci		12	
6. Morue verte du grand banc, par poignée, deux sols, ci		2	
7. Morue verte moyenne & petite, par poignée, un sol six deniers, ci		1	6
8. Harengs blancs & saurs, par barique, vingt sols, ci	1		
9. Morue seche par cent pesant, vingt sols, ci	1		
10. Sardines salées en baril & en panier, par charge de cheval, une livre, ci	1		
11. Papier lombard, grand papier de compte, par rame, cinq sols, ci		5	
12. Papier d'enveloppe, petit papier carré, par rame, deux sols, ci		2	
13. Papier cassé & à la livre, par cent pesant, huit sols quatre den. ci		8	4
Fromages de Lignerots, de Poitiers, Angelots, Choué & autres du pays, par charge de cheval ou âne, huit sols quatre deniers, ci		8	4
Fruits cuits, poires, pommes, prunes de toutes especes, cormes & autres fruits secs, par charge de cheval ou âne, six sols, ci		6	
Par boisseau, six deniers, ci			6
Fûts de bâts à chevaux, mulet & âne, par piece, un sol, ci		1	
Fûts vieux, bariques, par piece, six deniers, ci			6
Fers de toutes especes ouvrés, par livre, un denier, ci			1

1752.

	l.	s.	d.
Fers non ouvrés, par charretée de deux milliers, trois livres, ci	3		
Fûts de soufflets & lanternes, par cent de fûts, vingt sols, ci	1		
Faïances, porcelaines, cailloux & autres, par charge de cheval, quinze sols, ci		15	
Fontes en toutes façons, marmites, garde-feu, chaudrons & autres de même métal, par cent pesant, trois sols, ci		3	
Fil de lin & de chanvre, brin écru, par cent pesant, seize sols huit deniers, ci		16	8
Fil de lin & chanvre en reparon, écru, par étoupe, du pays & des environs, par livre, un denier, ci			1
Foin par charretée de deux milliers plus ou moins, payera quinze sols, ci		15	
Par charge de cheval, de deux cens pesant, un sol six deniers, ci		1	6
Par charge d'homme ou femme, un sol, ci		1	
En botteau par millier, neuf sols, ci		9	
Faux à faucher, par piece, trois deniers, ci			3
Faucilles, par piece, trois deniers, ci			3
Fripperies, vieux habillemens d'homme, de femme; linge de toutes especes, tapisseries, garnitures de lits, lits de plumes ou coites, traver-lits, oreillers, mantes, courte-pointes, lodiers, matelas, fauteuils & chaises tapissés, par charge de cheval, dix sols, ci		10	
Graines de lin, chanvre & sain-foin, par boisseau, un sol, ci		1	
Graines de millet, luserne & riz, par livre, deux deniers, ci			2
Graisse par cent pesant, non compris le pot, seize sols huit den. ci		16	8
Grelle & greleaux pour passer le bled, par piece, trois deniers, ci			3
Galoches & souliers de bois & cuir, par paire, six deniers, ci			6
Gland par boisseau, trois deniers, ci			3
Grosses feves par boisseau, trois deniers, ci			3
Guignes & cerises de toutes especes, par charge de cheval ou âne, deux sols, ci		2	
Par grand panier, six deniers, ci			6
Par moyen panier, quatre deniers, ci			4
Par petit panier, deux deniers, ci			2

Nota. Que les Habitans de la Ville & dépendances, qui portent des noix de chez eux, dont les droits auroient été payés dans les Bourgs voisins, pour faire faire de l'huile, ils en feront déclaration au Bureau de la porte, & ne payeront aucun droit en entrant.

	l.	s.	d.
Hotte de toutes grandeurs & especes, payeront par piece, un sol, ci		1	
Habits d'homme de gourgouran & autres étoffes de soie, payeront par piece, vingt-cinq sols, ci	1	5	
Habits de draps fins, neufs, par piece, vingt sols, ci	1		
Ceux de gros draps & autres étoffes, dix sols, ci		10	
Lessives des Habitans de Doulces, la Chapelle & Soulangé, payeront par pochée, un sol six deniers, ci		1	6
Par charge d'homme ou femme, un sol, attendu qu'ils ne contribuent en rien à l'entretien de la fontaine de la Ville, ci		1	
Linge vieux à faire papier, par cent pesant, en sortant seulement, trois sols, ci		3	
Laines du pays, non teintes, de toutes especes, par cent pesant, non compris l'emballage, payera seize sols huit deniers, ci		16	8

1751.

	l.	s.	d.
Laines en graisse & terre, par cent pesant, non compris l'emballage, huit sols quatre deniers, ci		8	4
Laines teintes, prêtes à filer & filées, de Saumur, Loudun, Thouars & autres lieux, par livre, six deniers, ci			6
Lin en poil & poupée, par livre, trois deniers, ci			3
Lin d'Hollande prêt à filer, six deniers, ci			6
Lin en trousseau non peigné, par livre, deux sols, ci		2	
Librairie, par cent pesant compris l'emballage, vingt-cinq sols, ci	1	5	
Mercerie ou grosse quincaillerie, comme galons, lacets, épingles, aiguilles, couteaux communs, fil de fer, petits miroirs, bourses de cuir, menus ouvrages d'ivoire, joncs & jeais, images, petits tableaux, toiles à tamis, étrilles, boucles de fer & cuivre, & généralement tout ce qui est réputé grosse mercerie & quincaillerie, payera par cent pesant, non compris l'emballage, vingt sols, ci	1		
Mors de brides, garnis ou non garnis & filets, payeront deux sols, ci		2	
Mine de plomb & litharge d'or, par cent pesant, payera huit sols quatre deniers, ci		8	4
Métal en mortier, cloches, sonnettes & autres, par livre, payera un sol, ci		1	
Moules ou moucles, huîtres & palourdes, par charge de cheval, payera huit sols quatre deniers, ci		8	4
Meules de moulins, par chartetée, vingt-cinq sols, ci	1	5	
Moutons, brebis & agneaux, qui entreront dans le marché ou le district des barrieres & porteaux pour y être vendus vifs, payeront trois deniers par piece, y compris le denier du pavage, ci			3
Moutons, brebis & agneaux qui se vendront en détail pour la consommation de la Ville & des environs, payeront par piece, quatre sols, ci		4	
Manchons de poil pour homme, par piece, six sols, ci		6	
Manchons de loup-cervier & autres peaux, velours à fourreaux de plumes & autres petits manchons, par piece, trois sols, ci		3	
Meules à aiguiser, grandes & petites, par piece, trois sols, ci		3	
Moulins à passer bled, par piece, douze sols, ci		12	
Noix en coques, par boisseau comble, trois deniers, ci			3
Celles qui seront vertes, venant de l'arbre, par boisseau, deux deniers, ci			2
Noix en noyaux, bejons, par livre, trois deniers, ci			3
Lentilles, par boisseau, payera trois deniers, ci			3
Nerfs de bœufs, par piece, trois deniers, ci			3
Noisettes, par boisseau, un sol, ci		1	
Or en lingots & en œuvre, comme montres, tabatieres, vaisselles, bagues & joyaux, par marc, trois livres, ci	3		
Similor en lingots, par marc, quatre sols, ci		4	
Œufs, par douzaine, trois deniers, ci			3
Oranges & citrons non confits, par charge de cheval, neuf sols, ci		9	
Par panier, deux sols, ci		2	
Ornemens d'Eglise, de soye brodée en or ou argent, ou garnie d'or ou d'argent, par piece, une livre, ci	1		
Pipes fines, par grosse, douze sols, ci		12	
Pipes communes, par grosse, six sols, ci		6	
Pelles de bois, par piece, trois deniers, ci			3
Prestes ou osiers, par millier, un sol six deniers, ci		1	6

l. s.

1752. Paniers ou paillons de cliffes, par piece pour les grands, trois den. ci

Manequins ou grands paniers, par piece, trois sols, ci 3

Par paniers à bras, civieres & lauchaux à prendre du poisson, par piece, un sol, ci 1

Petits paniers de cliffes ou osiers, par piece, un denier, ci

Portoirs, par piece, deux sols, ci 2

Poteries & autres vaisselles de terre, par charge de cheval, cinq sols, ci 5

Pannes, par piece, un sol six deniers, ci 1

Peaux d'anguilles, par cent, un sol, ci 1

Peaux de lievres & lapins, par piece, un denier, ci

Peaux de fouines, renards & blereaux, un sol, ci 1

Peaux de bœufs ou de vaches en poil, par charge de cheval, pesant deux à trois cens livres, payeront quinze sols, ci 15

Peaux de veaux en poil, par charge de cheval, douze sols, ci 12

Peaux de moutons, brebis, agneaux, chevres & chevreaux, par charge de cheval, dix sols, ci 10

Peaux de bœufs, vaches, veaux & moutons, & toutes autres peaux tannées en cuireaux, par cent pesant, payeront quinze sols, ci 15

Peaux de castor, veaux d'Orléans apprêtées & d'autres lieux, par cent pesant, vingt-cinq sols, ci 1 5

Peaux de cochons & truies, par piece, un sol six deniers, ci 1

Peaux de loups, loutres, chats & autres petites peaux, par piece, trois deniers, ci

Poëles à frire & à châtaignes, par cent pesant, payeront vingt-cinq sols, ci 1 5

Pois secs de toutes especes & petites feves, dites pois de Mai, un sol par boisseau, ci 1

Prunes vertes, pommes, poires, pêches & pavis, par charge de cheval, trois sols, ci 3

Par grand panier, neuf deniers, ci

Par petit panier, trois deniers, ci

Pierre de tuf en quartier & pierre de Beauge, par charretée, payera cinq sols, ci 5

Pierre de grison du pays & moilon, par charretée, payera deux sols, ci 2

Par charge de cheval ou âne, trois deniers, ci

Plumes d'oye à faire lits, payera par livre, six deniers, ci

Paille, par charretée, sept sols six deniers, ci 7

Par charge de cheval ou âne, neuf deniers, ci

Par charge d'homme ou femme, trois deniers, ci

Paille ou jonc en nattes, par charge de cheval ou âne, deux sols, ci 2

Par charge d'homme ou de femme, quatre deniers, ci

Paniers à l'usage des dames, cinq sols, ci 5

Parasols & parapluies, par piece, cinq sols, ci 5

Plâtre, par charretée, quinze sols, ci 15

Poissons de mer, raies, pochetteaux, aloses, lamproies & autres, par charge de cheval, dix sols, ci 10

Par moyen panier, deux sols six deniers, ci 2

Par alose & lamproie, un denier, ci

Poissons d'eau douce de toutes especes, par charge de cheval, huit sols quatre deniers, ci 8

1752.

	l.	s.	d.
Peignes à peigner la laine, lin & chanvre, par piece, deux sols six den. ci		2	6
Quincaillerie fine, comme tabatieres fines d'écaille, garnies en or ou argent, ou similor, étuis fins, couteaux de table, pistolets & fusils, garnis en argent ou similor, & éventails fins, souliers brodés, chandeliers d'argent haché, cuillers & fourchettes de même métal, & généralement tout ce qui est réputé quincaillerie fine, excepté ce qui est en or & argent pur, qui ne fait point partie d'orfévrerie, & ce qui est porté aux articles des Marchands Drapiers, payera par cent pesant, trente sols, ci	1	10	
Et à l'égard des Marchands de cette Ville qui meneront des marchandises de quincaillerie, mercerie & autres marchandises de chez eux, aux foires ou marchés du voisinage, dont ils auront payé les droits, ils les déclareront par écrit au Bureau de la sortie, & en rentrant ils ne payeront point de droits.			
Bien entendu que les portes pour aller auxdites foires ou marchés, leur seront ouvertes à la premiere requisition qu'ils en feront.			
Rhubarbe, par livre, payera quinze sols, ci		15	
Roussauges, par paire, deux deniers, ci			2
Riottes, par cent, un sol, ci		1	
Rouets à filer, par piece, deux sols, ci		2	
Roues neuves de charrettes qu'on amenera en Ville pour y être ferrées, qui n'auront pas été faites dans le district du présent tarif, payeront par piece, deux sols six deniers, ci		2	6
Souliers de cuir fort & veau pour homme & femme, par paire, trois sols, ci		3	
Sabots, par charge de cheval ou âne, neuf sols, ci		9	
Sangles, cordons & ficelles, par livre, trois deniers, ci			3
Saumons frais, par piece, dix sols, ci		10	
Saumons salés, par piece, trois sols, ci		3	
Sardines fraîches, par charge de cheval, dix sols, ci		10	
Soufflets, par piece, six deniers, ci			6
Soufflets pour les forges, par piece, dix sols, ci		10	
Sirop capillaire, limon, orge & autres, par fiole d'un septier & demi ou environ, & bouteilles de plus grande quantité à proportion, six deniers, ci			6
Sable à fourbir la vaisselle, par boisseau, un denier, ci			1
Tamis faits & garnis, par piece, payeront un sol, ci		1	
Vasces & jarouses, par boisseau, trois deniers, ci			3
Verre en tablis pour Vitrier, par panier, quinze sols, ci		15	
Verres à boire, gobelets, bouteilles & autres, par charge de cheval, payera douze sols, ci		12	
Par charge d'homme ou femme, trois sols, ci		3	
Virolles pour fléaux, par piece, un denier, ci			1
Vin de toutes sortes d'especes, du crû de la Province & d'autres, payeront par barique, vingt sols, ci	1		
Vin en bouteilles, autres que de la Province, par bouteille, un sol, ci		1	
Demi-vin, par barique, dix sols, ci		10	
Vinaigre, par barique, trente sols, ci	1	10	
Vendange, par charretée à six bœufs ou mules, quarante sols, ci	2		
Par charretée à quatre bœufs, trente sols, ci	1	10	

l. s. d.

1752. Par charretée à deux bœufs, dix-huit sols, ci 18

Par charge de cheval, six sols huit deniers, ci 6 8

Par charge d'âne, quatre sols six deniers, ci 4 6

Par grand panier, deux sols, ci 2

Par moyen panier, un sol, ci 1

Par petit panier, six deniers, ci 6

Et à l'égard des vendanges qui s'amasseront dans les treilles en dedans des barrieres & poteaux, seront sujettes aux droits comme si elles entroient en Ville; les vins, demi-vins en provenans, seront inventoriés un mois après l'ouverture des vendanges, & les droits payés sur les contraintes qui seront décernées à cet effet, à l'instar & de la même maniere qu'il en est usé pour les droits d'Inspecteurs aux boissons, & pareillement pour les bois provenans desdites treilles, comme aussi les foins & pailles.

Veaux de lait qui seront exposés au marché pour y être vendus vifs, payeront par piece trois deniers, y compris le denier du pavage, ci 3

Veaux de lait vendus en détail pour la consommation de la Ville & des environs, payeront par piece, douze sols, ci 12

Chaque dindon ou dinde & oye, payera un sol, ci 1

Chaque couple de chapons, canards, coqs & poules, six deniers, ci 6

Par couple de poulets, trois deniers, ci 3

Par couple de pigeons, trois deniers, ci 3

Poulardes & chapons, par piece, deux sols, ci 2

Moratons, sarcelles & poules d'eau, par piece, trois deniers, ci 3

Lievres, levreaux & lapins, par piece, un sol, ci 1

Perdrix rouges & grises, & grosses becasses, par piece, six deniers, ci 6

Becassines, merles, grives & autres, par couple, un denier, ci 1

Tous gibiers & volailles, dont le messager sera chargé, ne payeront rien en sortant.

Tous les bestiaux, bœufs, vaches, veaux, moutons, brebis, agneaux, chevreaux, mulets ou mules, ânes, boucs, chevres & cochons qui passeront debout, suivant l'ancien usage, payeront par piece, un denier pour le pavage, ci 1

Chaque charretée chargée qui passera debout, payera quatre deniers pour le pavage, ci 4

Tous les articles compris au présent tarif, le plus ou le moins d'un millier, un cent, une livre ou autrement, payeront à proportion, & toujours non compris la bouteille, le pot, la cruche, la futaille, la caisse, la balle ou l'emballage, à moins qu'il ne soit autrement expliqué dans les susdits articles.

Les marchandises & denrées qui passeront debout, ne payeront rien; mais seront tenus les Marchands & Conducteurs, de les déclarer au Bureau d'entrées par quantité & qualité, de signer leur déclaration, & il leur en sera donné copie sur papier blanc sans frais, pour la présenter au Bureau de la sortie pour la vérifier; & en cas de fraude, les marchandises, chevaux, bœufs & équipages seront confisqués; les Marchands & les Voituriers condamnés à l'amende ci-dessus portée, & ce, solidairement & par corps. Les marchandises & denrées pour passer debout, qui coucheront en la Ville ou au-dedans des poteaux, ne pourront y séjourner plus de vingt-quatre heures, à moins qu'elles ne soient plombées ou cachetées d'un sceau ou marque, qui pour cet effet sera fait; & s'il est justifié que les Marchands ou Voituriers ayent déballé & mis en vente ou magasins,

gasins, elles seront confisquées, & eux condamnés en l'amende comme ci-dessus. 1752.

Et à l'égard de celles qui arriveront pour les Habitans des fauxbourgs sujets au tarif, ils ne pourront les entrer chez eux, sans auparavant en avoir fait déclaration au Bureau & payé les droits, sous les mêmes peines que dessus.

Qu'il sera libre à la Ville de faire la régie ou d'affermer, & en ce dernier cas les Habitans auront la préférence.

Pour accélérer un prompt soulagement des pauvres, par l'obtention du présent tarif, prévenant les oppositions qui pourroient être formées par le Clergé, tant séculier que régulier & autres privilégiés, s'ils y étoient compris pour en payer les droits : déclarent lesdits Habitans, qu'ils consentent que ledit Clergé, y comprises les maisons d'Ecoles de charité, l'Hôtel-Dieu, le Médecin servant ledit Hôtel-Dieu, & les pauvres de cette Ville gratuitement ; la Noblesse & les Officiers Municipaux à titre de finances, soient & demeurent exempts des droits d'entrées pour les grosses denrées & provisions destinées pour leur consommation, suivant les états qui en seront fixés & arrêtés par qui il plaira à Sa Majesté; même le Clergé, Ecoles de charité & l'Hôtel-Dieu, pour les matériaux & autres effets destinés auxdites réparations & reconstructions de leurs Eglises & maisons en dépendantes, & pour les ornemens de leurs Eglises ; à la charge néanmoins de faire leurs déclarations aux Bureaux des entrées, par billets, qui seront visés par les Commis établis à la perception desdits droits, & qui en donneront des acquits ; comme aussi à la charge de pareilles déclarations dans le cas de vente de quelques denrées qui ne seroient pas employées à leur consommation, pour en être en ce cas les droits perçus, tout ainsi qu'ils l'auroient été à l'entrée desdites denrées dans la Ville.

Ce présent tarif a été nouvellement fait & dressé par nous Officiers Municipaux, soussignés, & icelui a été lu en pleine assemblée, & approuvé & consenti par le général des Habitans, & par eux signé pour approbation.

ARRÊT du Conseil, qui proroge pour vingt années l'établissement de la taille proportionnelle dans la Ville de Dreux, à commencer en l'année 1756. 1756.

17 Février 1756.

VU au Conseil d'Etat du Roy la Requête présentée en icelui par Jean Julienne, son Conseiller, Président, Lieutenant-Général au Bailliage de Dreux, & Maire de ladite Ville; Pierre Bureau & Jacques Auvry, Echevins, & Guillaume Cheddé, Procureur-Syndic de la même Ville ; contenant qu'il a plu à Sa Majesté accorder à ladite Ville un Arrêt de son Conseil, du 8 Septembre 1733, qui convertit la taille arbitraire en taille proportionnelle, & fixe la maniere dont la répartition de la somme à laquelle ladite Ville sera imposée chaque année, doit être faite, & ce pendant le cours de neuf années, qui ont commencé en 1734 & qui ont fini en 1742; que cet établissement a conservé l'égalité dans les impositions desdits Habitans, & a fait cesser les haines & les vengeances qui suivent ordinairement la répartition arbitraire; qu'en conséquence, il leur a paru si utile à l'avantage & à la tranquillité desdits Habitans, qu'ils ont cru devoir en demander la

1756. prorogation à Sa Majesté, qui leur a fait la grace de la leur accorder pour dix années, par Arrêt de son Conseil, du 17 Mai 1740; que ces dix années étant encore expirées, & les raisons qui leur ont fait demander cet établissement subsistant toujours, ils supplient Sa Majesté de vouloir bien leur accorder une seconde prorogation pour vingt autres années, à commencer de la présente année 1756. Vu aussi la délibération des Habitans de ladite Ville, du 22 Novembre 1750; l'Arrêt du Conseil, du 8 Septembre 1733; autre Arrêt du Conseil, du 17 Mai 1740; ensemble l'avis du sieur Bertier de Sauvigny, Intendant & Commissaire départi en la Généralité de Paris : oui le rapport du sieur Moreau de Séchelles, Conseiller d'Etat ordinaire & au Conseil Royal, Contrôleur-Général des Finances; le Roy, en son Conseil, a prorogé & proroge pour vingt années l'établissement de la taille proportionnelle fait dans ladite Ville de Dreux, en conséquence de l'Arrêt du Conseil, du 8 Septembre 1733, lesquelles commenceront en la présente année 1756; veut Sa Majesté que les dispositions qui y sont énoncées, soient suivies & exécutées pendant lesdites vingt années aux conditions & changemens qui suivent.

I. Que les Officiers des Eaux & Forêts, ceux du Grenier à Sel, les Avocats & les Médecins, qui, aux termes des articles XLIV & XLV de l'Arrêt du 8 Septembre 1733, ne doivent être imposés que pour raison de leurs exploitations & occupations, seront encore imposés à l'avenir & pendant lesdites vingt années à une taille personnelle, & à cet effet employés dans une des classes dont il sera ci-après parlé, si mieux ils n'aiment être taxés d'offices par le sieur Intendant & Commissaire départi, tant pour leurs occupations que pour la taille personnelle.

II. Que le nombre des classes dans lesquelles doivent être employés les Habitans, non compris dans les Corps, suivant la disposition de l'article XLVI dudit Arrêt, sera augmenté, & qu'au lieu de cinq il y en aura six à l'avenir, dont ceux de la premiere payeront 20 livres; ceux de la seconde 15 livres; ceux de la troisieme 10 livres; ceux de la quatrieme 6 livres; ceux de la cinquieme 3 livres, ceux de la sixieme & derniere 1 livre.

III. Que tout Habitant qui fait commerce, & dont la profession ne forme point un Corps dans ladite Ville de Dreux, sera employé dans un des Corps de ladite Ville à l'arbitrage des Maire & Echevins, pour y supporter une taille personnelle proportionnée à son commerce, sans néanmoins que son imposition dans ledit Corps puisse lui en acquérir la Maîtrise.

IV. Que les Fermiers & Exploitans des quatre moulins à bled qui sont dans l'étendue des deux Paroisses de la Ville de Dreux, & qui ont été fixés conjointement à 300 livres de taille par l'article LII dudit Arrêt, seront à l'avenir imposés chacun à raison de 2 sols 6 deniers pour livre du prix de leurs baux.

V. Que les Fermiers exploitans des moulins à papier, à tan & à foulon, qui sont dans l'étendue desdites deux Paroisses, seront aussi imposés à raison de 2 sols 6 deniers pour livre du prix de leurs baux; & en cas que les Propriétaires desdits moulins les fassent valoir par eux-mêmes, & qu'ils soient taillables, ils seront imposés chacun à 20 livres pour la roue seulement desdits moulins.

VI. Que les Fermiers des dixmes de Saint-Etienne de Dreux, Curés de Saint-Pierre & de Saint-Jean, Saint-Martin, Musy en France & autres, qui, aux termes LIV dudit Arrêt, ne devoient payer la taille qu'à raison de dix-huit deniers pour livre du prix de leurs baux, seront à l'avenir imposés à raison de 2 sols 6 deniers pour livre du prix desdits baux; & en cas qu'il soit en grains, l'estimation s'en fera à raison de 40 sols le minot de bled, & de 20 sols le minot d'avoine. 1756.

VII. Que le Fermier du Minage, qui, par ledit Arrêt, étoit fixé à 100 liv. de taille, article LV, sera aussi imposé à l'avenir à raison de 2 sols 6 deniers pour livre du prix de son bail.

VIII. Que les Fermiers du Notariat, de l'Aunage & des Greffes du Bailliage & des Eaux & Forêts qui étoient fixés conjointement à 100 livres de taille à répartir entr'eux au marc la livre du prix de leurs baux par l'article LVI dudit Arrêt, seront aussi imposés à l'avenir à raison de 2 sols 6 deniers du prix de leurs baux.

IX. Que le Fermier de la Boucherie, qui étoit fixé à 30 livres de taille par l'article LVII dudit Arrêt, demeurera fixé à l'avenir à 50 livres.

X. Que les Propriétaires taillables ou Fermiers des prés, qui, par l'article LVIII dudit Arrêt, ne devoient payer que 3 livres par chacun arpent, payeront à l'avenir; sçavoir, les Propriétaires 3 livres 15 sols par arpent, & les Fermiers à raison de 3 sols pour livre du prix de leurs baux.

XI. Que les Propriétaires & Fermiers des vignes, qui, par l'article LIX, ne devoient payer que 2 livres par arpent, payeront à l'avenir 2 livres 10 sols.

XII. Et enfin que les Propriétaires taillables & les Fermiers des jardins, terres labourables, aulnais, bois taillis & autres fonds, qui, suivant l'article LX, ne devoient être imposés qu'à raison de 2 sols pour livre du prix des baux, ou de l'estimation desdits fonds, le seront à l'avenir à raison de 3 sols pour livre desdits baux ou de ladite estimation : voulant au surplus Sa Majesté que les autres dispositions de l'Arrêt du 8 Septembre 1733, soient exécutées selon leur forme & teneur; enjoint Sa Majesté au sieur Intendant & Commissaire départi en la Généralité de Paris, de tenir la main à l'exécution du présent Arrêt, sur lequel seront, si besoin est, toutes Lettres nécessaires expédiées. Fait au Conseil d'Etat du Roy, tenu pour les Finances, à Versailles, le dix-sept Février mil sept cent cinquante-six. *Signé*, BERGERET.

ARRÊT du Conseil, portant établissement d'un tarif dans la Ville & fauxbourgs de Saumur, Généralité de Tours. 1758.

18 Juillet 1758.

SUR la requête présentée au Roy, en son Conseil, par les Maire & Echevins de la Ville & fauxbourgs de Saumur, y compris ceux de la Croix-verte & l'Isleneuve, contenant que cette Ville a l'avantage d'être Capitale du Gouvernement du haut Anjou & pays Saumurois; qu'elle est située sur les bords de la riviere de Loire, & par sa position l'entrepôt naturel de toutes les marchandises & denrées qui font l'objet du commerce, soit de la Province d'Anjou & d'une partie de celle du Poitou, soit de la Ville de Paris avec celle de Nantes; que quoique l'industrie des Habitans excitée par des avantages si réels, ait rendu le commerce de cette Ville assez florissant, les progrès en auroient été plus sensibles sans les troubles intérieurs causés par la cabale & l'injustice de ceux qui sont chargés de la répartition annuelle des impôts, & qui loin de régler sur les facultés respectives des Citoyens, l'assiette proportionnelle de leurs impositions, ne consultent que leurs caprices ou l'esprit de vengeance, qui semble se perpé-

1758. tuer dans les familles, pour y perpétuer aussi les vexations qui deviennent l source de procès ruineux entre les Habitans. Qu'il n'est pas étonnant que de abus de cette espece, & plus encore la crainte de passer à la collecte, ayent non seulement fait obstacle à l'accroissement de l'industrie & du commerce, mai encore découragé les Citoyens, & privé même cette Ville de Sujets capables d contribuer à son agrandissement; que c'est dans des circonstances pareilles & sur les mêmes motifs, que plusieurs Villes moins considérables que celle de Saumur, ont cherché dans la cause même de leurs maux, les moyens de rétablir l confiance & la tranquillité du commerce, en demandant la suppression des impositions, pour y substituer les droits de tarif, dont la perception se fait sur toute les denrées & marchandises qui entrent dans lesdites Villes; que Sa Majesté s'y est portée d'autant plus volontiers, qu'il n'est pas de voye plus sûre pour établi entre les Concitoyens une proportion juste dans la répartition des charges auxquelles chaque Habitant se trouve obligé de contribuer à raison de son commerce & de ses facultés, faire cesser les divisions fomentées dans les familles, par les contestations qui naissent ou de l'injustice des répartitions ou des nominations de Collecteurs, & rendre enfin la perception des impôts, facile, & pour ainsi dire, insensible à chaque Habitant; qu'à l'exemple de ces Villes, les Supplians non moins attentifs à leurs véritables intérêts, auroient procédé en exécution de deux délibérations des 22 Mai 1753 & 11 Janvier 1754, à la rédaction d'un tarif des droits à percevoir sur les denrées & marchandises qui entreront dans la Ville & fauxbourgs de Saumur, contenues dans les quatorze chapitres qui le composent; que même les Habitans du fauxbourg de l'Isle-neuve & de la Croix-verte, dépendant de la Paroisse de Saint-Lambert, ayant eu connoissance de ce projet, auroient dans une assemblée du 16 Mai 1754, donné pouvoir à leur Syndic de requérir d'être compris audit tarif, sous la réserve néanmoins des exemptions dont ils jouissent des octrois municipaux, du logement des gens de guerre, & de la Jurande des Communautés des Marchands de draps, de soie, Merciers, Jouailliers, Quincaillers, Epiciers, Droguistes & autres Marchands joints & unis de la Ville. Qu'enfin par la délibération prise le 23 Août 1754, dans une assemblée générale des Députés de tous les Corps de la Ville, ledit projet auroit été universellement approuvé, reçu & arrêté pour être présenté à Sa Majesté. A ces causes requéroient les Supplians, qu'il plût à Sa Majesté homologuer la délibération prise par les Supplians, le 23 Août 1754, ordonner en conséquence, que les impositions ordinaires & extraordinaires de la Ville & fauxbourgs dépendans de Saumur, & compris celle de l'Isle-neuve & de la Croix-verte, seront commuées en un droit qui se percevra sur toutes les denrées & marchandises énoncées au tarif arrêté par ladite délibération, & qui entreront soit par eau, soit par terre dans ladite Ville & fauxbourgs dans l'étendue des Paroisses de Notre-Dame de Nantilly, Saint Pierre, Saint Nicolas, Varains & Saint Lambert: lesquels droits seront payés indistinctement par toutes sortes de personnes, à l'exception de celles dont il est parlé à l'article des exempts dudit droit. Ordonner que lesdits droits seront levés à l'avenir, à commencer au premier Octobre prochain, à l'effet de quoi il en sera fait adjudication au plus offrant & dernier enchérisseur, pardevant le sieur Commissaire départi en la Généralité de Tours, ou par celui qu'il voudra commettre en présence desdits Habitans, ou de ceux qui seront par eux députés; & ce pour tel nombre d'années qui sera jugé convenable; à la charge par l'Adjudicataire de donner bonne & solvable caution du prix de son adjudication, & certificateur de ladite caution, qui seront reçus du consentement desdits Habitans ou leurs députés, & de payer entre les mains du

Receveur des Tailles en exercice, dans les termes ordinaires, la somme à laquelle se trouveront monter les tailles, capitations & autres impositions, tant ordinaires qu'extraordinaires de ladite Ville & fauxbourgs de Saumur, l'Isle-neuve & la Croix-verte; à quoi faire lesdits Adjudicataires, ses cautions & lesdits Habitans seront contraints solidairement, comme pour les propres deniers & affaires de Sa Majesté: que l'excédent du prix du bail, si aucun y a, sera remis & payé par ledit Adjudicataire entre les mains du Receveur des deniers patrimoniaux & d'octrois de cette Ville, d'année en année; à ce faire ledit Adjudicataire & ses cautions contraints par les mêmes voyes: à l'effet de quoi ledit Adjudicataire sera tenu de remettre dans le mois audit Receveur expédition en forme exécutoire de ladite adjudication, lequel excédent sera employé premiérement au remboursement des dépenses nécessaires pour l'expédition & obtention de l'Arrêt d'établissement dudit tarif, suivant l'état qui en sera arrêté par ledit sieur Intendant & Commissaire départi, ensuite aux besoins & affaires de ladite Ville & fauxbourgs, & par préférence aux choses auxquelles étoit destiné le produit de l'octroi sur les denrées comprises aux chapitres IV & V du tarif; & le produit des droits de pavage, barrage & pontonnage, compris dans le chapitre XIV dudit tarif; le tout suivant les délibérations qui seront prises à cet effet dans les assemblées générales des Habitans, autorisées par ledit sieur Commissaire départi, pardevant lequel sera rendu le compte desdits deniers & emploi d'iceux, sans que les Adjudicataires & Receveurs soient tenus d'en rendre aucun compte à la Chambre des Comptes ni ailleurs: qu'au moyen de ce que les droits que la Ville a coutume de percevoir en conséquence de l'Arrêt du Conseil, du 6 Novembre 1683, & autres postérieurs, sur le foin, l'avoine & le bois à brûler, sont compris & confondus avec ceux auxquels ces especes de denrées sont portées & fixées par les chapitres V & VI dudit tarif: le bail ou adjudication qui a été faite de ces anciens droits, le 8 Février 1753, sera & demeurera résilié pour les années qui en resteront à expirer du jour de la perception desdits droits. Qu'à l'égard des droits de pavage, barrage & pontonnage, qui se trouvent également réunis audit tarif, les baux & adjudications en seront pareillement résiliés, pour en être fait une seule & même adjudication & perception avec lesdits droits de tarif: qu'enfin, en cas d'insuffisance du produit desdits droits, & où le prix du bail ne pourroit pas remplir le montant desdites impositions, tant ordinaires qu'extraordinaires, & jusqu'à ce qu'il y ait été pourvu par l'augmentation d'aucun desdits droits, ainsi qu'il en sera ordonné par Sa Majesté, les sommes nécessaires pour parfaire lesdites impositions, seront imposées sur les Habitans taillables par forme de capitation; laquelle répartition sera faite en vertu de l'Arrêt qui interviendra, & sans qu'il en soit besoin d'autre, par trois Officiers du Corps de Ville, & deux notables Bourgeois, tels qu'ils seront nommés par ledit sieur Commissaire départi. La Requête présentée au Conseil par plusieurs Habitans de la Ville de Saumur, tendante à ce qu'avant faire droit sur l'établissement proposé, il soit fait rapport dudit tarif dans une nouvelle assemblée générale des Habitans, pour y examiner plus mûrement les raisons que le commerce pourroit avoir de s'opposer audit établissement, & sur la délibération des Habitans rapportée, être statué ainsi qu'il appartiendra. Le Mémoire en réponse des Maire & Echevins de Saumur, tendant à ce que, vu l'utilité dudit établissement démontrée, soit par les suffrages de chaque Corps en particulier, soit par le vœu général des Habitans, consigné dans les différens actes de délibérations des députés de tous les Ordres de la Ville, il soit passé outre à l'établissement dudit tarif, sans avoir égard à l'opposition particuliere dont il s'agit.

1758.

1758. Autre Mémoire desdits Maire & Echevins, contenant quelques changemens ou additions à faire, en ce qui concerne seulement la régie des droits dudit tarif, ensemble la perception du sol pour livre en sus desdits droits. Vu aussi les délibérations des 22 Mai 1753, 11 Janvier & 23 Août 1754, & celle des Habitans de la Croix-verte & l'Isle-neuve, du 26 Mai de la même année. Vu enfin l'avis du sieur de Lescalopier, Intendant & Commissaire départi en la Généralité de Tours. Oui le rapport du sieur de Boullogne, Conseiller ordinaire au Conseil Royal, Contrôleur-Général des Finances; le Roy étant en son Conseil, ayant égard à la Requête des Maire & Echevins de Saumur, & sans s'arrêter à ladite opposition, a homologué & homologue les délibérations prises les 26 Mai & 23 Août 1754 dans les assemblées générales, tant des Habitans de la Ville & fauxbourgs de Saumur, que de ceux du fauxbourg de la Croix-verte & l'Isle-neuve, en conséquence ordonne que les impositions tant ordinaires qu'extraordinaires, qui se levent sur ladite Ville de Saumur & fauxbourgs en dépendans, y compris ceux de la Croix-verte & l'Isle-neuve, seront & demeureront converties, à commencer du premier Octobre de la présente année, en un droit qui se percevra sur toutes les denrées & marchandises qui entreront, soit par eau, soit par terre dans ladite Ville & fauxbourgs, de la maniere & ainsi qu'il est énoncé au tarif arrêté le 23 Août 1754, dont les articles sont ci-après détaillés. Veut Sa Majesté qu'à commencer dudit jour premier Octobre, lesdits droits de tarif, ensemble le sol pour livre d'iceux, soient levés & payés par toutes personnes indistinctement, à l'exception de celles dénommées dans la classe des exempts, dont il sera ci-après parlé, à l'effet de quoi il en sera fait adjudication au plus offrant & dernier enchérisseur, pardevant le sieur Intendant & Commissaire départi en la Généralité de Tours, ou par celui qu'il voudra commettre en présence desdits Habitans ou de ceux qui seront par eux députés, & ce pour tel nombre d'années qu'il jugera convenable; à la charge par l'Adjudicataire de payer entre les mains du Receveur des Tailles en exercice dans les termes ordinaires, la somme à laquelle se trouveront monter les tailles, capitation & autres impositions tant ordinaires qu'extraordinaires de ladite Ville & fauxbourgs de Saumur, de l'Isle-neuve & la Croix-verte; à quoi faire ledit Adjudicataire, ses cautions & lesdits Habitans seront contraints solidairement, comme pour les propres deniers & affaires de Sa Majesté, & de remettre l'excédent du prix du bail, si aucun y a, lesdites impositions acquittées, entre les mains du Receveur des deniers patrimoniaux & d'octrois de ladite Ville d'année en année, à ce faire lesdits Adjudicataires & ses cautions contraints par les mêmes voyes : à l'effet de quoi ledit Adjudicataire sera tenu de remettre dans le mois du jour de son adjudication audit Receveur des deniers patrimoniaux & d'octrois, expédition en forme exécutoire de son bail : voulant Sa Majesté que ledit excédent soit employé, premiérement au remboursement des dépenses nécessaires pour l'expédition & obtention de l'Arrêt d'établissement dudit tarif, suivant l'état qui en sera arrêté par ledit sieur Intendant & Commissaire départi; ensuite aux besoins & affaires de ladite Ville & fauxbourgs, & par préférence aux choses auxquelles étoit destiné le produit de l'octroi sur les denrées comprises aux chapitres IV & V du tarif; & le produit des droits de pavage, barrage & pontonnage, compris dans le chapitre XIV dudit tarif, le tout suivant les délibérations qui seront prises à cet effet dans les assemblées générales des Habitans autorisées par ledit sieur Commissaire départi, pardevant lequel sera rendu le compte desdits deniers & emploi d'iceux, sans que les Adjudicataires & Receveurs soient tenus d'en rendre aucun autre compte à la Chambre des Comptes ni ailleurs. Et au moyen de ce que les droits que ladite Ville de Saumur a coutume de percevoir en conséquence de l'Arrêt du Conseil du 6 Novembre 1683, & autres postérieurs sur le foin, l'avoine & le bois à brûler, se trouvent confondus avec ceux auxquels ces especes de denrées sont fixées par les chapitres V & VI du présent tarif; & que les droits de pavage, barrage & pontonnage y sont également réunis dans le chapitre XIV, veut Sa Majesté que les baux & adjudications qui ont été passés desdits droits, soient & demeurent résiliés pour les années qui en resteront à expirer, du jour que les droits de tarif commenceront à être perçus; en conséquence les Fermiers & Adjudicataires d'iceux, tenus de se retirer & d'en abandonner la perception au nouvel Adjudicataire dudit tarif, sauf l'indemnité à eux due, ainsi qu'il sera réglé par ledit sieur Commissaire départi. Et en cas que le prix de l'adjudication qui sera faite desdits droits de tarif, ne suffise pas pour acquitter le montant des impositions, tant ordinaires qu'extraordinaires de ladite Ville de Saumur & fauxbourgs en dépendans, ordonne Sa Majesté, que jusqu'à ce qu'il y ait été pourvu par l'augmentation d'aucun desdits droits, les sommes nécessaires pour parfaire le payement desdites impositions, seront imposées sur les Habitans taillables desdites Ville & fauxbourgs, par forme de capitation, & que la répartition en sera faite en vertu du présent Arrêt, & sans qu'il en soit besoin d'autre, par trois Officiers du Corps de Ville & deux notables Bourgeois, tels qu'ils seront nommés par ledit sieur Commissaire départi. Entend Sa Majesté que la perception desdits droits de tarif soit faite ainsi qu'il ensuit. 1758.

CHAPITRE PREMIER.

Boucheries.

POUR bœufs, vaches, veaux, moutons, agneaux, chevres, chevreaux & cochons, entrans en la Ville & fauxbourgs pour la boucherie & consommation seulement, sera payé;

SÇAVOIR:

	l.	s.	d.
1. Par chacun bœuf, cinq livres, ci	5		
2. Par chaque vache, quatre livres, ci	4		
3. Par chaque veau, dix sols, ci		10	
4. Par chaque mouton, agneau, chevre ou chevreau, cinq sols, ci		5	
5. Par chaque cochon, quinze sols, ci		15	

CHAPITRE II.

Poissons de mer.

Pour le grand cent de morue verte de soixante-deux poignées ou couples, sera payé;

SÇAVOIR:

	l.	s.	d.
1. Pour celle du grand banc, quatre livres dix sols, ci	4	10	

	l.	s.	d.
1758. 2. Pour la moyenne, trois livres, ci	3		
3. Pour la petite ou raguette, trente sols, ci	1	10	
4. Morue seche de toute espece, payera par cent pesant, quinze sols, ci		15	
5. Le gros baril de harengs blancs & saumon salé, du poids de trois cens, payera trente sols, ci	1	10	
Le demi & quart de baril à proportion.			
6. Le gros baril de harengs saurets, du poids de deux cens ou environ, payera vingt sols, ci	1		
Le demi & quart à proportion.			
7. le gros baril de sardines pressées ou saurettes, du poids d'environ trois cens, payera vingt-cinq sols, ci	1	5	
Le demi-quart à proportion.			
8. Les sardines douces, soles, rayes & autres marées, sera payé par charge de cheval, vingt sols, ci	1		
9. Les moules payeront par charge de cheval, dix sols, ci		10	
10. Par chaque bateau d'huîtres, six livres, ci	6		
11. Par cent pesant de beurre salé ou fondu de Bretagne ou autres Provinces étrangeres, sera payé seize sols huit deniers, ci		16	8

CHAPITRE III.

Boissons.

	l.	s.	d.
1. Par chaque busse ou poinçon de vin de toute espece & de tout Pays, cidre & biere entrans dans ladite Ville & fauxbourgs, soit par eau, soit par terre, pour la consommation seulement, sera payé trente sols, ci	1	10	
2. Par chaque somme de vendange entrant dans ladite Ville & fauxbourgs, sera payé douze sols, ci		12	

Ne seront sujets auxdits droits de tarif, le marre ni l'eau passée sur le marre, non plus que les verjus & raisins qui seront apportés dans ladite Ville & fauxbourgs pour l'usage & consommation des Habitans.

CHAPITRE IV.

Foin, paille & avoine.

	l.	s.	d.
1. Par chaque charretée de foin, du poids de seize quintaux ou cent, entrant dans ladite Ville & fauxbourgs, sera payé cinquante sols, plus ou moins à proportion, ci	2	10	
2. Par charge de cheval, sera payé six sols, ci		6	
3. Par charge d'homme ou femme, deux sols, ci		2	
Sans qu'on puisse rien prendre pour le foin que les Charretiers chargés de vins, bois ou autres marchandises ameneront en Ville pour la nourriture de leurs bœufs, chevaux ou autres bêtes de trait seulement & sans fraude.			
4. Pour chaque cent de bottes de paille, de quinze à seize livres la botte, sera payé dix sols, ci		10	
5. Par chaque charretée de chaume mêlé d'herbe, appellée dans le Pays fourrage, sera payé dix sols, ci		10	
6. Par cent de boisseaux d'avoine, sera payé trois liv. six sols huit den. ci	3	6	8

CHAPITRE

CHAPITRE V.

Bois de chauffage.

l. ſ. d.

1. Pour bûches de frêne, ormeau, chêne & autres eſpeces, fagots, grands ou petits, bourées, javelles, ſarment, remilles, & toutes ſortes de bois à brûler venant par terre, ſera payé par charretée, dix ſols, ci 10

2. Par charge de bête, un ſol, ci 1

3. Des mêmes eſpeces de bois venant par eau, ſera payé pour chaque cent de bûches marchandes de frêne, chêne, ormeau ou autres, leſdites bûches de la longueur de ſix pieds au plus, & de deux pieds de circonférence par le milieu, ſera payé quatre livres, ci 4

Où leſdites bûches auroient du fort au foible plus de longueur & de circonférence que celles ci-deſſus exprimées, le droit ſera payé par charretée ſur le pied ci-deſſus réglé.

4. Pour la corde de bois de la hauteur & épaiſſeur de quatre pieds deux pouces & de longueur de huit pieds quatre pouces, ſera payé vingt ſols, ci 1

5. Par cent de grands fagots de chêne, appellés fagots parés ou marchands, ſera payé trente ſols, ci 1 10

6. Par cent de fagotins ou de cotrets, ſera payé vingt ſols, ci 1

7. Par cent de bourées, de fagots, de bruyeres, de ſarment, brondes & remilles, ſera payé dix ſols, ci 10

8. Par charretée de charbon de bois, trente ſols, ci 1 10

9. Par charge de bête, trois ſols, ci 3

Dans les droits auxquels les foins, avoines & bois à brûler ſont fixés par ce chapitre & le précédent, ſont compris ceux que la Ville perçoit ſur les mêmes denrées, en conſéquence de l'Arrêt du Conſeil de 1683 & autres poſtérieurs.

CHAPITRE VI.

Bois-charpentes, ouvrages.

1. Pour ſolives & autres pieces de bois de douze pouces d'écariſſage & au-deſſus, ſera payé par toiſe, cinq ſols, ci 5

2. Par toiſe de charpente de dix à onze pouces d'écariſſage & de madriers, ſera payé deux ſols ſix deniers, ci 2 6

3. Par toiſe de ſoliveau de ſix à ſept pouces d'écariſſage, ſera payé un ſol ſix deniers, ci 1 6

4. Par toiſe de chevrons, limandes & chanlattes, ſera payé ſix deniers, ci 6

Le tout de bois de chêne, ormeau ou autre bois dur.

5. A l'égard de la charpente de bois, vulgairement appellé bouillard & autres bois tendres, il ſera payé par chacune des eſpeces ci-deſſus expliquées, moitié du droit fixé pour la charpente du bois dur.

6. Par millier de lattes, ſera payé dix ſols, ci 10

7. Par millier de barreau, cinq ſols, ci 5

8. Par charretée d'aiſſif de chêne, noyer, frêne, ormeau ou autre bois dur de toute épaiſſeur, ſera payé trente ſols, ci 1 10

9. Si mieux n'aime le Bourgeois ou Voiturier payer à raiſon de cinq ſols la toiſe quarrée, ci 5

l. s.

10. Par charretée d'aissif de bouillard ou autre de bois blanc, sera
1758. payé quinze sols, ci 15

11. Si mieux n'aime le Bourgeois ou Voiturier, payer à raison de deux sols six deniers la toise quarrée, ci 2

12. Par chaque planche de sapin de Flandres, sera payé un sol, ci 1

13. Par douzaine de planches de sapin d'Auvergne, sera payé deux sols, ci 2

14. Par charretée de gentes, rais & autres bois de charronnage, sera payé vingt sols, ci 1

15. Par cent de pelles & pellerons, sera payé douze sols, ci 12

16. Par chaque arçon de selle & fût de bât, sera payé six deniers, ci

17. Par cent de fûts de soufflets, de lanternes, d'ateles & de soques, ou galoches & talons de bois, pour chaussures d'hommes ou femmes, sera payé huit sols quatre deniers, ci 8

18. Par charretée de sabots, sera payé trente-six sols, ci 1 16

19. Par charge de cheval, six sols, ci 6

20. Si mieux n'aiment les Marchands ou Conducteurs, payer à raison de douze sols la grosse desdits sabots, ci 12

21. Pour bois à faire seaux & seilleries, sera payé par fourniture, composée de vingt-une piles, la pile composée de soixante pieces avec les garnitures, sera payé six livres, ci 6

22. Par millier de merrain, busserie & traversin, la busserie au compte de quinze cens, & le traversin au compte de dix-huit cens, sera payé outre l'ancien droit d'octroi, quarante sols, ci 2

23. Par millier de ganivelle, soit de chêne, foûteau ou autre bois, au compte de vingt-un cent au millier, sera payé outre ledit droit d'octroi, vingt-cinq sols, ci 1 5

24. Par millier de barres à barrer les fûts, simples ou doubles, sera payé cinq sols, ci 5

25. Par cent de mols de cercles de toutes especes & qualités, sera payé dix sols, ci 10

26. Par fourniture de prêre de vingt-un milliers, sera payé cinq sols, ci 5

27. Par fourniture d'osier de toutes especes au même compte, sera payé cinq sols, ci 5

28. Par fourniture de paux, pesseaux & limandes pour les vignes ou les espaliers, ladite fourniture de vingt-un fagots, faisant un millier, sera payé trois sols, ci 3

29. Par cent de perches de toutes especes, sera payé cinq sols, ci 5

30. Par charretée de jonc, sera payé cinq sols, ci 5

31. Pour tous meubles de bois neufs ou vieux, comme armoires, cabinets, coffres, commodes, bureaux, tables, bois de lits, fauteuils, chaises foncées en paille, jonc, canne, ou garnies & couvertes de tapisserie ou étoffe, même les sophas & canapés, garnis ou non, qui entreront dans ladite Ville & fauxbourgs, sera payé six deniers pour livre de l'estimation qui leur sera donnée par l'Adjudicataire ou son Préposé-Receveur desdits droits, si mieux n'aiment les Bourgeois, Habitans ou Marchands auxquels lesdits meubles appartiendront, les laisser pour le prix de l'estimation à l'Adjudicataire, qui en ce cas sera tenu de les prendre & payer sur le champ, six deniers, ci 6

CHAPITRE VII.

Matériaux.

	l.	*s.*	*d.*
1. Par cent de pierres dures, sera payé seize sols huit deniers, ci		16	8
2. Par cent de tuffeau ordinaire, sera payé huit sols quatre deniers, ci		8	4
Le cent de baraudes & de doiles à proportion; sçavoir, deux tuffeaux pour une baraude, & deux doiles pour un tuffeau.			
3. Par charretée de moilon, deux sols, ci		2	
4. Par toise de moilon, six sols, ci		6	
5. Par pipe de chaux, dix sols, ci		10	
6. Par millier de carreaux d'un pied & au-dessus, quarante sols, ci	2		
7. Par millier de carreaux au-dessous d'un pied, vingt sols, ci	1		
8. Par millier d'ardoises de toute espece & qualité, vingt sols, ci	1		
9. Par millier de plâtre & blanc d'Espagne, trois sols, ci		3	
10. Par chaque rond de moulage, quarante sols, ci	2		
11. Par chaque meule de toute espece pour Couteliers ou Taillandiers, trois sols, ci		3	

CHAPITRE VIII.

Acier, fer, airain, étain, plomb, &c.

	l.	*s.*	*d.*
1. Pour chaque ballon d'acier de toute espece, du poids ordinaire de cent livres, sera payé deux sols, ci		2	
2. Par charretée de fer non ouvré, sera payé trente-six sols, ci	1	16	
3. Si mieux n'aime le Marchand ou Voiturier payer à raison de dix sols cinq deniers par millier, ci		10	5
4. Par charretée de fer ouvré, comme poëles, léchefrites, faulx, faucilles, pelles, pinces, outils, armes, &c. sera payé comme pour la quincaillerie, treize livres dix sols, ci	13	10	
5. Par charge de cheval, dix-huit sols, ci		18	
6. Par charge d'homme, neuf sols, ci		9	
7. Si mieux n'aiment les Marchands, Rouliers, Conducteurs & Porteurs, payer à raison de trois livres du millier pesant, ci	3		
8. Par charretée de fonte ouvrée, comme contre-feux, chauderons, marmites, &c. & de caboches, sera payé quatre livres dix sols, ci	4	10	
9. Par charge de cheval, six sols, ci		6	
10. Par charge d'homme, trois sols, ci		3	
11. Si mieux n'aiment les Marchands, Rouliers, Voituriers, Conducteurs & Porteurs, payer à raison de vingt sols dix deniers du millier pesant, ci	1		10
12. Par charretée de cuivre rouge, jaune, potin, mitraille & étain de toute espece, ouvrés & non ouvrés, sera payé treize livres dix sols, ci	13	10	
13. Par charge de cheval, dix-huit sols, ci		18	
14. Par charge d'homme, neuf sols, ci		9	
15. Si mieux n'aiment les Marchands, Rouliers, Voituriers, Conducteurs & Porteurs, payer à raison de trois livres du millier pesant, ci	3		
16. Par charge de cheval de clous de toute espece, à l'exception seulement des caboches, sera payé douze sols six deniers, ci		12	6

1758. 17. Par charge de cheval de plomb ouvré, y compris le plomb à giboyer, sera payé pareille somme de douze sols six deniers, ci | *l. s. d.* 12 6

18. Si mieux n'aiment les Voituriers ou Conducteurs, payer pour les marchandises énoncées dans les deux articles précédens, à raison de quarante-un sols huit deniers du millier, ci 2 1 8

19. Par charge de cheval de plomb non ouvré, sera payé dix sols, ci 10

20. Si mieux n'aiment les Marchands & Conducteurs payer à raison de trente sols du millier pesant, ci 1 10

21. Par cent de boisseaux de charbon de terre, sera payé huit sols quatre deniers, ci 8 4

CHAPITRE IX.

Epiceries, drogueries, &c.

1. Pour cannelle, muscade, girofle, thé, café, chocolat, azur, pierre de bleu, savon, amidon, dégras, miel, cire jaune ou blanche, suifs fondus ou en grappe, ouin & toute graisse de cochon, soufre, alun, galle légere, noix de galle, couperose, bois de Brésil, Campêche, & tous autres bois & drogues servant à la peinture & teinture; huile d'amande & d'olive fine ou grosse, fromages de Suisse, Gruere, Comté, Berne, Brie, Hollande, Angleterre, &c. sucre en pain ou cassé, cassonade de toute espece; confitures seches ou liquides, confections, rhubarbe, séné, manne, casse, &c. & généralement toutes les marchandises qui se vendent par les Epiciers-Droguistes, Confiseurs & Apothicaires, sans réserve que de celles dont il sera parlé ci-après, sera payé par charge de cheval, douze sols six deniers, ci 12 6

2. Si mieux n'aiment les Marchands ou Conducteurs payer à raison de quarante-un sols six deniers du millier pesant, ci 2 1 6

3. Huile de noix, de lin, de rabet, de chenevis & de poisson, sera payé par charge de cheval, six sols trois deniers, ci 6 3

4. Si mieux n'aiment les Marchands ou Conducteurs payer à raison de vingt sols dix deniers du millier pesant, ci 1 10

5. Pour bougie & chandelle de suif entrant dans la Ville & fauxbourgs, sera payé par charge de cheval, trente sols, ci 1 10

6. Si mieux n'aiment les Conducteurs ou Marchands payer à raison de quatre livres trois sols quatre deniers du millier pesant, ci 4 3 4

7. Pour poix-résine, ocre, gomme, goudron & brai, sera payé par charge de cheval, trois sols deux deniers, ci 3 2

8. Si mieux n'aiment les Marchands ou Conducteurs payer à raison de dix sols cinq deniers du millier pesant, ci 10 5

9. Par baril de sucre brut & terré, sera payé six sols, ci 6

10. Si mieux n'aiment les Marchands ou Conducteurs payer à raison de cinq sols du millier pesant, ci 5

CHAPITRE X.

Draperie, soierie, mercerie, quincaillerie, &c.

1. Pour toute sorte de draperie & étoffe, soit de laine & fil ou coton, poil ou soie, toute sorte de soieries, dorures, jouailleries, mer-

eeries, grosseries, quincailleries, soit en cuivre, étain ou autres métaux, pelleteries & librairies, tapisseries, mantes, couvertures, dentelles, mousselines, cotons filés & non filés, toiles de coton, de lin ou de chanvre, blancs de toute espece, & généralement toutes les marchandises du commerce des Marchands de draps, de laine & soie, Merciers, Jouailliers, Quincailliers, Pelletiers & Libraires, à l'exception seulement de celles dont sera ci-après parlé, sera payé par charretée, treize livres dix sols, ci | l. s. d. | 13 10 | 1758.

2. Par charge de cheval, dix-huit sols, ci 18

3. Par charge d'homme, neuf sols, ci 9

4. Si mieux n'aiment les Marchands, Rouliers, Voituriers, Conducteurs & Porteurs, payer à raison de trois livres du millier pesant, ci 3

5. Par caisse de chapeaux de toute qualité, du poids de cent livres, entrant dans la Ville & fauxbourgs, sera payé huit sols quatre deniers, ci 8 4

Plus ou moins à proportion.

6. Par charretée de laine de toison ou d'abat, grasse ou dégraissée, du Pays ou de l'Etranger, sera payé huit livres six sols, ci 8 6

7. Par charge de cheval, douze sols six deniers, ci 12 6

8. Si mieux n'aiment les Charretiers ou Conducteurs payer à raison de quarante-un sols huit deniers du millier pesant, ci 2 1 8

9. Par charretée de chanvre ou lin, en poil, cru ou broyé, en masse ou en poupée, sera payé quatre livres dix sols, ci 4 10

10. Par charge de cheval, neuf sols, ci 9

11. Si mieux n'aiment les Charretiers ou Conducteurs payer à raison de trois sols du cent pesant, ci 3

12. Par charge de cheval, de fil de brin ou de lin, cru, gros ou fin, qui entreront comme dessus, sera payé quinze sols, ci 15

13. Si mieux n'aiment les Conducteurs payer à raison de cinq sols du cent pesant, ci 5

A l'égard des fils blancs ou teints, ils font partie de la mercerie, & payeront de la maniere & sur le pied réglé par l'article premier du présent chapitre.

14. Par charge de cheval, de papier bleu, violet ou gris, sera payé dix sols, ci 10

15. Si mieux n'aiment les Conducteurs payer à raison de trente sols du millier pesant, ci 1 10

16. Par charge de cheval, de poires de coco & autres fruits & graines à faire chapelets, sera payé six sols, ci 6

17. Si mieux n'aiment les Conducteurs payer à raison de vingt sols dix deniers du millier pesant, ci 1 10

18. Pour la plume d'oie, le crin frisé & non frisé, neuf ou vieux, fripperies & vieux meubles, soit en étoffe de laine, soie ou coton, soit en linge, étain, fer ou airain, & généralement pour toute sorte de meubles meublans, ustensiles, outils, instrumens vieux & ayant servi, sera payé par charretée, huit livres six sols, ci 8 6

19. Par charge de cheval, douze sols six deniers, ci 12 6

20. Par charge d'homme, six sols trois deniers, ci 6 3

21. Si mieux n'aiment les Charretiers, Conducteurs ou Porteurs payer à raison de quarante-un sols huit deniers du millier pesant, ci 2 1 8

Ne sont compris dans cet article les meubles de bois, dont le droit

1758. fera perçu de la maniere expliquée en l'article dernier du chapitre VI, non plus que les habits, hardes & linges, à l'usage d'hommes, femmes ou enfans, pour lesquels ne sera rien payé. *l. s. d.*

CHAPITRE XI.

Corroyerie.

	l.	s.	d.
1. Par chaque peau de bœuf en poil, entrant dans ladite Ville & fauxbourgs, sera payé deux sols, ci		2	
2. Pour chaque peau de bœuf tannée à fort, sera payé deux sols six deniers, ci		2	6
3. Pour chaque peau de vache ou de cheval en poil ou en croute, sera payé un sol six deniers, ci		1	6
4. Pour chaque peau de vache ou de cheval corroyée, sera payé deux sols, ci		2	
5. Par douzaine de peaux de veau en poil ou en croute, sera payé quatre sols, ci		4	
6. Par douzaine de peaux de veau corroyées, sera payé cinq sols, ci		5	
7. Par douzaine de peaux de moutons, agneaux, chevres ou chevreaux en poil ou en croute, ou en basane, sera payé un sol six deniers, ci		1	6

Et à l'égard des peaux de l'espece comprise dans ce dernier article qui seront blanchies ou chamoisées, ainsi que les autres pelleteries, elles payeront comme merceries, sur le pied réglé dans l'article premier du chapitre X.

Bien entendu que les peaux, laines, suifs & graisses provenant des bêtes que les Bouchers auront fait entrer pour la boucherie & consommation, qui seront par eux vendus, ne seront sujets à aucuns droits, attendu que le droit perçu sur l'animal entrant, acquittera pour le tout.

CHAPITRE XII.

Verrerie, faïancerie, poterie.

	l.	s.	d.
1. Par panier de verre à vitrage ordinaire, sera payé vingt sols, ci	1		
2. Par caisse de verre blanc en table, d'Allemagne, Boheme ou d'ailleurs, sera payé trois livres, ci	3		
3. Par caisse de vases de verre, pierres ou cristaux de toute espece & de tout pays indistinctement, sera payé trente sols, ci	1	10	
4. Par caissetin, sera payé quinze sols, ci		15	

Soit que lesdites verreries ou cristaux arrivent par eau ou par terre.

	l.	s.	d.
5. A l'égard des bouteilles de verre & de toutes autres verreries qui ne seront en panier ou en caisse, ainsi que des faïances de toute espece & qualité qui viendront par eau à destination certaine, ou à la vente, le droit sera payé suivant la longueur du bateau qui les contiendra, à raison de quatre livres la toise courante de six pieds, telle que puisse être la longueur & profondeur du bateau, laquelle longueur ne sera prise & mesurée que dans l'espace dudit bateau occupée par lesdites verreries ou faïances, ci	4		

6. Mais par rapport aux Forains qui ameneront lesdites verreries ou

l. s. d. 1758.

faïances à la vente, si leurs bateaux ne contiennent pas leurs charges ordinaires ou complettes, ou que leurs charges étant complettes, ils n'en vendent & détaillent qu'une partie, le droit sera payé à raison de 3 livres par chacun des jours qu'ils tiendront planche ou détailleront, aux fins de quoi seront tenus de faire au Bureau le plus prochain leur déclaration de l'état de leur charge, de l'ouverture & de la cessation de la vente, sans pouvoir rester esdites portes plus de vingt-quatre heures après ladite cessation, vendre ni débiter pendant lesdites vingt-quatre heures, le tout à peine de confiscation & de cinquante livres d'amende, avec défenses sous les mêmes peines auxdits Forains qui se trouveront dans le cas du présent article, de vendre tout ou partie desdites verreries & faïances aux Marchands qui font ce commerce en cette Ville, & auxdits Marchands de les acheter, sans en avoir préalablement fait déclaration au Bureau, pour, en ce cas, être les droits desdites verreries & faïances, ainsi vendues auxdits Marchands, payés à raison de deux sols par charge d'homme, si mieux n'aiment les Maîtres du bateau, Voituriers ou Marchands payer le droit à raison de quatre livres la toise, de la maniere expliquée par le précédent article.

Quant auxdites verreries ou cristaux qui ne seront en panier ou en caisse, & auxdites faïances qui arriveront par terre, sera payé, sçavoir,

7. Par charretée, cent sols, ci — 5
8. Par charge de bête, dix sols, ci — 10
9. Par charge d'homme, deux sols, ci — 2

10. Pour toutes sortes de poteries de terre qui arriveront par eau, le droit sera payé à raison de trente sols la toise, ou de vingt sols par jour, suivant les différens cas & réglemens portés par les articles V & VI du présent chapitre, qui seront, par rapport à cette espece de marchandise, comme pour les verreries & faïances, exécutés suivant leur forme & teneur.

De la poterie de terre qui viendra par terre, sera payé, sçavoir,

11. Par charretée, trente sols, ci — 1 10
12. Par charge de bête, trois sols, ci — 3

CHAPITRE XIII.

Fruits.

1. Par charge de cheval ou autre bête, de prunes de Sainte-Catherine : pruneaux cuits, de cormes, poires & quartiers aussi cuits, d'amandes noix cassées ou cochet, sera payé trois sols deux deniers, ci — 3 2
2. Si mieux n'aiment les Marchands ou Conducteurs payer à raison : dix sols cinq deniers du millier pesant, ci — 10 5
3. Par boisseau de marrons ou châtaignes, sera payé un sol, ci — 1
4. Par caisse d'oranges & citrons ou limons du poids de cent livres, a payé trente sols, ci — 1 10
5. Par cent garni de boîtes ou boisseaux combles d'amandes & noix hes en coque, sera payé quatre sols deux deniers, ci — 4 2

Sans qu'on puisse rien prendre sur les amandes & noix vertes qui treront en Ville dans la saison pour la consommation.

6. Par cent de boisseaux de chenevis, sera payé six sols, ci — 6

1758.

CHAPITRE XIV.

Pavage, barrage & pontonage.

Outre les droits portés au premier chapitre qui ne seront pris que sur les bœufs, vaches, veaux, moutons, chevres, chevreaux & cochons qui entreront pour la boucherie & consommation seulement, il sera payé pour les anciens droits de pavage, barrage & pontonage, pour tous les bestiaux, soit entrant pour la consommation, soit passant debout, tant à l'entrée qu'à la sortie, sçavoir : *l. s. d.*

1. Par chaque bœuf, vache, veau, chevre & cochon, deux deniers, ci 2

2. Par chaque cent de moutons, huit sols quatre deniers, ci 8 4

Plus ou moins à proportion.

Outre les droits énoncés dans les autres chapitres sur les marchandises qui seront voiturées par terre entrant & restant dans la Ville & fauxbourgs de Saumur, il sera payé pour lesdits droits de pavage, barrage & pontonage, sçavoir :

3. Par chaque cheval ou âne chargé ou non chargé, entrant ou passant debout, tant à l'entrée qu'à la sortie, deux deniers, ci 2

Ne sont compris au présent article les chevaux de selle montés par quelque personne que ce soit, pour lesquels ne sera rien payé.

4. Par charrette chargée ou vuide, entrant en passe-debout, tant à l'entrée qu'à la sortie, six deniers, ci 6

Les droits portés au présent chapitre seront payés, tant à l'entrée qu'à la sortie, comme il est dit, dans le cas seulement où lesdits bestiaux & charrettes entreront par une barriere & sortiront par une autre ; mais dans le cas auquel lesdits bestiaux & charrettes sortiroient par la même barriere par laquelle ils seroient entrés, il ne sera payé que le simple droit d'entrée ou de sortie, suivant l'ancien usage.

Bien entendu que pour les voitures, chevaux & autre bestiaux qui passeront debout sur la levée de la porte d'Angers à celle de Tours, ou de celle-ci à celle d'Angers, il ne sera payé ni perçu aucun droit de pavage, barrage & pontonage.

Les droits compris au présent chapitre, seront payés par toutes sortes de personnes indistinctement, étrangers ou citoyens, privilégiés ou non privilégiés.

Pourront néanmoins les Meûniers des moulins à vent de dessus le château, qui sont situés dans la Paroisse de Notre-Dame de Nantilly, & qui se trouveront hors les barrieres, s'exempter dudit droit de pavage, barrage & pontonage, en payant à l'Adjudicataire par forme d'abonnement, la somme de cent sols par chacun an.

1. Veut Sa Majesté que tous les droits énoncés au chapitre XIV du présent tarif, soient levés & perçus sur toutes les denrées & marchandises qui y sont expliquées, & qui entreront, soit par eau, soit par terre dans ladite Ville & fauxbourgs de Saumur, dans l'étendue des Paroisses de Notre-Dame de Nantilly, S. Pierre, S. Nicolas, Varains & S. Lambert, en ce qui se trouvera compris & enclavé dans les limites & barrieres qui seront placés, sçavoir :

Etablissement de barrieres. La premiere à l'entrée du fauxbourg de Nantilly vers le carrefour formé par les chemins qui tendent, l'un à Montreuil-Bellay, l'autre à Loudun.

La seconde à l'entrée du fauxbourg de Fenet, au bout du jardin de la maison de Notre-Dame des Ardilliers.

La

1758.

La troisieme, sur la levée près la porte de Tours.

La quatrieme, sur la même levée près la porte d'Angers.

La cinquieme, sur la levée neuve aux environs du carrefour.

La sixieme, à l'entrée du fauxbourg & Paroisse de Saint-Nicolas, au bout du chemin Charnier près la Digue.

La septieme, au bout du pont Fouchard, sur les confins de la Paroisse de Nantilly.

La huitieme, auprès du jardin & clos des Religieuses Ursulines, sur le chemin qui conduit sur le château.

La neuvieme, au lieu appellé la Gueule de loup, laquelle barriere sera dormante, à l'exception des tems d'inondations & autres cas de nécessité, où l'Adjudicataire sera tenu de l'ouvrir & laisser libre pour la commodité publique.

La ruette du petit Geneve & les ruettes qui descendent des châteaux aux fauxbourgs & rues de Fenet, seront, si besoin est, fermées & condamnées du côté du haut chemin des châteaux seulement.

Ordonne Sa Majesté que toutes les clôtures ci-dessus seront faites, les barrieres & bureaux placés aux lieux qui seront jugés les plus convenables, ainsi qu'il sera réglé par le sieur Intendant & Commissaire départi, ou tel autre qui sera par lui commis, en présence & de l'avis des Maire & Echevins de ladite Ville de Saumur, dont sera dressé procès-verbal, sans que l'Adjudicataire desdits droits puisse prétendre autres clôtures que celles qui seront fixées par ledit procès-verbal, ni rien changer aux ouvertures & état actuel, tant des maisons du fauxbourg de la Croix-verte, soit du côté de la vallée, soit du côté de la riviere, que de toutes les autres maisons de ladite Ville & fauxbourgs.

Pourront les Maire & Echevins de Saumur, relativement au procès-verbal qui aura été arrêté, de la position des barrieres & Bureaux, & en vertu du présent Arrêt, s'emparer des terreins nécessaires pour construire lesdits bureaux & barrieres, même des maisons qui pourroient en servir & propres à la régie desdits droits, en remboursant les propriétaires de gré à gré; & en cas de contestation, suivant l'estimation qui en sera faite par Experts, dont les Parties conviendront, devant ledit sieur Intendant & Commissaire départi, sinon par lui pris & nommés d'office.

2. *Exempts.* Ne seront sujets aux droits du présent tarif, le Clergé Séculier, dans lequel ne seront compris que les Ecclésiastiques dans les ordres sacrés ou pourvus de bénéfices qui exigent résidence dans la ville, conformément aux Ordonnances & Réglemens, le Clergé Régulier, l'Hôtel-Dieu, la Providence, les Religieuses Ursulines, celles de la Visitation, le College, y compris les pensionnaires qui sont ou qui pourront être dans chacune desdites maisons régulieres, de quelque sexe, âge & condition qu'ils puissent être, le Lieutenant de Roy, Major, Capitaine, Lieutenant & Officiers de la garnison du château de Saumur, y compris l'Ingénieur, les Nobles, les Officiers des Cours Souveraines, les Secretaires du Roy, les Trésoriers de France, le Maire & les autres Officiers de l'Hôtel de Ville, y compris le Receveur & le Secretaire, pendant le tems de leur exercice seulement; les Officiers de l'Election, les Receveurs des Tailles, le Subdélégué, les Officiers commensaux, & tous les Officiers privilégiés dont la capitation est retenue sur les gages des Offices dont ils sont pourvus, en se conformant par eux aux conditions & formalités prescrites par les Réglemens; l'Exemt, le Brigadier & les huit Cavaliers de Maréchaussée de ladite Ville; le Maître de la poste aux chevaux; les Directeurs, Contrôleurs, Receveurs, Commis &

1758. Employés dans les Fermes du Roy, qui ne sont actuellement sur les rôles des tailles, ou que par leurs autres états ou commerce n'y seroient imposables ; & généralement tous ceux qui par des privileges ou concessions non révoqués doivent jouir de l'exemption des tailles ; les deux Administrateurs & le Receveur de l'Hôtel-Dieu, pendant le tems de leur exercice ; les trois plus anciens des Médecins, & les trois plus anciens des Chirurgiens servant les Hôpitaux & les pauvres *gratis*, & l'Apotichaire qui fournira audit Hôtel-Dieu la plus grande quantité de remedes aussi *gratis* ; les Maîtres qui seront préposés & établis pour enseigner gratuitement les pauvres au nombre de trois seulement, un Maître de Grammaire, un Maître de Mathématiques & de Dessin ; un Maître d'Ecriture & d'Arithmétique ; un Maître de Musique ; un Maître de Danse & un Maître en fait d'Armes ; tels que tous lesdits Maîtres seront choisis & nommés ou approuvés dans le Bureau de l'Hôtel de Ville, & dont l'état certifié par le Maire & le Procureur du Roy de l'Hôtel de Ville sera fourni à l'Adjudicataire.

Tous lesquels, Communautés, Ecclésiastiques, Nobles, Officiers & Particuliers, seront exempts desdits droits pour les denrées & provisions destinées à leur consommation seulement, à la charge par eux d'en faire leurs déclarations aux Bureaux qui seront établis pour la perception desdits droits : & au cas qu'ils vinssent à vendre, donner ou échanger aucunes desdites denrées ou provisions, même à d'autres privilégiés, d'en faire pareillement leurs déclarations, pour être audit cas les droits perçus de la même maniere qu'ils l'eussent été à l'entrée, & ce sous peine de déchéance de leurs exemptions pour un an pour la premiere fois, & en cas de récidive pour toujours ; laquelle peine aura lieu contre ceux qui auront prêté leur nom ou autrement abusé de leur privilege : voulant Sa Majesté qu'en cas de contestation sur l'exercice & l'étendue desdites exemptions, elles puissent être limitées par le sieur Intendant & Commissaire departi, à la quantité de chaque espece de denrées suffisantes pour la consommation de tous ou d'aucun desdits privilégiés.

3. *Matériaux*. Les matériaux destinés aux constructions, rétablissemens & réparations des Eglises Séculieres & Régulieres, des maisons dépendantes des Hôpitaux, Communautés ou Bénéfices particuliers, seront aussi exempts des droits de tarif, aux charges par les Marguilliers, Procureurs de Fabrique, Œconomes-Administrateurs & Bénéficiers, ou par les Entrepreneurs ou Adjudicateurs, d'en faire & fournir aux Bureaux d'entrées leurs déclarations signées d'eux, à peine en cas de contravention, fraude ou abus, du double droit & de cent livres d'amende.

Les matériaux destinés aux ouvrages du Roy & à ceux de la Ville, seront pareillement exempts, non-seulement des droits de tarif, mais encore de ceux de pavage, barrage & pontonage compris au chapitre XIV dudit tarif, lequel sera au surplus & à l'égard de tous autres exécuté selon sa forme & teneur, aux charges par les Entrepreneurs ou Adjudicataires desdits ouvrages, de faire leurs déclarations en la maniere & sous les peines portées par l'article précédent.

4. *Chanvres, Lins, &c.* Ne sera perçu aucun droit de tarif pour les chanvres, lins, poupées, fileries & fils crus qui seront apportés au marché les Samedis par hommes ou femmes, lesquelles marchandises ainsi apportées à col lesdits jours, seront exemptes dudit droit.

Les fils & cotons destinés pour la Manufacture établie en cette Ville par privilege du Roy, seront aussi exempts desdits droits de tarif, en faisant & fournissant par l'Entrepreneur de la Manufacture, la déclaration signée de lui ou de son Commis, de la qualité & quantité desdites marchandises, à peine en cas de contravention, fraude ou abus, de saisie & confiscation desdites marchandises & de cent livres d'amende. 1758.

5. *Meubles.* Ne sera aussi perçu par l'Adjudicataire aucuns droits pour l'entrée des meubles de toute espece & qualité, que les Habitans de la Ville & fauxbourgs feront sortir pour voiturer à leurs campagnes dans la saison des vendanges ou autres; lesquels meubles pourront rentrer sans payer le droit de tarif, en fournissant par lesdits Bourgeois & Habitans au Bureau de la sortie une déclaration signée d'eux, de la quantité & qualité desdits meubles, dont copie leur sera délivrée par les Commis ou Préposés sur papier commun & sans frais; laquelle copie sera représentée & remise audit Bureau, lors de la rentrée desdits meubles.

6. *Mûriers.* Seront pareillement exempts de tous droits les plants de mûriers & de toutes sortes d'arbres fruitiers, qui seront apportés dans ladite Ville & fauxbourgs.

7. *Passe-debout.* Les vins qui passeront debout & seront destinés, soit pour l'étranger, soit pour Orléans, Paris & autres Villes du Royaume, ne seront sujets aux droits de tarif; mais les Marchands ou Commissionnaires seront tenus de fournir aux Bureaux d'entrée copie des billets de courtage de tous les vins indistinctement qu'ils feront entrer, soit par eau, soit par terre; quoi faisant, il leur sera délivré par les Commis de l'Adjudicataire un *laissez-passer* : lesquels vins ils pourront faire partir quand bon leur semblera, en représentant avant le départ, au Bureau de la sortie, le congé du Bureau des Aydes, ou la lettre de voiture, dont ils laisseront copie sur le champ, signée d'eux ou de leurs Commis; de la quantité desquels vins leur sera aussi sur le champ délivré un *passavant*, le tout sur papier commun & sans frais, pour sur les récollemens & comparaisons qui seront faits dans le mois de Septembre de chaque année, desdits billets d'entrée & de ceux de sortie, être le droit payé par lesdits Marchands de la quantité desdits vins dont l'entrée excédera la sortie, en leur passant à cause de la consommation extraordinaire vingt-un pour vingt. Et en cas de contravention ou fraude, lesdits Marchands seront condamnés en trois cens livres d'amende.

Les vins qui seront amenés au marché pour y être vendus, ne pourront être réputés en *passe-debout*, quoique vendus par événement pour le dehors de ladite Ville & fauxbourgs; mais les droits en seront payés ainsi qu'il est d'usage pour la Ferme des Aydes.

Les autres marchandises qui passeront debout, seront aussi exemptes desdits droits de tarif, aux charges par les Marchands & Conducteurs de les déclarer aux Bureaux d'entrée, par quantité & qualité, & de signer ou faire signer par telles personnes qu'ils voudront choisir leur déclaration, dont leur sera donné copie sur papier commun & sans frais, pour la présenter au Bureau de la sortie, où elle sera vérifiée, visée pour décharge & remise auxdits Conducteurs, si mieux n'aiment lesdits Conducteurs consigner aux Bureaux d'entrée le droit dont leur sera donné récépissé aussi sur papier commun & sans frais : sur la représentation & remise duquel récépissé au Bureau de la sortie, le droit leur sera rendu. Et s'il est vérifié que lesdits Marchands ou Conducteurs ayent déballé, vendu ou mis en vente aucune desdites marchandises, ou commis autre contravention ou fraude, les marchandises seront confisquées, & lesdits Marchands & Voituriers seront solidairement condamnés en cent livres d'amende.

Les marchandises & denrées en passe-debout, autres que les vins, dont il est ci-dessus parlé, qui séjourneront plus de vingt-quatre heures dans ladite Ville

& fauxbourgs, seront déposées au Bureau de l'Adjudicataire, ou dans un ma-
1758. gasin, qui sera établi à cet effet dans un lieu commode, pour être ensuite délivrées par le Commis ou préposé à la garde dudit magasin, auquel sera payé pour le magasinage ou droit de garde, *trente sols* par charretée; *trois sols* par charge de cheval; *un sol six deniers* par charge d'homme, si mieux n'aiment lesdits Marchands ou Voituriers payer à raison *d'un sol* du cent pesant; lesquels Marchands & Voituriers seront tenus de remettre au Bureau de la sortie le passavant qui leur aura été donné à l'entrée, pour être vérifié & visé comme dessus, & sous les mêmes peines.

8. *Denrées & marchandises entrant en entrepôt.* Les huiles, pruneaux & autres marchandises que les Négocians, Marchands & autres Habitans de cette Ville & fauxbourgs pourroient acheter, soit par spéculation pour leur compte, soit par commission pour le compte des Marchands étrangers, ne pourront être réputés en passe-debout; mais les droits en seront payés à l'entrée suivant leurs qualités, à peine en cas de contravention ou fraude, de confiscation & de cent livres d'amende.

9. *Marchandises passant par eau.* A l'égard des marchandises & denrées qui passeront par eau, elles ne seront sujettes à déclaration, que dans le cas auquel les bateaux aborderoient aux ports de ladite Ville & fauxbourgs; & en ce cas la déclaration en sera faite incessamment après l'abordement, par qualité & quantité des marchandises ou denrées de la même maniere expliquée pour les voitures passant debout par terre, sans que les Marchands ou Voituriers puissent vendre ou débiter lesdites denrées ou marchandises, sans en avoir fait leur déclaration & payé les droits, sous les même peines ci-dessus.

10. *Bateaux séjournant aux Ports.* Pendant le temps que les bateaux restent esdits ports, les marchandises & denrées qu'ils contiendront, ne seront sujettes au dépôt auxdits Bureaux ou magasins; mais ils ne pourront partir, que premiérement tels Marchands ou Voituriers n'ayent rapporté auxdits Bureaux le passavant qui leur aura été donné à l'arrivée, pour être récollé, vérifié & visé pour décharge. Et en cas de fraude ou de contravention, lesdites marchandises seront saisies & confisquées, & lesdits Marchands & Voituriers solidairement condamnés en cent livres d'amende.

11. *Marchands Forains.* Les Marchands de ladite Ville & fauxbourgs qui fréquentent les foires de Beaucaire, Guibrai, Bordeaux & autres du Royaume, & qui y menent des marchandises de la qualité de celles énoncées dans le chapitre X, & autres du présent tarif, pourront faire au Bureau de la sortie, déclaration de la quantité des marchandises qu'ils sortiront, pour mener auxdites foires; de laquelle déclaration l'Adjudicataire ou ses Commis, après l'avoir vérifiée, si bon leur semble, donneront récépissé; le tout sur papier commun & sans frais, pour sur les marchandises, soit anciennes, soit nouvelles que lesdits Marchands rameneront desdites foires, leur être fait déduction du quart de la quantité qu'ils auront sortie; de sorte que s'ils ont fait sortir, par exemple, quatre milliers pesant de marchandises, & qu'ils en fassent rentrer six, ils ne payeront le droit que de cinq milliers; mais à défaut par eux d'avoir fait ladite déclaration, ils seront contraints au payement du tout.

12. *Tanneurs.* Les Tanneurs de ladite Ville & fauxbourgs, qui meneront aux Foires du Raillon, le Serrain, la Fresnaye & autres, des marchandises de Tannerie, pourront aussi faire au Bureau de la sortie, déclaration d'icelle; lesquelles en ce cas seront marquées dans leurs maisons avant le départ d'un poinçon qui sera destiné à cet effet, & dont l'empreinte sera déposée au Greffe: & les mar-

chandises ainsi marquées, rentreront librement & sans payer aucun droit de tarif, lequel ne sera dû que sur les marchandises nouvelles & non marquées dudit poinçon, que lesdits Tanneurs feront entrer. 1758.

13. *Les Chapeliers.* Les Chapeliers de ladite Ville & fauxbourgs qui meneront des chapeaux aux Foires & Marchés de Doué, Bourgueil, Longué & autres circonvoisines, pourront sortir & rentrer par eau & par terre, en paniers & non en caisse, lesdits chapeaux librement & sans rien payer.

14. *Vignes situées dans l'enceinte des barrieres & inventaires.* Les Propriétaires ou Fermiers des vignes qui se trouveront situées dans l'enceinte de barrieres, même les privilégiés, seront tenus de faire dans le 15 Novembre de chaque année au Bureau le plus prochain, déclaration signée d'eux, ou qu'ils feront signer par telles personnes qu'ils voudront choisir, de la quantité des vins qu'ils auront recueillis esdites vignes; pour la vérification, l'Adjudicataire pourra faire faire dans le courant du même mois un inventaire desdits vins, sur lequel, ou à défaut, sur ladite déclaration le droit sera payé par les non exempts, même par les exempts, pour la partie des vins qu'ils vendroient, céderoient ou échangeroient, même à d'autres privilégiés. Enjoint Sa Majesté auxdits Propriétaires ou Fermiers de souffrir ledit inventaire, & à cet effet de faire ouvertures de leurs caves, celliers, magasins & autres vaisseaux; leur faisant défenses de receler ni entreposer lesdits vins pour se soustraire au payement des droits, à peine de confiscation & de cent livres d'amende.

15. *Prés situés dans l'enceinte des barrieres.* Les Propriétaires ou Fermiers des prés situés dans ladite enceinte, même les Privilégiés, seront tenus de faire au Bureau le plus prochain, leur déclaration du nombre de charretées de foin qu'ils recueilleront dans lesdits prés, sur laquelle déclaration les non exempts, même les exempts en cas de cession, vente ou échange, payeront le droit dans la huitaine: & en cas de fausse déclaration ou de fraude qui pourront être vérifiées, tant par le rapport des Commis, que par témoins, les contrevenans seront condamnés en cent livres d'amende.

16. *Bois situés dans l'intérieur des barrieres.* Les Propriétaires ou Fermiers des Isles & Domaines plantés en saulaye, quetiers, osiers & autres bois qui se trouveront dans ladite enceinte, seront tenus, avant de faire la coupe desdits bois, même de ceux d'étausse, de déclarer au Bureau le plus prochain le jour qu'ils commenceront lesdites coupes, après lesquelles & lorsque lesdits bois auront été mis sur le lieu en état d'être comptés & exercés; sçavoir, les perches au cent ou au millier, les peaux, pesseaux & limandes en fagots, l'osier en gerbe, les étausses, branches ou remilles en bourées ou javelles, les souches ou autres gros bois en buches marchandes ou en corde, avant de les enlever, lesdits Propriétaires, Fermiers ou exploitans, avertiront les Commis du même Bureau, qui seront tenus de venir dans les vingt-quatre heures prendre le compte desdits bois; desquels, ainsi que du bois d'ouvrage, si aucun est, le droit sera perçu suivant leur nature & qualité, conformément au tarif, le tout à peine en cas de contravention ou de fraude, de saisie & confiscation desdits bois & de cent livres d'amende.

Sans qu'il puisse néanmoins être exigé ni perçu aucun droit sur les arbres fruitiers, tombés, abattus ou arrachés dans ladite enceinte seulement.

17. *Où les droits doivent être acquittés.* Par rapport aux marchandises & denrées sujettes aux droits du tarif qui arriveront par terre, les droits en seront payés aux Bureaux qui seront établis près les barrieres de chaque avenue, dans chacun desquels Bureaux sera affiché une copie en forme & duement collationnée dudit tarif.

1758. 18. *Obligations des Voituriers porteurs de marchandises en évidence.* Il ne sera dû aucune déclaration des marchandises & denrées qui seront en évidence, mais les Voituriers, Conducteurs & Porteurs seront tenus seulement de s'arrêter aux Barrieres ou Bureaux pour en payer les droits conformément au tarif; & en cas qu'ils vinssent à passer outre lesdites barrieres, quoiqu'avertis par l'Adjudicataire ou ses Commis, sans acquitter les droits, les marchandises ou denrées, ainsi que les voitures, harnois & chevaux seront saisis & confisqués, & les contrevenans condamnés en cent livres d'amende.

19. *Obligations des Voituriers pour les marchandises en balles.* Quant aux marchandises qui entreront en balles, caisses, tonneaux ou autres emballages, les Voituriers ou Conducteurs, ou les Marchands & Propriétaires seront tenus d'en faire aux Bureaux d'entrée leurs déclarations de la quantité & qualité suivant la nature des droits qui seront dûs; comme aussi d'acquitter lesdits droits, sous les même peines que dessus, lesquelles demeureront encourues en cas de fausse déclaration.

20. *Obligations des Voituriers pour les marchandises qui arriveront par eau.* A l'égard des marchandises & denrées arrivant par eau, il en sera fait déclaration dans le jour au plus prochain Bureau du port, par quantité & qualité, sans pouvoir être déchargées avant que les droits ayent été payés, à peine de confiscation & de cent livres d'amende, lesquelles peines seront également prononcées en cas de fausse déclaration : il en sera cependant usé par rapport aux verreries & fayances de la maniere expliquée dans les articles 5, 6 & 10 du chapitre XII dudit tarif.

21. *Défenses de troubler les Commis de l'Adjudicataire.* Fait Sa Majesté défenses à toutes personnes de quelque qualité & condition qu'elles puissent être, d'injurier & maltraiter les Commis de l'Adjudicataire, ou de les troubler autrement dans leurs fonctions & exercices, à peine de cinq cens livres d'amende, au payement de laquelle les contrevenans seront contraints par corps.

22. *Marchandises payant au poids.* Pour les marchandises qui doivent payer au poids, il ne sera fait aucune diminution ni refraction des toiles d'emballage, paniers, caisses, tonneaux ou autres vaisseaux qui contiendront lesdites marchandises; mais le droit sera payé de la balle, caisse ou tonneau dans l'état qu'ils se trouveront, à l'effet de quoi & pour la perception desdits droits, l'Adjudicataire sera tenu & autorisé, en tant que de besoin par le présent Arrêt, d'avoir fléaux, romaines, balances & autres poids suffisans.

23. *Défenses d'introduire par voyes obliques.* Fait Sa Majesté défenses à tous Particuliers d'introduire dans ladite Ville, fauxbourgs & enceinte, aucune sorte de marchandises sujettes aux droits du tarif par les greves & sables de la riviere ou autres issues & voies, que celles où seront placées lesdites barrieres, à peine pour la premiere fois du double droit & de trois livres d'amende, & pour la seconde de saisie, confiscation & de cent livres d'amende, laquelle peine aura pareillement lieu, même pour la premiere fois contre les Habitans de ladite Ville & fauxbourgs.

24. *Défenses aux Commis de l'Adjudicataire de fouiller dans les coffres, valises, &c.* L'Adjudicataire, ses Commis ou Préposés ne pourront fouiller dans les coffres des carrosses, chaises & autres voitures, dans les valises ou bougettes des Cavaliers, ni dans les poches des gens de pied de quelqu'état & condition qu'ils soient; mais en cas de soupçon contre quelques Particuliers, soit de la Ville, soit du dehors, l'Adjudicataire ou ses Commis, pourront prendre l'Ordonnance du Juge pour être autorisés à les fouiller à la premiere occasion : & si par les recherches

qui seront faites, il se trouvoit des effets sujets aux droits d'entrée qui n'ayent pas été déclarés, ils seront confisqués, & le contrevenant condamné en cent livres d'amende. 1758.

25. *Entrepôts prohibés.* Fait Sa Majesté défenses à tous Particuliers, Marchands & autres Habitans de ladite Ville & fauxbourgs, de faire aucuns entrepôts ni magasins des marchandises & denrées sujettes aux droits du tarif, hors les barrieres & enceinte dans les hameaux & écarts de ladite Ville, & les Paroisses de Saint-Lambert, Villebernier, Dampierre, Varrains, Baigneux, Saint-Barthelemy & Saint-Hilaire de Saint-Florent, contiguës & limitrophes de ladite Ville & fauxbourgs, à peine de confiscation desdites marchandises entreposées, & de cent livres d'amende solidaire entre les Propriétaires d'icelles & les Propriétaires ou Locataires des lieux qui auront servi d'entrepôt : permet Sa Majesté à l'Adjudicataire ou à ses Commis, en cas d'avis ou soupçon desdits entrepôts, de se transporter dans toutes les maisons & lieux indiqués ou soupçonnés, à quelques personnes qu'ils appartiennent, ou par quelques personnes qu'ils soient occupés, en prenant néanmoins l'Ordonnance du Juge : auquel cas les Propriétaires ou Locataires desdits lieux seront tenus d'en faire ouverture & souffrir les recherches desdits Commis dans leurs maisons & lieux quelconques en dépendans, le tout à peine de deux cens livres d'amende.

26. *Exception pour les huiles.* Pourront cependant les Marchands & autres Habitans de ladite Ville & fauxbourgs emmagasiner dans les caves de Saint-Florent & autres hors les barrieres, les huiles dont le droit aura été payé à l'entrée, desquelles huiles ils seront tenus de fournir au Bureau leur déclaration signée d'eux ou de leurs Commis, dont copie leur sera délivrée par le Préposé, le tout aussi sur papier commun, sans frais, pour sur la représentation & remise de ladite copie, rentrer quand bon leur semblera lesdites huiles sans rien payer.

27. *Exceptions pour les vins, bois, pailles, foins & avoines.* Ne seront aussi compris dans les défenses d'entreposer les vins, bois, foins, pailles & avoines, dont il sera permis à toutes personnes de faire telles provisions, amas ou magasins que bon leur semblera hors lesdites barrieres, & dont le droit ne sera dû ni perçu que dans le cas où ils entreroient dans ladite Ville, fauxbourgs & enceinte.

28. *Hameaux exceptés du tarif.* Les droits de tarif ne seront point levés dans les Hameaux & Cantons du clos Bonnet, Bourgneuf, Beaulieu & les moulins & maisons situés sur le château dépendans de ladite Paroisse de Notre-Dame de Nantilly & qui se trouvent hors les barrieres & enceinte ; mais sur le montant des impositions de ladite Ville & fauxbourgs de Saumur, il sera distrait chaque année par le sieur Commissaire départi, lors du département des tailles, une somme proportionnée à la force desdits Hameaux, cantons & moulins, pour être imposée en forme de capitation sur les Habitans d'iceux, pour être le rôle de recouvrement fait & arrêté tous les ans, en présence de l'Adjudicataire du tarif, par trois Officiers du Corps de Ville & deux notables Bourgeois, tels qu'ils seront nommés par ledit sieur Commissaire départi, par lequel ledit rôle sera vérifié & rendu exécutoire, & remis ensuite dans le 15 Janvier de chaque année audit Adjudicataire, pour en faire le recouvrement à son profit, par les voies ordinaires & usitées pour les deniers & affaires de Sa Majesté.

29. *Auberges & Cabarets du dehors.* Ceux qui tiennent ou tiendront les Auberges & Cabarets actuellement établis hors les barrieres & dans la distance de cent toises desdites barrieres, seront sujets aux droits de tarif & autres droits qui se perçoivent au profit de la Ville sur les vins, cidres & bieres, comme si

1758. lesdites Auberges étoient situées dans l'enceinte desdites barrieres ; & en cette considération ils seront taxés d'office à la taille dans les Paroisses & lieux de leur domicile par le sieur Commissaire départi, sans pouvoir être augmentés par les Collecteurs ; de l'appel desquelles taxes d'office, Sa Majesté se réserve la connoissance & à son Conseil, icelle interdisant à toutes ses Cours & autres Juges ; & seront les tailles & autres impositions desdits Aubergistes & Cabaretiers, ou seulement partie d'icelles, payées à leur décharge par l'Adjudicataire du tarif sur le pied de son bail, suivant les états qui en seront arrêtés tous les ans par ledit sieur Commissaire départi, proportionnément aux droits de tarif que chacun d'eux aura payé le cours de l'année. Défend Sa Majesté d'établir désormais dans la même distance aucunes autres Auberges ou Cabarets, si ce n'est du consentement des Maire & Echevins, avec la permission dudit sieur Commissaire départi, & sous les conditions ci-dessus exprimées.

30. *Défenses aux Bouchers de s'établir dans les dehors des barrieres.* Aucun Boucher, même ceux qui sont ou seront reçus Maîtres, ne pourront s'établir & tuer hors lesdites barrieres & enceintes dans lesdites Paroisses de Saint-Lambert, Villebernier, Dampierre, Varrains, Chacé, Baigneux, Saint-Barthélemy & Saint-Hilaire, à peine de confiscation des bestiaux vifs ou morts qui seroient trouvés chez eux, & de deux cens livres d'amende, sans préjudice du droit des Maîtres Bouchers, de sortir, transporter, étaler, vendre & débiter dans lesdites Paroisses, ainsi que dans toutes les autres de la banlieue, les viandes qu'ils auront tuées dans l'enceinte desdites barrieres, & d'empêcher dans toute l'étendue de ladite banlieue l'établissement & le détail d'aucun Boucher qui ne soit reçu Maître, duquel droit ils useront aux termes de leurs statuts & privileges en la maniere accoutumée.

31. *Déclarations des vins, boissons & bestiaux, à faire au premier Octobre.* Les Habitans de ladite Ville & fauxbourgs sujets au tarif, ainsi que les Aubergistes & Cabaretiers, tant de ladite Ville & fauxbourgs, que ceux établis dans l'espace desdites cent toises, seront tenus de remettre à l'Adjudicataire ou ses Préposés dans le premier Octobre prochain, une déclaration sur papier commun, qu'ils signeront ou feront signer par deux témoins, des vins, bieres & cidres qu'ils pourront avoir dans leurs caves, celliers ou magasins, leurs Auberges ou Cabarets, à l'exception de ceux qui seront en bouteilles, qui ne seront sujets à aucune déclaration, ni pour cette premiere fois à aucun droit de tarif; pareille déclaration & dans la même forme, sera faite par les Bouchers de ladite Ville & fauxbourgs, des bœufs, vaches & autres bestiaux qu'ils auront dans l'enceinte desdites barrieres : faisant Sa Majesté défenses aux uns & aux autres de recéler ni entreposer aucune desdites especes de marchandises, à peine de confiscation & de cent livres d'amende solidaire entr'eux & ceux qui auroient favorisé lesdits recélés ou entrepôts ; pour la vérification desquelles déclarations, l'Adjudicataire pourra faire faire dans la quinzaine un inventaire chez tous les Habitans, Aubergistes, Cabaretiers & Bouchers, sur lequel inventaire, ou à défaut, sur lesdites déclarations, les droits desdits vins, bieres, cidres & bestiaux, seront payés conformément audit tarif.

32. *Application des amendes.* Veut Sa Majesté que toutes les confiscations & amendes qui seront prononcées ou encourues, soient applicables, moitié à l'Adjudicataire, l'autre moitié aux Hôpitaux, auxquels l'Adjudicataire sera tenu d'en compter le produit d'année en année.

33. *Habitans propriétaires ou fermiers de biens de campagne.* Les Habitans de ladite Ville & fauxbourgs de Saumur, qui feront valoir par leurs mains, serviteurs

viteurs ou domestiques, leurs propres héritages, ou tiendront à ferme aucuns biens & domaines hors desdites Villes & fauxbourgs dans les Paroisses de campagne, soit de l'Election de Saumur, soit dans les autres Elections, seront & demeureront taillables, conformément aux réglemens généraux, dans les Paroisses où lesdits biens sont situés. 1758.

34. *Taillables qui viendront s'établir à Saumur.* Aucun Particulier taillable ne pourra venir s'établir dans la Ville & fauxbourgs pour jouir du bénéfice du tarif, qu'à condition de payer la taille sa vie durant dans la Paroisse dont il sera sorti, & sur les rôles de laquelle il étoit imposé, à l'exception néanmoins de ceux qui ayant quitté la Ville, depuis cinq ans, y rentreront dans le cours de l'année qui suivra la publication dudit tarif; à l'exception aussi des Maîtres d'exercice, dont il est parlé dans l'article II, qui viendroient s'établir dans ladite Ville, tous lesquels seront seulement taxés dans leur dernier domicile, pendant le temps & ainsi qu'ils auroient dû l'être, si ladite Ville de Saumur n'eût pas obtenu l'établissement du tarif.

35. *Réserve en faveur des Communautés érigées en Jurande.* Veut & entend Sa Majesté, que les dispositions des articles derniers du chapitre VI, & IV du chapitre VIII du présent tarif, ne puissent préjudicier ni donner atteinte aux statuts & privileges des Communautés des Maîtres Menuisiers, Serruriers & Taillandiers; lesquels, ainsi que ceux des Cordonniers & autres de ladite Ville, érigées en Jurande, Sentences & Réglemens de Police rendus en conséquence, seront exécutés selon leur forme & teneur; qu'en conséquence, défenses sont faites à tous Forains & autres d'introduire dans ladite Ville & fauxbourgs aucuns ouvrages desdits métiers, à peine de saisie, confiscation & de cent livres d'amende, applicable moitié au profit de l'Adjudicataire, un quart au profit de la Communauté à l'égard de laquelle la contravention aura été commise, & l'autre quart aux Hôpitaux: voulant Sa Majesté que les saisies qui seront faites, soit à la requête de l'Adjudicataire, soit à la requête desdites Communautés, & les contestations qui pourroient naître à ce sujet seulement, soient portées devant les Officiers de Police, & par appel au Parlement.

36. *Attribution.* Ordonne enfin Sa Majesté, que toutes les contestations qui pourront survenir à l'occasion de l'établissement, perception & exercice dudit tarif, seront portées en premiere instance, pendant le cours du premier bail, pardevant ledit sieur Intendant & Commissaire départi, & par appel au Conseil: & après l'expiration dudit bail, pardevant les Officiers de l'Election de Saumur, & par appel à la Cour des Aydes; à l'exception des adjudications qui continueront d'être faites de bail en bail par ledit sieur Commissaire départi, ainsi que les impositions & répartitions à faire, tant sur les Habitans des cantons & maisons dépendans de la Paroisse de Notre-Dame de Nantilly, que sur les Habitans taillables de ladite Ville & fauxbourgs de Saumur, en cas d'insuffisance du produit desdits droits de tarif. Et seront, sur le présent Arrêt, toutes lettres nécessaires expédiées: enjoint Sa Majesté au sieur Intendant & Commissaire départi en la Généralité de Tours, de tenir la main à son exécution. Fait au Conseil d'Etat du Roi, tenu à Versailles, le dix-huit Juillet mil sept cent cinquante-huit.

Signé, DE VOUGNY.

1759.

ARRÊT *du Conseil, qui ordonne l'exécution de deux autres Arrêts du Conseil, des 25 Juillet 1752 & 20 Mai 1753, portant établissement des droits de tarif sur certaines denrées & marchandises qui entreront dans la Ville, fauxbourgs & dépendances de Laval, Généralité de Tours.*

25 Septembre 1759.

VU au Conseil d'Etat du Roy, l'Arrêt rendu en icelui, le 25 Juillet 1752, sur la Requête des Maire, Echevins & Habitans de la Ville de Laval, par lequel Sa Majesté ayant égard à ladite Requête, a ordonné qu'à commencer du premier Octobre de ladite année 1752, les impositions tant ordinaires qu'extraordinaires, qui se levent sur ladite Ville de Laval & fauxbourgs en dépendans, seroient & demeureroient commuées en un droit qui se percevroit, non seulement sur toutes les denrées destinées à la consommation de ladite Ville & fauxbourgs, mais encore sur toutes les marchandises qui y entreroient, suivant le tarif y annexé: autre Arrêt du Conseil d'Etat du Roy, du 22 Mai 1753, par lequel Sa Majesté auroit ordonné l'exécution de celui du 25 Juillet 1752, & néanmoins qu'à commencer du premier Octobre suivant, lesdits droits de tarif, ensemble les deux sols pour livre, seroient levés & continueroient de l'être à l'avenir, conformément au tarif y énoncé & aux changemens, additions & suppressions y portées; desquels droits seroit fait adjudication au plus offrant & dernier enchérisseur, en la maniere accoutumée, & pour le temps de six années, pendant lesquelles toutes les contestations qui pourroient survenir à l'occasion de l'établissement, perception & exercice dudit tarif, seroient portées en premiere instance pardevant le sieur Commissaire départi en la Généralité de Tours, & par appel au Conseil, & après lesdites six années expirées, pardevant les Officiers de l'Election de Laval, & par appel à la Cour des Aydes. Les Arrêts du Conseil d'Etat de Sa Majesté des premier Avril & 24 Juin 1755, dont le premier a déchargé les Cabaretiers & Aubergistes du doublement de droits auxquels ils étoient assujettis par les chapitres VI & VII du tarif énoncé dans l'Arrêt du 22 Mai 1753; le second a augmenté les droits fixés sur les foins & pailles par le chapitre VI; le troisieme a déclaré la Paroisse de Louverné & celle d'Entrames comprises dans la prohibition des entrepôts ordonnés dans les Paroisses d'Avenieres, Lhuisserie, S. Berthevin & autres; la Requête présentée au Roy par les Maire & Echevins de Laval, contenant qu'indépendamment des changemens & réformes apportés à la perception des droits dudit tarif par lesdits Arrêts, il a été rendu dans le cours du bail actuel par le sieur Commissaire départi, différentes Ordonnances & décisions, dont les unes contiennent des Réglemens utiles pour la sûreté & la facilité du recouvrement, les autres ont restreint le Fermier dans les bornes de la perception du droit, quant à certaines denrées ou marchandises qu'il prétendoit y être assujetties & qui en ont été déchargées; d'autres enfin ont déclaré sujettes, des marchandises dont les droits lui étoient contestés, quoique comprises dans la classe de celles qui sont spécifiées par ledit Arrêt: & comme il importe au bien de la régie & de la tranquillité des Citoyens que ces Arrêts & Réglemens soient exécutés; à ces causes requéroient lesdits Maire & Echevins, qu'il plût à Sa Majesté ordonner l'exécution des Arrêts de son Conseil, des 25 Juillet 1752 & 22 Mai 1753, premier Avril & 24 Juin 1755, ensemble des décisions & Ordonnances rendues par 1759. ledit sieur Commissaire départi, recevoir & homologuer à cet effet le projet de tarif annexé à leur requête; ordonner en conséquence que lesdits droits de tarif seront perçus sur ce pied, à commencer du premier Octobre de la présente année, & qu'ils continueront de l'être à l'avenir, & leur accorder sur ce toutes Lettres-Patentes nécessaires: vu sur ce l'avis du sieur Lescalopier, Intendant & Commissaire départi en la Généralité de Tours. Oui le rapport du sieur de Silhouette, Conseiller ordinaire au Conseil Royal, Contrôleur-Général des Finances; le Roy en son Conseil, a ordonné & ordonne que les Arrêts du Conseil des 25 Juillet 1752 & 22 Mai 1753, portant établissement des droits de tarif sur certaines denrées & marchandises qui entreront dans la Ville, fauxbourgs & dépendances de Laval, en commutation des impositions, tant ordinaires qu'extraordinaires de ladite Ville, fauxbourgs & dépendances, seront exécutés selon leur forme & teneur, & néanmoins interprétant ledit Arrêt du 22 Mai 1753, y ajoutant, retranchant ou dérogeant; veut Sa Majesté qu'à compter du premier Octobre prochain, lesdits droits de tarif, ensemble les deux sols pour livre d'iceux, soient payés par toutes personnes & continuent de l'être pour l'avenir, de la maniere & ainsi qu'il ensuit.

CHAPITRE PREMIER.

Boucherie.

	l.	*s.*
1. PAR chacune chair de bœuf, taureau & bouvard, qui sera vendue, débitée & consommée sous les Halles de Laval, par les Bouchers & autres, sera payé six livres, ci	6	
2. Par chacune chair de vache, genisse ou taure, comme dessus, sera payé trois livres, ci	3	
3. Par chacune chair de veau, comme dessus, sera payé quinze sols, ci		15
4. Par chacune chair de mouton, brebis, chevre, agneau & chevreau, depuis la Saint Jean, sera payé comme dessus, dix sols, ci		10

Tous Bouchers & autres ne pourront faire entrer, étaler ou vendre, soit en leurs naisons, soit ailleurs, aucune viande des especes ci-dessus, dans toute l'étendue de a banlieue de la Ville, quoique sur le territoire d'autres Paroisses, & la chair de outes les bêtes susdites qui seront massacrées dans toute cette étendue, sera apportée ux Halles, pour y être vendue, après en avoir acquitté les droits, à peine de confscation & de cent livres d'amende.

Tous les Bouchers seront tenus de faire leurs déclarations à la barriere Sainte Catherine, des bestiaux vifs qu'ils feront entrer dans leurs maisons & autres lieux à ux appartenans, dans le jour de celles qu'ils auront faites ou dû faire au Bureau des ydes, de faire pareilles déclarations à la même barriere de ceux qu'ils voudront nassacrer & avant le massacre, ne pourront transporter aux Halles les chairs desdits estiaux pour y être vendues, par autre barriere ou entrée quelconque que la barriere ainte Catherine, & seront tenus de représenter aux Commis de l'Adjudicataire s quittances des droits qu'ils auront payés, à l'effet par lesdits Commis de érifier si lesdits Bouchers n'en feroient point entrer autres ou en plus grande uantité.

13 T ij

1759. 5. Tous les Bourgeois, Habitans, Bouchers & autres qui apporteront & feront entrer dans ladite Ville & Banlieue de la viande du dehors, seront tenus d'en faire déclaration aux Bureaux d'entrée, & d'en payer les droits fixés à six deniers pour chaque livre de viande de toutes les especes ci-dessus énoncées, sous les mêmes peines.

	l.	*s.*
6. Par chacun cent de suif fondu, provenant du massacre desdites bêtes ou entrant du dehors, sera payé par les Bouchers & autres, deux livres dix sols, ci	2	10
7. Par chacun cent de suif noir comme dessus, sera payé une livre cinq sols, ci	1	5
8. Par chacun cent pesant de chandelle venant du dehors, sera payé trois livres, ci	3	

Tous les Marchands & autres qui feront entrer en Ville des suifs & chandelles, seront tenus d'en faire déclaration & d'en payer les droits, à peine de confiscation & de vingt livres d'amende, solidaire entre le Voiturier & le Propriétaire.

Seront tenus les Bouchers sujets aux droits du présent tarif, de faire tous les Lundis de chaque semaine, au Bureau établi pour la perception des droits sur les suifs, leur déclaration de la quantité de suif en grappe provenant des bestiaux par eux massacrés dans le courant de la semaine révolue, comme aussi de faire pareille déclaration audit Bureau, des jours, lieux & heures auxquels ils entendront fondre lesdits suifs, afin que l'Adjudicataire y puisse faire trouver ses Commis: leur faisant Sa Majesté défenses d'en fondre autrement qu'en présence desdits Commis ou eux duement avertis, de vendre ou distraire aucune partie desdits suifs avant la fonte, sans en faire également déclaration audit Bureau, le tout à peine de confiscation desdits suifs & de vingt livres d'amende pour chaque contravention.

Ne pourront les Chandeliers de la Ville, fauxbourgs & Territoire sujets, faire aucune fonte de suif en grappe, sans en avoir préalablement fait déclaration audit Bureau, avec indication des jours, lieux & heures où ladite fonte devra être faite, afin que l'Adjudicataire y puisse faire trouver ses Commis, si bon lui semble, auxquels lesdits Chandeliers seront tenus de représenter & remettre les acquits des droits payés pour lesdits suifs, soit par eux, soit par ceux qui les auront vendus, le tout à peine de confiscation & de vingt livres d'amende pour chaque contravention.

Enjoint aux Commis ou Préposés de l'Adjudicataire de remettre auxdits Chandeliers, après la fonte, un état signé d'eux du produit des suifs fondus en leur présence, tant en blanc qu'en noir, pour servir à leur décharge.

Fait Sa Majesté défenses auxdits Chandeliers de fondre leurs suifs ailleurs que chez eux, ou dans les endroits à ce destinés habituellement, & de les porter ainsi que les ustensiles de toute espece servant à la fonte & fabrication de la chandelle, dans les maisons des privilégiés, des Bourgeois ou autres Particuliers de la Ville, fauxbourgs & territoire de Laval, à peine de confiscation du tout & de cent livres d'amende.

CHAPITRE II.

Boissons.

1. Par chacune pipe de vin, des crus d'Anjou, Orléans, Beaugency, Tours,

Blois, Bordeaux & autres de pareilles qualités & terroirs, & de celui du pays qui entrera ou se façonnera en ladite Ville, fauxbourgs & dépendances, pour le compte des Bourgeois & Habitans, sera payé six livres, au-dessus & au-dessous à proportion, ci l. s. 6 1759.

2. Par chacune pipe de vin des especes & qualités ci-dessus, sera payé par les Cabaretiers & autres vendans & débitans, tant pour droits d'entrées que pour droits de détail, douze livres, au-dessus & au-dessous à proportion, ci 12

3. Par chacune pipe de cidre, pommé ou poiré & de biere qui entrera ou se façonnera en ladite Ville, fauxbourgs & dépendances, sera payé par l'Habitant & Bourgeois, une livre dix sols, ci 1 10

4. Par chacune pipe de cidre, pommé ou poiré & de biere qui entrera comme dessus, sera payé par les Cabaretiers & autres vendans en détail, trois livres, au-dessus & au-dessous à proportion, ci 3

5. Par chacun pot de vin de Champagne, Tonnerre, Bourgogne, Espagne & autres vins de liqueurs étrangeres, qui entrera en ladite Ville, fauxbourgs & dépendances, sera payé par les Habitans, Bourgeois, & autres vendans en détail, quatre sols, au-dessus & au-dessous à proportion, ci 4

6. Par chacun pot d'eau-de-vie qui entrera & se façonnera audit Laval, fauxbourgs & dépendances, sera payé par les Habitans, Bourgeois, Epiciers & autres vendans en détail, quatre sols, au-dessus & au-dessous à proportion, ci 4

7. Par chacun pot de liqueur, esprit-de-vin ou eau-de-vie rectifiée, qui entrera comme dessus, sera payé par l'Habitant, Bourgeois & autres vendans en détail, six sols, au-dessus & au-dessous à proportion, ci 6

8. Par chacun poinçon de vinaigre ou cidre aigre, qui entrera & se façonnera audit Laval, sera payé par l'Habitant, Bourgeois & autres vendans en détail, six livres, au-dessus & au-dessous à proportion, ci 6

Les droits d'entrée & de détail ci-dessus énoncés des vins, cidres, bieres, eaux-de-vie & autres liqueurs, seront payés par tous Bourgeois & autres Habitans demeurans dans l'étendue des deux Paroisses de Laval, quoique hors la Ville & fauxbourgs, ainsi que par tous les Cabaretiers & Aubergistes établis ou à établir dans la banlieue, quoique sur le territoire d'autres Paroisses.

Dans tous les cas susdits, tous les Bourgeois & Habitans de la Ville & fauxbourgs de Laval qui feront venir des vins, cidres & autres boissons dans l'enceinte des barrieres tant par eau que par terre, les Voituriers & Conducteurs d'icelles seront tenus d'en faire leur déclaration auxdites barrieres d'entrée, d'y représenter les congés & lettres de voiture, pour y être les droits acquittés suivant l'exigence des cas, si mieux n'aiment les payer au Bureau général dudit tarif.

Ceux des Particuliers sujets au tarif qui demeurent hors l'enceinte desdites barrieres & dans l'étendue des cinq cens toises pareillement sujets aux droits d'Inspecteurs aux Boissons, seront tenus de faire leur déclaration des vins & autres boissons qu'ils feront venir au Bureau général dudit tarif, ou à la barriere la plus prochaine, dans le jour de celles qu'ils auront faites ou dû faire au Bureau des Aydes.

Les Habitans du surplus du territoire des deux Paroisses de Laval, qui par l'éloignement de leurs maisons sont exempts des droits d'Inspecteurs aux boissons, ne pourront faire décharger dans leurs maisons aucuns vins, cidres & autres

1759. boissons, sans en avoir fait préalablement leurs déclarations au Bureau général dudit tarif, ou à la barriere la plus prochaine, & acquitté les droits.

Seront tenus les Aubergistes & Cabaretiers de faire les mêmes déclarations que dessus, mais ne seront contraints d'acquitter les droits, tant d'entrée que de détail, qu'au fur & à mesure de leur débit & consommation; & en cas que leurs vins, cidres & autres boissons viennent à se gâter, sans pouvoir être convertis en vinaigre, ils ne pourront être contraints d'en payer que le droit simple sur le même pied que les autres Bourgeois & Habitans de ladite Ville, en requérant néanmoins par eux le transport des Commis de l'Adjudicataire pour vérifier & constater le fait.

Les Marchands de vin en gros seront tenus de faire au Bureau de la barriere de la rue de Riviere, déclaration de tous les vins & autres boissons qu'ils feront arriver en ladite Ville, pour raison desquelles, ainsi que pour les vinaigres, ils pourront être exercés particuliérement par les Commis & Employés de l'Adjudicataire.

Il ne sera fait chez les Aubergistes & Cabaretiers de la Ville, fauxbourgs & banlieue de Laval, aucun exercice particulier par les Employés du tarif; mais l'Adjudicataire pourra décerner ses contraintes pour le payement de ses droits, sur les relevés qu'il fera faire des registres des Aydes.

Il ne sera fait par les Commis & Employés dudit Adjudicataire, aucun inventaire particulier des vins & cidres qui seront façonnés, & aucun exercice pour raison des bieres qui seront brassées dans les lieux sujets au tarif, qui le sont en même temps aux droits d'Inspecteurs aux Boissons, & les droits en seront perçus sur les relevés qui seront faits par lesdits Employés, des registres tenus pour les Aydes; & à l'égard de ceux qui sont au-delà des cinq cens toises, ils seront tenus de faire les mêmes déclarations & soumissions au Bureau du tarif, que ceux des cinq cens toises sont tenus de faire au Bureau des Aydes, & de souffrir les mêmes exercices.

Tout ce que dessus sera observé, à peine de confiscation des marchandises, & de cent livres d'amende pour chaque contravention, laquelle amende sera solidaire entre le Propriétaire, les Voituriers & Conducteurs.

Pour faciliter à l'Adjudicataire, ses Cautions, Commis & Employés, la régie & perception desdits droits sur les boucheries & boissons, il leur sera donné communication, sans déplacer, par les Directeurs, Commis & Employés des Aydes, à la fin de chaque mois, de tous les registres d'entrée journaliere, de tous les vins & autres boissons, & des déclarations des Bouchers, des relevés qui leur seront fournis, des registres de Courtiers-Jaugeurs dans les campagnes, des registres d'exercice fait chez les Aubergistes, Cabaretiers & autres vendans en détail, des registres d'inventaires, & généralement de tous ceux qui seront relatifs à la régie & perception des droits du présent tarif: pourront les Commis & Employés dudit tarif, faire sur lesdits registres les relevés qu'ils jugeront nécessaires pour l'exercice dudit tarif; & respectivement l'Adjudicataire du tarif, son Directeur, Commis & Employés seront tenus de communiquer, sans déplacer, toutefois qu'ils en seront requis, tous leurs registres relatifs à la perception & régie des droits d'aydes, & de tous autres dont ils pourront être chargés, pour, par lesdits Employés des Aydes, y faire tous les relevés dont ils auront besoin.

CHAPITRE III.

Fer, acier, dindanderie, quinquaillerie, étain, plomb & airain.

l. *s.*

1. Par chaque cent pesant de fer, poids de marc, en barre, tôle brute, essieu, ou fer en verge & acier en ballon, entrant audit Laval, pour y être consommé, vendu ou débité, y reposant plus de vingt-quatre heures, sera payé dix sols, au-dessus ou au-dessous à proportion, ci 10

2. Par chacun cent pesant comme dessus, de fer en œuvre, de socs, pics, houettes, bandages, gonds, pentes, verrous, fourches, canons & platines de fusil & pistolets, fusils & pistolets tout montés, clous de toute espece, grands, moyens & petits, & autres ouvrages de fer venant du dehors comme dessus, sera payé une livre, au-dessus & au-dessous à proportion, ci 1

Les faux, faucilles & volans venant du dehors, ne seront sujets à aucuns droits.

3. Par chaque pelle ou bêche ferrée, venant du dehors, comme dessus, sera payé un sol, ci 1

4. Par chacun cent d'acier non œuvré, entrant comme dessus, sera payé deux livres dix sols, au-dessus & au-dessous à proportion, ci 2 10

5. Par chacun cent pesant de ciseaux fins, couteaux à ressort, gardes, lames d'épées, fleurets, alênes, carrelets, limes fines, hameçons, portes & crochets, boucles de souliers, de jarretieres & de rideaux; fer-blanc & noir, clous à Cordonniers, & tous ouvrages de quinquaillerie de pareille espece & qualité, entrant comme dessus, sera payé cinq livres, au-dessus & au-dessous à proportion, ci 5

Les dents de serans, les serans, les peignes à tirer la laine, & cardes propres aux Manufactures, venans du dehors, ne seront sujets à aucuns droits.

6. Par chacun cent pesant de ciseaux & couteaux communs de Forez, tenailles, brochoires, moulins à poivre & à café, marteaux, étrilles, étriers, fil d'archal de toutes les especes, & autres ouvrages de pareille espece & qualité, entrant comme dessus, sera payé une livre cinq sols, au-dessus & au-dessous à proportion, ci 1 5

7. Par chacun cent pesant de fer, acier mêlé, en œuvres de haches, coignées, baizegues & tous ouvrages d'œuvre blanche, entrant comme dessus, sera payé deux livres dix sols, au-dessus & au-dessous à proportion, ci 2 10

8. Pour chacune charge de cheval de trois cens pesant de chaudieres, chauderons, marmites, poëles, poêlons & autres ouvrages de fer de cette espece, ou de fonte de fer venant du dehors, comme dessus, sera payé une livre cinq sols, au-dessus & au-dessous à proportion, ci 1 5

9. Par chacun cent pesant de cuivre, airain & métal, non œuvré ou à demi-œuvré & non perfectionné, entrant comme dessus, sera payé cinq livres, au-dessus & au-dessous à proportion, ci 5

10. Par chacun cent pesant de poëles, poêlons, chaudieres, chauderons, coquemards, landiers, platines, tourtieres & tous autres ouvrages en cuivre, airain & métal perfectionné, entrant comme dessus, sera payé sept livres dix sols, au-dessus & au-dessous à proportion, ci 7 10

Ne sera exigé aucuns droits sur toutes les vieilles mitrailles entrant audit Laval, & vieux ouvrages à réparer ou à étamer. *l.* *s.*

1759.

11. Par chacun cent pesant d'étain en grille, saumon, ou en œuvre, neuf ou vieux, fin ou commun, l'un portant l'autre, venant du dehors comme dessus, sera payé deux livres dix sols, au-dessus & au-dessous à proportion, ci 2 10

12. Par chacun cent pesant de plomb en table, saumon, ou en œuvre, neuf ou vieux, & de tous autres ouvrages de plomb, & plomb à giboyer, entrant audit Laval comme dessus, sera payé une livre, au-dessus & au-dessous à proportion, ci 1

Pour le vieux plomb de vitre, entrant comme dessus, sera payé moitié droit seulement.

Seront tenus les Marchands ou autres qui feront venir du dehors en ladite Ville, fauxbourgs & dépendances, aucunes des matieres ci-dessus ouvragées ou non, & autres de pareille qualité, de la déclarer à l'entrée, par quantité & qualité, & d'en acquitter les droits, à peine de confiscation & de cinquante livres d'amende pour chaque contravention contre le Propriétaire, & de vingt livres contre le Voiturier.

Pourront les Bourgeois & Habitans faire rentrer dans la Ville & dépendances sans payer des droits d'entrée, la vaisselle d'étain & batterie de cuisine marquées à leur nom ou armes, qu'ils feront sortir pour le temps qu'ils passent à leur campagne, en les représentant lors de la sortie, avec une déclaration signée d'eux, pour être vérifiées lors de la rentrée au Bureau où ladite déclaration aura été faite.

CHAPITRE IV.

Droguerie, épicerie, teinturerie.

1. Par chacun cent pesant de cire neuve, jaune ou blanche entrant comme dessus audit Laval, sera payé trois livres quinze sols, au-dessus & au-dessous à proportion, ci 3 15

2. Par chacun cent pesant de cire jaune ou blanche ouvragée, entrant comme dessus, sera payé dix livres, au-dessus & au-dessous à proportion, ci 10

Ne seront sujets qu'au demi-droit de l'article premier, les bouts de cierge ou flambeaux & autres débris de cire qui seront apportés en Ville.

3. Par chacun cent pesant d'huile d'olive fine, entrant comme dessus, sera payé cinq livres, au-dessus & au-dessous à proportion, ci 5

4. Par chacun cent pesant d'huile d'olive grasse, entrant comme dessus, sera payé deux livres dix sols, au-dessus & au-dessous à proportion, ci 2 10

5. Pour chacun cent pesant brut d'huile de rabette, noix, poisson, chenevis & autres de même qualité, qui entrera ou se façonnera audit Laval, sera payé une livre, ci 1

6. Par livre de cochenille, indigo, huile de vitriol, bleu de Chypre, vermillon, or de Boulogne, vif-argent, massicot, outremer, cendré bleu & verd, & sel ammoniac, entrant comme dessus, sera payé deux sols, au dessus & au dessous à proportion, ci 2

7. Par chaque livre de noix de galle, rocou, verd-de-gris, bleu en

poudre,

poudre, bleu en pierre, feil de grain, lacque, graine d'Avignon, entrant comme dessus, sera payé un sol, au-dessus & au-dessous à proportion, ci *l. s. d.* 1 — 1759.

8. Par chacune livre de gomme arabique, cendre gravelée, garance, & couperose blanche, entrant comme dessus, sera payé six deniers, au-dessus & au-dessous à proportion, ci 6

9. Par chacune livre de bois d'Inde, alun, orseille, sammaque, soufre, mine de plomb, litharge, tartre gravelée, bois de Brésil, bois jaune, bois de sandal & autres de pareille nature, entrant comme dessus, sera payé trois deniers, au-dessus & au-dessous à proportion, ci 3

10. Par chacun cent pesant de couperose verte, rodon, terre dombre, pierre noire, ocre & autres de pareille nature, entrant comme dessus, sera payé douze sols six deniers, au-dessus & au-dessous à proportion, ci 12 6

11. Par chacun cent pesant de miel, pruneaux & cerises cuites, entrant comme dessus, sera payé douze sols six deniers, au-dessus & au-dessous à proportion, ci 12 6

Ne seront sujets à aucuns droits le pommé & le cerisel.

12. Par chacun cent pesant de riz, fromage de Gruiere, Brie, Roquefort & autres fromages étrangers, entrant comme dessus, sera payé cinq livres, au-dessus & au-dessous à proportion, ci 5

13. Par chacun cent pesant de colle-forte & de poisson seulement, entrant comme dessus, sera payé deux livres dix sols, au-dessus & au-dessous à proportion, ci 2 10

14. Par chacun cent pesant de savon d'Alicante, de Marseille & autres lieux, entrant comme dessus, sera payé deux livres dix sols, au-dessus & au-dessous à proportion, ci 2 10

15. Par chacun cent pesant de savon liquide, noir & puant, entrant comme dessus, sera payé une livre, au-dessus & au-dessous à proportion, ci 1

16. Par chacun pesant de sucre en pain, entrant comme dessus, sera payé trois livres quinze sols, au dessus & au-dessous à proportion, ci 3 15

17. Par chacun cent pesant de cassonade, entrant comme dessus, sera payé deux livres dix sols, au-dessus & au-dessous à proportion, ci 2 10

18. Par chacun cent pesant d'amidon, entrant comme dessus, sera payé une livre dix sols, au dessus & au-dessous à proportion, ci 1 10

19. Par chacun cent pesant de poudre à poudrer, entrant comme dessus, sera payé deux livres dix sols, au-dessus & au-dessous à proportion, ci 2 10

20. Par chacun cent pesant d'épiceries, drogueries, confitures, café, thé, chocolat & de toutes drogues servant à la teinture, peinture, pharmacie, & généralement de toutes les autres marchandises qui se vendent par les Epiciers-Droguistes, Apothicaires & autres faisant le négoce, entrant audit Laval, y reposant plus de vingt-quatre heures, autres néanmoins que celles ci-dessus expliquées, sera payé cinq livres, au-dessus & au-dessous à proportion, ci 5

Ne seront néanmoins perçus aucuns droits sur le brou de noix employé à la teinture; & à l'égard de la gaudre, elle ne pourra y être assujettie que lorsqu'elle viendra par grosses parties d'un cent pesant au moins, & en ce cas les droits en seront perçus à raison de douze sols six deniers du cent pesant.

Seront tenus les Marchands, Artisans & autres qui feront venir du dehors en ladite Ville de Laval, aucune des marchandises ci-dessus, de la déclarer à l'entrée par poids, quantité & qualité, & d'en acquitter les droits, à peine de confiscation

1759. & de cent livres d'amende par chaque contravention contre le Propriétaire, & de trente livres contre le Voiturier.

Ne seront néanmoins pris aucuns droits des savons liquides & noirs, des amidons, azurs, indigots, cendre de soude, polasses, vedasses & autres ingrédiens que les Blanchisseurs de toiles feront arriver en ladite Ville de Laval, pour leur compte & pour être employés au blanchissage des toiles, & sans fraude, non plus que des huiles qui entreront pour le compte de l'Hôpital Saint-Louis, & qui seront employés aux ouvrages de laine & draperie qui s'y fabriquent; auquel effet, tant les Blanchisseurs que les Administrateurs dudit Hôpital, feront leur déclaration au Bureau à l'arrivée, avant de les faire décharger.

Ceux desdits Blanchisseurs ou Administrateurs qui prêteroient leurs noms à des Epiciers, Droguistes ou autres Habitans; & lesdits Epiciers, Droguistes ou autres qui l'auroient emprunté, seront condamnés solidairement en cent livres d'amende, outre la confiscation.

Les Ciriers qui ont leurs blanchiries hors de l'enceinte des barrieres, seront tenus de faire déclaration aux barrieres de toutes les cires qu'ils feront sortir pour être portées à leursdites blanchiries; quoi faisant, ils demeureront exempts des droits fixés par les articles premier & deux du présent chapitre, sur lesdites cires, quand elles seront rapportées pour être ouvragées. Permet au surplus Sa Majesté à l'Adjudicataire, de faire exercer par ses Commis ou Préposés lesdites blanchiries, à l'effet de constater la quantité des cires qui y seront mises à blanchir, & de celles qui seront envoyées en d'autres Villes & lieux que celle de Laval, ce que lesdits Blanchisseurs seront tenus de souffrir, & faire déclaration desdits envois avant l'enlévement, à peine de payer les droits de la totalité.

Ne sera perçu aucun droit sur la poix résine blanche ou noire.

CHAPITRE V.

Verre, faïance, poterie vernissée.

	l.	*f.*
1. Par chaque panier de verre en table, entrant audit Laval, & y reposant plus de vingt-quatre heures, sera payé une livre, ci	1	
2. Par charge de cheval, de verre à boire, gobelet de verre commun de toute espece, bouteille clissée & autres verreries de même espece, sera payé comme dessus, deux livres, ci	2	
3. Par charge d'homme, des mêmes verres, sera payé comme dessus, quinze sols, ci		15
4. Par charge de cheval, de cristaux de toute espece, sera payé comme dessus, trois livres, ci	3	
5. Par charge d'homme, des mêmes cristaux, sera payé une livre cinq sols, ci	1	5
6. Par cent de bouteilles de verre, entrant comme dessus, sera payé une livre dix sols, ci	1	10
7. Par cent de demi-bouteilles de verre entrant comme dessus, sera payé quinze sols, ci		15
8. Par cent pesant brut de faïance de toute espece vernissée en blanc, noir, jaune, verd & autre couleur sans exception, entrant comme dessus, sera payé une livre, ci	1	

La vaisselle de poterie de terre non vernissée ne sera sujette à aucun droit.

9. Par cent pesant brut de porcelaine de toute espece, entrant comme dessus, sera payé cinq livres, ci *l. s. d.* 5 1759.

Ne seront compris dans le présent chapitre les miroirs & glaces, lesquels ne sont sujets à aucun droit.

Seront tenus les Marchands, Artisans & autres qui feront venir du dehors en ladite Ville de Laval aucunes des marchandises ci-dessus, de les déclarer à l'entrée par poids, quantité & qualité, & d'en acquitter les droits, à peine de confiscation, de cinquante livres d'amende contre le Propriétaire, & de trente livres contre le Voiturier.

CHAPITRE VI.

Foin & paille.

1. Par chaque charretée de foin entrant audit Laval, pour le compte des Bourgeois & Habitans, & qui ne pourra excéder deux milliers ou vingt quintaux, sera payé deux livres cinq sols, ci 2 5

2. Par charge de cheval ou âne dudit foin, entrant comme dessus, sera payé cinq sols, ci 5

3. Par charge d'homme ou femme dudit foin, sera payé comme dessus, trois sols, ci 3

4. Par chaque charretée de paille de froment ou de méteil, entrant comme dessus, sera payé une livre dix sols, ci 1 10

5. Par charge de cheval ou âne desdites pailles, entrant comme dessus, sera payé trois sols six deniers, ci 3 6

6. Par charge d'homme ou femme desdites pailles, entrant comme dessus, sera payé deux sols, ci 2

7. Par chaque charretée de paille de seigle ou avoine, entrant comme dessus, sera payé une livre deux sols six deniers, ci 1 2 6

8. Par chaque charge de cheval ou âne desdites pailles, entrant comme dessus, sera payé deux sols six deniers, ci 2 6

9. Par charge d'homme ou femme desdites pailles, entrant comme dessus, sera payé six deniers, ci 6

Seront les droits fixés par le présent chapitre, payés à l'entrée dans ladite Ville de Laval, à peine de confiscation & de vingt livres d'amende, solidaire contre le Propriétaire & le Voiturier.

Pourront l'Adjudicataire, ses Commis ou Préposés, en cas de suspicion d'une plus grande quantité de foin que celle de deux milliers dans les charretées, requérir & faire faire en présence des Parties, la pesée desdits foin & paille, au lieu où ils devront être déchargés, les frais de laquelle pesée seront à la charge dudit Adjudicataire, s'il ne se trouve point d'excédent, & à celle du Propriétaire s'il s'en trouve, lequel sera condamné en outre en la confiscation de l'excédent & en trente livres d'amende, solidaire entre lui & le Voiturier, si ledit excédent est au-dessus d'un quintal.

Ne seront néanmoins sujets aux droits du présent chapitre, les foins que les Particuliers qui conduisent dans ladite Ville des denrées ou marchandises, soit en voitures, soit à somme de cheval, ont coutume d'apporter pour la nourriture de leurs bœufs & chevaux, pourvu qu'ils n'excedent pas la quantité de cinq livres de foin pour la dînée de chaque tête de bétail; & en cas qu'ils en apportent une plus grande quantité, ils seront, pour la premiere fois, contraints de payer les droits de la

totalité, & en cas de récidive, condamnés en vingt livres d'amende, outre la
1759. confiscation desdits foins.

CHAPITRE VII.

Bois & charbon.

1. Par chaque charretée de bois à brûler, dans lequel est compris le fagot curé fait de gros bois fendu & lié par les deux bouts, entrant audit Laval comme dessus pour le compte des Habitans, sera payé quinze sols, ci — *l. s. d.* 15

2. Par chaque somme de cheval ou âne desdits bois, entrant comme dessus, sera payé deux sols trois deniers, ci — 2 3

3. Par chaque cent de fagots de toute espece de grosseur & dimension ordinaire, à l'exception de la fougere & des genets, entrant comme dessus, sera payé une livre, au-dessus & au-dessous à proportion, ci — 1

4. Par chaque pipe de charbon de bois de toute nature, sera payé comme dessus, deux sols, ci — 2

5. Par chaque boisseau de charbon de terre, entrant comme dessus, sera payé neuf deniers, ci — 9

Le bois de hêtre qui entrera par quartier dans la Ville, pour le compte des Talonniers, Galochiers & sans fraude, ne sera sujet aux droits que sur le pied du bois à brûler.

Seront tenus les Bourgeois, Artisans & autres qui feront venir lesdits bois & charbons pour leur usage, les Marchands ou Voituriers qui en ameneront pour être vendus, de les déclarer à l'entrée par quantité & qualité, & d'en acquitter les droits, à peine de confiscation & de trente livres d'amende, solidaire entre le Propriétaire & le Voiturier.

Les Blanchisseurs de toiles seront exempts des droits ci-dessus énoncés sur les bois à brûler compris au premier article & destinés à l'usage de leurs blanchiries seulement; mais ceux desdits Blanchisseurs qui prêteroient leur nom pour faire entrer en Ville aucune des marchandises ci-dessus, & ceux des Habitans qui l'auroient emprunté, seront condamnés solidairement en cent livres d'amende, outre la confiscation.

CHAPITRE VIII.

Matériaux de toute espece.

1. Par chaque charretée de bois à bâtir de toute espece, bois de charpente & autres, entrant audit Laval, sera payé deux livres, ci — 2

2. Par chaque charretée de bois de menuiserie de toute espece, entrant audit Laval, sera payé deux livres dix sols, ci — 2 10

3. Par chaque charretée de bois de rouage & charronnage de toute espece, entrant comme dessus, sera payé trois livres, ci — 3

4. Par chaque millier d'ardoises, entrant comme dessus audit Laval, & y séjournant plus de vingt-quatre heures, sera payé une livre, ci — 1

5. Par chaque millier de tuiles, bardeaux, carreaux & briques, entrant comme dessus, sera payé douze sols, ci — 12

6. Par chaque millier de lattes, entrant comme dessus, sera payé dix sols, ci — 10

	l.	ſ.	d.
7. Par chaque pipe de chaux, entrant comme deſſus, ſera payé quinze ſols, ci		15	
8. Par chaque cent peſant de plâtre, entrant comme deſſus, ſera payé douze ſols ſix deniers, ci		12	6
9. Par chaque cent de pierre de taille, tufau & moulage, entrant comme deſſus, ſera payé une livre, ci	1		
10. Par chaque charretée de pierre & cailloux à maçonner, entrant comme deſſus, ſera payé deux ſols, ci		2	
11. Par chaque charge de cheval ou âne, deſdites pierres & cailloux, entrant comme deſſus, ſera payé trois deniers, ci			3

1759.

Seront tenus les Marchands, Artiſans ou autres, qui feront venir de dehors dans ladite Ville de Laval aucunes des marchandiſes ci-deſſus, de les déclarer à l'entrée, par quantité & qualité, & d'en acquitter les droits, à peine de cinquante livres d'amende, contre le Propriétaire, & de trente livres contre le Voiturier.

Ne ſont compris dans le préſent chapitre les mérains, ſcilleries, cercles & ſabots, leſquels ne ſeront ſujets à aucuns droits.

Aucuns bois de charpente, charronnage ou bordages deſtinés pour l'Etranger, ne pourront être dépoſés ſur les ports de la Ville qui ſe trouvent renfermés dans l'enceinte des barrieres du tarif. Ceux qui ſeroient déchargés ſur leſdits ports, ſeront réputés deſtinés à la conſommation de la Ville, & comme tels ſujets aux droits énoncés dans le préſent chapitre.

CHAPITRE IX.

Denrées de différentes eſpeces.

	l.	ſ.	d.
1. Par chaque agneau mort ou vif entrant audit Laval avant la S. Jean, ſera payé comme deſſus, cinq ſols, ci		5	
2. Par chaque chevreau mort ou vif, entrant comme deſſus, ſera payé deux ſols ſix deniers, ci		2	6
3. Par chaque piece de volaille ou gibier, ſçavoir:			
Dindon par piece, payera un ſol ſix deniers, ci		1	6
Oyes, chapons, poulardes & canards, domeſtiques & ſauvages, neuf deniers, ci			9
Poules, poulets & pigeons, pigeons ramiers, tourterelles, cailles & becaſſines, ſix deniers, ci			6
Lievres, deux ſols, ci		2	
Lapins, neuf deniers, ci			9
Becaſſes, un ſol, ci		1	
Perdrix & faiſans, deux ſols, ci		2	
Ne ſeront perçus aucuns droits ſur toutes les autres eſpeces de volailles & gibier, que celles ci-deſſus énoncées.			
4. Par chaque ſomme de cheval, de poiſſon de mer, frais, ſera payé trois livres, ci	3		
5. Par chaque piece de ſaumon frais, comme deſſus, ſix ſols, ci		6	
6. Par chaque ſomme d'aloſe, une livre dix ſols, ci	1	10	
7. Par chaque cent peſant de poiſſon d'eau douce, ſera payé une livre dix ſols, ci	1	10	

Seront tenus les Marchands, Habitans ou autres qui feront venir du dehors

1759. en ladite Ville de Laval, aucunes des marchandises & denrées ci-dessus, de les déclarer à l'entrée par poids, quantité & qualité, & d'en acquitter les droits, à peine de confiscation de la marchandise, & de trente livres d'amende contre le Propriétaire, & de vingt livres contre les Conducteurs ou Voituriers.

Barrieres & Chemins obliques.

1. Toutes les marchandises & denrées sujettes aux droits détaillés dans les neuf chapitres du présent tarif, ne pourront entrer dans la Ville & fauxbourgs de Laval que par les barrieres de Riviere, Gaudin, les Ursules, Beauvais, Sainte Catherine, les trois Croix le Hameau, Saint Michel & la Vrillerie, pour être lesdites marchandises & denrées déclarées, & les droits d'icelles acquittées auxdites barrieres ou au Bureau général, suivant l'exigence des cas. Déclare Sa Majesté la barriere de la rue de l'Echelle-marteau, celles de la Bedouers, des Tuyaux, des Capucins, des Lisses, la ruelle des Capucines, les Eperons, le passage de la cour Saint Martin, tant par la maison du Prieuré de Saint Martin, que par celle du Fermier, & généralement tous autres chemins, rues, sentiers, champs, prés & jardins, obliques: fait défenses à toutes sortes de personnes d'introduire dans ladite Ville & fauxbourgs, aucunes marchandises sujettes aux droits de tarif, de quelque nature & espece qu'elles puissent être, par autres chemins que ceux sur lesquels sont établies les barrieres sus désignées, à peine de confiscation desdites marchandises & de cinquante livres d'amende: fait pareillement défenses à tous Particuliers de souffrir ou livrer passage auxdites marchandises & denrées par leurs champs, prés & jardins: permettant audit Adjudicataire & à ses Commis & Préposés pour la perception du tarif, de suivre à vue ceux qui seront chargés de marchandises & passeroient par lesdites rues, ruelles, sentiers, chemins de traverse, champs, prés, jardins, jusques dans les maisons où ils pourront se retirer, d'y entrer incontinent, sans pour ce être tenus de requérir l'Ordonnance du Juge, de saisir les marchandises sujettes auxdits droits, & d'en dresser procès-verbaux, tant contre les Particuliers chargés desdites marchandises, que contre ceux qui habitent les maisons où elles seront introduites; pour sur lesdits procès-verbaux, outre la confiscation desdites marchandises, être les Porteurs d'icelles & les Propriétaires ou locataires desdites maisons condamnés solidairement en 50 livres d'amende.

Les barrieres seront ouvertes en été à quatre heures du matin, & en hyver à six heures, & elles seront fermées le soir en hyver à neuf heures, & en été à dix. Seront néanmoins tenus les Commis & Préposés de l'Adjudicataire d'en faire ouverture, à toute heure de nuit, aux Habitans ou Voyageurs étrangers, soit pour sortir, soit pour entrer en Ville, sans qu'ils puissent pour ce rien exiger, prendre ni recevoir, à peine de concussion.

Exempts.

2. Le Clergé, tant séculier, que régulier, l'Hôpital général de Saint Louis, l'Hôtel-Dieu, le College, les Gentils-hommes, le Subdélégué & son Greffier, le Maire & autres Officiers de l'Hôtel de Ville, y compris le Receveur & le Secretaire pendant le tems de leur exercice seulement; & ceux qui par concession & privileges non révoqués, jouissent ou doivent jouir actuellement de l'exemption des tailles, en se conformant par eux aux conditions & formalités prescrites par les Edits & Réglemens, ne seront tenus de payer aucuns des droits contenus au présent tarif pour les denrées & provisions de toutes especes destinées à leur con-

sommation seulement, en faisant par eux leurs déclarations aux Bureaux d'entrées, ou en représentant par les Voituriers & Porteurs de denrées & marchandises appartenantes auxdits exempts, une déclaration signée par eux, contenant par détail, la quantité & qualité desdites denrées & marchandises; faute de quoi, lesdits Porteurs & conducteurs seront contraints d'en consigner les droits, lesquels seront néanmoins rendus en rapportant dans les vingt-quatre heures de la quittance, un certificat du Propriétaire, comme lesdites denrées & marchandises lui appartiennent; & à l'égard des matériaux compris au huitieme chapitre, l'exemption n'aura lieu que pour ce qui sera destiné aux réparations & reconstructions des Eglises & Hôpitaux, & aux ouvrages publics pour le compte du Roy & de la Ville, à la charge par les chefs des maisons Religieuses, Marguilliers des Paroisses, Administrateurs des Hôpitaux, Officiers du Corps de Ville & Directeurs des ouvrages du Roy, d'en faire leurs déclarations aux Bureaux établis pour la perception desdits droits: & en cas qu'ils viennent à vendre ou échanger aucunes desdites denrées ou provisions, même de privilégié à privilégié, d'en faire pareillement leurs déclarations au Bureau général, pour être audit cas les droits perçus de la même maniere qu'ils l'eussent été à l'entrée, & ce sous peine de déchéance de leur exemption pour un an, laquelle peine étant duement prononcée, aura son effet rétroactif au jour que la contravention aura été découverte, & constatée par un procès-verbal en bonne & due forme. Veut Sa Majesté que la même peine ait lieu de la même maniere contre ceux qui auroient prêté leur nom, ou autrement abusé de leurs privileges; qu'en cas de récidive ou fraude considérable, elle soit étendue jusqu'à trois années au-delà par le Jugement qui interviendra, sans qu'en aucun cas elle puisse être réputée comminatoire; comme aussi qu'en cas de contestation sur l'exercice & l'étendue desdites exemptions, elles soient limitées à la quantité de chaque espece de denrées suffisantes pour la consommation de tous ou d'aucuns desdits Ecclésiastiques, nobles, maisons, ou Particuliers privilégiés. 1759.

Visites des marchandises non sujettes aux droits.

3. Les Conducteurs, Voituriers, Porteurs & les Propriétaires des marchandises non sujettes aux droits qui entreront dans la Ville & fauxbourgs de Laval pour y être déchargées, seront tenus d'en souffrir la visite, à l'effet par l'Adjudicataire ou ses Préposés de reconnoître si lesdits Voituriers, Conducteurs ou Propriétaires, ne receleroient pas aucunes des marchandises sujettes en fraude des droits de tarif, laquelle visite sera faite au Bureau d'entrée, si le Voiturier, Conducteur ou Propriétaire le requiert, sinon dans le Bureau général où lesdites marchandises seront conduites incontinent, & sans pouvoir être déchargées ailleurs, le tout à peine de trois cens livres d'amende contre lesdits Voituriers, Conducteurs ou Propriétaires qui seroient refusans de souffrir ladite visite, pour sûreté de laquelle condamnation, les marchandises pourront être retenues, même saisies par le Fermier ou ses Préposés.

Marchandises en passe-debout.

4. Les marchandises sujettes aux droits de tarif qui entreront en passe-debout dans ladite Ville, fauxbourgs & territoire d'icelle, seront déclarées sommairement à l'entrée par les Voituriers & Conducteurs, il leur sera délivré sans frais & sur papier libre un passavant pour le représenter au Bureau de sortie; en cas qu'ils arrêtent dans ladite Ville ou fauxbourgs de Laval pour dîner ou coucher, ils seront tenus de conduire lesdites marchandises à l'un des deux maga-

1759. fins établis aux deux extrémités de la Ville, pour y demeurer déposées jusqu'au départ desdits Voituriers ou Conducteurs d'icelles; lesdites marchandises & denrées ne pouvant séjourner dans ladite Ville, fauxbourgs & territoire de Laval plus de vingt-quatre heures, y être vendues & même déballées, en tout ou partie, ou être déposées ailleurs qu'auxdits magasins, à peine de confiscation de la totalité, ensemble des voitures, bœufs, chevaux, mulets, mules & autres bêtes de trait ou de charge, harnois ou équipages, & de deux cens livres d'amende, tant contre le Propriétaire, que contre le Voiturier & contre l'Aubergiste, Cabaretier ou autre Habitant qui auroit souffert que lesdites marchandises fussent déposées chez lui, & ladite amende solidaire entr'eux.

Vins & Eaux-de-vie en passe-debout.

5. Tous les vins & eaux-de-vie qui arriveront dans ladite Ville & fauxbourgs de Laval pour l'étranger, & qui auront séjourné plus de huit jours venant par eau, & plus de trois jours venant par terre, seront tenus d'acquitter à l'entrée les droits du tarif, ainsi qu'il est d'usage pour la Ferme des aydes, à peine de confiscation & de cent livres d'amende contre les Voituriers & Propriétaires, à moins d'empêchement causé, soit par les grandes eaux, soit par les glaces, ou par quelque vimere, dont sera justifié par procès-verbal dressé par Juge compétent, lequel dans ledit cas, pourra du consentement des Fermiers des aydes & du tarif, accorder un délai proportionné à la nécessité reconnue.

Marchands de Vins & Eaux-de-vie en gros.

6. Les Marchands de vins & eaux-de-vie en gros ne seront contraints de payer les droits d'entrée de ceux desdits vins & eaux-de-vie qui seront par eux vendus à d'autres qu'aux Habitans de ladite Ville, fauxbourgs & dépendances, pendant quelque temps que lesdits vins & eaux-de-vie séjournent dans lesdits magasins: seront néanmoins tenus de faire au Bureau général la déclaration de tous lesdits vins & eaux-de-vie qu'ils feront venir dans ladite Ville, fauxbourgs & dépendances, pour être transportés au-dehors, avant leur enlévement, à peine d'en payer les droits; il sera fait tous les deux mois un recensement desdites boissons entrées & de celles qu'ils auront vendues au-dehors, lors duquel ils seront contraints de payer les droits de tout ce qui se trouvera manquer.

Fers des Forges de Chaillan & du Port Brillet.

7. Les fers provenant des Forges du Port Brillet & de Chaillan, qui seront voiturés par terre au Port de ladite Ville de Laval, pour être livrés en gros & par partie d'un millier & au-dessus, aux Marchands des Villes de Château-Gontier, Angers, Mayenne & autres plus éloignées, même des Bourgs & Paroisses au-delà de la Banlieue de ladite Ville, ne seront pas sujets aux droits, quoique séjournant sur lesdits Ports plus de vingt-quatre heures, à la charge néanmoins par les Voituriers d'en faire à la barriere d'entrée, la déclaration, laquelle sera certifiée dans les vingt-quatre heures par le Maître de Port, auquel lesdits fers seront adressés, à peine de confiscation & de cent livres d'amende; seront pareillement tenus lesdits Maîtres de Port ou les Voituriers chargés de l'enlévement desdits fers de la Ville de Laval en celles ci-dessus designées, de faire à chaque livraison leur déclaration au Bureau général, de la quantité desdits fers qui devront être enlevés, de leur destination & du moment de l'enlévement, afin

afin que l'Adjudicataire ou son Préposé puisse y envoyer, si bon lui semble, un Commis pour y être présent, faute de quoi les droits desdits fers seront payés, comme s'ils avoient été vendus dans la Ville & fauxbourgs. Ne pourront lesdits Voituriers, tant par eau que par terre, faire aucun versement ou entrepôt de tout ou partie desdits fers, mais seront tenus de les charger & conduire directement aux lieux de leurs destinations, à peine de confiscation & de 300 livres d'amende, solidaire entre lesdits Voituriers & les Propriétaires desdits fers; il sera fait tous les trois mois, aux frais de l'Adjudicataire, un recensement de tous les fers existans sur lesdits Ports, & comparaison faite des déclarations ci-dessus ordonnées, lesdits Maîtres de Ports seront tenus de payer les droits de tout ce qui se trouvera manquer, comme vendu dans ladite Ville & fauxbourgs. 1759.

Tout ce que dessus sera observé par lesdits Maîtres de Ports ou Voituriers, en quelques lieux que soient déposés les fers desdites Forges du Port Brillet & de Chaillan, dans la Banlieue de ladite Ville de Laval, quoique sur le territoire d'autres Paroisses.

Marchands Forains.

8. Les Marchands Forains qui viendront vendre en détail dans les foires & marchés de ladite Ville, fauxbourgs & dépendances, aucunes des marchandises sujettes au tarif, ne payeront les droits que de ce qu'ils auront vendu dans lesdites foires & marchés, à la charge par eux de conduire leurs marchandises au Bureau général à leur arrivée dans ladite Ville, & avant de pouvoir les déposer en aucun autre endroit, de remettre audit Bureau un état détaillé desdites marchandises, par quantité, qualité & poids, dont ils souffriront la vérification, si l'Adjudicataire ou ses Préposés jugent à propos de la faire, & de rapporter immédiatement après lesdites foires ou marchés, celles desdites marchandises qu'ils n'auront pas vendues, pour en être fait nouvelle reconnoissance, & les droits être payés de ce qui se trouvera manquer.

Colporteurs.

9. Ce que dessus sera observé par les Colporteurs qui se présenteroient pour vendre dans ladite Ville & fauxbourgs à autres jours que ceux desdites foires ou marchés, & seront tenus lesdits Colporteurs de se présenter au Bureau, vingt-quatre heures après leur arrivée, pour constater leur vente; pourront lesdits Marchands Forains & Colporteurs, être contraints de déposer audit Bureau en argent ou effets, la valeur de moitié des droits qui seront dûs pour la totalité de leurs marchandises. Fait Sa Majesté défense à tous Marchands & Colporteurs de débiter, ni colporter dans l'étendue des entrées aucunes marchandises sujettes, si ce n'est après en avoir acquitté les droits, ni les entrer sous une destination étrangere, à peine de confiscation & de cent livres d'amende.

Patache.

10. Pourra l'Adjudicataire établir à ses frais sur la riviere de Mayenne, dans les endroits qu'il jugera les plus convenables, une ou plusieurs Pataches, auxquelles tous les Conducteurs de grands bateaux, petits bateaux & barelets passant sur ladite riviere dans l'étendue de ladite Ville & fauxbourgs, seront tenus de faire leurs déclarations, par quantité, quotité & qualité de toutes les marchandises y contenues, de quelque espece qu'elles puissent être, souffrir

1759. la visite & exercice des Commis de l'Adjudicataire, & payer les droits de celles des marchandises qui y seront sujettes; & dans le cas où il se trouveroit dans lesdits bateaux d'autres marchandises sujettes aux droits que celles dont la déclaration aura été faite aux Commis desdites Pataches, dans le cas aussi où les grands & petits bateaux auroient passé outre sans avoir abordé ni voulu souffrir la visite des Commis, lesdits bateaux & batelets seront saisis & confisqués, ensemble les marchandises dont ils seront chargés, sujettes ou non sujettes, & les Conducteurs condamnés en cent livres d'amende.

Bateaux.

11. Les Bateliers, Meûniers & autres Particuliers qui tiennent des petits bateaux & charrieres sur la riviere, seront tenus de les enchaîner tous les soirs au soleil couchant, avec cadenas fermant à clef, & ne pourront les déchaîner qu'au soleil levant, à peine de dix livres d'amende pour chaque contravention. Pourront l'Adjudicataire, ses Commis ou Préposés, y apposer eux-mêmes une bosselle ou cadenas pour les arrêter pendant la nuit.

Défenses de maltraiter les Commis.

12. Fait Sa Majesté très-expresses inhibitions & défenses à toutes personnes de quelqu'état & condition qu'elles puissent être, d'injurier ou maltraiter les Commis de l'Adjudicataire, ou de les troubler autrement dans leurs fonctions & exercices, à peine de trois cens livres d'amende, au payement de laquelle les contrevenans seront contraints par toutes voyes, même par corps.

Adjudication, charges & obligations de l'Adjudicataire.

13. Veut Sa Majesté qu'à partir du premier Octobre prochain, les droits portés au présent tarif, soient donnés par adjudication au plus offrant & dernier enchérisseur, par le sieur Intendant & Commissaire départi en la Généralité de Tours, ou par celui qu'il voudra commettre, en présence des Habitans de ladite Ville de Laval ou de ceux qui seront par eux députés, après les publications ordinaires & accoutumées, & pour tel nombre d'années qui sera par lui jugé convenable: à la charge par l'Adjudicataire de payer à Sa Majesté entre les mains du Receveur des tailles en exercice, dans les termes ordinaires, la somme à laquelle se trouveront monter les impositions, pour lesquelles ladite Ville & lieux en dépendans seront annuellement compris dans les rôles des tailles & autres rôles & assiettes desdites impositions, tant ordinaires qu'extraordinaires; à quoi faire, ledit Adjudicataire & les Officiers municipaux seront contraints solidairement comme pour les propres deniers & affaires de Sa Majesté, & de payer sur le restant du prix, s'il s'en trouve, les dépenses qui seront ordonnées par ledit sieur Intendant & Commissaire départi, suivant les délibérations prises à cet effet pour les besoins & affaires communes de la Ville; voulant Sa Majesté que ledit Adjudicataire soit tenu de rendre à la fin de chacune année, un compte de recette & dépense du montant de son bail pardevant ledit sieur Intendant & Commissaire départi, pour être l'excédent des dépenses par lui payées, remis sans aucun retardement sur les ordres dudit sieur Intendant, à qui & ainsi qu'il appartiendra; quoi faisant, ledit Adjudicataire ne pourra être tenu d'en rendre aucun autre à la Chambre des Comptes ni ailleurs, comme Sa Majesté l'en a dispensé & dispense.

Quittances en papier timbré.

14. Dispense pareillement l'Adjudicataire de se servir de papier timbré pour les quittances de droits de cinq sols & au-dessous, conformément à l'Arrêt du Conseil d'Etat en forme de Réglement, du 31 Mai 1723. Enjoint audit Adjudicataire de se servir de papier timbré pour ses registres de recette seulement.

Clôture de la Ville.

15. Confirme en tant que besoin seroit Sa Majesté auxdits Habitans, *la faculté de rétablir les portes & murailles de ladite Ville & d'en construire de nouvelles*, de murer les croisées & portes des bâtimens & jardins extérieurs à l'enceinte de ladite Ville & fauxbourgs, de faire élever les murs desdits jardins ou autres clôtures, & faire des fossés suivant les procès-verbaux qui en ont été ou seront dressés par ledit sieur Commissaire départi ou celui qu'il voudra commettre; comme aussi d'établir le nombre de Bureaux & Commis nécessaires pour la perception dudit tarif.

Perquisitions chez les Particuliers suspects.

16. Permet Sa Majesté à l'Adjudicataire & à ses Commis & Préposés, pour assurer la perception des droits de tarif, de faire des recherches chez ceux des Marchands, Débitans & Artisans de ladite Ville & fauxbourgs qui seront suspects de recéler des marchandises sujettes auxdits droits non déclarées, en prenant à cet effet l'Ordonnance du Juge: enjoint auxdits Marchands, Débitans & Artisans de souffrir audit cas les visites & recherches desdits Commis, & de faire ouverture de leurs maisons, boutiques, magasins, caves, greniers & autres lieux quelconques, à peine de cent livres d'amende.

Entrepôts prohibés.

17. Fait Sa Majesté très-expresses & itératives défenses à tous Particuliers, Marchands & autres, de faire aucuns entrepôts de denrées & marchandises sujettes aux droits dudit tarif, dans l'étendue des Hameaux & écarts des Paroisses de ladite Ville de Laval, & dans tout le territoire des Paroisses d'Avenieres, Lhuisserie, Saint Berthevin, Grenoux, Changé, Forcé, Bouchamps, Entrames & Louverné, même hors les limites de la banlieue, jusques à quatre lieues de distance de la Ville de Laval, sous peine de confiscation desdites denrées & marchandises entreposées, & de trois cens livres d'amende solidaire entre les Propriétaires d'icelles, & les Propriétaires, Fermiers ou locataires des lieux qui auront servi d'entrepôt: & en cas d'avis ou soupçon d'entrepôt, permet Sa Majesté aux Commis & Préposés de l'Adjudicataire, de se transporter dans toutes les maisons & lieux indiqués ou soupçonnés, à quelques personnes qu'ils apartiennent ou par quelques personnes qu'elles soient occupées, en prenant néanmoins l'Ordonnance du Juge à ce préposé, qui pourra, s'il le juge à propos, ordonner son transport: ordonne auxdits cas aux Propriétaires ou locataires desdits lieux d'en faire ouverture, & souffrir les recherches desdits Commis dans leurs maisons & lieux quelconques en dépendans, à peine de cinq cens livres d'amende, laquelle, dans les deux cas ci-dessus, pourra être convertie contre les Ecclésiastiques & autres privilégiés, en une interdiction des exemptions à eux accordées pour trois ans, ou même un plus grand nombre d'années, s'il y écheoit.

1759. Fait Sa Majesté défenses à tous Hôtes, Aubergistes & Cabaretiers dans l'étendue des Paroisses de Laval, Avenieres & autres ci-dessus nommées, tant hors l'étendue de la Ville que des fauxbourgs de Laval, de recevoir en dépôt aucunes marchandises sujettes au tarif, autrement que dans le cas où les Marchands, Voituriers ou Conducteurs desdites marchandises descendroient chez eux pour y coucher ou y prendre leurs repas; & où lesdits Marchands, Voituriers ou Conducteurs séjourneroient plus long-temps ou laisseroient chez eux leurs marchandises au-delà du temps ordinaire du repas ou du coucher, leur enjoint Sa Majesté d'en avertir sur le champ l'Adjudicataire ou ses Préposés, leur faisant très-expresses défenses de souffrir en aucun cas que lesdites marchandises soient ouvertes ou déballées, le tout sous les peines ci-dessus prononcées contre les entrepôts.

Cas de récidive & application des amendes.

18. Ordonne Sa Majesté, que toutes les peines énoncées dans le présent Arrêt, faute de déclaration & payement de droits, tant d'entrée que de détail, pourront en cas de récidive être augmentées proportionnément à l'espece & à l'importance des contraventions; & que dans tous les cas, les Particuliers condamnés y seront contraints comme pour les propres deniers & affaires de Sa Majesté: veut en outre qu'un tiers des confiscations & amendes prononcées dans tous lesdits cas, soit remis aux Hôpitaux de ladite Ville de Laval, & les deux autres tiers à l'Adjudicataire, dont on pourra néanmoins appliquer un tiers au profit du dénonciateur, si aucun y a.

Auberges, Cabarets & Boucheries de la Banlieue.

19. Conformément à ce qui étoit porté par les Arrêts des 25 Juillet 1752 & 22 May 1753 ceux qui tiennent ou qui tiendront à l'avenir les auberges, cabarets & boucheries actuellement établis dans la banlieue de ladite Ville de Laval, ainsi qu'elle est circonscrite & limitée par le procès-verbal dressé les 12 & 13 Septembre 1752 par le sieur Fournier-Dupont, Commis à cet effet par le sieur Commissaire départi, seront sujets aux droits du tarif sur les boissons & viandes, tant à l'entrée qu'au détail, comme si lesdites maisons étoient situées dans la Ville & ses dépendances, & en cette considération ils seront taxés d'office à la taille dans les Paroisses de leur domicile, par ledit sieur Commissaire départi, sans pouvoir être augmentés par les Collecteurs, Sa Majesté se réservant en cas d'appel desdites taxes la connoissance d'icelui, & icelle interdisant à toutes ses Cours & autres Juges: & sera la taille & autres impositions accessoires desdits Aubergistes, Cabaretiers & Bouchers, ou partie d'icelles, payées à leur décharge par l'Adjudicataire du tarif sur le prix de son bail, suivant les états qui en seront arrêtés annuellement par ledit sieur Commissaire départi, proportionnément au produit des droits que chacun d'eux aura payé dans le cours de l'année.

Fait Sa Majesté défenses d'établir à l'avenir dans le même arrondissement aucunes autres Auberges, Cabarets ou Boucheries, si ce n'est du consentement des Maire & Echevins, avec la permission du sieur Commissaire départi, & sous les conditions ci-dessus exprimées.

Maisons distraites du territoire d'Avenieres & de Changé.

20. Ordonne Sa Majesté, du consentement & requisition des Propriétaires,

que les maisons & ports de la rue de Riviere, jusques & compris la maison & blanchisserie de la Croix dépendantes de la Paroisse d'Avenieres; comme aussi les maisons & blanchisseries du grand & petit Dôme & celle de la Maillardiere du petit Dôme situées rue de Bols, Paroisse de Changé, demeureront distraites desdites Paroisses d'Avenieres & de Changé en ce qui concerne le payement des impositions & autres charges publiques, & annexées à ladite Ville de Laval, & ceux qui les occuperont, soit en propre, soit à titre de Ferme ou loyer, sujets, tant aux droits dudit tarif, qu'au logement des Gens de guerre & autres charges auxquelles sont & peuvent être sujets les Habitans de ladite Ville de Laval, à la charge par les Maire & Echevins d'icelle, de payer à l'avenir sur le produit du tarif, le montant de la taille & autres impositions accessoires, pour lesquelles ceux qui occupent lesdites maisons sont employés en la présente année dans les rôles desdites Paroisses. 1759.

Héritages de campagne, sujets aux trois sols pour livre du revenu.

21. Ceux des Habitans de la Ville & fauxbourgs de Laval & des Paroisses voisines qui font ou feront valoir, soit de leur propre, soit à Ferme ou à moitié des terres, prés ou autres héritages de campagne, dans l'étendue de ladite Ville & territoire qui en dépend, tant au-dedans qu'au-dehors des barrieres établies pour la perception des droits, autres que les blanchisseries, maisons d'habitation & jardins, seront imposés pour raison de l'exploitation d'iceux, aux trois sols pour livre du produit annuel, dont le recouvrement sera fait par l'Adjudicataire du tarif à son profit, suivant le rôle qui en sera arrêté & rendu exécutoire, sur la représentation que les Propriétaires ou Fermiers d'iceux seront tenus de faire des baux, tant anciens que modernes, ou à défaut d'iceux, suivant l'estimation qui en sera faite, par comparaison aux biens de même nature affermés; déclarant Sa Majesté que sous la dénomination des terres, prés & autres héritages de campagne, on ne doit entendre que les closeries & métairies, terres labourables, prés & vergers en dépendans situés dans le territoire des deux Paroisses de ladite Ville de Laval.

Les Propriétaires, Fermiers ou Tenanciers desdites métairies, closeries & dépendances sujettes aux trois sols pour livre, ne seront tenus à autre déclaration & payement des droits d'entrées, que pour les cidres & boissons qui s'y façonneront, & pour les denrées qu'ils feront venir du dehors pour leur consommation : & à l'égard des foins, pailles & bois taillables qui proviendront du crû desdits héritages & qu'ils consommeront sur le lieu même, comme aussi des bois pris sur iceux pour la réparation & clôture des domaines desdits héritages, ils ne seront tenus à aucune déclaration, ni payement de droits, lesquels seront dûs seulement en cas de vente, cession ou transport du lieu du crû, soit en Ville, soit ailleurs.

A l'égard des prés & vergers indépendans des closeries & métairies, appellées pieces volantes, ils ne seront pas sujets aux trois sols pour livre, mais les Propriétaires ou Exploitans feront déclaration & acquitteront les droits d'entrées, tant des foins, que des cidres en provenans; quoi faisant, ils pourront les faire entrer en Ville en franchise pour leur propre consommation seulement, les droits d'entrées ne devant être de nouveau payés au Fermier que dans le cas de vente ou cession; & en cas qu'ils vinssent à les consommer en verd, les trois sols pour livre en seront perçus sur le pied de dix livres de revenu par chaque journée de prés & verger; seront lesdits Propriétaires, Fermiers ou Tenanciers

1759. ci-dessus, tenus de faire les déclarations ci-dessus énoncées & d'acquitter les droits, à peine de confiscation & de cent livres d'amende, laquelle dans les cas de vente, sera solidaire entre lesdits Propriétaires, le Voiturier & les acheteurs.

Les moulins, dits, les trois Moulins & Belle-aillé, situés dans l'intérieur de la Ville, ne seront pas sujets aux trois sols pour livre, mais les Propriétaires ou Fermiers payeront les droits d'entrée, comme les autres Habitans.

Les moulins de Bots situés dans le territoire de la Paroisse de la Trinité, & ceux de Chantelou & de Barbé situés dans celui de la Paroisse de Saint Venerand, seront assujettis aux trois sols pour livre des héritages de campagne, & jouiront de l'exemption de droits d'entrée sur les foins, pailles & bois de chauffage, tant du crû qu'à l'entrée, pour leur consommation seulement, en faisant les déclarations sur ce nécessaires : mais seront tenus de faire déclaration & acquitter les droits dudit tarif pour les cidres & autres boissons qu'ils façonneront ou feront venir du dehors.

Ne seront exigés aucuns droits de trois sols pour livre du revenu des pépinieres royales de mûriers, ormeaux ou autres arbres qui pourroient être établis dans l'étendue du territoire de ladite Ville de Laval, & des terreins y employés; seront seulement les Entrepeneurs desdites pépinieres, tenus des déclarations & payement de droits des cidres & autres boissons qu'ils y feront façonner; comme aussi des droits d'entrée des denrées qu'ils feront venir du dehors pour leur consommation.

Habitans propriétaires ou Fermiers de biens de campagne.

22. Ceux des Habitans de ladite Ville & fauxbourgs de Laval qui feront valoir de leur propre ou tiendront à Ferme aucuns biens & héritages dans les Paroisses de campagne, tant de l'Election de Laval que des Elections voisines, seront & demeureront taillables, conformément aux Réglemens généraux, dans les Paroisses où lesdits biens sont situés.

Taillables qui viendront s'établir à Laval.

23. Aucun Particulier taillable ne pourra s'établir dans ladite Ville de Laval & lieux en dépendans, pour y jouir du bénéfice dudit tarif, qu'à condition de payer la taille pendant dix années dans la Paroisse de laquelle il sera sorti, à l'exception néanmoins de ceux qui, ayant quitté ladite Ville depuis trois ans seulement, y rentreront, lesquels seront seulement taxés par droit de suite dans leur dernier domicile, pendant le temps & ainsi qu'ils l'auroient dû être, si ladite Ville étoit demeurée taillable.

Attribution.

24. Ordonne enfin Sa Majesté, que toutes les contestations qui pourront survenir à l'occasion de la perception des droits de tarif établis par le présent Arrêt, seront portées en premiere instance pardevant les Officiers de l'Election de Laval, & par appel à la Cour des Aydes, sauf les adjudications qui continueront d'être faites de bail en bail à l'expiration de la prorogation ordonnée par autre Arrêt de ce jour, par ledit sieur Intendant & Commissaire départi en la Généralité de Tours; & seront sur le présent Arrêt toutes lettres nécessaires expédiées : enjoint Sa Majesté audit sieur Intendant & Commissaire départi, de tenir la main à son exécution. Fait au Conseil d'Etat du Roy, tenu à Versailles, le vingt-cinquieme Septembre mil sept cent cinquante-neuf. Collationné. *Signé*, DE VOUGNY.

Il y a eu des Lettres-Patentes du 3 Décembre 1759, expédiées sur lesdits Arrêts.

LETTRES-PATENTES *par lesquelles le Roi approuve & homologue le tarif de la Ville de Langres.*

5 Octobre 1762.

LOUIS, par la grace de Dieu, Roy de France & de Navarre, à nos amés & féaux Conseillers les Gens tenans notre Cour des Aydes à Paris, & autres nos Officiers & Justiciers qu'il appartiendra : salut. Nos bien amés les Maire, Echevins, Habitans de la Ville de Langres, nous ont fait représenter qu'en vertu de Lettres-Patentes par nous adressées, tant au Bureau des Finances qu'au sieur Commissaire départi en la Généralité de Châlons, il se leve annuellement dans la Ville de Langres une somme de onze cens livres, y compris les deux sols pour livre pour l'ancienne subvention établie sur les Villes franches ou abonnées du Royaume par Lettres-Patentes du 10 Novembre 1602, enregistrées en votre Greffe ; que ce droit est pour les Villes franches ou abonnées, la représentation du sol pour livre ou pancarte que les mêmes Lettres de 1602 ont aboli à l'égard des autres Villes ; qu'en l'établissant, il a été permis aux Maire & Echevins d'en faire l'imposition ou la perception dans la forme & de la maniere qu'ils jugeroient la plus convenable & la plus commode, c'est-à-dire, qu'on les laissoit les maîtres de prendre la voie de l'imposition sur les Habitans, ou de la perception sur les denrées & marchandises ; que l'on prenoit cette précaution pour le recouvrement de ce nouveau droit, parce qu'on avoit reconnu que la forme dans laquelle l'ancien droit étoit perçu, étoit sur-tout très-onéreuse ; que les Exposans ont adopté la voie de la perception d'un droit sur les denrées & marchandises qui entrent & se consomment dans la Ville de Langres comme la plus exacte, parce qu'un chacun ne paye que proportionnément à sa consommation ; qu'une contestation née à l'occasion de cette perception, a donné lieu de se pourvoir pardevant vous par appel d'une Sentence rendue en l'Election de Langres, & qu'il a été question du principe de la perception, que le Fermier du droit, seule partie d ns la contestation, & qui n'avoit d'autre titre que son bail, n'a pu donner d'instruction à cet égard, & vous avez rendu le 19 Août 1761, un Arrêt par lequel vous avez ordonné que dans six mois les Exposans seroient tenus de justifier des titres & tarifs en vertu desquels se fait la perception ; que les Exposans ont satisfait à cet Arrêt, & ont produit les Lettres-Patentes de 1602, & quelques-unes de celles qui s'accordent annuellement ; qu'à l'égard des tarifs, ils ont déclaré qu'ils ne pouvoient rapporter que celui qu'ils faisoient annuellement lors de l'adjudication, suivant la permission que leur en donnoient les Lettres-Patentes de 1602 ; mais que pour rendre la perception uniforme & moins arbitraire à l'avenir, ils avoient arrêté dans une assemblée tenue à cet effet le 20 Novembre, un tarif qu'ils vous supplioient d'homologuer, pour être exécuté aussi long-temps que la subvention dureroit ; mais que par autre Arrêt du 15 Mars 1762, vous avez ordonné que les Exposans se retireroient pardevers nous à l'effet d'obtenir des Lettres-Patentes homologatives dudit tarif ; lesquelles ils seroient tenus de vous présenter pour être enregistrées à votre Greffe, faute de quoi, il leur est fait défenses de percevoir aucuns des droits mentionnés audit tarif ; en conséquence les Exposans nous ont fait supplier d'homologuer & approuver le tarif arrêté en leur assem-

1762. blée générale du 20 Novembre 1761, pour la perception du droit de l'ancienne subvention, ce faisant, d'ordonner qu'il seroit exécuté selon sa forme & teneur, tant que les Exposans estimeroient avantageux à la Ville & à ses Habitans de percevoir ledit droit par ladite voye de la levée sur les denrées & marchandises; & où il arriveroit que dans la suite les Exposans jugeassent à propos de prendre une autre voye pour ladite perception, & notamment celle d'imposer le droit sur tous les Habitans & par tête, les autoriser dès-à-présent comme pour lors, à changer la forme de ladite perception, à la charge toutefois par eux d'arrêter & déterminer ledit changement du consentement de tous les Ordres de la Ville, dans une assemblée qui sera convoquée à cet effet en la maniere ordinaire, & par une délibération qui ne pourra avoir son plein & entier effet qu'après avoir été préalablement par vous homologuée, à quoi nous avons pourvu par Arrêt rendu en notre Conseil, le 27 Juillet dernier, pour l'exécution duquel nous avons ordonné que toutes Lettres-Patentes nécessaires seroient expédiées, lesquelles les Exposans nous ont très-humblement fait supplier de vouloir leur accorder. A ces causes, &c. approuvons & homologuons le tarif arrêté en l'assemblée générale desdits Exposans, tenue le 20 Novembre 1761, pour la perception du droit de l'ancienne subvention; ordonnons en conséquence, que ledit tarif sera exécuté selon sa forme & teneur, sauf le droit sur le beurre de toute nature, qui ne pourra être perçu qu'à la sortie & non à l'entrée de la Ville, & à la charge en outre que dans le cas où les Exposans estimeroient avantageux à la Ville & à ses Habitans de continuer à faire percevoir les droits portés audit tarif, il en sera fait adjudication réelle tous les six ans seulement, dans la même forme que celle des octrois de la même Ville, à la charge par l'Adjudicataire de payer chaque année sur le produit desdits droits, le montant de la subvention, par privilege & préférence à toutes autres dettes de la Ville: & où il arriveroit que dans la suite les Exposans jugeassent plus convenable aux intérêts de ladite Ville de faire percevoir le droit de subvention par une autre voye, & notamment qu'ils préférassent celle d'imposer le droit sur tous les Habitans & par tête, permettons en ce cas auxdits Exposans, dès-à-présent comme pour lors, & sans qu'ils ayent besoin de nouvelles autorisations, de changer la forme de la perception, à l'expiration néanmoins des termes de l'adjudication lors courante, & à la charge par eux d'arrêter & déterminer le changement projetté, de l'avis & consentement de tous les Ordres de la Ville, dans une assemblée générale convoquée à cet effet en la maniere ordinaire, & par une délibération qui ne pourra avoir son plein & entier effet qu'après avoir été préalablement autorisée du Sieur Intendant Commissaire départi, & par vous homologuée. Si vous mandons que ces présentes vous ayez à faire registrer, & de leur contenu jouir & user les Exposans pleinement & paisiblement, cessant & faisant cesser tous troubles & empêchemens contraires: car tel est notre plaisir.

Données à Fontainebleau, le cinquieme jour du mois d'Octobre mil sept cent soixante-deux.

Registrées oui & ce consentant le Procureur-Général du Roy, pour être exécutées selon leur forme & teneur, à la charge, 1°. qu'il sera déposé au Greffe de la Cour une expédition en bonne forme de la délibération des Habitans de ladite Ville de Langres, du 20 Novembre 1761, contenant le tarif des droits qui seront perçus en exécution desdites Lettres-Patentes; 2°. que le tarif desdits droits sera affiché sur un poteau, aux différentes portes d'entrée de la Ville où la la perception doit en être faite, & que copie collationnée desdites Lettres-Patentes & dudit tarif, sera envoyée au Siege de l'Election de Langres pour y être lue, &c. Fait à Paris, en la premiere Chambre de la Cour des Aydes, le 25 Février 1763. 1762.

EXTRAIT du registre des délibérations de l'Hôtel commun de la Ville de Langres.

CEJOURD'HUI 20 Novembre 1761, la Chambre assemblée en la maniere accoutumée, & Messieurs des différens Ordres de la Ville convoqués extraordinairement en la forme ordinaire, & comparant;

SÇAVOIR, &c.

Monsieur le Maire a dit, que Monsieur le Procureur-Général de la Cour des Aydes a fait signifier au Secretaire de la Ville, le 7 Septembre dernier, un Arrêt de ladite Cour du 19 Août dernier. Cet Arrêt ordonne que dans six mois pour toute préfixion & délai, les Maire & Echevins seront tenus de justifier à la Cour des titres & tarifs arrêtés, en vertu desquels ils perçoivent le droit de subvention sur les marchandises entrantes & sortantes de la Ville, sinon & à faute de ce faire dans ledit temps, & icelui passé, leur fait défenses de le percevoir.

On s'est mis en état de remplir les intentions de la Cour, & dès aujourd'hui on peut justifier que la Déclaration du 10 Novembre 1602, registrée en la Cour des Aydes le 27 du même mois de Novembre, est le titre constitutif du droit de subvention, que les Lettres-Patentes qui d'année en année s'adressent au Bureau des Finances de Châlons, pour une imposition sur les Villes franches & abonnées de Champagne, pour leur part de l'ancienne subvention, les commissions du Bureau qui fixent la part que la Ville de Langres doit supporter de cette imposition, & enfin l'adjudication qui se fait tous les ans en conséquence desdites commissions, ne sont que l'exécution de ladite Déclaration du 10 Novembre 1602.

Cette Déclaration, ainsi que les Lettres-Patentes & lesdites commissions, permettent l'imposition de cette taxe par forme de subvention, ou telle autre sorte d'impositions qu'il plaira aviser plus commodes; les Habitans de Langres ont de tout temps préféré une subvention sur quelques especes de denrées & marchandises entrantes & sortantes de la Ville & des fauxbourgs & s'y consommantes. Cette forme a été autorisée par Arrêt de la Cour des Aydes du 3 Mai 1629; mais cet Arrêt en l'autorisant ordonne qu'à l'avenir les Maire & Echevins seront tenus lors de l'envoi des commissions pour la subvention, de faire assembler au son de la cloche en l'Hôtel commun de la Ville, les Habitans d'icelle, pour délibérer & arrêter à la pluralité des voix, sur lesquelles marchandises ils voudront, le droit de subvention être mis & laissé par chacun an.

On ne croit pas que cette maniere d'assembler ait jamais été pratiquée à Langres; il n'y a à l'Hôtel de Ville aucune salle qui puisse contenir tous les Habitans; ces sortes d'assemblées d'ailleurs qui ne pourroient être tenues que dans une place publique, seroient trop tumultueuses; mais aussi le respect que les Maire & Echevins ont toujours eu pour les Arrêts de la Cour, ne permet pas

1762. de douter que l'adjudication qui a suivi l'Arrêt de *1629*, n'ait été précédée d'une assemblée des députés des différens Ordres de la Ville en la maniere usitée de temps immémorial ; & si cette assemblée ne se répete pas d'année en année lors de l'envoi des commissions, c'est sans doute parce que dans l'assemblée faite en exécution de l'Arrêt de *1629*, on aura considéré que la Ville de Langres n'avoit d'autres moyens que celui qui étoit en usage pour se libérer d'une imposition qui revenoit réguliérement tous les ans, & que Messieurs les Trésoriers de France envoyant quelquefois leurs commissions dès le mois d'Octobre, temps où la plupart des Habitans sont encore en campagne, il seroit souvent impossible de convoquer une assemblée avant l'adjudication de la subvention. Ces raisons auront déterminé à fixer la maniere de percevoir la subvention pour tout le temps qu'elle auroit lieu, & dès-lors on en aura laissé l'administration aux Maire & Echevins, comme d'une affaire ordinaire.

Quelques recherches qu'on ait faites dans les archives, on n'a trouvé aucune délibération à ce sujet ; c'est pourquoi avant de procéder à l'adjudication pour *1762*, pour laquelle on attend incessamment la commission, on a cru indispensable de convoquer la présente assemblée, à l'effet de délibérer s'il convient de continuer la perception des mêmes droits sur les especes de denrées & marchandises désignées en la derniere adjudication.

Si l'assemblée est de cet avis, il paroît qu'elle doit en même temps, sous le bon plaisir de Nosseigneurs de la Cour des Aydes, autoriser les Maire & Echevins à en poursuivre l'adjudication sur le même pied tous les ans, tant que l'imposition de la subvention aura lieu.

La matiere mise en délibération, il a été unanimement convenu & arrêté que Messieurs les Maire & Echevins poursuivront en la maniere ordinaire, l'adjudication du droit de subvention sur les especes de denrées & marchandises désignées en l'adjudication du... Novembre *1760*, & suivant le tarif arrêté par ladite adjudication.

S ç a v o i r ;

Le droit de douze livres sur la queue de vin de Bourgogne & autres vins crus hors l'Election de Langres qui seront conduits en cette Ville, fauxbourgs & maisons des Habitans jouissans des privileges de la Ville de Langres ; duquel droit de douze livres par queue de vin, les Bourgeois de cette Ville & les Habitans des fauxbourgs demeurent déchargés, en cas que lesdits vins soient de leur crû & soient consommés en la Ville.

Le droit de six livres par queue de vin de l'Election de Langres, qui sera amené en ladite Ville par des Forains & bu en la Ville.

Le droit de vingt sols par queue de vin de l'Election de Langres qui sera amené par les Bourgeois de cette Ville, qui sera vin d'achat pour leur consommation.

Le droit de quinze sols par chaque bœuf, vache ; sept sols six deniers par chaque genisse, bouvillon d'un an & au-dessus ; cinq sols par chaque mouton & brebis vendus & consommés en ladite Ville, ensemble sur ceux qui auront été nourris & sortiront pour être menés ailleurs.

Le droit de cinq sols sur chaque porc gras, quatre sols sur chaque porc maigre, & deux sols sur chaque petit porc au-dessus de dix mois entrant dans la Ville.

Le droit de six livres sur chaque muid d'huile.

Le droit de trois livres sur chaque émine de navette.

Le droit de cinquante sols sur chaque cent pesant de lard.

Le droit de deux sols sur chaque bouc & chevre qui seront vendus & consommés en cette Ville. 1762.

Le droit de vingt sols sur chaque cent pesant de suif.

Le droit de vingt-cinq sols sur chaque cent pesant de laine.

Le droit de vingt-cinq sols sur chaque cent pesant de coton.

Le droit de quinze livres sur chaque cent pesant de beurre.

Le droit de vingt sols sur chaque cent pesant d'œuvre ou filasse, fil ou chanvre.

Le droit de trois livres sur chaque cent pesant de morue & de costes.

Le droit de cinquante sols sur chaque baril de hareng blanc.

Le droit de vingt sols sur chaque cent pesant de saumon.

Le droit de deux sols sur chaque charriot de foin.

Le droit de vingt sols sur chaque charriot d'écorce.

Le droit de deux sols sur chaque charriot de longues perches, bois rond, fagots, & de douze deniers par charrette.

Et a été aussi arrêté que tant qu'il plaira au Roy imposer sur la Ville de Langres ladite taxe pour sa part de l'ancienne subvention, Messieurs les Maire & Echevins poursuivront chaque année l'adjudication dudit droit de subvention suivant le tarif ci-dessus, à l'effet de quoi, sous le bon plaisir de Nosseigneurs de la Cour des Aydes, ils demeurent autorisés; l'Assemblée suppliant très-humblement nosdits Seigneurs d'homologuer la présente délibération. Fait à l'Hôtel de Ville les jour, mois & an que dessus.

EXTRAIT *des registres du Conseil d'Etat, qui ordonne que les impositions tant ordinaires qu'extraordinaires, qui se levent sur la Ville de Thouars & dépendances, Généralité de Poitiers, seront commuées & converties en un droit qui se percevra, à compter du premier Octobre 1769, sur toutes les denrées & marchandises qui y seront consommées.* 1769.

5 Septembre 1769.

SUR la requête présentée au Roy, en son Conseil, par les Officiers Municipaux & Notables de la Ville de Thouars en Poitou, contenant que par Arrêt du Conseil du 27 Août 1748, Sa Majesté auroit bien voulu ordonner que les impositions ordinaires & extraordinaires qui se levoient sur ladite Ville de Thouars, fauxbourgs & dépendances, seroient commuées & converties en un droit qui seroit perçu sur toutes les denrées & marchandises qui entreroient & sortiroient, énoncées au tarif annexé audit Arrêt. Les Habitans ont ressenti l'avantage résultant de cet établissement : la paix, l'union & la bonne intelligence ont regné entr'eux; ceux qui étoient sortis sont revenus, & ont goûté les fruits qu'a produits un changement qu'ils avoient toujours desiré. Néanmoins, malgré tous les soins que s'étoient donnés les Commissaires pour la rédaction des droits de tarif, afin de prévenir toutes contestations, il est survenu beaucoup de difficultés, tant de la part des Adjudicataires & de leurs Commis, que de celle des contribuables. Ces difficultés ayant occasionné une diminution à chaque bail, la Ville a été obligée d'en faire par elle-même la régie; & elle a reconnu que le produit n'étoit point suffisant pour payer les impositions & les charges ordinaires, parce que les fruits en général ont totalement manqué, sur-tout les vins & les foins,

1769. qui sont des objets principaux ; le produit manquant, il n'y a pu avoir d'excédent pour satisfaire aux charges extraordinaires : c'étoit néanmoins un des objets de l'établissement du tarif, au moyen de quoi on se trouvoit dans la dure nécessité de faire un rôle de répartition sur chacun des Habitans, pour fournir auxdites charges extraordinaires. Les Officiers Municipaux, commis pour veiller à une meilleure forme de régie & administration, ont pris connoissance de la situation de la Communauté ; ils ont vu, par les états qu'ils se sont fait représenter du produit de la premiere année de régie des droits portés au tarif annexé à l'Arrêt du Conseil du 27 Août 1748, du premier Octobre 1766, au dernier Septembre 1767, que ce produit n'a été que de la somme de 15112 livres 5 sols 3 den. que les impositions de la Ville, suivant la quittance du Receveur des Tailles, ont été de 12461 livres 5 sols 5 deniers ; que les appointemens des Contrôleurs & Commis, & autres frais de régie, ont été de 2342 livres 14 sols ; en sorte qu'il n'y a eu d'excédent que 308 livres 5 sols 10 deniers, qui ne sont pas suffisans pour acquitter les charges montantes à 5000 livres. Cet examen a fait connoître aux Officiers Municipaux la nécessité de réformer le tarif, pour trouver de quoi subvenir aux charges de la Ville, sans faire aucune répartition particuliere sur chacun des Habitans, & leur procurer la facilité de jouir de l'établissement du tarif. Dans cette vue, ils ont présenté une requête au sieur Intendant & Commissaire départi en la Généralité de Poitiers, afin d'être autorisés à convoquer une assemblée, soit des Notables de la Maison commune, soit de tous les Habitans formant & composant la Communauté de la Ville de Thouars, à laquelle assemblée l'état actuel dans lequel se trouve la Communauté seroit exposé avec communication des pieces justificatives, & proposé de réformer le tarif, en supprimer plusieurs articles, faire une augmentation sur quelqu'autres ; en un mot, de faire un nouveau tarif selon qu'il paroîtroit plus convenable, moins onéreux & à charge aux Habitans, pour se procurer les ressources dont on a besoin, tant pour l'acquit des impositions actuelles, le payement de leurs dettes, réparations de leur College & maisons, que pour autres nécessités. Sur cette requête est intervenu, le 2 Juillet 1768, une Ordonnance dudit sieur Intendant, qui a permis auxdits Officiers Municipaux de convoquer l'assemblée des Notables, dans le nombre prescrit par l'article LII de l'Edit du mois de Mai 1765 ; dans laquelle assemblée, l'état actuel de la Communauté seroit exposé, avec les pieces justificatives de ses revenus & de ses charges, pour être ensuite, par lesdits Notables délibéré sur l'augmentation des articles du tarif qui paroîtroient en être le plus susceptibles, de maniere qu'elle soit la moins onéreuse qu'il se pourroit aux Habitans, principalement au petit peuple ; en évitant de charger les denrées communes nécessaires à la subsistance ; laquelle délibération, contenant en outre la situation des affaires de la Ville & les motifs de ladite demande, sera par les Officiers Municipaux envoyée au sieur Contrôleur-Général des Finances, pour y être statué ce qu'il appartiendra. En exécution de cette Ordonnance, il a été convoqué le 27 du même mois de Juillet une assemblée des Notables, pour leur communiquer les opérations des Commissaires nommés pour travailler à la réformation du tarif. Il ne fut rien décidé dans cette assemblée, attendu les difficultés que firent plusieurs des Notables. Le nouveau Maire, dans la vue de réunir les esprits, convoqua une nouvelle assemblée ; il fit remettre à chacun des Notables qui s'y trouverent, un état du produit & des charges de la Ville. Il les exhorta à prendre en considération la misérable situation dans laquelle se trouvoit cette Ville, & leur fit sentir la nécessité de la réformation du tarif, s'ils vouloient qu'il se soutînt, & procurât les secours dont on avoit besoin.

Les sentimens furent encore partagés, ce qui obligea les Officiers Municipaux de se pourvoir de nouveau par devers le sieur Intendant & Commissaire départi en la Généralité de Poitiers, lequel rendit le 11 Janvier 1769, une autre Ordonnance, par laquelle il ordonna l'exécution de celle par lui rendue le 2 Juillet 1768; en conséquence, permit d'abondant aux Officiers Municipaux de convoquer une assemblée de Notables dans le nombre prescrit par l'article LII de l'Edit du mois de Mai 1765, dans laquelle assemblée il seroit donné lecture du projet de refonte & de réformation du tarif formé en exécution de la délibération prise dans une assemblée des Notables, le 9 Janvier 1766, par les Commissaires nommés à cet effet; que dans l'examen qui seroit fait de chaque article, & de ceux qui pourroient être proposés dans ladite assemblée pour devoir être ajoutés, il seroit procédé à la décision par la voie du scrutin, suivant l'esprit de l'Edit; que pour constater l'état actuel des affaires de la Ville, il seroit remis sur le bureau, & donné connoissance à tous les assistans, des états du produit du tarif de l'année derniere, de ses revenus particuliers & de ses charges, pour délibérer en connoissance de cause sur les moyens les plus capables & les plus équitables de remédier à l'insuffisance des revenus actuels, & prévenir les inconvéniens qui peuvent s'en suivre. Cette Ordonnance exhorte & en même temps enjoint tant aux Officiers Municipaux qu'aux Notables, d'assister, toutes affaires cessantes, à ladite assemblée, & à celles qui pourront en devenir la suite nécessaire, & de prendre en considération le véritable intérêt de la Ville dans une circonstance aussi intéressante pour elle; laquelle délibération & les pieces justificatives à l'appui seront adressées au sieur Contrôleur-Général des Finances, pour être statué ce qu'il appartiendra. En exécution de cette Ordonnance, il a été tenu une premiere assemblée des Notables, le 23 dudit mois de Janvier, dans laquelle, après avoir fait lecture de ladite Ordonnance & des précédentes délibérations, ils ont été d'avis d'examiner l'ancien tarif & de composer le nouveau projet, & d'arrêter, conjointement avec les Officiers de l'Hôtel de Ville, ce qui sera le plus avantageux; &, pour cet effet, il a d'abord été arrêté qu'on iroit au scrutin pour sçavoir si on seroit obligé d'appeller des Députés particuliers des Corps, ou si les Notables pourroient seuls, avec les Officiers de Ville, arrêter ce qui seroit proposé, après que le tout auroit été passé au scrutin. La matiere mise en délibération & le scrutin ouvert, il a été décidé par icelui que les Notables étoient seules parties capables de décider, avec les Officiers Municipaux, tout ce qui seroit proposé pour la réformation du tarif, sans être obligés d'y appeller d'autres personnes. Il a été tenu depuis différentes assemblées, dans lesquelles on a travaillé avec la plus scrupuleuse attention à la confection d'un nouveau tarif composé de soixante-quatorze articles, qui a été clos, arrêté & signé, le 27 Avril 1769, par les Maire, Echevins, Officiers Municipaux & Notables de ladite Ville de Thouars. Il ne reste plus que d'obtenir l'approbation & l'autorisation de Sa Majesté pour le faire exécuter. Lorsqu'elle a bien voulu, par l'Arrêt de son Conseil, du 27 Août 1748, ordonner que les impositions tant ordinaires qu'extraordinaires, qui se levoient sur ladite Ville de Thouars, seroient & demeureroient converties en un droit qui se percevroit sur toutes les denrées & marchandises qui entreroient dans cette Ville, son intention a été de traiter favorablement les Habitans, & de leur procurer tous les avantages qui sont les suites d'un pareil établissement. Ces vues n'ont point été remplies par la perception des droits portés au tarif annexé audit Arrêt, qui n'ont point suffi pour acquitter les charges ordinaires & extraordinaires de ladite Ville de Thouars. Les Supplians se flattent que le nouveau tarif qu'ils ont

1769.

1769. l'honneur de présenter à Sa Majesté, leur procurera le moyen de satisfaire aux engagemens de la Ville, & à l'acquit des charges, sans qu'aucun des Habitans en particulier ait lieu de se plaindre; & même pour prévenir toute espece de contestation, les Supplians prennent la liberté de faire à Sa Majesté quelques observations. Depuis l'Arrêt du Conseil du 27 Août 1748, il a été bâti une nouvelle maison, connue sous le nom de Maison de Galerneau, qui doit être également sujette aux droits de tarif, ainsi que toutes autres que l'on pourroit bâtir par la suite pour faire cabarets, auberges & boucheries dans l'enceinte des poteaux; ledit Arrêt en exemptant des droits de tarif le Clergé tant séculier que régulier, les Maisons & Communauté des Ursulines, les Hôpitaux, la Noblesse & ceux des privilégiés dont la capitation est retenue sur les gages des Offices dont ils sont pourvus, même le Clergé régulier & les Hôpitaux, pour les matériaux & autres effets destinés aux réparations & reconstructions de leurs Eglises & Maisons, cette derniere disposition sembleroit borner cette exemption au Clergé régulier & Hôpitaux seulement, & en exclure les autres privilégiés & Notables; elle doit néanmoins être générale. Le Clergé, la Noblesse & les privilégiés, ne doivent point payer de droits d'entrée pour leurs matériaux, ils doivent jouir des mêmes privileges dont ils jouissoient avant l'établissement dudit tarif; il conviendra même ajouter au rang des exempts, le College de ladite Ville établi depuis, & qui doit également jouir de l'exemption, tant pour les matériaux que pour les autres objets de consommation. L'Arrêt porte que l'Adjudicataire sera tenu de payer à Sa Majesté, entre les mains du Receveur des Tailles en exercice, dans les termes ordinaires & accoutumés, la somme à laquelle se trouveront monter les impositions. Les Supplians estiment, sous le bon plaisir de Sa Majesté, qu'il seroit convenable d'ordonner que les impositions de la Ville seront acquittées par l'Adjudicataire du tarif, en douze payemens égaux de mois en mois; en sorte que le bail commençant au premier Octobre, le premier payement se fera le premier Novembre, & successivement de mois en mois par portions égales: le même Arrêt défend la fraude, à peine de confiscation des marchandises. Les Supplians estiment que, pour de plus en plus empêcher la fraude, il convient ordonner aussi la confiscation des chevaux, bœufs & autres bestiaux & équipages servant à la fraude: enfin l'Arrêt ordonne qu'aucun Particulier d'un lieu taillable ne pourra venir s'établir dans la Ville de Thouars & lieux en dépendans, pour y jouir des privileges, qu'à condition de payer la taille sa vie durant dans le lieu d'où il sortira. Les Supplians esperent que Sa Majesté voudra bien leur faire la même faveur qu'elle a faite à la Ville de Parthenay; en conséquence, de borner à dix ans le payement de la taille par ceux qui quitteront un lieu taillable pour venir s'établir dans ladite Ville de Thouars. Et pour justifier de ce que dessus, les Supplians joindront à la présente requête les pieces suivantes: la premiere, du 27 Août 1748, est un imprimé de l'Arrêt du Conseil, qui a commué les impositions en droits sur toutes les denrées & marchandises énoncées au tarif y annexé; la seconde, du 9 Janvier 1766, est expédition de la délibération qui a nommé des Commissaires pour travailler à la réformation du tarif; la troisieme, du 2 Juillet 1768, est l'Ordonnance du sieur Intendant de Poitiers, qui a permis aux Supplians de convoquer une assemblée de Notables, pour délibérer sur l'augmentation du tarif; la quatrieme, du 11 Janvier 1769, est une seconde Ordonnance du sieur Intendant de Poitiers, qui a ordonné l'exécution de la précédente, & la convocation d'une nouvelle assemblée des Notables; la cinquieme & sixieme, sont deux relevés des registres du produit du tarif pendant les années 1766 & 1767, que la Ville en a fait la régie; la septieme, du 27 Avril 1769, est un état certifié par les Supplians, des revenus annuels & ordinaires de la Ville de Thouars; la huitieme du même jour, aussi certifiée par les Supplians, est un état des charges ordinaires de la Ville; la neuvieme & derniere du même jour, est le nouveau tarif dressé & arrêté par les Supplians. 1769.

Requéroient à ces causes les Supplians, qu'il plaise à Sa Majesté ordonner que l'Arrêt du Conseil, du 27 Août 1748, sera exécuté selon sa forme & teneur, en ce qu'il ordonne que les impositions tant ordinaires qu'extraordinaires qui se levent sur ladite Ville de Thouars & dépendances, seront & demeureront commuées & converties en un droit qui se percevra sur toutes les denrées & marchandises; approuver, homologuer & autoriser le nouveau tarif fait, clos & arrêté par les Maire, Echevins, Officiers Municipaux & Notables de ladite Ville de Thouars, le 27 Avril *1769*, pour être exécuté selon sa forme & teneur; ordonner qu'à compter du premier Octobre de la présente année *1769*, les droits sur toutes lesdites denrées & marchandises qui entreront dans ladite Ville de Thouars & les fauxbourgs en dépendans de Saint-Michel, Lavau, le Boel, y compris les Maisons neuves, la Poiteviniere, le Bourgneuf, le Moulin du Vicomte, les Maisons du Pont-neuf dépendantes de la Paroisse de Saint-Jean, la maison de Galerneau nouvellement bâtie, & toutes autres qui pourront se bâtir pour faire cabarets, auberges & boucheries dans l'enceinte des poteaux, seront perçus conformément audit nouveau tarif, qui sera & demeurera annexé à la minute de l'Arrêt qui interviendra sur la présente demande, pour être les droits énoncés audit nouveau tarif, ensemble le sol pour livre, payés par toutes sortes de personnes, à l'exception du Clergé tant séculier que régulier, y compris les Maisons & Communauté des Ursulines, les Hôpitaux & le College de ladite Ville, de la Noblesse, & de ceux des privilégiés dont la capitation est retenue sur les gages des Offices dont ils sont pourvus, lesquels sont exempts desdits droits pour les denrées & provisions de toute espece destinées pour leur consommation; & pour les matériaux & autres effets destinés aux réparations & reconstructions de leur Eglise, maisons & College, en sorte qu'ils jouissent & soient maintenus dans tous les privileges, immunités & exemptions dont ils jouissoient avant l'établissement du tarif; à la charge néanmoins de faire leurs déclarations aux Bureaux qui seront établis pour la perception desdits droits, des denrées & de tout ce qu'ils feront entrer pour leur consommation, suivant les états qui en seront fixés & arrêtés par le sieur Intendant & Commissaire départi en la Généralité de Poitiers : comme aussi à la charge de pareille déclaration dans le cas de vente de quelques-unes desdites denrées qui ne seront point employées à leur consommation, pour en être, en ce cas, les droits perçus de la même maniere & ainsi qu'ils l'auroient été à l'entrée desdites denrées dans ladite Ville : ordonner que par ledit sieur Intendant & Commissaire départi en la Généralité de Poitiers, ou par celui qu'il voudra commettre, en présence des Supplians ou de ceux qui seront par eux députés, il sera procédé à l'adjudication desdits droits de tarif au plus offrant & dernier enchérisseur en la maniere accoutumée, pour tel nombre d'années que ledit sieur Commissaire départi jugera à propos; pour, par l'Adjudicataire, payer à Sa Majesté, entre les mains du Receveur des Tailles en exercice, la somme à laquelle se trouveront monter les impositions pour lesquelles ladite Ville & lieux en dépendans seront annuellement compris dans les commissions des tailles & autres rôles & assiettes desdites impositions, tant ordinaires qu'extraordinaires, en douze payemens égaux de mois en mois, dont le premier payement sera fait le premier Novembre prochain, & successivement tous les premiers jours des mois, à quoi faire sera

1769. ledit Adjudicataire contraint comme pour les propres deniers & affaires de Sa Majesté; & en cas qu'il se trouve de l'excédent après la taille & autres impositions, tant ordinaires qu'extraordinaires de ladite Ville & lieux en dépendans acquittées, ordonner que le surplus sera employé a payer les charges annuelles de ladite Ville, suivant les délibérations qui seront prises à ce sujet, sans que l'Adjudicataire soit tenu de rendre aucun compte à la Chambre des Comptes ni ailleurs, dont il plaira à Sa Majesté, en tant que de besoin, le dispenser; faire défenses aux Marchands & autres Particuliers de faire des entrepôts dans l'étendue des Hameaux & écarts de la Paroisse de Saint-Médard de Thouars & dans les Paroisses de Saint-Jean, Saint-Jacques, Sainte-Vierge, Sainte-Radegonde, Rigny, Mauzé, Louzy, Montbrun & Misse, qui sont contigus aux fauxbourgs de ladite Ville de Thouars, & de faire entrer en fraude les marchandises & denrées sujettes auxdits droits, les tenir cachées & les faire passer au-delà des Bureaux sans déclaration, à peine de confiscation au profit de l'Adjudicataire desdites denrées & marchandises, des chevaux, bœufs & autres bestiaux & équipages servans à la fraude, & d'amende, laquelle, pour premiere contravention, demeurera fixée à 20 livres, en cas de récidive à 40 livres, & pour toutes autres à 100 livres, ladite amende applicable, moitié à l'Adjudicataire & moitié au profit des Hôpitaux de ladite Ville de Thouars; ordonner que les Particuliers d'un lieu taillable, qui viendront s'établir dans ladite Ville de Thouars, ne seront tenus de payer la taille dans le lieu qu'ils quitteront, que pendant dix ans seulement : ordonner que toutes les contestations qui pourront survenir au sujet du nouveau tarif, seront portées en premiere instance, pendant les six premieres années, pardevant le sieur Intendant & Commissaire départi en la Généralité de Poitiers, & par appel au Conseil; & après lesdites six années expirées, pardevant les Officiers de l'Election de Thouars, &, par appel, en la Cour des Aydes. Et pour l'exécution de l'Arrêt qui interviendra, ordonner que toutes Lettres-Patentes nécessaires seront expédiées.

Vu ladite requête, signée André, Avocat des Supplians, les pieces y énoncées & jointes, & le tarif fait, clos & arrêté le 27 Avril 1769, par les Maire, Echevins, Officiers Municipaux & Notables de ladite Ville de Thouars; vu pareillement la nouvelle requête présentée par les Officiers Municipaux & Notables de ladite Ville de Thouars, tendante à être autorisés à faire pendant trois ans la régie dudit tarif, ensemble l'avis du sieur de Blossac, Intendant & Commissaire départi en la Généralité de Poitiers. Oui le rapport du sieur Maynon d'Invau, Conseiller ordinaire, & au Conseil Royal, Contrôleur-Général des Finances;

Le Roy en son Conseil, ayant aucunement égard auxdites requêtes, a ordonné & ordonne, conformément à l'Arrêt du Conseil du 27 Août 1748, que les impositions, tant ordinaires qu'extraordinaires, qui se levent sur ladite Ville de Thouars & dépendances, seront & demeureront commuées & converties en un droit qui se percevra sur toutes les denrées & marchandises qui y seront consommées. Ordonne Sa Majesté, qu'à compter du premier Octobre de la présente année 1769, lesdits droits seront perçus, conformément au nouveau tarif fait, clos & arrêté par les Maire, Echevins, Officiers Municipaux & Notables de ladite Ville de Thouars le 27 Avril 1769, qui sera & demeurera annexé à la minute du présent Arrêt, sur toutes les denrées & marchandises énoncées audit tarif, qui entreront dans ladite Ville de Thouars, & les fauxbourgs en dépendans de Saint-Michel, Lavau, le Boel, y compris les Maisons neuves, la Poiteviniere, le Bourgneuf, le Moulin du Vicomte, les Maisons du Pont-neuf dépendantes de la Paroisse Saint-

Saint-Jean, la maison du nommé Galerneau nouvellement bâtie, & toutes autres qui pourront être bâties à l'avenir pour faire cabarets, auberges & boucheries dans l'enceinte des poteaux, pour être lesdits droits, ensemble le sol pour livre d'iceux, payés par toutes sortes de personnes, à l'exception seulement du Clergé, tant séculier que régulier, y compris les Maisons & Communauté des Ursulines, les Hôpitaux & le College de ladite Ville, de la Noblesse & de ceux des privilégiés, qui, conformément aux Réglemens, doivent jouir de l'exemption de la taille personnelle; lesquels seront exempts desdits droits pour les denrées & provisions de toutes especes destinées pour leur consommation, même le Clergé régulier, les Hôpitaux & le College seulement, pour les matériaux & autres effets destinés aux réparations & reconstructions de leurs Eglises & Maisons, à la charge néanmoins, par les exempts dénommés ci-dessus, de faire leurs déclarations aux Bureaux qui seront établis pour la perception desdits droits, des denrées & de tout ce qu'ils feront entrer pour leur consommation, suivant les états qui en seront fixés & arrêtés par le sieur Intendant & Commissaire départi en la Généralité de Poitiers; comme aussi à la charge de pareille déclaration dans le cas de vente de quelques-unes desdites denrées qui ne seront pas employées à leur consommation, pour en être, en ce cas, les droits perçus de la même maniere, & ainsi qu'ils l'auroient été à l'entrée desdites denrées dans ladite Ville. Permet Sa Majesté, aux Officiers Municipaux de ladite Ville, de faire la régie des droits portés audit tarif pendant une année, qui commencera au premier Octobre prochain, pour finir à pareil jour de l'anné 1770. Ordonne Sa Majesté, qu'après cette époque, il sera procédé par le sieur Intendant & Commissaire départi en la Généralité de Poitiers, ou par celui qu'il voudra commettre, en présence des Habitans, ou de ceux qui seront par eux députés, à l'adjudication des droits du tarif, au plus offrant & dernier enchérisseur, en la maniere accoutumée, pour le nombre d'années que ledit sieur Commissaire départi jugera à propos, à la charge par l'Adjudicataire de payer à Sa Majesté, entre les mains du Receveur des Tailles en exercice, la somme à laquelle se trouveront monter les impositions pour lesquelles ladite Ville & les lieux en dépendans seront annuellement compris dans les commissions des tailles, & autres rôles & assiettes desdites impositions, tant ordinaires qu'extraordinaires, en douze payements égaux de mois en mois, dont le premier payement sera fait le premier Novembre prochain, & successivement tous les premiers jours des mois, à quoi faire ledit Adjudicataire sera contraint, comme pour les propres deniers & affaires de Sa Majesté; du produit desquels droits il sera chaque année rendu compte par les Maire & Echevins & l'Adjudicataire, pardevant ledit sieur Commissaire départi en la Généralité de Poitiers, & en cas qu'il se trouvât de l'excédent, après la taille & autres impositions, tant ordinaires qu'extraordinaires, de ladite Ville & lieux en dépendans acquittées, le surplus sera employé suivant les Ordonnances dudit sieur Commissaire départi, aux besoins & affaires communes de ladite Ville & fauxbourgs de Thouars, suivant les délibérations qui seront prises à cet effet, sans que l'Adjudicataire ni lesdits Officiers Municipaux soient tenus d'en rendre aucun compte en la Chambre des Comptes ni ailleurs, dont Sa Majesté les a expressément dispensés; & où le produit du tarif ne se trouveroit pas suffisant pour acquitter la taille & autres impositions, tant ordinaires qu'extraordinaires de ladite Ville de Thouars & lieux en dépendans, veut Sa Majesté que ce qui s'en manquera soit imposé par capitation sur tous les Habitans sujets aux droits du tarif, en vertu du présent Arrêt & sans qu'il en soit besoin d'autres. Fait Sa Majesté défenses aux Marchands & autres Particuliers de faire des entrepôts dans l'éten- 1769.

1769. due des Hameaux & écarts de la Paroiſſe de Saint-Médard de Thouars, & dans les Paroiſſes de Saint-Jean, Saint-Jacques, Sainte-Vierge, Sainte-Radegonde, Rigny, Mauzé, Louzy, Montbrun & Miſſé, qui ſont contiguës aux fauxbourgs de ladite Ville de Thouars, & de faire entrer en fraude les marchandiſes & denrées ſujettes audit droit, les tenir cachées & les faire paſſer au-delà des Bureaux ſans déclarations, à peine de confiſcation au profit de l'Adjudicataire, deſdites denrées & marchandiſes, des chevaux, bœufs & autres beſtiaux & équipages ſervans à la fraude, & d'amende qui, pour la premiere contravention, demeurera fixée à 20 livres, en cas de récidive, à 40 livres, & pour toutes autres, à 100 livres, applicable, moitié à l'Adjudicataire, & moitié au profit des Hôpitaux de ladite Ville de Thouars. Veut & ordonne Sa Majeſté que ceux des Habitans de ladite Ville & lieux en dépendans, qui feront valoir de leurs propres, ou tiendront à ferme aucuns biens & héritages ſitués en ladite Election de Thouars, ou hors d'icelle, feront & demeureront taillables dans les Paroiſſes où leſdits biens & héritages ſeront ſitués, & ſeront impoſés dans leſdits lieux pour raiſon de leurs exploitations, comme tous autres exploitans dans leſdites Paroiſſes. Ordonne Sa Majeſté que les Particuliers d'un lieu taillable qui viendront s'établir dans ladite Ville de Thouars, ne ſeront tenus de payer la taille dans le lieu qu'ils quitteront, que pendant dix ans ſeulement. Ordonne Sa Majeſté que toutes les conteſtations qui pourront ſurvenir à l'occaſion deſdits droits & établiſſement du nouveau tarif, ſeront portées en premiere inſtance, pendant les trois premieres années dudit établiſſement, pardevant le ſieur Intendant & Commiſſaire départi en la Généralité de Poitiers, & par appel au Conſeil, & après leſdites trois années expirées, pardevant les Officiers de l'Election de Thouars, & par appel, en la Cour des Aydes. Et, pour l'exécution du préſent Arrêt, toutes Lettres néceſſaires ſeront expédiées. Fait au Conſeil d'Etat du Roy, tenu à Verſailles, le cinq Septembre mil ſept cent ſoixante-neuf. HUGUET DE MONTARAN.

ENSUIT la teneur du Tarif.

NATURE DES MARCHANDISES ET DENRÉES.

	l.	*ſ.*	*d.*
1. ACIER de toutes eſpeces & de tous pays, en billes & barres, payera pour cent peſant, une livre, ci	1		
2. Airain, cuivre, laiton, potin ouvré & non ouvré, mitraille, poëles à frire, marmites, garde-feux, chauderons de même métal, métal pour cloches, payera par cent peſant, trois livres dix ſols, ci	3	10	
3. Allumettes, par cent petits paquets, payeront deux deniers, ci			2
3. Amandes ſeches, ouvertes, en coques, payeront par boiſſeau comble, un ſol, ci		1	
Idem. En noyaux ou bejons, payeront par livre, quatre deniers, ci			4
5. Arbres fruitiers & autres de toute eſpece, payeront par piece, trois deniers, ci			3
6. Ardoiſes de toute eſpece, payeront par mille, deux livres dix ſols, ci	2	10	
7. La Communauté des Orfevres, pour l'argent ou l'or qu'ils mettront en œuvre, payera par abonnement, dans la perſonne du Juré de ladite Communauté, chaque année, cent livres; ſçavoir, cinquante livres le premier Avril, & cinquante autres livres le 30 Septembre, ci	100		

1769.

	l.	*s.*	*d.*
Idem. Et pour tous autres Particuliers entrant or ou argent, ouvré ou non ouvré, payeront par marc, une livre dix sols, ci	1	10	
Les Marchands Joailliers payeront comme la mercerie.			
8. Avoine de toute espece, payera par boisseau, trois deniers, ci			3
9. Beurre frais ou salé payera par livre, quatre deniers, ci			4
10. Bois en bûches, copeaux, fagots de pied, branchages, remilles, saules, hiard, javelles & autres bois à brûler, payeront par charretée, une livre, ci	1		
Idem. Par charge de cheval ou mulet, deux sols, ci		2	
Idem. Par charge d'âne, un sol, ci		1	
Idem. Par charge d'homme ou femme, six deniers, ci			6
11. Bois à ouvrages & ouvrés, vieux ou neufs, de toute espece, merrain pour Tonnelliers, Charpentiers, Menuisiers, Tourneurs, soit en planches, madriers, solives, soliveaux, chevrons, limandes, barreaux, pomeles, jantes, raies, bois rond pour faire galoches, talons, moules de boutons & autres, travaillé ou non travaillé, lattes plates & quarrées, de toute espece, payera par charretée, deux livres dix sols, ainsi que le cercle de bois ou feuillars, aussi de toute espece, ci	2	10	
Idem. Par charge de cheval, mulet ou âne, huit sols, ci		8	
Idem. Par charge d'homme ou femme, trois sols, ci		3	
12. Bois en bines, de toute espece, y compris celui pour les Chaisiers, payera par charretée, une livre cinq sols, ci	1	5	
Idem. Par charge de cheval, mulet ou âne, trois sols, ci		3	
13. Bois à tamis, tambours, cribles & grêles, par paquet, payera six sols, ci		6	
14. Bois à faire seaux ou boisseaux, par pile de soixante pieces, avec les garnitures, fond & anses, payera par pile, une livre cinq sols, ci	1	5	
15. Boisseaux & seaux faits, payeront par piece, un sol, ci		1	
16. Bœufs ou vaches qui se tuent, payeront par piece, cinq livres, ci	5		
Idem. Veaux de lait qui se tuent, par piece, payeront quinze sols, ci		15	
Idem. Moutons, brebis, chevres & boucs, par piece, payeront six sols, ci		6	
Idem. Agneaux, chevreaux jusqu'à la Magdeleine, payeront par piece, trois sols, ci		3	
Idem. Cochons, par piece, payeront deux livres, ci	2		
Idem. En morceaux de toutes especes de viande, payera par livre, trois deniers, ci			3
Idem. Cochons de lait, payeront par piece cinq sols, ci		5	
Boudins, par douzaine, payeront un sol, ci		1	
Andouilles, par piece, payera six deniers, ci			6
Cervelas, langues-fourrées, gratons, par livre, payeront un sol, ci		1	
Nota. Tous les Habitans de la Ville, fauxbourgs dans l'enclave, autres que les privilégiés qui acheteront des cochons aux Foires pour élever ou tuer, seront tenus d'en faire déclaration dans le jour, au Bureau le plus prochain, & d'en payer les droits.			
17. Bouchons de liege payeront, par cent de bouchons, un sol, ci		1	
18. Cartes à jouer, de toutes especes, payeront, par grosse de vingt-quatre sixains, six livres, ci	6		
Idem. Par sixain, cinq sols, ci		5	

1769.

	l.	s.	d.
19. Chanvres broyés, de toute espece, & pour Cordiers, payeront par cent pesant, trente-trois sols quatre deniers, ci	1	13	4
Idem. Par livre, quatre deniers, ci			4
Idem. En bois, & non broyés, payeront par douzaine de poignées, trois deniers, ci			3
Idem. Lin, de toute espece, payera, par cent pesant, deux livres dix sols, ci	2	10	
Idem. Par livre, six deniers, ci			6
Idem. Fil de lin & chanvre en brin écru, payera, par cent pesant, deux livres dix sols, ci	2	10	
Idem. Par livre, six deniers, ci			6
Idem. Fil de zeparon & étoupes de lin & de chanvre, par cent pesant, payera seize sols huit deniers, ci		16	8
Idem. Par livre, deux deniers, ci			2
20. Châtaignes & marrons, payeront, par charge de cheval, mulet ou âne, en entrant & sortant, dix sols, ci		10	
Idem. Par boisseau comble, un sol, ci		1	
21. Chaux, tuiles, carreaux, briques & faiteaux, par charretée, payeront une livre dix sols, ci	1	10	
Idem. Par charge de cheval, mulet ou âne, deux sols six deniers, ci		2	6
22. Charbons de bois & brandes, payeront, par charretée, deux livres ci	2		
Idem. Par charge de cheval, mulet ou âne, deux sols six deniers, ci		2	6
Idem. Charbons de terre, par charge de cheval, mulet ou âne, cinq sols, ci		5	
Idem. Par boisseau, six deniers, ci			6
23. Chevelu ou plant de vigne, par cent, payera un sol, ci		1	
24. Clous neufs, de toute espece & grandeur, par cent pesant, payeront une livre cinq sols, ci	1	5	
Idem. Par livre, trois deniers, ci			3
25. Angélique confite, & toutes confitures seches, en pâte ou liquides & dragées de toutes especes, payeront, par livre, un sol, ci		1	
26. Cribles ou peaux pour les faire, de toute espece, payeront, par piece, trois sols, ci		3	
27. Cuirs de roussi, cuirs de veau, cuirs forts, baudriers, moutons, basane, peaux de chevre, castors, veaux d'Orléans & blanc-rasé, & autres pour Selliers, Cordonniers, payeront, par cent pesant, deux livres dix sols, ci	2	10	

CET ARTICLE EST DIVISÉ EN TROIS CLASSES.

Classe premiere.

28. Mousseline, toile de coton blanche, batiste, linon, toile peinte de toute espece, soieries fabriquées en damas, taffetas, gros de Tours, papeline, velours, serge de soie, raz de Saint-Maur & de Saint-Cyr, bas & gands de soie; soie à coudre ou à filer, de toutes Manufactures; dentelles, galons d'or & d'argent fin, draps fins en haute & basse couleurs, d'Elbeuf, Louviers, Sédan, Dernetal, Abbeville, Lodeve, Mortagne, Carcassonne, Cherbourg, Vire, Vallonne, Châteauroux &

l. s. d. 1769.

Romorantin, cadis de Montauban; molletons & sommiere, & toutes autres draperies de Languedoc; raz de castor; raz de Maroc; dauphine, voile & autres étoffes de la Fabrique de Rheims; camelots de laine, demi-soie; poil de chevre; panne; crêpons; étamine fine & commune; éternel; baracan; callemandre rayée & unie; coutils à fleurs, & toutes autres étoffes des Manufactures de Lille, Amiens & Abbeville; raz à doubler; serge de Londres & demi-Londres; flanelle fleurie, & autres marchandises de la Fabrique de Beauvais; pinchinat d'Amboise & de Berry; étamines du Mans, Châteaugontier, du Lude, Laval, Chinon, Azais & Richelieu; serge de Caen; grenade blanche; bazin rayé & uni; finette & raz de Saint-Lo, Falaise; froc & molletons de Lisieux; bas d'Etain; bas & bonnets de Ségovie; couvertures fines; boutons de chameau, de crins, poil & soie; jarretieres; toile blanche d'Alençon, Laval, Châteaugontier, Cholet, du Lude, Beaufort & Douai, & généralement toutes toiles blanches & teintes; flanelle rayée & à fleurs; raz de Lusignan & de Saint-Maixant; tapisseries de toute espece; fil de Lille, Paris, Rennes, Tours, Angers & autres lieux, hors la Province, soit teint, blanc ou écru; poudre à poudrer; velours de gueux; revêche à panier, & serge trémiere de Tours; cotonade de Rouen; toile de coton & de fil & coton, blanche, rayée, teinte & chinée, & autres de ladite Fabrique; toile boucassine; toile cirée; mouchoirs de coton de Rouen & de Cholet; bougran; peaux de daim; culottes de peau; peaux à doubler, jaune & blanche; toile de crin; galons d'or & d'argent faux; dentelles & franges de fil; blondes & autres marchandises de modes; rubans; galons de laine & de fil; clous dorés; miroirs; glaces de miroirs; baleine de toute espece, & baguettes dorées; chapeaux de castor & autres chapeaux fins & communs, payeront, y compris toutes caisses & emballages, par cent pesant, deux livres, ci 2

Classe II.

Pinchinat tout laine, & sur fil de Partenay; tiretaine de Bressuire, carisé, croisé de Moncoustans & Azais; serge d'Oirvault, de Saint-Loup, de Château-Larcher, de Vivonne & de Lusignan; pinchinat de Coulonges & de Niort; droguet de Douai; serge de Loudun; étamine de Chiché; droguet de Pouzauges & de Bouquant; campe noire, fine & commune; coutils de Vieille-vignes, de Villiers & de Normandie; toutes toiles écrues d'Angers, le Château du Loir, le Lude, Beaufort, Douai, Oirvault & autres lieux, ainsi que les toiles à carreaux; couvertures de poil de bœuf, & toutes autres marchandises réputées grossieres, payeront, par cent pesant, y compris toute caisse & emballage, une livre dix sols, ci 1 10

Classe III.

Toutes les marchandises en gros, soit des Provinces du Royaume ou étrangeres, tant en draperie, soierie, mousseline, toile & cotonade qui seront commercées par les domiciliés, par caisses & emballage, le tiers du droit, suivant chaque classe.

Nota. A la charge de n'en point détailler en Ville, sans en faire déclaration, & d'en payer les droits en entier, conformément aux articles ci-dessus.

Nota. Les Marchands forains qui viendront en Ville vendre en détail, *l. s. d.*
1769. payeront le tiers du droit de toutes leurs marchandises, y compris, comme dessus, caisse & emballage.

Idem. Les Marchands en gros, aussi étrangers, qui voudront vendre en cette Ville, payeront le total des droits.

29. Drogues pour la peinture, & autres servant au corps humain, compris la rhubarbe, (boîte, panier & emballage compris, payeront de la livre, dix sols, ci — 10

Idem. Sirops de toute espece, par bouteille de pinte, payera cinq sols, ci — 5

30. Ecorce pour les Tanneurs, pulvérisée & non pulvérisée, payera, par charretée, une livre dix sols, ci — 1 10

Et par cent pesant, un sol six deniers, ci — 1 6

ÉPICERIES DIVISÉES EN DEUX CLASSES.

Premiere Classe.

31. Cire blanche, jaune, bougie du Mans & autres pays, coton filé & non filé, girofle; muscade; cannelle; poivre; piment; noix de galle; garance; savon; cassonade; ravaux; safran; indigo; bois de Brésil; verd-de gris; azur; pierre de bleu, arsenic; argent-vif; encens; storax; benjoin; fer-blanc; fromage de toute espece, à l'exception de ceux du pays; jambons; café; thé; chocolat; soufre; térébenthine; huile d'aspic; chandelles; sandales; suif de toute espece; poudre à tirer; huile d'olive, & de toute espece; orseil; amidon; sucre; liege en planche; miel; couperose; vieux oing; bois d'Inde; olive; raisins cabats; figues; anchois; capres; glue; alun; colles de toute espece; gommes de toute espece; cendre gravelée; plomb de toute espece; prunes, poires; pommes & autres fruits secs; gravelles; noir de fumée; fil de Guibray & Redon, payeront, par cent pesant, non compris le barriquage & l'emballage, deux livres, ci — 2

Seconde Classe.

Résine façonnée & non façonnée; blanc de céruse & d'Espagne; ocre de toute espece; gomme; goudron, payeront, du cent pesant, non compris le barriquage & emballage, une livre cinq sols, ci — 1 5

Et le plâtre, par charretée, payera une livre dix sols, ci — 1 10

32. Etain fin & commun, en vaisselle ou en saumon, payera, du cent pesant, trois livres, ci — 3

33. Faïance, porcelaine, cailloux & verreries de toute espece, payera par charretée, douze livres, ci — 12

Idem. Par charge de cheval, mulet ou âne, une livre dix sols, ci — 1 10

Idem. Verre en table pour Vitrier, par panier, payera une livre, ci — 1

34. Faulx & dards à faucher, payeront, par piece, deux sols, ci — 2

35. Fer neuf ou vieux, de toute espece, ouvré ou non ouvré, payera par cent pesant, seize sols huit deniers, ci — 16 8

36. Foin, regain & autres herbes seches, payera, par charretée grande & petite, une livre cinq sols, ci — 1 5

Idem. Par charge de cheval, mulet ou âne, quatre sols, ci — 4

l. s. d.

Idem. Par charge d'homme ou femme, un sol six deniers, ci 1 6 — 1769.

Nota. Les Charretiers ou Cavaliers qui entreront du foin pour la nourriture de leurs bestiaux, ne payeront rien.

37. Fripperie, comme vieil habit d'homme & femme, linge & tapisserie de toute espece, garnitures de lit, lits de plume de toute espece, traversins de lit, oreillers, mantes, courte-pointes, landiers, matelas, fauteuils, chaises garnies en tapisserie & autres étoffes, trumeaux, feux, tableaux & autres effets de cette espece, payeront par cent pesant, une livre cinq sols, ci 1 5

Nota. Les Particuliers qui feront sortir des meubles pour leurs maisons de campagne, ne payeront rien à l'entrée d'iceux, en faisant leur déclaration aux Bureaux lors de la sortie; toutes les marchandises neuves payeront conformément à l'article des Marchands.

Nota. Bien entendu que les Particuliers qui viendront habiter la Ville, ne payeront rien pour l'entrée de leurs vieux meubles qui seront utiles pour leurs ménages, pendant l'espace de trois mois, dont ils seront néanmoins tenus de faire leurs déclarations aux Bureaux d'entrée.

38. Fûts de barique, vieille ou neuve, payera par piece, trois sols, ci 3

39. Galoches pour hommes ou femmes, payeront par paire, un sol, ci 1

40. Gibier, comme perdrix, becassine, outardes, faisans, cannes petiers, cailles, becasses, pigeons ramiers, pluviers, vaneaux, canards & oies sauvages, alouettes, courlis, tourterelles, grives, merles & autre gibier, payera en sortant, seulement par livre pesant, un sol, ci 1

Idem. Lievres, levraux & lapins, payeront en sortant seulement par piece, un sol six deniers, ci 1 6

Nota. Tout le gibier qui sortira par la Messagerie ne payera aucun droit, à la charge, par le Messager, pour éviter la fraude, de présenter la feuille au Bureau de sortie.

41. Graine de lin, chanvre, moutarde, luzerne, chenevis, sainfoin, trefles, anis verd, coriandre, payeront par boisseau, un sol six deniers, ci 1 6

Idem. De millet & riz, par livre, six deniers, ci 6

42. Graisses, par cent pesant, compris le pot & baril, payera par cent pesant, une livre cinq sols, ci 1 5

43. Horlogerie. Chaque Horloger payera par abonnement par année, dix livres, pour sa marchandise seulement: sçavoir, cinq livres le premier Avril, & cinq livres le dernier Septembre, ci 10

Nota. Chaque Horloger forain qui entrera en Ville pour vendre, payera par abonnement, chaque fois qu'il entrera, trois livres, ci 3

44. Laine de pays, teinte & filée, payera par cent pesant, trois livres quinze sols, ci 3 15

Idem. En poil, par cent pesant, deux livres dix sols, ci 2 10

Laine du pays, non teinte & en poil, payera par cent pesant, une livre cinq sols, ci 1 5

Laine d'abat, non teinte & en poil, payera par cent pesant, une livre, ci 1

Laine en graisse & terre, payera par cent pesant, huit sols quatre deniers, ci 8 4

Laine teinte du pays étranger, en poil ou filée, payera par livre, deux sols, ci 2

De toute espece de laine, y compris l'emballage. *l. s. d.*

1769. *Nota.* Les laines que les Fabriquans enverront à la campagne pour faire filer, & qu'ils sortiront hors l'enceinte du tarif pour faire sécher, qui auront déjà payé les droits, ne payeront rien, en faisant, par lesdits Fabriquans, leurs déclarations au Bureau en entrant; la même chose aura lieu pour les pieces en toile qu'ils enverront au foulon.

Idem. Pour le fil qui sera envoyé pour le Tisserand, & la toile pour le Blanchisseur, même liberté à tous les Habitans.

Idem. Les Particuliers qui apporteront des laines pour filer en Ville, consigneront le droit au Bureau, en faisant leur déclaration, & à la sortie on leur rendra leur argent.

45. Linge vieux à faire papier, en sortant seulement, payera du cent pesant, y compris l'emballage, cinq sols, ci 5

46. Ails, oignons, porettes, melons, betteraves, citrouilles, concombres, poirées, navets & autres légumes, payeront par charretée, deux livres, ci 2

Idem. Par charge de cheval, mulet ou âne, payera sept sols, ci 7

Idem. Par charge d'homme ou femme, deux sols, ci 2

Idem. Asperges par paquet, payeront trois deniers, ci 3

Idem. Artichauts par douzaine, payeront un sol, ci 1

Idem. Pois secs & lentilles de toute espece, payera par boisseau, un sol six deniers, ci 1 6

Idem. Pois verds en cosses, payeront par livre, y compris le panier ou sac, un denier, ci 1

Idem. Grosses feves seches, par boisseau, payeront six deniers, ci 6

47. Gros manchons pour hommes & femmes, de toute espece, payeront par piece, douze sols, ci 12

Petits manchons pour femmes & enfans, de poil, plume ou velours, payeront par piece, trois sols, ci 3

48. Merceries fines & grosses; quinquaillerie de toute espece, comme galons; lacets; épingles; aiguilles; couteaux de toute espece; fil de fer; petits miroirs; bourses de cuir; menus ouvrages d'ivoire; jonc; jet; images; toiles à tamis; petits tableaux; sangle, corde & ficelle; similor en lingot; soufflets; tabatieres fines d'écaille & autres garnies en or & en argent, ou similor, & sans être garnies; étuis; pistolets; fusils garnis & non garnis; platines de fusils & pistolets; canons de fusils & de pistolets; éventails; souliers brodés; chandeliers d'argent haché; cuillers, fourchettes de même métal; étrilles; étriers; boucles de fer & de cuivre; limes; marteaux; sonnettes; aleines; pointes de Paris; enferge; mors de brides; librairie de toute espece, & généralement tout ce qui est réputé fines & grosses quinquailleries, grosses & menues merceries, excepté ce qui est or ou argent, & ce qui est porté à l'article des Orfevres & des Marchands Drapiers, payera par cent pesant, compris boîte, caisse & emballage, trente-trois sols quatre deniers, ci 1 13 4

Nota. Il sera libre à tous Particuliers de faire entrer en Ville, pour raccommoder ou pour troquer de vieux fusils & pistolets; & chaque Arquebusier payera, par abonnement & annuellement, la somme de dix livres pour ceci seulement; sçavoir, cinq livres le premier Avril, & cinq livres le dernier Septembre, sans y comprendre ce qu'ils feront entrer de neuf, dont ils payeront les droits.

Nota.

1769.

	l.	s.	d.
Nota. Les Marchands forains qui voudront vendre en Ville en détail de la grosse & menue quinquaillerie & mercerie, payeront par abonnement, le tiers du droit.			
Nota. Ceux qui voudront vendre en gros, payeront le droit en entier.			
Nota. Ceux des Marchands de la Ville qui porteront des marchandises aux foires, assemblées & marchés voisins, feront leurs déclarations en sortant, & en rentrant, les mêmes marchandises ne payeront rien.			
49. Meule de moulin ou moulage, payera par charretée, deux livres, ci	2		
Idem. Meule à aiguiser pour émouleur, grande & petite, par piece, payera quatre sols, ci		4	
Pierre à éguiser faulx & autres outils, payera par douzaine, six sols, ci		6	
50. Noix en coque, seches ou vertes, par boisseau comble, payeront six deniers, ci			6
Idem. En noyaux & bejons, payeront par livre, trois deniers, ci			3
Noisettes par boisseau, payeront un sol, ci		1	
51. Œufs, par treizaine, payeront trois deniers, ci			3
52. Oranges & citrons non confits, en entrant & sortant, par charge de cheval, mulet ou âne, payeront quinze sols, ci		15	
Idem. Par douzaine, un sol, ci		1	
53. Pailles & chaumes de toute espece, par charretée, payeront dix sols, ci		10	
Idem. Par charge de cheval, mulet ou âne, deux sols, ci		2	
Idem. Par charge d'homme ou femme, six deniers, ci			6
Idem. Pailles ou jonc en nattes, payera par charge de cheval, mulet ou âne, cinq sols, ci		5	
54. Paniers ou paillons à l'usage des Boulangers, de toutes grandeurs, formes & especes, ainsi que les paniers à vendanger, payeront par piece, quatre deniers, ci			4
Idem. Grands paniers, mannequins couverts & non couverts, ainsi que ceux appellés bouteillers, par paire, payeront cinq sols, ci		5	
Idem. Paniers dits boutillons, petits & grands, par piece, payeront trois deniers, ci			3
Idem. Paniers de clisse & tous autres ouvrages de même espece, payeront par charretée, six livres, ci	6		
Idem. Par charge de cheval, mulet ou âne, une livre quatre sols, ci	1	4	
55. Papier Lombard, & grand papier, par rame, payera cinq sols, ci		5	
Idem. Petit papier, par rame, payera deux sols six deniers, ci		2	6
Idem. Papier caffé ou buvard, payera par livre, deux deniers, ci			2
56. Parapluie ou parasol en toile cirée, ou autre toile, payera par piece, cinq sols, ci		5	
Parasol en soie, par piece, payera dix sols, ci		10	
57. Peaux de bœufs, vaches, chevaux, mulets, en poil ou en chaux, ou en cuiraux non apprêtées, payeront en entrant & en sortant, par piece, douze sols, ci		12	

l. s. d.

Idem. Peaux de veaux, ânes, cochons, truies, sangliers, cerfs & 1769. biches, en poil comme ci-dessus, payeront par piece, deux sols six deniers, ci 2 6

Idem. Peaux de moutons, brebis, chevres, boucs & loups, payeront par piece, un sol, ci 1

Idem. Peaux d'agneaux, renards, fouines, bléreaux, loutres, belettes, chiens, chats, lievres, levrauts & lapins, payeront, comme ci-dessus, en entrant & sortant, par piece, trois deniers, ci 3

Nota. Tout le présent article payera en entrant & en sortant.

58. Pelle de bois payera par piece, six deniers, ci 6

59. La Communauté des Perruquiers, dans la personne du Lieutenant ou autres, payera solidairement par abonnement, pour entrée de cheveux, la somme de douze livres; savoir, six livres le premier Avril, & six livres le dernier Septembre, ci 12

60. Pierre de tuf payera par charretée, cinq sols, ci 5

61. Plume neuve de toute espece, à faire lits, payera, en entrant & en sortant, par livre y compris l'emballage, un sol, ci 1

62. Pommes, poires, pêches, pavies, abricots, guignes, cerises & prunes, par charge de cheval, mulet ou âne, payeront quatre sols, ci 4

Idem. Par panier, six deniers, ci 6

Les boutillons ne payeront rien.

63. Paonne, vulgairement appellée *Ponne* à lessive, saloir & buie, poteries de Saint-Porcheres, & autre vaisselle de terre & de grès, payera par charretée, une livre dix sols, ci 1 10

Idem. Par charge de cheval, mulet ou âne, neuf sols, ci 9

64. Poisson d'eau douce & de toute espece, par charge de cheval, mulet ou âne, grande ou petite, payera une livre, ci 1

Et au-dessous de la charge, par livre, trois deniers, y compris les paniers, ci 3

Idem. Poisson de mer, raie, solles, cabillauds & autres especes, payera par charge, grande ou petite, une livre treize sols quatre deniers, ci 1 13 4

Et au-dessous de la charge, par livre, quatre deniers, y compris les paniers & l'emballage, ci 4

Idem. Sardines & harengs de toute espece, par charge de cheval, mulet ou âne, payeront deux livres dix sols, ci 2 10

Et au-dessous de la charge, par livre, trois deniers, y compris les paniers, barils & emballage, ci 3

Idem. Morue verte, de toute espece, payera par poignée, trois sols, ci 3

Idem. Morue seche, ou merluche, payera par cent pesant, deux livres, y compris l'emballage, ci 2

Idem. Huîtres, moules, palourdres & autres coquillages, payera par charge de cheval, mulet ou âne, grande ou petite, une livre, ci 1

Et au-dessous de la charge, par livre, deux deniers, y compris les paniers, ci 2

Idem. Saumon par piece, une livre quatre sols, ci 1 4

Idem. Ecreviffe par cent, deux sols, ci 2

65. Portoires & cotrets neufs, par paire, payera deux sols, ci 2

Nota. Les Joctiers ou gens de la campagne, qui apporteront des

1769.

denrées dans des portoires neuves, ne payeront rien pour les portoires. *l. s. d.*

66. Presle ou osier, par millier, payera un sol six deniers, ci 1 6

Idem. Roussange, par douzaine, payera un denier, ci 1

67. Sabots, par charge de cheval, mulet ou âne, payera dix sols, ci 10

Idem. Par paire, trois deniers, ci 3

68. Son de froment ou d'autres grains, payera en entrant & en sortant, par boisseaux, deux pour un, trois deniers, ci 3

69. Soufflets de cheminée, payeront par piece, un sol, ci 1

Idem. De forge, payeront par piece, une livre, ci 1

70. Souliers neufs pour hommes & femmes, par paire, payeront deux sols six deniers, ci 2 6

71. Vesce & jarousse, par boisseau, payera trois deniers, ci 3

72. Vin de tout pays, ainsi que la bierre & le cidre, payera par barique, deux livres, ci 2

Idem. Demi-vin payera par barique, une livre dix sols, ci 1 10

Idem. Vinaigre payera par barique, quatre livres, ci 4

Idem. Eau-de-vie payera par veltes, huit sols, ci 8

Idem. Vin de liqueur par bouteille, payera un sol, ci 1

Idem. Vendange par charretée, grande ou petite, payera quatre livres, ci 4

Idem. Par charge de cheval, mulet ou âne, payera quinze sols, ci 15

Idem. Par charge d'âne, payera douze sols, ci 12

Idem. Par grand panier de deux boisseaux, payera trois sols, ci 3

Idem. Par panier d'un boisseau, payera un sol six deniers, ci 1 6

Les petits paniers ou boutillons ne payeront rien.

73. Volailles, dindons ou dindonneaux, par piece, payeront un sol six deniers, ci 1 6

Oies, oisons, par piece, payeront un sol, ci 1

Chapons, canards, poules & coqs, par piece, payeront six deniers, ci 6

Pigeons & poulets de maison, par piece, payeront trois deniers, ci 3

Pigeons de fuye, par douzaine, payeront un sol, ci 1

Idem. Poulardes du Mans & autres endroits, payeront par piece, deux sols six deniers, ci 2 6

74. La Métairie du Bourg-Neuf, appellée *Monplaisir*, ses appartenances & dépendances au sieur Dieu-le-Fitte des Barres, payera par an, la somme de quatre-vingt livres, à quoi ladite Métairie sera & demeurera abonnée, & ce non compris les marchandises & denrées que les Propriétaires, Fermiers ou Exploiteurs de ladite Métairie pourroient faire entrer en Ville, lesquels seront sujets aux droits d'entrée, ci 80

Et à l'égard des vendanges qui s'amasseront dans les vignes des Fauxbourgs, en dedans des poteaux & barrieres, elles seront sujettes aux droits, comme si elles entroient en Ville; les vins & demi-vins en provenans seront inventoriés un mois après l'ouverture des vendanges, & les droits payés sur les contraintes qui seront décernées à cet effet, à l'instar & de la même maniere qu'il en est usé pour les droits d'Inspecteurs, & pareillement pour les bois provenans desdites vignes, comme aussi les foins, pailles & chaume.

1769. Et tous les articles compris au présent Tarif, le plus ou le moins d'un millier, un cent, une livre ou autrement, payeront ce qu'ils doivent payer dans leurs classes.

Les marchandises & denrées qui passeront debout, ne payeront rien, à moins qu'elles ne séjournent plus de vingt-quatre heures; mais seront tenus les Marchands & Conducteurs de les déclarer au Bureau d'entrée, par quantité & qualité, de signer leur déclaration; il leur en sera donné copie sur papier blanc, sans frais, pour la représenter au Bureau de la sortie, pour la vérifier; en cas de fraude, les marchandises, chevaux, bœufs & équipages seront confisqués; les Marchands & Voituriers condamnés en l'amende de cent livres, solidairement & par corps, modérée cependant à vingt livres pour la premiere fois, à quarante livres pour la seconde, & à cent livres pour la troisieme, relativement au procès-verbal.

Les marchandises & denrées pour passer debout, qui coucheront en la Ville & Fauxbourgs, ne pourront y séjourner plus de vingt-quatre heures; & s'il est justifié que les Marchands & Voituriers en ayent déballé & mis en vente, elles seront confisquées, & eux condamnés comme dessus.

Les marchandises en passe-debout, seront déposées au Bureau général; les Marchands & Voituriers en feront leurs déclarations aux Commis à la porte d'entrée seulement, pour les déposer au grand Bureau; il leur sera donné copie de leur déclaration sur papier blanc, sans frais; & en cas de séjour de plus de vingt-quatre heures, ils payeront cinq sols par balle, grosse ou petite, & justifieront de la sortie, sans quoi ils en payeront les droits en entier, chacun dans sa classe.

Et à l'égard de celles qui arriveront pour les Habitans des Fauxbourgs, ainsi que les denrées de toute espece, ils ne pourront les entrer chez eux sans auparavant en avoir été faire la déclaration au Bureau, & payer les droits, sous les mêmes peines que dessus.

Il ne sera fait aucun procès-verbal par les Commis de l'Adjudicataire, à moins qu'il n'y ait cinq sols de droit pour la chose non déclarée, ou faussement déclarée; mais appartiendra seulement à l'Adjudicataire la chose non déclarée ou faussement déclarée au-dessous de cinq sols de droits, & rien autre chose, le tout sans tirer à conséquence.

A l'égard des personnes qui ont droit d'avoir des petits bateaux sur la riviere, ils seront tenus tous les soirs de les enchaîner avec cadenas près le Bureau le plus proche de chez eux, sous peine de dix livres d'amende, toutes les fois qu'ils y manqueront.

Fait, clos & arrêté le présent Tarif des droits d'entrée de cette Ville de Thouars, le tout suivant & conformément qu'il est porté sur le Registre des délibérations de l'Hôtel-de-Ville, par nous Maire, Echevins, Officiers Municipaux & Notables de ladite Ville de Thouars, audit Hôtel-de-Ville, le vingt-sept Avril mil sept cent soixante-neuf, &c.

1775.

EDIT *de rétablissement de l'Election, Grenier à Sel & Traites foraines de Troyes.*

Novembre 1775.

LOUIS, &c. Les principes & les motifs qui nous ont déterminés à rétablir la Magistrature dans l'état où elle étoit avant 1771, nous porteroient également à rappeller à leurs fonctions les Officiers des Sieges d'Election, Grenier à sel & Traites foraines de Troyes; mais d'après le compte que nous nous sommes fait rendre de la situation actuelle de ces Officiers, nous avons reconnu que si tous ceux qui remplissoient le Siege de l'Election étoient en état de nous continuer leurs services, ceux au contraire qui composoient les Sieges du Grenier à sel & des Traites étoient en si petit nombre & si peu en état de servir encore, qu'il n'étoit pas possible d'espérer qu'ils puissent désormais remplir ces Sieges s'ils n'étoient réunis; nous avons considéré d'ailleurs l'avantage qui résulte pour notre Ville de Troyes de la réduction du nombre des privilégiés, & nous nous sommes déterminés en conséquence à rétablir un Siege unique d'Election, auquel nous ajouterons un Office de Grenetier, & un Office de Contrôleur pour la partie du Grenier à sel, & à attribuer à ce Siege la connoissance de toutes les matieres qui étoient dans le cas d'être portées à ceux du Grenier à sel & des Traites foraines, lesquels demeureront supprimés; nous conservons cependant une séance honoraire au Siege de l'Election aux Lieutenant & Procureur du Roy de celui des Traites, seuls Officiers dans le petit nombre de ceux qui resteront dans la suppression de qui nous puissions attendre des services utiles. A ces causes, &c.

I. Nous avons révoqué & révoquons l'Edit du mois de Juillet 1771, portant suppression des Sieges d'Election, Grenier à sel & Traites foraines établis en notre Ville de Troyes; voulons que le Siege de l'Election soit & demeure rétabli, comme nous le rétablissons par les présentes au même état où il étoit lors de la publication & enregistrement dudit Edit.

II. Tous ceux qui étoient pourvus d'Offices audit Siege de l'Election avant la suppression d'icelui, reprendront leurs fonctions, & les continueront sans aucun retardement pour connoître des matieres qui leur étoient attribuées, ainsi que de celles dont connoissoient & avoient droit de connoître les Sieges du Grenier à sel & des Traites foraines établis à Troyes, lesquels seront & demeureront réunis à toujours audit Siege de l'Election.

III. Les liquidations qui auroient pu être faites des Offices dudit Siege de l'Election ou d'aucun d'iceux, en vertu de l'article VIII dudit Edit de suppression, seront regardés comme non avenus, ainsi que les quittances de finances ou autres valeurs qui auroient pu être données pour le remboursement desdits Offices; voulons en conséquence que ceux qui auroient reçu lesdites quittances de finances ou autres effets, soient tenus de les rapporter à notre Trésor-Royal dans trois mois, à compter du jour de l'enregistrement de notre présent Edit, & que leurs provisions & autres titres de propriété leur soient rendus.

IV. Les sieurs Noché, Grenetier, & Collot de Saint-Hubert, Contrôleur du Grenier à sel, continueront d'exercer au Siege de l'Election les fonctions de leurs

1775. Offices pour le service dudit Grenier à sel, & en vertu du présent Edit, & de leurs anciennes provisions.

V. Voulant traiter favorablement les sieurs Marchand & Lerouge, ci-devant Lieutenant & Procureur du Roy au Siege des Traites foraines, nous leur avons accordé & accordons une séance honoraire dans ledit Siege de l'Election ; voulons qu'ils puissent assister aux audiences & assemblées tant publiques que particulieres dudit Siege de l'Election, suivant leur rang de réception à celui des Traites, & qu'ils jouissent de tous les droits, prérogatives & privileges dont jouissent les pourvus d'Offices de Conseillers en ladite Election.

VI. Les Officiers dudit Siege de l'Election seront tenus de rembourser aux sieurs Marchand & Lerouge la finance de leurs Offices, qui demeureront supprimés sur le pied de leur contrat d'acquisition ; en conséquence avons attribué & attribuons audit Siege de l'Election les gages & augmentations de gages qui appartiennent aux Offices de Lieutenant & de Procureur du Roy du Siege des Traites foraines, dont étoient pourvus lesdits sieurs Marchand & Lerouge.

VII. Les Offices de Président, de Procureur du Roy, de Greffier du Grenier à sel, de Président & de Greffier du Siege des Traites foraines, demeureront également supprimés; les propriétaires & titulaires desdits Offices qui continueront de jouir des droits & privileges qui y étoient attachés, seront tenus dans un mois de remettre, si fait n'a été, au Contrôleur-Général de nos finances, les provisions & autres titres de propriété desdits Offices, pour être procédé à la liquidation d'iceux en la maniere accoutumée.

VIII. Le Grenetier & le Contrôleur étant pareillement destinés à veiller au dépôt & à la distribution du sel dans le Grenier, ne seront point tenus de faire de chevauchées, & continueront à jouir seuls des droits & émolumens attachés à leurs fonctions, au moyen de quoi ils ne pourront rien prétendre dans les autres émolumens du Siege. Si donnons en mandement, &c.

Donné à Versailles, au mois de Novembre l'an de grace mil sept cent soixante-quinze, & de notre regne le deuxieme. *Signé*, LOUIS ; & plus bas, par le Roy, BERTIN.

Registré, oui, ce requérant le Procureur-Général du Roy, pour être exécuté selon sa forme & teneur; ordonne que copies collationnées dudit Edit seront envoyées aux Sieges de l'Election, du Grenier à sel & Traites foraines de Troyes, pour y être lu, publié & registré l'audience tenant; enjoint, &c. Fait à Paris, en la premiere Chambre de la Cour des Aydes, le 31 Janvier 1776.

1778. LETTRES-PATENTES *qui reglent la maniere dont les Arrêts, Sentences, Jugements & contraintes doivent être mis à exécution contre l'Adjudicataire des Fermes-Générales ou ses Cautions.*

19 Janvier 1778.

LOUIS, &c. Les Roys nos prédécesseurs ont pourvu par différens Réglemens à la forme de procéder à l'exécution des Sentences, Arrêts, Jugemens & contraintes rendus ou décernés contre l'Adjudicataire de nos Fermes & ses Cautions;

1778.

par l'article XV du titre commun des Fermes de l'Ordonnance de 1681, il a été défendu à ceux qui auroient obtenu des condamnations contre les Fermiers ou sous-Fermiers de nos droits, ou qui seroient leurs créanciers, par promesses, obligations ou autrement, de saisir ou arrêter entre les mains des redevables de nos droits ce qu'ils en doivent : & il a été ordonné, que nonobstant toutes saisies, les Particuliers seroient contraints au payement, & que les saisissans seroient condamnés aux dommages-intérêts des Fermiers & sous-Fermiers. Un Arrêt du 6 Décembre 1757, confirmatif de plusieurs autres précédemment rendus, a voulu que tous les Arrêts, Sentences & Jugemens exécutoires, contraintes, exploits de saisies, oppositions ou empêchemens à la délivrance des sommes assignées & employées dans nos états, & pour toutes charges & dépenses concernant la régie des Fermes, fussent visés & paraphés sans frais par le Receveur-Général des Fermes à Paris; il a en outre défendu à tous Huissiers & Sergens de mettre à exécution aucun Arrêt, Jugement exécutoire & contrainte contre l'Adjudicataire-Général des Fermes & ses Cautions, ni de faire aucun exploit de saisie, opposition, signification ou empêchement, qu'après avoir préalablement remis les pieces entre les mains dudit Receveur-Général des Fermes à Paris, qui en donneroit son récépissé, à la charge par lui de les rendre dans la huitaine du jour qu'il en auroit été chargé, non compris les Fêtes & Dimanches, à peine contre les contrevenans d'interdiction de leurs charges, 3000 livres d'amende, & de tous dépens, dommages & intérêts; le même Arrêt a déclaré nul & de nul effet tous exploits de saisie & opposition qui n'auroient pas été visés & paraphés par ledit Receveur-Général des Fermes à Paris; enfin par les baux des Fermes, duement enregistrés, il a été statué que les deniers des recettes de l'Adjudicataire, & ceux dus par les redevables, ne pourroient être saisis sous aucun prétexte. Ces dispositions que l'ordre de la comptabilité & l'intérêt de notre service ont dictées, présentent cependant l'inconvénient, pour ceux de nos Sujets qui ne demeurent pas dans notre bonne Ville de Paris, & qui ont des répétitions à faire contre l'Adjudicataire de nos Fermes & ses Cautions, d'être quelquefois obligés de se rendre eux-mêmes dans cette Capitale, ce qui les expose à des frais toujours onéreux; l'attention particuliere que nous leur devons, nous détermine à faire connoître nos intentions à cet égard. A ces causes, &c. Disons & ordonnons ce qui suit :

I. Tous Huissiers, Sergens & autres porteurs d'Arrêts, Sentences, Jugemens exécutoires ou contraintes, pour affaires nées dans le ressort de notre Cour des Aydes de Paris, ne pourront les mettre à exécution contre ledit Adjudicataire ou ses Cautions, qu'après avoir préalablement remis lesdites pieces, soit à Paris, entre les mains du Receveur-Général des Fermes, soit dans la Province, en celles du Directeur dans le département duquel lesdites affaires auront lieu, & ce, au choix desdits porteurs d'actes.

II. Le Receveur-Général des Fermes à Paris, & le Directeur dans la Province seront tenus de donner leur récépissé desdites pieces & de les rendre & restituer, avec visa & paraphe; sçavoir, le Receveur-Général des Fermes, à l'expiration de la huitaine du jour de la remise, les Fêtes & Dimanches non compris, & le Directeur dans la Province, après le délai d'un mois; à peine par lesdits dépositaires, d'y être contraints par toutes voies & même par corps.

III. Les pieces ayant été ainsi communiquées & rendues immédiatement après la révolution desdits délais, lesdits Receveur-Général & Directeur dans la Province pourront être contraints personnellement, chacun en droit soi, par toutes voies dues & raisonnables, autres que la contrainte par corps, si ce n'est

1778. dans le cas exprimé par l'article II du titre XXXIV de l'Ordonnance Civile de 1667, à payer les sommes portées auxdits titres, Jugemens exécutoires.

IV. Déclarons nulles & de nul effet toutes saisies de deniers de recette, oppositions, significations & empêchemens entre les mains des Receveurs-Généraux & particuliers de nosdites Fermes, & en celles des redevables des droits d'icelles, lesquelles nous voulons être regardées comme nulles & non avenues, & dont nous faisons main-levée par ces présentes. Faisons très-expresses inhibitions & défenses, sous peine d'interdiction, 3000 livres d'amende & de tous dépens, dommages & intérêts, à tous Huissiers & Sergens, de faire aucun desdits exploits, saisies, oppositions ou empêchemens contraires à ces présentes. Dérogeons au surplus à tous Edits, Ordonnances, Déclarations, Arrêts & Réglemens à ce contraires. Si vous mandons, &c.

Données à Versailles, le dix-neuvieme jour du mois de Janvier mil sept cent soixante-dix-huit

Registrées en la Cour des Aydes, le 28 Août 1778.

Lettres-Patentes *qui reglent les précautions à prendre à l'avenir, pour la validité des procès-verbaux de ceux des Employés de la Ferme-Générale qui ne savent lire ni écrire.*

17 Septembre 1778.

LOUIS, &c. Nous nous sommes fait rendre compte en notre Conseil des dispositions de l'Arrêt de Réglement de notre Cour des Aydes de Paris du 25 Avril 1766, par lequel il a été ordonné que l'Adjudicataire de nos Fermes ne pourroit se servir de Commis, Commandans & Gardes qui ne sussent écrire. Le motif de cet Arrêt a été de prévenir l'abus qu'on auroit pu faire de la foi qui doit être accordée aux procès-verbaux desdits Commis, & d'empêcher que sous leurs noms, & à la faveur de leurs signatures, on n'attestât à la Justice des faits dont ils n'auroient point eu de connoissance ; mais comme nous avons été informés que l'Adjudicataire avoit souvent de la difficulté à se procurer des Employés sachant lire & écrire, nous avons cherché à concilier les droits de la Justice avec l'intérêt d'un service important, & nous avons pris des précautions suffisantes, pour que le témoignage des Employés de l'Adjudicataire fût constaté juridiquement, & avec une entiere sûreté pour nos Sujets. A ces causes, &c.

I. Lorsque l'un ou plusieurs des Commis, Employés ou Gardes qui auront été présens à la saisie, capture ou autre contravention qui auront donné lieu à un procès-verbal en matiere de Traites, faux-saunage & faux tabac, ne sauront lire ni écrire, mais seulement signer leur nom, ils ne pourront apposer leur signature au pied dudit procès-verbal, qu'après qu'un Juge de nos droits, ou l'un des Procureurs de nous ou leurs Substituts aux Jurisdictions des Traites, leur aura fait lecture, à chacun séparément, & hors la présence des autres Employés, du procès-verbal qu'ils affirmeront véritable, ce dont il sera fait mention dans l'affirmation qui continuera à être faite dans les délais prescrits par les Réglemens.

II.

II. Dans le cas de saisie & capture faite au Bureau du Fermier de nos droits, ou des contraventions qui y seront constatées, le procès-verbal ne pourra y être rédigé que par des Commis sçachant lire & écrire. 1778.

III. En matiere de traites, & dans le cas où, à raison de faux-saunage & de faux tabac, il y a lieu de procéder à la description des objets saisis, si la saisie a été faite par un ou plusieurs Employés ne sçachant lire ni écrire, & hors le Bureau, dans une maison ou magasin, lesdits Employés seront tenus d'en appeller d'autres sçachant lire & écrire, pour être procédé à la description telle qu'elle est prescrite par l'article IV du titre XI de l'Ordonnance de 1687; & si la saisie est faite à la campagne, la description ou désignation en gros en sera faite sans déballer & verbalement avec les Conducteurs ou Voituriers, auxquels seront faites les interpellations portées en l'article VI du même titre, mais il ne sera procédé à la description en détail, mentionnée en l'article V du même titre, que dans les Bureaux & par des Employés sçachant lire & écrire.

IV. Lorsque la description aura été ainsi faite, ou lorsqu'en matiere de faux-saunage ou de faux tabac, le corps du délit aura été saisi, sans qu'il y ait eu lieu d'en faire description par un acte particulier, les Employés ne sçachant lire ni écrire qui auront fait la saisie & capture, & même ceux qui, s'il y échet, auront fait les descriptions portées au précédent article, seront tenus sans divertir à d'autres actes, de se présenter avec les Parties saisies, ou elles duement interpellées de les accompagner, devant l'un des Juges de nos droits, ou devant l'un des Procureurs de nous aux Sieges des Traites foraines, ou de leurs Substituts, auxquels ils demanderont acte de leur rapport qui sera rédigé par ledit Juge de nos droits, le Procureur de nous, ou son Substitut aux Sieges des Traites, puis signé & affirmé véritable en leur présence, tant par les Employés dont ils auront reçu ledit rapport, que par ceux qui auront rédigé les procès-verbaux de description ci-dessus mentionnés, lesquels seront annexés, & du tout sera fait mention dans l'acte ainsi rédigé.

V. Lesdits procès-verbaux pourront contenir assignation lorsqu'il y aura eu un acte de description, & la copie, ainsi que l'assignation, pourront être délivrées audit cas, par les Commis qui auront rédigé l'acte de description, ou par tout Commis qui en auroit fait la copie en présence du Juge, pendant la rédaction du procès-verbal; & seront observés, dans tous les cas, les délais des significations des procès-verbaux prescrits par la Déclaration du 6 Novembre 1717, ainsi que les délais des assignations prescrits en matiere de Traites, par l'article VII du titre XI de l'Ordonnance de 1687, & dans les autres matieres, par la Déclaration du 17 Février 1688.

VI. Seront, toutes les formalités ci-dessus, exécutées par les Employés ne sçachant lire ni écrire, à peine de nullité des procès-verbaux.

VII. Les frais des actes de lecture séparée & de rédaction des procès-verbaux par les Juges, Procureurs de nous, ou leurs Substituts, seront & demeureront fixés à la somme de trois livres, non compris le coût du papier timbré. Si vous mandons, &c.

Donnée à Versailles, le dix-septieme jour de Septembre, l'an de grace mil sept cent soixante-dix-huit, & de notre regne le cinquieme.

Registrées en la Cour des Aydes, le 4 Décembre 1778.

1781. **EDIT** *qui ordonne que les appels des Sentences rendues par le Bailliage de Bar-le-Duc, dans les affaires concernant les Fermes du Roi & les droits perçus au profit de Sa Majesté, seront portés à la Cour des Aides de Paris.*

Novembre 1781.

LOUIS, &c. Le Bailliage de Baſſigny, ſéant en la ville de la Marche & celui de Bar-le-Duc, ont de tous temps reſſorti à notre Cour de Parlement à Paris; mais, comme indépendamment des affaires ordinaires, leſdits Bailliages connoiſſent des conteſtations relatives à nos Fermes & à la perception des différens droits levés à notre profit, & que les Réglemens rendus ſur le fait deſdits droits, n'ont point pour la plupart été enregiſtrés dans notredite Cour, nous avons jugé à propos d'en attribuer la connoiſſance en dernier reſſort à notre Cour des Aydes de Paris, par notre Edit du mois d'Octobre 1775, en ce qui concerne le Bailliage de Baſſigny; celuy de Bar-le-Duc eſt préciſément dans le même cas, & nous avons en conſéquence réſolu de lui rendre communes les diſpoſitions de notredit Edit. A ces cauſes, &c. Voulons & nous plaît, que les appels des Sentences du Bailliage de Bar-le-Duc, pour les affaires concernant nos Fermes & les différens droits, dont la connoiſſance appartient audit Bailliage, ſoient portés à notre Cour des Aydes de Paris, pour y être jugés en dernier reſſort, à l'effet de quoi attribuons à notredite Cour tout pouvoir, reſſort & Juriſdiction néceſſaires ſur les actes & Sentences émanés dudit Bailliage pour leſdites affaires ſeulement. Si donnons en mandement à nos amés & féaux Conſeillers, les Gens tenant notre Cour des Aydes à Paris, &c.

Donné à Verſailles, au mois de Novembre, l'an de grace mil ſept cent quatre-vingt-un, & de notre regne le huitieme.

Regiſtré en la Cour des Aydes, le 11 Décembre 1781.

1784. **ARRÊT** *de la Cour des Aides, qui ordonne l'exécution des articles XV & XVI de l'Ordonnance de 1687, & des Lettres-Patentes du 13 Juillet 1725; en conſéquence, que les déclarations ne pourront être ſuppléées par aucun certificat.*

18 Mai 1784.

LOUIS, &c. Sçavoir faiſons, qu'entre Nicolas Salzard, Adjudicataire-général des Fermes-unies de France, appellant de Sentence contre lui rendue au Siege des Traites Foraines de Calais le 17 Août 1781, d'une part; & Louis Bomble, Fermier & Propriétaire, demeurant à Ballenghen, intimé, d'autre part; & entre ledit Salzard, demandeur en Requête du 2 Juin 1783, tendante à ce que l'appellation & ce dont étoit appel fussent mis au néant; émendant, ledit Salzard fût déchargé des condamnations contre lui prononcées par la Sentence des Traites Foraines de Calais dudit jour 17 Août 1781; faisant droit au principal, le procès-verbal des Commis dudit Salzard du 7 Octobre 1780, ensemble la saisie des poulains & pouliches y contenus, appartenans audit Bomble, fût déclarée bonne & valable, lesdits poulains & pouliches fussent déclarés acquis & confisqués au Roi, au profit dudit Salzard; il fût ordonné qu'à la représentation & remise des objets saisis, ou à payer la somme de 300 livres pour leur valeur, ledit Bomble seroit contraint par corps; il fût en outre ordonné que les articles XV & XVI du titre VI de l'Ordonnance de 1687, & les Lettres-Patentes du 13 Juillet 1725, seroient exécutés selon leur forme & teneur, & que l'Arrêt qui interviendroit seroit enregistré, sans frais, sur les Registres des Traites Foraines de Calais; & que ledit Bomble fût aussi condamné par corps en l'amende de 300 livres, & aux dépens des causes principale, d'appel & demandes, d'une part; & ledit Louis Bomble, défendeur, d'autre part; & entre ledit Louis Bomble, demandeur en Requête du 23 Décembre 1783, tendante à ce que sans s'arrêter ni avoir égard à la Requête du sieur Salzard dudit jour 2 Juin dernier, non plus qu'aux demandes y portées, dans lesquelles ledit Salzard seroit déclaré purement & simplement non-recevable, ou dont en tout cas il seroit débouté, il fût pareillement déclaré purement & simplement non-recevable dans son appel, & condamné en l'amende de 75 livres; & où la Cour, par grace, voudroit lui éviter la grosse amende, en ce cas & subsidiairement seulement, l'appellation fût mise au néant; il fût ordonné que ce dont étoit appel sortiroit son plein & entier effet, & ledit Salzard fût condamné en l'amende ordinaire de 12 liv., & aux dépens des causes principale, d'appel & demandes, d'une part; & ledit Salzard, défendeur d'autre part; sans que les qualités puissent nuire ni préjudicier aux Parties; après que Boudet fils, Avocat de Salzard, & Parisot, Avocat de Bomble, ont été ouis, ensemble d'Ambray pour notre Procureur-Général: Notredite Cour a mis l'appellation au néant, ordonne que ce dont est appel sortira son plein & entier effet; condamne la Partie de Boudet en l'amende ordinaire de 12 liv. envers le Roi, & aux dépens des causes principale, d'appel & demandes; faisant droit sur les conclusions de notre Procureur-Général, ordonne que les articles XV & XVI du titre VI de l'Ordonnance de 1687, ensemble les Lettres-Patentes du 13 Juillet 1725, duement registrées en notredite Cour le 22 Août suivant, seront exécutés suivant leur forme & teneur; en conséquence, les déclarations prescrites par lesdites Lettres-Patentes ne pourront être suppléées par aucuns certificats: ordonne que le présent Arrêt sera imprimé, lu, publié & affiché, à la requête de notre Procureur-Général, par-tout où besoin sera, notamment dans le pays de Calais & dans les quatre lieues limitrophes, & registré au Siege des Traites Foraines. *Si te mandons, &c.* 1784.

Donné à Paris, en la premiere Chambre de notredite Cour des Aydes, le 18 Mai, l'an de grace 1784. *Signé*, LE PRINCE.

1785.

LETTRES-PATENTES *qui abrogent l'usage du parchemin pour les quittances.*

24 Février 1785.

LOUIS, &c. A nos amés & féaux Conseillers les Gens tenant notre Cour des Aydes à Paris; Salut. Les quittances passées à notre décharge par les propriétaires des rentes assignées sur nos revenus, étant écrites sur parchemin, il en est résulté, qu'abusant de la facilité d'en pouvoir enlever l'écriture, quelques personnes se sont permis de faire différens changemens dans ces acquits, & même, afin de s'en servir frauduleusement, d'en gratter entiérement le contenu, en laissant subsister les signatures des Parties, ou des Notaires qui les avoient passées. Pour prévenir un pareil inconvénient, & d'après les motifs qui nous ont déterminés à donner nos Lettres-Patentes du 4 Octobre 1772, relatives au défaut de dépôts suffisans en notre Chambre des Comptes, nous avons jugé à propos d'abolir l'usage des parchemins, tant pour ces sortes de quittances, que pour toutes celles données par les parties prenantes à nos différens Trésoriers. A ces causes, ordonnons ce qui suit:

I. Toutes les quittances d'arrérages de rentes perpétuelles & viageres par nous dues, payables à l'Hôtel-de-Ville de Paris, & par tels Trésoriers que ce soit, seront à l'avenir écrites sur papier, & non sur parchemin, dont à cet égard nous avons abrogé l'usage.

II. Seront pareillement passées en papier toutes les quittances données aux Gardes de notre Trésor Royal, & à tous autres Trésoriers, pour le payement d'ordonnances, décomptes, arrérages de pensions, traitemens & autres pareils objets, pour lesquels on avoit coutume de se servir de parchemins timbrés, relativement à leur destination, quittances comptables, ou quittances de l'Hôtel-de-Ville.

III. L'exécution des présentes Lettres commencera au premier Juillet prochain, tant pour l'exercice courant, que pour tous ceux des années précédentes sans distinction.

IV. Celles des quittances sujettes à la formule, seront fournies par l'Administration de nos Domaines, non-seulement timbrées comme par le passé, mais encore imprimées dans les formes requises, & il sera acquitté les mêmes droits de formule, sans qu'il soit dû aucune chose pour raison de l'impression. SI vous mandons, &c.

Données à Versailles, le vingt-quatrieme Février mil sept cent quatre-vingt-cinq.

Registrées en la Cour des Aydes, Chambres assemblées, le 19 Août 1785.

Edit portant suppression des Charges du Haras du Roi.

Mai 1785.

LOUIS, &c. Nous étant fait rendre compte de la situation actuelle de notre Haras de Normandie, nous aurions reconnu qu'il étoit plus économique & plus avantageux au bien de notre service, de supprimer cet établissement, & voulant faire connoître nos intentions relativement aux Officiers en charge existans audit Haras; à ces causes, &c. voulons & nous plaît ce qui suit.

I. Nous avons dès-à-présent éteint & supprimé, éteignons & supprimons les neuf charges établies dans notre Haras de Normandie, ci-après nommées; savoir, celle de Capitaine, les deux de Gardes Haras, celles d'Aumônier, de Médecin, de Chirurgien, d'Apothicaire, de Maître Palfrenier & de Maréchal de forge.

II. Voulant traiter favorablement les pourvus desdites charges, nous voulons & ordonnons que des deniers à ce destinés il soit payé au Capitaine dudit Haras, la somme de cinquante mille livres, & à l'égard des titulaires des huit autres charges, nous leur avons accordé & accordons leur vie durant, savoir, à chacun des deux Gardes Haras un traitement annuel de quatre cens livres exempt de toutes retenues, & à chacun des six autres Officiers, un traitement annuel de trois cens livres aussi exempt de toutes retenues.

III. Nous avons pareillement conservé & conservons auxdits Officiers supprimés ainsi qu'à leurs veuves, pendant leur viduité, la jouissance de leurs privileges, à la charge par eux de remettre tous les ans, ainsi que leurs veuves, au Secrétaire d'Etat, ayant le département de notre Maison, un certificat de vie duement légalisé, à peine d'être déchus de leurs privileges. Si donnons en mandement, &c.

Donné à Versailles, au mois de Mai mil sept cent quatre-vingt-cinq.

Registré en la Chambre des Comptes, le 9 Juillet 1785. Et en la Cour des Aydes, Chambres assemblées, le 10 Août suivant

Lettres-Patentes qui ordonnent que le montant de la finance des Offices payée aux Parties-Casuelles, conformément à l'article IV de celles du 27 Février 1780, appartiendra aux veuves, enfants ou héritiers des Officiers décédés, ou ayants-cause, aux déductions y exprimées.

28 Juillet 1785.

LOUIS, &c. Par l'article IV de nos Lettres-Patentes du 27 Février 1780, nous avons dit expressément que, si dans les six mois du décès d'un Officier qui n'auroit pas racheté le droit annuel, il n'a pas été satisfait au payement du double droit de mutation, & du double du montant des années arriérées du droit annuel,

1785. nous nous réservions la faculté de pourvoir à l'Office, d'après le payement qui aura été fait en nos Parties casuelles de la finance fixée en la forme ordinaire : nous avons ajouté que celui que nous pourvoirons, sera dispensé de nous payer aucuns droits, ainsi qu'il en est usé pour les Offices levés en premiere finance, & que le montant de la finance payée en nos Parties casuelles, pour ledit Office, appartiendra aux veuves, enfans ou héritiers de l'Officier décédé, à la déduction de la somme qui auroit dû être acquittée pour le double droit de mutation, le double du montant des années arriérées, & la totalité du droit de marc d'or. Notre intention, en renonçant à la vacance des Offices, pour y substituer des peines infiniment plus douces, n'ayant point été de priver les créanciers d'une succession des gages de leurs créances, encore moins d'autoriser les héritiers à renoncer pour une partie à une succession, & à se porter héritiers pour l'autre, nous avons cru, pour prévenir les contestations qui pourroient s'élever entre les héritiers d'une succession, & le curateur à cette même succession, devoir faire connoître plus particuliérement notre volonté. A ces causes, &c. Voulons & nous plaît que le montant de la finance payée en nos Parties casuelles, conformément à l'article IV de nos Lettres-Patentes du 27 Février 1780, appartienne aux veuves, enfans, héritiers de l'Officier décédé, ou ayants-cause, à la déduction de la somme qui auroit dû être acquittée pour le double droit de mutation, le double du montant des années arriérées, & la totalité du droit de marc d'or à nous dû pour ledit Office; & seront pour le surplus lesdites Lettres-Patentes exécutées suivant leur forme & teneur. Si donnons en mandement, &c.

Données à Versailles, le vingt-huitieme Juillet mil sept cent quatre-vingt-cinq.

Registrées en la Cour des Aydes, Chambres assemblées, le 31 Août 1785.

Lettres-Patentes concernant le timbre des quittances comptables & autres.

29 Juillet 1785.

LOUIS, &c. A nos amés & féaux Conseillers les Gens tenans notre Cour des Aydes, à Paris; Salut. Par nos Lettres-Patentes du 24 Février dernier, nous avons abrogé l'usage du parchemin pour les quittances, & nous avons ordonné que toutes celles d'arrérages de rentes perpétuelles & viageres, par nous dues, payables à l'Hôtel de Ville de Paris, & par tels Trésoriers que ce soit, & celles données aux Gardes de notre Trésor-Royal & à tous autres Trésoriers pour le payement d'ordonnances, décomptes, arrérages de pensions, traitemens & autres pareils objets, pour lesquels on avoit coutume de se servir de parchemin timbré, seront, à l'avenir, & à commencer du premier Juillet prochain, écrites sur papier & non sur parchemin, & que lesdites quittances seront fournies par l'administration des Domaines, non-seulement timbrées, comme par le passé, mais encore imprimées dans les formes requises, & qu'il sera acquitté les mêmes droits de la formule, sans qu'il soit dû aucune chose pour raison de l'impression. Nous nous sommes fait représenter la Déclaration du 19 Mars 1773, le Tarif arrêté au Conseil en exécution de ladite Déclaration, le Réglement du 3 Avril 1674, l'Ordonnance du mois de Juillet 1680, titre des droits sur les papiers & parchemins timbrés; la Déclaration du 18 Avril 1690, celle du 19 Juin 1691; & l'Arrêt du Conseil du 3 Mars 1722, par lesquels il est ordonné que toutes les quittances qui s'expédieront aux Revenus Casuels, Marc d'Or, Recettes générales des Finances, Recettes particulieres des Tailles, par les Payeurs des Rentes sur l'Hôtel de Ville de Paris, & généralement par tous Trésoriers, Receveurs & autres Officiers comptables; ensemble celles qui seront données par les Rentiers & autres parties prenantes, seront expédiées en parchemin timbré, avec défenses à tous lesdits Receveurs, Trésoriers, Payeurs & Comptables, d'en recevoir d'autres, à peine de mille livres d'amende, à l'exception néanmoins des quittances & décharges à fournir aux Trésoriers de l'Extraordinaire des Guerres, de la Marine & de l'Artillerie ou leurs Commis, par les Officiers de nos Troupes; lesquelles, par des considérations particulieres, ont été dispensées de l'usage de la formule pour tout ce qui doit être seulement signé par lesdits Officiers: pour toutes lesquelles quittances & acquits timbrés, il doit être actuellement payé, au moyen de l'augmentation ordonnée par l'Edit du mois de Février 1748, huit sols quatre deniers en principal, à l'exception de celles destinées uniquement pour les quittances à fournir par les Rentiers assignés sur l'Hôtel de Ville de Paris, dont le prix n'est que de deux sols six deniers en principal. Nous sommes informés qu'au préjudice des dispositions précises de ces Réglemens, plusieurs Trésoriers, Payeurs, Receveurs & Comptables, reçoivent en parchemin non timbré, des quittances qui doivent être expédiées en parchemin timbré, & qu'ils reçoivent également des quittances qui ne doivent servir que pour les rentes sur l'Hôtel de Ville, pour des objets qui y sont totalement étrangers, & qui ne doivent se payer que sur des quittrances comptables, marquées du timbre de huit sols quatre deniers en principal; & comme l'inexécution de ces Réglemens préjudicie aux droits de la formule, nous avons jugé nécessaire d'y pourvoir; mais étant informés que dans le nombre des quittances qui sont fournies aux différens Trésoriers & Payeurs, plusieurs ne contiennent que de modiques sommes, à cause des partages & divisions qui surviennent dans les successions, ce qui rend dans ce cas le prix du timbre onéreux aux Parties prenantes, nous avons cru de notre justice & de notre attention pour le soulagement de nos Peuples, d'accorder une exception en faveur de toutes les Parties prenantes de sommes au-dessous de six livres. A ces causes, &c. ordonnons ce qui suit: 1785.

I. Les Edits, Déclarations, Ordonnances, Arrêts & Réglemens concernant la formule, seront exécutés selon leur forme & teneur, en conséquence, toutes les quittances des payemens qui seront faits par tous Trésoriers, Receveurs, Payeurs & Officiers comptables, seront, conformément à nos Lettres-Patentes du 24 Février dernier, expédiées en papier timbré & imprimé, par l'Administration des Domaines; faisons défenses auxdits Trésoriers, Receveurs, Payeurs & Officiers comptables, de recevoir aucunes sommes, & de faire aucuns payemens, soit pour dons, décomptes, ordonnances, gages, appointemens, rentes perpétuelles ou viageres, soit aux Fournisseurs, Entrepreneurs, & tous autres, que sur des quittances en papier timbré & imprimé, par l'Administration des Domaines, à peine de mille livres d'amende; à l'exception des quittances & décharges qui seront données aux Trésoriers de la Guerre, de la Marine & de l'Artillerie, par les Officiers de nos Troupes, lesquelles continueront d'être délivrées en papier libre.

1785. II. Lesdites quittances contiendront une légende indicative de leur destination & de la nature du payement à faire; toutes celles, autres que les quittances destinées pour le payement des rentes assignées sur l'Hôtel de Ville de Paris, & des pensions, auront pour titre, *quittance comptable*, & porteront l'empreinte du timbre de huit sols quatre deniers en principal : & les quittances qui doivent servir au payement des rentes sur l'Hôtel de Ville, auront pour légende, *quittance de Rente sur l'Hôtel de Ville de Paris*, & elles porteront le timbre de deux sols six deniers en principal : celles pour le payement des pensions porteront aussi le même timbre de deux sols six deniers en principal, & auront pour légende, *quittance de Pension.*

III. Faisons défenses à tous Particuliers & Notaires de se servir des quittances destinées pour le payement des rentes sur l'Hôtel de Ville de Paris, pour tous autres objets que pour lesdites rentes, à peine de mille livres d'amende; & à tous Trésoriers, Receveurs, Payeurs & Officiers comptables, de les recevoir, à peine de radiation des sommes contenues esdites quittances, qui en conséquence seront retirées des liasses des acquits des comptes qu'ils rendront en nos Chambres des Comptes.

IV. Voulons néanmoins que toutes les Parties prenantes de sommes au-dessous de six livres, puissent se servir, pour leurs quittances, de quarts de papier timbré du timbre de dix deniers en principal, lesquelles contiendront une légende particuliere indicative de leur destination & de la nature du payement, & portant ces mots : *quittance de Parties prenantes au-dessous de six livres:* autorisons en conséquence les Administrateurs des Domaines, à timbrer du timbre de dix deniers en principal, des quarts de papier qui seront destinés pour les quittances des Parties prenantes de toutes les sommes au-dessous de six livres, & qui contiendront la légende ci-dessus désignée. Si vous mandons, &c.

Données à Versailles, le vingt-neuvieme Juillet mil sept cent quatre-vingt-cinq.

Registrées en la Cour des Aydes, Chambres assemblées, le 19 Août 1785.

ARRÊT de la Cour des Aides, pour le rapport au Greffe de l'Election de Paris, des papiers, minutes & effets portés aux Grands-Augustins, pendant la reconstruction du Palais.

3 Août 1785.

LOUIS, &c. Vu par notredite Cour la Requête à elle présentée par notre Procureur-Général, tendante à ce qu'il lui plût ordonner que les papiers, minutes & effets qui, du Greffe de l'Election de Paris, ont été portés aux Grands-Augustins, en vertu d'Arrêt de notredite Cour, du 16 Octobre 1776, soient rapportés audit Greffe dans l'ordre contenu en l'inventaire qui en a été fait par suite dudit Arrêt, & dont un double a été déposé au Greffe de notredite Cour, & en celui de l'Election, le 26 Avril 1777; ordonne que ledit transport sera fait sous la direction de tel Officier de l'Election qu'il plaira à notredite Cour de commettre à cet effet, & de ses Substituts en ladite Election, du Greffier d'icelle, assistés de deux de Messieurs qu'il plaira aussi à la Cour commettre à cet effet, lesquels seront autorisés à se faire remplacer & substituer par autres de Messieurs, ordonner

ordonner qu'un double du procès-verbal dudit transport sera déposé au Greffe de notredite Cour, pour être joint & annexé à l'inventaire de 1777, ladite Requête signée, &c. 1785.

Notredite Cour ordonne que les papiers, minutes & effets dont est question, seront rapportés des Grands-Augustins au Greffe de l'Election de Paris, dans l'ordre contenu en l'inventaire qui en a été fait par suite à l'Arrêt de notredite Cour, du 7 Octobre 1776, & dont un double a été déposé au Greffe de notredite Cour & en celui de ladite Election, le 26 Avril 1777; ordonne que ledit transport sera fait sous la direction de la Poutielle, Officier de ladite Election, que notre Cour commet à cet effet, assisté du Greffier d'icelle, en présence des Substituts de notre Procureur-Général en ladite Election, & encore en présence de René-Joseph Mesnet & Thomas-Urbain de Maussion, Conseillers en notredite Cour, qu'elle commet à cet effet, & qu'elle autorise à se faire remplacer par deux autres Conseillers de notredite Cour; ordonne que le double du procès-verbal qui sera dressé dudit transport, sera déposé au Greffe de notredite Cour pour être annexé à l'inventaire de 1777. Si te mandons, &c.

Donné à Paris, en la premiere Chambre de notredite Cour, le trois Août mil sept cent quatre-vingt-cinq.

LETTRES-PATENTES *concernant les taxes d'Offices des Officiers des Maîtrises des Eaux & Forêts.*

6 Août 1785.

LOUIS, &c. Nous sommes informés qu'on abuse des dispositions de notre Déclaration du 23 Avril 1778, portant Réglement sur la forme de procéder en matiere de taille; soit pour refuser aux Officiers des Maîtrises des Eaux & Forêts les taxes d'office que nous leur avons accordées par notre Ordonnance du mois d'Août 1669, dans la vue de les soustraire à l'animosité trop ordinaire des Habitans des campagnes; soit pour augmenter les mêmes taxes : de sorte que si nous ne venions pas à leur secours, en rétablissant l'ordre qui avoit été établi à cet égard avant cette Déclaration, ces Officiers jaloux de remplir des fonctions nécessaires à maintenir, se verroient chaque année dans la nécessité d'avoir des procès dispendieux à soutenir, pour se procurer la justice qui leur est due. A ces causes, &c. voulons & nous plaît que les Maîtres particuliers, Lieutenans, Procureurs pour nous, Gardes-Marteaux, Greffiers, Arpenteurs & Sergens à Garde des Maîtrises des Eaux & Forêts de notre Royaume, continuent d'être taxés d'office par les sieurs Intendans & Commissaires départis pour l'exécution de nos ordres dans les Provinces, conformément à l'article XIII du titre II de notre Ordonnance du mois d'Août 1669, & ne puissent être imposés dans les rôles des tailles par les Collecteurs à de plus fortes sommes que celles auxquelles ils auront été taxés d'office par lesdits sieurs Intendans, sous peine, par les Collecteurs, d'en demeurer responsables en leur propre & privé nom, sauf auxdits Collecteurs, dans le cas où ils croiroient que lesdits sieurs Intendans auroient été surpris, ou qu'ils n'auroient pas été suffisamment éclairés, à se retirer par-devers eux, & à leur fournir des mémoires, à l'effet de faire rectifier les erreurs qui auroient pu s'introduire dans le Réglement desdites taxes;

1785. & l'appel des Ordonnances que lesdits sieurs Intendans auroient rendues sur les représentations des Collecteurs, continuera d'être dévolu en nos Cours des Aydes, pour y être instruit & jugé suivant les formes prescrites par notre Déclaration du 23 Avril 1778. Si vous mandons, &c.

Données à Versailles, le six Août mil sept cent quatre-vingt-cinq.

Registrées en la Cour des Aydes, Chambres assemblées, le 31 Août 1785.

Arrêt de la Cour des Aides, qui défend d'introduire des référés hors les cas portés par les Réglements.

14 Décembre 1785.

ENTRE Nicolas Salzard, Adjudicataire-Général des Fermes unies de France, appellant d'une Sentence de l'Election, &c. & Nicolas Guyon, Marchand de Vins, &c. ledit Salzard, demandeur en requête tendante entr'autres demandes, à ce qu'il fût fait défenses aux Officiers de l'Election de plus à l'avenir introduire de référés, hors les cas portés par les Réglemens, & notamment avant aucun Jugement de condamnations.

Notredite Cour... faisant droit sur les conclusions du Procureur-Général du Roy, déclare l'Ordonnance sur référé du 5 Février 1785, nullement & incompétemment rendue. Fait défenses au Président.... de rendre des Ordonnances sur référé hors les cas portés par les Réglemens.... ordonne que le présent Arrêt sera à la requête du Procureur-Général du Roy, signifié, &c.

Arrêt de la Cour des Aides, concernant la compétence des Elections pour juger des actions en remboursement des impositions.

16 Décembre 1785.

LOUIS, &c. Vu par notredite Cour la requête à elle présentée par notre Procureur-Général, expositive que les actions en remboursement de taille, intentées par celui qui a payé la totalité d'une cote insérée au rôle, contre ses cohéritiers ou copropriétaires, donnent souvent lieu à des conflits entre les Justices ordinaires & les Elections; qu'il croit de la prudence de notre Cour de les prévenir, par un réglement général & public. Les Sieges ordinaires ne fondent leur compétence que sur ce que, le rôle étant acquitté, les actions ultérieures semblent n'avoir aucun rapport aux impositions; mais une action qui dérive uniquement de la taxe assise sur la tête d'un redevable, & qui n'auroit pas lieu sans cette taxe, semble une dépendance trop immédiate de l'imposition, pour n'être pas réservée aux Sieges du ressort de notredite Cour : d'ailleurs, les actions en remboursement donnent lieu à statuer si telle nature de biens est sujette à la taille d'exploitation, si la taxe est régulièrement faite, & dans quelle proportion chaque redevable y doit contribuer; questions qui ne peuvent être décidées que conformément aux loix, dont l'exécution n'est confiée qu'aux Elections.

A ces réflexions se joignent les conséquences qu'on peut tirer du texte des Réglemens anciens & modernes. Les anciens Réglemens, notamment ceux du 26 Août 1452, article II, & du mois de Décembre 1544, concernant la compétence des Elus particuliers & celle des Elus en chef, restreignent la premiere à la connoissance des causes de Partie à Partie, termes qui semblent indiquer les actions en remboursement. La Déclaration du 13 Avril 1761, portant Réglement sur le mode & les frais de recouvrement, prescrit dans l'article II les formes auxquelles sont assujettis les actes de procédure faits aux Elections dans les causes, tant civiles que criminelles, soit entre les Collecteurs & les contribuables, soit entre les contribuables entr'eux. Ces dernieres expressions désignent encore les actions en remboursement; car il est impossible d'imaginer d'autres contestations entre les contribuables, que celles qui naissent à l'occasion des payemens qu'ils peuvent avoir faits les uns pour les autres. Enfin l'usage constant & immémorial où sont les Elections de connoître de ces sortes de contestations, seroit un titre suffisant pour fonder leur compétence, parce que l'usage est le fidele interprete des Loix, le témoignage perpétuel du sens dans lequel elles ont été constamment entendues & exécutées. A ces causes, requéroit notre Procureur-Général qu'il plût à notre Cour ordonner, &c. 1785.

Notredite Cour ordonne que les contestations de Partie à Partie, notamment les actions en remboursement d'impositions, en tout ou partie, continueront d'être portées aux Elections du ressort de notredite Cour en premiere instance, & par appel en notredite Cour; fait défenses aux Parties de faire poursuite & diligences, & à leurs Procureurs & Huissiers de faire aucune procédure, ni signifier aucun acte ailleurs qu'auxdits Sieges, relativement auxdites contestations, à peine de tous dépens, dommages & intérêts & mille livres d'amende. Ordonne que le présent Arrêt sera imprimé, & copies collationnées d'icelui envoyées aux Elections du ressort de notredite Cour, pour y être lu, publié & regiftré, l'audience tenant, & lu, à la diligence des Substituts de notredit Procureur-Général, dans toutes les Communautés des Procureurs du ressort de notredite Cour; enjoint auxdits Substituts d'y tenir la main, & de certifier notredite Cour de leurs diligences au mois. *Si te mandons*, &c.

Donné à Paris, en la premiere Chambre de notredite Cour, le seize Décembre mil sept cent quatre-vingt-cinq. *Signé*, BARON DES BORDES.

☞ Arrêt de la Cour des Aydes, du 10 Janvier 1786, qui faisant droit sur les conclusions de M. le Procureur-Général, fait défenses à tous Procureurs & Huissiers en l'Election de.... d'introduire des référés, si ce n'est dans les cas portés par les Ordonnances; ordonne que le présent Arrêt leur sera signifié à la requête, poursuite & diligence de M. le Procureur-Général. 1786.

1786.

ARRÊT de la Cour des Aides, qui ordonne que les Collecteurs des Tailles de la Ville de Loudun, continueront de procéder en leur ame & conscience à la confection des rôles des tailles, fait défenses aux Officiers de l'Election de ladite Ville de vérifier les rôles, s'ils ne leur sont présentés par les Collecteurs.

3 Février 1786.

LOUIS, &c. Vu par la Cour la requête présentée par le Procureur-Général du Roy, expositive que les Officiers Municipaux de la Ville de Loudun prétendent, en leur qualité de Maires & Echevins, avoir le droit de procéder seuls à la confection des rôles de la taille, sans la participation des Collecteurs & hors leur présence; & soutiennent que les Collecteurs ne doivent servir qu'au recouvrement. Il est même instruit que ces Officiers se proposent de présenter incessamment aux Officiers de l'Election, le rôle ainsi fait par eux, sans la participation des Collecteurs. Cette prétention illégale contredit également les loix anciennes & modernes, qui veulent impérieusement que les Collecteurs jouissent de la liberté d'asseoir les impositions en leur ame & conscience. L'Arrêt de la Cour du 7 Septembre 1770, en a fait une maxime, & cet Arrêt n'est que le résultat des loix anciennes & pratiquées dans tous les temps. La Déclaration du 23 Avril 1778 porte, articles XXIII & XXVI, qu'en cas d'action contre les rôles, les Maires & Echevins, les Syndics & les Communautés prendront le fait & cause des Collecteurs, s'ils avouent l'imposition, qu'au contraire en cas de désaveu, les Collecteurs défendront. Ce ne sont donc pas les Maires & Echevins qui font le rôle, puisqu'ils peuvent désavouer les Collecteurs, & il répugneroit que ceux-ci fussent tenus de défendre à une taxe à laquelle ils n'auroient pas contribué. Dans le systême des Officiers Municipaux de Loudun, on verroit reparoître les inconvéniens & les abus proscrits par l'article XI de l'Edit de Mars 1600, qui a ordonné que les Asséeurs seroient en même temps Collecteurs; à la vérité l'article XV de l'Edit de Décembre 1706 accordoit aux Maires en exercice, le droit de présider à la confection des rôles des tailles, même avec voix délibérative, mais cette loi paroît abrogée & par l'usage contraire & par les loix postérieures, qui ne font mention que des Collecteurs. Les Lettres-Patentes du 18 Juillet 1779 concernant les Villes de Moulins & de Nevers, semblent contenir la preuve de la dérogation faite à l'Edit de 1706; elles autorisent les Officiers Municipaux de ces Villes à nommer des Préposés pour faire le recouvrement de la taille, mais elles ordonnent, article VII, que les Collecteurs continueront d'en faire la répartition; sans doute les Lettres-Patentes de 1779, n'eussent pas conservé aux Collecteurs un droit qui eût appartenu aux Officiers Municipaux. A ces causes, requéroit le Procureur-Général, &c.

La Cour ordonne que les Collecteurs des tailles de la Ville de Loudun continueront de procéder en leur ame & conscience à la confection des rôles desdites tailles; fait défenses aux Officiers de l'Election de ladite Ville de vérifier les rôles, s'ils ne leur sont présentés par les Collecteurs; ordonne que le présent Arrêt sera signifié à la requête du Procureur-Général du Roy, au Greffe de l'Hôtel de Ville de Loudun, qu'il sera lu, publié & registré au Greffe de ladite Election, l'Audience tenant, enjoint au Substitut dudit Procureur-Général audit Siege, &c.

1690.

DÉCLARATION portant réglement concernant les formalités à observer pour l'adjudication des biens sujets à la taille en Languedoc, & abandonnés par les Propriétaires.

28 Mars 1690.

LOUIS, &c. Les gens des trois Etats de notre Province de Languedoc nous ont remontré par leurs députés, que par les Réglemens qui ont été faits pour les Communautés de notre Province de Languedoc, il a été ordonné que les biens abandonnés seront mis aux encheres, & délivrés par les Consuls des Villes & lieux où ils sont situés, à ceux qui feront la condition de la Communauté meilleure; afin que par ce moyen tous les biens fussent cultivés, & que les Communautés fussent déchargées d'en payer la taille; mais que cette précaution qu'on avoit prise pour l'avantage des Communautés, & pour faciliter la culture des terres, avoit été inutile jusqu'à présent: car quelque diligence qu'on ait faite, on n'avoit trouvé personne qui voulût se charger de cultiver lesdits biens, & d'en payer seulement la taille, par l'appréhension qu'ont ceux qui pourroient se rendre Adjudicataires de ces sortes de biens, d'en être évincés par les propriétaires leurs créanciers & autres ayant droit sur iceux, lorsqu'après beaucoup de soin & de dépense, ils les auroient mis en valeur, auquel cas il s'en faudroit beaucoup qu'ils en fussent suffisamment dédommagés par les liquidations qui en seroient faites en Justice, parce qu'outre les procès qu'ils seroient obligés de soutenir pour cela, & les faux frais qu'ils perdroient, les impenses & méliorations, ne sont jamais portées par l'estimation, à ce qu'elles ont véritablement couté; d'ailleurs il y en a dont la justification est impossible; en sorte que cette crainte de s'exposer à une perte évidente, fait que ces biens qui demeurent incultes, sont inutiles aux propriétaires & aux Communautés, & que la taille qu'ils devroient porter étant rejettée sur les biens des autres contribuables, leur cause une double surcharge. Et le sieur de Basville, Conseiller en notre Conseil d'Etat, & Intendant en notredite Province, nous ayant informé de la qualité desdits biens abandonnés, & fait connoître la nécessité qu'il y a pour l'intérêt de nos Sujets qui contribuent aux impositions dans notredite Province où ces tailles sont réelles, de les faire valoir; ce qui ne se peut faire utilement pour les Communautés, si après les avoir mis à l'enchere, elles n'ont pas le pouvoir de les adjuger à ceux qui se présenteront pour les cultiver à l'avenir, sous des conditions avantageuses, n'étant pas juste que les Communautés soient privées de faire valoir le privilege qu'elles ont pour la taille, sur les fonds de terre ruraux, & qu'elles soient obligées de rejetter sur les autres contribuables de la Communauté la quotité des fonds que les propriétaires eux-mêmes ont abandonnés depuis long-temps, & qu'ils n'abandonnent journellement, que parce qu'ils ne leur portent aucun profit, aimant beaucoup mieux s'occuper à autre chose, que travailler un bien qui leur devient inutile. A ces causes, &c. Voulons & nous plaît.

I. Que dans les Communautés de notre Province de Languedoc, où il y aura des héritages abandonnés sans acte ni formalité de Justice, il sera fait à la diligence des Consuls un acte de sommation au domicile des derniers possesseurs, & à défaut de domicile dans le lieu, fait sçavoir par un cri public, que les derniers

1690. possesseurs ayent à les faire valoir & remettre en culture, & en payer la taille, sinon, & à faute de ce faire, qu'il en sera passé bail & adjudication.

II. Que huitaine après la sommation, & à faute d'y satisfaire, il sera procédé à la publication desdits biens abandonnés pendant trois Dimanches consécutifs, à l'issue de la Messe Paroissiale, tant du lieu où lesdits biens sont situés, que dans les lieux circonvoisins, & les exploits de publication affichés aux portes des Eglises & maisons consulaires.

III. Que les publications étant faites, il sera passé par les Consuls ou Syndics dans une assemblée générale, ou autre qui la représente, suivant les Réglemens & usages de chaque lieu, bail & adjudication desdits biens, le dernier possesseur duement appelié en son domicile par exploit, contenant le jour auquel il devra y être procédé, & à défaut de domicile par un cri public, à condition par celui qui les prendra de s'en charger sur le compoix, & d'en payer la taille sur le pied de l'alivrement, même s'il peut tous les arrérages qui en seront dûs, ou partie d'iceux; ensemble les droits Seigneuriaux, auxquels les héritages peuvent être sujets, suivant les Arrêts de la Cour des Comptes, Aydes & Finances de Montpellier, rendus sur pareille matiere.

IV. Les Consuls & autres Habitans des Communautés qui auront pouvoir de passer les baux desdits biens, céderont aux Adjudicataires d'iceux, non-seulement les arrérages des tailles que lesdits Adjudicataires se chargeront de payer par leurs offres, mais encore ceux qui seront dûs par lesdits biens, depuis vingt-neuf ans, appartenant toutesfois à la Communauté, soit par les rejections qui auront été faites de la cote desdits biens, sur le reste des contribuables de la Communauté, soit par les reprises qui auront été passées dans les comptes des Collecteurs, ou autrement en quelque maniere que ce soit, pour par les Adjudicataires s'en faire rembourser en cas d'éviction.

V. Ceux qui se seront rendus Adjudicataires des biens abandonnés en la forme cy-dessus prescrite, ne pourront être dépossédés pour quelque cause ou prétexte que ce puisse être, soit par les propriétaires, soit par les créanciers hypotéquaires & autres ayant droit sur lesdits biens, que préalablement ils n'ayent été remboursés, non seulement des arrérages des tailles qu'ils pourroient avoir payés à la Communauté suivant leurs offres, mais encore de tous les arrérages dûs à la Communauté depuis vingt-neuf ans; ensemble des arrérages des droits Seigneuriaux qu'ils auront payés au Seigneur, & des réparations si aucunes y a, & impenses utiles & nécessaires, méliorations, frais & loyaux-coust, suivant la liquidation qui en sera faite; & en outre de toutes les impositions que lesdits Adjudicataires auront payées depuis leur bail, sur les simples quittances des Collecteurs, ou sur la représentation du rôle de l'imposition ou livre de collecte, croisé ou déchargé, que nous voulons leur être payées par forme de dommages & intérêts.

VI. Il ne sera payé par l'Adjudicataire desdits biens aucun droit de lods à nous, ni aux Seigneurs particuliers dont ils relevent, lorsque par la condition du bail, l'Adjudicataire ne payera aucune somme à la Communauté sous titre d'arrérages des tailles ou autrement; & lorsqu'il sera tenu de payer au profit de la Communauté quelque somme, le droit de lods sera réglé sur le pied de ladite somme, tant seulement, sans préjudice de notre droit & des Seigneurs particuliers, dont les biens releveront, pour les autres mutations.

VII. Si en procédant au bail & adjudication des biens abandonnés, il ne se présente personne pour les prendre, il sera fait distraction de leur alivrement dans le rôle des impositions. Faisons défenses aux Consuls & Asseeurs de les y comprendre, même à la charge de reprise dans les comptes des Collecteurs, jusqu'à ce que le bail en ait été passé; auquel effet les procédures & formalités ci-dessus établies pour l'adjudication des biens abandonnés, seront renouvellées toutes les années, un mois au moins avant l'imposition, à peine par les Consuls, Syndics & autres ayant l'administration des affaires des Communautés, d'en répondre en leurs noms, & sera fait mention de la rejection qui sera faite des biens abandonnés sur le reste des contribuables, tant sur le rôle de l'imposition ou livre de collecte, que sur le dernier compoix, & sur ceux qui pourront être renouvellés à l'avenir. 1690.

VIII. Les actions pour l'exécution, validité ou invalidité des baux des biens abandonnés, ou pour rentrer en possession des mêmes biens, ne pourront être intentées que pardevant les Juges qui connoissent du fait des tailles en premiere instance, auxquels nous en attribuons toute Cour & Jurisdiction, & par appel en notre Cour des Comptes, Aydes & Finances de Montpellier, sans qu'on s'y puisse néanmoins pourvoir directement par appel de l'adjudication, & sous quelqu'autre prétexte que ce puisse être. Si donnons en mandement, &c.

Donnée à Versailles, le vingt-huit Mars mil six cent quatre-vingt-dix.

Registrée en la Cour des Comptes, Aydes & Finances de Montpellier, le 22 Avril 1690.

☞ Edit du mois d'Octobre 1701, registré en Parlement, le 28 Novembre suivant, concernant les privileges de noblesse & exemptions des Officiers des Chancelleries près les Cours. Cet Edit adressé au Parlement, Chambre des Comptes & Cour des Aydes à Paris, porte entr'autres dispositions ce qui suit: 1701.

Déclarons lesdits offices de nos Conseillers-Audienciers, Contrôleurs & Secretaires, tant anciens que nouveaux, compatibles avec tous autres offices, dont les fonctions ne dérogeront à noblesse, & jouiront les pourvus d'iceux de tous leurs droits & privileges ci-dessus mentionnés, encore qu'ils ne soient domiciliés dans les lieux où lesdites Chancelleries sont établies, & d'autant que nous sommes informés que quelques-uns desdits Officiers, même de ceux de notre grande Chancellerie, ont été troublés dans l'exemption de tailles à eux accordée par nos anciens Edits & Déclarations pour les héritages qu'ils font valoir par leurs mains, & ce fut le fondement de notre Edit du mois de Mars 1667; auquel les Officiers de nos Cours des Aydes & Elections ont donné en aucun cas des interprétations différentes & contraires à nos intentions. Nous voulons & entendons que les pourvus desdits offices puissent exploiter & faire valoir par leurs mains une seule ferme, dont le labour n'excede pas la valeur de quatre charrues, encore que les héritages qui la composent soient dans différentes Paroisses.

Les Lettres-Patentes du 15 Décembre 1701, données sur la requête des Secretaires du Roi, Maison & Couronne de France, mentionnées ci-devant, *p.* 1163, contiennent la même disposition relativement à l'exploitation de quatre charrues. Elles ne sont adressées qu'au Grand-Conseil. *Voyez p.* 1475, l'Arrêt du Conseil, du 4 Juillet 1730, qui renvoie la connoissance des contestations relatives aux impositions des Secretaires du Roi aux Elections, & par appel en la Cour des Aides.

1704.

☞ L'Edit du mois de Mars 1704, enregiſtré au Parlement, le 2 Avril, en la Chambre des Comptes, le 12, & en la Cour des Aydes, le 26 Avril de ladite année, portant création de quarante Secretaires du Roy, Maiſon, Couronne de France & de ſes Finances, pour être joints & unis aux trois cens autres Secretaires du Roy, réſervés par l'Edit de Décembre 1697, pour compoſer un ſeul Corps & College de trois cens quarante Secretaires du Roy, pour ſervir auprès du Roy dans ſes Conſeils, en la Grande-Chancellerie & dans les Cours & Compagnies Supérieures, aux mêmes privileges & exemptions; cet Edit contient entr'autres les diſpoſitions ſuivantes :

Nous ordonnons que, conformément à nos Edits & Déclarations, & des Rois nos prédéceſſeurs, nos Conſeillers-Secretaires de notre Grande-Chancellerie ſeront exempts de toutes taxes, octrois, tarifs, ſubventions, charges de Ville, emprunts, dons-gratuits & taxes de confirmations, encore qu'elles fuſſent impoſées pour acquitter les dettes des Villes, & ſubvenir à d'autres beſoins, & même pour le rembourſement de finances d'offices ſupprimés, ou droits réunis auxdites Villes, & généralement de toutes ſortes de taxes & impoſitions, encore que par les Edits, Déclarations & Arrêts, qui permettent aux Villes de lever & impoſer ces droits, il ſoit porté qu'ils ſeront payés par les exempts & non exempts, privilégiés & non privilégiés, ſous leſquels termes, & autres ſemblables quelques généraux qu'ils ſoient, & ſous quelque prétexte que ce ſoit, nous déclarons ne point comprendre noſdits Conſeillers-Secretaires. Voulons que noſdits Conſeillers-Secretaires puiſſent exploiter & faire valoir par leurs mains une ſeule ferme, dont le labour n'excede pas la valeur de quatre charrues, encore que les héritages qui les compoſent, ſoient ſitués en différentes Paroiſſes, conformément à notre Edit du mois d'Octobre 1701, & Déclaration du 30 Décembre ſuivant.

DÉCLARATION portant confirmation des privileges des Officiers de la Grande-Chancellerie.

6 Avril 1704.

LOUIS, &c. Par notre Edit du mois de Mars dernier, portant création de quarante offices de nos Conſeillers-Secretaires, Maiſon, Couronne de France & de nos Finances, pour compoſer avec les trois cens qui ſont déja pourvus, le nombre de trois cens quarante nos Conſeillers-Secretaires en un ſeul Corps & College, aux gages & droits y mentionnés; nous aurions entr'autres choſes ordonné que noſdits trois cens quarante Conſeillers-Secretaires jouiroient de tous les privileges qui leur ont été ci-devant accordés, encore qu'ils ne fuſſent ſpécialement exprimés par ledit Edit, & nous avons même ſpécifié qu'ils ſeroient exempts de toutes taxes, octrois, tarifs, ſubventions, charges de Ville, emprunts, dons-gratuits & taxes de confirmations; encore qu'elles fuſſent impoſées pour acquitter les dettes des Villes, & ſubvenir à d'autres beſoins, & même pour le rembourſement de la finance d'offices ſupprimés, ou droits réunis auxdites Villes, & généralement de toutes ſortes de taxes & impoſitions; encore que par les Edits, Déclarations

Déclarations & Arrêts, qui permettent aux Villes de lever & imposer ces droits, il fût porté qu'ils seront payés par les exempts & non exempts, privilégiés & non privilégiés, sous lesquels termes & autres semblables, quelques généraux qu'ils fussent, & sous quelque prétexte que ce soit, nous aurions déclaré ne point comprendre nosdits Conseillers-Secretaires. Qu'ils pourroient exploiter & faire valoir par leurs mains une seule ferme, dont le labour n'excéderoit pas la valeur de quatre charrues, encore que les héritages qui la composeroient fussent situés en différentes Paroisses, conformément à notre Edit du mois d'Octobre 1701, & Déclaration du 13 Décembre suivant. Qu'ils seroient réputés nobles de quatre races, & capables de tous les Ordres de Chevalerie de notre Royaume, suivant qu'il leur avoit été octroyé par les Lettres-Patentes du Roy Charles VIII, du mois de Février 1484, & par plusieurs autres Edits & Déclarations. Qu'ils ne pourroient être inquiétés pour avoir pris la qualité d'Ecuyer avant d'avoir été pourvus de leurs Offices, ni recherchés pour les droits de franc-fiefs pour les jouissances antérieures à leur réception dans lesdits Offices, conformément aux Arrêts de notre Conseil des 14 Juin 1694, 12 Juillet 1695 & 21 Juin 1699. Qu'en conformité de leurs privileges, ils jouiroient de l'exemption de tous profits de fiefs, quints, requints, droits de lods & ventes, reliefs, rachats, treiziemes, échanges & autres droits seigneuriaux & féodaux de quelque nature qu'ils fussent, tant en achetant & vendant, qu'autrement, même dans le cas des échanges dans l'étendue de nos domaines, & dans les lieux & coutumes où lesdits droits d'échanges n'avoient pas lieu auparavant nos Edits des mois de Mai 1645, Mars 1673 & Février 1674, soit qu'ils fussent régis par nos Fermiers, aliénés, échangés ou donnés en apanage, encore que lesdites aliénations, engagemens ou apanages fussent antérieurs à la création de leurs Offices : sans distinction du temps de laquelle création ils jouiroient de l'exemption des droits de Greffes, de contrôle des dépens, & de scel pour les jugemens, actes & contrats qui les concernent, de quelque nature que soient lesdits droits, sans qu'ils pussent être exigés sous prétexte de droits de signature, expédition ou enregistrement anciennement ou nouvellement établis, ou qui le seroient à l'avenir, & de tous autres droits domaniaux généralement quelconques, comme droits d'aydes, voierie, jaugeage, courtage, poids le Roy, péage, passage, barrage, & autres de même nature pour toutes les denrées de leur crû ou pour les provisions de leurs maisons, & autres choses à eux appartenantes, en donnant un certificat aux Officiers ou Commis qui percevroient lesdits droits, soit qu'ils se levassent à notre profit, ou qu'ils eussent été par nous affermés, aliénés, ou attribués à des Officiers, Villes ou Communautés, nonobstant tous Arrêts à ce contraires; & en outre confirmé nosdits trois cens quarante Conseillers-Secretaires dans leur attribution au Grand-Conseil de toutes les contestations qui surviendroient pour raison de leurs privileges & exemptions, de quelque nature qu'elles fussent, & évoqué à nous & à notre Conseil toutes les contestations nées & à naître au sujet desdits privileges, & icelles renvoyées en notredit Grand-Conseil (1), pour y être jugées suivant nos Edits, Déclarations & Arrêts de notre Conseil; encore qu'il s'agît des droits de notre Domaine, engagés ou régis par nos Fermiers, & de tous autres droits à nous appartenans; & d'autant que dans notredit Edit, il n'est pas fait mention de nos amés & féaux Conseillers-Secretaires, Maison, Couronne de France & de nos Finances, Officiers de notre Grande-Chancellerie, pour la jouissance desdits privileges, desquels nous n'avons pas lieu d'être moins contens que de nosdits trois cens quarante Conseillers-Secretaires, 1704.

(1) Voyez la note précédente.

1704. ayant toujours contribué à proportion de leurs Offices, aux secours dont nous avons eu besoin; & desirant en toutes occasions leur donner des marques de la satisfaction que nous avons de leurs services, & que l'omission qui a été faite dans le susdit Edit, ne leur puisse préjudicier, d'autant plus que leurs privileges ne different en rien à ceux de nosdits trois cens quarante Conseillers-Secretaires, & voulant les y confirmer. A ces causes, &c. voulons & nous plaît, que nosdits Conseillers-Secretaires, Maison, Couronne de France & de nos Finances, Officiers de notre Grande Chancellerie, jouissent de tous les privileges, droits & exemptions susdits, plus au long mentionnés audit Edit, & autres nos Déclarations & Arrêts de notre Conseil sur ce intervenus, nonobstant qu'ils n'y soient spécialement nommés; dans la possession & jouissance desquels, de nos mêmes puissance & autorité que dessus, nous les avons en tant que besoin est ou seroit, maintenus, gardés & confirmés, maintenons, gardons & confirmons par cesdites présentes. Si donnons en mandement à nos amés & féaux Conseillers, les gens tenans notre Cour des Aydes à Paris, &c.

Donnée à Versailles, le sixieme jour d'Avril mil sept cent quatre.

Registrée en la Cour des Aydes, oui & ce requérant le Procureur-Général du Roy, pour être exécutée selon sa forme & teneur, & ordonné que copies collationnées, &c. A Paris, les Chambres assemblées, le 26 Avril 1704.

Signé, ROBERT.

1785. *LETTRES-PATENTES qui, sans préjudice des droits des Parties, & en attendant le Jugement du conflit qui s'est élevé entre le Parlement-Cour des Aides de Dijon, & la Cour des Aides de Paris, ordonnent que les contestations qui pourroient naître, soit sur le fait des Gabelles, soit au sujet des crues des Etats du Mâconnois, & qui concerneront les Habitants des Paroisses & Hameaux du Brionnois, dépendants des Châtellenies de Bois-Sainte-Marie & de Château-Neuf, seront portées en l'Election de Mâcon, sauf l'appel à la Cour des Aides de Paris.*

11 Décembre 1785.

LOUIS, &c. A nos amés & féaux Conseillers les Gens tenans notre Cour des Aydes à Paris; salut. Le Syndic des Etats de notre Pays & Comté du Mâconnois, nous a très-humblement représenté que, par un Arrêt contradictoire du 2 Août 1785, nous avons, conformément à un précédent Arrêt du Conseil du 7 Juin 1692, ordonné que les Habitans des Villages & Hameaux de Saint-Racho, & autres dépendants des Châtellenies de Bois-Sainte-Marie & Château-Neuf, situés dans le ressort du Bailliage de Mâcon, seroient tenus de prendre le sel pour leur usage dans les Greniers du Mâconnois, & d'y payer les droits de crues, tant anciens que nouveaux, même ceux qui pourroient par la suite être établis, avec défenses auxdits Habitans de s'approvisionner de sel ailleurs que dans les Greniers du Mâconnois, sous les peines portées par un Arrêt du Conseil du 21 Juin 1772, revêtu de Lettres-Patentes duement enregistrées, & rendu pour tous les Greniers du Mâconnois; qu'il s'est élevé un conflit de Jurisdiction entre le Parlement-Cour des Aydes de Dijon & la Cour des Aydes de Paris, sur la question de sçavoir laquelle de ces deux Cours doit connoître des délits & contraventions qui pourroient être commis par les Habitans desdites Paroisses & Communautés, au préjudice de l'Ordonnance des Gabelles, & des droits de crues concédés aux Supplians; que quoique la Cour des Aydes de Paris eût en sa faveur une possession plus que centenaire, qu'elle prouvoit par une suite d'actes de Jurisdiction exercée sans difficulté ni opposition, & même à la requisition des Habitans desdites Paroisses, par les Officiers des Gabelles du Mâconnois, qui ressortissent en ladite Cour; cependant le Parlement-Cour des Aydes de Dijon s'étoit permis de décréter de prise de corps, tant les Officiers de l'Election de Mâcon, à laquelle les Gabelles sont réunies, que les Employés de la Ferme-Générale, lorsque les uns ou les autres avoient été obligés d'exercer leurs fonctions sur les Habitans desdites Paroisses; qu'il est vrai qu'aussi-tôt que ces Arrêts du Parlement-Cour des Aydes de Dijon ont été déférés au Conseil, ils ont été cassés; mais qu'il n'en arrive pas moins que les Officiers de l'Election, les Employés des Fermes, & même ceux desdits Etats, n'osent agir, lorsque le cas le requiert, dans la crainte de se trouver de nouveau compromis, & d'être décrétés par le Parlement-Cour des Aydes de Dijon; ce qui nuit également à la Ferme-Générale, & aux droits de crues sur le sel que lesdits Etats ont droit de percevoir, & occasionne une perte immense; que pour la faire cesser, le Syndic desdits Etats se seroit proposé de nous supplier de vouloir bien attribuer par provision à l'Election de Mâcon, la connoissance des contestations qui pourront survenir, tant au civil, qu'au criminel, soit sur le fait des Gabelles, soit au sujet des crues sur le sel que lesdits Etats ont été autorisés de percevoir, sauf l'appel en la Cour des Aydes de Paris; que ce provisoire pourroit d'autant moins souffrir de difficulté, qu'outre la possession de cette Cour, l'Arrêt de notre Conseil du 2 Août 1785 forme en sa faveur un préjugé du plus grand poids, puisque nous n'avons pu ordonner que les Habitans des Paroisses en question seroient tenus de prendre le sel pour leur usage dans les Greniers du Mâconnois, & d'y payer les droits de crues, sans décider en même temps que lesdites Paroisses dépendent de cette Province, & sont par conséquent dans le ressort de la Cour des Aydes de Paris; pourquoi il nous auroit supplié, sans préjudice du droit des Parties au principal, & en attendant qu'il soit statué sur la contestation d'entre la Cour des Aydes de Paris & le Parlement-Cour des Aydes de Dijon, d'ordonner par provision, & jusqu'à ce qu'il ait été statué sur ladite contestation, que toutes celles qui pourront survenir, tant au civil qu'au criminel, soit sur le fait des Gabelles, soit au sujet des crues sur le sel accordées auxdits Etats du Mâconnois, & qui concerneront les Habitans des Paroisses, Villages & Hameaux de Saint-Racho, Curbigny, Bois-Sainte-Marie, Dyo, Saint-Julien, Saint-Germain, Saint-Symphorien, Prisy, Gibles, Varennes, Amauzé, Vareilles, Montmelas, Saint-Igni-de-Vert, Saint-Bonnet-des-Bruyeres, Matour, Saint-Leger, Dompierre, Meulin, Hameaux de Livignon & de la Guiche, ceux dépendans des Paroisses d'Oyé, Verosvre, Ozolles & Colombier; lesdites Paroisses & Hameaux dépendans des Châtellenies de Bois-Sainte-Marie & Château-Neuf, toutes lesquelles Communautés sont dénommées dans ledit Arrêt du 2 Août 1785, seront portées à l'Election de Mâcon, sauf l'appel en la Cour des Aydes de Paris; attribuer à cet effet à ladite Election & à la Cour des Aydes de Paris, toute Cour & Jurisdiction, & l'interdire à toutes autres Cours & Juges, & notamment au Parlement-Cour 1785.

1785. des Aydes de Dijon. A ces causes, &c. ordonnons, par provision, sans préjudice aux droits des Parties au principal, & en attendant que nous ayons statué sur la contestation élevée entre vous & le Parlement-Cour des Aydes de Dijon, que toutes les contestations qui pourront survenir, tant au civil qu'au criminel, soit sur le fait des Gabelles, soit au sujet des crues sur le sel accordées auxdits Etats du Mâconnois, & qui concerneront les Habitans des Paroisses, Villages & Hameaux de Saint-Racho, Curbigny, Bois-Sainte-Marie, Dyo, Saint-Julien, Saint-Germain, Saint-Symphorien, Prisy, Gibles, Varennes, Amauzé, Vareilles, Montmelas, Saint-Igni-de-Vert, Saint-Bonnet-des-Bruyeres, Matour, Saint-Leger, Dompierre, Meulin, Hameaux de Livignon & de la Guiche, ceux dépendans des Paroisses d'Oyé, Verosvre, Ozolles & Colombier; lesdites Paroisses & Hameaux dépendans des Châtellenies de Bois-Sainte-Marie & Château-Neuf, & dénommées en l'Arrêt de notre Conseil du 2 Août dernier, seront portées en l'Election de Mâcon, sauf l'appel en notre Cour des Aydes de Paris; vous attribuons à cet effet & à ladite Election, toute Cour & Jurisdiction, & icelle interdisons à toutes autres Cours & Juges. Si vous mandons, &c.

Données à Versailles, le onzieme jour de Décembre mil sept cent quatre-vingt-cinq.

Registrées à Paris, en la premiere Chambre de la Cour des Aydes, le 11 Janvier 1786.

EXTRAIT des Registres du Conseil d'Etat, qui autorise les Habitants de la Ville de Pontoise à établir un tarif des droits à imposer sur lesdits Habitants, pour tenir lieu de la taille & subvenir aux charges de l'Etat.

27 Décembre 1785.

VU au Conseil d'Etat du Roy l'Arrêt rendu en icelui, le 22 Novembre 1707, par lequel la Ville de Pontoise a été autorisée à percevoir différens droits sur les denrées & marchandises qui entroient dans ladite Ville & fauxbourgs pour y être consommées, à la charge par ladite Ville d'acquitter la somme pour laquelle elle seroit cotisée chaque année pour la taille, & de payer ses dépenses ordinaires pour entretien des murailles, fontaines, pavé & autres charges publiques; les Lettres-Patentes expédiées sur ledit Arrêt du 14 Décembre 1707, l'Arrêt du 21 Mars 1716, par lequel la levée desdits droits a été prorogée pendant vingt années; l'Arrêt du Conseil du 31 Janvier 1736, portant nouvelle prorogation desdits droits pour l'espace de cinquante années, & les Lettres-Patentes expédiées sur ledit Arrêt en date du 14 Août 1763; la délibération prise par les Habitans de ladite Ville de Pontoise le 8 Mai 1785, & la requête présentée en conséquence par les Maire, Echevins & Habitans de ladite Ville, à l'effet de demander, 1°. que le tarif soit établi à perpétuité ou pour le plus long temps possible; 2°. que la régie en soit confiée aux Officiers Municipaux, attendu que la perception en sera désormais très-facile, & que la Ville bénéficiera des profits que feroit un Adjudicataire; 3°. que la taille de la Ville soit fixée à l'avenir au dixieme de celle pour laquelle l'Election de Pontoise se trouvera portée chaque année dans les commissions, & de même qu'au lieu de payer comme actuellement 500 livres par les Habitans de Saint-

Ouen, Village voisin, dont une partie est sujette au tarif, ils payeront également un dixieme de la taille de cette Paroisse; 4°. que l'année du tarif commencera à l'avenir au premier Janvier, comme celle des droits de la régie générale; 5°. que les dix sols pour livre perçus par la régie générale, ne porteront que sur lesdits droits d'entrée, & non sur les taxes des terres & maisons; 6°. enfin d'être expressément dispensés, comme ils l'ont été par l'Arrêt du 31 Janvier 1736, de compter à la Chambre des Comptes du produit du tarif. Vu l'avis du sieur Bertier, Intendant & Commissaire départi en la Généralité de Paris. Oui le rapport du sieur de Calonne, Conseiller ordinaire au Conseil Royal, Contrôleur-Général des Finances. Le Roy, en son Conseil, ayant aucunement égard à ladite Requête, a ordonné & ordonne ce qui suit: 1785.

I. La contribution de la Ville de Pontoise dans les sommes imposées sur la Généralité de Paris, pour subvenir aux charges de l'Etat, sera à l'avenir perçue & acquittée tant & si long temps qu'il plaira à Sa Majesté, tant par la voie d'une imposition sur les biens-fonds & droits réels, que sur le produit des droits à percevoir sur quelques objets de consommation, le tout ainsi qu'il sera expliqué par les articles suivans.

II. Chaque Propriétaire ou Locataire payera un sol pour livre du prix de la maison par lui occupée, & ce, sur le pied du bail pour celles qui seront louées, & à l'égard de celles qui seront occupées par les Propriétaires, d'après une évaluation faite de gré à gré, ou en cas de difficultés au sujet de ladite évaluation sur le prix fixé au rôle des vingtiemes, à l'exception toutefois des maisons qui appartiendront à des Ecclésiastiques ou à des Nobles.

III. A l'égard des maisons occupées par des Architectes, Entrepreneurs, Négocians, Commerçans, Marchands en gros & en détail, & en général par toutes personnes ayant boutique ouvrante ou magasin, il sera payé deux sols pour livre du prix de l'occupation desdites maisons.

IV. Les Propriétaires ou Fermiers des Greffes payeront de même les deux sols pour livre du produit desdits Greffes.

V. Tous les Propriétaires ou Fermiers de droits, terres, prés, vignes, domaines & autres héritages, exploitations ou biens à raison desquels lesdits Propriétaires seroient tenus de payer la taille, si la taille étoit assise dans ladite Ville suivant la forme ordinaire, payeront trois sols pour livre du produit desdits biens, à l'exception toutefois des jardins de pur agrément, & de ceux tenans aux maisons de la Ville, & sera la cotisation particuliere de chacun desdits objets faite suivant le classement arrêté entre les Députés de tous les Corps & les Officiers Municipaux, lequel classement sera renouvellé tous les vingt ans dans la même forme, & chaque fois déposé au Greffe de l'Election, après avoir été préalablement approuvé par le sieur Intendant.

VI. Ne seront compris dans l'article ci-dessus les Ecclésiastiques & les Nobles, qui seront dispensés d'acquitter lesdits trois sols pour livre pour les objets étant entre leurs mains, pourvu qu'ils ne les tiennent point à loyer d'un autre Propriétaire, & pourvu encore, dans le cas même où ils en seroient Propriétaires, qu'ils puissent être réputés remplis de leurs privileges, conformément aux Réglemens généraux rendus sur le fait des tailles, qui à cet égard seront exécutés selon leur forme & teneur.

VII. Chaque moulin payera également trois sols pour livre du prix du bail, dans lequel prix seront comprises toutes les charges stipulées en sus de la redevance en argent ou en grains, lesquelles charges seront évaluées sur le prix commun des den-

1785. rées; en cas de régie par le Propriétaire, les trois sols pour livre seront perçus sur le pied de l'estimation qui en sera faite de gré à gré.

VIII. Et afin d'éviter les fraudes qui pourroient se commettre par les contre-lettres ou pot de vins, qui dénatureroient le véritable prix des baux, les trois sols pour livre seront perçus sur la valeur qui a été fixée pour chaque moulin, par l'évaluation qui en a été faite contradictoirement entre les Meûniers & les Officiers Municipaux, & dont le double sera déposé au Greffe de l'Election, sauf toutefois à renouveller ladite évaluation au bout de vingt années révolues.

IX. Le Fermier du minage payera de même trois sols pour livre du prix de son bail, & attendu que ce droit est actuellement régi par l'Abbaye de Maubuisson, à laquelle ledit minage appartient, le produit des trois sols pour livre sera fixé par forme d'abonnement en faveur de ladite Abbaye, pour tout le temps que durera la régie, à la somme de 300 livres, sans que ladite fixation puisse être augmentée ou diminuée, sauf à imposer ledit minage selon le bail lorsqu'il sera affermé.

X. Seront tenus tous les Propriétaires des héritages assujettis aux trois sols pour livre, d'en faire leur déclaration dans le cours de deux mois, à compter de la date du présent Arrêt, au principal Bureau établi tant pour cet objet que pour la perception des droits ci-après exprimés, & de représenter les baux, titres ou autres pieces nécessaires pour établir la nature & la qualité desdits biens, le tout conformément aux dispositions de la Déclaration du 11 Août 1776 & aux peines y portées.

XI. Les Adjudicataires des dixmes qui se perçoivent en grains ou en vins, payeront les trois sols pour livre du prix de leurs adjudications, au moyen de quoi les vins qui en proviendront jouiront de l'affranchissement des droits exprimés dans l'article XIV ci-après, comme en sont affranchis ceux du crû des fauxbourgs; & dans le cas où les Décimateurs feroient la perception eux-mêmes, ils seronts exempts de toute cotisation.

XII. Les Adjudicataires de récoltes, autres que celles de vendanges, seront imposés aux trois sols pour livre du produit des terreins sur lesquels seront accrues lesdites récoltes, lequel produit sera réglé suivant le classement & sans avoir égard au prix des adjudications, à moins que les terreins ne fussent déjà imposés, auquel cas lesdits Adjudicataires ne payeront aucun droit, mais seront seulement obligés solidairement au payement de l'imposition due par le Propriétaire ou Locataire desdits terreins.

XIII. Pour parvenir au recouvrement desdites taxes imposées sur les terres, maisons, moulins & autres biens ci-dessus exprimés, il sera par les Officiers Municipaux de ladite Ville, formé annuellement un rôle qui sera vérifié & rendu exécutoire par les Officiers de ladite Election.

XIV. Et attendu que ladite imposition ne pourroit subvenir qu'en partie au payement de la taille & autres charges de ladite Ville, le surplus sera acquitté par les droits mentionnés au présent article, sçavoir :

BOISSONS.

Par chaque muid de vin venant de dehors, il sera payé par les exempts & privilégiés, 2 livres, par les taillables, 4 livres; par chaque muid de bierre, cidre & poiré, par les exempts & privilégiés, une livre, par les taillables, 3 livres; pour chaque muid d'eau-de-vie, liqueurs & vins de liqueurs, par les exempts & privilégiés, 6 livres, par les taillables, 9 livres; pour chaque muid de vin provenant de la récolte des Vignerons des fauxbourgs d'Ennery, Notre-Dame, de Lhermitage, sera payé lors de la vente, par les acheteurs de la Ville & fauxbourgs, & non par ceux du dehors, 2 livres, à l'effet de quoi les vendeurs feront tenus d'en faire déclaration avant l'enlévement au plus prochain Bureau, à peine de 50 livres d'amende contre les vendeurs & l'acheteur solidairement, & seront tous lesdits droits sur les boissons, calculés sur le muid jauge de Paris, & pour les autres vaisseaux à proportion; quant aux vendanges qui entreront dans l'intérieur de la Ville ou qui y seront crues, il en sera usé, ainsi qu'il se pratique pour les droits d'aydes, à raison de trois muids de vendange pour deux muids de vin, sinon au pressurage, au choix du Préposé à la perception du tarif. 1785.

BOUCHERIES.

Bestiaux entrans pour être tués dans la Ville & fauxbourgs.

	l.	*s.*
Pour chaque bœuf ou vache, quatre livres, ci	4	
Pour chaque veau, une livre dix sols, ci	1	10
Pour chaque cochon maigre ou gras,		
Pour les exempts ou privilégiés, sept sols, ci		7
Pour les taillables des fauxbourgs, pareillement, sept sols, ci		7
Et pour ceux de la Ville, quinze sols, ci		15
Par chaque mouton, brebis, ou chevre, dix sols, ci		10
Par chaque livre de bœuf, veau, mouton & porc frais ou salé, abattus hors de la Ville & fauxbourgs, par toutes sortes de personnes, trois deniers, ci		3

Les vaches à l'usage des Vignerons, Laboureurs & autres qui nourrissent des bestiaux, ainsi que les veaux qui en proviendront, ne payeront les droits ci-dessus, que lorsqu'ils seront vendus aux Bouchers de la Ville & fauxbourgs seulement, & non à ceux du dehors.

Seront sujets aux mêmes droits ceux qui tueront ou feront tuer chez eux des bestiaux pour leur consommation, à l'exception des porcs.

Bois à brûler & à ouvrer.

	l.	*s.*
Pour chaque corde de bois venant par eau ou par terre, depuis trois pieds jusqu'à quatre de longueur,		
Par les exempts & privilégiés, quinze sols, ci		15
Par les taillables, deux livres, ci	2	
Et sur les autres longueurs à proportion, en augmentant ou diminuant.		
Pour chaque cent de fagots ou cotrets venant par eau ou par terre, gros ou petits,		
Par toutes sortes de personnes, dix sols, ci		10
Pour chaque muid de charbon de bois,		
Par les exempts & privilégiés, cinq sols, ci		5
Par les taillables, dix sols, ci		10
Par chaque cent de solives de chêne & autres bois de charpente ou de charronnage, cinq livres, ci	5	
Pour chaque cent de toises de planches, chevrons, entrevoux & autres bois de sciage, une livre, ci	1	
Le tout compte de Paris.		
Pour chaque cent de gaules de Tourneurs & autres, cinq sols, ci		5

Ne seront perçus aucuns droits sur les épines, bourées de genet & genievre, ni

sur les bois provenans des arbres qui seront coupés dans la Ville, fauxbourgs
1785. & territoire de Pontoise.

XV. Ne seront levés & perçus autres & plus forts droits que ceux dénommés en l'article XIV précédent, en sus desquels toutefois seront perçus les 10 sols pour livre au profit de Sa Majesté, tant & si long-temps que les 10 sols pour livre ou partie d'iceux auront lieu.

XVI. Lesdits droits seront payés par tous les Habitans de ladite Ville & fauxbourgs de Pontoise, exempts ou non exempts, privilégiés ou non privilégiés, Ecclésiastiques, Nobles, Communautés séculieres ou régulieres, aux seules distinctions relatives à la quotité du droit énoncé en l'article XIV, n'exceptant Sa Majesté du payement desdits droits, que l'Hôtel-Dieu, l'Hôpital-Général & les Cordeliers, lesquels toutefois n'en seront exempts que pour leur consommation, & seront tenus de les acquitter en cas de revente.

XVII. Ne pourront les Habitans de ladite Ville, faire entrer aucunes boissons, bestiaux, bois & autres objets assujettis aux droits fixés par l'article XIV, que par les portes auxquelles il y aura des Bureaux établis, ni à heure indue, à peine de confiscation & de 300 livres d'amende; en conséquence tous les autres endroits & breches de ladite Ville seront réputés obliques, & en cas de fraude, il sera procédé extraordinairement contre les fraudeurs, & iceux condamnés en la susdite amende de 300 livres & autres peines, selon le cas.

XVIII. Défenses seront faites pareillement à ceux qui ont des bateaux & nacelles sur la riviere, tant du côté des ports du Pothuy & du Bucherel que de l'autre côté de l'eau, de faire entrer ni apporter aucune chose sujette aux droits, sans en faire déclaration au Bureau, à peine de confiscation des marchandises & du bateau, & de 50 livres d'amende, lorsqu'ils seront pris dans le jour, & de 300 livres, lorsqu'ils seront arrêtés la nuit.

XIX. Ce qui se trouvera passé au-delà des Bureaux pour les entrées sans qu'il y ait eu déclaration & payement des droits, sera confisqué, & les contrevenans condamnés en une amende de 50 livres.

XX. Toutes personnes de quelques qualités & conditions qu'elles soient, seront tenues & obligées de prendre seulement pour le payement des droits mentionnés en l'article XIV, des quittances qui leur seront délivrées gratis pour toutes les sommes au-dessous de 5 sols, & de payer le timbre pour celles au-dessus, conformément aux réglemens; faisant au surplus Sa Majesté très-expresses défenses aux Commis de recevoir aucuns droits sans en donner quittance, à peine de concussion.

XXI. Comme les fauxbourgs d'Ennery, Notre-Dame & de Lhermitage ne sont point clos, les visites y seront permises; seront tenus au surplus ceux qui demeurent au-delà des clôtures & dans les écarts, de faire leur déclaration, & de payer les droits de toutes les choses qui y seront sujettes au plus prochain Bureau, aussi-tôt qu'elles seront arrivées, avant qu'elles soient déchargées à leurs portes ou entrées dans leurs maisons, à peine de 50 livres d'amende & de confiscation, & seront tenus sous les mêmes peines de représenter leurs quittances d'une visite à l'autre.

XXII. Les breches & ouvertures qui peuvent se trouver aux murs de clôture, seront réparées par la Ville aux endroits vagues, & par les Particuliers chacun en droit soi; faisant au surplus Sa Majesté très-expresses inhibitions & défenses à tous ceux qui ont des portes de sortie dans les murs qui leur servent de clôture, de laisser lesdites portes ouvertes la nuit, à peine de 500 livres d'amende; & pour éviter la fraude, il sera permis au Préposé à la perception du tarif, de mettre

mettre pendant la nuit auxdites portes telle fermeture qu'il jugera à propos, desquelles fermetures les clefs seront déposées au Bureau le plus prochain, pour être lesdites portes ouvertes le matin & fermées le soir par le Commis qui en sera chargé. 1785.

XXIII. Les Vignerons des fauxbourgs d'Ennery, Notre-Dame & Lhermitage qui vendront en détail du vin de leur crû, ne seront tenus de payer aucun droit, lorsque la vente s'en fera par eux-mêmes & dans leurs maisons; mais lorsqu'ils le vendront ailleurs que dans leurs maisons, ils payeront le droit de quarante sols établi à l'article des boissons, cette faveur n'étant accordée aux Vignerons que pour faciliter le débit de leurs vins & sans nuire aux autres débitans.

XXIV. Les Habitans de la Ville & fauxbourgs de Pontoise, ne pourront faire entrer aucuns vins ni autres boissons en barils de moindre contenance que de vingt-cinq à trente pots, mesure de Paris, tous les autres barils au-dessous, cruchons & bouteilles, seront confisqués, & les porteurs d'iceux condamnés en 50 livres d'amende & détenus conformément au réglement des aydes, jusqu'à ce que ladite amende soit payée.

XXV. Tous Propriétaires autres que les Vignerons qui se rendroient adjudicataires par vente volontaire ou faite par autorité de Justice, d'une récolte de vignes, payeront le droit de quatre livres par muid, pour tout le vin qui en proviendra, de même que s'il eut été vendu façonné; mais si la vente est faite à un Vigneron ayant des vignes, le vin sera réputé être de son crû, & ne payera ledit Vigneron aucun droit.

XXVI. Seront tenus les Vignerons d'encaver leurs vins chez eux ou dans les celliers par eux occupés; les vins qui se trouveront ailleurs que dans leurs maisons ou celliers seront saisis, & les Particuliers qui les auront recelés, condamnés en une amende de 10 livres par chaque muid de vin qui se trouvera chez eux sans déclaration ou payement des droits.

XXVII. Le vin qui proviendra des pressoirs appartenans à des Vignerons, sera réputé vin du crû, & comme tel jouira de l'affranchissement accordé audit vin du crû; mais tout autre Particulier n'ayant point de vignes, qui sera Propriétaire ou Locataire d'un ou plusieurs pressoirs, payera les droits pour tout le vin qui en proviendra sur l'inventaire qui en sera fait à l'ordinaire.

XXVIII. Seront tenus les Bouchers, pour éviter les fraudes qu'ils pourroient commettre en envoyant leurs moutons aux champs pour paître, d'en faire la déclaration à la sortie & à la rentrée, même de souffrir la marque dont les Régisseurs ou Administrateurs du tarif ou leurs Préposés voudront se servir; & en cas qu'il s'en trouve plus à la rentrée qu'à la sortie, ou qu'il s'en trouve de non marqués, ils seront saisis & l'amende de 10 livres encourue pour chaque mouton qui excédera le nombre qui sera sorti, & ne pourront les Bouchers faire rentrer leurs troupeaux que par la même porte par laquelle ils seront sortis, à peine de 10 livres d'amende pour chaque contravention.

XXIX. Toutes les amendes & confiscations appartiendront à la Régie dudit tarif, & seront payées par provision après les Jugemens, nonobstant l'appel & sans y préjudicier, sans que pour lesdites amendes & confiscations, il puisse être fait aucune autre application.

XXX. Les Commis employés à la régie & exercice desdits droits, seront tenus de résider dans les Bureaux, de fermer les portes la nuit & de les ouvrir en cas de besoin, & jouiront des mêmes privileges & exemptions que les Commis des Fermes, & seront tenus les Habitans de leur prêter main-forte en cas de nécessité.

1785. XXXI. Pourront les Régisseurs & Administrateurs du tarif de Pontoise, faire toutes compositions & abonnemens qu'ils aviseront avec les Habitans des écarts, en se conformant aux dispositions du titre commun pour toutes les Fermes de l'Ordonnance des aydes de 1680.

XXXII. Les contestations qui surviendront tant à l'occasion du rôle qui sera formé annuellement, conformément à l'article 13 du présent Arrêt, que de la perception des droits du tarif mentionnés dans les articles suivans, seront portées en premiere instance pardevant les Officiers de l'Election de Pontoise, & par appel en la Cour des Aydes de Paris.

XXXIII. Et attendu que la perception des droits de tarif se trouve aujourd'hui simplifiée par le présent Arrêt, la régie en sera faite par les Officiers Municipaux de la Ville de Pontoise; & le Bureau-général qui avoit été établi, à compter du premier Avril 1781, pour la régie du tarif actuel, subsistera tant pour ledit nouveau tarif que pour le recouvrement du rôle annuel de répartition.

XXXIV. Pour faire cadrer la nouvelle recette du tarif avec celle de la régie générale, à cause de la perception des dix sols pour livre sur les entrées & des frais de Commis & Bureaux qui se payent par moitié, la perception & régie des droits autorisés par l'article XIV du présent Arrêt, commencera au premier Janvier de l'année prochaine 1786.

XXXV. Seront au surplus exécutés selon leur forme & teneur l'Arrêt du Conseil du 20 Novembre 1707 & les Lettres-Patentes du 14 Décembre suivant, en tout ce qui n'est point contraire au présent Arrêt; en conséquence maintient & confirme Sa Majesté, les Habitans de la Ville de Pontoise dans l'exemption de l'imposition des tailles, taillon, subvention, subsistance, quartier d'hyver, ponts & chaussées, & autres impositions comprises aux commissions de Sa Majesté pour les impositions ordinaires des tailles, à la charge par lesdits Habitans de payer annuellement les trois vingt-sixiemes du principal de la taille de l'Election de Pontoise suivant son ressort actuel, à laquelle proportion des trois vingt-sixiemes sera & demeurera fixée la portion de taille à payer par les Habitans de la Ville & fauxbourgs de Pontoise.

XXXVI. Et attendu que les taxes imposées sur les maisons, terres & autres biens-fonds, & pareillement les droits de tarif levés sur les objets de consommation, seront aussi acquittés par ceux des Habitans du bout du pont qui seront de la Paroisse de Saint-Ouen, la Ville de Pontoise sera tenue, pour indemniser ladite Paroisse de Saint-Ouen, de payer pour elle & à sa décharge le neuvieme de la somme à laquelle les impositions de ladite Paroisse auront été réglées par le mandement des tailles de chaque année, sans cependant que ceux des Habitans de ladite Paroisse de Saint-Ouen qui doivent ainsi contribuer avec ceux de la Ville de Pontoise, puissent par cette raison se prétendre exempts des charges de Communauté dont ils pourront être tenus comme Habitans de ladite Paroisse de Saint-Ouen, sauf la collecte des deniers royaux.

XXXVII. Le produit tant des taxes imposées sur les maisons, terres & autres biens-fonds par le rôle qui sera formé annuellement, conformément à l'article XIII, que des droits perçus sur tous les objets de consommation mentionnés en l'article XIV, sera employé par préférence au payement de la somme due au Roy par ladite Ville de Pontoise, & le surplus au payement des charges & dépenses de ladite Ville, duement autorisées sur les Ordonnances du sieur Intendant & Commissaire départi en la Généralité de Paris.

XXXVIII. Dispense Sa Majesté les Officiers Municipaux & autres Régisseurs, de compter de la perception dudit tarif en la Chambre des Comptes de

Paris, attendu qu'il en sera compté dans la forme ordinaire avec les deniers patrimoniaux de la Ville. 1785.

XXXIX. Ordonne Sa Majesté que le présent Arrêt sera imprimé, publié & affiché par-tout où besoin sera, & seront sur icelui toutes Lettres-Patentes expédiées. Fait au Conseil d'Etat du Roy, tenu à Versailles, le vingt-sept Décembre mil sept cent quatre-vingt-cinq. Collationné. *Signé*, GASTEBOIS.

Cet Arrêt du Conseil a été revêtu de Lettres-Patentes, enregistrées en la Cour des Aydes, le 24 Mars 1786, pour être exécuté selon sa forme & teneur aux charges y portées, & être registré au Greffe de l'Election de Pontoise, & que les Commis au tarif y prêteront serment.

ARRÊT de la Cour des Aides, qui regle les droits du Maire de la Ville de Loudun & des Collecteurs, au sujet de la confection des rôles des tailles. 1786.

10 Mars 1786.

LOUIS, &c. Vu par la Cour la Requête présentée par le Procureur-Général du Roy, expositive que l'Arrêt de la Cour du 13 Février dernier concernant le rôle des tailles de Loudun, & la signification qui en a été faite le 16 du même mois, ont été suivis de plusieurs difficultés qui retardent le recouvrement des impositions. Cet Arrêt fait défenses aux Officiers de l'Election de vérifier le rôle, qu'il ne leur soit présenté par les Collecteurs; le rôle a été présenté aux Officiers, qui ont refusé de le vérifier, parce qu'ils ont reconnu qu'il étoit l'ouvrage du Maire de la Ville seul, signé & présenté par lui seul, en sa qualité de Maire; ensuite le nommé Rivereurs, l'un des Collecteurs, ayant fait seul le rôle, cinq autres Collecteurs ses consorts ont formé opposition à la vérification dudit rôle, sous prétexte qu'il n'étoit pas leur ouvrage. Dans ces circonstances, il croit devoir recourir à l'autorité de la Cour, pour mettre fin aux difficultés, de maniere à concilier le droit de présidence à la confection des rôles accordée aux Maires par l'Edit de Décembre 1706, avec la disposition des réglemens, qui veulent que les Collecteurs jouissent de la plus grande liberté dans la confection des rôles. A ces causes requéroit le Procureur-Général du Roy, &c.

La Cour ordonne que les six Collecteurs des Tailles de la Ville de Loudun s'assembleront aussi-tôt après la signification du présent Arrêt à l'Hôtel de Ville de Loudun, où en présence & sous la présidence du Maire, ils procéderont à la confection d'un nouveau rôle des tailles, en leur ame & conscience, sans pouvoir être gênés ni contraints dans leurs vœux par qui que ce soit, pour ledit rôle fait & signé par lesdits Collecteurs seuls, & présenté aussi par eux seuls à la vérification, être vérifié par les Officiers de l'Election, & mis à exécution dans la forme ordinaire; en conséquence la Cour déclare nuls tous les rôles précédemment faits, & déjà présentés à la vérification. Fait en la premiere Chambre de la Cour des Aydes à Paris, le dix Mars mil sept cent quatre-vingt-six.

1598.

ARRÉT de la Cour des Aides, portant réglement entre les Préſidents, Lieutenant & Elus, en l'Election de Troyes.

9 Juin 1598.

HENRY, &c. Comme ce jourd'huy veu par noſtredite Cour l'inſtance pendante en icelle, entre Maiſtres Maurice le Cornuat, Preſident en l'Eſlection de Troyes, Pierre Daniel, Lieutenant en ladite Eſlection, & les Eſleuz d'icelle, demandeurs en reglement ſelon le contenu d'une Requeſte preſentée à noſtredite Cour, le 17 jour de Novembre 1597, d'une part; & Maiſtre Louys de Villeprouvée Preſident en ladite Eſlection, deffendeur, d'autre, &c. Noſtredite Cour faiſant droict ſur l'inſtance & par maniere de prouiſion.

I. A ordonné & ordonne que ſuivant les Edits & Ordonnances, le Preſident de ladite Eſlection, préſidera ſur les Eſleuz d'icelle, colligera les voix, prononcera & appointera en l'audience & en la Chambre du Conſeil, & expediera toutes autres affaires de ladite Eſlection avec leſdits Eſleuz, & pareillement l'aſſiette, & departement de tous deniers aux jours, lieux & heures ordinaires & jours extraordinaires, ſi aucunes affaires preſſées ſe preſentent.

II. Qu'en l'abſence des Preſidens & Lieutenant, le plus anciens des Eſleuz preſidera.

III. Enjoinct noſtredite Cour auſdits Preſidens & Eſleuz, de ſe trouver tant à l'audience que Chambre du Conſeil, en habits decens. Leur a fait inhibitions & deffenſes d'entrer en ladite Chambre avec chappeaux, reiſtres & autres habitz indecens.

IIII. Et pour le regard des aſſignations, concernans la congnoiſſance & juriſdiction deſdits Eſleuz, ordonne noſtredite Cour qu'elles ſeront données en ladite Eſlection és jours que l'on a accouſtumé de plaider, pour les cauſes y eſtre jugées & terminées à la pluralité des voix, ſi faire ſe peut, ſinon en la Chambre du Conſeil.

V. Faict noſtredite Cour expreſſes & particulieres inhibitions & deffences audit deffendeur & tous autres, de tenir leſdites aſſignations, & juger leſdites cauſes és maiſons particulieres, ſur peine de nullité, & de ſix eſcus d'amende contre les Procureurs, leſquels en cas de contravention ſeront contraints au payement de ladite amende, nonobſtant oppoſitions ou appellations quelconques, & ſans préjudice d'icelles.

VI. Et lors que le Preſident rapportera quelque procez, ordonne noſtredite Cour, qu'il ſera tenu le premier dire ſon opinion, & ſeront en ce cas, les voix & opinions demandées & colligées par le ſecond Preſident ou Lieutenant de ladite Eſlection, & en leur abſence, par le plus ancien des Eſleuz qui aſſiſteront au Jugement dudit procez.

VII. Que tous procez ſe vuideront ſommairement à l'Audience, & ſans appointer les Parties à mettre, ſi faire ſe peut.

VIII. Tous procez tant civils que criminels, congez & defaux, enqueſtes, informations, ou interrogatoires de priſonniers & comptes, ſeront mis au Greffe & non és maiſons deſdits Preſidens, Lieutenant & Eſleuz, pour eſtre diſtribué par chacune ſemaine, par le Preſident avec l'un des Eſleuz, ſucceſſivement l'un après l'autre, & en l'abſence dudit Preſident, par celuy qui ſuivra en ordre de ſeance. Et

commencera ladite distribution par ledit President, qui pourra choisir un procez soit civil ou criminel, & après se distribuera un procez à celuy qui vient en ordre, 1598.
& successivement à tous les autres Esleuz selon leur antiquité; & recommencera la seconde distribution à celuy sur lequel la premiere sera demeurée, & continuera jusques à ce que chacun desdits Juges ayt eu un procez, & après, se recommencera comme dessus.

IX. Et sera ledit Reglement gardé pour la distribution qu'il conviendra faire desdits deffaux, congez, enquestes, informations, interrogatoires & comptes.

X. Le jugement de toutes lesquelles expeditions, se feront en la Chambre du Conseil, & non ailleurs.

XI. Comme aussi les espices d'icelles expeditions se distribueront & deppartiront, sçavoir, moitié au Rapporteur & moitié ausdits Présidens, Lieutenant & Esleuz, qui auront assisté au Jugement.

XII. Enjoint nostredite Cour, au Greffier de ladite Eslection de faire un Registre du depost desdits procez, congez, deffaux, informations & comptes.

XIII. Luy a faict inhibitions & deffences de recevoir aucune production, tant petite soit-elle, sans inventaire, & qu'il n'en charge sondit Registre à l'instant, & en la présence des Procureurs.

XIIII. Que pareillement ledit Greffier sera tenu faire un Registre des distributions qui seront faictes de ce que dessus; sur lequel lesdits Presidens, Lieutenant & Esleuz, se chargeront de ce qu'il leur sera distribué, & lors qu'il sera remis au Greffe, ils seront deschargez par ledit Greffier, en biffant leurs seings.

XV. Que incontinent que le jugement desdits procez & autres expeditions seront conclues & arrestées, le Dicton en sera dressé par le Rapporteur, signé par le President & ceux qui auront assisté au Jugement, & mis au Greffe promptement, si faire se peut.

XVI. Seront les espices desdits procez taxez par le President, sur les extraicts du Rapporteur par l'advis de ceux qui auront assisté au Jugement d'iceux.

XVII. Fait nostredite Cour inhibitions & deffences au Greffier, de n'expedier aucune Sentence qu'elle n'ayt esté signée, comme il est dit cy-dessus.

XVIII. Les lettres d'assiettes, seront jugées & entherinées en la Chambre du Conseil, & sera le jugement & entherinement d'icelles signé de ceux qui y auront assisté, & les espices departies entre lesdits Presidens, Lieutenant & Esleuz esgallement qui y auront assisté.

XIX. Les enquestes, interrogatoires, examen de tesmoings, auditions, visitations qui seront faictes incidemment és procez distribuez, soit qu'ils se facent dedans la Ville ou dehors, se feront par ceux ausquels les procez auront esté distribuez, & à eux seuls en appartiendra le profit & esmolument.

XX. Tout ce qu'il conviendra faire en vertu des Sentences interlocutoires, sera fait par celuy au rapport duquel aura esté interloqué, & à luy seul en appartiendra le salaire.

XXI. S'il est besoing par maladie ou autre empeschement, subroger pour executer une Sentence interlocutoire, le President & en son absence celuy qui est en ordre y pourra subroger.

XXII. Que à faire les enquestes, interrogatoires, examen de tesmoings, informations, auditions de comptes & visitations qui seront ordonnées estre faites par Jugement donné en l'Audience, le President ou autre qui presidera l'audience y commettra, & leur a nostredite Cour enjoint d'y garder la plus grande esgalité que faire se pourra, & en appartiendra le salaire; à sçavoir, de ce qui sera faict hors la Ville de Troyes, entierement à celuy qui sera commis & y vacquera,

1598. & dedans la Ville la moitié à celuy qui y vacquera, & l'autre moitié sera mise en communauté.

XXIII. Que toutes espices se mettront au Greffe, ensemble la moitié de salaires qu'il conviendra distribuer en commun, selon & ainsi que dessus a esté dict.

XXIIII. Enjoinct nostredite Cour ausdits Presidens, Lieutenant & Esleuz, de prendre pour adjoint le Greffier de l'Eslection ou son Commis, au soulagement du peuple, sinon en cas de recusation.

XXV. Les despens adjugez par Sentences données sur procez par escript, deffaux ou congez, seront taxez par ceux qui en auront esté Rapporteurs, & à eux seulz en appartiendra le salaire. Et deffences aux autres de taxer lesdits despens.

XXVI. Les despens adjugez à l'audiance seront taxez par ceux qui seront commis par le President, & en son absence celuy qui suit après y commettra le plus promptement que faire se pourra, à ce que les Parties ne sejournent.

XXVII. Et pour l'absence de celuy qui aura esté commis ledit President & en son absence le plus ancien les pourra distribuer, ensemble les taxes des despens des procez par escript en cas d'absence des Rapporteurs, & en appartiendra le salaire à celuy qui aura esté commis & subrogé & qui les aura taxez.

XXVIII. Enjoinct nostredite Cour ausdits Presidens ou plus ancien desdits Esleuz d'y garder la plus grande égalité que faire se pourra.

XXIX. Et seront lesdits despens apportez par ledit Greffier és jours & heures ordinaires, pour estre distribuez, & seront les déclarations desdits despens cottées au dos du nom de celuy qui aura esté commis pour les taxer.

XXX. Toutes requestes communes & ordinaires qui seront presentées és jour & heures de la sceance, soit pour les procez par escript, audiance, ou autres expéditions, seront respondues & signées par le President, & en son absence par le plus ancien, & si lors il se presente quelque requeste de consequence & sujette à rapport, s'en fera le rapport par celuy auquel elle aura esté baillée pour rapporter.

XXXI. Et quand aux requestes qui se pourront presenter hors le siege & Bureau, elles seront respondues & signées par les Presidens ou Lieutenant, ou en leur absence par le plus ancien Esleu, sinon que lesdites requestes fussent de consequence & sujettes à rapport : auquel cas leur est enjoint en faire rapport au Bureau pour avec l'advis des assistans estre jugées.

XXXII. La reception des Officiers & cautions des Receveurs & autres se fera au Bureau de ladite Eslection, par le President, & en son absence par celuy qui suit en ordre avec l'advis des assistans.

XXXIII. Lesdits Presidens & Esleuz ne pourront faire lesdites expeditions ny s'assembler pour les affaires de ladite Eslection à jours & heures extraordinaires, sans le faire sçavoir aux uns & aux autres.

XXXIIII. Les Paroisses de ladite Eslection seront departies entre lesdits Presidens, Lieutenant & Esleuz pour faire leurs chevauchées; & pourra le President choisir tel departement qu'il voudra, & après luy le second President & Lieutenant & consecutivement les Esleuz, selon leur ordre & antiquité de reception.

XXXV. Lesdits Presidens, Lieutenant & Esleuz, changeront de departement d'an en an, pour faire lesdites chevauchées.

XXXVI. Lesdits Presidens, Lieutenant & Esleuz signeront & verifieront les rolles des assiettes particulieres des Tailles des Paroisses qui seront de leur departement, & iceux signez & expediez, seront tenus en retenir une coppie semblablement signée, pour icelle mettre au Greffe. 1598.

XXXVII. Que les deniers taxez par lesdits Presidens, Lieutenant & Esleuz, & qui leur appartiendront pour la signature desdits rolles suivant l'Ordonnance, seront mis en une bourse commune pour estre egallement entre eux partis & distribuez.

XXXVIII. Toutes Commissions adressantes ausdits Esleuz soit par nous, nostredite Cour, nos Tresoriers Généraux de France ou autres, encore qu'elles ne fussent addressantes directement que ausdits Presidens ou Esleuz, ou l'un d'eux particulierement, seront distribuez par ordre entre lesdits Presidens, Lieutenant & Esleuz successivement l'un après l'autre.

XXXIX. Ordonne nostredite Cour, que le present Arrest sera leu & publié en ladite Eslection à jour d'audience, les plaids tenans, & registré au Greffe d'icelle, à ce que nul n'en pretende cause d'ignorance, & pour y avoir recours en temps & lieu ainsi que de raison.

XL. Faict inhibitions & deffences à toutes personnes d'y contrevenir sur peine de cent escus d'amende.

XLI. Enjoinct nostredite Cour au Substitud de nostre Procureur-Général, de tenir la main à ce qu'il soit exécuté de poinct en poinct selon sa forme & teneur, & sans despens de l'instance. Si te mandons, &c.

Donné à Paris, en nostredite Cour des Aydes, le neufiesme jour de Juin mil cinq cens quatre-vingt-dix-huict.

PROCÈS-VERBAL *fait par le Premier Président de l'Election de Paris, le 27 Avril 1722, en conséquence de l'enregistrement fait en la Cour des Aides le 23 Février précédent, des Lettres-Patentes du 12 dudit mois, qui érigent la Paroisse du Roule en fauxbourg de la Ville de Paris, rapportées ci-devant page 1403.* 1722.

Enregistrement desdites Lettres faites en la Cour des Aides.

REGISTRÉES en la Cour des Aydes, oui & ce requérant le Procureur-Général du Roy, pour être exécutées selon leur forme & teneur, à la charge néanmoins, que le Fermier-Général des Aydes ne pourra faire poser les barrieres pour clore & fermer ledit fauxbourg du Roule, qu'en présence de l'un des Officiers de l'Election, plus ancien, suivant l'ordre du tableau, qu'elle a commis à cet effet; & copies collationnées desdites Lettres seront envoyées ès Sieges du Bureau de l'Hôtel de Ville & de l'Election de Paris, pour y être lues, &c. A Paris, en la premiere Chambre de ladite Cour des Aydes, le 23 Février 1722.

Suit la teneur du procès-verbal.

L'an 1722, le Lundi vingt-septieme jour d'Avril, deux heures de relevée, en l'Hôtel & pardevant nous Nicolas Aunillon, Conseiller du Roy, premier Président en l'Election de Paris, Commissaire en cette partie, est comparu Me. Antoine Ravé, Agent-Général, pour Me. Charles Cordier, chargé de la Régie des Fermes Royales unies de France, lequel nous a dit, que par Arrêt du Conseil d'Etat du Roy, du 30 Janvier dernier, & Lettres-Patentes du 12 Février aussi dernier,

1722. registrées au Parlement & en la Cour des Aydes le 23 audit mois de Février & 14 Mars aussi dernier, il a été, entre autres choses, erigé la Paroisse du Roule en fauxbourg de cette ville de Paris, dit le Fauxbourg du Roule, aux mêmes privileges que ceux des autres Fauxbourgs de Paris; en conséquence Sa Majesté auroit déchargé pour toujours les habitans du Roule, à commencer pour la présente année 1722, du payement de la taille & autres impositions en dependantes, ensemble des droits de gros & augmentation, tant à l'arrivée qu'à la vente & revente en gros, & de celui de huitieme sur la vente en détail, tant à pots qu'à assiettes, sur tous les vins, bieres, cidres & poirés qui seroient amenés, vendus & consommés dans l'intérieur des barrieres qui seroient établies pour clore & fermer les fauxbourgs, & ce à compter du jour de leur établissement; ordonne que les habitans du Roule payeroient les mêmes droits d'entrées, pied-fourché, droit annuel, droits sur les cendres, soude & gravelée, droits de domaine & barrages, & autres dépendans de la Ferme des Aydes, & quatre sols pour livre, ainsi que les payent actuellement les habitans de la ville & fauxbourgs de Paris étant dans l'intérieur des portes & barrieres, lesquels droits seroient & demeureroient pour toujours réunis, & appartiendroient à la Ferme générale des Aydes, permission audit Cordier & ses successeurs, soit à titre de Régie ou de Ferme, conformément à l'Arrêt du Conseil, du 11 Juillet 1716, concernant le bourg de Chaillot, dit fauxbourg de la Conférence, de faire poser tel nombre de barrieres qu'il jugeroit nécessaires pour fermer ledit fauxbourg du Roule, & d'y établir le nombre de Commis dont il auroit besoin, même de prendre les maisons qui conviendroient pour loger lesdits Commis; enjoint aux Particuliers dudit fauxbourg de se clore & faire murer les ouvertures de leurs maisons & jardins sur la campagne; que par l'enregistrement fait en la Cour des Aydes le 23 Février, dudit Arrêt & Lettres-Patentes, il est porté que le Fermier-Général des Aydes ne pourra faire poser les barrieres pour clore & fermer ledit fauxbourg du Roule, qu'en présence de l'un des Officiers de cette Election, plus ancien, suivant l'ordre du tableau, qu'elle auroit commis à cet effet, pour l'exécution desquels Arrêts, Lettres-Patentes, Arrêt d'enregistrement en ladite Cour des Aydes, & de notre Ordonnance étant au bas de la Requête à nous présentée par ledit Cordier, par laquelle nous avons été commis pour l'exécution d'iceux, ledit sieur Ravé audit nom requiert qu'il nous plaise nous transporter présentement audit lieu du Roule, à l'effet de fixer & marquer les endroits où doivent être posées les barrieres pour clore & enfermer ledit fauxbourg du Roule, & a signé. *Signé*, RAVÉ.

Sur quoi nous Conseiller, Président & Commissaire susdit, avons audit sieur Ravé, audit nom, donné acte de sa comparution, dire & requisitoire ci-dessus, & y ayant égard, nous nous sommes à l'instant transportés, assisté de Me. Guillaume de Mauvillain, Conseiller, Avocat & Procureur du Roy, & de Me. Nicolas Moreau, Greffier de ladite Election, audit lieu du Roule, où étant, avons parcouru & fait le tour dudit fauxbourg du Roule, pour marquer les endroits où doivent être posées les barrieres & Bureaux pour fermer les issues dans la campagne, & assurer la perception des droits du Roy; avons ordonné à la requisition dudit Ravé, audit nom, & du consentement du Procureur du Roy, qu'il sera posé, premiérement, une barriere à l'extrémité dudit fauxbourg du Roule, du côté de la campagne, sur le grand chemin qui conduit à Neuilly, & qu'il sera construit un Bureau à côté de ladite barriere, pour servir de Bureau de recette sur le terrein qui appartenoit ci-devant au sieur le Murier, laquelle barriere sera appellée *Barriere de recette du Roule*; qu'il sera pareillement posé une barriere de conserve & de renvoi à l'extrémité de la ruelle appellée *de Mousceaux*, du côté de la campagne, &

& qu'il sera construit un Bureau attenant ladite barriere sur le terrein appartenant au sieur Madin de Saint-Vast, vis-à-vis le coin des murs du sieur Moisson, laquelle barriere sera appellée *Barriere de Mouceaux*, qu'il sera pareillement posé une barriere de conserve & de renvoi à l'extrémité de la ruelle appellée *Ruelle de Chaillot*, allant aux Champs Elisées, au bout des murs appartenans aux Prêtres de l'Oratoire, & qu'il sera construit un Bureau sur un terrein appartenant auxdits Prêtres de l'Oratoire, entre lequel Bureau & ledit mur des Prêtres de l'Oratoire, il y aura un petit escalier de pierres de taille, & vis-à-vis les murs de la Pépiniere, laquelle barriere sera appellée *Barriere de conserve & de renvoi des Champs Elisées*; lesquelles barrieres & Bureaux seront posés & construits pour l'exécution desdits Arrêts du Conseil d'Etat, & Lettres-Patentes, & servir à la perception des droits d'entrées & autres y portés, à quoi avons vaqué jusqu'à sept heures sonnées, & ont, lesdits sieurs Ravé, audit nom, & le Procureur du Roy, signé avec nous Conseiller & Commissaire susdit. *Signé*, RAVÉ, AUNILLON, DE MAUVILLAIN. 1722.

Et le Lundi 15 Juin audit an 1722, est comparu en l'Hôtel & pardevant nous Conseiller, premier Président & Commissaire susdit, deux heures de relevée, ledit sieur Ravé audit nom, lequel nous a dit que depuis notre Procès-verbal du 27 Avril dernier, ledit Cordier a fait construire des barrieres & Bureaux dans les endroits marqués par notre susdit Procès-verbal, servant à enfermer ledit lieu du fauxbourg du Roule, & pour constater ce fait, il requiert qu'il nous plaise nous transporter présentement audit fauxbourg du Roule, & a signé. *Signé*, RAVÉ.

Sur quoi nous premier Président & Commissaire susdit, avons, audit sieur Ravé, audit nom, donné acte de sa comparution, dire & requisitoire ci-dessus, & y ayant égard, nous nous sommes à l'instant transportés, assisté du Procureur du Roy & dudit Me. Moreau, Greffier, audit fauxbourg du Roule, où étant à l'extrémité dudit fauxbourg du Roule, du côté de la campagne, sur le grand chemin qui conduit à Neuilly, où nous avons trouvé construite une barriere traversant ladite rue du fauxbourg du Roule, composant deux grandes portes d'environ douze pieds chacune de large, fermantes sur deux piliers de pierres de taille, & une moyenne porte attenant le Bureau sur la même ligne, lesquels barriere & Bureau avons trouvés construits dans les endroits marqués par notre Procès-verbal du 27 Avril dernier, dans lequel Bureau ledit Cordier a établi la recette des entrées & autres droits dus à Sa Majesté.

Ensuite nous nous sommes pareillement transportés à l'extrémité de la ruelle de Mouceaux, où nous avons trouvé construits dans les lieux marqués par notre susdit Procès-verbal, une barriere composée d'une grande porte d'environ douze pieds de large, fermant la largeur de ladite ruelle, & un Bureau attenant icelle, dans lequel Bureau de conserve & de renvoi, ledit Cordier a pareillement établi ses Commis pour la conservation des droits de Sa Majesté.

Ce fait, nous nous sommes encore transportés à l'extrémité de la ruelle de Chaillot allant aux Champs Elisées, où nous avons trouvé construite une barriere traversant ladite ruelle, partie en gros mur, & les deux ouvertures qui sont en icelui, fermées; sçavoir, par une grande porte pour les voitures, fermante & tournante sur son pivot, d'environ douze pieds de large, & par une moyenne porte pleine pour les gens de pied, attenant laquelle barriere qui est aussi de conserve & de renvoi, est le Bureau dans lequel ledit Cordier a pareillement établi ses Commis pour la conservation des droits du Roy, lesquels barriere & Bureau de renvoi des Champs Elisées, nous avons trouvé construits dans les endroits marqués par notre susdit Procès-verbal dudit jour 27 Avril dernier, dont & de ce que dessus avons donné acte audit sieur Ravé audit nom, qui a signé avec nous Président & Commis-

faite susdit & le Procureur du Roy, à quoi avons vaqué jusqu'à huit heures du soir
1722. sonnées. *Signé*, Ravé, Aunillon, & de Mauvillain.

La minute de ce Procès-verbal est jointe aux Lettres-Patentes du 12 Février 1722, qui se trouvent dans le Tome VII des Réglemens imprimés, étant en l'Election de Paris, fol. 354 bis.

1785. **Sentence** *de l'Election de Châteauroux, confirmée par Arrêt de la Cour des Aides, qui ordonne que la cote donnée en 1785, sur le rôle des tailles de Buzançois, au sieur Moreau, Trésorier de France à Soissons, sera rayée dudit rôle, quoiqu'il ne résidât point.*

18 Juin 1785 & 5 Juillet 1786.

Dispositif de la Sentence, du 18 Juin 1785.

VU ce qui résulte de l'Arrêt d'enregistrement en la Cour des Aydes, de l'Edit de Mai 1766, qui porte que les Officiers des Cours souveraines ne sont comptables de leur résidence qu'à leur Compagnie, & attendu que les sieurs Moreau pere & fils, ne font aucune exploitation ni acte dérogeant; que le sieur Moreau pere est Trésorier de France à Poitiers, son pere l'ayant été, & que conséquemment le sieur Moreau fils est petit-fils & fils d'un Trésorier de France, ce qui n'a pas été dénié par les Officiers Municipaux de Buzançois, sans avoir égard aux moyens des Habitans de ladite Ville de Buzançois : nous avons reçu lesdits sieurs Moreau du Breux, opposans au rôle des tailles de la présente année 1785; & faisant droit sur ladite opposition, nous avons déchargé lesdits sieurs Moreau pere & fils des impositions faites sur eux par ledit rôle, ordonnons que lesdites cotes seront rayées & biffées, &c. condamnons les Habitans aux dépens.

Les Officiers Municipaux de Buzançois appellerent de cette Sentence, & continuerent l'imposition en 1786; les sieurs Moreau formerent opposition à la cote de 1786, & la convertirent en appel pour y être fait droit en même temps que sur l'appel de la Sentence.

Les Habitans de Buzançois disoient, 1°. que le sieur Moreau ne cessoit de faire actes dérogeans, en s'associant à quantité de fermes, & faisant commerce en détail de laine, de bois de chauffage & de charpente, achetant des bestiaux de toutes especes & les donnant à cheptel; 2°. qu'il ne résidoit pas; 3°. qu'il n'avoit pas fait signifier ses titres aux Habitans.

Le sieur Moreau répondoit, 1°. que les Habitans de Buzançois ne peuvent critiquer sa qualité, puisque dès le 6 Avril 1767, il leur avoit signifié qu'étant devenu Trésorier de France, il ne pouvoit plus être Syndic-Receveur de la Ville; & qu'en effet il avoit cessé de l'être; 2°. que jamais il n'a vendu que les laines de ses troupeaux, ni d'autres bois que ceux de ses terres; que donner des bestiaux à cheptel, est une méthode usitée en Berry par des gens de la premiere distinction; qu'à la vérité il avoit encouragé l'agriculture en donnant différentes sommes à des Fermiers, moyennant un intérêt dans leur profit, mais que jamais il n'avoit subi d'obligation envers aucun Propriétaire; 3°. qu'il n'étoit pas tenu à la résidence, mais qu'il en étoit seulement comptable à sa Compagnie.

L'Arrêt de la Cour du 5 Juillet 1786, a mis l'appellation au néant, & a ordonné que ce dont étoit appel sortiroit son plein & entier effet, & a reçu les sieurs Moreau pere & fils, opposans à la cote sur eux ouverte au rôle de 1786. Faisant droit sur leur opposition, a ordonné que ladite cote seroit rayée, &c. 1785.

Pareil Arrêt avoit été rendu le 28 Avril 1769, entre le sieur Manet, Trésorier de France à Alençon, contre les Habitans de Gennevilliers; le sieur Manet avoit été déclaré non-recevable en sa demande à fin de radiation de sa cote, attendu son défaut de résidence, par Sentence de l'Election de Paris, du 12 Décembre 1767; il interjetta appel de la Sentence; les Trésoriers de France d'Alençon intervinrent dans la cause. L'Arrêt mit l'appellation & la Sentence au néant, déchargea le sieur Manet des condamnations contre lui prononcées, ordonna que les Edits, Déclarations, Arrêts & Réglemens de la Cour, concernant les droits & privileges des Trésoriers de France, seront exécutés; ce faisant, ordonna la radiation de la cote, la restitution des sommes payées, & la réimposition sur le général des Habitans, avec défenses de l'imposer à l'avenir.

Les Habitans se pourvurent au Conseil contre cet Arrêt, & ils y furent déboutés de leur demande.

Pareil Arrêt du 10 Mai 1775, en faveur du sieur Rousseau, Trésorier de France à Moulins, faisant valoir à Choisy trois cens soixante-six arpens de terre, auquel on opposoit le même défaut de résidence.

ARRÊT de la Cour des Aides, qui juge que les Officiers des Elections peuvent commettre des Procureurs, lorsque les Offices créés pour leurs Sieges sont vacans en tout ou en partie. 1786.

14 Juillet 1786.

LA Cour faisant droit sur les conclusions du Procureur-Général du Roi, autorise les Officiers de l'Election de Richelieu à nommer trois Praticiens, à l'effet d'occuper conjointement avec la Partie de Dinet, (le sieur Jamet, seul restant des six Procureurs créés en titre) dans les affaires pendantes en ladite Election, lesquels trois Praticiens prêteront serment devant lesdits Officiers & seront inscrits sur un tableau, à la suite de la Partie de Dinet, & seront tenus de contribuer aux charges de la Communauté, s'il y a lieu : & dans le cas où un des Offices vacans viendroit à être levé aux Parties-Casuelles, ordonne que le dernier reçu des trois Praticiens cessera dès-lors de postuler, & ainsi des autres à mesure que lesdits Offices seront remplis; ordonne que le présent Arrêt sera, à la requête du Procureur-Général du Roy, envoyé au Siege de ladite Election, pour y être lu, publié & registré, l'Audience tenant.

ARRÊT de la Cour des Aides, qui juge que les Officiers des Bailliages doivent faire registrer leurs titres aux Elections.

28 Juillet 1786.

ENTRE les Présidens, Conseillers, Procureur du Roy & Officiers en Corps de l'Election de Montargis, demandeurs & défendeurs, d'une part; le nommé Henri Porchasson, Sébastien Ducloux & Barthelemi Boucherou, tous trois Col-

1786. lecteurs des tailles de la Paroisse de Lorris, pour l'année 1786, défendeurs & demandeurs, d'autre part; & entre Mᵉ. Amable Brunet, Conseiller du Roy, Lieutenant Particulier, Civil & Criminel au Bailliage de Montargis, à la résidence de Lorris, & Lieutenant-Général de Police en la même Ville, pour ladite année 1786, aussi demandeur & défendeur, d'autre part; après que Delamalle, Avocat des Officiers de l'Election de Montargis; Parizot, Avocat de Brunet, & Rimbert, Avocat des Collecteurs de Lorris, ont été ouis; ensemble Dambrai, Avocat-Général: la Cour, faisant droit au principal, & sans s'arrêter ni avoir égard aux requêtes & demandes des Parties de Rimbert & de Parizot, vis-à-vis de celles de Delamalle, dont elles sont déboutées, déclare nul, injurieux & calomnieux auxdites Parties de Delamalle, l'acte passé par lesdites Parties de Rimbert, devant Notaire, à Lorris, le 11 Décembre 1785; ordonne que ledit acte sera & demeurera supprimé, & qu'en marge de la minute d'icelui, mention sera faite du présent Arrêt. Condamne lesdites Parties de Rimbert en 50 livres de dommages & intérêts envers lesdites Parties de Delamalle, & applicables de leur consentement au profit des Pauvres de ladite Ville de Montargis.

Ordonne que le présent Arrêt sera imprimé & affiché au nombre de cinquante exemplaires, aux frais & dépens de ladite Partie de Rimbert, tant en la Ville de Montargis qu'en celle de Lorris.

Déboute la Partie de Parizot de ses demandes vis-à-vis de celle de Rimbert.

Et faisant droit sur les conclusions du Procureur-Général du Roy, ordonne que ladite Partie de Parizot continuera d'être imposée sur le rôle des tailles de la Paroisse de Lorris, jusqu'à ce qu'elle ait fait enregistrer ses provisions au Greffe de l'Election de Montargis, conformément aux Ordonnances & Réglemens registrés en la Cour; condamne les Parties de Rimbert & de Parizot en tous les dépens envers celle de Delamalle; & celles de Parizot aussi en tous les dépens envers celles de Rimbert; sur le surplus des demandes, fins & conclusions des Parties, les met hors de Cour.

Donné à Paris, en la premiere Chambre de la Cour des Aydes, le vingt-huit Juillet mil sept cent quatre-vingt-six.

☞ Le 28 Août 1786, la seconde Chambre de la Cour des Aydes de Paris a rendu un Arrêt, *consultis classibus*, qui confirme l'Arrêt rendu par cette Chambre le 2 Décembre 1784 (*p.* 1948), faisant droit sur les conclusions du Procureur-Général, déboute le sieur Robin de Scevole, Secretaire du Roy de la Chancellerie établie près le Parlement de Grenoble, du bénéfice d'un précédent Arrêt du 19 Avril 1784; ordonne qu'il sera compris au rôle des tailles, tant qu'il n'aura pas fait registrer ses lettres en l'Election de la Châtre, & confirme les cotes à lui ouvertes les années précédentes.

Cet Arrêt décide en outre que M. le Procureur-Général peut former opposition aux Arrêts rendus dans les causes dans lesquelles il a été entendu, ayant donné des conclusions, comme Ministere-Public. Il y a plus, dans l'espece, la cote ouverte au sieur Robin de Scevole ne l'avoit été que sur la requisition du Procureur du Roy en l'Election de la Châtre.

FIN DES RÉGLEMENS ET DE LA PREMIERE PARTIE.

www.ingramcontent.com/pod-product-compliance
Lightning Source LLC
LaVergne TN
LVHW020955300926
849160LV00007B/158